여러분의 합격을 응원하는
해커스공무원의 특

FREE 공무원 헌법 **특강**

해커스공무원(gosi.Hackers.com) 접속 후 로그인 ▶ 상단의 [무료강좌] 클릭 ▶ 좌측의 [교재 무료특강] 클릭

📄 **OMR 답안지(PDF)**

해커스공무원(gosi.Hackers.com) 접속 후 로그인 ▶
상단의 [교재·서점 → 무료 학습 자료] 클릭 ▶ 본 교재의 [자료받기] 클릭

▲ 바로가기

🎫 해커스공무원 온라인 단과강의 **20% 할인쿠폰**

C 4 2 2 8 D 3 6 F B 4 C 9 E Q Z

해커스공무원(gosi.Hackers.com) 접속 후 로그인 ▶ 상단의 [나의 강의실] 클릭 ▶
좌측의 [쿠폰등록] 클릭 ▶ 위 쿠폰번호 입력 후 이용

* 등록 후 7일간 사용 가능(ID당 1회에 한해 등록 가능)

✉️ 합격예측 **온라인 모의고사 응시권 + 해설강의 수강권**

4 2 5 B 8 2 7 F F 8 2 9 6 4 A 4

해커스공무원(gosi.Hackers.com) 접속 후 로그인 ▶ 상단의 [나의 강의실] 클릭 ▶
좌측의 [쿠폰등록] 클릭 ▶ 위 쿠폰번호 입력 후 이용

* ID당 1회에 한해 등록 가능

모바일 자동 채점 + 성적 분석 서비스

교재 내 수록되어 있는 문제의 채점 및 성적 분석 서비스를 제공합니다.

* 세부적인 내용은 해커스공무원(gosi.Hackers.com)에서 확인 가능합니다.

바로 이용하기 ▶

쿠폰 이용 관련 문의 1588-4055

단기 합격을 위한
해커스공무원 커리큘럼

입문

탄탄한 기본기와 핵심 개념 완성!

누구나 이해하기 쉬운 개념 설명과 풍부한 예시로 부담없이 쌩기초 다지기

TIP 베이스가 있다면 **기본 단계**부터!

▼

기본+심화

필수 개념 학습으로 이론 완성!

반드시 알아야 할 기본 개념과 문제풀이 전략을 학습하고
심화 개념 학습으로 고득점을 위한 응용력 다지기

▼

**기출+예상
문제풀이**

문제풀이로 집중 학습하고 실력 업그레이드!

기출문제의 유형과 출제 의도를 이해하고 최신 출제 경향을 반영한
예상문제를 풀어보며 본인의 취약영역을 파악 및 보완하기

▼

동형문제풀이

동형모의고사로 실전력 강화!

실제 시험과 같은 형태의 실전모의고사를 풀어보며 실전감각 극대화

▼

최종 마무리

시험 직전 실전 시뮬레이션!

각 과목별 시험에 출제되는 내용들을 최종 점검하며 실전 완성

PASS

* 커리큘럼 및 세부 일정은 상이할 수 있으며,
자세한 사항은 해커스공무원 사이트에서 확인하세요.

**단계별 교재 확인 및
수강신청은 여기서!**

gosi.Hackers.com

해커스공무원

神헌법

실전동형모의고사

해커스공무원

: 들어가며

공무원 난이도에 딱 맞는 모의고사

**해커스가 공무원 헌법 시험의 난이도·경향을
완벽 반영하여 만들었습니다.**

얼마 남지 않은 시험까지 모의고사를 풀며 실전 감각을 유지하고 싶은 수험생 여러분을 위해, 공무원 헌법 시험의 최신 출제
경향을 완벽 반영한 교재를 만들었습니다.

**『해커스공무원 神헌법 실전동형모의고사』를 통해
15회분 모의고사로 헌법 실력을 완성할 수 있습니다.**

실전 감각은 하루아침에 완성할 수 있는 것이 아닙니다. 실제 시험과 동일한 형태의 모의고사를 여러 번 풀어봄으로써 정해진
시간 안에 문제가 요구하는 바를 정확하게 파악하는 연습을 해야 합니다. 『해커스공무원 神헌법 실전동형모의고사』는 실제 시
험과 동일하게 회차별 25문항으로 구성된 실전동형모의고사 15회를 수록하였습니다. 이를 통해 실제 시험과 가장 유사한 형
태로 실전에 철저히 대비할 수 있습니다. 또한 상세한 해설을 통해 공무원 헌법의 핵심 출제포인트를 확인할 수 있습니다.

**『해커스공무원 神헌법 실전동형모의고사』는
공무원 헌법 시험에 최적화된 교재입니다.**

제한된 시간 안에 문제 풀이는 물론 답안지까지 작성하는 훈련을 할 수 있도록 OMR 답안지를 수록하였습니다. 또한 공무원 헌
법 기출문제 중에서 중요도가 높은 문제를 선별하여 '최종점검 기출모의고사' 3회분으로 재구성하였습니다. 시험 직전, 실전과
같은 훈련 및 최신 출제 경향의 파악을 통해 효율적인 시간 안배를 연습하고 효과적으로 학습을 마무리할 수 있습니다.

**공무원 합격을 위한 여정,
해커스공무원이 여러분과 함께 합니다.**

실전 감각을 키우는 모의고사

약점 보완 해설집 [책 속의 책]

 OMR 답안지 추가 제공

해커스공무원(gosi.Hackers.com) ▶
사이트 상단의 '교재·서점' ▶ 무료 학습 자료

⋮ 이 책의 특별한 구성

문제집 구성

실전동형모의고사

- 공무원 헌법 시험과 동일한 유형의 실전동형모의고사 15회분 수록
- 20분의 제한된 문제 풀이 시간을 통해 효율적인 시간 안배 연습 가능

회차별 Review

- 각 회차별 정답, 키워드, 출제 유형, 난이도를 빠르게 확인 가능
- 각 회차의 주요 지문을 OX문제로 변형한 핵심지문 OX 수록

최종점검 기출모의고사

- 최근 출제된 기출문제 중 출제 가능성이 높은 문제만을 선별하여 최종점검 기출모의고사 3회분 수록
- 시험 직전 기출모의고사 풀이를 통해 최신 출제 경향을 파악하여 효과적인 학습 마무리 가능

상세한 해설

빠른 정답 확인
- 모든 문제의 정답과 단원을 표로 한눈에 확인 가능
- 빠르게 출제 단원과 정답을 확인

정답

01	②	Ⅱ	06	①	Ⅱ	11	①	Ⅰ
02	④	Ⅳ	07	③	Ⅰ	12	④	Ⅲ
03	④	Ⅱ	08	②	Ⅰ	13	④	Ⅱ
04	①	Ⅱ	09	②	Ⅱ	14	①	Ⅱ
05	④	Ⅳ	10	②	Ⅱ	15	②	Ⅲ

취약 단원 분석표

단원	맞힌 답의 개수
Ⅰ	/ 4
Ⅱ	/ 13
Ⅲ	/ 4
Ⅳ	/ 4
TOTAL	/ 25

취약 단원 분석표
스스로 취약한 단원을 분석하여 시험 직전에 더 학습하여야 하는 단원 확인

정답

01	②	Ⅱ	06	①	Ⅱ	11	①	Ⅰ	16	②	Ⅱ	21	④	Ⅳ						
02	④	Ⅳ	07	③	Ⅰ	12	④	Ⅲ	17	④	Ⅰ	22	③	Ⅳ						
03	④	Ⅱ	08	②	Ⅰ	13	④	Ⅱ	18	④	Ⅲ	23	④	Ⅲ						
04	①	Ⅱ	09	②	Ⅱ	14	①	Ⅱ	19	③	Ⅱ	24	④	Ⅲ						
05	④	Ⅳ	10	②	Ⅱ	15	②	Ⅲ	20	④	Ⅱ	25	①	Ⅳ						

단원	맞힌 답의 개수
Ⅰ	/ 4
Ⅱ	/ 13
Ⅲ	/ 4
Ⅳ	/ 4
TOTAL	/ 25

Ⅰ 헌법총론 / Ⅱ 기본권론 / Ⅲ 통치구조론 / Ⅳ 헌법재판론

---

[1] 국채가 발행되는 공공자금관리기금의 운용계획수립 및 집행에 있어서 채권·채무관계를 조기에 확정하고 예산 수립의 불안정성을 제거하여 공공자금관리기금을 합리적으로 운용하기 위하여 단기소멸시효를 둘 필요성이 크고, 국채는 일반기업 및 개인의 채무 보다 채무이행에 대한 신용도가 매우 높아서 채권자가 용이하게 채권을 행사할 수 있으므로 오랫동안 권리행사를 하지 않은 채권자까지 보호할 필요성이 그리 크지 않으며, 공공기관 기록물 중 예산·회계관련 기록물들의 보존기간이 5년으로 정해져 있어서 소멸시효기간을 이보다 더 장기로 정하는 것은 적절하지 않을 뿐만 아니라, 상사채권뿐 아니라, 국가 또는 지방자치단체에 대한 채권, 연금법상 채권, 공기업이 발행하는 채권 등이 모두 5년의 소멸시효 기간을 규정하고 있는 점을 종합하건대, 이 사건 법

판례
문제의 이해를 돕는 판결 내용 수록

05 국적

정답 ②

① [O] 심판대상조항은 외국인...

② [O] 「국적법」 제10조에 대한 옳은 내용이다.

제10조 【국적 취득자의 외국 국적 포기 의무】 ① 대한민국 국적을 취득한 외국인으로서 외국 국적을 가지고 있는 자는 대한민국 국적을 취득한 날부터 1년 내에 그 외국 국적을 포기하여야 한다.
② 제1항에도 불구하고 다음 각 호의 어느 하나에 해당하는 자는 대한민국 국적을 취득한 날부터 1년 내에 외국 국적을 포기하거나 법무부장관이 정하는 바에 따라 대한민국에서 외국 국적을 행사하지 아니하겠다는 뜻을 법무부장관에게 서약하여야 한다.
1. 귀화허가를 받은 때에 제6조 제2항 제1호·제2호 또는 제7조 제1항 제2호·제3호의 어느 하나에 해당하는 사유가 있는 자

조문
문제 풀이에 참고하면 좋을 관련 조문 수록

05 국적

정답 ④

① [O] 심판대상조항은 외국인에게 대한민국 국적을 부여하는 '귀화'의 요건을 정한 것인데, '품행', '단정' 등 용어의 사전적 의미가 명백하고, 심판대상조항의 입법취지와 용어의 사전적 의미 및 법원의 일반적인 해석 등을 종합하여 보면, '품행이 단정할 것'은 '귀화신청자를 대한민국의 새로운 구성원으로서 받아들이는 데 지장이 없을 만한 품성과 행실을 갖춘 것'을 의미하고, 구체적으로 이는 귀화신청자의 성별, 연령, 직업, 가족, 경력, 전과관계 등 여러 사정을 종합적으로 고려하여 판단될 것임을 예측할 수 있다. 따라서 심판대상조항은 명확성원칙에 위배되지 아니한다(헌재 2016.7.28. 2014헌바421).

② [O] 「국적법」 제10조에 대한 옳은 내용이다.

제10조 【국적 취득자의 외국 국적 포기 의무】 ① 대한민국 국적을 취득한 외국인으로서 외국 국적을 가지고 있는 자는 대한민국 국적을 취득한 날부터 1년 내에 그 외국 국적을 포기하여야 한다.
② 제1항에도 불구하고 다음 각 호의 어느 하나에 해당하는 자는 대한민국 국적을 취득한 날부터 1년 내에 외국 국적을 포기하거나 법무부장관이 정하는 바에 따라 대한민국에서 외국 국적을 행사하지 아니하겠다는 뜻을 법무부장관에게 서약하여야 한다.
1. 귀화허가를 받은 때에 제6조 제2항 제1호·제2호 또는 제7조 제1항 제2호·제3호의 어느 하나에 해당하는 사...

상세한 해설
- 모든 문제의 핵심 출제 키워드 제시
- 해설 학습을 통해 이론 복습의 효과를 기대할 수 있도록 모든 선지의 해설 수록

실전동형 모의고사

잠깐! 실전동형모의고사 전 확인사항

실전동형모의고사도 실전처럼 문제를 푸는 연습이 필요합니다.

✔ 휴대전화는 전원을 꺼주세요.

✔ 연필과 지우개를 준비하세요.

✔ 제한시간 20분 내 최대한 많은 문제를 정확하게 풀어보세요.

매 회 실전동형모의고사 전, 위 사항을 점검하고 시험에 임하세요.

01 기본권의 제한과 침해에 대한 헌법재판소 결정에 부합되지 않는 것은?

① 긴급조치 제9호의 발령부터 적용·집행에 이르는 일련의 국가작용에 대해 국가배상책임이 인정된다.

② 디엔에이감식시료채취영장 발부 과정에서 채취대상자에게 자신의 의견을 밝히거나 영장 발부 후 불복할 수 있는 절차 등에 관하여 규정하지 아니한 「디엔에이신원확인정보의 이용 및 보호에 관한 법률」 조항은 청구인들의 재판청구권을 침해하지 않는다.

③ 국회의원을 후원회지정권자로 정하면서 '지방의원'을 후원회지정권자에서 제외하고 있는 「정치자금법」 제6조 제2호는 지방의원의 평등권을 침해한다.

④ 통계청장이 2015 인구주택총조사의 방문 면접조사를 실시하면서, 담당 조사원을 통해 청구인에게 2015 인구주택총조사 조사표의 조사항목들에 응답할 것을 요구한 행위는 청구인의 개인정보자기결정권을 침해하지 않는다.

02 탄핵심판에 대한 설명으로 옳지 않은 것은? (다툼이 있는 경우 판례에 의함)

① 탄핵심판 대상자에 대한 탄핵심판 청구와 동일한 사유로 형사소송이 진행되고 있는 경우 헌법재판소는 탄핵심판절차를 정지할 수 있다.

② 기자회견에서 특정 정당을 지지한 대통령의 발언은 공무원의 선거운동금지를 규정하는 「공직선거법」 제60조에 위반되지 아니한다.

③ 대통령의 성실한 직책수행의무는 헌법적 의무에 해당하나, 헌법을 수호해야 할 의무와는 달리 규범적으로 그 이행이 관철될 수 있는 성격의 의무가 아니므로, 원칙적으로 사법적 판단의 대상이 될 수 없다.

④ 탄핵결정의 내용은 공직으로부터 파면하는 것이며, 이로써 민사상의 책임은 면제되나 형사상의 책임은 면제되지 아니한다.

03 헌법의 개념에 대한 설명으로 가장 적절하지 않은 것은? (다툼이 있는 경우 헌법재판소 판례에 의함)

① 불문헌법 내지 관습헌법도 성문헌법과 동일한 법적 효력을 가진다.

② 실질적 의미의 헌법과 형식적 의미의 헌법은 입법기술적으로나 헌법정책적 이유로 인하여 일치할 수 없다.

③ 헌법은 국민적 합의에 의해 제정된 국민생활의 최고 도덕규범이며 정치생활의 가치규범으로서 정치와 사회질서의 지침을 제공하고 있기 때문에 민주사회에서는 헌법의 규범을 준수하고 그 권위를 보존하는 것을 기본으로 한다.

④ 우리 헌법은 헌법의 개정이 통상의 법률개정보다 까다로운 절차와 방법을 요구하는 연성헌법에 속한다.

04 변호인의 조력을 받을 권리에 대한 설명으로 옳지 않은 것은? (다툼이 있는 경우 판례에 의함)

① 구속된 사람의 변호인과의 자유로운 접견권은 국가안전보장·질서유지·공공복리 등 어떠한 명분으로도 제한될 수 없는 권리이고, 법률로써 제한될 수 없는 권리이기 때문에 수용자의 접견시간을 평일에 한정한 「형의 집행 및 수용자의 처우에 관한 법률 시행령」은 변호인의 조력을 받을 권리를 침해한다.

② 피의자 및 피고인을 조력할 변호인의 권리 중 그것이 보장되지 않으면 그들이 변호인의 조력을 받는다는 것이 유명무실하게 되는 핵심적인 부분은 헌법상 기본권인 피의자 및 피고인이 가지는 변호인의 조력을 받을 권리와 표리의 관계에 있다 할 수 있어 헌법상 기본권으로 보호되어야 한다.

③ 변호인이 피의자신문에 자유롭게 참여할 수 있는 권리는 피의자가 가지는 변호인의 조력을 받을 권리를 실현하는 수단이라고 할 수 있어 헌법상 기본권인 변호인의 변호권으로 보호되어야 하므로, 피의자신문시 변호인에 대한 수사기관의 후방착석요구행위는 헌법상 기본권인 변호인의 변호권을 침해한다.

④ 형사절차가 종료되어 교정시설에 수용 중인 수형자나 미결수용자가 형사사건의 변호인이 아닌 민사재판, 행정재판, 헌법재판 등에서 변호사와 접견할 경우에는 원칙적으로 헌법상 변호인의 조력을 받을 권리의 주체가 될 수 없다.

05 헌법소원심판에 대한 설명으로 옳지 않은 것은? (다툼이 있는 경우 판례에 의함)

① 「헌법재판소법」 제68조 제2항의 규정에 의한 헌법소원심판의 심판대상은 재판의 전제가 되는 법률이지 대통령령은 그 대상이 될 수 없다.

② 행정청의 거부행위가 헌법소원심판의 대상인 공권력 행사가 되기 위해서는 국민이 행정청에 대하여 신청에 따른 행위를 해 줄 것을 요구할 수 있는 권리가 있어야 한다.

③ 「헌법재판소법」 제68조 제2항에 의한 헌법소원은 법률의 위헌성을 적극적으로 다투는 제도이므로 법률의 부존재, 즉 입법부작위를 다투는 것은 그 자체로 허용되지 아니한다.

④ 방송통신심의위원회가 「방송법」 제100조 제1항 단서에 따라 한 '의견제시'는 헌법소원의 대상이 되는 공권력의 행사에 해당하며, 위 조항은 기본권 침해의 직접성이 인정된다.

06 다음 「형법」 규정에 대한 설명으로 옳지 않은 것은? (다툼이 있는 경우 판례에 의함)

> 「형법」(2014.5.14. 법률 제12575호로 개정된 것)
> 제70조 【노역장유치】 ② 선고하는 벌금이 1억원 이상 5억원 미만인 경우에는 300일 이상, 5억원 이상 50억원 미만인 경우에는 500일 이상, 50억원 이상인 경우에는 1,000일 이상의 유치기간을 정하여야 한다.
> 「형법」 부칙(2014.5.14. 법률 제12575호)
> 제2조 【적용례 및 경과조치】 ① 제70조 제2항의 개정규정은 이 법 시행 후 최초로 공소가 제기되는 경우부터 적용한다.

① 노역장유치조항은 벌금형 및 과료형의 집행과 관련하여 벌금 등을 완납할 때까지 노역장에 유치하여 작업에 복무하게 하는 환형처분이며, 이는 과잉금지원칙에 반하여 신체의 자유를 침해한다.

② 형벌불소급원칙에서 의미하는 '처벌'은 단지 「형법」에 규정되어 있는 형식적 의미의 형벌 유형에 국한되지 않는다.

③ 노역장유치는 벌금형에 부수적으로 부과되는 환형처분으로서, 그 실질은 신체의 자유를 박탈하여 징역형과 유사한 형벌적 성격을 가지고 있으므로, 형벌불소급원칙의 적용대상이 된다.

④ 부칙 조항은 노역장유치조항의 시행 전에 행해진 범죄행위에 대해서도 공소제기의 시기가 노역장유치조항의 시행 이후이면 이를 적용하도록 하고 있으므로, 이는 범죄행위 당시보다 불이익한 법률을 소급적용하도록 하는 것으로서 헌법상 형벌불소급원칙에 위반된다.

07 재외국민 보호에 대한 헌법재판소의 결정 내용으로 옳지 않은 것은?

① 국내거주자에 대하여만 부재자투표를 인정하고 재외국민과 단기해외체류자 등 국외거주자에 대해서는 부재자투표를 인정하지 않은 「공직선거법」 조항은 헌법에 합치하지 않는다.

② 국내에 주민등록이 되어 있지 않은 재외국민에게 선거권·피선거권을 부여하지 않은 것은 헌법에 합치하지 않는다.

③ 국내에 주소를 두고 있는 피상속인의 경우에만 상속세 인적공제의 적용대상에 포함시키는 「상속세 및 증여세법」 조항은 재외국민 보호의무에 위반되어 헌법에 합치하지 않는다.

④ 일제에 의하여 국외로 강제동원되어 부상으로 장해를 입은 희생자 또는 그 유족에게 「강제동원조사법」 제4조 제2호에 따라 지급되는 위로금의 법적 성격은 인도적 차원의 시혜적 급부이다.

08 헌법의 적용범위에 대한 설명으로 옳은 것만을 모두 고르면? (다툼이 있는 경우 헌법재판소 결정에 의함)

> ㄱ. 헌법재판소는 독도 등을 중간수역으로 정한 '대한민국과 일본국 간의 어업에 관한 협정'은 배타적 경제수역을 직접 규정한 것이 아니고, 독도의 영유권 문제나 영해 문제와는 직접적인 관련을 가지지 아니하기 때문에 헌법상 영토조항에 위반되지 않는다고 하였다.
> ㄴ. 「북한이탈주민의 보호 및 정착지원에 관한 법률」에 따르면 북한을 벗어난 후 외국의 국적을 취득한 자는 '북한이탈주민'으로 보호된다.
> ㄷ. 헌법재판소는 남북합의서를 한민족공동체 내부의 특수관계를 기초로 하여 합의된 공동성명이나 신사협정에 준하는 것으로 보아, 남북합의서의 채택·발효가 북한을 하나의 국가로 인정한 것으로 볼 수 없다고 하였다.
> ㄹ. 헌법의 인적 적용범위와 관련하여 우리나라는 부모양계혈통주의에 기초한 속인주의를 원칙으로 하면서 속지주의를 보충적으로 채택하고 있다.
> ㅁ. 헌법재판소는 우리 헌법이 대한민국의 국민이 되는 요건은 법률로서 정한다고 규정하고 있기 때문에, 국적은 국가의 생성으로 당연히 발생하는 성질의 것이 아니라, 별도의 입법을 통해서만 비로소 그 실체를 인정받을 수 있다고 하였다.

① ㄱ, ㄴ

② ㄱ, ㄷ, ㄹ

③ ㄷ, ㄹ, ㅁ

④ ㄱ, ㄴ, ㄷ, ㄹ

09 기본권에 대한 설명으로 옳지 않은 것은? (다툼이 있는 경우 판례에 의함)

① 월급근로자로서 6개월이 되지 못한 자를 해고예고제도의 적용예외 사유로 규정하고 있는 「근로기준법」 제35조 제3호는 근무기간이 6개월 미만인 월급근로자의 근로의 권리를 침해하고 평등원칙에 위배된다.

② 아동·청소년대상 성범죄의 재범을 방지하고 재범시 수사의 효율성을 제고하기 위하여 등록대상자로 하여금 1년마다 사진을 제출하도록 형사처벌로 강제하는 것은 일반적 행동자유권을 과도하게 제한하는 것이다.

③ 「정치자금법」에 따라 회계보고된 자료의 열람기간을 3월간으로 제한한 「정치자금법」 조항은 과잉금지원칙에 위배되어 알 권리를 침해한다.

④ 입법자가 변리사제도를 형성하면서 변리사의 업무범위에 특허침해소송의 소송대리를 포함하지 않은 것이 변리사의 직업의 자유를 침해하는 것은 아니다.

10 표현의 자유에 대한 설명으로 옳은 것만을 모두 고르면? (다툼이 있는 경우 판례에 의함)

ㄱ. 공공기관등으로 하여금 정보통신망 상에 게시판을 설치·운영하려면 게시판 이용자의 본인 확인을 위한 방법 및 절차의 마련 등 대통령령으로 정하는 필요한 조치를 하도록 한 것은 익명표현의 자유를 침해하지 않는다.

ㄴ. 「출판사 및 인쇄소의 등록에 관한 법률」 규정 중 '음란한 간행물' 부분은 헌법에 위반되지 아니하고, '저속한 간행물' 부분은 명확성의 원칙에 반할 뿐만 아니라 출판의 자유와 성인의 알 권리를 침해하는 것으로 헌법에 위반된다.

ㄷ. 구체적인 전달이나 전파의 상대방이 없는 집필의 단계를 표현의 자유의 보호영역에 포함시킬 것인지 의문이 있을 수 있으나 집필은 문자를 통한 모든 의사표현의 기본 전제가 된다는 점에서 당연히 표현의 자유의 보호영역에 속해 있다고 보아야 한다.

ㄹ. 인터넷신문을 발행하려는 사업자가 취재 인력 3인 이상을 포함하여 취재 및 편집 인력 5인 이상을 상시 고용하지 않는 경우 인터넷신문으로 등록할 수 없도록 하는 것은 직업의 자유의 문제이고 언론의 자유를 제한하지는 않는다.

① ㄱ, ㄴ
② ㄱ, ㄹ
③ ㄱ, ㄴ, ㄷ
④ ㄴ, ㄷ, ㄹ

11 한국 헌정사에 대한 설명으로 옳지 않은 것은?

① 건국헌법은 위헌법률심사와 탄핵재판을 담당하는 헌법위원회를 신설하였다.

② 1960년 제3차 개정헌법에서는 대법원장과 대법관을 선거로 선출하도록 규정하였다.

③ 구속적부심사규정은 건국헌법 때 신설되어, 7차 개정헌법 때 폐지된 후, 8차 개정헌법 때 부활하였다.

④ 1980년 제8차 개정헌법에서는 적정임금 보장에 대해 규정하였다.

12 국회의 회의운영에 대한 설명으로 옳지 않은 것은?

① 국회는 휴회중이라도 대통령의 요구가 있을 때, 의장이 긴급한 필요가 있다고 인정할 때 또는 재적의원 4분의 1 이상의 요구가 있을 때에는 회의를 재개한다.

② 국회의원총선거후 최초의 임시회는 의원의 임기개시 후 7일에 집회하며, 처음 선출된 의장의 임기가 만료되는 때가 폐회중인 경우에는 늦어도 임기만료일전 5일까지 집회한다. 그러나 그 날이 공휴일인 때에는 그 다음 날에 집회한다.

③ 국회의 회의는 공개하는 것이 원칙이지만, 의장이 국가의 안전보장을 위하여 필요하다고 인정할 때에는 공개하지 아니할 수 있다.

④ 국회운영위원회는 본회의 의결이 있거나 위장이 필요하다고 인정하여 각 교섭단체 대표의원과 협의한 경우를 제외하고는 본회의 중에는 개회할 수 없다.

13 정당제도에 관한 설명으로 가장 적절하지 않은 것은? (다툼이 있는 경우 판례에 의함)

① 정당의 해산을 명하는 헌법재판소의 결정은 중앙선거관리위원회가 「정당법」에 따라 집행한다.
② 등록이 취소된 정당과 자진해산한 정당의 잔여재산은 당헌이 정하는 바에 따라 처분한다.
③ 「정당법」상 시·도당은 당해 관할구역 안에 주소를 두고 있는 1천인 이상의 당원을 가져야 한다고 규정하고 있는데, 이는 정당의 자유를 침해하지 아니한다.
④ 헌법 제8조 제1항은 정당설립의 자유, 정당조직의 자유, 정당활동의 자유 등을 포괄하는 정당의 자유를 보장하는 규정이므로, 국민이 개인적으로 가지는 기본권이 아니라 정당이 단체로서 가지는 기본권이다.

14 직업의 자유에 대한 설명으로 옳은 것만을 모두 고르면? (다툼이 있는 경우 헌법재판소 결정에 의함)

> ㄱ. 접촉차단시설이 설치되지 않은 장소에서 수용자와 접견할 수 있는 예외 대상의 범위에 소송대리인이 되려는 변호사를 포함시키지 않은 것은 변호사인 청구인의 직업수행의 자유를 침해하지 않는다.
> ㄴ. 경쟁의 자유는 기본권의 주체가 직업의 자유를 실제로 행사하는 데에서 나오는 결과이므로 당연히 직업의 자유에 의하여 보장되고, 다른 기업과의 경쟁에서 국가의 간섭이나 방해를 받지 않고 기업활동을 할 수 있는 자유를 의미한다.
> ㄷ. 초등학교, 중학교, 고등학교의 학교환경위생정화구역 내에서의 당구장 시설을 제한하면서 예외적으로 학습과 학교보건위생에 나쁜 영향을 주지 않는다고 인정하는 경우에 한하여 당구장 시설을 허용하도록 하는 것은 과도하게 직업의 자유를 침해한다.
> ㄹ. 「마약류 관리에 관한 법률」을 위반하여 금고 이상의 실형을 선고받고 그 집행이 끝나거나 면제된 날부터 20년이 지나지 아니한 것을 택시운송사업의 운전업무 종사자격의 결격사유 및 취소사유로 정한 구 「여객자동차 운수사업법」 조항은 직업선택의 자유를 침해한다.
> ㅁ. 나무의사만이 수목진료를 할 수 있도록 규정한 「산림보호법」 제21조의4 제1항의 '나무의사조항'은 과잉금지원칙에 위배되어 직업선택의 자유를 침해한다.

① ㄱ, ㄹ
② ㄷ, ㅁ
③ ㄱ, ㄴ, ㄹ
④ ㄱ, ㄴ, ㄹ, ㅁ

15 대통령의 국가긴급권에 대한 설명으로 옳은 것은? (다툼이 있는 경우 판례에 의함)

① 대통령의 긴급재정경제명령은 중대한 재정 경제상의 위기에 처하여 국회의 집회를 기다릴 여유가 없을 때에 국가의 안전보장 또는 공공의 안녕질서를 유지하기 위하여 필요한 경우에 발동되는 일종의 국가긴급권으로서 대통령의 고도의 정치적 결단을 요하는 국가작용이므로 헌법재판소의 심판대상이 될 수 없다.
② 긴급재정경제명령은 위기가 발생할 우려가 있다는 이유로 사전적·예방적으로 발할 수 없고, 공공복리의 증진과 같은 적극적 목적을 위하여도 발할 수 없다.
③ 헌법상 대통령이 발한 긴급명령에 대하여 국회의 승인을 얻지 못한 경우 그 명령은 소급하여 효력을 상실한다.
④ 헌법상 대통령의 긴급재정경제처분 및 명령권은 '국회의 집회가 불가능한 때'에 한하여 발할 수 있다.

16 「대한민국헌법」의 역사에 대한 설명으로 가장 적절하지 않은 것은?

① 제헌헌법에서 모든 국민은 국가 각 기관에 대하여 문서로써 청원을 할 권리가 있으며, 청원에 대하여 국가는 심사할 의무를 진다고 규정하였다.
② 1952년 제1차 헌법개정에서 단원제 국회가 규정되었고, 국무위원은 국무총리의 제청에 의하여 대통령이 임면한다고 규정하였다.
③ 1962년 제5차 헌법개정에서 중앙선거관리위원회는 대통령이 임명하는 2인, 국회에서 선출하는 2인과 대법원 판사회의에서 선출하는 5인의 위원으로 구성하고, 위원장은 위원 중에서 호선한다고 규정하였다.
④ 1980년 제8차 헌법개정에서 모든 국민은 깨끗한 환경에서 생활할 권리를 가지며, 국가와 국민은 환경보전을 위하여 노력하여야 한다고 규정하였다.

17 헌법상 경제질서에 대한 헌법재판소의 결정 내용으로 옳지 않은 것은?

① 특정의료기관이나 특정의료인의 기능·진료방법에 관한 광고를 금지하는 것은 새로운 의료인들에게 자신의 기능이나 기술 혹은 진단 및 치료방법에 관한 광고와 선전을 할 기회를 배제함으로써, 기존의 의료인과의 경쟁에서 불리한 결과를 초래할 수 있는데, 이는 자유롭고 공정한 경쟁을 추구하는 헌법상의 시장경제질서에 부합되지 않는다.

② 금고 이상의 실형을 선고받고 그 형의 집행이 종료되거나 면제되지 아니한 자는 농산물도매시장의 중도매업 허가를 받을 수 없다고 규정한 것은 직업선택의 자유를 침해한 것으로 볼 수 없다.

③ 우리 헌법은 제123조 제3항에서 중소기업이 국민경제에서 차지하는 중요성 때문에 중소기업의 보호를 국가경제정책적 목표로 명문화하고 있는데, 중소기업의 보호는 넓은 의미의 경쟁정책의 한 측면을 의미하므로 중소기업의 보호는 원칙적으로 경쟁질서의 범주 내에서 경쟁질서의 확립을 통하여 이루어져야 한다.

④ 소유자가 거주하지 아니하거나 경작하지 아니하는 농지를 비사업용 토지로 보아 60%의 중과세율을 적용하도록 한 것은, 투기의 목적 없이 농지를 취득한 경우에도 적용을 피할 수 없을 뿐 아니라 그 중과세율이 지나치게 높다고 할 것이므로 헌법상 과잉금지원칙에 위반하여 국민의 재산권을 침해한다.

18 정당제도에 대한 설명으로 옳은 것은? (다툼이 있는 경우 헌법재판소 결정에 의함)

① 정당이 헌법재판소의 결정으로 해산된 때에는 해산된 정당의 강령과 동일하거나 유사한 것으로 정당을 창당하지 못할 뿐만 아니라, 해산된 정당과 동일하거나 유사한 명칭은 사용할 수 없다.

② 정당해산결정에 대해서는 재심을 허용하지 아니함으로써 얻을 수 있는 법적 안정성의 이익이 재심을 허용함으로써 얻을 수 있는 구체적 타당성의 이익보다 더 중하다고 할 것이므로, 이 같은 결정은 그 성질상 재심에 의한 불복이 허용될 수 없다.

③ 헌법 제8조 제4항에 의하면 정당의 목적이나 활동이 민주적 기본질서에 위배되기만 하면 정당해산의 사유가 된다고 해석되므로, 헌법재판소가 정당해산결정을 내리기 위해서는 그 해산이 비례원칙에 부합하는지를 별도로 검토할 필요는 없다.

④ 정당해산심판제도의 본질에 비추어 볼 때, 국회의원의 국민대표성은 부득이 희생될 수밖에 없으므로, 명문의 규정 유무에 상관없이 정당해산결정시 소속 국회의원의 의원직은 상실된다.

19 평등권 또는 평등의 원칙에 대한 설명으로 옳지 않은 것은? (다툼이 있는 경우 판례에 의함)

① 군인이 군사기지·군사시설에서 군인을 폭행한 경우 반의사불벌죄(「형법」 제260조 제3항)의 적용을 배제하도록 한 「군형법」 제60조의6은 평등원칙에 위반되지 않는다.

② 애국지사 본인과 순국선열의 유족은 본질적으로 다른 집단이므로, 구 「독립유공자예우에 관한 법률 시행령」 조항이 같은 서훈 등급임에도 순국선열의 유족보다 애국지사 본인에게 높은 보상금 지급액 기준을 두고 있다 하여 곧 순국선열의 유족의 평등권이 침해되었다고 볼 수 없다.

③ 「형법」이 반의사불벌죄 이외의 죄를 범하고 피해자에게 자복한 사람에 대하여 반의사불벌죄를 범하고 피해자에게 자복한 사람과 달리 임의적 감면의 혜택을 부여하지 않은 것은 자의적인 차별이어서 평등의 원칙에 반한다.

④ 피고인이 무죄판결을 받지는 않았으나 원판결보다 가벼운 형으로 유죄판결이 확정됨에 따라 원판결에 따른 구금형 집행이 재심판결에서 선고된 형을 초과하게 된 경우, 초과 구금에 대한 형사보상을 규정하지 않은 「형사보상법」은 평등권을 침해한다.

20 헌법상 일반적 인격권에 대한 설명으로 옳지 않은 것은? (다툼이 있는 경우 헌법재판소 결정에 의함)

① 변호사에 대한 징계결정정보를 인터넷 홈페이지에 공개하도록 한 「변호사법」 조항과 징계결정정보의 공개범위와 시행방법을 정한 「변호사법 시행령」 조항은 청구인의 인격권을 침해하지 않는다.

② 범죄행위 당시에 없었던 위치추적 전자장치 부착명령을 출소예정자에게 소급적용할 수 있도록 한 구 「특정 범죄자에 대한 위치추적 전자장치 부착 등에 관한 법률」 부칙 경과조항은 과잉금지원칙에 위반되지 않아 피부착자의 인격권을 침해하지 않는다.

③ 수형자가 법정에 출석하기까지 도주예방과 교정사고의 방지를 위해 운동화 착용을 불허하는 행위는 수형자의 인격권을 침해하지 않는다.

④ 상체승의 포승과 수갑을 채우고 별도의 포승으로 다른 수용자와 연승한 행위는 과잉금지원칙에 반하여 청구인의 인격권을 침해한다.

21 청구인은 고위공직자범죄수사처(이하 '수사처'라 한다)의 수사대상이 될 수 있는 제21대 국회의원으로, 2020.7.15.부터 시행된 「고위공직자범죄수사처 설치 및 운영에 관한 법률」의 위헌확인을 구하는 헌법소원심판을 청구하였다. 이에 관한 설명으로 옳지 않은 것은? (다툼이 있는 경우 헌법재판소 결정에 의함)

① 청구인은 수사처에 의한 수사대상, 경우에 따라서는 기소대상이 되어 평등권, 신체의 자유 등 기본권이 침해될 가능성이 있고, 고위공직자범죄등을 범한 경우 수사처의 수사 또는 기소의 대상이 될 수 있다는 점도 확실히 예측되므로, 위 조항들에 대한 심판청구는 적법하다.

② 수사처는 대통령을 수반으로 하는 행정부에 소속되고, 그 관할권의 범위가 전국에 미치는 중앙행정기관으로 보는 것이 타당하다.

③ 헌법에 규정된 영장신청권자로서의 검사는 검찰권을 행사하는 국가기관인 검사로서, 공익의 대표자이자 수사단계에서의 인권옹호기관으로서의 지위에서 그에 부합하는 직무를 수행하는 자를 의미하는 것이며, 「검찰청법」상 검사만을 지칭하는 것으로 본다.

④ 수사나 공소제기의 주체, 방법, 절차 등에 관하여 기존의 행정조직에 소속되지 않은 독립된 위치에서 수사 등에 관한 사무를 수행할 기관을 설치·운영할 것인지를 포함하여 해당 기관에 의한 수사나 기소의 대상을 어느 범위로 정할 것인지는 입법재량의 영역이라고 할 수 있다.

22 권한쟁의심판에 대한 설명으로 옳지 않은 것은? (다툼이 있는 경우 판례에 의함)

① 「헌법재판소법」은 정당해산심판 및 권한쟁의심판에 대해서만 가처분에 대한 규정을 명문화 하였다.

② 지방자치단체의 의결기관인 지방의회를 구성하는 지방의회의원과 그 지방의회의 대표자인 지방의회의장 간의 권한쟁의심판은 헌법 및 「헌법재판소법」에서 규정하는 현행 권한쟁의심판의 범위에 속한다고 볼 수 없다.

③ 정당과 달리 교섭단체는 그 권한침해를 이유로 권한쟁의심판을 청구할 수 있다.

④ 권한쟁의심판의 적법요건으로서의 피청구인의 '처분'에는 개별적 행위뿐만 아니라 규범을 제정하는 행위가 포함되며, 입법영역에서는 법률의 제정행위 및 법률 자체를, 행정영역에서는 법규명령 및 모든 개별적인 행정적 행위를 포함한다.

23 지방자치제도에 대한 설명으로 옳지 않은 것은? (다툼이 있는 경우 판례에 의함)

① 지방자치단체의 장 선거권은 헌법에 보장되는 기본권이다.

② 감사원에 의한 지방자치단체의 자치사무에 대한 합목적성 감사는 지방자치권의 본질을 침해하지 않는다.

③ 지방자치단체의 폐치·분합에 관한 사항은 「헌법재판소법」 제68조 제1항에 따른 헌법소원심판의 대상이 될 수 있다.

④ 구 「지방자치법」 제4조 제1항에 규정된 지방자치단체의 구역은 주민·자치권과 함께 지방자치단체의 구성요소로서 자치권을 행사할 수 있는 장소적 범위를 말하며, 자치권이 미치는 관할구역의 범위에 육지는 포함되나 공유수면은 포함되지 않는다.

24 평등권에 대한 설명으로 옳은 것은? (다툼이 있는 경우 판례에 의함)

① 대통령선거 및 지역구국회의원선거의 예비후보자들과 달리 광역자치단체장선거의 예비후보자를 후원회 지정권자에서 제외하고 있는 것은 광역자치단체장선거 예비후보자의 평등권을 침해하지 않는다.

② 자율형 사립고등학교를 후기학교로 정하여 신입생을 일반고와 동시에 선발하도록 한 것은 자율형 사립고등학교 법인의 평등권을 침해한다.

③ 혼인한 등록의무자 모두 배우자가 아닌 본인의 직계존·비속의 재산을 등록하도록 「공직자윤리법」 제4조 제1항 제3호가 개정되었음에도 불구하고, 개정 전 「공직자윤리법」 조항에 따라 이미 배우자의 직계존·비속의 재산을 등록한 혼인한 여성 등록의무자는 종전과 동일하게 계속해서 배우자의 직계존·비속의 재산을 등록하도록 규정한 「공직자윤리법」 부칙은 평등원칙에 위배된다.

④ 일반택시운송사업에서 운전업무에 종사하는 근로자(택시기사)의 최저임금에 산입되는 임금의 범위는 생산고에 따른 임금을 제외한 대통령령으로 정하는 임금으로 하는 「최저임금법」 제6조 제5항은 계약의 자유 및 평등권을 침해한다.

25 국적에 대한 설명으로 적절하지 않은 것은 모두 몇 개인가? (다툼이 있는 경우 헌법재판소 판례에 의함)

ㄱ. 대한민국 국적을 상실한 자가 그 후 1년 내에 그 외국 국적을 포기하면 법무부장관에게 허가를 얻어 대한민국 국적을 재취득할 수 있다.

ㄴ. 복수국적자로서 외국 국적을 선택하려는 자는 외국에 주소가 있는 경우에만 주소지 관할 재외공관의 장을 거쳐 법무부장관에게 대한민국 국적을 이탈한다는 뜻을 신고할 수 있다.

ㄷ. 1978.6.14.부터 1998.6.13. 사이에 태어난 모계출생자(모가 대한민국 국민이거나 모가 사망할 당시에 모가 대한민국 국민이었던 자)가 대한민국 국적을 취득할 수 있는 특례를 두면서 2004.12.31.까지 국적취득신고를 한 경우에만 대한민국 국적을 취득하도록 한 「국적법」 조항은, 모계출생자가 권리를 남용할 가능성을 억제하기 위하여 특례기간을 2004.12.31.까지로 한정하고 있는바, 이를 불합리하다고 볼 수 없고 평등원칙에 위배되지 않는다.

ㄹ. 출생 당시에 모가 자녀에게 외국 국적을 취득하게 할 목적으로 외국에서 체류 중이었던 사실이 인정되는 자는 외국 국적을 포기한 경우에만 대한민국 국적을 선택한다는 뜻을 신고할 수 있다.

① 1개   ② 2개
③ 3개   ④ 4개

01회 / Review

문항	정답	문제 키워드	출제 유형	난이도	문항	정답	문제 키워드	출제 유형	난이도
01	②	기본권의 제한과 침해	이론/판례/조문	●●○	14	③	직업의 자유	이론/판례/조문	●●●
02	④	탄핵심판	이론/판례/조문	●●○	15	②	국가긴급권	이론/판례/조문	●●○
03	④	헌법개념	이론/판례/조문	●○○	16	②	헌정사	이론/판례/조문	●○○
04	①	변호인의 조력을 받을 권리	이론/판례/조문	●●○	17	④	경제질서	이론/판례/조문	●●○
05	④	헌법소원심판	이론/판례/조문	●●○	18	④	정당제도	이론/판례/조문	●●○
06	①	과잉금지원칙, 형벌불소급원칙	이론/판례/조문	●●●	19	③	평등권	이론/판례/조문	●●○
07	③	재외국민 보호	이론/판례/조문	●●○	20	④	인격권	이론/판례/조문	●●○
08	②	헌법의 적용범위	이론/판례/조문	●●○	21	③	헌법소원심판	이론/판례/조문	●●●
09	②	기본권의 침해	이론/판례/조문	●●○	22	③	권한쟁의심판	이론/판례/조문	●●○
10	③	표현의 자유	이론/판례/조문	●●○	23	④	지방자치제도	이론/판례/조문	●●○
11	①	헌정사	이론/판례/조문	●●○	24	③	평등권	이론/판례/조문	●●○
12	④	국회의 운영	이론/판례/조문	●●○	25	①	국적	이론/판례/조문	●●○
13	④	정당제도	이론/판례/조문	●●○					

[**출제 유형 & 난이도**] 각 문항별 출제 유형(이론/판례/조문)과 난이도를 수록하였으니, 본인이 취약한 유형이나 고난도 문제만 풀어보는 등 학습 상황에 알맞게 활용하시기 바랍니다.

핵심지문 OX

01회 실전동형모의고사에서 꼭 되짚어야 할 핵심지문을 다시 확인해보시기 바랍니다.

01 디엔에이감식시료채취영장 발부 과정에서 채취대상자에게 자신의 의견을 밝히거나 영장 발부 후 불복할 수 있는 절차 등에 관하여 규정하지 아니한 「디엔에이신원확인정보의 이용 및 보호에 관한 법률」 조항은 청구인들의 재판청구권을 침해하지 않는다. (　　　)

02 탄핵심판 대상자에 대한 탄핵심판 청구와 동일한 사유로 형사소송이 진행되고 있는 경우 헌법재판소는 탄핵심판절차를 정지할 수 있다. (　　　)

03 노역장유치조항은 벌금형 및 과료형의 집행과 관련하여 벌금 등을 완납할 때까지 노역장에 유치하여 작업에 복무하게 하는 환형처분이며, 이는 과잉금지원칙에 반하여 신체의 자유를 침해한다. (　　　)

04 아동·청소년대상 성범죄의 재범을 방지하고 재범시 수사의 효율성을 제고하기 위하여 등록대상자로 하여금 1년마다 사진을 제출하도록 형사처벌로 강제하는 것은 일반적 행동자유권을 과도하게 제한하는 것이다. (　　　)

05 1980년 제8차 개정헌법에서는 적정임금 보장에 대해 규정하였다. (　　　)

06 헌법상 대통령이 발한 긴급명령에 대하여 국회의 승인을 얻지 못한 경우 그 명령은 소급하여 효력을 상실한다. (　　　)

07 범죄행위 당시에 없었던 위치추적 전자장치 부착명령을 출소예정자에게 소급적용할 수 있도록 한 구「특정 범죄자에 대한 위치추적 전자장치 부착 등에 관한 법률」부칙 경과조항은 과잉금지원칙에 위반되지 않아 피부착자의 인격권을 침해하지 않는다. (　　　)

[정답] **01** ✕ 재판청구권을 침해한다. **02** ○ **03** ✕ 노역장유치조항은 신체의 자유를 침해하지 않는다. **04** ✕ 일반적 행동의 자유를 침해하지 아니한다. **05** ○ **06** ✕ 그때부터 효력을 상실한다. **07** ○

02회 실전동형모의고사

제한시간: 20분 **시작** 시 분 ~ **종료** 시 분 점수 확인 개/ 25개

01 대통령에 대한 두 차례 탄핵심판(헌재 2004.5.14. 2004 헌나1 및 헌재 2017.3.10. 2016헌나1)에 대한 결정 내용으로 옳은 것만을 모두 고르면? (다툼이 있는 경우 헌법재판소 결정에 의함)

ㄱ. 대통령의 기자회견시 특정 정당에 대한 지지 발언은 「공직선거법」상 공무원의 선거운동금지 규정 위반이나 공무원의 정치적 중립의무 위반은 아니다.

ㄴ. 중앙선거관리위원회의 「선거법」 위반 결정에 대한 대통령의 「선거법」 폄하 발언은 대통령의 헌법수호의무 위반은 아니다.

ㄷ. 대통령이 자신에 대한 재신임을 국민투표의 형태로 묻고자 제안한 것은 헌법을 실현하고 수호해야 할 대통령의 의무를 위반한 것이다.

ㄹ. 대통령의 '직책을 성실히 수행할 의무'는 헌법적 의무에 해당하고 규범적으로 그 이행이 관철될 수 있는 성격의 의무이므로 원칙적으로 사법적 판단의 대상이 된다.

ㅁ. 헌법상 적법절차의 원칙을 국가기관에 대하여 헌법을 수호하고자 하는 탄핵소추절차에 직접 적용할 수 없다.

ㅂ. 세월호 참사에 대한 대통령의 대응조치에 미흡하고 부적절한 면이 있었기에 대통령은 생명권 보호의무를 위반하였다.

ㅅ. 대통령이 대기업 임원 등에게 재단법인에 출연할 것을 요구한 행위는 임의적 협력을 기대하는 단순한 의견제시나 권고가 아니라 사실상 구속력이 있는 행위이고, 아무런 법적 근거 없이 대통령의 지위를 이용하여 사적 자치 영역에 간섭한 것으로서 기업의 재산권 및 기업자유의 자유를 침해하였다.

① ㄷ, ㅁ, ㅅ
② ㅁ, ㅂ, ㅅ
③ ㄱ, ㄴ, ㄷ, ㅁ
④ ㄱ, ㄹ, ㅂ, ㅅ

02 신뢰보호의 원칙에 대한 설명으로 적절한 것을 모두 고른 것은? (다툼이 있는 경우 헌법재판소 판례에 의함)

ㄱ. 헌법재판소가 성인대상 성범죄자에 대하여 10년 동안 일률적으로 의료기관에의 취업제한 등을 하는 규정에 대하여 위헌결정을 한 뒤, 개정법 시행일 전까지 성인대상 성범죄로 형을 선고받아 그 형이 확정된 사람에 대해서 형의 종류 또는 형량에 따라 기간에 차등을 두어 의료기관에의 취업 등을 제한하는 「아동·청소년의 성보호에 관한 법률」 부칙 제5조 제1호는 신뢰보호원칙에 위배되지 아니한다.

ㄴ. 실제 평균임금이 노동부장관이 고시하는 한도금액 이상일 경우 그 한도금액을 실제임금으로 의제하는 최고보상제도가 시행되기 전에 이미 재해를 입고 산재보상수급권이 확정적으로 발생한 경우에도 적용하는 「산업재해보상보험법」 부칙조항은 신뢰보호원칙에 위반된다.

ㄷ. 30여 년간 일관되게 시행되어 온 수신료 통합징수제도를 신뢰하고 이를 전제로 각종 재정적 제한을 감수하여 온 공영방송에 대하여 다른 재원 마련 방안에 대한 아무런 대책 없이 분리징수제도를 갑자기 시행함으로써 청구인이 일방적으로 입게 되는 재정적 불이익과 그에 따른 공영방송으로서의 중립성, 독립성, 지속가능성의 훼손 우려는 매우 중대하므로, 심판대상조항을 시행하여 달성하고자 하는 공익보다는 수신료 통합징수제도의 존속에 관한 청구인의 신뢰이익이 훨씬 더 크다고 볼 수 있다.

ㄹ. 개정 법률 시행 당시 존속 중인 임대차에도 개정 조항을 적용하도록 한 「주택임대차법」 부칙조항은 신뢰보호원칙에 위반되지 않는다.

① ㄱ, ㄴ, ㄷ
② ㄱ, ㄴ, ㄹ
③ ㄱ, ㄷ, ㄹ
④ ㄴ, ㄷ, ㄹ

03 선거권 및 선거제도에 대한 설명으로 가장 적절하지 않은 것은? (다툼이 있는 경우 헌법재판소 판례에 의함)

① 종교단체 내 직무상 지위를 이용한 선거운동을 금지한 것이 정치적 표현의 자유를 침해하는 것은 아니다.

② 지방공사 상근직원에 대하여 일체의 선거운동을 금지하는 것은, 선거운동의 자유를 중대하게 제한하는 정도에 비하여 선거의 공정성 및 형평성의 확보라는 공익에 기여하는 바가 크지 않으므로, 과잉금지원칙을 위반하여 지방공사 상근직원의 선거운동의 자유를 침해하므로, 헌법에 위반된다.

③ 선거운동은 국민주권 행사의 일환일 뿐 아니라 정치적 표현의 자유의 한 형태로서 민주사회를 구성하고 움직이게 하는 요소이지만, 그 제한방식은 입법자의 재량이 광범위하게 인정되므로 제한입법의 위헌 여부에 대하여는 완화된 심사기준이 적용되어야 한다.

④ 선거일 현재 1년 이상의 징역 또는 금고의 형의 선고를 받고 그 집행이 종료되지 아니하거나 그 집행을 받지 아니하기로 확정되지 아니한 사람은 선거권이 없지만, 그 형의 집행유예를 선고받고 유예기간 중에 있는 사람은 선거권이 있다.

04 직업의 자유에 대한 설명으로 옳은 것만을 모두 고르면? (다툼이 있는 경우 헌법재판소 결정에 의함)

> ㄱ. 변호사 광고의 내용, 방법 등을 규제하는 대한변호사협회의 '변호사 광고에 관한 규정'(변협 규정 제44호)은 표현의 자유와 직업의 자유를 침해한다.
>
> ㄴ. 청원경찰이 법원에서 자격정지의 형을 선고받은 경우 「국가공무원법」을 준용하여 당연퇴직하도록 한 조항은 청원경찰의 직업의 자유를 침해한다.
>
> ㄷ. 의료인의 의료기관 중복 개설을 금지하는 「의료법」 제33조 제8항 본문 중 '개설' 부분 및 이를 위반한 자를 처벌하는 구 「의료법」 제87조 제1항 제2호 중 제33조 제8항 본문 가운데 '개설' 부분은 의료인의 직업수행의 자유를 침해한다고 볼 수 없다.
>
> ㄹ. 의료인으로 하여금 어떠한 명목으로도 둘 이상의 의료기관을 개설할 수 없도록 하고 이를 위반할 경우 형사처벌하는 것은 여러 개의 의료기관을 개설하고자 하는 의료인의 직업수행 방법을 제한하고 있다.
>
> ㅁ. 의료기기 수입업자가 의료기관 개설자에게 리베이트를 제공하는 경우를 처벌하는 조항은 의료기기 수입업자의 직업의 자유를 침해한다.

① ㄱ, ㄹ   ② ㄴ, ㅁ
③ ㄱ, ㄷ, ㄹ   ④ ㄴ, ㄷ, ㅁ

05 문화국가원리에 대한 설명으로 적절한 것은? (다툼이 있는 경우 판례에 의함)

① 국가의 문화육성은 국민에게 문화창조의 기회를 부여한다는 의미에서 서민문화, 대중문화는 그 가치를 인정하고 정책적인 배려의 대상으로 하여야 하지만, 엘리트문화는 이에 포함되지 않는다.

② 문화국가원리는 국가의 문화정책과 밀접 불가분의 관계를 맺고 있는바, 오늘날 문화국가에서의 문화정책은 문화풍토의 조성이 아니라 문화 그 자체에 초점을 두어야 한다.

③ 국가가 민족문화유산을 보호하고자 하는 경우 이에 관한 헌법적 보호법익은 민족문화유산의 훼손 등에 관한 가치보상에 있는 것이지 '민족문화유산의 존속' 그 자체를 보장하는 것은 아니다.

④ 헌법 제9조의 정신에 따라 우리가 진정으로 계승·발전시켜야 할 전통문화는 이 시대의 제반 사회·경제적 환경에 맞고 또 오늘날에 있어서도 보편타당한 전통윤리 내지 도덕관념이라 할 것이다.

06 선거관리위원회에 대한 설명으로 옳은 것은? (다툼이 있는 경우 판례에 의함)

① 선거운동은 각급선거관리위원회의 관리하에 법률이 정하는 범위 안에서 하되, 균등한 기회가 보장되어야 하며, 선거에 관한 경비는 정당에게 부담시킬 수 있으나 후보자에게는 부담시킬 수 없다.

② 중앙선거관리위원회 위원장은 중앙선거관리위원 중에서 대법원장이 지명한다.

③ 중앙선거관리위원회 위원은 국회의 탄핵소추 대상이 되나 구·시·군선거관리위원회 위원은 국회의 탄핵소추 대상이 되지 아니한다.

④ 행정기관이 선거·국민투표 및 정당관계법령을 제정·개정 또는 폐지하고자 할 때에는 미리 당해 법령안을 중앙선거관리위원회에 송부하여 그 의견을 구하여야 한다.

07 혼인과 가족제도에 대한 설명으로 가장 적절하지 않은 것은? (다툼이 있는 경우 판례에 의함)

① 유류분 산정 기초재산에 산입되는 증여의 범위를 피상속인이 상속개시 전 1년간에 행한 증여로 한정하고 있으나, 피상속인의 생전 처분에 의하여 유류분제도를 회피하지 못하도록 증여재산을 유류분 산정 기초재산에 산입하도록 하여 유류분권리자를 보호하면서도, 거래의 안전을 위하여 산입되는 증여의 범위를 일정 부분으로 한정하고 있어 양자의 합리적 조화를 도모하고 있어 불합리하다고 볼 수 없다.

② 사실혼 배우자는 혼인신고를 함으로써 상속권을 가질 수 있고, 증여나 유증을 받는 방법으로 상속에 준하는 효과를 얻을 수 있으며, 「근로기준법」, 「국민연금법」 등에 근거한 급여를 받을 권리 등이 인정된다.

③ 「민법」 제1112조에서 유류분권리자와 각 유류분을 획일적으로 정하고 있는 것 자체는 불합리하다고 보기 어렵지만, 「민법」 제1112조 제1호부터 제3호까지가 유류분상실사유를 별도로 규정하지 않은 것은 현저히 불합리하다고 할 것이다.

④ 재산분할청구권조항이 일방의 사망으로 사실혼이 해소된 경우 생존 사실혼 배우자에게 재산분할청구권을 인정하지 않는 것은 재산분할제도의 본질을 훼손하는 것인바, 위 조항은 입법형성에 관한 한계를 일탈하여 생존 사실혼 배우자의 재산권을 침해한다고 할 수 있다.

08 기본권 주체에 대한 설명으로 가장 적절한 것은? (다툼이 있는 경우 헌법재판소 판례에 의함)

① 헌법 제31조 제4항이 규정하는 교육의 자주성 및 대학의 자율성은 헌법 제22조 제1항이 보장하는 학문의 자유의 확실한 보장을 위해 꼭 필요한 것으로서 대학에 부여된 헌법상 기본권인 대학의 자율권이므로, 국립대학도 대학의 자율권의 주체가 될 수 있다.

② 모든 인간은 헌법상 생명권의 주체가 되며 형성 중의 생명인 태아에게 생명권 주체성이 인정되므로, 수정 후 모체에 착상되기 전인 초기배아에 대해서도 기본권 주체성을 인정할 수 있다.

③ 변호인의 조력을 받을 권리는 성질상 국민의 권리에 해당하므로 외국인은 그 주체가 될 수 없다.

④ 자본주의 경제질서하에서 근로자가 기본적 생활수단을 확보하고 인간의 존엄성을 보장받기 위하여 최소한의 근로조건을 요구할 수 있는 권리는 사회권적 기본권으로서의 성질을 가지므로 외국인에 대해서는 기본권 주체성을 인정할 수 없다.

09 위헌법률심판의 적법성에 대한 설명으로 옳은 것은? (다툼이 있는 경우 판례에 의함)

① 위헌법률심판의 적법요건으로서의 재판의 전제성에서 '재판'이라 함은 판결·결정·명령 등 그 형식 여하와 본안에 관한 재판이거나 소송절차에 관한 재판인지를 불문하고 심급을 종국적으로 종결시키지 아니하는 중간재판까지 모두 포함된다.

② 법원의 위헌법률심판제청에 있어 위헌 여부가 문제되는 법률 또는 법률조항이 재판의 전제성 요건을 갖추고 있는지 여부는 헌법재판소가 이를 부정할 수 없다.

③ 행정처분의 근거가 된 법률이 헌법재판소에서 위헌으로 결정된 경우에는 그 전에 이미 집행이 종료된 경우에는 그 전에 이미 집행이 종료된 행정처분이라 하더라도 당연무효가 되는 것으로 보아야 한다.

④ 수소법원뿐만 아니라 집행법원도 위헌법률심판제청권이 있으며, 헌법에 근거를 둔 특별법원인 군사법원과, 헌법 제107조 제3항 및 「행정심판법」 등에 근거를 두고 설치되어 행정심판을 담당하는 각종 행정심판기관도 제청권한을 갖는다.

10 양심의 자유에 대한 설명으로 옳지 않은 것은? (다툼이 있는 경우 판례에 의함)

① 헌법이 보호하고자 하는 양심은 어떤 일의 옳고 그름을 판단함에 있어서 그렇게 행동하지 않고는 자신의 인격적 존재가치가 허물어지고 말 것이라는 강력하고 진지한 마음의 소리를 말한다.

② 사업자단체의 「독점규제 및 공정거래에 관한 법률」 위반행위가 있을 때 공정거래위원회가 당해 사업자단체에 대하여 법위반사실의 공표를 명할 수 있도록 한 위 법의 관계규정은 양심의 자유를 침해한다.

③ 「보안관찰법」상의 보안관찰처분은 보안관찰처분대상자의 내심의 작용을 문제 삼는 것이 아니라, 보안관찰처분대상자가 보안관찰 해당 범죄를 다시 저지를 위험성이 내심의 영역을 벗어나 외부에 표출되는 경우에 재범의 방지를 위하여 내려지는 특별예방적 목적의 처분이므로, 보안관찰처분 근거 규정에 의한 보안관찰처분이 양심의 자유를 침해한다고 할 수 없다.

④ 인터넷언론사의 공개된 게시판·대화방에서 스스로의 의사에 의하여 정당·후보자에 대한 지지·반대의 글을 게시하는 행위가 양심의 자유나 사생활 비밀의 자유에 의하여 보호되는 영역이라고 할 수 없다.

11 기본권의 효력에 대한 설명으로 옳은 것을 모두 고른 것은? (다툼이 있는 경우 판례에 의함)

> ㄱ. 기본권의 대국가적 효력은 국가권력에 대한 개인의 방어적 권리라는 기본권의 성격에서 비롯된다.
> ㄴ. 기본권의 제3자적 효력(대사인적 효력)은 기본권의 객관적 가치질서로서의 성격과 밀접한 관련이 있다.
> ㄷ. 기본권 규정은 그 성질상 사법관계에 직접 적용될 수 있는 예외적인 것을 제외하고는 사법상의 일반원칙을 규정한 「민법」 제2조, 제103조, 제750조, 제751조 등의 내용을 형성하고 그 해석의 기준이 되어 간접적으로 사법관계에 효력을 미치게 된다.
> ㄹ. 평등권이라는 기본권의 침해도 「민법」 제750조의 일반규정을 통하여 사법상 보호되는 인격적 법익침해의 형태로 구체화되어 논하여질 수 있지만, 그 위법성 인정을 위하여는 반드시 사인 간의 평등권 보호에 관한 별개의 입법이 있어야 한다.

① ㄱ
② ㄱ, ㄴ
③ ㄱ, ㄴ, ㄷ
④ ㄱ, ㄴ, ㄷ, ㄹ

12 집회의 자유에 대한 설명으로 가장 적절하지 않은 것은? (다툼이 있는 경우 헌법재판소 판례에 의함)

① 대통령 관저 인근에서 집회를 금지하고 이를 위반하여 집회를 주최한 자를 처벌하는 「집회 및 시위에 관한 법률」 제11조 제2호는 집회의 자유를 침해한다.
② 「집회 및 시위에 관한 법률」의 옥외집회·시위의 사전신고제도는 협력의무로서의 신고이기 때문에 헌법 제21조 제2항의 사전허가금지에 위배되지 않는다.
③ 각급 법원의 경계 지점으로부터 100미터 이내의 장소에서 옥외집회 또는 시위를 할 경우 형사처벌한다고 규정한 「집회 및 시위에 관한 법률」 조항은 과잉금지원칙에 위반되지 않아 집회의 자유를 침해하지 않는다.
④ 국회의사당 경계 지점으로부터 100미터 이내의 장소라도 대규모 집회 또는 시위로 확산될 우려가 없는 경우 등 국회의 기능이나 안녕을 침해할 우려가 없다고 인정되는 때에는 옥외집회가 가능하다.

13 헌법재판에 대한 설명으로 옳은 것은?

① 헌법재판소 심판절차의 준용규정과 관련하여 형사소송에 관한 법령 또는 민사소송에 관한 법령이 「행정소송법」에 저촉되는 경우 「행정소송법」은 준용하지 아니한다.
② 재판관에게 공정한 심판을 기대하기 어려운 사정이 있는 경우 당사자는 기피신청을 할 수 있으며 동일한 사건에 대하여 재판관을 2명까지 기피할 수 있다.
③ 심판의 변론과 서면심리, 결정의 선고는 공개한다.
④ 헌법소원심판의 청구 후 30일이 지날 때까지 지정재판부의 각하 결정이 없는 때에는 심판에 회부하는 결정이 있는 것으로 본다.

14 국회의 입법권과 입법절차에 관한 설명 중 옳은 것만을 모두 고르면? (다툼이 있는 경우 판례에 의함)

> ㄱ. 위임입법이 대법원규칙인 경우에도 수권법률에서 포괄위임입법금지 원칙을 준수하여야 한다.
> ㄴ. 법규정립행위는 그것이 국회입법이든 행정입법이든 막론하고 일종의 법률행위이므로, 그 행위의 속성상 행위 자체는 한번에 끝나는 것이고, 그러한 입법행위의 결과인 권리침해상태가 계속될 수 있을 뿐이다.
> ㄷ. 법률안 제출은 국가기관 상호간의 행위이며, 이로써 국민에 대하여 직접적인 법률효과를 발생시키는 것이므로, 정부가 법률안을 제출하지 아니하는 것은 헌법소원의 대상이 되는 공권력의 불행사에 해당한다.
> ㄹ. 조세입법권을 지방자치단체의 조례로 위임하는 것은 조세법률주의에 반하지 않는다.
> ㅁ. 국회의장이 본회의의 위임 없이 법률안을 정리한 경우, 그러한 정리가 본회의에서 의결된 법률안의 실질적 내용에 변경을 초래하지 아니하였더라도, 본회의의 명시적인 위임이 없는 것이므로 헌법이나 「국회법」상의 입법절차에 위반된다.

① ㄱ, ㄴ, ㄹ
② ㄱ, ㄴ, ㅁ
③ ㄴ, ㄷ, ㄹ
④ ㄴ, ㄷ, ㅁ

15 기본권 제한과 기본권 보호의무에 대한 설명으로 가장 적절하지 않은 것은? (다툼이 있는 경우 헌법재판소 판례에 의함)

① 임신 32주 이전에 태아의 성별 고지를 금지하는 「의료법」 제20조 제2항은 헌법 제10조 일반적 인격권에서 나오는 부모가 태아의 성별 정보에 대한 접근을 방해받지 않을 권리를 침해하여 위헌이다.

② 국가의 기본권보호의무로부터 태아의 출생 전에, 또한 태아가 살아서 출생할 것인가와는 무관하게, 태아를 위하여 「민법」상 일반적 권리능력을 인정하여야 한다는 헌법적 요청이 도출된다.

③ 「공직선거법」이 정온한 생활환경이 보장되어야 할 주거지역에서 출근 또는 등교 이전 및 퇴근 또는 하교 이후 시간대에 확성장치의 최고출력 내지 소음을 제한하는 등 사용시간과 사용지역에 따른 수인한도 내에서 확성장치의 최고출력 내지 소음 규제기준에 관한 규정을 두지 아니한 것은 헌법에 위반된다.

④ 국가의 보호의무를 어떻게 실현하여야 할 것인가 하는 문제는 원칙적으로 권력분립과 민주주의의 원칙에 따라 국민에 의하여 직접 민주적 정당성을 부여받고 자신의 결정에 대하여 정치적 책임을 지는 입법자의 책임범위에 속하므로, 헌법재판소는 단지 제한적으로만 보호의무의 이행을 심사할 수 있다.

16 국회의 인사청문 절차에 대한 설명으로 옳지 않은 것은?

① 인사청문특별위원회는 위원장 1인과 각 교섭단체별로 간사 1인을 호선하고 본회의에 보고한다.

② 국회는 임명동의안 등이 제출된 날부터 20일 이내에 그 심사 또는 인사청문을 마쳐야 한다.

③ 감사원장은 국회의 동의를 얻어 대통령이 임명하며, 해당 상임위원회에서 인사청문회를 한다.

④ 대법관은 대법원장의 제청으로 국회의 동의를 얻어 대통령이 임명하며, 인사청문특별위원회에서 인사청문회를 한다.

17 인간의 존엄과 가치 및 인격권 등에 관한 판례의 내용으로 옳지 않은 것만을 모두 고르면?

ㄱ. 구치소 내 과밀수용행위가 지나치게 협소하더라도 국가 예산의 문제 등 제반 사정상 신체적·정신적 건강이 악화되거나 인격체로서의 기본 활동에 필요한 조건을 박탈당하는 정도는 아니기 때문에 수형자인 인간의 존엄과 가치를 침해하는 것은 아니다.

ㄴ. 변호사에 대한 징계결정정보를 인터넷 홈페이지에 공개하도록 한 「변호사법」 조항과 징계결정정보의 공개범위와 시행방법을 정한 「변호사법 시행령」 조항은 청구인의 인격권을 침해하지 않는다.

ㄷ. 포승과 수갑을 채우고 별도의 포승으로 다른 수용자와 연승하는 행위는 청구인의 인격권 내지 신체의 자유를 침해하지 않는다.

ㄹ. 중혼을 혼인취소의 사유로 정하면서 그 취소청구권의 제척기간 또는 소멸사유를 규정하지 않은 「민법」 규정은 입법재량의 한계를 일탈하여 후혼 배우자의 인격권 및 행복추구권을 침해하지 않는다.

ㅁ. 방송사업자의 의사에 반한 사과행위를 강제하는 구 「방송법」 규정은 방송사업자의 인격권을 침해하지 않는다.

① ㄱ, ㄴ   ② ㄱ, ㅁ

③ ㄴ, ㄹ   ④ ㄷ, ㅁ

18 국회의장과 부의장에 대한 설명으로 옳은 것은?

① 국회의장은 어느 상임위원회에도 속하지 아니하는 사항은 국회운영위원회와 협의하여 소관 상임위원회를 정한다.

② 국회의장과 부의장은 정치적 중립의무를 지므로, 국회의원은 의장 또는 부의장으로 당선된 다음 날부터 그 직에 있는 동안 당적을 가질 수 없다.

③ 의장은 국회를 대표하고 의사를 정리하며, 질서를 유지하고 사무를 감독한다. 의장은 위원회에 출석하여 발언할 수 있고, 표결에 참가할 수 있다.

④ 의장이 심신상실 등 부득이한 사유로 의사표시를 할 수 없게 되어 직무대리자를 지정할 수 없는 때에는 나이가 많은 부의장의 순으로 의장의 직무를 대행한다.

19 평등권 또는 평등원칙 위반인 것만을 모두 고르면? (다툼이 있는 경우 헌법재판소 결정에 의함)

> ㄱ. 피고인이 무죄판결을 받지는 않았으나 원판결보다 가벼운 형으로 유죄판결이 확정됨에 따라 원판결에 따른 구금형 집행이 재심판결에서 선고된 형을 초과하게 된 경우, 초과 구금에 대한 형사보상을 규정하지 않은 「형사보상법」 조항
> ㄴ. 국채에 대한 소멸시효를 5년 단기로 규정하여 민사 일반채권자나 회사채 채권자에 비하여 국채 채권자를 차별 취급한 것
> ㄷ. 「초·중등교육법 시행령」 조항이 자사고 지원자에게 평준화지역 후기학교의 중복지원을 금지하고, 평준화지역 자사고 불합격자들에 대하여 일반고 배정절차를 마련하지 아니한 것
> ㄹ. 「학교폭력예방 및 대책에 관한 법률」 조항이 학교폭력의 가해학생에 대한 모든 조치에 대해 피해학생 측에는 재심을 허용하면서 가해학생 측에는 퇴학과 전학의 경우에만 재심을 허용하고 나머지 조치에 대해서는 재심을 허용하지 않도록 한 것
> ㅁ. 「주민투표법」 조항이 주민투표권 행사를 위한 요건으로 주민등록을 요구함으로써 국내거소신고만 할 수 있고 주민등록을 할 수 없는 국내거주 재외국민에 대하여 주민투표권을 인정하지 아니한 것

① ㄱ, ㄴ, ㄷ
② ㄱ, ㄷ, ㅁ
③ ㄴ, ㄷ, ㄹ
④ ㄴ, ㄹ, ㅁ

20 법원에 대한 설명으로 옳은 것은?

① 대법관회의는 대법관 전원의 3분의 2 이상의 출석과 출석인원 과반수의 찬성으로 의결하며, 가부동수일 때에는 부결된 것으로 본다.
② 대법원은 법령에 저촉되지 아니하는 범위 안에서 소송에 관한 절차, 법원의 내부규율과 사무처리에 관한 규칙을 제정할 수 있다.
③ 명령·규칙이 헌법에 위반된다고 인정하는 경우뿐 아니라 명령·규칙이 법률에 위반된다고 인정하는 경우에도 대법원의 심판권은 대법관 전원의 3분의 2 이상의 합의체에서 행사한다.
④ 법관에 대한 징계처분에는 해임·정직·감봉의 세 종류가 있으며, 징계처분에 대하여 불복하려는 경우에는 징계처분이 있음을 안 날로부터 14일 이내에 전심절차를 거치지 아니하고 대법원에 징계처분의 취소를 청구하여야 한다.

21 인격권과 행복추구권에 대한 설명으로 적절하지 않은 것은? (다툼이 있는 경우 헌법재판소 판례에 의함)

① 금연구역으로 지정된 연면적 1천제곱미터 이상의 사무용건축물, 공장 및 복합용도의 건축물에서 금연의무를 부과하고 있는 「국민건강증진법」 제9조 제4항 제16호에 관한 부분이 흡연자의 일반적 행동자유권을 침해한다고 볼 수 없다.
② 일본제국주의의 국권침탈이 시작된 러·일전쟁 개전 시부터 1945년 8월 15일까지 조선총독부 중추원 참의로 활동한 행위를 친일반민족행위로 규정한 「일제강점하 반민족행위 진상규명에 관한 특별법」 조항은 조사대상자 또는 그 유족의 인격권을 제한한다.
③ 민사법정 내 보호장비 사용행위는 「형의 집행 및 수용자의 처우에 관한 법률」 조항 등에 근거를 두고 있으므로 법률유보원칙에 위배되어 민사법정에 출정하는 수형자의 인격권을 침해하지 않는다.
④ 이미 출국 수속 과정에서 일반적인 보안검색을 마친 승객을 상대로, 촉수검색(patdown)과 같은 추가적인 보안검색실시를 예정하고 있는 '국가항공보안계획'은 촉수검색 대상자의 인격권을 침해한다.

22 생명권에 대한 설명으로 옳은 것은? (다툼이 있는 경우 판례에 의함)

① 낙태죄 조항은 임부의 자기결정권과 태아의 생명권이 대립관계에 있으며 기본권 충돌 사안 중 하나이다.
② 국가가 생명을 보호하는 입법적 조치를 취함에 있어 인간생명의 발달단계에 따라 그 보호정도나 보호수단을 달리하는 것은 불가능하지 않다.
③ 헌법재판소는 임신 제1삼분기(임신 14주 무렵까지)에는 사유를 불문하고 낙태가 허용되어야 하므로 자기낙태죄 규정에 대하여 단순위헌 결정을 하였다.
④ 생명권의 제한은 곧 생명권의 본질적 내용에 대한 침해를 의미하며, 생명권은 헌법 제37조 제2항에 의한 일반적 법률유보의 대상이라 할 수 없다.

23 평등권 및 평등원칙에 대한 설명으로 가장 적절한 것은? (다툼이 있는 경우 헌법재판소 판례에 의함)

① 「문화재보호법」 제27조에 따라 지정된 보호구역에 있는 부동산에 대한 재산세 경감을 규정하고 있는 구 「지방세특례제한법」 제55조 제2항 제1호 중 '같은 법 제27조에 따라 지정된 보호구역에 있는 부동산'에 관한 부분이 조세평등주의에 위배되는 것은 아니다.

② 공무원은 일반 근로자에 대한 「산업재해보상보험법」과 달리 휴업급여 또는 상병보상연금 규정을 두지 않고 있다 하여 공무원의 평등권을 침해하는 것은 아니다.

③ 외국인 중 영주권자 및 결혼이민자만을 긴급재난지원금 지급대상에 포함시키고 난민인정자를 제외한 것이 평등권을 침해하는 것은 아니다.

④ 「형법」 제355조 제1항 중 횡령에 관한 부분이 자기영득과 제3자 영득의 법정형을 다르게 정하지 않은 것이 평등원칙에 위배된다고 할 수 없다.

24 재판청구권에 대한 설명으로 옳지 않은 것은? (다툼이 있는 경우 판례에 의함)

① 배당기일에 이의한 사람이 배당이의의 소의 첫 변론기일에 출석하지 아니한 경우 소를 취하한 것으로 보도록 한 「민사집행법」 제158조는 이의한 사람의 재판청구권을 침해한다.

② 행정심판을 전심절차가 아니라 종심절차로 규정함으로써 정식재판의 기회를 배제하거나 어떤 행정심판을 필요적 전심절차로 규정하면서도 그 절차에 사법절차가 준용되지 않는다면 이는 헌법 제107조 제3항, 나아가 재판청구권을 보장하고 있는 헌법 제27조에도 위반된다.

③ 디엔에이감식시료채취 영장 발부 과정에서 채취대상자가 자신의 의견을 진술하거나 영장 발부에 불복하는 등의 절차를 두지 아니한 것은 재판청구권을 침해하는 것이다.

④ 특수임무수행자 등이 보상금 등의 지급결정에 동의한 때에는 특수임무수행 또는 이와 관련한 교육훈련으로 입은 피해에 대해 재판상 화해가 성립된 것으로 보는 「특수임무수행자 보상에 관한 법률」 제17조의2 가운데 특수임무수행 또는 이와 관련한 교육훈련으로 입은 피해 중 '정신적 손해'에 관한 부분은 청구인의 재판청구권을 침해하지 않는다.

25 「헌법재판소법」 제68조 제1항에 따른 헌법소원심판의 대상이 되는 공권력의 행사에 대한 설명으로 옳은 것은? (다툼이 있는 경우 판례에 의함)

① 중앙선거관리위원회위원장이 대통령에게 통고한 '선거중립의무준수촉구'가 헌법소원의 대상인 공권력 행사에 해당하지 않는다.

② 마약류 수용자의 마약류 반응검사를 위하여 소변을 받아 제출하게 하는 행위는 행정조사일 뿐, 공권력의 행사가 아니다.

③ 피청구인인 경찰서장이 국민건강보험공단에 범죄혐의자들의 요양급여내역의 제공을 요청한 행위는 공권력의 행사에 해당하지 않는다.

④ 경찰관이 기자들의 취재 요청에 응하여 구속된 피의자가 경찰서조사실에서 양손에 수갑을 찬 채 조사받는 모습을 촬영할 수 있도록 허용한 행위는 공권력의 행사에 해당하지 않는다.

02회 실전동형모의고사
모바일 자동 채점 + 성적 분석 서비스
바로 가기 (gosi.Hackers.com)

QR코드를 이용하여 해커스공무원의 '모바일 자동 채점 + 성적 분석 서비스'로 바로 접속하세요!
* 해커스공무원 사이트의 가입자에 한해 이용 가능합니다.

02회 Review

문항	정답	문제 키워드	출제 유형	난이도
01	①	대통령의 의무, 탄핵심판	이론/판례/조문	●●●
02	②	신뢰보호원칙	이론/판례/조문	●●○
03	③	선거제도	이론/판례/조문	●●○
04	③	직업의 자유	이론/판례/조문	●●●
05	④	문화국가원리	이론/판례/조문	●●○
06	④	선거관리위원회	이론/판례/조문	●●○
07	④	혼인가족제도	이론/판례/조문	●●○
08	①	기본권주체	이론/판례/조문	●●○
09	①	위헌법률심판의 적법성	이론/판례/조문	●●○
10	②	양심의 자유	이론/판례/조문	●●○
11	③	기본권의 효력	이론/판례/조문	●●●
12	③	집회의 자유	이론/판례/조문	●●○
13	④	헌법재판	이론/판례/조문	●●○

문항	정답	문제 키워드	출제 유형	난이도
14	①	입법권과 입법절차	이론/판례/조문	●●○
15	②	기본권제한	이론/판례/조문	●●○
16	③	국회의 인사청문 절차	이론/판례/조문	●●○
17	②	인간의 존엄과 가치	이론/판례/조문	●●●
18	①	국회의장	이론/판례/조문	●●○
19	②	평등권	이론/판례/조문	●●○
20	③	법원	이론/판례/조문	●●○
21	④	인격권	이론/판례/조문	●●○
22	②	생명권	이론/판례/조문	●●○
23	③	평등권	이론/판례/조문	●●○
24	①	재판청구권	이론/판례/조문	●●○
25	③	헌법소원심판	이론/판례/조문	●●○

[**출제 유형 & 난이도**] 각 문항별 출제 유형(이론/판례/조문)과 난이도를 수록하였으니, 본인이 취약한 유형이나 고난도 문제만 풀어보는 등 학습 상황에 알맞게 활용하시기 바랍니다.

핵심지문 OX   02회 실전동형모의고사에서 꼭 되짚어야 할 핵심지문을 다시 확인해보시기 바랍니다.

01 세월호 참사에 대한 대통령의 대응조치에 미흡하고 부적절한 면이 있었기에 대통령은 생명권 보호의무를 위반하였다. (   )

02 중앙선거관리위원회 위원장은 중앙선거관리위원회 중에서 대법원장이 지명한다. (   )

03 위헌법률심판의 적법요건으로서의 재판의 전제성에서 '재판'이라 함은 판결·결정·명령 등 그 형식 여하와 본안에 관한 재판이거나 소송절차에 관한 재판인지를 불문하고 심급을 종국적으로 종결시키지 아니하는 중간재판까지 모두 포함된다. (   )

04 대통령 관저 인근에서 집회를 금지하고 이를 위반하여 집회를 주최한 자를 처벌하는 「집회 및 시위에 관한 법률」 제11조 제2호는 집회의 자유를 침해한다. (   )

05 대법관회의는 대법관 전원의 3분의 2 이상의 출석과 출석인원 과반수의 찬성으로 의결하며, 의장은 의결에서 표결권을 갖고 가부동수일 때에는 부결된다. (   )

[정답] **01** ✕ 생명권 보호의무를 위반하였다고 인정하기는 어렵다. **02** ✕ 위원장은 위원 중에서 호선한다. **03** ○ **04** ○ **05** ✕ 가부동수일 때에는 의장이 결정권을 가진다.

01 신체의 자유에 대한 설명으로 적절하지 않은 것은? (다툼이 있는 경우 헌법재판소 판례에 의함)

① 강제퇴거명령을 받은 사람을 즉시 대한민국 밖으로 송환할 수 없는 경우에 송환할 수 있을 때까지 보호시설에 보호할 수 있도록 하여 보호기간 상한을 마련하지 아니한 「출입국관리법」 규정은 퇴거 명령을 받은 사람의 신체의 자유를 침해한다.

② 헌법은 사후영장을 청구할 수 있는 경우로서 현행범인인 경우와 장기 3년 이상의 형에 해당하는 죄를 범하고 도피 또는 증거인멸의 염려가 있을 때로 한정하고 있다.

③ 정신성적 장애인을 치료감호시설에 수용하는 기간은 15년을 초과할 수 없다고 규정한 구 「치료감호 등에 관한 법률」 제16조 제2항 제1호 중 제2조 제1항 제3호에 해당하는 자에 관한 부분은 과잉금지원칙을 위반하여 정신성적 장애인의 신체의 자유를 침해한다.

④ 진술거부권은 형사절차에서만 보장되는 것은 아니고, 행정절차에서도 그 진술이 자기에게 형사상 불리한 경우에는 묵비권을 가지고 이를 강요받지 아니할 국민의 기본권으로 보장된다.

02 변호인의 조력을 받을 권리에 대한 설명으로 가장 적절하지 않은 것은? (다툼이 있는 경우 헌법재판소 판례에 의함)

① 인천국제공항에서 난민인정신청을 하였으나 난민인정심사불회부결정을 받은 외국인을 인천국제공항 송환대기실에 약 5개월째 수용하고 환승구역으로의 출입을 막은 상태에서 변호인의 접견신청을 거부한 것은 헌법 제12조 제4항 본문에 의한 변호인의 조력을 받을 권리를 침해한 것이다.

② 헌법 해석상 변호인의 조력을 받을 권리로부터 70세 이상인 불구속 피의자에 대하여 피의자신문을 할 때 법률구조제도에 대한 안내 등을 통해 피의자가 변호인의 조력을 받을 권리를 행사하도록 조치할 법무부장관의 작위의무가 곧바로 도출된다고 볼 수 없다.

③ 별건으로 공소제기 후 확정되어 검사가 보관하고 있는 서류에 대하여 법원의 열람·등사 허용 결정이 있었음에도 검사가 피고인에 대한 형사사건과의 관련성을 부정하면서 해당 서류의 열람·등사를 허용하지 아니한 행위는 피고인의 변호인의 조력을 받을 권리를 침해한다.

④ 교도소장이 금지물품 동봉 여부를 확인하기 위하여 미결수용자와 같은 지위에 있는 수형자의 변호인이 위 수형자에게 보낸 서신을 개봉한 후 교부한 행위는 검열금지규정의 실효성을 담보할 수 없기 때문에 수형자의 변호인의 조력을 받을 권리를 침해한다.

03 집회의 자유에 대한 설명으로 옳지 않은 것은? (다툼이 있는 경우 판례에 의함)

① 집회의 자유는 개인의 사회생활과 여론형성 및 민주정치의 토대를 이루고 소수자의 집단적 의사표현을 가능하게 하는 중요한 기본권이기 때문에 단순히 위법행위의 개연성이 있다는 예상만으로 집회의 자유를 제한할 수는 없다.

② 미신고 옥외집회의 주최는 신고제의 행정목적을 침해하고 공공의 안녕질서에 위험을 초래할 개연성이 높으므로, 이에 대하여 행정형벌을 과하도록 하는 것이 집회의 자유를 침해한다고 할 수 없고, 그 법정형이 입법재량의 한계를 벗어난 과중한 처벌이라고 볼 수 없으므로, 과잉형벌에 해당하지 아니한다.

③ 집회의 자유는 다수인이 집단적 형태로 의사를 표현하는 것이므로 공공의 질서 내지 법적 평화와 마찰을 일으킬 가능성이 상당히 높은 것이어서, 집회의 자유에 대한 일정 범위 내의 제한은 불가피하다.

④ 집회에 대한 사전신고제도는 행정부의 판단에 의해 집회에 대한 금지와 통제가 허용되므로 헌법 제21조 제2항의 사전허가금지에 위배된다.

04 헌법상 민주주의원리에 대한 설명으로 옳지 않은 것은? (다툼이 있는 경우 판례에 의함)

① 당내 경선에 참가한 정당 소속 예비후보자는 불출마하더라도 기탁금을 반환받을 수 있으나 무소속 예비후보자가 후보자등록을 하지 않는 경우에 기탁금을 반환받지 못하게 하는 것은 평등의 원칙에 위배되지 않는다.

② 지역구국회의원선거 예비후보자의 기탁금 반환 사유로 예비후보자가 당의 공천심사에서 탈락하고 후보자등록을 하지 않았을 경우를 규정하지 않은 것은 헌법에 위배된다.

③ 국회의원 선거권이 있는 자만 정당의 발기인 및 당원이 될 수 있도록 규정하고 있는 「정당법」 규정은 선거권 없는 사람의 정당의 자유를 침해하지 않는다.

④ 비례대표국회의원후보자가 선거운동기간 중 공개장소에서 연설·대담하는 것을 금지하는 조항은 헌법에 위배된다.

05 대한민국 국적의 취득에 대한 설명으로 옳지 않은 것은? (다툼이 있는 경우 판례에 의함)

① 「국적법」상 귀화허가를 받기 위한 요건 중 '품행이 단정할 것'은 귀화신청자를 대한민국의 새로운 구성원으로 받아들이는 데 지장이 없을 만한 품성과 행실을 갖춘 것을 의미한다.

② 대한민국 국적을 취득한 외국인으로서 외국 국적을 가지고 있는 자는 대한민국 국적을 취득한 날부터 1년 내에 그 외국 국적을 포기하여야 한다.

③ 외국인이 대한민국의 국민인 배우자와 혼인한 후 3년이 지나고 혼인한 상태로 대한민국에 1년 이상 계속하여 주소가 있는 경우 간이귀화 허가를 받을 수 있다.

④ 법무부장관은 귀화신청인이 법률이 정하는 귀화요건을 갖추었을 경우 귀화를 허가하여야 한다.

06 공무담임권에 대한 설명으로 옳지 않은 것은? (다툼이 있는 경우 판례에 의함)

① 순경 공채시험 응시연령의 상한을 '30세 이하'로 규정하고 있는 것은 합리적이라고 볼 수 없으므로 침해의 최소성원칙에 위배되어 공무담임권을 침해한다.

② 공무원이 감봉의 징계처분을 받은 경우 일정기간 승진임용을 제한하는 「국가공무원법」은 공무담임권을 침해하지 않는다.

③ 후보자의 직계존비속이 「공직선거법」을 위반하여 300만원 이상의 벌금형의 선고를 받은 때에는 그 후보자의 당선을 무효로 한다.

④ 청구인이 당선된 당해선거에 관한 것인지를 묻지 않고, 선거에 관한 여론조사의 결과에 영향을 미치게 하기 위하여 둘 이상의 전화번호를 착신 전환 등의 조치를 하여 같은 사람이 두 차례 이상 응답하여 100만원 이상의 벌금형을 선고받은 자로 하여금 지방의회의원의 직에서 퇴직되도록 한 조항은 청구인의 공무담임권을 침해한다.

07 국회의 국정감사·조사권에 대한 설명으로 옳은 것은?

① 국회는 국정전반에 관하여 소관 상임위원회별로 매년 정기회 집회일 이전에 감사시작일부터 20일 이내의 기간을 정하여 감사를 실시한다.

② 우리 헌법사에서 국정조사제도는 1948년 헌법부터 존재하였으며, 1972년 헌법과 1980년 헌법에서는 폐지되었다가 1987년 헌법에서 다시 부활하였다.

③ 국정조사는 다른 나라에서 유례를 찾기 어려운 우리나라에서 특유하게 발달한 제도이나, 국정감사와 달리 그 기능에서 예산안 심사와 연계하여 국회의 기능을 실효성 있게 하고 권력을 효율적으로 통제할 수 있다는 점에 그 제도적 의의가 있다.

④ 국회는 감사 또는 조사의 결과 위법하거나 부당한 사항이 있을 때에는 그 정도에 따라 정부 또는 해당기관에 변상, 징계조치, 제도개선, 예산조정 등 시정을 요구한다.

08 형의 집행 및 수용자의 처우에 대한 설명으로 옳지 않은 것은? (다툼이 있는 경우 판례에 의함)

① 미결수용자의 변호인 아닌 '타인'과의 접견교통권은 헌법상 기본권이다.

② 「군에서의 형의 집행 및 군수용자의 처우에 관한 법률」의 적용을 받은 미결수용자의 면회횟수제한은 과잉금지 원칙을 위반하여 접견교통권을 침해한다.

③ 미결수용자와 변호인 접견에는 교도관이 참여하지 못한다. 다만, 형사 법령에 저촉되는 행위를 할 우려가 있는 경우에는 그러하지 아니하다.

④ 청구인인 금치처분을 받은 사람이 최장 30일 이내의 기간 동안 의사가 치료를 위하여 처방한 의약품을 제외한 자비구매물품의 사용을 제한받았다 하더라도, 소장이 지급하는 물품을 통하여 건강을 유지하기 위한 필요최소한의 생활을 영위할 수 있도록 하였다면 청구인의 일반적 행동의 자유를 침해하였다고 할 수 없다.

09 위헌정당해산에 대한 설명으로 옳지 않은 것은? (다툼이 있는 경우 판례에 의함)

① 대통령의 해외 순방 중 국무총리가 주재한 국무회의에서 이루어진 정당해산심판청구서 제출안에 대한 의결은 위법하다.

② 정당해산심판제도는 정부의 일방적인 행정처분에 의해 진보적 야당이 등록취소되어 사라지고 말았던 우리 현대사에 대한 반성의 산물로서 제3차 헌법개정을 통해 헌법에 도입된 것이다.

③ 민주적 기본질서의 '위배'란, 그 정당의 목적이나 활동이 우리 사회의 민주적 기본질서에 대하여 실질적인 해악을 끼칠 수 있는 구체적 위험성을 초래하는 경우를 말한다.

④ 강제적 정당해산은 헌법상 핵심적인 정치적 기본권인 정당활동의 자유에 대한 근본적 제한이므로, 헌법재판소는 이에 관한 결정을 할 때 비례원칙을 준수해야만 한다.

10 대통령의 국가긴급권에 대한 설명으로 옳지 않은 것은? (다툼이 있는 경우 판례에 의함)

① 국가긴급권은 비상적인 위기상황을 극복하고 헌법질서를 수호하기 위해 헌법질서에 대한 예외를 허용하는 것이기 때문에 그 본질상 일시적·잠정적으로만 행사되어야 한다는 시간적 한계가 있다.

② 초헌법적 국가긴급권을 대통령에게 부여하는 법률이 헌법이 요구하는 국가긴급권의 실체적 발동요건, 사후통제 절차, 시간적 한계에 위반되지 않는다면 헌법적으로 허용될 수 있다는 것이 판례의 입장이다.

③ 긴급명령은 국회가 의결한 법률을 통하여 개정·폐지될 수 있다.

④ 사법기관인 법원이 고도의 정치적·군사적 성격을 띠는 대통령 계엄선포행위의 요건 구비나 그 선포의 당·부당을 심사하는 것은 적절하지 않다고 보아야 한다.

11 우리 헌법상의 대통령의 재직 중 형사상의 불소추특권에 대한 설명으로 옳지 않은 것은?

① 대통령은 내란 또는 외환의 죄를 범한 경우를 제외하고는 형사상의 소추를 받지 아니한다.

② 헌법재판소는 헌법 제84조에 의하여 대통령 재직 중에는 공소시효의 진행이 당연히 정지되는 것으로 보아야 한다는 입장이다.

③ 대통령이 권한을 행사하면서 사안을 올바로 이해하지 못하거나 판단을 잘못하여 국가와 국민에게 피해를 가져올 수도 있지만, 이러한 정책판단이나 정책집행상의 오류에 대해서는 법적인 책임이 면제된다.

④ 헌법 제84조가 정하는 대통령의 형사상 불소추특권은 대통령이 내란 또는 외환의 죄에 해당하지 아니하는 죄를 범한 경우에는 재직 중에는 기소되어 법원의 재판을 받지 않는다는 의미이므로 형사상의 책임이 면제되는 것은 아니다.

12 신체의 자유에 대한 설명으로 가장 적절하지 않은 것은? (다툼이 있는 경우 헌법재판소 판례에 의함)

① 헌법 제12조 제1항의 적법절차원칙은 형사소송절차에 국한되지 않고 모든 국가작용 전반에 대하여 적용되므로, 전투경찰순경의 인신구금을 내용으로 하는 영창처분에 있어서도 적법절차원칙이 준수되어야 한다.

② 헌법 제12조 제4항 본문에 규정된 '구속'은 형사절차에서 이루어진 구속을 의미하므로, 변호인의 조력을 받을 권리를 보장한 헌법 제12조 제4항 본문은 행정절차상 구속에는 적용된다고 볼 수 없다.

③ 보안처분이라 하더라도 형벌적 성격이 강하여 신체의 자유를 박탈하거나 박탈에 준하는 정도로 신체의 자유를 제한하는 경우에는 형벌불소급의 원칙이 적용된다.

④ 무죄추정의 원칙상 금지되는 '불이익'은 비단 형사절차 내에서의 불이익뿐만 아니라 기타 일반 법생활 영역에서의 기본권 제한과 같은 경우에도 적용된다.

13 헌법재판소의 일반심판절차에 대한 설명으로 옳지 않은 것은?

① 위헌법률의 심판과 헌법소원에 관한 심판은 서면심리에 의한다. 다만, 재판부는 필요하다고 인정하는 경우에는 변론을 열어 당사자, 이해관계인, 그 밖의 참고인의 진술을 들을 수 있다.

② 헌법재판소에의 심판청구는 심판절차별로 정하여진 청구서를 헌법재판소에 제출함으로써 한다. 다만, 위헌법률심판에서는 법원의 제청서, 탄핵심판에서는 국회의 소추의결서의 정본으로 청구서를 갈음한다.

③ 심판의 변론과 종국결정의 선고는 심판정에서 한다. 다만, 헌법재판소장이 필요하다고 인정하는 경우에는 심판정 외의 장소에서 변론 또는 종국결정의 선고를 할 수 있다.

④ 재판부는 결정으로 다른 국가기관 또는 공공단체의 기관에 심판에 필요한 사실을 조회하거나, 기록의 송부나 자료의 제출을 요구할 수 있고, 재판·소추 또는 범죄수사가 진행 중인 사건의 기록에 대한 송부도 요구할 수 있다.

14 다음 중 사생활의 자유를 침해하는 것이 아닌 것은? (다툼이 있는 경우 판례에 의함)

① 4급 이상 공무원들의 병역 면제사유인 질병명을 관보와 인터넷을 통해 공개하도록 하는 것

② 직계혈족이기만 하면 아무런 제한 없이 자녀의 가족관계증명서 및 기본증명서의 교부를 청구하여 발급받을 수 있도록 규정한 「가족관계의 등록 등에 관한 법률」 제15조 제1항

③ 엄중격리대상자의 수용거실에 CCTV를 설치하여 24시간 감시하는 행위

④ 국군보안사령부가 군과 관련된 첩보 수집 등 법령에 규정된 직무범위를 벗어나 민간인들을 대상으로 평소의 동향을 감시 파악할 목적으로 지속적으로 개인의 사생활에 관한 정보를 미행, 망원활용 등의 방법으로 비밀리에 수집·관리하는 행위

15 헌법상 기본원리에 대한 설명으로 옳은 것만을 모두 고르면? (다툼이 있는 경우 판례에 의함)

> ㄱ. 징집대상자의 범위를 정하는 것은 입법자의 입법형성권이 매우 광범위하게 인정되어야 하는 영역으로, 국민들은 이러한 영역에 관한 법률이 제반사정에 따라 언제든지 변경될 수 있다는 것을 충분히 예측할 수 있다고 보아야 한다.
>
> ㄴ. 일정기간 근무한 뒤에는 변리사 자격을 획득할 수 있었던 기존 특허청 경력공무원 중 일부에게만 구법 규정을 적용하여 변리사 자격이 부여되도록 규정한 것은 신뢰이익을 침해하여 헌법에 위반된다.
>
> ㄷ. 사회환경이나 경제여건의 변화에 따른 필요성에 의하여 법률이 신축적으로 변할 수 있고, 변경된 새로운 법질서와 기존의 법질서 사이에 이해관계의 상충이 불가피하더라도 국민이 가지는 모든 기대 내지 신뢰는 헌법상 권리로서 보호되어야 한다.
>
> ㄹ. 헌법의 기본원리는 헌법의 이념적 기초인 동시에 헌법을 지배하는 지도원리로서 구체적 기본권을 도출하는 근거가 될 뿐만 아니라 기본권의 해석 및 기본권 제한입법의 합헌성 심사에 있어 해석기준의 하나로서 작용한다.

① ㄱ, ㄴ
② ㄱ, ㄷ
③ ㄱ, ㄴ, ㄹ
④ ㄴ, ㄷ, ㄹ

16 관습헌법에 대한 설명으로 옳지 않은 것은? (다툼이 있는 경우 헌법재판소 결정에 의함)

① 우리나라는 성문헌법을 가진 나라로서 기본적으로 우리 헌법전(憲法典)이 헌법의 법원(法源)이 되나, 형식적 헌법전에는 기재되지 아니한 사항이라도 이를 관습헌법으로 인정할 소지가 있다.

② 관습헌법은 일반적인 헌법 사항에 해당하는 내용 중에서도 특히 국가의 기본적이고 핵심적인 사항으로서 법률에 의하여 규율하는 것이 적합하지 아니한 사항을 대상으로 한다.

③ 관습헌법의 성립요건으로 기본적 헌법사항에 관한 관행의 존재, 반복·계속성, 항상성, 명료성, 국민적 합의 등 다섯 가지를 충족해야 한다.

④ 충청도 지역에 행정중심복합도시를 건설하는 것도 행정수도를 이전하는 것이므로 위헌이다.

17 개인정보자기결정권에 대한 설명으로 옳지 않은 것은? (다툼이 있는 경우 헌법재판소 결정에 의함)

① 형제자매에게 가족관계등록부 등의 기록사항에 관한 증명서 교부청구권을 부여하는 「가족관계의 등록 등에 관한 법률」 조항은 과잉금지원칙을 위반하여 청구인의 개인정보자기결정권을 침해한다.

② 국민건강보험공단이 서울용산경찰서장에게 청구인들의 요양급여내역을 제공한 행위는 검거 목적에 필요한 최소한의 정보에 해당하는 '급여일자와 요양기관명'만을 제공하였기 때문에, 과잉금지원칙에 위배되지 않아 청구인들의 개인정보자기결정권을 침해하지 않는다.

③ 보안관찰처분대상자가 교도소 등에서 출소한 후 7일 이내에 출소사실을 신고하도록 정한 구 「보안관찰법」 제6조 제1항 전문 중 출소 후 신고의무에 관한 부분 및 이를 위반할 경우 처벌하도록 정한 「보안관찰법」 제27조 제2항 중 구 「보안관찰법」 제6조 제1항 전문 가운데 출소 후 신고의무에 관한 부분은 과잉금지원칙을 위반하여 청구인의 사생활의 비밀과 자유 및 개인정보자기결정권을 침해하지 않는다.

④ 이 사건 법률 시행 당시 디엔에이감식시료 채취 대상범죄로 이미 징역이나 금고 이상의 실형을 선고받아 그 형이 확정되어 수용 중인 사람에게 디엔에이감식시료 채취 및 디엔에이확인정보의 수집·이용에 있어서 「디엔에이신원확인정보의 이용 및 보호에 관한 법률」을 적용할 수 있도록 규정한 동 법률 부칙 조항은 개인정보자기결정권을 과도하게 침해하지 않는다.

18 「헌법재판소법」 제68조 제1항 또는 제2항의 헌법소원심판의 대상에 해당하는 것을 모두 고르면? (다툼이 있는 경우 헌법재판소 결정에 의함)

> ㄱ. 호주가 사망한 경우 딸에게 분재청구권을 인정하지 아니한 관습법
>
> ㄴ. 서울시민 인권헌장 초안의 발표계획에 대한 서울시장의 무산 선언
>
> ㄷ. 2016년도 정부 예산안 편성행위 중 4·16세월호참사 특별조사위원회에 대해 2016.7.1. 이후 예산을 편성하지 아니한 부작위
>
> ㄹ. 검사의 기소중지처분 및 재기불요처분
>
> ㅁ. 검사의 불기소처분에 대한 수사재기결정
>
> ㅂ. 지방자치단체장을 위한 별도의 퇴직급여제도를 마련하지 않은 입법부작위

① ㄱ, ㄹ
② ㄷ, ㄹ
③ ㄴ, ㄷ, ㅁ
④ ㄴ, ㄷ, ㅂ

19 재판청구권에 대한 설명으로 옳지 않은 것은? (다툼이 있는 경우 판례에 의함)

① 형사보상의 청구에 대하여 한 보상의 결정에 대하여는 불복을 신청할 수 없도록 하여 형사보상의 결정을 단심재판으로 규정한 것은 보상제도의 성격상 재판청구권을 침해하지 않는다.

② 사법경찰관이 위험발생의 염려가 없음에도 불구하고 소유권 포기가 있다는 이유로 사건종결 전에 압수물을 폐기한 행위는 적법절차원칙에 반하고, 공정한 재판을 받을 권리를 침해한다.

③ 직권면직처분을 받은 지방공무원이 그에 대해 불복할 경우 행정소송의 제기에 앞서 반드시 소청심사를 거치도록 규정한 것은 재판청구권을 침해하거나 평등원칙에 위반된다고 볼 수 없다.

④ '교원, 「사립학교법」 제2조에 따른 학교법인 등 당사자'의 범위에 포함되지 않는 공공단체인 한국과학기술원의 총장이 교원소청심사결정에 대하여 행정소송을 제기할 수 없도록 한 것은 재판청구권을 침해하지 않는다.

20 평등권에 대한 설명으로 옳지 않은 것은? (다툼이 있는 경우 헌법재판소 결정에 의함)

① 현역병 및 사회복무요원과 달리 공무원의 초임호봉 획정에 인정되는 경력에 산업기능요원의 경력을 제외하도록 한 「공무원보수규정」의 조항은 평등권을 침해하지 아니한다.

② 근로자의 날을 관공서 공휴일에 포함시키지 않은 규정은 평등권을 침해하지 않는다.

③ 서울대학교가 법인이 되면서, 서울대 교직원들은 그동안 담당해 왔던 공무가 사라져 유휴 인력이 되는 반면, 새로 설립된 법인 서울대는 교육, 학사지원 등을 그대로 이어받게 되어 이를 담당할 교직원이 필요하게 되었으므로, 교직원들을 각자 희망에 따라 공무원에서 퇴직시키고 법인 교직원으로 새로 임용하거나, 일정기간만 공무원 신분을 보유하도록 한 것은 합리적 차별이다.

④ 변경회생계획인가결정에 대한 불복방식을 '즉시항고'로 정한 채무자회생법 제282조 제3항 중 제247조 제1항 본문을 준용하는 부분은 평등원칙에 위배된다.

21 국회의 위원회에 대한 설명으로 옳지 않은 것은? (다툼이 있는 경우 판례에 의함)

① 윤리심사자문위원회는 위원장 1명을 포함한 8명의 위원으로 구성되고, 위원은 의원 중에서 각 교섭단체 대표의원의 추천에 따라 의장이 위촉한다.

② 국회의장은 어느 상임위원회에도 속하지 아니하는 사항은 국회운영위원회와 협의하여 소관 상임위원회를 정한다.

③ 법원·군사법원의 사법행정에 관한 사항은 법제사법위원회 소관으로 한다.

④ 상임위원회의 위원 정수(定數)는 국회규칙으로 정한다. 다만, 정보위원회의 위원 정수는 12명으로 한다.

22 대통령 탄핵사건에서 판시한 헌법재판소의 결정 내용으로 옳지 않은 것은?

① 헌법 제65조는 대통령이 '그 직무집행에 있어서 헌법이나 법률을 위배한 때'를 탄핵사유로 규정하고 있다. 여기에서 '직무'란 법제상 소관 직무에 속하는 고유 업무와 사회통념상 이와 관련된 업무를 말하고, 법령에 근거한 행위뿐만 아니라 대통령의 지위에서 국정수행과 관련하여 행하는 모든 행위를 포괄하는 개념이다.

② '헌법'에는 명문의 헌법규정뿐만 아니라 헌법재판소의 결정에 따라 형성되어 확립된 불문헌법도 포함되고, '법률'에는 형식적 의미의 법률과 이와 동등한 효력을 가지는 국제조약 및 일반적으로 승인된 국제법규 등이 포함된다.

③ 대통령을 탄핵하기 위해서는 대통령의 법 위배 행위가 헌법질서에 미치는 부정적 영향과 해악이 중대하여 대통령을 파면함으로써 얻는 헌법 수호의 이익이 대통령 파면에 따르는 국가적 손실을 압도할 정도로 커야 한다.

④ 대통령이 세월호 참사 당일 시시각각 급변하는 상황에 관한 파악과 대처 과정에서 자신의 법적 의무를 제대로 이행하지 아니함으로써 헌법상 대통령의 성실한 직책수행의무 및 「국가공무원법」상 성실의무를 위반하였으므로, 파면사유를 구성한다.

23 환경권에 대한 설명으로 옳지 않은 것은? (다툼이 있는 경우 판례에 의함)

① 헌법상 환경권 규정을 근거로 구체적인 사법상이 권리가 인정되지는 않는다.

② 공직선거의 선거운동 과정에서 후보자들이 확성장치를 사용할 수 있도록 허용하면서도 그로 인한 소음의 규제기준을 정하지 아니한 「공직선거법」 제79조 제3항 제2호는 환경권을 침해하여 위헌이다.

③ '건강하고 쾌적한 환경에서 생활할 권리'를 보장하는 환경권의 보호대상이 되는 환경에는 자연환경뿐만 아니라 인공적 환경과 같은 생활환경도 포함되므로, 일상생활에서 소음을 제거·방지하여 정온한 환경에서 생활할 권리는 환경권의 한 내용을 구성한다.

④ 국민의 생명·신체의 안전이 질병 등으로부터 위협받거나 받게 될 우려가 있는 경우, 국가는 국민의 생명·신체의 안전을 보호하기 위하여 필요한 적절하고 효율적인 입법·행정상의 조치를 취함으로써 침해의 위험을 방지하고 이를 유지할 구체적이고 직접적인 의무를 진다.

24 국회의원의 면책특권과 불체포특권에 대한 설명으로 옳은 것은? (다툼이 있는 경우 판례에 의함)

① 면책특권의 대상이 되는 행위는 국회의 직무수행에 필수적인 국회의원의 국회 내에서의 직무상 발언과 표결이라는 의사표현행위 자체에만 국한되는 것이므로, 이에 통상적으로 부수하여 행하여지는 행위까지 포함하는 것은 아니다.

② 국회의원을 체포 또는 구금하기 위하여 국회의 동의를 얻으려고 할 때에는 관할법원의 판사는 영장을 발부하기 전에 체포동의 요구서를 바로 국회에 제출하여야 한다.

③ 국회의장은 정부로부터 체포동의를 요청받은 후 처음 개의하는 본회의에 이를 보고하고, 본회의에 보고된 때부터 24시간 이후 72시간 이내에 표결하여야 하는데, 체포동의안이 72시간 이내에 표결되지 아니한 경우에는 체포동의안은 폐기된 것으로 본다.

④ 국회의원의 면책특권이 적용되는 행위에 대하여 공소가 제기된 경우 「형사소송법」 제327조 제2호의 '공소제기의 절차가 법률의 규정에 위반하여 무효인 때'에 해당되므로 공소를 기각하여야 한다.

25 사법권의 독립에 대한 설명으로 옳지 않은 것은? (다툼이 있는 경우 판례에 의함)

① 약식절차에서 피고인이 정식재판을 청구한 경우 약식명령의 형보다 중한 형을 선고할 수 없도록 한 것은, 피고인이 정식재판을 청구하는 경우 법관에게 부여된 형종에 대한 선택권이 검사의 일방적인 약식명령 청구에 의하여 심각하게 제한되므로 법관의 양형결정권을 침해한다.

② 헌법 제103조 "법관은 헌법과 법률에 의하여 그 양심에 따라 독립하여 심판한다."의 양심은 객관적 양심을 의미한다.

③ 법관에 대한 대법원장의 징계처분 취소청구소송을 대법원의 단심재판에 의하도록 하는 것은, 독립적으로 사법권을 행사하는 법관이라는 지위의 특수성과 법관에 대한 징계절차의 특수성을 감안하여 재판의 신속을 도모하기 위한 것이므로 헌법에 합치된다.

④ 위임입법이 대법원규칙인 경우에도 수권법률에서 포괄위임금지원칙을 준수하여야 한다.

03회 Review

문항	정답	문제 키워드	출제 유형	난이도
01	③	신체의 자유	이론/판례/조문	●●○
02	④	변호인의 조력을 받을 권리	이론/판례/조문	●●○
03	④	집회의 자유	이론/판례/조문	●●○
04	④	민주주의 원리	이론/판례/조문	●●○
05	④	국적	이론/판례/조문	●●○
06	④	공무담임권	이론/판례/조문	●●○
07	④	국정감사, 국정조사	이론/판례/조문	●●○
08	③	형의 집행 및 수용자의 처우	이론/판례/조문	●●○
09	①	정당해산심판	이론/판례/조문	●●○
10	②	국가긴급권	이론/판례/조문	●●○
11	①	대통령의 불소추특권	이론/판례/조문	●●○
12	②	신체의 자유	이론/판례/조문	●●○
13	④	헌법재판소의 심판절차	이론/판례/조문	●●○

문항	정답	문제 키워드	출제 유형	난이도
14	③	사생활의 자유	이론/판례/조문	●○○
15	①	헌법의 기본원리	이론/판례/조문	●●●
16	④	관습헌법	이론/판례/조문	●○○
17	②	개인정보자기결정권	이론/판례/조문	●●○
18	①	헌법소원심판	이론/판례/조문	●●●
19	①	재판청구권	이론/판례/조문	●●○
20	④	평등권	이론/판례/조문	●●○
21	①	국회의 위원회	이론/판례/조문	●●○
22	④	탄핵심판	이론/판례/조문	●●○
23	④	환경권	이론/판례/조문	●●○
24	④	국회의원의 불체포특권	이론/판례/조문	●●○
25	①	사법권의 독립	이론/판례/조문	●●○

[출제 유형 & 난이도] 각 문항별 출제 유형(이론/판례/조문)과 난이도를 수록하였으니, 본인이 취약한 유형이나 고난도 문제만 풀어보는 등 학습 상황에 알맞게 활용하시기 바랍니다.

핵심지문 OX
03회 실전동형모의고사에서 꼭 되짚어야 할 핵심지문을 다시 확인해보시기 바랍니다.

01 집회에 대한 사전신고제도는 행정부의 판단에 의해 집회에 대한 금지와 통제가 허용되므로 헌법 제21조 제2항의 사전허가금지에 위배된다. (   )

02 국회의원 선거권이 있는 자만 정당의 발기인 및 당원이 될 수 있도록 규정하고 있는 「정당법」 규정은 선거권 없는 사람의 정당의 자유를 침해하지 않는다. (   )

03 법무부장관은 귀화신청인이 법률이 정하는 귀화요건을 갖추었을 경우 귀화를 허가하여야 한다. (   )

04 사법기관인 법원이 고도의 정치적·군사적 성격을 띠는 대통령 계엄선포행위의 요건 구비나 그 선포의 당·부당을 심사하는 것은 적절하지 않다고 보아야 한다. (   )

05 관습헌법은 일반적인 헌법 사항에 해당하는 내용 중에서도 특히 국가의 기본적이고 핵심적인 사항으로서 법률에 의하여 규율하는 것이 적합하지 아니한 사항을 대상으로 한다. (   )

06 형제자매에게 가족관계등록부 등의 기록사항에 관한 증명서 교부청구권을 부여하는 「가족관계의 등록 등에 관한 법률」 조항은 과잉금지원칙을 위반하여 청구인의 개인정보자기결정권을 침해한다. (   )

07 형사보상의 청구에 대하여 한 보상의 결정에 대하여는 불복을 신청할 수 없도록 하여 형사보상의 결정을 단심재판으로 규정한 것은 보상제도의 성격상 재판청구권을 침해하지 않는다. (   )

08 위임입법이 대법원규칙인 경우에도 수권법률에서 포괄위임금지원칙을 준수하여야 한다. (   )

[정답] 01 ✕ 협력의무로서의 신고에 해당하여 사전허가금지에 위배되지 않는다. **02** ○ **03** ✕ 귀화 허가 여부에 대한 재량권을 가진다. **04** ○ **05** ○ **06** ○
07 ✕ 재판청구권의 본질적 내용을 침해한다. **08** ○

01 명확성 원칙에 위반되는 경우는 모두 몇 개인가? (다툼이 있는 경우 헌법재판소 판례에 의함)

> ㄱ. 「주택임대차보호법」상 임대인이 실제 거주를 이유로 갱신 거절 후 정당한 사유 없이 제3자에게 임대한 경우의 손해배상책임을 규정한 '정당한 사유'
> ㄴ. 「회계관계직원 등의 책임에 관한 법률」상 '그 밖에 국가의 회계사무를 처리하는 사람'
> ㄷ. 「도로교통법」상 갓길 통행 금지조항의 예외 사유로 규정된 '부득이한 사정'
> ㄹ. 「국가공무원법」상 정치 운동 금지조항에 규정된 '그 밖의 정치단체'
> ㅁ. 「형법」상 야간주거침입절도죄 조항에 규정된 '건조물'
> ㅂ. 「도로교통법」상 위험운전치사상죄 벌칙조항에 규정된 '제44조 제1항을 2회 이상 위반한 사람'
> ㅅ. 「수질 및 수생태계 보전에 관한 법률」상 벌칙조항에 규정된 '다량의 토사를 유출하거나 버려 상수원 또는 하천, 호소를 현저히 오염되게 한 자'

① 1개
② 2개
③ 3개
④ 4개

02 개인정보자기결정권에 대한 설명으로 가장 적절하지 않은 것은? (다툼이 있는 경우 헌법재판소 판례에 의함)

① 혼인무효판결에 따라 정정된 가족관계등록부가 그대로 보존되는 것은 개인정보자기결정권을 침해하는 것이다.
② 감염병 예방 및 감염 전파의 차단을 위하여 감염병의심자 등에 관한 인적사항 수집을 허용하는 것은 개인정보자기결정권을 침해하지 않는다.
③ 개인정보자기결정권의 보호대상이 되는 개인정보는 개인의 신체, 신념, 사회적 지위, 신분 등과 같이 개인의 인격주체성을 특징짓는 사항으로서 그 개인의 동일성을 식별할 수 있게 하는 일체의 정보라고 할 수 있다.
④ 개인정보의 종류와 성격, 정보처리의 방식과 내용 등에 따라 수권법률의 명확성 요구의 정도는 달라지고, 일반적으로 볼 때 개인의 인격에 밀접히 연관된 민감한 정보일수록 규범명확성의 요청은 더 강해진다고 할 수 있다.

03 선거권에 대한 설명으로 옳지 않은 것은? (다툼이 있는 경우 판례에 의함)

① 선거권자의 연령을 선거일 현재를 기준으로 산정하도록 규정한 「공직선거법」 제17조 중 "선거권자의 연령은 선거일 현재로 산정한다." 부분은 구 「공직선거법」에 따라 선거권이 있는 만 19세 생일이 선거일 이틀 뒤에 있었던 청구인의 선거권을 침해한다고 볼 수 없다.
② 헌법재판소는 주민투표권은 헌법상의 기본권성이 부정된다고 판시하였다.
③ 선거운동기간 중 공개장소에서 비례대표국회의원후보자의 연설·대담을 금지하는 「공직선거법」 조항은 비례대표국회의원후보자의 선거운동의 자유 및 정당활동의 자유를 침해한다.
④ 보통선거의 원칙에 따라 연령에 의하여 선거권을 제한하는 것은, 국정 참여 수단으로서의 선거권 행사는 일정한 수준의 정치적인 판단능력이 전제되어야 하기 때문이다.

04 지방자치제도에 대한 설명으로 옳지 않은 것은? (다툼이 있는 경우 판례에 의함)

① 지방자치단체의 구역은 주민·자치권과 함께 자치단체의 구성요소이며 자치권이 미치는 관할구역의 범위에는 육지는 물론 바다도 포함되므로 공유수면에 대해서도 지방자치단체의 자치권한이 존재한다고 보아야 한다.
② 공유수면의 관할 귀속과 매립지의 관할 귀속은 그 성질상 달리 보아야 하므로 매립공사를 거쳐 종전에 존재하지 않았던 토지가 새로이 생겨난 경우, 공유수면의 관할권을 가지고 있던 지방자치단체이든 그 외의 경쟁 지방자치단체이든 새로 생긴 매립지에 대하여는 중립적이고 동등한 지위에 있다.
③ 조례안이 지방의회에서 의결되면 의장은 의결된 날부터 5일 이내에 그 지방자치단체의 장에게 이를 이송하여야 한다.
④ 지방자치단체의 장으로부터 조례안에 대한 재의요구를 받은 지방의회가 재의에 부쳐 재적의원 과반수의 출석과 출석의원 과반수의 찬성으로 전과 같은 의결을 하면 그 조례안은 조례로서 확정된다.

05 조약에 대한 설명으로 옳은 것만을 모두 고르면? (다툼이 있는 경우 판례에 의함)

> ㄱ. 대한민국과 일본국 간의 어업에 관한 협정은 우리나라 정부가 일본 정부와의 사이에서 어업에 관해 체결·공포한 조약으로서 헌법 제6조 제1항에 의하여 국내법과 같은 효력을 가진다.
> ㄴ. 특정 지방자치단체의 초·중·고등학교에서 실시하는 학교급식을 위해 위 지방자치단체에서 생산되는 우수농산물을 우선적으로 사용하도록 한 위 지방자치단체의 조례안은 내국민대우원칙을 규정한 1994년 관세 및 무역에 관한 일반협정(GATT)에 위반되어 무효이다.
> ㄷ. 대한민국과 아메리카합중국 간의 상호방위조약 제4조에 의한 시설과 구역 및 대한민국에서의 합중국군대의 지위에 관한 협정(SOFA)은 그 명칭에도 불구하고 내용상 국회의 동의를 요하는 조약이다.
> ㄹ. 마라케쉬협정은 적법하게 체결되어 공포된 조약이므로 국내법과 같은 효력을 갖는 것이어서 마라케쉬협정에 의하여 「관세법」 위반자의 처벌이 가중된다고 하더라도 이를 들어 법률에 의하지 아니한 형사처벌이라거나 행위시의 법률에 의하지 아니한 형사처벌이라고 할 수 없다.

① ㄱ, ㄴ, ㄷ
② ㄱ, ㄴ, ㄹ
③ ㄴ, ㄷ, ㄹ
④ ㄱ, ㄴ, ㄷ, ㄹ

06 법원에 대한 설명으로 옳은 것은?

① 명령이나 규칙이 헌법에 위반함을 인정하는 경우에는 전원합의체가, 법률에 위반함을 인정하는 경우에는 부가 담당하여 의결한다.
② 법관은 탄핵 또는 금고 이상의 형의 선고에 의하지 아니하고는 정직·감봉 기타 불리한 처분을 받지 아니한다.
③ 재판의 심리와 판결은 공개한다. 다만, 심리는 국가의 안전보장 또는 안녕질서를 방해하거나 선량한 풍속을 해할 염려가 있을 때에는 미리 대법원 규칙으로 공개하지 않을 사항을 정할 수 있다.
④ 상급법원 재판에서의 판단은 해당 사건에 관하여 하급심을 기속한다.

07 교육을 받을 권리에 대한 헌법재판소의 결정 내용으로 옳지 않은 것은?

① 헌법 제31조 제1항에 따라 국가에게 능력에 따라 균등한 교육기회를 보장할 의무가 부여되어 있다 하더라도, 군인이 자기계발을 위하여 해외 유학하는 경우의 교육비를 청구할 수 있는 권리가 도출된다고 할 수는 없다.
② 의무교육에 필요한 학교용지의 부담금을 개발사업지역 내 주택의 수분양자들에게 부과·징수하는 것은 의무교육의 무상원칙에 위배되어 위헌이다.
③ 최대 2점의 가산점을 부여하도록 한 서울대학교 '2022학년도 대학 신입학생 정시모집 안내' 부분은 균등하게 교육받을 권리를 침해하지 않는다.
④ 학부모의 자녀교육권과 학생의 교육을 받을 권리에는 학교교육이라는 국가의 공교육 급부의 형성과정에 균등하게 참여할 권리로서의 참여권이 내포되어 있다.

08 대통령에 대한 설명으로 옳지 않은 것은? (다툼이 있는 경우 판례에 의함)

① 선거일 현재 5년 이상 국내에 거주하고 있는 40세 이상의 국민은 대통령의 피선거권이 있다. 이 경우 공무로 외국에 파견된 기간과 국내에 주소를 두고 일정기간 외국에 체류한 기간은 국내거주기간으로 본다.
② 대통령의 임기가 만료된 때에는 임기만료 60일 내지 40일 전에 후임자를 선거한다.
③ 대통령의 법률안거부는 법률안 전체를 대상으로 하여야 하며, 법률안 일부에 대한 거부나 법률안 내용을 수정하는 거부는 인정되지 않는다.
④ 대통령이 헌법상 허용되지 않는 재신임 국민투표를 국민들에게 제안한 것은 그 자체로서 헌법 제72조에 반하는 것으로 헌법을 실현하고 수호해야 할 대통령의 의무를 위반한 것이다.

09 국제질서의 기본원리에 대한 설명으로 옳은 것은? (다툼이 있는 경우 판례에 의함)

① 지급거절될 것을 예견하고 수표를 발행한 사람이 그 수표의 지급제시기일에 수표금이 지급되지 아니하게 한 경우 수표의 발행인을 처벌하도록 규정한 「부정수표 단속법」 조항은 국제법존중주의에 위반된다.

② 오늘날 전쟁과 테러 혹은 무력행위로부터 자유로워야 하는 것은 인간의 존엄과 가치를 실현하고 행복을 추구하기 위한 기본 전제가 되므로, 달리 이를 보호하는 명시적 기본권이 없다면 헌법 제10조와 제37조 제1항으로부터 평화적 생존권을 도출할 수 있다.

③ 대한민국과 일본국 간의 어업에 관한 협정은 선언적인 의미를 가지고 있을 뿐 법적 구속력을 가지고 있지 못하기 때문에 대한민국과 일본국 간의 어업에 관한 협정체결행위가 헌법소원심판의 대상이 되는 공권력의 행사라고 보기 어렵다.

④ 국제통화기금 임직원의 공적(公的) 행위에 대한 재판권 면제를 규정한 국제통화기금협정 조항은 성질상 국내에 바로 적용될 수 있는 법규범으로 볼 수 있다.

10 일반적 행동자유권에 대한 설명으로 옳은 것은? (다툼이 있는 경우 판례에 의함)

① 강제추행죄로 유죄판결이 확정된 신상정보 등록대상자에 대해 관할경찰관서의 장은 등록기간 중 반기 1회 등록대상자와 직접 대면 등의 방법으로 등록정보의 진위 및 변경 여부를 확인하여야 한다고 규정한 성폭력특례법 제45조 제4항의 대면확인조항은 일반적 행동자유권을 침해하는 것이다.

② 계약자유의 원칙은 헌법상의 행복추구권 속에 함축된 일반적 행동자유권으로부터 파생되는 것이 아니다.

③ 「도로교통법」상 주취 중 운전금지규정을 3회 위반한 경우 운전면허를 필요적으로 취소하도록 규정한 것은 과잉금지원칙에 반하여 일반적 행동자유권을 침해하는 것이다.

④ 「공직선거법」상 기부행위 제한의 적용을 받는 자에 '후보자가 되고자 하는 자'까지 포함하면서 기부행위의 제한기간을 폐지하여 상시 제한하도록 한 것이 일반적 행동자유권 등을 침해하는 것은 아니다.

11 위헌정당해산제도에 대한 설명으로 옳지 않은 것은? (다툼이 있는 경우 판례에 의함)

① 정당해산심판절차에서는 재심을 허용하지 아니함으로써 얻을 수 있는 법적 안정성의 이익보다 재심을 허용함으로써 얻을 수 있는 구체적 타당성의 이익이 더 크므로 재심을 허용하여야 한다.

② 헌법 제8조 제4항의 '민주적 기본질서'는 모든 정치적 견해들이 상대적 진리성과 합리성을 지닌다고 전제하는 다원적 세계관을 배격한다.

③ 헌법재판소의 해산결정으로 정당이 해산되는 경우에 그 정당 소속 국회의원이 의원직을 상실하는지에 대하여 명문의 규정은 없으나 해산정당 소속 국회의원의 의원직을 상실시키지 않는 경우 정당해산결정의 실효성을 확보할 수 없게 되므로, 정당해산제도의 취지 등에 비추어 정당해산결정이 있는 경우 그 정당 소속 국회의원의 의원직은 당선 방식을 불문하고 모두 상실되어야 한다.

④ 민주적 기본질서 위배란 정당의 목적이나 활동이 민주적 기본질서에 대한 실질적 해악을 끼칠 수 있는 구체적 위험성을 초래하는 경우를 가리킨다.

12 양심의 자유에 대한 설명으로 옳지 않은 것은? (다툼이 있는 경우 판례에 의함)

① 입법자가 병역의 종류에 관하여 입법은 하였으나 그 내용이 양심적 병역거부자를 위한 비군사적 내용의 대체복무제를 포함하지 아니한 것은 진정입법부작위로서 헌법에 위반된다.

② 양심은 그 대상이나 내용 또는 동기에 의하여 판단될 수 없으며, 특히 양심상의 결정이 이성적·합리적인가, 타당한가 또는 법질서나 사회규범·도덕률과 일치하는가 하는 관점은 양심의 존재를 판단하는 기준이 될 수 없다.

③ 양심적 병역거부자에 대한 대체복무제를 규정하지 아니한 병역종류조항은 과잉금지원칙에 위배하여 양심적 병역거부자의 양심의 자유를 침해한다.

④ 병역종류조항에 대체복무제가 마련되지 아니한 상황에서, 양심상의 결정에 따라 입영을 거부하거나 소집에 불응하는 국민이 기존 대법원 판례에 따라 처벌조항에 의하여 형벌을 부과받음으로써 양심에 반하는 행동을 강요받게 되는 것은 '양심에 반하는 행동을 강요당하지 아니할 자유', 즉 '부작위에 의한 양심실현의 자유'를 제한하는 것이다.

13 인간으로서의 존엄과 가치 및 행복추구권에서 도출되는 권리들에 대한 설명으로 옳지 않은 것은? (다툼이 있는 경우 판례에 의함)

① 의료사고가 사망에 해당하는 경우 한국의료분쟁조정위원회 원장은 지체 없이 의료분쟁 조정절차를 개시하여야 한다고 규정한 「의료사고 피해구제 및 의료분쟁 조정 등에 관한 법률」은 일반적 행동의 자유를 침해하지 않는다.

② 헌법 제10조로부터 도출되는 일반적 인격권에는 개인의 명예에 관한 권리도 포함되며, 사자(死者)에 대한 사회적 명예와 평가의 훼손은 사자와의 관계를 통하여 스스로의 인격상을 형성하고 명예를 지켜온 그 후손의 인격권을 제한한다.

③ 장래 가족의 구성원이 될 태아의 성별 정보에 대한 접근을 국가로부터 방해받지 않을 부모의 권리는 일반적 인격권에 의하여 보호된다.

④ 전동킥보드의 최고속도는 25km/h를 넘지 않아야 한다고 규정한 '안전확인대상 생활용품의 안전기준'은 소비자의 자기결정권 및 일반적 행동자유권을 침해한다.

14 감사원에 대한 설명으로 옳은 것만을 모두 고르면?

> ㄱ. 감사원은 감사원장과 6인 이상 11인 이하의 감사위원으로 구성된다.
> ㄴ. 감사원은 세입·세출의 결산을 매년 검사하여 대통령과 차기국회에 그 결과를 보고하여야 한다.
> ㄷ. 감사위원회의는 심의에 필요하다고 인정하면 관계인 또는 증인을 출석시켜 신문할 수 있으며, 학식·경험이 있는 자에게 감정을 위촉할 수 있다.
> ㄹ. 감사원은 국회·법원·헌법재판소에 소속된 공무원을 대상으로는 직무감찰을 할 수 없으나, 중앙선거관리위원회소속 공무원을 대상으로는 직무감찰을 할 수 있다.
> ㅁ. 헌법은 감사원이 법률에 저촉되지 않는 범위 안에서 감사에 관한 절차, 감사원의 내부 규율과 감사사무 처리에 관한 규칙을 제정할 수 있도록 규정하고 있다.

① ㄴ, ㄷ   ② ㄷ, ㄹ
③ ㄱ, ㄷ, ㄹ   ④ ㄱ, ㄷ, ㄹ, ㅁ

15 통신의 비밀과 자유에 대한 설명으로 가장 적절하지 않은 것은? (다툼이 있는 경우 헌법재판소 판례에 의함)

① 「통신비밀보호법」 제13조 제1항 중 '검사 또는 사법경찰관은 수사를 위하여 필요한 경우 「전기통신사업법」에 의한 전기통신사업자에게 제2조 제11호 가목 내지 라목의 통신사실 확인자료의 열람이나 제출을 요청할 수 있다' 부분은 전기통신가입자의 통신의 자유를 침해하지 않는다.

② 인터넷회선 감청은 서버에 저장된 정보가 아니라, 인터넷상에서 발신되어 수신되기까지의 과정 중에 수집되는 정보, 즉 전송 중인 정보의 수집을 위한 수사이므로, 압수·수색과 구별된다.

③ 온라인서비스제공자가 자신이 관리하는 정보통신망에서 아동·청소년이용음란물을 발견하기 위하여 대통령령으로 정하는 조치를 취하지 아니하거나 발견된 아동·청소년이용음란물을 즉시 삭제하고, 전송을 방지 또는 중단하는 기술적인 조치를 취하지 아니한 경우 처벌하는 「아동·청소년의 성보호에 관한 법률」 제17조 제1항은 서비스이용자의 통신의 비밀을 침해하지 않는다.

④ 방송통신심의위원회가 주식회사 ○○ 외 9개 정보통신서비스제공자 등에 대하여 895개 웹사이트에 대한 접속차단의 시정을 요구한 행위는 정보통신서비스이용자의 통신의 비밀을 침해하지 않는다.

16 표현의 자유 및 언론·출판의 자유에 대한 설명으로 가장 적절하지 않은 것은? (다툼이 있는 경우 판례에 의함)

① 선거기간 중 선거에 영향을 미치게 하기 위한 집회나 모임을 금지하는 것은 집회의 자유, 정치적 표현의 자유를 침해한다.

② 공포심이나 불안감을 유발하는 문언을 반복적으로 상대방에게 도달하게 한 자를 형사처벌하도록 한 「정보통신망 이용촉진 및 정보보호 등에 관한 법률」 조항은 표현의 자유를 침해하지 않는다.

③ 인터넷언론사에 대하여 선거일 전 90일부터 선거일까지 후보자 명의의 칼럼이나 저술을 게재하는 보도를 제한하는 구 「인터넷선거보도 심의기준 등에 관한 규정」 조항은 과잉금지원칙에 반하여 표현의 자유를 침해하지 않는다.

④ 공공기관등으로 하여금 정보통신망 상에 게시판을 설치·운영하려면 게시판 이용자의 본인 확인을 위한 방법 및 절차의 마련 등 대통령령으로 정하는 필요한 조치를 하도록 한 것은 익명표현의 자유를 침해하지 않는다.

17 근로의 권리 등에 대한 설명으로 옳지 않은 것은? (다툼이 있는 경우 헌법재판소 결정에 의함)

① 축산업 근로자들에게 육체적·정신적 휴식을 보장하고 장시간 노동에 대한 경제적 보상을 해야 할 필요성이 요청됨에도 동물의 사육 사업 근로자에 대하여 근로시간 및 휴일 규정의 적용을 제외하도록 한 것은 근로의 권리를 침해한다.

② 「형법」 제314조 제1항 중 '위력으로써 사람의 업무를 방해한 자' 부분은 단체행동권을 침해하지 않는다.

③ 외국인 근로자에게도 자본주의 경제질서하에서 근로자가 기본적 생활수단을 확보하고 인간의 존엄성을 보장받기 위하여 최소한의 근로조건을 요구할 수 있는 권리의 기본권 주체성이 인정된다.

④ 「형법」상 업무방해죄는 모든 쟁의행위에 대하여 무조건 적용되는 것이 아니라, 단체행동권의 내재적 한계를 넘어 정당성이 없다고 판단되는 쟁의행위에 대하여만 적용되는 조항임이 명백하다고 할 것이므로, 그 목적이나 방법 및 절차상 한계를 넘어 업무방해의 결과를 야기시키는 쟁의행위에 대하여만 이 사건 법률조항을 적용하여 형사처벌하는 것은 헌법상 단체행동권을 침해하였다고 볼 수 없다.

18 헌법재판소의 심판에 대한 설명으로 옳지 않은 것은? (다툼이 있는 경우 판례에 의함)

① 헌법재판소는 "여호주가 사망하거나 출가하여 호주상속이 없이 절가된 경우, 유산은 그 절가된 가의 가족이 승계하고 가족이 없을 때는 출가녀가 승계한다."는 구 관습법이 「헌법재판소법」 제68조 제2항에 의한 헌법소원심판의 대상이 되지 않는다고 한다.

② 탄핵심판의 경우에는 형사소송에 관한 법령을 준용하고, 형사소송에 관한 법령이 민사소송에 관한 법령에 저촉될 때에는 민사소송에 관한 법령은 준용하지 아니한다.

③ 위헌법률의 심판과 헌법소원에 관한 심판은 서면심리에 의한다. 다만, 재판부는 필요하다고 인정하는 경우에는 변론을 열어 당사자, 이해관계인, 그 밖의 참고인의 진술을 들을 수 있다.

④ 헌법재판소가 국선대리인을 선정하지 아니한다는 결정을 한 때에는 지체 없이 그 사실을 신청인에게 통지하여야 하며, 이 경우 신청인이 선임신청을 한 날부터 그 통지를 받은 날까지의 기간은 헌법소원심판의 청구기간에 산입하지 아니한다.

19 헌법재판소의 권한쟁의심판에 대한 설명으로 옳지 않은 것은? (다툼이 있는 경우 헌법재판소 결정에 의함)

① 권한쟁의심판의 공익적 성격만을 이유로 이미 제기한 심판청구를 스스로의 의사에 기하여 자유롭게 철회할 수 있는 심판청구의 취하를 배제하는 것은 타당하지 않다.

② 권한쟁의심판과 위헌법률심판은 원칙적으로 구분되어야 한다는 점에서, 법률에 대한 권한쟁의심판은 '법률 그 자체'가 아니라, '법률의 제정행위'를 그 심판대상으로 해야 한다.

③ 교섭단체나 그에 준하는 지위에 있는 국회의원들에게 예외적으로 제3자 소송담당이 허용된다.

④ 정부가 법률안을 제출하는 행위는 입법을 위한 하나의 사전 준비행위에 불과하고, 권한쟁의심판의 독자적 대상이 될 수 없다.

20 헌법재판소 결정의 효력에 대한 설명으로 옳지 않은 것은? (다툼이 있는 경우 판례에 의함)

① 불처벌의 특례를 규정한 「교통사고처리 특례법」 제4조 제1항에 대한 위헌결정의 소급효를 인정할 경우 오히려 형사처벌을 받지 않았던 자들에게 형사상의 불이익이 미치게 되므로, 위 법률조항이 헌법에 위반된다고 선고되더라도 형사처벌을 받지 않았던 자들을 소급하여 처벌할 수 없다.

② 헌법재판소가 위헌으로 결정하여 그 효력을 상실한 법률을 적용하여 한 법원의 재판은 헌법재판소 결정의 기속력에 반하는 것일 뿐 아니라, 법률에 대한 위헌심사권을 헌법재판소에 부여한 헌법의 결단에 정면으로 위배된다.

③ 위헌결정의 결정이유에까지 기속력을 인정할 수 있으려면 결정주문을 뒷받침하는 결정이유에 대하여 적어도 위헌결정의 정족수인 재판관 6명 이상의 찬성이 있어야 한다.

④ 위헌법률심판을 구하는 헌법소원에 대한 헌법재판소의 결정에 대하여는 재심을 허용함으로써 얻을 수 있는 구체적 타당성의 이익이 재심을 허용하지 아니함으로써 얻을 수 있는 법적 안정성의 이익보다 훨씬 높을 것으로 쉽사리 예상할 수 있으므로 재심이 허용된다.

21 개인정보자기결정권에 대한 설명으로 옳은 것은? (다툼이 있는 경우 판례에 의함)

① 변동신고조항 및 이를 위반할 경우 처벌하도록 정한 「보안관찰법」 제27조 제2항 중 제6조 제2항 전문에 관한 부분은 과잉금지원칙을 위반하여 청구인의 사생활의 비밀과 자유 및 개인정보자기결정권을 침해한다.

② 건강에 관한 정보는 민감정보에 해당하지만, 국민건강보험공단 이사장이 경찰서장의 요청에 따라 질병명이 기재되지 않은 수사대상자의 요양급여내역만을 제공한 행위 자체만으로는 수사대상자의 개인정보자기결정권이 침해되었다고 볼 수는 없다.

③ 「국민기초생활 보장법」에 따라 급여를 신청할 때 금융거래정보자료 제공동의서를 제출하도록 하는 것은 개인정보자기결정권을 침해한다.

④ 채무자와 이해관계가 없는 일반 국민도 누구나 제약없이 채무불이행자명부를 열람·복사할 수 있도록 한 것은 채무자의 개인정보자기결정권을 침해한다.

22 「헌법재판소법」 제68조 제2항 헌법소원심판에 있어 재판의 전제성에 대한 설명으로 옳지 않은 것은? (다툼이 있는 경우 판례에 의함)

① 유류분반환청구와 기여분결정 심판청구는 별개의 절차로 진행되고 기여분이 결정되어 있다고 하더라도 유류분산정에 있어서 기여분이 공제될 수 없으므로, 기여분결정 심판청구와 관련된 「민법」 제1008조의2 제4항에 대한 심판청구는 재판의 전제성이 인정되지 아니한다.

② 유신헌법에 따른 긴급조치와 관련된 사건에서 당사자가 무죄확정판결을 받았더라도 재판의 전제성이 인정된다.

③ 당내경선에서 「공직선거법」상 허용되는 경선운동 방법을 위반하여 확성장치인 마이크를 사용해 경선운동을 하였다는 범죄사실로 유죄판결을 받은 당해사건에 「공직선거법」상 확성장치사용 조항들에 대한 심판청구는 재판의 전제성이 인정된다.

④ 당해사건이 재심사건인 경우, 심판대상조항이 '재심청구 자체의 적법 여부에 대한 재판'에 적용되는 법률조항이 아니라 '본안 사건에 대한 재판'에 적용될 법률조항이라면 '재심청구가 적법하고, 재심의 사유가 인정되는 경우'에 한하여 재판의 전제성이 인정될 수 있다.

23 「국적법」상 국적에 대한 설명으로 옳은 것만을 모두 고르면?

ㄱ. 부 또는 모가 대한민국의 국민이었던 외국인은 대한민국에 3년 이상 계속하여 주소가 있는 경우 간이귀화허가를 받을 수 있다.

ㄴ. 외국인의 자(子)로서 대한민국의 「민법」상 미성년인 사람은 부 또는 모가 귀화허가를 신청할 때 함께 국적 취득을 신청할 수 있다.

ㄷ. 귀화신청을 한 자는 법무부장관이 귀화허가를 한 때 대한민국 국적을 취득한다.

ㄹ. 대한민국에서 발견된 기아(棄兒)는 대한민국에서 출생한 것으로 간주한다.

① ㄱ
② ㄱ, ㄴ
③ ㄴ, ㄷ
④ ㄱ, ㄴ, ㄷ

24 선거권과 선거의 원칙에 관한 다음 설명 중 가장 옳은 것은? (다툼이 있는 경우 헌법재판소 결정 및 대법원 판례에 의함)

① 외국인은 대통령선거 및 국회의원선거에서는 선거권이 없으나, 지방선거권이 조례에 의해서 인정되고 있다.

② 병영 내 기거하는 현역병의 주민등록을 그가 속한 세대의 거주지에서 하도록 한 것은 선거권을 침해한다.

③ 국회의원 '후보자가 되고자 하는 자'로 하여금 당해 선거구 안에 있는 자나 당해 선거구 밖에 있더라도 그 선거구민과 연고가 있는 자에 대한 기부행위를 금지하고 이를 위반한 경우 형사처벌하도록 규정한 「공직선거법」 제113조 제1항 중 '후보자가 되고자 하는 자' 부분은 과잉금지원칙에 반하여 선거운동의 자유를 침해하지 아니한다.

④ 농협조합장선거에서 조합장을 선출하거나 조합장으로 선출될 권리 등은 헌법에 의하여 보호되는 선거권의 일종이다.

25 집회의 자유에 대한 설명으로 옳지 않은 것은? (다툼이 있는 경우 판례에 의함)

① 헌법 제21조 제2항의 '허가'는 '행정청이 주체가 되어 집회의 허용 여부를 사전에 결정하는 것'으로서 행정청에 의한 사전허가는 헌법상 금지되지만, 입법자가 법률로써 일반적으로 집회를 제한하는 것은 헌법상 '사전허가금지'에 해당하지 않는다.

② 집회의 자유는 집회의 시간, 장소, 방법과 목적을 스스로 결정하는 것을 보장하는 것으로, 구체적으로 보호되는 주요 행위는 집회의 준비 및 조직, 지휘, 참가, 집회장소 · 시간의 선택이라고 할 수 있다.

③ 외교기관 인근의 옥외집회 · 시위를 원칙적으로 금지하면서도 외교기관의 기능을 침해할 우려가 없는 예외적인 경우에는 허용하고 있다면 집회의 자유를 침해하는 것은 아니다.

④ 집회신고는 신고 자체로 효력이 발생하므로 집회신고서의 반려행위는 신고의 효력에 아무런 영향을 미칠 수 없는 행위에 불과하여 헌법소원심판청구의 대상이 되는 공권력의 행사로 볼 수 없다.

04회 실전동형모의고사
모바일 자동 채점 + 성적 분석 서비스
바로 가기 (gosi.Hackers.com)

QR코드를 이용하여 해커스공무원의 '모바일 자동 채점 + 성적 분석 서비스'로 바로 접속하세요!

* 해커스공무원 사이트의 가입자에 한해 이용 가능합니다.

04회 Review

문항	정답	문제 키워드	출제 유형	난이도
01	②	명확성의 원칙	이론/판례/조문	●●○
02	①	개인정보자기결정권	이론/판례/조문	●●○
03	③	선거권	이론/판례/조문	●●○
04	④	지방자치제도	이론/판례/조문	●○○
05	④	조약	이론/판례/조문	●●○
06	④	법원	이론/판례/조문	●●○
07	④	교육을 받을 권리	이론/판례/조문	●●○
08	②	대통령	이론/판례/조문	●●●
09	④	국제질서	이론/판례/조문	●●○
10	④	일반적 행동자유권	이론/판례/조문	●●○
11	②	정당해산심판	이론/판례/조문	●●○
12	①	양심의 자유	이론/판례/조문	●●○
13	④	행복추구권	이론/판례/조문	●●○

문항	정답	문제 키워드	출제 유형	난이도
14	②	감사원	이론/판례/조문	●●○
15	①	통신의 자유	이론/판례/조문	●●○
16	③	표현의 자유	이론/판례/조문	●●○
17	①	근로의 권리	이론/판례/조문	●●○
18	①	헌법재판제도	이론/판례/조문	●●○
19	③	권한쟁의심판	이론/판례/조문	●○○
20	④	헌법재판소 결정의 효력	이론/판례/조문	●●○
21	①	개인정보자기결정권	이론/판례/조문	●●○
22	③	헌법소원심판	이론/판례/조문	●●●
23	②	국적	이론/판례/조문	●●○
24	③	선거권	이론/판례/조문	●●○
25	④	집회의 자유	이론/판례/조문	●●●

[출제 유형 & 난이도] 각 문항별 출제 유형(이론/판례/조문)과 난이도를 수록하였으니, 본인이 취약한 유형이나 고난도 문제만 풀어보는 등 학습 상황에 알맞게 활용하시기 바랍니다.

핵심지문 OX
04회 실전동형모의고사에서 꼭 되짚어야 할 핵심지문을 다시 확인해보시기 바랍니다.

01 지방자치단체의 장으로부터 조례안에 대한 재의요구를 받은 지방의회가 재의에 부쳐 재적의원 과반수의 출석과 출석의원 과반수의 찬성으로 전과 같은 의결을 하면 그 조례안은 조례로서 확정된다. (   )

02 「공직선거법」상 기부행위 제한의 적용을 받는 자에 '후보자가 되고자 하는 자'까지 포함하면서 기부행위의 제한기간을 폐지하여 상시 제한하도록 하는 것이 일반적 행동자유권 등을 침해하는 것은 아니다. (   )

03 종교적 행위의 자유는 신앙의 자유와 마찬가지로 절대적 자유의 영역이기 때문에, 사법시험의 시행일을 일요일로 정하는 것은 종국적으로 일요일에 예배행사를 참여하는 청구인의 종교의 자유의 본질적 내용을 침해한 것이다. (   )

04 인터넷언론사에 대하여 선거일 전 90일부터 선거일까지 후보자 명의의 칼럼이나 저술을 게재하는 보도를 제한하는 구 「인터넷선거보도 심의기준 등에 관한 규정」 조항은 과잉금지원칙에 반하여 표현의 자유를 침해하지 않는다. (   )

05 정부가 법률안을 제출하는 행위는 입법을 위한 하나의 사전 준비행위에 불과하고, 권한쟁의심판의 독자적 대상이 될 수 없다. (   )

06 위헌결정의 결정이유에까지 기속력을 인정할 수 있으려면 결정주문을 뒷받침하는 결정이유에 대하여 적어도 위헌결정의 정족수인 재판관 6명 이상의 찬성이 있어야 한다. (   )

[정답] 01 ✕ 재적의원 과반수의 출석과 출석의원 3분의 2 이상의 찬성이 있어야 한다. **02** ○ **03** ✕ 공공복리를 위한 부득이한 제한으로 본다. **04** ✕ 침해한다.
05 ○ **06** ○

05회 실전동형모의고사

01 우리 헌정사에 대한 설명으로 옳은 것은?

① 제헌헌법은 헌법재판기관을 헌법위원회와 탄핵재판소로 이원화하여 규정하였으며, 헌법위원회의 위원장과 탄핵재판소의 재판장은 부통령이 된다고 규정하였다.

② 1952년 헌법에는 국무총리제를 폐지하고 국무위원에 대한 개별적 불신임제를 채택하였다.

③ 1962년의 제5차 개헌은 헌법재판소를 폐지하고 위헌법률심판·권한쟁의심판·선거소송을 대법원에서 담당하게 하였다.

④ 1987년 제9차 개헌에서는 근로자의 적정임금 보장, 재외국민보호의무 규정을 신설하고 형사보상청구권을 피의자까지 확대 인정하였다.

02 사회보장수급권에 대한 설명으로 옳지 않은 것은? (다툼이 있는 경우 판례에 의함)

① 법률에 의하여 구체적으로 형성된 의료보험수급권은 공법상의 권리로서 헌법상 사회적 기본권의 성격과 재산권의 성격을 아울러 지니고 있다.

② 60세 이상의 국민에 대하여 국민연금제도 가입을 제한하는 것은 노후를 편안하고 안락하게 살아갈 권리를 부여하고 있는 헌법상의 인간다운 생활을 할 권리를 침해하지 아니한다.

③ 참전명예수당은 국가보훈적 성격과 수급자의 생활보호를 위한 사회보장적 의미를 동시에 가지는바, 참전유공자 중 70세 이상자에게만 참전명예수당을 지급하는 규정은 헌법상 평등권, 인간다운 생활을 할 권리, 행복추구권 등을 침해한다.

④ 장애인가구의 추가지출비용을 반영한 별도의 최저생계비를 결정하지 않은 채 가구별 인원수만을 기준으로 최저생계비를 결정한 보건복지부장관의 최저생계비 고시가 인간다운 생활을 할 권리를 침해하지 않는다.

03 근로의 권리에 대한 설명으로 옳은 것은? (다툼이 있는 경우 헌법재판소 결정에 의함)

① 근로자가 퇴직급여를 청구할 수 있는 권리는 헌법에서 직접 도출된다.

② 근로자뿐만 아니라, 근로자의 모임인 노동조합도 근로의 권리의 주체가 된다.

③ 동물의 사육 사업 근로자에 대하여 「근로기준법」제4장에서 전한 근로시간 및 휴일 규정의 적용을 제외하도록 한 구 「근로기준법」제63조 제2호 중 '동물의 사육' 가운데 '제4장에서 정한 근로시간, 휴일에 관한 규정'에 관한 부분은 청구인의 근로의 권리를 침해하지 않는다.

④ 근로자가 최저임금을 청구할 수 있는 권리는 헌법에서 직접 도출된다.

04 정당해산심판에 대한 설명으로 옳지 않은 것은?

① 헌법재판소에서 정당해산의 결정을 할 때에는 재판관 6인 이상의 찬성이 있어야 하고, 정당의 해산을 명하는 헌법재판소의 결정이 선고되면 그 정당은 해산되며, 해산된 정당의 강령과 동일하거나 유사한 것으로 정당을 창당하지 못한다.

② 헌법재판소는 정당해산심판의 청구를 받은 때에는 직권 또는 청구인의 신청에 의하여 종국결정의 선고 시까지 피청구인의 활동을 정지하는 결정을 할 수 있다.

③ 정당해산의 심판은 구두변론에 의하고, 재판부가 변론을 열 때에는 기일을 정하고 당사자와 관계인을 소환하여야 하며, 심판의 변론은 원칙적으로 심판정에서 행하지만 헌법재판소장이 필요하다고 인정하면 심판정 외의 장소에서 할 수도 있다.

④ 정당해산결정에 대해서는 재심을 허용하지 아니함으로써 얻을 수 있는 법적 안정성의 이익이 재심을 허용함으로써 얻을 수 있는 구체적 타당성의 이익보다 더 중하다고 할 것이므로, 그 성질상 재심에 의한 불복방법이 허용될 수 없다고 보아야 한다.

05 대통령의 사면·감형에 대한 설명으로 옳지 않은 것은? (다툼이 있는 경우 판례에 의함)

① 일반사면뿐만 아니라 특별사면을 하려는 경우에도 법무부 사면심사위원회의 심사를 거쳐 법무부장관이 대통령에게 사면을 상신하여야 한다.

② 일반사면은 일정한 종류의 범죄를 지은 자를 대상으로 형의 선고의 효력을 상실케 하거나 공소권을 소멸시키는 것으로서 국회의 동의를 얻어 대통령령으로 한다.

③ 특별사면은 국가원수인 대통령이 형의 집행을 면제하거나 선고의 효력을 상실케 하는 시혜적 조치로서, 형의 전부 또는 일부에 대하여 하거나, 중한 형 또는 가벼운 형에 대하여만 할 수도 있는 것이고, 중한 형에 대하여 사면을 하면서 그보다 가벼운 형에 대하여 사면을 하지 않는 것이 형평의 원칙에 반한다고 할 수도 없다.

④ 헌법 제79조는 대통령의 사면권의 구체적 내용과 방법 등을 법률에 위임함으로써 사면의 종류, 대상, 범위 등에 관하여 입법자에게 광범위한 입법재량을 부여하고 있다. 따라서 특별사면의 대상을 '형'으로 규정할 것인지, '사람'으로 규정할 것인지는 입법재량사항에 속한다.

06 「헌법재판소법」 제68조 제2항에 따른 헌법소원심판에 대한 설명으로 옳지 않은 것은? (다툼이 있는 경우 판례에 의함)

① 헌법재판소장은 헌법재판소에 재판관 3명으로 구성되는 지정재판부를 두어 헌법소원심판의 사전심사를 담당하게 할 수 있다.

② 위헌법률심판의 제청신청 당사자는 위헌 여부 심판의 제청에 대한 결정에 대하여 항고할 수 있다.

③ 공포되었으나 시행되지 않고 이미 폐지된 법률은 심판의 대상이 될 수 없다.

④ 대법원은 유신헌법에 근거한 대통령의 긴급조치는 위헌법률심판대상이 아니라고 판시하였다.

07 국적에 대한 설명으로 옳은 것은? (다툼이 있는 경우 판례에 의함)

① 외국인이 귀화허가를 받기 위해서는 '품행이 단정할 것'의 요건을 갖추도록 한 「국적법」 조항은 명확성원칙에 위배된다.

② 복수국적자로서 외국 국적을 선택하려는 자는 외국에 주소가 없어도 법무부장관에게 대한민국 국적을 이탈한다는 뜻을 신고할 수 있다.

③ 헌법 제2조 제1항은 "대한민국의 국민이 되는 요건은 법률로 정한다."라고 하여 대한민국 국적의 취득에 관하여 위임하고 있으나, 국적의 유지나 상실을 둘러싼 전반적인 법률관계를 법률에 규정하도록 위임하고 있는 것으로 풀이할 수는 없다.

④ 외국인의 자(子)로서 대한민국의 「민법」상 미성년인 사람은 부 또는 모가 귀화허가를 신청할 때 함께 국적 취득을 신청할 수 있고, 이에 따라 국적 취득을 신청한 사람은 부 또는 모가 대한민국 국적을 취득한 때에 함께 대한민국 국적을 취득한다.

08 참정권에 대한 설명으로 옳은 것만을 모두 고르면? (다툼이 있는 경우 판례에 의함)

ㄱ. 승진가능성이라는 것은 공직신분의 유지나 업무수행과 같은 법적 지위에 직접 영향을 미치는 것이 아니고 간접적, 사실적 또는 경제적 이해관계에 영향을 미치는 것에 불과하여 공무담임권의 보호영역에 포함된다고 보기는 어렵다.

ㄴ. 선거운동기간을 제한하고 이를 위반한 사전선거운동을 형사처벌하도록 규정한 구 「공직선거법」 제59조 중 선거운동기간 전에 개별적으로 대면하여 말로 하는 선거운동에 관한 부분은 정치적 표현의 자유를 침해한다.

ㄷ. 재외투표기간 개시일 이후에 귀국한 재외선거인 등이 국내에서 선거일에 투표할 수 있도록 하는 절차를 마련하지 아니한 「공직선거법」 제218조의16 제3항 중 '재외투표기간 개시일 전에 귀국한 재외선거인 등'에 관한 부분은 선거권을 침해한다.

ㄹ. 사법인적인 성격을 지니는 농협·축협의 조합장선거에서 조합장을 선출하거나 선거운동을 하는 것은 헌법에 의하여 보호되는 선거권의 범위에 포함된다.

① ㄱ, ㄴ   ② ㄷ, ㄹ
③ ㄱ, ㄴ, ㄷ   ④ ㄴ, ㄷ, ㄹ

09 대체복무요원의 복무기간을 '36개월'로 하고 대체복무요원으로 하여금 '합숙'하여 대체복무기관을 '교정시설'로 한정하여 복무하도록 한 「대체역의 편입 및 복무 등에 관한 법률」 제18조 제1항 등 위헌확인 사건(헌재 2024.5.30. 2021헌마117 등)에 대한 헌법재판소의 결정내용으로 적절하지 않은 것은 모두 몇 개인가?

ㄱ. 심판대상조항들이 신체의 자유, 거주이전의 자유, 직업의 자유, 사생활의 비밀과 자유, 통신의 자유, 종교의 자유, 인격권, 일반적 행동의 자유, 양육권, 행복추구권, 평등권을 침해한다는 주장은 교정시설에서 36개월의 기간 동안 합숙의무를 부여함으로써 발생하는 다양한 양태들을 문제 삼거나 그러한 복무부여가 과도하다는 주장을 보충하기 위한 것이므로, 심판대상조항들이 양심의 자유를 침해하는지 여부를 판단하는 이상 별도로 판단하지 아니하기로 한다.

ㄴ. '시민적 및 정치적 권리에 관한 국제규약' 제2조 제3항, 제18조, 제23조, 제26조, '경제적 사회적 및 문화적 권리에 관한 국제규약' 제6조에 위반된다거나 헌법 제6조 제1항에 위반된다는 등의 주장에 대하여 보건대, 비준동의한 조약은 국내법과 같은 효력을 가질 뿐 헌법재판규범이 되는 것은 아니고, 위 주장들도 별도로 판단하지 아니하기로 한다.

ㄷ. 대체복무의 강도하에서 대체복무기간을 육군 현역병의 복무기간의 2배로 설정한 것은 군사적 역무가 배제되는 점을 감안하더라도 과도하다고 볼 수 있고, 대체복무기간이 현역병의 복무기간의 최대 1.5배를 넘지 않을 것을 요구하는 국제인권기준에도 부합하지 않는다.

ㄹ. 합숙조항이 자녀가 있는 대체역에 대하여도 예외를 인정하지 않는 것은 침해의 최소성에 반하는 과도한 제한을 가한다고 볼 수 있다.

ㅁ. 복무기관조항이 대체복무기관을 교정시설로 한정한 것은 현역병과의 형평성을 지나치게 강조하고 대체복무가 병역기피 수단으로 악용되는 것을 방지하는 데에 치중함으로써 대체복무의 선택을 억지하는 측면이 있을 뿐만 아니라, 병역자원을 효과적으로 활용하지 못하고, 대체복무가 공익에 기여한다는 사회적 인식이 형성되는 것을 방해하여 양심적 병역거부자를 여전히 불편한 존재로 인식하게 하는바, 이는 대체복무제도의 취지에 부합하지 않는다.

---

① 1개
② 2개
③ 3개
④ 4개

10 종교의 자유에 대한 설명으로 가장 적절하지 않은 것은? (다툼이 있는 경우 대법원 및 헌법재판소 판례에 의함)

① 구치소장이 구치소 내 미결수용자를 대상으로 한 개신교 종교행사를 4주에 1회, 일요일이 아닌 요일에 실시한 행위는 미결수용자의 종교의 자유를 침해하지 않는다.

② 육군훈련소장이 훈련병들로 하여금 육군훈련소 내 종교행사에 참석하도록 한 행위는 국가가 종교를 군사력 강화라는 목적을 달성하기 위한 수단으로 전락시키거나, 반대로 종교단체가 군대라는 국가권력에 개입하여 선교행위를 하는 등 영향력을 행사할 수 있는 기회를 제공하므로, 국가와 종교의 밀접한 결합을 초래한다는 점에서 정교분리 원칙에 위배된다.

③ 국가 또는 지방자치단체 외의 자가 양로시설을 설치하고자 하는 경우 신고하도록 규정하고 이를 위반한 경우 처벌하는 「노인복지법」 제33조 제2항 중 제32조 제1항 제1호의 '양로시설'에 관한 부분 및 「노인복지법」 제57조 제1항 중 제33조 제2항의 '양로시설'에 관한 부분은 종교단체에서 구호활동의 일환으로 운영하는 양로시설도 예외를 인정함이 없이 신고의무를 부과하고 이를 위반할 경우 형사처벌을 하는 것으로서 과잉금지원칙에 위배되어 종교의 자유를 침해한다.

④ 금치기간 중 공동행사 참가를 정지하는 「형의 집행 및 수용자의 처우에 관한 법률」 제112조 제3항 본문 중 제108조 제4호에 관한 부분은 금치기간 중인 자의 종교의 자유를 침해하지 않는다.

11 법원에 대한 설명으로 옳은 것은?

① 법관이 중대한 신체상 또는 정신상의 장해로 직무를 수행할 수 없을 때에는, 대법관인 경우에는 대법원장의 제청으로 대통령이 퇴직을 명할 수 있고, 판사인 경우에는 인사위원회의 심의를 거쳐 대법원장이 퇴직을 명할 수 있다.

② 대법관회의는 대법관 전원의 출석과 출석인원 과반수의 찬성으로 의결한다.

③ 재판의 심리와 판결은 공개한다. 다만, 국가의 안전보장 또는 안녕질서를 방해하거나 선량한 풍속을 해할 염려가 있을 때에는 법원의 결정으로 심리와 판결을 공개하지 아니할 수 있다.

④ 대법원장은 국회의 동의를 받아 대통령이 임명하며, 대법관은 대법원장의 제청으로 국회의 동의 없이 대통령이 임명한다.

12 재산권에 대한 설명으로 옳지 않은 것은? (다툼이 있는 경우 헌법재판소 결정에 의함)

① 유한회사가 납부하여야 할 국세·가산금과 체납처분비에 대한 제2차 납세의무를 '유한책임사원 1명과 그의 특수관계인 중 대통령령으로 정하는 자로서 그들의 출자액 합계가 해당 법인의 출자총액의 100분의 50을 초과하면서 그에 관한 권리를 실질적으로 행사하는 자들'에게 부과하도록 하고 있는 구 「국세기본법」 제39조 제2호의 '법인' 중 유한회사에 관한 부분은 과잉금지원칙에 위배되어 재산권을 침해하지 않는다.

② 「공무원연금법」이 개정되어 시행되기 전에 청구인이 이미 퇴직하여 퇴직연금을 수급할 수 있는 기초를 상실한 경우에는 공무원 퇴직연금의 수급요건을 재직기간 20년에서 10년으로 완화한 개정 「공무원연금법」 규정이 청구인의 재산권을 제한한다고 볼 수 없다.

③ 「우편법」에 의한 우편물의 지연배달에 따른 손해배상청구권은 헌법상 보호되는 재산권이 아니다.

④ 개성공단 전면중단 조치는 관련 기업인들의 영업의 자유와 재산권을 침해하지 않는다.

13 표현의 자유에 대한 설명으로 가장 적절한 것은? (다툼이 있는 경우 헌법재판소 판례에 의함)

① 장교가 군무와 관련된 고충사항을 집단으로 진정 또는 서명하는 행위를 하는 것을 금지하고 있는 「군인의 지위 및 복무에 관한 기본법」 제31조 제1항 제5호 중 '장교'에 관한 부분은 과잉금지원칙을 위반하여 표현의 자유를 침해한다.

② 한국방송공사로부터 수신료 징수업무를 위탁받은 자가 수신료를 징수할 때 그 고유업무와 관련된 고지행위와 결합하여 이를 행사하여서는 안 된다고 규정한 「방송법 시행령」 제43조 제2항은 방송의 자유를 침해하지 아니한다.

③ '익명표현'은 표현의 자유를 행사하는 하나의 방법으로서 그 자체로 규제되어야 하는 것은 아니고, 부정적 효과가 발생하는 것이 예상되는 경우에 한하여 규제될 필요가 있다.

④ 선거운동기간 중 모든 익명표현을 사전적·포괄적으로 규율하는 것은 익명표현의 자유를 지나치게 제한한다.

14 직업의 자유에 대한 설명으로 옳지 않은 것은? (다툼이 있는 경우 판례에 의함)

① 의료인이 아닌 사람도 문신시술을 업으로 행할 수 있도록 그 자격 및 요건을 법률로 정하지 아니한 입법부작위는 직업선택의 자유를 침해하지 않는다.

② 직업의 자유는 직장선택의 자유를 포함하며, 직장선택의 자유는 원하는 직장을 제공하여 줄 것을 청구하거나 한번 선택한 직장의 존속보호를 청구할 권리를 보장하는 것이다.

③ 임원이 건설업과 관련 없는 죄로 금고 이상의 형을 선고받은 경우까지 법인의 건설업 등록을 필요적으로 말소하도록 규정한 「건설산업기본법」 조항은 직업수행의 자유를 침해한다.

④ 변호인선임서 등을 공공기관에 제출할 때 소속 지방변호사회를 경유하도록 한 법률규정은 변호사의 직업수행의 자유를 침해하지 않는다.

15 종교의 자유에 대한 설명으로 옳지 않은 것은? (다툼이 있는 경우 판례에 의함)

① 종교의 자유에 관한 헌법 제20조 제1항은 표현의 자유에 관한 헌법 제21조 제1항에 대하여 특별규정의 성격을 갖는다 할 것이므로 종교적 목적을 위한 언론·출판의 경우에는 그 밖의 일반적인 언론·출판에 비하여 고도의 보장을 받게 된다.

② 종교의 자유에는 종교전파의 자유가 포함되며, 종교전파의 자유는 국민에게 그가 선택한 임의의 장소에서 자유롭게 행사할 수 있는 권리까지 보장한다.

③ 육군훈련소장이 훈련병들에 대하여 육군훈련소 내 종교 시설에서 개최되는 개신교, 불교, 천주교, 원불교 종교행사 중 하나에 참석하도록 한 행위는 종교의 자유를 침해하여 위헌이다.

④ 종교교육 및 종교지도자의 양성은 헌법 제20조에 규정된 종교의 자유의 한 내용으로 보장되지만, 그것이 학교라는 교육기관의 형태를 취할 때에는 헌법 제31조 제1항·제6항의 규정 및 이에 기한 교육법상의 각 규정들에 의한 규제를 받게 된다.

16 재판청구권에 대한 설명으로 옳지 않은 것은? (다툼이 있는 경우 헌법재판소 결정에 의함)

① 소송사건의 대리인인 변호사가 수용자를 접견하고자 하는 경우 소송계속 사실을 소명할 수 있는 자료를 제출하도록 요구하는 것은 과잉금지원칙에 위배되어 변호사의 재판청구권을 침해한다.

② 「형의 집행 및 수용자의 처우에 관한 법률 시행령」에서 수형자와 소송대리인인 변호사의 접견을 일반 접견에 포함시켜 시간은 30분 이내로, 횟수는 월 4회로 제한하는 것은 수형자의 재판청구권을 침해한다.

③ 형사보상의 청구에 대하여 한 보상의 결정에 대하여는 불복을 신청할 수 없도록 하여 형사보상의 결정을 단심재판으로 규정한 것은, 재판청구권 침해에 해당한다.

④ 「도로교통법」상 주취운전을 이유로 한 운전면허 취소처분에 대하여 행정심판의 재결을 거치지 아니하면 행정소송을 제기할 수 없도록 한 것은, 국민의 재판청구권을 과도하게 침해하는 위헌적인 규정이라 할 수 없다.

17 범죄피해자구조청구권에 대한 설명으로 옳은 것은? (다툼이 있는 경우 판례에 의함)

① 범죄피해구조금은 국가의 재정에 기반을 두고 있는 바, 구조금청구권의 행사대상을 우선적으로 대한민국의 영역 안의 범죄피해에 한정하고, 향후 구조금의 확대에 따라서 해외에서 발생한 범죄피해의 경우에도 구조를 하는 방향으로 운영하는 것은 입법형성의 재량의 범위 내라고 할 수 있다.

② 대한민국의 영역 안에서 과실에 의한 행위로 사망하거나 장해 또는 중상해를 입은 경우에도 범죄피해자구조청구권이 인정된다.

③ 범죄행위 당시 구조피해자와 가해자 사이에 사실상의 혼인관계가 있는 경우에도 구조피해자에게 구조금을 지급한다.

④ 구조금을 받으려는 사람은 법무부령이 정하는 바에 따라 지구심의회에 지급신청을 해야 하며, 구조대상 범죄피해의 발생을 안 날로부터 5년, 있은 날로부터 10년이 지나면 지급신청을 할 수 없다.

18 지방자치에 대한 설명으로 옳지 않은 것은? (다툼이 있는 경우 판례에 의함)

① 지방자치단체의 장이 '공소 제기된 후 구금상태에 있는 경우' 부단체장이 그 권한을 대행하도록 하는 것은 자치단체장의 공무담임권을 침해하지 않는다.

② 헌법은 지역 주민들이 자신들이 선출한 자치단체의 장과 지방의회를 통하여 자치사무를 처리할 수 있는 대의제 또는 대표제 지방자치를 보장하고 있을 뿐, 주민투표에 대하여는 명시적으로 규정하고 있지 않다.

③ 헌법 제117조 제1항의 "지방자치단체는 법령의 범위 안에서 자치에 관한 규정을 제정할 수 있다."는 규정 중의 '법령'에는 법규명령으로서 기능하는 행정규칙이 포함된다.

④ 감사원장은 감사 청구를 수리한 날부터 180일 이내에 감사 청구된 사항에 대하여 감사를 끝내야 하며, 감사 결과를 청구인의 대표자와 해당 지방자치단체의 장에게 서면으로 알리고, 공표하여야 한다.

19 국회의원의 지위와 특권에 대한 설명으로 옳은 것은? (다툼이 있는 경우 판례에 의함)

① 「공직선거법」 제192조 제4항에 따라 비례대표 국회의원은 소속 정당의 해산시에 그 의원직을 유지하는데, 여기서 말하는 해산에는 헌법재판소의 해산결정에 따른 해산은 포함되지 않는다.

② 국회의원은 국회에서 직무상 행한 발언과 표결에 관하여 그 임기 중에 한정하여 국회 밖에서도 민·형사상 책임이 면제된다.

③ 국회의원이었다가 징계로 제명된 사람은 그로 인하여 궐원된 국회의원의 보궐선거에서 후보자가 될 수 있다.

④ 국회의원의 징계에 관한 회의는 공개한다. 다만, 본회의나 위원회의 의결이 있을 때에는 그러하지 아니하다.

20 보안처분에 관한 다음 설명 중 가장 옳지 않은 것은? (다툼이 있는 경우 헌법재판소 결정 및 대법원 판례에 의함)

① 전자장치 부착명령은 범죄행위를 한 사람에 대한 응보를 주된 목적으로 그 책임을 추궁하는 사후적 처분인 형벌과 구별되는 비형벌적 보안처분으로서 소급효금지원칙이 적용되지 아니한다.

② 노역장유치조항은 과잉금지원칙에 반하여 청구인들의 신체의 자유를 침해한다.

③ 노역장유치조항의 부칙조항은 노역장유치조항의 시행 전에 행해진 범죄행위에 대해서도 공소제기의 시기가 노역장유치조항의 시행 이후이면 이를 적용하도록 하고 있으므로, 이는 범죄행위 당시보다 불이익한 법률을 소급 적용하도록 하는 것으로서 헌법상 형벌불소급원칙에 위반된다.

④ 디엔에이감식시료의 채취 행위 및 디엔에이신원확인정보의 수집, 수록, 검색, 회보라는 일련의 행위는 보안처분으로서의 성격을 지닌다.

21 국회에 관한 다음 설명 중 가장 옳지 않은 것은? (다툼이 있는 경우 헌법재판소 결정 및 대법원 판례에 의함)

① 국회의 회의는 공개한다. 다만, 재적의원 과반수의 찬성이 있거나 의장이 국가의 안전보장을 위하여 필요하다고 인정할 때에는 공개하지 아니할 수 있다.

② 국회에 제출된 법률안 기타의 의안은 회기 중에 의결되지 못한 이유로 폐기되지 아니하는 것이 원칙이다.

③ 위원회는 일부개정안의 경우 위원회에 회부된 지 15일이 경과하여야 이를 상정할 수 있다.

④ 의장은 안건이 어느 상임위원회의 소관에 속하는지 명백하지 아니할 때에는 국회운영위원회와 협의하여 상임위원회에 회부하되 협의가 이루어지지 아니할 때에는 의장이 소관상임위원회를 결정한다.

22 포괄위임금지원칙에 관한 다음 설명 중 가장 옳지 않은 것은? (다툼이 있는 경우 헌법재판소 결정 및 대법원 판례에 의함)

① 국무총리는 소관사무에 관하여 법률이나 대통령령의 위임으로 총리령을 발할 수 있을 뿐만 아니라 직권으로 총리령을 발할 수도 있다.

② 「영화진흥법」이 제한상영가등급분류의 구체적 기준을 영상물등급위원회의 규정에 위임하는 것은 포괄위임입법금지원칙에 위배된다.

③ 정관의 제정주체가 행정부인 경우, 포괄위임금지원칙이 적용된다.

④ 법률에 명시적인 위임규정이 없더라도 대법원규칙에는 법률에 저촉되지 않는 한 소송절차에 관한 행위나 권리를 제한하는 규정을 둘 수 있다. 따라서 수권법률에 대해서는 포괄위임금지원칙 위반 여부를 심사할 필요가 없다.

23 사회적 기본권에 관한 다음 설명 중 가장 옳지 않은 것은? (다툼이 있는 경우 헌법재판소 결정 및 대법원 판례에 의함)

① 대학원재학생과 '고아'에 대하여 자활사업 참가조건 부과 유예사유를 두지 않은 「국민기초생활 보장법 시행령」 제8조 제2항 제1호는 인간다운 생활을 할 권리를 침해하지 않는다.

② 공무원이 직무와 관련 없는 과실로 인한 경우 및 소속상관의 정당한 직무상의 명령에 따르다가 과실로 인한 경우를 제외하고 재직 중의 사유로 금고 이상의 형을 받은 경우, 퇴직급여 등을 감액하도록 규정한 「공무원연금법」 제64조 제1항 제1호는 인간다운 생활을 할 권리를 침해하지 않는다.

③ 퇴직연금 수급자가 유족연금을 함께 받게 된 경우에 그 유족연금액의 2분의 1을 빼고 지급하도록 하는 것은 입법형성의 한계를 벗어나 인간다운 생활을 할 권리를 침해한다고 볼 수 없다.

④ 보건복지부장관이 고시한 생계보호기준에 따른 생계보호의 수준이 일반 최저생계비에 못미친다면, 인간다운 생활을 보장하기 위하여 국가가 실현해야 할 객관적 내용의 최소한도의 보장에도 이르지 못한 것이므로 청구인들의 행복추구권과 인간다운 생활을 할 권리를 침해한 것이다.

24 거주·이전의 자유에 관한 다음 설명 중 가장 옳은 것은? (다툼이 있는 경우 헌법재판소 결정 및 대법원 판례에 의함)

① 국적을 가지고 이를 변경할 수 있는 권리는 그 본질상 인간의 존엄과 가치 및 행복추구권을 규정하고 있는 헌법 제10조에서 도출되는 것으로 보아야 하고, 따라서 복수국적자가 대한민국 국적을 버릴 수 있는 자유도 마찬가지로 헌법 제10조에서 나오는 것이지 거주·이전의 자유에 포함되어 있는 것이 아니다.

② 주거로 사용하던 건물이 수용될 경우 그 효과로 거주지도 이전하여야 하는 것은 사실이나 이는 토지 및 건물 등의 수용에 따른 부수적 효과로서 간접적·사실적 제약에 해당하므로, 정비사업조합에 수용권한을 부여하여 주택재개발사업에 반대하는 청구인의 토지 등을 강제로 취득할 수 있도록 한 「도시 및 주거환경정비법」 조항이 청구인의 재산권을 침해하였는지 여부를 판단하는 이상 거주·이전의 자유 침해여부는 별도로 판단하지 않는다.

③ 생활의 근거지에 이르지 못하는 일시적인 이동을 위한 장소의 선택과 변경도 거주·이전의 자유의 보호영역에 속한다.

④ 대도시 내의 법인부동산등기에 대하여 통상세율의 5배를 중과세하는 것은 법인의 거주·이전의 자유를 침해하는 것이다.

25 헌법재판에 대한 설명으로 옳은 것(○)과 옳지 않은 것(✕)을 올바르게 조합한 것은? (다툼이 있는 경우 헌법재판소 결정에 의함)

> ㄱ. 위헌결정이 있는 경우 형벌에 관한 법률조항은 소급하여 효력을 상실하므로, 그 법률조항에 근거하여 유죄의 확정판결을 받은 사람은 그 판결이 있은 날의 다음 날로 소급하여 무죄가 된다.
>
> ㄴ. 헌법소원의 대상은 '법률'이지 '법률의 해석'이 아니므로, 법률조항 자체의 위헌판단을 구하는 것이 아니라 '법률조항을 … (이라고) 해석하는 한 위헌'이라고 청구하는 이른바 한정위헌청구는 원칙적으로 부적법하다.
>
> ㄷ. 법원이 헌법재판소가 위헌으로 결정하여 그 효력을 전부 또는 일부 상실하거나 위헌으로 확인된 법률을 적용함으로써 국민의 기본권을 침해한 경우에도 법원의 재판에 대한 헌법소원이 허용되지 않는 것으로 해석한다면, 「헌법재판소법」 제68조 제1항은 그러한 한도 내에서 헌법에 위반된다.
>
> ㄹ. 법원에 행정소송을 제기하여 패소판결을 받고 그 판결이 확정된 경우 별도의 절차에 의하여 위 판결의 기판력이 제거되지 아니하는 한, 당사자가 행정처분의 위법성을 주장하는 것은 확정판결의 기판력에 어긋나므로 원행정처분은 헌법소원심판의 대상이 되지 아니한다.
>
> ㅁ. 유신헌법하에서 발령된 대통령긴급조치는 유신헌법 제53조에 근거하여 이루어진 것이므로 그 위헌성을 심사하는 준거규범은 원칙적으로 유신헌법이라 할 수 있다.

① ㄱ(✕), ㄴ(✕), ㄷ(○), ㄹ(○), ㅁ(✕)
② ㄱ(○), ㄴ(○), ㄷ(✕), ㄹ(✕), ㅁ(✕)
③ ㄱ(○), ㄴ(○), ㄷ(✕), ㄹ(✕), ㅁ(○)
④ ㄱ(✕), ㄴ(○), ㄷ(○), ㄹ(✕), ㅁ(○)

05회 실전동형모의고사
모바일 자동 채점 + 성적 분석 서비스
바로 가기 (gosi.Hackers.com)

QR코드를 이용하여 해커스공무원의 '모바일 자동 채점 + 성적 분석 서비스'로 바로 접속하세요!
* 해커스공무원 사이트의 가입자에 한해 이용 가능합니다.

05회 / Review

문항	정답	문제 키워드	출제 유형	난이도
01	①	헌정사	이론/판례/조문	●●○
02	③	사회보장수급권	이론/판례/조문	●●○
03	③	근로의 권리	이론/판례/조문	●○○
04	④	정당해산심판	이론/판례/조문	●●○
05	①	대통령의 사면권	이론/판례/조문	●●○
06	②	헌법소원심판	이론/판례/조문	●●○
07	④	국적	이론/판례/조문	●●○
08	③	참정권	이론/판례/조문	●●○
09	③	대체복무제	이론/판례/조문	●●○
10	③	종교의 자유	이론/판례/조문	●●○
11	①	법원	이론/판례/조문	●●○
12	③	재산권	이론/판례/조문	●●○
13	①	표현의 자유	이론/판례/조문	●●○

문항	정답	문제 키워드	출제 유형	난이도
14	②	직업의 자유	이론/판례/조문	●●○
15	②	종교의 자유	이론/판례/조문	●○○
16	①	재판청구권	이론/판례/조문	●●○
17	①	범죄피해자구조 청구권	이론/판례/조문	●●○
18	④	지방자치제도	이론/판례/조문	●●○
19	①	국회의원의 특권	이론/판례/조문	●●○
20	②	보안처분	이론/판례/조문	●●●
21	①	국회	이론/판례/조문	●●○
22	④	포괄위임금지원칙	이론/판례/조문	●●○
23	④	사회적 기본권	이론/판례/조문	●●○
24	②	거주·이전의 자유	이론/판례/조문	●●●
25	①	헌법재판제도	이론/판례/조문	●●●

[**출제 유형 & 난이도**] 각 문항별 출제 유형(이론/판례/조문)과 난이도를 수록하였으니, 본인이 취약한 유형이나 고난도 문제만 풀어보는 등 학습 상황에 알맞게 활용하시기 바랍니다.

핵심지문 OX   05회 실전동형모의고사에서 꼭 되짚어야 할 핵심지문을 다시 확인해보시기 바랍니다.

01 근로자뿐만 아니라, 근로자의 모임인 노동조합도 근로의 권리의 주체가 된다. (   )

02 헌법재판소는 정당해산심판의 청구를 받은 때에는 직권 또는 청구인의 신청에 의하여 종국결정의 선고시까지 피청구인의 활동을 정지하는 결정을 할 수 있다. (   )

03 헌법 제2조 제1항은 "대한민국의 국민이 되는 요건은 법률로 정한다."고 하여 대한민국 국적의 취득에 관하여 위임하고 있으나, 국적의 유지나 상실을 둘러싼 전반적인 법률관계를 법률에 규정하도록 위임하고 있는 것으로 풀이할 수는 없다. (   )

04 선거운동기간을 제한하고 이를 위반한 사전선거운동을 형사처벌하도록 규정한 구「공직선거법」제59조 중 선거운동기간 전에 개별적으로 대면하여 말로 하는 선거운동에 관한 부분은 정치적 표현의 자유를 침해한다. (   )

05 법관이 중대한 신체상 또는 정신상의 장해로 직무를 수행할 수 없을 때에는, 대법관인 경우에는 대법원장의 제청으로 대통령이 퇴직을 명할 수 있고, 판사인 경우에는 인사위원회의 심의를 거쳐 대법원장이 퇴직을 명할 수 있다. (   )

06 「우편법」에 의한 우편물의 지연배달에 따른 손해배상청구권은 헌법상 보호되는 재산권이 아니다. (   )

07 종교의 자유에는 종교전파의 자유가 포함되며, 종교전파의 자유는 국민에게 그가 선택한 임의의 장소에서 자유롭게 행사할 수 있는 권리까지 보장한다. (   )

[정답] **01** × 노동조합은 그 주체가 될 수 없다. **02** ○ **03** × 대한민국 국적의 '취득'뿐만 아니라 국적의 유지, 상실을 둘러싼 전반적인 법률관계를 법률에 규정하도록 위임하고 있는 것으로 풀이할 수 있다. **04** ○ **05** ○ **06** × 헌법상 보호되는 재산권에 포함된다. **07** × 임의의 장소에서 자유롭게 행사할 수 있는 권리까지 보장한다고 할 수 없다.

06회 실전동형모의고사

제한시간: 20분 **시작** 시 분 ~ **종료** 시 분 점수 확인 ▢개/ 25개

01 표현의 자유에 대한 설명으로 가장 적절하지 않은 것은? (다툼이 있는 경우 헌법재판소 판례에 의함)

① 광고도 사상·지식·정보 등을 불특정다수인에게 전파하는 것으로서 언론·출판의 자유에 의한 보호를 받는 대상이 됨은 물론이고, 상업적 광고표현 또한 보호의 대상이 된다.

② "언론·출판은 타인의 명예나 권리 또는 공중도덕이나 사회윤리를 침해하여서는 아니 된다."라고 규정한 헌법 제21조 제4항 전문은 언론·출판의 자유에 대한 제한의 요건을 명시한 것이 아니라 헌법상 표현의 자유의 보호영역에 대한 한계를 설정한 것이다.

③ 헌법상 사전검열은 표현의 자유 보호대상이면 예외 없이 금지되므로, 건강기능식품의 기능성 광고는 인체의 구조 및 기능에 대하여 보건용도에 유용한 효과를 준다는 기능성 등에 관한 정보를 널리 알려 해당 건강기능식품의 소비를 촉진시키기 위한 상업광고이지만, 표현의 자유의 보호대상이 됨과 동시에 사전검열금지 대상도 된다.

④ 변호사시험 성적을 합격자에게 공개하지 않도록 규정한 구 「변호사시험법」 조항은 과잉금지원칙에 위배하여 변호사시험합격자의 알 권리를 침해한다.

02 집회 및 결사의 자유에 대한 설명으로 옳은 것은? (다툼이 있는 경우 판례에 의함)

① 집회는 일정한 장소를 전제로 하여 특정 목적을 가진 다수인이 일시적으로 회합하는 것을 의미하며, 그 공동의 목적은 '내적인 유대 관계'뿐만 아니라 공동의 의사표현을 전제로 한다.

② 집회의 자유는 개인이 집회에 참가하는 것을 방해하거나 집회에 참가할 것을 강요하는 국가행위를 금지할 뿐만 아니라, 집회장소로 여행하는 것을 방해하거나, 집회장소로부터 귀가하는 것을 방해하거나, 집회 참가자에 대한 검문의 방법으로 시간을 지연시킴으로써 집회 장소에 접근하는 것을 방해하는 등 집회의 자유 행사에 영향을 미치는 모든 조치를 금지한다.

③ 헌법 제21조 제1항에 의해 보호되는 결사의 개념에는 공공목적에 의해 구성원의 자격이 정해진 특수단체나 공법상의 결사도 포함된다.

④ 입법자가 법률로써 일반적으로 집회를 제한하는 것도 원칙적으로 헌법 제21조 제2항에서 금지하는 '사전허가'에 해당한다.

03 국적에 대한 설명으로 옳지 않은 것은? (다툼이 있는 경우 판례에 의함)

① 외국인이 대한민국 국민인 배우자와 적법하게 혼인한 후 3년이 지나더라도 혼인한 상태로 대한민국에 1년 이상 계속하여 주소가 없는 경우에는 간이귀화의 요건을 충족하지 못한다.

② 외국 국적 포기의무를 이행하지 아니하여 대한민국 국적을 상실한 자가 1년 내에 그 외국 국적을 포기한 때에는 법무부장관의 허가를 얻어 대한민국 국적을 재취득할 수 있다.

③ 귀화허가를 받은 사람은 법무부장관 앞에서 국민선서를 하고 귀화증서를 수여받은 때에 대한민국 국적을 취득한다.

④ 외국인이 귀화허가를 받기 위해서는 원칙적으로 대한민국에서 영주할 수 있는 체류자격을 가지고 있으면서 5년 이상 계속하여 대한민국에 주소가 있어야 한다.

04 표현의 자유에 대한 설명으로 가장 적절한 것은? (다툼이 있는 경우 헌법재판소 판례에 의함)

① 남북합의서 위반행위로서 전단 등 살포를 하여 국민의 생명·신체에 위해를 끼치거나 심각한 위험을 발생시키는 것을 금지하는 「남북관계 발전에 관한 법률」 제24조 제1항 제3호 및 이에 위반한 경우 처벌하는 같은 법 제25조 중 제24조 제1항 제3호에 관한 부분은 전단을 살포하려는 자의 표현의 자유를 침해한다고 볼 수 없다.

② 사회복무요원이 정당 가입을 할 수 없도록 규정한 「병역법」 제33조 제2항 본문 제2호 중 '그 밖의 정치단체에 가입하는 등 정치적 목적을 지닌 행위'에 관한 부분은 사회복무요원의 정치적 표현의 자유를 침해한다.

③ 누구든지 선거일 전 180일부터 선거일까지 선거에 영향을 미치게 하기 위하여 화환을 설치하는 것을 금지하는 「공직선거법」 규정은 정치적 표현의 자유를 침해한다고 볼 수 없다.

④ 공공기관등이 게시판을 설치·운영하려면 그 게시판 이용자의 본인 확인을 위한 방법 및 절차의 마련 등 대통령령으로 정하는 필요한 조치를 하도록 정한 「정보통신망 이용촉진 및 정보보호 등에 관한 법률」 제44조의5 제1항 제1호는 게시판이용자의 익명표현의 자유를 침해한다.

05 평등의 원칙에 대한 설명으로 옳지 않은 것은? (다툼이 있는 경우 판례에 의함)

① 국가를 상대로 한 당사자소송에는 가집행선고를 할 수 없도록 규정하고 있는 「행정소송법」 제43조는 평등원칙에 위반된다.

② 대마를 수입한 자를 무기 또는 5년 이상의 징역에 처하도록 규정한 「마약류 관리에 관한 법률」 제58조 제1항 제5호 중 '대마를 수입한 자' 부분은 평등원칙에 위반되지 않는다.

③ 특정한 범죄에 대한 형벌이 그 자체로서의 책임과 형벌의 비례원칙에 위반되지 않더라도 보호법익과 죄질이 유사한 범죄에 대한 형벌과 비교할 때 현저히 불합리하거나 자의적이어서 형벌체계상의 균형을 상실한 것이 명백한 경우에는 평등원칙에 반하여 위헌이라 할 수 있다.

④ 구 「공직선거법」이 고등학교를 졸업한 공직 후보자에 대해서는 수학기간의 기재를 요구하지 않으면서도 고등학교 졸업학력 검정고시에 합격한 공직 후보자에게는 고등학교를 중퇴한 경력에 대해서 그 학력을 기재할 때 그 수학기간을 기재하도록 요구하는 것은 불합리한 차별이므로 평등원칙에 위배된다.

06 국회의원의 권한쟁의에 대한 설명으로 옳은 것은? (다툼이 있는 경우 판례에 의함)

① 피청구인 국회의장이 법률안에 대한 심사기간 지정요청을 거부한 행위에 대한 심판청구는 국회의원인 청구인들의 법률안 심의·표결권을 침해한다.

② 법률안의 심의·표결의 의사진행을 방해하고 다른 국회의원들의 투표를 방해하기까지 한 국회의원에게는 자신의 심의·표결권의 침해를 다투는 권한쟁의심판의 청구인적격이 인정되지 않는다.

③ 국회의장의 직무를 대리하여 법률안 가결을 선포한 국회부의장의 행위로 자신의 법률안 심의·표결권이 침해되었다고 주장하면서 국회의원이 국회부의장을 상대로 제기한 권한쟁의심판은 적법하다.

④ 국회의장이 원안과 별개의 의안을 수정안으로 보아 가결을 선포하였더라도 원안이 본래의 취지를 잃고 전혀 다른 의미로 변경되지 않았다면 국회의원들의 심의·표결권을 침해하였다고 볼 수 없다.

07 집회의 자유에 대한 설명으로 가장 적절하지 않은 것은? (다툼이 있는 경우 헌법재판소 판례에 의함)

① 집회·시위장소는 집회·시위의 목적을 달성하는 데 있어서 매우 중요한 역할을 수행하는 경우가 많으므로 장소선택의 자유는 집회·시위의 자유의 한 실질을 형성한다.

② 헌법 제21조 제2항의 '허가'는 '행정청이 주체가 되어 집회의 허용 여부를 사전에 결정하는 것'으로서 행정청에 의한 사전허가는 헌법상 금지되지만, 입법자가 법률로써 일반적으로 집회를 제한하는 것은 헌법상 '사전허가금지'에 해당하지 않는다.

③ 집시법에서 미신고 옥외집회를 해산명령 대상으로 정하면서 별도의 해산요건을 규정하고 있지 않더라도, 옥외집회로 인하여 타인의 법익이나 공공의 안녕질서에 대한 직접적인 위험이 명백하게 초래된 경우에 한하여 해산을 명할 수 있다.

④ 옥외집회를 주최하고자 하는 자는 집시법에서 정한 시간 전에 관할 경찰관서장에게 집회신고서를 제출하여 접수시키기만 하면 원칙적으로 옥외집회를 할 수 있으므로, 옥외집회신고서를 반려한 행위가 동일한 경위로 반복적으로 이루어졌다 하더라도 이 반려행위는 헌법소원의 대상이 될 수 없다.

08 집회 및 결사의 자유를 침해하는 경우로 가장 적절하지 않은 것은? (다툼이 있는 경우 헌법재판소 판례에 의함)

① 운송사업자로 구성된 협회로 하여금 연합회에 강제로 가입하게 하고 임의로 탈퇴할 수 없도록 하는 「화물자동차 운수사업법」의 해당 조항 중 '운송사업자로 구성된 협회'에 관한 부분은 결사의 자유를 침해한다.

② '재판에 영향을 미칠 염려가 있거나 미치게 하기 위한 집회 또는 시위'를 금지하고 이를 위반한 자를 형사처벌하는 구 「집회 및 시위에 관한 법률」의 해당 조항은 최소침해성 원칙에 반한다.

③ 일반적으로 집회는 일정한 장소를 전제로 하여 특정 목적을 가진 다수인이 일시적으로 회합하는 것을 말하는 것으로 그 공동의 목적은 '내적인 유대 관계'로 족하고, 건전한 상식과 통상적인 법감정을 가진 사람이면 「집회 및 시위에 관한 법률」상 '집회'가 무엇을 의미하는지를 추론할 수 있으므로 '집회'의 개념이 불명확하다고 볼 수 없다.

④ 지역농협 이사 선거의 경우 전화·컴퓨터통신을 이용한 지지 호소의 선거운동방법을 금지하고, 이를 위반한 자를 처벌하는 구 「농업협동조합법」 규정은 결사의 자유를 침해한다.

09 국가기관의 의결에 대한 설명으로 옳은 것만을 모두 고르면?

ㄱ. 감사위원회의는 감사원장을 포함한 감사위원 전원으로 구성하며, 감사위원회의는 재적 감사위원 과반수의 찬성으로 의결한다.

ㄴ. 대법관회의는 대법관 전원의 3분의 2 이상의 출석과 출석인원 과반수 찬성으로 의결한다. 의장은 의결에서 표결권을 가지며, 가부동수일 때에는 결정권을 가진다.

ㄷ. 헌법재판소 재판관회의는 헌법재판소장이 필요하다고 인정하거나 재판관 5명 이상의 요청이 있을 때에 헌법재판소장이 소집한다.

ㄹ. 각급선거관리위원회는 위원 과반수의 출석으로 개의하고 출석위원 과반수의 찬성으로 의결한다. 위원장은 표결권을 가지며, 가부동수일 때에는 부결된 것으로 본다.

① ㄱ, ㄴ
② ㄱ, ㄷ, ㄹ
③ ㄴ, ㄷ, ㄹ
④ ㄱ, ㄴ, ㄷ, ㄹ

10 국가배상청구권에 대한 설명으로 옳지 않은 것만을 모두 고르면? (다툼이 있는 경우 판례에 의함)

ㄱ. 생명·신체 및 재산의 침해로 인한 국가배상을 받을 권리는 양도하거나 압류하지 못한다.

ㄴ. 「국가배상법」 제8조가 국가배상청구권에도 소멸시효제도를 적용하도록 하여 국가배상청구권의 행사를 일정한 경우에 제한하고 있다 하더라도 이는 위와 같은 불가피한 필요성에 기인하는 것이고, 나아가 그 소멸시효기간을 정함에 있어서 「민법」상의 규정을 준용하도록 함으로써 결과에 있어서 「민법」상의 소멸시효기간과 같도록 규정하였다 하더라도 그것은 국가배상청구권의 성격과 책임의 본질, 소멸시효제도의 존재이유 등을 종합적으로 고려한 결과로서의 입법자의 결단의 산물인 것이다.

ㄷ. 국가배상청구권의 성립 요건으로서 공무원의 고의 또는 과실을 규정함으로써 무과실책임을 인정하지 않은 「국가배상법」 조항은 헌법상 국가배상청구권을 침해하지 아니한다.

ㄹ. 헌법재판소는 「국가배상법」상의 배상결정전치주의가 법관에 의한 재판을 받을 권리와 신속한 재판을 받을 권리를 침해한다고 하였고, 이에 따라 「국가배상법」상의 배상결정전치주의가 폐지되었다.

① ㄱ, ㄴ
② ㄱ, ㄹ
③ ㄴ, ㄷ
④ ㄷ, ㄹ

11 신체의 자유 및 피의자·피고인의 권리에 대한 설명으로 옳은 것은? (다툼이 있는 경우 판례에 의함)

① 강제퇴거명령을 받은 사람을 즉시 대한민국 밖으로 송환할 수 없으면 송환할 수 있을 때까지 보호시설에 보호할 수 있도록 규정한 「출입국관리법」 제63조 제1항은 과잉금지원칙에 위배되어 피보호자의 신체의 자유를 침해한다.

② 교도소의 안전과 질서유지를 위하여 마약류 관련 수형자에 대하여 소변을 받아 제출하도록 한 것은, 강제처분으로 영장주의의 원칙이 적용된다.

③ 음주운항 전력이 있는 사람이 다시 음주운항을 한 경우 2년 이상 5년 이하의 징역이나 2천만원 이상 3천만원 이하의 벌금에 처하도록 규정한 「해사안전법 제104조의2 제2항 중 '제41조 제1항을 위반하여 2회 이상 술에 취한 상태에서 선박의 조타기를 조작한 운항자'에 관한 부분은 책임과 형벌 간의 비례원칙에 위반된다.

④ 병에 대한 징계처분으로 영창처분이 가능하도록 규정한 「군인사법」 조항은 군 조직 내 복무규율 준수 강화라는 군의 특수성 등을 고려할 때 과잉금지원칙에 위배되지 않는다.

12 국민투표권에 대한 설명으로 옳지 않은 것은? (다툼이 있는 경우 판례에 의함)

① 「정당법」상의 당원의 자격이 없는 자는 국민투표에 관한 운동을 할 수 없다.

② 「신행정수도 후속대책을 위한 연기·공주지역 행정중심복합도시건설을 위한 특별법」이 수도를 분할하는 국가정책을 집행하는 내용을 가지고 있고 대통령이 이를 추진하고 집행하기 이전에 그에 관한 국민투표를 실시하지 아니하였다면 국민투표권이 행사될 수 있는 계기인 대통령의 중요정책 국민투표 부의가 행해지지 않았다고 하더라도 청구인들의 국민투표권이 행사될 수 있을 정도로 구체화되었다고 할 수 있으므로 그 침해의 가능성이 인정된다.

③ 국민투표는 선거와 달리 국민이 직접 국가의 정치에 참여하는 절차이므로, 국민투표권은 대한민국 국민의 자격이 있는 사람에게 반드시 인정되어야 하는 권리이다.

④ 특정의 국가정책에 대하여 다수의 국민들이 국민투표를 원하고 있음에도 불구하고 대통령이 이러한 희망과는 달리 국민투표에 회부하지 아니한다고 하여도 이를 헌법에 위반된다고 할 수 없고, 국민에게 특정의 국가정책에 관하여 국민투표에 회부할 것을 요구할 권리가 인정된다고 할 수도 없다.

13 국회의 입법절차에 대한 설명으로 옳은 것은?

① 국회 상임위원회 위원장이 위원회를 대표해서 의안을 심의하는 권한은 국회의장이 국회의 심의권을 상임위원회에 위양한 것이므로, 국회의장으로부터 위임된 것이다.

② 위원회에 회부된 안건을 신속처리대상안건으로 지정하고자 하는 경우 의원은 재적의원 과반수가 서명한 신속처리안건지정동의를 의장에게 제출하여야 하고 의장은 지체 없이 신속처리안건지정동의를 기명투표로 표결하되 재적의원 5분의 3 이상의 찬성으로 의결한다.

③ 제정법률안과 전부개정법률안에 대해서 위원회 의결로 축조심사를 생략할 수 있으나, 공청회 또는 청문회는 생략할 수 없다.

④ 국회에서 의결된 법률안의 조문이나 자구·숫자, 법률안의 체계나 형식 등의 정비가 필요한 경우, 국회의 위임 의결이 없더라도 국회의장은 의결된 내용이나 취지를 변경하지 않는 범위 내에서 이를 정리할 수 있다.

14 재산권에 대한 설명으로 옳지 않은 것은? (다툼이 있는 경우 판례에 의함)

① 일본국에 의하여 광범위하게 자행된 반인도적 범죄행위에 대하여 일본군위안부 피해자들이 일본에 대하여 가지는 배상청구권은 헌법상 보장되는 재산권이 아니다.

② 상속회복청구권의 행사기간을 상속침해를 안 날로부터 3년으로 제한한 것은 헌법에 위반되지 아니한다.

③ 건축허가를 받은 자가 그 허가를 받은 날로부터 1년 이내에 공사에 착수하지 아니한 경우 건축허가를 필수적으로 취소하도록 규정한 「건축법」 제11조 제7항은 헌법에 위반되지 아니한다.

④ 지방의회의원으로서 받게 되는 보수가 연금에 미치지 못하는 경우에도 연금 전액의 지급을 정지하는 것은 재산권을 과도하게 제한하여 헌법에 위반된다.

15 직업의 자유에 대한 설명으로 옳지 않은 것은? (다툼이 있는 경우 판례에 의함)

① 접촉차단시설이 설치되지 않은 장소에서 수용자와 접견할 수 있는 예외 대상의 범위에 소송대리인이 되려는 변호사를 포함시키지 않은 것은 변호사인 청구인의 직업수행의 자유를 침해하지 않는다.

② 비의료인의 문신시술을 금지하고 위반하면 처벌하는 것은 직업의 자유를 침해하지 않는다.

③ 헌법 제15조에서 보장하는 직업이란 생활의 기본적 수요를 충족시키기 위하여 행하는 계속적인 소득활동을 의미하고, 성매매는 그것이 가지는 사회적 유해성과는 별개로 성판매자의 입장에서 생활의 기본적 수요를 충족하기 위한 소득활동에 해당함을 부인할 수 없으나, 성매매자를 처벌하는 것은 과잉금지원칙에 반하지 않는다.

④ 변호사시험의 응시기회를 법학전문대학원의 석사학위 취득자의 경우 석사학위를 취득한 달의 말일부터 또는 석사학위 취득 예정자의 경우 그 예정기간 내 시행된 시험일부터 5년 내에 5회로 제한한 「변호사시험법」 규정은 응시기회의 획일적 제한으로 청구인들의 직업선택의 자유를 침해한다.

16 헌법재판소가 재산권으로 인정한 경우를 ○, 인정하지 않은 경우를 ×로 표시한다면 가장 적절한 것은? (다툼이 있는 경우 헌법재판소 판례에 의함)

> ㄱ. 상공회의소의 의결권
> ㄴ. 「국민연금법」상 사망일시금
> ㄷ. 개인택시면허
> ㄹ. 관행어업권
> ㅁ. 건강보험수급권
> ㅂ. 이동전화번호
> ㅅ. 공제회가 관리·운용하는 학교안전공제 및 사고예방기금

① ㄱ(○), ㄴ(×), ㄷ(○), ㄹ(○), ㅁ(×), ㅂ(×), ㅅ(○)
② ㄱ(○), ㄴ(○), ㄷ(×), ㄹ(×), ㅁ(×), ㅂ(○), ㅅ(×)
③ ㄱ(×), ㄴ(○), ㄷ(○), ㄹ(×), ㅁ(○), ㅂ(×), ㅅ(○)
④ ㄱ(×), ㄴ(×), ㄷ(○), ㄹ(○), ㅁ(○), ㅂ(×), ㅅ(×)

17 국회의 의사절차원칙에 대한 설명으로 옳지 않은 것은? (다툼이 있는 경우 헌법재판소 결정에 의함)

① 본회의는 공개한다. 다만, 의장의 제의 또는 의원 10명 이상의 연서에 의한 동의로 본회의의 의결이 있거나 의장이 각 교섭단체 대표의원과 협의하여 국가의 안전보장을 위하여 필요하다고 인정할 때에는 공개하지 아니할 수 있다.
② 위원회에서 본회의에 부의할 필요가 없다고 결정된 의안을 본회의에서 다시 심의하더라도 이는 동일 사안의 재의가 아니다.
③ 가부동수가 된 안건을 같은 회기 중 다시 발의하는 것은 일사부재의원칙에 위배된다.
④ 법률안에 대한 본회의의 표결이 종료되어 재적의원 과반수의 출석에 미달되었음이 확인된 경우에는, 투표의 불성립이므로 다시 재적과반수가 출석한 상태에서 표결이 가능하다.

18 양심의 자유와 종교의 자유에 대한 설명으로 옳지 않은 것만을 모두 고르면? (다툼이 있는 경우 판례에 의함)

> ㄱ. 양심의 자유가 보장하고자 하는 '양심'은 민주적 다수의 사고나 가치관과 일치하는 것이 아니라, 개인적 현상으로서 지극히 주관적인 것이고, 그 대상이나 내용 또는 동기에 의하여 판단될 수 없으며, 양심상의 결정이 이성적·합리적인지, 타당한지 또는 법질서나 사회규범, 도덕률과 일치하는지 여부는 양심의 존재를 판단하는 기준이 될 수 없다.
> ㄴ. 종교단체가 운영하는 학교 형태 혹은 학원 형태의 교육기관도 예외 없이 학교설립인가 혹은 학원설립등록을 받도록 규정한 것은 종교의 자유를 침해하여 헌법에 위반된다.
> ㄷ. 종교적 신앙에 따른 병역거부자를 처벌하는 「병역법」 조항에 대해서는, 헌법이 양심의 자유와 별개로 종교의 자유를 보장하고 있으며 종교적 신앙은 윤리적 양심과는 구별되는 내면적 세계의 핵심적 가치이므로 양심의 자유의 침해와는 별도로 종교의 자유의 침해 여부를 심사해야 한다.
> ㄹ. 사업자단체의 「독점규제및공정거래법」 위반행위가 있을 때 공정거래위원회가 사업자단체에 대하여 법위반사실의 공표를 명할 수 있도록 한 「독점규제및공정거래법」 조항은 양심의 자유를 침해하지 않는다.

① ㄱ, ㄴ   ② ㄱ, ㄹ
③ ㄴ, ㄷ   ④ ㄷ, ㄹ

19 역대 헌법에 대한 설명으로 옳지 않은 것은?

① 1969년 개정헌법은 대통령에게 헌법개정권한을 부여하지 않았다.
② 1962년 개정헌법은 국회 재적의원 3분의 1 이상 또는 국회의원선거권자 50만인 이상의 찬성으로 헌법개정의 제안을 하도록 규정함으로써, 1948년 헌법부터 유지되고 있던 대통령의 헌법개정제안권을 삭제하였다.
③ 헌법개정금지규정은 건국헌법부터 1962년 개정헌법까지 존재하였다.
④ 1987년 개정헌법은 여야합의에 의해 제안된 헌법개정안을 국회가 의결한 후 국민투표로 확정된 것이다.

20 헌법재판에 대한 설명으로 옳은 것만을 모두 고르면? (다툼이 있는 경우 헌재 판례에 의함)

ㄱ. 변호사강제주의는 무자력자의 헌법재판을 받을 권리를 제한하는 것이 아니며, 국선대리인 제도라는 대상조치가 별도로 마련되어 있는 이상 재판을 받을 권리의 본질적 내용을 침해하는 것도 아니다.

ㄴ. 「헌법재판소법」 제68조 제1항이 원칙적으로 헌법에 위반되지 아니한다고 하더라도, 법원이 헌법재판소가 위헌으로 결정하여 그 효력을 전부 또는 일부 상실하거나 위헌으로 확인된 법률을 적용함으로써 국민의 기본권을 침해한 경우에도 법원의 재판에 대한 헌법소원이 허용되지 않는 것으로 해석한다면, 위 법률조항은 그러한 한도 내에서 헌법에 위반된다.

ㄷ. 진정입법부작위는 위헌법률심판의 대상이 되지 않고, 부진정입법부작위의 경우에는 불완전한 법률조항 자체가 위헌심사의 대상이 된다.

ㄹ. 법률이 헌법에 위반되는 경우 위헌결정을 통하여 법률조항을 법질서에서 제거하는 것이 법적 공백이나 혼란을 초래할 우려가 있는 경우에는 위헌조항의 잠정적 적용을 명하는 헌법불합치결정을 할 수 있다.

ㅁ. 헌법불합치결정에 따른 개선입법의 소급적용 여부와 소급적용의 범위는 원칙적으로 입법자의 재량에 달린 것이지만, 적어도 헌법불합치결정을 하게 된 당해 사건 및 그 결정 당시에 법률조항의 위헌 여부가 쟁점이 되어 법원에 계속 중인 사건에 대하여는 헌법불합치결정의 소급효가 미친다.

① ㄱ, ㄴ, ㄷ, ㄹ
② ㄱ, ㄴ, ㄷ, ㅁ
③ ㄱ, ㄴ, ㄹ, ㅁ
④ ㄴ, ㄷ, ㄹ, ㅁ

21 국무총리의 헌법상 지위와 권한에 대한 설명으로 옳지 않은 것은?

① 위원회에 출석하여 국정처리상황 보고 또는 의견 진술권

② 국무회의 부의장으로서 국무위원 임명제청 및 해임 건의권

③ 행정의 책임자로서 「정부조직법」에 따른 독자적인 행정각부통할권

④ 중앙행정관청으로서 대통령령의 위임에 의한 총리령 발포권

22 정당제도에 대한 설명으로 옳은 것(○)과 옳지 않은 것(×)을 올바르게 조합한 것은? (다툼이 있는 경우 판례에 의함)

ㄱ. 정당해산심판절차에 민사소송에 관한 법령을 준용할 수 있도록 한 「헌법재판소법」 제40조 제1항 전문은 정당의 설립과 활동의 자유 및 정당의 공정한 재판을 받을 권리를 침해하는 규정이다.

ㄴ. 헌법 제8조 제1항은 국민 누구나 국가의 간섭을 받지 아니하고 정당을 설립할 권리를 기본권으로 보장하고 있는바, 입법자는 정당설립의 자유를 최대한 보장하는 방향으로 입법하여야 하고, 헌법재판소가 정당설립의 자유를 제한하는 법률의 합헌성을 심사할 때에는 헌법 제37조 제2항에 따라 엄격한 비례심사를 하여야 한다.

ㄷ. 정당해산심판절차에서는 재심을 허용하지 아니함으로써 얻을 수 있는 법적 안정성의 이익보다 재심을 허용함으로써 얻을 수 있는 구체적 타당성의 이익이 더 크므로 재심을 허용하여야 한다. 한편, 이 재심절차에서는 원칙적으로 「민사소송법」의 재심에 관한 규정이 준용된다.

ㄹ. 국회의원선거에 참여하여 의석을 얻지 못하고 유효투표총수의 100분의 2 이상을 득표하지 못한 정당에 대해 그 등록을 취소하도록 한 구 「정당법」 조항은 군소정당 난립으로 인한 정치질서의 혼란을 방지하기 위한 것으로서 정당설립의 자유를 침해하지 않는다.

ㅁ. 정당이 헌법재판소의 결정으로 해산된 때에는 해산된 정당의 강령과 동일하거나 유사한 것으로 정당을 창당하지 못하며, 해산된 정당의 명칭과 같거나 유사한 명칭 역시 다시 사용하지 못한다.

① ㄱ(○), ㄴ(○), ㄷ(○), ㄹ(×), ㅁ(×)
② ㄱ(○), ㄴ(×), ㄷ(○), ㄹ(○), ㅁ(×)
③ ㄱ(×), ㄴ(○), ㄷ(○), ㄹ(○), ㅁ(×)
④ ㄱ(×), ㄴ(○), ㄷ(○), ㄹ(×), ㅁ(×)

23 탄핵심판에 대한 설명으로 옳은 것만을 모두 고르면? (다툼이 있는 경우 판례에 의함)

> ㄱ. 헌법재판소는 소추사유의 판단에 있어서 국회의 탄핵소추의결서에서 분류된 소추사유의 체계에 의하여 구속을 받지 않으므로, 소추사유를 어떠한 연관관계에서 법적으로 고려할 것인가의 문제는 전적으로 헌법재판소의 판단에 달려있다.
> ㄴ. 피청구인에 대한 탄핵심판 청구와 동일한 사유로 형사소송이 진행되고 있는 경우에는 재판부는 심판절차를 정지할 수 있다.
> ㄷ. 탄핵심판이 발의된 자는 탄핵심판이 있을 때까지 그 권한행사가 정지된다.
> ㄹ. 헌법재판소의 심판절차에 관하여는 이 법에 특별한 규정이 있는 경우를 제외하고는 헌법재판의 성질에 반하지 아니하는 한도에서 민사소송에 관한 법령을 준용한다. 이 경우 탄핵심판의 경우에는 행정소송에 관한 법령을 준용한다.

① ㄱ, ㄴ
② ㄴ, ㄷ
③ ㄱ, ㄴ, ㄹ
④ ㄱ, ㄷ, ㄹ

24 직업의 자유에 대한 설명으로 가장 적절하지 않은 것은? (다툼이 있는 경우 헌법재판소 판례에 의함)

① 고용보험 및 산재보험 보험사무를 대행할 수 있는 기관의 자격을 일정한 기준을 충족하는 단체 또는 법인, 공인노무사 또는 세무사로 한정하고 개인 공인회계사를 제외한 것은 객관적사유에 의한 직업의 자유를 제한하는 것이다.

② 주 52시간 상한제조항이 상시 5명 이상 근로자를 사용하는 사업주의 계약의 자유와 직업의 자유를 침해하지 않는다.

③ 아파트 장기일반민간임대주택과 단기민간임대주택의 임대의무기간이 종료한 날 그 등록이 말소되도록 하는 것이 임대사업자의 직업의 자유를 침해하지 않는다.

④ 안경사가 전자상거래 등을 통한 콘택트렌즈 판매를 금지하는 것이 직업수행의 자유를 침해한다고 볼 수 없다.

25 공무담임권에 대한 설명으로 가장 적절하지 않은 것은? (다툼이 있는 경우 헌법재판소 판례에 의함)

① 세무직 국가공무원 공개경쟁채용시험에서 일정한 가산점을 부여하는 제도는 가산 대상 자격증을 소지하지 아니한 사람들에 대하여는 공직으로의 진입에 장애를 초래하여 공무담임권을 제한하는 측면이 있지만, 전문적 업무 능력을 갖춘 사람을 우대하여 직업공무원제도의 능력주의를 구현하는 측면이 있으므로 과잉금지원칙 위반 여부를 심사할 때 이를 고려할 필요가 있다.

② 직제가 폐지된 때에 공무원을 직권면직시킬 수 있도록 규정한 「지방공무원법」의 조항은 공무원의 귀책사유 없이도 그 신분을 박탈할 수 있도록 하여 신분보장을 중추적 요소로 하는 직업공무원제도에 위반된다.

③ 금고 이상의 형의 '선고유예'를 받은 경우에 공무원직에서 당연히 퇴직하는 것으로 정한 「지방공무원법」의 조항은 과실범의 경우마저 당연퇴직 사유에서 제외하지 않아 최소침해성의 원칙에 반하여 공무담임권을 침해한다.

④ 선출직 공무원이 될 피선거권과 직업공무원이 될 권리를 포함하는 헌법 제25조의 공무담임권이 헌법 제7조의 규정 내용과 유기적 연관을 맺고 있다면, 헌법 제7조 제2항의 보장 내용이 직업공무원제도를 보장하는 성격을 띤다는 사실만으로 「헌법재판소법」 제68조 제1항의 헌법소원심판으로 구제될 수 있는 '공무담임권의 보호영역'에 포함되지 않을 이유는 없다.

06회 실전동형모의고사
모바일 자동 채점 + 성적 분석 서비스
바로 가기 (gosi.Hackers.com)

QR코드를 이용하여 해커스공무원의 '모바일 자동 채점 + 성적 분석 서비스'로 바로 접속하세요!
* 해커스공무원 사이트의 가입자에 한해 이용 가능합니다.

06회 Review

문항	정답	문제 키워드	출제 유형	난이도
01	②	표현의 자유	이론/판례/조문	●●○
02	②	집회·결사의 자유	이론/판례/조문	●●○
03	②	국적	이론/판례/조문	●●○
04	②	표현의 자유	이론/판례/조문	●●○
05	④	평등원칙	이론/판례/조문	●●○
06	④	권한쟁의심판	이론/판례/조문	●●○
07	④	집회의 자유	이론/판례/조문	●●●
08	①	집회 및 결사의 자유	이론/판례/조문	●●○
09	①	국가기관의 의결	이론/판례/조문	●●●
10	②	국가배상청구권	이론/판례/조문	●●●
11	③	신체의 자유	이론/판례/조문	●●○
12	②	국민투표	이론/판례/조문	●●○
13	④	입법권	이론/판례/조문	●●○

문항	정답	문제 키워드	출제 유형	난이도
14	①	재산권	이론/판례/조문	●●○
15	④	직업의 자유	이론/판례/조문	●●○
16	④	재산권	이론/판례/조문	●●○
17	④	국회의 의사원칙	이론/판례/조문	●●○
18	③	양심의 자유	이론/판례/조문	●●○
19	③	헌정사	이론/판례/조문	●○○
20	④	헌법재판	이론/판례/조문	●●○
21	③	국무총리	이론/판례/조문	●○○
22	④	정당제도	이론/판례/조문	●●○
23	①	탄핵심판	이론/판례/조문	●●○
24	①	직업의 자유	이론/판례/조문	●●○
25	②	공무담임권	이론/판례/조문	●●○

[출제 유형 & 난이도] 각 문항별 출제 유형(이론/판례/조문)과 난이도를 수록하였으니, 본인
이 취약한 유형이나 고난도 문제만 풀어보는 등 학습 상황에 알맞게 활용하시기 바랍니다.

핵심지문 OX   06회 실전동형모의고사에서 꼭 되짚어야 할 핵심지문을 다시 확인해보시기 바랍니다.

01 외국 국적 포기의무를 이행하지 아니하여 대한민국 국적을 상실한 자가 1년 내에 그 외국 국적을 포기한 때에는 법무부장관의 허가를 얻어 대한민국 국적을 재취득할 수 있다. (   )

02 법률안의 심의·표결의 의사진행을 방해하고 다른 국회의원들의 투표를 방해하기까지 한 국회의원에게는 자신의 심의·표결권의 침해를 다투는 권한쟁의심판의 청구인적격이 인정되지 않는다. (   )

03 헌법재판소 재판관회의는 헌법재판소장이 필요하다고 인정하거나 재판관 5명 이상의 요청이 있을 때에 헌법재판소장이 소집한다. (   )

04 헌법재판소는 「국가배상법」상의 배상결정전치주의가 법관에 의한 재판을 받을 권리와 신속한 재판을 받을 권리를 침해한다고 하였고, 이에 따라 「국가배상법」상의 배상결정전치주의가 폐지되었다. (   )

05 강제퇴거명령을 받은 사람을 즉시 대한민국 밖으로 송환할 수 없으면 송환할 수 있을 때까지 보호시설에 보호할 수 있도록 규정한 「출입국관리법」 제63조 제1항은 과잉금지원칙에 위배되어 피보호자의 신체의 자유를 침해한다. (   )

06 정당이 헌법재판소의 결정으로 해산된 때에는 해산된 정당의 강령과 동일하거나 유사한 것으로 정당을 창당하지 못하며, 해산된 정당의 명칭과 같거나 유사한 명칭 역시 다시 사용하지 못한다. (   )

07 탄핵심판이 발의된 자는 탄핵심판이 있을 때까지 그 권한행사가 정지된다. (   )

[정답] 01 × 신고함으로써 재취득할 수 있다. 02 × 소권의 남용에 해당하여 부적법하다고 볼 수 없다. 03 × 3명 이상이다. 04 × 헌법재판소에서는 합헌결정을 하였지만 임의적 전치주의로 개정되었다. 05 × 신체의 자유를 침해하지 않는다. 06 × 유사한 명칭은 다시 사용할 수 있다. 07 × 탄핵소추를 의결받았을 때 권한행사가 정지된다.

07회 실전동형모의고사

제한시간: 20분 시작 시 분 ~ 종료 시 분 점수 확인 개/ 25개

01 관습헌법 및 헌법해석에 대한 설명으로 옳지 않은 것은? (다툼이 있는 경우 판례에 의함)

① 대통령과 국무총리가 서울이라는 하나의 도시에 소재하고 있어야 한다는 것은 관습헌법으로 인정될 수 없다.

② 관습헌법은 이와 같은 일반적인 헌법사항에 해당하는 내용 중에서도 특히 국가의 기본적이고 핵심적인 사항으로서 법률에 의하여 규율하는 것이 적합하지 아니한 사항을 대상으로 한다.

③ 국명(國名)을 정하는 것, 우리말을 국어(國語)로 하고 우리글을 한글로 하는 것, 영토를 확정하고 국가주권의 소재를 밝히는 것 등은 국가의 정체성에 관한 기본적 헌법사항이라고 할 수 없다.

④ 합헌적 법률해석이란 어떤 법률이 한 가지 해석방법에 의하면 헌법에 위배되는 것처럼 보이더라도 다른 해석방법에 의하면 헌법에 합치되는 것으로 볼 수 있다면 합헌으로 해석하여야 한다는 사법소극주의적인 법률해석기술이다.

02 개인정보 보호에 대한 설명으로 옳지 않은 것은? (다툼이 있는 경우 판례에 의함)

① 개별 교원의 교원단체 및 노동조합 가입 정보는 「개인정보 보호법」 제23조의 노동조합의 가입·탈퇴에 관한 정보로서 민감정보에 해당한다.

② 「개인정보 보호법」상 개인정보란 살아 있는 개인에 관한 정보로서 성명, 주민등록번호 및 영상 등을 통하여 개인을 알아 볼 수 있는 정보를 말하며 사자(死者)에 관한 정보는 포함하지 아니한다.

③ 통계청장이 인구주택총조사의 방문 면접조사를 실시하면서, 담당 조사원을 통해 조사대상자에게 통계청장이 작성한 인구주택총조사 조사표의 조사항목들에 응답할 것을 요구한 행위는 조사대상자의 개인정보자기결정권을 침해하지 않는다.

④ 성적목적공공장소침입죄로 형을 선고받아 확정된 자는 신상정보 등록대상자가 된다고 규정한 「성폭력범죄의 처벌 등에 관한 특례법」은 신상정보 등록대상자의 개인정보자기결정권을 침해한다.

03 법원에 대한 설명으로 옳지 않은 것은? (다툼이 있는 경우 판례에 의함)

① 임기가 끝난 판사는 인사위원회의 심의를 거치고 대법관회의의 동의를 받아 대법원장의 연임발령으로 연임한다.

② 헌법재판소는 헌법 제110조 제1항에서 "특별법원으로서 군사법원을 둘 수 있다."는 의미를 군사법원을 일반법원과 조직·권한 및 재판관의 자격을 달리하여 특별법원으로 설치할 수 있다는 뜻으로 해석한다.

③ 파산절차 중 '파산관재인의 선임 및 직무감독에 관한 사항'은 사법의 본질적 사항에 해당하므로 입법자는 파산관재인의 선임 및 감독에 관한 법원의 권한을 조정하는 입법을 할 수 없다.

④ 「형법」 조항이 집행유예의 요건을 '3년 이하의 징역 또는 금고의 형을 선고할 경우'로 한정하고 있는 것은 법관의 양형판단권을 근본적으로 제한하거나 사법권의 본질을 침해하지 아니한다.

04 선거제도에 대한 설명으로 옳지 않은 것은? (다툼이 있는 경우 판례에 의함)

① 대통령이 궐위된 때 또는 대통령 당선자가 사망하거나 판결 기타의 사유로 그 자격을 상실한 때에는 70일 이내에 후임자를 선거한다.

② 국회의원이 지방자치단체의 장의 선거에 입후보하는 경우 선거일 30일 전까지 사직하여야 한다.

③ 대통령의 임기는 전임대통령의 임기만료일의 다음 날 0시부터 개시된다. 다만, 전임자의 임기가 만료된 후에 실시하는 선거와 궐위로 인한 선거에 의한 대통령의 임기는 당선이 결정된 때부터 개시된다.

④ 대통령선거 및 국회의원선거에 있어서 선거의 효력에 관하여 이의가 있는 선거인·후보자를 추천한 정당 또는 후보자는 선거일부터 30일 이내에 당해 선거구 선거관리위원회위원장을 피고로 하여 대법원에 소를 제기할 수 있다.

05 공무담임권에 대한 설명으로 옳지 않은 것은? (다툼이 있는 경우 판례에 의함)

① 미성년자에 대하여 성범죄를 범하여 형을 선고받아 확정된 자와 성인에 대한 성폭력범죄를 범하여 벌금 100만원 이상의 형을 선고받아 확정된 자는 「초·중 등교육법」상의 교원에 임용될 수 없도록 한 「교육공 무원법」 조항은 과잉금지원칙에 반하여 공무담임권 을 침해한다고 볼 수 없다.

② 착신전환 등을 통한 중복 응답 등 범죄로 100만원 이 상의 벌금형의 선고를 받은 사람은 지방의원직에서 퇴직하도록 한 것은 공무담임권을 침해하지 않는다.

③ 지역구국회의원 예비후보자에게 지역구국회의원이 납부할 기탁금의 100분의 20에 해당하는 금액을 기 탁금으로 납부하도록 하는 것은 예비후보자의 공무 담임권을 침해하고, 비례대표 기탁금 조항은 비례대 표국회의원후보자가 되어 국회의원에 취임하고자 하 는 자의 공무담임권을 침해한다.

④ 주민등록을 하는 것이 법령의 규정상 아예 불가능 한, 재외국민인 주민의 지방선거 피선거권을 부인하 는 구 「공직선거법」 조항은 국내거주 재외국민의 공 무담임권을 침해한다.

06 법관에 대한 설명으로 옳지 않은 것은? (다툼이 있는 경 우 판례에 의함)

① 대통령비서실 소속의 공무원으로서 퇴직 후 3년이 지나지 아니한 사람은 법관으로 임명될 수 없다.

② 법관은 탄핵 또는 금고 이상의 형의 선고에 의하지 아니하고는 파면되지 아니하며, 징계처분에 의하지 아니하고는 정직·감봉 기타 불리한 처분을 받지 아 니한다.

③ 법관정년제 자체의 위헌성 판단은 헌법규정에 대한 위헌주장으로 헌법재판소의 위헌 판단의 대상이 되 지 아니하며, 법관의 정년연령을 규정한 법률의 구체 적인 내용도 헌법재판소의 위헌 판단의 대상이 될 수 없다.

④ 공개된 법정의 법관의 면전에서 모든 증거자료가 조 사·진술되어야 하는 요청은 공정한 재판을 받을 권 리로부터 파생된다.

07 재산권에 대한 설명으로 옳지 않은 것은? (다툼이 있는 경우 판례에 의함)

① 「고엽제후유의증 환자지원 등에 관한 법률」에 의한 고엽제후유증환자 및 그 유족의 보상수급권은 법률 에 의하여 비로소 인정되는 권리로서 재산권적 성질 을 갖는 것이긴 하지만 그 발생에 필요한 요건이 법 정되어 있는 이상 이러한 요건을 갖추기 전에는 헌 법이 보장하는 재산권이라고 할 수 없다.

② 토지의 협의취득 또는 수용 후 당해 공익사업이 다 른 공익사업으로 변경되는 경우에 당해 토지의 원소 유자 또는 그 포괄승계인의 환매권을 제한하고, 환매 권 행사기간을 변환 고시일부터 기산하도록 한 구 「공익사업을 위한 토지 등의 취득 및 보상에 관한 법률」 조항은 이들의 재산권을 침해한다.

③ 「민법」에 따라 등기를 하지 아니한 경우라도 부동산 을 사실상 취득한 경우 그 취득물건의 소유자 또는 양수인을 취득자로 보도록 한 구 「지방세법」은 재산 권을 침해하지 않는다.

④ 「주택법」상 사업주체가 공급질서 교란행위를 이유로 주택공급계약을 취소한 경우 선의의 제3자 보호규정 을 두고 있지 않는 구 「주택법」 제39조 제2항은 재 산권을 침해하지 않는다.

08 사전검열금지의 원칙에 대한 헌법재판소의 결정 내용으 로 옳은 것은?

① 영상물등급위원회는 행정권과 독립된 민간 자율기관 이므로, 영화에 대한 사전심의는 헌법이 금지하는 사 전검열금지의 원칙에 반하지 아니한다.

② 구 「영화진흥법」에 따른 등급분류보류제도는 사전검 열에 해당한다.

③ 청소년 등에게 부적절한 내용의 음반에 대하여 청소 년에게 판매할 수 없도록 미리 등급을 심사하는 등 급심사제도는 사전검열에 해당한다.

④ 건강기능식품의 기능성 광고의 사전심의는 한국건강 기능식품협회에서 수행하고 있고, 한국건강기능식품 협회는 행정기관이라고 보기 어려우므로 사전심의를 받지 않은 건강기능식품의 기능성 광고를 금지하고 이를 어길 경우 형사처벌하도록 규정한 「건강기능식 품에 관한 법률」이 사전검열금지원칙에 위배된다고 보기는 힘들다.

09 헌법소원에 대한 설명으로 옳지 않은 것은? (다툼이 있는 경우 판례에 의함)

① 「헌법재판소법」제68조 제2항 소정의 헌법소원은 그 본질이 헌법소원이라기보다는 위헌법률심판이므로 「헌법재판소법」제68조 제1항 소정의 헌법소원에서 요구되는 보충성의 원칙은 적용되지 아니한다.

② 특정구역 안에서 업소별로 표시할 수 있는 광고물의 총 수량을 1개로 제한한 옥외광고물 표시제한 특정구역 지정고시에 대한 헌법소원심판청구는 심판청구 후 고시가 개정되어 청구인들이 심판대상조항들에 대하여 위헌결정을 구할 주관적 권리보호이익은 소멸되었으므로 심판의 이익을 인정할 수 없다.

③ 「담배사업법」에 따른 담배의 제조 및 판매는 비흡연자들이 간접흡연을 하게 되는 데 있어 간접적이고 2차적인 원인이 된 것에 불과하여, 담배의 제조 및 판매에 관하여 규율하는 「담배사업법」에 대해 간접흡연의 피해를 주장하는 임신 중인 자의 기본권 침해의 자기관련성을 인정할 수 없다.

④ 법률 자체에 의한 직접적인 기본권 침해 여부가 문제되었을 경우에는 다른 권리구제절차를 거치지 않더라도 바로 헌법소원을 제기할 수 있다.

10 대통령에 대한 설명으로 옳지 않은 것은? (다툼이 있는 경우 판례에 의함)

① 대통령선거에 있어서 최고득표자가 2인 이상인 때에는 국회의 재적의원 과반수가 출석한 공개회의에서 다수표를 얻은 자를 당선자로 한다.

② 대통령이 영전수여를 위해서는 국무회의의 심의를 거쳐야 하는 것은 아니다.

③ 대통령은 내란 또는 외환의 죄를 범한 경우를 제외하고는 재직 중 형사상의 소추를 받지 아니한다.

④ 대통령의 법률안거부는 법률안 전체를 대상으로 하여야 하며, 법률안 일부에 대한 거부나 법률안 내용을 수정하는 거부는 인정되지 않는다.

11 청원권에 대한 설명으로 가장 적절한 것은? (다툼이 있는 경우 헌법재판소 판례에 의함)

① 의원의 소개를 얻어야만 국회에 청원을 할 수 있도록 하는 것은 의원의 소개가 없는 한 국민이 국회에 자신의 이해관계나 국정에 관하여 의견을 진술할 권리인 청원권 자체를 박탈하는 결과가 되므로 청원권의 본질적인 내용을 침해하고 있다.

② 「청원법」은 국민이 편리하게 청원권을 행사하고 국민이 제출한 청원이 객관적이고 공정하게 처리되도록 함을 그 목적으로 하므로, 동일인이 같은 내용의 청원서를 같은 청원기관에 2건 이상 제출한 반복청원의 경우라도 청원기관의 장은 나중에 제출된 청원서를 반려하거나 종결처리하여서는 아니 된다.

③ 청원사항의 처리결과에 심판서나 재결서에 준하여 이유를 명시할 것을 요구하는 것은 청원권의 보호범위에 포함되지 않는다.

④ 헌법은 '정부에 제출 또는 회부된 정부의 정책에 관계되는 청원의 심사'를 국무회의의 심의 사항으로 규정하지 않고 있다.

12 재판청구권에 대한 설명으로 가장 적절한 것은? (다툼이 있는 경우 헌법재판소 판례에 의함)

① 형의 선고와 함께 소송비용 부담의 재판을 받은 피고인이 '빈곤'을 이유로 해서만 집행면제를 신청할 수 있도록 한 「형사소송법」제487조의 소송비용에 관한 부분은 피고인의 재판청구권을 침해하지 아니한다.

② 입법자가 행정심판을 전심절차가 아니라 종심절차로 규정함으로써 정식재판의 기회를 배제하거나, 어떤 행정심판을 필요적 전심절차로 규정하면서도 그 절차에 사법절차가 준용되지 않는다면 이는 재판청구권을 보장하고 있는 헌법 제27조에 위반된다.

③ 지방공무원이 면직처분에 대해 불복할 경우 행정소송 제기에 앞서 반드시 소청심사를 거치도록 한 「지방공무원법」조항은 시간적, 절차적으로 합리적인 범위를 벗어나 재판청구권을 제한한다고 볼 수 있으므로 지방공무원의 재판청구권을 침해한다.

④ 상속재산분할에 관한 다툼이 발생한 경우 이를 가사소송 또는 민사소송 절차에 의하도록 할 것인지, 아니면 가사비송절차에 의하도록 할 것인지 등을 정하는 것은 원칙적으로 입법자가 소송법의 체계, 소송대상물의 성격, 분쟁의 일회적 해결 가능성 등을 고려하여 형성할 정책적 문제이다.

13 평등권에 대한 설명으로 옳지 않은 것은? (다툼이 있는 경우 판례에 의함)

① 국가를 상대로 한 당사자소송에는 가집행선고를 할 수 없도록 규정하고 있는 「행정소송법」 제43조는 평등원칙에 위반된다.

② 사립학교 교원이 '직무와 관련 없는 과실로 인한 경우' 및 '소속상관의 정당한 직무상의 명령에 따르다가 과실로 인한 경우'를 제외하고 재직 중의 사유로 금고 이상의 형을 받은 경우, 퇴직급여 등을 감액하도록 규정한 「사립학교법」 규정은 일반 국민이나 근로자와 비교하여 지나친 차별을 한 것이고, 평등원칙에 위배된다.

③ 「특정범죄 가중처벌 등에 관한 법률」의 해당 조항이 별도의 가중적 구성요건표지를 규정하지 않은 채 「형법」 조항과 똑같은 구성요건을 규정하면서 법정형만 상향조정하여 어느 조항으로 기소하는지에 따라 벌금형의 선고 여부가 결정되고, 선고형에 있어서도 심각한 형의 불균형을 초래하게 함으로써 형사특별법으로서 갖추어야 할 형벌체계상의 정당성과 균형을 잃어 인간의 존엄성과 가치를 보장하는 헌법의 기본원리에 위배될 뿐만 아니라 그 내용에 있어서도 평등원칙에 위반된다.

④ 소년범 중 형의 집행이 종료되거나 면제된 자에 한하여 자격에 관한 법령의 적용에 있어 장래에 향하여 형의 선고를 받지 아니한 것으로 본다고 규정한 구 「소년법」 제67조는 평등의 원칙에 위반된다.

14 헌법상 법치국가원리에 대한 설명으로 옳지 않은 것만을 모두 고르면? (다툼이 있는 경우 판례에 의함)

ㄱ. 법관이 형사재판의 양형에 있어 법률에 기속되는 것은 헌법 제103조의 규정에 따른 것으로서 헌법이 요구하는 법치국가원리의 당연한 귀결이며, 법관의 양형판단재량권 특히 집행유예 여부에 관한 재량권은 어떠한 경우에도 제한될 수 없다고 볼 성질의 것이 아니다.

ㄴ. 선박소유자가 고용한 선장이 선박소유자의 업무에 관하여 범죄행위를 하면 그 선박소유자에게도 동일한 벌금형을 과하도록 한 것은 책임주의에 위배되지 않는다.

ㄷ. 미군정청법령이 1945.9.25, 1945.12.6. 각 공포되었음에도 1945.8.9.을 기준으로 하여 일본인 소유의 재산에 대한 거래를 전부 무효로 하고, 그 재산을 전부 1945.9.25.로 소급하여 미군정청의 소유가 되도록 한 것은 진정소급입법이지만 예외적으로 허용되는 경우에 해당한다.

ㄹ. 종전의 '친일반민족행위자'의 유형을 개정하면서 '일제로부터 작위를 받거나 계승한 자'까지 친일반민족행위자의 범위에 포함시켜 그 재산을 국가귀속의 대상으로 하면 헌법에 위배된다.

ㅁ. 전문과목을 표시한 치과의원은 그 표시한 전문과목에 해당하는 환자만을 진료하여야 한다고 규정한 「의료법」 제77조 제3항은 신뢰보호원칙에 위배되어 청구인들의 직업수행의 자유를 침해하지 않는다.

① ㄱ, ㄹ
② ㄴ, ㄹ
③ ㄴ, ㅁ
④ ㄷ, ㄹ

15 정당해산심판에 대한 설명으로 옳지 않은 것은? (다툼이 있는 경우 헌법재판소 결정에 의함)

① 정당해산심판제도는 1960년 6월 헌법에서 처음으로 도입되었다.

② 정당해산심판절차에는 「헌법재판소법」과 「헌법재판소 심판 규칙」, 그리고 헌법재판의 성질에 반하지 않는 한도 내에서 행정소송에 관한 법령이 적용된다.

③ 헌법 제8조 제4항에서 말하는 민주적 기본질서의 '위배'란, 민주적 기본질서에 대한 단순한 위반이나 저촉을 의미하는 것이 아니라, 민주사회의 불가결한 요소인 정당의 존립을 제약해야 할 만큼 그 정당의 목적이나 활동이 우리 사회의 민주적 기본질서에 대하여 실질적인 해악을 끼칠 수 있는 구체적 위험성을 초래하는 경우를 가리킨다.

④ 정당해산을 명하는 결정서는 피청구인 외에 국회, 정부 및 중앙선거관리위원회에도 송달하여야 한다.

16 다음 설명 중 옳지 않은 것만을 모두 고르면? (다툼이 있는 경우 판례에 의함)

> ㄱ. 입법자가 병역의 종류에 관하여 입법은 하였으나 그 내용이 양심적 병역거부자를 위한 비군사적 내용의 대체복무제를 포함하지 아니한 것은 진정입법부작위로서 헌법에 위반된다.
>
> ㄴ. 헌법 제10조의 행복추구권은 포괄적인 의미의 자유권으로서의 성격을 가지고 있을 뿐만 아니라, 행복을 추구하기 위하여 필요한 급부를 국가에게 요구할 수 있는 것을 내용으로 한다.
>
> ㄷ. "책임이 없는 자에게 형벌을 부과할 수 없다."라는 형벌에 관한 책임주의는 형사법의 기본원리로서, 헌법상 법치국가의 원리에 내재하는 원리이다.
>
> ㄹ. 「민주화보상법」이 보상금 등 산정에 있어 정신적 손해에 대한 배상을 전혀 반영하지 않고 있으므로, 이와 무관한 보상금 등을 지급한 다음 정신적 손해에 대한 배상청구마저 금지하는 것은 법익의 균형성에 위반된다.
>
> ㅁ. 국가배상책임의 성립요건으로서 공무원의 고의 또는 과실을 규정한 「국가배상법」 제2조 제1항 본문 중 '고의 또는 과실로' 부분은 국가배상청구권을 침해하여 위헌이다.

① ㄱ, ㄴ, ㄷ   ② ㄱ, ㄴ, ㅁ
③ ㄴ, ㄷ, ㄹ   ④ ㄴ, ㄹ, ㅁ

17 국회에 대한 설명으로 옳지 않은 것은?

① 의장은 위원회에 출석하여 발언할 수 있다. 다만, 표결에는 참가할 수 없다.

② 대통령당선인이 「대통령직 인수에 관한 법률」에 따라 지명하는 국무위원 후보자에 대한 인사청문 요청이 있는 경우 국회 인사청문특별위원회에서 인사청문회를 연다.

③ 인사청문특별위원회의 위원정수는 13인으로 하고, 어느 교섭단체에도 속하지 아니하는 의원의 위원선임은 의장이 이를 행한다.

④ 국무위원에 대한 해임건의는 국회재적의원 3분의 1 이상의 발의에 의하여 국회재적의원 과반수의 찬성이 있어야 한다.

18 국가배상청구권에 대한 설명으로 적절한 것을 모두 고른 것은? (다툼이 있는 경우 판례에 의함)

> ㄱ. 국가배상청구권의 성립요건으로서 공무원의 고의 또는 과실을 규정한 것은 원활한 공무집행을 위한 입법정책적 고려에 따라 법률로 이미 형성된 국가배상청구권의 행사 및 존속을 제한한 것이다.
>
> ㄴ. 청구기간 내에 제기된 헌법소원심판청구 사건에서 헌법재판소 재판관이 청구기간을 오인하여 각하결정을 한 경우, 이에 대한 불복절차 내지 시정절차가 없는 때에는 국가배상책임을 인정할 수 있다.
>
> ㄷ. 법률이 헌법에 위반되는지 여부를 심사할 권한이 없는 공무원으로서는 행위 당시의 법률에 따를 수밖에 없으므로, 행위의 근거가 된 법률조항에 대하여 행위 후에 위헌결정이 선고되더라도 위 법률조항에 따라 행위한 당해 공무원에게는 고의 또는 과실이 있다 할 수 없어 국가배상책임은 성립되지 아니한다.
>
> ㄹ. 보상금 등의 지급결정에 동의한 때 '민주운동과 관련하여 입은 피해'에 대해 재판상 화해의 성립을 간주하는 구 「민주화운동 관련자 명예회복 및 보상 등에 관한 법률」 조항은 적극적·소극적 손해에 관한 부분에 있어서는 민주화운동 관련자와 유족의 국가배상청구권을 침해하지 않는다.

① ㄱ, ㄷ   ② ㄴ, ㄷ
③ ㄱ, ㄴ, ㄹ   ④ ㄴ, ㄷ, ㄹ

19 집회·결사의 자유에 대한 설명으로 옳지 않은 것은? (다툼이 있는 경우 판례에 의함)

① 재판에 영향을 미칠 염려가 있거나 미치게 하기 위한 집회 또는 시위를 금지하고 이를 위반한 자를 형사처벌하는 규정은 과잉금지원칙에 위배되지 않는다.

② 사립학교의 설립·경영자들은 교원노조와 개별적으로 단체교섭을 할 수 없고 반드시 연합하여 단체교섭에 응하도록 규정한 「교원의 노동조합 설립 및 운영 등에 관한 법률」 제6조 제1항 후문은 비례의 원칙에 어긋나 사립학교의 설립·경영자인 청구인들의 결사의 자유를 침해하지 아니한다.

③ 집회 장소가 바로 집회의 목적과 효과에 대하여 중요한 의미를 가지기 때문에, 누구나 '어떤 장소'에서 자신이 계획한 집회를 할 것인가를 원칙적으로 자유롭게 결정할 수 있어야만 집회의 자유가 비로소 효과적으로 보장되는 것이다.

④ 대통령 관저 인근에서 집회를 금지하고 이를 위반하여 집회를 주최한 자를 처벌하는 「집회 및 시위에 관한 법률」 제11조 제2호는 집회의 자유를 침해한다.

20 군사제도 및 군인의 기본권에 대한 설명으로 옳지 않은 것은? (다툼이 있는 경우 판례에 의함)

① 헌법 제110조 제1항에 따라 특별법원으로서 군사법원을 둘 수 있지만, 법률로 군사법원을 설치함에 있어서 군사재판의 특수성을 고려하여 그 조직·권한 및 재판관의 자격을 일반법원과 달리 정하는 것은 헌법상 허용되지 않는다.

② 병(兵)에 대한 징계처분으로 일정기간 부대나 함정 내의 영창, 그 밖의 구금장소에 감금하는 영창처분은, 인신의 자유를 덜 제한하면서도 병(兵)의 비위행위를 효율적으로 억지할 수 있는 징계수단을 강구하는 것이 얼마든지 가능함에도, 병(兵)의 신체의 자유를 필요 이상으로 과도하게 제한하므로 침해의 최소성 원칙에 어긋난다.

③ 현역병의 군대 입대 전 범죄에 대한 군사법원의 재판권을 규정하고 있는 「군사법원법」 조항은 재판청구권을 침해한다고 볼 수 없다.

④ 비상계엄하의 군사재판에 있어서, 사형을 선고하는 경우를 제외하면 군인·군무원의 범죄에 대하여는 죄의 종류를 불문하고 단심재판으로 할 수 있다.

21 형사보상청구권에 대한 설명으로 가장 적절하지 않은 것은? (다툼이 있는 경우 헌법재판소 판례에 의함)

① 비용보상청구권의 제척기간을 무죄판결이 확정된 날부터 6개월로 제한한 구 「형사소송법」은 과잉금지원칙에 위반되어 청구인의 재판청구권 및 재산권을 침해하지 않는다.

② 헌법에 명시적 규정은 없지만 헌법해석상 입법자에게 국내에서 난민인정신청을 한 외국인이 강제퇴거명령을 받고 보호처분을 받아 수용되었다가 이후 난민인정을 받은 경우 및 출입국항에서 입국불허결정을 받은 외국인이 법률상 근거 없이 송환대기실에 수용되었던 경우에 대하여 보상을 해주어야 할 입법의무를 부여하고 있다고 볼 수 있다.

③ 헌법 제28조는 '불기소처분을 받거나 무죄판결을 받은 때' 구금에 대한 형사보상을 청구할 수 있는 권리를 헌법상 기본권으로 명시하고 있으므로, 외형상·형식상으로 무죄재판이 없다고 하더라도 형사사법절차에 내재하는 불가피한 위험으로 인하여 국민의 신체의 자유에 관하여 피해가 발생하였다면 형사보상청구권을 인정하는 것이 타당하다.

④ 형사보상은 국가배상과는 그 취지 자체가 상이하므로 형사보상절차로서 인과관계 있는 모든 손해를 보상하지 않는다고 하여 반드시 부당하다고 할 수 없다.

22 법원에 대한 설명으로 옳은 것은? (다툼이 있는 경우 판례에 의함)

① 명령 또는 규칙이 헌법에 위반된다고 인정하는 경우에는 대법관 전원의 3분의 2 이상의 합의체에서 심판권을 행사하며, 명령 또는 규칙이 법률에 위반된다고 인정하는 경우에는 대법관 3인 이상으로 구성된 부에서 먼저 사건을 심리한다.

② 헌법 제101조 제2항의 각급법원에는 고등법원, 특허법원, 지방법원, 가정법원, 행정법원, 회생법원 및 군사법원이 포함된다.

③ 법관이 형사재판의 양형에 있어 법률에 기속되는 것은 법률에 따라 심판한다는 헌법규정에 따른 것을 헌법이 요구하는 법치국가 원리의 당연한 귀결이며, 법관의 양형판단재량권, 특히 집행유예 여부에 관한 재량권은 어떠한 경우에도 제한될 수 없다고 볼 성질의 것은 아니다.

④ 사법의 민주적 정당성과 신뢰를 높이기 위해 국민참여재판 제도를 도입한 취지와 국민참여재판을 받을 권리를 명시하고 있는 국민의 형사재판 참여에 관한 법률의 내용에 비추어 볼 때, 국민참여재판을 받을 권리는 헌법상 기본권으로서 보호된다.

23 헌법재판소의 심판절차에 대한 설명으로 옳지 않은 것은?

① 재판관에게 공정한 심판을 기대하기 어려운 사정이 있는 경우 당사자는 기피신청을 할 수 있으나, 변론기일에 출석하여 본안에 관한 진술을 한 때에는 기피신청을 할 수 없다.

② 당해사건이 재심사건인 경우, 심판대상 조항이 '재심청구 자체의 적법 여부에 대한 재판'에 적용되는 법률조항이 아니라 '본안 사건에 대한 재판'에 적용될 법률조항이라면 '재심청구가 적법하고, 재심의 사유가 인정되는 경우'에 한하여 재판의 전제성이 인정될 수 있다.

③ 헌법재판소장은 헌법재판소에 재판관 3명으로 구성되는 지정재판부를 두어 헌법소원심판의 사전심사를 담당하게 할 수 있다.

④ 심판의 변론과 종국결정의 선고는 심판정에서 하되, 헌법재판소장이 필요하다고 인정하는 경우에는 심판정 외의 장소에서 변론을 열 수 있으나 종국결정의 선고를 할 수는 없다.

24 기본권 침해 여부의 심사에서 과잉금지원칙(비례원칙)이 적용된 경우가 아닌 것은? (다툼이 있는 경우 판례에 의함)

① 임대차존속기간을 20년으로 제한하는 「민법」 제651조 제1항이 계약의 자유를 침해하는지 여부

② 교육공무원인 대학교원을 「교원의 노동조합 설립 및 운영 등에 관한 법률」의 적용대상에서 배제한 것이 교육공무원인 대학교원의 단결권을 침해하는지 여부

③ 경찰청장이 서울광장을 차벽으로 둘러싸고 광장에 통행을 제지한 행위가 일반적 행동자유권을 침해하는지 여부

④ 자율형 사립고등학교를 지원한 학생에게 평준화지역 후기학교 주간부에 중복 지원하는 것을 금지한 것이 자율형 사립고등학교에 진학하고자 하는 학생의 평등권을 침해하는지 여부

25 재판을 받을 권리에 대한 설명으로 옳지 않은 것은? (다툼이 있는 경우 판례에 의함)

① '교원, 「사립학교법」 제2조에 따른 학교법인 등 당사자'의 범위에 포함되지 않는 공공단체인 한국과학기술원의 총장이 교원소청심사결정에 대하여 행정소송을 제기할 수 없도록 한 것은 재판청구권을 침해하지 않는다.

② 헌법 제27조 제1항의 재판을 받을 권리는 신분이 보장되고 독립된 법관에 의한 재판의 보장을 주된 내용으로 하므로 국민참여재판을 받을 권리는 헌법 제27조 제1항에서 규정하는 재판받을 권리의 보호범위에 속하지 아니한다.

③ 공정한 재판을 받을 권리 속에는 신속하고 공개된 법정의 법관의 면전에서 모든 증거자료가 조사·진술되고 이에 대하여 피고인이 공격·방어할 수 있는 기회가 보장되는 재판, 원칙적으로 당사자주의와 구두변론주의가 보장되어 당사자가 공소사실에 대한 답변과 입증 및 반증을 하는 등 공격, 방어권이 충분히 보장되는 재판을 받을 권리가 포함되어 있다.

④ 형사피해자에게 약식명령을 고지하지 않도록 규정한 것은 형사피해자의 재판절차진술권과 정식재판청구권을 침해하는 것으로서, 입법자가 입법재량을 일탈·남용하여 형사피해자의 재판을 받을 권리를 침해하는 것이다.

07회 실전동형모의고사
모바일 자동 채점 + 성적 분석 서비스
바로 가기 (gosi.Hackers.com)

QR코드를 이용하여 해커스공무원의 '모바일 자동 채점 + 성적 분석 서비스'로 바로 접속하세요!

* 해커스공무원 사이트의 가입자에 한해 이용 가능합니다.

07회 / Review

문항	정답	문제 키워드	출제 유형	난이도	문항	정답	문제 키워드	출제 유형	난이도
01	③	관습헌법	이론/판례/조문	●●○	14	②	법치국가원리	이론/판례/조문	●●○
02	④	개인정보 보호	이론/판례/조문	●●○	15	②	정당해산심판	이론/판례/조문	●○○
03	③	법원	이론/판례/조문	●●○	16	②	기본권의 침해와 구제	이론/판례/조문	●●○
04	①	선거제도	이론/판례/조문	●○○	17	②	국회	이론/판례/조문	●●○
05	③	공무담임권	이론/판례/조문	●●○	18	④	국가배상청구권	이론/판례/조문	●●○
06	③	법관	이론/판례/조문	●●○	19	①	집회·결사의 자유	이론/판례/조문	●●○
07	②	재산권	이론/판례/조문	●●○	20	①	군사재판	이론/판례/조문	●●○
08	②	사전검열	이론/판례/조문	●○○	21	②	형사보상청구권	이론/판례/조문	●●○
09	②	헌법소원심판	이론/판례/조문	●●○	22	③	법원	이론/판례/조문	●●○
10	②	대통령	이론/판례/조문	●●○	23	④	헌법재판소의 심판절차	이론/판례/조문	●●○
11	③	평등권	이론/판례/조문	●●○	24	②	과잉금지원칙	이론/판례/조문	●●●
12	③	재판청구권	이론/판례/조문	●●○	25	④	재판을 받을 권리	이론/판례/조문	●●○
13	②	평등권	이론/판례/조문	●●○					

[**출제 유형 & 난이도**] 각 문항별 출제 유형(이론/판례/조문)과 난이도를 수록하였으니, 본인이 취약한 유형이나 고난도 문제만 풀어보는 등 학습 상황에 알맞게 활용하시기 바랍니다.

핵심지문 OX 07회 실전동형모의고사에서 꼭 되짚어야 할 핵심지문을 다시 확인해보시기 바랍니다.

01 국명(國名)을 정하는 것, 우리말을 국어(國語)로 하고 우리글을 한글로 하는 것, 영토를 획정하고 국가주권의 소재를 밝히는 것 등은 국가의 정체성에 관한 기본적 헌법사항이라고 할 수 없다. (　　)

02 「개인정보 보호법」상 개인정보란 살아 있는 개인에 관한 정보로서 성명, 주민등록번호 및 영상 등을 통하여 개인을 알아볼 수 있는 정보를 말하며 사자(死者)에 관한 정보는 포함하지 아니한다. (　　)

03 법관정년제 자체의 위헌성 판단은 헌법규정에 대한 위헌주장으로 헌법재판소의 위헌 판단의 대상이 되지 아니하며, 법관의 정년연령을 규정한 법률의 구체적인 내용도 헌법재판소의 위헌 판단의 대상이 될 수 없다. (　　)

04 「주택법」상 사업주체가 공급질서 교란행위를 이유로 주택공급계약을 취소한 경우 선의의 제3자 보호규정을 두고 있지 않는 구 「주택법」 제39조 제2항은 재산권을 침해하지 않는다. (　　)

05 구 「영화진흥법」에 따른 등급분류 보류제도는 사전검열에 해당한다. (　　)

06 법률 자체에 의한 직접적인 기본권 침해 여부가 문제되었을 경우에는 다른 권리구제절차를 거치지 않더라도 바로 헌법소원을 제기할 수 있다. (　　)

07 재판에 영향을 미칠 염려가 있거나 미치게 하기 위한 집회 또는 시위를 금지하고 이를 위반한 자를 형사처벌하는 규정은 과잉금지원칙에 위배되지 않는다. (　　)

[정답] **01** × 국가의 정체성에 관한 기본적 헌법사항이 된다. **02** ○ **03** × 위헌판단의 대상이 될 수 있다. **04** ○ **05** ○ **06** ○ **07** × 최소침해성 원칙(과잉금지원칙)에 반한다.

08회 실전동형모의고사

제한시간: 20분 **시작** 시 분 ~ **종료** 시 분 **점수 확인** 개/ 25개

01 국회의 자율권에 대한 설명으로 옳지 않은 것만을 모두 고르면? (다툼이 있는 경우 판례에 의함)

> ㄱ. 폭넓은 자율권을 가지고 있는 국회를 대표하는 국회 의장의 지위에 비추어, 개별적인 수정안에 대한 평가와 그 처리에 대한 국회의장의 판단은 명백히 법에 위반되지 않는 한 존중되어야 한다.
>
> ㄴ. 국회의장이 교섭단체대표의원의 요청에 따라 그 소속 국회의원을 국회 보건복지위원회에서 강제로 사임시킨 행위는 국회의 자율권에 속하는 행위로서 사법심사의 대상에서 제외되어야 한다.
>
> ㄷ. 국회의원의 질의권, 토론권 및 표결권 등은 국회구성원의 지위에 있는 국회의원에게 부여된 권한이지, 국회의원 개인에게 헌법이 보장하는 기본권이 아니므로 국회의원들은 이를 이유로 헌법소원심판을 청구할 수 없다.
>
> ㄹ. 탄핵사유는 개별 사유별로 독립된 탄핵사유가 되는 것이므로 각각의 탄핵사유에 대하여 별도로 의결절차를 거쳐야 하는데, 국회가 여러 개 탄핵사유 전체에 대하여 일괄하여 의결한 것은 헌법에 위배된다.

① ㄱ, ㄴ   ② ㄱ, ㄹ
③ ㄴ, ㄷ   ④ ㄴ, ㄹ

02 위헌법률심판에 대한 설명으로 옳은 것은? (다툼이 있는 경우 판례에 의함)

① 헌법재판소는 결정일부터 14일 이내에 결정서 정본을 제청한 법원에 송달한다. 이 경우 제청한 법원이 대법원이 아닌 경우에는 대법원을 거쳐야 한다.

② 법원이 위헌법률심판제청신청을 기각한 경우 당사자는 기각결정을 통지받은 날부터 90일 이내에 헌법재판소에 헌법소원심판을 청구할 수 있다.

③ 위헌법률심판제청을 신청한 당사자는 당해 법원이 제청신청을 기각한 결정에 대하여 항고할 수 있고, 「헌법재판소법」 제68조 제2항에 의한 헌법소원심판을 청구할 수 있다.

④ 법원이 법률의 위헌 여부 심판을 헌법재판소에 제청한 때에는 당해 소송사건의 재판은 정지되고, 이 정지기간은 「형사소송법」상의 구속기간과 「민사소송법」상의 판결선고기간에 포함된다.

03 혼인과 가족생활에 대한 설명으로 옳지 않은 것은? (다툼이 있는 경우 판례에 의함)

① 8촌 이내의 혈족 사이에서는 혼인할 수 없도록 하는 「민법」 제809조 제1항은 혼인의 자유를 침해하지 아니하여 헌법에 위반되지 아니한다.

② 혼인한 등록의무자는 배우자가 아닌 본인의 직계·존비속의 재산을 등록하도록 법이 개정되었으나, 개정 전 이미 배우자의 직계·존비속의 재산을 등록한 혼인한 여성 등록의무자는 종전과 동일하게 계속해서 배우자의 직계·존비속의 재산을 등록하도록 한 부칙 조항은 그 목적의 정당성을 발견할 수 없다.

③ 혼인 종료 후 300일 이내에 출생한 자를 전남편의 친생자로 추정하는 것은 모가 가정생활과 신분관계에서 누려야 할 혼인과 가족생활에 관한 기본권을 침해한다.

④ 특수관계자간의 공동사업에 있어 특수관계자의 소득금액을 공동사업에 있어 지분 또는 손익분배의 비율이 큰 공동사업자의 소득금액에 합산하고, 특수관계자의 범위에 배우자와 가족을 포함하는 「소득세법」 규정은 혼인이나 가족관계를 특별히 차별취급하는 규정으로서 헌법 제36조 제1항에 위반된다.

04 직업의 자유에 대한 설명으로 옳지 않은 것은? (다툼이 있는 경우 헌법재판소 결정에 의함)

① 아동학대관련범죄로 벌금형이 확정된 날부터 10년이 지나지 아니한 사람은 어린이집을 설치·운영하거나 어린이집에 근무할 수 없도록 한 것은 직업의 자유를 침해한다.

② 입법자가 변리사제도를 형성하면서 변리사의 업무범위에 특허침해소송의 소송대리를 포함하지 않은 것이 변리사의 직업의 자유를 침해하는 것은 아니다.

③ 교통사고로 사람을 사상한 후 필요한 조치 및 신고를 하지 아니하여 벌금 이상의 형을 선고 받고 운전면허가 취소된 사람은 운전면허가 취소된 날부터 4년간 운전면허를 받을 수 없도록 한 「도로교통법」 조항은 운전자의 직업의 자유를 침해한다.

④ 사립유치원의 교비회계에 속하는 예산·결산 및 회계 업무를 교육부장관이 지정하는 정보처리장치로 처리하도록 규정한 「사학기관 재무·회계 규칙」(교육부령 제175호)이 사립학교 운영의 자유를 침해하는 것은 아니다.

05 근로3권에 대한 설명으로 옳지 않은 것은? (다툼이 있는 경우 판례에 의함)

① 사용자의 성실교섭의무 위반에 대한 형사처벌은 계약의 자유와 기업의 자유를 침해하여 위헌이다.

② 사용자가 '노동조합의 대표자 또는 노동조합으로부터 위임을 받은 자와의 단체협약체결 기타의 단체교섭을 정당한 이유 없이 거부하거나 해태'하지 못하도록 한 「노동조합 및 노동관계조정법」 제81조 제3호는 계약의 자유, 기업활동의 자유 등을 침해하지 아니한다.

③ 국가의 행정관청이 사법상 근로계약을 체결한 경우 국가는 사업주로서 단체교섭의 당사자의 지위에 있는 사용자에 해당한다.

④ 교원노조를 설립하거나 가입하여 활동할 수 있는 자격을 초·중등교원으로 한정함으로써 교육공무원이 아닌 대학교원에 대해서 근로기본권의 핵심인 단결권조차 전면적으로 부정한 법률조항은 그 입법목적의 정당성을 인정하기 어렵고, 수단의 적합성 역시 인정할 수 없다.

06 다음 설명 중 가장 적절하지 않은 것은? (다툼이 있는 경우 헌법재판소 판례에 의함)

① 근로자의 날을 관공서의 공휴일에 포함시키지 않은 「관공서의 공휴일에 관한 규정」 제2조 본문은 공무원의 평등권을 침해하지 않는다.

② 「공무원연금법」에서 유족급여수급권의 대상을 19세 미만의 자녀로 한정한 것은 19세 이상 자녀들의 재산권과 평등권을 침해하지 않는다.

③ 사법보좌관에게 「민사소송법」에 따른 독촉절차에서의 법원의 사무를 처리할 수 있도록 규정한 「법원조직법」 제54조 제2항 제1호 중 '「민사소송법」에 따른 독촉절차에서의 법원의 사무'에 관한 부분은 법관에 의한 재판받을 권리를 침해하지 않는다.

④ 사법보좌관의 지급명령에 대한 이의신청 기간을 2주 이내로 규정한 「민사소송법」 제470조 제1항 중 '사법보좌관의 지급명령'에 관한 부분은 재판청구권을 침해한다.

07 통신의 비밀에 대한 설명으로 옳지 않은 것은? (다툼이 있는 경우 판례에 의함)

① 통신의 비밀이란 서신·우편·전신의 통신수단을 통하여 개인간에 의사나 정보의 전달과 교환이 이루어지는 경우, 통신의 내용과 통신이용의 상황이 개인의 의사에 반하여 공개되지 아니할 자유를 의미하므로, 휴대전화 통신계약체결 단계에서는 아직 통신의 비밀에 대한 제한이 이루어진다고 보기 어렵다.

② 수용자가 밖으로 내보내는 모든 서신을 봉함하지 않은 상태로 교정시설에 제출하도록 규정하고 있는 「형의 집행 및 수용자의 처우에 관한 법률 시행령」 제65조 제1항은 통신비밀의 자유를 침해하지 아니한다.

③ 자유로운 의사소통은 통신내용의 비밀을 보장하는 것만으로는 충분하지 아니하고 구체적인 통신관계의 발생으로 야기된 모든 사실관계, 특히 통신관여자의 인적 동일성·통신장소·통신횟수·통신시간 등 통신의 외형을 구성하는 통신이용의 전반적 상황의 비밀까지도 보장한다.

④ 수사를 위하여 필요한 경우 수사기관으로 하여금 법원의 허가를 얻어 전기통신사업자에게 특정 시간대 특정 기지국에서 발신된 모든 전화번호의 제공을 요청할 수 있도록 하는 것은 그 통신서비스이용자의 개인정보자기결정권과 통신의 자유를 침해한다.

08 청구권적 기본권과 관련된 법 규정으로 가장 적절하지 않은 것은?

① 「청원법」 규정에 의하면 청원기관의 장은 공개청원의 공개결정일부터 30일간 청원사항에 관하여 국민의 의견을 들어야 한다.

② 「형사보상 및 명예회복에 관한 법률」 규정에 의하면 형사보상청구는 무죄재판이 확정된 때부터 3년, 무죄재판이 확정된 사실을 안 날부터 5년 이내에 하여야 한다.

③ 「형사보상 및 명예회복에 관한 법률」 규정에 의하면 형사보상을 받을 자는 다른 법률에 따라 손해배상을 청구하는 것이 금지되지 아니한다.

④ 「범죄피해자 보호법」 규정에 의하면 구조금의 신청은 해당 구조대상 범죄피해의 발생을 안 날부터 3년이 지나거나 해당 구조대상 범죄피해가 발생한 날부터 10년이 지나면 할 수 없다.

09 신뢰보호원칙 등에 대한 설명으로 옳지 않은 것은? (다툼이 있는 경우 판례에 의함)

① 신뢰보호원칙의 위반 여부는 한편으로는 침해받은 신뢰이익의 보호가치, 침해의 중한 정도, 신뢰침해의 방법 등과 다른 한편으로는 새 입법을 통해 실현하고자 하는 공익목적을 종합적으로 비교형량하여 판단하여야 한다.

② 범죄행위 당시에 없었던 위치추적 전자장치 부착명령을 출소예정자에게 소급 적용할 수 있도록 한 「특정 범죄자에 대한 위치추적 전자장치 부착 등에 관한 법률」 규정은 소급처벌금지원칙에 위배되지 아니한다.

③ 법치주의원리로부터 도출되는 체계정당성의 원리에 대한 위반 자체가 바로 위헌이 되는 것은 아니고 이는 비례의 원칙이나 평등원칙 위반 내지 입법의 자의금지 위반 등의 위헌성을 시사하는 하나의 징후일 뿐이다.

④ 「공무원연금법」상 퇴직연금을 수령하고 있던 자가 지방의회의원에 취임한 경우, 지방의회의원에 취임할 당시의 연금제도가 그대로 유지되어 그 임기 동안 퇴직연금을 계속 지급받을 수 있을 것이라는 신뢰의 보호가치보다 공무원연금재정의 악화를 개선하여 공무원연금제도의 유지·존속을 도모하고자 하는 공익은 매우 중대하므로, 신뢰보호원칙에 반하여 청구인들의 재산권을 침해한다고 볼 수 없다.

10 다음 헌법소원심판청구 중 적법한 것은? (다툼이 있는 경우 헌법재판소 결정에 의함)

① 국회 환경노동위원회가 출석요구에 불응한 증인을 검찰에 고발하였으나 검찰이 불기소처분을 내리자 재판절차진술권의 침해를 이유로 헌법소원심판을 청구한 경우

② 인터넷 언론사가 대선예비주자 초청 대담·토론회를 개최하고자 한 데 대하여 서울특별시 선거관리위원회 위원장이 「선거법」 위반행위에 대한 중지촉구' 공문을 보내자 당해 언론사가 언론의 자유와 평등권 침해를 이유로 헌법소원심판을 청구한 경우

③ 사전심의를 받은 방송광고에 한하여 방송할 수 있도록 규정한 법률 조항으로 인하여 자신이 원하는 방송광고를 할 수 없게 된 광고주가 표현의 자유 침해를 이유로 헌법소원심판을 청구한 경우

④ 공무원에 대한 퇴직연금의 반환의무를 규정한 「공무원연금법」 부칙 조항에 대해 헌법소원심판을 청구한 경우

11 집회의 자유에 대한 설명으로 옳지 않은 것은? (다툼이 있는 경우 판례에 의함)

① 옥외집회에 대하여 사전신고의무 위반시 형사처벌하도록 정한 구 「집회 및 시위에 관한 법률」 조항은 집회의 자유를 침해하지 않는다.

② 집회의 자유에는 집회를 통하여 형성된 의사를 집단적으로 표현하는 데 그치고, 이를 통하여 불특정 다수인의 의사에 영향을 줄 자유까지를 포함하지는 않는다.

③ 옥외집회에 대한 사전신고는 행정관청에 집회에 관한 구체적인 정보를 제공함으로써 공공질서의 유지에 협력하도록 하는 데에 그 의의가 있는 것이지 집회의 허가를 구하는 신청으로 변질되어서는 아니 되므로, 신고를 하지 아니하였다는 이유만으로 그 옥외집회 또는 시위를 헌법의 보호 범위를 벗어나 개최가 허용되지 않는 집회 내지 시위라고 단정할 수 없다.

④ 민주적 기본질서에 위배되는 집회·시위를 금지하고 위반시 처벌하는 것은 민주적 기본질서에 실질적, 구체적인 위험을 초래할 수 있는 다수인의 결집과 집단적 의사표명을 사전에 배제한다는 범위 내에서는 위와 같은 입법목적 달성을 위하여 필요하고 적절한 수단이 될 수 있다.

12 조약의 헌법적 규율에 대한 설명으로 옳지 않은 것만을 모두 고르면? (다툼이 있는 경우 헌법재판소 결정에 의함)

ㄱ. 국회는 상호원조 또는 안전보장에 관한 조약, 중요한 국제조직에 관한 조약, 우호통상항해조약, 어업조약, 주권의 제약에 관한 조약, 강화조약, 국가나 국민에게 중대한 재정적 부담을 지우는 조약 또는 입법사항에 관한 조약의 체결·비준에 대한 동의권을 가진다.

ㄴ. 특정의 외국 농산물의 긴급수입제한조치를 더 이상 연장하지 않겠다는 취지의 대한민국 정부와 외국과의 합의는 헌법 제6조 제1항의 조약에 해당하므로 조약 공포의 방법으로 국민에게 공개되어야 한다.

ㄷ. 지방자치단체가 제정한 조례가 1994년 관세 및 무역에 관한 일반협정이나 정부조달에 관한 협정에 위반되는 경우, 그 조례의 효력은 무효이다.

ㄹ. 대한민국과 아메리카합중국 간의 상호방위조약 제4조에 의한 시설과 구역 및 대한민국에서의 합중국군대의 지위에 관한 협정은 국회의 관여 없이 체결되는 행정협정이므로 국회의 동의를 요하지 않는다.

① ㄱ, ㄴ   ② ㄴ, ㄹ
③ ㄷ, ㄹ   ④ ㄱ, ㄴ, ㄹ

13 행정입법에 대한 설명으로 옳은 것만을 모두 고르면? (다툼이 있는 경우 판례에 의함)

> ㄱ. 법률에서 위임받은 사항을 전혀 규정하지 아니하고 그대로 재위임하는 것은 허용되지 않으며 위임받은 사항에 관하여 대강을 정하면서 특정사항을 범위를 정하여 하위법령에 다시 위임하는 경우에만 재위임이 허용된다.
>
> ㄴ. 법률에서 사용된 추상적 용어가 하위법령에 규정될 내용과는 별도로 독자적인 규율 내용을 정하기 위한 것이라면 별도로 명확성원칙이 문제될 수 있으나, 그 추상적 용어가 하위법령에 규정될 내용의 범위를 구체적으로 정해주기 위한 역할을 하는 경우라면 명확성의 문제는 결국 포괄위임입법금지원칙 위반의 문제로 포섭될 것이다.
>
> ㄷ. 조세법규와 같이 국민의 기본권을 직접적으로 제한하거나 침해할 소지가 있는 법규에서는 위임의 구체성·명확성의 요구가 강화되어 그 위임의 요건과 범위가 일반적인 급부행정의 경우보다 더 엄격하게 제한적으로 규정되어야 하나, 조세부담을 정함에 있어 과세요건에 대하여는 극히 전문기술적인 판단을 필요로 하는 경우가 많으므로, 그러한 경우의 위임입법에 있어서는 기본적인 조세요건과 과세기준이 법률에 의하여 정하여지고 그 세부적인 내용의 입법을 하위법규에 위임한 경우 모두를 헌법상 조세법률주의에 위반된다고 말할 수는 없을 것이다.
>
> ㄹ. 대통령령에서 규정한 내용이 헌법에 위반될 경우 그 대통령령의 규정이 위헌일 것은 물론이지만, 반대로 하위법규인 대통령령의 내용이 합헌적이라고 하여 수권법률의 합헌성까지를 의미하는 것은 아니다.

① ㄱ, ㄴ
② ㄱ, ㄷ, ㄹ
③ ㄴ, ㄷ, ㄹ
④ ㄱ, ㄴ, ㄷ, ㄹ

14 변호인의 조력을 받을 권리에 대한 설명으로 옳지 않은 것은? (다툼이 있는 경우 판례에 의함)

① 「형사소송법」 제165조의2 제3호 중 '피고인 등'에 대하여 차폐시설을 설치하고 신문할 수 있도록 한 부분은 청구인의 공정한 재판을 받을 권리 및 변호인의 조력을 받을 권리를 침해하지 않는다.

② 변호사와 접견하는 경우에도 수용자의 접견은 원칙적으로 접촉차단시설이 설치된 장소에서 하도록 규정하고 있는 「형의 집행 및 수용자의 처우에 관한 법률 시행령」 제58조 제4항은 변호인의 조력을 받을 권리를 침해하여 위헌이다.

③ 변호인과의 자유로운 접견은 신체구속을 당한 사람에게 보장된 변호인의 조력을 받을 권리의 가장 중요한 내용이어서 국가안전보장, 질서유지, 공공복리 등 어떠한 명분으로도 제한될 수 없다.

④ 가사소송에서는 헌법 제12조 제4항의 변호인의 조력을 받을 권리가 보장되지 않는다.

15 인간다운 생활을 할 권리에 대한 설명으로 가장 적절하지 않은 것은? (다툼이 있는 경우 헌법재판소 판례에 의함)

① 공무원에게 재해보상을 위하여 실시되는 급여의 종류로 일반 근로자에 대한 「산업재해보상보험법」과 달리 휴업급여 또는 상병보상연금 규정을 두고 있지 않은 「공무원 재해보상법」 제8조가 인간다운 생활할 권리를 침해하는 것은 아니다.

② 유자녀(幼子女) 생활자금 대출금의 상환의무를 대출신청자(법정대리인) 아닌 유자녀에게 부과하는 것이 인간다운 생활할 권리를 침해하는 것이다.

③ 공무원이거나 공무원이었던 사람이 재직 중의 사유로 금고 이상의 형을 받거나 형이 확정된 경우 퇴직급여 및 퇴직수당의 일부를 감액하여 지급함에 있어 그 이후 형의 선고의 효력을 상실하게 하는 특별사면 및 복권을 받은 경우를 달리 취급하는 규정을 두지 아니한 구 「공무원연금법」 규정은 인간다운 생활을 할 권리를 침해하지 않는다.

④ 재혼을 유족연금수급권 상실사유로 규정한 구 「공무원연금법」 조항 중 '유족연금'에 관한 부분은 헌법에 위반되지 아니한다.

16 사법권에 대한 설명으로 옳지 않은 것은? (다툼이 있는 경우 판례에 의함)

① 사법권의 독립은 재판상의 독립, 즉 법관이 재판을 함에 있어서 오직 헌법과 법률에 의하여 그 양심에 따라 할 뿐, 어떠한 외부적인 압력이나 간섭도 받지 않는다는 것뿐만 아니라, 재판의 독립을 위해 법관의 신분보장도 차질 없이 이루어져야 함을 의미한다.

② 대법원이 법관에 대한 징계처분 취소청구소송을 단심으로 재판하는 경우에는 사실확정도 대법원의 권한에 속하여 법관에 의한 사실확정의 기회가 박탈되었다고 볼 수 없으므로, 법관에 대한 대법원장의 징계처분 취소청구소송을 대법원에 의한 단심재판에 의하도록 한 것은 헌법에 위반되지 아니한다.

③ 심리불속행 재판은 상고각하의 형식판단과 상고이유를 심리한 결과 이유 없다고 인정되는 경우에 내려지는 상고기각의 실체판단과의 중간적 지위를 가진 재판이다.

④ 대법원장과 대법관의 임기는 6년이며, 대법원장과 대법관은 법률이 정하는 바에 의해 연임할 수 있다.

17 개인정보자기결정권에 대한 설명으로 옳지 않은 것은? (다툼이 있는 경우 판례에 의함)

① 아동·청소년대상 성폭력범죄를 저지른 자에 대한 신상정보 고지제도는 성범죄자가 거주하는 읍·면·동에 사는 지역주민 중 아동·청소년 자녀를 둔 가구 및 교육기관의 장 등을 상대로 이루어져, 고지대상자와 그 가족을 경계하고 외면하도록 하므로 고지대상자와 그 가족의 개인정보자기결정권을 침해한다.

② 구치소장이 검사의 요청에 따라 미결수용자와 그 배우자의 접견녹음파일을 미결수용자의 동의 없이 제공하더라도, 이러한 제공행위는 형사사법의 실체적 진실을 발견하고 이를 통해 형사사법의 적정한 수행을 도모하기 위한 것으로 미결수용자의 개인정보자기결정권을 침해하는 것은 아니다.

③ 통신매체이용음란죄로 유죄판결이 확정된 자는 신상정보 등록대상자가 된다고 규정한 「성폭력특례법」 조항은 법관의 판단 등 별도의 절차 없이 필요적으로 신상정보 등록대상자가 되도록 규정하고 있기 때문에 침해의 최소성 원칙에 반해 개인정보 자기결정권을 침해한다.

④ 소년에 대한 수사경력자료의 삭제와 보존기간에 대하여 규정하면서 법원에서 불처분결정된 소년부송치 사건에 대하여 규정하지 않은 구 「형의 실효 등에 관한 법률」 제8조의2 제1항 및 제3항은 과잉금지원칙에 반하여 개인정보자기결정권을 침해한다.

18 박근혜 대통령에 대한 탄핵심판사건에 대한 헌법재판소의 결정(헌재 2017.3.10. 2016헌나1)으로 옳지 않은 것은?

① 세월호 참사 당일 피청구인이 직책을 성실히 수행하였는지 여부는 그 자체로 소추사유가 될 수 없어, 탄핵심판절차의 판단대상이 되지 아니한다.

② 대통령을 탄핵하기 위해서는 대통령의 법 위배행위가 헌법질서에 미치는 부정적 영향과 해악이 중대하여 대통령을 파면함으로써 얻는 헌법 수호의 이익이 대통령 파면에 따르는 국가적 손실을 압도할 정도로 커야 한다.

③ 대통령이 최○원 등의 사익 추구에 방해되는 문화체육관광부 공무원 문책성 인사를 지시하고 장관을 면직하는 한편 1급 공무원에게 사직서를 제출하도록 압력을 행사한 것은 직업공무원제도의 본질을 침해하고 공무원 임면권을 남용하였다.

④ 대통령에게 부여한 국민의 신임을 임기 중 박탈하여야 할 정도로 대통령이 법 위배행위를 통하여 국민의 신임을 배반한 경우에 한하여 대통령에 대한 탄핵사유가 존재한다고 보아야 한다.

19 국회의원의 면책특권과 불체포특권에 대한 설명으로 옳지 않은 것은? (다툼이 있는 경우 판례에 의함)

① 면책특권의 대상이 되는 행위는 직무상의 발언과 표결이라는 의사표현행위 자체에만 국한되지 않고, 이에 통상적으로 부수하여 행하여지는 행위까지 포함한다.

② 국회의원이 국회 예산결산위원회 회의장에서 법무부장관을 상대로 대정부질의를 하던 중 대통령 측근에 대한 대선자금 제공 의혹과 관련하여 이에 대한 수사를 촉구하는 과정에서 한 발언은 국회의원의 면책특권의 대상이 된다.

③ 국회의원이 현행범인이라고 하더라도 회의장 내에 있는 경우 의장의 명령 없이는 의원을 체포할 수 없다.

④ 발언내용이 허위라는 점을 인식하지 못하였다 하더라도, 발언내용에 다소 근거가 부족하거나 진위 여부를 확인하기 위한 조사를 제대로 하지 않았다면 그것이 직무수행의 일환으로 이루어진 것이라 할지라도 면책특권의 대상이 되지 않는다.

20 대법원에 대한 설명으로 옳지 않은 것은?

① 「법원조직법」에는 대법관의 수는 대법원장을 포함하여 14명으로 한다고 명시되어 있다.

② 대법원장의 임기는 6년으로 중임할 수 없지만, 대법관의 임기는 6년으로 법률이 정하는 바에 의하여 연임할 수 있다.

③ 대법원장과 대법관이 아닌 법관은 대법관회의의 동의를 얻어 대법원장이 임명한다.

④ 대통령, 국회의원, 지방자치단체의 장 및 지방의회의원 선거에 있어서 당선의 효력에 이의가 있는 선거인은 대법원에 소를 제기할 수 있다.

21 개인정보자기결정권에 대한 설명으로 옳지 않은 것은? (다툼이 있는 경우 판례에 의함)

① 개인정보자기결정권의 보호대상이 되는 개인정보는 그 개인의 동일성을 식별할 수 있게 하는 일체의 정보라고 할 수 있고, 반드시 개인의 내밀한 영역이나 사사(私事)의 영역에 속하는 정보에 국한되지 않고 공적생활에서 형성되었거나 이미 공개된 개인정보까지 포함한다.

② 선거운동기간 중 모든 익명표현을 사전적·포괄적으로 규율하는 것은 표현의 자유보다 행정편의와 단속편의를 우선함으로써 익명표현의 자유와 개인정보자기결정권 등을 지나치게 제한한다.

③ 인터넷언론사의 공개된 게시판·대화방에서 스스로의 의사에 의하여 정당·후보자에 대한 지지·반대의 글을 게시하는 행위는 사생활 비밀의 자유에 의하여 보호되는 영역에 포함된다.

④ 서울용산경찰서장이 전기통신사업자로부터 위치추적자료를 제공받아 청구인들의 위치를 확인하였거나 확인할 수 있었음에도 불구하고 청구인들의 검거를 위하여 국민건강보험공단으로부터 2년 내지 3년 동안의 요양급여정보를 제공받은 것은 청구인들의 개인정보자기결정권에 대한 중대한 침해에 해당한다.

22 교육을 받을 권리에 대한 설명으로 가장 적절하지 않은 것은? (다툼이 있는 경우 헌법재판소 판례에 의함)

① 고등학교 퇴학일부터 검정고시 공고일까지의 기간이 6개월 이상이 되지 않은 사람에게 고졸검정고시에 응시자격을 부여하지 않는 것이 교육을 받을 권리를 침해하는 것은 아니다.

② 헌법 제31조 제1항에서 실질적인 평등교육을 실현하여야 할 국가의 적극적인 의무가 인정되지만, 이러한 의무조항으로부터 국민이 직접 실질적 평등교육을 위한 교육비를 청구할 권리가 도출되는 것은 아니다.

③ 학교교육에 관한 한, 국가는 헌법 제31조에 의하여 부모의 교육권으로부터 원칙적으로 독립된 독자적인 교육권한을 부여받음으로써 부모의 교육권과 함께 자녀의 교육을 담당한다.

④ 국·공립학교와는 달리 사립학교의 경우에 학교운영위원회의 설치를 임의적인 사항으로 하는 것은 자의금지원칙위반으로 평등권과 학부모의 교육참여권을 침해하는 것이다.

23 대통령의 국가긴급권에 대한 설명으로 옳지 않은 것은? (다툼이 있는 경우 판례에 의함)

① 대통령은 국가의 안위에 관계되는 중대한 교전상태에 있어서 국가를 보위하기 위하여 긴급한 조치가 필요하고 국회의 집회를 기다릴 여유가 없는 때에 한하여 법률의 효력을 가지는 명령을 발할 수 있다.

② 국회가 재적의원 과반수의 찬성으로 계엄의 해제를 요구한 때에는 대통령은 이를 해제하여야 한다.

③ 대통령이 긴급명령을 발하기 위해서는 국무회의의 심의를 거쳐야 한다.

④ 긴급재정경제명령은 헌법소원심판의 심판 대상이다.

24 사회적 기본권에 관한 설명 중 옳은 것만을 모두 고르면? (다툼이 있는 경우 판례에 의함)

ㄱ. 사회복무요원이 대학에서 수학하는 행위를 제한하는 구「병역법 시행령」제65조의3 제4호 중「고등교육법」제2조 제1호의 '대학'에 관한 부분은 청구인의 교육을 통한 자유로운 인격발현권을 침해하지 않는다.

ㄴ. 이름(성명)은 개인의 정체성과 개별성을 나타내는 인격의 상징으로서 개인이 사회 속에서 자신의 생활영역을 형성하고 발현하는 기초가 되므로, 부모가 자녀의 이름을 지을 자유는 혼인과 가족생활을 보장하는 헌법 제36조 제1항이 아니라 일반적 인격권 및 행복추구권을 보장하는 헌법 제10조에 의하여 보호받는다.

ㄷ. 장애인가구의 추가지출비용이 반영되지 않은 보건복지부장관의 최저생계비 고시는 생활능력 없는 장애인가구의 구성원에게 최소한도의 인간다운 생활을 보장할 정도에 못 미치는 적은 액수의 생계급여를 받게 하였으므로 인간으로서의 존엄과 가치 및 행복추구권, 인간다운 생활을 할 권리를 침해한다.

ㄹ. 부모의 자녀에 대한 교육권은 비록 헌법에 명문으로 규정되어 있지는 않지만, 모든 인간이 누리는 불가침의 인권으로서 혼인과 가족생활을 보장하는 헌법 제36조 제1항, 행복추구권을 보장하는 헌법 제10조 및 "국민의 자유와 권리는 헌법에 열거되지 아니한 이유로 경시되지 아니한다."라고 규정하는 헌법 제37조 제1항에서 도출되는 중요한 기본권이다.

ㅁ. 공무원이 직무와 관련 없는 과실로 인한 경우 및 소속상관의 정당한 직무상의 명령에 따르다가 과실로 인한 경우를 제외하고 재직 중의 사유로 금고 이상의 형을 받은 경우, 퇴직급여 등을 감액하도록 규정한「공무원연금법」제64조 제1항 제1호는 인간다운 생활을 할 권리를 침해하지 않는다.

① ㄱ, ㄴ
② ㄱ, ㅁ
③ ㄱ, ㄹ, ㅁ
④ ㄴ, ㄷ, ㄹ

25 평등권에 대한 설명으로 옳지 않은 것만을 모두 고르면? (다툼이 있는 경우 판례에 의함)

ㄱ. 보훈보상 대상자의 부모에 대한 유족보상금 지급 시, 부모 중 수급권자를 나이가 많은 1인에 한정하고 어떠한 예외도 두지 않는「보훈보상대상자 지원에 관한 법률」규정은 보상금을 지급받지 못하는 부모 일방의 평등권을 침해하지 않는다.

ㄴ. 입법자가 세무관청과 관련된 실무적 업무에 필요한 세무회계 및 세법 지식이 검증된 공인회계사에게 세무대리업무등록부에 등록을 하면 세무조정업무를 할 수 있도록 허용하면서도, 세무사 자격 보유 변호사의 세무조정업무 수행을 일체 제한하는 것은 평등권을 침해하지 아니한다.

ㄷ. 득표율에 따라 기탁금 반환 금액을 차등적으로 정한「공직선거법」제57조 제1항 제1호 중 '지방자치단체의 장선거'에 관한 부분으로서 가목 가운데 '유효투표총수의 100분의 15 이상을 득표한 경우'에 관한 부분 및 나목은 '유효투표총수의 100분의 10'에 미치지 못하는 득표율을 얻은 청구인의 평등권을 침해한다고 볼 수 없다.

ㄹ. 친고죄의 고소를 제1심 판결선고 전까지만 취소할 수 있도록 한 것은 항소심에서 고소취소를 받은 피고인의 평등권을 침해한다.

ㅁ. 공무원이 지위를 이용하여 범한 공직선거법위반죄의 경우 일반인이 범한 공직선거법위반죄와 달리 공소시효를 10년으로 정한「공직선거법」제268조 제3항은 평등원칙에 위배되지 않는다.

① ㄱ, ㄴ, ㄷ
② ㄱ, ㄴ, ㄹ
③ ㄱ, ㄷ, ㄹ
④ ㄴ, ㄹ, ㅁ

08회 실전동형모의고사
모바일 자동 채점 + 성적 분석 서비스
바로 가기 (gosi.Hackers.com)

QR코드를 이용하여 해커스공무원의 '모바일 자동 채점 + 성적 분석 서비스'로 바로 접속하세요!
* 해커스공무원 사이트의 가입자에 한해 이용 가능합니다.

08회 Review

문항	정답	문제 키워드	출제 유형	난이도
01	④	국회의 자율권	이론/판례/조문	●●●
02	①	위헌법률심판	이론/판례/조문	●●○
03	④	가족제도	이론/판례/조문	●●○
04	③	직업의 자유	이론/판례/조문	●●○
05	①	근로3권	이론/판례/조문	●●○
06	④	재판청구권	이론/판례/조문	●●○
07	②	통신의 비밀	이론/판례/조문	●●○
08	②	청구권적 기본권	이론/판례/조문	●●○
09	④	법치국가원리	이론/판례/조문	●●○
10	③	헌법소원심판의 대상	이론/판례/조문	●●●
11	②	집회의 자유	이론/판례/조문	●●○
12	④	조약	이론/판례/조문	●●○
13	④	행정입법	이론/판례/조문	●●●

문항	정답	문제 키워드	출제 유형	난이도
14	②	변호인의 조력을 받을 권리	이론/판례/조문	●●○
15	②	인간다운 생활권	이론/판례/조문	●●○
16	④	사법권	이론/판례/조문	●●○
17	①	개인정보자기결정권	이론/판례/조문	●●○
18	③	탄핵심판	이론/판례/조문	●●○
19	④	국회의원의 면책특권	이론/판례/조문	●●○
20	④	대법원	이론/판례/조문	●○○
21	③	개인정보자기결정권	이론/판례/조문	●●○
22	④	교육을 받을 권리	이론/판례/조문	●●●
23	①	국가긴급권	이론/판례/조문	●●○
24	③	사회적 기본권	이론/판례/조문	●●●
25	②	평등권	이론/판례/조문	●●●

[**출제 유형 & 난이도**] 각 문항별 출제 유형(이론/판례/조문)과 난이도를 수록하였으니, 본인이 취약한 유형이나 고난도 문제만 풀어보는 등 학습 상황에 알맞게 활용하시기 바랍니다.

핵심지문 OX 08회 실전동형모의고사에서 꼭 되짚어야 할 핵심지문을 다시 확인해보시기 바랍니다.

01 국회의장이 교섭단체대표의원의 요청에 따라 그 소속 국회의원을 국회 보건복지위원회에서 강제로 사임시킨 행위는 국회의 자율권에 속하는 행위로서 사법심사의 대상에서 제외되어야 한다. (   )

02 법원이 위헌법률심판제청신청을 기각한 경우 당사자는 기각결정을 통지받은 날부터 90일 이내에 헌법재판소에 헌법소원심판을 청구할 수 있다. (   )

03 아동학대관련범죄로 벌금형이 확정된 날부터 10년이 지나지 아니한 사람은 어린이집을 설치·운영하거나 어린이집에 근무할 수 없도록 한 것은 직업의 자유를 침해한다. (   )

04 신뢰보호원칙의 위반 여부는 한편으로는 침해받은 신뢰이익의 보호가치, 침해의 중한 정도, 신뢰침해의 방법 등과 다른 한편으로는 새 입법을 통해 실현하고자 하는 공익목적을 종합적으로 비교형량하여 판단하여야 한다. (   )

05 대한민국과 아메리카합중국 간의 상호방위조약 제4조에 의한 시설과 구역 및 대한민국에서의 합중국 군대의 지위에 관한 협정은 국회의 관여 없이 체결되는 행정협정이므로 국회의 동의를 요하지 않는다. (   )

06 통신매체이용음란죄로 유죄판결이 확정된 자는 신상정보 등록대상자가 된다고 규정한 「성폭력특례법」 조항은 법관의 판단 등 별도의 절차 없이 필요적으로 신상정보 등록대상자가 되도록 규정하고 있기 때문에 침해의 최소성 원칙에 반해 개인정보자기결정권을 침해한다. (   )

07 국회의원이 현행범인이라고 하더라도 회의장 내에 있는 경우 의장의 명령 없이는 의원을 체포할 수 없다. (   )

[정답] **01** ✕ 권한쟁의심판의 대상이 된다. **02** ✕ 90일이 아닌 30일 이내이다. **03** ○ **04** ○ **05** ✕ 국회의 동의를 요하는 조약이다. **06** ○ **07** ○

09회 실전동형모의고사

제한시간: 20분 시작 시 분 ~ 종료 시 분 점수 확인 개/ 25개

01 우리나라 헌정사에 대한 설명으로 옳은 것은?

① 구속적부심사제도는 제헌헌법에서부터 인정되었으며 폐지되지 않고 현행헌법까지 유지되어 왔다.

② 제헌헌법에서 국회는 양원제였으며, 4년 임기의 직선으로 선출된 198명의 의원으로 구성되었다.

③ 헌법개정에 대한 국민투표권을 최초로 규정한 것은 1962년 제5차 개헌 때였다.

④ 1960년 제4차 개헌에서는 헌법전문과 본문을 개정하여 3·15부정선거관련자 처벌을 위한 헌법적 근거조항을 마련하였다.

02 죄형법정주의에 관한 다음 설명 중 옳지 않은 것은? (다툼이 있는 경우 판례에 의함)

① 처벌을 규정하고 있는 법률조항이 구성요건이 되는 행위를 같은 법률조항에서 직접 규정하지 않고 다른 법률조항에서 이미 규정한 내용을 원용하였다거나 그 내용 중 일부를 괄호 안에 규정하였다는 사실만으로 명확성원칙에 위반된다고 할 수는 없다.

② 여러 사람의 눈에 뜨이는 곳에서 공공연하게 알몸을 지나치게 내놓거나 가려야 할 곳을 내놓아 다른 사람에게 부끄러운 느낌이나 불쾌감을 준 사람을 처벌하는 「경범죄 처벌법」 조항은 죄형법정주의의 명확성원칙에 위반된다고 할 수는 없다.

③ 선거운동 기간 외에는 중소기업중앙회 회장선거에 관한 선거운동을 제한하고, 이를 위반하면 형사처벌하는 「중소기업협동조합법」 제125조 전문 중 제53조 제1항을 준용하는 부분은 죄형법정주의의 명확성원칙에 위반되지 않는다.

④ 공중도덕상 유해한 업무에 취업시킬 목적으로 근로자를 파견한 사람을 형사처벌하도록 규정한 「파견근로자보호 등에 관한 법률」 조항은 죄형법정주의의 명확성원칙에 위배된다.

03 헌법재판소가 사전검열에 해당되는 것으로 판단하여 위헌결정한 것은 모두 몇 개인가?

ㄱ. 「민사소송법」 제714조 제2항에 의한 방영금지가처분
ㄴ. 영상물등급위원회에 의한 등급분류보류제도
ㄷ. 의사협회의 의료광고의 사전심의
ㄹ. 방송위원회로부터 위탁을 받은 한국광고자율심의기구의 텔레비전 방송광고의 사전심의
ㅁ. 건강기능식품 기능성광고 사전심의

① 2개   ② 3개
③ 4개   ④ 5개

04 근로의 권리와 근로3권에 대한 설명으로 가장 적절하지 않은 것은? (다툼이 있는 경우 헌법재판소 판례에 의함)

① 월급근로자로서 6개월이 되지 못한 자를 해고예고제도의 적용 예외 사유로 규정하고 있는 「근로기준법」 규정은 근무기간이 6개월 미만인 월급근로자의 근로의 권리를 침해한다.

② 지방의회의원이 지방공사 직원의 직을 겸할 수 없도록 규정하고 있는 「지방자치법」 제35조 제1항 제5호 중 '지방공사의 직원'에 관한 부분은 지방의회의원에 당선된 지방공사 직원의 근로의 권리를 제한한다고 볼 수 없다.

③ 매월 1회 이상 정기적으로 지급하는 상여금 등 및 복리후생비의 일부를 최저임금에 산입하도록 규정한 「최저임금법」 제6조 제4항 제2호, 제3호 나목 및 「최저임금법」 부칙 제2조는 근로자의 근로의 권리를 침해한다.

④ 헌법 제33조 제2항이 공무원인 근로자는 '법률이 정하는 자'에 한하여 노동3권을 향유할 수 있다고 규정하고 있어, '법률이 정하는 자' 이외의 공무원은 노동3권의 주체가 되지 못하므로 노동3권이 인정됨을 전제로 하는 헌법 제37조 제2항의 과잉금지원칙은 적용될 수 없다.

05 국회의 의사원칙에 대한 설명으로 옳지 않은 것을 모두 고르면? (다툼이 있는 경우 판례에 의함)

> ㄱ. 의사공개원칙과 마찬가지로 예외적인 회의 비공개에 관한 규정도 본회의뿐만 아니라 위원회, 소위원회에도 적용된다.
> ㄴ. 위원장이 위원회의 개회 또는 의사진행을 거부·기피하거나 직무대리자를 지정하지 아니하여 위원회가 활동하기 어려울 때에는 위원장이 소속되지 아니한 교섭단체 소속의 간사 중에서 소속 의원 수가 많은 교섭단체 소속 간사의 순으로 위원장의 직무를 대행한다.
> ㄷ. 본회의는 재적의원 5분의 1 이상의 출석으로 개의하므로, 회의 중 의원들의 퇴장으로 정족수에 달하지 못할 때에는 반드시 산회해야 한다.
> ㄹ. 국회 본회의에서의 무제한 토론 종료를 위한 의결에는 재적의원 3분의 2 이상의 찬성을 요한다.

① ㄱ, ㄴ
② ㄱ, ㄷ
③ ㄱ, ㄹ
④ ㄷ, ㄹ

06 근로3권에 대한 설명으로 가장 적절하지 않은 것은? (다툼이 있는 경우 판례에 의함)

① 국가기관이나 지방자치단체 이외의 곳에서 근무하는 청원경찰은 사용자인 청원주와의 고용계약에 의한 근로자일 뿐, 국민전체에 대한 봉사자로서 국민에 대하여 책임을 지며 그 신분과 정치적 중립성이 법률에 의해 보장되는 공무원 신분이 아니므로, 이러한 청원경찰에게는 기본적으로 근로3권이 보장되어야 한다.
② 「고등교육법」에서 규율하는 대학 교원들에게 단결권을 인정하지 않는 것은, 교원노조를 설립하거나 가입하여 활동할 수 있는 자격을 초·중등교원으로 한정함으로써 교육공무원 아닌 대학 교원에 대해서 근로기본권의 핵심인 단결권조차 부정한 것으로 목적의 정당성을 인정할 수 없고, 수단의 적합성도 인정할 수 없다.
③ 업무의 공공성과 특수성을 이유로, 공항·항만 등 국가중요시설의 경비업무를 담당하는 특수경비원에게 경비업무의 정상적인 운영을 저해하는 일체의 쟁의행위를 금지하는 것은, 단체행동권을 전면 박탈하는 것으로 과잉금지원칙에 위배된다.
④ 단결권에는 근로자단체가 존립하고 활동할 수 있는 집단적 단결권도 포함되므로, 교원노조를 설립하거나 그에 가입하여 활동할 수 있는 자격을 초·중등학교에 재직 중인 교원으로 한정하는 것은, 해직 교원이나 실업·구직 중에 있는 교원 및 이들을 조합원으로 하여 교원노조를 조직·구성하려고 하는 교원노조의 단결권을 제한하는 것이다.

07 환경권에 대한 설명으로 가장 적절하지 않은 것은? (다툼이 있는 경우 헌법재판소 판례에 의함)

① 외교부 북미국장과 주한미군사령부 부사령관 사이에 사드배치 부지의 사용을 공여하는 내용의 체결한 협정으로 건강권 및 환경권이 바로 침해된다고 보기 어렵다.
② 학교시설에서의 유해중금속 등 유해물질의 예방 및 관리 기준을 규정한 「학교보건법 시행규칙」에 마사토 운동장에 대한 규정을 두지 아니한 것이 환경권을 침해하는 것은 아니다.
③ '건강하고 쾌적한 환경에서 생활할 권리'를 보장하는 환경권의 보호대상이 되는 환경에는 자연환경뿐만 아니라 인공적 환경과 같은 생활환경도 포함된다. 일상생활에서 접하게 되는 토양에서 유해중금속 등의 화학물질을 제거·방지하여 건강한 환경에서 생활할 권리는 환경권의 한 내용을 구성한다.
④ 기본권 보호의무 위반에 해당하여 헌법상 보장된 환경권의 침해가 되기 위해서는 적어도 국가가 국민의 기본권적 법익 보호를 위하여 마사토 운동장에 대한 유해중금속 등 유해물질의 예방 및 관리와 관련한 적절하고도 효율적인 최대한의 보호조치를 취하지 않았음이 명백히 인정되어야 한다.

08 권한쟁의심판에 대한 설명으로 옳지 않은 것은? (다툼이 있는 경우 판례에 의함)

① 권한쟁의심판에 있어서는 처분 또는 부작위를 야기한 기관으로서 법적 책임을 지는 기관만이 피청구인 적격을 가지므로 권한쟁의심판청구는 이들 기관을 상대로 제기하여야 한다.
② 권한쟁의심판은 주관적 권리구제뿐만 아니라 객관적인 헌법질서 보장의 기능도 겸하고 있으므로, 소의 취하에 관한 「민사소송법」 제239조는 권한쟁의심판 절차에 준용되지 않는다고 보아야 한다.
③ 지방자치단체는 기관위임사무의 집행에 관한 권한의 존부 및 범위에 관한 권한분쟁을 이유로 기관위임사무를 집행하는 국가기관 또는 다른 지방자치단체의 장을 상대로 권한쟁의심판청구를 할 수 없다.
④ 권한쟁의심판의 당사자능력은 헌법에 의하여 설치된 국가기관에 한정하여 인정되고, 법률에 의하여 설치된 국가기관에게는 권한쟁의심판의 당사자능력이 인정되지 아니한다.

09 평등권에 대한 설명으로 옳지 않은 것은? (다툼이 있는 경우 헌법재판소 결정에 의함)

① 평등의 원칙은 국민의 기본권 보장에 관한 우리 헌법의 최고원리로서 국가가 입법을 하거나 법을 해석 및 집행함에 있어 따라야 할 기준인 동시에, 국가에 대하여 합리적 이유 없이 불평등한 대우를 하지 말 것과, 평등한 대우를 요구할 수 있는 국민의 권리이다.

② 금융기관 임직원이 직무에 관하여 금품 기타 이익을 1억원 이상 받으면 무기 또는 10년 이상의 징역에 처하는 구 「특정경제범죄 가중처벌 등에 관한 법률」 제5조 제4항 제1호가 평등의 원칙에 위반되는 것은 아니다.

③ 2회 이상 음주운전 금지규정을 위반한 사람을 2년 이상 5년 이하의 징역이나 1천만원 이상 2천만원 이하의 벌금에 처하도록 규정한 구 「도로교통법」 제148조의2 제1항 중 '제44조 제1항을 2회 이상 위반한 사람'에 관한 부분은 책임과 형벌간의 비례원칙과 평등원칙에 위배된다.

④ 헌법에서 특별히 평등을 요구하고 있는 경우나, 차별적 취급으로 인하여 관련 기본권에 대한 중대한 제한을 초래하게 되는 경우에는 입법형성권은 축소되어 보다 엄격한 심사척도가 적용되어야 하며, 합리적 이유의 유무를 기준으로 심사한다.

10 「헌법재판소법」 제68조 제1항 단서는 "헌법소원은 다른 법률에 구제절차가 있는 경우에는 그 절차를 모두 거친 후에 심판청구를 하여야 한다."라고 규정하고 있다. 이에 대한 설명으로 옳지 않은 것은? (다툼이 있는 경우 헌법재판소 결정에 의함)

① 「헌법재판소법」 제68조 제1항 단서의 '다른 법률에 의한 구제절차'는 적법한 구제절차만을 말한다.

② 전심절차를 거치지 않고 헌법소원심판청구를 하여 전심절차 불비의 위법이 있는 경우에 헌법재판 계류 중에 전심절차를 완료하였다고 하더라도 그 흠결이 치유될 수 없다.

③ 전심절차를 거치치 않았더라도 헌법소원심판청구에 있어서 청구인이 그의 불이익으로 돌릴 수 없는 정당한 이유가 있는 착오로 전심절차를 밟지 않은 경우 또는 전심절차로 권리가 구제될 가능성이 거의 없거나 권리구제절차가 허용되는지의 여부가 객관적으로 불확실하여 전심절차이행의 기대가능성이 없을 때에는 보충성의 예외가 인정된다.

④ 「헌법재판소법」 제68조 제1항 단서에서 말하는 다른 권리구제절차는 공권력의 행사 또는 불행사를 직접 대상으로 하여 그 효력을 다툴 수 있는 권리구제절차를 의미하는 것이지 사후적·보충적 구제수단인 손해배상청구나 손실보상청구는 이에 해당하지 않는다.

11 다음 중 옳지 않은 것은? (다툼이 있는 경우 헌법재판소 결정에 의함)

① 가사사용인에 대해서는 「근로자퇴직급여 보장법」을 적용하지 않도록 한 것은 평등원칙에 위배되지 않는다.

② 해가 뜨기 전이나 해가 진 후의 시위를 금지하고 있는 「집회와 시위에 관한 법률」 조항은 '해가 진 후부터 같은 날 24시까지의 시위'에 적용하는 한 헌법에 위반된다.

③ 헌법은 국가의 교육권한과 부모의 교육권의 범주 내에서 학생에게도 자신의 교육에 관하여 스스로 결정할 권리, 즉 자유롭게 교육을 받을 권리를 부여하고, 학생은 국가의 간섭을 받지 아니하고 자신의 능력과 개성, 적성에 맞는 학교를 자유롭게 선택할 권리를 가진다.

④ 사립학교 교원의 신분보장 필요성과 재심결정은 일반 행정처분과는 달리 행정심판의 재결과 유사한 성격을 가진다는 점을 고려했을 때 교원징계재심위원회의 재심결정에 대하여 교원에게만 행정소송을 제기할 수 있도록 한 「교원지위법」 규정이 사립학교법인의 재판청구권을 침해한다고 보기는 어렵다.

12 법률의 위헌여부심판에서 재판의 전제성에 관한 다음 설명 중 옳지 않은 것은? (다툼이 있는 경우 판례에 의함)

① 당해사건 재판에서 청구인들이 승소판결을 받아 그 판결이 확정된 이상 관련 법률조항들에 대하여 위헌결정이 선고되더라도 당해사건 재판의 결론이나 주문에 영향을 미칠 수 없으므로 재판의 전제성이 인정되지 아니한다.

② 위헌법률심판의 적법요건으로서의 재판의 전제성에서 '재판'이라 함은 판결·결정·명령 등 그 형식 여하와 본안에 관한 재판이거나 소송절차에 관한 재판인지를 불문하고 심급을 종국적으로 종결시키지 아니하는 중간재판까지 모두 포함된다.

③ 당해사건이 재심사건인 경우, 심판대상조항이 '재심청구 자체의 적법 여부에 대한 재판'에 적용되는 법률조항이 아니라 '본안 사건에 대한 재판'에 적용될 법률조항이라면 '재심청구가 적법하고' '재심의 사유가 인정되는 경우에' 한하여 재판의 전제성이 인정될 수 있다.

④ 행정처분에 대한 무효확인소송에서 행정처분의 근거 법률이 위헌이 될 경우, 그 행정처분이 무효가 될 가능성이 상존하므로, 그 처분에 대한 취소소송의 제소기간이 지났는지 여부와는 상관없이 행정처분의 근거 법률의 위헌 여부는 재판의 전제가 된다.

13 다음 중 옳지 않은 것은? (다툼이 있는 경우 헌법재판소 결정에 의함)

① 현역병의 군대 입대 전 범죄에 대한 군사법원의 재판권을 규정하고 있는 「군사법원법」 제2조 제2항 중 제1항 제1호의 '「군형법」 제1조 제2항의 현역에 복무하는 병' 부분은 재판청구권을 침해한다고 볼 수 없다.

② 전투경찰순경에 대한 징계처분으로 영창제도를 규정하고 있는 구 「전투경찰대 설치법」 제5조는 적법절차원칙에 위배된다.

③ 심의위원회의 배상금 등 지급결정에 신청인이 동의한 때에는 국가와 신청인 사이에 「민사소송법」에 따른 재판상 화해가 성립된 것으로 보는 「세월호피해지원법」 규정이 신청인의 재판청구권을 침해한다고 볼 수는 없다.

④ 헌법 제39조 제2항이 금지하는 '불이익한 처우'라 함은 단순한 사실상·경제상의 불이익을 모두 포함하는 것이 아니라 법적인 불이익을 의미하는 것으로 보아야 한다.

14 선거관리위원회에 대한 설명으로 옳지 않은 것은?

① 대통령선거 및 국회의원선거에 있어서 선거의 효력에 관하여 이의가 있는 선거인·후보자를 추천한 정당 또는 후보자가 대법원에 소를 제기할 때의 피고는 당해 선거구 선거관리위원회 위원장이다.

② 헌법은 탄핵소추의 대상으로서 대통령·국무총리·국무위원·행정각부의 장·헌법재판소 재판관·법관·중앙선거관리위원회 위원장·감사원장·감사위원·기타 법률이 정한 공무원으로 규정하고 있고, 「선거관리위원회법」에서 중앙선거관리위원회 및 각급선거관리위원회 위원을 탄핵소추의 대상으로 포함하고 있다.

③ 중앙선거관리위원회 위원장이 대통령에게 통고한 '선거중립의무준수촉구'는 헌법소원의 대상인 공권력 행사에 해당한다.

④ 각급선거관리위원회는 위원 과반수의 출석으로 개의하고 출석위원 과반수의 찬성으로 의결한다.

15 정당제도에 대한 설명으로 옳은 것만 조합한 것은? (다툼이 있는 경우 판례에 의함)

ㄱ. 정당을 창당하고자 하는 창당준비위원회가 「정당법」상의 요건을 갖추어 등록을 신청하면 중앙선거관리위원회는 「정당법」상 외의 요건으로 이를 거부할 수 없고 반드시 수리하여야 한다.

ㄴ. 정치활동을 하는 사람이 금품을 받았을 때에 그것이 비록 정치활동을 위하여 제공된 것이 아니더라도, 「정치자금법」 제45조 제1항의 위반죄로 처벌할 수 있다.

ㄷ. 국민의 자유로운 정당설립 및 가입을 제한하는 법률은 그 목적이 헌법상 허용된 것이어야 할 뿐만 아니라 중대한 것이어야 하고, 그를 넘어서 제한을 정당화하는 공익이나 대처해야 할 위험이 어느 정도 명백하게 현실적으로 존재해야만 비로소 헌법에 위반되지 아니한다.

ㄹ. 정당설립의 자유는 비록 헌법 제8조 제1항 전단에 규정되어 있지만, 국민 개인과 정당의 기본권이라고 할 수 있으며, 당연히 이를 근거로 하여 「헌법재판소법」 제68조 제1항에 따른 헌법소원심판을 청구할 수 있다고 보아야 할 것이다.

ㅁ. 합당하는 정당들은 대의기관의 결의나 합동회의의 결의로써 합당할 수 있으며, 신설정당이 합당 전 정당들의 권리·의무를 승계하지 않기로 정하였다면, 이는 정당 내부의 자율적 규율 사항에 해당하므로 그 결의는 효력이 있다.

① ㄱ, ㄴ
② ㄴ, ㅁ
③ ㄷ, ㄹ
④ ㄱ, ㄷ, ㄹ

16 정당에 대한 설명으로 옳지 않은 것은? (다툼이 있는 경우 판례에 의함)

① 정당에 대한 재정적 후원을 금지하고 위반시 형사처벌하는 구 「정치자금법」 조항은 정당이 스스로 재정을 충당하고자 하는 정당활동의 자유와 국민의 정치적 표현의 자유를 침해한다.

② 당론과 다른 견해를 가진 소속 국회의원을 당해 교섭단체의 필요에 따라 다른 상임위원회로 전임(사임·보임)하는 조치는 특별한 사정이 없는 한 헌법상 용인될 수 있는 정당 내부의 사실상 강제의 범위 내에 해당한다.

③ 헌법재판소의 결정에 의하여 해산된 정당의 명칭과 동일한 명칭은 해산된 날부터 최초로 실시하는 임기만료에 의한 국회의원선거의 선거일까지만 정당의 명칭으로 사용할 수 없다.

④ 정당의 시·도당 하부조직의 운영을 위하여 당원협의회 등의 사무소를 두는 것을 금지한 구 「정당법」 조항은 정당활동의 자유를 침해하지 않는다.

17 재산권에 대한 설명으로 옳지 않은 것은? (다툼이 있는 경우 판례에 의함)

① 개성공단 전면중단 조치는 관련 기업인들의 영업의 자유와 재산권을 침해하지 않는다.

② 소액임차인이 보증금 중 일부를 우선하여 변제받으려면 주택에 대한 경매신청의 등기 전에 대항력을 갖추어야 한다고 규정한 「주택임대차보호법」 조항은 입법형성의 한계를 벗어나 주택에 대한 경매신청의 등기 전까지 주민등록을 미처 갖추지 못한 소액임차인의 재산권을 침해한다고 보기 어렵다.

③ 지방의회의원으로서 받게 되는 보수가 연금에 미치지 못하는 경우에도 연금 전액의 지급을 정지하는 것은 재산권을 과도하게 제한하여 헌법에 위반된다.

④ 농지의 경우 그 사회성과 공공성의 정도는 일반적인 토지의 경우와 동일하므로, 농지 재산권을 제한하는 입법에 대한 헌법심사의 강도는 다른 토지 재산권을 제한하는 입법에 대한 것보다 낮아서는 아니 된다.

18 직업선택의 자유에 대한 설명으로 옳은 것은 모두 몇 개인가? (다툼이 있는 경우 헌법재판소 및 대법원 판례에 의함)

> ㄱ. 직업의 자유는 개인의 주관적 공권임과 동시에 사회적 시장경제질서라고 하는 객관적 법질서의 구성요소이다.
>
> ㄴ. 당사자의 능력이나 자격과 상관없는 객관적 사유에 의하여 직업선택의 자유를 제한하는 경우에 엄격한 비례의 원칙이 심사척도로서 적용된다.
>
> ㄷ. 직장선택의 자유는 단순히 국민의 권리가 아닌 인간의 권리로 보아야 하므로 외국인도 제한적으로라도 직장선택의 자유를 향유할 수 있다.
>
> ㄹ. 일반적으로 직업선택의 자유에 대해서는 직업행사의 자유와는 달리 공익목적을 위하여 상대적으로 폭넓은 입법적 규제가 가능한 것이지만, 그렇다고 하더라도 그 수단은 목적달성에 적절한 것이어야 하고 또한 필요한 정도를 넘는 지나친 것이어서는 아니된다.

① 1개
② 2개
③ 3개
④ 4개

19 인격권에 대한 설명으로 옳지 않은 것은? (다툼이 있는 경우 헌법재판소 및 대법원 판례에 의함)

① 수용시설 밖으로 나가는 수형자에게 고무신의 착용을 강제하는 것은, 도주의 방지를 위한 불가피한 수단이라고 보기 어렵고 효과적인 도주 방지 수단이 될 수도 없으며, 오히려 수형자의 신분을 일반인에게 노출시켜 모욕감과 수치심을 갖게 할 뿐으로서 이는 행형의 정당한 목적에는 포함되지 아니하므로, 기본권 제한의 한계를 벗어나 수형자의 인격권과 행복추구권을 침해한다.

② 변호사 정보 제공 웹사이트 운영자가 변호사들의 개인신상정보를 기반으로 변호사들의 '인맥지수'를 산출하여 공개하는 서비스를 제공하는 행위는 인맥지수의 사적·인격적 성격, 산출과정에서 왜곡 가능성, 인맥지수 이용으로 인한 변호사들의 이익 침해와 공적 폐해의 우려, 이용으로 달성될 공적인 가치의 보호 필요성 정도 등을 종합적으로 고려하면, 변호사들의 개인정보에 관한 인격권을 침해하여 위법하다.

③ 선거기사심의위원회가 불공정한 선거기사를 보도하였다고 인정한 언론사에 대하여 언론중재위원회를 통하여 사과문을 게재할 것을 명하도록 하고 불이행이 형사처벌하도록 한 「공직선거법」 규정은 언론사의 인격권을 침해한다.

④ 사람은 누구나 자신의 얼굴 기타 사회통념상 특정인임을 식별할 수 있는 신체적 특징에 관하여 함부로 촬영 또는 그림묘사되거나 공표되지 아니하며 영리적으로 이용당하지 않을 권리를 가지는데, 이러한 초상권은 우리 헌법 제10조 제1문에 의하여 헌법적으로 보장되는 권리이다.

20 재판의 공개에 대한 설명으로 옳지 않은 것은? (다툼이 있는 경우 헌법재판소 및 대법원 판례에 의함)

① 공개금지사유가 없음에도 불구하고 재판의 심리에 관한 공개를 금지하기로 결정하였다면 그러한 공개금지결정은 피고인의 공개재판을 받을 권리를 침해한 것으로서 그 절차에 의하여 이루어진 증인의 증언은 증거능력이 없고, 변호인의 반대신문권이 보장되었더라도 달리 볼 수 없다.

② 법원이 법정의 규모·질서의 유지·심리의 원활한 진행 등을 고려하여 방청을 희망하는 피고인들의 가족·친지 기타 일반 국민에게 미리 방청권을 발행하게 하고 그 소지자에 한하여 방청을 허용하는 등의 방법으로 방청인의 수를 제한하는 조치를 취하는 것이 공개재판주의의 취지에 반하는 것은 아니다.

③ 재판의 심리와 판결은 국가의 안전보장·안녕질서 또는 선량한 풍속을 해할 우려가 있을 때에는 법원의 결정으로 공개하지 아니할 수 있고, 그 경우에도 재판장은 적당하다고 인정되는 자의 재정을 허가할 수 있다.

④ 헌법 제109조의 재판공개의 원칙은 검사의 공소제기 절차에는 적용되지 않고, 공소가 제기되기 전까지 피고인이 그 내용이나 공소제기 여부를 알 수 없었다거나 피고인의 소송기록 열람·등사권이 제한되어 있었다고 하더라도 그 공소제기절차가 재판공개의 원칙을 위반하였다고는 할 수 없다.

21 법원에 대한 설명으로 옳지 않은 것은? (다툼이 있는 경우 판례에 의함)

① 사법보좌관은 법관의 감독을 받아 업무를 수행하며, 사법보좌관의 처분에 대하여는 대법원규칙이 정하는 바에 따라 법관에 대하여 이의신청을 할 수 있다.

② 판례는 법관에 대한 징계처분 취소청구소송을 대법원의 단심재판에 의하도록 한 것은 합헌이라 판시하였다.

③ 비상계엄이 선포된 때에는 법률이 정하는 바에 의하여 법원의 권한에 관하여 특별한 조치를 할 수 있으며, 비상계엄하의 군사재판은 군인·군무원의 범죄에 한하여 단심으로 할 수 있다.

④ 근무성적이 현저히 불량하여 판사로서 정상적인 직무를 수행할 수 없는 경우 연임발령을 하지 않도록 규정한 「법원조직법」 조항은 사법의 독립을 침해하지 않는다.

22 국정감사 및 국정조사에 대한 설명으로 옳지 않은 것은?

① 「국정감사 및 조사에 관한 법률」에 따르면 본회의는 조사위원회의 중간보고를 받고 조사를 장기간 계속할 필요가 없다고 인정되는 경우에는 의결 없이 조사위원회의 활동기간을 단축할 수 있다.

② 조사위원회의 위원장이 사고가 있거나 그 직무를 수행하기를 거부 또는 기피하여 조사위원회가 활동하기 어려운 때에는 위원장이 소속하지 아니하는 교섭단체 소속의 간사 중에서 소속 의원 수가 많은 교섭단체 소속인 간사의 순으로 위원장의 직무를 대행한다.

③ 국회는 국정전반에 관하여 소관 상임위원회별로 매년 정기회 집회일 이전에 감사시작일부터 30일 이내의 기간을 정하여 감사를 실시한다. 다만, 본회의 의결로 정기회 기간 중에 감사를 실시할 수 있다.

④ 헌법재판소는 교원들의 교원단체가입현황과 같은 특정 정보를 인터넷 홈페이지에 게시하거나 언론에 알리는 것과 같은 행위는 헌법과 법률이 특별히 국회의원에게 부여한 국회의원의 독자적인 권능이라고 할 수 없고 국회의원 이외의 다른 국가기관은 물론 일반 개인들도 누구든지 할 수 있는 행위로서, 그러한 행위가 제한된다고 해서 국회의원의 국정감사 또는 조사에 관한 권한이 침해될 가능성은 없다고 결정하였다.

23 일반적 행동자유권에 대한 설명으로 옳지 않은 것은? (다툼이 있는 경우 판례에 의함)

① 형의 집행유예와 동시에 사회봉사명령을 선고받는 경우, 일반적 행동자유권이 제한될 뿐이지 신체의 자유가 제한되는 것은 아니다.

② 일반적 행동자유권의 보호대상으로서 행동이란 국가가 간섭하지 않으면 자유롭게 할 수 있는 행위를 의미하므로 병역의무 이행으로서 현역병 복무도 국가가 간섭하지 않으면 자유롭게 할 수 있는 행위에 속한다는 점에서, 현역병으로 복무할 권리도 일반적 행동자유권에 포함된다.

③ 자동차 운전 중 휴대용 전화를 사용하는 것을 금지하고 위반시 처벌하는 구 「도로교통법」 제49조 제1항 제10호 본문, 구 「도로교통법」 제156조 제1호 중 제49조 제1항 제10호 본문에 관한 부분은 청구인의 일반적 행동자유권을 침해한다고 볼 수 없다.

④ 헌법 제10조가 정하고 있는 행복추구권에서 파생하는 자기결정권 내지 일반적 행동자유권은 이성적이고 책임감 있는 사람의 자기 운명에 대한 결정·선택을 존중하되 그에 대한 책임은 스스로 부담함을 전제로 한다.

24 평등원칙 및 평등권에 관한 설명 중 옳은 것만을 모두 고르면? (다툼이 있는 경우 판례에 의함)

> ㄱ. 1978.6.14.부터 1998.6.13. 사이에 태어난 특례의 적용을 받는 모계출생자가 대한민국 국적을 취득하기 위해서 2004.12.31.까지 법무부장관에게 국적취득신고를 하도록 한 「국적법」 부칙 제7조 제1항은 특례의 적용을 받는 모계출생자와 개정 「국적법」 시행 이후에 태어난 모계출생자를 합리적 이유 없이 차별하고 있다고 볼 수 없다.
> ㄴ. 고소인·고발인만을 「검찰청법」상 항고권자로 규정하고 있는 「검찰청법」 조항은 기소유예처분을 받은 피의자의 평등권을 침해하는 것이다.
> ㄷ. 국내에 귀환하여 등록절차를 거친 국군포로에게만 보수를 지급하도록 규정한 「국군포로의 송환 및 대우 등에 관한 법률」 제9조 제1항은 평등원칙에 위배되지 않는다.
> ㄹ. 공중보건의사가 군사교육에 소집된 기간을 복무기간에 산입하지 않도록 규정한 「병역법」 조항은 평등원칙에 위배된다.

① ㄱ, ㄴ
② ㄱ, ㄷ
③ ㄴ, ㄹ
④ ㄱ, ㄷ, ㄹ

25 정당에 관한 다음 설명 중 옳지 않은 것은? (다툼이 있는 경우 판례에 의함)

① 누구든지 2 이상의 정당의 당원이 되지 못하도록 한 「정당법」은 정당가입·활동의 자유를 침해하지 않는다.
② 국회의원선거에 참여하여 의석을 얻지 못하고 유효투표총수의 100분의 2 이상을 득표하지 못한 정당에 대해 그 등록을 취소하도록 한 정당등록취소조항은 정당설립의 자유를 침해하지 않는다.
③ 정당설립의 자유는 개인이 정당 일반 또는 특정 정당에 가입하지 아니할 자유, 가입했던 정당으로부터 탈퇴할 자유 등 소극적 자유도 포함한다.
④ 정당이 그 소속 국회의원을 제명하기 위해서는 당헌이 정하는 절차를 거치는 외에 그 소속 국회의원 전원의 2분의 1 이상의 찬성이 있어야 한다.

09회 실전동형모의고사
모바일 자동 채점 + 성적 분석 서비스
바로 가기 (gosi.Hackers.com)

QR코드를 이용하여 해커스공무원의 '모바일 자동 채점 + 성적 분석 서비스'로 바로 접속하세요!
* 해커스공무원 사이트의 가입자에 한해 이용 가능합니다.

09회 Review

문항	정답	문제 키워드	출제 유형	난이도
01	③	헌정사	이론/판례/조문	●●○
02	②	죄형법정주의	이론/판례/조문	●●○
03	③	사전검열	이론/판례/조문	●●○
04	③	근로의 권리	이론/판례/조문	●●○
05	④	국회의 의사원칙	이론/판례/조문	●●○
06	③	근로3권	이론/판례/조문	●●○
07	④	환경권	이론/판례/조문	●●○
08	②	권한쟁의심판	이론/판례/조문	●●○
09	④	평등권	이론/판례/조문	●●○
10	②	헌법소원심판	이론/판례/조문	●●●
11	④	기본권의 침해, 재판청구권	이론/판례/조문	●●○
12	④	위헌법률심판	이론/판례/조문	●●●
13	②	적법절차의 원칙	이론/판례/조문	●○○

문항	정답	문제 키워드	출제 유형	난이도
14	②	선거관리위원회	이론/판례/조문	●●○
15	④	정당제도	이론/판례/조문	●●○
16	③	정당	이론/판례/조문	●●○
17	④	재산권	이론/판례/조문	●●○
18	③	직업선택의 자유	이론/판례/조문	●●●
19	①	인격권	이론/판례/조문	●●○
20	③	재판의 공개	이론/판례/조문	●●○
21	③	법원	이론/판례/조문	●●○
22	①	국정감사, 국정조사	이론/판례/조문	●●○
23	②	일반적 행동자유권	이론/판례/조문	●●○
24	②	평등권	이론/판례/조문	●●●
25	②	정당	이론/판례/조문	●●○

[**출제 유형 & 난이도**] 각 문항별 출제 유형(이론/판례/조문)과 난이도를 수록하였으니, 본인이 취약한 유형이나 고난도 문제만 풀어보는 등 학습 상황에 알맞게 활용하시기 바랍니다.

핵심지문 OX 09회 실전동형모의고사에서 꼭 되짚어야 할 핵심지문을 다시 확인해보시기 바랍니다.

01 헌법개정에 대한 국민투표권을 최초로 규정한 것은 1962년 제5차 개헌 때였다. (　　)

02 권한쟁의심판에 있어서는 처분 또는 부작위를 야기한 기관으로서 법적 책임을 지는 기관만이 피청구인적격을 가지므로 권한쟁의심판청구는 이들 기관을 상대로 제기하여야 한다. (　　)

03 헌법에서 특별히 평등을 요구하고 있는 경우나, 차별적 취급으로 인하여 관련 기본권에 대한 중대한 제한을 초래하게 되는 경우에는 입법형성권은 축소되어 보다 엄격한 심사척도가 적용되어야 하며, 합리적 이유의 유무를 기준으로 심사한다. (　　)

04 전심절차를 거치지 않고 헌법소원심판청구를 하여 전심절차 불비의 위법이 있는 경우에 헌법재판 계류 중에 전심절차를 완료하였다고 하더라도 그 흠결이 치유될 수 없다. (　　)

05 전투경찰순경에 대한 징계처분으로 영창제도를 규정하고 있는 구 「전투경찰대 설치법」 제5조는 적법절차원칙에 위배된다. (　　)

06 당사자의 능력이나 자격과 상관없는 객관적 사유에 의하여 직업선택의 자유를 제한하는 경우에 엄격한 비례의 원칙이 심사척도로서 적용된다. (　　)

[정답] **01** ○ **02** ○ **03** × 합리적 이유의 유무를 심사하는 것에 그치지 않고 차별취급의 목적과 수단 간에 엄격한 비례관계가 성립하는지를 기준으로 심사한다. **04** × 청구 당시에 존재하였던 흠결은 치유되었다. **05** × 적법절차원칙에 위배되지 아니한다. **06** ○

10회 실전동형모의고사

제한시간: 20분 시작 시 분 ~ 종료 시 분 점수 확인 개/ 25개

01 국적에 대한 설명으로 옳지 않은 것은?

① 국적회복허가에 애초 허가가 불가능한 불법적 요소가 개입되어 있었다면 어느 순간에 불법적 요소가 발견되었든 상관없이 그 허가를 취소함으로써 국법질서를 회복할 필요성이 있다.

② 복수국적자가 외국에 주소가 있는 경우에만 국적이탈을 신고할 수 있도록 하는 「국적법」 제14조 제1항 본문은 복수국적자의 기회주의적 국적이탈을 방지하여 국민으로서 마땅히 부담해야 할 의무에 대한 악의적 면탈을 방지하고 국가공동체 운영의 기본원리를 지키고자 적어도 외국에 주소가 있는 자에게만 국적이탈을 허용하려는 것이므로 목적이 정당하고 그 수단도 적합하다.

③ 직계존속이 외국에서 영주할 목적 없이 체류한 상태에서 출생한 자는 병역의무를 해소한 경우에만 국적이탈 신고할 수 있도록 하는 구 「국적법」 제12조 제3항은 출입국 등 거주·이전 그 자체에 제한을 가하고 있으므로, 출입국에 관련하여 그 출생자의 거주·이전의 자유가 침해되는지 여부가 문제된다.

④ 복수국적자가 제1국민역에 편입된 날부터 3개월 이내에 하나의 국적을 선택하여야 하고 그때까지 대한민국 국적을 이탈하지 않으면 병역의무가 해소된 후에야 이탈할 수 있도록 한 「국적법」 조항은 '병역의무의 공평성 확보'라는 입법목적을 훼손하지 않으면서도 기본권을 덜 침해하는 방법이 있는데도 그러한 예외를 전혀 두지 않고 일률적으로 병역의무 해소 전에는 국적이탈을 할 수 없도록 하는바, 이는 피해의 최소성 원칙에 위배된다.

02 대통령에 대한 설명으로 옳지 않은 것은? (다툼이 있는 경우 판례에 의함)

① 대통령이 자신에 대한 재신임을 헌법 제72조에 정한 국민투표의 형태로 묻고자 하는 것은 가능하나, 특정 정책과 자신의 신임을 연계하여 국민투표에 부치는 것은 허용되지 아니한다.

② 헌법이 군령과 군정에 관한 권한을 모두 국군의 통수권이라는 이름으로 대통령에게 부여하는 것은 군령·군정일원주의를 정하여 문민통제를 실현하는 것이다.

③ 대통령은 비상계엄을 선포할 수 있으며, 비상계엄이 선포된 때에는 법률이 정하는 바에 의하여 영장제도, 언론·출판·집회·결사의 자유, 정부나 법원의 권한에 관하여 특별한 조치를 할 수 있다.

④ 대통령도 국민의 한 사람으로서 제한적으로나마 기본권의 주체가 될 수 있는바, 대통령은 소속 정당을 위하여 정당활동을 할 수 있는 사인으로서의 지위와 국민 모두에 대한 봉사자로서 공익실현의 의무가 있는 헌법기관으로서의 지위를 동시에 갖는데, 최소한 전자의 지위와 관련하여서는 기본권 주체성을 갖는다.

03 역대 헌법에 대한 설명으로 옳지 않은 것은?

① 1948년 제헌헌법에서 국회의원의 임기와 국회에서 선거되는 대통령의 임기는 모두 4년으로 규정되었다.

② 제7차 개헌(1972년 유신헌법)에서는 헌법개정 절차를 이원화하여 대통령이 헌법개정안을 제안한 경우에는 국민투표로, 국회에서 헌법개정안을 제안한 경우에는 통일주체국민회의의 의결로 확정토록 하였다.

③ 1980년 개정헌법은 행복추구권, 친족의 행위로 인하여 불이익한 처우의 금지 및 범죄피해자구조청구권을 새로 도입하였다.

④ 국군의 정치적 중립성 준수에 관한 규정은 군의 정치개입 폐단을 방지하려는 의지를 천명한 것으로, 현행 헌법에서 새로이 규정된 것이다.

04 평등권에 대한 설명으로 옳은 것은? (다툼이 있는 경우 판례에 의함)

① 내국인 및 영주(F - 5)·결혼이민(F - 6)의 체류자격을 가진 외국인과 달리 외국인 지역가입자에 대하여 납부할 월별보험료의 하한을 전년도 전체 가입자의 평균을 고려하여 정하는 구장기체류 재외국민 및 외국인에 대한 건강보험적용기준 제6조 제1항에 의한 별표 2 제1호 단서는 합리적인 이유 없이 외국인을 내국인 등과 달리 취급한 것으로서 평등권을 침해한다.

② 헌법재판소는 동물약국 개설자가 수의사 또는 수산질병관리사의 처방전 없이 판매할 수 없는 동물용의 약품을 규정한 「처방대상 동물용 의약품 지정에 관한 규정」 제3조가 의약분업이 이루어지지 않은 동물 분야에서 수의사가 동물용의약품에 대한 처방과 판매를 사실상 독점할 수 있도록 하여 동물약국 개설자의 직업수행의 자유를 침해하는지 여부를 판단하는 이상 평등권 침해 여부에 관하여는 따로 판단하지 아니하였다.

③ 확정판결의 기초가 된 민사나 형사의 판결, 그 밖의 재판 또는 행정 처분이 다른 재판이나 행정처분에 따라 바뀌어 당사자가 행정소송의 확정판결에 대하여 재심을 제기하는 경우, 재심제기기간을 30일로 정한 「민사소송법」을 준용하는 「행정소송법」 제8조 제2항 중 「민사소송법」 제456조 제1항 가운데 제451조 제1항 제8호에 관한 부분을 준용하는 부분은 행정소송 당사자의 평등권을 침해한다.

④ 구 「감염병의 예방 및 관리에 관한 법률」 제70조 제1항에 감염병환자가 방문한 영업장의 폐쇄 등과 달리, 감염병의 예방을 위하여 집합제한 조치를 받은 영업장의 손실을 보상하는 규정을 두고 있지 않은 것은 평등권을 침해한다.

05 적법절차원칙에 대한 설명으로 옳지 않은 것은? (다툼이 있는 경우 헌법재판소 결정에 의함)

① 특정공무원범죄의 범인에 대한 추징판결을 범인 외의 자가 그 정황을 알면서 취득한 불법재산 및 그로부터 유래한 재산에 대하여 그 범인 외의 자를 상대로 집행할 수 있도록 규정한 「공무원범죄에 관한 몰수특례법」 제9조의2에 의한 추징판결의 집행이 그 성질상 신속성과 밀행성을 요구한다는 사정만으로 이 조항이 추징판결을 집행하기에 앞서 제3자에게 통지하거나 의견을 진술할 기회를 부여하지 않은 데에 합리적인 이유가 있다고 할 수 없으므로 적법절차원칙에 위배된다.

② 법원의 구속집행정지결정에 대하여 검사가 즉시항고할 수 있도록 한 「형사소송법」 규정은 헌법상 영장주의 및 적법절차에 위배된다.

③ 「전기통신사업법」 제83조 제3항 중 '검사 또는 수사관서의 장, 정보수사기관의 장의 수사, 형의 집행 또는 국가안전보장에 대한 위해 방지를 위한 정보수집을 위한 통신자료 제공요청'에 관한 부분에 대하여 사후통지절차를 마련하지 않은 것은 적법절차원칙에 위배된다.

④ 판결선고 전 구금일수 중 일부만을 산입할 수 있도록 한 것은 무죄추정의 원칙 및 적법절차의 원칙에 반한다.

06 신체의 자유에 대한 설명으로 옳지 않은 것은? (다툼이 있는 경우 판례에 의함)

① 가족 중 성년자가 예비군훈련 소집통지서를 예비군대원 본인에게 전달하여야 하는 의무를 위반한 행위를 형사처벌하는 것은 책임과 형벌 간의 비례원칙에 위배된다.

② 구 「미성년자보호법」의 해당 조항 중 "잔인성"과 "범죄의 충동을 일으킬 수 있게"라는 부분은 그 적용 범위를 법집행기관의 자의적인 판단에 맡기고 있으므로 죄형법정주의에서 파생된 명확성의 원칙에 위배된다.

③ 군인 아닌 자가 유사군복을 착용함으로써 군인에 대한 국민의 신뢰가 실추되는 것을 방지하기 위해 유사군복의 착용을 금지하는 것은 허용되지만, 유사군복을 판매목적으로 소지하는 것까지 금지하는 것은 과잉금지원칙에 위반된다.

④ 음주운전 금지규정 위반 또는 음주측정거부 전력이 있는 사람이 다시 음주운전 금지규정 위반행위를 한 경우 또는 음주운전 금지규정 위반 전력이 있는 사람이 다시 음주측정거부행위를 한 경우를 가중처벌하는 「도로교통법」은 책임과 형벌 간의 비례원칙에 위반된다.

07 대의제 원리에 대한 설명으로 옳지 않은 것은? (다툼이 있는 경우 헌법재판소 결정에 의함)

① 국회의원은 정당의 대표가 아니라 국민 전체의 대표이기 때문에 당선 당시의 당적을 이탈·변경하더라도 국회의원의 직을 상실하지 않는다.

② 국회의원선거에서 유권자의 의사에 의하여 설정된 국회의 정당간 의석분포가 존속될 것이라는 내용의 '국회구성권'은 헌법상 인정되지 않는다.

③ 정당해산제도의 취지 등에 비추어 볼 때 헌법재판소의 정당해산결정이 있는 경우 그 정당 소속 국회의원의 의원직은 당선 방식을 불문하고 모두 상실된다고 본다.

④ 국회의장이 국회의원을 그 의사에 반하여 국회 보건복지위원회에서 사임시키고 환경노동위원회로 보임한 행위는 정당 내부의 사실상 강제에 터 잡아 교섭단체대표의원이 상임위원회 사·보임 요청을 하고 이에 따라 이른바 의사정리권한의 일환으로 행해진 것이므로 허용된다.

08 재산권에 대한 설명으로 옳은 것은? (다툼이 있는 경우 헌법재판소 결정에 의함)

① 「공무원연금법」제32조 본문 중 「공무원연금법」상의 급여를 받을 권리에 대한 압류금지 부분은 채권자의 재산권을 침해하거나 헌법상의 경제질서에 위반되지 않는다.

② 재건축사업 진행단계에 상관없이 임대인이 갱신거절권을 행사할 수 있도록 한 구 「상가건물 임대차보호법」제10조 제1항 단서 제7호는 상가임차인의 재산권을 침해한다.

③ 「공무원연금법」상 퇴직연금 수급자가 유족연금을 함께 받게 될 경우 그 유족연금액의 2분의 1을 빼고 지급하도록 하는 것은 재산권을 침해한다.

④ 관리처분계획인가의 고시가 있으면 별도의 영업손실보상 없이 재건축사업구역 내 임차권자의 사용·수익을 중지시키는 것은 임차권자의 재산권을 침해한다.

09 조례에 관한 다음 설명 중 옳지 않은 것은? (다툼이 있는 경우 판례에 의함)

① 지방자치단체가 자치조례를 제정할 수 있는 사항은 지방자치단체의 고유사무인 자치사무와 개별법령에 의하여 지방자치단체에 위임된 단체위임사무에 한하는 것이고, 국가사무가 지방자치단체의 장에게 위임된 기관위임사무는 원칙적으로 자치조례의 제정범위에 속하지 않는다. 다만, 기관위임사무에 있어서도 그에 관한 개별법령에서 일정한 사항을 조례로 정하도록 위임하고 있는 경우에는 위임받은 사항에 관하여 개별법령의 취지에 부합하는 범위 내에서 이른바 위임조례를 정할 수 있다.

② 주민의 권리제한 또는 의무부과에 관한 사항이나 벌칙에 해당하는 조례를 제정할 경우에는 그 조례의 성질을 묻지 아니하고 법률의 위임이 있어야 하며, 그러한 위임 없이 제정된 조례는 효력이 없다.

③ 위법건축물에 대하여 부과되는 이행강제금에 관한 부과의 요건, 대상, 금액, 회수 등과 그 부과의 전제가 되는 시정명령의 요건은 조례로써 정해질 수 있다.

④ 조례에 의한 규제가 지역의 여건이나 환경 등 그 특성에 따라 다르게 나타나는 것은 헌법이 지방자치단체의 자치입법권을 인정한 이상 당연히 예상되는 불가피한 결과이므로, 조례로 인하여 해당 지역 주민이 다른 지역의 주민들에 비하여 더한 규제를 받게 되었다 하더라도 평등권이 침해되었다고 볼 수 없다.

10 헌법이 금지하는 사전검열에 대한 설명으로 옳지 않은 것은? (다툼이 있는 경우 헌법재판소 결정에 의함)

① 한국의료기기산업협회가 행하는 의료기기 광고 사전심의는 헌법이 금지하는 사전검열에 해당한다.

② 행정권이 주체가 된 사전심사절차도 사전검열의 인정요소이다.

③ 정기간행물 자료의 납본만을 요구하는 경우에는 검열에 해당하지 않는다.

④ 옥외광고물 등의 모양, 크기, 색깔 등을 규제하는 것도 검열에 해당한다.

11 재산권에 대한 설명으로 옳은 것만을 모두 고르면? (다툼이 있는 경우 판례에 의함)

> ㄱ. 「주택임대차보호법」상 임차인 보호 규정들이 임대인의 재산권을 침해하는지 여부를 심사함에 있어서는 비례의 원칙을 기준으로 심사하되, 보다 강화된 심사기준을 적용하여야 할 것이다.
>
> ㄴ. 구 「민간임대주택에 관한 특별법」의 등록말소조항은 단기민간임대주택과 아파트 장기일반민간임대주택의 임대의무기간이 종료한 날 그 등록이 말소되도록 할 뿐이고, 종전임대사업자가 이미 받은 세제혜택 등을 박탈하는 내용이 없으므로 재산권이 제한된다고 볼 수 없다.
>
> ㄷ. 도로 등 영조물 주변 일정 범위에서 광업권자의 채굴행위를 제한하는 구 「광업법」 조항은 헌법 제23조가 정하는 재산권에 대한 사회적 제약의 범위 내에서 광업권을 제한한 것으로, 과잉금지원칙에 위배되지 않고 재산권의 본질적 내용도 침해하지 않는 것이어서 광업권자의 재산권을 침해하지 않는다.
>
> ㄹ. 거주자가 건물을 신축하고 그 신축한 건물의 취득일부터 5년 이내에 해당 건물을 양도하는 경우로서 환산가액을 그 취득가액으로 하는 경우 양도소득 결정세액에 더하여 가산세를 부과하도록 하는 구 「소득세법」 조항은 재산권을 침해한다.
>
> ㅁ. 「공무원연금법」에서 19세 미만인 자녀에 대하여 아무런 제한 없이 퇴직유족연금일시금을 선택할 수 있게 하고 또 그 금액도 다른 유족과 동일한 계산식에 따라 산출하게 한 것은 다른 유족의 재산권을 침해한다.

① ㄱ, ㄹ
② ㄱ, ㅁ
③ ㄴ, ㄷ
④ ㄱ, ㄴ, ㄹ

12 대통령의 사면권에 대한 설명으로 옳지 않은 것은?

① 대통령의 일반사면은 죄를 범한 자에 대하여 국회의 동의를 얻어 법률의 형식으로 한다.

② 특별한 규정이 없는 한 대통령의 일반사면은 형 선고의 효력이 상실되며 형을 선고받지 아니한 자에 대하여는 공소권이 상실된다.

③ 법무부장관은 대통령에게 특별사면, 특정한 자에 대한 감형 및 복권을 상신(上申)한다.

④ 행정법규 위반에 대한 범칙 또는 과벌의 면제와 징계법규에 따른 징계 또는 징벌의 면제에 관하여도 사면이 가능하다.

13 국적과 재외동포에 대한 설명으로 옳지 않은 것은? (다툼이 있는 경우 판례에 의함)

① 외국인 산업 기술 연수생의 보호 및 관리에 관한 지침(노동부 예규 제369호)은 헌법소원의 대상이 되는 공권력의 행사에 해당하지 아니하다.

② 「대일항쟁기 강제동원 피해조사 및 국외강제동원 희생자 등 지원에 관한 특별법」은 국민이 부담하는 세금을 재원으로 하여 국외강제동원 희생자와 그 유족에게 위로금 등을 지급함으로써 그들의 고통과 희생을 위로해 주기 위한 법으로서 국가가 유족에게 일방적인 시혜를 베푸는 것이므로, 그 수혜 범위에서 외국인인 유족을 배제하고 대한민국 국민인 유족만을 대상으로 한 것은 평등원칙에 위배되지 않는다.

③ 주민등록만을 요건으로 주민투표권의 행사 여부가 결정되도록 함으로써 '주민등록을 할 수 없는 국내거주 재외국민'을 '주민등록이 된 국민인 주민'에 비해 차별하고, 나아가 '주민투표권이 인정되는 외국인'과의 관계에서도 차별을 하는 것은 국내거주 재외국민의 평등권을 침해하는 것으로 위헌이다.

④ 단순한 단기체류가 아니라 국내에 거주하는 재외국민, 특히 외국의 영주권을 보유하고 있으나 상당한 기간 국내에서 계속 거주하고 있는 자들은 일반 국민과 실질적으로 동일하므로, 국내에 거주하는 대한민국 국민을 대상으로 하는 보육료·양육수당 지원에 있어 양자를 달리 취급할 아무런 이유가 없다.

14 권한쟁의심판에 대한 설명으로 옳지 않은 것은? (다툼이 있는 경우 헌법재판소 결정에 의함)

① 국회의원과 국회의장은 헌법 제111조 제1항 제4호의 '국가기관'에 해당하므로 권한쟁의심판의 당사자가 될 수 있다.

② 군 공항의 예비이전후보지 선정사업은 국방에 관한 사무이므로 그 성격상 국가사무이지만 공항의 예비이전후보지의 해당 지방자치단체는 공항 이전사업으로 자치권이 침해될 수 있으므로 권한쟁의로 다툴 수 있다.

③ 지방자치단체의 장이 국가위임사무에 대해 국가기관의 지위에서 처분을 행한 경우에는 권한쟁의심판청구의 당사자가 될 수 있다.

④ 국회의 구성원인 국회의원들은 국회의 '예산 외에 국가의 부담이 될 계약'의 체결에 있어 대통령에 대하여 동의권의 침해를 주장하는 권한쟁의심판을 청구할 수 없다.

15 직업의 자유에 대한 설명으로 옳지 않은 것은? (다툼이 있는 경우 판례에 의함)

① 「근로기준법」상 근로시간에 대한 주 52시간 상한제 조항은 연장근로 시간에 관한 사용자와 근로자 간의 계약 내용을 제한한다는 측면에서는 사용자와 근로자의 계약의 자유를 제한하고, 근로자를 고용하여 재화나 용역을 제공하는 사용자의 활동을 제한한다는 측면에서는 직업의 자유를 제한한다.

② 중개법인의 임원이 「공인중개사법」을 위반하여 300만 원 이상의 벌금형의 선고를 받고 3년이 지나지 아니한 자에 해당하는 경우 중개법인의 등록을 필요적으로 취소하도록 하는 것은 해당 중개법인의 직업의 자유를 침해한다.

③ 사업주로부터 위임을 받아 고용보험 및 산재보험에 관한 보험사무를 대행할 수 있는 기관의 자격을 일정한 기준을 충족하는 단체 또는 법인, 공인노무사, 세무사로 한정하고 있는 「고용보험 및 산업재해 보상보험의 보험료징수 등에 관한 법률」 조항은 개인 공인회계사의 직업의 자유를 침해한다고 볼 수 없다.

④ 「교육환경 보호에 관한 법률」상의 상대보호구역에서 「게임산업진흥에 관한 법률」상의 '복합유통게임제공업' 시설을 갖추고 영업을 하는 것을 원칙적으로 금지하는 것은 교육환경보호구역 안의 토지나 건물의 임차인 내지 복합유통게임 제공업을 영위하고자 하는 자의 직업수행의 자유를 침해하지 아니한다.

16 국회의 입법과정에 대한 설명으로 옳지 않은 것은?

① 국회의 위원회도 그 소관에 속하는 사항에 대해서는 법률안을 제출할 수 있다.

② 정부가 예산상 또는 기금상의 조치가 수반되는 법률안을 제출하는 경우에는 재원조달방안을 비용추계서로 갈음하여 제출할 수 있다.

③ 국회의장은 법률안이 제출되면 이를 의원에게 배부하고 본회의에 보고하며 소관 상임의원회에 회부하되, 해당 안건이 어느 상임위원회의 소관에 속하는지 명백하지 아니할 때에는 국회운영위원회와 협의하여 상임위원회에 회부하되, 협의가 이루어지지 아니할 때에는 의장이 소관 상임위원회를 결정한다.

④ 위원회의 위원장은 간사와 협의하여 회부된 법률안(체계·자구 심사를 위해 법제사법위원회에 회부된 법률안은 제외한다)에 대하여 원칙적으로 입법예고하여야 한다.

17 헌법소원의 청구인적격에 대한 설명으로 옳은 것은? (다툼이 있는 경우 헌법재판소 결정에 의함)

① MBC 문화방송은 공법상의 재단법인인 방송문화진흥회가 최대출자자인 방송사업자로서 「방송법」 등에 의하여 공법상의 의무를 부담하고 있으므로 헌법소원을 청구할 수 없다.

② 국회의원은 법률안 의결과 관련하여 국회의장에 대하여 법률안 심의·표결권 침해를 이유로 헌법소원을 청구할 수 있다.

③ 2012년도 대학교육역량강화사업 기본계획 중 총장직선제 개선을 국공립대 선진화 지표로 규정한 부분(2012년도 계획 부분) 및 2013년도 대학교육역량강화사업 기본계획 중 총장직선제 개선 규정을 유지하지 않는 경우 지원금 전액을 삭감 또는 환수하도록 규정한 부분(2013년도 계획 부분)에 대해 교수회는 헌법소원을 청구할 수 있다.

④ 한국신문편집인협회가 침해받았다고 주장하는 언론·출판의 자유는 그 성질상 법인이나 권리능력 없는 사단도 누릴 수 있는 권리이므로 동 협회가 언론·출판의 자유를 직접 구체적으로 침해받은 경우에는 헌법소원을 청구할 수 있다.

18 헌법재판의 심판절차에 대한 설명으로 옳지 않은 것은?

① 재판부는 결정으로 재판·소추 또는 범죄수사가 진행 중인 사건의 기록에 대하여 송부를 요구할 수 있다.

② 「헌법재판소법」 제68조 제1항에 따른 헌법소원의 심판은 그 사유가 있음을 안 날부터 90일 이내에, 그 사유가 있는 날부터 1년 이내에 청구하여야 한다. 다만, 다른 법률에 따른 구제절차를 거친 헌법소원의 심판은 그 최종결정을 통지받은 날부터 30일 이내에 청구하여야 한다.

③ 헌법재판소에의 심판청구는 심판절차별로 정하여진 청구서를 헌법재판소에 제출함으로써 한다. 다만, 위헌법률심판에서는 법원의 제청서, 탄핵심판에서는 국회의 소추의결서의 정본으로 청구서를 갈음한다.

④ 헌법재판소는 위헌법률심판의 결정일부터 14일 이내에 결정서 정본을 제청한 법원에 송달한다. 이 경우에 위헌법률심판을 제청한 법원이 대법원이 아닌 경우에는 대법원을 거쳐야 한다.

19 청원권에 대한 설명으로 옳은 것은? (다툼이 있는 경우 헌법재판소 결정에 의함)

① 모든 국민은 법률이 정하는 바에 의하여 국가기관에 문서로 청원할 권리를 가지고, 국가는 청원에 대하여 심사할 의무를 지므로 청원인이 기대한 바에 미치지 못하는 처리 내용은 헌법소원의 대상이 되는 공권력의 불행사이다.

② 청원권의 보호범위에는 청원사항의 처리결과에 심판서나 재결서에 준하여 이유를 명시할 것까지를 요구하는 것을 포함하는 것은 아니다.

③ 청원권은 특히 국회와 국민의 유대를 지속시켜 주는 수단이기 때문에 국회의 경우에는 국회의원의 소개를 받아서 청원을 하여야 하지만, 지방의회의 경우에는 지방의회의원의 소개를 얻지 않고서 가능하다.

④ 청원기관의 장은 청원을 접수한 때에는 특별한 사유가 없으면 90일 이내에 처리결과를 청원인에게 알려야 하며, 부득이한 사유로 90일 이내에 청원을 처리하기 곤란한 경우에는 90일의 범위 내에서 2회에 한하여 그 처리기간을 연장할 수 있다.

20 기본권의 경합과 충돌에 대한 설명으로 옳지 않은 것은? (다툼이 있는 경우 판례에 의함)

① 상하의 위계질서가 있는 기본권끼리 충돌하는 경우에는 상위기본권우선의 원칙에 따라 하위기본권이 제한될 수 있으므로, 흡연권은 혐연권을 침해하지 않는 한에서 인정되어야 한다.

② 헌법재판소는 노동조합의 적극적 단결권은 근로자 개인의 단결하지 않을 자유보다 중시된다고 보아, 당해 사업장에 종사하는 근로자의 3분의 2 이상을 대표하는 노동조합의 경우 단체협약을 매개로 한 조직강제[이른바 유니언 샵(Union Shop) 협정의 체결]를 용인하고 있는 「노동조합 및 노동관계 조정법」 조항을 합헌이라고 판단하였다.

③ 보도기관이 누리는 언론의 자유에 대한 제약의 문제는 결국 피해자의 반론권과 서로 충돌하는 관계에 있고, 이와 같이 두 기본권이 서로 충돌하는 경우에는 헌법의 통일성을 유지하기 위하여 상충하는 기본권 모두가 최대한으로 그 기능과 효력을 나타낼 수 있도록 하는 조화로운 방법이 모색되어야 한다.

④ 헌법재판소는 채권자의 재산권과 채무자의 일반적 행동의 자유권 중에서 채권자의 재산권이 상위의 기본권이라고 보아, 채권자취소권을 정한 「민법」 조항이 합헌이라고 판단하였다.

21 영장주의에 관한 설명 중 옳지 않은 것은? (다툼이 있는 경우 판례에 의함)

① 헌법 제12조 제3항이 정한 영장주의는 수사기관이 강제처분을 함에 있어 중립적 기관인 법원의 허가를 얻어야 함을 의미하는 것 외에 법원에 의한 사후 통제까지 마련되어야 함을 의미한다.

② 수사기관이 피의자로 입건된 자에 대하여 신원을 확인하기 위한 방법으로 지문을 채취하려고 할 때, 피의자가 이를 거부하는 경우에 지문채취에 응하지 않는 자는 형사처벌을 받게 되므로 이는 지문채취를 간접강제하는 것이고, 따라서 피의자의 신체의 자유를 침해하는 강제처분의 성격을 가지므로 영장주의에 의하여 규제받아야 할 영역에 해당한다.

③ 기지국 수사를 허용하는 통신사실 확인자료 제공요청은 법원의 허가를 받으면, 해당 가입자의 동의나 승낙을 얻지 아니하고도 제3자인 전기통신사업자에게 해당 가입자에 관한 통신사실 확인자료의 제공을 요청할 수 있도록 하는 수사방법으로, 「통신비밀보호법」이 규정하는 강제처분에 해당하므로 헌법상 영장주의가 적용된다.

④ 수사기관이 공사단체 등에 범죄수사에 관련된 사실을 조회하는 행위는 강제력이 개입되지 아니한 임의수사에 해당하므로, 이에 응하여 이루어진 국민건강보험공단의 개인정보제공행위에는 영장주의가 적용되지 않는다.

22 국무총리에 대한 설명으로 옳은 것은? (다툼이 있는 경우 판례에 의함)

① 국무총리가 사고로 직무를 수행할 수 없는 경우에는 교육부장관이 겸임하는 부총리, 기획재정부장관이 겸임하는 부총리 순으로 직무를 대행하고, 국무총리와 부총리가 모두 사고로 직무를 수행할 수 없는 경우에는 대통령의 지명이 있으면 그 지명을 받은 국무위원이 그 직무를 대행한다.

② 국무총리는 소관 사무에 관하여 법률이나 대통령령의 위임 또는 직권으로 총리령을 발할 수 있다.

③ 국무총리는 국무회의의 부의장으로서 국무위원이다.

④ 국무위원은 임명권자가 해임할 수 있으며, 국무위원에 대한 해임건의권의 행사는 국회에 전속되는 것이지, 국무총리가 해임건의권을 행사할 수 있는 것은 아니다.

23 헌법재판소의 권한쟁의심판권과 법원의 행정재판관할권에 관한 설명 중 옳은 것을 모두 고른 것은? (다툼이 있는 경우 판례에 의함)

> ㄱ. 권한쟁의 심판의 대상인 '처분'은 입법행위와 같은 법률의 제정과 관련된 권한의 존부 및 행사상의 다툼, 행정처분은 물론 행정입법과 같은 모든 행정작용 그리고 법원의 재판 및 사법행정작용 등을 포함하는 넓은 의미의 공권력 처분을 의미한다.
>
> ㄴ. 지방자치단체인 청구인이 자신의 비용으로 기관위임사무인 안전시설공사를 하였는데, 이후, 국가가 이에 대한 예산배정요청을 거부한 경우, 공법상의 비용상환청구소송 등과는 별개로 자치재정권 침해를 이유로 한 권한쟁의심판의 청구가 허용될 수 있다.
>
> ㄷ. 지방자치단체의 장이 그 의무에 속하는 국가위임사무 또는 시·도위임사무의 관리 및 집행을 명백히 게을리하고 있다고 인정되는 때에는 시·도에 대하여는 주무부장관이, 시·군 및 자치구에 대하여는 시·도지사가 기간을 정하여 서면으로 그 이행할 사항을 명령할 수 있는데, 이 경우 지방자치단체의 장은 위 이행명령에 이의가 있으면 이행명령서를 접수한 날부터 15일 이내에 대법원에 소를 제기할 수 있다.
>
> ㄹ. 공유수면의 행정구역 경계에 관한 명시적인 법령상의 규정과 해상경계에 관한 불문법이 존재하지 않으면, 헌법재판소가 권한쟁의심판을 통해 지방자치단체간의 해상경계선을 획정할 수 있다.

① ㄱ, ㄴ
② ㄱ, ㄷ
③ ㄷ, ㄹ
④ ㄱ, ㄷ, ㄹ

24 공무담임권에 대한 설명으로 옳은 것은? (다툼이 있는 경우 판례에 의함)

① 착신전환 등을 통한 중복 응답 등 범죄로 100만원 이상의 벌금형의 선고를 받은 사람은 지방의원직에서 퇴직하도록 한 것은 공무담임권을 침해한다.

② 공무원이 감봉의 징계처분을 받은 경우 일정기간 승진임용을 제한하는 「국가공무원법」은 공무담임권을 침해하지 않는다.

③ 행정5급 일반임기제공무원에 관한 경력경쟁채용시험에서 '변호사 자격 등록'을 응시자격요건으로 하는 방위사업청장의 공고는 변호사 자격을 가졌으나 변호사 자격 등록을 하지 아니한 청구인들의 공무담임권을 침해한다.

④ 「고등교육법」상 심판대상 조항이 성인에 대한 성폭력범죄 행위로 벌금 100만원 이상의 형을 선고받고 확정된 자에 한하여 「고등교육법」상의 교원으로 임용할 수 없도록 한 것은, 성폭력범죄를 범하는 대상과 형의 종류에 따라 성폭력범죄에 관한 교원으로서의 최소한의 자격기준을 설정하였다고 할 수 없으므로, 죄형법정주의 및 과잉금지원칙에 반하여 청구인의 공무담임권을 침해한다.

25 문화국가원리에 대한 설명으로 옳은 것은? (다툼이 있는 경우 판례에 의함)

① 개인의 정치적 견해를 기준으로 청구인들을 문화예술계 정부지원사업에서 배제되도록 차별취급한 것은 헌법상 문화국가원리에 반하는 자의적인 것으로 정당화될 수 없다.

② 헌법 전문(前文)과 헌법 제9조에서 말하는 '전통', '전통문화'란 역사성과 시대성을 띤 개념으로 이해하여야 하므로, 과거의 어느 일정 시점에서 역사적으로 존재하였다는 사실만으로도 헌법의 보호를 받는 전통이 되는 것이다.

③ 국가의 문화육성의 대상에는 원칙적으로 다수의 사람에게 문화창조의 기회를 부여한다는 의미에서 엘리트문화를 제외한 서민문화, 대중문화를 정책적인 배려의 대상으로 하여야 한다.

④ 헌법 제9조의 규정취지와 민족문화유산의 본질에 비추어 볼 때, 국가가 민족문화유산을 보호하고자 하는 경우 이에 관한 헌법적 보호법익은 '민족문화유산의 존속' 그 자체를 보장하는 것에 그치지 않고, 민족문화유산의 훼손 등에 관한 가치보상이 있는지 여부도 이러한 헌법적 보호법익과 직접적인 관련이 있다.

10회 실전동형모의고사
모바일 자동 채점 + 성적 분석 서비스
바로 가기 (gosi.Hackers.com)

QR코드를 이용하여 해커스공무원의 '모바일 자동 채점 + 성적 분석 서비스'로 바로 접속하세요!
* 해커스공무원 사이트의 가입자에 한해 이용 가능합니다.

10회 Review

문항	정답	문제 키워드	출제 유형	난이도
01	③	국적	이론/판례/조문	●●○
02	①	대통령	이론/판례/조문	●●○
03	③	헌정사	이론/판례/조문	●●○
04	②	평등권	이론/판례/조문	●●○
05	①	적법절차의 원칙	이론/판례/조문	●●○
06	③	신체의 자유	이론/판례/조문	●●○
07	①	대의제 원리	이론/판례/조문	●●○
08	①	재산권	이론/판례/조문	●●○
09	③	조례	이론/판례/조문	●●○
10	④	사전검열	이론/판례/조문	●○○
11	③	재산권	이론/판례/조문	●●●
12	①	대통령의 사면권	이론/판례/조문	●○○
13	①	국적	이론/판례/조문	●●○

문항	정답	문제 키워드	출제 유형	난이도
14	②	권한쟁의심판	이론/판례/조문	●●○
15	②	직업의 자유	이론/판례/조문	●●○
16	②	국회의 입법절차	이론/판례/조문	●●○
17	④	헌법소원심판	이론/판례/조문	●●○
18	①	헌법재판소의 심판절차	이론/판례/조문	●○○
19	②	청원권	이론/판례/조문	●●○
20	④	기본권의 경합과 충돌	이론/판례/조문	●●○
21	①	영장주의	이론/판례/조문	●●○
22	①	국무총리	이론/판례/조문	●○○
23	④	헌법재판소와 법원의 권한	이론/판례/조문	●●●
24	②	공무담임권	이론/판례/조문	●●○
25	①	문화국가원리	이론/판례/조문	●●○

[출제 유형 & 난이도] 각 문항별 출제 유형(이론/판례/조문)과 난이도를 수록하였으니, 본인이 취약한 유형이나 고난도 문제만 풀어보는 등 학습 상황에 알맞게 활용하시기 바랍니다.

핵심지문 OX 10회 실전동형모의고사에서 꼭 되짚어야 할 핵심지문을 다시 확인해보시기 바랍니다.

01 대통령이 자신에 대한 재신임을 헌법 제72조에 정한 국민투표의 형태로 묻고자 하는 것은 가능하나, 특정 정책과 자신의 신임을 연계하여 국민투표에 부치는 것은 허용되지 아니한다. (   )
02 군인 아닌 자가 유사군복을 착용함으로써 군인에 대한 국민의 신뢰가 실추되는 것을 방지하기 위해 유사군복의 착용을 금지하는 것은 허용되지만, 유사군복을 판매목적으로 소지하는 것까지 금지하는 것은 과잉금지원칙에 위반된다. (   )
03 「공무원연금법」 제32조 본문 중 「공무원연금법」상의 급여를 받을 권리에 대한 압류금지 부분은 채권자의 재산권을 침해하거나 헌법상의 경제질서에 위반되지 않는다. (   )
04 주민의 권리제한 또는 의무부과에 관한 사항이나 벌칙에 해당하는 조례를 제정할 경우에는 그 조례의 성질을 묻지 아니하고 법률의 위임이 있어야 하며, 그러한 위임 없이 제정된 조례는 효력이 없다. (   )
05 대통령의 일반사면은 죄를 범한 자에 대하여 국회의 동의를 얻어 법률의 형식으로 한다. (   )
06 군 공항의 예비이전후보지 선정사업은 국방에 관한 사무이므로 그 성격상 국가사무이지만 공항의 예비이전후보지의 해당 지방자치단체는 공항 이전사업으로 자치권이 침해될 수 있으므로 권한쟁의로 다툴 수 있다. (   )
07 청원권의 보호범위에는 청원사항의 처리결과에 심판서나 재결서에 준하여 이유를 명시할 것까지를 요구하는 것을 포함하는 것은 아니다. (   )

[정답] 01 × 재신임을 국민투표로 묻는 것도 허용되지 아니한다. 02 × 유사군복의 착용뿐 아니라 판매목적으로 소지하는 것까지 금지한 것은 과잉금지원칙에 위반되지 아니한다. 03 ○ 04 ○ 05 × 대통령령으로 한다. 06 × 국가사무로 인하여 자치권한을 침해하였다거나 침해할 위험이 있다고 보기 어렵다. 07 ○

11회 실전동형모의고사

제한시간: 20분 시작 시 분 ~ 종료 시 분 점수 확인 개/ 25개

01 선거권과 피선거권에 대한 설명으로 옳지 않은 것은? (다툼이 있는 경우 판례에 의함)

① 「공직선거법」상 '선거인'이란 선거권이 있는 사람으로서 선거인명부 또는 재외선거인명부에 올라 있는 사람을 말한다.

② 선거일 현재 1년 이상의 징역 또는 금고의 형의 선고를 받고 그 집행이 종료되지 아니하거나 그 집행을 받지 아니하기로 확정되지 아니한 사람은 선거권이 없지만, 그 형의 집행유예를 선고받고 유예기간 중에 있는 사람은 선거권이 있다.

③ 선거권도 법률이 정하는 바에 의하여 보장되는 것이므로 입법형성권을 갖고 있는 입법자가 구체적으로 어떠한 입법목적의 달성을 위하여 어떠한 방법을 선택할 것인가는 그것이 현저하게 불합리하고 불공정한 것이 아닌 한 입법자의 재량영역에 속한다.

④ '외국의 영주권을 취득한 재외국민'과 같이 주민등록을 하는 것이 법령의 규정상 아예 불가능한 자들은 지방자치단체의 주민으로서 오랜 기간 생활해 오면서 그 지방자치단체의 사무와 밀접한 이해관계를 형성하여 왔다고 하더라도, 주민등록만을 기준으로 하여 주민등록이 불가능한 재외국민인 주민의 지방선거 피선거권을 부인하는 것은 국내거주 재외국민의 공무담임권을 침해하지 않는다.

02 인격권에 대한 설명으로 옳지 않은 것은? (다툼이 있는 경우 판례에 의함)

① 선거기사심의위원회가 불공정한 선거기사를 보도하였다고 인정한 언론사에 대하여 언론중재위원회를 통하여 사과문을 게재할 것을 명하도록 하는 「공직선거법」 조항과 해당 언론사가 사과문 게재 명령을 지체 없이 이행하지 않을 경우 형사처벌하는 구 「공직선거법」 조항은 언론사의 인격권을 침해한다.

② 일본제국주의의 국권침탈이 시작된 러·일전쟁 개전 시부터 1945년 8월 15일까지 조선총독부 중추원 참의로 활동한 행위를 친일반민족행위로 규정한 「일제강점하 반민족행위 진상규명에 관한 특별법」 조항은 조사대상자 또는 그 유족의 인격권을 제한한다.

③ 민사법정 내 보호장비 사용행위는 「형의 집행 및 수용자의 처우에 관한 법률」 조항 등에 근거를 두고 있으므로 법률유보원칙에 위배되어 민사법정에 출정하는 수형자의 인격권을 침해하지 않는다.

④ 헌법 제10조로부터 도출되는 일반적 인격권 중 개인의 명예에 관한 권리에서 말하는 명예는 사람이나 그 인격에 대한 사회적 평가, 즉 객관적·외부적 가치평가뿐만 아니라 주관적·내면적인 명예감정도 포함된다.

03 대한민국 국적(國籍)에 대한 설명으로 옳은 것은 모두 몇 개인가? (다툼이 있는 경우 헌법재판소 결정에 의함)

> ㄱ. 대한민국의 국민이 아닌 자로서 대한민국의 국민인 부 또는 모에 의하여 인지(認知)된 자가 대한민국의 「민법」상 미성년이고 출생 당시에 부 또는 모가 대한민국의 국민이었다는 요건을 모두 갖추면 법무부장관의 허가를 받아 대한민국 국적을 취득할 수 있다.
> ㄴ. 외국인인 개인이 특정한 국가의 국적을 선택할 권리가 우리 헌법상 당연히 인정된다고는 할 수 없다.
> ㄷ. 과학·경제·문화·체육 등 특정 분야에서 매우 우수한 능력을 보유한 자로서 대한민국의 국익에 기여할 것으로 인정되는 자는 대한민국에 주소가 없어도 특별귀화에 의한 국적 취득이 가능하다.
> ㄹ. 외국인이 복수국적을 누릴 자유는 헌법상 행복추구권에 의하여 보호되는 기본권에 해당하지 않는다.

① 1개
② 2개
③ 3개
④ 4개

04 대통령에 관한 다음 설명 중 옳지 않은 것은? (다툼이 있는 경우 판례에 의함)

① 대통령은 소속 정당을 위하여 정당활동을 할 수 있는 사인으로서의 지위와 국민 모두에 대한 봉사자로서 공익실현의 의무가 있는 헌법기관으로서의 지위를 동시에 갖는데 최소한 전자의 지위와 관련하여서는 기본권 주체성을 갖는다.
② 대통령의 탄핵소추사유는 그 대상 사실을 다른 사실과 명백하게 구분할 수 있을 정도의 구체적 사실이 기재되면 충분하다
③ 대통령이 일반사면을 명하려면 국회의 동의를 얻어야 한다.
④ 비상계엄이 선포된 때에는 대통령은 법률에 기속되지 않고 영장제도, 언론·출판·집회·결사의 자유, 법원의 권한에 관하여 특별한 조치를 할 수 있다.

05 관습헌법에 대한 설명으로 옳지 않은 것은? (다툼이 있는 경우 헌법재판소 결정에 의함)

① 형식적 헌법전에 기재되지 않은 사항이라도 이를 불문헌법 내지 관습헌법으로 인정할 수 있다.
② 국가를 대표하는 대통령과 민주주의적 통치원리에 핵심적 역할을 하는 의회의 소재지 및 대법원의 소재지를 정하는 수도 문제는 국가의 정체성을 표현하는 형식적 헌법사항이다.
③ 관습헌법이 성립하기 위해서는 기본적 헌법사항에 관한 관행 내지 관례가 존재하고, 그 관행의 반복성·계속성이 있어야 하며, 그 관행이 항상성과 명료성을 가진 것이어야 하며, 그 관행에 대한 국민적 합의가 있어야 한다.
④ 관습헌법도 헌법의 일부로서 성문헌법의 경우와 동일한 효력을 가지기 때문에 그 법규범은 최소한 헌법에 의거한 헌법개정의 방법에 의하여만 개정될 수 있고, 따라서 재적의원 3분의 2 이상의 찬성에 의한 국회의 의결을 얻은 다음 국민투표에 붙여 국회의원 선거권자 과반수의 투표와 투표자 과반수의 찬성을 얻어야 한다.

06 헌법상 평등권 및 평등원칙에 대한 설명으로 옳지 않은 것은? (다툼이 있는 경우 헌법재판소 결정에 의함)

① 자격정지 이상의 형을 받은 전과가 있는 자에 대하여 선고유예를 할 수 없도록 규정한 「형법」 조항은 헌법상 평등원칙에 위배되지 않는다.
② 자의심사의 경우에는 차별을 정당화하는 합리적인 이유가 있는지만을 심사하기 때문에 그에 해당하는 비교대상 간의 사실상의 차이나 입법목적(차별목적)의 발견·확인에 그친다.
③ 헌법에서 특별히 평등을 요구하고 있는 경우와 차별적 취급으로 인하여 관련 기본권에 대한 중대한 제한을 초래하게 되는 경우에는 엄격한 심사척도(비례성원칙)를 적용하여야 한다.
④ 어떤 유형의 범죄에 대하여 특별히 형을 가중할 필요가 있기 때문에 그 가중의 정도가 통상의 형사처벌과 비교하여 현저히 형벌체계상의 정당성과 균형을 상실한 것이 명백한 경우에도, 그 법률조항은 평등원칙에 반하지 않는다.

07 신뢰보호원칙에 대한 설명으로 옳지 않은 것은? (다툼이 있는 경우 판례에 의함)

① 구 법령에 따라 폐자동차재활용업 등록을 한 자에게도 3년 이내에 등록기준을 갖추도록 한 「전기·전자제품 및 자동차의 자원순환에 관한 법률 시행령」 부칙 제3조 제1항 및 제2항 중 '3년' 부분은 신뢰보호원칙에 위배되어 그 등록을 한 자의 직업의 자유를 침해한다.

② 헌법재판소가 성인대상 성범죄자에 대하여 10년 동안 일률적으로 의료기관에의 취업제한 등을 하는 규정에 대하여 위헌결정을 한 뒤, 개정법 시행일 전까지 성인대상 성범죄로 형을 선고받아 그 형이 확정된 사람에 대해서 형의 종류 또는 형량에 따라 기간에 차등을 두어 의료기관에의 취업 등을 제한하는 「아동·청소년의 성보호에 관한 법률」 부칙 제5조 제1호는 신뢰보호원칙에 위배되지 아니한다.

③ 공익법인이 유예기한이 지난 후에도 보유기준을 초과하여 주식을 보유하는 경우 10년을 초과하지 않는 범위에서 매년 가산세를 부과하도록 정한 구 「상속세 및 증여세법」 제78조 제4항 중 제49조 제1항 제2호에 관한 부분은 신뢰보호원칙에 반하지 아니한다.

④ 사법연수원의 소정 과정을 마치더라도 바로 판사임용자격을 취득할 수 없고 일정 기간 이상의 법조경력을 갖추어야 판사로 임용될 수 있도록 「법원조직법」을 개정하면서, 이를 동법 개정 시점에 사법 시험에 합격하였으나 아직 사법연수원에 입소하지 않은 자에게 적용하는 것은 신뢰보호원칙에 위반되지 않는다.

08 근로의 권리와 근로3권에 대한 설명으로 옳지 않은 것은? (다툼이 있는 경우 판례에 의함)

① 월급근로자로서 6개월이 되지 못한 자를 해고예고제도의 적용 예외 사유로 규정하고 있는 「근로기준법」 규정은 근무기간이 6개월 미만인 월급근로자의 근로의 권리를 침해한다.

② 지방의회의원이 지방공사 직원의 직을 겸할 수 없도록 규정하고 있는 「지방자치법」 제35조 제1항 제5호 중 '지방공사의 직원'에 관한 부분은 지방의회의원에 당선된 지방공사 직원의 근로의 권리를 제한한다고 볼 수 없다.

③ 매월 1회 이상 정기적으로 지급하는 상여금 등 및 복리후생비의 일부를 최저임금에 산입하도록 규정한 「최저임금법」 제6조 제4항 제2호, 제3호 나목 및 「최저임금법」 부칙 제2조는 근로자의 근로의 권리를 침해한다고 볼 수 없다.

④ 헌법 제33조 제2항이 공무원인 근로자는 '법률이 정하는 자'에 한하여 노동3권을 향유할 수 있다고 규정하고 있어, '법률이 정하는 자' 이외의 공무원은 노동3권의 주체가 되지 못하므로 공무원의 노동3권 제한할 때에도 헌법 제37조 제2항의 과잉금지원칙은 적용된다.

09 헌법상 신뢰보호의 원칙에 대한 설명으로 옳은 것만을 고르면? (다툼이 있는 경우 헌법재판소 결정에 의함)

> ㄱ. 조세에 관한 법규·제도의 개정과 관련하여, 납세의 무자로서는 특별한 사정이 있는지와 관계없이 원칙적으로 세율 등 현재의 세법이 변함없이 유지되리라고 신뢰할 수 있다.
> ㄴ. 개정된 법규·제도의 존속에 대해 국민이 가지는 모든 기대 내지 신뢰는 헌법상 권리로서 보호된다.
> ㄷ. 국가가 입법행위를 통하여 개인에게 신뢰의 근거를 제공한 경우, 법률의 존속에 대한 개인의 신뢰가 어느 정도로 보호되는지 여부에 대한 주요한 판단기준은 '법령개정의 예측성'과 '국가에 의하여 일정방향으로 유인된 신뢰의 행사인지 여부'이다.
> ㄹ. 법률의 제정이나 개정 시 구법질서에 대한 당사자의 신뢰가 합리적이고도 정당하며 법률의 제정이나 개정으로 야기되는 당사자의 손해가 극심하여 새로운 입법으로 달성하고자 하는 공익적 목적이 그러한 당사자의 신뢰의 파괴를 정당화할 수 없다면, 그러한 새로운 입법은 신뢰보호원칙상 허용될 수 없다.
> ㅁ. 신뢰보호원칙의 위반 여부는 한편으로는 침해받은 신뢰이익의 보호가치, 침해의 정도, 침해의 방법 등과 다른 한편으로는 새 입법을 통해 실현코자 하는 공익목적을 종합적으로 비교형량하여 판단하여야 한다.

① ㄱ, ㄴ, ㄷ　　② ㄱ, ㄴ, ㄹ
③ ㄴ, ㄷ, ㅁ　　④ ㄷ, ㄹ, ㅁ

10 재판청구권에 대한 설명으로 옳지 않은 것은? (다툼이 있는 경우 판례에 의함)

① 심의위원회의 배상금 등 지급결정에 신청인이 동의한 때에는 국가와 신청인 사이에 「민사소송법」에 따른 재판상 화해가 성립된 것으로 보는 「세월호피해지원법」 제16조는 과잉금지원칙을 위반하여 청구인들의 재판청구권을 침해한다.
② 교원에 대한 징계처분에 관하여 재심청구를 거치지 아니하고서는 행정소송을 제기할 수 없도록 한 법률규정은 교원징계처분의 전문성과 자주성을 고려한 것으로 재판청구권을 침해하지 않는다.
③ 수형자가 출정하기 이전에 여비를 납부하지 않았거나 출정 비용과 영치금과의 상계에 미리 동의하지 않았다는 이유로, 교도소장이 위 수형자의 행정소송 변론기일에 그의 출정을 제한한 것은, 형벌의 집행을 위하여 필요한 한도를 벗어나서 수형자의 재판청구권을 과도하게 침해한 것이다.
④ 소송기록에 의하여 청구가 이유 없음이 명백한 때 법원이 변론 없이 청구를 기각할 수 있도록 규정한 「소액사건심판법」 제9조 제1항은 재판청구권을 침해하지 않는다.

11 국회 및 국회의원의 권한과 의무에 대한 설명으로 옳지 않은 것은? (다툼이 있는 경우 판례에 의함)

① 의장은 국회의 상시운영을 위해 각 교섭단체 대표의원과의 협의를 거쳐 매년 12월 31일까지 다음 연도의 국회운영 기본일정을 정해야 한다.
② 국회의원 총선거 후, 처음 구성되는 국회의 해당 연도 국회 기본일정은 6월 30일까지 정해야 한다.
③ 국회의원의 법률안 심의·표결권은 국회의원의 개별적인 의사에 따라 포기할 수 있는 것은 아니다.
④ 국회의원의 청렴의무, 지위남용금지의무, 품위유지의무, 겸직금지의무는 헌법에 규정되어 있다.

12 사생활의 비밀과 자유에 대한 설명으로 옳지 않은 것은? (다툼이 있는 경우 헌법재판소 결정에 의함)

① 배우자 있는 자의 간통행위 및 그와의 상간행위를 2년 이하의 징역에 처하도록 규정한 법률조항은 사생활의 비밀과 자유를 침해한다.

② 어린이집에 폐쇄회로 텔레비전(CCTV)을 원칙적으로 설치하도록 정한 법률조항은 어린이집 보육교사의 사생활의 비밀과 자유를 침해하지 않는다.

③ 건강에 관한 정보는 민감정보에 해당하지만, 국민건강보험공단 이사장이 경찰서장의 요청에 따라 질병명이 기재되지 않은 수사대상자의 요양급여내역만을 제공한 행위 자체만으로는 수사대상자의 개인정보자기결정권이 침해되었다고 볼 수는 없다.

④ 전자장치 부착을 통한 위치추적 감시제도가 처음 시행될 때 부착명령 대상에서 제외되었던 사람들 중 구「특정 범죄자에 대한 위치추적 전자장치 부착 등에 관한 법률」 시행 당시 징역형 등의 집행 중이거나 집행이 종료, 가종료·가출소·가석방 또는 면제된 후 3년이 경과하지 아니한 자에 대해서도 위치추적 전자장치를 부착할 수 있도록 규정하고 있는 법률의 부칙 조항은 과잉금지원칙에 위배되지 않는다.

13 직업의 자유에 대한 설명으로 옳은 것(○)과 옳지 않은 것(×)을 올바르게 조합한 것은? (다툼이 있는 경우 헌법재판소 결정에 의함)

> ㄱ. 직업의 개념표지들 중 '계속성'과 관련하여 객관적으로도 그러한 활동이 일정기간 계속성을 띠어야 하므로, 휴가기간 중에 하는 일이나 수습직으로서의 활동은 이에 포함되지 않는다.
>
> ㄴ. 유골 500구 이상을 안치할 수 있는 사설봉안시설을 설치·관리하려는 자는 「민법」에 따라 봉안시설의 설치·관리를 목적으로 하는 재단법인을 설립하도록 하는 구「장사 등에 관한 법률」 제15조 제3항 본문 중 '설치·관리하려는 자' 부분은 과잉금지원칙에 위반되어 직업의 자유를 침해하지 않는다.
>
> ㄷ. 성인대상 성범죄로 형을 선고받아 확정된 자에게 그 형의 집행을 종료한 날부터 10년 동안 의료기관을 개설하거나 의료기관에 취업할 수 없도록 한 법률조항은 그의 재범의 위험성이 소멸하지 않았으므로 직업선택의 자유를 침해하지 않는다.
>
> ㄹ. 시·도지사의 재량으로 행정사의 수급상황을 조사하여 행정사 시험실시계획을 수립하도록 한 시행령 조항은 행정사가 되는 기회를 절대적으로 박탈하는 것이 아닌 「행정사법」 입법목적에 맞는 입법 재량에 속하는 사항이기 때문에 행정사 자격시험을 통해 행정사가 되고자 하는 자의 직업선택의 자유를 침해하지 않는다.

① ㄱ(○), ㄴ(×), ㄷ(×), ㄹ(○)
② ㄱ(○), ㄴ(×), ㄷ(○), ㄹ(×)
③ ㄱ(×), ㄴ(○), ㄷ(×), ㄹ(○)
④ ㄱ(×), ㄴ(○), ㄷ(×), ㄹ(×)

14 언론·출판의 자유에 대한 설명으로 옳지 않은 것은? (다툼이 있는 경우 헌법재판소 결정에 의함)

① 인터넷게시판을 설치·운영하는 정보통신서비스 제공자에게 본인확인조치의무를 부과하여 게시판 이용자로 하여금 본인확인절차를 거쳐야만 게시판을 이용할 수 있도록 하는 본인확인제를 규정한 법률 조항 및 같은 법 시행령 조항은 과잉금지원칙에 위배하여 인터넷게시판 이용자의 표현의 자유를 침해한다.

② 음란표현은 헌법 제21조가 규정하는 언론·출판의 자유의 보호영역 내에 있다.

③ 건강기능식품의 기능성 광고와 같은 상업적 광고표현은 사상·지식·정보 등을 불특정다수인에게 전파하는 것으로서 언론·출판의 자유의 보호대상이 된다.

④ 인터넷신문사업자가 독자적인 기사 생산을 위한 요건으로서 취재인력 3명 이상을 포함하여 취재 및 편집 인력 5명 이상을 상시적으로 고용할 것을 규정한 법률조항은 언론의 자유를 침해하지 아니한다.

15 「공공기관의 정보공개에 관한 법률」(이하 '정보공개법'이라고 한다)에 대한 다음 설명 중 옳지 않은 것은? (다툼이 있는 경우 판례에 의함)

① 공공기관이 보유·관리하는 모든 정보는 공개 대상이 된다.

② 공개청구자는 그가 공개를 구하는 정보를 공공기관이 보유·관리하고 있을 상당한 개연성이 있다는 점에 대하여 입증할 책임이 있으나, 공개를 구하는 정보를 공공기관이 한때 보유·관리하였으나 후에 그 정보가 담긴 문서들이 폐기되어 존재하지 않게 된 것이라면 그 정보를 더 이상 보유·관리하고 있지 않다는 점에 대한 증명책임은 공공기관에 있다.

③ 불기소처분 기록이나 내사기록 중 피의자신문조서 등 조서에 기재된 피의자 등의 인적사항 이외의 진술내용은 개인의 사생활의 비밀 또는 자유를 침해할 우려가 인정되는 경우에는 정보공개법 제9조 제1항 제6호 본문의 비공개대상정보에 해당한다.

④ 정보공개법 제9조 제1항 제6호 단서 다목은 '공공기관이 작성하거나 취득한 정보로서 공개하는 것이 공익이나 개인의 권리 구제를 위하여 필요하다고 인정되는 정보'를 비공개대상정보에서 제외하고 있는데 여기에서 '공개하는 것이 개인의 권리구제를 위하여 필요하다고 인정되는 정보'에 해당하는지는 비공개에 의하여 보호되는 개인의 사생활의 비밀 등의 이익과 공개에 의하여 보호되는 개인의 권리구제 등의 이익을 비교·교량하여 구체적 사안에 따라 신중히 판단하여야 한다.

16 법원의 심급제도와 「법원조직법」에 대한 설명으로 옳은 것만을 모두 고르면?

ㄱ. 「법원조직법」상 대법관회의는 대법관 전원의 3분의 2 이상의 출석과 출석인원 과반수의 찬성으로 의결한다.

ㄴ. 「공직선거법」상 비례대표 국회의원선거의 효력에 관하여 이의가 있는 선거인·후보자를 추천한 정당 또는 후보자는 선거일부터 30일 이내에 당해 선거구선거관리위원회 위원장을 피고로 하여 대법원에 소를 제기할 수 있다.

ㄷ. 「공직선거법」상 비례대표 시·도의원선거에 있어서 선거의 효력에 관한 「공직선거법」 제220조의 결정에 불복이 있는 당선인을 포함한 소청인은 해당 소청에 대하여 기각 또는 각하결정이 있는 경우에는 해당 선거구선거관리위원회 위원장을, 인용결정이 있는 경우에는 그 인용결정을 한 선거관리위원회 위원장을 피고로 하여 그 결정서를 받은 날부터 10일 이내에 그 선거구를 관할하는 고등법원에 소를 제기할 수 있다.

ㄹ. 「법원조직법」상 대법관회의의 의장은 의결에서 표결권은 갖지만, 가부동수일 때에 결정권을 갖지 못한다.

ㅁ. 헌법상 비상계엄하의 군사재판은 군인·군무원의 범죄나 군사에 관한 간첩죄의 경우와 초병·초소·유독음식물공급·포로에 관한 죄 중 법률이 정한 경우에 한하여 단심으로 할 수 있다. 다만, 사형을 선고한 경우에는 그러하지 아니하다.

① ㄱ, ㄴ, ㄷ   ② ㄱ, ㄴ, ㅁ
③ ㄱ, ㄷ, ㄹ   ④ ㄴ, ㄹ, ㅁ

17 헌법상 재산권으로 인정되는 것만을 고르면? (다툼이 있는 경우 헌법재판소 결정에 의함)

> ㄱ. 장기미집행 도시계획시설결정의 실효제도
> ㄴ. 「공무원연금법」상 연금수급권
> ㄷ. 환매권 소멸 후의 우선매수권
> ㄹ. 건강보험수급권

① ㄱ, ㄴ   ② ㄴ, ㄷ
③ ㄴ, ㄹ   ④ ㄷ, ㄹ

18 다음 중 옳지 않은 것은? (다툼이 있는 경우 헌법재판소 결정에 의함)

① 정당해산심판제도는 정부의 일방적인 행정처분에 의해 진보적 야당이 등록취소되어 사라지고 말았던 우리 현대사에 대한 반성의 산물로서 도입된 것으로서, 발생사적 측면에서 정당을 보호하기 위한 절차로서의 성격이 부각된다.

② 정당의 시·도당은 1천인 이상의 당원을 가져야 한다고 규정한 「정당법」 제18조 제1항은 정당의 자유를 침해하지 않는다.

③ 강제적 정당해산은 헌법상 핵심적인 정치적 기본권인 정당활동의 자유에 대한 근본적 제한이므로, 이에 관한 결정을 할 때 헌법 제37조 제2항이 규정하고 있는 비례원칙을 준수해야 한다.

④ 정당 스스로 재정충당을 위하여 국민들로부터 모금활동을 하는 것은 단지 '돈을 모으는 것'에 불과한 것으로 정당의 헌법적 과제수행에 있어 본질적인 부분이 아니다.

19 근로기본권에 대한 설명으로 옳지 않은 것은? (다툼이 있는 경우 판례에 의함)

① 청원경찰은 일반근로자일 뿐 공무원이 아니므로, 이들의 근로3권을 전면적으로 제한하는 것은 헌법에 위반된다.

② 헌법에서는 국가유공자의 유가족, 상이군경의 유가족 및 전몰군경의 유가족은 법률이 정하는 바에 의하여 우선적으로 근로의 기회를 부여받는다고 규정하고 있다.

③ 합리적 이유 없이 "월급근로자로서 6개월이 되지 못한 자"를 해고예고제도의 적용대상에서 제외한 것은 근무기간이 6개월 미만인 월급근로자의 근로의 권리를 침해하고, 평등원칙에도 위배된다.

④ 「노동조합법」상의 근로자성이 인정되는 한, 출입국관리 법령에 따라 취업활동을 할 수 있는 체류자격을 받지 아니한 외국인근로자도 노동조합을 설립하거나 노동조합에 가입할 수 있다.

20 헌법재판소의 심판절차에 대한 설명으로 옳지 않은 것은? (다툼이 있는 경우 헌법재판소 결정에 의함)

① 법령에 관한 헌법소원에 있어서도 그 인용결정은 일반적 기속력과 대세적·법규적 효력을 가지며, 재심을 허용하지 아니함으로써 얻을 수 있는 법적 안정성의 이익이 재심을 허용함으로써 얻을 수 있는 구체적 타당성의 이익보다 훨씬 높을 것으로 예상할 수 있으므로 헌법재판소의 이러한 결정에는 재심에 의한 불복방법이 그 성질상 허용될 수 없다.

② 탄핵심판절차에서 소추위원이 국회 탄핵소추의결서에 기재되지 아니한 새로운 사실을 소추사유로 임의로 추가하는 것은 탄핵심판의 변론종결 전까지만 가능하다.

③ 변호사를 선임하지 아니한 채 제기된 헌법소원을 재판관 3인으로 구성된 지정재판부에서 각하하도록 한 것은 재판청구권을 침해하지 아니한다.

④ 헌법재판소는 법률조항이 헌법에 위반된다는 점에 있어서는 재판관 7명의 의견이 일치되었으나, 재판관 5명은 단순위헌결정을 선고함이 상당하다는 의견이고 재판관 2명은 헌법불합치결정을 선고함이 상당하다는 의견인 경우, 재판관 5명의 의견이 다수의견이기는 하나 「헌법재판소법」 제23조 제2항 제1호에 규정된 '법률의 위헌결정'을 함에 필요한 심판정족수에 이르지 못하였으므로 헌법불합치의 결정을 선고해야 한다는 태도를 취하고 있다.

21 헌법의 역사에 대한 설명으로 옳지 않은 것은?

① 1948년 제헌헌법은 근로자의 단결, 단체교섭과 단체행동의 자유를 법률의 범위 내에서 보장하도록 하였으며, 노령, 질병 기타 근로능력의 상실로 인하여 생활유지의 능력이 없는 자는 법률의 정하는 바에 의하여 국가의 보호를 받도록 하였다.

② 1960년 헌법(제3차 개정헌법)은 대법원장과 대법관을 법관의 자격이 있는 자로 조직되는 선거인단이 선거하고 대통령이 이를 확인하며, 그 외의 법관은 대법관회의의 결의에 따라 대법원장이 임명하도록 하였다.

③ 1972년 헌법(제7차 개정헌법)은 대통령의 탄핵소추 요건이 국회의원 50인 이상의 발의와 국회재적의원 3분의 2이상의 찬성이 필요한 것으로 강화되었다.

④ 1962년 헌법(제5차 개정헌법)은 국회의원의 하한선·상한선이 모두 명시되어 있었다.

22 「헌법재판소법」 제68조 제2항에 따른 헌법소원심판의 재판의 전제성에 대한 설명으로 옳은 것을 모두 고른 것은? (다툼이 있는 경우 판례에 의함)

> ㄱ. 다른 내용의 재판을 하게 되는 경우일 것이 의미는 재판의 결론이나 주문에 어떠한 영향을 주는 경우뿐만 아니라, 주문자체에는 영향을 주지는 않더라도 재판의 결론을 이끌어내는 이유를 달리하는데 관련되어 있거나 재판의 내용과 효력에 관한 법률적 의미가 달라지는 경우도 포함된다.
> ㄴ. 당해 사건에 간접 적용되는 법률조항에 대해서도 재판의 전제성이 인정된다.
> ㄷ. 확정된 유죄판결에서 처벌의 근거가 된 법률조항은 원칙적으로 '재심의 청구에 대한 심판', 즉 재심의 개시 여부를 결정하는 재판에서는 재판의 전제성이 인정되지만, 재심 개시결정 이후의 '본안사건에 대한 심판'에 있어서는 재판의 전제성이 인정되지 않는다.
> ㄹ. 병역의 종류를 규정한 「병역법」 조항이 대체복무제를 포함하고 있지 않다는 이유로 위헌으로 결정된다면, 양심적 병역거부자가 현역입영 또는 소집 통지서를 받은 후 3일 내에 입영하지 아니하거나 소집에 불응하더라도 대체복무의 기회를 부여받지 않는 한 당해 사건인 형사재판을 담당하는 법원이 무죄를 선고할 가능성이 있으므로, 위 「병역법」 조항은 재판의 전제성이 인정된다.

① ㄱ, ㄴ
② ㄱ, ㄷ
③ ㄷ, ㄹ
④ ㄱ, ㄴ, ㄹ

23 헌법재판소에 대한 설명으로 옳지 않은 것은?

① 헌법재판소의 재판관 수는 대법원의 재판관 수와 달리 헌법에 규정되어있다.

② 헌법재판소 재판관 후보자가 헌법재판소장 후보자를 겸하는 경우에는 인사청문특별위원회의 인사청문회를 연다.

③ 헌법재판소 재판관은 직무에 흠결이 있으면 징계에 의해 파면될 수 있다.

④ 헌법재판소장이 궐위되거나 부득이한 사유로 직무를 수행할 수 없을 때에는, 헌법재판소규칙으로 정하는 순서에 따라 그 권한을 대행한다.

24 재산권에 대한 설명으로 옳지 않은 것은? (다툼이 있는 경우 판례에 의함)

① 환매권의 발생기간을 '취득일로부터 10년 이내'로 제한한 것은 토지수용 등의 원인이 된 공익사업의 폐지 등으로 공공필요가 소멸하였음에도 단지 10년이 경과하였다는 사정만으로 환매권이 배제되는 결과가 초래될 수 있으므로 재산권을 침해한다.

② 토지의 가격이 취득일 당시에 비하여 현저히 상승한 경우 환매금액에 대한 협의가 성립하지 아니한 때에는 사업시행자로 하여금 환매금액의 증액을 청구할 수 있도록 한 「공익사업을 위한 토지 등의 취득 및 보상에 관한 법률」 조항은 환매권자의 재산권을 침해하지 아니한다.

③ 보안거리에 저촉되는 화약류저장소에 대한 시설이전명령 때문에 화약류저장소를 이용한 영업을 하지 못하게 된다 하더라도 그로 인해 상실되는 영리획득의 기회를 헌법에 의해 보장되는 재산권으로 보기는 어렵다.

④ 농지의 경우 그 사회성과 공공성의 정도는 일반적인 토지의 경우와 동일하므로, 농지 재산권을 제한하는 입법에 대한 헌법심사의 강도는 다른 토지 재산권을 제한하는 입법에 대한 것보다 낮아서는 아니 된다.

25 사회적 기본권에 대한 설명으로 옳은 것을 모두 고른 것은? (다툼이 있는 경우 판례에 의함)

> ㄱ. 보건복지부장관이 고시한 생활보호사업지침상의 생계보호급여의 수준이 일반 최저생계비에 못미친다고 하더라도 그 사실만으로 국민의 인간다운 생활을 보장하기 위하여 국가가 실현해야 할 객관적 내용의 최소한도의 보장에 이르지 못하였다거나 헌법상 용인될 수 있는 재량의 범위를 명백히 일탈하였다고 볼 수 없다.
>
> ㄴ. 혼인으로 세대를 합침으로써 1세대 3주택을 보유한 자에 대해 1세대 3주택에 해당한다는 사유만으로 양도소득세를 중과하는 것은 혼인과 가족생활 보장을 규정한 헌법 제36조 제1항에 위배되지 않는다.
>
> ㄷ. 구 「공무원연금법」상 유족급여수급권이 헌법상 보장되는 재산권에 포함되기 때문에 대통령령이 정하는 정도의 장애 상태에 있지 아니한 19세 이상의 자녀를 유족의 범위에서 제외한 것은 유족급여수급권의 본질적 내용을 침해하여 입법형성권의 범위를 벗어난 것이다.
>
> ㄹ. 업무상 질병으로 인한 업무상 재해에 있어 업무와 재해 사이의 상당인과관계에 대한 입증책임을 이를 주장하는 근로자나 그 유족에게 부담시키는 「산업재해보상보험법」 규정이 근로자나 그 유족의 사회보장수급권을 침해한다고 볼 수 없다.
>
> ㅁ. 헌법상 보장되고 있는 학문의 자유 또는 교육을 받을 권리의 규정에서 교사의 수업권이 파생되는 것으로 해석하여 기본권에 준하는 것으로 간주하더라도, 수업권을 내세워 국민의 수학권을 침해할 수는 없다.

① ㄱ, ㄴ
② ㄱ, ㅁ
③ ㄱ, ㄹ, ㅁ
④ ㄴ, ㄷ, ㄹ

11회 Review

문항	정답	문제 키워드	출제 유형	난이도
01	④	선거권 및 피선거권	이론/판례/조문	●●○
02	④	인격권	이론/판례/조문	●●○
03	②	국적	이론/판례/조문	●●●
04	④	대통령	이론/판례/조문	●●○
05	②	관습헌법	이론/판례/조문	●●○
06	④	평등권	이론/판례/조문	●●○
07	①	신뢰보호원칙	이론/판례/조문	●●●
08	④	근로3권	이론/판례/조문	●●○
09	④	신뢰보호원칙	이론/판례/조문	●●●
10	①	재판청구권	이론/판례/조문	●●○
11	④	국회 및 국회의원의 권한과 의무	이론/판례/조문	●○○
12	③	사생활의 비밀과 자유	이론/판례/조문	●●○
13	④	직업의 자유	이론/판례/조문	●●●

문항	정답	문제 키워드	출제 유형	난이도
14	④	언론·출판의 자유	이론/판례/조문	●●○
15	①	정보공개법	이론/판례/조문	●●○
16	②	법원조직	이론/판례/조문	●●○
17	③	재산권	이론/판례/조문	●●○
18	④	정당	이론/판례/조문	●●○
19	②	근로의 권리	이론/판례/조문	●●○
20	②	헌법재판소의 심판절차	이론/판례/조문	●●○
21	③	헌정사	이론/판례/조문	●○○
22	④	헌법소원심판	이론/판례/조문	●●●
23	③	헌법재판소	이론/판례/조문	●○○
24	④	재산권	이론/판례/조문	●●○
25	③	사회적 기본권	이론/판례/조문	●●○

[출제 유형 & 난이도] 각 문항별 출제 유형(이론/판례/조문)과 난이도를 수록하였으니, 본인이 취약한 유형이나 고난도 문제만 풀어보는 등 학습 상황에 알맞게 활용하시기 바랍니다.

핵심지문 OX   11회 실전동형모의고사에서 꼭 되짚어야 할 핵심지문을 다시 확인해보시기 바랍니다.

01 과학·경제·문화·체육 등 특정 분야에서 매우 우수한 능력을 보유한 자로서 대한민국의 국익에 기여할 것으로 인정되는 자는 대한민국에 주소가 없어도 특별귀화에 의한 국적 취득이 가능하다. (   )

02 국가를 대표하는 대통령과 민주주의적 통치원리에 핵심적 역할을 하는 의회의 소재지 및 대법원의 소재지를 정하는 수도 문제는 국가의 정체성을 표현하는 형식적 헌법사항이다. (   )

03 국가가 입법행위를 통하여 개인에게 신뢰의 근거를 제공한 경우, 법률의 존속에 대한 개인의 신뢰가 어느 정도로 보호되는지 여부에 대한 주요한 판단기준은 '법령개정의 예측성'과 '국가에 의하여 일정방향으로 유인된 신뢰의 행사인지 여부'이다. (   )

04 건강에 관한 정보는 민감정보에 해당하지만, 국민건강보험공단이사장이 경찰서장의 요청에 따라 질병명이 기재되지 않은 수사대상자의 요양급여내역만을 제공한 행위 자체만으로는 수사대상자의 개인정보자기결정권이 침해되었다고 볼 수는 없다. (   )

05 인터넷신문사업자가 독자적인 기사 생산을 위한 요건으로서 취재인력 3명 이상을 포함하여 취재 및 편집 인력 5명 이상을 상시적으로 고용할 것을 규정한 법률조항은 언론의 자유를 침해하지 아니한다. (   )

06 변호사를 선임하지 아니한 채 제기된 헌법소원을 재판관 3인으로 구성된 지정재판부에서 각하하도록 한 것은 재판청구권을 침해하지 아니한다. (   )

07 헌법상 보장되고 있는 학문의 자유 또는 교육을 받을 권리의 규정에서 교사의 수업권이 파생되는 것으로 해석하여 기본권에 준하는 것으로 간주하더라도, 수업권을 내세워 국민의 수학권을 침해할 수는 없다. (   )

[정답] **01** X 대한민국에 주소가 있어야 한다. **02** X 실질적 헌법사항의 하나이다. **03** ○ **04** X 개인정보자기결정권을 침해한다. **05** X 고용조항 및 확인조항은 과잉금지원칙에 위배되어 언론의 자유를 침해한다. **06** ○ **07** ○

12회 실전동형모의고사

제한시간: 20분 시작 시 분 ~ 종료 시 분 점수 확인 개/ 25개

01 정당제도에 대한 설명으로 옳지 않은 것은? (다툼이 있는 경우 판례에 의함)

① 헌법재판소는 청구인의 신청이 있거나 그 직권으로 위헌정당으로 제소된 정당의 활동을 정지시키는 가처분결정을 할 수 있다.

② 정당은 자발적인 조직이기는 하지만 다른 집단과는 달리 그 자유로운 지도력을 통하여 무정형적이고 무질서적인 개개인의 정치적 의사를 집약하여 정리하고, 구체적인 진로와 방향을 제시하고 매개적 기능을 수행하기 때문에 헌법소원을 제기할 수 있다.

③ 정당의 당원협의회 사무소 설치를 금지하고 위반 시 처벌하는 내용의 「정당법」 제37조 제3항 단서 등이 정당활동의 자유를 침해하는 것은 아니다.

④ 정치자금의 수입 지출에 관한 내역을 회계장부에 허위 기재하거나 관할 선거관리위원회에 허위 보고한 정당의 회계책임자를 형사처벌하는 구 「정치자금에 관한 법률」의 규정은 헌법 제12조 제2항이 보장하는 진술거부권을 침해하여 헌법에 위반된다.

02 국적에 대한 설명으로 옳은 것은? (다툼이 있는 경우 판례에 의함)

① 출생 당시 모가 자녀에게 외국 국적을 취득하게 할 목적으로 외국에서 체류 중이었던 사실이 인정되는 자는 대한민국에서 외국 국적을 행사하지 않겠다는 서약을 한 후 대한민국 국적을 선택한다는 뜻을 신고할 수 있다.

② 대한민국 국적을 상실한 자는 국적을 상실한 때부터 대한민국의 국민만이 누릴 수 있는 권리를 향유할 수 없으며, 이들 권리 중 대한민국의 국민이었을 때 취득한 것으로서 양도할 수 있는 것은 그 권리와 관련된 법령에서 따로 정한 바가 없으면 3년 내에 대한민국의 국민에게 양도하여야 한다.

③ 1978.6.14.부터 1998.6.13. 사이에 태어난 모계출생자가 대한민국 국적을 취득할 수 있도록 특례를 두면서 2004.12.31.까지 국적취득신고를 한 경우에만 대한민국 국적을 취득하도록 한 「국적법」 조항은 평등원칙에 위배된다.

④ 출생 당시에 부(父)가 대한민국의 국민인 자만 출생과 동시에 대한민국 국적을 취득한다.

03 사법권의 독립에 대한 설명으로 옳지 않은 것은?

① 법관이 중대한 신체상 또는 정신상의 장해로 직무를 수행할 수 없을 때에는, 대법관인 경우에는 대법원장의 제청으로 대통령이 퇴직을 명할 수 있고, 판사인 경우에는 인사위원회의 심의를 거쳐 대법원장이 퇴직을 명할 수 있다.

② 법관에 대한 징계처분 취소청구소송을 대법원의 단심재판에 의하도록 한 구 「법관징계법」 제27조는 법관을 다른 전문직 종사자와 차별취급하여 평등권을 침해하지 않는다.

③ 대법관후보추천위원회는 행정부소속 공무원을 포함하여 10명의 위원으로 구성한다.

④ 법관의 정년을 연장하려면 헌법을 개정해야 한다.

04 죄형법정주의에 대한 설명으로 옳지 않은 것은? (다툼이 있는 경우 판례에 의함)

① 구 「소방시설공사업법」 제39조 중 "제36조 제3호에 해당하는 위반 행위를 하면 그 행위자를 벌한다."에 관한 부분이 '처벌대상으로 규정하고 있는 행위자'에는 감리업자 이외에 실제 감리업무를 수행한 감리원도 포함되는지 여부가 불명확하므로 죄형법정주의의 명확성원칙에 위배된다.

② 형벌불소급원칙에서 의미하는 '처벌'은 「형법」에 규정되어 있는 형식적 의미의 형벌 유형에 국한되지 않으며, 범죄행위에 따른 제재의 내용이나 실제적 효과가 형법적 성격이 강하여 신체의 자유를 박탈하거나 이에 준하는 정도로 신체의 자유를 제한하는 경우에는 형벌불소급원칙이 적용되어야 한다.

③ 납세의무자가 체납처분의 집행을 면탈할 목적으로 그 재산을 은닉·탈루하거나 거짓 계약을 하였을 때 형사처벌하는 「조세범 처벌법」 제7조 제1항 중 '납세의무자가 체납처분의 집행을 면탈할 목적으로' 부분은 죄형법정주의의 명확성원칙에 위배되지 않는다.

④ 종합문화재수리업을 하려는 자에게 요구되는 기술능력의 등록 요건을 대통령령에 위임하고 있는 「문화재수리 등에 관한 법률」 제14조 제1항 문화재수리업 중 '종합문화재수리업'을 하려는 자의 '기술능력'에 관한 부분은 죄형법정주의에 위배되지 않는다.

05 적법절차원칙에 대한 설명으로 옳지 않은 것만을 모두 고른 것은? (다툼이 있는 경우 판례에 의함)

> ㄱ. 치료감호 청구권자를 검사로 한정한 구「치료감호법」(2008.6.13. 법률 제9111호로 개정되기 전의 것) 제4조 제1항이 청구인의 재판청구권을 침해하거나 적법절차의 원칙에 위배된다고 볼 수 없다.
> ㄴ. 상당한 의무이행기간을 부여하지 아니한 대집행계고처분 후에 대집행영장으로써 대집행의 시기를 늦춘 경우 그 계고처분은 적법절차에 위배한 것으로 위법한 처분이다.
> ㄷ. 교도소·구치소의 수용자가 교정시설 외부로 나갈 경우 도주방지를 위하여 해당 수용자의 발목에 전자장치를 부착하도록 한 수용자 도주방지를 위한 위치추적전자장치 운영방안에 따른 전자장치 부착행위는 적법절차원칙에 위반된다.
> ㄹ. 연락운송 운임수입의 배분에 관한 협의가 성립하지 아니한 때에는 당사자의 신청을 받아 국토교통부장관이 결정하도록 한 「도시철도법」조항 중 "제1항에 따른 운임수입의 배분에 관한 협의가 성립되지 아니한 때에는 당사자의 신청을 받아 국토교통부장관이 결정한다." 부분은 국토교통부장관의 결정에 의해 이루어지므로 적법절차원칙에 위배된다.

① ㄱ
② ㄴ, ㄷ
③ ㄷ, ㄹ
④ ㄱ, ㄴ, ㄷ, ㄹ

06 대통령의 긴급권한에 대한 설명으로 옳지 않은 것은? (다툼이 있는 경우 판례에 의함)

① 긴급명령은 국회의 집회가 불가능한 때에 한하여 발할 수 있는 반면, 긴급재정경제명령은 국회의 집회가 불가능하지 않더라도 국회의 집회를 기다릴 여유가 없을 때 발할 수 있다.
② 긴급재정경제명령은 중대한 재정·경제상의 위기가 발생할 우려가 있다는 이유로 사전적·예방적으로 발할 수는 없다.
③ 대통령의 국가긴급권은 비록 고도의 정치적 결단에 의하여 행해지는 국가작용이라고 할지라도 그것이 국민의 기본권 침해와 직접 관련되는 경우에는 당연히 헌법재판소의 심판대상이 된다.
④ 대통령은 국가의 안위에 관계되는 중대한 교전상태에 있어서 국가를 보위하기 위하여 긴급한 조치가 필요하고 국회의 집회가 불가능한 때에 한하여 헌법의 효력을 가지는 명령을 발할 수 있다.

07 평등권에 대한 헌법재판소의 결정 내용으로 옳은 것은?

① 고소인·고발인만을 「검찰청법」상 항고권자로 규정하고 있는 「검찰청법」 조항은 기소유예처분을 받은 피의자의 평등권을 침해하는 것이다.
② 대마를 수입한 자를 무기 또는 5년 이상의 징역에 처하도록 규정한 「마약류 관리에 관한 법률」 제58조 제1항 제5호 중 '대마를 수입한 자' 부분은 평등원칙에 위반되지 않는다.
③ 강도상해죄 또는 강도치상죄의 법정형의 하한을 강간상해죄 또는 강간치상죄, 현주건조물등방화치상죄 등에 비하여 높게 규정한 것은 형벌체계상의 균형을 상실하여 평등원칙에 위반된다.
④ 국가는 성질상 집행불능의 상태가 생길 수 없어 국가에 대한 가집행을 불허하더라도 집행불능의 문제가 생길 수 없으므로, 국가를 상대로 하는 재산권 청구의 경우에는 가집행선고를 할 수 없도록 한 것은 합헌이다.

08 적법절차에 관한 다음 설명 중 옳지 않은 것은? (다툼이 있는 경우 판례에 의함)

① 적법절차의 원칙은 법률이 정한 형식적 절차와 실체적 내용이 모두 합리성과 정당성을 갖춘 적정한 것이어야 한다는 실질적 의미를 지니고 있다.
② 판결선고 전 구금일수의 산입을 규정한 「형법」 제57조 제1항 중 "또는 일부" 부분은 헌법상 적법절차의 원칙을 위배한다.
③ 특정공무원범죄의 범인에 대한 추징판결을 범인 외의 자가 그 정황을 알면서 취득한 불법재산 및 그로부터 유래한 재산에 대하여 그 범인 외의 자를 상대로 집행할 수 있도록 한 「공무원범죄에 관한 몰수 특례법」 제9조의2는 적법절차원칙에 위배된다.
④ 검사가 법원의 증인으로 채택된 수감자를 그 증언에 이르기까지 거의 매일 검사실로 하루 종일 소환하여 피고인 측 변호인이 접근하는 것을 차단하고 검찰에서의 진술을 번복하는 증언을 하지 않도록 회유, 협박하는 것은 적법절차원칙에 위배된다.

09 사생활의 비밀과 자유에 대한 설명으로 옳은 것은? (다툼이 있는 경우 판례에 의함)

① 사관생도의 모든 사적 생활에서까지 예외 없이 금주 의무를 이행할 것을 요구하는 것은 사관생도의 일반적 행동자유권은 물론 사생활의 비밀과 자유를 지나치게 제한하는 것이다.

② 공직선거후보자로 등록하고자 하는 자가 제출하여야 하는 금고 이상의 형의 범죄경력에 실효된 형까지 포함하도록 하는 것은 사생활의 비밀과 자유를 침해한다.

③ 헌법 제17조의 사생활의 비밀과 자유 및 헌법 제18조의 통신의 자유에 의하여 보장되는 개인정보자기결정권의 보호대상이 되는 개인정보는 개인의 신체, 신념, 사회적 지위, 신분 등과 같이 개인의 사적 영역에 국한된 사항으로서 그 개인의 동일성을 식별할 수 있게 하는 일체의 정보라고 할 수 있다.

④ 지문은 그 정보주체를 타인으로부터 식별가능하게 하는 개인정보가 아니므로, 경찰청장이 이를 보관·전산화하여 범죄수사목적에 이용하는 것은 정보주체의 개인정보자기결정권을 제한하는 것이 아니다.

10 「국회법」에 대한 설명으로 옳지 않은 것은?

① 국회의원 총선거 후 첫 임시회는 의원의 임기 개시 후 7일에 집회하며, 처음 선출된 의장의 임기가 폐회 중에 만료되는 경우에는 늦어도 임기만료일 5일 전까지 집회한다.

② 의장은 임시회의 집회 요구가 있을 때에는 집회기일 3일 전에 공고한다.

③ 의장은 상임위원회에 출석하여 발언할 수 있으며, 표결에도 참가할 수 있다.

④ 법제사법위원회의 신속처리대상안건에 대한 체계·자구 심사 기한은 90일이다.

11 국회에 대한 설명으로 옳지 않은 것은?

① 국회 환경노동위원회 위원장이 국회의장에게 「노동조합 및 노동관계조정법」 일부개정법률안의 본회의 부의를 요구한 행위는 국회 법제사법위원회 소속 국회의원들의 법률안에 대한 심의·표결권을 침해하지 않는다.

② 「국회법」 제5조의3 제1항은 정부는 매년 2월 말일까지 해당 연도에 제출할 법률안에 관한 계획을 국회에 통지하여야 한다고 규정하고 있다.

③ 국회에 청원하는 방법으로 일정한 기간 동안 일정한 수 이상의 국민의 동의를 받도록 정한 「국회법」 제123조 제1항 중 '국회규칙으로 정하는 기간 동안 국회규칙으로 정하는 일정한 수 이상의 국민의 동의를 받아' 부분은 포괄위임금지원칙에 위반되지 않는다.

④ 「국회법」 제3조는 국회의원의 의석은 국회의장이 각 교섭단체 대표의원과 협의하여 정하고, 협의가 이루어지지 아니할 때에는 국회의장이 잠정적으로 이를 정한다고 규정하고 있다.

12 집회의 자유에 대한 설명으로 옳지 않은 것은? (다툼이 있는 경우 헌법재판소 결정에 의함)

① 집단적인 폭행·협박·손괴·방화 등으로 공공의 안녕질서에 직접적인 위협을 가할 것이 명백한 집회 또는 시위의 주최를 금지하고, 이에 위반한 집회 또는 시위에 그 정을 알면서 참가한 자를 처벌하는 규정은 죄형법정주의의 명확성원칙에 위반된다고 볼 수 없다.

② 누구든지 국회의사당의 경계지점으로부터 1백미터 이내의 장소에서는 옥외집회 또는 시위를 하여서는 아니 된다는 규정은 국회의 기능 보호 등을 위한 것이지만, 과잉금지의 원칙에 위배하여 집회의 자유를 침해한다고 볼 수 있다.

③ 미신고 시위에 대한 해산명령에 불응하는 자를 처벌하도록 규정한 「집회 및 시위에 관한 법률」 제24조 제5호 등은 집회의 자유를 침해하는 것이다.

④ 경찰서장이 이미 접수된 옥외집회 신고서를 반려하는 행위는 기본권 침해 가능성이 있는 공권력의 행사에 해당한다.

13 법원에 대한 설명으로 옳지 않은 것은?

① 대법원장이 궐위되거나 부득이한 사유로 직무를 수행할 수 없을 때에는 선임대법관이 그 권한을 대행한다.

② 명령·규칙 또는 처분이 헌법이나 법률에 위반되는 여부가 재판의 전제가 된 경우에는 대법원은 이를 최종적으로 심사할 권한을 가진다.

③ 비상계엄하의 군사재판은 군인·군무원의 범죄나 군사에 관한 간첩죄의 경우와 초병·초소·유독음식물공급·포로에 관한 죄 중 법률이 정한 경우에 한하여 단심으로 할 수 있으나, 사형을 선고한 경우에는 그러하지 아니하다.

④ 재판의 판결과 심리는 공개하나, 판결이 국가의 안전보장 또는 안녕질서를 방해하거나 선량한 풍속을 해할 염려가 있을 때에는 법원의 결정으로 공개하지 아니할 수 있다.

14 헌법재판소에 대한 설명으로 옳은 것은?

① 헌법재판소의 재판관회의는 재판관 6명 이상의 출석과 출석인원 과반수의 찬성으로 의결한다.

② 헌법재판소에서 법률의 위헌결정, 탄핵의 결정, 정당해산의 결정 또는 헌법소원에 관한 인용결정이나 가처분 결정을 할 때에는 재판관 6인 이상의 찬성이 있어야 한다.

③ 각종 심판절차에서 정부가 당사자인 경우에는 법무부장관이 이를 대표한다.

④ 탄핵의 심판과 정당해산의 심판은 구두변론에 의하고, 위헌법률의 심판과 헌법소원에 관한 심판 및 권한쟁의의 심판은 서면심리에 의한다.

15 국회의 자율권 등에 대한 설명으로 옳은 것만을 모두 고르면? (다툼이 있는 경우 판례에 의함)

ㄱ. 「국회법」이 회의절차 전반에 관하여 국회의장에게 폭넓은 권한을 부여하고 있는 점에 비추어 볼 때, 개별적인 수정안에 대한 평가와 그 처리에 대한 국회의장의 판단은 명백히 법에 위반되지 않는 한 존중되어야 한다.

ㄴ. 국회의장이 국회의원을 그의 의사에 반하여 다른 상임위원회로 보임한 행위는 국회 내부 자율의 문제로서 권한쟁의심판의 대상이 될 수 없다는 것이 판례이다.

ㄷ. 국회의 집회·휴회·폐회·회기 등에 대한 결정권은 국회의 자율권의 핵심에 해당하므로 권력분립의 원칙상 대통령이 국회를 직접 소집하는 것은 헌법에 위반된다.

ㄹ. 헌법상 지방의회의원 징계에 관한 제소금지 조항은 없으나, 대법원은 지방의회의 의원징계의결에 대해서 행정소송으로 다툴 수 없다는 입장이다.

① ㄱ, ㄷ   ② ㄴ, ㄷ

③ ㄴ, ㄹ   ④ ㄷ, ㄹ

16 국회의 탄핵소추권에 대한 설명으로 옳지 않은 것은? (다툼이 있는 경우 판례에 의함)

① 국회가 탄핵소추사유에 대하여 별도의 조사를 하지 않았다거나 국정조사결과나 특별검사의 수사결과를 기다리지 않고 탄핵소추안을 의결하였다면 그 의결은 헌법이나 법률을 위반한 것이라고 볼 수 있다.

② 탄핵소추가 의결되었을 때에는 국회의장은 지체 없이 소추의결서 정본을 법제사법위원장인 소추위원에게 송달하고, 그 등본을 헌법재판소, 소추된 사람과 그 소속 기관의 장에게 송달한다.

③ 헌법재판소는 원칙적으로 국회의 소추의결서에 기재된 소추사유에 의하여 구속을 받고, 소추의결서에 기재되지 아니한 소추사유를 판단의 대상으로 삼을 수 없다.

④ 여러 개 탄핵사유가 포함된 하나의 탄핵소추안을 발의하고 안건 수정 없이 그대로 본회의에 상정된 경우에, 국회의장에게는 '표결할 안건의 제목을 선포'할 권한만 있는 것이지, 직권으로 이 사건 탄핵소추안에 포함된 개개 소추사유를 분리하여 여러 개의 탄핵소추안으로 만든 다음 이를 각각 표결에 부칠 수는 없다.

17 국회의 위원회 제도에 관한 다음 설명 중 옳은 것은 모두 몇 개인가?

> ㄱ. 의장은 위원회에 출석하여 발언할 수 있다. 다만, 표결에는 참가할 수 없다.
> ㄴ. 국회의원은 반드시 적어도 하나 이상의 상임위원회에 속하여 그 소관에 속하는 의안과 청원 등의 심사, 그 밖에 법률에서 정하는 직무를 수행하여야 한다.
> ㄷ. 상임위원의 임기는 원칙적으로 2년이지만, 보임(補任)되거나 개선(改選)된 상임위원의 임기는 전임자 임기의 남은 기간으로 한다.
> ㄹ. 상임위원회 위원장은 상임위원 중에서 호선한다.
> ㅁ. 각 교섭단체 대표의원은 국회운영위원회의 위원이 된다.

① 1개
② 2개
③ 3개
④ 4개

18 직업의 자유에 대한 설명으로 옳지 않은 것은? (다툼이 있는 경우 판례에 의함)

① 제조업의 직접생산공정업무를 근로자 파견의 대상 업무에서 제외하는 법률조항은 근로자 파견을 허용하되 파견기간을 제한하는 방법도 고려해 볼 수 있으므로 제조업의 직접생산공정업무에 관하여 근로자 파견의 역무를 제공받고자 하는 사업주의 직업수행의 자유를 침해한다.
② 사회복무요원이 복무기관의 장의 허가 없이 다른 직무를 겸하는 것을 제한하는 「병역법」 제33조 제2항 본문 제4호 후단은 직업의 자유를 침해하지 않는다.
③ 법학전문대학원 입학자 중 법학 외의 분야 및 당해 법학전문대학원이 설치된 대학 외의 대학에서 학사학위를 취득한 자가 차지하는 비율이 입학자의 3분의 1 이상이 되도록 규정한 「법학전문대학원 설치·운영에 관한 법률」 조항은 직업의 자유를 침해하지 않는다.
④ 안경사 면허를 가진 자연인에게만 안경업소의 개설 등을 할 수 있도록 한 구 「의료기사 등에 관한 법률」 제12조 제1항 및 「의료기사 등에 관한 법률」 제12조 제1항과, 그 위반 시 처벌하도록 정한 구 「의료기사 등에 관한 법률」 제30조 제1항 제6호 등은 과잉금지원칙에 반하여 자연인 안경사와 법인의 직업의 자유를 침해하지 않는다.

19 감사원에 대한 설명으로 옳지 않은 것은?

① 감사원은 감사원장을 포함한 7명의 감사위원으로 구성한다.
② 감사원은 법원과 국회, 헌법재판소에 대하여는 회계검사나 그 소속 공무원에 대한 직무감찰을 할 수 없다.
③ 감사원의 감사결과 비위가 적발된 경우에도 감사원은 직접 대상 공무원을 징계할 수 없다.
④ 감사원은 조직상으로는 대통령에 소속되나 그 직무에 관하여는 독립된 지위를 가진다.

20 헌법상 경제질서에 대한 헌법재판소의 결정 내용으로 옳지 않은 것은?

① 특정의료기관이나 특정의료인의 기능·진료방법에 관한 광고를 금지하는 것은 새로운 의료인들에게 자신의 기능이나 기술 혹은 진단 및 치료방법에 관한 광고와 선전을 할 기회를 배제함으로써, 기존의 의료인과의 경쟁에서 불리한 결과를 초래할 수 있는데, 이는 자유롭고 공정한 경쟁을 추구하는 헌법상의 시장경제질서에 부합되지 않는다.
② 금고 이상의 실형을 선고받고 그 형의 집행이 종료되거나 면제되지 아니한 자는 농산물도매시장의 중도매업 허가를 받을 수 없다고 규정한 것은 직업선택의 자유를 침해한 것으로 볼 수 없다.
③ 우리 헌법은 제123조 제3항에서 중소기업이 국민경제에서 차지하는 중요성 때문에 중소기업의 보호를 국가경제정책적 목표로 명문화하고 있는데, 중소기업의 보호는 넓은 의미의 경쟁정책의 한 측면을 의미하므로 중소기업의 보호는 원칙적으로 경쟁질서의 범주 내에서 경쟁질서의 확립을 통하여 이루어져야 한다.
④ 소유자가 거주하지 아니하거나 경작하지 아니하는 농지를 비사업용 토지로 보아 60%의 중과세율을 적용하도록 한 것은, 투기의 목적 없이 농지를 취득한 경우에도 적용을 피할 수 없을 뿐 아니라 그 중과세율이 지나치게 높다고 할 것이므로 헌법상 과잉금지원칙에 위반하여 국민의 재산권을 침해한다.

21 헌법소원에 대한 설명으로 옳지 않은 것은? (다툼이 있는 경우 헌법재판소 결정에 의함)

① 「헌법재판소법」 제68조 제2항에 따른 헌법소원심판은 위헌 여부 심판의 제청신청을 기각하는 결정을 통지받은 날부터 60일 이내에 청구하여야 한다.

② 헌법재판소가 「헌법재판소법」 제68조 제1항에 따른 헌법소원을 인용하는 경우, 헌법재판소는 공권력의 행사 또는 불행사가 위헌인 법률 또는 법률의 조항에 기인한 것이라고 인정될 때에는 인용결정에서 해당 법률 또는 법률의 조항이 위헌임을 선고할 수 있다.

③ 행정심판이나 행정소송 등의 사전구제절차를 거치지 아니하고 청구하는 국가인권위원회의 진정에 대한 각하 또는 기각결정의 취소를 구하는 「헌법재판소법」 제68조 제1항에 의한 헌법소원심판은 보충성 요건을 충족하지 못한다.

④ 「헌법재판소법」 제68조 제1항 본문 중 "법원의 재판을 제외하고는" 부분은, 헌법재판소가 위헌으로 결정한 법령을 적용함으로써 국민의 기본권을 침해한 재판이 포함되는 것으로 해석하는 한 헌법에 위반된다.

22 헌정사에 대한 설명으로 옳지 않은 것을 모두 고르면?

> ㄱ. 제헌헌법(1948년 헌법)은 대통령과 부통령을 국회에서 무기명 투표로 선출하도록 규정하였다.
> ㄴ. 제2차 개정헌법(1954년 헌법)은 국무총리제를 폐지하고 국무원에 대한 개별적 불신임제를 채택했다.
> ㄷ. 제3차 개정헌법(1960년 헌법)에서는 3·15 부정선거에 대한 반성으로 중앙선거관리위원회와 각급선거관리위원회를 처음 규정하였다.
> ㄹ. 제8차 개정헌법(1980년 헌법)에서는 행복추구권, 사생활의 비밀과 자유 등을 기본권으로 새로이 규정하였으며, 언론·출판에 대한 허가나 검열이 인정되지 않는다는 조항을 부활하였다.
> ㅁ. 정당해산심판 조항은 제3차 개정헌법(1960년 헌법)에서 최초로 규정된 이래 제7차 개정헌법(1972년 헌법)에서 삭제되었다가 현행헌법에서 부활되었다.

① ㄱ, ㄴ, ㄹ   ② ㄱ, ㄷ, ㅁ
③ ㄴ, ㄷ, ㄹ   ④ ㄷ, ㄹ, ㅁ

23 대통령에 대한 설명으로 옳은 것은?

① 국회에서 의결되어 정부에 이송된 법률안에 이의가 있을 때 대통령은 15일 이내에 이의서를 붙여 국회로 환부하고 그 재의를 요구할 수 있지만, 국회의 폐회 중에는 환부할 수 없다.

② 대통령은 법률안의 일부에 대하여 또는 법률안을 수정하여 재의를 요구할 수 있고, 재의의 요구가 있을 때에는 국회는 재의에 붙이고, 재적의원 과반수의 출석과 출석의원 3분의 2 이상의 찬성으로 전과 같은 의결을 하면 그 법률안은 법률로서 확정된다.

③ 국회에서 의결된 법률안이 정부에 이송되어 15일 이내에 대통령이 공포나 재의의 요구를 하지 아니한 때에는 그 법률안은 법률로서 확정되며, 이와 같이 확정된 법률은 그 법률이 확정된 후 7일 이내에 국회의장이 공포한다.

④ 대통령은 내우·외환·천재·지변 또는 중대한 재정·경제상의 위기에 있어서 국가의 안전보장 또는 공공의 안녕질서를 유지하기 위하여 긴급한 조치가 필요하고 국회의 집회를 기다릴 여유가 없을 때에 한하여 최소한으로 필요한 재정·경제상의 처분을 하거나 이에 관하여 법률의 효력을 가지는 명령을 발할 수 있다.

24 명확성원칙에 대한 설명으로 옳지 않은 것만을 모두 고른 것은? (다툼이 있는 경우 판례에 의함)

> ㄱ. 「국가공무원법」 제65조 제1항 중 "「국가공무원법」 제2조 제2항 제2호의 교육공무원 가운데 「초·중등교육법」 제19조 제1항의 교원은 그 밖의 정치단체의 결성에 관여하거나 이에 가입할 수 없다." 부분은 명확성원칙에 위배되어 나머지 청구인들의 정치적 표현의 자유, 결사의 자유를 침해한다.
> ㄴ. 공공수역에 다량의 토사를 유출하거나 버려 상수원 또는 하천·호소를 현저히 오염되게 한 자를 처벌하는 「수질 및 수생태계 보전에 관한 법률」 제78조 제4호는 명확성원칙에 위배되지 않는다.
> ㄷ. 방송편성에 관하여 간섭을 금지하는 「방송법」 제4조 제2항의 '간섭'에 관한 부분은 죄형법정주의의 명확성원칙에 위반되지 않는다.
> ㄹ. 「군사기밀 보호법」 조항 중 "외국인을 위하여 제12조 제1항에 규정된 죄를 범한 경우에는 그 죄에 해당하는 형의 2분의 1까지 가중처벌한다."는 부분(이하, '외국인 가중처벌 조항'이라 한다) 중 '외국인을 위하여'라는 의미는 '외국인 가중처벌 조항'에 의하여 금지된 행위가 무엇인지 명확하다고 볼 수 없기 때문에 명확성원칙에 위배된다.

① ㄴ
② ㄹ
③ ㄱ, ㄷ
④ ㄴ, ㄹ

25 자기결정권에 대한 설명으로 옳지 않은 것은? (다툼이 있는 경우 판례에 의함)

① 「특정 범죄자에 대한 보호관찰 및 전자장치 부착 등에 관한 법률」에 의한 전자장치 부착기간 동안 다른 범죄를 저질러 구금된 경우, 그 구금기간이 부착기간에 포함되지 않는 것으로 규정한 위 법 조항이 사생활의 비밀과 자유 혹은 개인정보자기결정권을 침해하는 것은 아니다.

② 인수자가 없는 시체를 생전의 본인의 의사와는 무관하게 해부용 시체로 제공되도록 규정한 「시체 해부 및 보존에 관한 법률」 규정은 추구하는 공익이 사후 자신의 시체가 자신의 의사와는 무관하게 해부용 시체로 제공됨으로써 침해되는 사익보다 크다고 할 수 없으므로 청구인의 시체처분에 대한 자기결정권을 침해한다.

③ 부모가 자녀의 이름을 지어주는 것은 자녀의 양육과 가족생활을 위하여 필수적인 것이고, 가족생활의 핵심적 요소라 할 수 있으므로, '부모가 자녀의 이름을 지을 자유'는 혼인과 가족생활을 보장하는 헌법 제36조 제1항과 행복추구권을 보장하는 헌법 제10조에 의하여 보호받는다.

④ 교육감이 졸업생 관련 증명업무를 위해 졸업생의 성명, 생년월일 및 졸업일자에 대한 정보를 교육정보시스템에 보유하는 행위는 개인정보 보호 법제가 완비되지 않은 상황에서 그 보유의 목적과 수단의 적정성을 인정할 수 없어 졸업생의 개인정보자기결정권을 침해한다.

12회 / Review

문항	정답	문제 키워드	출제 유형	난이도
01	④	정당	이론/판례/조문	●●○
02	②	국적	이론/판례/조문	●●○
03	④	사법권의 독립	이론/판례/조문	●●○
04	①	죄형법정주의	이론/판례/조문	●●○
05	③	적법절차의 원칙	이론/판례/조문	●●○
06	④	대통령의 긴급권한	이론/판례/조문	●●○
07	②	평등권	이론/판례/조문	●●○
08	③	적법절차의 원칙	이론/판례/조문	●○○
09	①	사생활의 비밀과 자유	이론/판례/조문	●●○
10	③	국회법	이론/판례/조문	●○○
11	②	국회	이론/판례/조문	●●○
12	③	집회의 자유	이론/판례/조문	●●○
13	④	법원	이론/판례/조문	●○○

문항	정답	문제 키워드	출제 유형	난이도
14	③	헌법재판소	이론/판례/조문	●●○
15	①	국회의 권한	이론/판례/조문	●●●
16	①	탄핵제도	이론/판례/조문	●●○
17	③	국회의 위원회	이론/판례/조문	●●○
18	①	직업의 자유	이론/판례/조문	●●○
19	②	감사원	이론/판례/조문	●○○
20	④	경제질서	이론/판례/조문	●●○
21	①	헌법소원심판	이론/판례/조문	●●○
22	④	헌정사	이론/판례/조문	●●●
23	④	대통령	이론/판례/조문	●●○
24	④	명확성의 원칙	이론/판례/조문	●●○
25	④	개인정보자기결정권	이론/판례/조문	●●○

[**출제 유형 & 난이도**] 각 문항별 출제 유형(이론/판례/조문)과 난이도를 수록하였으니, 본인이 취약한 유형이나 고난도 문제만 풀어보는 등 학습 상황에 알맞게 활용하시기 바랍니다.

핵심지문 OX
12회 실전동형모의고사에서 꼭 되짚어야 할 핵심지문을 다시 확인해보시기 바랍니다.

01 정치자금의 수입 지출에 관한 내역을 회계장부에 허위 기재하거나 관할 선거관리위원회에 허위 보고한 정당의 회계책임자를 형사처벌하는 구 「정치자금에 관한 법률」의 규정은 헌법 제12조 제2항이 보장하는 진술거부권을 침해하여 헌법에 위반된다. (   )

02 긴급재정경제명령은 중대한 재정·경제상의 위기가 발생할 우려가 있다는 이유로 사전적·예방적으로 발할 수는 없다. (   )

03 특정공무원범죄의 범인에 대한 추징판결을 범인 외의 자가 그 정황을 알면서 취득한 불법재산 및 그로부터 유래한 재산에 대하여 그 범인 외의 자를 상대로 집행할 수 있도록 한 「공무원범죄에 관한 몰수특례법」 제9조의2는 적법절차원칙에 위배된다. (   )

04 재판의 판결과 심리는 공개하나, 판결이 국가의 안전보장 또는 안녕질서를 방해하거나 선량한 풍속을 해할 염려가 있을 때에는 법원의 결정으로 공개하지 아니할 수 있다. (   )

05 헌법재판소의 재판관회의는 재판관 6명 이상의 출석과 출석인원 과반수의 찬성으로 의결한다. (   )

06 정당해산심판 조항은 제3차 개정헌법(1960년 헌법)에서 최초로 규정된 이래 제7차 개정헌법(1972년 헌법)에서 삭제되었다가 현행헌법에서 부활되었다. (   )

07 공공수역에 다량의 토사를 유출하거나 버려 상수원 또는 하천·호소를 현저히 오염되게 한 자를 처벌하는 「수질 및 수생태계 보전에 관한 법률」 제78조 제4호는 명확성원칙에 위배되지 않는다. (   )

[정답] **01** ✕ 진술거부권을 침해한다고 할 수 없다. **02** ○ **03** ○ **04** ✕ 판결이 아닌 심리에 대한 예외규정이다. **05** ✕ 6명 이상이 아니라 7명 이상의 출석이 필요하다. **06** ✕ 제3차 개정헌법(1960년 헌법)에서 최초로 규정된 이래로 현행헌법까지 삭제된 바 없이 계속되고 있다. **07** ○

13회 실전동형모의고사

제한시간: 20분 시작 시 분 ~ 종료 시 분 점수 확인 개 / 25개

01 국회의 입법절차에 대한 설명으로 옳은 것은?

① 위원회는 일부개정법률안의 경우 의안이 그 위원회에 회부된 날부터 20일이 경과되지 아니한 때는 이를 상정할 수 없다.

② 위원회에 회부된 안건을 신속처리대상안건으로 지정하고자 하는 경우 의원은 재적의원 과반수가 서명한 신속처리안건 지정동의를 의장에게 제출하여야 하고 의장은 지체없이 신속처리안건 지정동의를 기명투표로 표결하되 재적의원 5분의 3 이상의 찬성으로 의결한다.

③ 위원회에서 심사를 마치고 진행된 표결에서 본회의에 부의할 필요가 없다고 결정한 의안은 그대로 폐기된다.

④ 국회의원이 법률안을 제출하는 경우에는 발의자를 포함하여 국회의원 10인 이상의 찬성으로 발의할 수 있다.

02 위헌법률심판과 「헌법재판소법」 제68조 제2항에 의한 헌법소원심판에 대한 설명으로 가장 옳은 것은? (다툼이 있는 경우 판례에 의함)

① 호주가 사망한 경우 딸에게 분재청구권을 인정하지 아니한 구 관습법은 실질적으로는 법률과 같은 효력을 갖지만 형식적 의미의 법률은 아니기 때문에 위헌법률심판의 대상이 될 수 없다.

② 위헌법률심판 제청법원이나 「헌법재판소법」 제68조 제2항에 의한 헌법소원심판 청구인이 심판대상 법률조항의 특정한 해석이나 적용부분의 위헌성을 주장하는 한정위헌청구는 원칙적으로 적법하다.

③ 「헌법재판소법」 제68조 제2항에 의한 헌법소원심판 청구인이 당해사건인 형사사건에서 무죄의 확정판결을 받은 때에도 헌법재판소는 그 처벌조항의 위헌 여부에 대해 본안판단을 한다.

④ 형사처벌의 근거로 된 법률의 위헌 여부는 확정된 유죄판결에 대한 재심사유의 존부와 재심청구의 당부에 대하여 직접적인 영향을 미치는 것이므로, 당해사건 재심재판에서 재심사유의 존부 및 재심청구의 당부에 대한 재판의 전제가 된다.

03 권한쟁의심판에 대한 설명으로 옳지 않은 것은? (다툼이 있는 경우 판례에 의함)

① 문화재청 및 문화재청장은 「정부조직법」 제36조 제3항·제4항에 의하여 행정각부 장의 하나인 문화체육관광부장관 소속으로 설치된 기관 및 기관장으로서, '헌법에 의하여 설치되고 헌법과 법률에 의하여 독자적인 권한을 부여받은 국가기관'이라고 할 수 없다.

② 보건복지부장관이 광역지방자치단체의 장에게 「지방자치단체 유사·중복 사회보장사업 정비지침」에 따라 정비를 추진하고 정비계획(실적) 등을 제출해주기 바란다는 취지의 통보를 한 행위는 권한쟁의심판의 대상이 되는 처분이라고 볼 수 없다.

③ 「지방교육자치에 관한 법률」은 교육감을 시·도의 교육·학예에 관한 사무의 '집행기관'으로 규정하고 있으므로, 교육감과 해당 지방자치단체 상호간의 권한쟁의심판은 '서로 상이한 권리주체 간'의 권한쟁의심판청구로 볼 수 없다.

④ 법률에 의해 설치된 국가기관이라고 할지라도 헌법적 위상을 가진다고 볼 수 있는 독립적 국가기관으로서 달리 권한침해를 다툴 방법이 없는 경우에는 헌법재판소에 의한 권한쟁의심판이 허용되어야 하며, 국가경찰위원회는 바로 이 경우에 해당하므로 권한쟁의심판청구의 당사자능력이 인정된다.

04 환경권에 대한 설명으로 옳지 않은 것은? (다툼이 있는 경우 판례에 의함)

① 환경권은 건강하고 쾌적한 생활을 유지하는 조건으로서 양호한 환경을 향유할 권리이고, 생명·신체의 자유를 보호하는 토대를 이루며, 궁극적으로 '삶의 질' 확보를 목표로 하는 권리이다.

② 환경권을 행사함에 있어 국민은 국가로부터 건강하고 쾌적한 환경을 향유할 수 있는 자유를 침해당하지 않을 권리를 행사할 수 있고, 일정한 경우 국가에 대하여 건강하고 쾌적한 환경에서 생활할 수 있도록 요구할 수 있는 권리가 인정되기도 하므로 환경권은 종합적 기본권으로서의 성격을 지닌다.

③ '건강하고 쾌적한 환경에서 생활할 권리'를 보장하는 헌법 제35조 제1항의 환경권 보호대상이 되는 환경에는 자연환경뿐만 아니라 인공적 환경과 같은 생활환경도 포함된다.

④ 헌법 제35조 제1항은 환경정책에 관한 국가적 규제와 조정을 뒷받침하는 헌법적 근거이므로, 여기에서 대기오염으로 인한 국민건강 및 환경에 대한 위해를 방지하여야 할 국가의 구체적 작위의무가 도출된다.

05 평등권에 대한 설명으로 옳지 않은 것은? (다툼이 있는 경우 판례에 의함)

① 변호인선임서 등을 공공기관에 제출할 때 소속 지방변호사회를 경유하도록 하는 「변호사법」 조항은 다른 전문직과 비교하여 차별취급의 합리적 이유가 있다고 할 것이므로 변호사의 평등권을 침해하지 아니한다.

② 협의수용을 '양도'로 보고 양도소득세를 부과하는 것은 환지처분을 '양도'로 보지 않고 양도소득세를 부과하지 않는 것에 비해 불합리하게 차별하는 것이다.

③ SK케미칼이 제조하고 애경산업이 판매하였던 가습기살균제 제품인 '홈클리닉 가습기메이트'의 표시·광고와 관련하여 공정거래위원회가 2016년에 행한 사건처리 중, 위 제품 관련 인터넷 신문기사 3건을 심사대상에서 제외한 행위는 청구인의 평등권을 침해한다.

④ 「국민연금법」상 유족연금에서 유족의 범위에 25세 이상의 자녀 혹은 사망한 국민연금 가입자 등에 의하여 생계를 유지하고 있지 않은 자녀를 포함시키지 않는 법률 조항은 헌법에 위반되지 않는다.

06 「헌법재판소법」 제68조 제1항에 따른 헌법소원심판에 대한 설명으로 옳은 것만을 모두 고르면? (다툼이 있는 경우 판례에 의함)

ㄱ. 대한민국 외교부장관과 일본국 외무대신이 공동발표한 일본군 위안부 피해자 문제 관련 합의는 헌법소원심판청구의 대상이 되지 아니한다.

ㄴ. 대학의 자율권은 기본적으로 대학에게 부여된 기본권이므로, 국립대학교가 대학의 자율권이 침해된다는 이유로 헌법소원심판을 청구하는 것은 허용된다.

ㄷ. '금융위원회가 시중 은행들을 상대로 가상통화 거래를 위한 가상계좌의 신규 제공을 중단하도록 한 조치'는 단순한 행정 지도로서의 한계를 넘어 규제적·구속적 성격을 상당히 강하게 갖는 것으로서, 헌법소원의 대상이 되는 공권력의 행사라고 봄이 상당하다.

ㄹ. 방송통신심의위원회가 방송사업자에 대하여 한, '청구인의 보도가 심의규정을 위반한 것으로 판단되며, 향후 관련 규정을 준수할 것'을 내용으로 하는 '의견제시'는 헌법소원의 대상이 되는 '공권력의 행사'에 해당한다.

ㅁ. 헌법은 그 전체로서 주권자인 국민의 결단 내지 국민적 합의의 결과라고 보아야 할 것으로, 헌법의 개별규정을 「헌법재판소법」 제68조 제1항 소정의 공권력 행사의 결과라고 볼 수 없다.

① ㄱ, ㄹ　　　　　　　② ㄷ, ㄹ
③ ㄱ, ㄴ, ㅁ　　　　　④ ㄴ, ㄷ, ㅁ

07 종교의 자유에 관한 설명으로 옳지 않은 것은? (다툼이 있는 경우 헌법재판소 판례에 의함)

① 간호조무사 국가시험 실시 요일은 수험생들의 피해를 최소화할 수 있는 방안으로 결정하여야 하지만 연 2회 실시되는 간호조무사 국가시험을 모두 토요일에 실시한다고 하여 토요일에 종교적 의미를 부여하는 종교를 믿는 자의 종교의 자유를 침해하지 아니한다.

② 육군훈련소장이 훈련병들로 하여금 개신교, 천주교, 불교, 원불교 4개 종교의 종교행사 중 하나에 참석하도록 한 것이 그 자체로 종교적 행위의 외적 강제에 해당한다고 볼 수는 없다.

③ 종교시설의 건축행위에 대하여 기반시설부담금 부과를 제외하거나 감경하지 아니하였더라도, 종교의 자유를 침해하는 것이 아니다.

④ 구치소에 종교행사 공간이 1개뿐이고, 종교행사는 종교, 수형자와 미결수용자, 성별, 수용동 별로 진행되며, 미결수용자는 공범이나 동일사건 관련자가 있는 경우 이를 분리하여 참석하게 해야 하는 점을 고려하면 구치소장이 미결수용자 대상 종교행사를 4주에 1회 실시했더라도 종교의 자유를 과도하게 제한하였다고 보기 어렵다.

08 헌법소원에 대한 설명으로 옳지 않은 것은? (다툼이 있는 경우 헌법재판소 결정에 의함)

① 행정규칙이라도 재량권행사의 준칙으로서 그 정한 바에 따라 되풀이 시행되어 행정관행을 이루게 되면, 행정기관은 평등의 원칙이나 신뢰보호의 원칙에 따라 상대방에 대한 관계에서 그 규칙에 따라야 할 자기구속을 당하게 되는 바, 이 경우에는 대외적 구속력을 가진 공권력의 행사가 된다.

② 행정안전부장관, 법무부장관이 진실규명사건의 피해자 및 그 가족인 청구인들의 피해를 회복하기 위해「국가배상법」에 의한 배상이나 형사보상법에 의한 보상과는 별개로 금전적 배상·보상이나 위로금을 지급하지 아니한 부작위는 헌법소원의 대상이 되는 공권력의 불행사에 해당하지 않는다.

③ 법인은 결사의 자유를 바탕으로 하여 법률에 의해 비로소 창설된 법인격의 주체여서 관념상 결사의 자유에 앞서 존재하는 인간으로서의 존엄과 가치를 가진다 할 수 없고, 그 행동영역도 법률에 의해 형성될 뿐이며, 기본권의 성질상 법인에게 적용될 수 있는 경우에 한하여 해당 기본권의 주체가 될 수 있다. 따라서 인간의 존엄과 가치에서 유래하는 인격권은 자연적 생명체로서 개인의 존재를 전제로 하는 기본권으로서 그 성질상 법인에게는 적용될 수 없다.

④ 「헌법재판소법」 제68조 제2항의 헌법소원은 법률의 위헌 여부 심판의 제청신청을 하여 그 신청이 기각된 때에만 청구할 수 있는 것이므로, 청구인이 특정 법률조항에 대한 위헌 여부 심판의 제청신청을 하지 않았고 따라서 법원의 기각결정도 없었다면 그 부분 심판청구는 심판청구요건을 갖추지 못하여 부적법하다.

09 기본권의 충돌에 관한 설명으로 가장 적절하지 않은 것은? (다툼이 있는 경우 판례에 의함)

① 기본권의 충돌이란 상이한 복수의 기본권주체가 서로의 권익을 실현하기 위해 하나의 동일한 사건에서 국가에 대하여 서로 대립되는 기본권의 적용을 주장하는 경우를 말하는데, 한 기본권 주체의 기본권행사가 다른 기본권주체의 기본권행사를 제한 또는 희생시킨다는 데 그 특징이 있다.

② 흡연자와 비흡연자가 함께 생활하는 공간에서의 흡연행위는 필연적으로 흡연자의 기본권과 비흡연자의 기본권이 충돌하는 상황이 초래된다. 이 경우 혐연권은 흡연권을 침해하지 않는 한에서 인정되어야 한다.

③ 근로자의 단결하지 아니할 자유와 노동조합의 적극적 단결권이 충돌하는 경우 단결권 상호간의 충돌은 아니라고 하더라도 여전히 헌법상 보장된 일반적 행동의 자유 또는 결사의 자유와 적극적 단결권 사이의 기본권 충돌의 문제가 제기될 수 있다.

④ 국가가 태아의 생명 보호를 위해 확정적으로 만들어 놓은 자기낙태죄 조항의 위헌성을 심사함에 있어 동 조항의 존재와 역할을 간과한 채, 임신한 여성의 자기결정권과 태아의 생명권의 직접적인 충돌을 해결해야 하는 사안으로 보는 것은 적절하지 않다.

10 재외국민의 선거권에 대한 설명으로 옳지 않은 것은? (다툼이 있는 경우 판례에 의함)

① 국내거주 재외국민은 주민등록을 할 수 없을 뿐이지 '국민인 주민'이라는 점에서는 '주민등록이 되어 있는 국민인 주민'과 실질적으로 동일하므로, 지방선거 선거권 부여에 있어 양자에 대한 차별을 정당화할 어떠한 사유도 존재하지 않는다.

② 입법자가 재외선거인을 위하여 인터넷투표방법이나 우편투표방법을 채택하지 아니하고 원칙적으로 공관에 설치된 재외투표소에 직접 방문하여 투표하는 방법을 채택하는 것은 현저히 불합리하거나 불공정하다고 할 수 없다.

③ 「공직선거법」상 재외선거인 등록신청조항에서 재외선거권자로 하여금 선거를 실시할 때마다 재외선거인 등록신청을 하도록 규정한 것은 재외선거인의 선거권을 침해한다.

④ 주민등록이 되어 있지 않고 국내거소신고도 하지 않은 재외국민에게 국회의원 재·보궐선거의 선거권을 인정하지 않은 재외선거인 등록신청조항이 재외선거인의 선거권을 침해하거나 보통선거원칙에 위배된다고 볼 수 없다.

11 국회의 기관에 대한 설명으로 옳지 않은 것은?

① 국회의장이 사고가 있을 때에는 소속 의원 수가 많은 교섭단체 소속 부의장이 의장의 직무를 대리한다.

② 의장과 부의장이 모두 사고가 있을 때에는 임시의장을 선출하여 의장의 직무를 대행하게 한다.

③ 국회의원 총선거 후 처음으로 의장과 부의장을 선거할 때에는 의원 중 최다선 의원이 의장의 직무를 대행하고, 최다선 의원이 2명 이상인 경우에는 그 중 연장자가 의장의 직무를 대행한다.

④ 국회의원 총선거 후 처음 선출된 의장과 부의장의 임기만료일까지 부득이한 사유로 의장이나 부의장을 선출하지 못한 경우와 폐회 중에 의장·부의장이 모두 궐위된 경우에는, 사무총장이 임시회 집회 공고에 관하여 의장의 직무를 대행한다.

12 코로나19 팬데믹 상황에서의 기본권 제한에 관한 설명으로 가장 적절하지 않은 것은? (다툼이 있는 경우 판례에 의함)

① 감염병의 유행은 일률적이고 광범위한 기본권 제한을 허용하는 면죄부가 될 수 없고, 감염병의 확산으로 인하여 의료자원이 부족할 수도 있다는 막연한 우려를 이유로 확진환자 등의 국가시험응시를 일률적으로 금지하는 것은 직업선택의 자유를 과도하게 제한한 것이다.

② 고위험자의 정의나 판단기준을 정하고 있지 않다고 하더라도 시험장 출입 시 또는 시험 중에 37.5도 이상의 발열이나 기침 또는 호흡곤란 등의 호흡기 증상이 있는 응시자 중 국가시험주관부서의 판단에 따른 고위험자를 의료기관에 일률적으로 이송하도록 하는 것은 피해의 최소성을 충족한다.

③ 「감염병예방법」에 근거한 집합제한 조치로 인하여 일반음식점 영업이 제한되어 영업이익이 감소되었다고 하더라도, 일반음식점 운영자가 소유하는 영업시설·장비 등에 대한 구체적인 사용·수익 및 처분권한을 제한받는 것은 아니므로, 보상규정의 부재가 일반음식점 운영자의 재산권을 제한한다고 볼 수 없다.

④ 코로나19 팬데믹 사태로 약사가 환자에게 의약품을 교부함에 있어 그 교부방식을 환자와 약사가 협의하여 결정할 수 있도록 한시적 예외를 인정하였다고 해도 의약품의 판매장소를 약국 내로 제한하는 것은 국민의 건강과 직접 관련된 보건의료 분야라는 점을 고려할 때, 과잉금지원칙을 위반하여 약국개설자의 직업수행의 자유를 침해한다고 볼 수 없다.

13 거주·이전의 자유에 대한 설명으로 옳지 않은 것은? (다툼이 있는 경우 판례에 의함)

① 헌법 제14조가 보장하는 거주·이전의 자유는 대한민국 영토 안에서 국가의 간섭이나 방해를 받지 않고 생활의 근거지와 거주지를 임의로 선택할 수 있는 자유를 뜻하므로, 이로부터 자신이 소속된 국적을 버리거나 변경할 자유가 파생된다고 볼 수는 없다.

② 법무부장관으로 하여금 거짓이나 그 밖의 부정한 방법으로 귀화허가를 받은 자에 대하여 그 허가를 취소할 수 있도록 규정하고 그 취소권의 행사기간을 따로 정하지 아니한 「국적법」 조항은 거주·이전의 자유를 침해하지 않는다.

③ 복수국적자에 대하여 제1국민역에 편입된 날부터 3개월 이내에 대한민국 국적을 이탈하지 않으면 병역의무를 해소한 후에야 이를 가능하도록 한 「국적법」 조항은 복수국적자의 국적이탈의 자유를 침해한다.

④ 주택 등의 재산권에 대한 수용이 헌법 제23조 세3항이 정하고 있는 정당보상의 원칙에 부합하는 이상, 그러한 수용만으로 거주·이전의 자유를 침해한다고는 할 수 없다.

14 변호인의 조력을 받을 권리에 대한 설명으로 옳은 것은? (다툼이 있는 경우 판례에 의함)

① 변호인의 조력을 받을 권리는 형사절차에서 피의자 또는 피고인의 방어권 보장을 위한 것으로서 「출입국관리법」상 보호 또는 강제퇴거의 절차에도 적용된다고 보기 어렵다.

② 난민인정심사불회부결정을 받은 외국인을 인천국제공항 송환대기실에 수개월째 수용하고 환승구역으로 출입을 막으면서 변호인접견신청을 거부한 것은, 변호인의 조력을 받을 권리를 침해한 것은 아니다.

③ 체포되어 구속영장이 청구된 피의자를 신문하는 과정에서 변호인인 청구인이 위 피의자 가족의 의뢰를 받아 접견신청을 하였음에도 검사가 이를 허용하기 위한 조치를 취하지 않은 것은 변호인이 되려는 청구인의 접견교통권을 침해한 것이다.

④ 구치소장이 변호인접견실에 CCTV를 설치하여 미결수용자와 변호인 간의 접견을 관찰한 행위는 미결수용자와 변호인 간의 접견내용의 비밀이 침해될 위험성이 높고 미결수용자로 하여금 심리적으로 위축되게 함으로써 변호인과의 자유롭고 충분한 접견을 제한하고 있으므로 미결수용자의 변호인의 조력을 받을 권리를 침해한다.

15 헌법재판소의 결정 내용으로 옳지 않은 것을 모두 고르면?

> ㄱ. 의료인 등으로 하여금 거짓이나 과장된 내용의 의료
>   광고를 하지 못하도록 하고 이를 위반한 자를 1년
>   이하의 징역이나 500만원 이하의 벌금에 처하도록
>   규정한 「의료법」 제56조 제3항 등이 평등권을 침해
>   하는 것은 아니다.
> ㄴ. 월급근로자로서 6개월이 되지 못한 자를 해고예고제
>   도의 적용예외사유로 규정하고 있는 「근로기준법」
>   제35조 제3호는 합리적인 차별이다.
> ㄷ. 「공직자윤리법」 시행령에 경찰공무원 중 경사 이상
>   의 계급에 해당하는 자를 재산등록의무자로 규정한
>   것은 평등권을 침해한다.
> ㄹ. 선거기간 동안 언론기관이 입후보자를 선별적으로
>   초청하여 대담토론회를 개최하고 보도하는 것은 자
>   의적인 차별이 아니다.
> ㅁ. 「제3자 개입금지에 관한 노동쟁의조정법」 제13조의2
>   는 실제로 조력을 구하기 위한 능력의 차이를 무시
>   한 것으로, 근로자와 사용자를 실질적으로 차별하는
>   불합리한 규정이다.

① ㄱ, ㄴ ② ㄴ, ㄹ
③ ㄴ, ㄷ, ㅁ ④ ㄷ, ㄹ, ㅁ

16 「학교폭력예방 및 대책에 관한 법률」에 관한 헌법재판소의 판단으로 가장 적절하지 않은 것은?

① 가해학생에 대한 조치로 피해학생에 대한 서면사과를 규정한 조항은 가해학생의 양심의 자유와 인격권을 과도하게 침해한다고 본다.

② 가해학생에 대한 조치로 피해학생 및 신고·고발한 학생에 대한 접촉, 협박 및 보복행위의 금지를 규정한 조항은 가해학생의 일반적 행동자유권을 침해한다고 보기 어렵다.

③ 피해학생이 가해학생과 동일한 학급 내에 있으면서 지속적으로 학교폭력의 위험에 노출된다면 심대한 정신적, 신체적 피해를 입을 수 있으므로, 가해학생에 대한 조치로 학급교체를 규정한 조항은 가해학생의 일반적 행동자유권을 과도하게 침해한다고 보기 어렵다.

④ 가해학생에 대한 조치별 적용 기준의 기본적인 내용을 법률에서 직접 규정하고 있으며, 사건 조치별 적용기준 위임규정에 따라 대통령령에 규정될 내용은 세부적인 기준에 관한 내용이 될 것임을 충분히 예측할 수 있으므로, 사건 조치별 적용기준 위임규정은 포괄위임금지원칙에 위배되지 않는다.

17 직업의 자유에 대한 설명으로 옳은 것은? (다툼이 있는 경우 판례에 의함)

① 구 「음반에 관한 법률」 제3조 제1항이 비디오물을 포함하는 음반제작자에 대하여 일정한 시설을 갖추어 문화공보부에 등록할 것을 명하는 것은 예술의 자유를 침해하는 것이다.

② 사립유치원의 공통적인 세입·세출 자료가 없는 경우 관할청의 지도·감독에는 한계가 존재할 수밖에 없다는 이유로 사립유치원의 회계를 국가가 관리하는 공통된 회계시스템을 이용하여 처리하도록 하는 것은 개인사업자인 사립유치원의 자유로운 회계처리 방법 선택권을 과도하게 침해한다.

③ 금융감독원의 4급 이상 직원에 대하여 퇴직일부터 3년간 퇴직 전 5년 동안 소속하였던 부서또는 기관의 업무와 밀접한 관련성이 있는 취업심사대상기관에의 취업을 제한하는 「공직자윤리법」은 직업의 자유를 침해한다.

④ 성적목적공공장소침입죄로 형을 선고받아 확정된 사람은 그 형의 집행을 종료한 날부터 10년 동안 의료기관을 제외한 아동·청소년 관련기관 등을 운영하거나 위 기관에 취업할 수 없도록 한 「아동·청소년의 성보호에 관한 법률」 관련 조항은 성적목적공공장소침입죄 전과자의 직업선택의 자유를 침해하는 것이다.

18 신뢰보호의 원칙과 소급입법금지원칙에 대한 설명으로 옳지 않은 것은? (다툼이 있는 경우 판례에 의함)

① 신뢰보호의 원칙이 국가공권력 행사에 관하여 가지는 국민의 모든 기대 내지 신뢰를 절대적인 권리로서 보호하는 것은 아니다.

② 법률 시행 당시 디엔에이감식시료 채취 대상범죄로 이에 징역이나 금고 이상의 실형을 선고받아 그 형이 확정되어 수용 중인 사람에게 디엔에이감식시료 채취 및 디엔에이확인정보의 수집·이용 등 「디엔에이신원확인정보의 이용 및 보호에 관한 법률」을 적용할 수 있도록 규정한 것은 헌법위반이 아니다.

③ 신상정보 공개·고지명령을 소급적용하는 「성폭력범죄의 처벌 등에 관한 특례법」 부칙은 형벌과는 구분되는 비형벌적 보안처분으로서 소급처벌금지원칙이 적용되지 아니한다.

④ 신법이 피적용자에게 유리하게 개정된 경우 이른바 시혜적인 소급입법이 가능하므로 이를 피적용자에게 유리하게 적용하는 것은 입법자의 의무이다.

19 출생등록과 관련된 내용으로 가장 적절하지 않은 것은? (다툼이 있는 경우 판례에 의함)

① 태어난 즉시 '출생등록될 권리'는 '출생 후 아동이 보호를 받을 수 있을 최대한 빠른 시점'에 아동의 출생과 관련된 기본적인 정보를 국가가 관리할 수 있도록 등록할 권리이다.

② '출생등록될 권리'는 헌법에 명시되지 아니한 독자적 기본권으로서, 자유로운 인격실현을 보장하는 자유권적 성격과 아동의 건강한 성장과 발달을 보장하는 사회적 기본권의 성격을 함께 지닌다.

③ 태어난 즉시 '출생등록될 권리'는 입법자가 출생등록제도를 통하여 형성하고 구체화하여야 할 권리이며, 입법자는 출생등록제도를 형성함에 있어 단지 출생등록의 이론적 가능성을 허용하는 것에 그쳐서는 아니되며, 실효적으로 출생등록될 권리가 보장되도록 하여야 한다.

④ 혼인 중인 여자와 남편 아닌 남자 사이에서 출생한 자녀의 경우에 모와 생부를 차별하여 혼인 외 출생자의 신고의무를 모에게만 부과하고, 남편 아닌 남자인 생부에게 자신의 혼인 외 자녀에 대해서 출생신고를 하도록 규정하지 아니한 것은 합리적인 이유가 없어 생부의 평등권을 침해한다.

20 재판청구권에 대한 설명으로 옳지 않은 것은? (다툼이 있는 경우 판례에 의함)

① 군사시설 중 전투용에 공하는 시설을 손괴한 일반국민이 평시에 군사법원에서 재판을 받도록 하는 것은 법관에 의한 재판을 받을 권리를 침해하는 것이다.

② 디엔에이감식시료채취영장 발부 과정에서 채취대상자에게 자신의 의견을 밝히거나 영장 발부 후 불복할 수 있는 절차 등에 관하여 규정하지 아니한 「디엔에이신원확인정보의 이용 및 보호에 관한 법률」의 조항은 채취대상자들의 재판청구권을 침해한다.

③ 헌법 해석상 국회가 선출하여 임명된 헌법재판소의 재판관 중 공석이 발생한 경우에 국회가 공정한 헌법재판을 받을 권리의 보장을 위하여 공석인 재판관의 후임자를 선출하여야 할 구체적 작위의무를 부담한다고 볼 수는 없다.

④ 심리불속행 상고기각판결의 경우 판결이유를 생략할 수 있도록 규정한 「상고심절차에 관한 특례법」 조항은 헌법 제27조 제1항에서 보장하는 재판청구권 등을 침해하지 않는다.

21 형사보상청구권에 대한 설명으로 옳지 않은 것은? (다툼이 있는 경우 판례에 의함)

① 형사보상의 청구기간을 '무죄판결이 확정된 때로부터 1년'으로 규정한 것은 형사보상청구권의 행사를 어렵게 할 정도로 지나치게 짧다고 할 수 없으므로 합리적인 입법재량을 행사한 것으로 볼 수 있다.

② 형사보상청구권과 직접적인 이해관계를 가진 당사자는 형사피고인과 국가밖에 없는데, 국가가 무죄판결을 선고받은 형사피고인에게 넓게 형사보상청구권을 인정함으로써 감수해야 할 공익은 경제적인 것에 불과하다.

③ 형사피고인에만 인정되었던 형사보상청구권을 형사피의자까지 확대 적용한 것은 현행 헌법부터이다.

④ 형사보상의 청구에 대한 보상결정에 대하여는 불복을 신청할 수 없도록 하여 형사보상의 결정을 단심재판으로 제한한 것은 형사보상청구권 및 재판청구권을 침해한다.

22 직업의 자유에 대한 설명으로 옳은 것은? (다툼이 있는 경우 판례에 의함)

① 의료인의 중복운영 허용 여부는 입법정책적인 문제이나 1인의 의료인에 대하여 운영할 수 있는 의료기관의 수를 제한하는 입법자의 판단은 그 목적에 비해 입법자에게 부여된 입법재량을 명백히 일탈하였다.

② 온라인서비스제공자가 자신이 관리하는 정보통신망에서 아동·청소년이용음란물을 발견하기 위하여 대통령령으로 정하는 조치를 취하지 아니하거나 발견된 아동·청소년이용음란물을 즉시 삭제하고, 전송을 방지 또는 중단하는 기술적인 조치를 취하지 아니한 경우 처벌하는 「아동·청소년의 성보호에 관한 법률」 규정은 직업의 자유를 제한하지 않는다.

③ 음란물출판사 등록취소 사건은 청구인의 직업의 자유를 침해한다.

④ 감차 사업구역 내에 있는 일반택시 운송 사업자에게 택시운송사업 양도를 금지하고 감차 계획에 따른 감차 보상만 신청할 수 있도록 하는 조항은 일반택시 운송사업자의 직업수행의 자유를 과도하게 제한한다고 볼 수 없다.

23 표현의 자유에 대한 설명으로 옳지 않은 것은? (다툼이 있는 경우 판례에 의함)

① 정보위원회 회의를 비공개하도록 규정한 「국회법」 조항은 알 권리를 침해한다.

② 안성시시설관리공단의 상근직원이 당원이 아닌 자에게도 투표권을 부여하는 당내경선에서 경선운동을 할 수 없도록 금지·처벌하는 「공직선거법」 조항은 정치적 표현의 자유를 침해한다.

③ 「신문 등의 진흥에 관한 법률」의 등록조항은 인터넷신문의 명칭, 발행인과 편집인의 인적사항 등 인터넷신문의 외형적이고 객관적 사항을 제한적으로 등록하도록 하고 있는 바, 이는 인터넷신문에 대한 인적요건의 규제 및 확인에 관한 것으로 인터넷신문의 내용을 심사·선별하여 사전에 통제하기 위한 규정으로 사전허가금지원칙에 위배된다.

④ 헌법상 사전검열은 표현의 자유 보호대상이면 예외 없이 금지되므로, 건강기능식품의 기능성 광고는 인체의 구조 및 기능에 대하여 보건용도에 유용한 효과를 준다는 기능성 등에 관한 정보를 널리 알려 해당 건강기능식품의 소비를 촉진시키기 위한 상업광고이지만, 헌법 제21조 제1항의 표현의 자유의 보호대상이 됨과 동시에 같은 조 제2항의 사전검열 금지대상도 된다.

24 정당에 대한 설명으로 옳지 않은 것은? (다툼이 있는 경우 판례에 의함)

① 정당이 당원 내지 후원자들로부터 정당의 목적에 따른 활동에 필요한 정치자금을 모금하는 것은 정당활동의 자유의 내용에 당연히 포함된다.

② 정당이 새로운 당명으로 합당하거나 다른 정당에 합당될 때에는 합당을 하는 정당들의 대의기관이나 그 수임기관의 합동회의의 결의로써 합당할 수 있다.

③ 정당이 그 소속 국회의원을 제명하기 위해서는 당헌이 정하는 절차를 거치는 외에 그 소속 국회의원 전원의 3분의 2 이상의 찬성이 있어야 한다.

④ 창당준비위원회는 중앙당의 경우에는 200명 이상의, 시·도당의 경우에는 100명 이상의 발기인으로 구성한다.

25 헌법상 경제질서에 대한 설명으로 옳은 것은? (다툼이 있는 경우 헌법재판소 결정에 의함)

① 헌법상의 경제질서인 사회적 시장경제질서는 헌법의 지도원리로서 모든 국민·국가기관이 헌법을 존중하고 수호하도록 하는 지침이 되며, 기본권의 해석 및 기본권 제한입법의 합헌성 심사에 있어 해석기준의 하나로서 작용함은 물론 구체적 기본권을 도출하는 근거도 될 수 있다.

② 헌법 제119조 제2항은 국가가 경제영역에서 실현하여야 할 목표의 하나로서 '적정한 소득의 분배'를 들고 있으므로, 이로부터 소득에 대하여 누진세율에 따른 종합과세를 시행하여야 할 구체적인 헌법적 의무가 입법자에게 부과된다.

③ 헌법 제119조 제2항에 규정된 '경제주체간의 조화를 통한 경제의 민주화'의 이념은 경제영역에서 정의로운 사회질서를 형성하기 위하여 추구할 수 있는 국가목표로서 작용하지만, 개인의 기본권을 제한하는 국가행위를 정당화하는 규범으로 작용할 수는 없다.

④ 헌법 제121조는 국가에 대해 '경자유전 원칙의 달성'을 요청하는 한편 '불가피한 사정으로 발생하는 농지의 임대차와 위탁경영'을 허용하고 있는 바, 「농지법」상 상속으로 농지를 취득하여 소유하는 경우 자기의 농업경영에 이용하지 아니할지라도 농지를 소유할 수 있다.

13회 실전동형모의고사
모바일 자동 채점 + 성적 분석 서비스
바로 가기 (gosi.Hackers.com)

QR코드를 이용하여 해커스공무원의 '모바일 자동 채점 + 성적 분석 서비스'로 바로 접속하세요!
* 해커스공무원 사이트의 가입자에 한해 이용 가능합니다.

13회 / Review

문항	정답	문제 키워드	출제 유형	난이도
01	④	국회의 입법절차	이론/판례/조문	●●○
02	②	위헌법률심판, 헌법소원심판	이론/판례/조문	●●○
03	④	권한쟁의심판	이론/판례/조문	●●○
04	④	환경권	이론/판례/조문	●●○
05	②	평등권	이론/판례/조문	●●●
06	③	헌법소원심판	이론/판례/조문	●●○
07	②	종교의 자유	이론/판례/소문	●●○
08	③	헌법소원심판	이론/판례/조문	●●○
09	②	기본권 충돌	이론/판례/조문	●●○
10	③	참정권	이론/판례/조문	●●○
11	①	국회	이론/판례/조문	●○○
12	②	기본권제한	이론/판례/조문	●●○
13	①	거주·이전의 자유	이론/판례/조문	●●○

문항	정답	문제 키워드	출제 유형	난이도
14	③	변호인의 조력을 받을 권리	이론/판례/조문	●●○
15	③	평등권	이론/판례/조문	●●●
16	①	학교폭력	이론/판례/조문	●●○
17	④	직업의 자유	이론/판례/조문	●●●
18	④	신뢰보호원칙	이론/판례/조문	●●○
19	④	출생등록될 권리	이론/판례/조문	●●○
20	③	재판청구권	이론/판례/조문	●●○
21	①	형사보상청구권	이론/판례/조문	●●○
22	④	직업의 자유	이론/판례/조문	●●○
23	③	표현의 자유	이론/판례/조문	●●●
24	③	정당	이론/판례/조문	●●○
25	④	경제질서	이론/판례/조문	●●○

[**출제 유형 & 난이도**] 각 문항별 출제 유형(이론/판례/조문)과 난이도를 수록하였으니, 본인이 취약한 유형이나 고난도 문제만 풀어보는 등 학습 상황에 알맞게 활용하시기 바랍니다.

핵심지문 OX 13회 실전동형모의고사에서 꼭 되짚어야 할 핵심지문을 다시 확인해보시기 바랍니다.

01 「국민연금법」상 유족연금에서 유족의 범위에 25세 이상의 자녀 혹은 사망한 국민연금 가입자 등에 의하여 생계를 유지하고 있지 않은 자녀를 포함시키지 않는 법률 조항은 헌법에 위반되지 않는다. (   )

02 행정안전부장관, 법무부장관이 진실규명사건의 피해자 및 그 가족인 청구인들의 피해를 회복하기 위해 「국가배상법」에 의한 배상이나 형사보상법에 의한 보상과는 별개로 금전적 배상·보상이나 위로금을 지급하지 아니한 부작위는 헌법소원의 대상이 되는 공권력의 불행사에 해당하지 않는다. (   )

03 주민등록이 되어 있지 않고 국내거소신고도 하지 않은 재외국민에게 국회의원 재·보궐선거의 선거권을 인정하지 않은 재외선거인 등록신청조항이 재외선거인의 선거권을 침해하거나 보통선거원칙에 위배된다고 볼 수 없다. (   )

04 국회의장이 사고가 있을 때에는 소속 의원 수가 많은 교섭단체 소속 부의장이 의장의 직무를 대리한다. (   )

05 헌법 제14조가 보장하는 거주·이전의 자유는 대한민국 영토 안에서 국가의 간섭이나 방해를 받지 않고 생활의 근거지와 거주지를 임의로 선택할 수 있는 자유를 뜻하므로, 이로부터 자신이 소속된 국적을 버리거나 변경할 자유가 파생된다고 볼 수는 없다. (   )

06 난민인정심사불회부결정을 받은 외국인을 인천국제공항 송환대기실에 수개월째 수용하고 환승구역으로 출입을 막으면서 변호인접견신청을 거부한 것은, 변호인의 조력을 받을 권리를 침해한 것은 아니다. (   )

07 선거기간 동안 언론기관이 입후보자를 선별적으로 초청하여 대담토론회를 개최하고 보도하는 것은 자의적인 차별이 아니다. (   )

[정답] **01** ○ **02** ○ **03** ○ **04** × 의장이 지정하는 부의장이 대리하고, 지정할 수 없을 때에 소속 의원 수가 많은 교섭단체 소속 부의장의 순으로 대행한다.
05 × 국적변경의 자유도 그 내용에 포섭된다. **06** × 변호인의 조력을 받을 권리를 침해한 것이다. **07** ○

14회 실전동형모의고사

제한시간: 20분 시작 시 분 ~ 종료 시 분   점수 확인   개/ 25개

01 국가기관 간 권한쟁의심판의 당사자능력 및 당사자적격에 대한 설명으로 옳지 않은 것은? (다툼이 있는 경우 판례에 의함)

① 국회 외교통상통일위원회 위원장의 위법한 의사진행으로 인하여 소속 일부 상임위원들의 심의표결권이 침해되었음을 이유로 상임위원인 국회위원이 상임위원회 위원장을 상대로 제기한 권한쟁의심판청구는 적법하다.

② 각급 구·시·군 선거관리위원회도 헌법에 의하여 설치된 기관으로서 헌법과 법률에 의하여 독자적인 권한을 부여받은 기관에 해당하고, 따라서 권한쟁의심판청구의 당사자능력이 인정된다.

③ 법률에만 설치 근거를 둔 국가기관이라 하더라도 헌법상 국가에게 부여된 임무 또는 직무를 수행하고 그 독립성이 보장되었다면 권한쟁의심판을 청구할 수 있다.

④ 거제시의회와 거제시장간의 권한쟁의심판청구는 지방자치단체 간 권한쟁의가 아닌 지방자치단체의 의결기관과 지방자치단체의 집행기관 사이의 내부적 분쟁과 관련한 권한쟁의심판청구이기 때문에 부적법한 심판청구이다.

02 집회의 자유에 관한 설명으로 가장 적절하지 않은 것은? (다툼이 있는 경우 판례에 의함)

① 개인이 집회의 자유를 집단적으로 행사함으로써 불가피하게 발생하는 일반대중에 대한 불편함이나 법익에 대한 위험은 보호법익과 조화를 이루는 범위 내에서 국가와 제3자에 의하여 수인되어야 한다.

② 집회의 자유는 개인의 인격발현의 요소이자 민주주의를 구성하는 요소라는 이중적 헌법적 기능을 가지고 있다.

③ 집회의 자유에 의하여 구체적으로 보호되는 주요행위는 집회의 준비 및 조직, 지휘, 참가, 집회장소·시간의 선택이므로 집회를 방해할 의도로 집회에 참가하는 것도 보호된다.

④ 집회장소가 바로 집회의 목적과 효과에 대하여 중요한 의미를 가지기 때문에, 누구나 '어떤 장소에서' 자신이 계획한 집회를 할 것인가를 원칙적으로 자유롭게 결정할 수 있어야만 집회의 자유가 비로소 효과적으로 보장되는 것이다. 따라서 집회의 자유는 다른 법익의 보호를 위하여 정당화되지 않는 한, 집회장소를 항의의 대상으로부터 분리시키는 것을 금지한다.

03 행복추구권에 대한 설명으로 옳지 않은 것을 모두 고르면? (다툼이 있는 경우 헌법재판소 결정에 의함)

> ㄱ. 부모의 분묘를 가꾸고 봉제사를 하고자 하는 권리는 행복추구권의 내용이 된다.
> ㄴ. 지역방언을 자신의 언어로 선택하여 공적 또는 사적인 의사소통과 교육의 수단으로 사용하는 것은 행복추구권에서 파생되는 일반적 행동의 자유 내지 개성의 자유로운 발현의 내용이 된다.
> ㄷ. 평화적 생존권은 인간의 존엄과 가치를 실현하고 행복을 추구하기 위한 기본전제가 되는 것이므로 행복추구권의 내용이 된다.
> ㄹ. 일반적 행동자유권의 보호영역에는 개인의 생활방식과 취미에 관한 사항은 포함되나, 위험한 스포츠를 즐길 권리는 포함되지 않는다.
> ㅁ. 사적자치의 원칙이란 자신의 일을 자신의 의사로 결정하고 행하는 자유뿐만 아니라 원치 않으면 하지 않을 자유로서 행복추구권에서 파생된다.

① ㄱ, ㄴ   ② ㄴ, ㄷ
③ ㄷ, ㄹ   ④ ㄷ, ㅁ

04 계엄에 대한 설명으로 옳지 않은 것은? (다툼이 있는 경우 판례에 의함)

① 대통령은 전시·사변 또는 이에 준하는 국가비상사태에 있어서 병력으로써 군사상의 필요에 응하거나 공공의 안녕질서를 유지할 필요가 있을 때에는 법률이 정하는 바에 의하여 계엄을 선포할 수 있다.

② 헌법 제77조 제1항이 규정한 계엄의 발동요건은 비상계엄은 물론 경비계엄에도 적용된다.

③ 계엄선포행위는 통치행위로서 사법심사가 불가능하기 때문에 계엄선포 이후 내려진 계엄당국의 개별적 포고령이나 구체적 집행행위 역시 사법심사의 대상이 될 수 없다.

④ 대통령은 계엄을 선포할 때뿐만 아니라 계엄을 변경하고자 할 때에도 국무회의의 심의를 거쳐야 한다.

05 생존권적 기본권에 관한 설명으로 가장 적절하지 않은 것은? (다툼이 있는 경우 판례에 의함)

① 사회보장수급권은 개인에게 직접 주어지는 헌법적 차원의 권리이며, 사회적 기본권의 하나이다.

② 8촌 이내 혈족 사이의 혼인금지조항을 위반한 혼인을 전부 무효로 하는 「민법」 조항은 과잉금지원칙을 위배하여 혼인의 자유를 침해한다.

③ 입양신고 시 신고사건 본인이 시·읍·면에 출석하지 아니하는 경우에는 신고사건 본인의 신분증명서를 제시하도록 한 「가족관계등록법」 규정은 입양당사자의 가족생활의 자유를 침해한다고 보기 어렵다.

④ 직장가입자가 소득월액보험료를 일정 기간 이상 체납한 경우 그 체납한 보험료를 완납할 때까지 국민건강보험공단이 그 가입자 및 피부양자에 대하여 보험급여를 실시하지 아니할 수 있도록 한 것은 인간다운 생활을 할 권리나 재산권을 침해하지 아니한다.

06 다음의 「의료법」 제20조 제2항 위헌확인 사건에 대한 헌법재판소 결정으로 적절하지 않은 것은?

청구인 정○○, 황○○은 2021.6.8. 혼인신고를 마친 법률상 부부로서, 청구인 정○○은 2023.6.28. 임신확인이 되어 2024.2.29. 분만예정이다. 청구인 정○○은 2023.9.12. 초음파 검사를 받았는데, 당시 위 청구인들은 태아의 성별을 알고자 하였으나 의료인은 임신 32주 이전에 태아의 성별을 임부, 임부의 가족 등에게 고지할 수 없다는 「의료법」 제20조 제2항으로 인해 태아의 성별을 알 수 없었다. 이에 청구인 정○○, 황○○은 위 「의료법」 조항이 위 청구인들의 헌법 제10조로 보호되는 부모의 태아 성별 정보 접근권 등을 침해하였다고 주장하면서, 2023.11.28. 이 사건 헌법소원심판을 청구하였다.

[심판대상조항]
「의료법」(2009.12.31. 법률 제9906호로 개정된 것)
제20조【태아 성 감별 행위 등 금지】② 의료인은 임신 32주 이전에 태아나 임부를 진찰하거나 검사하면서 알게 된 태아의 성(性)을 임부, 임부의 가족, 그 밖의 다른 사람이 알게 하여서는 아니 된다.

① 부모가 태아의 성별을 비롯하여 태아에 대한 모든 정보에 접근을 방해받지 않을 권리는 부모로서 당연히 누리는 천부적이고 본질적인 권리에 해당한다.

② 심판대상조항은 의료인에게 임신 32주 이전에 태아의 성별고지를 금지하여 낙태, 특히 성별을 이유로 한 낙태를 방지함으로써 성비의 불균형을 해소하고 태아의 생명을 보호하기 위해 입법된 것이므로 그 목적의 정당성을 수긍할 수 있다.

③ 남아선호사상이 상당히 쇠퇴하고 있다고 할 것이지만, 임부와 그 가족이 태아의 성별에 대한 선호도에 따라 낙태를 할 가능성은 여전히 남아 있다고 할 것이므로, 임신 32주 이전에 태아의 성별에 대한 고지를 금지하면 성별을 이유로 하는 낙태를 예방할 수 있는 효과가 있다는 점을 부인할 수 없다. 따라서 수단의 적합성이 인정된다.

④ 심판대상조항은 성별을 이유로 한 낙태가 있을 수 있다는 아주 예외적인 사정만으로, 태아의 성별고지행위를 낙태의 사전 준비행위로 전제하여 임신 32주 이전에 모든 부모에게 태아의 성별 정보를 알 수 없게 하고 있어서, 필요최소한도를 넘어 부모가 태아의 성별 정보에 대한 접근을 방해받지 않을 권리를 필요 이상으로 제약하여 침해의 최소성에 반한다.

07 재산권에 관한 설명 중 가장 적절한 것은? (다툼이 있는 경우 판례에 의함)

① 고엽제후유의증 환자지원 등에 관한 법률에 의한 고엽제후유증환자 및 그 유족의 보상수급권은 법률에 의하여 비로소 인정되는 권리로서 재산권적 성질을 갖는 것이긴 하지만 그 발생에 필요한 요건이 법정되어 있는 이상 이러한 요건을 갖추기 전에는 헌법이 보장하는 재산권이라고 할 수 없다.

② 건설공사를 위하여 문화재발굴허가를 받아 매장문화재를 발굴하는 경우 그 발굴비용을 사업시행자로 하여금 부담하게 하는 것은 문화재 보존을 위해 사업시행자에게 일방적인 희생을 강요하는 것이므로 재산권을 침해한다.

③ 토지의 가격이 취득일 당시에 비하여 현저히 상승한 경우 환매금액에 대한 협의가 성립하지 아니한 때에는 사업시행자로 하여금 환매금액의 증액을 청구할 수 있도록 한 「공익사업을 위한 토지 등의 취득 및 보상에 관한 법률」 조항은 환매권자의 재산권을 침해한다.

④ 살처분된 가축의 소유자가 축산계열화사업자인 경우에 보상금을 계약사육농가에 지급한다고 규정한 「가축전염병 예방법」 제48조 제1항 제3호 단서는 재산권을 침해하지 않는다.

08 재판청구권에 대한 설명으로 옳지 않은 것은? (다툼이 있는 경우 판례에 의함)

① 재판청구권은 재판이라는 국가적 행위를 청구할 수 있는 적극적 측면과 헌법과 법률이 정한 법관이 아닌 자에 의한 재판이나 법률에 의하지 아니한 재판을 받지 아니하는 소극적 측면을 아울러 가지고 있다.

② 형사재판절차에서 형의 선고를 하는 때에 소송비용의 전부 또는 일부를 피고인이 부담하도록 정한 「형사소송법」 조항은 피고인의 재판청구권을 침해하지 아니한다.

③ 군인 또는 군무원이 아닌 국민은 대한민국의 영역 안에서는 중대한 군사상 기밀·초병·초소·유독음식물공급·포로·군용물에 관한 죄 중 법률이 정한 경우와 비상계엄이 선포된 경우를 제외하고는 군사법원의 재판을 받지 아니한다.

④ 우리나라의 배심재판은 국민주권에 근거하여 배심원의 심의와 평결에 법원이 구속되는 재판으로서 국민의 재판을 받을 권리를 침해하는 것이 아니다.

09 법관에 관한 다음 설명 중 옳은 것은? (다툼이 있는 경우 판례에 의함)

① 법관은 징계 또는 금고 이상의 형의 선고에 의하지 아니하고는 파면되지 아니한다.

② 대법원장이 임기가 끝난 판사를 연임발령할 경우 인사위원회의 심의를 거쳐야 하나, 대법관회의의 동의를 받을 필요는 없다.

③ 대법원의 모든 재판은 대법관 전원의 3분의 2 이상의 합의체에서 행사하며, 대법원장이 재판장이 된다.

④ 대법관이 중대한 신체상 또는 정신상의 장애로 직무를 수행할 수 없을 때에는 대법원장의 제청으로 대통령이 퇴직을 명할 수 있다.

10 헌법소원심판청구에 관한 다음 설명 중 가장 옳지 않은 것은? (다툼이 있는 경우 판례에 의함)

① 「헌법재판소법」 제68조 제1항에 따른 헌법소원심판은 그 사유가 있음을 안 날로부터 90일 이내에, 그 사유가 있는 날부터 1년 이내에 청구하여야 한다. 다만, 다른 법률에 따른 구제절차를 거친 헌법소원의 심판은 그 최종결정을 통지받은 날부터 30일 이내에 청구하여야 한다.

② 법원이 국민참여재판 대상사건의 피고인에게 '국민의 형사재판참여에 관한 규칙'에 따른 피고인 의사의 확인을 위한 안내서를 송달하지 않은 부작위는 헌법소원 대상이 되는 공권력의 불행사에 해당한다.

③ 행정권력의 부작위에 대한 헌법소원은 공권력의 주체에게 헌법에서 유래하는 작위의무가 특별히 구체적으로 규정되어 이에 의거하여 기본권의 주체가 행정행위 내지 공권력의 행사를 청구할 수 있음에도 공권력의 주체가 그 의무를 해태하는 경우에 한하여 허용된다.

④ 이른바 「제주4·3특별법」에 근거한 희생자 결정은 제주4·3사건 진압작전에 참가하였던 군인이나 그 유족들의 명예를 훼손하지 않으므로, 명예권 침해를 주장하는 이들의 헌법소원심판청구는 자기관련성이 없어 부적법하다.

11 헌법개정 등에 대한 설명으로 옳지 않은 것은 모두 몇 개인가? (다툼이 있는 경우 판례에 의함)

ㄱ. 대통령제를 폐지하고 의원내각제로 헌법을 개정하는 것은 가능하지만 복수정당제를 폐지하는 것은 불가능하다고 본다.
ㄴ. 현행 헌법은 전문에서 제정일자와 개정횟수를 명문으로 밝히고 있다.
ㄷ. 헌법개정안은 국회가 의결한 후 60일 이내에 국민투표에 부쳐 국회의원 선거권자 과반수의 투표와 투표자 과반수의 찬성을 얻어야 한다.
ㄹ. 헌법개정의 한계를 벗어난 경우, 헌법의 개별규정은 「헌법재판소법」 제41조 제1항의 위헌법률심판의 대상은 아니지만, 「헌법재판소법」 제68조 제1항의 공권력 행사의 결과에는 해당한다.

① 1개
② 2개
③ 3개
④ 4개

12 직업의 자유에 대한 설명으로 옳지 않은 것은? (다툼이 있는 경우 판례에 의함)

① 주취 중 운전 금지규정을 2회 이상 위반한 사람이 다시 이를 위반한 때에는 운전면허를 필요적으로 취소하도록 규정하고 있는 「도로교통법」 조항은 직업의 자유 및 일반적 행동의 자유를 침해하지 않는다.
② 건설폐기물 수집·운반업자가 건설폐기물을 임시보관장소로 수집·운반할 수 있는 사유 중 하나로 '매립대상 폐기물을 반입규격에 맞게 절단하기 위한 경우'를 포함하지 않고 있는 「건설폐기물의 재활용촉진에 관한 법률」 제13조의2 제2항은 신뢰보호원칙에 반하여 직업수행의 자유를 침해한다.
③ 헌법 제15조에서 보장하는 '직업'이란 생활의 기본적 수요를 충족시키기 위하여 행하는 계속적인 소득활동을 의미하는바, 성매매는 그것이 가지는 사회적 유해성과는 별개로 성판매자의 입장에서 생활의 기본적 수요를 충족하기 위한 소득활동에 해당함은 부인할 수 없으므로, 성매매를 한 자를 형사처벌하는 「성매매알선 등 행위의 처벌에 관한 법률」 조항은 성판매자의 직업선택의 자유를 제한한다.
④ 비의료인의 문신시술을 금지하고 위반하면 처벌하는 것은 직업의 자유를 침해하지 않는다.

13 양심의 자유에 대한 설명으로 옳지 않은 것은? (다툼이 있는 경우 판례에 의함)

① 헌법이 보호하고자 하는 양심은 어떤 일의 옳고 그름을 판단함에 있어서 그렇게 행동하지 않고는 자신의 인격적 존재가치가 허물어지고 말 것이라는 강력하고 진지한 마음의 소리를 말한다.
② 시말서가 근로관계에서 발생한 사고 등에 관하여 자신의 잘못을 반성하고 사죄한다는 내용이 포함된 사죄문 또는 반성문을 의미하는 것이라면, 이는 헌법이 보장하는 내심의 윤리적 판단에 대한 강제로서 양심의 자유를 침해하는 것이다.
③ 현역입영 또는 소집통지서를 받은 자가 정당한 사유 없이 입영하지 않거나 소집에 응하지 않은 경우를 처벌하는 구 「병역법」 처벌조항은 과잉금지원칙을 위배하여 양심적 병역거부자의 양심의 자유를 침해한다.
④ 양심의 자유 중 양심형성의 자유는 내심에 머무르는 한 절대적으로 보호되는 기본권이라 할 수 있는 반면, 양심적 결정을 외부로 표현하고 실현할 수 있는 권리인 양심실현의 자유는 법질서에 위배되거나 타인의 권리를 침해할 수 있기 때문에 법률에 의하여 제한될 수 있다.

14 헌법상 경제질서에 대한 설명으로 옳지 않은 것은?

① 우리 헌법은 경제주체의 경제상의 자유와 창의를 존중함을 기본으로 하므로 국민경제상 긴절한 필요가 있어 법률로 규정하더라도 사영기업을 국유 또는 공유로 이전하는 것은 인정되지 않는다.

② 자경농지의 양도소득세 면제대상자를 '농지소재지에 거주하는 거주자'로 제한하는 것은 외지인의 농지투기를 방지하고 조세부담을 덜어주어 농업과 농촌을 활성화하기 위한 것이므로 경자유전의 원칙에 위배되지 않는다.

③ 국민연금제도는 상호부조의 원리에 입각한 사회연대성에 기초하여 소득재분배의 기능을 함으로써 사회적 시장경제질서에 부합하는 제도이므로, 국민연금에 가입을 강제하는 법률조항은 헌법의 시장경제질서에 위배되지 않는다.

④ 신문판매업자가 독자에게 1년 동안 제공하는 무가지와 경품류를 합한 가액이 같은 기간 당해 독자로부터 받는 유료신문대금의 20%를 초과하는 경우 무가지 및 경품류 제공행위를 「독점규제 및 공정거래에 관한 법률」상 불공정거래행위에 해당하는 것으로 규정하는 공정거래위원회의 고시는 우리 헌법의 경제질서조항에 위배되지 않는다.

15 국회의원에 관한 설명 중 옳은 것은? (다툼이 있는 경우 판례에 의함)

① 국회의원이 자신의 발언 내용이 허위라는 점을 인식하지 못하여 발언 내용에 다소 근거가 부족하거나 진위 여부를 확인하기 위한 조사를 제대로 하지 않았다면, 발언이 직무수행의 일환으로 이루어졌더라도 면책특권의 대상이 되지 않는다.

② 대통령이 국회의 동의 절차를 거치지 아니한 채 입법사항에 관한 조약을 체결·비준한 경우, 국회의 조약에 대한 체결·비준 동의권이 침해되었을 뿐 아니라 국회의원 개인의 심의·표결권이 침해되었으므로 국회의원은 대통령을 피청구인으로 하여 권한쟁의심판을 청구할 수 있다.

③ 대통령, 국무총리, 국무위원, 국회의원, 행정각부의 장, 헌법재판소 재판관, 법관, 중앙선거관리위원회위원, 감사원장, 감사위원 기타 법률이 정한 공무원이 그 직무집행에 있어서 헌법이나 법률을 위배한 때에는 국회는 탄핵의 소추를 의결할 수 있다.

④ 헌법재판소는 국회의장이 법률안에 대한 심사기간 지정요청을 거부한 행위 등이 국회의원들의 법률안 심의·표결권을 침해하거나 침해할 위험성이 없다하여 각하결정을 하였다.

16 기본권 제한에 대한 설명으로 옳은 것은? (다툼이 있는 경우 판례에 의함)

① 260CC 이상의 대형 이륜자동차는 사륜자동차와 동등한 정도의 주행성능을 가지고 있는 데, 고속도로와 자동차전용도로에서 전면적·일률적인 통행금지는 침해의 최소성과 법익의 균형성에도 반한다.

② 법무부장관이 성폭력범죄의 처벌등에 관한 특례법위반(카메라 등 이용촬영, 카메라 등 이용촬영미수)죄로 유죄판결이 확정됨에 따른 신상정보 등록대상자의 등록정보를 최초 등록일부터 20년간 보존·관리하도록 한 「성폭력범죄의 처벌 등에 관한 특례법」조항은 과잉금지원칙을 위반하여 개인정보자기결정권을 침해하지 않는다.

③ 인터넷회선 감청은 서버에 저장된 정보가 아니라, 인터넷상에서 발신되어 수신되기까지의 과정 중에 수집되는 정보, 즉 전송 중인 정보의 수집을 위한 수사이므로 압수·수색에 해당한다.

④ 강제적 정당해산은 헌법상 핵심적인 정치적 기본권인 정당활동의 자유에 대한 근본적 제한이므로, 헌법재판소는 이에 관한 결정을 할 때 비례원칙을 준수해야만 한다.

17 재산권에 대한 설명으로 옳지 않은 것은? (다툼이 있는 경우 판례에 의함)

① 피상속인의 4촌 이내의 방계혈족을 4순위 법정상속인으로 규정한 「민법」 제1000조 제1항 제4호는 재산권을 침해하는 것이다.

② 지역구국회의원선거 예비후보자가 정당의 공천심사에서 탈락하여 후보자등록을 하지 않은 경우를 지역구국회의원선거 예비후보자의 기탁금 반환 사유로 규정하지 않은 것은 예비후보자의 재산권을 침해한다.

③ 「주택법」상 사업주체가 공급질서 교란행위를 이유로 주택공급계약을 취소한 경우 선의의 제3자 보호규정을 두고 있지 않은 구 「주택법」 제39조 제2항은 재산권을 침해하지 않는다.

④ 재산권보장은 상속을 포함하는 것이므로 생전증여에 의한 처분도 재산권의 보호를 받는다.

18 공무원의 연금청구권에 대한 설명으로 옳지 않은 것은? (다툼이 있는 경우 판례에 의함)

① 공무원연금제도는 공무원을 대상으로 퇴직 또는 사망과 공무로 인한 부상·질병 등에 대하여 적절한 급여를 실시함으로써 공무원 및 그 유족의 생활안정과 복리향상에 기여하는 데 그 목적이 있으며, 사회적 위험이 발생한 때에 국가의 책임 아래 보험기술을 통하여 공무원의 구제를 도모하는 사회보험제도의 일종이다.

② 「공무원연금법」상의 퇴직급여 등 각종 급여를 받을 권리, 즉 연금수급권은 재산권의 성격과 사회보장수급권의 성격이 불가분적으로 혼재되어 있는데, 입법자로서는 연금수급권의 구체적 내용을 정함에 있어 어느 한 쪽의 요소에 보다 중점을 둘 수 있다.

③ 명예퇴직 공무원이 재직 중의 사유로 금고 이상의 형을 받은 때에는 명예퇴직수당을 필요적으로 환수하도록 한 「국가공무원법」 제74조의2 제3항 제1호는 명예퇴직 공무원들의 재산권을 침해하고 평등원칙에도 위배된다.

④ 공무원 퇴직연금의 수급요건을 재직기간 20년에서 10년으로 완화한 개정 「공무원연금법」 제46조 제1항의 적용대상을 법 시행일 당시 재직 중인 공무원으로 한정한 「공무원연금법」 부칙(2015.6.22. 법률 제13387호) 제6조 중 제46조 제1항에 관한 부분은 청구인의 평등권을 침해하지 않는다.

19 법률의 명확성원칙에 대한 설명으로 옳지 않은 것은?

① 법치국가원리의 한 표현인 명확성의 원칙은 기본적으로 모든 기본권 제한입법에 대하여 요구된다. 규범의 의미내용으로부터 무엇이 금지되는 행위이고 무엇이 허용되는 행위인지를 수범자가 알 수 없다면 법적 안정성과 예측가능성은 확보될 수 없게 될 것이고, 또한 법집행 당국에 의한 자의적 집행을 가능하게 할 것이기 때문이다.

② 형벌규정에 대한 예측가능성의 유무는 당해 특정조항 하나만으로 판단할 것이 아니라, 관련 법조항 전체를 유기적·체계적으로 종합 판단하여야 하고, 그것도 각 대상법률의 성질에 따라 구체적·개별적으로 검토하여야 하며, 일반적이거나 불확정된 개념이 사용된 경우에는 당해 법률의 입법목적과 당해 법률의 다른 규정들을 원용하거나 다른 규정과의 상호관계를 고려하여 합리적으로 해석할 수 있는지 여부에 따라 가려야 한다.

③ 처벌법규나 조세법규와 같이 국민의 기본권을 직접적으로 제한하거나 침해할 소지가 있는 법규에 대해서는 명확성의 원칙이 적용되지만, 국민에게 수익적인 급부행정영역이나 규율대상이 지극히 다양하거나 수시로 변화하는 성질의 것일 때에는 명확성원칙이 적용되지 않는다.

④ 변호사가 아닌 자가 금품 등 이익을 얻을 목적으로 법률사무를 취급하는 행위 등을 처벌하는 「변호사법」 제109조 제1호 다목 중 '중재사무를 취급한 자'에 관한 부분, 제109조 제1호 마목 중 '대리사무를 취급한 자'에 관한 부분 가운데 '대리', '중재', '일반의 법률사건' 부분은 죄형법정주의의 명확성원칙에 위반되지 않는다.

20 지방자치단체의 자치사무에 대한 설명으로 옳지 않은 것은? (다툼이 있는 경우 판례에 의함)

① 감사원은 지방자치단체의 위임사무나 자치사무의 구별 없이 합법성 감사뿐만 아니라 합목적성 감사도 할 수 있다.

② 행정안전부장관이나 시·도지사는 지방자치단체의 자치사무에 관하여 보고를 받거나 서류·장부 또는 회계를 감사할 수 있다. 이 경우 감사는 법령위반사항에 대하여만 실시한다.

③ 중앙행정기관이 「지방자치법」에 따라 지방자치단체의 자치사무에 관하여 감사에 착수하기 위해서는 자치사무에 관하여 특정한 법령위반행위가 확인되었거나 위법행위가 있었으리라는 합리적 의심이 가능한 경우이어야 하고, 또한 그 감사대상을 특정해야 한다.

④ 지방자치단체의 자치사무에 관한 명령이나 처분에 대한 중앙행정기관의 시정명령은 법령을 위반하는 것에 한하고, 법령위반에 재량권 일탈·남용은 포함되지 않는다.

21 헌법재판에 대한 설명으로 옳은 것(○)과 옳지 않은 것(×)을 올바르게 조합한 것은? (다툼이 있는 경우 헌법재판소 결정에 의함)

ㄱ. 위헌결정이 있는 경우 형벌에 관한 법률조항은 소급하여 효력을 상실하므로, 그 법률조항에 근거하여 유죄의 확정판결을 받은 사람은 그 판결이 있은 날의 다음 날로 소급하여 무죄가 된다.

ㄴ. 헌법소원의 대상은 '법률'이지 '법률의 해석'이 아니므로, 법률조항 자체의 위헌판단을 구하는 것이 아니라 '법률조항을 … (이라고) 해석하는 한 위헌'이라고 청구하는 이른바 한정위헌청구는 원칙적으로 부적법하다.

ㄷ. 법원에 행정소송을 제기하여 패소판결을 받고 그 판결이 확정된 경우 별도의 절차에 의하여 위 판결의 기판력이 제거되지 아니하는 한, 당사자가 행정처분의 위법성을 주장하는 것은 확정판결의 기판력에 어긋나므로 원행정처분은 헌법소원심판의 대상이 되지 아니한다.

ㄹ. 유신헌법하에서 발령된 대통령긴급조치는 유신헌법 제53조에 근거하여 이루어진 것이므로 그 위헌성을 심사하는 준거규범은 원칙적으로 유신헌법이라 할 수 있다.

---

① ㄱ(×), ㄴ(×), ㄷ(○), ㄹ(×)
② ㄱ(○), ㄴ(○), ㄷ(×), ㄹ(×)
③ ㄱ(○), ㄴ(○), ㄷ(×), ㄹ(○)
④ ㄱ(×), ㄴ(○), ㄷ(○), ㄹ(○)

22 신체의 자유에 대한 설명으로 옳지 않은 것은? (다툼이 있는 경우 헌법재판소 및 대법원 판례에 의함)

① 금치기간 중 '실외운동'을 제한하도록 한 「형의 집행 및 수용자의 처우에 관한 법률」 제112조 제3항 중 제108조 제13호에 관한 부분은 필요최소한의 제한이며 신체의 자유를 침해하는 것은 아니다.

② 가족 중 성년자가 예비군훈련 소집통지서를 예비군대원 본인에게 전달하여야 하는 의무를 위반한 행위를 형사처벌하는 것은 위헌이다.

③ 체포·구속적부심사청구권은 원칙적으로 국가기관 등에 대하여 특정한 행위를 요구하거나 국가의 보호를 요구하는 절차적 기본권이기 때문에, 본질적으로 강한 제도적 보장의 성격을 지니며, 상대적으로 광범위한 입법형성권이 인정된다.

④ 수용자가 금치의 징벌을 받은 경우 금치기간 중 공동행사 참가 정지, 텔레비전 시청 제한, 신문·도서·잡지 외 자비구매물품 사용 제한의 처우 제한이 함께 부과되더라도, 헌법에 위반되지 아니한다.

23 명확성원칙에 대한 설명으로 옳지 않은 것은? (다툼이 있는 경우 판례에 의함)

① 모의총포의 기준을 구체적으로 정한 「총포·도검·화약류 등의 안전관리에 관한 법률」 시행령 조항에서 '범죄에 악용될 소지가 현저한 것'은 진정한 총포로 오인·혼동되어 위협 수단으로 사용될 정도로 총포와 모양이 유사한 것을 의미하므로 죄형법정주의의 명확성원칙에 위반되지 않는다.

② 취소소송 등의 제기 시 「행정소송법」 조항의 집행정지의 요건으로 규정한 '회복하기 어려운 손해'는 건전한 상식과 통상적인 법감정을 가진 사람이 심판대상조항의 의미내용을 파악하기 어려우므로 명확성원칙에 위배된다.

③ 아동·청소년이용음란물을 제작한 자를 형사처벌하는 「아동·청소년의 성보호에 관한 법률」 조항 중 '제작' 부분은, 객관적으로 아동·청소년이용음란물을 촬영하여 재생이 가능한 형태로 저장할 것을 전체적으로 기획하고 구체적인 지시를 하는 등으로 책임을 지는 것으로 해석되므로 명확성원칙에 위배되지 않는다.

④ 대부업자가 대부조건 등에 관하여 광고하는 경우 명칭, 대부이자율 등의 사항을 포함하지 않으면 과태료를 부과하도록 규정한 「대부업 등의 등록 및 금융이용자 보호에 관한 법률」 조항은 명확성원칙에 위배되지 않는다.

24 사법권에 대한 설명으로 옳지 않은 것은? (다툼이 있는 경우 판례에 의함)

① 수뢰액이 5천만원 이상인 때에는 무기 또는 10년 이상의 징역에 처하도록 한 「특정범죄 가중처벌 등에 관한 법률」 조항은 별도의 법률상 감경사유가 없는 한 집행유예의 선고를 할 수 없도록 그 법정형의 하한을 높였다고 하더라도 법관의 양형결정권을 침해하였다거나 법관독립의 원칙에 위배된다고 할 수 없다.

② 「금융기관의 연체대출금에 관한 특별조치법」 제7조의3은 회사정리절차의 개시와 진행의 여부를 실질적으로 금융기관의 의사에 종속시켜 사법권의 독립을 위협할 소지가 있다.

③ 비안마사들의 안마시술소 개설행위금지 규정을 위반한 자를 처벌하는 구 「의료법」 조항이 벌금형과 징역형을 모두 규정하고 있으나, 그 하한에는 제한을 두지 않고 그 상한만 5년 이하의 징역형 또는 2천만원 이하의 벌금형으로 제한하면서 죄질에 따라 벌금형이나 선고유예까지 선고할 수 있도록 하는 것은 법관의 양형재량권을 침해하고 비례의 원칙에 위배된다.

④ 단순마약매수행위를 사형, 무기, 10년 이상의 징역형에 처한다는 「특정범죄가중처벌 등에 관한 법률」 제11조 제1항 중 「마약류관리에 관한 법률」 제58조 제1항 제1호 소정의 "매수"부분은 법관의 양형결정권을 침해한다.

25 직업의 자유에 관한 설명 중 옳지 않은 것은 모두 몇 개인가? (다툼이 있는 경우 판례에 의함)

> ㄱ. 로스쿨에 입학하는 자들에 대하여 학사 전공별, 출신 대학별로 로스쿨 입학정원의 비율을 각각 규정한 「법학전문대학원 설치·운영에 관한 법률」 조항은 변호사가 되기 위한 과정에 있어 필요한 전문지식을 습득할 수 있는 로스쿨에 입학하는 것을 제한할 뿐이므로 직업선택의 자유를 제한하는 것으로 보기 어렵다.
>
> ㄴ. 연락운송 운임수입의 배분에 관한 협의가 성립되지 아니한 때에는 당사자의 신청을 받아 국토교통부장관이 결정한다는 「도시철도법」 규정은 도시철도운영자들의 「행정절차법」에 따른 의견제출이 가능하고 국토부장관의 전문성과 객관성도 인정되므로 운임수입 배분에 관한 별도의 위원회를 구성하지 않는다 하더라도 직업수행의 자유를 침해하지 않는다.
>
> ㄷ. 아동학대관련범죄로 벌금형이 확정된 날부터 10년이 지나지 아니한 사람은 어린이집을 설치·운영하거나 어린이집에 근무할 수 없도록 한 것은 직업의 자유를 침해한다.
>
> ㄹ. 청원경찰이 법원에서 금고 이상의 형의 선고유예를 받은 경우 당연 퇴직하도록 규정한 조항은 청원경찰의 직업의 자유를 침해한다.
>
> ㅁ. 주 52시간 상한제조항은 연장근로시간에 관한 사용자와 근로자 간의 계약내용을 제한한다는 측면에서 사용자와 근로자의 계약의 자유를 제한하지만, 직업의 자유를 제한하는 것은 아니다.
>
> ㅂ. 음주측정거부 전력이 있는 사람이 다시 「도로교통법」 제44조 제1항(이하 '음주운전 금지규정'이라 한다)을 위반하여 자동차를 운전해서 운전면허 정지사유에 해당된 경우 그의 운전면허를 필요적으로 취소하도록 하는 것은 운전을 직업으로 하는 사람의 직업의 자유를 침해한다.

① 1개
② 2개
③ 3개
④ 4개

14회 실전동형모의고사
모바일 자동 채점 + 성적 분석 서비스
바로 가기 (gosi.Hackers.com)

QR코드를 이용하여 해커스공무원의 '모바일 자동 채점 + 성적 분석 서비스'로 바로 접속하세요!
* 해커스공무원 사이트의 가입자에 한해 이용 가능합니다.

14회 / Review

문항	정답	문제 키워드	출제 유형	난이도
01	③	권한쟁의심판	이론/판례/조문	●●○
02	③	집회의 자유	이론/판례/조문	●●○
03	③	행복추구권	이론/판례/조문	●●●
04	③	계엄	이론/판례/조문	●●○
05	①	생존권	이론/판례/조문	●●●
06	③	태아 성감별 금지 사건	이론/판례/조문	●●○
07	①	재산권	이론/판례/조문	●●○
08	④	재판청구권	이론/판례/조문	●●○
09	④	법관	이론/판례/조문	●●○
10	②	헌법소원심판	이론/판례/조문	●●○
11	②	헌법개정	이론/판례/조문	●●●
12	②	직업의 자유	이론/판례/조문	●●○
13	③	양심의 자유	이론/판례/조문	●●○

문항	정답	문제 키워드	출제 유형	난이도
14	①	경제질서	이론/판례/조문	●○○
15	④	국회의원	이론/판례/조문	●●○
16	④	기본권의 제한과 한계	이론/판례/조문	●●○
17	①	재산권	이론/판례/조문	●●○
18	③	공무원의 연금청구권	이론/판례/조문	●●●
19	③	명확성의 원칙	이론/판례/조문	●●○
20	④	지방자치제도	이론/판례/조문	●●○
21	①	헌법재판	이론/판례/조문	●●●
22	①	신체의 자유	이론/판례/조문	●●○
23	②	명확성의 원칙	이론/판례/조문	●●○
24	③	사법권	이론/판례/조문	●●○
25	③	직업의 자유	이론/판례/조문	●●●

[**출제 유형 & 난이도**] 각 문항별 출제 유형(이론/판례/조문)과 난이도를 수록하였으니, 본인이 취약한 유형이나 고난도 문제만 풀어보는 등 학습 상황에 알맞게 활용하시기 바랍니다.

핵심지문 OX
14회 실전동형모의고사에서 꼭 되짚어야 할 핵심지문을 다시 확인해보시기 바랍니다.

01 법률에만 설치 근거를 둔 국가기관이라 하더라도 헌법상 국가에게 부여된 임무 또는 직무를 수행하고 그 독립성이 보장되었다면 권한쟁의심판을 청구할 수 있다. (　　)

02 일반적 행동자유권의 보호영역에는 개인의 생활방식과 취미에 관한 사항은 포함되나, 위험한 스포츠를 즐길 권리는 포함되지 않는다. (　　)

03 대통령은 계엄을 선포할 때뿐만 아니라 계엄을 변경하고자 할 때에도 국무회의의 심의를 거쳐야 한다. (　　)

04 현역입영 또는 소집통지서를 받은 자가 정당한 사유 없이 입영하지 않거나 소지에 응하지 않은 경우를 처벌하는 구 「병역법」 처벌조항은 과잉금지원칙을 위배하여 양심적 병역거부자의 양심의 자유를 침해한다. (　　)

05 자경농지의 양도소득세 면제대상자를 '농지소재지에 거주하는 거주자'로 제한하는 것은 외지인의 농지투기를 방지하고 조세부담을 덜어주어 농업과 농촌을 활성화하기 위한 것이므로 경자유전의 원칙에 위배되지 않는다. (　　)

06 지방자치단체의 자치사무에 관한 명령이나 처분에 대한 중앙행정기관의 시정명령은 법령을 위반하는 것에 한하고, 법령위반에 재량권 일탈·남용은 포함되지 않는다. (　　)

07 유신헌법하에서 발령된 대통령긴급조치는 유신헌법 제53조에 근거하여 이루어진 것이므로 그 위헌성을 심사하는 준거규범은 원칙적으로 유신헌법이라 할 수 있다. (　　)

[정답] **01** × 권한쟁의심판의 당사자능력이 인정되지 아니한다. **02** × 위험한 스포츠를 즐길 권리도 포함된다. **03** ○ **04** × 양심의 자유를 침해한다고 볼 수 없다. **05** ○ **06** × 법령위반에 재량권 일탈·남용도 포함된다. **07** × 현행 헌법이 위헌성을 심사하는 준거규범이 된다.

15회 실전동형모의고사

제한시간: 20분 **시작** 시 분~ **종료** 시 분   점수 확인   개/ 25개

01 개인정보자기결정권에 관한 설명 중 옳은 것(○)과 옳지 않은 것(×)을 올바르게 조합한 것은? (다툼이 있는 경우 판례에 의함)

> ㄱ. 공중밀집장소추행죄로 유죄판결이 확정된 자를 그 형사책임의 경중과 관계없이 신상정보 등록대상자로 규정한 법률조항은 개인정보자기결정권을 침해한다.
>
> ㄴ. 게임물 관련사업자에게 게임물 이용자의 회원가입 시 본인 인증을 할 수 있는 절차를 마련하도록 규정한 법조항은 개인정보자기결정권을 침해하지 아니한다.
>
> ㄷ. 보안관찰처분대상자가 교도소 등에서 출소한 후 7일 이내에 출소사실을 신고하도록 하고 이를 위반하는 경우 처벌하는 법률조항은 보안관찰처분대상자의 불편이 크다거나 7일의 신고기간이 지나치게 짧다고 할 수 없으므로 개인정보자기결정권을 침해하지 아니한다.
>
> ㄹ. 채취대상자가 사망할 때까지 디엔에이신원확인정보를 데이터베이스에 수록·관리할 수 있도록 규정한 법률조항은 대상범죄들로 인한 유죄판결이 확정되기만 하면 그 범죄의 경중과 재범의 위험성 등에 관한 아무런 고려 없이 획일적으로 적용되므로 개인정보자기결정권을 침해한다.
>
> ㅁ. 거짓이나 그 밖의 부정한 방법으로 보조금을 교부받거나 보조금을 유용하여 어린이집 운영정지, 폐쇄명령 또는 과징금 처분을 받은 어린이집에 대하여 그 위반사실을 공표하도록 규정한 법률조항은 어린이집 설치·운영자의 유사한 위반행위를 예방하고 영유아 보호자들의 보육기관 선택권을 보장하기 위한 것으로서 개인정보자기결정권을 침해하지 아니한다.

① ㄱ(×), ㄴ(○), ㄷ(○), ㄹ(×), ㅁ(○)
② ㄱ(×), ㄴ(×), ㄷ(○), ㄹ(○), ㅁ(×)
③ ㄱ(×), ㄴ(○), ㄷ(○), ㄹ(○), ㅁ(×)
④ ㄱ(○), ㄴ(×), ㄷ(○), ㄹ(×), ㅁ(×)

02 재판청구권에 관한 설명 중 옳은 것(○)과 옳지 않은 것(×)을 올바르게 조합한 것은? (다툼이 있는 경우 판례에 의함)

> ㄱ. 법관에 대한 대법원장의 징계처분 취소청구소송을 대법원에 의한 단심재판에 의하도록 규정하였더라도, 이는 법관이라는 지위 및 법관에 대한 징계절차의 특수성을 감안하여 재판의 신속을 도모하기 위한 것으로서 그 합리성을 인정할 수 있으므로 이로 인하여 해당 법관의 재판청구권이 침해된다고 볼 수 없다.
>
> ㄴ. 압수물은 공소사실을 입증하고자 하는 검사의 이익을 위해 존재하는 것이므로, 수사기관이 현행범 체포과정에서 압수하였지만 피고인의 소유권 포기가 없는 압수물을 임의로 폐기한 행위가 피고인의 공정한 재판을 받을 권리를 침해한다고 볼 수 없다.
>
> ㄷ. 범죄인인도절차는 본질적으로 형사소송절차적 성격을 갖는 것이고 재판절차로서의 형사소송절차는 당연히 상급심에의 불복절차를 포함하는 것이므로, 범죄인인도심사를 서울고등법원의 전속관할로 하고 그 결정에 대하여 대법원에의 불복절차를 인정하지 않는 법률조항은 범죄인의 재판청구권을 침해한다.
>
> ㄹ. 피고인에게 치료감호에 대한 재판절차에의 접근권을 부여하는 것이 피고인의 권리를 보다 효율적으로 보장하기 위하여 필요하다고 인정되므로 '피고인 스스로 치료감호를 청구할 수 있는 권리' 역시 재판청구권의 보호범위에 포함된다.

① ㄱ(○), ㄴ(○), ㄷ(×), ㄹ(○)
② ㄱ(○), ㄴ(×), ㄷ(○), ㄹ(×)
③ ㄱ(○), ㄴ(×), ㄷ(×), ㄹ(×)
④ ㄱ(×), ㄴ(×), ㄷ(○), ㄹ(○)

03 종교의 자유에 관한 설명 중 옳지 않은 것은? (다툼이 있는 경우 판례에 의함)

① 육군훈련소장이 훈련병들로 하여금 육군훈련소 내 종교 시설에서 개최되는 개신교, 불교, 천주교, 원불교 종교행사 중 하나에 참석하도록 강제한 행위는 특정 종교를 우대하는 것으로 정교분리원칙에 위배된다.

② 양심적 병역거부는 인류의 평화적 공존에 대한 간절한 희망과 결단을 기반으로 하고 있다는 점에서, 특별히 병역을 면제받지 않은 양심적 병역거부자에게 병역이행을 강제하는 「병역법」 조항은 설령 종교적 신앙에 따라 병역을 거부하는 자에게 적용되는 경우에도 해당 종교인의 종교의 자유를 제한하지 않는다.

③ 통계청장이 인구주택총조사의 방문 면접조사를 실시하면서 담당 조사원을 통해 응답자에게 '종교가 있는지 여부'와 '있다면 구체적인 종교명이 무엇인지'를 묻는 조사 항목들에 응답할 것을 요구한 행위는, 통계의 기초자료로 활용하기 위한 조사 사항 중 하나로서 특정 종교를 믿는다는 이유로 불이익을 주거나 종교적 확신에 반하는 행위를 강요하기 위한 것이 아니다.

④ 종교단체에서 구호활동의 일환으로 운영하는 양로시설에 대해서도 양로시설의 설치에 신고의무를 부과하고 그 위반행위를 처벌하는 법률조항은, 일정 규모 이상의 양로시설에서는 안전사고나 인권침해 피해 정도가 커질 수 있어 예외 없이 신고의무를 부과할 필요가 있다는 점에서 종교의 자유를 침해하지 않는다.

04 재산권에 관한 설명 중 옳은 것(○)과 옳지 않은 것(×)을 올바르게 조합한 것은? (다툼이 있는 경우 판례에 의함)

ㄱ. 헌법 제13조 제2항은 "모든 국민은 소급입법에 의하여 … 재산권을 박탈당하지 아니한다."라고 규정하고 있는바, 여기서 소급입법은 진정소급효를 가지는 법률만 가리킨다.

ㄴ. 「가축전염병 예방법」상 살처분 명령은 이미 형성된 재산권을 개별적·구체적으로 박탈한다는 점에서, 가축 소유자가 수인해야 하는 사회적 제약의 범위를 벗어나는 것으로 보아야 한다.

ㄷ. 댐사용권을 취소·변경할 수 있도록 규정한 댐건설 및 주변지역지원 등에 관한 법률 조항은 이미 형성된 구체적인 재산권을 공익을 위하여 개별적이고 구체적으로 박탈·제한하는 것으로서 보상을 요하는 헌법 제23조 제3항의 수용·사용·제한을 규정한 것이라고 볼 수 없고, 적정한 수자원의 공급 및 수재방지 등 공익적 목적에서 건설되는 다목적댐에 관한 독점적 사용권인 댐사용권의 내용과 한계를 정하는 규정인 동시에 공익적 요청에 따른 재산권의 사회적 제약을 구체화하는 규정이라고 보아야 한다.

ㄹ. 종전 규정에 의한 폐기물재생처리신고업자의 사업이 개정 규정에 의한 폐기물중간처리업에 해당하는 경우, 영업을 계속하기 위하여는 법 시행일부터 1년 이내에 개정 규정에 의한 폐기물중간처리업의 허가를 받도록 하고 있는 구 「폐기물관리법」 부칙 규정으로 인해 사실상 폐업이 불가피하게 된 기존의 폐기물재생처리신고업자는 재산권 침해를 이유로 헌법 제23조 제3항에 따른 보상을 받을 수 있다.

① ㄱ(×), ㄴ(○), ㄷ(○), ㄹ(○)
② ㄱ(○), ㄴ(×), ㄷ(×), ㄹ(○)
③ ㄱ(○), ㄴ(×), ㄷ(×), ㄹ(×)
④ ㄱ(○), ㄴ(×), ㄷ(○), ㄹ(×)

05 영장주의에 관한 설명 중 옳은 것(○)과 옳지 않은 것 (×)을 올바르게 조합한 것은? (다툼이 있는 경우 판례에 의함)

> ㄱ. 법원이 직권으로 발부하는 영장은 허가장으로서의 성질을 갖지만, 수사기관의 청구에 의하여 발부하는 구속영장은 명령장으로서의 성질을 갖는다.
> ㄴ. 관계행정청이 등급분류를 받지 아니하거나 등급분류를 받은 게임물과 다른 내용의 게임물을 발견한 경우 관계공무원으로 하여금 이를 수거·폐기하게 할 수 있도록 한 법률조항은 급박한 상황에 대처하기 위한 것으로서 그 불가피성과 정당성이 충분히 인정되는 경우이므로, 영장 없는 수거를 인정하더라도 영장주의에 위배되는 것으로 볼 수 없다.
> ㄷ. 형사재판이 계속 중인 국민의 출국을 금지하는 법무부장관의 출국금지결정은 영장주의가 적용되는 신체에 대하여 직접적으로 물리적 강제력을 수반하는 강제처분에 해당한다.
> ㄹ. 교도소장이 마약류사범인 수형자에게 마약류반응검사를 위하여 소변을 받아 제출하게 한 행위는 신체에 대한 강제처분에 해당하므로 영장주의에 위배된다.

① ㄱ(×), ㄴ(○), ㄷ(×), ㄹ(×)
② ㄱ(×), ㄴ(○), ㄷ(×), ㄹ(○)
③ ㄱ(×), ㄴ(×), ㄷ(○), ㄹ(×)
④ ㄱ(○), ㄴ(×), ㄷ(×), ㄹ(×)

06 신체의 자유에 관한 설명 중 옳지 않은 것을 모두 고른 것은? (다툼이 있는 경우 판례에 의함)

> ㄱ. 외국에서 형의 전부 또는 일부의 집행을 받은 자에 대하여 형을 감경 또는 면제할 수 있도록 규정한 법률조항은 입법자의 입법형성권의 범위 내에 속하므로 신체의 자유를 침해하지 않는다.
> ㄴ. 보안처분은 형벌과는 달리 행위자의 장래 재범위험성에 근거하는 것으로서 행위시가 아닌 재판시의 재범위험성 여부에 대한 판단에 따라 보안처분의 선고 여부가 결정되므로, 어떤 보안처분이 형벌적 성격이 강하여 신체의 자유 박탈에 준하는 정도로 신체의 자유를 제한한다 하더라도 형벌불소급원칙이 적용되지 않는다.
> ㄷ. 「인신보호법」상 구제청구를 할 수 있는 피수용자의 범위에서 「출입국관리법」에 따라 보호된 외국인을 제외하는 것은 「인신보호법」에 따른 보호의 적부를 다툴 기회를 배제하고 있어 신체의 자유를 침해한다.
> ㄹ. 강제퇴거명령을 받은 사람을 즉시 대한민국 밖으로 송환할 수 없으면 송환할 수 있을 때까지 보호시설에 보호할 수 있도록 규정한 법률조항은 행정의 편의성과 획일성만을 강조한 것으로 신체의 자유를 침해한다.
> ㅁ. 변호인과의 접견교통권은 헌법 규정에 비추어 체포 또는 구속당한 피의자·피고인 자신에게만 한정되는 신체의 자유에 관한 기본권이지, 그 규정으로부터 변호인의 구속피의자·피고인에 대한 접견교통권까지 파생된다고 할 수는 없다.

① ㄴ, ㅁ
② ㄷ, ㄹ, ㅁ
③ ㄱ, ㄴ, ㄷ, ㄹ
④ ㄱ, ㄴ, ㄷ, ㅁ

07 선거제도 및 선거권에 관한 설명 중 옳은 것(○)과 옳지 않은 것(×)을 올바르게 조합한 것은? (다툼이 있는 경우 판례에 의함)

> ㄱ. 신체의 장애로 인하여 자신이 기표할 수 없는 선거인에 대해 투표보조인이 가족이 아닌 경우 반드시 투표보조인 2인을 동반하여서만 투표를 보조하게 할 수 있도록 정한 「공직선거법」 조항은 비밀선거의 원칙에 대한 예외를 정하고 있지만, 형사처벌을 통해 투표보조인이 선거인의 투표의 비밀을 침해하는 것을 방지하여 투표의 비밀이 유지되도록 하고 있으므로 선거권을 침해하지 않는다.
> ㄴ. 선거운동기간 전에 개별적으로 대면하여 말로 하는 선거운동을 형사처벌하도록 한 구 「공직선거법」 조항은 정치적 표현의 자유를 침해한다.
> ㄷ. 지역구국회의원선거에 있어서 당해 국회의원지역구에서 유효투표의 다수를 얻은 자를 당선인으로 결정하는 소선거구 다수대표제를 규정한 「공직선거법」 조항은 다른 선거제도를 배제하는 것으로서 평등권과 선거권을 침해한다.
> ㄹ. 지방자치단체장 선거에서 각급선거방송토론위원회가 필수적으로 개최하는 대담·토론회에 대한 참석 기회는 모든 후보자에게 공평하게 주어져야 하므로 그 초청 자격을 제한하고 있는 「공직선거법」 조항은 후보자들의 선거운동의 기회균등원칙과 관련한 평등권을 침해한다.

① ㄱ(○), ㄴ(○), ㄷ(×), ㄹ(×)
② ㄱ(○), ㄴ(×), ㄷ(○), ㄹ(×)
③ ㄱ(○), ㄴ(○), ㄷ(×), ㄹ(○)
④ ㄱ(×), ㄴ(○), ㄷ(○), ㄹ(×)

08 대한민국 헌정사에 관한 설명 중 옳지 않은 것은? (다툼이 있는 경우 판례에 의함)

① 제1차 개정헌법(1952년 개헌)에서는 국무위원과 행정각부장관은 국무총리의 제청으로 대통령이 임면하도록 하고 국무원 불신임결의권을 국회(민의원)에 부여하였다.
② 제4차 개정헌법(1960년 개헌)에서는 부칙에 대통령, 부통령 선거에 관련하여 부정행위를 한 자를 처벌하기 위한 특별법 또는 특정지위에 있음을 이용하여 현저한 반민주행위를 한 자의 공민권을 제한하기 위한 특별법을 제정할 수 있는 소급입법의 근거를 두었다.
③ 제5차 개정헌법(1962년 개헌)에서는 국민이 4년 임기의 대통령을 선거하고, 대통령은 1차에 한하여 중임할 수 있도록 하였으며, 위헌법률심사권을 대법원의 권한으로 하였다.
④ 제7차 개정헌법(1972년 개헌)에서는 5년 임기의 통일주체국민회의 대의원을 국민의 직접선거에 의하여 선출하고, 통일주체국민회의는 국회의원 정수 2분의 1에 해당하는 수의 국회의원을 선거하였다.

09 대한민국 국적에 관한 설명 중 옳지 않은 것은? (다툼이 있는 경우 판례에 의함)

① 만 20세가 되기 전에 복수국적자가 된 자는 만 22세가 되기 전까지, 만 20세가 된 후에 복수국적자가 된 자는 그때부터 2년 내에 「국적법」이 정한 절차에 따라 하나의 국적을 선택하여야 한다. 다만, 같은 법에 따라 법무부장관에게 대한민국에서 외국 국적을 행사하지 아니하겠다는 뜻을 서약한 복수국적자는 제외한다.
② 외국인과의 혼인으로 그 배우자의 국적을 취득하게 된 대한민국의 국민은 그 외국 국적을 취득한 때부터 6개월 내에 대한민국 국적을 보유할 의사가 없다는 뜻을 법무부장관에게 신고하고 이를 법무부장관이 인정하면 신고시부터 대한민국 국적을 상실한다.
③ "법무부장관은 거짓이나 그 밖의 부정한 방법으로 귀화허가, 국적회복허가, 국적의 이탈 허가 또는 국적보유판정을 받은 자에 대하여 그 허가 또는 판정을 취소할 수 있다."라는 「국적법」 조항 중 국적회복허가취소에 관한 부분은 거주·이전의 자유 및 행복추구권을 침해하지 아니한다.
④ 복수국적자가 「병역법」 제8조에 따라 병역준비역에 편입된 때부터 3개월 이내에 하나의 국적을 선택하여야 하고, 이 기간이 지나면 병역의무가 해소되기 전에는 국적이탈 신고를 할 수 없도록 한 「국적법」 조항은 국적이탈의 자유를 침해한다.

10 헌법상 책임주의원칙에 관한 설명 중 옳지 않은 것은? (다툼이 있는 경우 판례에 의함)

① 선박소유자가 고용한 선장이 선박소유자의 업무에 관하여 범죄행위를 하면 그 선박소유자에게도 동일한 벌금형을 과하도록 규정하고 있는 구「선박안전법」조항은 선장이 저지른 행위의 결과에 대해 선박소유자의 독자적인 책임에 관하여 전혀 규정하지 않은 채, 단순히 선박소유자가 고용한 선장이 업무에 관하여 범죄행위를 하였다는 이유만으로 선박소유자에 대하여 형사처벌을 과하고 있으므로 책임주의원칙에 위배된다.

② 건설업 등록을 하지 않은 건설공사 하수급인이 근로자에게 임금을 지급하지 못한 경우에, 하수급인의 직상 수급인에 대하여 하수급인과 연대하여 임금을 지급할 의무를 부과하고 직상 수급인이 그 의무를 이행하지 않으면 처벌하도록 한「근로기준법」조항은 자기책임원칙에 위배된다고 볼 수 없다.

③ 각 중앙관서의 장이 경쟁의 공정한 집행 또는 계약의 적정한 이행을 해칠 염려가 있는 자 등에 대하여 2년 이내의 범위에서 대통령령이 정하는 바에 따라 입찰참가자격을 제한하도록 한 구「국가를 당사자로 하는 계약에 관한 법률」조항은, 부정당업자가 제재처분의 사유가 되는 행위의 책임을 자신에게 돌릴 수 없다는 점 등을 증명하여 제재처분에서 벗어날 수 있게 하므로 자기책임원칙에 위배되지 아니한다.

④ 법인이 고용한 종업원 등의 일정한 범죄행위에 대하여 곧바로 법인을 종업원 등과 같이 처벌하도록 하고 있는「산지관리법」조항은 법인 자신의 지휘·감독의무를 다하지 못한 과실을 처벌하는 것이므로 책임주의원칙에 위배된다고 보기 어렵다.

11 소급입법금지원칙에 관한 설명 중 옳지 않은 것은? (다툼이 있는 경우 판례에 의함)

① 구「수도권 대기환경개선에 관한 특별법」조항은, 특정경유자동차에 배출가스저감장치를 부착하여 운행하고 있는 소유자에 대하여 위 조항의 개정 이후 '폐차나 수출 등을 위한 자동차등록의 말소'라는 별도의 요건사실이 충족되는 경우에 배출가스저감장치를 반납하도록 하고 있는데, 이는 부진정소급입법에 해당한다.

② 상가건물 임차인의 계약갱신요구권 행사 기간을 5년에서 10년으로 연장한「상가건물 임대차보호법」조항을 개정법 시행 이전에 체결되었더라도 개정법 시행 이후 갱신되는 임대차에 적용하도록 한 동법 부칙조항은 진정소급입법에 해당하여 소급입법금지원칙에 위배된다.

③ 공무원이 '직무와 관련 없는 과실로 인한 경우' 및 '소속상관의 정당한 직무상의 명령에 따르다가 과실로 인한 경우'를 제외하고 재직 중의 사유로 금고 이상의 형을 받은 경우, 퇴직급여 등을 감액하도록 규정한 구「공무원연금법」조항을 다음 해부터 적용하도록 규정한 같은 법 부칙조항은 진정소급입법에 해당하지 않는다.

④ 1945.9.25. 및 1945.12.6. 각각 공포된 재조선미국육군사령부군정청 법령 중, 1945.8.9. 이후 일본인 소유의 재산에 대하여 성립된 거래를 전부 무효로 한 조항과 그 대상이 되는 재산을 1945.9.25.로 소급하여 전부 미군정청의 소유가 되도록 한 조항은 모두 소급입법금지원칙에 대한 예외에 해당하므로 헌법에 위반되지 않는다.

12 사면제도에 관한 설명 중 옳은 것(○)과 옳지 않은 것(×)을 올바르게 조합한 것은? (다툼이 있는 경우 판례에 의함)

> ㄱ. 대통령은 법률이 정하는 바에 의하여 사면·감형 또는 복권을 명할 수 있고, 「사면법」에 따라 일반사면, 일반감형 또는 일반복권을 할 경우 국회의 동의를 얻어야 한다.
>
> ㄴ. 「사면법」에 의하면 법무부장관이 특별사면, 특정한 자에 대한 감형 및 복권을 대통령에게 상신할 때에는 사면심사위원회의 심사를 거쳐야 하고, 대통령이 특별사면, 특정한 자에 대한 감형 및 복권을 할 때에는 국회의 동의를 필요로 하지 않는다.
>
> ㄷ. 복권은 형의 집행이 끝나지 아니한 자 또는 집행이 면제되지 아니한 자에 대하여는 하지 아니한다.
>
> ㄹ. 수형자 개인에게는 특별사면이나 감형을 요구할 수 있는 주관적 권리가 없으므로 대통령이나 법무부장관 등에게 수형자를 특별사면하거나 감형하여야 할 헌법에서 유래하는 작위의무 또는 법률상의 의무가 존재하지 아니한다.

① ㄱ(○), ㄴ(○), ㄷ(×), ㄹ(×)
② ㄱ(○), ㄴ(×), ㄷ(×), ㄹ(○)
③ ㄱ(×), ㄴ(×), ㄷ(○), ㄹ(×)
④ ㄱ(×), ㄴ(○), ㄷ(○), ㄹ(○)

13 권한쟁의심판의 적법요건에 관한 설명 중 옳지 않은 것은? (다툼이 있는 경우 판례에 의함)

① 「국회법」상의 안건조정위원회 위원장은 헌법과 「헌법재판소법」이 정하는 권한쟁의심판을 청구할 수 있는 국가기관에 해당하지 않으므로, 권한쟁의심판에서의 당사자능력이 인정되지 않는다.

② 권한쟁의심판에서 '제3자 소송담당'을 허용하는 법률의 규정이 없는 현행법 체계에서, '예산 외에 국가의 부담이 될 계약'의 체결에 있어 국회의 동의권이 침해되었다고 주장하는 국회의원들의 권한쟁의심판청구는 청구인적격이 없어 부적법하다.

③ 권한쟁의심판청구는 피청구인의 처분 또는 부작위가 헌법 또는 법률에 의하여 부여받은 청구인의 권한을 침해하였거나 침해할 현저한 위험이 있는 때에 한하여 할 수 있는데, 여기서 '처분'이란 법적 중요성을 지닌 것에 한하는 것으로 청구인의 법적 지위에 구체적으로 영향을 미칠 가능성이 있는 행위여야 한다.

④ 국가기관의 행위가 헌법과 법률에 의해 그 국가기관에 부여된 독자적인 권능의 행사에 해당하는지와 상관없이 그러한 국가기관의 행위가 다른 국가기관에 의하여 제한을 받는 경우 권한쟁의심판에서 말하는 권한이 침해될 가능성이 인정될 수 있다.

14 헌법소원심판의 적법요건인 직접성에 관한 설명 중 옳지 않은 것은? (다툼이 있는 경우 판례에 의함)

① 법령은 일반적으로 구체적인 집행행위를 매개로 하여 비로소 기본권을 침해하게 되므로 기본권의 침해를 받은 개인은 우선 그 집행행위를 대상으로 하여 일반 쟁송의 방법으로 기본권 침해에 대한 구제절차를 밟는 것이 헌법소원의 성격상 요청된다.

② 살수차의 사용요건 등을 정한 「경찰관 직무집행법」 조항은 집회·시위 현장에서 경찰의 살수행위라는 구체적 집행행위를 예정하고 있으므로 기본권 침해의 직접성이 인정되지 않는다.

③ 법무사의 사무원 총수는 5인을 초과하지 못한다고 규정한 「법무사법 시행규칙」 조항은 사무원 해고 효과를 직접 발생시키지 않으므로 기본권 침해의 직접성이 인정되지 않는다.

④ 검사 징계위원회의 위원 구성을 정한 「검사징계법」 조항은 같은 법에서 별도의 징계처분을 예정하고 있기 때문에 기본권 침해의 직접성이 인정되지 않는다.

15 행정부에 관한 설명 중 옳은 것은? (다툼이 있는 경우 판례에 의함)

① 국무총리는 대통령의 명을 받아 각 중앙행정기관의 장을 지휘·감독하며, 중앙행정기관의 장의 명령이나 처분이 위법한 경우로 인정될 때에는 대통령의 승인을 얻지 않고 이를 중지 또는 취소할 수 있다.

② 국무총리가 사고로 직무를 수행할 수 없는 경우에는 교육부장관이 겸임하는 부총리, 기획재정부장관이 겸임하는 부총리의 순으로 직무를 대행하고, 국무총리와 부총리가 모두 사고로 직무를 수행할 수 없는 경우에는 대통령의 지명이 있으면 그 지명을 받은 국무위원이, 지명이 없는 경우에는 「정부조직법」 제26조 제1항에 규정된 순서에 따른 국무위원이 그 직무를 대행한다.

③ 대통령이 개성공단의 운영중단 결정 과정에서 국무회의 심의를 거치지 않았더라도 그 결정에 헌법과 법률이 정한 절차를 위반한 하자가 있다거나, 적법절차원칙에 따라 필수적으로 요구되는 절차를 거치지 않은 흠결이 있다고 할 수 없다.

④ 헌법은 공무원의 직무감찰 등을 하기 위하여 대통령 소속하에 감사원을 두고 있다. 감사원의 직무감찰권의 범위에는 인사권자에 대하여 징계를 요구할 권한이 포함되고, 위법성이 감사의 기준이 되며 부당성은 기준이 되지 않는다.

16 사인인 甲은 군 복무 중 낙상사고를 당하여 군의관 乙로부터 치료를 받았으나 의병전역 후 법령에 따른 보훈보상금을 지급받던 중 乙의 고의 또는 중과실로 장애를 입게 되었다고 주장하며 대한민국과 乙을 상대로 손해배상을 청구하였다. 위 재판 계속 중 甲은 군인 등의 국가배상청구권을 제한한 「국가배상법」 제2조 제1항 단서에 대해 위헌법률심판제청을 신청하였다. 이에 관한 설명 중 옳은 것(○)과 옳지 않은 것(×)을 올바르게 조합한 것은? (다툼이 있는 경우 판례에 의함)

> ㄱ. 甲의 위헌법률심판제청신청은 당사자가 사인인 경우이므로 변호사 강제주의가 적용된다.
>
> ㄴ. 甲이 제기한 손해배상청구소송의 담당 법관은 「국가배상법」 조항에 관하여 단순한 위헌의 의심을 갖게 된 경우에도 헌법재판소에 위헌법률심판을 제청하여야 한다.
>
> ㄷ. 위헌법률심판제청신청이 기각된 경우, 甲은 그 기각결정에 대하여 민사소송에 의한 항고나 재항고를 할 수 없을 뿐만 아니라 특별항고도 할 수 없다.
>
> ㄹ. 위헌법률심판제청신청이 기각되어 甲이 헌법소원심판을 청구하려고 할 때, 변호사를 대리인으로 선임할 자력이 없는 경우 헌법재판소에 국선대리인을 선임하여 줄 것을 신청할 수 있다.

① ㄱ(×), ㄴ(×), ㄷ(○), ㄹ(○)
② ㄱ(×), ㄴ(×), ㄷ(×), ㄹ(○)
③ ㄱ(×), ㄴ(○), ㄷ(×), ㄹ(×)
④ ㄱ(○), ㄴ(×), ㄷ(×), ㄹ(×)

17 탄핵심판에 관한 설명 중 옳지 않은 것은? (다툼이 있는 경우 판례에 의함)

① 탄핵심판의 이익을 인정하기 위해서는 탄핵결정 선고 당시까지 피청구인이 해당 공직을 보유하는 것이 필요하다.

② 탄핵소추 당시 피청구인이 공직에 있어 적법하게 소추되었더라도 탄핵심판 계속 중 그 직에서 퇴직하였다면 이는 심판절차의 계속을 저지하는 사유이므로 주문에서 심판절차종료선언을 하여야 한다.

③ 헌법은 탄핵소추의 사유를 '헌법이나 법률에 대한 위배'로 명시하고 헌법재판소가 탄핵심판을 관장하게 함으로써 탄핵절차를 정치적 심판절차가 아니라 규범적 심판절차로 규정하였고, 이에 따라 탄핵심판절차의 목적은 '정치적 이유가 아니라 법위반을 이유로 하는' 파면임을 밝히고 있다.

④ 헌법재판소의 탄핵결정에 의한 파면은 그 요건과 절차가 준수될 경우 공직의 부당한 박탈이 되지 않으며, 권력분립원칙에 따른 균형을 훼손하지 않는다.

18 「국회법」에 관한 설명 중 옳지 않은 것은? (다툼이 있는 경우 판례에 의함)

① 국회의원을 체포하거나 구금하기 위하여 국회의 동의를 받으려고 할 때에는 관할법원의 판사는 영장을 발부하기 전에 체포동의 요구서를 정부에 제출하여야 하며, 정부는 이를 수리한 후 지체 없이 그 사본을 첨부하여 국회에 체포동의를 요청하여야 한다.

② 국회의원은 둘 이상의 상임위원이 될 수 있고, 각 교섭단체 대표의원은 국회운영위원회의 위원이 된다. 다만, 국회의장은 상임위원이 될 수 없다.

③ 국회 상임위원은 소관 상임위원회의 직무와 관련한 영리행위를 하여서는 아니 된다. 다만, 국회 윤리심사자문위원회의 심사를 거쳐 윤리심사자문위원회 위원장의 허가를 받은 경우에는 예외로 한다.

④ 출석의원 과반수의 찬성이 있거나 의장이 국가의 안전보장을 위하여 필요하다고 인정할 때에는 국회의 회의를 공개하지 아니할 수 있다고 규정한 헌법 제50조 제1항 단서가 국회 소위원회에도 적용되므로, 국회 소위원회의 의결로 회의를 비공개할 수 있도록 규정한 「국회법」 조항은 과잉금지원칙에 위배되는 위헌적인 규정이라 할 수 없다.

19 직업의 자유에 관한 설명 중 가장 적절하지 않은 것은? (다툼이 있는 경우 판례에 의함)

① 안경사 면허를 가진 자연인에게만 안경업소의 개설 등을 할 수 있도록 하고, 이를 위반 시 처벌하도록 규정한 구 「의료기사 등에 관한 법률」 조항은 법인을 설립하여 안경업소를 개설하고자 하는 자연인 안경사와 안경업소를 개설하고자 하는 법인의 직업의 자유를 침해한다.

② 금고 이상의 실형을 선고받고 그 집행이 종료된 날부터 3년이 경과되지 않은 경우 중개사무소 개설등록을 취소하도록 하는 「공인중개사법」 조항은 동 조항으로 인해 개설등록이 취소된 공인중개사의 직업선택의 자유를 침해하지 않는다.

③ '직업'이란 생활의 기본적 수요를 충족시키기 위해서 행하는 계속적인 소득활동을 의미하므로 학교운영위원이 무보수 봉사직이라는 점을 고려하면 운영위원으로서의 활동을 헌법상 직업의 개념에 포함시킬 수 없다.

④ 직업의 자유를 제한함에 있어, 당사자의 능력이나 자격과 상관없는 객관적 사유에 의한 직업선택의 자유의 제한은 월등하게 중요한 공익을 위하여 명백하고 확실한 위험을 방지하기 위한 경우에만 정당화될 수 있다.

20 사생활의 비밀과 자유에 관한 설명 중 가장 적절하지 않은 것은? (다툼이 있는 경우 판례에 의함)

① 법무부 훈령인 구 계호업무지침에 따라 교도소장이 수용자가 없는 상태에서 거실 및 작업장을 검사한 행위는 비록 교도소의 안전과 질서를 유지하고, 수형자의 교화·개선에 지장을 초래할 수 있는 물품을 차단하기 위한 것이라 하더라도, 보다 덜 제한적인 대체수단을 찾을 수 있으므로 수용자의 사생활의 비밀과 자유를 침해한다.

② 일반 교통에 사용되고 있는 도로는 국가와 지방자치단체가 그 관리책임을 맡고 있는 영역이며, 수많은 다른 운전자 및 보행자 등의 법익 또는 공동체의 이익과 관련된 영역으로, 그 위에서 자동차를 운전하는 행위는 더 이상 개인적인 내밀한 영역에서의 행위가 아니다.

③ 보호자 전원이 반대하지 않는 한 어린이집에 의무적으로 CCTV를 설치하도록 정한 「영유아보육법」 조항은 어린이집 보육교사의 사생활의 비밀과 자유를 침해하는 것은 아니다.

④ 변호사의 업무는 다른 어느 직업적 활동보다도 강한 공공성을 내포한다는 점 등을 감안하여 볼 때, 변호사의 업무와 관련된 수임사건의 건수 및 수임액이 변호사의 내밀한 개인적 영역에 속하는 것이라고 보기 어렵다.

21 개인정보자기결정권에 관한 설명 중 옳고 그름의 표시 (○, ×)가 바르게 된 것은? (다툼이 있는 경우 판례에 의함)

> ㄱ. 개인정보자기결정권의 보호대상이 되는 개인정보는 개인의 신체, 신념, 사회적 지위, 신분 등과 같이 개인의 인격주체성을 특징짓는 사항으로 그 개인의 동일성을 식별할 수 있게 하는 일체의 정보이며, 반드시 개인의 내밀한 영역이나 사사(私事)의 영역에 속하는 정보에 국한되지 않고 공적 생활에서 형성되었거나 이미 공개된 개인정보까지 포함한다.
>
> ㄴ. 국회의원이 '각급학교 교원의 교원단체 및 교원노조 가입현황 실명자료'를 인터넷을 통하여 공개한 행위는 해당 교원들의 개인정보자기결정권을 침해한다.
>
> ㄷ. 거짓이나 그 밖의 부정한 방법으로 보조금을 교부받거나 보조금을 유용하여 어린이집 운영정지, 폐쇄명령 또는 과징금 처분을 받은 어린이집에 대하여 그 위반사실을 공표하도록 한 구 「영유아보육법」 조항은 개인정보자기결정권을 침해한다.
>
> ㄹ. 아동·청소년에 대한 강제추행죄로 유죄판결이 확정된 자를 신상정보 등록대상자로 규정하고 그로 하여금 관할 경찰관서의 장에게 신상정보를 제출하도록 하며 신상정보가 변경될 경우 그 사유와 변경내용을 제출하도록 하는 「성폭력범죄의 처벌 등에 관한 특례법」 조항은 개인정보자기결정권을 침해하지 않는다.

① ㄱ(×), ㄴ(○), ㄷ(○), ㄹ(×)
② ㄱ(○), ㄴ(×), ㄷ(○), ㄹ(○)
③ ㄱ(○), ㄴ(○), ㄷ(×), ㄹ(○)
④ ㄱ(○), ㄴ(○), ㄷ(○), ㄹ(○)

22 통신의 자유에 관한 설명 중 가장 적절하지 않은 것은? (다툼이 있는 경우 판례에 의함)

① 법원 등 관계기관이 수용자에게 보낸 문서를 교도소장이 열람한 행위는, 다른 법령에 따라 열람이 금지된 문서는 열람할 수 없고, 열람한 후에는 본인에게 신속히 전달하여야 하므로, 해당 수용자의 통신의 자유를 침해하지 아니한다.

② 「통신비밀보호법」이 "공개되지 아니한 타인 간의 대화를 녹음 또는 청취하지 못한다."라고 정한 것은, 대화에 원래부터 참여하지 않는 제3자가 그 대화를 하는 타인들 간의 발언을 녹음해서는 아니 된다는 취지이다.

③ 사생활의 비밀과 자유에 포섭될 수 있는 사적 영역에 속하는 통신의 자유를 헌법이 별개의 조항을 통해 기본권으로 보장하는 이유는 우편이나 전기통신의 운영이 전통적으로 국가독점에서 출발하였기 때문에 개인 간의 의사소통을 전제로 하는 통신은 국가에 의한 침해가능성이 여타의 사적 영역보다 크기 때문이다.

④ 전기통신역무제공에 관한 계약을 체결하는 경우 전기통신사업자로 하여금 가입자에게 본인임을 확인할 수 있는 증서 등을 제시하도록 요구하고 부정가입방지시스템 등을 이용하여 본인인지 여부를 확인하도록 한 「전기통신사업법」 조항은 익명으로 이동통신서비스에 가입하여 자신들의 인적 사항을 밝히지 않은 채 통신하고자 하는 사람들의 통신의 자유를 침해한다.

23 국가배상청구권에 관한 설명 중 옳은 것을 모두 고른 것은? (다툼이 있는 경우 판례에 의함)

> ㄱ. 국가배상청구권의 성립요건으로서 공무원의 고의 또는 과실을 규정한 것은 원활한 공무집행을 위한 입법정책적 고려에 따라 법률로 이미 형성된 국가배상청구권의 행사 및 존속을 제한한 것이다.
>
> ㄴ. 청구기간 내에 제기된 헌법소원심판청구 사건에서 헌법재판소 재판관이 청구기간을 오인하여 각하결정을 한 경우, 이에 대한 불복절차 내지 시정절차가 없는 때에는 국가배상책임을 인정할 수 있다.
>
> ㄷ. 법률이 헌법에 위반되는지 여부를 심사할 권한이 없는 공무원으로서는 행위 당시의 법률에 따를 수밖에 없으므로, 행위의 근거가 된 법률조항에 대하여 행위 후에 위헌결정이 선고되더라도 위 법률조항에 따라 행위한 당해 공무원에게는 고의 또는 과실이 있다 할 수 없어 국가배상책임은 성립되지 아니한다.
>
> ㄹ. 보상금 등의 지급결정에 동의한 때 '민주화운동과 관련하여 입은 피해'에 대해 재판상 화해의 성립을 간주하는 구「민주화운동 관련자 명예회복 및 보상 등에 관한 법률」조항은 적극적·소극적 손해에 관한 부분에 있어서는 민주화운동 관련자와 유족의 국가배상청구권을 침해하지 않는다.

① ㄱ, ㄷ
② ㄴ, ㄷ
③ ㄱ, ㄴ, ㄹ
④ ㄴ, ㄷ, ㄹ

24 교육을 받을 권리에 관한 설명 중 가장 적절한 것은? (다툼이 있는 경우 판례에 의함)

① 헌법 제31조 제1항에서 보장되는 교육의 기회균등권은 '특히 경제적 약자가 실질적인 평등교육을 받을 수 있도록 국가가 적극적 정책을 실현해야 한다는 것'을 의미하므로 이로부터 국민이 직접 실질적 평등교육을 위한 교육비를 청구할 권리가 도출된다고 할 수 있다.

② 부모의 자녀교육권은 기본권의 주체인 부모의 자기결정권이라는 의미에서 보장되는 자유일 뿐만 아니라 자녀의 보호와 인격발현을 위하여 부여되는 기본권이다.

③ 한자를 국어과목에서 분리하여 초등학교 재량에 따라 선택적으로 가르치도록 하는 것은, 국어교과의 내용으로 한자를 배우고 일정 시간 이상 필수적으로 한자교육을 받음으로써 교육적 성장과 발전을 통해 자아를 실현하고자 하는 학생들의 자유로운 인격발현권을 제한하기는 하나 학부모의 자녀교육권을 제한하는 것은 아니다.

④ 교원의 지위를 포함한 교육제도 등의 법정주의를 규정하고 있는 헌법 제31조 제6항은 교원의 기본권보장 내지 지위보장뿐만 아니라 교원의 기본권을 제한하는 근거가 될 수도 있다.

25 평등권 및 평등원칙에 관한 설명으로 적절하지 않은 것은? (다툼이 있는 경우 헌법재판소 판례에 의함)

① 평등의 원칙은 국민의 기본권 보장에 관한 우리 헌법의 최고원리로서 국가가 입법을 하거나 법을 해석 및 집행함에 있어 따라야 할 기준인 동시에, 국가에 대하여 합리적 이유 없이 불평등한 대우를 하지 말 것과, 평등한 대우를 요구할 수 있는 모든 국민의 권리로서, 국민의 기본권중의 기본권인 것이다.

② 외국인 중 영주권자 및 결혼이민자만을 긴급재난지원금 지급대상에 포함시키고 난민인정자를 제외한 것은 평등권을 침해하는 것이다.

③ 일반적으로 차별이 정당한지 여부에 대해서는 자의성 여부를 심사하지만, 헌법에서 특별히 평등을 요구하고 있는 경우나 차별적 취급으로 인하여 관련 기본권에 대한 중대한 제한을 초래하게 된다면 입법형성권은 축소되어 보다 엄격한 심사척도가 적용된다.

④ 대한민국 국민인 남자에 한하여 병역의무를 부과한 「병역법」 규정은 국방의 의무 이행에 수반된 기본권 제약이 관련 기본권에 대한 중대한 제한을 초래하는 차별취급을 그 내용으로 하므로, 이 규정이 평등권을 침해하는지 여부는 엄격한 심사기준에 따라 판단하여야 한다.

15회 실전동형모의고사
모바일 자동 채점 + 성적 분석 서비스
바로 가기 (gosi.Hackers.com)

QR코드를 이용하여 해커스공무원의 '모바일 자동 채점 + 성적 분석 서비스'로 바로 접속하세요!
* 해커스공무원 사이트의 가입자에 한해 이용 가능합니다.

15회 / Review

문항	정답	문제 키워드	출제 유형	난이도
01	①	개인정보자기결정권	이론/판례/조문	●●○
02	③	재판청구권	이론/판례/조문	●●○
03	②	종교의 자유	이론/판례/조문	●●○
04	④	재산권	이론/판례/조문	●●○
05	①	영장주의	이론/판례/조문	●●○
06	④	신체의 자유	이론/판례/조문	●●○
07	①	선거제도	이론/판례/조문	●●○
08	④	헌정사	이론/판례/조문	●○○
09	②	국적	이론/판례/조문	●●○
10	④	책임주의	이론/판례/조문	●○○
11	②	소급입법	이론/판례/조문	●●○
12	④	사면	이론/판례/조문	●●○
13	④	권한쟁의	이론/판례/조문	●●○

문항	정답	문제 키워드	출제 유형	난이도
14	③	헌법소원	이론/판례/조문	●●○
15	③	행정부	이론/판례/조문	●●○
16	①	헌법재판	이론/판례/조문	●●●
17	②	탄핵심판	이론/판례/조문	●●●
18	③	국회법	이론/판례/조문	●●○
19	①	직업의 자유	이론/판례/조문	●●○
20	①	사생활의 자유	이론/판례/조문	●●○
21	③	개인정보자기결정권	이론/판례/조문	●●○
22	②	통신의 자유	이론/판례/조문	●●○
23	④	국가배상청구권	이론/판례/조문	●●●
24	④	교육을 받을 권리	이론/판례/조문	●●○
25	④	평등권	이론/판례/조문	●○○

[출제 유형 & 난이도] 각 문항별 출제 유형(이론/판례/조문)과 난이도를 수록하였으니, 본인이 취약한 유형이나 고난도 문제만 풀어보는 등 학습 상황에 알맞게 활용하시기 바랍니다.

핵심지문 OX
15회 실전동형모의고사에서 꼭 되짚어야 할 핵심지문을 다시 확인해보시기 바랍니다.

01 보안관찰처분대상자가 교도소 등에서 출소한 후 7일 이내에 출소사실을 신고하도록 하고 이를 위반하는 경우 처벌하는 법률조항은 보안관찰처분대상자의 불편이 크다거나 7일의 신고기간이 지나치게 짧다고 할 수 없으므로 개인정보자기결정권을 침해하지 아니한다. (　　　)

02 육군훈련소장이 훈련병들로 하여금 육군훈련소 내 종교 시설에서 개최되는 개신교, 불교, 천주교, 원불교 종교행사 중 하나에 참석하도록 강제한 행위는 특정 종교를 우대하는 것으로 정교분리원칙에 위배된다. (　　　)

03 외국에서 형의 전부 또는 일부의 집행을 받은 자에 대하여 형을 감경 또는 면제할 수 있도록 규정한 법률조항은 입법자의 입법형성권의 범위 내에 속하므로 신체의 자유를 침해하지 않는다. (　　　)

04 복수국적자가 「병역법」 제8조에 따라 병역준비역에 편입된 때부터 3개월 이내에 하나의 국적을 선택하여야 하고, 이 기간이 지나면 병역의무가 해소되기 전에는 국적이탈 신고를 할 수 없도록 한 「국적법」 조항은 국적이탈의 자유를 침해한다. (　　　)

05 살수차의 사용요건 등을 정한 「경찰관 직무집행법」 조항은 집회·시위 현장에서 경찰의 살수행위라는 구체적 집행행위를 예정하고 있으므로 기본권 침해의 직접성이 인정되지 않는다. (　　　)

06 탄핵심판의 이익을 인정하기 위해서는 탄핵결정 선고 당시까지 피청구인이 해당 공직을 보유하는 것이 필요하다. (　　　)

07 안경사 면허를 가진 자연인에게만 안경업소의 개설 등을 할 수 있도록 하고, 이를 위반 시 처벌하도록 규정한 구 「의료기사 등에 관한 법률」 조항은 법인을 설립하여 안경업소를 개설하고자 하는 자연인 안경사와 안경업소를 개설하고자 하는 법인의 직업의 자유를 침해한다. (　　　)

08 보상금 등의 지급결정에 동의한 때 '민주화운동과 관련하여 입은 피해'에 대해 재판상 화해의 성립을 간주하는 구 「민주화운동 관련자 명예회복 및 보상 등에 관한 법률」 조항은 적극적·소극적 손해에 관한 부분에 있어서는 민주화운동 관련자와 유족의 국가배상청구권을 침해하지 않는다. (　　　)

[정답] **01** ○ **02** ○ **03** × 신체의 자유를 침해한다. **04** ○ **05** ○ **06** ○ **07** × 직업의 자유를 침해한다. **08** ○

최종점검 기출모의고사

잠깐! 최종점검 기출모의고사 전 확인사항

최종점검 기출모의고사도 실전처럼 문제를 푸는 연습이 필요합니다.

✔ 휴대전화는 전원을 꺼주세요.

✔ 연필과 지우개를 준비하세요.

✔ 제한시간 20분 내 최대한 많은 문제를 정확하게 풀어보세요.

매 회 최종점검 기출모의고사 전, 위 사항을 점검하고 시험에 임하세요.

최종점검 기출모의고사

실제 기출문제를 실전동형모의고사 형태에 맞추어
학습함으로써, 최신 출제경향을 파악하고
문제풀이 능력을 극대화시킬 수 있습니다.

승리는 가장 끈기 있는 자에게 돌아간다.

- 나폴레옹 보나파르트

공개경쟁채용 필기시험 대비
해커스공무원 최종점검 기출모의고사

응시번호	
성명	

문제회차
01회

【시 험 과 목】

과목명	소요시간	문항수	점 수
헌법	20분	25문항	100점

응시자 주의사항

1. **시험 시작 전**에 시험문제를 열람하는 행위나 시험종료 후 답안을 작성하는 행위를 한 사람은 부정행위자로 처리됩니다.

2. 시험 시작 즉시 **문제 누락 여부, 인쇄상태 이상유무 및 표지와 과목의 일치 여부** 등을 확인한 후 문제책 표지에 응시번호, 성명을 기재합니다.

3. 문제는 **총 25문항**으로 구성되어 있으니, 문제지와 답안지를 확인하시기 바랍니다.
   - 답안지는 '**해커스공무원 실전동형모의고사 답안지**'를 사용합니다.

4. 시험이 시작되면 문제를 주의 깊게 읽은 후, **문항의 취지에 가장 적합한 하나의 정답만**을 고르시기 바랍니다.

5. 답안을 잘못 표기하였을 경우에는 답안지를 교체하여 작성하거나 **수정테이프만을 사용**하여 수정할 수 있으며(수정액 또는 수정스티커 등은 사용 불가), 부착된 수정테이프가 떨어지지 않게 손으로 눌러주어야 합니다.
   - 불량 수정테이프의 사용과 불완전한 수정 처리로 인해 발생하는 **모든 문제는 응시자에게 책임**이 있습니다.

6. **시험시간 관리의 책임**은 전적으로 응시자 본인에게 있습니다.

해커스공무원 최종점검 기출모의고사 정답 공개 및 안내

1. 해커스공무원 최종점검 기출모의고사의 문제들은 **7급 국가직/지방직, 법원직, 5급 등 주요 시험의 기출문제들로만** 선별하여 수록하였습니다.

2. 각 문제별 **기출연도 및 시행처는 해설집에 수록**되어 있으니, 참고하시기 바랍니다.

🏛 해커스공무원

헌법

문 1. 문화국가원리에 대한 설명으로 옳은 것은? (다툼이 있는 경우 판례에 의함)

① 국가의 문화육성은 국민에게 문화창조의 기회를 부여한다는 의미에서 서민문화, 대중문화는 그 가치를 인정하고 정책적인 배려의 대상으로 하여야 하지만, 엘리트문화는 이에 포함되지 않는다.

② 문화국가원리는 국가의 문화정책과 밀접 불가분의 관계를 맺고 있는바, 오늘날 문화국가에서의 문화정책은 문화풍토의 조성이 아니라 문화 그 자체에 초점을 두어야 한다.

③ 국가가 민족문화유산을 보호하고자 하는 경우 이에 관한 헌법적 보호법익은 민족문화유산의 훼손 등에 관한 가치보상에 있는 것이지 '민족문화유산의 존속' 그 자체를 보장하는 것은 아니다.

④ 헌법 제9조의 정신에 따라 우리가 진정으로 계승·발전시켜야 할 전통문화는 이 시대의 제반 사회·경제적 환경에 맞고 또 오늘날에 있어서도 보편타당한 전통윤리 내지 도덕관념이라 할 것이다.

문 2. 진술거부권에 대한 설명으로 옳지 않은 것은? (다툼이 있는 경우 판례에 의함)

① '2020년도 장교 진급지시' Ⅳ. 제4장 5. 가. 2) 나) 중 '민간법원에서 약식명령을 받아 확정된 사실이 있는 자'에 관한 부분은 육군 장교가 민간법원에서 약식명령을 받아 확정된 사실만을 자진신고 하도록 하고 있는바, 위 사실 자체는 형사처벌의 대상이 아니고 약식명령의 내용이 된 범죄사실의 진위 여부를 밝힐 것을 요구하는 것도 아니므로, 범죄의 성립과 양형에서의 불리한 사실 등을 말하게 하는 것이라 볼 수 없다.

② 교통·에너지·환경세의 과세물품 및 수량을 신고하도록 한 「교통·에너지·환경세법」 제7조 제1항은 진술거부권을 제한하는 것이다.

③ 「민사집행법」상 재산명시의무를 위반한 채무자에 대하여 법원이 결정으로 20일 이내의 감치에 처하도록 규정하는 것은 감치의 제재를 통해 이를 강제하는 것이 형사상 불이익한 진술을 강요하는 것이라고 할 수 없으므로, 위 채무자의 양심의 자유 및 진술거부권을 침해하지 아니한다.

④ 헌법 제12조 제2항은 "모든 국민은 형사상 자기에게 불리한 진술을 강요당하지 아니한다."라고 하여 진술거부권을 보장하였는바, 이러한 진술거부권은 형사절차뿐만 아니라 행정절차나 국회에서의 조사절차에서도 보장된다.

문 3. 교육제도에 대한 설명으로 옳지 않은 것은? (다툼이 있는 경우 판례에 의함)

① 학교법인 운영의 투명성, 효율성은 사립학교 및 그에 의해 수행되는 교육의 공공성과 직결되므로, 이를 제고하기 위하여 사적 자치를 넘어서는 새로운 제도를 형성하거나 학교법인의 자율적인 조직구성권 및 학교운영권에 공법적 규제를 가하는 것까지도 교육이나 사학의 자유의 본질적 내용을 침해하지 않는 한 궁극적으로는 입법자의 형성의 자유에 속하는 것으로 허용된다 할 것이다.

② 헌법재판소는 비록 헌법에 명문의 규정은 없지만 학교법인을 설립하고 이를 통하여 사립학교를 설립·경영하는 것을 내용으로 하는 사학의 자유가 헌법 제10조, 제31조 제1항·제4항에서 도출되는 기본권임을 확인한 바 있다.

③ 우리나라는 사립학교도 공교육체계에 편입시켜 국가 등의 지도·감독을 받도록 함과 동시에 그 기능에 충실하도록 많은 재정적 지원과 각종 혜택을 부여하고 있는바, 목적의 달성이 불가능하여 그 존재 의의를 상실한 학교법인은 적법한 절차를 거쳐 해산시키는 것이 필요하므로 구 「사립학교법」상의 해산명령조항은 과잉금지원칙에 반하지 않는다.

④ 대학의 자율성에 대한 침해 여부를 심사함에 있어서는 대학의 자치보장을 위하여 엄격한 심사를 하여야 하므로, 입법자가 입법형성의 한계를 넘는 자의적인 입법을 하였는지 여부만을 판단하여서는 아니 된다.

문 4. 법원에 대한 설명으로 옳은 것은?

① 대법원의 심판권은 대법관 전원의 3분의 2 이상의 합의체에서 행사하나, 명령 또는 규칙이 법률에 위반된다고 인정하는 경우에 한해 대법관 3명 이상으로 구성된 부에서 먼저 사건을 심리하여 의견이 일치한 경우에 한정하여 그 부에서 재판할 수 있다.

② 고등법원·특허법원·지방법원·가정법원·행정법원 및 군사법원과 대법원규칙으로 정하는 지원에 사법행정에 관한 자문기관으로 판사로 구성된 판사회의를 두며, 판사회의의 조직과 운영에 필요한 사항은 「법원조직법」으로 정한다.

③ 대법원에 두는 양형위원회는 위원장 1명을 포함한 14명의 위원으로 구성하되, 위원장이 아닌 위원 중 1명은 상임위원으로 한다.

④ 대법원장과 대법관이 아닌 법관은 대법관회의의 동의를 얻어 대법원장이 임명한다.

문 5. 헌법상 평등원칙(평등권)에 대한 <보기>의 설명 중 옳은 것만을 모두 고르면? (다툼이 있는 경우 판례에 의함)

ㄱ. 「형법」상 모욕죄·사자명예훼손죄와 「정보통신망 이용촉진 및 정보보호 등에 관한 법률」(이하 "정보통신망법"이라 한다)의 명예훼손죄는 사람의 가치에 대한 사회적 평가인 이른바 '외적 명예'를 보호법익으로 한다는 점에서 불법성이 유사함에도, 「형법」상 친고죄인 모욕죄·사자명예훼손죄와 달리 정보통신망법이 제70조 제2항의 명예훼손죄를 반의사불벌죄로 규정한 것은 형벌체계상 균형을 상실하여 평등원칙에 위반된다.

ㄴ. 1983.1.1. 이후에 출생한 A형 혈우병 환자에 한하여 유전자재조합제제에 대한 요양급여를 인정하는 보건복지가족부 고시조항은 제도의 단계적인 개선에 해당하므로, 환자의 범위를 한정하는 과정에서 A형 혈우병환자들의 출생 시기에 따라 이들에 대한 유전자재조합제제의 요양급여 허용 여부를 달리 취급하는 것은 합리적인 이유가 있는 차별이다.

ㄷ. 중혼의 취소청구권자를 어느 범위까지 포함할 것인지 여부에 관하여는 입법자의 입법재량의 폭이 넓은 영역이라는 점에서 자의금지원칙 위반 여부를 심사하는 것으로 충분하다.

ㄹ. 「병역법」 제34조 제3항이 전문연구요원과 달리 공중보건의사가 군사교육에 소집된 기간을 복무기간에 산입하지 않도록 규정하고 있더라도 이는 합리적인 이유가 있는 차별이므로 공중보건의사의 평등권을 침해하지 않는다.

① ㄱ, ㄴ
② ㄱ, ㄷ
③ ㄴ, ㄷ
④ ㄴ, ㄹ
⑤ ㄷ, ㄹ

문 6. 선거권과 피선거권에 대한 설명으로 옳은 것은? (다툼이 있는 경우 판례에 의함)

① 지방자치단체의 장 선거권은 국회의원 선거권 및 대통령 선거권과 구별되는 법률상의 권리다.
② 「공직선거법」에 따르면 선거일 현재 18세 이상의 국민은 원칙적으로 국회의원의 피선거권을 가진다.
③ 「공직선거법」상 선거일 현재 1년 이상의 징역 또는 금고의 형을 선고받고 그 집행이 종료되지 아니하거나 그 집행을 받지 아니하기로 확정되지 아니한 사람 및 그 형의 집행유예를 선고받고 유예기간 중에 있는 사람은 선거권이 없다.
④ 「공직선거법」상 대통령의 피선거권 자격에서 40세 이상의 국민일 것을 요건으로 할 뿐 거주기간의 제한은 없다.
⑤ 「출입국관리법」 제10조에 따른 영주의 체류자격 취득일 후 3년이 경과한 외국인은 국회의원의 선거권이 있다.

문 7. 지방자치제도에 대한 설명으로 옳지 않은 것은? (다툼이 있는 경우 판례에 의함)

① 지방자치의 본질상 자치행정에 대한 국가의 관여는 가능한 한 배제하는 것이 바람직하지만, 지방자치도 국가적 법질서의 테두리 안에서만 인정되는 것이고, 지방행정도 중앙행정과 마찬가지로 국가행정의 일부이므로 지방자치단체가 어느 정도 국가적 감독·통제를 받는 것은 불가피하다.
② 일정구역에 한하여 모든 자치단체를 전면적으로 폐지하거나 지방자치단체인 시·군이 수행해온 자치사무를 국가의 사무로 이관하는 것이 아니라 당해 지역 내의 지방자치단체인 시·군을 모두 폐지하여 중층구조를 단층화하는 것은 입법자의 선택범위에 들어가는 것이다.
③ 마치 국가가 영토고권을 가지는 것과 마찬가지로, 지방자치단체에게 자신의 관할구역 내에 속하는 영토·영해·영공을 자유로이 관리하고 관할구역 내의 사람과 물건을 독점적·배타적으로 지배할 수 있는 권리가 부여되어 있다.
④ 지방자치단체와 다른 지방자치단체의 관계에서 어느 지방자치 단체가 특정한 행정동 명칭을 독점적·배타적으로 사용할 권한이 있다고 볼 수는 없다.
⑤ 교육감과 해당 지방자치단체 상호간의 권한쟁의심판은 '상이한 권리주체 간'의 권한쟁의심판으로 볼 수 없으므로, 헌법재판소가 관장하는 지방자치단체 상호간의 권한쟁의심판에 속하지 않는다.

문 8. 기본권의 주체에 대한 설명으로 옳지 않은 것은? (다툼이 있는 경우 판례에 의함)

① 근로의 권리 중 '일할 자리에 관한 권리'가 아닌 '일할 환경에 관한 권리'에 대해서는 외국인의 기본권 주체성이 인정된다.

② 불법체류 중인 외국인에 대해서는 기본권 주체성이 부인된다.

③ 수정란이 모체에 착상되기 이전이나 원시선이 나타나기 이전의 초기배아에 대해서는 기본권 주체성이 인정되지 않는다.

④ 정당이 등록이 취소된 이후에도 '등록정당'에 준하는 '권리능력 없는 사단'으로서의 실질을 유지하고 있다고 볼 수 있으면 헌법소원의 청구인능력을 인정할 수 있다.

⑤ 공법인이나 이에 준하는 지위를 가진 자라 하더라도 사경제 주체로서 활동하는 경우나 조직법상 국가로부터 독립한 고유 업무를 수행하는 경우, 그리고 다른 공권력 주체와의 관계에서 지배복종관계가 성립되어 일반 사인처럼 그 지배하에 있는 경우 등에는 기본권 주체가 될 수 있다.

문 9. 일반적 인격권에 대한 설명으로 옳지 않은 것은? (다툼이 있는 경우 판례에 의함)

① 일반적 인격권에는 개인의 명예에 관한 권리도 포함되는데, 여기서 말하는 '명예'는 사람이나 그 인격에 대한 '사회적 평가', 즉 객관적·외부적 가치평가를 말하는 것이지 단순히 주관적·내면적인 명예감정은 포함하지 않는다.

② 외부 민사재판에 출정할 때 운동화를 착용하게 해달라는 수형자의 신청에 대하여 이를 불허한 교도소장의 행위는 수형자의 인격권을 침해하였다고 볼 수 없다.

③ 변호사 정보 제공 웹사이트 운영자가 변호사들의 개인신상정보를 기반으로 한 인맥지수를 정보주체의 동의 없이 공개하는 서비스를 제공하는 행위는 변호사들의 개인정보에 관한 인격권을 침해한다.

④ 장래 가족 구성원이 될 태아의 성별 정보에 대한 접근을 국가로부터 방해받지 않을 부모의 권리는 일반적 인격권으로부터 도출된다.

⑤ 법인은 그 성질상 인격권의 한 내용인 사회적 신용이나 명예 등의 주체가 될 수 없다.

문 10. 변호인의 조력을 받을 권리에 대한 설명으로 옳지 않은 것은?

① 접촉차단시설이 설치되지 않은 장소에서의 수용자 접견 대상을 소송사건의 대리인인 변호사로 한정한 구「형의 집행 및 수용자의 처우에 관한 법률 시행령」조항은, 그로 인해 접견의 상대방인 수용자의 재판청구권이 제한되는 효과도 함께 고려하면 수용자의 대리인이 되려는 변호사의 직업수행의 자유와 수용자의 변호인의 조력을 받을 권리를 침해한다.

② '변호인이 되려는 자'의 접견교통권은 피의자 등을 조력하기 위한 핵심적인 부분으로서, 피의자 등이 가지는 헌법상의 기본권인 '변호인이 되려는 자'와의 접견교통권과 표리의 관계에 있어, 피의자 등이 가지는 '변호인이 되려는 자'의 조력을 받을 권리가 실질적으로 확보되기 위해서는 '변호인이 되려는 자'의 접견교통권 역시 헌법상 기본권으로서 보장되어야 한다.

③ 수사서류에 대한 법원의 열람·등사 허용 결정이 있음에도 검사가 열람·등사를 거부하는 경우 수사서류 각각에 대하여 검사가 열람·등사를 거부할 정당한 사유가 있는지를 심사할 필요 없이 그 거부행위 자체로써 청구인의 변호인의 조력을 받을 권리를 침해하는 것이 되고, 이는 법원의 수사서류에 대한 열람·등사 허용 결정이 있음에도 검사가 해당 서류에 대한 열람만을 허용하고 등사를 거부하는 경우에도 마찬가지이다.

④ 교도소장이 금지물품 동봉 여부를 확인하기 위하여 미결수용자와 같은 지위에 있는 수형자의 변호인이 위 수형자에게 보낸 서신을 개봉한 후 교부한 행위는 교정사고를 미연에 방지하고 교정시설의 안전과 질서 유지를 위한 것으로, 금지물품이 들어 있는지를 확인하기 위하여 서신을 개봉하는 것만으로는 미결수용자와 같은 지위에 있는 수형자의 변호인의 조력을 받을 권리를 침해하지 않는다.

문 11. 헌법기관의 구성에 대한 설명으로 옳지 않은 것은?

① 중앙선거관리위원회 위원은 모두 대통령이 임명하는데, 위원 중 3인은 국회에서 선출하는 자를, 3인은 대법원장이 지명하는 자를 임명한다.

② 헌법재판소 재판관은 모두 대통령이 임명하는데, 재판관 중 3인은 국회에서 선출하는 자를, 3인은 대법원장이 지명하는 자를 임명한다.

③ 대법원장은 국회의 동의를 얻어 대통령이 임명하고, 대법관은 대법원장의 제청으로 국회의 동의를 얻어 대통령이 임명한다.

④ 감사원장은 국회의 동의를 얻어 대통령이 임명하고, 감사위원은 감사원장의 제청으로 대통령이 임명한다.

문 12. 적법절차원리에 대한 설명으로 옳지 않은 것은?

① 농림수산식품부장관 등 관련 국가기관이 국민의 생명·신체의 안전에 영향을 미치는 고시 등의 내용을 결정함에 있어서 이해관계인의 의견을 사전에 충분히 수렴하는 것이 바람직하기는 하지만, 그것이 헌법의 적법절차 원칙상 필수적으로 요구되는 것이라고 할 수는 없다.

② 강제퇴거명령을 받은 사람을 보호할 수 있도록 하면서 보호기간의 상한을 마련하지 아니한 「출입국관리법」 조항에 의한 보호는 형사절차상 '체포 또는 구속'에 준하는 것으로 볼 수 있는 점을 고려하면, 보호의 개시 또는 연장 단계에서 그 집행기관인 출입국관리공무원으로부터 독립되고 중립적인 지위에 있는 기관이 보호의 타당성을 심사하여 이를 통제할 수 있어야 한다.

③ 형사재판에 계속 중인 사람에 대하여 출국을 금지할 수 있다고 규정한 「출입국관리법」에 따른 법무부장관의 출국금지결정은 성질상 신속성과 밀행성을 요하므로, 출국금지 대상자에게 사전통지를 하거나 청문을 실시하도록 한다면 국가 형벌권 확보라는 출국금지제도의 목적을 달성하는 데 지장을 초래할 우려가 있으며, 출국금지 후 즉시 서면으로 통지하도록 하고 있고, 이의신청이나 행정소송을 통하여 출국금지결정에 대해 사후적으로 다툴 수 있는 기회를 제공하여 절차적 참여를 보장해 주고 있으므로 적법절차원칙에 위배된다고 보기 어렵다.

④ 효율적인 수사와 정보수집의 신속성, 밀행성 등을 고려하여 사전에 정보주체인 이용자에게 그 내역을 통지하는 것이 적절하지 않기 때문에, 수사기관 등이 통신자료를 취득한 이후에도 수사 등 정보수집의 목적에 방해가 되지 않도록 「전기통신사업법」 조항이 통신자료 취득에 대한 사후 통지 절차를 두지 않은 것은 적법절차원칙에 위배되지 아니한다.

문 13. 권한쟁의심판에 대한 설명으로 옳지 않은 것은?

① 국회가 제정한 「국가경찰과 자치경찰의 조직 및 운영에 관한 법률」에 의하여 설립된 국가경찰위원회는 국가기관 상호간의 권한쟁의심판의 당사자능력이 있다.

② 권한쟁의의 심판은 그 사유가 있음을 안 날부터 60일 이내에, 그 사유가 있은 날부터 180일 이내에 청구하여야 한다.

③ 헌법재판소의 권한쟁의심판의 결정은 모든 국가기관과 지방자치단체를 기속한다.

④ 헌법재판소가 권한쟁의심판의 청구를 받았을 때에는 직권 또는 청구인의 신청에 의하여 종국결정의 선고 시까지 심판 대상이 된 피청구인의 처분의 효력을 정지하는 결정을 할 수 있다.

문 14. 다음 사례에 대한 설명으로 옳지 않은 것은?

> 「공직선거법」 조항이 한국철도공사와 같이 정부가 100분의 50 이상의 지분을 가지고 있는 기관의 상근직원은 선거운동을 할 수 없도록 규정하고 있음에도 불구하고, 甲은 한국철도공사 상근직원으로서, 특정 정당과 그 정당의 후보자에 대한 지지를 호소하는 내용의 메일을 한국철도공사 경기지부 소속 노조원에게 발송하였다는 이유로 기소되었다. 甲은 소송 계속 중 자신의 선거운동을 금지하고 있는 「공직선거법」 조항에 대하여 위헌법률심판제청신청을 하였으나 기각되자, 「헌법재판소법」 제68조 제2항의 헌법소원심판을 청구하였다.

① 선거운동의 자유는 선거권 행사의 전제 내지 선거권의 중요한 내용을 이룬다고 할 수 있으므로, 甲에 대한 선거운동의 제한은 선거권의 제한으로도 파악될 수 있다.

② 위 「공직선거법」 조항은 한국철도공사 상근직원의 직급이나 직무의 성격에 대한 검토 없이 일률적으로 모든 상근직원의 선거운동을 전면적으로 금지하는 것으로 선거운동의 자유를 침해한다.

③ 선거운동의 자유는 선거의 공정성이라는 또 다른 가치를 위하여 무제한 허용될 수는 없는 것이고, 선거운동이 허용되거나 금지되는 사람의 인적 범위는 입법자가 재량의 범위 내에서 직무의 성질과 내용 등 제반 사정을 종합적으로 검토하여 정할 사항이므로 제한입법의 위헌여부에 대하여는 다소 완화된 심사기준이 적용되어야 한다.

④ 선거운동의 자유는 널리 선거과정에서 자유로이 의사를 표현할 자유의 일환이므로 표현의 자유의 한 태양이기도 한데, 이러한 정치적 표현의 자유는 선거과정에서의 선거운동을 통하여 국민이 정치적 의견을 자유로이 발표, 교환함으로써 비로소 그 기능을 다하게 된다 할 것이므로 선거운동의 자유는 헌법이 정한 언론·출판·집회·결사의 자유 및 보장규정에 의한 보호를 받는다.

문 15. 헌법재판소의 일반심판절차에 대한 설명으로 옳지 않은 것은?

① 당사자는 동일한 사건에 대하여 2명 이상의 재판관을 기피할 수 없다.

② 위헌법률의 심판과 헌법소원에 관한 심판은 구두변론에 의하고, 탄핵의 심판, 정당해산의 심판 및 권한쟁의의 심판은 서면심리에 의한다.

③ 법률의 위헌결정, 탄핵의 결정, 정당해산의 결정 또는 헌법소원에 관한 인용결정을 하는 경우에는 재판관 6명 이상의 찬성이 있어야 한다.

④ 헌법재판소의 심판절차에 관하여 「헌법재판소법」에 특별한 규정이 있는 경우를 제외하고는 헌법재판의 성질에 반하지 아니하는 한도에서 민사소송에 관한 법령을 준용하며, 탄핵심판의 경우에는 형사소송에 관한 법령을 준용하고, 권한쟁의심판 및 헌법소원심판의 경우에는 「행정소송법」을 함께 준용한다.

문 16. 법률의 제·개정절차에 대한 설명으로 옳지 않은 것은?

① 국회는 헌법 또는 법률에 특별한 규정이 없는 한 재적의원 과반수의 출석과 출석의원 과반수의 찬성으로 의결하며, 가부동수인 때에는 가결된 것으로 본다.

② 국회에 제출된 법률안은 회기 중에 의결되지 못한 이유로 폐기되지 않지만, 국회의원의 임기가 만료된 때에는 그러하지 아니하다.

③ 법률은 특별한 규정이 없는 한 공포한 날로부터 20일을 경과함으로써 효력을 발생한다.

④ 대통령은 법률안의 일부에 대하여 또는 법률안을 수정하여 재의를 요구할 수 없다.

문 17. 청원권에 대한 설명으로 옳은 것은?

① 현행 헌법규정에 의하면 청원은 문서 또는 구두(口頭)로 할 수 있다.

② 국민은 지방자치단체와 그 소속 기관에 청원을 제출할 수 있다.

③ 청원서의 일반인에 대한 공개를 위해 30일 이내에 100명 이상의 찬성을 받도록 하고, 청원서가 일반인에게 공개되면 그로부터 30일 이내에 10만 명 이상의 동의를 받도록 한 「국회청원심사규칙」 조항은 청원의 요건을 지나치게 까다롭게 설정하여 국민의 청원권을 침해한다.

④ 국민은 공무원의 위법·부당한 행위에 대한 시정이나 징계의 요구를 청원할 수 없다.

문 18. 선거권과 선거제도에 대한 설명으로 옳지 않은 것은?

① 평등선거의 원칙은 평등의 원칙이 선거제도에 적용된 것으로서 투표의 수적 평등을 그 내용으로 할 뿐만 아니라, 일정한 집단의 의사가 정치과정에서 반영될 수 없도록 차별적으로 선거구를 획정하는 이른바 '게리맨더링'에 대한 부정을 의미하기도 한다.

② 보통선거라 함은 개인의 납세액이나 소유하는 재산을 선거권의 요건으로 하는 제한선거에 대응하는 것으로, 이러한 요건뿐만 아니라 그 밖에 사회적 신분·인종·성별·종교·교육 등을 요건으로 하지 않고 일정한 연령에 달한 모든 국민에게 선거권을 인정하는 제도를 말한다.

③ 정당이 비례대표국회의원선거에 후보자를 추천하는 때에는 그 후보자 중 100분의 50 이상을 여성으로 추천하되, 그 후보자명부의 순위의 매 홀수에는 여성을 추천하여야 한다.

④ 자치구·시·군의원 선거구를 획정할 때, 인구편차 상하 60%(인구비례 4:1)의 기준을 헌법상 허용되는 인구편차 기준으로 삼는 것이 가장 적절하다.

문 19. 정당제도에 대한 설명으로 옳지 않은 것은?

① 정당해산심판제도가 정당을 보호하기 위한 취지에서 도입된 것이고 다른 한편으로는 정당의 강제적 해산가능성을 헌법상 인정하는 것이므로, 그 자체가 민주주의에 대한 제약이자 위협이 될 수는 없다.

② 정당해산제도의 취지 등에 비추어 볼 때 헌법재판소의 정당해산결정이 있는 경우 그 정당 소속 국회의원의 의원직은 당선 방식을 불문하고 모두 상실되어야 한다.

③ 정당은 단순히 행정부의 통상적인 처분에 의해서는 해산될 수 없고, 오직 헌법재판소가 그 정당의 위헌성을 확인하고 해산의 필요성을 인정한 경우에만 정당정치의 영역에서 배제된다.

④ 정당해산심판제도는 정당 존립의 특권, 특히 그 중에서도 정부의 비판자로서 야당의 존립과 활동을 특별히 보장하고자 하는 헌법제정자의 규범적 의지의 산물로 이해되어야 한다.

문 20. 평등권에 대한 설명으로 옳은 것은?

① 헌법은 누구든지 성별·종교 또는 사회적 신분에 의하여 정치적·경제적·사회적·문화적 생활의 모든 영역에 있어서 차별을 받지 아니한다고 규정하고 있다.

② 헌법재판소는 평등권의 침해 여부를 심사할 때, 원칙적으로 완화된 심사의 경우 자의금지원칙에 의한 심사를 하고 엄격심사의 경우 과소보호금지원칙에 의한 심사를 한다.

③ 평등원칙은 일체의 차별적 대우를 부정하는 절대적 평등을 의미하는 것으로, 입법과 법의 적용에 있어서 합리적 이유 없는 차별을 하여서는 아니된다는 상대적 평등을 의미하는 것은 아니다.

④ 훈장은 이를 받은 자와 그 자손에게 효력이 있으나, 이에 대한 특권은 훈장을 받은 자에게만 인정된다.

문 21. 신체의 자유에 대한 설명으로 옳지 않은 것은?

① 누구든지 체포 또는 구속을 당한 때에는 즉시 변호인의 조력을 받을 권리를 가지는데, 헌법은 형사피의자와 형사피고인이 스스로 변호인을 구할 수 없을 때에는 법률이 정하는 바에 의하여 국가가 변호인을 붙인다고 규정하고 있다.

② 체포·구속·압수 또는 수색을 할 때에는 적법한 절차에 따라 검사의 신청에 의하여 법관이 발부한 영장을 제시하여야 하나, 현행범인인 경우와 장기 3년 이상의 형에 해당하는 죄를 범하고 도피 또는 증거인멸의 염려가 있을 때에는 사후에 영장을 청구할 수 있다.

③ 누구든지 법률에 의하지 아니하고는 체포·구속·압수·수색 또는 심문을 받지 아니하며, 법률과 적법한 절차에 의하지 아니하고는 처벌·보안처분 또는 강제노역을 받지 아니한다.

④ 누구든지 체포 또는 구속을 당한 때에는 적부의 심사를 법원에 청구할 권리를 가진다.

문 22. 국군에 대한 설명으로 옳지 않은 것은?

① 헌법상 국군의 사명은 국가의 안전보장과 국토방위의 신성한 의무를 수행하는 것이다.

② 국군의 정치적 중립성에 관한 사항은 1960년 제3차 헌법개정을 통해 처음으로 헌법에 규정되었다.

③ 국회는 국군의 외국에의 파견에 대한 동의권을 가진다.

④ 군인은 현역을 면한 후가 아니면 국무총리 또는 국무위원으로 임명될 수 없다.

문 23. 사법권에 대한 설명으로 옳지 않은 것은?

① 국회의원의 자격심사, 징계, 제명은 법원에의 제소가 금지된다.

② 비상계엄하의 군인·군무원의 범죄에 대한 군사재판은 사형을 선고한 경우에도 단심으로 할 수 있다.

③ 「공유수면 관리 및 매립에 관한 법률」에 따른 매립지가 속할 지방자치단체를 정하는 행정안전부장관의 결정에 대하여 이의가 있는 경우 관계 지방자치단체의 장은 그 결과를 통보받은 날부터 15일 이내에 대법원에 소송을 제기할 수 있다.

④ 상급법원 재판에서의 판단은 해당 사건에 관하여 하급심을 기속한다.

문 24. 헌법재판소의 조직 및 심판절차에 대한 설명으로 옳지 않은 것은?

① 헌법재판소 전원재판부는 재판관 7명 이상의 출석으로 사건을 심리하며, 탄핵의 심판, 정당해산의 심판, 권한쟁의의 심판은 구두변론에 의한다.

② 헌법재판소 전원재판부는 종국심리에 관여한 재판관 과반수의 찬성으로 사건에 관한 결정을 한다. 다만, 법률의 위헌결정, 탄핵의 결정, 정당해산의 결정 또는 헌법소원의 인용결정을 하는 경우와 종전에 헌법재판소가 판시한 헌법 또는 법률의 해석 적용에 관한 의견을 변경하는 경우에는 재판관 6명 이상의 찬성이 있어야 한다.

③ 헌법소원심판에서 대리인의 선임 없이 청구된 경우에 지정재판부는 재판관 전원의 일치된 의견에 의한 결정으로 심판청구를 각하할 수 있으며, 헌법소원심판의 청구 후 30일이 지날 때까지 각하결정이 없는 때에는 청구된 헌법소원은 재판부의 심판에 회부되지 않은 것으로 본다.

④ 헌법재판소의 권한쟁의심판의 결정은 모든 국가기관과 지방자치단체를 기속하며, 국가기관 또는 지방자치단체의 처분을 취소하는 결정은 그 처분의 상대방에 대하여 이미 생긴 효력에 영향을 미치지 아니한다.

문 25. 행정부에 대한 설명으로 옳지 않은 것은? (다툼이 있는 경우 판례에 의함)

① 정부의 구성단위로서 그 권한에 속하는 사항을 집행하는 중앙행정기관을 반드시 국무총리의 통할을 받는 '행정각부'의 형태로 설치하거나 '행정각부'에 속하는 기관으로 두어야 하는 것이 헌법상 강제되는 것은 아니므로, 법률로써 '행정각부'에 속하지 않는 독립된 형태의 행정기관을 설치하는 것이 헌법상 금지된다고 할 수 없다.

② 국무위원은 국무총리의 제청으로 대통령이 임명하고, 국무총리와 국회는 국무위원의 해임을 대통령에게 건의할 수 있다.

③ 국무총리가 특별히 위임하는 사무를 수행하기 위하여 부총리 2명을 두며, 부총리는 국무위원으로 보한다.

④ 대통령이 국회에 파병동의안을 제출하기 전에 대통령을 보좌하기 위하여 파병정책을 심의, 의결한 국무회의의 의결은 국가기관의 내부적 의사결정행위에 해당하지만, 국민에 대하여 직접적인 법률효과를 발생할 수 있는 행위이므로 헌법소원의 대상이 되는 공권력의 행사에 해당한다.

정답·해설_해설집 p.180

01회 최종점검 기출모의고사
모바일 자동 채점 + 성적 분석 서비스
바로 가기 (gosi.Hackers.com)

QR코드를 이용하여 해커스공무원의 '모바일 자동 채점 + 성적 분석 서비스'로 바로 접속하세요!
＊ 해커스공무원 사이트의 가입자에 한해 이용 가능합니다.

공개경쟁채용 필기시험 대비
해커스공무원 최종점검 기출모의고사

응시번호	
성명	

문제회차
02회

【시 험 과 목】

과목명	소요시간	문항수	점 수
헌법	20분	25문항	100점

응시자 주의사항

1. **시험 시작 전**에 시험문제를 열람하는 행위나 시험종료 후 답안을 작성하는 행위를 한 사람은 부정행위자로 처리됩니다.

2. 시험 시작 즉시 **문제 누락 여부, 인쇄상태 이상유무 및 표지와 과목의 일치 여부** 등을 확인한 후 문제책 표지에 응시번호, 성명을 기재합니다.

3. 문제는 **총 25문항**으로 구성되어 있으니, 문제지와 답안지를 확인하시기 바랍니다.
   - 답안지는 '**해커스공무원 실전동형모의고사 답안지**'를 사용합니다.

4. 시험이 시작되면 문제를 주의 깊게 읽은 후, **문항의 취지에 가장 적합한 하나의 정답만**을 고르시기 바랍니다.

5. 답안을 잘못 표기하였을 경우에는 답안지를 교체하여 작성하거나 **수정테이프만을 사용**하여 수정할 수 있으며(수정액 또는 수정스티커 등은 사용 불가), 부착된 수정테이프가 떨어지지 않게 손으로 눌러주어야 합니다.
   - 불량 수정테이프의 사용과 불완전한 수정 처리로 인해 발생하는 **모든 문제는 응시자에게 책임**이 있습니다.

6. **시험시간 관리의 책임**은 전적으로 응시자 본인에게 있습니다.

해커스공무원 최종점검 기출모의고사 정답 공개 및 안내

1. 해커스공무원 최종점검 기출모의고사의 문제들은 **7급 국가직/지방직, 법원직, 5급 등 주요 시험**의 기출문제들로만 선별하여 수록하였습니다.

2. 각 문제별 **기출연도 및 시행처**는 **해설집에 수록**되어 있으니, 참고하시기 바랍니다.

⊞ 해커스공무원

헌법

문 1. 국회의 의사절차 및 입법절차에 대한 설명으로 옳지 않은 것은? (다툼이 있는 경우 판례에 의함)

① 자유위임원칙은 헌법이 추구하는 가치를 보장하고 실현하기 위한 통치구조의 구성원리 중 하나이므로, 다른 헌법적 이익에 언제나 우선하는 것은 아니고, 국회의 기능 수행을 위해서 필요한 범위 내에서 제한될 수 있다.

② 일사부재의원칙을 경직되게 적용하는 경우에는 국정운영이 왜곡되고 다수에 의해 악용되어 다수의 횡포를 합리화하는 수단으로 전락할 수도 있으므로, 일사부재의원칙은 신중한 적용이 요청된다.

③ 국회의원이 국회 내에서 행하는 질의권·토론권 및 표결권 등은 입법권 등 공권력을 행사하는 국가기관인 국회의 구성원의 지위에 있는 국회의원 개인에게 헌법이 보장하는 권리, 즉 기본권으로 인정된 것이라고 할 수 있다.

④ 국회 본회의에서 수정동의를 지나치게 넓은 범위에서 인정할 경우, 국회가 의안 심의에 관한 국회 운영의 원리로 채택하고 있는 위원회 중심주의를 저해할 우려가 있다.

문 2. 국회의원에 대한 설명으로 옳은 것은?

① 국회의원을 제명하려면 국회재적의원 과반수 출석과 출석의원 3분의 2 이상의 찬성이 있어야 한다.

② 국회의원이 다른 의원의 자격에 대하여 이의가 있을 때에는 30명 이상의 연서로 의장에게 자격심사를 청구할 수 있다.

③ 국회의원의 법률안 심의·표결권은 국회의원 각자에게 보장되는 법률상 권한이라는 것 또한 의문의 여지가 없으므로, 이는 국회의원의 개별적 의사에 따라 포기할 수 있는 성질의 것이다.

④ 국회의 구성원인 국회의원이 국회를 위하여 국회의 권한침해를 주장하는 권한쟁의심판의 청구는 그 권능이 권력분립원칙과 소수자보호의 이념으로부터 도출될 수 있으므로, 「헌법재판소법」에 명문의 규정이 없더라도 적법하다고 보아야 한다.

문 3. 경찰이 경찰청예규인 「채증활동규칙」에 따라 집회참가자를 촬영한 행위에 대한 설명으로 옳지 않은 것은?

① 「채증활동규칙」은 집회·시위 현장에서 불법행위의 증거자료를 확보하기 위해 행정조직의 내부에서 상급행정기관이 하급행정기관에 대하여 발령한 내부기준으로 행정규칙이지만 직접 집회참가자들의 기본권을 제한하므로 이에 대한 헌법소원 심판청구는 기본권 침해의 직접성 요건을 충족하였다.

② 경찰의 촬영행위는 개인정보자기결정권의 보호대상이 되는 신체, 특정인의 집회·시위 참가 여부 및 그 일시·장소 등의 개인정보를 정보주체의 동의 없이 수집하였다는 점에서 개인정보자기결정권을 제한할 수 있다.

③ 근접촬영과 달리 먼 거리에서 집회·시위 현장을 전체적으로 촬영하는 소위 조망촬영이 기본권을 덜 침해하는 방법이라는 주장도 있으나, 최근 기술의 발달로 조망촬영과 근접촬영 사이에 기본권 침해라는 결과에 있어서 차이가 있다고 보기 어려워, 경찰이 집회·시위에 대해 조망촬영이 아닌 근접촬영을 하였다는 이유만으로 헌법에 위반되는 것은 아니다.

④ 옥외집회·시위에 대한 경찰의 촬영행위에 의해 취득한 자료는 '개인정보'의 보호에 관한 일반법인 「개인정보 보호법」이 적용될 수 있다.

문 4. 명확성원칙에 대한 설명으로 옳지 않은 것은?

① 「전기통신사업법」 제83조 제3항에 규정된 '국가안전보장에 대한 위해를 방지하기 위한 정보수집'은 국가의 존립이나 헌법의 기본질서에 대한 위험을 방지하기 위한 목적을 달성함에 있어 요구되는 최소한의 범위 내에서의 정보수집을 의미하는 것으로 명확성원칙에 위배되지 않는다.

② 선거운동기간 중 당해 홈페이지 게시판 등에 정당·후보자에 대한 지지·반대 등의 정보를 게시하는 경우 실명을 확인받는 기술적 조치를 하도록 정한 「공직선거법」 조항 중 '인터넷언론사'는 「공직선거법」 및 관련 법령이 구체적으로 '인터넷언론사'의 범위를 정하고 있고, 중앙선거관리위원회가 설치·운영하는 인터넷선거보도심의위원회가 심의대상인 인터넷언론사를 결정하여 공개하는 점 등을 종합하면 명확성원칙에 반하지 않는다.

③ 「국가공무원법」 조항 중 초·중등교원인 교육공무원의 가입 등이 금지되는 '그 밖의 정치단체'에 관한 부분은 '특정 정당이나 특정 정치인을 지지·반대하는 단체로서 그 결성에 관여하거나 가입하는 경우 공무원의 정치적 중립성 및 교육의 정치적 중립성을 훼손할 가능성이 높은 단체'로 한정할 수 있어 명확성원칙에 반하지 않는다.

④ 의료인이 아닌 자의 문신시술업을 금지하고 처벌하는 「의료법」 조항 중 '의료행위'는, 의학적 전문지식을 기초로 하는 경험과 기능으로 진찰, 검안, 처방, 투약 또는 외과적 시술을 시행하여 하는 질병의 예방 또는 치료행위 이외에도 의료인이 행하지 아니하면 보건위생상 위해가 생길 우려가 있는 행위로 분명하게 해석되어 명확성원칙에 위배된다고 할 수 없다.

문 5. 국회의 입법권에 대한 설명으로 옳지 않은 것은? (다툼이 있는 경우 판례에 의함)

① 헌법 제40조 "입법권은 국회에 속한다."의 의미는 적어도 국민의 권리와 의무의 형성에 관한 사항을 비롯하여 국가의 통치조직과 작용에 관한 기본적이고 본질적인 사항은 반드시 국회가 정하여야 한다는 것이다.

② 헌법 제52조는 "20명 이상의 국회의원과 정부는 법률안을 제출할 수 있다."라고 규정하고 있다.

③ 국회의원이 발의한 법률안 중 국회에서 의결된 제정법률안 또는 전부개정법률안을 공표하거나 홍보하는 경우에는 해당 법률안의 부제를 함께 표기할 수 있다.

④ 의안을 발의하는 국회의원은 그 안을 갖추고 이유를 붙여 찬성자와 연서하여 이를 국회의장에게 제출하여야 한다.

문 6. 헌법개정에 대한 설명으로 옳은 것은? (다툼이 있는 경우 판례에 의함)

① 국회는 헌법개정안을 20일 이상 공고하여야 한다.

② 국회는 헌법개정안이 공고된 날로부터 90일 이내에 의결하여야 한다.

③ 헌법개정안은 국회가 의결한 후 30일 이내에 국민투표에 붙여 국회의원선거권자 과반수의 투표와 투표자 과반수의 찬성을 얻어야 한다.

④ 대통령의 임기연장 또는 중임변경을 위한 헌법개정은 그 헌법개정제안 당시의 대통령에 대해서는 효력이 없다는 헌법조항은 제9차 개정헌법에 처음 규정되었다.

⑤ 헌법의 각 개별규정 가운데 무엇이 헌법제정규정이고 무엇이 헌법개정규정인지를 구분하는 것이 가능할 뿐만 아니라, 그 효력상의 차이도 인정할 수 있다.

문 7. 명확성원칙에 대한 설명으로 옳지 않은 것은? (다툼이 있는 경우 판례에 의함)

① 명확성원칙에서 명확성의 정도는 모든 법률에 있어서 동일한 정도로 요구되는 것은 아니고, 개개의 법률이나 법조항의 성격에 따라 요구되는 정도에 차이가 있을 수 있다.

② 「응급의료에 관한 법률」 조항 중 "누구든지 응급의료종사자의 응급환자에 대한 진료를 폭행, 협박, 위계, 위력, 그 밖의 방법으로 방해하여서는 아니된다."는 부분 가운데 '그 밖의 방법' 부분은 죄형법정주의의 명확성원칙에 위반되지 않는다.

③ 「형법」상 정당방위 규정은 범죄 성립을 정하는 구성요건 규정이 아니기 때문에 죄형법정주의가 요구하는 명확성원칙이 적용되지 않는다.

④ 술에 취한 상태에서의 운전을 금지하는 「도로교통법」 조항을 2회 이상 위반한 음주운전자를 가중처벌하는 조항은 죄형법정주의의 명확성원칙에 위배되지 않는다.

⑤ 인터넷언론사로 하여금 선거운동기간 중 당해 홈페이지 게시판 등에 정당·후보자에 대한 지지·반대 등의 정보를 게시하는 경우 실명을 확인받는 기술적 조치를 하도록 정한 「공직선거법」 조항에서 '인터넷언론사' 부분 및 정당 후보자에 대한 '지지·반대' 부분은 명확성원칙에 위배되지 않는다.

문 8. 일반적 행동자유권에 대한 설명으로 옳지 않은 것은? (다툼이 있는 경우 판례에 의함)

① 일반적 행동자유권에는 적극적으로 자유롭게 행동을 하는 것은 물론 소극적으로 행동을 하지 않을 자유, 즉 부작위의 자유도 포함된다.

② 일반적 행동자유권은 가치 있는 행동만 그 보호영역으로 하는 것이어서, 여기에는 위험한 스포츠를 즐길 권리와 같은 위험한 생활방식으로 살아갈 권리는 포함되지 않는다.

③ 법률행위의 영역에 있어서 계약자유의 원칙은 일반적 행동자유권으로부터 파생되는 것이다.

④ 개인이 대마를 자유롭게 수수하고 흡연할 자유도 일반적 행동 자유권의 보호영역에 속한다.

⑤ 지역 방언을 자신의 언어로 선택하여 공적 또는 사적인 의사소통과 교육의 수단으로 사용하는 것은 일반적 행동의 자유 내지 개성의 자유로운 발현의 한 내용이 된다.

문 9. 자기결정권에 대한 설명으로 옳지 않은 것은? (다툼이 있는 경우 판례에 의함)

① 자기결정권은 인간의 존엄성을 실현하기 위한 수단으로서 인간이 자신의 생활영역에서 인격의 발현과 삶의 방식에 관한 근본적인 결정을 자율적으로 내릴 수 있는 권리이다.

② 본인의 생전 의사에 관계없이 인수자가 없는 시체를 해부용으로 제공하도록 규정하고 있는 법률조항은 자신의 사후에 시체가 본인의 의사와는 무관하게 처리될 수 있게 한다는 점에서 시체의 처분에 대한 자기결정권을 제한한다.

③ 배아생성자의 배아에 대한 결정권은 헌법상 명문으로 규정되어 있지는 아니하지만, 헌법 제10조로부터 도출되는 일반적 인격권의 한 유형으로서의 헌법상 권리라 할 것이다.

④ 전동킥보드에 대하여 최대속도는 시속 25km를 넘지 않아야 한다고 규정한 구 안전확인대상생활용품의 안전기준 조항은 소비자가 자신의 의사에 따라 자유롭게 제품을 선택하는 것을 제약함으로써 헌법 제10조의 행복추구권에서 파생되는 소비자의 자기결정권을 제한한다.

⑤ 개인정보자기결정권의 보호대상이 되는 개인정보는 개인의 내밀한 영역이나 사사(私事)의 영역에 속하는 정보에 국한되며, 공적 생활에서 형성되었거나 이미 공개된 개인정보까지 포함하는 것은 아니다.

문 10. 재산권에 대한 설명으로 옳은 것은? (다툼이 있는 경우 판례에 의함)

① 공법상의 권리가 헌법상의 재산권보장의 보호를 받기 위해서는 원칙적으로 권리주체의 노동이나 투자, 특별한 희생에 의하여 획득되어 자신이 행한 급부의 등가물에 해당하는 것이어야 하지만, 예외적으로 사회부조와 같은 국가의 일방적인 급부에 대한 권리도 재산권의 보호대상이 될 수 있다.

② 재산권 행사의 대상이 되는 객체가 지닌 사회적인 연관성과 사회적 기능이 크면 클수록 입법자에 의한 보다 광범위한 제한이 허용되고, 개별 재산권이 갖는 자유보장적 기능이 강할수록 그러한 제한에 대해서는 엄격한 심사가 이루어져야 한다.

③ 헌법 제23조 제3항은 재산권 수용의 주체를 한정하지 않고 있지만 정당한 보상을 전제로 하여 재산권의 수용 등에 관한 가능성을 규정하고 있는 점을 고려하면 수용 등의 주체는 국가 등의 공적 기관으로 한정하여 해석하여야 한다.

④ 개성공단 전면중단 조치는 공익 목적을 위하여 개별적·구체적으로 형성된 구체적인 재산권의 이용을 제한하는 공용제한이므로, 이에 대한 정당한 보상이 지급되지 않았다면, 그 조치는 헌법 제23조 제3항을 위반하여 개성공단 투자기업인들의 재산권을 침해한 것이다.

⑤ 정책실현목적 부담금의 경우에는 공적 과제가 부담금 수입의 지출 단계에서 비로소 실현되나, 재정조달목적 부담금의 경우에는 공적 과제의 전부 혹은 일부가 부담금의 부과 단계에서 이미 실현된다.

문 11. 지방자치제도에 대한 설명으로 옳지 않은 것은?

① 국가기본도에 표시된 해상경계선은 그 자체로 불문법상 해상경계선으로 인정되는 것은 아니나, 관할 행정청이 국가기본도에 표시된 해상경계선을 기준으로 하여 과거부터 현재에 이르기까지 반복적으로 처분을 내리고, 지방자치단체가 허가, 면허 및 단속 등의 업무를 지속적으로 수행하여 왔다면 국가기본도상의 해상경계선은 여전히 지방자치단체 관할 경계에 관하여 불문법으로서 그 기준이 될 수 있다.

② 헌법이 감사원을 독립된 외부감사기관으로 정하고 있는 취지, 중앙정부와 지방자치단체는 서로 행정기능과 행정책임을 분담하면서 중앙행정의 효율성과 지방행정의 자주성을 조화시켜 국민과 주민의 복리증진이라는 공동목표를 추구하는 협력관계에 있다는 점을 고려하면 지방자치단체의 자치사무에 대한 합목적성 감사의 근거가 되는 「감사원법」 조항은 지방자치권의 본질적 내용을 침해하였다고는 볼 수 없다.

③ 연간 감사계획에 포함되지 아니하고 사전조사가 수행되지 아니한 감사의 경우 「지방자치법」에 따른 감사의 절차와 방법 등에 관한 관련 법령에서 감사대상이나 내용을 통보할 것을 요구하는 명시적인 규정이 없어, 광역지방자치단체가 기초지방자치단체의 자치사무에 대한 감사에 착수하기 위해서는 감사대상을 특정하여야 하나, 특정된 감사대상을 사전에 통보할 것까지 요구된다고 볼 수는 없다.

④ 감사 과정에서 사전에 감사대상으로 특정되지 아니한 사항에 관하여 위법사실이 발견된 경우, 당초 특정된 감사대상과 관련성이 인정되는 것으로서 당해 절차에서 함께 감사를 진행하더라도 감사대상 지방자치단체가 절차적인 불이익을 받을 우려가 없고, 해당 감사대상을 적발하기 위한 목적으로 감사가 진행된 것으로 볼 수 없는 사항이라 하더라도, 감사대상을 확장하거나 추가하는 것은 허용되지 않는다.

문 12. 헌법재판소 결정의 재심에 대한 설명으로 옳지 않은 것은?

① 공권력의 작용에 대한 권리구제형 헌법소원심판절차에 있어서 '헌법재판소의 결정에 영향을 미칠 중대한 사항에 관하여 판단을 유탈한 때'를 재심사유로 허용하는 것이 헌법재판의 성질에 반한다고 볼 수 없으므로 「민사소송법」 규정을 준용하여 '판단유탈'도 재심사유로 허용되어야 한다.

② 헌법재판은 그 심판의 종류에 따라 그 절차의 내용과 결정의 효과가 한결같지 아니하기 때문에 재심의 허용 여부 내지 허용 정도 등은 심판절차의 종류에 따라서 개별적으로 판단될 수밖에 없다.

③ 정당해산심판절차에서는 재심을 허용하지 아니함으로써 얻을 수 있는 법적 안정성의 이익이 재심을 허용함으로써 얻을 수 있는 구체적 타당성의 이익보다 더 크므로 재심을 허용하여서는 아니 된다.

④ 위헌법률심판을 구하는 헌법소원에 대한 헌법재판소의 결정에 대하여는 재심을 허용하지 아니함으로써 얻을 수 있는 법적 안정성의 이익이 재심을 허용함으로써 얻을 수 있는 구체적 타당성의 이익보다 훨씬 높을 것으로 예상할 수 있으므로 헌법재판소의 이러한 결정에는 재심에 의한 불복방법이 그 성질상 허용될 수 없다.

문 13. 문화국가의 원리에 대한 설명으로 옳지 않은 것은?

① 우리나라는 건국헌법 이래 문화국가의 원리를 헌법의 기본원리로 채택하고 있다.

② 헌법은 제9조에서 '문화의 영역에 있어서 각인의 기회를 균등히' 할 것을 선언하고 있을 뿐 아니라, 국가에게 전통문화의 계승 발전과 민족문화의 창달을 위하여 노력할 의무를 지우고 있다.

③ 헌법 제9조의 규정취지와 민족문화유산의 본질에 비추어 볼 때, 국가가 민족문화유산을 보호하고자 하는 경우 이에 관한 헌법적 보호법익은 '민족문화유산의 존속' 그 자체를 보장하는 것이고, 원칙적으로 민족문화유산의 훼손 등에 관한 가치보상이 있는지 여부는 이러한 헌법적 보호법익과 직접적인 관련이 없다.

④ 국가는 학교교육에 관한 한, 교육제도의 형성에 관한 폭넓은 권한을 가지고 있지만, 학교교육 밖의 사적인 교육영역에서는 원칙적으로 부모의 자녀교육권이 우위를 차지하고, 국가 또한 헌법이 지향하는 문화국가이념에 비추어, 학교교육과 같은 제도교육 외에 사적인 교육의 영역에서도 사인의 교육을 지원하고 장려해야 할 의무가 있으므로 사적인 교육영역에 대한 국가의 규율권한에는 한계가 있다.

문 14. 국적에 대한 설명으로 옳지 않은 것은?

① 「국적법」 조항 중 거짓이나 그 밖의 부정한 방법으로 국적회복허가를 받은 사람에 대하여 그 허가를 취소할 수 있도록 규정한 부분은 과잉금지원칙에 위배하여 거주·이전의 자유 및 행복추구권을 침해하지 아니한다.

② 1978.6.14.부터 1998.6.13. 사이에 태어난 모계출생자(모가 대한민국 국민이거나 모가 사망할 당시에 모가 대한민국 국민이었던 자)가 대한민국 국적을 취득할 수 있는 특례를 두면서 2004.12.31.까지 국적취득신고를 한 경우에만 대한민국 국적을 취득하도록 한 「국적법」 조항은, 모계출생자가 권리를 남용할 가능성을 억제하기 위하여 특례기간을 2004.12.31.까지로 한정하고 있는바, 이를 불합리하다고 볼 수 없고 평등원칙에 위배되지 않는다.

③ 「국적법」 조항 중 '외국에 주소가 있는 경우'는 입법취지 및 사전적 의미 등을 고려할 때 다른 나라에 생활근거가 있는 경우를 뜻함이 명확하므로 명확성원칙에 위배되지 아니한다.

④ 복수국적자가 외국에 주소가 있는 경우에만 국적이탈을 신고할 수 있도록 정한 「국적법」 조항은 복수국적자에게 과도한 불이익을 발생시켜 과잉금지원칙에 위배되어 국적이탈의 자유를 침해한다.

문 15. 정당제도에 대한 설명으로 옳지 않은 것은?

① 1980년 제8차 헌법개정에서 국가는 법률이 정하는 바에 의하여 정당의 운영에 필요한 자금을 보조할 수 있다고 규정하였다.

② 정당의 법적 지위는 적어도 그 소유재산의 귀속관계에 있어서는 법인격 없는 사단(社團)으로 보아야 하고, 중앙당과 지구당과의 복합적 구조에 비추어 정당의 지구당은 단순한 중앙당의 하부조직이 아니라 어느 정도의 독자성을 가진 단체로서 역시 법인격 없는 사단에 해당한다.

③ 위헌정당해산제도의 실효성을 확보하기 위하여 헌법재판소의 위헌정당 해산결정에 따라 해산된 정당 소속 비례대표 지방의회의원은 해산결정 시 의원의 지위를 상실한다.

④ "누구든지 2 이상의 정당의 당원이 되지 못한다."라고 규정하고 있는 「정당법」 조항은 정당의 정체성을 보존하고 정당 간의 위법·부당한 간섭을 방지함으로써 정당정치를 보호·육성하기 위한 것으로서, 정당 당원의 정당 가입·활동의 자유를 침해한다고 할 수 없다.

문 16. 선거제도에 대한 설명으로 옳은 것만을 모두 고르면? (다툼이 있는 경우 판례에 의함)

> ㄱ. 지역구국회의원선거 예비후보자가 정당의 공천심사에서 탈락한 후 후보자등록을 하지 않은 경우를 기탁금 반환 사유로 규정하지 않은 「공직선거법」 조항은 과잉금지원칙에 반하여 예비후보자의 재산권을 침해한다.
>
> ㄴ. 예비후보자 선거비용을 후보자가 부담한다고 하더라도 그것이 지나치게 다액이라서 선거공영제의 취지에 반하는 정도에 이른다고 할 수는 없고, 예비후보자의 선거비용을 보전해 줄 경우 선거가 조기에 과열되어 악용될 소지가 있으므로 지역구국회의원선거에서 예비후보자의 선거비용을 보전 대상에서 제외하고 있는 「공직선거법」 조항은 청구인들의 선거운동의 자유를 침해하지 않는다.
>
> ㄷ. 부재자투표시간을 오전 10시부터 오후 4시까지로 정하고 있는 「공직선거법」 제155조 제2항 본문 중 '오전 10시에 열고' 부분은 투표관리의 효율성을 도모하고 행정부담을 줄이며, 부재자투표의 인계·발송절차의 지연위험 등을 경감하기 위한 것이므로 청구인의 선거권이나 평등권을 침해하지 않는다.
>
> ㄹ. 신체의 장애로 인하여 자신이 기표할 수 없는 선거인에 대해 투표보조인이 가족이 아닌 경우 반드시 2인을 동반하여서만 투표를 보조하게 할 수 있도록 정하고 있는 「공직선거법」 조항은 선거의 공정성을 확보하는 데 치우친 나머지 비밀선거의 중요성을 간과하고 있으므로 과잉금지원칙에 반하여 청구인의 선거권을 침해한다.

① ㄱ, ㄴ
② ㄱ, ㄷ
③ ㄴ, ㄹ
④ ㄷ, ㄹ

문 17. 선거관리위원회에 대한 설명으로 옳지 않은 것은?

① 중앙선거관리위원회는 주민투표·주민소환관계법률의 제정·개정 등이 필요하다고 인정하는 경우에는 국회에 그 의견을 구두 또는 서면으로 제출할 수 있다.

② 각급선거관리위원회는 선거인명부의 작성 등 선거사무와 국민투표사무에 관하여 관계 행정기관에 필요한 지시를 할 수 있으며, 지시를 받은 당해 행정기관은 이에 응하여야 한다.

③ 각급선거관리위원회의 회의는 당해 위원장이 소집한다. 다만, 위원 3분의 1 이상의 요구가 있을 때에는 위원장은 회의를 소집하여야 하며 위원장이 회의소집을 거부할 때에는 회의소집을 요구한 3분의 1 이상의 위원이 직접 회의를 소집할 수 있다.

④ 각급선거관리위원회는 위원 과반수의 출석으로 개의하고 출석위원 과반수의 찬성으로 의결하며, 위원장은 표결권을 가지고 가부동수인 때에는 결정권을 가진다.

문 18. 헌법상 경제질서에 대한 설명으로 옳지 않은 것은?

① 국가는 국민 모두의 생산 및 생활의 기반이 되는 국토의 효율적이고 균형 있는 이용·개발과 보전을 위하여 법률이 정하는 바에 의하여 그에 관한 필요한 제한과 의무를 과할 수 있다.

② 국가는 경제주체 간의 조화를 통한 경제의 민주화를 위하여 경제에 관한 규제와 조정을 할 수 있다.

③ 농지에 관하여는 경자유전의 원칙이 달성되어야 하므로, 농지의 임대차나 위탁경영은 허용될 수 없다.

④ 우리 헌법의 경제질서는 사유재산제를 바탕으로 하고 자유경쟁을 존중하는 자유시장 경제질서를 기본으로 하면서도 이에 수반되는 갖가지 모순을 제거하고 사회복지·사회정의를 실현하기 위하여 국가적 규제와 조정을 용인하는 사회적 시장경제 질서로서의 성격을 띠고 있다.

문 19. 기본권에 대한 설명으로 옳지 않은 것은?

① 평화적 생존권은 이를 헌법에 열거되지 아니한 기본권으로서 특별히 새롭게 인정할 필요성이 있고 그 권리내용이 비교적 명확하여 구체적 권리로서의 실질에 부합하므로 헌법상 보장된 기본권이라고 할 수 있다.

② 부모가 자녀의 이름을 지어주는 것은 자녀의 양육과 가족생활을 위하여 필수적인 것이고, 가족생활의 핵심적 요소라 할 수 있으므로, '부모가 자녀의 이름을 지을 자유'는 혼인과 가족생활을 보장하는 헌법 제36조 제1항과 행복추구권을 보장하는 헌법 제10조에 의하여 보호받는다.

③ 헌법 전문(前文)에 기재된 3·1정신은 우리나라 헌법의 연혁적·이념적 기초로서 헌법이나 법률해석에서의 해석기준으로 작용한다고 할 수 있지만 그에 기하여 곧바로 국민의 개별적 기본권성을 도출해낼 수는 없다고 할 것이므로, 헌법소원의 대상인 '헌법상 보장된 기본권'에 해당하지 아니한다.

④ 헌법 제10조로부터 도출되는 일반적 인격권에는 개인의 명예에 관한 권리도 포함될 수 있으나, '명예'는 사람이나 그 인격에 대한 '사회적 평가', 즉 객관적·외부적 가치평가를 말하는 것이지 단순히 주관적·내면적인 명예감정은 포함되지 않는다.

문 20. 지방자치에 대한 설명으로 옳지 않은 것은?

① 지방자치단체는 주민의 복리에 관한 사무를 처리하고 재산을 관리하며, 법령의 범위 안에서 자치에 관한 규정을 제정할 수 있다.

② 헌법은 지방의회의 조직·권한·의원선거와 지방자치단체의 장의 선임방법 기타 지방자치단체의 조직과 운영에 관한 사항은 법률로 정하도록 하고 있다.

③ 주민투표권 및 주민소환권은 헌법상 보장되는 기본권으로 인정된다.

④ 국가가 영토고권을 가지는 것과 마찬가지로 지방자치단체에게 자신의 관할구역 내에 속하는 영토·영해·영공을 자유로이 관리하고 관할구역 내의 사람과 물건을 독점적·배타적으로 지배할 수 있는 권리가 부여되어 있다고 할 수는 없다.

문 21. 법인의 기본권 주체성에 대한 설명으로 옳지 않은 것은?

① 공법상 재단법인인 방송문화진흥회가 최다출자자인 주식회사 형태의 공영방송사는 「방송법」 등 관련 규정에 의하여 공법상의 의무를 부담하고 있지만, 그 운영을 광고수익에 전적으로 의존하고 있다면 이를 위해 사경제 주체로서 활동하는 경우에는 기본권 주체가 될 수 있다.

② 행복을 추구할 권리는 그 성질상 자연인에게 인정되는 기본권이기 때문에 법인에게는 적용되지 않는다.

③ 「지방자치법」은 지방자치단체를 법인으로 하도록 하고 있으므로, 지방자치단체도 기본권의 주체가 된다.

④ 헌법은 법인의 기본권 주체성에 관한 명문의 규정을 두고 있지 않다.

문 22. 직업의 자유에 대한 설명으로 옳지 않은 것은?

① 직업의 자유는 직업선택의 자유와 직업수행의 자유를 포함하는 개념이다.

② 직업의 자유에 의해 보장되는 직업은 생활의 기본적 수요를 충족시키기 위해서 행하는 계속적인 소득활동을 의미한다.

③ 대학생이 방학기간을 이용하여 또는 휴학 중에 학비 등을 벌기 위해 학원강사로서 일하는 행위는 직업의 자유의 보호영역에 속한다.

④ 일반적으로 직업선택의 자유에 대하여는 직업수행의 자유와는 달리 공익 목적을 위하여 상대적으로 폭넓은 입법적 규제가 가능한 것이다.

문 23. 헌정사에 대한 설명으로 옳은 것은?

① 1954년 제2차 개헌에서는 헌법개정의 한계 사항을 규정하였다.

② 1960년 제3차 개헌에서는 양원제 국회를 처음으로 규정하며 의원내각제 정부형태를 채택하였다.

③ 1969년 제6차 개헌에서는 "그 헌법 개정 제안 당시의 대통령에 한해서 계속 재임은 3기로 한다."라고 규정하였다.

④ 1972년 제7차 개헌에서는 정당운영자금의 국고보조조항을 신설하였다.

문 24. 거주·이전의 자유에 대한 설명으로 옳지 않은 것은? (다툼이 있는 경우 판례에 의함)

① 생활의 근거지에 이르지 못하는 일시적인 이동을 위한 장소의 선택과 변경은 거주·이전의 자유의 보호영역에 포함되지 않는다.

② 대한민국 국민이 자진하여 외국 국적을 취득하는 경우 대한민국 국적을 상실하도록 하는 것은 대한민국 국민의 거주·이전의 자유를 침해한다고 볼 수 없다.

③ 법인이 과밀억제권역 내에 본점의 사업용 부동산으로 건축물을 신축하여 이를 취득하는 경우 취득세를 중과세하는 구 「지방세법」조항은 거주·이전의 자유를 침해하는 것이다.

④ 여권발급 신청인이 북한 고위직 출신의 탈북 인사로서 신변에 대한 위해 우려가 있다는 이유로 신청인의 미국 방문을 위한 여권발급을 거부한 것은 거주·이전의 자유를 과도하게 제한하는 것으로서 위법하다.

문 25. 국회에 대한 설명으로 옳지 않은 것은? (다툼이 있는 경우 판례에 의함)

① 「국회법」상 안건조정위원회의 활동기한 90일은 국회 소수세력의 안건처리 지연을 통한 의사 저지 수단을 제도적으로 보장한 것으로서 90일을 초과할 수 없고, 그 축소도 안건조정위원회를 구성할 때 안건조정위원회의 위원장과 간사가 합의한 경우에만 가능하므로, 안건조정위원회의 활동기한이 만료되기 전 안건조정위원회가 안건에 대한 조정 심사를 마쳐서 조정안을 의결하여 안건조정위원회 위원장이 그 조정안의 가결을 선포한 것은 「국회법」위반이다.

② 국회의 예비금은 사무총장이 관리하되, 국회운영위원회의 동의와 국회의장의 승인을 받아 지출한다. 다만, 폐회 중일 때에는 국회의장의 승인을 받아 지출하고 다음 회기 초에 국회운영위원회에 보고한다.

③ 국가기관의 부분 기관이 자신의 이름으로 소속기관의 권한을 주장할 수 있는 '제3자 소송담당'을 명시적으로 허용하는 법률의 규정이 없는 현행법 체계하에서는 국회의 구성원인 국회의원이 국회의 조약에 대한 체결·비준 동의권의 침해를 주장하는 권한쟁의심판을 청구할 수 없다.

④ 헌법은 국회회의의 공개 여부에 관하여 회의 구성원의 자율적 판단을 허용하고 있으므로, 소위원회 회의의 공개 여부 또한 소위원회 또는 소위원회가 속한 위원회에서 여러 가지 사정을 종합하여 합리적으로 결정할 수 있다.

정답·해설_해설집 p.190

02회 최종점검 기출모의고사
모바일 자동 채점 + 성적 분석 서비스
바로 가기 (gosi.Hackers.com)

QR코드를 이용하여 해커스공무원의 '모바일 자동 채점 + 성적 분석 서비스'로 바로 접속하세요!

* 해커스공무원 사이트의 가입자에 한해 이용 가능합니다.

공개경쟁채용 필기시험 대비
해커스공무원 최종점검 기출모의고사

응시번호	
성명	

문제회차
03회

【시 험 과 목】

과목명	소요시간	문항수	점 수
헌법	20분	25문항	100점

응시자 주의사항

1. **시험 시작 전**에 시험문제를 열람하는 행위나 시험종료 후 답안을 작성하는 행위를 한 사람은 부정행위 자로 처리됩니다.

2. 시험 시작 즉시 **문제 누락 여부, 인쇄상태 이상유무 및 표지와 과목의 일치 여부** 등을 확인한 후 문제 책 표지에 응시번호, 성명을 기재합니다.

3. 문제는 **총 25문항**으로 구성되어 있으니, 문제지와 답안지를 확인하시기 바랍니다.
   - 답안지는 '**해커스공무원 실전동형모의고사 답안지**'를 사용합니다.

4. 시험이 시작되면 문제를 주의 깊게 읽은 후, **문항의 취지에 가장 적합한 하나의 정답만**을 고르시기 바 랍니다.

5. 답안을 잘못 표기하였을 경우에는 답안지를 교체하여 작성하거나 **수정테이프만을 사용**하여 수정할 수 있으며(수정액 또는 수정스티커 등은 사용 불가), 부착된 수정테이프가 떨어지지 않게 손으로 눌러주 어야 합니다.
   - 불량 수정테이프의 사용과 불완전한 수정 처리로 인해 발생하는 **모든 문제는 응시자에게 책임**이 있 습니다.

6. **시험시간 관리의 책임**은 전적으로 응시자 본인에게 있습니다.

해커스공무원 최종점검 기출모의고사 정답 공개 및 안내

1. 해커스공무원 최종점검 기출모의고사의 문제들은 **7급 국가직/지방직, 법원직, 5급 등 주요 시험의 기 출문제들로만** 선별하여 수록하였습니다.

2. 각 문제별 **기출연도 및 시행처는 해설집에 수록**되어 있으니, 참고하시기 바랍니다.

해커스공무원

헌법

문 1. 인간으로서의 존엄과 가치 및 행복추구권에 대한 설명으로 옳지 않은 것은? (다툼이 있는 경우 판례에 의함)

① 정당한 사유 없는 예비군 훈련 불참을 형사처벌하는 「예비군법」 제15조 제9항 제1호 중 '제6조 제1항에 따른 훈련을 정당한 사유 없이 받지 아니한 사람'에 관한 부분은 청구인의 일반적 행동자유권을 침해하지 않는다.

② 임신한 여성의 자기낙태를 처벌하는 「형법」 조항은 「모자보건법」이 정한 일정한 예외를 제외하고는 임신기간 전체를 통틀어 모든 낙태를 전면적·일률적으로 금지하고, 이를 위반할 경우 형벌을 부과하도록 정함으로써 임신한 여성에게 임신의 유지·출산을 강제하고 있으므로, 과잉금지원칙을 위반하여 임신한 여성의 자기결정권을 침해한다.

③ 운전 중 휴대용 전화를 사용하지 아니할 의무를 지우고 이에 위반했을 때 형벌을 부과하는 것은 운전자의 일반적 행동자유권을 제한한다고 볼 수 없다.

④ 전동킥보드의 최고속도는 25km/h를 넘지 않도록 규정한 것은 자전거도로에서 통행하는 다른 자전거보다 속도가 더 높아질수록 사고위험이 증가할 수 있는 측면을 고려한 기준 설정으로서, 전동킥보드 소비자의 자기결정권 및 일반적 행동자유권을 침해하지 아니한다.

문 2. 헌법 제72조의 국민투표에 대한 설명으로 옳지 않은 것은? (다툼이 있는 경우 판례에 의함)

① 대통령은 필요하다고 인정할 때에는 외교·국방·통일 기타 국가안위에 관한 중요정책을 국민투표에 붙일 수 있다.

② 대통령이 위헌적인 재신임 국민투표를 단지 제안만 하였을 뿐 국민투표를 시행하지는 않았다면, 대통령의 이러한 제안은 헌법 제72조에 위반되는 것이 아니다.

③ 재외선거인은 대의기관을 선출할 권리가 있는 국민으로서 대의기관의 의사결정에 대해 승인할 권리가 있으므로, 국민투표권자에는 재외선거인이 포함된다.

④ 헌법 제72조의 국민투표권은 대통령이 어떠한 정책을 국민투표에 부의한 경우에 비로소 행사가 가능한 기본권이라 할 수 있다.

문 3. 대통령의 헌법상 권한에 대한 설명으로 옳지 않은 것은? (다툼이 있는 경우 판례에 의함)

① 대통령은 법률에서 구체적으로 범위를 정하여 위임받은 사항과 법률을 집행하기 위하여 필요한 사항에 관하여 대통령령을 발할 수 있다.

② 대통령은 내우·외환·천재·지변 또는 중대한 재정·경제상의 위기에 있어서 국가의 안전보장 또는 공공의 안녕질서를 유지하기 위하여 긴급한 조치가 필요하고 국회의 집회를 기다릴 여유가 없을 때에 한하여 최소한으로 필요한 재정·경제상의 처분을 하거나 이에 관하여 법률의 효력을 가지는 명령을 발할 수 있다.

③ 대통령은 전시·사변 또는 이에 준하는 국가비상사태에 있어서 병력으로써 군사상의 필요에 응하거나 공공의 안녕질서를 유지할 필요가 있고 국회의 집회가 불가능한 때에 한하여 계엄을 선포할 수 있다.

④ 대통령은 국가의 안위에 관계되는 중대한 교전상태에 있어서 국가를 보위하기 위하여 긴급한 조치가 필요하고 국회의 집회가 불가능한 때에 한하여 법률의 효력을 가지는 명령을 발할 수 있다.

문 4. 알 권리에 대한 설명으로 옳지 않은 것은? (다툼이 있는 경우 판례에 의함)

① 재판이 확정되면 속기록 등을 폐기하도록 규정한 「형사소송규칙」 제39조가 청구인의 알 권리를 침해하였다고 볼 수 없다.

② 신문의 편집인 등으로 하여금 아동보호사건에 관련된 아동학대행위자를 특정하여 파악할 수 있는 인적 사항 등을 신문 등 출판물에 싣거나 방송매체를 통하여 방송할 수 없도록 하는 「아동학대범죄의 처벌 등에 관한 특례법」 제35조 제2항 중 '아동학대행위자'에 관한 부분은 언론·출판의 자유와 국민의 알 권리를 침해하지 않는다.

③ 정치자금의 수입과 지출명세서 등에 대한 사본교부 신청이 허용된다고 하더라도, 검증자료에 해당하는 영수증, 예금통장을 직접 열람함으로써 정치자금 수입·지출의 문제점을 발견할 수 있다는 점에서 이에 대한 접근이 보장되어야 한다.

④ 공시대상정보로서 교원의 교원단체 및 노동조합 가입현황(인원 수)만을 규정할 뿐 개별 교원의 명단은 규정하고 있지 아니한 구 「교육관련기관의 정보공개에 관한 특례법 시행령」 제3조 제1항 별표 1 제15호 아목 중 '교원' 부분은 과잉금지원칙에 반하여 학부모들의 알 권리를 침해한다.

문 5. 지방자치에 대한 설명으로 옳지 않은 것은? (다툼이 있는 경우 판례에 의함)

① 조례 제정은 지방자치단체의 고유사무인 자치사무와 국가사무로서 지방자치단체의 장에게 위임된 기관위임사무에 관해서 허용되며, 개별 법령에 의하여 지방자치단체에 위임된 단체위임사무에 관해서는 조례를 제정할 수 없다.

② 조례의 제정권자인 지방의회는 지역적인 민주적 정당성을 지니고 있으며, 헌법이 지방자치단체에 대해 포괄적인 자치권을 보장하고 있는 취지에 비추어, 조례에 대한 법률의 위임은 반드시 구체적으로 범위를 정하여 할 필요가 없으며 포괄적인 것으로 족하다.

③ 주민투표권이나 조례제정·개폐청구권은 법률에 의하여 보장되는 권리에 해당하고, 헌법상 보장되는 기본권이라거나 헌법 제37조 제1항의 '헌법에 열거되지 아니한 권리'로 보기 어렵다.

④ 법령에서 조례로 정하도록 위임한 사항은 그 법령의 하위 법령에서 그 위임의 내용과 범위를 제한하거나 직접 규정할 수 없다.

문 6. 평등권에 대한 설명으로 옳은 것만을 모두 고르면? (다툼이 있는 경우 판례에 의함)

ㄱ. 치과전문의 자격 인정 요건으로 '외국의 의료기관에서 치과의사 전문의 과정을 이수한 사람'을 포함하지 아니한 「치과의사전문의의 수련 및 자격 인정 등에 관한 규정」 제18조 제1항은 청구인들의 평등권을 침해한다.

ㄴ. 공직선거 후보자의 배우자가 그와 함께 다니는 사람 중에서 지정한 1명도 명함을 교부할 수 있도록 한 「공직선거법」 제93조 제1항 제1호 중 제60조의3 제2항 제3호 관련 부분이 배우자 없는 후보자에게 결과적으로 다소 불리한 상황이 발생하더라도, 이는 입법자가 선거운동의 자유를 확대하는 입법을 함으로써 해결되어야 할 문제이므로 배우자 없는 청구인의 평등권을 침해하지 않는다.

ㄷ. 대한민국 국적을 가지고 있는 영유아 중에서 재외국민인 영유아를 보육료·양육수당의 지원대상에서 제외함으로써, 청구인들과 같이 국내에 거주하면서 재외국민인 영유아를 양육하는 부모를 차별하는 보건복지부지침은 청구인들의 평등권을 침해한다.

ㄹ. 자율형 사립고등학교를 지원한 학생에게 평준화지역 후기학교에 중복지원하는 것을 금지한 「초·중등교육법 시행령」 제81조 제5항 중 "제91조의3에 따른 자율형 사립고등학교는 제외한다." 부분은 고교별 특성을 고려한 것으로 청구인 학생의 평등권을 침해하지 않는다.

① ㄱ, ㄴ
② ㄱ, ㄷ
③ ㄴ, ㄹ
④ ㄷ, ㄹ

문 7. 통신의 자유에 대한 설명으로 옳지 않은 것은? (다툼이 있는 경우 판례에 의함)

① 3인 간의 대화에 있어서 그중 한 사람이 그 대화를 녹음하는 경우에 다른 두 사람의 발언은 그 녹음자에 대한 관계에서 '타인 간의 대화'라고 볼 수 없어 이런 녹음은 「통신비밀보호법」 제3조 제1항에 위배되지 않는다.

② 자유로운 의사소통은 통신내용의 비밀을 보장하는 것만으로는 충분하지 아니하고 구체적인 통신관계의 발생으로 야기된 모든 사실관계, 특히 통신관여자의 인적 동일성·통신장소·통신횟수·통신시간 등 통신의 외형을 구성하는 통신이용의 전반적 상황의 비밀까지도 보장한다.

③ 전기통신사업자는 검사, 사법경찰관 또는 정보수사기관의 장에게 통신사실 확인자료를 제공한 때에는 자료제공현황 등을 연 2회 과학기술정보통신부장관에게 보고하고, 해당 통신사실 확인자료 제공사실등 필요한 사항을 기재한 대장과 통신사실확인자료제공요청서등 관련자료를 통신사실확인자료를 제공한 날부터 7년간 비치하여야 한다.

④ 「통신비밀보호법」상 국가안전보장을 위한 통신제한조치를 하는 경우에 대통령령이 정하는 정보수사기관의 장은 고등법원장의 허가를 받아야 감청할 수 있다.

문 8. 헌법재판에 대한 설명으로 옳지 않은 것은? (다툼이 있는 경우 헌법재판소 결정에 의함)

① 한정위헌결정의 기속력을 부인하여 청구인들의 재심청구를 기각한 법원의 재판은 '법률에 대한 위헌결정의 기속력에 반하는 재판'으로 이에 대한 헌법소원이 허용될 뿐 아니라 헌법상 보장된 재판청구권을 침해하였으므로 「헌법재판소법」 제75조 제3항에 따라 취소되어야 한다.

② 법률에 대한 헌법재판소의 한정위헌결정 이전에 그 법률을 적용하여 확정된 유죄판결은 '헌법재판소가 위헌으로 결정한 법령을 적용하여 국민의 기본권을 침해한 재판'에는 해당하지 않지만, '위헌결정의 기속력에 반하는 재판'이므로 그 판결을 대상으로 한 헌법소원 심판청구는 적법하다.

③ 「헌법재판소법」 제68조 제1항의 헌법소원은 행정처분에 대하여도 청구할 수 있는 것이나, 그것이 법원의 재판을 거쳐 확정된 행정처분인 경우에는 당해 행정처분을 심판의 대상으로 삼았던 법원의 재판이 예외적으로 헌법소원심판의 대상이 되어 그 재판 자체가 취소되는 경우에 한하여 심판이 가능한 것이고, 이와 달리 법원의 재판이 취소될 수 없는 경우에는 당해 행정처분 역시 헌법소원심판청구의 대상이 되지 아니한다.

④ 헌법소원심판청구인이 심판대상 법률조항의 특정한 해석이나 적용 부분의 위헌성을 주장하는 한정위헌청구는 원칙적으로 적법하지만, 한정위헌청구의 형식을 취하고 있으면서도 실제로는 개별적·구체적 사건에서의 법률조항의 단순한 포섭·적용에 관한 문제를 다투거나 의미 있는 헌법문제를 주장하지 않으면서 법원의 법률해석이나 재판결과를 다투는 심판청구는 부적법하다.

문 9. 역대 헌법에 대한 설명으로 옳지 않은 것은?

① 제헌헌법에서 모든 국민은 국가 각 기관에 대하여 문서로써 청원을 할 권리가 있으며, 청원에 대하여 국가는 심사할 의무를 진다고 규정하였다.

② 1952년 제1차 헌법개정에서 단원제 국회가 규정되었고, 국무위원은 국무총리의 제청에 의하여 대통령이 임면한다고 규정하였다.

③ 1962년 제5차 헌법개정에서 중앙선거관리위원회는 대통령이 임명하는 2인, 국회에서 선출하는 2인과 대법원 판사회의에서 선출하는 5인의 위원으로 구성하고, 위원장은 위원 중에서 호선한다고 규정하였다.

④ 1980년 제8차 헌법개정에서 모든 국민은 깨끗한 환경에서 생활할 권리를 가지며, 국가와 국민은 환경보전을 위하여 노력하여야 한다고 규정하였다.

문 10. 탄핵심판에 대한 설명으로 옳지 않은 것은?

① 헌법 제65조 제1항은 탄핵사유를 '헌법이나 법률을 위배한 때'로 규정하고 있는데, '헌법'에는 명문의 헌법규정만이 포함되고, 헌법재판소의 결정에 의하여 형성되어 확립된 불문헌법은 포함되지 않는다.

② 탄핵심판에서는 국회 법제사법위원회 위원장이 소추위원이 되고, 소추위원은 헌법재판소에 소추의결서 정본을 제출하여 탄핵심판을 청구하며, 심판의 변론에서 피청구인을 신문할 수 있다.

③ 헌법 제65조 제1항은 '직무집행에 있어서'라고 하여, 탄핵사유의 요건을 '직무' 집행으로 한정하고 있으므로, 대통령의 직위를 보유하고 있는 상태에서 범한 법위반행위만 소추사유가 될 수 있다.

④ 국회의 탄핵소추절차는 국회와 대통령이라는 헌법기관 사이의 문제이고, 국회의 탄핵소추의결에 의하여 사인으로서의 대통령의 기본권이 침해되는 것이 아니라, 국가기관으로서의 대통령의 권한 행사가 정지되는 것이므로, 국가기관이 국민과의 관계에서 공권력을 행사함에 있어서 준수해야 할 법원칙으로서 형성된 적법절차의 원칙을 국가기관에 대하여 헌법을 수호하고자 하는 탄핵소추절차에는 직접 적용할 수 없다.

문 11. 대통령 선거에 대한 설명으로 옳은 것은?

① 대통령 후보자가 1인일 때에는 그 득표수가 선거권자 총수의 과반수가 아니면 대통령으로 당선될 수 없다.

② 대통령선거 예비후보자등록을 신청하는 사람에게 대통령선거 기탁금의 100분의 20에 해당하는 금액인 6,000만 원을 기탁금으로 납부하도록 한 「공직선거법」 조항 중 해당부분은 경제력이나 조직력이 약한 사람의 예비후보자등록을 억제하거나 예비후보자로 나서는 것 자체를 원천적으로 차단하게 되어 대통령선거 예비후보자의 공무담임권을 침해한다.

③ 헌법은 대통령의 임기가 만료되는 때에는 임기만료 70일 내지 40일 전에 후임자를 선거하고, 대통령이 궐위된 때 또는 대통령 당선자가 사망하거나 판결 기타의 사유로 그 자격을 상실한 때에는 60일 이내에 후임자를 선거한다고 규정한다.

④ 전임자의 임기가 만료된 후에 실시하는 선거와 궐위로 인한 선거에 의한 대통령의 임기는 선거일의 다음날 0시부터 개시된다.

문 12. 국회와 대통령에 대한 설명으로 옳은 것은?

① 대통령은 국회 임시회의 집회를 요구할 수 있으며, 집회를 요구할 때 집회기간을 명시하여야 하는 것은 아니다.

② 계엄을 선포한 때에는 대통령은 지체없이 국회에 보고하여 승인을 얻어야 하며, 국회의 승인을 얻지 못한 때에는 계엄은 그때부터 효력을 상실한다.

③ 대통령은 국회에 출석하여 발언하거나 서한으로 의견을 표시할 수 있으나, 국회의 요구가 있을 때 국회에 출석·답변할 헌법상 의무가 있는 것은 아니다.

④ 대통령의 임기연장 또는 중임변경을 위한 헌법개정은 그 헌법개정 제안 당시의 대통령에 대하여 효력이 있다.

문 13. 국무회의 및 국무위원에 대한 설명으로 옳은 것만을 모두 고르면?

> ㄱ. 국무회의는 의장인 대통령과 부의장인 국무총리, 그리고 15인 이상 30인 이하의 국무위원으로 구성된다.
> ㄴ. 국무회의는 구성원 과반수의 출석으로 개의하고 출석 구성원 과반수의 찬성으로 의결한다.
> ㄷ. 검찰총장·합동참모의장·각군참모총장·국립대학교총장·대사 기타 법률이 정한 공무원과 국영기업체관리자의 임명은 국무회의의 심의를 거쳐야 한다.

① ㄱ
② ㄴ
③ ㄱ, ㄷ
④ ㄱ, ㄴ, ㄷ

문 14. 경제질서에 대한 설명으로 옳지 않은 것은?

① 헌법 제119조는 헌법상 경제질서에 관한 일반조항으로서 국가의 경제정책에 대한 하나의 헌법적 지침일 뿐, 그 자체가 기본권의 성질을 가진다거나 독자적인 위헌심사의 기준이 된다고 할 수 없다.

② 헌법 제119조 제2항은 독과점규제라는 경제정책적 목표를 개인의 경제적 자유를 제한할 수 있는 정당한 공익의 하나로 명문화하고 있는데, 독과점규제의 목적이 경쟁의 회복에 있다면 이 목적을 실현하는 수단 또한 자유롭고 공정한 경쟁을 가능하게 하는 방법이어야 한다.

③ '사영기업의 국유 또는 공유로의 이전'은 일반적으로 공법적 수단에 의하여 사기업에 대한 소유권을 국가나 기타 공법인에 귀속시키고 사회정책적·국민경제적 목표를 실현할 수 있도록 그 재산권의 내용을 변형하는 것을 말하며, 또 사기업의 '경영에 대한 통제 또는 관리'라 함은 비록 기업에 대한 소유권의 보유주체에 대한 변경은 이루어지지 않지만 사기업 경영에 대한 국가의 광범위하고 강력한 감독과 통제 또는 관리의 체계를 의미한다고 할 것이다.

④ 구 「상속세 및 증여세법」 제45조의3 제1항은 이른바 일감 몰아주기로 수혜법인의 지배주주 등에게 발생한 이익에 대하여 증여세를 부과함으로써 적정한 소득의 재분배를 촉진하고, 시장의 지배와 경제력의 남용 우려가 있는 일감 몰아주기를 억제하려는 것이지만, 거래의 필요성, 영업외손실의 비중, 손익변동 등 구체적인 사정을 고려하지 않은 채, 특수관계법인과 수혜법인의 거래가 있으면 획일적 기준에 의하여 산정된 미실현 이익을 수혜법인의 지배주주가 증여받은 것으로 보아 수혜법인의 지배주주의 재산권을 침해한다.

문 15. 환경권에 대한 설명으로 옳은 것은? (다툼이 있는 경우 판례에 의함)

① 독서실과 같이 특별히 정온을 요하는 사업장에 대해서는 실내 소음규제기준을 만들어야 할 입법의무가 헌법의 해석상 곧바로 도출된다.

② 헌법상 환경권의 보호대상이 되는 환경에는 자연환경만 포함될 뿐 인공적 환경과 같은 생활환경은 포함되지 아니한다.

③ 헌법재판소가 사인인 제3자에 의한 국민의 환경권 침해에 대해서 국가의 적극적 기본권 보호조치를 취할 의무를 심사할 때는 국가가 국민의 기본권적 법익 보호를 위하여 적어도 적절하고 효율적인 최소한의 보호조치를 취했는가 하는 이른바 과소보호금지원칙의 위반 여부를 기준으로 삼아야 한다.

④ 교도소 독거실 내 화장실 창문과 철격자 사이에 안전 철망을 설치한 행위는 수용자의 햇빛과 통풍 등과 관련한 환경권을 침해한다.

⑤ 「공직선거법」이 정온한 생활환경이 보장되어야 할 주거지역에서 출근 또는 등교 이전 및 퇴근 또는 하교 이후 시간대에 확성장치의 최고출력 내지 소음을 제한하는 등 사용시간과 사용 지역에 따른 수인한도 내에서 확성장치의 최고출력내지 소음 규제기준에 관한 규정을 두지 아니하였다 하여 건강하고 쾌적한 환경에서 생활할 권리를 침해하였다는 결론이 도출되지는 아니한다.

문 16. 혼인과 가족생활의 보호에 대한 설명으로 옳은 것은? (다툼이 있는 경우 판례에 의함)

① 법적으로 승인되지 아니한 사실혼도 헌법 제36조 제1항의 보호범위에 포함된다.

② 8촌 이내 혈족의 혼인을 일률적으로 금지하는 「민법」 조항은 과잉금지원칙에 위배되어 혼인의 자유를 침해한다.

③ 헌법 제36조 제1항은 혼인과 가족생활을 스스로 결정하고 형성할 수 있는 자유를 기본권으로서 보장하는 것일 뿐, 혼인과 가족에 대한 제도를 보장하는 것은 아니다.

④ 태어난 즉시 출생등록될 권리는 헌법 제10조뿐만 아니라, 헌법 제34조 제1항의 인간다운 생활을 할 권리, 헌법 제36조 제1항의 가족생활의 보장, 헌법 제34조 제4항의 국가의 청소년 복지향상을 위한 정책실시의무 등에도 근거가 있다.

⑤ 육아휴직신청권은 헌법 제36조 제1항으로부터 개인에게 직접 주어지는 헌법적 차원의 권리이다.

문 17. 직업의 자유에 대한 설명으로 옳지 않은 것은? (다툼이 있는 경우 판례에 의함)

① 직업이란 생활의 기본적 수요를 충족시키기 위한 계속적인 소득활동으로서 공공에 무해한 것을 의미하므로, 성매매를 한 자를 형사처벌하는 법률조항은 성판매자의 직업선택의 자유를 제한하는 것이 아니다.

② 법인도 성질상 법인이 누릴 수 있는 기본권의 주체가 되는데, 직업의 자유는 법인에게도 인정된다.

③ 직업수행의 자유는 직업결정의 자유에 비하여 상대적으로 그 제한의 정도가 작다고 할 것이므로 이에 대하여는 공공복리 등 공익상의 이유로 비교적 넓은 법률상의 규제가 가능하다.

④ 아동학대관련범죄로 형을 선고받아 확정된 자로 하여금 그 형이 확정된 때부터 형의 집행이 종료되거나 집행을 받지 아니하기로 확정된 후 10년까지의 기간 동안 아동관련기관인 체육시설 등을 운영하거나 그에 취업할 수 없게 하는 법률조항은 '주관적 요건에 의한 좁은 의미의 직업선택의 자유'에 대한 제한에 해당한다.

⑤ 당사자의 능력이나 자격과 상관없는 '객관적 사유에 의한 직업의 자유의 제한'은 월등하게 중요한 공익을 위하여 명백하고 확실한 위험을 방지하기 위한 경우에만 정당화될 수 있다.

문 18. 변호인의 조력을 받을 권리에 대한 설명으로 옳지 않은 것은? (다툼이 있는 경우 판례에 의함)

① 형사절차가 종료되어 교정시설에 수용 중인 수형자나 미결수용자가 형사사건의 변호인이 아닌 민사재판, 행정재판, 헌법재판 등에서 변호사와 접견할 경우에는 원칙적으로 헌법상 변호인의 조력을 받을 권리의 주체가 될 수 없다.

② 일반적으로 형사사건에 있어 변호인의 조력을 받을 권리는 피의자나 피고인을 불문하고 보장되나, 그중 특히 국선변호인의 조력을 받을 권리는 피고인에게만 인정되는 것으로 해석함이 상당하다.

③ 헌법 제12조 제4항 본문에 규정된 구속은 사법절차에서 이루어진 구속만을 의미하므로, 헌법 제12조 제4항 본문에 규정된 변호인의 조력을 받을 권리는 행정절차에서 구속을 당한 사람에게는 보장되지 않는다.

④ 피구속자를 조력할 변호인의 권리 중 그것이 보장되지 않으면 피구속자가 변호인으로부터 조력을 받는다는 것이 유명무실하게 되는 핵심적인 부분은, '조력을 받을 피구속자의 기본권'과 표리의 관계에 있기 때문에, 이러한 핵심부분에 관한 변호인의 조력할 권리 역시 헌법상의 기본권으로서 보호되어야 한다.

⑤ 변호인이 피의자신문에 자유롭게 참여할 수 있는 권리는 피의자가 가지는 변호인의 조력을 받을 권리를 실현하는 수단이라고 할 수 있으므로 헌법상 기본권인 변호인의 변호권으로서 보호되어야 한다.

문 19. 표현의 자유에 대한 설명으로 옳지 않은 것은? (다툼이 있는 경우 판례에 의함)

① 건강기능식품의 기능성 광고는 상업광고로서 헌법 제21조 제1항의 표현의 자유의 보호 대상이 됨과 동시에 헌법 제21조 제2항의 사전검열 금지 대상도 된다.

② 「군형법」상 상관모욕죄는 군조직의 특수성과 강화된 군인의 정치적 중립의무 등에 비추어 수인의 한도 내에 있으므로 군인의 표현의 자유를 침해하는 것은 아니다.

③ 공직자의 자질·도덕성·청렴성에 관한 사실은 그 내용이 개인적인 사생활에 관한 것이라 할지라도 순수한 사생활의 영역에 있다고 보기 어렵다.

④ 헌법상 사전검열은 금지되나, 예외적인 경우에는 인정될 수도 있다.

⑤ 의사의 자유로운 표명과 전파의 자유에는 자신의 신원을 누구에게도 밝히지 아니한 채 익명 또는 가명으로 자신의 사상이나 견해를 표현하는 익명 표현의 자유도 포함된다.

문 20. 재산권에 대한 설명으로 옳지 않은 것은?

① 환매권의 발생기간을 제한하고 있는 「공익사업을 위한 토지 등의 취득 및 보상에 관한 법률」 조항 중 '토지의 협의취득일 또는 수용의 개시일부터 10년 이내에' 부분의 위헌성은 헌법상 재산권인 환매권의 발생기간을 제한한 것 자체에 있다.

② 유언자가 생전에 최종적으로 자신의 재산권에 대하여 처분할 수 있는 법적 가능성을 의미하는 유언의 자유는 생전증여에 의한 처분과 마찬가지로 헌법상 재산권의 보호를 받는다.

③ 지방의회의원으로 선출되어 받게 되는 보수가 기존의 연금에 미치지 못하는 경우에도 연금 전액의 지급을 정지하도록 정한 구 「공무원연금법」 조항은, 연금을 대체할 만한 적정한 소득이 있다고 할 수 없는 경우에도 일률적으로 연금전액의 지급을 정지하여 지급정지제도의 본질 및 취지에 어긋나 과잉금지원칙에 위배되어 재산권을 침해한다.

④ 제1차 투표에서 유효투표수의 100분의 10 이상 100분의 15 미만을 득표한 경우에는 기탁금 반액을 반환하고, 반환되지 않은 기탁금은 국립대학교 발전기금에 귀속하도록 정한 국립대학 총장임용 후보자 선정 규정은, 후보자의 진지성과 성실성을 담보하기 위한 최소한의 제한이므로 총장임용후보자선거의 후보자의 재산권을 침해하지 않는다.

문 21. 헌법개정에 대한 설명으로 옳지 않은 것은?

① 대통령의 임기연장 또는 중임변경을 위한 헌법개정은 그 헌법개정 제안 당시의 대통령에 대하여는 효력이 없다.

② 국회는 헌법개정안의 공고기간이 만료된 날로부터 60일 이내에 헌법개정안을 의결하여야 하며, 국회의 의결은 재적의원 3분의 2 이상의 찬성을 얻어야 한다.

③ 헌법개정안은 국회가 의결한 후 30일 이내에 국민투표에 붙여 국회의원 선거권자 과반수의 투표와 투표자 과반수의 찬성을 얻어야 한다.

④ 대통령이 헌법개정안을 발의하기 위해서는 국무회의의 심의를 거쳐야 한다.

문 22. 집회·결사의 자유에 대한 설명으로 옳지 않은 것은?

① 누구든지 국회의사당의 경계지점으로부터 100미터 이내의 장소에서 옥외집회 또는 시위를 할 경우 형사처벌한다고 규정한 「집회 및 시위에 관한 법률」 조항 중 '국회의사당'에 관한 부분은 집회의 자유를 침해한다.

② 집회의 자유는 집회의 시간·장소·방법·목적 등을 스스로 결정하는 것을 내용으로 하며, 구체적으로 보호되는 주요행위는 집회의 준비·조직·지휘·참가 및 집회 장소와 시간의 선택 등이다.

③ 사법인은 그 조직과 의사형성에 있어서, 그리고 업무수행에 있어서 자기결정권을 가진다고 할 수 없으므로 결사의 자유의 주체가 된다고 볼 수 없다.

④ 결사의 자유에는 단체활동의 자유도 포함되는데, 단체활동의 자유는 단체 외부에 대한 활동뿐만 아니라 단체의 조직, 의사형성의 절차 등의 단체의 내부적 생활을 스스로 결정하고 형성할 권리인 '단체 내부 활동의 자유'를 포함한다.

문 23. 근로기본권에 대한 설명으로 옳은 것은?

① 헌법에는 최저임금제에 관한 규정이 없지만, 근로자에 대하여 임금의 최저수준을 보장하여 근로자의 생활안정과 노동력의 질적 향상을 도모하고자 최저임금제를 실시하고 있다.

② 헌법은 국가유공자의 유가족은 법률이 정하는 바에 의하여 우선적으로 근로의 기회를 부여받는다고 규정하고 있다.

③ 법률이 정하는 주요방위산업체에 종사하는 근로자의 단체행동권은 법률이 정하는 바에 의하여 이를 제한하거나 인정하지 아니할 수 있다.

④ 근로의 권리는 근로자를 개인의 차원에서 보호하기 위한 권리로서 개인인 근로자가 그 주체가 되는 것은 물론이고 노동조합도 그 주체가 될 수 있다.

문 24. 통신의 자유에 대한 설명으로 옳지 않은 것은?

① 감청을 헌법 제18조에서 보장하고 있는 통신의 비밀에 대한 침해행위 중의 한 유형으로 이해해서는 안 되며, 감청의 대상으로서의 전기통신을 헌법상의 '통신'개념을 전제로 하고 있다고 보아서도 안 된다.

② 사생활의 비밀과 자유에 포섭될 수 있는 사적 영역에 속하는 통신의 자유를 헌법이 별개의 조항을 통해 기본권으로 보장하는 이유는 우편이나 전기통신의 운영이 전통적으로 국가독점에서 출발하였기 때문에 개인 간의 의사소통을 전제로 하는 통신은 국가에 의한 침해가능성이 여타의 사적 영역보다 크기 때문이다.

③ 자유로운 의사소통은 통신내용의 비밀을 보장하는 것만으로는 충분하지 아니하고 구체적인 통신으로 발생하는 외형적인 사실관계, 특히 통신관여자의 인적 동일성·통신시간·통신장소·통신횟수 등 통신의 외형을 구성하는 통신이용의 전반적 상황의 비밀까지도 보장해야 한다.

④ 헌법 제18조에서 그 비밀을 보호하는 '통신'의 일반적인 속성으로는 '당사자 간의 동의', '비공개성', '당사자의 특정성' 등을 들 수 있다.

문 25. 재산권에 대한 설명으로 옳지 않은 것은?

① 헌법 제23조의 재산권은 「민법」상의 소유권으로 재산적 가치있는 사법상의 물권·채권 등의 권리를 의미하며, 국가로부터의 일방적인 급부가 아닌 자기 노력의 대가나 자본의 투자 등 특별한 희생을 통하여 얻은 공법상의 권리는 포함하지 않는다.

② 재산권에 대한 제한의 허용정도는 재산권 객체의 사회적 기능, 즉 재산권의 행사가 기본권의 주체와 사회전반에 대하여 가지는 의미에 달려 있다.

③ 헌법은 국민의 구체적 재산권의 자유로운 이용·수익·처분을 보장하면서도 다른 한편 공공필요에 의한 재산권의 수용을 헌법이 규정하는 요건이 갖춰진 경우에 예외적으로 인정하고 있다.

④ 재산권보장은 개인이 현재 누리고 있는 재산권을 개인의 기본권으로 보장한다는 의미와 개인이 재산권을 향유할 수 있는 법제도로서의 사유재산제도를 보장한다는 이중적 의미를 가지고 있다.

정답·해설_해설집 p.200

03회 최종점검 기출모의고사
모바일 자동 채점 + 성적 분석 서비스
바로 가기 (gosi.Hackers.com)

QR코드를 이용하여 해커스공무원의 '모바일 자동 채점 + 성적 분석 서비스'로 바로 접속하세요!
* 해커스공무원 사이트의 가입자에 한해 이용 가능합니다.

해커스공무원 실전동형모의고사 답안지

[필적감정용 기재]
*아래 예시문을 옮겨 적으시오
본인은 OOO(응시자 성명)임을 확인함

기 재 란

성명	
자필성명	본인 성명 기재
응시직렬	
응시지역	
시험장소	

응시번호

생 년 월 일

※ 시험감독관 서명
(성명을 정자로 기재할 것)

적색 볼펜만 사용

문번	제1과목
1	
2	
3	
4	
5	
6	
7	
8	
9	
10	
11	
12	
13	
14	
15	
16	
17	
18	
19	
20	
21	
22	
23	
24	
25	

문번	제2과목
1~25	

문번	제3과목
1~25	

문번	제4과목
1~25	

문번	제5과목
1~25	

회차

해커스공무원 실전동형모의고사 답안지

컴퓨터용 흑색사인펜만 사용

성명	
자필성명	본인 성명 기재
응시직렬	
응시지역	
시험장소	

[필적감정용 기재]
*아래 예시문을 옮겨 적으시오
본인은 OOO(응시자성명)임을 확인함

기 재 란

회차 |

생 년 월 일

응시번호

※ 시험감독관 서명
(성명을 정자로 기재할 것)

적색 볼펜만 사용

문번	제1과목
1	① ② ③ ④
2	① ② ③ ④
3	① ② ③ ④
4	① ② ③ ④
5	① ② ③ ④
6	① ② ③ ④
7	① ② ③ ④
8	① ② ③ ④
9	① ② ③ ④
10	① ② ③ ④
11	① ② ③ ④
12	① ② ③ ④
13	① ② ③ ④
14	① ② ③ ④
15	① ② ③ ④
16	① ② ③ ④
17	① ② ③ ④
18	① ② ③ ④
19	① ② ③ ④
20	① ② ③ ④
21	① ② ③ ④
22	① ② ③ ④
23	① ② ③ ④
24	① ② ③ ④
25	① ② ③ ④

문번	제2과목
1	① ② ③ ④
2	① ② ③ ④
3	① ② ③ ④
4	① ② ③ ④
5	① ② ③ ④
6	① ② ③ ④
7	① ② ③ ④
8	① ② ③ ④
9	① ② ③ ④
10	① ② ③ ④
11	① ② ③ ④
12	① ② ③ ④
13	① ② ③ ④
14	① ② ③ ④
15	① ② ③ ④
16	① ② ③ ④
17	① ② ③ ④
18	① ② ③ ④
19	① ② ③ ④
20	① ② ③ ④
21	① ② ③ ④
22	① ② ③ ④
23	① ② ③ ④
24	① ② ③ ④
25	① ② ③ ④

문번	제3과목
1	① ② ③ ④
2	① ② ③ ④
3	① ② ③ ④
4	① ② ③ ④
5	① ② ③ ④
6	① ② ③ ④
7	① ② ③ ④
8	① ② ③ ④
9	① ② ③ ④
10	① ② ③ ④
11	① ② ③ ④
12	① ② ③ ④
13	① ② ③ ④
14	① ② ③ ④
15	① ② ③ ④
16	① ② ③ ④
17	① ② ③ ④
18	① ② ③ ④
19	① ② ③ ④
20	① ② ③ ④
21	① ② ③ ④
22	① ② ③ ④
23	① ② ③ ④
24	① ② ③ ④
25	① ② ③ ④

문번	제4과목
1	① ② ③ ④
2	① ② ③ ④
3	① ② ③ ④
4	① ② ③ ④
5	① ② ③ ④
6	① ② ③ ④
7	① ② ③ ④
8	① ② ③ ④
9	① ② ③ ④
10	① ② ③ ④
11	① ② ③ ④
12	① ② ③ ④
13	① ② ③ ④
14	① ② ③ ④
15	① ② ③ ④
16	① ② ③ ④
17	① ② ③ ④
18	① ② ③ ④
19	① ② ③ ④
20	① ② ③ ④
21	① ② ③ ④
22	① ② ③ ④
23	① ② ③ ④
24	① ② ③ ④
25	① ② ③ ④

문번	제5과목
1	① ② ③ ④
2	① ② ③ ④
3	① ② ③ ④
4	① ② ③ ④
5	① ② ③ ④
6	① ② ③ ④
7	① ② ③ ④
8	① ② ③ ④
9	① ② ③ ④
10	① ② ③ ④
11	① ② ③ ④
12	① ② ③ ④
13	① ② ③ ④
14	① ② ③ ④
15	① ② ③ ④
16	① ② ③ ④
17	① ② ③ ④
18	① ② ③ ④
19	① ② ③ ④
20	① ② ③ ④
21	① ② ③ ④
22	① ② ③ ④
23	① ② ③ ④
24	① ② ③ ④
25	① ② ③ ④

해커스공무원 실전동형모의고사 답안지

컴퓨터용 흑색사인펜만 사용

회차

[필적감정용 기재]
*아래 예시문을 옮겨 적으시오
본인은 OOO(응시자성명)임을 확인함

기재란

성명	
자필성명	본인 성명 기재
응시직렬	
응시지역	
시험장소	

응시번호

생년월일

※ 시험감독관 서명
(성명을 정자로 기재할 것)

적색 볼펜만 사용

제1과목

문번				
1	①	②	③	④
2	①	②	③	④
3	①	②	③	④
4	①	②	③	④
5	①	②	③	④
6	①	②	③	④
7	①	②	③	④
8	①	②	③	④
9	①	②	③	④
10	①	②	③	④
11	①	②	③	④
12	①	②	③	④
13	①	②	③	④
14	①	②	③	④
15	①	②	③	④
16	①	②	③	④
17	①	②	③	④
18	①	②	③	④
19	①	②	③	④
20	①	②	③	④
21	①	②	③	④
22	①	②	③	④
23	①	②	③	④
24	①	②	③	④
25	①	②	③	④

제2과목

문번				
1	①	②	③	④
2	①	②	③	④
3	①	②	③	④
4	①	②	③	④
5	①	②	③	④
6	①	②	③	④
7	①	②	③	④
8	①	②	③	④
9	①	②	③	④
10	①	②	③	④
11	①	②	③	④
12	①	②	③	④
13	①	②	③	④
14	①	②	③	④
15	①	②	③	④
16	①	②	③	④
17	①	②	③	④
18	①	②	③	④
19	①	②	③	④
20	①	②	③	④
21	①	②	③	④
22	①	②	③	④
23	①	②	③	④
24	①	②	③	④
25	①	②	③	④

제3과목

문번				
1	①	②	③	④
2	①	②	③	④
3	①	②	③	④
4	①	②	③	④
5	①	②	③	④
6	①	②	③	④
7	①	②	③	④
8	①	②	③	④
9	①	②	③	④
10	①	②	③	④
11	①	②	③	④
12	①	②	③	④
13	①	②	③	④
14	①	②	③	④
15	①	②	③	④
16	①	②	③	④
17	①	②	③	④
18	①	②	③	④
19	①	②	③	④
20	①	②	③	④
21	①	②	③	④
22	①	②	③	④
23	①	②	③	④
24	①	②	③	④
25	①	②	③	④

제4과목

문번				
1	①	②	③	④
2	①	②	③	④
3	①	②	③	④
4	①	②	③	④
5	①	②	③	④
6	①	②	③	④
7	①	②	③	④
8	①	②	③	④
9	①	②	③	④
10	①	②	③	④
11	①	②	③	④
12	①	②	③	④
13	①	②	③	④
14	①	②	③	④
15	①	②	③	④
16	①	②	③	④
17	①	②	③	④
18	①	②	③	④
19	①	②	③	④
20	①	②	③	④
21	①	②	③	④
22	①	②	③	④
23	①	②	③	④
24	①	②	③	④
25	①	②	③	④

제5과목

문번				
1	①	②	③	④
2	①	②	③	④
3	①	②	③	④
4	①	②	③	④
5	①	②	③	④
6	①	②	③	④
7	①	②	③	④
8	①	②	③	④
9	①	②	③	④
10	①	②	③	④
11	①	②	③	④
12	①	②	③	④
13	①	②	③	④
14	①	②	③	④
15	①	②	③	④
16	①	②	③	④
17	①	②	③	④
18	①	②	③	④
19	①	②	③	④
20	①	②	③	④
21	①	②	③	④
22	①	②	③	④
23	①	②	③	④
24	①	②	③	④
25	①	②	③	④

해커스공무원 실전동형모의고사 답안지

컴퓨터용 흑색사인펜만 사용

성명	
자필성명	본인 성명 기재
응시직렬	
응시지역	
시험장소	

[필적감정용 기재]
*아래 예시문을 옮겨 적으시오
본인은 OOO(응시자성명)임을 확인함

기 재 란

회차

시험관리관 서명

※ 시험감독관 서명
(성명을 정자로 기재할 것)

생 년 월 일

응 시 번 호

제1과목 / 제2과목 / 제3과목 / 제4과목 / 제5과목

문번 1 2 3 4 5 6 7 8 9 10 11 12 13 14 15 16 17 18 19 20 21 22 23 24 25

신동욱

약력

현 | 해커스공무원 헌법, 행정법 강의
현 | 해커스경찰 헌법 강의
전 | 서울시 교육청 헌법 특강
전 | 2017 EBS 특강
전 | 2013, 2014 경찰청 헌법 특강
전 | 교육부 평생교육진흥원 학점은행 교수
전 | 금강대 초빙교수
전 | 강남 박문각행정고시학원 헌법 강의

저서

해커스공무원 처음 헌법 만화판례집
해커스공무원 神헌법 기본서
해커스공무원 神헌법 조문해설집
해커스공무원 神헌법 핵심요약집
해커스공무원 神헌법 단원별 기출문제집
해커스공무원 神헌법 핵심 기출 OX
해커스공무원 神헌법 실전동형모의고사
해커스공무원 처음 행정법 만화판례집
해커스공무원 신동욱 행정법총론 기본서
해커스공무원 신동욱 행정법총론 조문해설집
해커스공무원 神행정법총론 핵심요약집
해커스공무원 神행정법총론 단원별 기출문제집
해커스공무원 神행정법총론 핵심 기출 OX
해커스공무원 神행정법총론 사례형 기출+실전문제집
해커스공무원 神행정법총론 실전동형모의고사 1·2

2024 최신개정판

해커스공무원 神헌법 실전동형모의고사

개정 6판 1쇄 발행 2024년 7월 30일

지은이	신동욱 편저
펴낸곳	해커스패스
펴낸이	해커스공무원 출판팀

주소	서울특별시 강남구 강남대로 428 해커스공무원
고객센터	1588-4055
교재 관련 문의	gosi@hackerspass.com
	해커스공무원 사이트(gosi.Hackers.com) 교재 Q&A 게시판
	카카오톡 플러스 친구 [해커스공무원 노량진캠퍼스]
학원 강의 및 동영상강의	gosi.Hackers.com

ISBN	979-11-7244-281-1 (13360)
Serial Number	06-01-01

공무원 교육 1위,
해커스공무원 gosi.Hackers.com

⛫ 해커스공무원

· **해커스공무원 학원 및 인강**(교재 내 인강 할인쿠폰 수록)
· 해커스 스타강사의 **공무원 헌법 무료 특강**
· 정확한 성적 분석으로 약점 극복이 가능한 **합격예측 온라인 모의고사**(교재 내 응시권 및 해설강의 수강권 수록)
· 내 점수와 석차를 확인하는 **모바일 자동 채점 및 성적 분석 서비스**

한경비즈니스 2024 한국품질만족도 교육(온·오프라인 공무원학원) 1위

2024 최신개정판

해커스공무원
神헌법 실전동형모의고사

약점 보완 해설집

해커스공무원

해커스공무원

神헌법

실전동형모의고사

약점 보완 해설집

해커스공무원

신동욱

약력

현 | 해커스공무원 헌법, 행정법 강의
현 | 해커스경찰 헌법 강의

전 | 서울시 교육청 헌법 특강
전 | 2017 EBS 특강
전 | 2013, 2014 경찰청 헌법 특강
전 | 교육부 평생교육진흥원 학점은행 교수
전 | 금강대 초빙교수
전 | 강남 박문각행정고시학원 헌법 강의

저서

해커스공무원 처음 헌법 만화판례집
해커스공무원 神헌법 기본서
해커스공무원 神헌법 조문해설집
해커스공무원 神헌법 핵심요약집
해커스공무원 神헌법 단원별 기출문제집
해커스공무원 神헌법 핵심 기출 OX
해커스공무원 神헌법 실전동형모의고사
해커스공무원 처음 행정법 만화판례집
해커스공무원 신동욱 행정법총론 기본서
해커스공무원 신동욱 행정법총론 조문해설집
해커스공무원 神행정법총론 핵심요약집
해커스공무원 神행정법총론 단원별 기출문제집
해커스공무원 神행정법총론 핵심 기출 OX
해커스공무원 神행정법총론 사례형 기출+실전문제집
해커스공무원 神행정법총론 실전동형모의고사 1·2

: 목차

실전동형 모의고사

▶ 정답

p.8

01	②	Ⅱ	06	①	Ⅱ	11	①	Ⅰ	16	②	Ⅱ	21	③	Ⅳ
02	④	Ⅳ	07	③	Ⅰ	12	④	Ⅲ	17	④	Ⅰ	22	③	Ⅳ
03	④	Ⅱ	08	②	Ⅰ	13	④	Ⅱ	18	④	Ⅲ	23	④	Ⅲ
04	①	Ⅱ	09	②	Ⅱ	14	③	Ⅱ	19	③	Ⅱ	24	③	Ⅱ
05	④	Ⅳ	10	③	Ⅱ	15	②	Ⅲ	20	④	Ⅱ	25	①	Ⅱ

▶ 취약 단원 분석표

단원	맞힌 답의 개수
Ⅰ	/ 4
Ⅱ	/ 13
Ⅲ	/ 4
Ⅳ	/ 4
TOTAL	/ 25

Ⅰ 헌법총론 / Ⅱ 기본권론 / Ⅲ 통치구조론 / Ⅳ 헌법재판론

---

01 기본권의 제한과 침해   정답 ②

① [O] 긴급조치 제9호의 발령 및 적용·집행이라는 일련의 국가작용의 경우, 긴급조치 제9호의 발령 요건 및 규정 내용에 국민의 기본권 침해와 관련한 위헌성이 명백하게 존재함에도 그 발령 및 적용·집행 과정에서 그러한 위헌성이 제거되지 못한 채 영장 없이 체포·구금하는 등 구체적인 직무집행을 통하여 개별 국민의 신체의 자유가 침해되기에 이르렀다. 그러므로 긴급조치 제9호의 발령과 적용·집행에 관한 국가작용 및 이에 관여한 다수 공무원들의 직무수행은 법치국가 원리에 반하여 유신헌법 제8조가 정하는 국가의 기본권 보장의무를 다하지 못한 것으로서 전체적으로 보아 객관적 주의의무를 소홀히 하여 그 정당성을 결여하였다고 평가되고, 그렇다면 개별 국민의 기본권이 침해되어 현실화된 손해에 대하여는 국가배상책임을 인정하여야 한다(대판 2022.8.30. 2018다212610).

❷ [×] 디엔에이감식시료채취영장에 따른 디엔에이감식시료 채취 및 등록 과정에서 채취대상자는 신체의 자유, 개인정보자기결정권 등 기본권을 제한받게 된다. 그럼에도 불구하고 이 사건 영장절차 조항이 채취대상자에게 디엔에이감식시료채취영장 발부 과정에서 자신의 의견을 진술할 수 있는 기회를 절차적으로 보장하고 있지 않을 뿐만 아니라, 발부 후 그 영장 발부에 대하여 불복할 수 있는 기회를 주거나 채취행위의 위법성 확인을 청구할 수 있도록 하는 구제절차마저 마련하고 있지 않음으로써, 채취대상자의 재판청구권은 형해화되고 채취대상자는 범죄수사 내지 예방의 객체로만 취급받게 된다. … 이상의 사정들을 종합하면, 위와 같은 입법상의 불비가 있는 이 사건 영장절차 조항은 채취대상자인 청구인들의 재판청구권을 과도하게 제한하므로, 침해의 최소성 원칙에 위반된다. … 따라서 이 사건 영장절차 조항은 과잉금지원칙을 위반하여 청구인들의 재판청구권을 침해한다(헌재 2018.8.30. 2016헌마344 등).

③ [O] 정치자금법은 후원회의 투명한 운영을 위한 상세한 규정을 두고 있으므로, 지방의회의원의 염결성은 이러한 규정을 통하여 충분히 달성할 수 있다. 국회의원과 소요되는 정치자금의 차이도 후원 한도를 제한하는 등의 방법으로 규제할 수 있다. 그럼에도 후원회 지정 자체를 금지하는 것은 오히려 지방의회의원의 정치자금 모금을 음성화시킬 우려가 있다. 현재 지방자치법에 따라 지방의회의원에게 지급되는 의정활동비 등은 의정활동에 전념하기에 충분하지 않다. 또한, 지방의회는 유능한 신

인정치인의 유입 통로가 되므로, 지방의회의원에게 후원회를 지정할 수 없도록 하는 것은 경제력을 갖추지 못한 사람의 정치입문을 저해할 수도 있다. 따라서 이러한 사정들을 종합하여 보면, 심판대상조항이 국회의원과 달리 지방의회의원을 후원회지정권자에서 제외하고 있는 것은 불합리한 차별로서 청구인들의 평등권을 침해한다(헌재 2022.11.24. 2019헌마528).

④ [O] 인구주택총조사는 앞서 본 것처럼 사회 전체 상황을 조망할 수 있는 국가의 기본 통계조사로서, 그 조사결과를 정책수립과 각종 통계작성의 기초자료나 경제·사회현상의 연구·분석 등에 활용하고자 함에 그 목적이 있다. 담당 조사원으로 하여금 청구인의 가구에 방문하여 청구인에게 피청구인이 작성한 2015 인구주택총조사 조사표의 조사항목들에 응답할 것을 요구한 심판대상행위는, 행정자료로 파악하기 곤란한 항목들을 방문 면접을 통해 조사하여 그 결과를 사회 현안에 대한 심층 분석과 각종 정책수립, 통계작성의 기초자료 또는 사회·경제 현상의 연구·분석 등에 활용하도록 하고자 한 것이므로 그 목적이 정당하다. 15일이라는 짧은 방문 면접조사 기간 등 현실적 여건을 감안하면, 인근 주민을 조사원으로 채용하여 가구표본을 대상으로 행정자료로 파악하기 곤란한 표본조사 항목에 대한 정보를 수집하도록 한 것은 이러한 목적을 달성하기 위한 적정한 수단이다. … 심판대상행위가 과잉금지원칙을 위반하여 청구인의 개인정보자기결정권을 침해하였다고 볼 수 없다(헌재 2017.7.27. 2015헌마1094).

---

02 탄핵심판   정답 ④

① [O] 「헌법재판소법」 제51조에 대한 옳은 내용이다.

> **제51조【심판절차의 정지】** 피청구인에 대한 탄핵심판 청구와 동일한 사유로 형사소송이 진행되고 있는 경우에는 재판부는 심판절차를 정지할 수 있다.

② [O] 공직선거법 제58조 제1항은 '당선'의 기준을 사용하여 '선거운동'의 개념을 정의함으로써, '후보자를 특정할 수 있는지의 여부'를 선거운동의 요건으로 삼고 있다. 그러나 이 사건의 발언이 이루어진 시기인 2004.2.18.과 2004.2.24.에는 아직 정당의 후보자가 결정되지 아니하였으므로, 후보자의 특정이 이루어

지지 않은 상태에서 특정 정당에 대한 지지발언을 한 것은 선거운동에 해당한다고 볼 수 없다(헌재 2004.5.14. 2004헌나1).

③ [O] 헌법 제69조는 대통령의 취임선서의무를 규정하면서, 대통령으로서 '직책을 성실히 수행할 의무'를 언급하고 있다. 비록 대통령의 '성실한 직책수행의무'는 헌법적 의무에 해당하나, '헌법을 수호해야 할 의무'와는 달리, 규범적으로 그 이행이 관철될 수 있는 성격의 의무가 아니므로, 원칙적으로 사법적 판단의 대상이 될 수 없다고 할 것이다(헌재 2004.5.14. 2004헌나1).

❹ [X] 민사상이나 형사상의 책임이 면제되지 않는다.

> **헌법 제65조** ④ 탄핵결정은 공직으로부터 파면함에 그친다. 그러나 이에 의하여 민사상이나 형사상의 책임이 면제되지는 아니한다.

03 　헌법개념 　　　　　　　　　　정답 ④

① [O] 헌법사항에 관하여 형성되는 관행 내지 관례가 전부 관습헌법이 되는 것은 아니고 강제력이 있는 헌법규범으로서 인정되려면 엄격한 요건들이 충족되어야만 하며, 이러한 요건이 충족된 관습만이 관습헌법으로서 성문의 헌법과 동일한 법적 효력을 가진다. … 관습헌법도 성문헌법과 마찬가지로 주권자인 국민의 헌법적 결단의 의사의 표현이며 성문헌법과 동등한 효력을 가진다고 보아야 한다(헌재 2004.10.21. 2004헌마554 등).

② [O] '실질적 의미의 헌법'이란 국가적 공동생활에 관한 기본적인 사항(헌법사항)을 규정하는 법규범 전체를 말한다. 헌법전을 비롯하여 법률(「국적법」, 「국회법」, 「정당법」, 「정부조직법」, 「법원조직법」 등), 명령, 규칙은 물론 관습법까지도 헌법사항을 규정한 것이면 실질적 의미의 헌법에 포함된다. '형식적 의미의 헌법'이란 헌법전의 형식으로 존재하거나 최고의 형식적 효력을 가진 법규범을 헌법이라 할 경우의 헌법을 의미한다. "영국에는 헌법이 없다."라고 할 때에는 형식적 의미의 헌법이 없다는 것을 뜻한다. 형식적 의미의 헌법과 실질적 의미의 헌법은 그 내용이 일치하는 것이 보통이며 바람직하다고 할 수 있다. 그러나 입법기술상의 이유(실질적 의미의 헌법을 모두 성문화할 수는 없다는 점) 또는 헌법정책상의 이유(실질적 의미의 헌법이 아니더라도 헌법에 편입시키는 경우가 있다는 점)로 인하여 양자가 항상 일치하는 것은 아니며, 그 사이에는 간격이 생기게 된다. 헌법수호의 대상으로서 헌법은 두 가지 의미의 헌법을 모두 포함한다.

③ [O] 헌법은 국민적 합의에 의해 제정된 국민생활의 최고 도덕규범이며 정치생활의 가치규범으로서 정치와 사회질서의 지침을 제공하고 있기 때문에 민주사회에서는 헌법의 규범을 준수하고 그 권위를 보존하는 것을 기본으로 한다(헌재 1989.9.8. 88헌가6).

❹ [X] 우리 헌법은 헌법의 개정이 국민투표를 통하여만 가능하도록 규정하고 있어 강한 경성헌법에 속한다.

04 　변호인의 조력을 받을 권리 　　정답 ①

❶ [X] 헌법재판소가 '헌재 1992.1.28. 91헌마111' 결정에서 미결수용자와 변호인과의 접견에 대해 어떠한 명분으로도 제한할 수 없다고 한 것은 구속된 자와 변호인 간의 접견이 실제로 이루어지는 경우에 있어서의 '자유로운 접견', 즉 '대화내용에 대하여 비밀이 완전히 보장되고 어떠한 제한, 영향, 압력 또는 부당한 간섭 없이 자유롭게 대화할 수 있는 접견'을 제한할 수 없다는 것이지, 변호인과의 접견 자체에 대해 아무런 제한도 가할 수 없다는 것을 의미하는 것이 아니므로 미결수용자의 변호인 접견권 역시 국가안전보장·질서유지 또는 공공복리를 위해 필요한 경우에는 법률로써 제한될 수 있음은 당연하다. 수용자처우법 제84조 제2항에 의해 금지되는 접견시간 제한의 의미는 접견에 관한 일체의 시간적 제한이 금지된다는 것으로 볼 수는 없고, 수용자와 변호인의 접견이 현실적으로 실시되는 경우, 그 접견이 미결수용자와 변호인의 접견인 때에는 미결수용자의 방어권 행사로서의 중요성을 감안하여 자유롭고 충분한 변호인의 조력을 보장하기 위해 접견시간을 양적으로 제한하지 못한다는 의미로 이해하는 것이 타당하므로, 수용자처우법 제84조 제2항에도 불구하고 같은 법 제41조 제4항의 위임에 따라 수용자의 접견이 이루어지는 일반적인 시간대를 대통령령으로 규정하는 것은 가능하다(헌재 2011.5.26. 2009헌마341).

② [O] 헌법 제12조 제4항은 "누구든지 체포 또는 구속을 당한 때에는 즉시 변호인의 조력을 받을 권리를 가진다."라고 규정함으로써 변호인의 조력을 받을 권리를 헌법상의 기본권으로 격상하여 이를 특별히 보호하고 있거니와 변호인의 '조력을 받을' 피구속자의 권리는 피구속자를 '조력할' 변호인의 권리가 보장되지 않으면 유명무실하게 된다. 그러므로 피구속자를 조력할 변호인의 권리 중 그것이 보장되지 않으면 피구속자가 변호인으로부터 조력을 받는다는 것이 유명무실하게 되는 핵심적인 부분은, '조력을 받을 피구속자의 기본권'과 표리의 관계에 있기 때문에 이러한 핵심부분에 관한 변호인의 조력할 권리 역시 헌법상의 기본권으로서 보호되어야 한다(헌재 2003.3.27. 2000헌마474).

③ [O] 피의자신문에 참여한 변호인이 피의자 옆에 앉는다고 하여 피의자 뒤에 앉는 경우보다 수사를 방해할 가능성이 높아진다거나 수사기밀을 유출할 가능성이 높아진다고 볼 수 없으므로, 이 사건 후방착석요구행위의 목적의 정당성과 수단의 적절성을 인정할 수 없다. 이 사건 후방착석요구행위로 인하여 위축된 피의자가 변호인에게 적극적으로 조언과 상담을 요청할 것을 기대하기 어렵고, 변호인이 피의자의 뒤에 앉게 되면 피의자의 상태를 즉각적으로 파악하거나 수사기관이 피의자에게 제시한 서류 등의 내용을 정확하게 파악하기 어려우므로, 이 사건 후방착석요구행위는 변호인인 청구인의 피의자신문참여권을 과도하게 제한한다. 그런데 이 사건에서 변호인의 수사방해나 수사기밀의 유출에 대한 우려가 없고, 조사실의 장소적 제약 등과 같이 이 사건 후방착석요구행위를 정당화할 그 외의 특별한 사정도 없으므로, 이 사건 후방착석요구행위는 침해의 최소성 요건을 충족하지 못한다. 이 사건 후방착석요구행위로 얻어질 공익보다는 변호인의 피의자신문참여권 제한에 따른 불이익의 정도가 크므로, 법익의 균형성 요건도 충족하지 못한다. 따라서 이 사건 후방착석요구행위는 변호인인 청구인의 변호권을 침해한다(헌재 2017.11.30. 2016헌마503).

④ [O] 변호인의 조력을 받을 권리에 대한 헌법과 법률의 규정 및 취지에 비추어 보면, '형사사건에서 변호인의 조력을 받을 권리'를 의미한다고 보아야 할 것이므로 형사절차가 종료되어 교정시설에 수용 중인 수형자나 미결수용자가 형사사건의 변호인이 아닌 민사재판, 행정재판, 헌법재판 등에서 변호사와 접견할 경우에는 원칙적으로 헌법상 변호인의 조력을 받을 권리의 주체가 될 수 없다. … 교정시설 내 수용자와 변호사 사이의 접견교통권의 보장은 헌법상 보장되는 재판청구권의 한 내용 또는 그로부터 파생되는 권리로 볼 수 있다(헌재 2013.8.29. 2011헌마122).

05 헌법소원심판 정답 ④

① [O] 대통령령 등과 같은, 법률이 아닌 하위법령은 헌법재판소법 제68조 제2항에 의한 헌법소원의 대상이 될 수 없다(헌재 1992. 10.31. 92헌바42).

② [O] 국민의 신청에 대한 행정청의 거부행위가 헌법소원심판의 대상인 공권력 행사가 되기 위해서는 국민이 행정청에 대하여 신청에 따른 행위를 해 줄 것을 요구할 수 있는 권리가 있어야 한다(헌재 2019.3.5. 2019헌마175).

③ [O] 「헌법재판소법」 제68조 제2항에 의한 헌법소원은 '법률'의 위헌성을 적극적으로 다투는 제도이므로 '법률의 부존재', 즉 입법부작위를 다투는 것은 그 자체로 허용되지 아니한다(헌재 2010. 3.25. 2007헌마933).

❹ [X] 이 사건 의견제시는 행정기관인 피청구인에 의한 비권력적 사실행위로서, 방송사업자인 청구인의 권리와 의무에 대하여 직접적인 법률효과를 발생시켜 청구인의 법률관계 내지 법적 지위를 불리하게 변화시킨다고 보기는 어렵고, 이 사건 의견제시의 법적 성질 등에 비추어 이 사건 의견제시가 청구인의 표현의 자유를 제한하는 정도의 위축효과를 초래하였다고도 볼 수 없다. 따라서 이 사건 의견제시는 헌법소원의 대상이 되는 '공권력 행사'에 해당하지 않는다. … 이 사건 법률조항은 해당 방송프로그램이 심의규정에 위반되는 경우에 그 위반 정도 등을 고려하여 구 방송법 제100조 제1항 각 호에 따른 제재조치가 아니라 의견제시를 할 수 있도록 피청구인에게 '재량'을 부여하고 있다. 따라서 이 사건 법률조항은 그 자체에 의하여 청구인과 같은 방송사업자에게 의무를 부과하거나 권리 또는 법적 지위를 박탈하는 것이 아니라, 피청구인의 심의·의결을 거친 '의견제시'라는 구체적인 집행행위를 통해 비로소 영향을 미치게 되므로, 기본권 침해의 직접성이 인정되지 아니한다(헌재 2018.4.26. 2016헌마46).

06 과잉금지원칙, 형벌불소급원칙 정답 ①

❶ [X] 노역장유치조항은 고액 벌금형을 단기의 노역장유치로 무력화시키지 못하도록 하고, 1일 환형유치금액 사이에 지나친 차이가 발생하지 않게 함으로써 노역장유치제도의 공정성과 형평성을 제고하기 위한 것으로, 이러한 공익은 매우 중대하다. 반면, 그로 인하여 청구인들이 입게 되는 불이익은 선고된 벌금을 납입하지 아니한 경우에 일정기간 이상 노역장에 유치되어 신체의 자유를 제한받게 되는 것이다. 노역장유치는 벌금을 납입하지 않는 경우를 대비한 것으로 벌금을 납입한 때에는 집행될 여지가 없고, 노역장유치로 벌금형이 대체되는 점 등을 고려하면, 청구인들이 입게 되는 불이익이 노역장유치조항으로 달성하고자 하는 공익에 비하여 크다고 할 수 없다. 따라서 노역장유치조항은 법익 균형성 요건을 충족한다. 그렇다면 노역장유치조항은 과잉금지원칙에 반하여 청구인들의 신체의 자유를 침해한다고 볼 수 없다(헌재 2017.10.26. 2015헌바239).

② [O] 형벌불소급원칙에서 의미하는 '처벌'은 단지 형법에 규정되어 있는 형식적 의미의 형벌 유형에 국한되지 않으며, 범죄행위에 따른 제재의 내용이나 실제적 효과가 형벌적 성격이 강하여 신체의 자유를 박탈하거나 이에 준하는 정도로 신체의 자유를 제한하는 경우에는 법적 안정성, 예측 가능성 및 국민의 신뢰를 보호하기 위하여 형벌불소급원칙이 적용되어야 한다(헌재 2017.10.26. 2015헌바239).

③ [O] 노역장유치는 벌금형에 부수적으로 부과되는 환형처분으로서, 그 실질은 신체의 자유를 박탈하여 징역형과 유사한 형벌적 성격을 가지고 있으므로, 형벌불소급원칙의 적용대상이 된다. 따라서 법률 개정으로 동일한 벌금형을 선고받은 사람에게 노역장유치기간이 장기화되는 등 불이익이 가중된 때에는, 범죄행위시의 법률에 따라 유치기간을 정하여 선고하여야 한다(헌재 2017.10.26. 2015헌바239).

④ [O] 노역장유치조항은 1억원 이상의 벌금을 선고받는 자에 대하여 유치기간의 하한을 중하게 변경시킨 것이므로, 이 조항 시행 전에 행한 범죄행위에 대해서는 범죄행위 당시에 존재하였던 법률을 적용하여야 한다. 그런데 부칙 조항은 노역장유치조항의 시행 전에 행해진 범죄행위에 대해서도 공소제기의 시기가 노역장유치조항의 시행 이후이면 이를 적용하도록 하고 있으므로, 이는 범죄행위 당시보다 불이익한 법률을 소급적용하도록 하는 것으로서 헌법상 형벌불소급원칙에 위반된다(헌재 2017.10.26. 2015헌바239).

07 재외국민 보호 정답 ③

① [O] 직업이나 학문 등의 사유로 자진 출국한 자들이 선거권을 행사하려고 하면 반드시 귀국해야 하고 귀국하지 않으면 선거권 행사를 못하도록 하는 것은 헌법이 보장하는 해외체류자의 국외 거주·이전의 자유, 직업의 자유, 공무담임권, 학문의 자유 등의 기본권을 희생하도록 강요한다는 점에서 부적절하며, 가속되고 있는 국제화시대에 해외로 이주하여 살 가능성이 높아지고 있는 상황에서, 그것이 자발적 계기에 의해 이루어졌다는 이유만으로 국민이면 누구나 향유해야 할 가장 기본적인 권리인 선거권의 행사가 부인되는 것은 타당성을 갖기 어렵다는 점에 비추어 볼 때, 선거인명부에 오를 자격이 있는 국내거주자에 대해서만 부재자신고를 허용함으로써 재외국민과 단기 해외체류자 등 국외거주자 전부의 국정선거권을 부인하고 있는 법 제38조 제1항은 정당한 입법목적을 갖추지 못한 것으로 헌법 제37조 제2항에 위반하여 국외거주자의 선거권과 평등권을 침해하고 보통선거원칙에도 위반된다(헌재 2007.6. 28. 2004헌마644 등).

② [O] 주민등록이 아니더라도 그와 같은 거주 사실을 공적으로 확인할 수 있는 방법은 존재한다는 점, 나아가 법 제16조 제2항이 국회의원 선거에 있어서는 주민등록 여부와 관계없이 25세 이상의 국민이라면 누구든지 피선거권을 가지는 것으로 규정함으로써 국내거주 여부를 불문하고 재외국민도 국회의원 선거의 피선거권을 가진다는 사실에 비추어, 주민등록만을 기준으로 함으로써 주민등록이 불가능한 재외국민인 주민의 지방선거 피선거권을 부인하는 법 제16조 제3항은 헌법 제37조 제2항에 위반하여 국내거주 재외국민의 공무담임권을 침해한다(헌재 2007.6.28. 2004헌마644 등).

❸ [×] 헌법 제2조 제2항에서 정한 국가의 재외국민 보호의무에 의하여 재외국민이 거류국에 있는 동안 받게 되는 보호는, 조약 기타 일반적으로 승인된 국제법규와 당해 거류국의 법령에 의하여 누릴 수 있는 모든 분야에서 정당한 대우를 받도록 거류국과의 관계에서 국가가 하는 외교적 보호와 국외 거주 국민에 대하여 정치적인 고려에서 특별히 법률로써 정하여 베푸는 법률·문화·교육 기타 제반영역에서의 지원을 뜻하는 것이므로, 위 제11조 제1항 부분에 대한 관계에서 이러한 헌법규정의 보호법익은 그대로 적용된다고 보기 어려워, 위 법률조항이 비거주자에 대하여 상속세 인적공제 적용을 배제하였다 하더라도 국가가 재외국민을 보호할 의무를 행하지 않은 경우라고는 볼 수 없다(헌재 2001.12.20. 2001헌바25).

④ [O] 헌법재판소는 '태평양전쟁 전후 국외 강제동원희생자 등 지원에 관한 법률'에 규정된 위로금 등의 각종 지원이 태평양전쟁이라는 특수한 상황에서 일제에 의한 강제동원 희생자와 그 유족이 입은 고통을 치유하기 위한 시혜적 조치라고 판단한 바 있는데, 위 법률은 국외강제동원지원법과 실질적으로 동일한 내용의 지원에 대해 규정하고 있고, 강제동원희생자와 그 유족 등에게 인도적 차원에서 지급하는 위로금임을 명시적으로 밝히고 있으며, 위 지원금을 받게 될 '유족'의 범위를 강제동원으로 인한 고통과 슬픔을 함께한 '친족'으로 한정하고 있으므로, 위 위로금은 인도적 차원의 시혜적인 금전 급부에 해당한다(헌재 2015.12.23. 2011헌바55).

---

08 헌법의 적용범위 정답 ②

옳은 것은 ㄱ, ㄷ, ㄹ이다.

ㄱ. [O] 대한민국과 일본국 간의 어업에 관한 협정은 배타적 경제수역을 직접 규정한 것이 아닐 뿐만 아니라 배타적 경제수역이 설정된다 하더라도 영해를 제외한 수역을 의미하며, 이러한 점들은 이 사건 협정에서의 이른바 중간수역에 대해서도 동일하다고 할 것이므로 독도가 중간수역에 속해 있다 할지라도 독도의 영유권 문제나 영해 문제와는 직접적인 관련을 가지지 아니한 것임은 명백하다 할 것이다(헌재 2001.3.21. 99헌마139).

ㄴ. [×] '북한이탈주민'이란 군사분계선 이북지역(이하 '북한'이라 한다)에 주소, 직계가족, 배우자, 직장 등을 두고 있는 사람으로서 북한을 벗어난 후 외국 국적을 취득하지 아니한 사람을 말한다(「북한이탈주민의 보호 및 정착지원에 관한 법률」 제2조 제1호).

ㄷ. [O] 남북합의서는 남북관계를 '나라와 나라 사이의 관계가 아닌 통일을 지향하는 과정에서 잠정적으로 형성되는 특수관계'임을 전제로 하여 이루어진 합의문서인바, 이는 한민족공동체 내부의 특수관계를 바탕으로 한 당국 간의 합의로서 남북당국의 성의 있는 이행을 상호 약속하는 일종의 공동성명 또는 신사협정에 준

하는 성격을 가짐에 불과하다. 따라서 남북합의서의 채택·발효 후에도 북한이 여전히 적화통일의 목표를 버리지 않고 각종 도발을 자행하고 있으며 남·북한의 정치, 군사적 대결이나 긴장관계가 조금도 해소되지 않고 있음이 엄연한 현실인 이상, 북한의 반국가단체성이나 국가보안법의 필요성에 관하여는 아무런 상황변화가 있었다고 할 수 없다(헌재 1997.1.16. 92헌바6).

ㄹ. [O] 「국적법」 제2조는 속인주의(혈통주의)를 원칙으로 하면서 속지주의를 가미하고 있으며, 부모양계혈통주의를 원칙으로 채택하고 있다.

ㅁ. [×] 국적은 국가의 생성과 더불어 발생하고 국가의 소멸은 바로 국적의 상실사유인 것이다. 국적은 성문의 법령을 통해서가 아니라 국가의 생성과 더불어 존재하는 것이므로, 헌법의 우임에 따라 국적법이 제정되나 그 내용은 국가의 구성요소인 국민의 범위를 구체화·현실화하는 헌법사항을 규율하고 있는 것이다(헌재 2000.8.31. 97헌가12).

---

09 기본권의 침해 정답 ②

① [O] '월급근로자로서 6월이 되지 못한 자'는 대체로 기간의 정함이 없는 근로계약을 한 자들로서 근로관계의 계속성에 대한 기대가 크다고 할 것이므로, 이들에 대한 해고 역시 예기치 못한 돌발적 해고에 해당한다. 따라서 6개월 미만 근무한 월급근로자 또한 전직을 위한 시간적 여유를 갖거나 실직으로 인한 경제적 곤란으로부터 보호받아야 할 필요성이 있다. 그런데 심판대상조항은 근로관계의 성질과 관계없이 '월급근로자로서 6개월이 되지 못한 자'를 해고예고제도의 적용대상에서 제외하고 있으므로, 근무기간이 6개월 미만인 월급근로자의 근로의 권리를 침해한다. 또한 심판대상조항은 합리적 이유 없이 근무기간이 6개월 미만인 월급근로자를 6개월 이상 근무한 월급근로자 및 다른 형태로 보수를 지급받는 근로자와 차별하고 있으므로 평등원칙에도 위배된다(헌재 2015.12.23. 2014헌바3).

❷ [×] 아동·청소년대상 성범죄의 재범을 방지하고 재범시 수사의 효율성을 제고하기 위하여 등록대상자로 하여금 1년마다 사진을 제출하도록 형사처벌로 강제하는 것은 정당한 목적을 위한 적합한 수단이고, 입법자가 등록대상자의 사진제출의무 위반행위에 대해 형벌을 부과하는 것은 원칙적으로 입법재량의 범위 내이며, 구법 조항들은 '정당한 사유 없이' 사진제출의무를 위반한 경우에만 적용되고 법정형은 1년 이하의 징역 또는 500만원 이하의 벌금으로 경미하므로 법관은 등록대상자의 구체적 사정을 심리하여 책임에 부합하는 양형을 할 수 있다. 따라서 구법 조항들은 일반적 행동의 자유를 침해하지 아니한다(헌재 2016.7.28. 2016헌마109).

③ [O] 이를 종합하면 정치자금을 둘러싼 분쟁 등의 장기화 방지 및 행정부담의 경감을 위해 열람기간의 제한 자체는 둘 수 있다고 하더라도, 현행 기간이 지나치게 짧다는 점은 명확하다. 짧은 열람기간으로 인해 청구인 신○○는 회계보고된 자료를 충분히 살펴 분석하거나, 문제를 발견할 실질적 기회를 갖지 못하게 되는바, 달성되는 공익과 비교할 때 이러한 사익의 제한은 정치자금의 투명한 공개가 민주주의 발전에 가지는 의미에 비추어 중대하다. 그렇다면 이 사건 열람기간제한 조항은 과잉금지원칙에 위배되어 청구인 신○○의 알 권리를 침해한다(헌재 2021.5.27. 2018헌마1168).

④ [O] 특허침해소송은 고도의 법률지식 및 공정성과 신뢰성이 요구되는 소송으로, 변호사 소송대리원칙(민사소송법 제87조)이 적용되어야 하는 일반 민사소송의 영역이므로, 소송당사자의 권익을 보호하기 위해 변호사에게만 특허침해소송의 소송대리를 허용하는 것은 그 합리성이 인정되며 입법재량의 범위 내라고 할 수 있다. 그러므로 이 사건 법률조항이 특허침해소송을 변리사가 예외적으로 소송대리를 할 수 있도록 허용된 범위에 포함시키지 아니한 것은 청구인들의 직업의 자유를 침해하지 아니한다(헌재 2012.8.23. 2010헌마740).

10 표현의 자유   정답 ③

옳은 것은 ㄱ, ㄴ, ㄷ이다.

ㄱ. [O] 공공기관등이 설치·운영하는 정보통신망 상의 게시판 이용자에 대한 본인확인조치는 정보통신망의 익명성 등에 따라 발생하는 부작용을 최소화하여 공공기관등의 게시판 이용에 대한 책임성을 확보·강화하고, 게시판 이용자로 하여금 언어폭력, 명예훼손, 불법정보의 유통 등의 행위를 자제하도록 함으로써 건전한 인터넷 문화를 조성하기 위한 것이다. 따라서 심판대상조항은 그 입법목적의 정당성과 수단의 적합성이 인정된다. … 게시판의 활용이 공공기관등을 상대방으로 한 익명표현의 유일한 방법은 아닌 점, 공공기관등에 게시판을 설치·운영할 일반적인 법률상 의무가 존재한다고 보기 어려운 점, 심판대상조항은 공공기관등이 설치·운영하는 게시판이라는 한정적 공간에 적용되는 점 등에 비추어 볼 때 기본권 제한의 정도가 크지 않다. 그에 반해 공공기관등이 설치·운영하는 게시판에 언어폭력, 명예훼손, 불법정보의 유통이 이루어지는 것을 방지함으로써 얻게 되는 건전한 인터넷 문화 조성이라는 공익은 중요하다. 따라서 심판대상조항은 법익의 균형성을 충족한다. 심판대상조항은 과잉금지원칙을 준수하고 있으므로 청구인의 익명표현의 자유를 침해하지 않는다(헌재 2022.12.22. 2019헌마654).

ㄴ. [O] "음란"의 개념과는 달리 "저속"의 개념은 그 적용범위가 매우 광범위할 뿐만 아니라 법관의 보충적인 해석에 의한다 하더라도 그 의미내용을 확정하기 어려울 정도로 매우 추상적이다. 이 "저속"의 개념에는 출판사등록이 취소되는 성적 표현의 하한이 열려있을 뿐만 아니라 폭력성이나 잔인성 및 천한 정도도 그 하한이 모두 열려 있기 때문에 출판을 하고자 하는 자는 어느 정도로 자신의 표현내용을 조절해야 되는지를 도저히 알 수 없도록 되어 있어 명확성의 원칙 및 과도한 광범성의 원칙에 반한다. … 이 사건 법률조항 중 "음란한 간행물" 부분은 헌법에 위반되지 아니하고, "저속한 간행물" 부분은 명확성의 원칙에 반할 뿐만 아니라 출판의 자유와 성인의 알 권리를 침해하는 규정이어서 헌법에 위반된다(헌재 1998.4.30. 95헌가16).

ㄷ. [O] 일반적으로 문자를 통한 표현행위가 이루어지는 과정을 살펴보면 표현하고자 하는 내용이 내면적으로 형성되고 그것을 문자로 외부적으로 작성하여 그 작성된 것을 외부에 전달하거나 전파하는 단계를 거치게 되는데, 집필행위는 사람의 내면에 있는 생각이 외부로 나타나는 첫 단계의 행위란 점에서 문자를 통한 표현행위의 가장 기초적이고도 전제가 되는 행위라 할 것이다. 일반적으로 표현의 자유는 정보의 전달 또는 전파와 관련지어 생각되므로 구체적인 전달이나 전파의 상대방이 없는 집필의 단계를 표현의 자유의 보호영역에 포함시킬 것인지 의문이 있을 수 있으나, 집필은 문자를 통한 모든 의사표현의 기본 전제가 된다는 점에서 당연히 표현의 자유의 보호영역에 속해 있다고 보아야 한다(헌재 2005.2.24. 2003헌마289).

ㄹ. [X] 언론의 자유에 의하여 보호되는 것은 정보의 획득에서부터 뉴스와 의견의 전파에 이르기까지 언론의 기능과 본질적으로 관련되는 모든 활동이다. 이런 측면에서 인터넷신문을 발행하려는 사업자가 취재 인력 3인 이상을 포함하여 취재 및 편집 인력 5인 이상을 상시고용하지 않는 경우 인터넷신문으로 등록할 수 없도록 하는 고용조항은 인터넷신문의 발행을 제한하는 효과를 가지고 있으므로 언론의 자유를 제한하는 규정에 해당한다. 그런데 고용조항의 입법목적이 인터넷신문의 신뢰성 제고이고, 신문법 규정들은 언론사로서의 인터넷신문의 규율 및 보호를 위한 규정들이므로 고용조항으로 인하여 청구인들의 직업수행의 자유보다는 언론의 자유가 보다 직접적으로 제한된다고 보인다(헌재 2016.10.27. 2015헌마1206).

11 헌정사   정답 ①

❶ [X] 건국헌법에서 위헌법률심판은 헌법위원회가, 탄핵재판은 탄핵재판소가 각각 담당하였다.

> **건국헌법(1948년) 제47조** 탄핵사건을 심판하기 위하여 법률로써 탄핵재판소를 설치한다.
> **제81조** 대법원은 법률의 정하는 바에 의하여 명령, 규칙과 처분이 헌법과 법률에 위반되는 여부를 최종적으로 심사할 권한이 있다.
> 법률이 헌법에 위반되는 여부가 재판의 전제가 되는 때에는 법원은 헌법위원회에 제청하여 그 결정에 의하여 재판한다.

② [O] 제3차 개정헌법(1960년) 제78조에 대한 옳은 내용이다.

> **제3차 개정헌법(1960년) 제78조** 대법원장과 대법관은 법관의 자격이 있는 자로써 조직되는 선거인단이 이를 선거하고 대통령이 확인한다.

③ [O] 제8차 개정헌법(1980년) 제11조 제5항에 대한 옳은 내용이다.

> **제8차 개정헌법(1980년) 제11조** ⑤ 누구든지 체포·구금을 당한 때에는 법률이 정하는 바에 의하여 적부의 심사를 법원에 청구할 권리를 가진다.

④ [O] 제8차 개정헌법(1980년)에서 적정임금의 보장에 대해 처음 규정하였다.

> **제8차 개정헌법(1980년) 제30조** ① 모든 국민은 근로의 권리를 가진다. 국가는 사회적·경제적 방법으로 근로자의 고용의 증진과 적정임금의 보장에 노력하여야 한다.

12 국회의 운영 정답 ④

① [O] 「국회법」 제8조 제2항에 대한 옳은 내용이다.

> **제8조 【휴회】** ② 국회는 휴회중이라도 대통령의 요구가 있을 때, 의장이 긴급한 필요가 있다고 인정할 때 또는 재적의원 4분의 1 이상의 요구가 있을 때에는 회의를 재개한다.

② [O] 「국회법」 제5조 제3항에 대한 옳은 내용이다.

> **제5조 【임시회】** ③ 국회의원총선거후 최초의 임시회는 의원의 임기개시후 7일에 집회하며, 처음 선출된 의장의 임기가 만료되는 때가 폐회중인 경우에는 늦어도 임기만료일 전 5일까지 집회한다. 그러나, 그 날이 공휴일인 때에는 그 다음 날에 집회한다.

③ [O] 헌법 제50조 제1항에 대한 옳은 내용이다.

> **제50조** ① 국회의 회의는 공개한다. 다만, 출석의원 과반수의 찬성이 있거나 의장이 국가의 안전보장을 위하여 필요하다고 인정할 때에는 공개하지 아니할 수 있다.

❹ [X] 국회운영위원회는 예외로 한다.

> **「국회법」 제56조 【본회의 중 위원회의 개회】** 위원회는 본회의의 의결이 있거나 의장이 필요하다고 인정하여 각 교섭단체대표의원과 협의한 경우를 제외하고는 본회의 중에는 개회할 수 없다. 다만, 국회운영위원회는 그러하지 아니하다.

13 정당제도 정답 ④

① [O] 「헌법재판소법」 제60조에 대한 옳은 내용이다.

> **제60조 【결정의 집행】** 정당의 해산을 명하는 헌법재판소의 결정은 중앙선거관리위원회가 「정당법」에 따라 집행한다.

② [O] 「정당법」 제48조 제1항에 대한 옳은 내용이다.

> **제48조 【해산된 경우 등의 잔여재산 처분】** ① 정당이 제44조(등록의 취소) 제1항의 규정에 의하여 등록이 취소되거나 제45조(자진해산)의 규정에 의하여 자진해산한 때에는 그 잔여재산은 당헌이 정하는 바에 따라 처분한다.

③ [O] 법정당원수 조항은 국민의 정치적 의사형성에의 참여를 실현하기 위한 지속적이고 공고한 조직의 최소한을 갖추도록 하는 것이다. 우리나라에 현존하는 정당의 수, 각 시·도의 인구 및 유권자수, 인구수 또는 선거인수 대비 당원의 비율, 당원의 자격 등을 종합하여 보면, 각 시·도당에 1천인 이상의 당원을 요구하는 법정당원수 조항이 신생정당의 창당을 현저히 어렵게 하여 과도한 부담을 지운 것으로 보기는 어렵다. 따라서 법정당원수 조항이 과잉금지원칙을 위반하여 정당의 자유를 침해한다고 볼 수 없다(헌재 2023.9.26. 2021헌가23 등).

❹ [X] 헌법 제8조 제1항은 정당설립의 자유, 정당조직의 자유, 정당활동의 자유 등을 포괄하는 정당의 자유를 보장하고 있다. 이러한 정당의 자유는 국민이 개인적으로 갖는 기본권일 뿐만 아니라, 단체로서의 정당이 가지는 기본권이기도 하다(헌재 2004.12.16. 2004헌마456).

14 직업의 자유 정답 ③

옳은 것은 ㄱ, ㄴ, ㄹ이다.

ㄱ. [O] 소송대리인이 되려는 변호사의 경우 접촉차단시설이 설치된 장소에서 수용자와 접견하도록 되어 있어 다소 불이익을 겪을 가능성이 있다 하더라도 선임 여부의 의사를 확인하는 데 지장을 초래할 정도라 할 수 없고, 접견 외 여러 방법을 통하여 수용자의 의사를 확인할 길이 있으므로 심판대상조항으로 인한 불이익의 정도가 크지 않은 반면, 심판대상조항이 달성하고자 하는 교정시설의 안전과 질서 유지라는 공익은 청구인이 입게 되는 불이익에 비하여 중대하다. 따라서 심판대상조항은 청구인에 대한 기본권 제한과 공익목적의 달성 사이에 법익의 균형성을 갖추었다. 따라서 심판대상조항은 변호사인 청구인의 업무를 원하는 방식으로 자유롭게 수행할 수 있는 자유를 침해한다고 할 수 없다(헌재 2022.2.24. 2018헌마1010).

ㄴ. [O] 경쟁의 자유는 기본권의 주체가 직업의 자유를 실제로 행사하는 데에서 나오는 결과이므로 당연히 직업의 자유에 의하여 보장되고, 다른 기업과의 경쟁에서 국가의 간섭이나 방해를 받지 않고 기업활동을 할 수 있는 자유를 의미한다(헌재 1999.7.22. 98헌가5).

ㄷ. [X] 초등학교, 중학교, 고등학교 기타 이와 유사한 교육기관의 학생들은 아직 변별력 및 의지력이 미약하여 당구의 오락성에 빠져 학습을 소홀히 하고 당구장의 유해환경으로부터 나쁜 영향을 받을 위험성이 크므로 이들을 이러한 위험으로부터 보호할 필요가 있는바, 이를 위하여 위 각 학교 경계선으로부터 200미터 이내에 설정되는 학교환경위생정화구역 내에서의 당구장 시설을 제한하면서 예외적으로 학습과 학교보건위생에 나쁜 영향을 주지 않는다고 인정하는 경우에 한하여 당구장 시설을 허용하도록 하는 것은 기본권 제한의 입법목적, 기본권 제한의 정도, 입법목적 달성의 효과 등에 비추어 필요한 정도를 넘어 과도하게 직업(행사)의 자유를 침해하는 것이라 할 수 없다(헌재 1997.3.27. 94헌마196 등).

※ 대학, 유치원 주변 학교환경위생정화구역에서의 당구장 시설 제한은 위헌이다.

ㄹ. [O] 일정한 자격제도의 일부를 형성하고 있는 법령에서 결격사유 또는 취소사유의 적용기간을 얼마로 할 것인지에 대해서는 기본적으로 입법자의 입법재량이 인정되는 부분임을 감안하더라도, 20년이라는 기간은 좁게는 여객자동차운송사업과 관련된 결격사유 또는 취소사유를 규정하는 법률에서, 넓게는 기타 자격증 관련 직업의 결격사유 또는 취소사유를 규율하는 법률에서도 쉽게 찾아보기 어려운 긴 기간으로, 택시운송사업 운전업무 종사자의 일반적인 취업 연령이나 취업 실태에 비추어볼 때 실질적으로 해당 직업의 진입 자체를 거의 영구적으로 막는 것에 가까운 효과를 나타내며, 타 운송수단 대비 택시의 특수성을 고려하더라도 지나치게 긴 기간이라 할 수 있다. 또한 택시운송사업의 운전자격 제한 기간을 기존의 2년에서 20년으로 늘리는 것이 관련 범죄를 예방하기 위한 필요최소한의 기간인지에 대한 실증적 뒷받침이 없고, 이러한 장기간의 연장에 대한 필요성이나 효과에 대한 특정한 근거를 찾기 어렵다. 심판대상조항은 구체적 사안의 개별성과 특수성을 고려할 수

있는 여지를 일체 배제하고 그 위법의 정도나 비난 가능성의 정도가 미약한 경우까지도 획일적으로 20년이라는 장기간 동안 택시운송사업의 운전업무 종사자격을 제한하는 것이므로 침해의 최소성원칙에 위배되며, 법익의 균형성원칙에도 반한다. 따라서 심판대상조항은 청구인들의 직업선택의 자유를 침해한다(헌재 2015.12.23. 2014헌바446 등).

ㅁ. [X] 나무의사조항은 나무의사 양성기관에서 교육을 이수한 후 나무의사 자격시험에 합격한 나무의사만이 수목을 진료하도록 하여 수목을 체계적으로 보호하기 위한 것으로, 목적의 정당성과 수단의 적합성이 인정된다. 식물보호기사·산업기사는 농작물을 포함한 식물 전체를 다루는 점, 산림보호법은 기존에 수목진료를 해오던 식물보호기사·산업기사의 기본권 제한을 최소화하기 위한 조치를 취하고 있는 점 등을 고려하면, 나무의사조항은 침해의 최소성에 반하지 않는다. 청구인들이 교육을 이수한 후 나무의사 자격시험에 합격하지 않으면 수목진료를 할 수 없게 되는 불이익이 나무의사조항이 추구하는 공익에 비하여 중대하다고 볼 수 없으므로, 나무의사조항은 법익의 균형성에도 반하지 않는다. 따라서 나무의사조항은 과잉금지원칙에 위배되어 청구인들의 직업선택의 자유를 침해하지 않는다(헌재 2020.6.25. 2018헌마974).

15   국가긴급권   정답 ②

① [X] 대통령의 긴급재정경제명령은 국가긴급권의 일종으로서 고도의 정치적 결단에 의하여 발동되는 행위이고 그 결단을 존중하여야 할 필요성이 있는 행위라는 의미에서 이른바 통치행위에 속한다고 할 수 있으나, 통치행위를 포함하여 모든 국가작용은 국민의 기본권적 가치를 실현하기 위한 수단이라는 한계를 반드시 지켜야 하는 것이고, 헌법재판소는 헌법의 수호와 국민의 기본권 보장을 사명으로 하는 국가기관이므로 비록 고도의 정치적 결단에 의하여 행해지는 국가작용이라고 할지라도 그것이 국민의 기본권 침해와 직접 관련되는 경우에는 당연히 헌법재판소의 심판대상이 된다(헌재 1996.2.29. 93헌마186).

❷ [O] 긴급재정경제명령은 정상적인 재정운용·경제운용이 불가능한 중대한 재정·경제상의 위기가 현실적으로 발생하여(그러므로 위기가 발생할 우려가 있다는 이유로 사전적·예방적으로 발할 수는 없다) 긴급한 조치가 필요함에도 국회의 폐회 등으로 국회가 현실적으로 집회될 수 없고 국회의 집회를 기다려서는 그 목적을 달성할 수 없는 경우에 이를 사후적으로 수습함으로써 기존질서를 유지·회복하기 위하여(그러므로 공공복리의 증진과 같은 적극적 목적을 위하여는 발할 수 없다) 위기의 직접적 원인의 제거에 필수불가결한 최소의 한도 내에서 헌법이 정한 절차에 따라 행사되어야 한다(헌재 1996.2.29. 93헌마186).

③ [X] 소급하여가 아니라 그때부터 효력을 상실한다.

> **헌법 제76조** ③ 대통령은 제1항과 제2항의 처분 또는 명령을 한 때에는 지체 없이 국회에 보고하여 그 승인을 얻어야 한다. ④ 제3항의 승인을 얻지 못한 때에는 그 처분 또는 명령은 그때부터 효력을 상실한다. 이 경우 그 명령에 의하여 개정 또는 폐지되었던 법률은 그 명령이 승인을 얻지 못한 때부터 당연히 효력을 회복한다.

④ [X] 긴급재정경제처분 및 명령권은 국회의 집회가 불가능한 때가 아니라 집회를 기다릴 여유가 없을 때에 발할 수 있다.

> **헌법 제76조** ① 대통령은 내우·외환·천재·지변 또는 중대한 재정·경제상의 위기에 있어서 국가의 안전보장 또는 공공의 안녕질서를 유지하기 위하여 긴급한 조치가 필요하고 국회의 집회를 기다릴 여유가 없을 때에 한하여 최소한으로 필요한 재정·경제상의 처분을 하거나 이에 관하여 법률의 효력을 가지는 명령을 발할 수 있다.

16   헌정사   정답 ②

① [O] 제헌헌법 제21조에 대한 옳은 내용이다.

> **제헌헌법 제21조** 모든 국민은 국가 각기관에 대하여 문서로써 청원을 할 권리가 있다. 청원에 대하여 국가는 심사할 의무를 진다.

❷ [X] 제1차 개정헌법은 단원제에서 양원제 국회를 규정하였다. 후단의 내용은 맞다.

> **제1차 개정헌법 제69조** 국무위원은 국무총리의 제청에 의하여 대통령이 임면한다.

③ [O] 제5차 개정헌법(1980년) 제107조 제2항에 대한 옳은 설명이다.

> **제5차 개정헌법(1980년) 제107조** ② 중앙선거관리위원회는 대통령이 임명하는 2인, 국회에서 선출하는 2인과 대법원 판사회의에서 선출하는 5인의 위원으로 구성한다. 위원장은 위원중에서 호선한다.

④ [O] 제8차 개정헌법 제33조에 대한 옳은 설명이다.

> **제8차 개정헌법 제33조** 모든 국민은 깨끗한 환경에서 생활할 권리를 가지며, 국가와 국민은 환경보전을 위하여 노력하여야 한다.

17   경제질서   정답 ④

① [O] 비약적으로 증가되는 의료인 수를 고려할 때, 이 사건 조항에 의한 의료광고의 금지는 새로운 의료인들에게 자신의 기능이나 기술 혹은 진단 및 치료방법에 관한 광고와 선전을 할 기회를 배제함으로써, 기존의 의료인과의 경쟁에서 불리한 결과를 초래할 수 있는데, 이는 자유롭고 공정한 경쟁을 추구하는 헌법상의 시장경제질서에 부합되지 않는다(헌재 2005.10.27. 2003헌가3).

② [O] 이 사건 법률조항은 금고 이상의 실형의 선고를 받은 자가 사적으로 농수산물 유통과 관련된 업종에 종사하는 것을 막고 있는 것은 아니고, 금고 이상의 실형의 집행이 종료되거나 면제된 이후에는 다시 중도매인 허가를 신청할 수 있으며, 달성하려는 공익이 중대하므로, 직업선택의 자유에 대한 제한을 통

하여 얻는 공익적 성과와 제한의 정도가 합리적인 비례관계를 현저하게 일탈하고 있다고 볼 수 없다. 따라서 이 사건 법률조항의 기본권 재산이 입법재량을 일탈하여 제한의 방법이 부적절하거나 그 정도가 과도하여 헌법상의 한계를 넘었다고는 할 수 없으므로, 직업선택의 자유를 침해하는 것이 아니다(헌재 2005.5.26. 2002헌바67).

③ [O] 우리 헌법은 제123조 제3항에서 중소기업이 국민경제에서 차지하는 중요성 때문에 '중소기업의 보호'를 국가경제정책적 목표로 명문화하고, 대기업과의 경쟁에서 불리한 위치에 있는 중소기업의 지원을 통하여 경쟁에서의 불리함을 조정하고, 가능하면 균등한 경쟁조건을 형성함으로써 대기업과의 경쟁을 가능하게 해야 할 국가의 과제를 담고 있다. 중소기업의 보호는 넓은 의미의 경쟁정책의 한 측면을 의미하므로 중소기업의 보호는 원칙적으로 경쟁질서의 범주 내에서 경쟁질서의 확립을 통하여 이루어져야 한다(헌재 1996.12.26. 96헌가18).

❹ [X] 이 사건 법률조항은 농지에 대한 투기수요를 억제하고, 투기로 인한 이익을 환수하여 부동산 시장의 안정과 과세형평을 도모함에 그 입법목적이 있는바, 그 목적의 정당성 및 방법의 적절성이 인정된다. 그리고 사실상 소유자가 거주 또는 경작하지 않는 토지의 소유를 억제할 수 있을 정도의 세율을 60%로 본 입법자의 판단은 존중할 필요가 있다. 경자유전의 원칙상 상당기간 거주 또는 경작하지 않은 것은 일응 투기 목적의 징표로 볼 수 있는데, 이 사건 법률조항은 이러한 농지에 한해서 양도소득세 중과를 적용하고 있으며, 당사자의 귀책사유 없이 비사업용 토지로 되는 경우에 대한 보완책을 마련하고 있으므로 침해의 최소성원칙에 반하지 아니한다. 이 사건 법률조항이 추구하는 투기수요 억제, 부동산 시장 안정 및 국토의 균형 있는 이용, 개발과 보전 등의 공익은 제한되는 사익보다 훨씬 크므로 법익의 균형성이 인정된다. 따라서 이 사건 법률조항이 과잉금지원칙에 위배되어 청구인의 재산권을 침해한다고 할 수 없다(헌재 2012.7.26. 2011헌바357).

18 정당제도 정답 ④

① [X] 정당이 헌법재판소의 결정으로 해산된 때에는 해산된 정당의 강령과 동일하거나 유사한 것으로 정당을 창당하지 못하며, 해산된 정당의 명칭과 같은 명칭은 사용할 수 없다.

> 「정당법」 제40조【대체정당의 금지】정당이 헌법재판소의 결정으로 해산된 때에는 해산된 정당의 강령(또는 기본정책)과 동일하거나 유사한 것으로 정당을 창당하지 못한다.
> 제41조【유사명칭 등의 사용금지】② 헌법재판소의 결정에 의하여 해산된 정당의 명칭과 같은 명칭은 정당의 명칭으로 다시 사용하지 못한다.

② [X] 정당해산심판은 원칙적으로 해당 정당에게만 그 효력이 미치며, 정당해산결정은 대체정당이나 유사정당의 설립까지 금지하는 효력을 가지므로 오류가 드러난 결정을 바로잡지 못한다면 장래 세대의 정치적 의사결정에까지 부당한 제약을 초래할 수 있다. 따라서 정당해산심판절차에서는 재심을 허용하지 아니함으로써 얻을 수 있는 법적 안정성의 이익보다 재심을 허용함으로써 얻을 수 있는 구체적 타당성의 이익이 더 크므로 재심을 허용하여야 한다. 한편, 이 재심절차에서는 원칙적으로 민사소송법의 재심에 관한 규정이 준용된다(헌재 2016.5.26. 2015헌아20).

③ [X] 강제적 정당해산은 헌법상 핵심적인 정치적 기본권인 정당활동의 자유에 대한 근본적 제한이므로, 헌법재판소는 이에 관한 결정을 할 때 헌법 제37조 제2항이 규정하고 있는 비례원칙을 준수해야만 한다. 따라서 헌법 제8조 제4항의 명문규정상 요건이 구비된 경우에도 해당 정당의 위헌적 문제성을 해결할 수 있는 다른 대안적 수단이 없고, 정당해산결정을 통하여 얻을 수 있는 사회적 이익이 정당해산결정으로 인해 초래되는 정당활동 자유 제한으로 인한 불이익과 민주주의 사회에 대한 중대한 제약이라는 사회적 불이익을 초과할 수 있을 정도로 큰 경우에 한하여 정당해산결정이 헌법적으로 정당화될 수 있다(헌재 2014.12.19. 2013헌다1).

❹ [O] 헌법재판소의 해산결정에 따른 정당의 강제해산의 경우에는 그 정당 소속 국회의원이 그 의원직을 상실하는지 여부에 관하여 헌법이나 법률에 아무런 규정을 두고 있지 않다. 따라서 위헌으로 해산되는 정당 소속 국회의원의 의원직 상실 여부는 위헌정당해산제도의 취지와 그 제도의 본질적 효력에 비추어 판단하여야 한다. 정당해산심판제도의 본질은 그 목적이나 활동이 민주적 기본질서에 위배되는 정당을 국민의 정치적 의사형성과정에서 미리 배제함으로써 국민을 보호하고 헌법을 수호하기 위한 것이다. 어떠한 정당을 엄격한 요건 아래 위헌정당으로 판단하여 해산을 명하는 것은 헌법을 수호한다는 방어적 민주주의 관점에서 비롯되는 것이고, 이러한 비상상황에서는 국회의원의 국민대표성은 부득이 희생될 수밖에 없다(헌재 2014.12.19. 2013헌다1).

19 평등권 정답 ③

① [O] 엄격한 위계질서와 집단생활을 하는 군 조직의 특수성으로 인하여 피해자가 가해자에 대한 처벌을 희망할 경우 다른 구성원에 의해 피해를 당할 우려가 있고, 상급자가 가해자·피해자 사이의 합의에 관여할 경우 피해자가 처벌불원의사를 거부하기 어려운 경우가 발생할 수 있다. 특히 병역의무자는 헌법상 국방의 의무의 일환으로서 병역의무를 이행하는 대신, 국가는 병영생활을 하는 병역의무자의 신체·안전을 보호할 책임이 있음을 고려할 때, 궁극적으로는 군사기지·군사시설에서의 폭행으로부터 병역의무자를 보호해야 한다는 입법자의 판단이 헌법이 부여한 광범위한 형성의 자유를 일탈한다고 보기 어렵다. 따라서 심판대상조항이 형벌체계상 균형을 상실하였다고 보기 어려우므로 평등원칙에 위반되지 아니한다(헌재 2022.3.31. 2021헌바62).

② [O] 애국지사는 일제의 국권침탈에 반대하거나 항거한 사실이 있는 당사자로서 조국의 자주독립을 위하여 직접 공헌하고 희생한 사람이지만, 순국선열의 유족은 일제의 국권침탈에 반대하거나 항거하다가 그로 인하여 사망한 당사자의 유가족으로서 독립유공자법이 정하는 바에 따라 그 공로에 대한 예우를 받는 지위에 있다. 독립유공자의 유족에 대하여 국가가 독립유공자법에 의한 보상을 하는 것은 유족 그 자신이 조국의 자주독립을 위하여 직접 공헌하고 희생하였기 때문이 아니라, 독립유공자의 공헌과 희생에 대한 보은과 예우로서 그와 한가족을 이루고 가족공동체로서 함께 살아온 그 유족에 대하여서도 그에 상응한 예우를 하기 위함이다. 애국지사 본인과 순국선열의 유족은 본질적으로 다른 집단이므로, 같은 서훈 등급임에도 순국선열의 유족보다 애국지사 본인에게 높은 보상금 지급액 기

준을 두고 있다 하여 곧 청구인의 평등권이 침해되었다고 볼 수 없다(헌재 2018.1.25. 2016헌마319).

❸ [×] 통상의 경우 자복 그 자체만으로는, 자수와 같이 범죄자가 형사법절차 속으로 스스로 들어왔다거나 국가형벌권의 적정한 행사에 기여하였다고 단정하기 어려우므로, 이 사건 법률조항에서 통상의 자복에 관하여 자수와 동일한 법적 효과를 부여하지 않았다고 하여 자의적이라 볼 수는 없다. 반의사불벌죄에서의 자복은, 형사소추권의 행사 여부를 좌우할 수 있는 자에게 자신의 범죄를 알리는 행위란 점에서 자수와 그 구조 및 성격이 유사하므로, 이 사건 법률조항이 청구인과 같이 반의사불벌죄 이외의 죄를 범하고 피해자에게 자복한 사람에 대하여 반의사불벌죄를 범하고 피해자에게 자복한 사람과 달리 임의적 감면의 혜택을 부여하지 않고 있다 하더라도 이를 자의적인 차별이라고 보기 어렵다(헌재 2018.3.29. 2016헌바270).

④ [○] 심판대상조항이 원판결의 근거가 된 가중처벌규정에 대하여 헌법재판소의 위헌결정이 있었음을 이유로 개시된 재심절차에서, 공소장 변경을 통해 위헌결정된 가중처벌규정보다 법정형이 가벼운 처벌규정으로 적용법조가 변경되어 피고인이 무죄재판을 받지는 않았으나 원판결보다 가벼운 형으로 유죄판결이 확정된 경우, 재심판결에서 선고된 형을 초과하여 집행된 구금에 대하여 보상요건을 전혀 규정하지 아니한 것은 현저히 자의적인 차별로서 평등원칙을 위반하여 청구인들의 평등권을 침해하므로 헌법에 위반된다(헌재 2022.2.24. 2018헌마998).

---

20 인격권

정답 ④

① [○] 징계결정 공개조항은 전문적인 법률지식, 윤리적 소양, 공정성 및 신뢰성을 갖추어야 할 변호사가 징계를 받은 경우 국민이 이러한 사정을 쉽게 알 수 있도록 하여 변호사를 선택할 권리를 보장하고, 변호사의 윤리의식을 고취시킴으로써 법률사무에 대한 전문성, 공정성 및 신뢰성을 확보하여 국민의 기본권을 보호하며 사회정의를 실현하기 위한 것으로서 입법목적의 정당성이 인정된다. 또 대한변호사협회 홈페이지에 변호사에 대한 징계정보를 공개하여 국민으로 하여금 징계정보를 검색할 수 있도록 하는 것은 그 입법목적을 달성하는 데 있어서 유효·적절한 수단이다. 또한 징계정보 공개조항은 공개되는 정보의 범위, 공개기간, 공개영역, 공개방식 등을 필요한 범위로 제한하고 있고, 입법목적의 달성에 동일한 효과가 있으면서 덜 침해적인 다른 대체수단이 존재하지 아니하므로, 침해 최소성의 원칙에 위배되지 않는다. 나아가 징계결정 공개조항으로 인하여 징계대상 변호사가 입게 되는 불이익이 공익에 비하여 크다고 할 수 없으므로, 법익의 균형성에 위배되지도 아니한다. 따라서 징계결정 공개조항은 과잉금지원칙에 위배되지 아니하므로 청구인의 인격권을 침해하지 아니한다(헌재 2018.7.26. 2016헌마1029).

② [○] 전자장치 부착명령의 소급적용은 성폭력범죄의 재범 방지 및 사회 보호에 있어 실질적인 효과를 나타내고 있는 점, 장래의 재범 위험성으로 인한 보안처분의 판단시기는 범죄의 행위시가 아닌 재판시가 될 수밖에 없으므로 부착명령 청구 당시 형 집행 종료일까지 6개월 이상 남은 출소예정자가 자신이 부착명령 대상자가 아니라는 기대를 가졌더라도 그 신뢰의 보호가치는 크지 아니한 점, 피부착자의 기본권 제한을 최소화하기 위하여 법률은 피부착자에 대한 수신자료의 열람·조회를 엄

격히 제한하고 부착명령의 탄력적 집행을 위한 가해제 제도를 운영하고 있는 점 등을 고려할 때, 부칙경과조항은 과잉금지원칙에 반하여 피부착자의 인격권 등을 침해하지 아니한다(헌재 2015.9.24. 2015헌바35).

③ [○] 이 사건 운동화착용불허행위는 시설 바깥으로의 외출이라는 기회를 이용한 도주를 예방하기 위한 것으로서 그 목적이 정당하고, 위와 같은 목적을 달성하기 위한 적합한 수단이라 할 것이다. 또한 신발의 종류를 제한하는 것에 불과하여 법익침해의 최소성과 균형성도 갖추었다 할 것이므로, 이 사건 운동화착용불허행위가 기본권제한에 있어서의 과잉금지원칙에 반하여 청구인의 인격권과 행복추구권을 침해하였다고 볼 수 없다(헌재 2011.2.24. 2009헌마209).

❹ [×] 이 사건 호송행위는 교정시설 안에서보다 높은 수준의 계호가 요구되는 호송과정에서 교정사고와 타인에 대한 위해를 예방하기 위한 것이다. 교도인력만으로 수형자를 호송한다면 많은 인력을 필요로 하고, 그것이 교정사고 예방에 효과적이라 단정할 수도 없으며, 이 사건에서 보호장비가 사용된 시간과 일반에 공개된 시간이 최소한도로 제한되었으며, 최근 그 동선이 일반에의 공개를 최소화하는 구조로 설계되는 추세에 있다. 교정사고의 예방 등을 통한 공익이 수형자가 입게 되는 자유 제한보다 훨씬 크므로, 이 사건 호송행위는 청구인의 인격권 내지 신체의 자유를 침해하지 아니한다(헌재 2014.5.29. 2013헌마280).

---

21 헌법소원심판

정답 ③

① [○] 구 공수처법 제2조, 공수처법 제3조 제1항, 제8조 제4항의 경우, 청구인들은 고위공직자범죄수사처(이하 '수사처'라 한다)에 의한 수사대상, 경우에 따라서는 기소대상이 되어 평등권, 신체의 자유 등 기본권이 침해될 가능성이 있고, 고위공직자범죄등을 범한 경우 수사처의 수사 또는 기소의 대상이 될 수 있다는 점도 확실히 예측되므로, 위 조항들에 대한 심판청구는 적법하다(헌재 2021.1.28. 2020헌마264).

② [○] 수사처가 입법부·행정부·사법부 어디에도 속하지 않는 기관인지, 아니면 행정부 소속의 기관인지 문제된다. 중앙행정기관을 반드시 국무총리의 통할을 받는 '행정각부'의 형태로 설치하거나 '행정각부'에 속하는 기관으로 두어야 하는 것이 헌법상 강제되는 것은 아니어서 법률로써 '행정각부'에 속하지 않는 독립된 형태의 행정기관을 설치하는 것이 헌법상 금지된다고 할 수 없는 점, 수사처가 수행하는 수사와 공소제기 및 유지는 헌법상 본질적으로 행정에 속하는 사무에 해당하는 점, 수사처의 구성에 있어 대통령의 실질적인 인사권이 인정되고 수사처장이 국무회의에 출석하여 발언할 수 있으며 독자적으로 의안을 제출하는 대신 법무부장관에게 의안제출을 건의할 수 있는 점 등을 종합하면, 수사처는 대통령을 수반으로 하는 행정부에 소속되고, 그 관할권의 범위가 전국에 미치는 중앙행정기관으로 보는 것이 타당하다(헌재 2021.1.28. 2020헌마264).

❸ [×] 헌법에 규정된 영장신청권자로서의 검사는 검찰권을 행사하는 국가기관인 검사로서, 공익의 대표자이자 수사단계에서의 인권옹호기관으로서의 지위에서 그에 부합하는 직무를 수행하는 자를 의미하는 것이지, 검찰청법상 검사만을 지칭하는 것으로 보기 어렵다. 실제로 군검사와 특별검사도 「검찰청법」상 검사에 해당하지 않지만 영장신청권을 행사하고 있다(헌재 2021.1.28. 2020헌마264).

④ [O] 헌법은 수사나 공소제기의 주체, 방법, 절차 등에 관하여 직접적인 규정을 두고 있지 않고, 기존의 행정조직에 소속되지 않은 독립된 위치에서 수사 등에 관한 사무를 수행할 기관을 설치·운영할 것인지를 포함하여 해당 기관에 의한 수사나 기소의 대상을 어느 범위로 정할 것인지는 독립된 기관의 설치 필요성, 공직사회의 신뢰성 제고에 대한 국민적 관심과 요구 등 모든 사정을 고려하여 결정할 문제이므로, 이에 대한 입법자의 결정은 명백히 자의적이거나 현저히 부당하다고 볼 수 없는 한 존중되어야 한다(헌재 2021.1.28. 2020헌마264).

22 권한쟁의심판 정답 ③

① [O] 「헌법재판소법」 제57조, 제65조에 대한 옳은 내용이다.

> **제57조【가처분】** 헌법재판소는 정당해산심판의 청구를 받은 때에는 직권 또는 청구인의 신청에 의하여 종국결정의 선고 시까지 피청구인의 활동을 정지하는 결정을 할 수 있다.
>
> **제65조【가처분】** 헌법재판소가 권한쟁의심판의 청구를 받았을 때에는 직권 또는 청구인의 신청에 의하여 종국결정의 선고 시까지 심판 대상이 된 피청구인의 처분의 효력을 정지하는 결정을 할 수 있다.

② [O] 지방자치단체의 의결기관인 지방의회를 구성하는 지방의회 의원과 그 지방의회의 대표자인 지방의회 의장 간의 권한쟁의심판은 헌법 및 헌법재판소법에 의하여 헌법재판소가 관장하는 지방자치단체 상호간의 권한쟁의심판의 범위에 속한다고 볼 수 없으므로 부적법하다(헌재 2010.4.29. 2009헌라11).

❸ [X] 국회법 제33조 제1항 본문은 정당이 교섭단체가 될 수 있다고 규정하고 있다. 교섭단체는 국회의 원활한 운영을 위하여 소속의원의 의사를 수렴·집약하여 의견을 조정하는 교섭창구의 역할을 하는 조직이다. 그러나 헌법은 권한쟁의심판청구의 당사자로 국회의원들의 모임인 교섭단체에 대해서 규정하고 있지 않다. 국회는 교섭단체와 같이 국회의 내부 조직을 자율적으로 구성하고 그에 일정한 권한을 부여할 수 있으나, 교섭단체가 갖는 권한은 원활한 국회 의사진행을 위하여 국회법에서 인정하고 있는 권한일 뿐이다. 이러한 점을 종합하면, 교섭단체는 그 권한침해를 이유로 권한쟁의심판을 청구할 수 없다(헌재 2020.5.27. 2019헌사1121).

④ [O] 적법요건으로서의 '처분'에는 개별적 행위뿐만 아니라 규범을 제정하는 행위도 포함되며, 입법영역에서는 법률의 제정행위 및 법률 자체를, 행정영역에서는 법규명령 및 모든 개별적인 행정적 행위를 포함한다(헌재 2006.8.31. 2004헌라2).

23 지방자치제도 정답 ④

① [O] 주민자치제를 본질로 하는 민주적 지방자치제도가 안정적으로 뿌리내린 현 시점에서 지방자치단체의 장선거권을 지방의회의원선거권, 더 나아가 국회의원선거권 및 대통령선거권과 구별하여 하나는 법률상의 권리로, 나머지는 헌법상의 권리로 이원화하는 것은 무의미한 것으로 보인다(헌재 2016.10.27. 2014헌마797).

② [O] 헌법이 감사원을 독립된 외부감사기관으로 정하고 있는 취지, 중앙정부와 지방자치단체는 서로 행정기능과 행정책임을 분담하면서 중앙행정의 효율성과 지방행정의 자주성을 조화시켜 국민과 주민의 복리증진이라는 공동목표를 추구하는 협력관계에 있다는 점을 고려하면 지방자치단체의 자치사무에 대한 합목적성 감사의 근거가 되는 이 사건 관련규정은 그 목적의 정당성과 합리성을 인정할 수 있다. 또한 감사원법에서 지방자치단체의 자치권을 존중할 수 있는 장치를 마련해두고 있는 점, 국가재정지원에 상당부분 의존하고 있는 우리 지방재정의 현실, 독립성이나 전문성이 보장되지 않은 지방자치단체 자체감사의 한계 등으로 인한 외부감사의 필요성까지 감안하면, 이 사건 관련규정이 지방자치단체의 고유한 권한을 유명무실하게 할 정도로 지나친 제한을 함으로써 지방자치권의 본질적 내용을 침해하였다고는 볼 수 없다(헌판 2008.5.29. 2005헌라3).

③ [O] 지방자치단체의 폐치·분합에 관한 것은 지방자치단체의 자치행정권 중 지역고권의 보장문제이나, 대상지역 주민들은 그로 인하여 인간다운 생활공간에서 살 권리, 평등권, 정당한 청문권, 거주이전의 자유, 선거권, 공무담임권, 인간다운 생활을 할 권리, 사회보장·사회복지수급권 및 환경권 등을 침해받게 될 수도 있다는 점에서 기본권과도 관련이 있어 헌법소원의 대상이 될 수 있다(헌재 1994.12.29. 94헌마201).

❹ [X] 구 「지방자치법」 제4조 제1항에 규정된 지방자치단체의 구역은 주민·자치권과 함께 지방자치단체의 구성요소로서 자치권을 행사할 수 있는 장소적 범위를 말하며, 자치권이 미치는 관할구역의 범위에는 육지는 물론 바다도 포함되므로, 공유수면에 대한 지방자치단체의 자치권한이 존재한다(헌재 2006.8.31. 2003헌라1).

24 평등권 정답 ③

① [X] 그동안 「정치자금법」이 여러 차례 개정되어 후원회지정권자의 범위가 지속적으로 확대되어 왔음에도 불구하고, 국회의원선거의 예비후보자 및 그 예비후보자에게 후원금을 기부하고자 하는 자와 광역자치단체장선거의 예비후보자 및 이들 예비후보자에게 후원금을 기부하고자 하는 자를 계속하여 달리 취급하는 것은, 불합리한 차별에 해당하고 입법재량을 현저히 남용하거나 한계를 일탈한 것이다. 따라서 심판대상조항 중 광역자치단체장선거의 예비후보자에 관한 부분은 청구인들 중 광역자치단체장선거의 예비후보자 및 이들 예비후보자에게 후원금을 기부하고자 하는 자의 평등권을 침해한다(헌재 2019.12.27. 2018헌마301 등).

② [X] 과학고는 '과학분야의 인재 양성'이라는 설립 취지나 전문적인 교육과정의 측면에서 과학 분야에 재능이나 소질을 가진 학생을 후기학교보다 먼저 선발할 필요성을 인정할 수 있으나, 자사고의 경우 교육과정 등을 고려할 때 후기학교보다 먼저 특정한 재능이나 소질을 가진 학생을 선발할 필요성은 적다. 따라서 이 사건 동시선발 조항이 자사고를 후기학교로 규정함으로써 과학고와 달리 취급하고, 일반고와 같이 취급하는 데에는 합리적인 이유가 있으므로 청구인 학교법인의 평등권을 침해하지 아니한다(헌재 2019.4.11. 2018헌마221).

❸ [O] 이 사건 부칙조항은 개정 전 공직자윤리법 조항이 혼인관계에서 남성과 여성에 대한 차별적 인식에 기인한 것이라는 반성적 고려에 따라 개정 「공직자윤리법」 조항이 시행되었음에도 불구하고, 일부 혼인한 여성 등록의무자에게 이미 개정 전 「공직

「자윤리법」 조항에 따라 재산등록을 하였다는 이유만으로 남녀 차별적인 인식에 기인하였던 종전의 규정을 따를 것을 요구하고 있다. 그런데 혼인한 남성 등록의무자와 달리 혼인한 여성 등록의무자의 경우에만 본인이 아닌 배우자의 직계존·비속의 재산을 등록하도록 하는 것은 여성의 사회적 지위에 대한 그릇된 인식을 양산하고, 가족관계에 있어 시가와 친정이라는 이분법적 차별구조를 정착시킬 수 있으며, 이것이 사회적 관계로 확장될 경우에는 남성우위·여성비하의 사회적 풍토를 조성하게 될 우려가 있다. 이는 성별에 의한 차별금지 및 혼인과 가족생활에서의 양성의 평등을 천명하고 있는 헌법에 정면으로 위배되는 것으로 그 목적의 정당성을 인정할 수 없다. 따라서 이 사건 부칙조항은 평등원칙에 위배된다(헌재 2021.9.30. 2019헌가3).

④ [X] 우선 일반택시운송사업은 대중교통의 한 축을 이룬다는 측면에서 다른 산업에 비하여 공공성이 강한 업종이기 때문에 서비스제공의 계속성을 보장하기 위하여 이에 종사하는 근로자들의 생활의 안정과 근로조건 향상을 위해 노력해야 할 필요성이 보다 강하다. 그리고 택시운전근로자들은 근로계약상의 근로시간 이후에도 생산수단이 되는 차량을 계속 가지고 있는 경우가 적지 않고, 사용자에 의하여 거래상대방이나 그 수가 지정되는 것도 아니라서 생활의 안정이 보장되지 못하는 경우에는 무리한 운행으로 인한 사고의 증가, 서비스의 저하 등 사회적 폐해를 낳을 수도 있다. 택시운전근로자들의 경우 일정한 고정급이란 사납금의 완납을 전제로 하며, 운송수입금이 사납금에 미치지 못하는 경우에는 가불금 등의 형식으로 부족액만큼의 고정급이 줄어드는 것이 일반적이므로 택시운전근로자들은 임금의 불안정성이 더 크다고 볼 여지도 있다.

이 사건 법률조항은 이러한 사정들을 두루 고려하여 택시운전근로자들에 관하여만 생활안정을 위한 규율을 둔 것으로서, 이는 차별의 합리적인 이유가 있는 경우에 해당하므로, 청구인들의 평등권을 침해한다고 할 수 없다(헌재 2016.12.29. 2015헌바327).

---

25 국적   정답 ①

적절하지 않은 것은 ㄱ이다.

ㄱ. [X] 법무부장관에게 신고함으로써 대한민국 국적을 재취득할 수 있다(「국적법」 제11조).

> **「국적법」 제11조【국적의 재취득】** ① 제10조 제3항에 따라 대한민국 국적을 상실한 자가 그 후 1년 내에 그 외국 국적을 포기하면 법무부장관에게 신고함으로써 대한민국 국적을 재취득할 수 있다.

ㄴ. [O] 「국적법」 제14조 제1항에 대한 옳은 내용이다.

> **제14조【대한민국 국적의 이탈 요건 및 절차】** ① 복수국적자로서 외국 국적을 선택하려는 자는 외국에 주소가 있는 경우에만 주소지 관할 재외공관의 장을 거쳐 법무부장관에게 대한민국 국적을 이탈한다는 뜻을 신고할 수 있다.

ㄷ. [O] 심판대상조항은 특례의 적용을 받는 모계출생자가 그 권리를 조속히 행사하도록 하여 위 모계출생자의 국적·법률관계를 조속히 확정하고, 국가기관의 행정상 부담을 줄일 수 있도록 하며, 위 모계출생자가 권리를 남용할 가능성을 억제하기 위하여 특례기간을 2004.12.31.까지로 한정하고 있는바, 이를 불합리하다고 볼 수 없다. 또한 특례의 적용을 받는 모계출생자가 특례기간 내에 국적취득신고를 하지 못한 경우에도 그 사유가 천재지변 기타 불가항력적 사유에 의한 것이면 그 사유가 소멸한 때부터 3개월 내에 국적취득신고를 할 수 있고, 그 외에 다른 사정으로 국적취득신고를 하지 못한 경우에도 간이귀화 또는 특별귀화를 통하여 어렵지 않게 대한민국 국적을 취득할 수 있으므로, 심판대상조항은 특례의 적용을 받는 모계출생자와 출생으로 대한민국 국적을 취득하는 모계출생자를 합리적 사유 없이 차별하고 있다고 볼 수 없고, 따라서 평등원칙에 위배되지 않는다(헌재 2015.11.26. 2014헌바211).

ㄹ. [O] 「국적법」 제13조 제3항에 대한 옳은 내용이다.

> **제13조【대한민국 국적의 선택 절차】** ③ 제1항 및 제2항 단서에도 불구하고 출생 당시에 모가 자녀에게 외국 국적을 취득하게 할 목적으로 외국에서 체류 중이었던 사실이 인정되는 자는 외국 국적을 포기한 경우에만 대한민국 국적을 선택한다는 뜻을 신고할 수 있다.

정답
p.16

01	①	Ⅲ	06	④	Ⅲ	11	③	Ⅲ	16	③	Ⅲ	21	④	Ⅲ
02	②	Ⅰ	07	④	Ⅰ	12	③	Ⅱ	17	②	Ⅱ	22	②	Ⅱ
03	③	Ⅳ	08	①	Ⅱ	13	④	Ⅳ	18	①	Ⅲ	23	③	Ⅲ
04	③	Ⅱ	09	①	Ⅳ	14	①	Ⅲ	19	②	Ⅱ	24	①	Ⅱ
05	④	Ⅰ	10	①	Ⅱ	15	②	Ⅲ	20	③	Ⅲ	25	③	Ⅳ

취약 단원 분석표

단원	맞힌 답의 개수
Ⅰ	/ 3
Ⅱ	/ 8
Ⅲ	/ 10
Ⅳ	/ 4
TOTAL	/ 25

Ⅰ 헌법총론 / Ⅱ 기본권론 / Ⅲ 통치구조론 / Ⅳ 헌법재판론

---

01 대통령의 의무, 탄핵심판   정답 ①

옳은 것은 ㄷ, ㅁ, ㅅ이다.

ㄱ. [X] 선거에 임박한 시기이기 때문에 공무원의 정치적 중립성이 어느 때보다도 요청되는 때에, 공정한 선거관리의 궁극적 책임을 지는 대통령이 기자회견에서 전 국민을 상대로, 대통령직의 정치적 비중과 영향력을 이용하여 특정 정당을 지지하는 발언을 한 것은, 대통령의 지위를 이용하여 선거에 대한 부당한 영향력을 행사하고 이로써 선거의 결과에 영향을 미치는 행위를 한 것이므로, 선거에서의 중립의무를 위반하였다(헌재 2004.5.14. 2004헌나1).

ㄴ. [X] 대통령이 선거법 위반행위로 말미암아 중앙선거관리위원회로부터 경고를 받는 상황에서 그에 대한 반응으로서 현행 선거법을 폄하하는 발언을 하는 것은 법률을 존중하는 태도라고 볼 수 없는 것이다. 모든 공직자의 모범이 되어야 하는 대통령의 이러한 언행은 법률을 존중하고 준수해야 하는 다른 공직자의 의식에 중대한 영향을 미치고, 나아가 국민 전반의 준법정신을 저해하는 효과를 가져오는 등 법치국가의 실현에 있어서 매우 부정적인 영향을 미칠 수 있다. 결론적으로, 대통령이 국민 앞에서 현행법의 정당성과 규범력을 문제삼는 행위는 법치국가의 정신에 반하는 것이자, 헌법을 수호해야 할 의무를 위반한 것이다(헌재 2004.5.14. 2004헌나1).

ㄷ. [O] 대통령이 위헌적인 재신임 국민투표를 단지 제안만 하였을 뿐 강행하지는 않았으나, 헌법상 허용되지 않는 재신임 국민투표를 국민들에게 제안한 것은 그 자체로서 헌법 제72조에 반하는 것으로 헌법을 실현하고 수호해야 할 대통령의 의무를 위반한 것이다(헌재 2004.5.14. 2004헌나1).

ㄹ. [X] 비록 대통령의 '성실한 직책수행의무'는 헌법적 의무에 해당하나, '헌법을 수호해야 할 의무'와는 달리, 규범적으로 그 이행이 관철될 수 있는 성격의 의무가 아니므로, 원칙적으로 사법적 판단의 대상이 될 수 없다고 할 것이다(헌재 2004.5.14. 2004헌나1).

ㅁ. [O] 국가기관이 국민과의 관계에서 공권력을 행사함에 있어서 준수해야 할 법원칙으로서 형성된 적법절차의 원칙을 국가기관에 대하여 헌법을 수호하고자 하는 탄핵소추절차에는 직접 적용할 수 없다(헌재 2004.5.14. 2004헌나1).

ㅂ. [X] 피청구인은 행정부의 수반으로서 국가가 국민의 생명과 신체의 안전·보호의무를 충실히 이행할 수 있도록 권한을 행사하고 직책을 수행하여야 하는 의무를 부담한다.

하지만 국민의 생명이 위협받는 재난상황이 발생하였다고 하여 피청구인이 직접 구조 활동에 참여하여야 하는 등 구체적이고 특정한 행위의무까지 바로 발생한다고 보기는 어렵다. 세월호 참사에 대한 피청구인의 대응조치에 미흡하고 부적절한 면이 있었다고 하여 곧바로 피청구인이 생명권 보호의무를 위반하였다고 인정하기는 어렵다(헌재 2017.3.10. 2016헌나1).

ㅅ. [O] 피청구인은 직접 또는 경제수석비서관을 통하여 대기업 임원 등에게 미르와 케이스포츠에 출연할 것을 요구하였다. 대통령의 재정·경제 분야에 대한 광범위한 권한과 영향력, 비정상적 재단 설립 과정과 운영 상황 등을 종합하여 보면, 피청구인의 요구는 임의적 협력을 기대하는 단순한 의견제시나 권고가 아니라 사실상 구속력 있는 행위라고 보아야 한다. 공권력 개입을 정당화할 수 있는 기준과 요건을 법률로 정하지 않고 대통령의 지위를 이용하여 기업으로 하여금 재단법인에 출연하도록 한 피청구인의 행위는 해당 기업의 재산권 및 기업경영의 자유를 침해한 것이다(헌재 2017.3.10. 2016헌나1).

---

02 신뢰보호원칙   정답 ②

적절한 것은 ㄱ, ㄴ, ㄹ이다.

ㄱ. [O] 성인대상 성범죄자에게 일률적으로 10년 동안 의료기관에의 취업제한을 하도록 한 조항에 대한 헌재 2016.3.31. 2013헌마585 등 위헌결정에 따르더라도 재범의 위험성 및 필요성에 상응하는 취업제한 기간을 정하여 부과하는 의료기관 취업제한이 가능함은 예상할 수 있었다고 보아야 하고, 취업제한은 장래의 위험을 방지하기 위한 것으로서, 향후 성인대상 성범죄자에게 의료기관 취업제한이 없을 것이라는 기대는 정당한 신뢰 또는 헌법상 보호가치 있는 신뢰로 보기 어렵다. … 이 사건 부칙조항은 신뢰보호원칙에 위배되지 아니한다(헌재 2023. 5.25. 2020헌바45).

ㄴ. [O] 심판대상조항은 실제 평균임금이 노동부장관이 고시하는 한도금액 이상일 경우 그 한도금액을 실제임금으로 의제하는 최고보상제도를 2003.1.1.부터 기존 피재근로자인 청구인들에도 적용함으로써, 평균임금에 대한 청구인들의 정당한 법적 신뢰를 심각하고 예상하지 못한 방법으로 제약하여 청구인들에게 불이익을 초래하였다. … 심판대상조항이 달성하려는 공익은

한정된 재원으로 보다 많은 재해근로자와 그 유족들에게 적정한 사회보장적 급여를 실시하고 재해근로자 사이에 보험급여의 형평성을 제고하여 소득재분배의 기능을 수행하는 데 있는 것으로 보인다. 장해급여제도는 본질적으로 소득재분배를 위한 제도가 아니고, 손해배상 내지 손실보상적 급부인 점에 그 본질이 있는 것으로, 산업재해보상보험이 갖는 두 가지 성격 중 사회보장적 급부로서의 성격은 상대적으로 약하고 재산권적인 보호의 필요성은 보다 강하다고 볼 수 있어 다른 사회보험수급권에 비하여 보다 엄격한 보호가 필요하다. 장해급여제도에 사회보장 수급권으로서의 성격도 있는 이상 소득재분배의 도모나 새로운 산재보상사업의 확대를 위한 자금마련의 목적으로 최고보상제를 도입하는 것 자체는 입법자의 결단으로서 형성적 재량권의 범위 내에 있다고 보더라도, 그러한 입법자의 결단은 최고보상제도 시행 이후에 산재를 입는 근로자들부터 적용될 수 있을 뿐, 제도 시행 이전에 이미 재해를 입고 산재보상수급권이 확정적으로 발생한 청구인들에 대하여 그 수급권의 내용을 일시에 급격히 변경하여 가면서까지 적용할 수 있는 것은 아니라고 보아야 할 것이다. 따라서, 심판대상조항은 신뢰보호의 원칙에 위배하여 청구인들의 재산권을 침해하는 것으로서 헌법에 위반된다(헌재 2009.5.28. 2005헌바20).

ㄷ. [X] 「방송법」 제67조 제2항은 청구인이 수상기의 생산자·판매인·수입판매인 또는 그가 지정하는 자에게 수신료의 징수업무를 위탁할 수 있다고 규정하고, 개정 전 「방송법 시행령」 제43조 제2항은 지정받은 자가 수신료를 징수하는 때에는 지정받은 자의 고유업무와 관련된 고지행위와 결합하여 이를 '행할 수 있다'고 규정하고 있을 뿐, 반드시 청구인이 한국전력공사에 수신료 징수업무를 위탁하여 전기요금과 수신료를 통합하여 징수하는 방식만을 전제로 하였다거나 그러한 수신료 징수방식에 대한 신뢰를 유도하였다고 볼 수 없다는 점에서 과거 징수방식에 대한 청구인의 신뢰이익의 보호가치가 크다고 보기 어렵다. 심판대상조항으로 인하여 청구인이 징수할 수 있는 수신료의 금액이나 범위의 변경은 없고 오로지 그 징수방법이 기존 전기요금과 통합하여 납부통지하던 것에서 이를 분리하여 납부통지하는 것으로 변경될 뿐이다. 반면, 심판대상조항을 통하여 수신료 납부의무 유무를 인지하고 과오납되지 않도록 보장하고자 하는 공익 실현의 중요성을 고려할 때, 심판대상조항이 신뢰보호원칙에 위배된다고 볼 수 없다(헌재 2024.5.30. 2023헌마820).

ㄹ. [O] 임차인의 주거안정 확보의 필요성, 갱신요구권과 전월세 상한 제한에 대한 사회적 논의를 토대로 다수의 법안이 제출되어 온 점 등을 고려하면 계약갱신요구권 도입에 대해 전혀 예측할 수 없었다고 보기 어렵고, 개정 법률 시행 당시 존속 중인 임대차계약에 개정조항을 적용하지 않을 경우 임대주택의 공급부족 또는 차임 상승 등의 부작용을 초래될 우려가 있는 점, 임차인의 주거안정 보장이라는 공익이 임대인의 신뢰이익에 비해 큰 점 등에 비추어 볼 때, 부칙조항은 신뢰보호원칙에 반하여 청구인들의 계약의 자유와 재산권을 침해하지 아니한다(헌재 2024.2.28. 2020헌마1343 등).

03 선거제도

정답 ③

① [O] 공통된 신앙에 기초하여 구성원 상호간에 밀접한 관계를 형성하는 종교단체의 특성과 성직자 등 종교단체 내에서 일정한 직무를 가지는 사람이 가지는 상당한 영향력을 고려하면, 그러한 선거운동을 원칙적으로 금지하고 위반한 경우 처벌함으로써 선거의 공정성을 확보하고, 종교단체가 본연의 기능을 할 수 있도록 하며, 정치와 종교가 부당한 이해관계로 결합하는 부작용을 방지함으로써 달성되는 공익이 더 크다. 따라서 직무이용 제한조항은 법익의 균형성도 갖추었다. 따라서 직무이용 제한조항은 과잉금지원칙을 위반하여 선거운동 등 정치적 표현의 자유를 침해하지 않는다(헌재 2024.1.25. 2021헌바233).

② [O] 지방공사 상근직원이 그 지위와 권한을 선거운동에 남용하는 것을 방지함으로써 선거의 형평성과 공정성을 확보하려는 것이므로 입법목적의 정당성이 인정된다. 지방공사 상근직원에 대하여 원칙적으로 모든 선거운동을 할 수 없도록 하고 이를 위반한 행위를 처벌하는 것은 입법목적을 달성하기 위한 적합한 수단이다. 직급에 따른 업무 내용과 수행하는 개별·구체적인 직무의 성격을 고려하여 지방공사 상근직원 중 선거운동이 제한되는 주체의 범위를 최소화하거나, 지방공사 상근직원에 대하여 '그 지위를 이용하여' 또는 '그 직무 범위 내에서' 하는 선거운동을 금지하는 방법으로도 선거의 공정성이 충분히 담보될 수 있다. 심판대상조항은 침해의 최소성을 충족하지 못하였다. 심판대상조항과 같이 지방공사 상근직원에 대하여 일체의 선거운동을 금지하는 것은, 선거운동의 자유를 중대하게 제한하는 정도에 비하여 선거의 공정성 및 형평성의 확보라는 공익에 기여하는 바가 크지 않으므로, 법익의 균형성을 충족하지 못하는 것이다. 결국 심판대상조항은 과잉금지원칙을 위반하여 지방공사 상근직원의 선거운동의 자유를 침해하므로, 헌법에 위반된다(헌재 2024.1.25. 2021헌가14).

❸ [X] 선거운동은 국민주권 행사의 일환일 뿐 아니라 정치적 표현의 자유의 한 형태로서 민주사회를 구성하고 움직이게 하는 요소이므로, 그 제한입법의 위헌 여부에 대하여는 엄격한 심사기준이 적용되어야 한다(헌재 2024.1.25. 2021헌가14).

④ [O] 1년 이상의 수형자는 선거권이 없지만, 형의 집행유예를 선고받고 유예기간 중에 있는 사람은 선거권이 있다.

> 「공직선거법」 제18조 【선거권이 없는 자】 ① 선거일 현재 다음 각 호의 어느 하나에 해당하는 사람은 선거권이 없다.
> 2. 1년 이상의 징역 또는 금고의 형의 선고를 받고 그 집행이 종료되지 아니하거나 그 집행을 받지 아니하기로 확정되지 아니한 사람. 다만, 그 형의 집행유예를 선고받고 유예기간 중에 있는 사람은 제외한다.

04 직업의 자유 정답 ③

옳은 것은 ㄱ, ㄷ, ㄹ이다.

ㄱ. [O] 변호사광고에 대한 합리적 규제는 필요하지만, 광고표현이 지닌 기본권적 성질을 고려할 때 광고의 내용이나 방법적 측면에서 꼭 필요한 한계 외에는 폭넓게 광고를 허용하는 것이 바람직하다. 각종 매체를 통한 변호사 광고를 원칙적으로 허용하는 변호사법 제23조 제1항의 취지에 비추어 볼 때, 변호사 등이 다양한 매체의 광고업자에게 광고비를 지급하고 광고하는 것은 허용된다고 할 것인데, 이러한 행위를 일률적으로 금지하는 위 규정은 수단의 적합성을 인정하기 어렵다. 대가수수 광고금지규정이 아니더라도 변호사법이나 다른 규정들에 의하여 입법목적을 달성할 수 있고, 공정한 수임질서를 해치거나 소비자에게 피해를 줄 수 있는 내용의 광고를 특정하여 제한하는 등 완화된 수단에 의해서도 입법목적을 같은 정도로 달성할 수 있다. 나아가, 위 규정으로 입법목적이 달성될 수 있을지 불분명한 반면, 변호사들이 광고업자에게 유상으로 광고를 의뢰하는 것이 사실상 금지되어 청구인들의 표현의 자유, 직업의 자유에 중대한 제한을 받게 되므로, 위 규정은 침해의 최소성 및 법익의 균형성도 갖추지 못하였다. 따라서 대가수수 광고금지규정은 과잉금지원칙에 위반되어 청구인들의 표현의 자유와 직업의 자유를 침해한다(헌재 2022.5.26. 2021헌마619).

ㄴ. [X] 이 사건 법률조항은 자격정지의 형을 선고받은 자를 청원경찰직에서 당연퇴직시킴으로써 청원경찰의 사회적 책임 및 청원경찰직에 대한 국민의 신뢰를 제고하고, 청원경찰로서의 성실하고 공정한 직무수행을 담보하기 위한 법적 조치이므로, 그 입법목적의 정당성이 인정되고, 범죄행위로 인하여 형사처벌을 받은 청원경찰은 청원경찰로서의 자질에 심각한 흠결이 생겼다고 볼 수 있고, 그 자질에 심각한 흠결이 생긴 청원경찰에 대하여 경비 및 공안업무 수행의 위임을 거두어들여 그에 상응하는 신분상의 불이익을 과하는 것은 국민전체의 이익을 위해 적절한 수단이 될 수 있으므로, 이 사건 법률조항이 범죄행위로 자격정지의 형을 선고받은 자를 청원경찰직에서 배제하도록 한 것은 위와 같은 입법목적을 달성하기 위해 효과적이고 적절한 수단이 될 수 있다. 또한 이 사건 법률조항이 정한 바와 같이 자격정지의 형을 선고받은 자를 청원경찰직에서 당연퇴직시키는 것은 위와 같은 입법목적을 달성하면서도 기본권 침해를 최소화하는 수단이라고 할 것이어서 기본권 침해의 최소성원칙을 준수하였고, 자격정지의 형을 선고받은 청원경찰이 이 사건 법률조항에 따라 당연퇴직되어 입게 되는 직업의 자유에 대한 제한이라는 불이익이 자격정지의 형을 선고받은 자를 청원경찰직에서 당연퇴직시킴으로써 청원경찰에 대한 국민의 신뢰를 제고하고 청원경찰로서의 성실하고 공정한 직무수행을 담보하려는 공익에 비하여 더 중하다고 볼 수는 없으므로, 법익균형성도 지켜지고 있다. 따라서 이 사건 법률조항은 과잉금지원칙을 위반하여 청구인의 직업의 자유를 침해하지 아니한다(헌재 2011.10.25. 2011헌마85).

ㄷ. [O] 심판대상조항은 의료인의 의료기관 중복 개설을 허용할 경우 예상되는 폐해를 미리 방지하여 건전한 의료질서를 확립하고 궁극적으로는 국민의 건강을 보호·증진하기 위한 것으로 입법목적의 정당성이 인정된다. 의료인의 의료기관 중복 개설을 허용할 경우, 의료인의 역량이 분산되거나, 비의료인으로 하여금 의료행위를 하도록 하는 등 위법행위에 대한 유인이 증가할 우려가 있고, 국민의 생명·신체에 대한 위험이나 보건위생상 위해를 초래할 수 있다. 또한, 영리 추구가 의료의 주된 목적이 될 경우 의료서비스 수급의 불균형, 의료시장의 독과점 등 부작

용이 발생할 우려가 있는바, 이를 사전에 방지할 필요가 있다. 일정 기간의 의료업 정지나 중복 개설된 의료기관에 대한 폐쇄명령 등의 조치만으로 실효적인 제재가 된다고 단정하기 어렵고, 심판대상조항 중 처벌조항에 규정된 법정형은 5년 이하 징역이나 5천만 원 이하 벌금으로 하한이 없어 행위자의 책임에 비례하는 형벌을 부과할 수 있다. 건전한 의료질서를 확립하고 국민 건강을 보호·증진하고자 하는 공익이 의료기관 중복개설 금지로 인하여 청구인이 입게 되는 불이익에 비하여 중대하다. 따라서 심판대상조항이 의료인의 직업수행의 자유를 침해한다고 볼 수 없다(헌재 2021.6.24. 2019헌바342).

ㄹ. [O] 심판대상조항은 의료인의 의료기관 중복 개설을 허용할 경우 예상되는 폐해를 미리 방지하여 건전한 의료질서를 확립하고 궁극적으로는 국민의 건강을 보호·증진하기 위한 것으로 입법목적의 정당성이 인정된다. … 따라서 심판대상조항이 의료인의 직업수행의 자유를 침해한다고 볼 수 없다(헌재 2021.6.24. 2019헌바342).

ㅁ. [X] 의료기법 금지조항과 의료기기법 처벌조항, 의료법 금지조항과 의료법 처벌조항은 국민건강보험의 재정건전성 확보와 국민 건강의 증진이라는 정당한 입법목적을 달성하기 위하여 형벌이라는 적절한 수단을 사용하고 있으며, 형벌을 대체할 규제수단의 존재 여부와 위 처벌조항들의 법정형 수준을 종합하여 보면 침해의 최소성원칙에 위배된다고 할 수 없고, 의료기기 수입업자나 의료인이 직업수행의 자유를 부분적으로 제한받아 입게 되는 불이익이 위 조항들이 추구하는 공익에 비해 결코 크다고 하기 어려워 법익의 균형성도 인정되므로 직업의 자유를 침해하지 아니한다(헌재 2018.1.25. 2016헌바201 등).

05 문화국가원리 정답 ④

① [X] 문화국가원리의 이러한 특성은 문화의 개방성 내지 다원성의 표지와 연결되는데, 국가의 문화육성의 대상에는 원칙적으로 모든 사람에게 문화창조의 기회를 부여한다는 의미에서 모든 문화가 포함된다. 따라서 엘리트문화뿐만 아니라 서민문화, 대중문화도 그 가치를 인정하고 정책적인 배려의 대상으로 하여야 한다(헌재 2004.5.27. 2003헌가1).

② [X] 문화국가원리는 국가의 문화국가실현에 관한 과제 또는 책임을 통하여 실현되는바, 국가의 문화정책과 밀접 불가분의 관계를 맺고 있다. 과거 국가절대주의사상의 국가관이 지배하던 시대에는 국가의 적극적인 문화간섭정책이 당연한 것으로 여겨졌다. 그러나 오늘날에 와서는 국가가 어떤 문화현상에 대하여도 이를 선호하거나, 우대하는 경향을 보이지 않는 불편부당의 원칙이 가장 바람직한 정책으로 평가받고 있다. 오늘날 문화국가에서의 문화정책은 그 초점이 문화 그 자체에 있는 것이 아니라 문화가 생겨날 수 있는 문화풍토를 조성하는 데 두어야 한다(헌재 2004.5.27. 2003헌가1).

③ [X] 전통사찰보존법의 입법목적은 '민족문화의 유산으로서 역사적 의의를 가진 전통사찰을 보존함으로써 민족문화의 향상에 이바지하게 하는 것'으로서, '국가는 전통문화의 계승·발전과 민족문화의 창달에 노력하여야 한다.'라고 규정한 헌법 제9조에 근거하여 제정된 것이다. 관할 행정관청의 전통사찰 지정은 국가의 '보존공물(保存公物)'을 지정하는 것으로서, 헌법적 보호법익은 '민족문화유산의 존속'이다(헌재 2003.1.30. 2001헌바64).

❹ [○] 계승·발전시켜야 할 전통문화는 이 시대의 제반 사회·경제적 환경에 맞고 또 오늘날에 있어서도 보편타당한 전통윤리 내지 도덕관념이다(헌재 1997.7.16. 95헌가6).

06 선거관리위원회 정답 ④

① [✕] 법률이 정하는 경우를 제외하고는 정당 또는 후보자에게 부담시킬 수 없다.

> **헌법 제116조** ① 선거운동은 각급 선거관리위원회의 관리 하에 법률이 정하는 범위 안에서 하되, 균등한 기회가 보장되어야 한다.
> ② 선거에 관한 경비는 법률이 정하는 경우를 제외하고는 정당 또는 후보자에게 부담시킬 수 없다.

② [✕] 중앙선거관리위원회의 위원장은 위원 중에서 호선한다.

> **헌법 제114조** ② 중앙선거관리위원회는 대통령이 임명하는 3인, 국회에서 선출하는 3인과 대법원장이 지명하는 3인의 위원으로 구성한다. 위원장은 위원 중에서 호선한다.

③ [✕] 각급선거관리위원회의 위원도 탄핵결정으로 파면될 수 있다.

> **헌법 제65조** ① 대통령·국무총리·국무위원·행정각부의 장·헌법재판소 재판관·법관·중앙선거관리위원회 위원·감사원장·감사위원 기타 법률이 정한 공무원이 그 직무집행에 있어서 헌법이나 법률을 위배한 때에는 국회는 탄핵의 소추를 의결할 수 있다.
> **「선거관리위원회법」제9조 【위원의 해임사유】** 각급선거관리위원회의 위원은 다음 각 호의 1에 해당할 때가 아니면 해임·해촉 또는 파면되지 아니한다.
> 1. 정당에 가입하거나 정치에 관여한 때
> 2. 탄핵결정으로 파면된 때
> 3. 금고이상의 형의 선고를 받은 때

❹ [○] 「선거관리위원회법」제17조 제1항에 대한 옳은 내용이다.

> **제17조 【법령에 관한 의견표시등】** ① 행정기관이 선거(위탁선거를 포함한다. 이하 이 조에서 같다)·국민투표 및 정당관계법령을 제정·개정 또는 폐지하고자 할 때에는 미리 당해 법령안을 중앙선거관리위원회에 송부하여 그 의견을 구하여야 한다.

07 혼인가족제도 정답 ④

① [○] 「민법」제1114조 전문은 「민법」제1113조 제1항에 따른 유류분 산정 기초재산에 산입되는 증여의 범위를 피상속인이 상속개시 전 1년간에 행한 증여로 한정하고 있다. 이는 유류분 산정 기초재산에 산입되는 증여의 범위를 한정하여 선의의 수증자를 보호하고 거래의 안전을 유지하기 위한 것이다. 이처럼 「민법」제1113조 및 제1114조 전문은 피상속인의 생전 처분에 의하여 유류분제도를 회피하지 못하도록 증여재산을 유류분 산정 기초재산에 산입하도록 하여 유류분권리자를 보호하면서도, 거래의 안전을 위하여 산입되는 증여의 범위를 일정 부분으로 한정하고 있어 양자의 합리적 조화를 도모하고 있다. 따라서 「민법」제1113조 및 제1114조 전문이 불합리하다고 볼 수 없다(헌재 2024.4.25. 2020헌가4등).

② [○] 상속권조항이 사실혼 배우자에게 상속권을 인정하지 아니하는 것은 상속인에 해당하는지 여부를 객관적인 기준에 의하여 파악할 수 있도록 함으로써 상속을 둘러싼 분쟁을 방지하고, 상속으로 인한 법률관계를 조속히 확정시키며, 거래의 안전을 도모하기 위한 것이고, 사실혼 배우자는 혼인신고를 함으로써 상속권을 가질 수 있고, 증여나 유증을 받는 방법으로 상속에 준하는 효과를 얻을 수 있으며, 「근로기준법」, 「국민연금법」 등에 근거한 급여를 받을 권리 등이 인정되므로 위 조항이 상속권을 침해한다고 할 수 없다(헌재 2024.3.28. 2020헌바494).

③ [○] 「민법」제1004조 소정의 상속인 결격사유에는 해당하지 않지만 피상속인을 장기간 유기하거나 정신적·신체적으로 학대하는 등의 패륜적인 행위를 일삼은 상속인의 유류분을 인정하는 것은 일반 국민의 법감정과 상식에 반한다고 할 것이다. 따라서 「민법」제1112조에서 유류분상실사유를 별도로 규정하지 아니한 것은 불합리하다고 아니할 수 없다. … 결국 「민법」제1112조에서 유류분권리자와 각 유류분을 획일적으로 정하고 있는 것 자체는 불합리하다고 보기 어렵다. 그러나 「민법」제1112조 제1호부터 제3호가 유류분상실사유를 별도로 규정하지 않고, 같은 조 제4호가 유류분권리자의 범위에 피상속인의 형제자매를 포함하는 것은 현저히 불합리하다고 할 것이다(헌재 2024.4.25. 2020헌가4 등).

❹ [✕] 「민법」은 혼인관계가 '일방 당사자의 사망으로 종료된 경우'에는 생존 배우자도 다른 상속인들과 마찬가지로 상속제도의 규율을 받도록 정하고, 혼인관계가 '쌍방 생전에 해소된 경우'에는 재산분할제도의 규율을 받도록 정하여 그 체계를 달리하고 있다. 그러므로 입법자는 이혼과 같이 쌍방 생존 중 혼인이 해소된 경우의 재산분할제도만을 재산분할청구권조항의 입법사항으로 하였다고 봄이 타당하다. 그렇다면 청구인이 문제삼는 '일방의 사망으로 사실혼이 종료된 경우 생존 사실혼 배우자에게 재산분할청구권을 부여하는 규정을 두지 않은 부작위'는, 입법자가 애당초 그러한 입법적 규율 자체를 전혀 하지 않은 경우에 해당한다. 따라서 이 부분 심판청구는 외형상 특정 법률조항을 심판대상으로 삼아 제기되었으나 실질적으로는 「헌법재판소법」제68조 제2항에 의한 헌법소원에서 허용되지 아니하는 진정입법부작위를 다투는 것이므로 그 자체로 부적법하다(헌재 2024.3.28. 2020헌바494). 지문은 헌법재판소의 반대의견이다.

08 기본권주체 정답 ①

❶ [○] 헌법 제31조 제4항이 규정하는 교육의 자주성 및 대학의 자율성은 헌법 제22조 제1항이 보장하는 학문의 자유의 확실한 보장을 위해 꼭 필요한 것으로서 대학에 부여된 헌법상 기본권인 대학의 자율권이므로, 국립대학인 청구인도 이러한 대학의 자율권의 주체로서 헌법소원심판의 청구인능력이 인정된다(헌재 2015.12.23. 2014헌마1149).

② [×] 초기배아는 수정이 된 배아라는 점에서 형성 중인 생명의 첫 걸음을 떼었다고 볼 여지가 있기는 하나 아직 모체에 착상되거나 원시선이 나타나지 않은 이상 현재의 자연과학적 인식수준에서 독립된 인간과 배아 간의 개체적 연속성을 확정하기 어렵다고 봄이 일반적이라는 점, 배아의 경우 현재의 과학기술수준에서 모태 속에서 수용될 때 비로소 독립적인 인간으로의 성장가능성을 기대할 수 있다는 점, 수정 후 착상 전의 배아가 인간으로 인식된다거나 그와 같이 취급하여야 할 필요성이 있다는 사회적 승인이 존재한다고 보기 어려운 점 등을 종합적으로 고려할 때, 기본권 주체성을 인정하기 어렵다(헌재 2010.5.27. 2005헌마346).

③ [×] 「헌법재판소법」 제68조 제1항의 헌법소원은 기본권의 주체만 청구할 수 있는데, 단순히 '국민의 권리'가 아니라 '인간의 권리'로 볼 수 있는 기본권에 대해서는 외국인도 기본권의 주체이다. 청구인이 침해받았다고 주장하는 변호인의 조력을 받을 권리는 성질상 인간의 권리에 해당되므로 외국인도 주체이다(헌재 2018.5.31. 2014헌마346).

④ [×] 근로의 권리의 구체적인 내용에 따라, 국가에 대하여 고용증진을 위한 사회적·경제적 정책을 요구할 수 있는 권리는 사회권적 기본권으로서 국민에 대하여만 인정해야 하지만, 자본주의 경제질서하에서 근로자가 기본적 생활수단을 확보하고 인간의 존엄성을 보장받기 위하여 최소한의 근로조건을 요구할 수 있는 권리는 자유권적 기본권의 성격도 아울러 가지므로 이러한 경우 외국인 근로자에게도 그 기본권 주체성을 인정함이 타당하다(헌재 2007.8.30. 2004헌마670).

---

09 위헌법률심판의 적법성 　　　　정답 ①

❶ [○] '재판'이라 함은 판결·결정·명령 등 그 형식 여하와 본안에 관한 재판이거나 소송절차에 관한 재판이거나를 불문하며, 심급을 종국적으로 종결시키는 종국재판뿐만 아니라 중간재판도 이에 포함된다(헌재 1996.12.26. 94헌바1).

② [×] 법원의 위헌법률심판제청에 있어 위헌 여부가 문제되는 법률 또는 법률조항이 재판의 전제성 요건을 갖추고 있는지 여부는 되도록 제청법원의 이에 관한 법률적 견해를 존중해야 하는 것이 원칙이고, 다만 그 전제성에 관한 법률적 견해가 명백히 유지될 수 없을 경우에만 헌법재판소가 이를 부정할 수 있는 것이다(헌재 2007.6.28. 2006헌가14).

③ [×] 원칙적으로, 행정처분의 근거가 된 법률이 헌법재판소에서 위헌으로 선고된다고 하더라도 그 전에 이미 집행이 종료된 행정처분이 당연무효가 되지는 않으므로 쟁송기간이 경과한 후에는 행정처분의 근거법률이 위헌임을 이유로 무효확인소송 등을 제기하더라도 행정처분의 효력에는 영향이 없다(헌재 1999.9.16. 92헌바9).

④ [×] 수소법원은 물론 집행법원, 군사법원도 제청권이 있다. 그러나 행정심판을 담당하는 각종 행정심판기관은 제청권을 가지는 법원이 아니다.

---

10 양심의 자유 　　　　정답 ②

① [○] 헌법이 보호하고자 하는 양심은 어떤 일의 옳고 그름을 판단함에 있어서 그렇게 행동하지 않고는 자신의 인격적 존재가치가 파멸되고 말 것이라는 강력하고 진지한 마음의 소리로서의 절박하고 구체적인 양심을 말한다. 따라서 막연하고 추상적인 개념으로서의 양심이 아니다(헌재 2002.4.25. 98헌마425).

❷ [×] '법위반사실의 공표명령'은 법규정의 문언상으로 보아도 단순히 법위반사실 자체를 공표하라는 것일 뿐, 사죄 내지 사과하라는 의미요소를 가지고 있지는 아니하다. 공정거래위원회의 실제 운용에 있어서도 '특정한 내용의 행위를 함으로써 공정거래법을 위반하였다는 사실'을 일간지 등에 공표하라는 것이어서 단지 사실관계와 법을 위반하였다는 점을 공표하라는 것이지 행위자에게 사죄 내지 사과를 요구하고 있는 것으로는 보이지 않는다.
　따라서 이 사건 법률조항의 경우 사죄 내지 사과를 강요함으로 인하여 발생하는 양심의 자유의 침해문제는 발생하지 않는다. 그렇다면 이 사건 법률조항 중 '법위반사실의 공표' 부분은 위반행위자의 양심의 자유를 침해한다고 볼 수 없다(헌재 2002.1.31. 2001헌바43).

③ [○] 보안관찰처분은 보안관찰처분대상자의 내심의 작용을 문제 삼는 것이 아니라, 보안관찰처분대상자가 보안관찰 해당 범죄를 다시 저지를 위험성이 내심의 영역을 벗어나 외부에 표출되는 경우에 재범의 방지를 위하여 내려지는 특별예방적 목적의 처분이므로, 보안관찰처분 근거규정은 양심의 자유를 침해하지 아니한다(헌재 2015.11.26. 2014헌바475).

④ [○] 인터넷언론사의 공개된 게시판·대화방에서 스스로의 의사에 의하여 정당·후보자에 대한 지지·반대의 글을 게시하는 행위가 양심의 자유나 사생활 비밀의 자유에 의하여 보호되는 영역이라고 할 수 없다(헌재 2010.2.25. 2008헌마324).

---

11 기본권의 효력 　　　　정답 ③

옳은 것은 ㄱ, ㄴ, ㄷ이다.

ㄱ. [○] 기본권의 대국가적 효력은 국가와 국민의 관계에서 국민의 기본권은 주관적 공권으로서 직접적으로 모든 국가작용을 구속하는 것을 의미한다. 역사적으로 기본권은 국가권력에 대한 개인의 방어적 권리라는 성격으로 정립되어 왔으며, 국민이 개개인이 누리는 주관적 공권이기 때문에 기본권의 대국가적 효력은 당연히 인정된다.

ㄴ. [○] 기본권의 대사인적 효력이란 기본권이 국가의 국민의 관계를 넘어서 사인 간에도 효력이 인정되어 사인의 법률행위나 사인 상호간의 법률관계에도 적용되는 것을 의미한다. 기본권을 사회구성원이 지키고 존중할 책임과 의무를 지는 객관적 가치질서로서의 성격으로 보면 기본권의 대사인적 효력이 인정될 수 있다.

ㄷ. [○] 기본권 규정은 그 성질상 사법관계에 직접 적용될 수 있는 예외적인 것을 제외하고는 사법상의 일반원칙을 규정한 「민법」 제2조, 제103조, 제750조, 제751조 등의 내용을 형성하고 그 해석 기준이 되어 간접적으로 사법관계에 효력을 미치게 된다(대판 2010.4.22. 2008다38288).

ㄹ. [×] 헌법 제11조는 "모든 국민은 법 앞에 평등하다. 누구든지 성별·종교 또는 사회적 신분에 의하여 정치적·경제적·사회적·문화적 생활의 모든 영역에 있어서 차별을 받지 아니한다."라고 규정하여 평등의 원칙을 선언함과 동시에 모든 국민에게 평등권을 보장하고 있다. 따라서 사적 단체를 포함하여 사회공동체 내에서 개인이 성별에 따른 불합리한 차별을 받지 아니하고 자신의 희망과 소양에 따라 다양한 사회적·경제적 활동을 영위하는 것은 그 인격권 실현의 본질적 부분에 해당하므로 평등권이라는 기본권의 침해도 「민법」 제750조의 일반규정을 통하여 사법상 보호되는 인격적 법익침해의 형태로 구체화되어 논하여질 수 있고, 그 위법성 인정을 위하여 반드시 사인간의 평등권 보호에 관한 별개의 입법이 있어야만 하는 것은 아니다(대판 2011.1.27. 2009다19864).

12 집회의 자유 정답 ③

① [O] 심판대상조항은 대통령 관저 인근 일대를 광범위하게 집회금지장소로 설정함으로써, 집회가 금지될 필요가 없는 장소까지도 집회금지장소에 포함되게 한다. 대규모 집회 또는 시위로 확산될 우려가 없는 소규모 집회(이하 '소규모 집회'라고만 한다)의 경우, 심판대상조항에 의하여 보호되는 법익에 대해 직접적인 위협이 발생할 가능성은 상대적으로 낮다. 나아가 '대통령 등의 안전이나 대통령 관저 출입과 직접적 관련이 없는 장소'에서 '소규모 집회'가 열릴 경우에는, 이러한 위험성은 더욱 낮아진다. 결국 심판대상조항은 법익에 대한 위험 상황이 구체적으로 존재하지 않는 집회까지도 예외 없이 금지하고 있다. 국민이 집회를 통해 대통령에게 의견을 표명하고자 하는 경우, 대통령 관저 인근은 그 의견이 가장 효과적으로 전달될 수 있는 장소이다. 따라서 대통령 관저 인근에서의 집회를 전면적·일률적으로 금지하는 것은 집회의 자유의 핵심적인 부분을 제한한다. 심판대상조항을 통한 대통령의 헌법적 기능 보호라는 목적과 집회의 자유에 대한 제약 정도를 비교할 때, 심판대상조항은 법익의 균형성에도 어긋난다. 따라서 심판대상조항은 과잉금지원칙에 위배되어 집회의 자유를 침해한다(헌재 2022.12.22. 2018헌바48).

② [O] 구 집회 및 시위에 관한 법률(이하 '집시법'이라 함) 제6조 제1항은, 옥외집회를 주최하려는 자는 그에 관한 신고서를 옥외집회를 시작하기 720시간 전부터 48시간 전에 관할 경찰서장에게 제출하도록 하고 있다. 이러한 사전신고는 경찰관청 등 행정관청으로 하여금 집회의 순조로운 개최와 공공의 안전보호를 위하여 필요한 준비를 할 수 있는 시간적 여유를 주기 위한 것으로서, 협력의무로서의 신고라고 할 것이다. 결국, 구 집시법 전체의 규정 체제에서 보면 법은 일정한 신고절차만 밟으면 일반적·원칙적으로 옥외집회 및 시위를 할 수 있도록 보장하고 있으므로, 집회에 대한 사전신고제도는 헌법 제21조 제2항의 사전허가금지에 반하지 않는다고 할 것이다(헌재 2009.5.28. 2007헌바22).

❸ [×] 단지 폭력적이거나 불법적인 옥외집회·시위의 가능성이 있다는 이유만으로 심판대상조항에 따라 법원 인근에서의 옥외집회를 일률적이고 절대적으로 금지하는 것이 정당화될 수 없다. 이런 사정을 종합하여 보면, 심판대상조항은 입법목적을 달성하는 데 필요한 최소한도의 범위를 넘어 규제가 불필요하거나 또는 예외적으로 허용 가능한 옥외집회·시위까지도 일률적·

전면적으로 금지하고 있으므로, 침해의 최소성 원칙에 위배된다. 심판대상조항은 법관의 독립이나 법원의 재판에 영향을 미칠 우려가 있는 집회·시위를 제한하는 데 머무르지 않고, 각급 법원 인근의 모든 옥외집회를 전면적으로 금지함으로써 구체적 상황을 고려하여 상충하는 법익 사이의 조화를 이루려는 노력을 기울이지 않고 있다. 심판대상조항을 통해 달성하려는 공익과 집회의 자유에 대한 제약 정도를 비교할 때, 심판대상조항으로 달성하려는 공익이 제한되는 집회의 자유 정도보다 크다고 단정할 수 없으므로, 심판대상조항은 법익의 균형성 원칙에도 어긋난다. 심판대상조항은 과잉금지원칙을 위반하여 집회의 자유를 침해한다(헌재 2018.7.26. 2018헌바137).

④ [O] 「집회 및 시위에 관한 법률」 제11조 제4호에 대한 옳은 내용이다.

> **제11조【옥외집회와 시위의 금지 장소】** 누구든지 다음 각 호의 어느 하나에 해당하는 청사 또는 저택의 경계 지점으로부터 100 미터 이내의 장소에서는 옥외집회 또는 시위를 하여서는 아니 된다.
> 1. 국회의사당. 다만, 다음 각 목의 어느 하나에 해당하는 경우로서 국회의 기능이나 안녕을 침해할 우려가 없다고 인정되는 때에는 그러하지 아니하다.
>   가. 국회의 활동을 방해할 우려가 없는 경우
>   나. 대규모 집회 또는 시위로 확산될 우려가 없는 경우
> 2. 각급 법원, 헌법재판소. 다만, 다음 각 목의 어느 하나에 해당하는 경우로서 각급 법원, 헌법재판소의 기능이나 안녕을 침해할 우려가 없다고 인정되는 때에는 그러하지 아니하다.
>   가. 법관이나 재판관의 직무상 독립이나 구체적 사건의 재판에 영향을 미칠 우려가 없는 경우
>   나. 대규모 집회 또는 시위로 확산될 우려가 없는 경우
> 3. 대통령 관저(官邸), 국회의장 공관, 대법원장 공관, 헌법재판소장 공관
> 4. 국무총리 공관. 다만, 다음 각 목의 어느 하나에 해당하는 경우로서 국무총리 공관의 기능이나 안녕을 침해할 우려가 없다고 인정되는 때에는 그러하지 아니하다.
>   가. 국무총리를 대상으로 하지 아니하는 경우
>   나. 대규모 집회 또는 시위로 확산될 우려가 없는 경우
> 5. 국내 주재 외국의 외교기관이나 외교사절의 숙소. 다만, 다음 각 목의 어느 하나에 해당하는 경우로서 외교기관 또는 외교사절 숙소의 기능이나 안녕을 침해할 우려가 없다고 인정되는 때에는 그러하지 아니하다.
>   가. 해당 외교기관 또는 외교사절의 숙소를 대상으로 하지 아니하는 경우
>   나. 대규모 집회 또는 시위로 확산될 우려가 없는 경우
>   다. 외교기관의 업무가 없는 휴일에 개최하는 경우

13 헌법재판 정답 ④

① [×] 형사소송에 관한 법령 또는 「행정소송법」이 민사소송에 관한 법령에 저촉될 때에는 민사소송에 관한 법령은 준용하지 아니한다.

② [×] 동일한 사건에 대하여 2명 이상의 재판관을 기피할 수 없다. 즉, 1명까지 기피할 수 있다.

> 「헌법재판소법」 제24조【제척·기피 및 회피】③ 재판관에게 공정한 심판을 기대하기 어려운 사정이 있는 경우 당사자는 기피(忌避)신청을 할 수 있다. 다만, 변론기일(辯論期日)에 출석하여 본안(本案)에 관한 진술을 한 때에는 그러하지 아니하다.
> ④ 당사자는 동일한 사건에 대하여 2명 이상의 재판관을 기피할 수 없다.

③ [X] 심판의 변론과 결정의 선고는 공개하나, 서면심리는 공개하지 아니한다.

> 「헌법재판소법」 제34조【심판의 공개】① 심판의 변론과 결정의 선고는 공개한다. 다만, 서면심리와 평의(評議)는 공개하지 아니한다.

❹ [O] 지정재판부는 전원의 일치된 의견으로 각하결정을 하지 아니하는 경우에는 결정으로 헌법소원을 재판부의 심판에 회부하여야 한다. 헌법소원심판의 청구 후 30일이 지날 때까지 각하결정이 없는 때에는 심판에 회부하는 결정이 있는 것으로 본다(「헌법재판소법」 제72조 제4항).

---

14 입법권과 입법절차   정답 ①

옳은 것은 ㄱ, ㄴ, ㄹ이다.

ㄱ. [O] 대법원은 헌법 제108조에 근거하여 입법권의 위임을 받아 규칙을 제정할 수 있다 할 것이고, 헌법 제75조에 근거한 포괄위임금지원칙은 법률에 이미 하위법규에 규정될 내용 및 범위의 기본사항이 구체적으로 규정되어 있어서 누구라도 당해 법률로부터 하위법규에 규정될 내용의 대강을 예측할 수 있어야 함을 의미하므로, 위임입법이 대법원규칙인 경우에도 수권법률에서 이 원칙을 준수하여야 함은 마찬가지이다(헌재 2016.6.30. 2013헌바27).

ㄴ. [O] 법규정립행위(입법행위)는 그것이 국회입법이든 행정입법이든 막론하고 일종의 법률행위이므로, 그 행위의 속성상 행위 자체는 한 번에 끝나는 것이고, 그러한 입법행위의 결과인 권리침해상태가 계속될 수 있을 뿐이라고 보아야 한다(헌재 1992.6.26. 91헌마25).

ㄷ. [X] 비록 국무회의가 법률안을 심의할 수 있고(헌법 제89조 제3호), 정부가 법률안을 제출할 수 있다 하더라도(헌법 제52조) 그와 같이 제출된 법률안이 법률로서 확정되기 위하여서는 반드시 국회의 의결과 대통령의 공포절차를 거쳐야 하므로, 그러한 법률안의 제출은 국가기관 상호간의 내부적인 행위에 불과하고 이로써 국민에 대하여 직접적인 법률효과를 발생시키는 것이 아니어서, 그 불행사는 헌법소원심판의 대상이 되는 공권력의 불행사에 해당되지 아니한다(헌재 2009.2.10. 2009헌마65).

ㄹ. [O] 위 조례 규정들은 모법인 지방세법 제7조 제2항이 정한 범위 안에서 과세요건과 세율을 정하고 있고, 그 구성요건이나 법적 효과에 있어서 특별한 해석의 여지도 없을 만큼 명확하며, 또한 법률이 조례로서 과세요건 등을 확정할 수 있도록 조세입법권을 부분적으로 지방자치단체에 위임한 것이 잘못된 것이라고 할 수도 없으므로, 조세법률주의나 위임입법의 한계에 위반되지 않는다(헌재 1995.10.26. 94헌마242).

ㅁ. [X] 국회의 위임 의결이 없더라도 국회의장은 국회에서 의결된 법률안의 조문이나 자구·숫자, 법률안의 체계나 형식 등의 정비가 필요한 경우 의결된 내용이나 취지를 변경하지 않는 범위 안에서 이를 정리할 수 있다고 봄이 상당하고, 이렇듯 국회의장이 국회의 위임 없이 법률안을 정리하더라도 그러한 정리가 국회에서 의결된 법률안의 실질적 내용에 변경을 초래하는 것이 아닌 한 헌법이나 국회법상의 입법절차에 위반된다고 볼 수 없다(헌재 2009.6.25. 2007헌마451).

---

15 기본권제한   정답 ②

① [O] 심판대상조항은 성별을 이유로 한 낙태를 방지함으로써 성비의 불균형을 해소하고 태아의 생명을 보호하기 위해 입법된 것으로 목적의 정당성이 인정된다. 그러나 남아선호사상이 확연히 쇠퇴하고 있고, 심판대상조항이 사문화되었음에도 불구하고 출생성비가 자연성비의 정상범위 내이므로, 심판대상조항은 더 이상 태아의 성별을 이유로 한 낙태를 방지하기 위한 목적을 달성하는 데에 적합하고 실효성 있는 수단이라고 보기 어렵고, 입법수단으로서도 현저하게 불합리하고 불공정하다. 태아의 생명 보호를 위해 국가가 개입하여 규제해야 할 단계는 성별고지가 아니라 낙태행위인데, 심판대상조항은 낙태로 나아갈 의도가 없는 부모까지 규제하여 기본권을 제한하는 과도한 입법으로 침해의 최소성에 반하고, 법익의 균형성도 상실하였다. 따라서 심판대상조항은 과잉금지원칙을 위반하여 부모가 태아의 성별 정보에 대한 접근을 방해받지 않을 권리를 침해한다(헌재 2024.2.28. 2022헌마356 등).

❷ [X] 태아는 형성 중의 인간으로서 생명을 보유하고 있으므로 국가는 태아를 위하여 각종 보호조치들을 마련해야 할 의무가 있다. 하지만 그와 같은 국가의 기본권 보호의무로부터 태아의 출생 전에, 또한 태아가 살아서 출생할 것인가와는 무관하게, 태아를 위하여 「민법」상 일반적 권리능력까지도 인정하여야 한다는 헌법적 요청이 도출되지는 않는다(헌재 2008.7.31. 2004헌바81).

③ [O] 심판대상조항이 선거운동의 자유를 감안하여 선거운동을 위한 확성장치를 허용할 공익적 필요성이 인정된다고 하더라도 정온한 생활환경이 보장되어야 할 주거지역에서 출근 또는 등교 이전 및 퇴근 또는 하교 이후 시간대에 확성장치의 최고출력 내지 소음을 제한하는 등 사용시간과 사용지역에 따른 수인한도 내에서 확성장치의 최고출력 내지 소음 규제기준에 관한 규정을 두지 아니한 것은, 국민이 건강하고 쾌적하게 생활할 수 있는 양호한 주거환경을 위하여 노력하여야 할 국가의 의무를 부과한 헌법 제35조 제3항에 비추어 보면, 적절하고 효율적인 최소한의 보호조치를 취하지 아니하여 국가의 기본권 보호의무를 과소하게 이행한 것으로서, 청구인의 건강하고 쾌적한 환경에서 생활할 권리를 침해하므로 헌법에 위반된다(헌재 2019.12.27. 2018헌마730).

④ [O] 국가가 국민의 건강하고 쾌적한 환경에서 생활할 권리를 보호할 의무를 진다고 하더라도, 국가의 기본권 보호의무를 입법자가 어떻게 실현하여야 할 것인가 하는 문제는 원칙적으로 권력분립과 민주주의의 원칙에 따라 국민에 의하여 직접 민주적 정당성을 부여받고 자신의 결정에 대하여 정치적 책임을 지는 입법자의 책임범위에 속한다. 헌법재판소는 단지 제한적으로만 입법자에 의한 보호의무의 이행을 심사할 수 있다(헌재 2020.3.26. 2017헌마1281).

16 국회의 인사청문 절차 정답 ③

① [O] 「인사청문회법」 제3조 제5항에 대한 옳은 내용이다.

> **제3조 【인사청문특별위원회】** ⑤ 인사청문특별위원회는 위원장 1인과 각 교섭단체별로 간사 1인을 호선하고 본회의에 보고한다.

② [O] 「인사청문회법」 제6조 제2항에 대한 옳은 내용이다.

> **제6조 【임명동의안등의 회부등】** ② 국회는 임명동의안등이 제출된 날부터 20일 이내에 그 심사 또는 인사청문을 마쳐야 한다.

❸ [X] 감사원장은 국회의 동의를 얻어 대통령이 임명하며, 인사청문특별위원회에서 인사청문회를 실시한다고 규정하고 있다.

> **「국회법」 제46조의3 【인사청문특별위원회】** ① 국회는 다음 각 호의 임명동의안 또는 의장이 각 교섭단체 대표의원과 협의하여 제출한 선출안 등을 심사하기 위하여 인사청문특별위원회를 둔다. 다만, 「대통령직 인수에 관한 법률」 제5조 제2항에 따라 대통령당선인이 국무총리 후보자에 대한 인사청문의 실시를 요청하는 경우에 의장은 각 교섭단체 대표의원과 협의하여 그 인사청문을 실시하기 위한 인사청문특별위원회를 둔다.
> 1. 헌법에 따라 그 임명에 국회의 동의가 필요한 대법원장·헌법재판소장·국무총리·감사원장 및 대법관에 대한 임명동의안
> 2. 헌법에 따라 국회에서 선출하는 헌법재판소 재판관 및 중앙선거관리위원회 위원에 대한 선출안

④ [O] 인사청문특별위원회에서 대법관 임명동의안을 심사한다고 규정하고 있다(「국회법」 제46조의3 제1항 제1호).

17 인간의 존엄과 가치 정답 ②

옳지 않은 것은 ㄱ, ㅁ이다.

ㄱ. [X] 수형자가 인간 생존의 기본조건이 박탈된 교정시설에 수용되어 인간의 존엄과 가치를 침해당하였는지 여부를 판단함에 있어서는 1인당 수용면적뿐만 아니라 수형자 수와 수용거실 현황 등 수용시설 전반의 운영 실태와 수용기간, 국가 예산의 문제 등 제반 사정을 종합적으로 고려할 필요가 있다. 그러나 교정시설의 1인당 수용면적이 수형자의 인간으로서의 기본 욕구에 따른 생활조차 어렵게 할 만큼 지나치게 협소하다면, 이는 그 자체로 국가형벌권 행사의 한계를 넘어 수형자의 인간의 존엄과 가치를 침해하는 것이다. 이 사건의 경우, 성인 남성인 청구인이 이 사건 방실에 수용된 기간 동안 1인당 실제 개인 사용가능면적은, 2일 16시간 동안에는 1.06㎡. 6일 5시간 동안에는 1.27㎡였다. 이러한 1인당 수용면적은 우리나라 성인 남성의 평균 신장인 사람이 팔다리를 마음껏 뻗기 어렵고, 모로 누워 '칼잠'을 자야 할 정도로 매우 협소한 것이다. 그렇다면 청구인이 이 사건 방실에 수용된 기간, 접견 및 운동으로 이 사건 방실 밖에서 보낸 시간 등 제반 사정을 참작하여 보더라도, 청구인은 이 사건 방실에서 신체적·정신적 건강이 악화되거나 인격체로서의 기본 활동에 필요한 조건을 박탈당하는

등 극심한 고통을 경험하였을 가능성이 크다. 따라서 청구인이 인간으로서 최소한의 품위를 유지할 수 없을 정도로 과밀한 공간에서 이루어진 이 사건 수용행위는 청구인의 인간으로서의 존엄과 가치를 침해한다(헌재 2016.12.29. 2013헌마142).

ㄴ. [O] 징계결정 공개조항은 전문적인 법률지식, 윤리적 소양, 공정성 및 신뢰성을 갖추어야 할 변호사가 징계를 받은 경우 국민이 이러한 사정을 쉽게 알 수 있도록 하여 변호사를 선택할 권리를 보장하고, 변호사의 윤리의식을 고취시킴으로써 법률사무에 대한 전문성, 공정성 및 신뢰성을 확보하여 국민의 기본권을 보호하며 사회정의를 실현하기 위한 것으로서 입법목적의 정당성이 인정된다. … 따라서 징계결정 공개조항은 과잉금지원칙에 위배되지 아니하므로 청구인의 인격권을 침해하지 아니한다(헌재 2018.7.26. 2016헌마1029).

ㄷ. [O] 이 사건 호송행위는 교정시설 안에서보다 높은 수준의 계호가 요구되는 호송과정에서 교정사고와 타인에 대한 위해를 예방하기 위한 것이다. 교도인력만으로 수형자를 호송한다면 많은 인력을 필요로 하고, 그것이 교정사고 예방에 효과적이라 단정할 수도 없으며, 이 사건에서 보호장비가 사용된 시간과 일반에 공개된 시간이 최소한도로 제한되었으며, 최근 그 동선이 일반에의 공개를 최소화하는 구조로 설계되는 추세에 있다. 교정사고의 예방 등을 통한 공익이 수형자가 입게 되는 자유 제한보다 훨씬 크므로, 이 사건 호송행위는 청구인의 인격권 내지 신체의 자유를 침해하지 아니한다.

ㄹ. [O] 이 사건 법률조항은 우리 사회의 중대한 공익이며 헌법 제36조 제1항으로부터 도출되는 일부일처제를 실현하기 위한 것이다. 이 사건 법률조항은 중혼을 혼인무효사유가 아니라 혼인취소사유로 정하고 있는데, 혼인 취소의 효력은 기왕에 소급하지 아니하므로 중혼이라 하더라도 법원의 취소판결이 확정되기 전까지는 유효한 법률혼으로 보호받는다. 후혼의 취소가 가혹한 결과가 발생하는 경우에는 구체적 사건에서 법원이 권리남용의 법리 등으로 해결하고 있다. 따라서 중혼 취소청구권의 소멸에 관하여 아무런 규정을 두지 않았다 하더라도, 이 사건 법률조항이 현저히 입법재량의 범위를 일탈하여 후혼배우자의 인격권 및 행복추구권을 침해하지 아니한다(헌재 2014.7.24. 2011헌바275).

ㅁ. [X] 법인도 법인의 목적과 사회적 기능에 비추어 볼 때 그 성질에 반하지 않는 범위 내에서 인격권의 한 내용인 사회적 신용이나 명예 등의 주체가 될 수 있고 법인이 이러한 사회적 신용이나 명예 유지 내지 법인격의 자유로운 발현을 위하여 의사결정이나 행동을 어떻게 할 것인지를 자율적으로 결정하는 것도 법인의 인격권의 한 내용을 이룬다고 할 것이다. 그렇다면 이 사건 심판대상조항은 방송사업자의 의사에 반한 사과행위를 강제함으로써 방송사업자의 인격권을 제한한다. 이 사건 심판대상조항은 시청자의 권익보호와 민주적 여론 형성 및 국민문화의 향상을 도모하고 방송의 발전에 이바지하기 위하여, 공정하고 객관적인 보도를 할 책무를 부담하는 방송사업자가 심의규정을 위반한 경우 방송통신위원회로 하여금 전문성과 독립성을 갖춘 방송통신심의위원회의 심의를 거쳐 '시청자에 대한 사과'를 명할 수 있도록 규정한 것이므로, 입법목적의 정당성이 인정되고, 이러한 제재수단을 통해 방송의 공적 책임을 높이는 등 입법목적에 기여하는 점을 인정할 수 있으므로 방법의 적절성도 인정된다. 그러나 심의규정을 위반한 방송사업자에게 '주의 또는 경고'만으로도 반성을 촉구하고 언론사로서의 공적 책무에 대한 인식을 제고시킬 수 있고, 위 조치만으로도 심의규정에 위반하여 '주의 또는 경고'의 제재조치를 받은 사실을 공표하게 되어 이를 다른 방송사업자나 일반 국민에게

알리게 됨으로써 여론의 왜곡 형성 등을 방지하는 한편, 해당 방송사업자에게는 해당 프로그램의 신뢰도 하락에 따른 시청률 하락 등의 불이익을 줄 수 있다. 또한, '시청자에 대한 사과'에 대하여는 '명령'이 아닌 '권고'의 형태를 취할 수도 있다. 이와 같이 기본권을 보다 덜 제한하는 다른 수단에 의하더라도 이 사건 심판대상조항이 추구하는 목적을 달성할 수 있으므로 이 사건 심판대상조항은 침해의 최소성원칙에 위배된다. 또한 이 사건 심판대상조항은 시청자 등 국민들로 하여금 방송사업자가 객관성이나 공정성 등 저버린 방송을 했다는 점을 스스로 인정한 것으로 생각하게 만듦으로써 방송에 대한 신뢰가 무엇보다 중요한 방송사업자에 대하여 그 사회적 신용이나 명예를 저하시키고 법인격의 자유로운 발현을 저해하는 것인바, 방송사업자의 인격권에 대한 제한의 정도가 이 사건 심판대상조항이 추구하는 공익에 비해 결코 작다고 할 수 없으므로 이 사건 심판대상조항은 법익의 균형성원칙에도 위배된다 (헌재 2012.8.23. 2009헌가27).

18　국회의장　정답 ①

❶ [○] 「국회법」 제37조 제2항에 대한 옳은 내용이다.

> 제37조 【상임위원회와 그 소관】 ② 의장은 어느 상임위원회에도 속하지 아니하는 사항은 국회운영위원회와 협의하여 소관 상임위원회를 정한다.

② [✗] 부의장은 당적을 가질 수 있다.

> 「국회법」 제20조의2 【의장의 당적 보유 금지】 ① 의원이 의장으로 당선된 때에는 당선된 다음 날부터 의장으로 재직하는 동안은 당적(黨籍)을 가질 수 없다. 다만, 국회의원 총선거에서 「공직선거법」 제47조에 따른 정당추천후보자로 추천을 받으려는 경우에는 의원 임기만료일 90일 전부터 당적을 가질 수 있다.

③ [✗] 의장은 위원회에 출석하여 발언할 수 있으나, 표결에 참가할 수 없다.

> 「국회법」 제10조 【의장의 직무】 의장은 국회를 대표하고 의사를 정리하며, 질서를 유지하고 사무를 감독한다.
> 제11조 【의장의 위원회 출석과 발언】 의장은 위원회에 출석하여 발언할 수 있다. 다만, 표결에는 참가할 수 없다.

④ [✗] 의장이 심신상실 등 부득이한 사유로 의사표시를 할 수 없게 되어 직무대리자를 지정할 수 없는 때에는 나이가 많은 부의장의 순이 아니라 소속 의원수가 많은 교섭단체 소속 부의장 순으로 의장의 직무를 대행한다.

> 「국회법」 제12조 【부의장의 의장 직무대리】 ② 의장이 심신상실 등 부득이한 사유로 의사표시를 할 수 없게 되어 직무대리자를 지정할 수 없을 때에는 소속 의원 수가 많은 교섭단체 소속 부의장의 순으로 의장의 직무를 대행한다.

19　평등권　정답 ②

평등권 또는 평등원칙 위반인 것은 ㄱ, ㄷ, ㅁ이다.

ㄱ. [위반 ○] 심판대상조항이 원판결의 근거가 된 가중처벌규정에 대하여 헌법재판소의 위헌결정이 있었음을 이유로 개시된 재심절차에서, 공소장 변경을 통해 위헌결정된 가중처벌규정보다 법정형이 가벼운 처벌규정으로 적용법조가 변경되어 피고인이 무죄재판을 받지는 않았으나 원판결보다 가벼운 형으로 유죄판결이 확정된 경우, 재심판결에서 선고된 형을 초과하여 집행된 구금에 대하여 보상요건을 전혀 규정하지 아니한 것은 현저히 자의적인 차별로서 평등원칙을 위반하여 청구인들의 평등권을 침해하므로 헌법에 위반된다(헌재 2022.2.24. 2018헌마998).

ㄴ. [위반 ✗] 국채에 대한 소멸시효를 5년 단기로 규정하여 민사 일반채권자나 회사채 채권자에 비하여 국채 채권자를 차별 취급한 것에는 합리적인 사유가 존재하므로 헌법상 평등원칙에 위반되지 않는다고 보았다.

> [1] 국채가 발행되는 공공자금관리기금의 운용계획수립 및 집행에 있어서 채권·채무관계를 조기에 확정하고 예산수립의 불안정성을 제거하여 공공자금관리기금을 합리적으로 운용하기 위하여 단기소멸시효를 둘 필요성이 크고, 국채는 일반기업 및 개인의 채무 보다 채무이행에 대한 신용도가 매우 높아서 채권자가 용이하게 채권을 행사할 수 있으므로 오랫동안 권리행사를 하지 않은 채권자까지 보호할 필요성이 그리 크지 않으며, 공공기관 기록물 중 예산·회계관련 기록물들의 보존기간이 5년으로 정해져 있어서 소멸시효기간을 이보다 더 장기로 정하는 것은 적절하지 않을 뿐만 아니라, 상사채권뿐만 아니라, 국가 또는 지방자치단체에 대한 채권, 연금법상 채권, 공기업이 발행하는 채권 등이 모두 5년의 소멸시효 기간을 규정하고 있는 점을 종합하건대, 이 사건 법률조항이 국채에 대한 소멸시효를 5년 단기로 규정하여 민사 일반채권자나 회사채 채권자에 비하여 국채 채권자를 차별 취급한 것은 합리적인 사유가 존재하므로 헌법상 평등원칙에 위배되지 아니한다.
> [2] 이 사건 법률조항이 국채에 대하여 5년의 소멸시효를 정한 것은 국가의 채권·채무관계를 조기에 확정하여 재정을 합리적으로 운용하기위한 합리적인 이유가 있고, 5년의 단기시효기간이 채권자의 재산권을 본질적으로 침해할 정도로 지나치게 짧고 불합리하다고 할 수 없으므로 헌법 제23조 제1항의 재산권보장 규정에 위반된다고 볼 수 없다(헌재 2010.4.29. 2009헌바120).

ㄷ. [위반 ○] 이 사건 중복지원금지 조항은 고등학교 진학 기회에 있어서의 평등이 문제된다. 비록 고등학교 교육이 의무교육은 아니지만 매우 보편화된 일반교육임을 고려할 때 고등학교 진학 기회의 제한은 당사자에게 미치는 제한의 효과가 커 엄격히 심사하여야 하므로 차별 목적과 차별 정도가 비례원칙을 준수하는지 살펴야 한다. 자사고를 지원하는 학생과 일반고를 지원하는 학생은 모두 전기학교에 지원하지 않았거나, 전기학교에 불합격한 학생들로서 고등학교에 진학하기 위해서는 후기 입학전형 1번의 기회만 남아있다는 점에서 같다.
시·도별로 차이는 있을 수 있으나 대체로 평준화지역 후기학교의 입학전형은 중학교 학교생활기록부를 기준으로 매긴 순위가 평준화지역 후기학교의 총 정원 내에 들면 평준화지역 후기학교 배정이 보장된다. 반면 자사고에 지원하였다가 불합격한 평준화지역 소재 학생들은 이 사건 중복지원금지 조항으로 인하여 원칙적으로 평준화지역 일반고에 지원할 기회가 없고, 지역별 해당 교육감의 재량에 따라 배정·추가배정 여부가 달라진다. 이에 따라 일부 지역의 경우 평준화지역 자사고 불합격자들에 대하여 일반고 배정절차를 마련하지 아니하여 자신의 학교군에서 일반고에 진학할 수 없고, 통학이 힘든 먼 거리의 비평준화지역의 학교에 진학하거나 학교의 장이 입학전형을 실시하는 고등학교에 정원미달이 발생할 경우 추가선발에 지원하여야 하고 그조차 곤란한 경우 고등학교 재수를 하여야 하는 등 고등학교 진학 자체가 불투명하게 되기도 한다. 고등학교 교육의 의미, 현재 우리나라의 고등학교 진학률에 비추어 자사고에 지원하였었다는 이유로 이러한 불이익을 주는 것이 적절한 조치인지 의문이 아닐 수 없다. 자사고와 평준화지역 후기학교의 입학전형 실시권자가 달라 자사고 불합격자에 대한 평준화지역 후기학교 배정에 어려움이 있다면 이를 해결할 다른 제도를 마련하였어야 함에도, 이 사건 중복지원금지 조항은 중복지원금지 원칙만을 규정하고 자사고 불합격자에 대하여 아무런 고등학교 진학 대책을 마련하지 않았다. 결국 이 사건 중복지원금지 조항은 고등학교 진학 기회에 있어서 자사고 지원자들에 대한 차별을 정당화할 수 있을 정도로 차별 목적과 차별 정도간에 비례성을 갖춘 것이라고 볼 수 없다(헌재 2019.4.11. 2018헌마221).

ㄹ. **[위반 ✕]** 학교폭력에 대해 가해학생에게 내려진 조치는 피해학생에게도 중대한 영향을 미치는데, 가해학생은 자신에 대한 모든 조치에 대해 당사자로서 소송을 제기할 수 있지만, 피해학생은 그 조치의 당사자가 아니므로 결과에 불만이 있더라도 소송을 통한 권리 구제를 도모할 수 없다. 따라서 가해학생에 대한 모든 조치에 대해 피해학생 측에는 재심을 허용하면서, 소송으로 다툴 수 있는 가해학생 측에는 퇴학과 전학의 경우에만 재심을 허용하고 나머지 조치에 대해서는 재심을 허용하지 않더라도 가해학생과 그 보호자의 평등권을 침해한다고 볼 수 없다(헌재 2013.10.24. 2012헌마832).

ㅁ. **[위반 ○]** 이 사건 법률조항 부분은 주민등록만을 요건으로 주민투표권의 행사 여부가 결정되도록 함으로써 '주민등록을 할 수 없는 국내거주 재외국민'을 '주민등록이 된 국민인 주민'에 비해 차별하고 있고, 나아가 '주민투표권이 인정되는 외국인'과의 관계에서도 차별을 행하고 있는바, 그와 같은 차별에 아무런 합리적 근거도 인정될 수 없으므로 국내거주 재외국민의 헌법상 기본권인 평등권을 침해하는 것으로 위헌이다(헌재 2007.6.28. 2004헌마643).

20 법원 　　　　　정답 ③

① **[✕]** 가부동수일 때에는 의장이 결정권을 갖는다.

> 「법원조직법」 제16조 **【대법관회의 구성과 의결방법】** ② 대법관회의는 대법관 전원의 3분의 2 이상의 출석과 출석인원 과반수의 찬성으로 의결한다.
> ③ 의장은 의결에서 표결권을 가지며, 가부동수(可否同數)일 때에는 결정권을 가진다.

② **[✕]** 대법원은 '법률'에 저촉되지 아니하는 범위 안에서 소송에 관한 절차, 법원의 내부규율과 사무처리에 관한 규칙을 제정할 수 있다(헌법 제108조).

❸ **[○]** 명령·규칙이 헌법 또는 법률에 위반된다고 인정하는 경우에 대법원의 심판권은 대법관 전원의 3분의 2 이상의 합의체에서 행사한다.

> 「법원조직법」 제7조 **【심판권의 행사】** ① 대법원의 심판권은 대법관 전원의 3분의 2 이상의 합의체에서 행사하며, 대법원장이 재판장이 된다. 다만, 대법관 3명 이상으로 구성된 부(部)에서 먼저 사건을 심리(審理)하여 의견이 일치한 경우에 한정하여 다음 각 호의 경우를 제외하고 그 부에서 재판할 수 있다.
> 1. 명령 또는 규칙이 헌법에 위반된다고 인정하는 경우
> 2. 명령 또는 규칙이 법률에 위반된다고 인정하는 경우
> 3. 종전에 대법원에서 판시(判示)한 헌법·법률·명령 또는 규칙의 해석 적용에 관한 의견을 변경할 필요가 있다고 인정하는 경우
> 4. 부에서 재판하는 것이 적당하지 아니하다고 인정하는 경우

④ **[✕]** 법관에 대한 징계처분에는 정직·감봉·견책의 세 종류가 있다.

> 「법관징계법」 제3조 **【징계처분의 종류】** ① 법관에 대한 징계처분은 정직·감봉·견책의 세 종류로 한다.
> 제27조 **【불복절차】** ① 피청구인이 징계 등 처분에 대하여 불복하려는 경우에는 징계 등 처분이 있음을 안 날부터 14일 이내에 전심(前審) 절차를 거치지 아니하고 대법원에 징계 등 처분의 취소를 청구하여야 한다.
> ② 대법원은 제1항의 취소청구사건을 단심(單審)으로 재판한다.

21 인격권 　　　　　정답 ④

① **[○]** 심판대상조항으로 인하여 흡연자는 일정한 공간에서 흡연을 할 수 없게 되는 불이익을 입지만, 일반적으로 타인의 흡연으로 인한 간접흡연을 원치 않는 사람을 보호하여야 할 필요성은 흡연자의 자유로운 흡연을 보장할 필요성보다 더 크다고 할 수 있다. 심판대상조항은 과잉금지원칙에 반하여 흡연자의 일반적 행동자유권을 침해한다고 볼 수 없다(헌재 2024.4.25. 2022헌바163).

② **[○]** 헌법 제10조로부터 도출되는 일반적 인격권에는 개인의 명예에 관한 권리도 포함되는바, 이 사건 법률조항에 근거하여 반민규명위원회의 조사대상자 선정 및 친일반민족행위결정이 이루어지면(이에 관하여 작성된 조사보고서 및 편찬된 사료는 일반에 공개된다), 조사대상자의 사회적 평가가 침해되어 헌법 제10조에서 유래하는 일반적 인격권이 제한받는다고 할 수 있다. 다만, 이 사건 결정의 조사대상자를 비롯하여 대부분의 조사대상자는 이미 사망하였을 것이 분명하나, 조사대상자가 사자(死者)의 경우에도 인격적 가치에 대한 중대한 왜곡으로부터 보호되어야 하고, 사자(死者)에 대한 사회적 명예와 평가의 훼손은 사자(死者)와의 관계를 통하여 스스로의 인격상을 형성하고 명예를 지켜온 그들의 후손의 인격권, 즉 유족의 명예 또는 유족의 사자(死者)에 대한 경애추모의 정을 제한하는 것이다(헌재 2010.10.28. 2007헌가23).

③ [O] 민사법정 내 보호장비 사용행위는 법정에서 계호업무를 수행하는 교도관으로 하여금 수용자가 도주 등 돌발행동으로 교정사고를 일으키고 법정질서를 문란하게 할 우려가 있는 때에 교정사고를 예방하고 법정질서 유지에 협력하기 위하여 수용자에게 수갑, 포승을 사용할 수 있도록 한 것으로, 「형의 집행 및 수용자의 처우에 관한 법률」 제97조 제1항, 제98조, 같은 법 시행령 제120조 제2항, 같은 법 시행규칙 제172조 제1항, 제179조 제1항, 제180조 등에 근거를 두고 있으므로, 법률유보원칙에 위반되어 청구인의 인격권과 신체의 자유를 침해하지 아니한다(헌재 2018.6.28. 2017헌마181).

❹ [×] 이 사건 국가항공보안계획은, 이미 출국 수속 과정에서 일반적인 보안검색을 마친 승객을 상대로, 촉수검색(patdown)과 같은 추가적인 보안 검색 실시를 예정하고 있으므로 이로 인한 인격권 및 신체의 자유 침해 여부가 문제된다. 이 사건 국가항공보안계획은 민간항공 보안에 관한 국제협약의 준수 및 항공기 안전과 보안을 위한 것으로 입법목적의 정당성 및 수단의 적합성이 인정되고, 항공운송사업자가 다른 체약국의 추가 보안검색 요구에 응하지 않을 경우 항공기의 취항 자체가 거부될 수 있으므로 이 사건 국가항공보안계획에 따른 추가 보안검색 실시는 불가피하며, 관련 법령에서 보안검색의 구체적 기준 및 방법 등을 마련하여 기본권 침해를 최소화하고 있으므로 침해의 최소성도 인정된다. … 따라서 이 사건 국제항공보안계획은 헌법상 과잉금지원칙에 위반되지 않으므로, 청구인의 기본권을 침해하지 아니한다(헌재 2018.2.22. 2016헌마780).

---

22 생명권 정답 ②

① [×] 낙태죄 조항은 임신한 여성의 자기결정권을 제한한다. 이러한 임부의 자기결정권은 태아의 생명권과 일응 대립관계에 있으나 직접적인 충돌을 해결해야 하는 사안은 아니다(헌재 2019.4.11. 2017헌바127).

❷ [O] 생명의 전체적 과정에 대해 법질서가 언제나 동일한 법적 보호 내지 효과를 부여하고 있는 것은 아니다. 따라서 국가가 생명을 보호하는 입법적 조치를 취함에 있어 인간생명의 발달단계에 따라 그 보호정도나 보호수단을 달리하는 것은 불가능하지 않다(헌재 2019.4.11. 2017헌바127).

③ [×] 낙태죄 사건은 단순위헌의견 3인, 헌법불합치의견이 4인이었으며, 헌법재판소의 법정의견은 헌법불합치결정이다.

> 자기낙태죄 조항과 의사낙태죄 조항에 대하여 각각 단순위헌 결정을 할 경우, 임신 기간 전체에 걸쳐 행해진 모든 낙태를 처벌할 수 없게 됨으로써 용인하기 어려운 법적 공백이 생기게 된다. 더욱이 입법자는 결정가능기간을 어떻게 정하고 결정가능기간의 종기를 언제까지로 할 것인지, 결정가능기간 중 일정한 시기까지는 사회적·경제적 사유에 대한 확인을 요구하지 않을 것인지 여부까지를 포함하여 결정가능기간과 사회적·경제적 사유를 구체적으로 어떻게 조합할 것인지, 상담요건이나 숙려기간 등과 같은 일정한 절차적 요건을 추가할 것인지 여부 등에 관하여 앞서 헌법재판소가 설시한 한계 내에서 입법재량을 가진다. 따라서 자기낙태죄조항과 의사낙태죄 조항에 대하여 단순위헌 결정을 하는 대신 각각 헌법불합치 결정을 선고하되, 다만 입법자의 개선입법이 이루어질

때까지 계속적용을 명함이 타당하다(헌재 2019.4.11. 2017헌바127).

④ [×] 헌법은 절대적 기본권을 명문으로 인정하고 있지 아니하며, 헌법 제37조 제2항에서는 국민의 모든 자유와 권리는 국가안전보장·질서유지 또는 공공복리를 위하여 필요한 경우에 한하여 법률로써 제한할 수 있도록 규정하고 있어, 비록 생명이 이념적으로 절대적 가치를 지닌 것이라 하더라도 생명에 대한 법적 평가가 예외적으로 허용될 수 있다고 할 것이므로, 생명권 역시 헌법 제37조 제2항에 의한 일반적 법률유보의 대상이 될 수밖에 없다. 나아가 생명권의 경우, 다른 일반적인 기본권 제한의 구조와는 달리, 생명의 일부 박탈이라는 것을 상정할 수 없기 때문에 생명에 대한 제한은 필연적으로 생명권의 완전한 박탈을 의미하게 되는바, 위와 같이 생명권의 제한이 정당화될 수 있는 예외적인 경우에는 생명권의 박탈이 초래된다 하더라도 곧바로 기본권의 본질적인 내용을 침해하는 것이라 볼 수는 없다(헌재 2010.2.25. 2008헌가23).

---

23 평등권 정답 ③

① [O] 보호구역은 문화재가 외부환경과의 직접적인 접촉으로 인하여 훼손되지 않도록 하는 데 목적이 있는 반면, 역사문화환경 보존지역은 문화재 주변 경관을 저해하는 이질적 요소들로 인해 문화재의 가치가 하락하지 않도록 하는 데 목적이 있으므로, 양자는 그 취지와 목적을 달리한다. 보호구역에 있는 부동산의 경우 문화재의 보존에 영향을 미칠 우려가 있는지 여부와 무관하게 대부분의 현상 변경 행위에 대하여 허가가 필요하다. 반면, 역사문화환경 보존지역에 있는 부동산의 경우 건설공사의 시행이 지정문화재의 보존에 영향을 미칠 우려가 있는지 여부를 사전에 검토하여 그러한 우려가 있는 경우에만 허가를 받도록 하고 있고, 미리 고시된 행위기준의 범위 안에서 행하여지는 건설공사에 대하여는 위 검토 절차도 생략되므로, 보호구역에 있는 부동산과 비교하여 건설공사의 시행이 더 자유롭게 이루어질 수 있다. 이처럼 보호구역에 있는 부동산과 역사문화환경 보존지역에 있는 부동산은 그 재산권 행사 제한의 정도에 있어서 상당한 차이가 있다. 이상과 같은 점들을 종합하면, 심판대상조항이 보호구역에 있는 부동산을 재산세 경감 대상으로 규정하면서 역사문화환경 보존지역에 있는 부동산을 재산세 경감 대상으로 규정하지 않은 것이 입법재량을 벗어난 합리적 이유 없는 차별에 해당한다고 볼 수 없으므로, 심판대상조항은 조세평등주의에 위배되지 않는다(헌재 2024.1.25. 2020헌바479).

② [O] 공무원에게 인정되는 신분보장의 정도, 질병휴직 후 직무복귀의 가능성, 공무상 병가 및 공무상 질병휴직기간 동안 지급받는 보수의 수준, 퇴직연금 내지 퇴직일시금 제도에 의한 생계보장 면에서 공무원이 일반 근로자에 비해 대체로 유리하다는 점을 고려하면, 심판대상조항이 휴업급여 내지 상병보상연금이라는 급여를 별도로 규정하지 않았다 하여 공무원의 업무상 재해보상에 관하여 합리적인 이유 없이 일반 근로자와 달리 취급하고 있다고 볼 수 없다. 따라서 심판대상조항은 청구인의 평등권을 침해하지 아니한다(헌재 2024.2.28. 2020헌마1587).

❸ [×] 코로나19로 인하여 경제적 타격을 입었다는 점에 있어서는 영주권자, 결혼이민자, 난민인정자간에 차이가 있을 수 없으므로 그 회복을 위한 지원금 수급 대상이 될 자격에 있어서 역시 이들 사이에 차이가 발생한다고 볼 수 없다. 또한, '영주권자 및 결혼이민자'는 한국에서 영주하거나 장기 거주할 목적으로 합법적으로 체류하고 있고, '난민인정자' 역시 강제송환금지의무에 따라 우리나라의 보호를 받고 우리나라에 합법적으로 체류하면서 취업활동에 제한을 받지 않는다는 점에서 영주권자 및 결혼이민자와 차이가 있다고 보기 어렵다. '재한외국인 처우 기본법'은 재한외국인 중에서도 '결혼이민자', '영주권자', '난민인정자'를 그 각각의 법적 지위가 상이함에도 불구하고 동일하게 지원하는 내용의 규정을 두고 있다. 그렇다면 이 사건 처리기준이 긴급재난지원금 지급 대상에 외국인 중에서도 '영주권자 및 결혼이민자'를 포함시키면서 '난민인정자'를 제외한 것은 합리적 이유 없는 차별이라 할 것이므로, 이 사건 처리기준은 청구인의 평등권을 침해한다(헌재 2024.3.28. 2020헌마1079).

④ [○] 이 사건 「형법」 조항은 재물의 소유권 등을 보호하기 위한 재산범죄인바, 타인의 재물을 보관하는 자가 자기의 이익을 위하여 횡령행위를 하는 '자기 영득'과 제3자의 이익을 위하여 횡령행위를 하는 '제3자 영득'은 모두 타인의 재물에 대한 소유권 등을 침해한다는 점에서 죄질과 보호법익이 동일하다. 따라서 이를 동일한 법정형으로 처벌하더라도 합리적 이유 없는 차별로서 평등원칙에 위배된다고 할 수 없다(헌재 2024.4.25. 2021헌바21).

24 재판청구권 정답 ①

❶ [×] 최초변론기일 불출석시 소취하 의제라는 수단은 원고의 적극적 소송수행을 유도하므로 입법목적의 달성에 효과적이고 적절한 것이고, 원고가 최초의 변론기일에만 출석한다면 그 이후의 불출석으로 인하여 다른 사건에 비하여 특별히 불리한 처우를 받게 되지 않으므로 재판청구권에 대한 과도한 제한이라고 할 수 없다(헌재 2005.3.31. 2003헌바92).

② [○] 행정심판을 전심절차가 아니라 종심절차로 규정함으로써 정식재판의 기회를 배제하거나 어떤 행정심판을 필요적 전심절차로 규정하면서도 그 절차에 사법절차가 준용되지 않는다면 이는 헌법 제107조 제3항, 나아가 재판청구권을 보장하고 있는 헌법 제27조에도 위반된다고 할 것이다(헌재 2001.6.28. 2000헌바30).

③ [○] 이 사건 영장절차 조항은 채취대상자에게 디엔에이감식시료채취 영장 발부 과정에서 자신의 의견을 진술할 수 있는 기회를 절차적으로 보장하고 있지 않을 뿐만 아니라, 발부 후 그 영장 발부에 대하여 불복할 수 있는 기회를 주거나 채취행위의 위법성 확인을 청구할 수 있도록 하는 구제절차마저 마련하고 있지 않다. 위와 같은 입법상의 불비가 있는 이 사건 영장절차 조항은 채취대상자인 청구인들의 재판청구권을 과도하게 제한하므로, 침해의 최소성 원칙에 위반된다. … 따라서 이 사건 영장절차 조항은 과잉금지원칙을 위반하여 청구인들의 재판청구권을 침해한다(헌재 2018.8.30. 2016헌마344 등).

④ [○] 특수임무수행자보상심의위원회는 위원 구성에 제3자성과 독립성이 보장되어 있고, 보상금 등 지급 심의절차의 공정성과 신중성이 갖추어져 있다. 특수임무수행자는 보상금 등 지급결정에 동의할 것인지 여부를 자유롭게 선택할 수 있으며, 보상금 등을 지급받을 경우 향후 재판상 청구를 할 수 없음을 명확히 고지받고 있다. 보상금 중 기본공로금은 채용·입대경위, 교육훈련여건, 특수임무종결일 이후의 처리사항 등을 고려하여 위원회가 정한 금액으로 지급되는데, 위원회는 음성적 모집 여부, 기본권 미보장 여부, 인권유린, 종결 후 사후관리 미흡 등을 참작하여 구체적인 액수를 정하므로, 여기에는 특수임무 교육훈련에 관한 정신적 손해 배상 또는 보상에 해당하는 금원이 포함된다. 특수임무수행자는 보상금 등 산정과정에서 국가 행위의 불법성이나 구체적인 손해 항목 등을 주장·입증할 필요가 없고 특수임무수행자의 과실이 반영되지도 않으며, 국가배상청구에 상당한 시간과 비용이 소요되는 데 반해 보상금 등 지급결정은 비교적 간이·신속한 점까지 고려하면, 특수임무수행자 보상에 관한 법령이 정한 보상금등을 지급받는 것이 국가배상을 받는 것에 비해 일률적으로 과소 보상된다고 할 수도 없다. 따라서 심판대상조항이 과잉금지원칙을 위반하여 국가배상청구권 또는 재판청구권을 침해한다고 보기 어렵다(헌재 2021.9.30. 2019헌가28).

25 헌법소원심판 정답 ③

① [×] 선거관리위원회법 제14조의2의 '경고'는 선거법 위반행위에 대한 제재적 조치의 하나로서 법률에 규정된 것이므로 피경고자는 이러한 경고를 준수하여야 할 의무가 있고, 피경고자가 경고를 불이행하는 경우 선거관리위원회 위원·직원에 의하여 관할 수사기관에 수사의뢰 또는 고발될 수 있으므로(위 조항 후문), 위 '경고'가 청구인의 법적 지위에 영향을 주지 않는다고는 할 수 없다(헌재 2008.1.17. 2007헌마700).

② [×] 교도소 수형자에게 소변을 받아 제출하게 한 것은, 형을 집행하는 우월적인 지위에서 외부와 격리된 채 형의 집행에 관한 지시, 명령을 복종하여야 할 관계에 있는 자에게 행해진 것으로서 그 목적 또한 교도소 내의 안전과 질서유지를 위하여 실시하였고, 일방적으로 강제하는 측면이 존재하며, 응하지 않을 경우 직접적인 징벌 등의 제재는 없다고 하여도 불리한 처우를 받을 수 있다는 심리적 압박이 존재하리라는 것을 충분히 예상할 수 있는 점에 비추어, 권력적 사실행위로서 헌법재판소법 제68조 제1항의 공권력의 행사에 해당한다(헌재 2006.7.27. 2005헌마277).

❸ [○] 이 사건 사실조회행위의 근거조항인 이 사건 사실조회조항은 수사기관에 공사단체 등에 대한 사실조회의 권한을 부여하고 있을 뿐이고, 국민건강보험공단은 서울용산경찰서장의 사실조회에 응하거나 협조하여야 할 의무를 부담하지 않는다. 따라서 이 사건 사실조회행위만으로는 청구인들의 법적 지위에 어떠한 영향을 미친다고 보기 어렵고, 국민건강보험공단의 자발적인 협조가 있어야만 비로소 청구인들의 개인정보자기결정권이 제한된다. 그러므로 이 사건 사실조회행위는 공권력 행사성이 인정되지 않는다(헌재 2018.8.30. 2014헌마368).

④ [×] 수사기관이 촬영에 협조하지 않는 이상 기자들이 수사관서 내에서 피의자의 조사장면을 촬영하는 것은 불가능하고, 수사기관이 피의자 개인보다 훨씬 더 우월적 지위에 있어 취재 및 촬영과정에서 사실상 피의자의 의사가 반영되기 어렵다. 피청구인이 청구인의 의사에 관계없이 언론사의 취재 요청에 응하여 청구인의 모습을 촬영할 수 있도록 허용한 이상, 이미 청구인으로서는 수갑을 차고 얼굴을 드러낸 상태에서 조사받는 모습을 언론사에 공개당하는 불이익을 입게 된 것이다. 결국 심판대상 행위들은 권력적 사실행위로서 헌법소원심판청구의 대상이 되는 공권력의 행사에 해당한다(헌재 2014.3.27. 2012헌마652).

▶ 정답   p.24

01	③	Ⅱ	06	④	Ⅱ	11	①	Ⅲ	16	④	Ⅰ	21	①	Ⅲ
02	④	Ⅲ	07	④	Ⅲ	12	②	Ⅱ	17	②	Ⅱ	22	④	Ⅳ
03	④	Ⅱ	08	③	Ⅱ	13	④	Ⅳ	18	①	Ⅳ	23	④	Ⅱ
04	④	Ⅲ	09	④	Ⅳ	14	③	Ⅱ	19	①	Ⅱ	24	④	Ⅲ
05	④	Ⅰ	10	②	Ⅲ	15	①	Ⅰ	20	④	Ⅱ	25	①	Ⅲ

▶ 취약 단원 분석표

단원	맞힌 답의 개수
Ⅰ	/ 3
Ⅱ	/ 9
Ⅲ	/ 9
Ⅳ	/ 4
TOTAL	/ 25

Ⅰ 헌법총론 / Ⅱ 기본권론 / Ⅲ 통치구조론 / Ⅳ 헌법재판론

01   신체의 자유   정답 ③

① [○] 심판대상조항은 강제퇴거대상자를 대한민국 밖으로 송환할 수 있을 때까지 보호시설에 인치·수용하여 강제퇴거명령을 효율적으로 집행할 수 있도록 함으로써 외국인의 출입국과 체류를 적절하게 통제하고 조정하여 국가의 안전과 질서를 도모하고자 하는 것으로, 입법목적의 정당성과 수단의 적합성은 인정된다. 그러나 보호기간의 상한을 두지 아니함으로써 강제퇴거대상자를 무기한 보호하는 것을 가능하게 하는 것은 보호의 일시적·잠정적 강제조치로서의 한계를 벗어나는 것이라는 점, 보호기간의 상한을 법에 명시함으로써 보호기간의 비합리적인 장기화 내지 불확실성에서 야기되는 피해를 방지할 수 있어야 하는데, 단지 강제퇴거명령의 효율적 집행이라는 행정목적 때문에 기간의 제한이 없는 보호를 가능하게 하는 것은 행정의 편의성과 획일성만을 강조한 것으로 피보호자의 신체의 자유를 과도하게 제한하는 것인 점, … 등을 고려하면, 심판대상조항은 침해의 최소성과 법익균형성을 충족하지 못한다. 따라서 심판대상조항은 과잉금지원칙을 위반하여 피보호자의 신체의 자유를 침해한다(헌재 2023.3.23. 2020헌가1 등).

② [○] 헌법 제12조 제3항에 대한 옳은 내용이다.

> **제12조** ③ 체포·구속·압수 또는 수색을 할 때에는 적법한 절차에 따라 검사의 신청에 의하여 법관이 발부한 영장을 제시하여야 한다. 다만, 현행범인인 경우와 장기 3년 이상의 형에 해당하는 죄를 범하고 도피 또는 증거인멸의 염려가 있을 때에는 사후에 영장을 청구할 수 있다.

❸ [×] 치료감호기간 조항은 정신성적 장애인이 치료감호시설에 수용될 수 있는 기간의 상한을 정함으로써 치료의 필요성 및 재범의 위험성에 따라 탄력적으로 치료감호를 집행하는 동시에, 정신성적 장애인의 기본권이 과도하게 제한되는 것을 방지하기 위한 것이다. 정신성적 장애는 그 증상이나 정도, 치료의 방법 등에 따라 치료의 종료 시기가 달라질 수 있으므로 이를 일률적으로 예측하기 어렵고, 그에 따른 재범의 위험성 소멸시기를 예측하는 것도 어려우므로 정신성적 장애인에 대한 치료감호는 그 본질상 집행단계에서 기간을 확정할 수밖에 없다. … 따라서 치료감호기간 조항은 과잉금지원칙을 위반하여 청구인의 신체의 자유를 침해하지 않는다(헌재 2017.4.27. 2016헌바452).

④ [○] 진술거부권은 형사절차에서만 보장되는 것은 아니고 행정절차이거나 국회에서의 질문 등 어디에서나 그 진술이 자기에게 형사상 불리한 경우에는 묵비권을 가지고 이를 강요받지 아니할 국민의 기본권으로 보장된다(헌재 1990.8.27. 89헌가118).

02   변호인의 조력을 받을 권리   정답 ④

① [○] 이 사건 변호인 접견신청 거부는 현행법상 아무런 법률상 근거가 없이 청구인의 변호인의 조력을 받을 권리를 제한한 것이므로, 청구인의 변호인의 조력을 받을 권리를 침해한 것이다. 또한 청구인에게 변호인 접견신청을 허용한다고 하여 국가안전보장, 질서유지, 공공복리에 어떠한 장애가 생긴다고 보기는 어렵고, 필요한 최소한의 범위 내에서 접견 장소 등을 제한하는 방법을 취한다면 국가안전보장이나 환승구역의 질서유지 등에 별다른 지장을 주지 않으면서도 청구인의 변호인 접견권을 제대로 보장할 수 있다. 따라서 이 사건 변호인 접견신청 거부는 국가안전보장이나 질서유지, 공공복리를 위해 필요한 기본권 제한 조치로 볼 수도 없다(헌재 2018.5.31. 2014헌마346).

② [○] 헌법은 명문으로 '70세 이상인 불구속 피의자에 대하여 피의자신문을 할 때 법률구조제도에 대한 안내 등을 통해 피의자가 변호인의 조력을 받을 권리를 행사하도록 조치할 작위의무'를 규정하고 있지 아니하다. 한편, 변호인이 피의자의 조력자로서의 역할을 수행할 수 있도록 하기 위한 절차적 권리 등은 구체적 입법형성을 통해 비로소 부여되므로, 헌법 해석상 변호인의 조력을 받을 권리로부터 위와 같은 법무부장관의 작위의무가 곧바로 도출된다고 볼 수도 없다. 위와 같은 법무부장관의 작위의무가 법률구조법, 형사소송법 등 관련 법령에 구체적으로 규정되어 있지도 아니하다. 따라서 이 사건 행정부작위에 대한 심판청구는 헌법소원의 대상이 될 수 없는 공권력의 불행사에 대한 것으로서 부적법하다(헌재 2023.2.23. 2020헌마1030).

③ [○] 법원이 검사의 열람·등사 거부처분에 정당한 사유가 없다고 판단하고 그러한 거부처분이 피고인의 헌법상 기본권을 침해한다는 취지에서 수사서류의 열람·등사를 허용하도록 명한 이상, 법치국가와 권력분립의 원칙상 검사로서는 당연히 법원

의 그러한 결정에 지체 없이 따라야 하며, 이는 별건으로 공소
제기되어 확정된 관련 형사사건 기록에 관한 경우에도 마찬가
지이다. 그렇다면 피청구인의 이 사건 거부행위는 청구인의 신
속·공정한 재판을 받을 권리 및 변호인의 조력을 받을 권리를
침해한다(헌재 2022.6.30. 2019헌마356).

❹ [X] 이 사건 서신개봉행위는 교정사고를 미연에 방지하고 교정시
설의 안전과 질서 유지를 위한 것이다. 수용자에게 변호인이
보낸 형사소송관련 서신이라는 이유만으로 금지물품 확인 과
정 없이 서신이 무분별하게 교정시설 내에 들어오게 된다면,
이를 악용하여 마약·담배 등 금지물품의 반입 등이 이루어질
가능성을 배제하기 어렵다. … 이 사건 서신개봉행위와 같이
금지물품이 들어 있는지를 확인하기 위하여 서신을 개봉하는
것만으로는 미결수용자와 같은 지위에 있는 수형자가 변호인
의 조력을 받을 권리를 침해하지 아니한다(헌재 2021.10.28.
2019헌마973).

03 집회의 자유 정답 ④

① [O] 집회의 자유는 개인의 사회생활과 여론형성 및 민주정치의 토
대를 이루고 소수자의 집단적 의사표현을 가능하게 하는 중요
한 기본권이기 때문에 단순히 위법행위의 개연성이 있다는 예
상만으로 집회의 자유를 제한할 수는 없는 것이다(헌재 2009.
9.24. 2008헌가25).

② [O] 심판대상조항의 옥외집회·시위에 대한 사전신고는 집회·시위
가 공공질서에 주는 영향력을 예측하는 자료가 되는데, 미신고
옥외집회·시위의 경우 행정관청으로서는 해당 옥외집회·시위
가 공공질서에 미치는 영향을 예측하기 어렵고, 이 경우 사전에
옥외집회·시위의 개최로 인한 관련 이익의 조정이 불가능하게
되어 신고제의 행정목적을 직접 침해하고, 공공의 안녕질서에
위험을 초래할 개연성이 높으므로, 이에 대하여 행정제재가 아
닌 형사처벌을 통하여 엄정한 책임을 묻겠다는 입법자의 결단
이 부당하다고 볼 수 없다(헌재 2014.1.28. 2011헌바174).

③ [O] 집회의 자유는 다수인이 집단적 형태로 의사를 표현하는 것이므
로 공공의 질서 내지 법적 평화와 마찰을 일으킬 가능성이 상당
히 높은 것이어서, 집회의 자유에 대한 일정 범위 내의 제한은
불가피할 것인바, 그러한 경우에는 헌법이 직접 금지하고 있는
허가제 이외의 방법으로 관련 법익들을 비교형량하여 그러한 법
익들이 실제적 조화의 원칙에 따라 모두 동시에 최대한 실현될
수 있도록 정리·정돈되어야 할 것이다(헌재 2009.9.24. 2008
헌가25).

❹ [X] 집회 및 시위에 관한 법률(이하 집회시위법이라 함)의 사전신
고는 경찰관청 등 행정관청으로 하여금 집회의 순조로운 개최
와 공공의 안전보호를 위하여 필요한 준비를 할 수 있는 시간
적 여유를 주기 위한 것으로서, 협력의무로서의 신고이다. 집
회시위법 전체의 규정 체제에서 보면 집회시위법은 일정한 신
고절차만 밟으면 일반적·원칙적으로 옥외집회 및 시위를 할
수 있도록 보장하고 있으므로, 집회에 대한 사전신고제도는 헌
법 제21조 제2항의 사전허가금지에 위배되지 않는다(헌재
2014.1.28. 2011헌바174 등).

04 민주주의 원리 정답 ④

① [O] 당내 경선에 참가한 정당 소속 예비후보자는 경선에서 후보자
로 선출되지 않으면 공직선거법 제57조의2 제2항에 따라 후
보자로 등록될 수 없지만, 청구인과 같은 무소속 예비후보자는
후보자로 등록하는 데 아무런 법률상 장애가 없으므로, 법률상
장애로 인하여 후보자로 등록하지 못하는 자에 대해서는 기탁
금을 반환하는 한편, 법률상 장애가 없음에도 스스로 후보자등
록을 하지 않은 자에 대해서는 기탁금을 반환하지 않도록 하
는 것이 불합리한 차별이라고 보기 어려우므로 청구인의 평등
권을 침해하지 아니한다(헌재 2010.12.28. 2010헌마79).

② [O] 예비후보자가 본선거에서 정당후보자로 등록하려 하였으나 자
신의 의사와 관계없이 정당 공천관리위원회의 심사에서 탈락
하여 본선거의 후보자로 등록하지 아니한 것은 후보자 등록을
하지 못할 정도에 이르는 객관적이고 예외적인 사유에 해당한
다. 따라서 이러한 사정이 있는 예비후보자가 납부한 기탁금은
반환되어야 함에도 불구하고, 심판대상조항이 이에 관한 규정
을 두지 아니한 것은 입법형성권의 범위를 벗어난 과도한 제
한이라고 할 수 있다. … 그러므로 심판대상조항은 과잉금지원
칙에 반하여 청구인의 재산권을 침해한다(헌재 2018.1.25.
2016헌마541).

③ [O] 정당원 등 자격조항이 18세 미만인 사람에 대해 정당의 발기
인 및 당원이 될 수 없도록 하는 것은 정치적 판단능력이 미
약한 사람들이 정당의 발기인 및 당원이 되는 것을 제한하여
정당의 헌법상 기능을 보호하기 위한 것으로 입법목적의 정당
성 및 방법의 적절성이 인정된다. 정당의 중요 공적 기능을 고
려하면 정당설립의 자유만을 제한하거나 일정한 형태의 정당
활동의 자유만을 제한하는 것으로는 입법목적을 달성하기 어
렵고, 정당 외에 일반적 결사체 설립을 제한하는 것은 아니며,
18세가 될 때까지의 기간만 이를 유예하는 취지라는 점, 미성
년자는 정신적·신체적 자율성이 불충분하고 가치중립적인
교육을 받아야 한다는 점 등을 고려하면 침해최소성 원칙에
반하지 않고, 이 조항으로 인하여 18세 미만인 사람들이 정당
의 자유를 제한받는 것보다 정치적 판단능력이 미약한 사람이
정당을 설립하고 가입함으로 인하여 정당의 기능이 침해될 위
험성은 크다고 할 것이므로 법익균형성도 충족된다. 따라서 정
당원 등 자격 조항이 청구인들의 정당의 자유를 침해한다고
할 수 없다(헌재 2014.4.24. 2012헌마287).

❹ [X] 이 사건 법률조항은 전국을 하나의 선거구로 하는 정당선거로
서의 성격을 가지는 비례대표국회의원선거의 취지를 살리고, 각
선거의 특성에 맞는 선거운동방법을 규정함으로써 선거에 소요
되는 사회적 비용을 절감하고 효율적인 선거관리를 도모하여
선거의 공정성을 달성하고자 함에 그 목적이 있는바 그 입법목
적은 정당하고, 비례대표국회의원후보자에게 공개장소에서의
연설·대담을 금지하는 것은 위와 같은 입법목적을 달성함에 있
어 적절한 수단이다. … 따라서 이 사건 법률조항은 과잉금지
원칙에 반하여 청구인의 선거운동의 자유 및 정당활동의 자유
를 침해한다고 할 수 없다(헌재 2013.10.24. 2012헌마311).

05 국적   정답 ④

① [○] 심판대상조항은 외국인에게 대한민국 국적을 부여하는 '귀화'의 요건을 정한 것인데, '품행', '단정' 등 용어의 사전적 의미가 명백하고, 심판대상조항의 입법취지와 용어의 사전적 의미 및 법원의 일반적인 해석 등을 종합해 보면, '품행이 단정할 것'은 '귀화신청자를 대한민국의 새로운 구성원으로서 받아들이는 데 지장이 없을 만한 품성과 행실을 갖춘 것'을 의미하고, 구체적으로 이는 귀화신청자의 성별, 연령, 직업, 가족, 경력, 전과관계 등 여러 사정을 종합적으로 고려하여 판단될 것임을 예측할 수 있다. 따라서 심판대상조항은 명확성원칙에 위배되지 아니한다(헌재 2016.7.28. 2014헌바421).

② [○] 「국적법」 제10조에 대한 옳은 내용이다.

> **제10조 【국적 취득자의 외국 국적 포기 의무】** ① 대한민국 국적을 취득한 외국인으로서 외국 국적을 가지고 있는 자는 대한민국 국적을 취득한 날부터 1년 내에 그 외국 국적을 포기하여야 한다.
> ② 제1항에도 불구하고 다음 각 호의 어느 하나에 해당하는 자는 대한민국 국적을 취득한 날부터 1년 내에 외국 국적을 포기하거나 법무부장관이 정하는 바에 따라 대한민국에서 외국 국적을 행사하지 아니하겠다는 뜻을 법무부장관에게 서약하여야 한다.
> 1. 귀화허가를 받은 때에 제6조 제2항 제1호·제2호 또는 제7조 제1항 제2호·제3호의 어느 하나에 해당하는 사유가 있는 자
> 2. 제9조에 따라 국적회복허가를 받은 자로서 제7조 제1항 제2호 또는 제3호에 해당한다고 법무부장관이 인정하는 자
> 3. 대한민국의 「민법」상 성년이 되기 전에 외국인에게 입양된 후 외국 국적을 취득하고 외국에서 계속 거주하다가 제9조에 따라 국적회복허가를 받은 자
> 4. 외국에서 거주하다가 영주할 목적으로 만 65세 이후에 입국하여 제9조에 따라 국적회복허가를 받은 자
> 5. 본인의 뜻에도 불구하고 외국의 법률 및 제도로 인하여 제1항을 이행하기 어려운 자로서 대통령령으로 정하는 자
> ③ 제1항 또는 제2항을 이행하지 아니한 자는 그 기간이 지난 때에 대한민국 국적을 상실(喪失)한다.

③ [○] 「국적법」 제6조 제2항에 대한 옳은 내용이다.

> **제6조 【간이귀화 요건】** ② 배우자가 대한민국의 국민인 외국인으로서 다음 각 호의 어느 하나에 해당하는 사람은 제5조 제1호 및 제1호의2의 요건을 갖추지 아니하여도 귀화허가를 받을 수 있다.
> 1. 그 배우자와 혼인한 상태로 대한민국에 2년 이상 계속하여 주소가 있는 사람
> 2. 그 배우자와 혼인한 후 3년이 지나고 혼인한 상태로 대한민국에 1년 이상 계속하여 주소가 있는 사람

❹ [×] 국적은 국민의 자격을 결정짓는 것이고, 이를 취득한 사람은 국가의 주권자가 되는 동시에 국가의 속인적 통치권의 대상이 되므로, 귀화허가는 외국인에게 대한민국 국적을 부여함으로써 국민으로서의 법적 지위를 포괄적으로 설정하는 행위에 해당한다. 한편 국적법 등 관계 법령 어디에도 외국인에게 대한민국의 국적을 취득할 권리를 부여하였다고 볼 만한 규정이 없다. 이와 같은 귀화허가의 근거 규정의 형식과 문언, 귀화허가의 내용과 특성 등을 고려하여 보면, 법무부장관은 귀화신청인이 법률이 정하는 귀화요건을 갖추었다고 하더라도 귀화를 허가할 것인지 여부에 관하여 재량권을 가진다(대판 2010.7.15. 2009두19069).

06 공무담임권   정답 ④

① [○] 획일적으로 30세까지는 순경과 소방사·지방소방사 및 소방간부후보생의 직무수행에 필요한 최소한도의 자격요건을 갖추고, 30세가 넘으면 그러한 자격요건을 상실한다고 보기 어렵고, 이 점은 순경을 특별 채용하는 경우 응시연령을 40세 이하로 제한하고, 소방사·지방소방사와 마찬가지로 화재현장업무 등을 담당하는 소방교·지방소방교의 경우 특채시험의 응시연령을 35세 이하로 제한하고 있는 점만 보아도 분명하다. 따라서 이 사건 심판대상조항들이 순경 공채시험, 소방사 등 채용시험, 그리고 소방간부 선발시험의 응시연령의 상한을 '30세 이하'로 규정하고 있는 것은 합리적이라고 볼 수 없으므로 침해의 최소성원칙에 위배되어 청구인들의 공무담임권을 침해한다. 그렇다고 하여 순경 공채시험, 소방사 등 채용시험, 소방간부 선발시험에서 응시연령의 상한을 제한하는 것이 전면적으로 허용되지 않는다고 단정하기 어렵고, 경찰 또는 소방공무원의 채용 및 공무수행의 효율성을 도모하여 국민의 생명과 재산을 보호하기 위하여 필요한 최소한도의 제한은 허용되어야 할 것인바, 그 한계는 경찰 및 소방업무의 특성 및 인사제도 그리고 인력수급 등의 상황을 고려하여 입법기관이 결정할 사항이다(헌재 2012.5.31. 2010헌마278).

② [○] 비위공무원에 대한 징계를 통해 불이익을 줌으로써 공직기강을 바로 잡고 공무수행에 대한 국민의 신뢰를 유지하고자 하는 공익은 제한되는 사익 이상으로 중요하다고 할 수밖에 없다. 게다가 공무원이 징계처분을 받은 후 직무수행상 공적으로 포상 등을 받은 경우 승진임용 제한기간을 단축 또는 면제할 수 있는 등(국가공무원법 제80조 제6항 단서) 제한되는 사익은 경우에 따라 경감될 수 있어 이 사건 승진조항에 따른 불이익은 완화될 여지가 있다. 이 사건 승진조항은 과잉금지원칙을 위반하여 청구인의 공무담임권을 침해하지 않는다(헌재 2022.3.31. 2020헌마211).

③ [○] 이 사건 법률조항은 후보자 본인의 범죄로 인한 것이 아니므로 그 하한을 상향 조정하여 300만원으로 규정한 점, 배우자에 대한 형사재판에서 법관이 여러 가지 사정을 종합하여 합리적으로 양형을 할 수 있는 점 등에 비추어 보면, 당선무효의 효과를 가져오는 배우자의 선고형의 하한을 벌금 300만원으로 정한 것이 입법재량의 범위를 현저히 일탈한 것이라고 할 수도 없다(헌재 2011.9.29. 2010헌마68).

❹ [×] 퇴직조항은 선거에 관한 여론조사의 결과에 부당한 영향을 미치는 행위를 방지하고 선거의 공정성을 담보하며 공직에 대한 국민 또는 주민의 신뢰를 제고한다는 목적을 달성하는 데 적합한 수단이다. 지방의회의원이 선거의 공정성을 해하는 범죄로 유죄판결이 확정되었다면 지방자치행정을 민주적이고 공정하게 수행할 것이라고 기대하기 어렵다. 오히려 그의 직을 유지시킨다면, 이는 공직 전체에 대한 신뢰 훼손으로 이어진다. 대상 범죄인 착신전환 등을 통한 중복 응답 등 범죄는 선거의 공정성을 직접 해하는 범죄로, 위 범죄로 형사처벌을 받은 사람이라면 지방자치행정을 민주적이고 공정하게 수행할 것이라 볼 수 없다. 입법자는 100만원 이상의 벌금형 요건으로 하여

위 범죄로 지방의회의원의 직에서 퇴직할 수 있도록 하는 강력한 제재를 선택한 동시에 퇴직 여부에 대하여 법원으로 하여금 구체적 사정을 고려하여 판단하게 하였다. 당선무효, 기탁금 등 반환, 피선거권 박탈만으로는 퇴직조항, 당선무효, 기탁금 등 반환, 피선거권 박탈이 동시에 적용되는 현 상황과 동일한 정도로 공직에 대한 신뢰를 제고하기 어렵다. 퇴직조항으로 인하여 지방의회의원의 직에서 퇴직하게 되는 사익의 침해에 비하여 선거에 관한 여론조사의 결과에 부당한 영향을 미치는 행위를 방지하고 선거의 공정성을 담보하며 공직에 대한 국민 또는 주민의 신뢰를 제고한다는 공익이 더욱 중대하다. 퇴직조항은 청구인들의 공무담임권을 침해하지 아니한다(헌재 2022.3.31. 2019헌마986).

---

07   국정감사, 국정조사   정답 ④

① [×] 국회는 국정전반에 관하여 소관 상임위원회별로 매년 정기회 집회일 이전에 국정감사 시작일부터 30일 이내의 기간을 정하여 감사를 실시한다. 다만, 본회의 의결로 정기회 기간 중에 감사를 실시할 수 있다(「국정감사 및 조사에 관한 법률」 제2조).

② [×] 국정감사에 대한 설명이며, 국정조사는 제8차 개헌에서 신설되었다.

③ [×] 국정감사에 대한 설명이다.

❹ [○] 「국정감사 및 조사에 관한 법률」 제16조 제2항에 대한 옳은 내용이다.

> 제16조 【감사 또는 조사 결과에 대한 처리】 ② 국회는 감사 또는 조사 결과 위법하거나 부당한 사항이 있을 때에는 그 정도에 따라 정부 또는 해당 기관에 변상, 징계조치, 제도개선, 예산조정 등 시정을 요구하고, 정부 또는 해당 기관에서 처리함이 타당하다고 인정되는 사항은 정부 또는 해당 기관에 이송한다.

---

08   형의 집행 및 수용자의 처우   정답 ③

① [○] 구속된 피의자 또는 피고인이 갖는 변호인 아닌 자와의 접견교통권은 가족 등 타인과 교류하는 인간으로서의 기본적인 생활관계가 인신의 구속으로 인하여 완전히 단절되어 파멸에 이르는 것을 방지하고, 또한 피의자 또는 피고인의 방어를 준비하기 위해서도 반드시 보장되지 않으면 안되는 인간으로서의 기본적인 권리에 해당하므로 이는 성질상 헌법상의 기본권에 속한다고 보아야 할 것이다(헌재 2003.11.27. 2002헌마193).

② [○] 이 사건 시행령규정은, 행형법시행령이 미결수용자의 접견횟수를 매일 1회로 하고 있는 것과는 달리, 미결수용자의 면회횟수를 매주 2회로 제한하고 있는바, 수용기관은 면회에 교도관을 참여시켜 감시를 철저히 한다거나, 필요한 경우에는 면회를 일시 불허하는 것과 같이 청구인들의 기본권을 보다 적게 침해하면서도 '도주나 증거인멸 우려의 방지 및 수용시설 내의 질서유지'라는 입법목적을 달성할 수 있는 똑같이 효과적인 다른 방법이 존재하므로, 이것은 기본권제한이 헌법상 정당화되기 위하여 필요한 피해의 최소성 요건을 충족시키지 못한다. 따라서 이 사건 시행령규정은 청구인들의 접견교통권을 과도

하게 제한하는 위헌적인 규정이다(헌재 2003.11.27. 2002헌마193).

❸ [×] 교정시설의 장은 형사 법령에 저촉되는 행위를 할 우려가 있는 때에 교도관으로 하여금 수용자의 접견내용을 청취·기록·녹음 또는 녹화하게 할 수 있으나, 미결수용자와 변호인의 접견에는 교도관이 참여하지 못한다.

> 「형의 집행 및 수용자의 처우에 관한 법률」 제84조 【변호인과의 접견 및 편지수수】 ① 제41조(접견) 제4항에도 불구하고 미결수용자와 변호인과의 접견에는 교도관이 참여하지 못하며 그 내용을 청취 또는 녹취하지 못한다. 다만, 보이는 거리에서 미결수용자를 관찰할 수 있다.
> 제41조 【접견】 ④ 소장은 다음 각 호의 어느 하나에 해당하는 사유가 있으면 교도관으로 하여금 수용자의 접견내용을 청취·기록·녹음 또는 녹화하게 할 수 있다.
> 1. 범죄의 증거를 인멸하거나 형사 법령에 저촉되는 행위를 할 우려가 있는 때
> 2. 수형자의 교화 또는 건전한 사회복귀를 위하여 필요한 때
> 3. 시설의 안전과 질서유지를 위하여 필요한 때

④ [○] 형의 집행 및 수용자의 처우에 관한 법률 제112조 제3항 본문 중 제108조 제7호의 신문·도서·잡지 외 자비구매물품에 관한 부분은 금치의 징벌을 받은 사람에 대해 금치기간 동안 자비로 구매한 음식물, 의약품 및 의료용품 등 자비구매물품을 사용할 수 없는 불이익을 가함으로써, 규율의 준수를 강제하여 수용시설 내의 안전과 질서를 유지하기 위한 것으로서 목적의 정당성 및 수단의 적합성이 인정된다. 금치처분을 받은 사람은 소장이 지급하는 음식물, 의류·침구, 그 밖의 생활용품을 통하여 건강을 유지하기 위한 필요최소한의 생활을 영위할 수 있고, 의사가 치료를 위하여 처방한 의약품은 여전히 사용할 수 있다. 또한, 위와 같은 불이익은 규율 준수를 통하여 수용 질서를 유지한다는 공익에 비하여 크다고 할 수 없다. 따라서 위 조항은 청구인의 일반적 행동의 자유를 침해하지 아니한다(헌재 2016.5.26. 2014헌마45).

---

09   정당해산심판   정답 ①

❶ [×] 대통령은 국무회의의 의장으로서 회의를 소집하고 이를 주재하지만 대통령이 사고로 직무를 수행할 수 없는 경우에는 국무총리가 그 직무를 대행할 수 있고, 대통령이 해외 순방 중인 경우는 '사고'에 해당되므로, 대통령의 직무상 해외 순방 중 국무총리가 주재한 국무회의에서 이루어진 정당해산심판청구서 제출안에 대한 의결은 위법하지 아니하다(헌재 2014.12.19. 2013헌다1).

② [○] 제헌헌법 이래 지속적으로 보장되어 온 결사의 자유도 하나의 방편이 될 수 있겠지만, 우리는 그렇게 길다고 볼 수도 없는 대한민국의 현대사 속에서도 정치적 반대세력을 제거하고자 하는 정부의 일방적인 행정처분에 의해서 유력한 진보적 야당이 등록취소되어 사라지고 말았던 불행한 과거를 알고 있다. 헌법 제8조의 정당에 관한 규정, 특히 그 제4항의 정당해산심판제도는 이러한 우리 현대사에 대한 반성의 산물로서 1960. 6.15. 제3차 헌법 개정을 통해 헌법에 도입된 것이다(헌재 2014.12.19. 2013헌다1).

③ [O] 헌법 제8조 제4항에서 말하는 민주적 기본질서의 위배란, 민주적 기본질서에 대한 단순한 위반이나 저촉을 의미하는 것이 아니라, 민주 사회의 불가결한 요소인 정당의 존립을 제약해야 할 만큼 그 정당의 목적이나 활동이 우리 사회의 민주적 기본질서에 대하여 실질적인 해악을 끼칠 수 있는 구체적 위험성을 초래하는 경우를 가리킨다(헌재 2014.12.19. 2013헌다1).

④ [O] 일반적으로 비례원칙은 우리 재판소가 법률이나 기타 공권력 행사의 위헌 여부를 판단할 때 사용하는 위헌심사 척도의 하나이다. 그러나 정당해산심판제도에서는 헌법재판소의 정당해산결정이 정당의 자유를 침해할 수 있는 국가권력에 해당하므로 헌법재판소가 정당해산결정을 내리기 위해서는 그 해산결정이 비례원칙에 부합하는지를 숙고해야 하는바, 이 경우의 비례원칙준수 여부는 그것이 통상적으로 기능하는 위헌심사의 척도가 아니라 헌법재판소의 정당해산결정이 충족해야 할 일종의 헌법적 요건 혹은 헌법적 정당화 사유에 해당한다. 이와 같이 강제적 정당해산은 우리 헌법상 핵심적인 정치적 기본권인 정당활동의 자유에 대한 근본적 제한이므로 헌법재판소는 이에 관한 결정을 할 때 헌법 제37조 제2항이 규정하고 있는 비례원칙을 준수해야만 하는 것이다(헌재 2014.12.19. 2013헌다1).

---

10 국가긴급권 정답 ②

① [O] 국가긴급권의 행사는 헌법질서에 대한 중대한 위기상황의 극복을 위한 것이기 때문에, 본질적으로 위기상황의 직접적인 원인을 제거하는 데 필수불가결한 최소한도 내에서만 행사되어야 한다는 목적상 한계가 있다. 또한 국가긴급권은 비상적인 위기상황을 극복하고 헌법질서를 수호하기 위해 헌법질서에 대한 예외를 허용하는 것이기 때문에 그 본질상 일시적·잠정적으로만 행사되어야 한다는 시간적 한계가 있다(헌재 2015.3.26. 2014헌가5).

❷ [X] 국가비상사태의 선포 및 해제를 규정한 특별조치법 제2조 및 제3조는 헌법이 인정하지 아니하는 초헌법적 국가긴급권을 대통령에게 부여하는 법률로서 헌법이 요구하는 국가긴급권의 실체적 발동요건, 사후통제 절차, 시간적 한계에 위반되어 위헌이고, 이를 전제로 한 특별조치법 그 밖의 규정들도 모두 위헌이다(헌재 2015.3.26. 2014헌가5).

③ [O] 긴급명령은 법률의 효력을 가지기 때문에 국회가 의결한 법률을 통하여 개정·폐지될 수 있다.

④ [O] 대통령의 계엄선포행위는 고도의 정치적·군사적 성격을 띠는 행위라고 할 것이어서, 그 선포의 당·부당을 판단할 권한은 헌법상 계엄의 해제요구권이 있는 국회만이 가지고 있다 할 것이고 그 선포가 당연무효의 경우라면 모르되, 사법기관인 법원이 계엄선포의 요건 구비 여부나, 선포의 당·부당을 심사하는 것은 사법권의 내재적인 본질적 한계를 넘어서는 것이 되어 적절한 바가 못된다(대판 1979.12.7. 79초70).

---

11 대통령의 불소추특권 정답 ①

❶ [X] 대통령은 내란 또는 외환의 죄를 범한 경우를 제외하고는 재직 중 형사상의 소추를 받지 아니한다(헌법 제84조).

② [O] 헌법 제84조에는 "대통령은 내란 또는 외환의 죄를 범한 경우를 제외하고는 재직 중 형사상의 소추를 받지 아니한다."라고만 규정되어 있을 뿐 헌법이나 형사소송법 등의 법률에 대통령의 재직 중 공소시효의 진행이 정지된다고 명백히 규정되어 있지는 않다고 하더라도, 위 헌법규정은 바로 공소시효진행의 소극적 사유가 되는 국가의 소추권행사의 법률상 장애사유에 해당하므로, 대통령의 재직 중에는 공소시효의 진행이 당연히 정지되는 것으로 보아야 한다(헌재 1995.1.20. 94헌마246).

③ [O] 대통령의 정책판단이나 정책집행상의 오류는 정치적 평가와 심판의 대상이 될 수는 있어도 법적 책임은 면제된다.

④ [O] 헌법규정은 단지 대통령은 내란 또는 외환의 죄를 범한 경우를 제외하고는 재직 중 소추되지 아니한다고만 규정하고 있을 뿐, 형사상의 책임이 면제된다고는 규정하지 아니하고 있다(헌재 1995.1.20. 94헌마246).

---

12 신체의 자유 정답 ②

① [O] 헌법 제12조 제1항의 적법절차원칙은 형사소송절차에 국한되지 않고 모든 국가작용 전반에 대하여 적용되므로, 전투경찰순경의 인신구금을 내용으로 하는 영창처분에 있어서도 적법절차원칙이 준수되어야 한다(헌재 2016.3.31. 2013헌바190).

❷ [X] 헌법 제12조 제4항 본문의 문언 및 헌법 제12조의 조문 체계, 변호인 조력권의 속성, 헌법이 신체의 자유를 보장하는 취지를 종합하여 보면 헌법 제12조 제4항 본문에 규정된 '구속'은 사법절차에서 이루어진 구속뿐 아니라, 행정절차에서 이루어진 구속까지 포함하는 개념이다. 따라서 헌법 제12조 제4항 본문에 규정된 변호인의 조력을 받을 권리는 행정절차에서 구속을 당한 사람에게도 즉시 보장된다(헌재 2018.5.31. 2014헌마346).

③ [O] 헌법재판소는 "보안처분이라 하더라도 형벌적 성격이 강하여 신체의 자유를 박탈하거나 박탈에 준하는 정도로 신체의 자유를 제한하는 경우에는 형벌불소급원칙이 적용된다."라고 판시하고 있다(헌재 2017.10.26. 2015헌바239 등).

④ [O] 무죄추정의 원칙상 금지되는 '불이익'이란 '범죄사실의 인정 또는 유죄를 전제로 그에 대하여 법률적·사실적 측면에서 유형·무형의 차별취급을 가하는 유죄인정의 효과로서의 불이익'을 뜻하고, 이는 비단 형사절차 내에서의 불이익뿐만 아니라 기타 일반 법생활 영역에서의 기본권 제한과 같은 경우에도 적용된다(헌재 2010.9.2. 2010헌마418).

13　헌법재판소의 심판절차　　　정답 ④

① [O]「헌법재판소법」제30조 제2항에 대한 옳은 내용이다.

> **제30조【심리의 방식】** ① 탄핵의 심판, 정당해산의 심판 및 권한쟁의의 심판은 구두변론에 의한다.
> ② 위헌법률의 심판과 헌법소원에 관한 심판은 서면심리에 의한다. 다만, 재판부는 필요하다고 인정하는 경우에는 변론을 열어 당사자, 이해관계인, 그 밖의 참고인의 진술을 들을 수 있다.

② [O]「헌법재판소법」제26조 제1항에 대한 옳은 내용이다.

> **제26조【심판청구의 방식】** ① 헌법재판소에의 심판청구는 심판절차별로 정하여진 청구서를 헌법재판소에 제출함으로써 한다. 다만, 위헌법률심판에서는 법원의 제청서, 탄핵심판에서는 국회의 소추의결서(訴追議決書)의 정본(正本)으로 청구서를 갈음한다.

③ [O]「헌법재판소법」제33조에 대한 옳은 내용이다.

> **제33조【심판의 장소】** 심판의 변론과 종국결정의 선고는 심판정에서 한다. 다만, 헌법재판소장이 필요하다고 인정하는 경우에는 심판정 외의 장소에서 변론 또는 종국결정의 선고를 할 수 있다.

❹ [X] 재판부는 결정으로 다른 국가기관 또는 공공단체의 기관에 심판에 필요한 사실을 조회하거나, 기록의 송부나 자료의 제출을 요구할 수 있다. 다만, 재판·소추 또는 범죄수사가 진행 중인 사건의 기록에 대하여는 송부를 요구할 수 없다고 규정하고 있다(「헌법재판소법」제32조).

14　사생활의 자유　　　정답 ③

① [침해 O] 이 사건 법률조항이 공적 관심의 정도가 약한 4급 이상의 공무원들까지 대상으로 삼아 모든 질병명을 아무런 예외 없이 공개토록 한 것은 입법목적 실현에 치중한 나머지 사생활 보호의 헌법적 요청을 현저히 무시한 것이고, 이로 인하여 청구인들을 비롯한 해당 공무원들의 헌법 제17조가 보장하는 기본권인 사생활의 비밀과 자유를 침해하는 것이다(헌재 2007.5.31. 2005헌마1139).

② [침해 O] 이 사건 법률조항이 가정폭력 가해자인 직계혈족에 대하여 아무런 제한 없이 그 자녀의 가족관계증명서 및 기본증명서의 발급을 청구할 수 있도록 하여, 결과적으로 가정폭력 피해자인 청구인의 개인정보가 무단으로 가정폭력 가해자에게 유출될 수 있도록 한 것은 입법목적을 달성하기 위하여 필요한 범위를 넘어선 것이므로 침해의 최소성에 위배된다. … 따라서 이 사건 법률조항이 불완전·불충분하게 규정되어, 직계혈족이 가정폭력의 가해자로 판명된 경우 주민등록법 제29조 제6항 및 제7항과 같이 가정폭력 피해자가 가정폭력 가해자를 지정하여 가족관계증명서 및 기본증명서의 교부를 제한하는 등의 가정폭력 피해자의 개인정보를 보호하기 위한 구체적 방안을 마련하지 아니한 부진정입법부작위가 과잉금지원칙을 위반하여 청구인의 개인정보자기결정권을 침해한다(헌재 2020. 8.28. 2018헌마927).

❸ [침해 X] 이 사건 CCTV에 의하여 감시되는 엄중격리대상자는 상습적으로 폭행·소란·자살·자해 등을 하거나 도주한 전력이 있는 수형자들 중에서 엄중한 격리와 계호가 필요하다고 인정된 자들이므로, 지속적이고 부단한 감시가 필요한데, 교도관의 인력이 이에 미치지 못하는 점, 이 사건 엄중격리대상자를 독거실에 수용함으로써 폭행·소란 등의 위험성은 제거되었다고 하더라도, 자살·자해나 흉기 제작 등의 위험성은 해소되지 못하므로 독거실 내의 생활도 계속적으로 감시할 필요가 있다고 보이는 점 등을 고려하면, 이 사건 CCTV 설치행위는 그 목적의 정당성과 수단의 적절성을 인정할 수 있다(헌재 2008.5.29. 2005헌마137).

④ [침해 O] 구 국군보안사령부가 군과 관련된 첩보 수집, 특정한 군사법원 관할 범죄의 수사 등 법령에 규정된 직무범위를 벗어나 민간인들을 대상으로 평소의 동향을 감시·파악할 목적으로 지속적으로 개인의 집회·결사에 관한 활동이나 사생활에 관한 정보를 미행, 망원 활용, 탐문채집 등의 방법으로 비밀리에 수집·관리한 경우, 이는 헌법에 의하여 보장된 기본권을 침해한 것으로서 불법행위를 구성한다(대판 1998.7.24. 96다42789).

15　헌법의 기본원리　　　정답 ①

옳은 것은 ㄱ, ㄴ이다.

ㄱ. [O] 특히, 이 사건 법률조항은 직접적인 병력형성에 관한 영역으로서, 입법자가 급변하는 정세에 따라 탄력적으로 그 징집대상자의 범위를 결정함으로써 적정한 군사력을 유지하여야 하는 강력한 공익상 필요가 있기 때문에, 이에 관한 입법자의 입법형성권의 범위가 매우 넓다는 점은 위에서 살펴본 바와 같다. 따라서 국민들은 이러한 영역에 관한 법률이 제반사정에 따라 언제든지 변경될 수 있다는 것을 충분히 예측할 수 있다고 보아야 한다(헌재 2002.11.28. 2002헌바45).

ㄴ. [O] 청구인들의 변리사 자격 부여에 대한 신뢰는 보호할 필요성이 있는 합리적이고도 정당한 신뢰라 할 것이고, 위 변리사법 제3조 제1항 등의 개정으로 말미암아 청구인들이 입게 된 불이익의 정도, 즉 신뢰이익의 침해정도는 중대하다고 아니할 수 없는 반면, 청구인들의 신뢰이익을 침해함으로써 일반응시자와의 형평을 제고한다는 공익은 위와 같은 신뢰이익 제한을 헌법적으로 정당화할 만한 사유라고 보기 어렵다. 그러므로 기존 특허청 경력공무원 중 일부에게만 구법 규정을 적용하여 변리사 자격이 부여되도록 규정한 위 변리사법 부칙 제3항은 충분한 공익적 목적이 인정되지 아니함에도 청구인들의 기대 가치 내지 신뢰이익을 과도하게 침해한 것으로서 헌법에 위반된다(헌재 2001.9.27. 2000헌마208 등).

ㄷ. [X] 사회환경이나 경제여건의 변화에 따른 정책적인 필요에 의하여 공권력행사의 내용은 신축적으로 바뀔 수 밖에 없고, 그 바뀐 공권력행사에 의하여 발생된 새로운 법질서와 기존의 법질서와의 사이에는 어느 정도 이해관계의 상충이 불가피하므로 국민들의 국가의 공권력행사에 관하여 가지는 모든 기대 내지 신뢰가 절대적인 권리로서 보호되는 것은 아니라고 할 것이다(헌재 1996.4.25. 94헌마119).

ㄹ. [X] 헌법의 기본원리는 헌법의 이념적 기초인 동시에 헌법을 지배하는 지도원리로서 입법이나 정책결정의 방향을 제시하며 공무원을 비롯한 모든 국민·국가기관이 헌법을 존중하고 수호하도록 하는 지침이 되며, 구체적 기본권을 도출하는 근거로

될 수는 없으나 기본권의 해석 및 기본권 제한입법의 합헌성 심사에 있어 해석기준의 하나로서 작용한다(헌재 1996.4.25. 92헌바47).

16 관습헌법 정답 ④

① [O] 우리나라는 성문헌법을 가진 나라로서 기본적으로 우리 헌법전(憲法典)이 헌법의 법원(法源)이 된다. 그러나 성문헌법이라고 하여도 그 속에 모든 헌법사항을 빠짐없이 완전히 규율하는 것은 불가능하고 또한 헌법은 국가의 기본법으로서 간결성과 함축성을 추구하기 때문에 형식적 헌법전에는 기재되지 아니한 사항이라도 이를 불문헌법(不文憲法) 내지 관습헌법으로 인정할 소지가 있다. 특히 헌법제정 당시 자명(自明)하거나 전제(前提)된 사항 및 보편적 헌법원리와 같은 것은 반드시 명문의 규정을 두지 아니하는 경우도 있다. 그렇다고 해서 헌법사항에 관하여 형성되는 관행 내지 관례가 전부 관습헌법이 되는 것은 아니고 강제력이 있는 헌법규범으로서 인정되려면 엄격한 요건들이 충족되어야만 하며, 이러한 요건이 충족된 관습만이 관습헌법으로서 성문의 헌법과 동일한 법적 효력을 가진다(헌재 2004.10.21. 2004헌마554 등).

② [O] 관습헌법이 성립하기 위하여서는 관습이 성립하는 사항이 단지 법률로 정할 사항이 아니라 반드시 헌법에 의하여 규율되어 법률에 대하여 효력상 우위를 가져야 할 만큼 헌법적으로 중요한 기본적 사항이 되어야 한다. 일반적으로 실질적인 헌법사항이라고 함은 널리 국가의 조직에 관한 사항이나 국가기관의 권한 구성에 관한 사항 혹은 개인의 국가권력에 대한 지위를 포함하여 말하는 것이지만, 관습헌법은 이와 같은 일반적인 헌법사항에 해당하는 내용 중에서도 특히 국가의 기본적이고 핵심적인 사항으로서 법률에 의하여 규율하는 것이 적합하지 아니한 사항을 대상으로 한다. 일반적인 헌법사항 중 과연 어디까지가 이러한 기본적이고 핵심적인 헌법사항에 해당하는지 여부는 일반추상적인 기준을 설정하여 재단할 수는 없고, 개별적 문제사항에서 헌법적 원칙성과 중요성 및 헌법원리를 통하여 평가하는 구체적 판단에 의하여 확정하여야 한다(헌재 2004.10.21. 2004헌마554 등).

③ [O] 관습헌법이 성립하기 위하여서는 관습법의 성립에서 요구되는 일반적 성립 요건이 충족되어야 한다. 첫째, 기본적 헌법사항에 관하여 어떠한 관행 내지 관례가 존재하고, 둘째, 그 관행은 국민이 그 존재를 인식하고 사라지지 않을 관행이라고 인정할 만큼 충분한 기간 동안 반복 내지 계속되어야 하며(반복·계속성), 셋째, 관행은 지속성을 가져야 하는 것으로서 그 중간에 반대되는 관행이 이루어져서는 아니 되고(항상성), 넷째, 관행은 여러 가지 해석이 가능할 정도로 모호한 것이 아닌 명확한 내용을 가진 것이어야 한다(명료성). 또한 다섯째, 이러한 관행이 헌법관습으로서 국민들의 승인 내지 확신 또는 폭넓은 컨센서스를 얻어 국민이 강제력을 가진다고 믿고 있어야 한다(국민적 합의)(헌재 2004.10.21. 2004헌마554 등).

❹ [X] 행정중심복합도시가 건설된다고 하더라도 수도가 행정중심복합도시로 이전한다거나 수도가 서울과 행정중심복합도시로 분할되는 것으로 볼 수 없다.

행정중심복합도시는 대내적으로 국가의 중요정책이 최종적으로 결정되는 곳이 아니며 각국 외교사절들이 소재하여 주요 국제관계가 형성되는 장소도 아니다. 특히 국가상징으로서의 기능은 오랜 세월에 걸쳐 역사와 문화적인 요소가 결합되어 형성되는 것으로 짧은 기간에 인위적으로 만들어낼 수 있는 것이 아니다. 따라서 행정중심복합도시가 건설된다고 하더라도 이러한 요소가 충족되지 않은 상황에서 국가상징으로서의 기능을 수행할 것이라고 예상하기 어렵다. 이와 같이 이 사건 법률에 의하여 건설되는 행정중심복합도시는 수도로서의 지위를 획득하는 것으로 평가할 수는 없고, 이 사건 법률에 의하여 수도가 행정중심복합도시로 이전한다거나 수도가 서울과 행정중심복합도시로 분할되는 것으로 볼 수 없다(헌재 2005.11.24. 2005헌마579 등).

17 개인정보자기결정권 정답 ②

① [O] 이 사건 법률조항은 본인이 스스로 증명서를 발급받기 어려운 경우 형제자매를 통해 증명서를 간편하게 발급받게 하고, 친족·상속 등과 관련된 자료를 수집하려는 형제자매가 본인에 대한 증명서를 편리하게 발급받을 수 있도록 하기 위한 것으로, 목적의 정당성 및 수단의 적합성이 인정된다. 그러나 가족관계등록법상 각종 증명서에 기재된 개인정보가 유출되거나 오남용될 경우 정보의 주체에게 가해지는 타격은 크므로 증명서 교부청구권자의 범위는 가능한 한 축소하여야 하는데, 형제자매는 언제나 이해관계를 같이 하는 것은 아니므로 형제자매가 본인에 대한 개인정보를 오남용 또는 유출할 가능성은 얼마든지 있다. 그런데 이 사건 법률조항은 증명서 발급에 있어 형제자매에게 정보주체인 본인과 거의 같은 지위를 부여하고 있으므로, 이는 증명서 교부청구권자의 범위를 필요한 최소한도로 한정한 것이라고 볼 수 없다. 본인은 인터넷을 이용하거나 위임을 통해 각종 증명서를 발급받을 수 있으며, 가족관계등록법 제14조 제1항 단서 각 호에서 일정한 경우에는 제3자도 각종 증명서의 교부를 청구할 수 있으므로 형제자매는 이를 통해 각종 증명서를 발급받을 수 있다. 따라서 이 사건 법률조항은 침해의 최소성에 위배된다. 또한, 이 사건 법률조항을 통해 달성하려는 공익에 비해 초래되는 기본권 제한의 정도가 중대하므로 법익의 균형성도 인정하기 어려워, 이 사건 법률조항은 청구인의 개인정보자기결정권을 침해한다(헌재 2016.6.30. 2015헌마924).

❷ [X] 이 사건 정보제공행위에 의하여 제공된 청구인 김○환의 약 2년 동안의 총 44회 요양급여내역 및 청구인 박○만의 약 3년 동안의 총 38회 요양급여내역은 건강에 관한 정보로서 개인정보 보호법 제23조 제1항이 규정한 민감정보에 해당한다. 개인정보 보호법상 공공기관에 해당하는 국민건강보험공단은 이 사건 정보제공조항, 개인정보 보호법 제23조 제1항 제2호, 경찰관 직무집행법 시행령 제8조 등에 따라 범죄의 수사를 위하여 불가피한 경우 정보주체 또는 제3자의 이익을 부당하게 침해할 우려가 있을 때를 제외하고 민감정보를 서울용산경찰서장에게 제공할 수 있다. 서울용산경찰서장은 청구인들을 검거하기 위해서 국민건강보험공단에게 청구인들의 요양급여내역을 요청한 것인데, 서울용산경찰서장은 그와 같은 요청을 할 당시 전기통신사업자로부터 위치추적자료를 제공받는 등으로 청구인들의 위치를 확인하였거나 확인할 수 있는 상태였다. 따라서 서울용산경찰서장이 청구인들을 검거하기 위하여 청구인들의 약 2년 또는 3년이라는 장기간의 요양급여내역을 제공받

는 것이 불가피하였다고 보기 어렵다. 한편 급여일자와 요양기관명은 피의자의 현재 위치를 곧바로 파악할 수 있는 정보는 아니므로, 이 사건 정보제공행위로 얻을 수 있는 수사상의 이익은 없었거나 미약한 정도였다. 반면 서울용산경찰서장에게 제공된 요양기관명에는 전문의 병원도 포함되어 있어 청구인들의 질병의 종류를 예측할 수 있는 점, 2년 내지 3년 동안의 요양급여정보는 청구인들의 건강 상태에 대한 총체적인 정보를 구성할 수 있는 점 등에 비추어 볼 때, 이 사건 정보제공행위로 인한 청구인들의 개인정보자기결정권에 대한 침해는 매우 중대하다. 그렇다면 이 사건 정보제공행위는 이 사건 정보제공조항 등이 정한 요건을 충족한 것으로 볼 수 없고, 침해의 최소성 및 법익의 균형성에 위배되어 청구인들의 개인정보자기결정권을 침해하였다(헌재 2018.8.30. 2014헌마368).

③ [O] 출소 후 출소사실을 신고하여야 하는 신고의무 내용에 비추어 보안관찰처분대상자(이하 '대상자'라 한다)의 불편이 크다거나 7일의 신고기간이 지나치게 짧다고 할 수 없다. 보안관찰 해당 범죄는 민주주의체제의 수호와 사회질서의 유지, 국민의 생존 및 자유에 중대한 영향을 미치는 범죄인 점, 보안관찰법은 대상자를 파악하고 재범의 위험성 등 보안관찰처분의 필요성 유무의 판단 자료를 확보하기 위하여 위와 같은 신고의무를 규정하고 있다는 점 등에 비추어 출소 후 신고의무 위반에 대한 제재수단으로 형벌을 택한 것이 과도하다거나 법정형이 다른 법률들에 비하여 각별히 과중하다고 볼 수도 없다. 따라서 출소후신고조항 및 위반시 처벌조항은 과잉금지원칙을 위반하여 청구인의 사생활의 비밀과 자유 및 개인정보자기결정권을 침해하지 아니한다(헌재 2021.6.24. 2017헌바479).

④ [O] 전과자 중 수용 중인 사람에 대하여만 이 사건 법률을 소급적용하는 것은 입법형성권의 범위 내에 있으며, 법률 시행 전 이미 형이 확정되어 수용 중인 사람의 신뢰가치는 낮은 반면 재범의 가능성, 데이터베이스 제도의 실효성 추구라는 공익은 상대적으로 더 크다. 따라서 이 사건 부칙 조항이 이 사건 법률 시행 전 형이 확정되어 수용 중인 사람의 신체의 자유 및 개인정보자기결정권을 과도하게 침해한다고 볼 수 없다(헌재 2014.8.28. 2011헌마28 등).

---

18 헌법소원심판   정답 ①

헌법재판소법 제68조 제1항 또는 제2항의 헌법소원심판의 대상에 해당하는 것은 ㄱ, ㄹ이다.

ㄱ. [해당 O] 헌법 제111조 제1항 제1호, 제5호 및 헌법재판소법 제41조 제1항, 제68조 제2항에 의하면 위헌심판의 대상을 '법률'이라고 규정하고 있는데, 여기서 '법률'이라고 함은 국회의 의결을 거친 이른바 형식적 의미의 법률뿐만 아니라 법률과 동일한 효력을 갖는 조약 등도 포함된다. 이처럼 법률과 동일한 효력을 갖는 조약 등을 위헌심판의 대상으로 삼음으로써 헌법을 최고규범으로 하는 법질서의 통일성과 법적 안정성을 확보할 수 있을 뿐만 아니라, 합헌적인 법률에 의한 재판을 가능하게 하여 궁극적으로는 국민의 기본권 보장에 기여할 수 있게 된다. 그렇다면 법률과 같은 효력을 가지는 이 사건 관습법도 당연히 헌법소원심판의 대상이 되고, 단지 형식적인 의미의 법률이 아니라는 이유로 그 예외가 될 수는 없다(헌재 2013.2.28. 2009헌바129).

ㄴ. [해당 X] 피청구인이 선포하려던 서울시민 인권헌장은 피청구인이 서울시민의 의견을 수렴하여 서울시민에 대한 인권 보호 및 증진을 위한 기본방침을 밝히고자 한 정책계획안으로서 그 법적 성격은 국민의 권리·의무나 법적 지위에 직접 영향을 미치지 아니하는 비구속적 행정계획안이라 할 것이고, 이 사건 무산 선언은 당초 2014.12.10. 세계인권선언의 날에 맞춰 선포하려던 서울시민 인권헌장이 성소수자 차별금지 조항에 대한 이견으로 합의에 실패하여 예정된 날짜에 선포될 수 없었음을 알리는 행위로서 그 자체로는 직접적으로 청구인의 법적 지위에 영향을 미치지 아니하므로, 이 사건 무산 선언은 헌법소원심판의 대상이 되는 공권력 행사에 해당되지 아니한다(헌재 2015.3.31. 2015헌마213).

ㄷ. [해당 X] 이 사건 예산안 편성행위는 헌법 제54조 제2항, 제89조 제4호, 국가재정법 제32조 및 제33조에 따른 것으로, 국무회의의 심의, 대통령의 승인 및 국회의 예산안 심의·확정을 위한 전 단계의 행위로서 국가기관간의 내부적 행위에 불과하므로, 헌법소원의 대상이 되는 '공권력의 행사'에 해당하지 않는다(헌재 2017.5.25. 2016헌마383).

ㄹ. [해당 O] [기소중지처분] 검사가 기소중지처분을 한 경우 그 피의사건의 피의자에게는 검사가 다시 사건을 재기하여 수사를 한 후 종국 처분을 하지 않는 한 범죄의 혐의자라는 법적인 불이익 상태가 그대로 존속된다고 할 것이므로, 만약 검사가 자의적으로 기소중지처분을 하였다면 그 사건의 피의자도 헌법상 보장된 자기의 평등권과 행복추구권 등이 침해되었음을 이유로 헌법소원을 제기할 수 있다(헌재 1997.2.20. 95헌마362). [재기불요처분] 재기불요처분은 실질적으로 그 결정시점에 있어서 제반사정 내지 사정변경 등을 감안한 새로운 기소중지처분으로 볼 수 있다. 따라서 검사의 기소중지처분이 헌법소원의 대상이 된다는 우리 재판소의 판례취지에 비추어 재기불요 처분도 헌법소원의 대상이 되는 공권력의 행사에 해당한다(헌재 1997.2.20. 95헌마362).

ㅁ. [해당 X] 불기소처분에 대한 검사의 재기결정이란 수사를 종결한 사건에 대하여 수사를 다시 개시하는 수사기관 내부의 의사결정에 불과하며 피의자에게 어떠한 의무를 부과하거나 피의자의 기본권에 직접적이고 구체적인 침해를 가하는 것이 아니므로 재기결정은 헌법소원의 대상이 되는 공권력의 행사라고 할 수 없다(헌재 1996.2.29. 96헌마32).

ㅂ. [해당 X] 지방자치단체장을 위한 별도의 퇴직급여제도를 마련하지 않은 것은 진정입법부작위에 해당하는데, 헌법상 지방자치단체장을 위한 퇴직급여제도에 관한 사항을 법률로 정하도록 위임하고 있는 조항은 존재하지 않는다. 나아가 지방자치단체장은 특정 정당을 정치적 기반으로 하여 선거에 입후보할 수 있고 선거에 의하여 선출되는 공무원이라는 점에서 헌법 제7조 제2항에 따라 신분보장이 필요하고 정치적 중립성이 요구되는 공무원에 해당한다고 보기 어려우므로 헌법 제7조의 해석상 지방자치단체장을 위한 퇴직급여제도를 마련하여야 할 입법적 의무가 도출된다고 볼 수 없고, 그 외에 헌법 제34조나 공무담임권 보장에 관한 헌법 제25조로부터 위와 같은 입법의무가 도출되지 않는다. 따라서 이 사건 입법부작위는 헌법소원의 대상이 될 수 없는 입법부작위를 그 심판대상으로 한 것으로 부적법하다(헌재 2014.6.26. 2012헌마459).

19 재판청구권 정답 ①

❶ [X] 보상액의 산정에 기초되는 사실인정이나 보상액에 관한 판단에서 오류나 불합리성이 발견되는 경우에도 그 시정을 구하는 불복신청을 할 수 없도록 하는 것은 재판청구권의 본질적 내용을 침해한다.

> 보상액의 산정에 기초되는 사실인정이나 보상액에 관한 판단에서 오류나 불합리성이 발견되는 경우에도 그 시정을 구하는 불복신청을 할 수 없도록 하는 것은 형사보상청구권 및 그 실현을 위한 기본권으로서의 재판청구권의 본질적 내용을 침해하는 것이라 할 것이고, 나아가 법적 안정성만을 지나치게 강조함으로써 재판의 적정성과 정의를 추구하는 사법제도의 본질에 부합하지 아니하는 것이다. 또한, 불복을 허용하더라도 즉시항고는 절차가 신속히 진행될 수 있고 사건 수도 과다하지 아니한데다 그 재판내용도 비교적 단순하므로 불복을 허용한다고 하여 상급심에 과도한 부담을 줄 가능성은 별로 없다고 할 것이어서, 이 사건 불복금지조항은 형사보상청구권 및 재판청구권을 침해한다고 할 것이다(헌재 2010.10.28. 2008헌마514).

② [O] 이 사건 압수물을 보관하는 것 자체가 위험하다고 볼 수 없을 뿐만 아니라 이를 보관하는 데 아무런 불편이 없는 물건임이 명백함에도 압수물에 대하여 소유권포기가 있다는 이유로 이를 사건종결 전에 폐기하였던바, 위와 같은 사법경찰관의 행위는 적법절차의 원칙을 위반하고, 청구인의 공정한 재판을 받을 권리를 침해한 것이다(헌재 2012.12.27. 2011헌마351).

③ [O] 직권면직처분을 받은 지방공무원이 그에 대해 불복할 경우 행정소송의 제기에 앞서 반드시 소청심사를 거치도록 규정한 것은 행정기관 내부의 인사행정에 관한 전문성 반영, 행정기관의 자율적 통제, 신속성 추구라는 행정심판의 목적에 부합한다. 소청심사제도에도 심사위원의 자격요건이 엄격히 정해져 있고, 임기와 신분이 보장되어 있는 등 독립성과 공정성이 확보되어 있으며, 증거조사절차나 결정절차 등 심리절차에 있어서도 사법절차가 상당 부분 준용되고 있다. 나아가 소청심사위원회의 결정기간은 엄격히 제한되어 있고, 행정심판전치주의에 대해 다양한 예외가 인정되고 있으며, 행정심판의 전치요건은 행정소송 제기 이전에 반드시 갖추어야 하는 것은 아니어서 전치요건을 구비하면서도 행정소송의 신속한 진행을 동시에 꾀할 수 있으므로, 이 사건 필요적 전치조항은 입법형성의 한계를 벗어나 재판청구권을 침해하거나 평등원칙에 위반된다고 볼 수 없다(헌재 2015.3.26. 2013헌바186).

④ [O] 한국과학기술원 또는 광주과학기술원의 설립목적의 특수성과 그 목적을 달성하기 위한 국가의 관리·감독 및 재정 지원, 사무의 공공성 내지 공익성 등을 고려할 때, 한국과학기술원 또는 광주과학기술원 교원의 신분을 국·공립학교의 교원의 그것과 동등한 정도로 보장하면서 한국과학기술원 교원의 임면권자이자 교원소청심사절차의 당사자인 한국과학기술원 총장이나 공공단체인 광주과학기술원이 교원소청심사결정에 대해 행정소송을 제기할 수 없도록 한 것을 두고 입법형성의 범위를 벗어났다고 보기 어렵다. 그렇다면 이 사건 구법 조항 또는 이 사건 신법 조항은 청구인의 재판청구권을 침해하여 헌법에 위반된다고 할 수 없다(헌재 2022.10.27. 2019헌바117).

20 평등권 정답 ④

① [O] 심판대상조항은 병역의무로 인하여 본인의 의사와 관계없이 징집·소집되어 적정한 보수를 받지 못하고 공무수행으로 복무한 기간을 공무원 초임호봉에 반영함으로써, 상대적으로 열악한 환경에서 병역의무를 이행한 공로를 금전적으로 보상하고자 함에 그 취지가 있다. 그런데 사회복무요원은 공익 수행을 목적으로 한 제도로 그 직무가 공무수행으로 인정되고, 본인의사에 관계없이 소집되며 현역병에 준하는 최소한의 보수만 지급됨에 반하여, 산업기능요원은 국가산업 육성을 목적으로 한 제도로 그 직무가 공무수행으로 인정되지 아니하고, 본인의사에 따라 편입 가능하며 근로기준법 및 최저임금법의 적용을 받는다. 심판대상조항은 이와 같은 실질적 차이를 고려하여 상대적으로 열악한 환경에서 병역의무를 이행한 것으로 평가되는 현역병 및 사회복무요원의 공로를 보상하도록 한 것으로 산업기능요원과의 차별취급에 합리적 이유가 있으므로, 청구인의 평등권을 침해하지 아니한다(헌재 2016.6.30. 2014헌마192).

② [O] 공무원의 근로조건을 정할 때에는 공무원의 국민전체에 대한 봉사자로서의 지위 및 직무의 공공성을 고려할 필요가 있고, 공무원의 경우 심판대상조항이 정하는 관공서의 공휴일 및 대체공휴일뿐만 아니라 '국가공무원 복무규정' 등에서 토요일도 휴일로 인정되므로, 공무원에게 부여된 휴일은 근로기준법상의 휴일제도의 취지에 부합한다고 볼 수 있다. 따라서 심판대상조항이 근로자의 날을 공무원의 유급휴일로 규정하지 않았다고 하여 일반근로자에 비해 현저하게 부당하거나 합리성이 결여되어 있다고 보기 어려우므로, 헌법재판소의 위 선례의 입장은 그대로 타당하고, 심판대상조항은 청구인들의 평등권을 침해한다고 볼 수 없다(헌재 2022.8.31. 2020헌마1025).

③ [O] 서울대의 법인화 필요성과 그 효과가 클 것으로 판단하여 서울대를 법인으로 전환하면서, 서울대에 재직 중이던 교직원의 신분에 변동이 생겼다 하더라도 이러한 차별에는 합리적인 이유가 인정되며, 일반행정 업무를 담당해 왔던 직원이 다른 부처로의 전출이 비교적 용이하다는 점을 고려하여 교원에게 직원보다 공무원 신분을 장기간 유지시켜 주는 것에도 합리적인 이유가 인정되므로, 청구인들의 평등권을 침해하지 아니한다(헌재 2014.4.24. 2011헌마612).

❹ [X] 결정으로써 한 법원의 재판에 대한 불복절차를 판결절차로 할 것인지, 아니면 결정절차로 할 것인지는 입법자의 광범위한 형성의 자유에 속하는 사항이다. 민사소송법상 항고는 결정에 대한 원칙적인 불복신청 방법인 점, 항고심은 속심적 성격을 가지고 회생절차에는 직권탐지주의가 적용되므로 변경회생계획인가 결정에 대하여 즉시항고를 제기한 경우 항고심법원으로서는 심문을 연 때에는 심문종결시까지, 심문을 열지 아니한 때에는 결정고지시까지 제출된 모든 자료를 토대로 1심 결정 혹은 항고이유의 당부를 판단하여야 하는 점을 고려하면, 변경회생계획인가결정에 대한 불복의 방식으로 '항고'의 방식을 선택한 불복방식 조항은 청구인들의 재판청구권을 침해한다고 볼 수 없다. 나아가 변경회생계획의 인가 여부에 대한 재판의 성질에 비추어 볼 때, 이에 대한 불복절차에서 대립당사자를 전제로 변론절차를 진행하는 것은 그 본질에 부합한다고 보기 어려워 그 불복방식을 통상의 결정에 대한 불복방식과 동일하게 '항고'로 정한 데에는 합리적인 이유가 있으므로, 불복방식 조항은 평등원칙에 위배된다고 볼 수 없다(헌재 2021.7.15. 2018헌바484).

21 국회의 위원회 정답 ①

❶ [×] 의원은 자문위원회의 자문위원이 될 수 없다.

> 「국회법」제46조의2【윤리심사자문위원회】① 다음 각
> 호의 사무를 수행하기 위하여 국회에 윤리심사자문위원회
> 를 둔다.
> 　1. 의원의 겸직, 영리업무 종사와 관련된 의장의 자문
> 　2. 의원 징계에 관한 윤리특별위원회의 자문
> 　3. 의원의 이해충돌 방지에 관한 사항
> ② 자문위원회는 위원장 1명을 포함한 8명의 자문위원으
> 로 구성하며, 자문위원은 각 교섭단체 대표의원의 추천에
> 따라 의장이 위촉한다.
> ⑥ 의원은 자문위원회의 자문위원이 될 수 없다.

② [○] 「국회법」제37조 제2항에 대한 옳은 내용이다.

> 제37조【상임위원회와 그 소관】② 의장은 어느 상임위원
> 회에도 속하지 아니하는 사항은 국회운영위원회와 협의하
> 여 소관상임위원회를 정한다.

③ [○] 「국회법」제37조 제1항에 대한 옳은 내용이다.

> 제37조【상임위원회와 그 소관】① 상임위원회의 종류와
> 소관 사항은 다음과 같다.
> 　2. 법제사법위원회
> 　　가. 법무부 소관에 속하는 사항
> 　　나. 법제처 소관에 속하는 사항
> 　　다. 감사원 소관에 속하는 사항
> 　　라. 고위공직자범죄수사처 소관에 속하는 사항
> 　　마. 헌법재판소 사무에 관한 사항
> 　　바. 법원·군사법원의 사법행정에 관한 사항
> 　　사. 탄핵소추에 관한 사항
> 　　아. 법률안·국회규칙안의 체계·형식과 자구의 심사에
> 　　　관한 사항

④ [○] 「국회법」제38조에 대한 옳은 내용이다.

> 제38조【상임위원회의 위원 정수】상임위원회의 위원 정수
> (定數)는 국회규칙으로 정한다. 다만, 정보위원회의 위원
> 정수는 12명으로 한다.

22 탄핵심판 정답 ④

① [○] 헌법재판소는 헌법 제65조의 직무행위의 개념을 넓게 해석하고
있다.

② [○] 헌법재판소는 헌법 제65조의 '헌법'과 '법률'의 개념도 넓게
해석하는 입장이다.

③ [○] 대통령에 대한 파면결정은, 국민이 선거를 통하여 대통령에게
부여한 '민주적 정당성'을 임기 중 다시 박탈하는 효과를 가지
며, 직무수행의 단절로 인한 국가적 손실과 국정 공백은 물론
이고, 국론의 분열현상, 즉 대통령을 지지하는 국민과 그렇지
않은 국민간의 분열과 반목으로 인한 정치적 혼란을 가져올 수
있다. 따라서 대통령에 대한 파면효과가 이와 같이 중대하다면,
파면결정을 정당화하는 사유도 이에 상응하는 중대성을 가져야

한다. '대통령을 파면할 정도로 중대한 법위반이 어떠한 것인
지'에 관하여 일반적으로 규정하는 것은 매우 어려운 일이나,
대통령의 직을 유지하는 것이 더 이상 헌법수호의 관점에서 용
납될 수 없거나 대통령이 국민의 신임을 배신하여 국정을 담당
할 자격을 상실한 경우에 한하여, 대통령에 대한 파면결정은
정당화되는 것이다(헌재 2004.5.14. 2004헌나1).

❹ [×] 지문은 보충의견의 견해이므로 옳지 않다.

> 대통령의 '직책을 성실히 수행할 의무'는 헌법적 의무에 해당
> 하지만, '헌법을 수호해야 할 의무'와는 달리 규범적으로 그
> 이행이 관철될 수 있는 성격의 의무가 아니므로 원칙적으로
> 사법적 판단의 대상이 되기는 어렵다. 대통령이 임기 중 성
> 실하게 직책을 수행하였는지 여부는 다음 선거에서 국민의
> 심판의 대상이 될 수 있다. 그러나 대통령 단임제를 채택한
> 현행 헌법하에서 대통령은 법적으로뿐만 아니라 정치적으로
> 도 국민에 대하여 직접적으로는 책임을 질 방법이 없고, 다
> 만 대통령의 성실한 직책수행 여부가 간접적으로 그가 소속
> 된 정당에 대하여 정치적 반사이익 또는 불이익을 가져다 줄
> 수 있을 뿐이다. 헌법 제65조 제1항은 탄핵사유를 '헌법이나
> 법률에 위배한 경우'로 제한하고 있고, 헌법재판소의 탄핵심
> 판절차는 법적 관점에서 단지 탄핵사유의 존부만을 판단하는
> 것이므로, 이 사건에서 청구인이 주장하는 것과 같은 세월호
> 참사 당일 피청구인이 직책을 성실히 수행하였는지 여부는
> 그 자체로 소추사유가 될 수 없어, 탄핵심판절차의 판단대상
> 이 되지 아니한다(헌재 2017.3.10. 2016헌나1).

23 환경권 정답 ④

① [○] 헌법 제35조 제1항은 환경권을 기본권의 하나로 승인하고 있
으므로, 사법의 해석과 적용에 있어서도 이러한 기본권이 충분
히 보장되도록 배려하여야 하나, 헌법상의 기본권으로서의 환
경권에 관한 위 규정만으로서는 그 보호대상인 환경의 내용과
범위, 권리의 주체가 되는 권리자의 범위 등이 명확하지 못하여
이 규정이 개개의 국민에게 직접으로 구체적인 사법상의 권리
를 부여한 것이라고 보기는 어렵고, 사법적 권리인 환경권을 인
정하면 그 상대방의 활동의 자유와 권리를 불가피하게 제약할
수밖에 없으므로, 사법상의 권리로서의 환경권이 인정되려면
그에 관한 명문의 법률규정이 있거나 관계 법령의 규정취지나
조리에 비추어 권리의 주체, 대상, 내용, 행사방법 등이 구체적
으로 정립될 수 있어야 한다(대결 1995.5.23. 94마2218).

② [○] 심판대상조항이 선거운동의 자유를 감안하여 선거운동을 위한
확성장치를 허용할 공익적 필요성이 인정된다고 하더라도 정
온한 생활환경이 보장되어야 할 주거지역에서 출근 또는 등교
이전 및 퇴근 또는 하교 이후 시간대에 확성장치의 최고출력
내지 소음을 제한하는 등 사용시간과 사용지역에 따른 수인한
도 내에서 확성장치의 최고출력 내지 소음 규제기준에 관한
규정을 두지 아니한 것은, 국민이 건강하고 쾌적하게 생활할
수 있는 양호한 주거환경을 위하여 노력하여야 할 국가의 의
무를 부과한 헌법 제35조 제3항에 비추어 보면, 적절하고 효
율적인 최소한의 보호조치를 취하지 아니하여 국가의 기본권
보호의무를 과소하게 이행한 것으로서, 청구인의 건강하고 쾌
적한 환경에서 생활할 권리를 침해하므로 헌법에 위반된다(헌
재 2019.12.27. 2018헌마730).

③ [O] '건강하고 쾌적한 환경에서 생활할 권리'를 보장하는 환경권의 보호대상이 되는 환경에는 자연환경뿐만 아니라 인공적 환경과 같은 생활환경도 포함되므로(환경정책기본법 제3조), 일상생활에서 소음을 제거·방지하여 '정온한 환경에서 생활할 권리'는 환경권의 한 내용을 구성한다(헌재 2019.12.27. 2018헌마730).

❹ [X] 생명·신체의 안전에 관한 권리는 인간의 존엄과 가치의 근간을 이루는 기본권일 뿐만 아니라, 헌법은 "모든 국민은 보건에 관하여 국가의 보호를 받는다."고 규정하여 질병으로부터 생명·신체의 보호 등 보건에 관하여 특별히 국가의 보호의무를 강조하고 있으므로(헌법 제36조 제3항), 국민의 생명·신체의 안전이 질병 등으로부터 위협받거나 받게 될 우려가 있는 경우 국가로서는 그 위험의 원인과 정도에 따라 사회·경제적인 여건 및 재정사정 등을 감안하여 국민의 생명·신체의 안전을 보호하기에 필요한 적절하고 효율적인 입법·행정상의 조치를 취하여 그 침해의 위험을 방지하고 이를 유지할 포괄적인 의무를 진다 할 것이다(헌재 2008.12.26. 2008헌마419 등).

24 국회의원의 불체포특권 정답 ④

① [X] 국회의원의 면책특권의 대상이 되는 행위는 직무상의 발언과 표결이라는 의사표현행위 자체에 국한되지 아니하고 이에 통상적으로 부수하여 행하여지는 행위까지 포함하고, 그와 같은 부수행위인지 여부는 결국 구체적인 행위의 목적, 장소, 태양 등을 종합하여 개별적으로 판단할 수밖에 없다(대판 1992.9.22. 91도3317).

② [X] 체포동의 요구서를 국회가 아닌 정부에 제출하여야 한다.

> 「국회법」 제26조 【체포동의 요청의 절차】 ① 의원을 체포하거나 구금하기 위하여 국회의 동의를 받으려고 할 때에는 관할법원의 판사는 영장을 발부하기 전에 체포동의 요구서를 정부에 제출하여야 하며, 정부는 이를 수리(受理)한 후 지체 없이 그 사본을 첨부하여 국회에 체포동의를 요청하여야 한다.

③ [X] 폐기되지 않고 그 이후에 최초로 개의하는 본회의에 상정하여 표결한다.

> 「국회법」 제26조 【체포동의 요청의 절차】 ② 의장은 제1항에 따른 체포동의를 요청받은 후 처음 개의하는 본회의에 이를 보고하고, 본회의에 보고된 때부터 24시간 이후 72시간 이내에 표결한다. 다만, 체포동의안이 72시간 이내에 표결되지 아니하는 경우에는 그 이후에 최초로 개의하는 본회의에 상정하여 표결한다.

❹ [O] 국회의원의 면책특권에 속하는 행위에 대하여는 공소를 제기할 수 없으며 이에 반하여 공소가 제기된 것은 결국 공소권이 없음에도 공소가 제기된 것이 되어 형사소송법 제327조 제2호의 '공소제기의 절차가 법률의 규정에 위반하여 무효인 때'에 해당되므로 공소를 기각하여야 한다(대판 1992.9.22. 91도3317).

25 사법권의 독립 정답 ①

❶ [X] 형사법상 법관에게 주어진 양형권한도 입법자가 만든 법률에 규정되어 있는 내용과 방법에 따라 그 한도내에서 재판을 통해 형벌을 구체화하는 것으로 볼 수 있다. 또한 검사의 약식명령청구사안이 적당하지 않다고 판단될 경우 법원은 직권으로 통상의 재판절차로 사건을 넘겨 재판절차를 진행시킬 수 있고 이 재판절차에서 법관이 자유롭게 형량을 결정할 수 있으므로 이러한 점들을 종합해보면 이 사건 법률조항에 의하여 법관의 양형결정권이 침해된다고 볼 수 없다(헌재 2005.3.31. 2004헌가27 등).

② [O] 해당 조문의 양심은 주관적 양심이 아닌 객관적 양심을 의미한다.

> 헌법 제103조 법관은 헌법과 법률에 의하여 그 양심에 따라 독립하여 심판한다.

③ [O] 구 법관징계법 제27조는 법관에 대한 대법원장의 징계처분 취소청구소송을 대법원에 의한 단심재판에 의하도록 규정하고 있는바, 이는 독립적으로 사법권을 행사하는 법관이라는 지위의 특수성과 법관에 대한 징계절차의 특수성을 감안하여 재판의 신속을 도모하기 위한 것으로 그 합리성을 인정할 수 있고, 대법원이 법관에 대한 징계처분 취소청구소송을 단심으로 재판하는 경우에는 사실확정도 대법원의 권한에 속하여 법관에 의한 사실확정의 기회가 박탈되었다고 볼 수 없으므로, 헌법 제27조 제1항의 재판청구권을 침해하지 아니한다(헌재 2012.2.23. 2009헌바34).

④ [O] 대법원은 헌법 제108조에 근거하여 입법권의 위임을 받아 규칙을 제정할 수 있다 할 것이고, 헌법 제75조에 근거한 포괄위임금지원칙은 법률에 이미 하위법규에 규정될 내용 및 범위의 기본사항이 구체적으로 규정되어 있어서 누구라도 당해 법률로부터 하위법규에 규정될 내용의 대강을 예측할 수 있어야 함을 의미하므로, 위임입법이 대법원규칙인 경우에도 수권법률에서 이 원칙을 준수하여야 함은 마찬가지이다(헌재 2016.6.30. 2013헌바27).

정답

p.32

01	②	Ⅱ	06	④	Ⅲ	11	②	Ⅳ	16	③	Ⅱ	21	①	Ⅱ
02	①	Ⅰ	07	④	Ⅱ	12	①	Ⅱ	17	①	Ⅱ	22	③	Ⅳ
03	③	Ⅲ	08	②	Ⅲ	13	④	Ⅱ	18	①	Ⅳ	23	②	Ⅰ
04	④	Ⅲ	09	④	Ⅰ	14	②	Ⅲ	19	③	Ⅳ	24	③	Ⅲ
05	④	Ⅰ	10	④	Ⅱ	15	①	Ⅱ	20	④	Ⅳ	25	④	Ⅱ

Ⅰ 헌법총론 / Ⅱ 기본권론 / Ⅲ 통치구조론 / Ⅳ 헌법재판론

취약 단원 분석표

단원	맞힌 답의 개수
Ⅰ	/ 4
Ⅱ	/ 10
Ⅲ	/ 6
Ⅳ	/ 5
TOTAL	/ 25

01 명확성의 원칙 정답 ②

위반되는 경우는 ㄹ, ㅅ이다.

ㄱ. [위반 ✕] 증액청구의 산정 기준이 되는 '약정한' 차임이나 보증금의 구체적 액수는 임대차계약을 통해 확인 가능하고, 차임과 보증금이 모두 존재할 경우 차임을 보증금으로 환산한 총 보증금을 산정 기준으로 삼는 것이 타당한 점, 임대인이 손해배상책임을 면할 수 있는 '정당한 사유'란, 임대인이 갱신거절 당시에는 예측할 수 없었던 것으로서 제3자에게 목적 주택을 임대할 수밖에 없었던 불가피한 사정을 의미하는 것으로 해석되는 점 등에 비추어 명확성원칙에 반하지 아니한다(헌재 2024.2.28. 2020헌마1343 등).

ㄴ. [위반 ✕] '그 밖에 국가의 회계사무를 처리하는 사람'을 회계관계직원의 범위에 포함한 것은 회계직원책임법 제2조 제1호 가목부터 차목까지 열거된 직명을 갖지 않는 사람이라도 관련 법령에 따라 국가의 회계사무를 처리하면 회계관계직원으로서의 책임을 지도록 하기 위한 것이다. 이러한 입법 취지에 비추어 보면 '그 밖에 국가의 회계사무를 처리하는 사람'이란 회계직원책임법 제2조 제1호 가목부터 차목까지에 열거된 직명을 갖지 않는 사람이라도 실질적으로 그와 유사한 회계관계업무를 처리하는 사람으로, 그 업무를 전담하는지 여부나 직위의 높고 낮음은 불문함을 예측할 수 있다. 따라서 회계직원책임법 제2조 제1호 카목 및 이를 구성요건으로 하고 있는 이 사건 특정범죄가중법 조항은 죄형법정주의의 명확성원칙에 위배되지 아니한다(헌재 2024.4.25. 2021헌바21).

ㄷ. [위반 ✕] 금지조항이 규정한 '부득이한 사정'이란 사회통념상 차로로의 통행을 기대하기 어려운 특별한 사정을 의미한다고 해석된다. 건전한 상식과 통상적인 법감정을 가진 수범자는 금지조항이 규정한 부득이한 사정이 어떠한 것인지 충분히 알 수 있고, 법관의 보충적인 해석을 통하여 그 의미가 확정될 수 있다. 그러므로 금지조항 중 '부득이한 사정' 부분은 죄형법정주의의 명확성원칙에 위배되지 않는다(헌재 2021.8.31. 2020헌바100).

ㄹ. [위반 ○] 「국가공무원법」 조항 중 '그 밖의 정치단체'에 관한 부분은, '그 밖의 정치단체'라는 불명확한 개념을 사용하고 있어, 표현의 자유를 규제하는 법률조항, 형벌의 구성요건을 규정하는 법률조항에 대하여 헌법이 요구하는 명확성원칙의 엄격한 기준을 충족하지 못하였다(헌재 2020.04.23. 2018헌마551).

ㅁ. [위반 ✕] '건조물'이란 주위벽 또는 기둥과 지붕 또는 천정으로 구성된 구조물로서 사람이 기거하거나 출입할 수 있는 장소를 말하고 그 위요지를 포함하며, 위요지는 건조물에 필수적으로 부속하는 부분으로서 그 관리인에 의하여 일상생활에서 감시·관리가 예정되어 있고 건조물에 대한 사실상의 평온을 보호할 필요성이 있는 부분을 말한다. 위요지가 되기 위해서는 건조물에 인접한 그 주변 토지로서 관리자가 외부와의 경계에 문과 담 등을 설치하여 그 토지가 건조물의 이용을 위하여 제공되었다는 것이 명확히 드러나야 하므로 법 집행기관이 심판대상조항을 자의적으로 해석할 염려가 없다. 따라서 심판대상조항이 죄형법정주의의 명확성 원칙에 위배된다고 볼 수 없다(헌재 2020.9.24. 2018헌바383).

ㅂ. [위반 ✕] 심판대상조항의 문언, 입법목적과 연혁, 관련 규정과의 관계 및 법원의 해석 등을 종합하여 볼 때, 심판대상조항에서 '제44조 제1항을 2회 이상 위반한 사람'이란 '2006.6.1. 이후 「도로교통법」 제44조 제1항을 위반하여 술에 취한 상태에서 운전을 하였던 사실이 인정되는 사람으로서, 다시 같은 조 제1항을 위반하여 술에 취한 상태에서 운전한 사람'을 의미함을 충분히 알 수 있으므로, 심판대상조항은 죄형법정주의의 명확성원칙에 위반되지 아니한다(헌재 2021.11. 25. 2019헌바446).

ㅅ. [위반 ○] 공공수역에 다량의 토사를 유출하거나 버려 상수원 또는 하천·호소를 현저히 오염되게 한 자를 처벌하는 이 사건 벌칙규정이나 관련 법령 어디에도 '토사'의 의미나 '다량'의 정도, '현저히 오염'되었다고 판단할 만한 기준에 대하여 아무런 규정도 하지 않고 있으므로, 일반 국민으로서는 자신의 행위가 처벌대상인지 여부를 예측하기 어렵고, 감독 행정관청이나 법관의 자의적인 법해석과 집행을 초래할 우려가 매우 크므로 이 사건 벌칙규정은 죄형법정주의의 명확성원칙에 위배된다(헌재 2013.7.25. 2011헌가26).

02 개인정보자기결정권 정답 ①

❶ [×] 혼인무효판결을 받아 등록부를 정정한 경우 정정된 등록부를 보존하고 재작성을 제한하는 것은, 가족관계등록제도의 제도적 목적 달성을 위한 것이며, 혼인이 처음부터 효력이 없게 되었다고 하여 그에 관한 기록을 보존할 필요가 없게 되는 것은 아니기 때문이다. 혼인에는 「민법」에서 규정하는 일반적 효력이 인정되는 외에, 혼인관계로 형성된 배우자 또는 친족의 지위에 따라 여러 개별 법률에서 정한 특별한 규정이 적용되고, 이는 혼인의 당사자 사이에서 형성되는 법률관계에만 관련되는 것이 아니라 제3자에 대한 관계에서도 문제가 되는바, 법률관계를 안정시키고 명확히 하기 위하여 공적 증명이 필요한 경우가 있을 수 있으므로, 과거 형식적으로 성립하였으나 무효가 된 혼인에 관한 등록부 기록사항의 보존은 원칙적으로 필요하다. 심판대상조항은 청구인의 개인정보를 새로이 수집·관리하는 것이 아니고, 그러한 정보는 법령에 따른 교부 청구 등이 없는 한 공개되지 아니하므로, 심판대상조항으로 인하여 청구인이 입는 불이익이 중대하다고 보기는 어렵다. 반면, 심판대상조항이 가족관계의 변동에 관한 진실성을 담보하는 공익은 훨씬 중대하다고 할 것이므로 심판대상조항은 법익균형성이 인정된다. 따라서 심판대상조항은 과잉금지원칙을 위반하여 청구인의 개인정보자기결정권을 침해하지 않는다(헌재 2024.1.25. 2020헌바65).

② [O] 이 사건 심판대상조항은 감염병이 유행하고 신속한 방역조치가 필요한 예외적인 상황에서 일시적이고 한시적으로 적용되는 점에서 개인정보자기결정권 제한의 효과가 제한적인 반면, 인적사항에 관한 정보를 이용한 적시적이고 효과적인 방역대책은 국민의 생명과 건강을 보호하기 위하여 필요할 뿐 아니라, 사회적·경제적인 손실 방지를 위하여도 필요한 것인 점에서 그 공익의 혜택 범위와 효과가 광범위하고 중대하다. 그러므로 이 사건 심판대상조항은 과잉금지원칙에 반하여 청구인의 개인정보자기결정권을 침해하지 않는다(헌재 2024.4.25. 2020헌마1028).

③ [O] 개인정보자기결정권은 자신에 관한 정보가 언제 누구에게 어느 범위까지 알려지고 또 이용되도록 할 것인지를 그 정보주체가 스스로 결정할 수 있는 권리이다. 개인정보자기결정권의 보호대상이 되는 개인정보는 개인의 신체, 신념, 사회적 지위, 신분 등과 같이 개인의 인격주체성을 특징짓는 사항으로서 그 개인을 식별할 수 있게 하는 일체의 정보라고 할 수 있다(헌재 2015.12.23. 2013헌바68 등).

④ [O] 정보화사회로의 이러한 급속한 진전에 직면하여 개인정보 보호의 필요성은 날로 증대하고 있다고 볼 때, 국가권력에 의하여 개인정보자기결정권을 제한함에 있어서는 개인정보의 수집·보관·이용 등의 주체, 목적, 대상 및 범위 등을 법률에 구체적으로 규정함으로써 그 법률적 근거를 보다 명확히 하는 것이 바람직하다. 그러나 개인정보의 종류와 성격, 정보처리의 방식과 내용 등에 따라 수권법률의 명확성 요구의 정도는 달라진다 할 것이고, 일반적으로 볼 때 개인의 인격에 밀접히 연관된 민감한 정보일수록 규범명확성의 요청은 더 강해진다고 할 수 있다(헌재 2005.7.21. 2003헌마282 등).

03 선거권 정답 ③

① [O] 심판대상조항은 보통선거원칙을 구현하기 위한 선거권연령이 「공직선거법」 제15조 제2항에 별도로 구체적으로 정해져 있음을 전제로 하여, 그 연령을 산정하는 기준일을 규정한다. 따라서 심판대상조항의 합리성 유무는 심판대상조항에 따라 선거권이 있는 사람과 없는 사람을 명확하게 가를 수 있는지 여부에 좌우된다. 선거일은 「공직선거법」 제34조 내지 제36조에 명확하게 규정되어 있고 심판대상조항은 선거일 현재를 선거권연령 산정 기준일로 규정하고 있으므로, 국민 각자의 생일을 기준으로 선거권의 유무를 명확하게 판단할 수 있다. 심판대상조항과 달리 선거권연령 산정 기준일을 선거일 이전이나 이후의 특정한 날로 정할 경우, 이를 구체적으로 언제로 할지에 관해 자의적인 판단이 개입될 여지가 있고, 공직선거법 제15조 제2항이 개정되어 선거권연령 자체가 18세로 하향 조정된 점까지 아울러 고려하면, 심판대상조항은 입법형성권의 한계를 벗어나 청구인의 선거권이나 평등권을 침해하지 않는다(헌재 2021.9.30. 2018헌마300).

② [O] 우리 헌법은 법률이 정하는 바에 따른 '선거권'과 '공무담임권' 및 국가안위에 관한 중요정책과 헌법개정에 대한 '국민투표권'만을 헌법상의 참정권으로 보장하고 있으므로, 지방자치법 제13조의2에서 규정한 주민투표권은 그 성질상 선거권, 공무담임권, 국민투표권과 전혀 다른 것이어서 이를 법률이 보장하는 참정권이라고 할 수 있을지언정 헌법이 보장하는 참정권이라고 할 수는 없다(헌재 2001.6.28. 2000헌마735).

❸ [×] 구 「공직선거법」은 제69조나 제70조를 두어 선거운동기간 중 소속정당의 정강·정책이나 후보자의 정견 등을 전국적인 영향력을 발휘하는 매체인 신문광고나 방송광고 등을 통해 유권자에게 알릴 수 있도록 하고 있는바, 비례대표국회의원후보자에게 공개장소에서의 연설이나 대담을 금지하고 있더라도 이것이 선거운동의 자유를 침해하는 것이라고 볼 수 없다. … 구 「공직선거법」과 현행 「공직선거법」은 선거기간 전에는 정당의 통상적인 활동을 통해, 선거기간 중에는 통상적인 정당활동과 정당의 비례대표국회의원선거에 허용되는 선거운동방법을 통해 그 정강이나 정책을 유권자에게 알릴 수 있도록 제도적 장치를 마련하고 있으므로 지역구국회의원후보자에게 허용하는 일정한 선거운동방법을 정당에게 허용하지 않는다 하여 이것이 정당활동의 자유를 침해하는 것이라고 볼 수는 없다(헌재 2006.7.27. 2004헌마217).

④ [O] 보통선거의 원칙은 선거권자의 능력, 재산, 사회적 지위 등의 실질적인 요소를 배제하고 일정한 연령에 도달한 사람이라면 누구라도 당연히 선거권을 갖는 것을 요구하는데, 그 전제로서 일정한 연령에 이르지 못한 국민에 대하여는 선거권을 제한하는바, 연령에 의하여 선거권을 제한하는 것은 국정 참여 수단으로서 선거권 행사는 일정한 수준의 정치적인 판단능력이 전제되어야 하기 때문이다(헌재 2013.7.25. 2012헌마174).

04 지방자치제도 정답 ④

① [O] 「지방자치법」 제4조 제1항에 규정된 지방자치단체의 구역은 주민·자치권과 함께 지방자치단체의 구성요소로서 자치권을 행사할 수 있는 장소적 범위를 말하며, 자치권이 미치는 관할 구역의 범위에는 육지는 물론 바다도 포함되므로, 공유수면에 대한 지방자치단체의 자치권한이 존재한다(헌재 2006.8.31. 2003헌라1).

② [O] 공유수면이 매립됨으로써 상실되는 어업권 등은 보상 등을 통해 보전되었으므로, 공유수면의 관할권을 가지고 있던 지방자치단체이든 그 외의 경쟁 지방자치단체이든 새로 생긴 매립지에 대하여는 중립적이고 동등한 지위에 있다 할 것이다. 공유수면의 매립은 막대한 사업비와 장기간의 시간 등이 투입될 뿐 아니라 해당 해안지역의 갯벌 등 가치 있는 자연자원의 상실 내지 환경의 파괴를 동반하는 등 국가 전체적으로 중대한 영향을 미치는 사업이고, 공유수면의 이용과 매립지의 이용은 그 구체적인 내용에 있어서도 상당히 다르므로, 공유수면의 경계를 그대로 매립지의 '종전' 경계로 인정하기는 어렵다(헌재 2020.7.16. 2015헌라3).

③ [O] 「지방자치법」 제32조 제1항에 대한 옳은 내용이다.

> **제32조 【조례와 규칙의 제정 절차 등】** ① 조례안이 지방의회에서 의결되면 지방의회의 의장은 의결된 날부터 5일 이내에 그 지방자치단체의 장에게 이송하여야 한다.

❹ [X] 지방자치단체의 장으로부터 조례안에 대한 재의요구를 받은 지방의회가 재의에 부쳐 재적의원 과반수의 출석과 출석의원 3분의 2 이상의 찬성으로 전과 같은 의결을 하면 조례안은 조례로서 확정된다(「지방자치법」 제32조 제4항).

05 조약 정답 ④

ㄱ, ㄴ, ㄷ, ㄹ 모두 옳은 설명이다.

ㄱ. [O] '대한민국과 일본국간의 어업에 관한 협정'은 우리나라 정부가 일본 정부와의 사이에서 어업에 관해 체결·공포한 조약으로서 헌법 제6조 제1항에 의하여 국내법과 같은 효력을 가지므로, 그 체결행위는 고권적 행위로서 '공권력의 행사'에 해당한다(헌재 2001.3.21. 99헌마139).

ㄴ. [O] 1994년 관세 및 무역에 관한 일반협정(GATT) 제3조 제1항·제4항에 의하면, 수입산품의 국내판매에 불리한 영향을 주는 법률, 규칙 및 요건 등이 국내생산을 보호하기 위하여 수입산품 또는 국내산품에 적용되어서는 아니 되고, 수입국이 법률, 규칙 및 요건에 의하여 수입산품에 대하여 국내의 동종물품에 비해 경쟁관계에 불리한 영향을 미칠 수 있는 차별적인 대우를 하여서는 안 된다고 해석된다. 학교급식을 위해 우수농산물, 즉 전라북도에서 생산되는 우수농산물등을 우선적으로 사용하도록 하고 그러한 우수농산물을 사용하는 자를 선별하여 식재료나 식재료 구입비의 일부를 지원하며 지원을 받은 학교는 지원금을 반드시 우수농산물을 구입하는 데 사용하도록 하는 것을 내용으로 하고 있는 전라북도급식조례는 위 각 조항에 위반된다(대판 2005.9.9. 2004추10).

ㄷ. [O] '대한민국과 아메리카합중국 간의 상호방위조약 제4조에 의한 시설과 구역 및 대한민국에서의 합중국군대의 지위에 관한 협정'은 그 명칭이 '협정'으로 되어 있어 국회의 관여 없이 체결되는 행정협정처럼 보이기도 하나 우리나라의 입장에서 볼 때에는 외국군대의 지위에 관한 것이고, 국가에게 재정적 부담을 지우는 내용과 근로자의 지위, 미군에 대한 형사재판권, 민사청구권 등 입법사항을 포함하고 있으므로 국회의 동의를 요하는 조약으로 취급되어야 한다(헌재 1999.4.29. 97헌가14).

ㄹ. [O] '마라케쉬협정'도 적법하게 체결되어 공포된 조약이므로 국내법과 같은 효력을 갖는 것이어서 그로 인하여 새로운 범죄를 구성하거나 범죄자에 대한 처벌이 가중된다고 하더라도 이것은 국내법에 의하여 형사처벌을 가중한 것과 같은 효력을 갖게 되는 것이다. 따라서 마라케쉬협정에 의하여 관세법 위반자의 처벌이 가중된다고 하더라도 이를 들어 법률에 의하지 아니한 형사처벌이라거나 행위시의 법률에 의하지 아니한 형사처벌이라고 할 수 없다(헌재 1998.11.26. 97헌바65).

06 법원 정답 ④

① [X] 명령이나 규칙이 헌법이나 법률에 위반함을 인정하는 경우 전원합의체에서 의결한다.

> **「법원조직법」 제7조 【심판권의 행사】** ① 대법원의 심판권은 대법관 전원의 3분의 2 이상의 합의체에서 행사하며, 대법원장이 재판장이 된다. 다만, 대법관 3명 이상으로 구성된 부에서 먼저 사건을 심리하여 의견이 일치한 경우에 한정하여 다음 각 호의 경우를 제외하고 그 부에서 재판할 수 있다.
> 1. 명령 또는 규칙이 헌법에 위반된다고 인정하는 경우
> 2. 명령 또는 규칙이 법률에 위반된다고 인정하는 경우
> 3. 종전에 대법원에서 판시한 헌법·법률·명령 또는 규칙의 해석적용에 관한 의견을 변경할 필요가 있다고 인정하는 경우
> 4. 부에서 재판하는 것이 적당하지 아니하다고 인정하는 경우

② [X] 법관은 탄핵 또는 금고 이상의 형의 선고에 의하지 아니하고는 파면되지 아니한다.

> **헌법 제106조** ① 법관은 탄핵 또는 금고 이상의 형의 선고에 의하지 아니하고는 파면되지 아니하며, 징계처분에 의하지 아니하고는 정직·감봉 기타 불리한 처분을 받지 아니한다.

③ [X] 법원의 결정으로 공개하지 아니할 수 있다.

> **헌법 제109조** 재판의 심리와 판결은 공개한다. 다만, 심리는 국가의 안전보장 또는 안녕질서를 방해하거나 선량한 풍속을 해할 염려가 있을 때에는 법원의 결정으로 공개하지 아니할 수 있다.

❹ [O] 「법원조직법」 제8조에 대한 옳은 내용이다.

> **제8조 【상급심 재판의 기속력】** 상급법원 재판에서의 판단은 해당 사건에 관하여 하급심(下級審)을 기속(羈束)한다.

07 교육을 받을 권리   정답 ④

① [O] 헌법 제31조 제1항에 의하여 국가에게 능력에 따라 균등한 교육의 기회를 보장할 의무가 부여되어 있다 하더라도 이로부터 군인이 자기계발을 위하여 해외유학하는 경우에 그 교육비를 청구할 수 있는 권리가 도출된다고 할 수는 없다(헌재 2009.4.30. 2007헌마290).

② [O] 의무교육에 필요한 학교용지의 부담금을 개발사업지역 내 주택의 수분양자들에게 부과·징수하는 것은 의무교육의 무상원칙에 위배된다.

③ [O] 2022학년도 수능은 문·이과 구분을 폐지하는 2015 개정 교육과정의 취지에 따라 통합형으로 구성되고 탐구영역에서 사회탐구, 과학탐구 구분 없이 17개 과목 중 최대 2개 과목을 응시할 수 있어, 수험생들이 선택할 수 있는 탐구과목의 조합이 크게 늘어나게 되었다. 서울대학교는 수험생들이 다양한 조합으로 시험에 응시할수록 응시한 과목의 응시생 수, 문항별 난이도에 따라 표준점수가 달라질 수 있어 수능 표준점수로만 지원자의 수학능력을 평가하기 어렵다는 점을 감안하고, 다양성을 장려하는 2015 개정 교육과정의 취지를 살려 학생들의 적극적인 교과이수를 권장하기 위하여 정시모집 수능위주전형에서 교과이수 내용에 대한 평가를 강화하였다. 교과이수 가산점은 2015 개정 교육과정의 내실 있는 운영이라는 공익을 추구하면서도, 국가교육과정 외 교육과정을 운영하는 고교에 대해서는 교육과정 편성을 바탕으로 별도 기준을 적용하고, 2015 개정 교육과정을 이수할 수 없는 2020년 2월 이전 고등학교 졸업자, 검정고시 출신자, 외국 소재 고등학교 졸업자 등의 경우에는 '모집단위별 지원자의 가산점 분포를 고려하여 모집단위 내 수능점수 순위에 상응하는 가산점'을 부여하며, 국내 고교 졸업(예정)자 중 6개 학기 미만을 이수한 자의 경우 유형[Ⅱ] 기준 충족 여부를 우선 반영하고 이를 충족하지 못할 경우 검정고시 출신자 등과 같이 '모집단위별 지원자의 가산점 분포를 고려하여 모집단위 내 수능점수 순위에 상응하는 가산점'을 부여하고 있다. 이는 2015 개정 교육과정을 따를 수 없는 지원자의 유형별로 동등한 기회를 제공하는 취지로 이해된다. 결국 이 사건 가산점 사항은 청구인을 불합리하게 차별하여 균등하게 교육받을 권리를 침해하는 것이라고 볼 수 없다(헌재 2022.3.31. 2021헌마1230).

❹ [X] 교육받을 권리에 기초하여 교육기회 보장을 위한 국가의 적극적 행위를 요구할 수 있다고 하더라도, 이는 학교교육을 받을 권리로서 그에 필요한 교육시설 및 제도 마련을 요구할 권리이지 특정한 교육제도나 교육과정을 요구할 권리는 아니며, 학교교육이라는 국가의 공교육 급부의 형성과정에 균등하게 참여할 권리로서의 참여권이 내포되어 있다고 할 수 없다(헌재 2019.11.28. 2018헌마1153).

08 대통령   정답 ②

① [O] 「공직선거법」 제16조 제1항에 대한 옳은 내용이다.

> **제16조 【피선거권】** ① 선거일 현재 5년 이상 국내에 거주하고 있는 40세 이상의 국민은 대통령의 피선거권이 있다. 이 경우 공무로 외국에 파견된 기간과 국내에 주소를 두고 일정기간 외국에 체류한 기간은 국내거주기간으로 본다.

❷ [X] 임기만료 70일 내지 40일 전에 후임자를 선거한다.

> **헌법 제68조** ① 대통령의 임기가 만료된 때에는 임기만료 70일 내지 40일 전에 후임자를 선거한다.

③ [O] 헌법 제53조 제3항에 대한 옳은 내용이다.

> **제53조** ③ 대통령은 법률안의 일부에 대하여 또는 법률안을 수정하여 재의를 요구할 수는 없다.

④ [O] 대통령이 위헌적인 재신임 국민투표를 단지 제안만 하였을 뿐 강행하지는 않았으나, 헌법상 허용되지 않는 재신임 국민투표를 국민들에게 제안한 것은 그 자체로서 헌법 제72조에 반하는 것으로 헌법을 실현하고 수호해야 할 대통령의 의무를 위반한 것이다(헌재 2004.5.14. 2004헌나1).

09 국제질서   정답 ④

① [X] 지급거절될 것을 예견하고 수표를 발행한 사람이 그 수표의 지급제시기일에 수표금이 지급되지 아니하게 한 경우 수표의 발행인을 처벌하도록 규정한 이 사건 법률조항에서 규정하고 있는 부정수표 발행행위는 지급제시될 때에 지급거절될 것을 예견하면서도 수표를 발행하여 지급거절에 이르게 하는 것으로 그 보호법익은 수표거래의 공정성이며 결코 '계약상 의무의 이행불능만을 이유로 구금'되는 것이 아니므로 국제법 존중주의에 입각한다 하더라도 국제연합 인권규약 제11조의 명문에 정면으로 배치되는 것이 아니다(헌재 2001.4.26. 99헌가13).

② [X] 평화적 생존권이란 이름으로 주장하고 있는 평화란 헌법의 이념 내지 목적으로서 추상적인 개념에 지나지 아니하고, 평화적 생존권은 이를 헌법에 열거되지 아니한 기본권으로서 특별히 새롭게 인정할 필요성이 있다거나 그 권리내용이 비교적 명확하여 구체적 권리로서의 실질에 부합한다고 보기 어려워 헌법상 보장된 기본권이라고 할 수 없다(헌재 2009.5.28. 2007헌마369).

③ [X] 대한민국과 일본국간의 어업에 관한 협정은 우리나라 정부가 일본국정부와의 사이에서 어업에 관하여 체결·공포한 조약으로서 헌법 제6조 제1항에 의하여 국내법과 같은 효력을 가지므로, 그 체결행위는 고권적 행위로서 '공권력의 행사'에 해당한다.

❹ [O] 헌법재판소법 제68조 제2항은 심판대상을 '법률'로 규정하고 있으나, 여기서의 '법률'에는 '조약'이 포함된다고 볼 것이다. 이 사건 조항은 각 국회의 동의를 얻어 체결된 것이므로 헌법 제6조 제1항에 따라 국내법적 효력을 가지며, 그 효력의 정도는 법률에 준하는 효력이라고 이해된다. 한편 이 사건 조항은 재판권 면제에 관한 것이므로 성질상 국내에 바로 적용될 수 있는 법규범으로서 위헌법률심판의 대상이 된다고 할 것이다(헌재 2001.9.27. 2000헌바20).

| 10 | 일반적 행동자유권 | 정답 ④ |

① [X] 대면확인조항은 범죄 수사 및 예방을 위하여 등록대상자들이 관할경찰관서의 장과 정기적으로 직접 대면하여 신상정보의 진위 및 변경 여부를 확인받도록 하는 것인데, 연 1회 등록정보의 변경 여부만을 확인하도록 한 구 성폭력특례법 제35조 제3항과 제출조항만으로는 신상정보의 최신성을 확보하는 데 한계가 있고, 등록대상자가 대면확인을 거부하더라도 처벌받지 않으므로 등록대상자는 국가의 신상정보 등록제도 운영에 협력하는 정도의 부담만을 지게 되는 것이어서 그로 인하여 등록대상자가 입는 불이익이 크다고 할 수 없다. 따라서 대면확인조항은 청구인의 일반적 행동자유권 및 개인정보자기결정권을 침해하지 않는다(헌재 2016.3.31. 2014헌마457).

② [X] 이른바 계약자유의 원칙이란 계약을 체결할 것인가의 여부, 체결한다면 어떠한 내용의, 어떠한 상대방과의 관계에서, 어떠한 방식으로 계약을 체결하느냐 하는 것도 당사자 자신이 자기의 사로 결정하는 자유뿐만 아니라, 원치 않으면 계약을 체결하지 않을 자유를 말하여, 이는 헌법상의 행복추구권 속에 함축된 일반적 행동자유권으로부터 파생되는 것이라 할 것이다(헌재 1991.6.3. 89헌마204).

③ [X] 주취 중 운전금지규정을 3회 위반한 경우 운전면허를 필요적으로 취소하도록 규정한 것은 과잉금지의 원칙에 반하여 직업의 자유 내지 일반적 행동의 자유를 침해하지 아니한다(헌재 2006.5.25. 2005헌바91).

❹ [O] 기부행위의 제한은 부정한 경제적 이익을 제공함으로써 유권자의 자유의사를 왜곡시키는 행위를 범죄로 처벌하여 선거의 공정성을 보장하기 위한 규정으로 입법목적의 정당성 및 기본권 제한 수단의 적절성이 인정된다. 그리고 공직선거법 제113조 제1항 중 '후보자가 되고자 하는 자' 부분은 모든 기부행위를 언제나 금지하는 것이 아니고, 기부행위가 제112조 제2항 각 호의 예외사유에 해당하거나 정당행위로서 사회상규에 위배되지 아니하면 위법성이 조각되어 허용될 수도 있는 점 등을 감안하면 최소침해성 요건을 갖추었다. 선거의 공정이 훼손되는 경우 후보자 선택에 관한 민의가 왜곡되고 대의민주주의제도 자체가 위협을 받을 수 있는 점을 감안하면 법익 균형성 요건도 준수하였다. 따라서 이 사건 법률조항은 일반적 행동자유권 등을 침해하지 아니한다(헌재 2014.2.27. 2013헌바106).

| 11 | 정당해산심판 | 정답 ② |

① [O] 정당해산심판절차에서는 재심을 허용하지 아니함으로써 얻을 수 있는 법적 안정성의 이익보다 재심을 허용함으로써 얻을 수 있는 구체적 타당성의 이익이 더 크므로 재심을 허용하여야 한다(헌재 2016.5.26. 2015헌아20).

❷ [X] 우리 헌법 제8조 제4항이 의미하는 민주적 기본질서는, 개인의 자율적 이성을 신뢰하고 모든 정치적 견해들이 각각 상대적 진리성과 합리성을 지닌다고 전제하는 다원적 세계관에 입각한 것이다.

[1] 우리 헌법 제8조 제4항이 의미하는 민주적 기본질서는, 개인의 자율적 이성을 신뢰하고 모든 정치적 견해들이 각각 상대적 진리성과 합리성을 지닌다고 전제하는 다원적 세계관에 입각한 것으로서, 모든 폭력적·자의적 지배를 배제하고, 다수를 존중하면서도 소수를 배려하는 민주적 의사결정과 자유·평등을 기본원리로 하여 구성되고 운영되는 정치적 질서를 말하며, 구체적으로는 국민주권의 원리, 기본적 인권의 존중, 권력분립제도, 복수정당제도 등이 현행헌법상 주요한 요소라고 볼 수 있다.

[2] 헌법 제8조 제4항의 민주적 기본질서 개념은 정당해산결정의 가능성과 긴밀히 결부되어 있다. 이 민주적 기본질서의 외연이 확장될수록 정당해산결정의 가능성은 확대되고, 이와 동시에 정당 활동의 자유는 축소될 것이다. 민주 사회에서 정당의 자유가 지니는 중대한 함의나 정당해산심판제도의 남용가능성 등을 감안한다면, 헌법 제8조 제4항의 민주적 기본질서는 최대한 엄격하고 협소한 의미로 이해해야 한다.

[3] 따라서 민주적 기본질서를 현행헌법이 채택한 민주주의의 구체적 모습과 동일하게 보아서는 안 된다. 정당이 위에서 본 바와 같은 민주적 기본질서, 즉 민주적 의사결정을 위해서 필요한 불가결한 요소들과 이를 운영하고 보호하는 데 필요한 최소한의 요소들을 수용한다면, 현행헌법이 규정한 민주주의 제도의 세부적 내용에 관해서는 얼마든지 그와 상이한 주장을 개진할 수 있는 것이다.

[4] 마찬가지로, 민주적 기본질서를 부정하지 않는 한 정당은 각자가 옳다고 믿는 다양한 스펙트럼의 이념적인 지향을 자유롭게 추구할 수 있다. 오늘날 정당은 자유민주주의 이념을 추구하는 정당에서부터 공산주의 이념을 추구하는 정당에 이르기까지 그 이념적 지향점이 매우 다양하므로, 어떤 정당이 특정 이념을 표방한다 하더라도 그 정당의 목적이나 활동이 앞서 본 민주적 기본질서의 내용들을 침해하는 것이 아닌 한 그 특정 이념의 표방 그 자체만으로 곧바로 위헌적인 정당으로 볼 수는 없다. 정당해산 여부를 결정하는 문제는 결국 그 정당이 표방하는 정치적 이념이 무엇인지가 아니라 그 정당의 목적이나 활동이 민주적 기본질서에 위배되는지 여부에 달려있기 때문이다(헌재 2014.12.19. 2013헌다1).

③ [O] 헌법재판소의 해산결정으로 정당이 해산되는 경우에 그 정당 소속 국회의원이 의원직을 상실하는지에 대하여 명문의 규정은 없으나, 정당해산심판제도의 본질은 민주적 기본질서에 위배되는 정당을 정치적 의사형성과정에서 배제함으로써 국민을 보호하는 데에 있는데 해산정당 소속 국회의원의 의원직을 상실시키지 않는 경우 정당해산결정의 실효성을 확보할 수 없게 되므로, 이러한 정당해산제도의 취지 등에 비추어 볼 때 헌법재판소의 정당해산결정이 있는 경우 그 정당 소속 국회의원의 의원직은 당선 방식을 불문하고 모두 상실되어야 한다(헌재 2014.12.19. 2013헌다1).

④ [O] 헌법 제8조 제4항에서 말하는 민주적 기본질서의 위배란, 민주적 기본질서에 대한 단순한 위반이나 저촉을 의미하는 것이 아니라, 민주 사회의 불가결한 요소인 정당의 존립을 제약해야 할 만큼 그 정당의 목적이나 활동이 우리 사회의 민주적 기본질서에 대하여 실질적인 해악을 끼칠 수 있는 구체적 위험성을 초래하는 경우를 가리킨다(헌재 2014.12.19. 2013헌다1).

12 양심의 자유 　　　　　　　정답 ①

❶ [X] 비군사적 성격을 갖는 복무도 입법자의 형성에 따라 병역의무의 내용에 포함될 수 있고, 대체복무제는 그 개념상 병역종류조항과 밀접한 관련을 갖는다. 따라서 병역종류조항에 대한 이 사건 심판청구는 입법자가 아무런 입법을 하지 않은 진정입법부작위를 다투는 것이 아니라, 입법자가 병역의 종류에 관하여 입법은 하였으나 그 내용이 양심적 병역거부자를 위한 대체복무제를 포함하지 아니하여 불완전·불충분하다는 부진정입법부작위를 다투는 것이라고 봄이 상당하다(헌재 2018.6.28. 2011헌바379 등).

② [O] '양심'은 민주적 다수의 사고나 가치관과 일치하는 것이 아니라, 개인적 현상으로서 지극히 주관적인 것이다. 양심은 그 대상이나 내용 또는 동기에 의하여 판단될 수 없으며, 특히 양심상의 결정이 이성적·합리적인가, 타당한가 또는 법질서나 사회규범·도덕률과 일치하는가 하는 관점은 양심의 존재를 판단하는 기준이 될 수 없다(헌재 2018.6.28. 2011헌바379 등).

③ [O] 병역종류조항이 추구하는 공익은 대단히 중요한 것이기는 하나, 병역종류조항에 대체복무제를 도입한다고 하더라도 위와 같은 공익은 충분히 달성할 수 있다고 판단되는 반면, 병역종류조항에 대체복무제가 규정되지 않음으로 인하여 양심적 병역거부자가 감수하여야 하는 불이익은 심대하고, 이들에게 대체복무를 부과하는 것이 오히려 넓은 의미의 국가안보와 공익실현에 더 도움이 된다는 점을 고려할 때, 병역종류조항은 기본권 제한의 한계를 초과하여 법익의 균형성 요건을 충족하지 못한 것으로 판단된다. … 따라서 양심적 병역거부자에 대한 대체복무제를 규정하지 아니한 병역종류조항은 과잉금지원칙에 위배하여 양심적 병역거부자의 양심의 자유를 침해한다(헌재 2018.6.28. 2011헌바379 등).

④ [O] 병역종류조항에 대체복무제가 마련되지 아니한 상황에서, 양심상의 결정에 따라 입영을 거부하거나 소집에 불응하는 이 사건 청구인 등이 현재의 대법원 판례에 따라 처벌조항에 의하여 형벌을 부과받음으로써 양심에 반하는 행동을 강요받고 있으므로, 이 사건 법률조항은 '양심에 반하는 행동을 강요당하지 아니할 자유', 즉 '부작위에 의한 양심실현의 자유'를 제한하고 있다(헌재 2018.6.28. 2011헌바379 등).

13 행복추구권 　　　　　　　정답 ④

① [O] 환자의 사망이라는 중한 결과가 발생한 경우 환자 측으로서는 피해를 신속·공정하게 구제하기 위해 조정절차를 적극적으로 활용할 필요가 있고, 보건의료인의 입장에서도 이러한 경우 분쟁으로 비화될 가능성이 높아 원만하게 분쟁을 해결할 수 있는 절차가 마련될 필요가 있으므로, 의료분쟁 조정절차를 자동으로 개시할 필요성이 인정된다. 조정절차가 자동으로 개시되더라도 피신청인은 이의신청을 통해 조정절차에 참여하지 않을 수 있고, 조정의 성립까지 강제되는 것은 아니므로 합의나 조정결정의 수용 여부에 대해서는 자유롭게 선택할 수 있으며, 채무부존재확인의 소 등을 제기하여 소송절차에 따라 분쟁을 해결할 수도 있다. 따라서 의료사고로 사망의 결과가 발생한 경우 의료분쟁 조정절차를 자동으로 개시하도록 한 심판대상조항이 청구인의 일반적 행동의 자유를 침해한다고 할 수 없다(헌재 2021.5.27. 2019헌마321).

② [O] 헌법 제10조로부터 도출되는 일반적 인격권에는 개인의 명예에 관한 권리도 포함되는바, … 조사대상자가 사자(死者)인 경우에도 인격적 가치에 대한 중대한 왜곡으로부터 보호되어야 하고, 사자(死者)에 대한 사회적 명예와 평가의 훼손은 사자와의 관계를 통하여 스스로의 인격상을 형성하고 명예를 지켜온 그들 후손의 인격권, 즉 유족의 명예 또는 유족의 사자(死者)에 대한 경애추모의 정을 침해한다고 할 것이다. 따라서 심판대상 조항은 조사대상자의 사회적 평가와 아울러 이를 토대로 인격상을 형성하여 온 그 유족들의 인격권을 제한한다(헌재 2013.5.30. 2012헌바19).

③ [O] 헌법 제10조로부터 도출되는 일반적 인격권에는 각 개인이 그 삶을 사적으로 형성할 수 있는 자율영역에 대한 보장이 포함되어 있음을 감안할 때, 장래 가족의 구성원이 될 태아의 성별 정보에 대한 접근을 국가로부터 방해받지 않을 부모의 권리는 이와 같은 일반적 인격권에 의하여 보호된다고 보아야 할 것인바, 이 사건 규정은 일반적 인격권으로부터 나오는 부모의 태아 성별 정보에 대한 접근을 방해받지 않을 권리를 제한하고 있다고 할 것이다(헌재 2008.7.31. 2004헌마1010 등).

❹ [X] 전동킥보드가 낼 수 있는 최고속도가 시속 25km라는 것은, 자전거보다 빨라 출근통행의 수요를 일정 부분 흡수할 수 있는 반면, 자전거도로에서 통행하는 다른 자전거보다 속도가 더 높아질수록 사고위험이 증가할 수 있는 측면을 고려한 기준 설정으로서, 전동킥보드 소비자의 자기결정권 및 일반적 행동자유권을 박탈할 정도로 지나치게 느린 정도라고 보기 어렵다. 심판대상조항은 과잉금지원칙을 위반하여 소비자의 자기결정권 및 일반적 행동자유권을 침해하지 아니한다(헌재 2020.2.27. 2017헌마1339).

14 감사원 　　　　　　　정답 ②

옳은 것은 ㄷ, ㄹ이다.

ㄱ. [X] 감사원장을 포함한 5인 이상 11인 이하의 감사위원으로 구성한다.

> **헌법 제98조** ① 감사원은 원장을 포함한 5인 이상 11인 이하의 감사위원으로 구성한다.

ㄴ. [X] '차기국회'가 아닌 '차년도국회'에 보고하여야 한다.

> **헌법 제99조** 감사원은 세입·세출의 결산을 매년 검사하여 대통령과 차년도국회에 그 결과를 보고하여야 한다.

ㄷ. [O] 「감사원법」 제14조 제1항에 대한 옳은 내용이다.

> **제14조【증인과 감정인】** ① 감사위원회의는 심의에 필요하다고 인정하면 관계인 또는 증인을 출석시켜 신문할 수 있으며, 학식·경험이 있는 자에게 감정을 위촉할 수 있다.

ㄹ. [O] 「감사원법」 제24조 제1항·제3항에 대한 옳은 내용이다.

> **제24조【감찰 사항】** ① 감사원은 다음 각 호의 사항을 감찰한다.
> ③ 제1항의 공무원에는 국회·법원 및 헌법재판소에 소속한 공무원은 제외한다.

ㅁ. [×] 감사원의 규칙제정권은 감사원법에 규정되어 있다.

> 「감사원법」 제52조 【감사원규칙】 감사원은 감사에 관한 절차, 감사원의 내부 규율과 감사사무 처리에 관한 규칙을 제정할 수 있다.

15　통신의 자유　정답 ①

❶ [×] 이동전화의 이용과 관련하여 필연적으로 발생하는 통신사실 확인자료는 비록 비내용적 정보이지만 여러 정보의 결합과 분석을 통해 정보주체에 관한 정보를 유추해낼 수 있는 민감한 정보인 점, 수사기관의 통신사실 확인자료 제공요청에 대해 법원의 허가를 거치도록 규정하고 있으나 수사의 필요성만을 그 요건으로 하고 있어 제대로 된 통제가 이루어지기 어려운 점, 기지국수사의 허용과 관련하여서는 유괴·납치·성폭력범죄 등 강력범죄나 국가안보를 위협하는 각종 범죄와 같이 피의자나 피해자의 통신사실 확인자료가 반드시 필요한 범죄로 그 대상을 한정하는 방안 또는 다른 방법으로는 범죄수사가 어려운 경우(보충성)를 요건으로 추가하는 방안 등을 검토함으로써 수사에 지장을 초래하지 않으면서도 불특정 다수의 기본권을 덜 침해하는 수단이 존재하는 점을 고려할 때, 이 사건 요청조항은 과잉금지원칙에 반하여 청구인의 개인정보자기결정권과 통신의 자유를 침해한다(헌재 2018.6.28. 2012헌마538).
② [O] 인터넷회선 감청은 검사가 법원의 허가를 받으면, 피의자 및 피내사자에 해당하는 감청대상자나 해당 인터넷회선의 가입자의 동의나 승낙을 얻지 아니하고도, 전기통신사업자의 협조를 통해 해당 인터넷회선을 통해 송·수신되는 전기통신에 대해 감청을 집행함으로써 정보주체의 기본권을 제한할 수 있으므로, 법이 정한 강제처분에 해당한다. 또한 인터넷회선 감청은 서버에 저장된 정보가 아니라, 인터넷상에서 발신되어 수신되기까지의 과정 중에 수집되는 정보, 즉 전송 중인 정보의 수집을 위한 수사이므로, 압수·수색과 구별된다. … 이 사건 법률조항은 과잉금지원칙에 위반하는 것으로 청구인의 기본권을 침해한다(헌재 2018.8.30. 2016헌마263).
③ [O] 심판대상조항은 온라인서비스제공자의 직업의 자유, 구체적으로는 영업수행의 자유를 제한하며, 서비스이용자의 통신의 비밀과 표현의 자유를 제한한다. … 심판대상조항을 통하여 아동음란물의 광범위한 유통·확산을 사전적으로 차단하고 이를 통해 아동음란물이 초래하는 각종 폐해를 방지하며 특히 관련된 아동·청소년의 인권 침해 가능성을 사전적으로 차단할 수 있는바, 이러한 공익이 사적 불이익보다 더 크다. 따라서 심판대상조항은 온라인서비스제공자의 영업수행의 자유, 서비스이용자의 통신의 비밀과 표현의 자유를 침해하지 아니한다(헌재 2018.6.28. 2016헌가15).
④ [O] 이 사건 시정요구는 불법정보 등의 유통을 차단함으로써 정보통신에서의 건전한 문화를 창달하고 정보통신의 올바른 이용환경을 조성하고자 하는 것으로서 그 목적이 정당하다. 보안접속 프로토콜(https)을 사용하는 경우에도 접근을 차단할 수 있도록 서버이름 표시를 확인하여 불법정보 등을 담고 있는 특정 웹사이트에 대한 접속을 차단하는 것은 수단의 적합성이 인정된다. … 그렇다면 이 사건 시정요구는 청구인들의 통신의 비밀과 자유 및 알 권리를 침해하지 아니한다(헌재 2023.10.26. 2019헌마158 등).

16　표현의 자유　정답 ③

① [O] 심판대상조항이 구체적인 집회나 모임의 상황을 고려하여 상충하는 법익 사이의 조화를 이루려는 노력을 전혀 기울이지 않고서, 일반 유권자가 선거에 영향을 미치게 하기 위한 집회나 모임을 개최하는 것을 전면적으로 금지함에 따라, 사실상 선거와 관련된 집단적 의견표명 일체가 불가능하게 됨으로써 일반 유권자가 받게 되는 집회의 자유, 정치적 표현의 자유에 대한 제한 정도는 매우 중대하다. 따라서 심판대상조항은 법익의 균형성에도 위배된다. 심판대상조항은 과잉금지원칙에 반하여 집회의 자유, 정치적 표현의 자유를 침해한다(헌재 2022.7.21. 2018헌바164).
② [O] 형법상 협박죄는 해악의 고지를 그 요건으로 하고 있어서, 해악의 고지는 없으나 반복적인 음향이나 문언 전송 등의 다양한 방법으로 상대방에게 공포심이나 불안감을 유발하는 소위 '사이버스토킹'을 규제하기는 불충분한 반면, 현대정보사회에서 정보통신망을 이용한 불법행위가 급증하는 추세에 있고, 오프라인 공간에서 발생하는 불법행위에 비해 행위유형이 비정형적이고 다양하여 피해자에게 주는 고통이 더욱 클 수도 있어서 규제의 필요성은 매우 크다. … 따라서 심판대상조항은 표현의 자유를 침해하지 아니한다(헌재 2016.12.29. 2014헌바434).
❸ [×] 이 사건 시기제한조항은 선거일 전 90일부터 선거일까지 후보자 명의의 칼럼 등을 게재하는 인터넷 선거보도가 불공정하다고 볼 수 있는지에 대해 구체적으로 판단하지 않고 이를 불공정한 선거보도로 간주하여 선거의 공정성을 해치지 않는 보도까지 광범위하게 제한한다. … 이 사건 시기제한조항의 입법목적을 달성할 수 있는 덜 제약적인 다른 방법들이 이 사건 심의기준 규정과 공직선거법에 이미 충분히 존재한다. 따라서 이 사건 시기제한조항은 과잉금지원칙에 반하여 청구인의 표현의 자유를 침해한다(헌재 2019.11.28. 2016헌마90).
④ [O] 공공기관등이 설치·운영하는 정보통신망 상의 게시판 이용자에 대한 본인확인조치는 정보통신망의 익명성 등에 따라 발생하는 부작용을 최소화하여 공공기관등의 게시판 이용에 대한 책임성을 확보·강화하고, 게시판 이용자로 하여금 언어폭력, 명예훼손, 불법정보의 유통 등의 행위를 자제하도록 함으로써 건전한 인터넷 문화를 조성하기 위한 것이다. 따라서 심판대상조항은 그 입법목적의 정당성과 수단의 적합성이 인정된다. 게시판의 활용이 공공기관등을 상대방으로 한 익명표현의 유일한 방법은 아닌 점, 공공기관등에 게시판을 설치·운영할 일반적인 법률상 의무가 존재한다고 보기 어려운 점, 심판대상조항은 공공기관등이 설치·운영하는 게시판이라는 한정적 공간에 적용되는 점 등에 비추어 볼 때 기본권 제한의 정도가 크지 않다. 그에 반해 공공기관등이 설치·운영하는 게시판에 언어폭력, 명예훼손, 불법정보의 유통이 이루어지는 것을 방지함으로써 얻게 되는 건전한 인터넷 문화 조성이라는 공익은 중요하다. 따라서 심판대상조항은 법익의 균형성을 충족한다. 심판대상조항은 과잉금지원칙을 준수하고 있으므로 청구인의 익명표현의 자유를 침해하지 않는다(헌재 2022.12.22. 2019헌마654).

17 근로의 권리 정답 ①

❶ [×] 축산업은 가축의 양육 및 출하에 있어 기후 및 계절의 영향을 강하게 받으므로, 근로시간 및 근로내용에 있어 일관성을 담보하기 어렵고, 축산업에 종사하는 근로자의 경우에도 휴가에 관한 규정은 여전히 적용되며, 사용자와 근로자 사이의 근로시간 및 휴일에 관한 사적 합의는 심판대상조항에 의한 제한을 받지 않는다. 현재 우리나라 축산업의 상황을 고려할 때, 축산업 근로자들에게 근로기준법을 전면적으로 적용할 경우, 인건비 상승으로 인한 경제적 부작용이 초래될 위험이 있다. 위 점들을 종합하여 볼 때, 심판대상조항이 입법자가 입법재량의 한계를 일탈하여 인간의 존엄을 보장하기 위한 최소한의 근로조건을 마련하지 않은 것이라고 보기 어려우므로, 심판대상조항은 청구인의 근로의 권리를 침해하지 않는다(헌재 2021.8.31. 2018헌마563).

② [O] 심판대상조항은 노사관계의 형성에 있어 사회적 균형을 이루기 위해 필요한 범위를 넘는 사용자의 영업의 자유에 대한 침해를 방지하고 개인과 기업의 경제상의 자유와 거래질서를 보장하며, 경우에 따라 국민의 일상생활이나 국가의 경제적 기능에 부정적인 영향을 미치는 행위를 억제하기 위한 것이므로, 입법목적의 정당성 및 수단의 적합성이 인정된다. 근로자들의 단체행동권은 집단적 실력행사로서 위력의 요소를 가지고 있으므로, 사용자의 재산권이나 직업의 자유, 경제활동의 자유를 현저히 침해하고, 거래질서나 국가 경제에 중대한 영향을 미치는 일정한 단체행동권의 행사에 대하여는 제한이 가능하다. 헌법재판소는 심판대상조항에 대하여 이미 세 차례에 걸쳐 합헌결정(97헌바23, 2003헌바91, 2009헌바168)을 내리면서 '권리행사로서의 성격을 갖는 쟁의행위에 대한 형사처벌이 단체행동권의 보장 취지에 부합하지 않는다는 점'과, '단체행동권의 행사로서 노동법상의 요건을 갖추어 헌법적으로 정당화되는 행위를 구성요건에 해당하는 행위로 보고 다만 위법성이 조각되는 것으로 해석하는 것은 기본권의 보호영역을 하위 법률을 통해 축소하는 것임'을 밝힌 바 있다. 이후 대법원은 2007도482 전원합의체 판결에서 구성요건해당성 단계부터 심판대상조항의 적용범위를 축소함으로써 헌법재판소 선례가 지적한 단체행동권에 대한 과도한 제한이나 위축 문제를 해소하였다. 이에 따라 심판대상조항에 의하여 처벌되는 쟁의행위는 단체행동권의 목적에 부합한다고 보기 어렵거나 사용자의 재산권, 직업의 자유 등에 중대한 제한을 초래하는 행위로 한정되므로, 심판대상조항은 침해의 최소성 및 법익균형성 요건을 갖추었다. 따라서 심판대상조항은 단체행동권을 침해하지 않는다(헌재 2022.5.26. 2012헌바66).

③ [O] 최소한의 근로조건을 요구할 수 있는 권리는 자유권적 기본권의 성격도 아울러 가지므로 이러한 경우 외국인 근로자에게도 그 기본권 주체성을 인정함이 타당하다(헌재 2007.8.30. 2004헌마670).

④ [O] 형법상 업무방해죄는 모든 쟁의행위에 대하여 무조건 적용되는 것이 아니라, 단체행동권의 내재적 한계를 넘어 정당성이 없다고 판단되는 쟁의행위에 대하여만 적용되는 조항임이 명백하다고 할 것이므로, 그 목적이나 방법 및 절차상 한계를 넘어 업무방해의 결과를 야기시키는 쟁의행위에 대하여만 이 사건 법률조항을 적용하여 형사처벌하는 것은 헌법상 단체행동권을 침해하였다고 볼 수 없다(헌재 2010.4.29. 2018헌바168).

18 헌법재판제도 정답 ①

❶ [×] 민법 시행 이전의 "여호주가 사망하거나 출가하여 호주상속이 없이 절가된 경우, 유산은 그 절가된 가(家)의 가족이 승계하고 가족이 없을 때는 출가녀(出家女)가 승계한다."는 구 관습법은 민법 시행 이전에 상속 등을 규율하는 법률이 없는 상황에서 절가된 가(家)의 재산분배에 관하여 적용된 규범으로서, 비록 형식적 의미의 법률은 아니지만 실질적으로는 법률과 같은 효력을 갖는다. 그렇다면 법률과 같은 효력을 가지는 이 사건 관습법도 헌법소원심판의 대상이 되고, 단지 형식적 의미의 법률이 아니라는 이유로 그 예외가 될 수는 없다(헌재 2016.4.28. 2013헌바396 등).

② [O] 「헌법재판소법」 제40조에 대한 옳은 내용이다.

> **제40조【준용규정】** ① 헌법재판소의 심판절차에 관하여는 이 법에 특별한 규정이 있는 경우를 제외하고는 헌법재판의 성질에 반하지 아니하는 한도에서 민사소송에 관한 법령을 준용한다. 이 경우 탄핵심판의 경우에는 형사소송에 관한 법령을 준용하고, 권한쟁의심판 및 헌법소원심판의 경우에는 행정소송법을 함께 준용한다.
> ② 제1항 후단의 경우에 형사소송에 관한 법령 또는 행정소송법이 민사소송에 관한 법령에 저촉될 때에는 민사소송에 관한 법령은 준용하지 아니한다.

③ [O] 「헌법재판소법」 제30조 제2항에 대한 옳은 내용이다.

> **제30조【심리의 방식】** ② 위헌법률의 심판과 헌법소원에 관한 심판은 서면심리에 의한다. 다만, 재판부는 필요하다고 인정하는 경우에는 변론을 열어 당사자, 이해관계인, 그 밖의 참고인의 진술을 들을 수 있다.

④ [O] 「헌법재판소법」 제70조 제4항에 대한 옳은 내용이다.

> **제70조【국선대리인】** ④ 헌법재판소가 국선대리인을 선정하지 아니한다는 결정을 한 때에는 지체 없이 그 사실을 신청인에게 통지하여야 한다. 이 경우 신청인이 선임신청을 한 날부터 그 통지를 받은 날까지의 기간은 제69조의 청구기간에 산입하지 아니한다.

19 권한쟁의심판 정답 ③

① [O] 권한쟁의심판에서도 심판청구의 취하가 허용된다.

② [O] 법률에 대한 권한쟁의심판은 '법률 그 자체'가 아니라, '법률의 제정행위'를 그 심판대상으로 해야 한다(헌재 2010.6.24. 2005헌라9 등).

❸ [×] 권한쟁의심판에서 '제3자 소송담당'을 허용하는 명문의 규정이 없고, 준용을 통해서 이를 인정하기도 어려운 현행법 체계 하에서, 국회의 의사가 다수결로 결정되었음에도 다수결의 결과에 반하는 소수의 국회의원에게 권한쟁의심판을 청구할 수 있게 하는 것은 다수결의 원리와 의회주의의 본질에 어긋날 뿐만 아니라, 국가기관이 기관 내부에서 민주적인 토론을 통해 기관의 의사를 결정하는 대신 모든 문제를 사법적 수단에 의해 해결하려는 방향으로 남용될 우려도 있다.

교섭단체를 구성하는 국회의원 집단에 '제3자 소송담당'을 인정할 경우에는 위 문제점을 방지할 수 있다는 견해도 있으나, 국회 내 소수자 보호라는 목적에 충실하기 위해서는 교섭단체를 구성하지 못하는 국회의원 집단에 대하여도 이를 인정할 필요가 있음에도, '제3자 소송담당'이라는 법적 지위를 교섭단체로 한정할 근거와 명분을 찾기 어렵다(헌재 2015.11.26. 2013헌라3).

④ [O] 「헌법재판소법」 제61조 제2항에 따라 권한쟁의심판을 청구하려면 피청구인의 처분 또는 부작위가 존재하여야 하고, 여기서 '처분'이란 법적 중요성을 지닌 것에 한하므로, 청구인의 법적 지위에 구체적으로 영향을 미칠 가능성이 없는 행위는 '처분'이라 할 수 없어 이를 대상으로 하는 권한쟁의심판청구는 허용되지 않는다. 정부가 법률안을 제출하였다 하더라도 그것이 법률로 성립되기 위해서는 국회의 많은 절차를 거쳐야 하고, 법률안을 받아들일지 여부는 전적으로 헌법상 입법권을 독점하고 있는 의회의 권한이다. 따라서 정부가 법률안을 제출하는 행위는 입법을 위한 하나의 사전 준비행위에 불과하고, 권한쟁의심판의 독자적 대상이 되기 위한 법적 중요성을 지닌 행위로 볼 수 없다(헌재 2005.12.22. 2004헌라3).

20　헌법재판소 결정의 효력　　정답 ④

① [O] 불처벌의 특례규정은 비록 형벌에 관한 규정이라도 위헌결정의 소급효가 제한되는 경우이다(헌재 1997.1.16. 90헌마110).

② [O] 모든 국가기관은 헌법의 구속을 받고 헌법에의 기속은 헌법재판을 통하여 사법절차적으로 관철되므로, 헌법재판소가 헌법에서 부여받은 위헌심사권을 행사한 결과인 법률에 대한 위헌결정은 법원을 포함한 모든 국가기관과 지방자치단체를 기속한다. 따라서 헌법재판소가 위헌으로 결정하여 그 효력을 상실한 법률을 적용하여 한 법원의 재판은 헌법재판소 결정의 기속력에 반하는 것일 뿐 아니라, 법률에 대한 위헌심사권을 헌법재판소에 부여한 헌법의 결단(헌법 제107조, 제111조)에 정면으로 위배된다(헌재 1997.12.24. 96헌마172·123).

③ [O] 결정이유에까지 기속력을 인정할지 여부 등에 대하여는 신중하게 접근할 필요가 있을 것이나 설령 결정이유에까지 기속력을 인정한다고 하더라도, 이 사건의 경우 위헌결정이유 중 비맹제외기준이 과잉금지원칙에 위반한다는 점에 대하여 기속력을 인정할 수 있으려면, 결정주문을 뒷받침하는 결정이유에 대하여 적어도 위헌결정의 정족수인 재판관 6인 이상의 찬성이 있어야 할 것이고, 이에 미달할 경우에는 결정이유에 대하여 기속력을 인정할 여지가 없다(헌재 2008.10.30. 2006헌마1098).

❹ [X] 「헌법재판소법」 제68조 제2항에 의한 헌법소원에 있어서 그 인용결정은 위헌법률심판의 경우와 마찬가지로 일반적 기속력과 대세적·법규적 효력을 가지며, 위헌법률심판을 구하는 헌법소원에 대한 헌법재판소의 결정에 대하여는 재심을 허용하지 아니함으로써 얻을 수 있는 법적 안정성의 이익이 재심을 허용함으로써 얻을 수 있는 구체적 타당성의 이익보다 훨씬 높을 것으로 쉽사리 예상할 수 있으므로 헌법재판소의 이러한 결정에는 재심에 의한 불복방법이 그 성질상 허용될 수 없다고 보는 것이 상당하다(헌재 2014.4.8. 2014헌아41).

21　개인정보자기결정권　　정답 ①

❶ [O] 변동신고조항은 출소 후 기존에 신고한 거주예정지 등 정보에 변동이 생기기만 하면 신고의무를 부과하는바, 의무기간의 상한이 정해져 있지 아니하여, 대상자로서는 보안관찰처분을 받은 자가 아님에도 무기한의 신고의무를 부담한다. 대상자는 보안관찰처분을 할 권한이 있는 행정청이 어느 시점에 처분을 할지 모르는 불안정한 상태에 항상 놓여 있게 되는바, 이는 행정청이 대상자의 재범 위험성에 대하여 판단을 하지 아니함에 따른 부담을 오히려 대상자에게 전가한다는 문제도 있다. 그렇다면 변동신고조항 및 위반시 처벌조항은 대상자에게 보안관찰처분의 개시 여부를 결정하기 위함이라는 공익을 위하여 지나치게 장기간 형사처벌의 부담이 있는 신고의무를 지도록 하므로, 이는 과잉금지원칙을 위반하여 청구인의 사생활의 비밀과 자유 및 개인정보자기결정권을 침해한다(헌재 2021.6.24. 2017헌바479).

② [X] 이 사건 정보제공행위에 의하여 제공된 청구인 김○환의 약 2년 동안의 총44회 요양급여내역 및 청구인 박○만의 약 3년 동안의 총38회 요양급여내역은 건강에 관한 정보로서 '개인정보보호법' 제23조 제1항이 규정한 민감정보에 해당한다. … 급여일자와 요양기관명은 피의자의 현재 위치를 곧바로 파악할 수 있는 정보는 아니므로, 이 사건 정보제공행위로 얻을 수 있는 수사상의 이익은 없었거나 미약한 정도였다. … 이 사건 정보제공행위로 인한 청구인들의 개인정보자기결정권에 대한 침해는 매우 중대하다. 그렇다면 이 사건 정보제공행위는 이 사건 정보제공조항 등이 정한 요건을 충족한 것으로 볼 수 없고, 침해의 최소성 및 법익의 균형성에 위배되어 청구인들의 개인정보자기결정권을 침해하였다(헌재 2018.8.30. 2014헌마368).

③ [X] 「국민기초생활 보장법」 시행규칙 제35조 제1항 제5호는 급여신청자의 수급자격 및 급여액 결정을 객관적이고 공정하게 판정하려는 데 그 목적이 있는 것으로 그 정당성이 인정되고, 이를 위해서 금융거래정보를 파악하는 것은 적절한 수단이며 금융기관과의 금융거래정보로 제한된 범위에서 수집되고 조사를 통해 얻은 정보와 자료를 목적 외의 다른 용도로 사용하거나 다른 기관에 제공하는 것이 금지될 뿐만 아니라 이를 어긴 경우 형벌을 부과하고 있으므로 정보주체의 자기결정권을 제한하는 데 따른 피해를 최소화하고 있고 위 시행규칙조항으로 인한 정보주체의 불이익보다 추구하는 공익이 더 크므로 개인정보자기결정권을 침해하지 아니한다(헌재 2005.11.24. 2005헌마112).

④ [X] 이 사건 법률조항은 채무불이행자명부를 적극적으로 일반에 공개하는 것이 아니라 채무불이행자명부의 열람·복사를 원하는 자에게 열람·복사를 가능하게 한 것뿐이고, 실제로 이 명부를 열람·복사하기 위해서는 채무자의 성명, 주민등록번호 등 열람·복사 대상인 채무불이행자명부를 특정하기 위한 정보를 알아야 하며, 실무상 열람·복사 신청시 신청인의 자격을 기재하게 하고 있으므로, 채무자와 무관한 자에 의해 채무불이행자명부가 열람·복사됨으로 인해 채무자의 개인정보자기결정권이 침해될 위험은 크지 않다고 하겠다(헌재 2010.5.27. 2008헌마663).

22 헌법소원심판 정답 ③

① [O] 유류분반환청구와 기여분결정 심판청구는 별개의 절차로 진행되고 기여분이 결정되어 있다고 하더라도 유류분산정에 있어서 기여분이 공제될 수 없으므로, 기여분결정 심판청구와 관련된 심판대상조항은 당해사건인 유류분반환청구사건의 적법여부의 판단 및 유류분액 산정 등 본안판단에는 적용되지 않는다. … 이 사건 심판청구는 당해사건에서 재판의 전제성이 인정되지 않는다(헌재 2018.2.22. 2016헌바86).

② [O] 원칙적으로는 재판의 전제성이 인정되지 아니하나 법률과 같은 효력이 있는 규범인 긴급조치의 위헌여부에 대한 헌법적 해명이 필요하고, 당해사건의 대법원판결은 대세적 효력이 없는 데 비하여 형벌조항에 대한 헌법재판소의 위헌결정은 대세적 기속력을 가지고 유죄확정판결에 대한 재심사유가 되는 점을 비추어 볼 때 예외적으로 객관적인 헌법질서의 수호·유지 및 관련 당사자의 권리구제를 위하여 심판의 필요성이 인정된다(헌재 2013.3.21. 2010헌바132).

❸ [X] 확성장치사용 조항들은, 청구인이 당내경선에서 공직선거법상 허용되는 경선운동방법을 위반하여 확성장치인 마이크를 사용해 경선운동을 하였다는 범죄사실로 유죄판결을 받은 당해사건에 적용되지 아니하였고, 확성장치사용 조항들의 위헌 여부에 따라 당해사건을 담당한 법원이 다른 내용의 재판을 하게 된다고 볼 수도 없다. 따라서 확성장치사용 조항들의 위헌 여부는 당해사건 재판의 전제가 되지 아니한다(헌재 2019.4.11. 2016헌바458 등).

④ [O] 당해사건이 재심사건인 경우, 심판대상조항이 '재심청구 자체의 적법 여부에 대한 재판'에 적용되는 법률조항이 아니라 '본안 사건에 대한 재판'에 적용될 법률조항이라면 '재심청구가 적법하고, 재심의 사유가 인정되는 경우'에 한하여 재판의 전제성이 인정될 수 있다(헌재 2019.10.22. 2019헌바390).

23 국적 정답 ②

옳은 것은 ㄱ, ㄴ이다.

ㄱ. [O] 「국적법」 제6조 제1항에 대한 옳은 내용이다.

> **제6조【간이귀화 요건】**① 다음 각 호의 어느 하나에 해당하는 외국인으로서 대한민국에 3년 이상 계속하여 주소가 있는 사람은 제5조 제1호 및 제1호의2의 요건을 갖추지 아니하여도 귀화허가를 받을 수 있다.
> 1. 부 또는 모가 대한민국의 국민이었던 사람
> 2. 대한민국에서 출생한 사람으로서 부 또는 모가 대한민국에서 출생한 사람
> 3. 대한민국 국민의 양자(養子)로서 입양 당시 대한민국의 「민법」상 성년이었던 사람

ㄴ. [O] 「국적법」 제8조 제1항에 대한 옳은 내용이다.

> **제8조【수반 취득】**① 외국인의 자(子)로서 대한민국의 「민법」상 미성년인 사람은 부 또는 모가 귀화허가를 신청할 때 함께 국적 취득을 신청할 수 있다.

ㄷ. [X] 법무부장관의 귀화허가를 받고 귀화증서를 수여받은 때에 국적을 취득한다.

> **「국적법」 제4조【귀화에 의한 국적 취득】**① 대한민국 국적을 취득한 사실이 없는 외국인은 법무부장관의 귀화허가를 받아 대한민국 국적을 취득할 수 있다.
> ② 법무부장관은 귀화허가 신청을 받으면 제5조부터 제7조까지의 귀화 요건을 갖추었는지를 심사한 후 그 요건을 갖춘 사람에게만 귀화를 허가한다.
> ③ 제1항에 따라 귀화허가를 받은 사람은 법무부장관 앞에서 국민선서를 하고 귀화증서를 수여받은 때에 대한민국 국적을 취득한다. 다만, 법무부장관은 연령, 신체적·정신적 장애 등으로 국민선서의 의미를 이해할 수 없거나 이해한 것을 표현할 수 없다고 인정되는 사람에게는 국민선서를 면제할 수 있다.

ㄹ. [X] '간주'가 아니라 대한민국에서 출생한 것으로 '추정'하는 것이다.

> **「국적법」 제2조【출생에 의한 국적 취득】**② 대한민국에서 발견된 기아(棄兒)는 대한민국에서 출생한 것으로 추정한다.

24 선거권 정답 ③

① [X] 외국인의 지방선거권은 조례가 아닌 「공직선거법」에 의해서 인정되고 있다.

> **「공직선거법」 제15조【선거권】**① 18세 이상의 국민은 대통령 및 국회의원의 선거권이 있다. 다만, 지역구국회의원의 선거권은 18세 이상의 국민으로서 제37조 제1항에 따른 선거인명부작성기준일 현재 다음 각 호의 어느 하나에 해당하는 사람에 한하여 인정된다.
> ② 18세 이상으로서 제37조 제1항에 따른 선거인명부작성기준일 현재 다음 각 호의 어느 하나에 해당하는 사람은 그 구역에서 선거하는 지방자치단체의 의회의원 및 장의 선거권이 있다.
> 3. 「출입국관리법」 제10조에 따른 영주의 체류자격 취득일 후 3년이 경과한 외국인으로서 같은 법 제34조에 따라 해당 지방자치단체의 외국인등록대장에 올라 있는 사람

② [X] 영내 기거하는 현역병은 보다 밀접한 이해관계를 가지는 그가 속한 세대의 거주지 선거에서 선거권을 행사할 수 있고, 영내 기거하는 현역병을 병영이 소재하는 지역의 주민에 해당한다고 보기 어려운 이상, 이 사건 법률조항은 영내 기거 현역병의 선거권을 제한하지 않는다(헌재 2011.6.30. 2009헌마59).

❸ [O] 기부행위금지조항의 '후보자가 되고자 하는 자'는 당사자의 주관에 의해서만 판단하는 것이 아니라 후보자 의사를 인정할 수 있는 객관적 징표 등을 고려하여 그 해당 여부를 판단하고 있으며, 문제되는 당해 선거를 기준으로 하여 기부 당시 후보자가 되려는 의사를 인정할 수 있는 객관적 징표를 고려하여 판단하면 되므로, 기부행위금지조항은 명확성원칙에 위반되지 아니한다. 기부행위가 금지되는 시기와 대상자는 한정되어 있고, 관련규정에 따라 기부행위가 허용되는 예외도 인정되고 있으며, 그러한 예외에 해당되지 않더라도 사회상규에 위배되지 않는 경우 법원에서 위법성이 조각될 수 있으므로, 기부행위금지조항은 과잉금지원칙에 반하여 선거운동의 자유를 침해하지 아니한다(헌재 2021.8.31. 2018헌바149).

④ [×] 농협법은 지역농협을 법인으로 하면서(제4조), 공직선거에 관여해서는 아니 되고(제7조), 조합의 재산에 대하여 국가 및 지방자치단체의 조세 외의 부과금이 면제되도록 규정하고 있어(제8조) 이를 공법인으로 볼 여지가 있으나, 한편 지역농협은 조합원의 경제적·사회적·문화적 지위의 향상을 목적으로 하는 농업인의 자주적 협동조직으로, 조합원 자격을 가진 20인 이상이 발기인이 되어 설립하고(제15조), 조합원의 출자로 자금을 조달하며(제21조), 지역농협의 결성이나 가입이 강제되지 아니하고, 조합원의 임의탈퇴 및 해산이 허용되며(제28조, 제29조), 조합장은 조합원들이 직접 선출하거나 총회에서 선출하도록 하고 있으므로(제45조), 기본적으로 사법인적 성격을 지니고 있다 할 것이다. 이처럼 사법적인 성격을 지니는 농협의 조합장선거에서 조합장을 선출하거나 조합장으로 선출될 권리, 조합장선거에서 선거운동을 하는 것은 헌법에 의하여 보호되는 선거권의 범위에 포함되지 않는다(헌재 2012.2.23. 2011헌바154).

25 집회의 자유 정답 ④

① [○] 헌법 제21조 제2항은 "언론·출판에 대한 허가나 검열과 집회·결사에 대한 허가는 인정되지 아니한다."고 규정하여 헌법 자체에서 언론·출판에 대한 허가나 검열의 금지와 더불어 집회에 대한 허가금지를 명시함으로써, 집회의 자유에 있어서는 다른 기본권 조항들과는 달리, '허가'의 방식에 의한 제한을 허용하지 않겠다는 헌법적 결단을 분명히 하고 있다. 한편, 헌법 제21조 제2항의 '허가'는 '행정청이 주체가 되어 집회의 허용 여부를 사전에 결정하는 것'으로서 행정청에 의한 사전허가는 헌법상 금지되지만, 입법자가 법률로써 일반적으로 집회를 제한하는 것은 헌법상 '사전허가금지'에 해당하지 않는다(헌재 2014.4.24. 2011헌가29).

② [○] 집회의 자유는 집회의 시간, 장소, 방법과 목적을 스스로 결정할 권리를 보장한다. 집회의 자유에 의하여 구체적으로 보호되는 주요 행위는 집회의 준비 및 조직, 지휘, 참가, 집회장소·시간의 선택이다(헌재 2003.10.30. 2000헌바67).

③ [○] 이 사건 법률조항은 외교기관의 경계지점으로부터 반경 100미터 이내 지점에서의 집회 및 시위를 원칙적으로 금지하되, 그 가운데에서도 외교기관의 기능이나 안녕을 침해할 우려가 없다고 인정되는 세 가지의 예외적인 경우에는 이러한 집회 및 시위를 허용하고 있는바, … 이 사건 법률조항으로 달성하고자 하는 공익은 외교기관의 기능과 안전의 보호라는 국가적 이익이며, 이 사건법률조항은 법익충돌의 위험성이 없는 경우에는 외교기관 인근에서의 집회나 시위도 허용함으로써 구체적인 상황에 따라 상충하는 법익간의 조화를 이루고 있다. 따라서 이 사건 법률조항이 청구인의 집회의 자유를 침해한다고 할 수 없다(헌재 2010.10.28. 2010헌마111).

❹ [×] 이러한 반려행위에 대하여, 청구인들의 입장에서는 피청구인이 위 옥외집회신고의 접수를 거부하거나 집회의 금지를 통고하는 것으로 보지 않을 수 없고, 그 결과 위와 같은 형사적 처벌이나 집회의 해산을 받지 않기 위하여 위 집회의 개최를 포기할 수밖에 없었다고 할 것이다. 결국 피청구인의 이 사건 반려행위는 주무(主務) 행정기관에 의한 행위로서 청구인들의 집회의 자유를 침해하였다고 할 것이므로, 이는 기본권침해 가능성이 있는 공권력의 행사에 해당한다고 할 것이다(헌재 2008.5.29. 2007헌마712).

p.40

▶ 정답

01	① I	06	② Ⅳ	11	① Ⅲ	16	① Ⅱ	21	① Ⅲ
02	③ Ⅱ	07	④ I	12	③ Ⅱ	17	② Ⅱ	22	④ Ⅲ
03	③ Ⅱ	08	③ Ⅱ	13	① I	18	④ Ⅲ	23	④ Ⅱ
04	④ Ⅳ	09	③ Ⅱ	14	② Ⅱ	19	① Ⅲ	24	② Ⅱ
05	① Ⅲ	10	③ Ⅲ	15	② Ⅱ	20	② Ⅱ	25	① Ⅳ

I 헌법총론 / Ⅱ 기본권론 / Ⅲ 통치구조론 / Ⅳ 헌법재판론

▶ 취약 단원 분석표

단원	맞힌 답의 개수
I	/ 3
Ⅱ	/ 12
Ⅲ	/ 7
Ⅳ	/ 3
TOTAL	/ 25

---

01 헌정사 정답 ①

❶ [O] 제헌헌법은 헌법재판에 대하여 위헌법률심판은 헌법위원회 관할로 하고, 탄핵심판권은 탄핵재판소의 관할로 하는 이원화 규정을 두었으며, 헌법위원회의 위원장과 탄핵재판소의 재판장은 부통령이 된다고 규정하였다.

② [X] 국무총리제를 폐지한 것은 1954년의 제2차 개헌이었다.

③ [X] 1962년의 제5차 개헌은 헌법재판소를 폐지하고, 탄핵심판을 탄핵심판위원회, 위헌법률심사·정당해산심판·선거소송을 대법원에서 담당하게 하였다. 하지만 기관 간 권한쟁의심판에 대해서는 별도의 규정을 두지 않았다.

④ [X] 근로자의 적정임금 보장은 1980년 제8차 개헌에서 인정하였다.

02 사회보장수급권 정답 ③

① [O] 법률에 의하여 구체적으로 형성된 의료보험수급권은 공법상의 권리로서 헌법상 사회적 기본권의 성격과 재산권의 성격을 아울러 지니고 있다(헌재 2003.12.18. 2002헌바1).

② [O] 60세 이상의 국민에 대하여 국민연금제도 가입을 제한하는 것은 노후를 편안하고 안락하게 살아갈 권리를 부여하고 있는 헌법상의 인간다운 생활을 할 권리를 침해하지 아니한다(헌재 2001.4.26. 2000헌마390).

❸ [X] 참전유공자 중 70세 이상자에게만 참전명예수당을 지급하는 법률조항이 헌법상 사회보장·사회복지의 이념에 명백히 반하는 입법형성권의 행사로서 70세가 되지 않은 청구인들의 평등권을 침해한다고 보기 어렵다.

> **[1]** 이 사건 법률조항이 규정하는 참전명예수당은 국가를 위한 특별한 공헌과 희생에 대한 국가보훈적 성격과, 고령으로 사회활동능력을 상실한 참전유공자에게 경제적 지원을 함으로써 참전의 노고에 보답하고 아울러 자부심과 긍지를 고양하며 장기적인 측면에서 수급권자의 생활보호를 위한 사회보장적 의미를 동시에 갖는 것이다.

> **[2]** 위와 같은 이 사건 법률조항의 입법취지와, 현행 각 예우법상의 금전급부가 국가에 대한 공헌에 있어 사망이나 부상 등 특별한 희생이나 현저한 무공에 대하여 이루어지고 있는 전반적인 사회보장의 수준에서 특별한 희생이나 무공을 요건으로 하지 않는 이 사건 참전명예수당을 신설하면서 새로이 창출되는 국가 재정부담을 고려하여 70세 이상 참전유공자에게만 지급하도록 한 이 사건 법률조항이 헌법상 사회보장·사회복지의 이념에 명백히 반하는 입법형성권의 행사로서 70세 되지 않은 청구인들의 평등권을 침해한다고 보기 어렵다(헌재 2003.7.24. 2002헌마522 등).

④ [O] 보건복지부장관이 2002년도 최저생계비를 고시함에 있어서 장애인가구의 추가지출비용을 반영한 최저생계비를 별도로 정하지 아니한 채 가구별 인원수를 기준으로 한 최저생계비만을 결정·공표함으로써 장애인가구의 추가지출비용이 반영되지 않은 최저생계비에 따라 장애인가구의 생계급여액수가 결정되었다 하더라도 그 생계급여액수는 최저생계비와 동일한 액수로 결정되는 것이 아니라 최저생계비에서 개별가구의 소득평가액 등을 공제한 차액으로 지급되기 때문에 장애인가구와 비장애인가구에게 지급되는 생계급여까지 동일한 액수가 되는 것은 아니라는 점, 이때 공제되는 개별가구의 소득평가액은 장애인가구의 실제소득에서 장애인가구의 특성에 따른 지출요인을 반영한 금품인 장애인복지법에 의한 장애수당, 장애아동부양수당 및 보호수당, 만성질환 등의 치료·요양·재활로 인하여 6개월 이상 지속적으로 지출하는 의료비를 공제하여 산정하므로 결과적으로 장애인가구는 비장애인가구에 비교하여 볼 때 최저생계비에 장애로 인한 추가비용을 반영하여 생계급여액을 상향조정함과 비슷한 효과를 나타내고 있는 점, 장애인가구는 비장애인가구와 비교하여 각종 법령 및 정부시책에 따른 각종 급여 및 부담감면으로 인하여 최저생계비의 비목에 포함되는 보건의료비, 교통·통신비, 교육비, 교양·오락비, 비소비지출비를 추가적으로 보전받고 있는 점을 고려할 때, 국가가 생활능력 없는 장애인의 인간다운 생활을 보장하기 위한 조치를 취함에 있어서 국가가 실현해야 할 객관적 내용의 최소한도의 보장에도 이르지 못하였다거나 헌법상 용인될 수 있는 재량의 범위를 명백히 일탈하였다고는 보기 어렵고, 또한 장애인가구와 비장애인가구에게 일률적으로 동일한 최저생계비를 적용한 것을 자의적인 것으로 볼 수는 없다.

따라서 보건복지부장관이 2002년도 최저생계비를 고시함에 있어 장애로 인한 추가지출비용을 반영한 별도의 최저생계비를 결정하지 않은 채 가구별 인원수만을 기준으로 최저생계비를 결정한 것은 생활능력 없는 장애인가구 구성원의 인간의 존엄과 가치 및 행복추구권, 인간다운 생활을 할 권리, 평등권을 침해하였다고 할 수 없다(헌재 2004.10.28. 2002헌마328).

03 근로의 권리 정답 ③

① [X] 근로자가 퇴직급여를 청구할 수 있는 권리도 헌법상 바로 도출되는 것이 아니라 근로자퇴직급여 보장법 등 관련 법률이 구체적으로 정하는 바에 따라 비로소 인정될 수 있는 것이므로 계속근로기간 1년 미만인 근로자가 퇴직급여를 청구할 수 있는 권리가 헌법 제32조 제1항에 의하여 보장된다고 보기는 어렵다(헌재 2011.7.28. 2009헌마408).

② [X] 헌법 제32조 제1항이 규정한 근로의 권리는 근로자를 개인의 차원에서 보호하기 위한 권리로서 개인인 근로자가 그 주체가 되는 것이고 노동조합은 그 주체가 될 수 없다(헌재 2009.2.26. 2007헌바27).

❸ [O] 축산업은 가축의 양육 및 출하에 있어 기후 및 계절의 영향을 강하게 받으므로, 근로시간 및 근로내용에 있어 일관성을 담보하기 어렵고, 축산업에 종사하는 근로자의 경우에도 휴가에 관한 규정은 여전히 적용되며, 사용자와 근로자 사이의 근로시간 및 휴일에 관한 사적 합의는 심판대상조항에 의한 제한을 받지 않는다. 현재 우리나라 축산업의 상황을 고려할 때, 축산업 근로자들에게 근로기준법을 전면적으로 적용할 경우, 인건비 상승으로 인한 경제적 부작용이 초래될 위험이 있다. 위 점들을 종합하여 볼 때, 심판대상조항이 입법자가 입법재량의 한계를 일탈하여 인간의 존엄을 보장하기 위한 최소한의 근로조건을 마련하지 않은 것이라고 보기 어려우므로, 심판대상조항은 청구인의 근로의 권리를 침해하지 않는다(헌재 2021.8.31. 2018헌마563).

④ [X] 헌법 제32조 제1항 후단은 "국가는 사회적·경제적 방법으로 근로자의 고용의 증진과 적정임금의 보장에 노력하여야 하며, 법률이 정하는 바에 의하여 최저임금제를 시행하여야 한다."라고 규정하고 있어서 근로자가 최저임금을 청구할 수 있는 권리도 헌법상 바로 도출되는 것이 아니라 최저임금법 등 관련 법률이 구체적으로 정하는 바에 따라 비로소 인정될 수 있다(헌재 2012.10.25. 2011헌마307).

04 정당해산심판 정답 ④

① [O] 정당의 해산을 명하는 헌법재판소의 결정이 선고되면 그 정당은 해산되며, 해산된 정당의 강령과 동일하거나 유사한 것으로 정당을 창당하지 못한다. 또한 해산되는 정당의 명칭은 같은 명칭만 사용할 수 없으며, 유사명칭은 사용이 가능하다.

② [O] 정당해산심판에서는 가처분에 관한 명시적 규정이 있다.

③ [O] 정당해산의 심판은 구두변론이 원칙이며 또한 공개재판이 원칙이다.

❹ [X] 정당해산심판은 일반적 기속력과 대세적·법규적 효력을 가지는 법령에 대한 헌법재판소의 결정과 달리 원칙적으로 해당 정당에게만 그 효력이 미친다. 또 정당해산결정은 해당 정당의 해산에 그치지 않고 대체정당이나 유사정당의 설립까지 금지하는 효력을 가지므로, 오류가 드러난 결정을 바로잡지 못한다면 현 시점의 민주주의가 훼손되는 것에 그치지 않고 장래 세대의 정치적 의사결정에까지 부당한 제약을 초래할 수 있다. 따라서 정당해산심판절차에서는 재심을 허용하지 아니함으로써 얻을 수 있는 법적 안정성의 이익보다 재심을 허용함으로써 얻을 수 있는 구체적 타당성의 이익이 더 크므로 재심을 허용하여야 한다(헌재 2016.5.26. 2015헌아20).

※ 통합진보당이 제기한 통합진보당해산결정에 대한 재심청구 사건에서 정당해산심판에서도 재심이 허용될 수는 있지만, 통합진보당해산결정 사건에 대한 재심사유는 없다고 보아 각하결정을 하였다.

05 대통령의 사면권 정답 ①

❶ [X] 특별사면을 하려는 경우에만 법무부 사면심사위원회의 심사를 거쳐 법무부장관이 대통령에게 사면을 상신하며, 일반사면은 국회의 동의를 얻어야 한다.

② [O] 일반사면은 일정한 종류의 범죄를 지은 자를 대상으로 형의 선고의 효력을 상실하게 하거나 공소권을 소멸시키는 것으로서 국회의 동의를 얻어 대통령령으로 한다.

> 「사면법」 제5조【사면 등의 효과】① 사면, 감형 및 복권의 효과는 다음 각 호와 같다.
> 1. 일반사면: 형 선고의 효력이 상실되며, 형을 선고받지 아니한 자에 대하여는 공소권이 상실된다. 다만, 특별한 규정이 있을 때에는 예외로 한다.
> 제8조【일반사면 등의 실시】일반사면, 죄 또는 형의 종류를 정하여 하는 감형 및 일반에 대한 복권은 대통령령으로 한다. 이 경우 일반사면은 죄의 종류를 정하여 한다.
> 헌법 제79조 ② 일반사면을 명하려면 국회의 동의를 얻어야 한다.

③ [O] 특별사면은 국가원수인 대통령이 형의 집행을 면제하거나 선고의 효력을 상실케 하는 시혜적 조치로서, 형의 전부 또는 일부에 대하여 하거나, 중한 형 또는 가벼운 형에 대하여만 할 수도 있는 것이다. 그러므로 중한 형에 대하여 사면을 하면서 그보다 가벼운 형에 대하여 사면을 하지 않는 것이 형평의 원칙에 반한다고 할 수도 없다(헌재 2000.6.1. 97헌바74).

④ [O] 헌법 제79조는 대통령의 사면권의 구체적 내용과 방법 등을 법률에 위임함으로써 사면의 종류, 대상, 범위 등에 관하여 입법자에게 광범위한 입법재량을 부여하고 있다. 따라서 특별사면의 대상을 '형'으로 규정할 것인지, '사람'으로 규정할 것인지는 입법재량사항에 속한다(헌재 2000.6.1. 97헌바74).

06 헌법소원심판 정답 ②

① [O] 「헌법재판소법」제72조에 대한 옳은 내용이다.

> **제72조 【사전심사】** ① 헌법재판소장은 헌법재판소에 재판관 3명으로 구성되는 지정재판부를 두어 헌법소원심판의 사전심사를 담당하게 할 수 있다.

❷ [×] 위헌 여부 심판의 제청에 대한 결정에 대하여 항고할 수 없다.

> 「헌법재판소법」**제41조【위헌 여부 심판의 제청】** ④ 위헌 여부 심판의 제청에 관한 결정에 대하여는 항고할 수 없다.

③ [O] 우리 헌법이 채택하고 있는 구체적 규범통제인 위헌법률심판은 최고규범인 헌법의 해석을 통하여 헌법에 위반되는 법률의 효력을 상실시키는 것이므로 이와 같은 위헌법률심판 제도의 기능의 속성상 법률의 위헌여부심판의 제청대상 법률은 특별한 사정이 없는 한 현재 시행중이거나 과거에 시행되었던 것이어야 하기 때문에 제청당시에 공포는 되었으나 시행되지 않았고 이 결정당시에는 이미 폐지되어 효력이 상실된 법률은 위헌여부심판의 대상법률에서 제외되는 것으로 해석함이 상당하다(헌재 1997.9.25. 97헌가4).

④ [O] 헌법 제107조 제1항, 제111조 제1항 제1호의 규정에 의하면, 헌법재판소에 의한 위헌심사의 대상이 되는 '법률'이란 '국회의 의결을 거친 이른바 형식적 의미의 법률'을 의미하고, 위헌심사의 대상이 되는 규범이 형식적 의미의 법률이 아닌 때에는 그와 동일한 효력을 갖는 데에 국회의 승인이나 동의를 요하는 등 국회의 입법권 행사라고 평가할 수 있는 실질을 갖춘 것이어야 한다. 구 대한민국헌법(1980.10.27. 헌법 제9호로 전부 개정되기 전의 것, 이하 '유신헌법'이라 한다) 제53조 제3항은 대통령이 긴급조치를 한 때에는 지체 없이 국회에 통고하여야 한다고 규정하고 있을 뿐, 사전적으로는 물론이거니와 사후적으로도 긴급조치가 그 효력을 발생 또는 유지하는 데 국회의 동의 내지 승인 등을 얻도록 하는 규정을 두고 있지 아니하고, 실제로 국회에서 긴급조치를 승인하는 등의 조치가 취하여진 바도 없다. 따라서 유신헌법에 근거한 긴급조치는 국회의 입법권 행사라는 실질을 전혀 가지지 못한 것으로서, 헌법재판소의 위헌심판대상이 되는 '법률'에 해당한다고 할 수 없고, 긴급조치의 위헌 여부에 대한 심사권은 최종적으로 대법원에 속한다(대판 2010.12.16. 2010도5986).
※ 긴급조치에 관한 헌법재판소의 의견과 구별하여야 한다. 헌법재판소는 긴급조치가 위헌법률심판의 대상이 된다고 판시하였다.

07 국적 정답 ④

① [×] 심판대상조항은 외국인에게 대한민국 국적을 부여하는 '귀화'의 요건을 정한 것인데, '품행', '단정' 등 용어의 사전적 의미가 명백하고, 심판대상조항의 입법취지와 용어의 사전적 의미 및 법원의 일반적인 해석 등을 종합해 보면, '품행이 단정할 것'은 '귀화신청자를 대한민국의 새로운 구성원으로서 받아들이는 데 지장이 없을 만한 품성과 행실을 갖춘 것'을 의미하고, 구체적으로 이는 귀화신청자의 성별, 연령, 직업, 가족, 경력, 전과관계 등 여러 사정을 종합적으로 고려하여 판단될 것

임을 예측할 수 있다. 따라서 심판대상조항은 명확성원칙에 위배되지 아니한다(헌재 2016.7.28. 2014헌바421).

② [×] 외국의 주소가 있는 경우에만 대한민국 국적을 이탈한다는 뜻을 신고할 수 있다.

> 「국적법」**제14조【대한민국 국적의 이탈 요건 및 절차】** ① 복수국적자로서 외국 국적을 선택하려는 자는 외국에 주소가 있는 경우에만 주소지 관할 재외공관의 장을 거쳐 법무부장관에게 대한민국 국적을 이탈한다는 뜻을 신고할 수 있다.

③ [×] 국적에 관한 사항은 국가의 주권자의 범위를 확정하는 고도의 정치적 속성을 가지고 있어서 당해 국가가 역사적 전통과 정치·경제·사회·문화 등 제반사정을 고려하여 결정할 문제이다. 헌법 제2조 제1항은 "대한민국의 국민이 되는 요건은 법률로 정한다."라고 하여 기본권의 주체인 국민에 관한 내용을 입법자가 형성하도록 하고 있다. 이는 대한민국 국적의 '취득' 뿐만 아니라 국적의 유지, 상실을 둘러싼 전반적인 법률관계를 법률에 규정하도록 위임하고 있는 것으로 풀이할 수 있다(헌재 2014.6.26. 2011헌마502).

❹ [O] 「국적법」제8조 제1항·제2항에 대한 옳은 내용이다.

> **제8조 【수반 취득】** ① 외국인의 자(子)로서 대한민국의 「민법」상 미성년인 사람은 부 또는 모가 귀화허가를 신청할 때 함께 국적 취득을 신청할 수 있다.
> ② 제1항에 따라 국적 취득을 신청한 사람은 부 또는 모가 대한민국 국적을 취득한 때에 함께 대한민국 국적을 취득한다.

08 참정권 정답 ③

옳은 것은 ㄱ, ㄴ, ㄷ이다.

ㄱ. [O] 승진가능성이라는 것은 공직신분의 유지나 업무수행과 같은 법적 지위에 직접 영향을 미치는 것이 아니고 간접적, 사실적 또는 경제적 이해관계에 영향을 미치는 것에 불과하여 공무담임권의 보호영역에 포함된다고 보기는 어렵다(헌재 2010.3.25. 2009헌마538).

ㄴ. [O] 이 사건 선거운동기간조항은 그 입법목적을 달성하는 데 지장이 없는 선거운동방법, 즉 돈이 들지 않는 방법으로서 후보자 간 경제력 차이에 따른 불균형 문제나 사회·경제적 손실을 초래할 위험성이 낮은 개별적으로 대면하여 말로 지지를 호소하는 선거운동까지 포괄적으로 금지함으로써 선거운동 등 정치적 표현의 자유를 과도하게 제한하고 있고, 기본권 제한과 공익목적 달성 사이에 법익의 균형성도 갖추지 못하였다. 결국 이 사건 선거운동기간조항 중 각 선거운동기간 전에 개별적으로 대면하여 말로 하는 선거운동에 관한 부분은 과잉금지원칙에 반하여 선거운동 등 정치적 표현의 자유를 침해한다(헌재 2022.2.24. 2018헌바146).

ㄷ. [O] 심판대상조항을 통해 달성하고자 하는 선거의 공정성은 매우 중요한 가치이다. 그러나 선거의 공정성도 결국에는 선거인의 선거권이 실질적으로 보장될 때 비로소 의미를 가진다. 심판대상조항의 불충분·불완전한 입법으로 인한 청구인의 선거권 제한을 결코 가볍다고 볼 수 없으며, 이는 심판대상조항으로 인해 달성되는 공익에 비해 작지 않다. 따라서 심판대상조항은

법익의 균형성 원칙에 위배된다. 심판대상조항이 재외투표기간 개시일에 임박하여 또는 재외투표기간 중에 재외선거사무 중지결정이 있었고 그에 대한 재개결정이 없었던 예외적인 상황에서 재외투표기간 개시일 이후에 귀국한 재외선거인등이 국내에서 선거일에 투표할 수 있도록 하는 절차를 마련하지 아니한 것은 과잉금지원칙을 위반하여 청구인의 선거권을 침해한다(헌재 2022.1.27. 2020헌마895).

ㄹ. [×] 청구인은 심판대상조항들이 조합장선거 후보자의 피선거권과 선거인인 조합원의 후보자 선택권을 침해한다고 주장하나, 사법인적인 성격을 지니는 농협·축협의 조합장선거에서 조합장을 선출하거나 선거운동을 하는 것은 헌법에 의하여 보호되는 선거권의 범위에 포함되지 아니한다(헌재 2017.7.27. 2016헌바372).

적절하지 않은 것은 ㄷ, ㄹ, ㅁ이다.

ㄱ. [O] 심판대상조항들이 신체의 자유, 거주이전의 자유, 직업의 자유, 사생활의 비밀과 자유, 통신의 자유, 종교의 자유, 인격권, 일반적 행동의 자유, 양육권, 행복추구권, 평등권을 침해하고, 인간의 존엄과 가치를 규정한 헌법 제10조, 혼인과 가족생활을 보장하는 헌법 제36조 제1항 등에 위배된다는 주장은 교정시설에서 36개월의 기간 동안 합숙의무를 부여함으로써 발생하는 다양한 양태들을 문제 삼거나 그러한 복무부여가 과도하다는 주장을 보충하기 위한 것이므로, 심판대상조항들이 양심의 자유를 침해하는지 여부를 판단하는 이상 이러한 주장에 대해서는 별도로 판단하지 아니하기로 한다(헌재 2024.5.30. 2021헌마117 등).

ㄴ. [O] 심판대상조항들이 '시민적 및 정치적 권리에 관한 국제규약' 제2조 제3항, 제18조, 제23조, 제26조, '경제적 사회적 및 문화적 권리에 관한 국제규약' 제6조에 위반된다거나 헌법 제6조 제1항에 위반된다는 등의 주장에 대하여 보건대, 비준동의한 조약은 국내법과 같은 효력을 가질 뿐 헌법재판규범이 되는 것은 아니고, 이러한 주장들은 기본권 침해 주장을 보충하는 것에 불과하므로, 위 주장들도 별도로 판단하지 아니하기로 한다(헌재 2024.5.30. 2021헌마117 등).

ㄷ. [×] 대체복무제는 2020.1.1. 대체역법의 시행으로 도입되어 시기적으로 시행 초기에 있고, 대체역법 제19조는 국방부장관으로 하여금 현역병의 복무기간이 조정되는경우에는 병무청장의 요청에 따라 국무회의의 심의를 거치고 대통령의 승인을 받아 대체복무요원의 복무기간을 6개월의 범위에서 조정할 수 있도록 규정하고 있으므로, 현역병의 복무기간 조정, 현역병과의 형평성, 사회적 인식 변화 등을 고려하여 대체복무요원의 복무기간이 단축될 가능성이 열려 있다. 국가의 안전보장 및 국토방위와 관련된 사안에서의 판단은 국가공동체의 존립과 안전에 직접적이고 중대한 영향을 미치므로, 대체복무제를 도입하면서 복무기간을 36개월로 설정하여 제도의 안정적 정착을 고려한 입법자의 판단이 입법형성권의 범위를 벗어나서 지나치게 잘못되었다고는 볼 수 없다(헌재 2024.5.30. 2021헌마117 등).

ㄹ. [×] 대체복무요원 가운데 자녀가 있는데 양육할 사람이 없어 그 생계를 유지할 수 없다면, 제63조의2 제1항에 따라 소집을 해제할 수 있도록 배려하고 있기도 하다. 따라서 합숙조항이 자

녀가 있는 대체역에 대하여 침해의 최소성에 반하는 과도한 제한을 가한다고 보기는 어렵다(헌재 2024.5.30. 2021헌마117 등).

ㅁ. [×] 대체복무요원이 수행하는 구체적인 업무 내용을 살펴보면, 복무 장소가 교정시설에 국한되었을 뿐, 청구인들이 주장하는 사회복지시설, 병원, 응급구조시설, 공공기관 등 다른 기관에서 대체복무요원이 복무를 하게 된다 하더라도 부여될 수 있는 다양한 업무들을 수행하고 있다. 이처럼 실제 대체복무요원이 수행하는 업무 내용을 살펴볼 때, 교정시설에서 근무한다는 이유만으로 지나치게 제한적인 업무가 부여되어 징벌적인 처우를 하는 것이라고 보기는 어렵다(헌재 2024.5.30. 2021헌마117 등).

---

① [O] ○○구치소에 종교행사 공간이 1개뿐이고, 종교행사는 종교, 수형자와 미결수용자, 성별, 수용동 별로 진행되며, 미결수용자는 공범이나 동일사건 관련자가 있는 경우 이를 분리하여 참석하게 해야 하는 점을 고려하면 피청구인이 미결수용자 대상 종교행사를 4주에 1회 실시했더라도 종교의 자유를 과도하게 제한하였다고 보기 어렵고, 구치소의 인적·물적 여건상 하루에 여러 종교행사를 동시에 하기 어려우며, 개신교의 경우에만 그 교리에 따라 일요일에 종교행사를 허용할 경우 다른 종교와의 형평에 맞지 않고, 공휴일인 일요일에 종교행사를 할 행정적 여건도 마련되어 있지 않다는 점을 고려하면, 이 사건 종교행사 처우는 청구인의 종교의 자유를 침해하지 않는다(헌재 2015.4.30. 2013헌마190).

② [O] 피청구인이 청구인들로 하여금 개신교, 천주교, 불교, 원불교 4개 종교의 종교행사 중 하나에 참석하도록 한 것은 그 자체로 종교적 행위의 외적 강제에 해당한다. 이는 피청구인이 위 4개 종교를 승인하고 장려한 것이자, 여타 종교 또는 무종교보다 이러한 4개 종교 중 하나를 가지는 것을 선호한다는 점을 표현한 것이라고 보여질 수 있으므로 국가의 종교에 대한 중립성을 위반하여 특정 종교를 우대하는 것이다. 또한, 이 사건 종교행사 참석조치는 국가가 종교를 군사력 강화라는 목적을 달성하기 위한 수단으로 전락시키거나, 반대로 종교단체가 군대라는 국가권력에 개입하여 선교행위를 하는 등 영향력을 행사할 수 있는 기회를 제공하므로, 국가와 종교의 밀접한 결합을 초래한다는 점에서 정교분리원칙에 위배된다(헌재 2022.11.24. 2019헌마941).

❸ [×] 심판대상조항은 양로시설에 입소한 노인들에게 편안하고 쾌적한 주거환경을 제공하도록 국가나 지방자치단체가 관리·감독을 하기 위한 것으로, 이러한 입법목적은 정당하고 신고의무를 위반한 경우 형사제재를 가하는 것은 양로시설 현황을 파악하고 감독하기 위한 것으로 수단의 적절성도 인정된다. 양로시설을 설치하고자 하는 경우 일정한 시설기준과 인력기준 등을 갖추어야 하나, 이는 노인들의 안전한 주거공간 보장을 위한 최소한의 기준에 불과하므로 신고의무 부과가 지나치다고 할 수 없다. 종교단체에서 구호활동의 일환으로 운영하는 양로시설이라고 하더라도 신고대상에서 제외하면 관리·감독의 사각지대가 발생할 수 있으며, 일정 규모 이상의 양로시설의 경우 안전사고나 인권침해 피해정도가 커질 수 있으므로, 예외를 인정함이 없이 신고의무를 부과할 필요가 있다. … 따라서 심판

대상조항이 과잉금지원칙에 위배되어 종교의 자유를 침해한다고 볼 수 없다(헌재 2016.6.30. 2015헌바46).

④ [O] 금치처분을 받은 사람은 최장 30일 이내의 기간 동안 공동행사에 참가할 수 없으나, 서신수수, 접견을 통해 외부와 통신할 수 있고, 종교상담을 통해 종교활동을 할 수 있다. 또한, 위와 같은 불이익은 규율 준수를 통하여 수용질서를 유지한다는 공익에 비하여 크다고 할 수 없다. 따라서 위 조항은 청구인의 통신의 자유, 종교의 자유를 침해하지 아니한다(헌재 2016.5. 26. 2014헌마45).

11 법원 정답 ①

❶ [O] 「법원조직법」 제47조에 대한 옳은 내용이다.

> **제47조 【심신상의 장해로 인한 퇴직】** 법관이 중대한 신체상 또는 정신상의 장해로 직무를 수행할 수 없을 때에는, 대법관인 경우에는 대법원장의 제청으로 대통령이 퇴직을 명할 수 있고, 판사인 경우에는 인사위원회의 심의를 거쳐 대법원장이 퇴직을 명할 수 있다.

② [X] 대법관 전원의 3분의 2 이상의 출석과 출석인원 과반수의 찬성으로 의결한다.

> **「법원조직법」 제16조 【대법관회의의 구성과 의결방법】**
> ② 대법관회의는 대법관 전원의 3분의 2 이상의 출석과 출석인원 과반수의 찬성으로 의결한다.

③ [X] 심리는 법원의 결정으로 공개하지 아니할 수 있으나, 판결은 공개하여야 한다.

> **헌법 제109조** 재판의 심리와 판결은 공개한다. 다만, 심리는 국가의 안전보장 또는 안녕질서를 방해하거나 선량한 풍속을 해할 염려가 있을 때에는 법원의 결정으로 공개하지 아니할 수 있다.

④ [X] 대법관은 대법원장의 제청으로 국회의 동의를 얻어 대통령이 임명한다.

> **헌법 제104조** ① 대법원장은 국회의 동의를 얻어 대통령이 임명한다.
> ② 대법관은 대법원장의 제청으로 국회의 동의를 얻어 대통령이 임명한다.

12 재산권 정답 ③

① [O] 심판대상조항은 조세의 징수를 확보하고 실질적인 조세평등을 이루기 위한 것으로 목적의 정당성 및 수단의 적합성이 인정된다. 심판대상조항은 실제로 출자액에 관한 권리를 행사할 수 있는 지위에 있지 아니한 과점주주에 대해서는 제2차 납세의무를 부과하지 아니하는 등 과점주주의 범위를 한정하고, 과점주주의 책임범위도 '그 부족한 금액을 법인의 출자총액으로 나눈 금액에 해당 과점주주가 실질적으로 권리를 행사하는 출자

액을 곱하여 산출한 금액'로 제한하는 등 과점주주의 재산권에 대한 제한을 최소화하고 있으므로 침해의 최소성도 인정된다. 아울러 제2차 납세의무를 부과함으로써 조세정의를 실현함과 동시에 실질적 조세평등을 이루고자 하는 공익은 매우 중대한 반면, 이로 인한 과점주주의 불이익은 해당 법인을 실질적으로 운영하는 일정한 범위의 과점주주가 출자 비율의 범위 내에서 유한회사가 납부하지 아니한 국세·가산금 및 체납처분비를 보충적·추가적으로 부담하는 것에 불과하므로 심판대상조항은 법익의 균형성도 충족하였다. 따라서 심판대상조항은 과잉금지원칙에 위배되어 유한회사의 과점주주의 재산권을 침해하지 아니한다(헌재 2021.8.31. 2020헌바181).

② [O] 청구인은 심판대상조항이 자신의 재산권 및 인간다운 생활을 할 권리도 침해한다고 주장하나, 공무원연금법이 개정되어 시행되기 전 청구인은 이미 퇴직하여 퇴직연금을 수급할 수 있는 기초를 상실한 상태이므로, 심판대상조항이 청구인의 재산권 및 인간다운 생활을 할 권리를 제한한다고 볼 수 없다(헌재 2017.5.25. 2015헌마933).

❸ [X] 우편물의 수취인인 청구인은 우편물의 지연배달에 따른 손해배상청구권을 갖게 되는바, 이는 헌법이 보장하는 재산권의 내용에 포함되는 권리라 할 것이다(헌재 2013.6.27. 2012헌마426).

④ [O] 이 사건 중단조치는 남북관계, 북미관계, 국제관계가 복잡하게 얽혀 있는 상황에서 단계적 중단만으로는 일괄 중단의 경우와 동일한 정도로 경제제재 조치를 통해 달성하고자 하는 목적을 달성하기 어렵다는 정치적 판단하에 채택된 것이고, 그러한 판단이 현저히 비합리적이라고는 보이지 않는다. 따라서 이 사건 중단조치는 피해의 최소성 원칙에도 부합한다. … 이 사건 중단조치로 투자기업인 청구인들이 입은 피해가 적지 않지만, 그럼에도 불구하고 북한의 핵개발에 맞서 개성공단의 운영 중단이라는 경제적 제재조치를 통해, 대한민국의 존립과 안전 및 계속성을 보장할 필요가 있다는 피청구인 대통령의 판단이 명백히 잘못된 것이라 보기도 어려운바, 이는 헌법이 대통령에게 부여한 권한 범위 내에서 정치적 책임을 지고 한 판단과 선택으로 존중되어야 한다. 따라서 이 사건 중단조치는 법익의 균형성 요건도 충족하는 것으로 보아야 한다. 따라서 이 사건 중단조치는 과잉금지원칙에 위반되어 투자기업인 청구인들의 영업의 자유와 재산권을 침해하지 아니한다(헌재 2022.1.27. 2016헌마364).

13 표현의 자유 정답 ①

❶ [X] 심판대상조항은 군조직의 질서 및 통수체계를 확립하여 군의 전투력을 유지, 강화하고 이를 통하여 국가의 안전보장과 국토방위를 달성하기 위한 것이다. 특수한 신분과 지위에 있는 군인의 집단행위에 대하여는 보다 강화된 기본권 제한이 가능한 점, 단순한 진정 또는 서명행위라 할지라도 각종 무기와 병력을 동원할 수 있는 군대 내에서 이루어지는 집단행위는 예측하기 어려운 분열과 갈등을 조장할 수 있는 점, 위와 같은 행위는 정파적 또는 당파적인 것으로 오해 받을 소지가 커서 그로부터 군 전체가 정치적 편향성에 대한 의심을 받을 수 있는 점, 군무와 관련된 고충사항이 있는 경우 집단으로 진정 또는 서명하지 않고도 문제를 제기할 수 있는 방법들이 이미 군인복무기본법에 마련되어 있는 점 및 심판대상조항을 통하여 군

조직의 고도의 질서 및 규율을 유지하고 국가 안전보장과 국토방위에 기여한다는 공익의 중요성 등을 종합하면, 심판대상조항은 과잉금지원칙을 위반하여 청구인의 표현의 자유를 침해하지 않는다(헌재 2024.4.25. 2021헌마1258).

② [O] 심판대상조항은 공영방송의 기능을 위축시킬 만큼 청구인의 재정적 독립에 영향을 끼친다고 볼 수 없으므로, 입법재량의 한계를 일탈하여 청구인의 방송운영의 자유를 침해하지 아니한다(헌재 2024.5.30. 2023헌마820).

③ [O] 익명표현은 표현의 자유를 행사하는 하나의 방법으로서 그 자체로 규제되어야 하는 것은 아니고, 부정적 효과가 발생하는 것이 예상되는 경우에 한하여 규제될 필요가 있다(헌재 2021. 1.28. 2018헌마456).

④ [O] 선거운동기간 중 정치적 익명표현의 부정적 효과는 익명성 외에도 해당 익명표현의 내용과 함께 정치적 표현행위를 규제하는 관련 제도, 정치적·사회적 상황의 여러 조건들이 아울러 작용하여 발생하므로, 모든 익명표현을 사전적·포괄적으로 규율하는 것은 표현의 자유보다 행정편의와 단속편의를 우선함으로써 익명표현의 자유와 개인정보자기결정권 등을 지나치게 제한한다(헌재 2021.1.28. 2018헌마456).

14 직업의 자유 정답 ②

① [O] 의료인이 아닌 사람도 문신시술을 업으로 행할 수 있도록 그 자격 및 요건을 법률로 제정하도록 하는 내용의, 명시적인 입법위임은 헌법에 존재하지 않으며, 문신시술을 위한 별도의 자격제도를 마련할지 여부는 여러 가지 사회적·경제적 사정을 참작하여 입법부가 결정할 사항으로, 그에 관한 입법의무가 헌법해석상 도출된다고 보기는 어렵다. 따라서 이 사건 입법부작위에 대한 심판청구는 입법자의 작위의무를 인정할 수 없어 부적법하다(헌재 2022.3.31. 2017헌마1343).

❷ [X] 헌법 제15조가 보장하는 직업선택의 자유는 직업"선택"의 자유만이 아니라 직업과 관련된 종합적이고 포괄적인 직업의 자유를 보장하는 것이다. 또한 직업의 자유는 독립적 형태의 직업활동뿐만 아니라 고용된 형태의 종속적인 직업활동도 보장한다. 따라서 직업선택의 자유는 직장선택의 자유를 포함한다. ⋯ 직장선택의 자유는 개인이 그 선택한 직업분야에서 구체적인 취업의 기회를 가지거나, 이미 형성된 근로관계를 계속 유지하거나 포기하는 데에 있어 국가의 방해를 받지 않는 자유로운 선택·결정을 보호하는 것을 내용으로 한다. 그러나 이 기본권은 원하는 직장을 제공하여 줄 것을 청구하거나 한번 선택한 직장의 존속보호를 청구할 권리를 보장하지 않으며, 또한 사용자의 처분에 따른 직장 상실로부터 직접 보호하여 줄 것을 청구할 수도 없다(헌재 2002.11.28. 2001헌바50).

③ [O] 심판대상조항이 건설업과 관련 없는 죄로 임원이 형을 선고받은 경우까지도 법인이 건설업을 영위할 수 없도록 하는 것은 입법목적달성을 위한 적합한 수단에 해당하지 아니하고, 이러한 경우까지도 가장 강력한 수단인 필요적 등록말소라는 제재를 가하는 것은 최소침해성 원칙에도 위배된다.
심판대상조항으로 인하여 건설업자인 법인은 등록이 말소되는 중대한 피해를 입게 되는 반면 심판대상조항이 공익 달성에 기여하는 바는 크지 않아 심판대상조항은 법익균형성 원칙에도 위배된다. 따라서 심판대상조항은 과잉금지원칙에 위배되어 청구인의 직업수행의 자유를 침해한다(헌재 2014.4.24. 2013헌바25).

④ [O] 변호인선임서 등의 지방변호사회 경유제도는 사건브로커 등 수임관련 비리의 근절 및 사건수임 투명성을 위하여 도입된 것으로서 그 입법목적이 정당하고 그 수단도 적절하다. ⋯ 변호사법 제29조는 변호사의 직업수행의 자유를 침해하지 아니한다(헌재 2013.5.30. 2011헌마131).

15 종교의 자유 정답 ②

① [O] 종교적 선전, 타 종교에 대한 비판 등은 동시에 표현의 자유의 보호대상이 되는 것이나, 그 경우 종교의 자유에 관한 헌법 제20조 제1항은 표현의 자유에 관한 헌법 제21조 제1항에 대하여 특별규정의 성격을 갖는다 할 것이므로 종교적 목적을 위한 언론·출판의 경우에는 그 밖의 일반적인 언론·출판에 비하여 보다 고도의 보장을 받게 된다(대판 1996.9.6. 96다19246).

❷ [X] 종교(선교활동)의 자유는 국민에게 그가 선택한 임의의 장소에서 자유롭게 행사할 수 있는 권리까지 보장한다고 할 수 없으며, 그 임의의 장소가 대한민국의 주권이 미치지 아니하는 지역 나아가 국가에 의한 국민의 생명·신체 및 재산의 보호가 강력히 요구되는 해외 위난지역인 경우에는 더욱 그러하다(헌재 2008.6.26. 2007헌마1366).

③ [O] 이 사건 종교행사 참석조치는 군에서 필요한 정신전력을 강화하는 데 기여하기보다 오히려 해당 종교와 군 생활에 대한 반감이나 불쾌감을 유발하여 역효과를 일으킬 소지가 크고, 훈련병들의 정신전력을 강화할 수 있는 방법으로 종교적 수단 이외에 일반적인 윤리교육 등 다른 대안도 택할 수 있으며, 종교는 개인의 인격을 형성하는 가장 핵심적인 신념일 수 있는 만큼 종교에 대한 국가의 강제는 심각한 기본권 침해에 해당하는 점을 고려할 때, 이 사건 종교행사 참석조치는 과잉금지원칙을 위반하여 청구인들의 종교의 자유를 침해한다(헌재 2022.11.24. 2019헌마941).

④ [O] 고등학교 평준화정책에 따른 학교 강제배정제도가 위헌이 아니라고 하더라도 여전히 종립학교(종교단체가 설립한 사립학교)가 가지는 종교교육의 자유 및 운영의 자유와 학생들이 가지는 소극적 종교행위의 자유 및 소극적 신앙고백의 자유 사이에 충돌이 생기게 되는데, 이와 같이 하나의 법률관계를 둘러싸고 두 기본권이 충돌하는 경우에는 구체적인 사안에서의 사정을 종합적으로 고려한 이익형량과 함께 양 기본권 사이의 실제적인 조화를 꾀하는 해석 등을 통하여 이를 해결하여야 하고, 그 결과에 따라 정해지는 양 기본권 행사의 한계 등을 감안하여 그 행위의 최종적인 위법성 여부를 판단하여야 한다(대판 2010.4.22. 2008다38288).

16 재판청구권 정답 ①

❶ [×] 심판대상조항이 소송사건의 대리인인 변호사라 하더라도 변호사접견을 하기 위해서는 소송계속 사실 소명자료를 제출하도록 규정함으로써 이를 제출하지 못하는 변호사는 일반접견을 이용할 수밖에 없게 되었는바, … 일반접견은 접촉차단시설이 설치된 일반접견실에서 10분 내외 짧게 이루어지므로 그 시간은 변호사접견의 1/6 수준에 그치고 그 대화 내용은 청취·기록·녹음·녹화의 대상이 된다. 변호사의 도움이 가장 필요한 시기에 접견에 대한 제한의 정도가 위와 같이 크다는 점에서 수형자의 재판청구권 역시 심각하게 제한될 수밖에 없고, 이로 인해 법치국가원리로 추구되는 정의에 반하는 결과를 낳을 수도 있다는 점에서, 위와 같은 불이익은 매우 크다고 볼 수 있다. 심판대상조항은 과잉금지원칙에 위배되어 변호사인 청구인의 직업수행의 자유를 침해한다(헌재 2021.10.28. 2018헌마60).

② [○] 형의 집행 및 수용자의 처우에 관한 법률 시행령에서 수형자와 소송대리인인 변호사의 접견을 일반 접견에 포함시켜 시간은 30분 이내로, 횟수는 월 4회로 제한하는 것은 법률전문가인 변호사와의 소송상담의 특수성을 고려하지 않고 소송대리인인 변호사와의 접견을 그 성격이 전혀 다른 일반 접견에 포함시켜 접견 시간 및 횟수를 제한함으로써 청구인의 재판청구권을 침해한다(헌재 2015.11.26. 2012헌마858).

③ [○] 이 사건 불복금지조항은 추구하고자 하는 공익에 비하여 훨씬 중대한 국민의 기본권을 침해하는 것이라고 할 것이다. 이러한 점들을 종합하여 볼 때, 이 사건 불복금지조항은 헌법이 보장하는 형사보상청구권 및 그 실현을 위한 기본권인 재판청구권의 본질적 내용을 침해하는 것으로서 헌법에 위반된다 할 것이다(헌재 2010.10.28. 2008헌마514 등).

④ [○] 도로교통법 제101조의3(이하, '이 사건 법률조항'이라 한다)과 관련하여 행정심판 전치주의를 정당화하는 합리적인 이유를 살펴본다면, 교통관련 행정처분의 적법성 여부에 관하여 판단하는 경우, 전문성과 기술성이 요구되므로, 법원으로 하여금 행정기관의 전문성을 활용케 할 필요가 있으며, 도로교통법에 의한 운전면허취소처분은 대량적·반복적으로 행해지는 처분이라는 점에서도 행정심판에 의하여 행정의 통일성을 확보할 필요성이 인정된다. … 이 사건 법률조항에 의하여 달성하고자 하는 공익과 한편으로는 전심절차를 밟음으로써 야기되는 국민의 일반적인 수고나 시간의 소모 등을 비교하여 볼 때, 이 사건 법률조항에 의한 재판청구권의 제한은 정당한 공익의 실현을 위하여 필요한 정도의 제한에 해당하는 것으로 헌법 제37조 제2항의 비례의 원칙에 위반되어 국민의 재판청구권을 과도하게 침해하는 위헌적인 규정이라 할 수 없다(헌재 2002.10.31. 2001헌바40).

17 범죄피해자구조청구권 정답 ①

❶ [○] 범죄피해자 구조청구권을 인정하는 이유는 크게 국가의 범죄방지책임 또는 범죄로부터 국민을 보호할 국가의 보호의무를 다하지 못하였다는 것과 그 범죄피해자들에 대한 최소한의 구제가 필요하다는 데 있다. 그런데 국가의 주권이 미치지 못하고 국가의 경찰력 등을 행사할 수 없거나 행사하기 어려운 해외에서 발생한 범죄에 대하여는 국가에 그 방지책임이 있다고 보기 어렵고, 상호보증이 있는 외국에서 발생한 범죄피해에 대하여는 국민이 그 외국에서 피해구조를 받을 수 있으며, 국가의 재정에 기반을 두고 있는 구조금에 대한 청구권 행사대상을 우선적으로 대한민국의 영역 안의 범죄피해에 한정하고, 향후 해외에서 발생한 범죄피해의 경우에도 구조를 하는 방향으로 운영하는 것은 입법형성의 재량의 범위 내라고 할 것이다(헌재 2011.12.29. 2009헌마354).

② [×] 과실에 의한 행위로 사망하거나 장해 또는 중상해를 입은 경우에는 범죄피해자구조청구권이 인정되지 않는다.

> 「범죄피해자 보호법」 제3조【정의】① 이 법에서 사용하는 용어의 뜻은 다음과 같다.
> 4. "구조대상 범죄피해"란 대한민국의 영역 안에서 또는 대한 민국의 영역 밖에 있는 대한민국의 선박이나 항공기 안에서 행하여진 사람의 생명 또는 신체를 해치는 죄에 해당하는 행위(「형법」 제9조, 제10조 제1항, 제12조, 제22조 제1항에 따라 처벌되지 아니하는 행위를 포함하며, 같은 법 제20조 또는 제21조 제1항에 따라 처벌되지 아니하는 행위 및 과실에 의한 행위는 제외한다)로 인하여 사망하거나 장해 또는 중상해를 입은 것을 말한다.

③ [×] 범죄행위 당시 구조피해자와 가해자 사이에 사실상의 혼인관계가 있는 경우에는 구조피해자에게 구조금을 지급하지 아니한다.

> 「범죄피해자 보호법」 제19조【구조금을 지급하지 아니할 수 있는 경우】① 범죄행위 당시 구조피해자와 가해자 사이에 다음 각 호의 어느 하나에 해당하는 친족관계가 있는 경우에는 구조금을 지급하지 아니한다.
> 1. 부부(사실상의 혼인관계를 포함한다)
> 2. 직계혈족
> 3. 4촌 이내의 친족
> 4. 동거친족
> ② 범죄행위 당시 구조피해자와 가해자 사이에 제1항 각 호의 어느 하나에 해당하지 아니하는 친족관계가 있는 경우에는 구조금의 일부를 지급하지 아니한다.

④ [×] 안 날로부터 3년, 있은 날로부터 10년이다.

> 「범죄피해자 보호법」 제25조【구조금의 지급신청】① 구조금을 받으려는 사람은 법무부령으로 정하는 바에 따라 그 주소지, 거주지 또는 범죄 발생지를 관할하는 지구심의회에 신청하여야 한다.
> ② 제1항에 따른 신청은 해당 구조대상 범죄피해의 발생을 안 날부터 3년이 지나거나 해당 구조대상 범죄피해가 발생한 날부터 10년이 지나면 할 수 없다.

18 지방자치제도 정답 ④

① [O] 지방자치단체의 장이 '공소 제기된 후 구금상태에 있는 경우' 부단체장이 그 권한을 대행하도록 하는 것은 자치단체장의 공무담임권을 침해하지 않는다(헌재 2011.4.28. 2010헌마474).

② [O] 헌법은 지역 주민들이 자신들이 선출한 자치단체의 장과 지방의회를 통하여 자치사무를 처리할 수 있는 대의제 또는 대표제 지방자치를 보장하고 있을 뿐, 주민투표에 대하여는 명시적으로 규정하고 있지 않다(헌재 2001.6.28. 2000헌마735).

③ [O] 헌법 제117조 제1항의 "지방자치단체는 법령의 범위 안에서 자치에 관한 규정을 제정할 수 있다."는 규정 중의 '법령'에는 법규명령으로서 기능하는 행정규칙이 포함된다(헌재 2002. 10.31. 2002헌라2).

❹ [X] 감사원장이 아니라 주무부장관이나 시·도지사이며, 180일이 아니라 60일이다.

> **「지방자치법」 제21조【주민의 감사 청구】**⑨ 주무부장관이나 시·도지사는 감사 청구를 수리한 날부터 60일 이내에 감사 청구된 사항에 대하여 감사를 끝내야 하며, 감사 결과를 청구인의 대표자와 해당 지방자치단체의 장에게 서면으로 알리고, 공표하여야 한다. (이하 생략)

19 국회의원의 특권 정답 ①

❶ [O] 「공직선거법」 제192조 제4항은 비례대표 국회의원에 대하여 소속 정당의 '해산' 등 이외의 사유로 당적을 이탈하는 경우 퇴직된다고 규정하고 있는데, 이 규정의 의미는 정당이 스스로 해산하는 경우에 비례대표 국회의원은 퇴직되지 않는다는 것으로서, 국회의원의 국민대표성과 정당기속성 사이의 긴장관계를 적절하게 조화시켜 규율하고 있다. 헌법재판소의 해산결정에 따른 정당의 강제해산의 경우에는 그 정당 소속 국회의원이 그 의원직을 상실하는지 여부에 관하여 헌법이나 법률에 아무런 규정을 두고 있지 않다. 따라서 위헌으로 해산되는 정당 소속 국회의원의 의원직 상실 여부는 위헌정당해산제도의 취지와 그 제도의 본질적 효력에 비추어 판단하여야 한다(헌재 2014.12.19. 2013헌다1). 헌법재판소의 '강제해산'의 경우는 의원직이 상실되며, '자진해산'의 경우는 의원직이 상실되지 않는다. 공직선거법 제192조 제4항의 소속정당의 해산시에 그 의원직을 유지하는데, 이때 해산의 의미는 '자진해산' 하는 경우를 의미한다.

> **「공직선거법」 제192조【피선거권상실로 인한 당선무효 등】**④ 비례대표국회의원 또는 비례대표지방의회의원이 소속정당의 합당·해산 또는 제명외의 사유로 당적을 이탈·변경하거나 2 이상의 당적을 가지고 있는 때에는 「국회법」 제136조(退職) 또는 「지방자치법」 제90조(의원의 퇴직)의 규정에 불구하고 퇴직된다. 다만, 비례대표국회의원이 국회의장으로 당선되어 「국회법」 규정에 의하여 당적을 이탈한 경우에는 그러하지 아니하다.

② [X] 국회의원의 면책특권은 의원의 임기가 만료된 후에도 그 효력이 지속되는 영구적 특권이다.

③ [X] 후보자가 될 수 없다.

> **「국회법」 제164조【제명된 사람의 입후보 제한】**제163조에 따른 징계로 제명된 사람은 그로 인하여 궐원된 의원의 보궐선거에서 후보자가 될 수 없다.

④ [X] 비공개를 원칙으로 하며, 본회의나 위원회의 의결이 있는 경우에는 공개를 인정한다.

> **「국회법」 제158조【징계의 의사】**징계에 관한 회의는 공개하지 아니한다. 다만, 본회의나 위원회의 의결이 있을 때에는 그러하지 아니하다.

20 보안처분 정답 ②

① [O] 전자장치 부착명령은 전통적 의미의 형벌이 아닐 뿐 아니라, 성폭력범죄자의 성행교정과 재범방지를 도모하고 국민을 성폭력범죄로부터 보호한다고 하는 공익을 목적으로 하며, 전자장치의 부착을 통해서 피부착자의 행동 자체를 통제하는 것도 아니라는 점에서 이 사건 부칙조항이 적용되었을 때 처벌적인 효과를 나타낸다고 보기 어렵다. 그러므로 이 사건 부착명령은 범죄행위를 한 사람에 대한 응보를 주된 목적으로 그 책임을 추궁하는 사후적 처분인 형벌과 구별되는 비형벌적 보안처분으로서 소급효금지원칙이 적용되지 아니한다(헌재 2012.12.27. 2010헌가82 등).

❷ [X] 노역장유치조항은 벌금 액수에 따라 유치기간의 하한이 증가하도록 하여 범죄의 경중이나 죄질에 따른 형평성을 도모하고 있고, 노역장유치기간의 상한이 3년인 점과 선고되는 벌금 액수를 고려하면 그 하한이 지나치게 장기라고 보기 어렵다. 또한 노역장유치조항은 유치기간의 하한을 정하고 있을 뿐이므로 법관은 그 범위 내에서 다양한 양형요소들을 고려하여 1일 환형유치금액과 노역장유치기간을 정할 수 있다. 이러한 점들을 종합하면 노역장유치조항은 과잉금지원칙에 반하여 청구인들의 신체의 자유를 침해한다고 볼 수 없다(헌재 2017.10.26. 2015헌바239 등).

③ [O] 벌금에 비해 노역장유치기간이 지나치게 짧게 정해지면 경제적 자력이 충분함에도 고액의 벌금 납입을 회피할 목적으로 복역하는 자들이 있을 수 있으므로, 벌금 납입을 심리적으로 강제할 수 있는 최소한의 유치기간을 정할 필요가 있다. 또한 고액 벌금에 대한 유치기간의 하한을 법률로 정해두면 1일 환형유치금액간에 발생하는 불균형을 최소화할 수 있다. 노역장유치조항은 주로 특별형법상 경제범죄 등에 적용되는데, 이러한 범죄들은 범죄수익의 박탈과 함께 막대한 경제적 손실을 가하지 않으면 범죄의 발생을 막기 어렵다. 노역장유치조항은 벌금 액수에 따라 유치기간의 하한이 증가하도록 하여 범죄의 경중이나 죄질에 따른 형평성을 도모하고 있고, 노역장유치기간의 상한이 3년인 점과 선고되는 벌금 액수를 고려하면 그 하한이 지나치게 장기라고 보기 어렵다. 또한 노역장유치조항은 유치기간의 하한을 정하고 있을 뿐이므로 법관은 그 범위 내에서 다양한 양형요소들을 고려하여 1일 환형유치금액과 노역장유치기간을 정할 수 있다. 이러한 점들을 종합하면 노역장유치조항은 과잉금지원칙에 반하여 청구인들의 신체의 자유를 침해한다고 볼 수 없다. 형벌불소급원칙에서 의미하는 '처벌'

은 형법에 규정되어 있는 형식적 의미의 형벌 유형에 국한되지 않으며, 범죄행위에 따른 제재의 내용이나 실제적 효과가 형벌적 성격이 강하여 신체의 자유를 박탈하거나 이에 준하는 정도로 신체의 자유를 제한하는 경우에는 형벌불소급원칙이 적용되어야 한다. 노역장유치는 그 실질이 신체의 자유를 박탈하는 것으로서 징역형과 유사한 형벌적 성격을 가지고 있으므로 형벌불소급원칙의 적용대상이 된다. 노역장유치조항은 1억원 이상의 벌금형을 선고받는 자에 대하여 유치기간의 하한을 중하게 변경시킨 것이므로, 이 조항 시행 전에 행한 범죄행위에 대해서는 범죄행위 당시에 존재하였던 법률을 적용하여야 한다. 그런데 부칙조항은 노역장유치조항의 시행 전에 행해진 범죄행위에 대해서도 공소제기의 시기가 노역장유치조항의 시행 이후이면 이를 적용하도록 하고 있으므로, 이는 범죄행위 당시 보다 불이익한 법률을 소급 적용하도록 하는 것으로서 헌법상 형벌불소급원칙에 위반된다(헌재 2017.10.26. 2015헌바239 등).

④ [O] 디엔에이감식시료의 채취 행위 및 디엔에이신원확인정보의 수집, 수록, 검색, 회보라는 일련의 행위는 수형인 등에게 심리적 압박에서 나오는 위하효과로 인한 범죄의 예방효과를 가진다는 점에서 행위자의 장래 위험성에 근거하여 범죄자의 개선을 통해 범죄를 예방하고 장래의 위험을 방지하여 사회를 보호하기 위해서 부과되는 보안처분으로서의 성격을 지닌다고 볼 수 있다(헌재 2014.8.28. 2011헌마28 등).

---

21 국회   정답 ①

❶ [X] 국회의 회의비공개를 위한 정족수는 재적의원 과반수가 아니라 출석의원 과반수이다. 국회법 제75조는 "의장의 제의 또는 의원 10명 이상의 연서에 의한 동의로 본회의 의결이 있거나 의장이 각 교섭단체 대표의원과 협의하여 국가의 안전보장을 위하여 필요하다고 인정할 때에는 공개하지 아니할 수 있다"라고 규정하고 있는데, 비공개 동의(발의)는 10인 이상이고 의결은 출석의원 과반수가 된다.

> **헌법 제50조** ① 국회의 회의는 공개한다. 다만, 출석의원 과반수의 찬성이 있거나 의장이 국가의 안전보장을 위하여 필요하다고 인정할 때에는 공개하지 아니할 수 있다.

② [O] 헌법 제51조에 대한 옳은 내용이다.

> **제51조** 국회에 제출된 법률안 기타의 의안은 회기 중에 의결되지 못한 이유로 폐기되지 아니한다. 다만, 국회의원의 임기가 만료된 때에는 그러하지 아니하다.

③ [O] 「국회법」 제59조에 대한 옳은 내용이다.

> **제59조 【의안의 상정시기】** 위원회는 의안(예산안, 기금운용계획안 및 임대형 민자사업 한도액안은 제외한다. 이하 이 조에서 같다)이 그 위원회에 회부된 날부터 다음 각 호의 구분에 따른 기간이 경과하지 아니한 때에는 이를 상정할 수 없다. 다만, 긴급하고 불가피한 사유로 위원회의 의결이 있는 경우에는 그러하지 아니하다.
> 1. 일부개정법률안: 15일
> 2. 제정법률안, 전부개정법률안 및 폐지법률안: 20일

>   3. 체계·자구 심사를 위하여 법제사법위원회에 회부된 법률안: 5일
>   4. 법률안 외의 의안: 20일

④ [O] 「국회법」 제81조 제2항에 대한 옳은 내용이다.

> **제81조 【상임위원회 회부】** ② 의장은 안건이 어느 상임위원회의 소관에 속하는지 명백하지 아니할 때에는 국회운영위원회와 협의하여 상임위원회에 회부하되, 협의가 이루어지지 아니할 때에는 의장이 소관 상임위원회를 결정한다.

---

22 포괄위임금지원칙   정답 ④

① [O] 헌법 제95조에 대한 옳은 내용이다.

> **제95조** 국무총리 또는 행정각부의 장은 소관사무에 관하여 법률이나 대통령령의 위임 또는 직권으로 총리령 또는 부령을 발할 수 있다.

② [O] 영화진흥법 제21조 제7항 후문 중 '제3항 제5호' 부분의 위임 규정은 영화상영등급분류의 구체적 기준을 영상물등급위원회의 규정에 위임하고 있는데, 이 사건 위임 규정에서 위임하고 있는 사항은 제한상영가 등급분류의 기준에 대한 것으로 그 내용이 사회현상에 따라 급변하는 내용들도 아니고, 특별히 전문성이 요구되는 것도 아니며, 그렇다고 기술적인 사항도 아닐 뿐만 아니라, 더욱이 표현의 자유의 제한과 관련되어 있다는 점에서 경미한 사항이라고도 할 수 없는데, 이 사건 위임 규정은 영상물등급위원회 규정에 위임하고 있는바, 이는 그 자체로서 포괄위임금지원칙을 위반하고 있다고 할 것이다(헌재 2008.7.31. 2007헌가4).

③ [O] 공법적 기관의 정관 규율사항이라도 그러한 정관의 제정주체가 사실상 행정부에 해당하거나, 기타 권력분립의 원칙에서 엄격한 위임입법의 한계가 준수될 필요가 있는 경우에는 헌법 제75조, 제95조의 포괄위임입법금지 원칙이 적용되어야 할 것이다(헌재 2001.4.26. 2000헌마122).

❹ [X] 헌법 제75조에서 근거한 포괄위임금지원칙은 법률에 이미 대통령령 등 하위법규에 규정될 내용 및 범위의 기본사항이 구체적으로 규정되어 있어서 누구라도 당해 법률로부터 하위법규에 규정될 내용의 대강을 예측할 수 있어야 함을 의미하는데, 위임입법이 대법원규칙인 경우에도 수권법률에서 이 원칙을 준수하여야 하는 것은 마찬가지이다(헌재 2014.10.30. 2013헌바368).

23	사회적 기본권	정답 ④

① [O] 이 사건 시행령조항은 조건 부과 유예 대상자로 '대학원에 재학 중인 사람'과 '부모에게 버림받아 부모를 알 수 없는 사람'을 규정하고 있지 않다. 그런데 국민기초생활 보장법은 조건 부과 유예 대상자에 해당하지 않는다고 하더라도, 수급자의 개인적 사정을 고려하여 근로조건의 제시를 유예할 수 있는 제도를 별도로 두고 있으므로, '대학원에 재학 중인 사람' 또는 '부모에게 버림받아 부모를 알 수 없는 사람'이 조건 제시 유예사유에 해당하면 자활사업 참여 없이 생계급여를 받을 수 있다. 여기에 고등교육법과 '법학전문대학원 설치·운영에 관한 법률'이 장학금제도를 규정하고 있는 점, 생계급여제도 이외에도 의료급여와 같은 각종 급여제도 등을 통하여서도 인간의 존엄에 상응하는 생활에 필요한 '최소한의 물질적인 생활'을 유지하는 데 도움을 받을 수 있는 점 등을 종합하여 보면, 이 사건 시행령조항은 청구인의 인간다운 생활을 할 권리도 침해하지 않는다(헌재 2017.11.30. 2016헌마448).

② [O] 이 사건 감액조항은 공무원범죄를 예방하고 공무원이 재직 중 성실히 근무하도록 유도하기 위한 것으로서 그 입법목적은 정당하고, 수단도 적절하다. 이 사건 감액조항은 퇴직급여 등의 감액사유에서 '직무와 관련 없는 과실로 인하여 범죄를 저지른 경우' 및 '소속 상관의 정당한 직무상의 명령에 따르다가 과실로 인하여 범죄를 저지른 경우'를 제외하고, 이러한 범죄행위로 인하여 그 결과 '금고 이상의 형을 받은 경우'로 한정한 점, 감액의 범위도 국가 또는 지방자치단체의 부담 부분을 넘지 않도록 한 점 등을 고려하면 침해의 최소성도 인정된다. 청구인들은 퇴직급여의 일부가 감액되는 사익의 침해를 받지만, 이는 공무원 자신이 저지른 범죄에서 비롯된 것인 점, 공무원 개개인이나 공직에 대한 국민의 신뢰를 유지하고자 하는 공익이 결코 적지 않은 점, 특히 이 사건 감액조항은 구법조항보다 감액사유를 더욱 한정하여 침해되는 사익을 최소화하고자 하였다는 점에서 법익의 균형성도 인정된다. 따라서 이 사건 감액조항은 청구인들의 재산권과 인간다운 생활을 할 권리를 침해하지 아니한다(헌재 2013.8.29. 2010헌바354).

③ [O] 심판대상조항은 퇴직연금 수급자의 유족연금 수급권을 구체화함에 있어 급여의 적절성을 확보할 필요성, 한정된 공무원연금 재정의 안정적 운영, 우리 국민 전체의 소득 및 생활수준, 공무원 퇴직연금의 급여 수준, 유족연금의 특성, 사회보장의 기본원리 등을 종합적으로 고려하여 유족연금액의 2분의 1을 감액하여 지급하도록 한 것이므로, 입법형성의 한계를 벗어나 청구인의 인간다운 생활을 할 권리 및 재산권을 침해하였다고 볼 수 없다(헌재 2020.6.25. 2018헌마865).

❹ [X] 국가가 행하는 생계보호의 수준이 그 재량의 범위를 명백히 일탈하였는지의 여부, 즉 인간다운 생활을 보장하기 위한 객관적 내용의 최소한을 보장하고 있는지의 여부는 생활보호법에 의한 생계보호급여만을 가지고 판단하여서는 아니 되고 그 외의 법령에 의거하여 국가가 생계보호를 위하여 지급하는 각종 급여나 각종 부담의 감면 등을 총괄한 수준을 가지고 판단하여야 하는바, 1994년도를 기준으로 생활보호대상자에 대한 생계보호급여와 그 밖의 각종 급여 및 각종 부담감면의 액수를 고려할 때, 이 사건 생계보호기준이 청구인들의 인간다운 생활을 보장하기 위하여 국가가 실현해야 할 객관적 내용의 최소한도의 보장에도 이르지 못하였다거나 헌법상 용인될 수 있는 재량의 범위를 명백히 일탈하였다고는 보기 어렵고, 따라서 비록 위와 같은 생계보호의 수준이 일반 최저생계비에 못

미친다고 하더라도 그 사실만으로 곧 그것이 헌법에 위반된다거나 청구인들의 행복추구권이나 인간다운 생활을 할 권리를 침해한 것이라고는 볼 수 없다(헌재 1997.5.29. 94헌마33).

24	거주·이전의 자유	정답 ②

① [X] 국적을 이탈하거나 변경하는 것은 헌법 제14조가 보장하는 거주·이전의 자유에 포함되고, 이 사건 법률조항들은 복수국적자인 남성이 제1국민역에 편입된 때에는 그때부터 3개월 이내에 외국 국적을 선택하지 않으면 국적법 제12조 제3항 각 호에 해당하는 때, 즉 현역·상근예비역 또는 보충역으로 복무를 마치거나, 제2국민역에 편입되거나, 또는 병역면제처분을 받은 때(이하 '병역의무의 해소'라 한다)에야 외국 국적의 선택 및 대한민국 국적의 이탈(이하 이를 묶어 '대한민국 국적 이탈'이라고만 한다)을 할 수 있도록 하고 있으므로, 이 사건 법률조항들은 복수국적자인 청구인의 국적이탈의 자유를 제한한다(헌재 2015.11.26. 2013헌마805 등).

❷ [O] 이 사건 수용조항은, 정비사업조합에 수용권한을 부여하여 주택재개발사업에 반대하는 청구인의 토지 등을 강제로 취득할 수 있도록 하고 있다. 따라서 이 사건 수용조항이 토지 등 소유자의 재산권을 침해하는지 여부가 문제된다. 청구인은 이 사건 수용조항으로 인하여 거주이전의 자유도 제한된다고 주장하고 있다. 주거로 사용하던 건물이 수용될 경우 그 효과로 거주지도 이전하여야 하는 것은 사실이나, 이는 토지 및 건물 등의 수용에 따른 부수적 효과로서 간접적·사실적 제약에 해당하므로 거주이전의 자유 침해여부는 별도로 판단하지 않는다(헌재 2019.11.28. 2017헌바241).

③ [X] 거주·이전의 자유는 거주지나 체류지라고 볼 만한 정도로 생활과 밀접한 연관을 갖는 장소를 선택하고 변경하는 행위를 보호하는 기본권인바, 이 사건에서 서울광장이 청구인들의 생활형성의 중심지인 거주지나 체류지에 해당한다고 할 수 없고, 서울광장에 출입하고 통행하는 행위가 그 장소를 중심으로 생활을 형성해 나가는 행위에 속한다고 볼 수도 없으므로 청구인들의 거주·이전의 자유가 제한되었다고 할 수 없다(헌재 2011.6.30. 2009헌마406).

④ [X] 지방세법 제138조 제1항 제3호가 법인의 대도시 내의 부동산 등기에 대하여 통상세율의 5배를 규정하고 있다 하더라도 그것이 대도시 내에서 업무용 부동산을 취득할 정도의 재정능력을 갖춘 법인의 담세능력을 일반적으로 또는 절대적으로 초과하는 것이어서 그 때문에 법인이 대도시 내에서 향유하여야 할 직업수행의 자유나 거주·이전의 자유의 자유가 형해화할 정도에 이르러 그 기본적인 내용이 침해되었다고 볼 수 없다(헌재 1998.2.27. 97헌바79).

25 헌법재판제도 정답 ①

ㄱ. [×] 형벌에 관한 법률조항에 대한 위헌결정이 있다고 해서 자동으로 유죄의 확정판결이 소급하여 무죄가 되는 것은 아니다.

> **「헌법재판소법」 제47조【위헌결정의 효력】** ③ 제2항에도 불구하고 형벌에 관한 법률 또는 법률의 조항은 소급하여 그 효력을 상실한다. 다만, 해당 법률 또는 법률의 조항에 대하여 종전에 합헌으로 결정한 사건이 있는 경우에는 그 결정이 있는 날의 다음 날로 소급하여 효력을 상실한다.
> ④ 제3항의 경우에 위헌으로 결정된 법률 또는 법률의 조항에 근거한 유죄의 확정판결에 대하여는 재심을 청구할 수 있다.

ㄴ. [×] 법률의 의미는 결국 개별·구체화된 법률해석에 의해 확인되는 것이므로 법률과 법률의 해석을 구분할 수는 없고, 재판의 전제가 된 법률에 대한 규범통제는 해석에 의해 구체화된 법률의 의미와 내용에 대한 헌법적 통제로서 헌법재판소의 고유권한이며, 헌법합치적 법률해석의 원칙상 법률조항 중 위헌성이 있는 부분에 한정하여 위헌결정을 하는 것은 입법권에 대한 자제와 존중으로서 당연하고 불가피한 결론이므로, 이러한 한정위헌결정을 구하는 한정위헌청구는 원칙적으로 적법하다고 보아야 한다(헌재 2012.12.27. 2011헌바117).

ㄷ. [○] 헌법재판소법 제68조 제1항이 원칙적으로 헌법에 위반되지 아니한다고 하더라도, 법원이 헌법재판소가 위헌으로 결정하여 그 효력을 전부 또는 일부 상실하거나 위헌으로 확인된 법률을 적용함으로써 국민의 기본권을 침해한 경우에도 법원의 재판에 대한 헌법소원이 허용되지 않는 것으로 해석한다면, 위 법률조항은 그러한 한도 내에서 헌법에 위반된다(헌재 1997.12.24. 96헌마172 등).

ㄹ. [○] 원행정처분에 대하여 법원에 행정소송을 제기하여 패소판결을 받고 그 판결이 확정된 경우에는 당사자는 그 판결의 기판력에 의한 기속을 받게 되므로, 별도의 절차에 의하여 위 판결의 기판력이 제거되지 아니하는 한, 행정처분의 위법성을 주장하는 것은 확정판결의 기판력에 어긋나므로 원행정처분은 헌법소원심판의 대상이 되지 아니한다고 할 것이며, 뿐만 아니라 원행정처분에 대한 헌법소원심판청구를 허용하는 것은, "명령·규칙 또는 처분이 헌법이나 법률에 위반되는 여부가 재판의 전제가 된 경우에는 대법원은 이를 최종적으로 심사할 권한을 가진다."라고 규정한 헌법 제107조 제2항이나, 원칙적으로 헌법소원심판의 대상에서 법원의 재판을 제외하고 있는 헌법재판소법 제68조 제1항의 취지에도 어긋난다(헌재 1998.5.28. 91헌마98 등).

ㅁ. [×] 헌법재판소의 헌법 해석은 헌법이 내포하고 있는 특정한 가치를 탐색·확인하고 이를 규범적으로 관철하는 작업이므로, 헌법재판소가 행하는 구체적 규범통제의 심사기준은 원칙적으로 헌법재판을 할 당시에 규범적 효력을 가지는 헌법이라 할 것이다. 그러므로 이 사건 긴급조치들의 위헌성을 심사하는 준거규범은 유신헌법이 아니라 현행헌법이라고 봄이 타당하다(헌재 2013.3.21. 2010헌바132 등).

▶ 정답
p.48

01	②	I	06	④	IV	11	③	II	16	④	III	21	③	III
02	②	II	07	④	II	12	②	II	17	④	III	22	④	III
03	②	I	08	①	IV	13	④	III	18	③	II	23	①	IV
04	②	I	09	①	III	14	①	II	19	③	I	24	①	II
05	④	II	10	②	II	15	④	II	20	④	IV	25	②	II

I 헌법총론 / II 기본권론 / III 통치구조론 / IV 헌법재판론

▶ 취약 단원 분석표

단원	맞힌 답의 개수
I	/ 4
II	/ 11
III	/ 6
IV	/ 4
TOTAL	/ 25

01　표현의 자유　　　　　정답 ②

① [O] 광고도 사상·지식·정보 등을 불특정다수인에게 전파하는 것으로서 언론·출판의 자유에 의한 보호를 받는 대상이 됨은 물론이고, 상업적 광고표현 또한 보호 대상이 된다(헌재 2018.6.28. 2016헌가8 등).

❷ [X] 헌법 제21조 제4항은 "언론·출판은 타인의 명예나 권리 또는 공중도덕이나 사회윤리를 침해하여서는 아니 된다."라고 규정하고 있는바, 이는 언론·출판의 자유에 따르는 책임과 의무를 강조하는 동시에 언론·출판의 자유에 대한 제한의 요건을 명시한 규정으로 볼 것이고, 헌법상 표현의 자유의 보호영역 한계를 설정한 것이라고는 볼 수 없다(헌재 2013.6.27. 2012헌바37).

③ [O] 현행 헌법상 사전검열은 표현의 자유 보호대상이면 예외 없이 금지된다. 건강기능식품의 기능성 광고는 인체의 구조 및 기능에 대하여 보건용도에 유용한 효과를 준다는 기능성 등에 관한 정보를 널리 알려 해당 건강기능식품의 소비를 촉진시키기 위한 상업광고이지만, 헌법 제21조 제1항의 표현의 자유의 보호 대상이 됨과 동시에 같은 조 제2항의 사전검열 금지 대상도 된다(헌재 2018.6.28. 2016헌가8).

④ [O] 법학교육의 정상화나 교육 등을 통한 우수 인재 배출, 대학원 간의 과다경쟁 및 서열화 방지라는 입법목적은 법학전문대학원 내의 충실하고 다양한 교과과정 및 엄정한 학사관리 등과 같이 알 권리를 제한하지 않는 수단을 통해서 달성될 수 있고, 변호사시험 응시자들은 자신의 변호사시험 성적을 알 수 없게 되므로, 심판대상조항은 침해의 최소성 및 법익의 균형성 요건도 갖추지 못하였다. 따라서 심판대상조항은 과잉금지원칙에 위배하여 청구인들의 알 권리를 침해한다(헌재 2015.6.25. 2011헌마769).

02　집회·결사의 자유　　　　　정답 ②

① [X] 일반적으로 집회는, 일정한 장소를 전제로 하여 특정 목적을 가진 다수인이 일시적으로 회합하는 것을 말하는 것으로 일컬어지고 있고, 그 공동의 목적은 '내적인 유대 관계'로 족하다(헌재 2014.1.28. 2011헌바174 등).

❷ [O] 집회의 자유는 집회의 시간, 장소, 방법과 목적을 스스로 결정할 권리를 보장한다. 집회의 자유에 의하여 구체적으로 보호되는 주요행위는 집회의 준비 및 조직, 지휘, 참가, 집회장소·시간의 선택이다. 따라서 집회의 자유는 개인이 집회에 참가하는 것을 방해하거나 집회에 참가할 것을 강요하는 국가행위를 금지할 뿐만 아니라, 예컨대 집회장소로 여행하는 것을 방해하거나, 집회장소로부터 귀가하는 것을 방해하거나, 집회 참가자에 대한 검문의 방법으로 시간을 지연시킴으로써 집회 장소에 접근하는 것을 방해하는 등 집회의 자유 행사에 영향을 미치는 모든 조치를 금지한다(헌재 2016.9.29. 2014헌가3).

③ [X] 결사란 자연인 또는 법인의 다수가 상당한 기간 동안 공동목적을 위해 자유의사에 기하여 결합하고 조직화된 의사형성이 가능한 단체를 말하는 것으로, 공법상의 결사나 법이 특별한 공공목적에 의하여 구성원의 자격을 정하고 있는 특수단체의 조직활동은 이에 포함되지 아니한다(헌재 2006.5.25. 2004헌가1).

④ [X] 헌법 제21조 제2항의 '허가'는 '행정청이 주체가 되어 집회의 허용 여부를 사전에 결정하는 것'으로서 행정청에 의한 사전허가는 헌법상 금지되지만, 입법자가 법률로써 일반적으로 집회를 제한하는 것은 헌법상 '사전허가금지'에 해당하지 않는다(헌재 2009.9.24. 2008헌가25).

03　국적　　　　　정답 ②

① [O] 「국적법」 제6조 제2항 제2호에 대한 옳은 내용이다.

> **제6조【간이귀화 요건】** ② 배우자가 대한민국의 국민인 외국인으로서 다음 각 호의 어느 하나에 해당하는 사람은 제5조 제1호 및 제1호의2의 요건을 갖추지 아니하여도 귀화허가를 받을 수 있다.
> 1. 그 배우자와 혼인한 상태로 대한민국에 2년 이상 계속하여 주소가 있는 사람
> 2. 그 배우자와 혼인한 후 3년이 지나고 혼인한 상태로 대한민국에 1년 이상 계속하여 주소가 있는 사람

❷ [X] 외국 국적 포기 의무를 이행하지 아니하여 대한민국 국적을 상실한 자가 그 후 1년 내에 그 외국 국적을 포기하면 법무부장관에게 신고함으로써 대한민국 국적을 재취득할 수 있다(「국적법」 제11조 제1항).

③ [O] 「국적법」 제4조 제3항에 대한 옳은 내용이다.

> **제4조【귀화에 의한 국적 취득】** ① 대한민국 국적을 취득한 사실이 없는 외국인은 법무부장관의 귀화허가(歸化許可)를 받아 대한민국 국적을 취득할 수 있다.
> ② 법무부장관은 귀화허가 신청을 받으면 제5조부터 제7조까지의 귀화 요건을 갖추었는지를 심사한 후 그 요건을 갖춘 사람에게만 귀화를 허가한다.
> ③ 제1항에 따라 귀화허가를 받은 사람은 법무부장관 앞에서 국민선서를 하고 귀화증서를 수여받은 때에 대한민국 국적을 취득한다. 다만, 법무부장관은 연령, 신체적·정신적 장애 등으로 국민선서의 의미를 이해할 수 없거나 이해한 것을 표현할 수 없다고 인정되는 사람에게는 국민선서를 면제할 수 있다.
> ④ 법무부장관은 제3항 본문에 따른 국민선서를 받고 귀화증서를 수여하는 업무와 같은 항 단서에 따른 국민선서의 면제 업무를 대통령령으로 정하는 바에 따라 지방출입국·외국인관서의 장에게 대행하게 할 수 있다.

④ [O] 외국인이 귀화허가를 받기 위해서는 간이귀화 및 특별귀화에 해당하는 경우 외에는 원칙적으로 대한민국에서 영주할 수 있는 체류자격을 가지고 있으면서 5년 이상 계속하여 대한민국에 주소가 있어야 한다.

> 「국적법」**제5조【일반귀화 요건】** 외국인이 귀화허가를 받기 위해서는 제6조나 제7조에 해당하는 경우 외에는 다음 각 호의 요건을 갖추어야 한다.
> 1. 5년 이상 계속하여 대한민국에 주소가 있을 것
> 1의2. 대한민국에서 영주할 수 있는 체류자격을 가지고 있을 것
> 2. 대한민국의 「민법」상 성년일 것
> 3. 법령을 준수하는 등 법무부령으로 정하는 품행 단정의 요건을 갖출 것
> 4. 자신의 자산(資産)이나 기능(技能)에 의하거나 생계를 같이하는 가족에 의존하여 생계를 유지할 능력이 있을 것
> 5. 국어능력과 대한민국의 풍습에 대한 이해 등 대한민국 국민으로서의 기본 소양(素養)을 갖추고 있을 것
> 6. 귀화를 허가하는 것이 국가안전보장·질서유지 또는 공공복리를 해치지 아니한다고 법무부장관이 인정할 것

---

04 표현의 자유 정답 ②

① [X] 국가형벌권의 행사는 중대한 법익에 대한 위험이 명백한 경우에 한하여 최후수단으로 선택되어 필요 최소한의 범위에 그쳐야 하는바, 심판대상조항은 전단등 살포를 금지하는 데서 더 나아가 이를 범죄로 규정하면서 징역형 등을 두고 있으며, 그 미수범도 처벌하도록 하고 있어 과도하다고 하지 않을 수 없다. 심판대상조항으로 북한의 적대적 조치가 유의미하게 감소하고 이로써 접경지역 주민의 안전이 확보될 것인지, 나아가 남북 간 평화통일의 분위기가 조성되어 이를 지향하는 국가의 책무 달성에 도움이 될 것인지 단언하기 어려운 반면, 심판대상조항이 초래하는 정치적 표현의 자유에 대한 제한은 매우 중대하다. 그렇다면 심판대상조항은 과잉금지원칙에 위배되어 청구인들의 표현의 자유를 침해한다(헌재 2023.9.26. 2020헌마1724 등).

❷ [O] '그 밖의 정치단체'는 문언상 '정당'에 준하는 정치단체만을 의미하는 것이 아니고, 단체의 목적이나 활동에 관한 어떠한 제한도 규정하고 있지 않으며, '정치적 중립성'이라는 입법목적 자체가 매우 추상적인 개념이어서, 이로부터 '정치단체'와 '비정치단체'를 구별할 수 있는 기준을 도출할 수 없다. 이 사건 법률조항은 '정치적 목적을 지닌 행위'의 의미를 개별화·유형화 하지 않으며, '그 밖의 정치단체'의 의미가 불명확하므로 이를 예시로 규정하여도 '정치적 목적을 지닌 행위'의 불명확성은 해소되지 않는다. 따라서 위 부분은 명확성원칙에 위배된다. … '그 밖의 정치단체에 가입하는 등 정치적 목적을 지닌 행위'에 관한 부분은 과잉금지원칙에 위배되어 청구인의 정치적 표현의 자유 및 결사의 자유를 침해한다(헌재 2021.11.25. 2019헌마534).

③ [X] 심판대상조항은 선거일 전 180일부터 선거일까지라는 장기간 동안 선거와 관련한 정치적 표현의 자유를 광범위하게 제한하고 있다. 화환의 설치는 경제적 차이로 인한 선거 기회 불균형을 야기할 수 있으나, 그러한 우려가 있다고 하더라도 공직선거법상 선거비용 규제 등을 통해서 해결할 수 있다. 또한 공직선거법상 후보자 비방 금지 규정 등을 통해 무분별한 흑색선전 등의 방지도 가능하다. 이러한 점들을 종합하면, 심판대상조항은 목적 달성에 필요한 범위를 넘어 장기간 동안 선거에 영향을 미치게 하기 위한 화환의 설치를 금지하는 것으로, 과잉금지원칙에 위반되어 정치적 표현의 자유를 침해한다(헌재 2023.6.29. 2023헌가12).

④ [X] 심판대상조항에 따른 본인확인조치는 정보통신망의 익명성 등에 따라 발생하는 부작용을 최소화하여 공공기관등의 게시판 이용에 대한 책임성을 확보·강화하고, 게시판 이용자로 하여금 언어폭력, 명예훼손, 불법정보의 유통 등의 행위를 자제하도록 함으로써 건전한 인터넷 문화를 조성하기 위한 것이다. 심판대상조항이 규율하는 게시판은 그 성격상 대체로 공공성이 있는 사항이 논의되는 곳으로서 공공기관등이 아닌 주체가 설치·운영하는 게시판에 비하여 통상 누구나 이용할 수 있는 공간이므로, 공동체 구성원으로서의 책임이 더욱 강하게 요구되는 곳이라고 할 수 있다. … 따라서 심판대상조항은 청구인의 익명표현의 자유를 침해하지 않는다(헌재 2022.12.22. 2019헌마654).

---

05 평등원칙 정답 ④

① [O] 심판대상조항은 재산권의 청구에 관한 당사자소송 중에서도 피고가 공공단체 그 밖의 권리주체인 경우와 국가인 경우를 다르게 취급하고 있다. 재산권의 청구가 공법상 법률관계를 전제로 한다는 점만으로 국가를 상대로 하는 당사자소송에서 국가를 우대할 합리적인 이유가 있다고 할 수 없고, 집행가능성 여부에 있어서도 국가와 지방자치단체 등이 실질적인 차이가 있다고 보기 어렵다. 심판대상조항은 국가가 당사자소송의 피고인 경우 가집행의 선고를 제한하여, 국가가 아닌 공공단체 그 밖의 권리주체가 피고인 경우에 비하여 합리적인 이유 없이 차별하고 있으므로 평등원칙에 반한다(헌재 2022.2.24. 2020헌가12).

② [O] '대마를 구입하여 국내로 반입'한 경우에는 수입죄 외에 매수죄가 별도로 성립하므로 '대마의 구입 없이 국내로 반입'만 한 경우와 동일하게 처벌되는 것은 아니다. 또한 구입이 수반되지 않은 경우라도 대마 수입행위는 대마의 국내 공급 및 유통가

능성을 증가시켰다는 점에서 불법성이 다르다고 볼 수 없으므로 대마를 국외에서 구매한 것인지 여부에 따라 비난가능성이나 죄질이 달라진다고 볼 수 없다. 이상의 점을 종합하면, 심판대상조항은 형벌 체계상의 균형을 현저히 잃어 평등원칙에 위반된다고 보기 어렵다(헌재 2022.3.31. 2019헌바242).

③ [O] 특정 범죄에 대한 형벌이 죄질과 보호법익이 유사한 범죄에 대한 형벌과 비교할 때 현저히 형벌체계의 균형성을 잃은 것이 명백한 경우에는, 인간의 존엄성과 가치를 보장하는 헌법의 기본원리에 위배될 뿐만 아니라 법의 내용에 있어서도 평등원칙에 반하여 위헌이라 할 수 있다(헌재 2021.4.29. 2019헌바83).

❹ [X] 특별한 사정이 없는 한 고등학교를 졸업한 경우는 그 수학기간이 3년이라고 쉽게 예측할 수 있는 반면 고등학교를 중퇴한 경우는 학교명과 중퇴라는 사실만으로는 그 사람이 중퇴한 학교에 다닌 이력을 정확히 알 수 없다. 따라서 고등학교를 졸업한 사람에 대해서는 수학기간의 기재를 요구하지 않으면서도 고등학교 졸업학력 검정고시에 합격한 사람이라고 하더라도 고등학교를 중퇴한 경력에 대해서 그 학력을 기재할 때 그 수학기간을 기재하도록 요구하는 것이 불합리한 차별이라고 볼 수는 없어 중퇴학력 표시규정이 평등원칙에 위배된다고 볼 수 없다(헌재 2017.12.28. 2015헌바232).

06 권한쟁의심판 정답 ④

① [X] 국회법 제85조 제1항의 직권상정권한은 국회의 수장이 국회의 비상적인 헌법적 장애상태를 회복하기 위하여 가지는 권한으로 국회의장의 의사정리권에 속하고, 의안 심사에 관하여 위원회 중심주의를 채택하고 있는 우리 국회에서는 비상적·예외적 의사절차에 해당한다. 국회법 제85조 제1항 각 호의 심사기간 지정사유는 국회의장의 직권상정권한을 제한하는 역할을 할 뿐 국회의원의 법안에 대한 심의·표결권을 제한하는 내용을 담고 있지는 않다. 국회법 제85조 제1항의 지정사유가 있다 하더라도 국회의장은 직권상정권한을 행사하지 않을 수 있으므로, 청구인들의 법안 심의·표결권에 대한 침해위험성은 해당 안건이 본회의에 상정되어야만 비로소 현실화된다. 따라서 이 사건 심사기간 지정 거부행위로 말미암아 청구인들의 법률안 심의·표결권이 직접 침해당할 가능성은 없다. … 이와 같이 이 사건 심사기간 지정 거부행위는 국회의원인 청구인들의 법률안 심의·표결권을 침해하거나 침해할 위험성이 없으며, 그 근거조항인 국회법 제85조 제1항 제3호나 이 사건 입법부작위의 위헌성을 이유로 이 사건 심사기간 지정 거부행위가 청구인들의 법률안 심의·표결권을 침해할 가능성 또한 인정되지 아니하므로 이 사건 심사기간 지정 거부행위에 대한 심판청구는 부적법하다(헌재 2016.5.26. 2015헌라1).

② [X] 이 사건 권한쟁의심판의 경우는 헌법상의 권한질서 및 국회의 의사결정체제와 기능을 수호·유지하기 위한 공익적 쟁송으로서의 성격이 강하므로, 청구인들 중 일부가 자신들의 정치적 의사를 관철하려는 과정에서 피청구인의 의사진행을 방해하거나 다른 국회의원들의 투표를 방해하였다 하더라도, 그러한 사정만으로 이 사건 심판청구 자체가 소권의 남용에 해당하여 부적법하다고 볼 수는 없다(헌재 2009.10.29. 2009헌라8 등).

③ [X] 피청구인 국회의장은 헌법 제48조에 따라 국회에서 선출되는 헌법상의 국가기관으로서 헌법과 법률에 의하여 국회를 대표하고 의사를 정리하며, 질서를 유지하고 사무를 감독할 지위에 있고, 이러한 지위에서 의안의 상정, 의안의 가결선포 등의 권한을 갖는 주체이므로 피청구인 적격이 인정된다. 이와 달리, 피청구인 국회부의장은 국회의장의 위임에 따라 그 직무를 대리하여 법률안 가결선포행위를 할 수 있을 뿐, 법률안 가결선포행위에 따른 법적 책임을 지는 주체가 될 수 없으므로 권한쟁의심판청구의 피청구인 적격이 인정되지 아니한다. 따라서 피청구인 국회부의장에 대한 이 사건 심판청구는 피청구인 적격이 인정되지 아니하는 자를 상대로 제기된 것으로 부적법하다(헌재 2009.10.29. 2009헌라8 등).

❹ [O] 국회법상 수정안의 범위에 대한 어떠한 제한도 규정되어 있지 않은 점과 국회법 규정에 따른 문언의 의미상 수정이란 원안에 대하여 다른 의사를 가하는 것으로 새로 추가, 삭제 또는 변경하는 것을 모두 포함하는 개념이라는 점에 비추어, 어떠한 의안으로 인하여 원안이 본래의 취지를 잃고 전혀 다른 의미로 변경되는 정도에까지 이르지 않는다면 이를 국회법상의 수정안에 해당하는 것으로 보아 의안을 처리할 수 있는 것으로 볼 수 있다. … 피청구인이 이 사건 수정안을 국회법상의 수정안으로 보는 입장이 명백히 국회법에 위반되는 것으로 볼 수 없고 이 사건 원안에 대한 본회의에서의 심의 역시 실질적으로 이루어졌으므로 이 사건 수정안에 대한 표결에 이 사건 본안에 대한 의결 역시 포함되어 있는 것으로 볼 수 있다. 따라서 이 사건 가결선포행위가 국회법에 위반되어 청구인들의 법률안에 대한 심의·표결권을 침해하였다고 볼 수는 없다(헌재 2006.2.23. 2005헌라6).

07 집회의 자유 정답 ④

① [O] 집회·시위장소는 집회·시위의 목적을 달성하는 데 있어서 매우 중요한 역할을 수행하는 경우가 많기 때문에 집회·시위장소를 자유롭게 선택할 수 있어야만 집회·시위의 자유가 비로소 효과적으로 보장되므로 장소선택의 자유는 집회·시위의 자유의 한 실질을 형성한다(헌재 2005.11.24. 2004헌가17).

② [O] 헌법 제21조 제2항의 '허가'는 '행정청이 주체가 되어 집회의 허용 여부를 사전에 결정하는 것'으로서 행정청에 의한 사전허가는 헌법상 금지되지만, 입법자가 법률로써 일반적으로 집회를 제한하는 것은 헌법상 '사전허가금지'에 해당하지 않는다(헌재 2014.4.24. 2011헌가29).

③ [O] 심판대상조항이 미신고 시위를 해산명령의 대상으로 하면서 별도의 해산 요건을 정하고 있지 않더라도, 그 시위로 인하여 타인의 법익이나 공공의 안녕질서에 대한 직접적인 위험이 명백하게 초래된 경우에 한하여 위 조항에 기하여 해산을 명할 수 있고, 이러한 요건을 갖춘 해산명령에 불응하는 경우에만 집시법 제24조 제5호에 의하여 처벌할 수 있다(헌재 2016.9.29. 2014헌바492).

❹ [X] 이 사건 반려행위에 대하여는 법원에서의 권리구제절차 허용 여부가 객관적으로 불확실하다 할 것이므로 이 사건 심판청구는 보충성의 예외에 해당하는 심판청구로서 적법하다. 이 사건 반려행위는 관할경찰관서장에 의하여 아무런 법적 근거 없이 반복되어 왔을 뿐 아니라 그 편의성 때문에 앞으로도 반복될 가능성이 높고, 위 반려행위의 법적 성격과 효과에 관하여 아

직 법원의 확립된 해석도 없다. 그렇다면 이 사건 반려행위가 부당한 공권력의 행사로서 청구인들의 기본권을 침해하는지 여부에 관하여 헌법적으로 해명할 필요성이 존재한다(헌재 2008.5.29. 2007헌마712).

08　집회 및 결사의 자유　정답 ①

❶ [X] 심판대상조항은 연합회의 전국적인 단일 조직으로서의 지위를 강화함으로써 운송사업자의 공동이익을 효과적으로 증진시키고 법령에 따른 공익적 기능을 원활하게 수행하게 하여 화물자동차 운송사업의 건전한 발전을 도모하기 위한 것이다. 연합회는 공공재적 성격을 가지는 화물자동차 운송사업의 공익성을 구현한다는 점에서 다른 사법인과 차이가 있다. 전국적인 단일 조직을 갖춘 연합회는 협회가 관련 정보를 교환하고 전국적인 협력을 도모할 수 있는 기반이 된다. 연합회는 공제사업의 실시 주체이므로, 원활한 사업 운영을 위해서는 충분한 규모를 갖출 필요가 있다. 연합회는 법령에 따라 다양한 공익적 기능을 수행하는바, 전국적인 단일 조직을 갖추지 못한다면 업무 수행의 효율성과 신속성 등이 저해될 우려가 있다. 국가나 지방자치단체가 공익적 기능을 직접 수행하거나 별개의 단체를 설립하는 방안은 연합회에의 가입강제 내지 임의탈퇴 불가와 같거나 유사한 효과를 가진다고 보기 어렵다. 따라서 심판대상조항이 과잉금지원칙에 위배되어 결사의 자유를 침해한다고 볼 수 없다(헌재 2022.2.24. 2018헌가8).
② [O] 구 집시법의 옥외집회·시위에 관한 일반규정 및 「형법」에 의한 규제 및 처벌에 의하여 사법의 독립성을 확보할 수 있음에도 불구하고, 이 사건 제2호 부분은 재판에 영향을 미칠 염려가 있거나 미치게 하기 위한 집회·시위를 사전적·전면적으로 금지하고 있을 뿐 아니라, 어떠한 집회·시위가 규제대상에 해당하는지를 판단할 수 있는 아무런 기준도 제시하지 아니함으로써 사실상 재판과 관련된 집단적 의견표명 일체가 불가능하게 되어 집회의 자유를 실질적으로 박탈하는 결과를 초래하므로 최소침해성 원칙에 반한다(헌재 2016.9.29. 2014헌가3).
③ [O] 일반적으로 집회는, 일정한 장소를 전제로 하여 특정 목적을 가진 다수인이 일시적으로 회합하는 것을 말하는 것으로 일컬어지고 있고, 그 공동의 목적은 '내적인 유대 관계'로 족하다. 건전한 상식과 통상적인 법감정을 가진 사람이면 위와 같은 의미에서 구 집시법상 '집회'가 무엇을 의미하는지를 추론할 수 있다고 할 것이므로, 구 집시법상 '집회'의 개념이 불명확하다고 할 수 없다(헌재 2009.5.28. 2007헌바22).
④ [O] 전화·컴퓨터통신은 누구나 손쉽고 저렴하게 이용할 수 있는 매체인 점, 「농업협동조합법」에서 흑색선전 등을 처벌하는 조항을 두고 있는 점을 고려하면 입법목적 달성을 위하여 위 매체를 이용한 지지 호소까지 금지할 필요성은 인정되지 아니한다. 이 사건 법률조항들이 달성하려는 공익이 결사의 자유 및 표현의 자유 제한을 정당화할 정도로 크다고 보기는 어려우므로, 법익의 균형성도 인정되지 아니한다. 따라서 이 사건 법률조항들은 과잉금지원칙을 위반하여 결사의 자유, 표현의 자유를 침해하여 헌법에 위반된다(헌재 2016.11.24. 2015헌바62).

09　국가기관의 의결　정답 ①

옳은 것은 ㄱ, ㄴ이다.
ㄱ. [O] 「감사원법」 제11조 제1항·제2항에 대한 옳은 내용이다.

> **제11조 【의장 및 의결】** ① 감사위원회의는 원장을 포함한 감사위원 전원으로 구성하며, 원장이 의장이 된다.
> ② 감사위원회의는 재적 감사위원 과반수의 찬성으로 의결한다.

ㄴ. [O] 「법원조직법」 제16조 제2항·제3항에 대한 옳은 내용이다.

> **제16조 【대법관회의의 구성과 의결방법】** ② 대법관회의는 대법관 전원의 3분의 2 이상의 출석과 출석인원 과반수의 찬성으로 의결한다.
> ③ 의장은 의결에서 표결권을 가지며, 가부동수(可否同數)일 때에는 결정권을 가진다.

ㄷ. [X] 재판관 3명 이상의 요청이 필요하다.

> 「헌법재판소 재판관회의 규칙」 제2조 【회의운영】 재판관회의는 헌법재판소장이 필요하다고 인정하거나 재판관 3명 이상의 요청이 있을 때에 헌법재판소장이 소집한다.

ㄹ. [X] 위원장은 가부동수인 때에 결정권을 가진다.

> 「선거관리위원회법」 제10조 【위원회의 의결정족수】 ① 각급선거관리위원회는 위원과반수의 출석으로 개의하고 출석위원 과반수의 찬성으로 의결한다.
> ② 위원장은 표결권을 가지며 가부동수인 때에는 결정권을 가진다.

10　국가배상청구권　정답 ②

옳지 않은 것은 ㄱ, ㄹ이다.
ㄱ. [X] 생명·신체의 침해만 해당한다.

> 「국가배상법」 제4조 【양도 등 금지】 생명·신체의 침해로 인한 국가배상을 받을 권리는 양도하거나 압류하지 못한다.

ㄴ. [O] 국가배상청구에 있어서도 오랜 기간의 경과로 인한 과거사실에 대한 증명의 곤란으로부터 채무자를 구제하고 또 권리행사를 게을리한 자에 대한 제재 및 장기간 불안정한 상태에 놓이게 되는 가해자의 보호를 위하여 소멸시효제도의 적용은 필요하므로 그대로 인정되어야 하기 때문이다. 따라서 국가배상법 제8조가 국가배상청구권에도 소멸시효제도를 적용하도록 하여 국가배상청구권의 행사를 일정한 경우에 제한하고 있다 하더라도 이는 위와 같은 불가피한 필요성에 기인하는 것이고, 나아가 그 소멸시효기간을 정함에 있어서 민법상의 규정을 준용하도록 함으로써 결과에 있어서 민법상의 소멸시효기간과 같도록 규정하였다 하더라도 그것은 국가배상청구권의 성격과 책임의 본질, 소멸시효제도의 존재이유 등을 종합적으로 고려한 결과로서의 입법자의 결단의 산물인 것이고, 그것이 청구인이 주장하는 바와 같이 국가배상청구권의 특성을 전혀 도외시한 결과라고 단정할 수는 없는 것이다. 결국 국가배상법 제8

조는 그것이 헌법 제29조 제1항이 규정하는 국가배상청구권을 일부 제한하고 있다 하더라도 일정한 요건하에 그 행사를 제한하고 있는 점에서 그 본질적인 내용에 대한 침해라고는 볼 수 없을 뿐더러, 앞에서 본 바와 같이 그 제한의 목적과 수단 및 방법에 있어서 정당하고 상당한 것이며 그로 인하여 침해되는 법익과의 사이에 입법자의 자의라고 볼 정도의 불균형이 있다고 볼 수도 없어서 기본권 제한의 한계를 규정한 헌법 제37조 제2항에 위반된다고 볼 수도 없다(헌재 2011.9.29. 2010헌바116).

ㄷ. [O] 청구인들이 심판대상조항의 위헌성을 주장하게 된 계기를 제공한 국가배상청구 사건은, 인권침해가 극심하게 이루어진 긴급조치 발령과 그 집행을 근거로 한 것이므로 다른 일반적인 법 집행 상황과는 다르다는 점에서 이러한 경우에는 국가배상청구 요건을 완화하여야 한다는 주장이 있을 수 있다. 긴급조치는 집행 당시에 그 위헌 여부를 유효하게 다툴 수 없었으며, 한참 시간이 흐른 뒤인 2010년대에 이르러서야 비로소 위헌으로 선언된 만큼, 다른 일반 법률에 대한 헌법재판소의 위헌결정과는 차이가 있다고 볼 수 있다. 그러나 위와 같은 경우라 하여 국가배상청구권 성립요건에 공무원의 고의 또는 과실에 대한 예외가 인정되어야 한다고 보기는 어렵다. 과거에 행해진 법 집행행위로 인해 사후에 국가배상책임이 인정되면, 국가가 법 집행행위 자체를 꺼리는 등 소극적 행정으로 일관하거나, 행정의 혼란을 초래하여 국가기능이 정상적으로 작동되지 못하는 결과를 야기할 수 있다. 국가의 행위로 인한 모든 손해가 이 조항으로 구제되어야 하는 것은 아니다. 긴급조치 제1호 또는 제9호로 인한 손해의 특수성과 구제 필요성 등을 고려할 때 공무원의 고의 또는 과실 여부를 떠나 국가가 더욱 폭넓은 배상을 할 필요가 있는 것이라면, 이는 국가배상책임의 일반적 요건을 규정한 심판대상조항이 아니라 국민적 합의를 토대로 입법자가 별도의 입법을 통해 구제하면 된다. 이상의 내용을 종합하면, 심판대상조항이 헌법상 국가배상청구권을 침해하지 않는다고 판단한 헌법재판소의 선례는 여전히 타당하고, 이 사건에서 선례를 변경해야 할 특별한 사정이 있다고 볼 수 없다(헌재 2020.3.26. 2016헌바55).

ㄹ. [X] 헌법재판소는 국가배상법상의 배상결정전치주의에 대하여 합헌결정을 하였지만 임의적 전치주의로 개정하였다.

> 국가배상법에 의한 손해배상청구에 관한 시간, 노력, 비용의 절감을 도모하여 배상사무의 원활을 기하며 피해자로서도 신속, 간편한 절차에 의하여 배상금을 지급받을 수 있도록 하는 한편, 국고손실을 절감하도록 하기 위한 이 사건 법률조항에 의해 달성되는 공익과, 배상절차의 합리성 및 적정성 정도, 그리고 한편으로는 배상신청을 하는 국민이 치루어야 하는 수고나 시간의 소모를 비교하여 볼 때, 이 사건 법률조항이 헌법 제37조의 기본권 제한의 한계에 관한 규정을 위배하여 국민의 재판청구권을 침해하는 정도에는 이르지 않는다(헌재 2000.2.24. 99헌바17 등).

11 신체의 자유 　　　　　　정답 ③

① [X] 강제퇴거대상자의 송환이 언제 가능해질 것인지 미리 알 수가 없으므로, 심판대상조항이 보호기간의 상한을 두지 않고 '송환할 수 있을 때까지' 보호할 수 있도록 한 것은 입법목적 달성을 위해 불가피한 측면이 있다. 보호기간의 상한이 규정될 경우, 그 상한을 초과하면 보호는 해제되어야 한다. 그런데 강제퇴거대상자들은 대부분 국내에 안정된 거주기반이나 직업이 존재하지 않으므로, 그들이 보호해제된 후 잠적할 경우 강제퇴거명령의 집행이 현저히 어려워질 수 있고, 그들이 범죄에 연루되거나 범죄의 대상이 될 수도 있다. 강제퇴거대상자는 강제퇴거명령을 집행할 수 있을 때까지 일시적·잠정적으로 신체의 자유를 제한받는다. 또한 보호의 일시해제, 이의신청, 행정소송 및 집행정지 등 강제퇴거대상자가 보호에서 해제될 수 있는 다양한 제도가 마련되어 있다. 따라서 심판대상조항은 침해의 최소성 및 법익 균형성 요건도 충족한다. 심판대상조항은 과잉금지원칙에 위배되어 신체의 자유를 침해하지 아니한다(헌재 2018.2.22. 2017헌가29).

② [X] 헌법 제12조 제3항의 영장주의는 법관이 발부한 영장에 의하지 아니하고는 수사에 필요한 강제처분을 하지 못한다는 원칙으로 소변을 받아 제출하도록 한 것은 교도소의 안전과 질서유지를 위한 것으로 수사에 필요한 처분이 아닐 뿐만 아니라 검사대상자들의 협력이 필수적이어서 강제처분이라고 할 수도 없어 영장주의의 원칙이 적용되지 않는다(헌재 2006.7.27. 2005헌마277).

❸ [O] 심판대상조항은 가중요건이 되는 과거의 위반행위와 처벌대상이 되는 재범 음주운항 사이에 시간적 제한을 두지 않고 있다. 그런데 과거의 위반행위가 상당히 오래 전에 이루어져 그 이후 행해진 음주운항을 '해상교통법규에 대한 준법정신이나 안전의식이 현저히 부족한 상태에서 이루어진 반규범적 행위' 또는 '반복적으로 사회구성원에 대한 생명·신체 등을 위협하는 행위'라고 평가하기 어렵다면, 이를 가중처벌할 필요성이 인정된다고 보기 어렵다. 또한 심판대상조항은 과거 위반 전력의 시기 및 내용이나 음주운항 당시의 혈중알코올농도 수준 등을 고려할 때 비난가능성이 상대적으로 낮은 재범행위까지도 법정형의 하한인 2년 이상의 징역 또는 2천만원 이상의 벌금을 기준으로 처벌하도록 하고 있어, 책임과 형벌 사이의 비례성을 인정하기 어렵다. 따라서 심판대상조항은 책임과 형벌 간의 비례원칙에 위반된다(헌재 2022.8.31. 2022헌가10).

④ [X] 군대 내 지휘명령체계를 확립하고 전투력을 제고한다는 공익은 국토방위와 직결된 것으로 매우 중요한 공익이나, 심판대상조항으로 과도하게 제한되는 병의 신체의 자유가 위 공익에 비하여 결코 가볍다고 볼 수 없어, 심판대상조항은 법익의 균형성 요건도 충족하지 못한다. 이와 같은 점을 종합할 때, 심판대상조항은 과잉금지원칙에 위배된다(헌재 2020.9.24. 2017헌바157).

12 국민투표 정답 ②

① [O] 「국민투표법」 제28조 제1항에 대한 옳은 내용이다.

> **제28조【운동을 할 수 없는 자】** ① 「정당법」상의 당원의 자격이 없는 자는 운동을 할 수 없다.

❷ [X] 신행정수도 후속대책을 위해 신행정수도 후속대책을 위한 연기·공주지역 행정중심복합도시 건설을 위한 특별법이 설사 수도를 분할하는 국가정책을 집행하는 내용을 가지고 있고 대통령이 이를 추진하고 집행하기 이전에 그에 관한 국민투표를 실시하지 아니하였다고 하더라도 국민투표권이 행사될 수 있는 계기인 대통령의 중요정책 국민투표 부의가 행해지지 않은 이상 청구인들의 국민투표권이 행사될 수 있을 정도로 구체화되었다고 할 수 없으므로 그 침해의 가능성은 인정되지 않는다(헌재 2005.11.24. 2005헌마579).

③ [O] 선거권이 국가기관의 형성에 간접적으로 참여할 수 있는 간접적인 참정권이라면, 국민투표권은 국민이 국가의 의사형성에 직접 참여하는 헌법에 의해 보장되는 직접적인 참정권이다. 선거는 대의제를 가능하게 하기 위한 전제조건으로서 국민의 대표자를 선출하는 '인물에 관한 결정'이며, 이에 대하여 국민투표는 직접민주주의를 실현하기 위한 수단으로서 특정 국가정책이나 법안을 대상으로 하는 '사안에 대한 결정'이다. 즉, 국민투표는 선거와 달리 국민이 직접 국가의 정치에 참여하는 절차이므로, 국민투표권은 대한민국 국민의 자격이 있는 사람에게 반드시 인정되어야 하는 권리이다. 대한민국 국민인 재외선거인의 의사는 국민투표에 반영되어야 하고, 재외선거인의 국민투표권을 배제할 이유가 없다(헌재 2014.7.24. 2009헌마256).

④ [O] 헌법 제72조는 국민투표에 부쳐질 중요정책인지 여부를 대통령이 재량에 의하여 결정하도록 명문으로 규정하고 있고 헌법재판소 역시 위 규정은 대통령에게 국민투표의 실시 여부, 시기, 구체적 부의사항, 설문내용 등을 결정할 수 있는 임의적인 국민투표발의권을 독점적으로 부여하였다고 하여 이를 확인하고 있다. 따라서 특정의 국가정책에 대하여 다수의 국민들이 국민투표를 원하고 있음에도 불구하고 대통령이 이러한 희망과는 달리 국민투표에 회부하지 아니한다고 하여도 이를 헌법에 위반된다고 할 수 없고 국민에게 특정의 국가정책에 관하여 국민투표에 회부할 것을 요구할 권리가 인정된다고 할 수도 없다(헌재 2005.11.24. 2005헌마579).

13 입법권 정답 ④

① [X] 국회의 의결을 요하는 안건에 대하여 의장이 본회의 의결에 앞서 소관위원회에 안건을 회부하는 것은 국회의 심의권을 위원회에 위양하는 것이 아니고, 그 안건이 본회의에 최종적으로 부의되기 이전의 한 단계로서, 소관위원회가 발의 또는 제출된 의안에 대한 심사권한을 행사하여 사전 심사를 할 수 있도록 소관위원회에 송부하는 행위라 할 수 있다. 상임위원회는 그 소관에 속하는 의안, 청원 등을 심사하므로, 국회의장이 안건을 위원회에 회부함으로써 상임위원회에 심사권이 부여되는 것이 아니고, 심사권 자체는 법률상 부여된 위원회의 고유한 권한으로 볼 수 있다(헌재 2010.12.28. 2008헌라7).

② [X] 신속처리안건지정동의의 표결은 기명투표가 아닌 무기명투표로 표결한다.

> **「국회법」 제85조의2【안건의 신속 처리】** ① 위원회에 회부된 안건(체계·자구 심사를 위하여 법제사법위원회에 회부된 안건을 포함한다)을 제2항에 따른 신속처리대상안건으로 지정하려는 경우 의원은 재적의원 과반수가 서명한 신속처리대상안건 지정요구 동의(動議)(이하 이 조에서 "신속처리안건 지정동의"라 한다)를 의장에게 제출하고, 안건의 소관 위원회 소속 위원은 소관 위원회 재적위원 과반수가 서명한 신속처리안건 지정동의를 소관 위원회 위원장에게 제출하여야 한다. 이 경우 의장 또는 안건의 소관 위원회 위원장은 지체 없이 신속처리안건 지정동의를 무기명투표로 표결하되, 재적의원 5분의 3 이상 또는 안건의 소관 위원회 재적위원 5분의 3 이상의 찬성으로 의결한다.

③ [X] 제정법률안과 전부개정법률안에 대해서 위원회 의결로 축조심사를 생략할 수 없으나, 공청회 또는 청문회는 생략할 수 있다.

> **「국회법」 제58조【위원회의 심사】** ⑤ 제1항에 따른 축조심사는 위원회의 의결로 생략할 수 있다. 다만, 제정법률안과 전부개정법률안에 대해서는 그러하지 아니하다.
> ⑥ 위원회는 제정법률안과 전부개정법률안에 대해서는 공청회 또는 청문회를 개최하여야 한다. 다만, 위원회의 의결로 이를 생략할 수 있다.

❹ [O] 국회의 위임 의결이 없더라도 국회의장은 국회에서 의결된 법률안의 조문이나 자구·숫자, 법률안의 체계나 형식 등의 정비가 필요한 경우 의결된 내용이나 취지를 변경하지 않는 범위 안에서 이를 정리할 수 있다고 봄이 상당하고, 이렇듯 국회의장이 국회의 위임 없이 법률안을 정리하더라도 그러한 정리가 국회에서 의결된 법률안의 실질적 내용에 변경을 초래하는 것이 아닌 한 헌법이나 국회법상의 입법절차에 위반된다고 볼 수 없다(헌재 2009.6.25. 2007헌마451).

14 재산권 정답 ①

❶ [X] 일본국에 의하여 광범위하게 자행된 반인도적 범죄행위에 대하여 일본군위안부 피해자들이 일본에 대하여 가지는 배상청구권은 헌법상 보장되는 재산권일 뿐만 아니라, 그 배상청구권의 실현은 무자비하고 지속적으로 침해된 인간으로서의 존엄과 가치 및 신체의 자유를 사후적으로 회복한다는 의미를 가지는 것이므로 피청구인의 부작위로 인하여 침해되는 기본권이 매우 중대하다. … 결국 이 사건 협정 제3조에 의한 분쟁해결절차로 나아가는 것만이 국가기관의 기본권 기속성에 합당한 재량권 행사라 할 것이고, 피청구인의 부작위로 인하여 청구인들에게 중대한 기본권의 침해를 초래하였다 할 것이므로, 이는 헌법에 위반된다(헌재 2011.8.30. 2006헌마788).

② [O] 이 사건 법률조항 중 "그 침해를 안 날부터 3년" 부분은 그 침해행위를 안 날로부터 3년으로 상속회복청구권 행사기간을 규정하고 있고, 대법원은 상속권의 침해를 안 날이라고 함은 자기가 진정상속인임을 알고 또 자기가 상속에서 제외된 사실을 안 때라고 해석하고 있어 그 기산점이 불합리하게 책정되었다고 할 수 없으며, 상속으로 인한 재산권의 이전이 법률상 당연히 포괄적으로 이루어진다는 법률적 특성과 이에 따른 선

의의 제3자 보호의 필요성을 감안할 때 위 3년이라는 기간은 상속인이 자신의 상속재산을 회복하기 위하여 권리를 행사하기에 충분한 기간이라고 보일 뿐만 아니라, 현행법상 인정되는 다른 소멸시효 및 제척기간 관련규정이 정하고 있는 권리행사기간과 비교하여 보더라도 그 권리행사에 상당한 기간이라고 보이므로 이 사건 법률조항 중 "그 침해를 안 날부터 3년" 부분은 헌법 제37조 제2항에서 정하는 기본권 제한의 한계 내의 정당한 입법권의 행사로서 과잉금지원칙에 위배되지 아니하므로, 상속인의 재산권, 사적자치권, 재판청구권을 침해하는 것이 아니며 평등의 원칙을 침해하는 것도 아니다(헌재 2008.7.31. 2006헌바110).

③ [O] 이 사건 법률조항은 건축행위의 규제에 있어 건축물과 관련된 안전의 확보 및 위험의 방지뿐만 아니라 국토의 효율적인 이용 및 환경보전 등 다양한 공익적 고려요소를 시의에 맞도록 합리적으로 반영하기 위한 것이므로 그 입법목적의 정당성이 인정되고, 건축주로 하여금 건축허가 이후 1년 이내에 공사에 필요한 제반 준비를 하여 착공하도록 유도하는 한편, 공사에 착수하지 않고 1년이 지난 후에 계속 건축을 원하는 경우에는 새로운 시점에서의 허가요건을 갖추어 다시 건축허가를 받도록 함으로써 수단의 적합성도 인정된다(헌재 2010.2.25. 2009헌바70).

④ [O] 퇴직연금수급자인 지방의회의원 중 약 4분의 3에 해당하는 의원이 퇴직연금보다 적은 액수의 월정수당을 받고, 2020년 기준 월정수당이 정지된 연금월액보다 100만원 이상 적은 지방의회의원도 상당 수 있다. 월정수당은 지방자치단체에 따라 편차가 크고 안정성이 낮다. 이 사건 구법 조항과 같이 소득 수준을 고려하지 않으면 재취업 유인을 제공하지 못하여 정책목적 달성에 실패할 가능성도 크다. 다른 나라의 경우 연금과 보수 중 일부를 감액하는 방식으로 선출직에 취임하여 보수를 받는 것이 생활보장에 더 유리하도록 제도를 설계하고 있다. 따라서 기본권을 덜 제한하면서 입법목적을 달성할 수 있는 다양한 방법이 있으므로 이 사건 구법 조항은 침해의 최소성 요건을 충족하지 못하고, 법익의 균형성도 충족하지 못한다. 따라서 이 사건 구법 조항은 과잉금지원칙에 위배되어 청구인들의 재산권을 침해하므로 헌법에 위반된다(헌재 2022.1.27. 2019헌바161).

15 직업의 자유 정답 ④

① [O] 소송대리인이 되려는 변호사의 경우 접촉차단시설이 설치된 장소에서 수용자와 접견하도록 되어 있어 다소 불편을 겪을 가능성이 있다 하더라도 선임 여부의 의사를 확인하는 데 지장을 초래할 정도라 할 수 없고, 접견 외 여러 방법을 통하여 수용자의 의사를 확인할 길이 있으므로 심판대상조항으로 인한 불이익의 정도가 크지 않은 반면, 심판대상조항이 달성하고자 하는 교정시설의 안전과 질서 유지라는 공익은 청구인이 입게 되는 불이익에 비하여 중대하다. 따라서 심판대상조항은 청구인에 대한 기본권 제한과 공익목적의 달성 사이에 법익의 균형성을 갖추었다. 따라서 심판대상조항은 변호사인 청구인의 업무를 원하는 방식으로 자유롭게 수행할 수 있는 자유를 침해한다고 할 수 없다(헌재 2022.2.24. 2018헌마1010).
※ 기각의견 4인, 인용의견 5인으로 비록 인용의견이 다수이지만, 헌법소원 인용결정을 위한 심판정족수에는 미달하므로, 심판대상조항에 대한 심판청구를 기각한 사건

② [O] 문신시술은, 바늘을 이용하여 피부의 완전성을 침해하는 방식으로 색소를 주입하는 것으로, 감염과 염료 주입으로 인한 부작용 등 위험을 수반한다. 이러한 시술 방식으로 인한 잠재적 위험성은 피시술자 뿐 아니라 공중위생에 영향을 미칠 우려가 있고, 문신시술을 이용한 반영구화장의 경우라고 하여 반드시 감소된다고 볼 수도 없다. 심판대상조항은 의료인만이 문신시술을 할 수 있도록 하여 그 안전성을 담보하고 있다. 국민건강과 보건위생을 위하여 의료인만이 문신시술을 하도록 허용하였다고 하여 헌법에 위반된다고 볼 수 없다. 따라서 심판대상조항은 과잉금지원칙을 위반하여 청구인들의 직업선택의 자유를 침해하지 않는다(헌재 2022.3.31. 2017헌마1343).

③ [O] 헌법 제15조에서 보장하는 '직업'이란 생활의 기본적 수요를 충족시키기 위하여 행하는 계속적인 소득활동을 의미하고, 성매매는 그것이 가지는 사회적 유해성과는 별개로 성판매자의 입장에서 생활의 기본적 수요를 충족하기 위한 소득활동에 해당함을 부인할 수 없다 할 것이므로, 심판대상조항은 성판매자의 직업선택의 자유도 제한하고 있다. … 심판대상조항은 개인의 성적 자기결정권, 사생활의 비밀과 자유, 직업선택의 자유를 침해하지 아니한다(헌재 2016.3.31. 2013헌가2).

❹ [X] 상기간의 시험 준비로 인력 낭비가 문제되었던 사법시험의 폐해를 극복하고 교육을 통하여 법조인을 양성한다는 법학전문대학원의 도입취지를 살리기 위하여 응시기회에 제한을 두어 시험 합격률을 일정 비율로 유지하고, 법학전문대학원의 교육이 끝난 때로부터 일정기간 동안만 시험에 응시할 수 있게 한 것은 정당한 입법목적을 달성하기 위한 적절한 수단이다. … 따라서 위 조항은 청구인들의 직업선택의 자유를 침해하지 아니한다(헌재 2016.9.29. 2016헌마47 등).

16 재산권 정답 ④

ㄱ. [인정 X] 상공회의소의 의결권 또는 회원권은 상공회의소라는 법인의 의사형성에 관한 권리일 뿐 이를 따로 떼어 헌법상 보장되는 재산권이라고 보기 어렵고, 상공회의소의 재산은 법인인 상공회의소의 고유재산이지 회원들이 지분에 따라 반환받을 수 있는 재산이라고 보기 어려워서, 상공업자들의 재산권 제한과도 무관하다(헌재 2006.5.25. 2004헌가1).

ㄴ. [인정 X] 헌법재판소는 종래의 결정에서 「군인연금법」상의 연금수급권(헌재 1994.6.30. 92헌가9), 「공무원연금법」상의 연금수급권(헌재 1995.7.21. 94헌가27), 국가유공자의 보상수급권(헌재 1995.7.21. 93헌가14)을 헌법상의 재산권에 포함시켰다(헌재 2000.06.29. 99헌마289).

ㄷ. [인정 O] 개인택시운송사업자는 장기간의 모범적인 택시운전에 대한 보상의 차원에서 개인택시면허를 취득하였거나, 고액의 프리미엄을 지급하고 개인택시면허를 양수한 사람들이므로 개인택시면허는 자신의 노력으로 혹은 금전적 대가를 치르고 얻은 재산권이라고 할 수 있다(헌재 2012.3.29. 2010헌마443 등).

ㄹ. [인정 O] 대법원판례에 의하여 인정되는 '관행어업권'은 물권에 유사한 권리로서 공동어업권이 설정되었는지 여부에 관계없이 발생하는 것이고, 그 존속에 있어서도 공동어업권과 운명을 같이 하지 않으며 공동어업권자는 물론 제3자에 대하여서도 주장하고 행사할 수 있는 권리이므로, 재산권에 해당한다(헌재 1999.7.22. 97헌바76).

ㅁ. [인정 O] 건강보험수급권과 같이 공법상의 권리가 헌법상의 재산권으로 보호받기 위해서는 국가의 일방적인 급부에 의한 것이 아니라 수급자의 상당한 자기기여를 전제로 한다. 그런데 국민건강보험은 개인의 보험료와 국가의 재정으로 운영되고 이 사건 규정의 적용에 의하여 청구인들과 같은 수용자에게 보험급여가 정지되는 경우 동시에 보험료 납부의무도 면제된다. 그렇다면 수급자의 자기기여가 없는 상태이므로 이 사건 규정에 의하여 건강보험수급권이 정지되더라도 이를 사회보장수급권(인간다운 생활을 할 권리)으로 다툴 수 있음은 별론으로 하고 재산권 침해로 다툴 수는 없다고 할 것이다(헌재 2000.6.29. 99헌마289).

ㅂ. [인정 X] 이동전화번호는 유한한 국가자원으로서, 청구인들이 오랜 기간 같은 이동전화번호를 사용해 왔다 하더라도 이는 국가의 이동전화번호 관련 정책 및 이동전화 사업자와의 서비스 이용계약 관계에 의한 것일 뿐, 청구인들이 이동전화번호에 대하여 사적 유용성 및 그에 대한 원칙적 처분권을 내포하는 재산가치 있는 구체적 권리인 재산권을 가진다고 볼 수 없다(헌재 2013.7.25. 2011헌마63).

ㅅ. [인정 X] 공제회가 관리·운용하는 기금은 학교안전사고보상공제사업 등에 필요한 재원을 확보하고, 공제급여에 충당하기 위하여 설치 및 조성되는 것으로서 학교안전법령이 정하는 용도에 사용되는 것일 뿐, 각 공제회에 귀속되어 사적 유용성을 갖는다거나 원칙적 처분권이 있는 재산적 가치라고 보기 어렵고, 공제회가 갖는 기금에 대한 권리는 법에 의하여 정해진 대로 운영할 수 있는 법적 권능에 불과할 뿐 사적 이익을 위해 권리주체에게 귀속될 수 있는 성질의 것이 아니므로, 이는 헌법 제23조 제1항에 의하여 보호되는 공제회의 재산권에 해당되지 않는다(헌재 2015.7.30. 2014헌가7).

17 국회의 의사원칙 정답 ④

① [O] 「국회법」 제75조 제1항에 대한 옳은 내용이다.

> **제75조【회의의 공개】**① 본회의는 공개한다. 다만, 의장의 제의 또는 의원 10명 이상의 연서에 의한 동의(動議)로 본회의 의결이 있거나 의장이 각 교섭단체 대표의원과 협의하여 국가의 안전보장을 위하여 필요하다고 인정할 때에는 공개하지 아니할 수 있다.

② [O] 위원회에서 본회의에 부의할 필요가 없다고 결정된 의안을 본회의에서 다시 심의하더라도 일사부재의원칙에 반하지 않는다.

③ [O] 가부동수인 때에는 부결된 것으로 보며, 부결된 안건은 같은 회기 중에 다시 발의 또는 제출하지 못한다.

❹ [X] 전자투표에 의한 표결의 경우 국회의장의 투표종료선언에 의하여 투표 결과가 집계됨으로써 안건에 대한 표결 절차는 실질적으로 종료되므로, 투표의 집계 결과 출석의원 과반수의 찬성에 미달한 경우는 물론 재적의원 과반수의 출석에 미달한 경우에도 국회의 의사는 부결로 확정되었다고 볼 수밖에 없다(헌재 2009.10.29. 2009헌라8).

18 양심의 자유 정답 ③

옳지 않은 것은 ㄴ, ㄷ이다.

ㄱ. [O] 양심의 자유가 보장하고자 하는 '양심'은 민주적 다수의 사고나 가치관과 일치하는 것이 아니라, 개인적 현상으로서 지극히 주관적인 것이다. 양심은 그 대상이나 내용 또는 동기에 의하여 판단될 수 없고, 양심상의 결정이 이성적·합리적인지, 타당한지 또는 법질서나 사회규범, 도덕률과 일치하는지 여부는 양심의 존재를 판단하는 기준이 될 수 없다(헌재 2011.8.30. 2008헌가22 등).

ㄴ. [X] 교육법 제85조 제1항 및 학원의 설립·운영에 관한 법률 제6조가 종교교육을 담당하는 기관들에 대하여 예외적으로 인가 혹은 등록의무를 면제하여 주지 않았다고 하더라도, 헌법 제31조 제6항이 교육제도에 관한 기본사항을 법률로 입법자가 정하도록 한 취지, 종교교육기관이 자체 내부의 순수한 성직자 양성기관이 아니라 학교 혹은 학원의 형태로 운영될 경우 일반국민들이 받을 수 있는 부실한 교육의 피해의 방지, 현행 법률상 학교 내지 학원의 설립절차가 지나치게 엄격하다고 볼 수 없는 점 등을 고려할 때, 위 조항들이 청구인의 종교의 자유 등을 침해하였다고 볼 수 없고, 또한 위 조항들로 인하여 종교교단의 재정적 능력에 따라 학교 내지 학원의 설립상 차별을 초래한다고 해도 거기에는 위와 같은 합리적 이유가 있으므로 평등원칙에 위배된다고 할 수 없다(헌재 2000.3.30. 99헌바14).

ㄷ. [X] 헌법 제20조 제1항은 종교의 자유를 따로 보장하고 있으므로 양심적 병역거부가 종교의 교리나 종교적 신념에 따라 이루어진 것이라면, 이 사건 법률조항에 의하여 양심적 병역거부자의 종교의 자유도 함께 제한된다. 그러나 양심의 자유는 종교적 신념에 기초한 양심뿐만 아니라 비종교적인 양심도 포함하는 포괄적인 기본권이므로, 이하에서는 양심의 자유를 중심으로 살펴보기로 한다(헌재 2004.8.26. 2002헌가1).

ㄹ. [O] 헌법 제19조에서 보호하는 양심은 옳고 그른 것에 대한 판단을 추구하는 가치적·도덕적 마음가짐으로, 개인의 소신에 따른 다양성이 보장되어야 하고 그 형성과 변경에 외부적 개입과 억압에 의한 강요가 있어서는 아니 되는 인간의 윤리적 내심영역이다. 따라서 단순한 사실관계의 확인과 같이 가치적·윤리적 판단이 개입될 여지가 없는 경우는 물론, 법률해석에 관하여 여러 견해가 갈리는 경우처럼 다소의 가치관련성을 가진다고 하더라도 개인의 인격형성과는 관계가 없는 사사로운 사유나 의견 등은 그 보호대상이 아니다. 이 사건의 경우와 같이 경제규제법적 성격을 가진 공정거래법에 위반하였는지 여부에 있어서도 각 개인의 소신에 따라 어느 정도의 가치판단이 개입될 수 있는 소지가 있고 그 한도에서 다소의 윤리적·도덕적 관련성을 가질 수도 있겠으나, 이러한 법률판단의 문제는 개인의 인격형성과는 무관하며, 대화와 토론을 통하여 가장 합리적인 것으로 그 내용이 동화되거나 수렴될 수 있는 포용성을 가지는 분야에 속한다고 할 것이므로 헌법 제19조에 의하여 보장되는 양심의 영역에 포함되지 아니한다(헌재 2002. 1.31. 2001헌바43).

19 헌정사   정답 ③

① [O] 1969년 제6차 개정헌법은 대통령의 재임을 3기까지 인정하고, 탄핵소추요건을 강화시키는 대신에 대통령에게 헌법개정권한을 부여하지 않았다.

② [O] 대통령에게 헌법개정제안권이 인정되지 않은 헌법은 제5차, 제6차 개정헌법(제3공화국)이다.

> **제5차 개정헌법(1962년)·제6차 개정헌법(1969년) 제119조** ① 헌법개정의 제안은 국회의 재적의원 3분의 1 이상 또는 국회의원선거권자 50만인 이상의 찬성으로써 한다.

❸ [×] 헌법개정금지규정은 1954년 제2차 개정헌법부터 1960년 11월 29일 제4차 개정헌법까지 존재하였다.

④ [O] 현행 헌법은 1987년 6월 민주화운동의 성과물로 여야합의에 의하여 탄생하였다. 대통령 직선제를 핵심내용으로 하여 국회에서 의결된 후 국민투표로 확정되었다.

20 헌법재판   정답 ④

옳은 것은 ㄴ, ㄷ, ㄹ, ㅁ이다.

ㄱ. [×] 헌법재판소법 제70조에서는 국선대리인제도를 두어 헌법소원 심판청구에서 변호사를 대리인으로 선임할 자력이 없는 경우에는 당사자의 신청에 의하여 국고에서 그 보수를 지급하게 되는 국선대리인을 선정해 주도록 되어 있다. 따라서 무자력자의 헌법재판을 받을 권리를 크게 제한하는 것이라 하여도 이와 같이 국선대리인 제도라는 대상조치가 별도로 마련되어 있는 이상 그러한 제한을 두고 재판을 받을 권리의 본질적 내용의 침해라고는 볼 수 없을 것이다(헌재 2018.6.28. 2016헌마1151).

ㄴ. [O] 헌법재판소법 제68조 제1항이 원칙적으로 헌법에 위반되지 아니한다고 하더라도, 법원이 헌법재판소가 위헌으로 결정하여 그 효력을 전부 또는 일부 상실하거나 위헌으로 확인된 법률을 적용함으로써 국민의 기본권을 침해한 경우에도 법원의 재판에 대한 헌법소원이 허용되지 않는 것으로 해석한다면, 위 법률조항은 그러한 한도 내에서 헌법에 위반된다(헌재 1997.12.24. 96헌마172·173).

ㄷ. [O] 진정입법부작위는 입법권의 불행사, 즉 법률의 부존재가 문제되는 경우이므로 위헌법률심판의 대상이 되지 않고, 부진정입법부작위의 경우에는 입법의 결과가 불완전, 불충분하여 문제되는 경우이므로 불완전한 법률조항 자체가 위헌심사의 대상이 된다.

ㄹ. [O] 법률이 헌법에 위반되는 경우 헌법의 규범성을 보장하기 위하여 원칙적으로 그 법률에 대하여 위헌결정을 하여야 하는 것이지만, 위헌결정을 통하여 법률조항을 법질서에서 제거하는 것이 법적 공백이나 혼란을 초래할 우려가 있는 경우에는 위헌조항의 잠정적 적용을 명하는 헌법불합치결정을 할 수 있다(헌재 2005.4.28. 2003헌바40).

ㅁ. [O] 어떠한 법률조항에 대하여 헌법재판소가 헌법불합치결정을 하여 입법자에게 그 법률조항을 합헌적으로 개정 또는 폐지하는 임무를 입법자의 형성 재량에 맡긴 이상 그 개선입법의 소급적용 여부와 소급적용의 범위는 원칙적으로 입법자의 재량에

달린 것이기는 하지만, 헌법재판소가 '헌재 1998.8.27. 96헌가22' 등 사건에서 2002.1.14. 법률 제6591호로 개정되기 전 민법 제1026조 제2호에 대하여 한 헌법불합치결정의 취지나 위헌심판에서의 구체적 규범통제의 실효성 보장이라는 측면을 고려할 때 적어도 위 헌법불합치결정을 하게 된 당해사건 및 위 헌법불합치결정 당시에 개정 전 민법 제1026조 제2호의 위헌 여부가 쟁점이 되어 법원에 계속 중인 사건에 대하여는 위 헌법불합치결정의 소급효가 미친다고 하여야 할 것이므로 비록 개정 민법 부칙 제3항의 경과조치의 적용 범위에 이들 사건이 포함되어 있지 않더라도 이들 사건에 관하여는 종전의 법률조항을 그대로 적용할 수는 없고, 위헌성이 제거된 개정 민법의 규정이 적용되는 것으로 보아야 할 것이다(대판 2002.4.2. 99다3358).

21 국무총리   정답 ③

① [O] 헌법 제62조 제1항에 대한 옳은 내용이다.

> **제62조** ① 국무총리·국무위원 또는 정부위원은 국회나 그 위원회에 출석하여 국정처리상황을 보고하거나 의견을 진술하고 질문에 응답할 수 있다.

② [O] 헌법 제87조 제1항·제3항, 제88조 제3항에 대한 옳은 내용이다.

> **제87조** ① 국무위원은 국무총리의 제청으로 대통령이 임명한다.
> ③ 국무총리는 국무위원의 해임을 대통령에게 건의할 수 있다.
> **제88조** ③ 대통령은 국무회의의 의장이 되고, 국무총리는 부의장이 된다.

❸ [×] 국무총리는 대통령의 명을 받아 행정각부통할권을 갖는다.

> **헌법 제86조** ② 국무총리는 대통령을 보좌하며, 행정에 관하여 대통령의 명을 받아 행정각부를 통할한다.
> **「정부조직법」 제18조【국무총리의 행정감독권】** ① 국무총리는 대통령의 명을 받아 각 중앙행정기관의 장을 지휘·감독한다.
> ② 국무총리는 중앙행정기관의 장의 명령이나 처분이 위법 또는 부당하다고 인정될 경우에는 대통령의 승인을 받아 이를 중지 또는 취소할 수 있다.

④ [O] 헌법 제95조에 대한 옳은 내용이다.

> **제95조** 국무총리 또는 행정각부의 장은 소관사무에 관하여 법률이나 대통령령의 위임 또는 직권으로 총리령 또는 부령을 발할 수 있다.

22 정당제도 정답 ④

ㄱ. [X] 준용조항은 헌법재판에서의 불충분한 절차진행규정을 보완하고, 원활한 심판절차진행을 도모하기 위한 조항으로, 그 절차보완적 기능에 비추어 볼 때, 소송절차 일반에 준용되는 절차법으로서의 민사소송에 관한 법령을 준용하도록 한 것이 현저히 불합리하다고 볼 수 없다. 또한 '헌법재판의 성질에 반하지 아니하는 한도'에서 민사소송에 관한 법령을 준용하도록 규정하여 정당해산심판의 고유한 성질에 반하지 않도록 적용범위를 한정하고 있는바, 여기서 '헌법재판의 성질에 반하지 않는' 경우란, 다른 절차법의 준용이 헌법재판의 고유한 성질을 훼손하지 않는 경우로 해석할 수 있고, 이는 헌법재판소가 당해 헌법재판이 갖는 고유의 성질·헌법재판과 일반재판의 목적 및 성격의 차이·준용 절차와 대상의 성격 등을 종합적으로 고려하여 구체적·개별적으로 판단할 수 있다. 따라서 준용조항은 청구인의 공정한 재판을 받을 권리를 침해한다고 볼 수 없다(헌재 2014.2.27. 2014헌마7).

ㄴ. [O] 정당은 국민과 국가의 중개자로서 정치적 도관(導管)의 기능을 수행하여 주체적·능동적으로 국민의 다원적 정치의사를 유도·통합함으로써 국가정책의 결정에 직접 영향을 미칠 수 있는 규모의 정치적 의사를 형성하고 있다. 오늘날 대의민주주의에서 차지하는 정당의 이러한 의의와 기능을 고려하여, 헌법 제8조 제1항은 국민 누구나가 원칙적으로 국가의 간섭을 받지 아니하고 정당을 설립할 권리를 기본권으로 보장함과 아울러 복수정당제를 제도적으로 보장하고 있다. 따라서 입법자는 정당설립의 자유를 최대한 보장하는 방향으로 입법하여야 하고, 헌법재판소는 정당설립의 자유를 제한하는 법률의 합헌성을 심사할 때에 헌법 제37조 제2항에 따라 엄격한 비례심사를 하여야 한다(헌재 2014.1.28. 2012헌마431 등).

ㄷ. [O] 정당해산심판은 원칙적으로 해당 정당에게만 그 효력이 미치며, 정당해산결정은 대체정당이나 유사정당의 설립까지 금지하는 효력을 가지므로 오류가 드러난 결정을 바로잡지 못한다면 장래 세대의 정치적 의사결정에까지 부당한 제약을 초래할 수 있다. 정당해산심판절차에서는 재심을 허용하지 아니함으로써 얻을 수 있는 법적 안정성의 이익보다 재심을 허용함으로써 얻을 수 있는 구체적 타당성의 이익이 더 크므로 재심을 허용하여야 하며, 재심절차에서는 원칙적으로 민사소송법의 재심에 관한 규정이 준용된다(헌재 2016.5.26. 2015헌아20).

ㄹ. [X] 정당등록의 취소는 정당의 존속 자체를 박탈하여 모든 형태의 정당활동을 불가능하게 하므로, 그에 대한 입법은 필요최소한의 범위에서 엄격한 기준에 따라 이루어져야 한다. 그런데 일정기간 동안 공직선거에 참여할 기회를 수회 부여하고 그 결과에 따라 등록취소 여부를 결정하는 등 덜 기본권 제한적인 방법을 상정할 수 있고, 정당법에서 법정의 등록요건을 갖추지 못하게 된 정당이나 일정 기간 국회의원선거 등에 참여하지 아니한 정당의 등록을 취소하도록 하는 등 현재의 법체계 아래에서도 입법목적을 실현할 수 있는 다른 장치가 마련되어 있으므로, 정당등록취소조항은 침해의 최소성 요건을 갖추지 못하였다. 나아가, 정당등록취소조항은 어느 정당이 대통령선거나 지방자치선거에서 아무리 좋은 성과를 올리더라도 국회의원선거에서 일정 수준의 지지를 얻는 데 실패하면 등록이 취소될 수밖에 없어 불합리하고, 신생·군소정당으로 하여금 국회의원선거에의 참여 자체를 포기하게 할 우려도 있어 법익의 균형성 요건도 갖추지 못하였다. 따라서 정당등록취소조항은 과잉금지원칙에 위반되어 청구인들의 정당설립의 자유를 침해한다(헌재 2014.1.28. 2012헌마431 등).

ㅁ. [X] 유사한 명칭은 정당의 명칭으로 다시 사용할 수 있다.

> 「정당법」 제40조【대체정당의 금지】정당이 헌법재판소의 결정으로 해산된 때에는 해산된 정당의 강령(또는 기본정책)과 동일하거나 유사한 것으로 정당을 창당하지 못한다.
> 제41조【유사명칭 등의 사용금지】② 헌법재판소의 결정에 의하여 해산된 정당의 명칭과 같은 명칭은 정당의 명칭으로 다시 사용하지 못한다.

23 탄핵심판 정답 ①

옳은 것은 ㄱ, ㄴ이다.

ㄱ. [O] 헌법재판소는 사법기관으로서 원칙적으로 탄핵소추기관인 국회의 탄핵소추의결서에 기재된 소추사유에 의하여 구속을 받는다. 따라서 헌법재판소는 탄핵소추의결서에 기재되지 아니한 소추사유를 판단의 대상으로 삼을 수 없다. 그러나 탄핵소추의결서에서 그 위반을 주장하는 '법규정의 판단'에 관하여 헌법재판소는 원칙적으로 구속을 받지 않으므로, 청구인이 그 위반을 주장한 법규정 외에 다른 관련 법규정에 근거하여 탄핵의 원인이 된 사실관계를 판단할 수 있다. 또한, 헌법재판소는 소추사유의 판단에 있어서 국회의 탄핵소추의결서에서 분류된 소추사유의 체계에 의하여 구속을 받지 않으므로, 소추사유를 어떠한 연관관계에서 법적으로 고려할 것인가의 문제는 전적으로 헌법재판소의 판단에 달려있다(헌재 2004.5.14. 2004헌나1).

ㄴ. [O] 「헌법재판소법」 제51조에 대한 옳은 내용이다.

> 제51조【심판절차의 정지】피청구인에 대한 탄핵심판 청구와 동일한 사유로 형사소송이 진행되고 있는 경우에는 재판부는 심판절차를 정지할 수 있다.

ㄷ. [X] 탄핵소추를 의결받았을 때 권한행사가 정지된다.

> 헌법 제65조 ③ 탄핵소추의 의결을 받은 자는 탄핵심판이 있을 때까지 그 권한행사가 정지된다.

ㄹ. [X] 행정소송이 아닌 형사소송에 관한 법률을 준용한다.

> 「헌법재판소법」 제40조【준용규정】① 헌법재판소의 심판절차에 관하여는 이 법에 특별한 규정이 있는 경우를 제외하고는 헌법재판의 성질에 반하지 아니하는 한도에서 민사소송에 관한 법령을 준용한다. 이 경우 탄핵심판의 경우에는 형사소송에 관한 법령을 준용하고, 권한쟁의심판 및 헌법소원심판의 경우에는 「행정소송법」을 함께 준용한다.

로 인한 소비자의 불편이 과도하다고 보기도 어렵다. 따라서 심판대상조항이 과잉금지원칙에 위반하여 안경사의 직업수행의 자유를 침해한다고 볼 수 없다(헌재 2024.3.28. 2020헌가10).

24 직업의 자유 정답 ①

❶ [X] 심판대상조항은 사업주로부터 위임을 받아 고용보험 및 산재보험에 관한 보험사무를 대행할 수 있는 기관의 자격을 일정한 기준을 충족하는 단체 또는 법인, 공인노무사, 세무사로 한정하고 있다. 이로 인해 개인 공인회계사는 보험사무대행기관으로서 보험사무를 대행할 수 없게 되므로, 심판대상조항은 청구인들의 직업수행의 자유를 제한한다. … 심판대상조항은 과잉금지원칙에 위배되어 청구인들의 직업수행의 자유를 침해한다고 볼 수 없다(헌재 2024.2.28. 2020헌마139).

② [O] 주 52시간 상한제조항은 법정근로시간 외 근로가 연장근로와 휴일근로로 이원적으로 운영되는 것을 막고, 연장근로의 틀 안에 법정근로시간 외 근로를 일원화하여 실근로시간을 획기적으로 단축시키고자 하였다. 입법자는 사용자와 근로자가 일정 부분 장시간 노동을 선호하는 경향, 포괄임금제의 관행 및 사용자와 근로자 사이의 협상력의 차이 등으로 인해 장시간 노동 문제가 구조화되었다고 보고, 사용자와 근로자 사이의 합의로 주 52시간 상한을 초과할 수 없다고 판단했는데, 이러한 입법자의 판단이 현저히 합리성을 결여했다고 볼 수 없다. 또한 입법자는 주 52시간 상한제로 인해 중소기업이나 영세사업자들에게 발생할 수 있는 피해를 최소화하기 위해 기존의 근로기준법상 연장근로 상한 제한에 대한 다양한 예외 규정 외에도 주 52시간 상한제 적용의 유예기간, 한시적인 상시 30명 미만 사업장에 대한 특례, 휴일근로수당과 연장근로수당의 중복지급 금지 등을 마련했고, 정부도 각종 지원금 정책 등을 시행했다. 한편 입법자는 주 52시간 상한제로 인해 근로자에게도 임금 감소 등의 피해가 발생할 수 있지만, 근로자의 휴식을 보장하는 것이 무엇보다 중요하다는 인식을 정착시켜 장시간 노동이 이루어졌던 왜곡된 노동 관행을 개선해야 한다고 판단했다. 따라서 이러한 입법자의 판단이 합리성을 결여했다고 볼 수 없으므로 주 52시간 상한제조항은 과잉금지원칙에 반하여 상시 5명 이상 근로자를 사용하는 사업주인 청구인의 계약의 자유와 직업의 자유, 근로자인 청구인들의 계약의 자유를 침해하지 않는다(헌재 2024.2.28. 2019헌마500).

③ [O] 정부는 기존 임대사업자가 등록말소시점까지 안정적으로 임대사업을 유지할 수 있도록 '주택시장 안정 보완대책' 발표 후 등록하거나 장기일반민간임대주택으로 전환한 경우 등을 제외하고는 원칙적으로 종전 세제혜택을 유지하도록 하는 등 종전 임대사업자의 신뢰 손상의 정도를 완화하는 세제지원 보완조치를 마련하기도 하였다. … 청구인들의 신뢰가 침해받는 정도는 임대주택제도의 개편 필요성, 주택시장 안정화 및 임차인의 장기적이고 안정적인 주거 환경 보장과 같은 공익에 비하여 크다고 할 수 없으므로 등록말소조항은 신뢰보호원칙에 반하여 청구인들의 직업의 자유를 침해하지 아니한다(헌재 2024.2.28. 2020헌마1482).

④ [O] 전자상거래 등을 통한 콘택트렌즈 거래가 허용된다면, 착용자의 시력 및 눈 건강상태를 고려하지 않은 무분별한 콘택트렌즈 착용이 이뤄질 수 있고, 배송 과정에서 콘택트렌즈가 변질·오염될 가능성을 배제할 수 없으므로, 국민보건의 향상·증진이라는 심판대상조항의 입법목적이 달성되기 어려울 수 있다. 또한 안경사 아닌 자에 의한 콘택트렌즈 판매행위를 규제하기가 사실상 어려워지게 되고, 안경사로 하여금 소비자에게 콘택트렌즈의 사용방법, 유통기한 및 부작용에 관한 정보를 제공하도록 한 「의료기사 등에 관한 법률」 제12조 제7항의 취지가 관철되기도 어려워진다. 우리나라는 소비자의 안경업소 및 안경사에 대한 접근권이 상당히 보장되어 있어, 심판대상조항으

25 공무담임권 정답 ②

① [O] 관련 자격증 소지자에게 세무직 국가공무원 공개경쟁채용시험에서 일정한 가산점을 부여하는 제도는 가산 대상 자격증을 소지하지 아니한 사람들에 대하여는 공직으로의 진입에 장애를 초래하여 공무담임권을 제한하는 측면이 있지만, 전문적 업무능력을 갖춘 사람을 우대하여 직업공무원제도의 능력주의를 구현하는 측면이 있으므로 과잉금지원칙 위반 여부를 심사할 때 이를 고려할 필요가 있다(헌재 2020.6.25. 2017헌마1178).

❷ [X] 행정조직의 개폐에 관한 문제에 있어 입법자가 광범위한 입법형성권을 가진다 하더라도 행정조직의 개폐로 인해 행해지는 직권면직은 보다 직접적으로 해당 공무원들의 신분에 중대한 위협을 주게 되므로 직제 폐지 후 실시되는 면직절차에 있어서는 보다 엄격한 요건이 필요한데, 이와 관련하여 「지방공무원법」 제62조는 직제의 폐지로 인해 직권면직이 이루어지는 경우 임용권자는 인사위원회의 의견을 듣도록 하고 있고, 면직기준으로 임용형태·업무실적·직무수행능력·징계처분사실 등을 고려하도록 하고 있으며, 면직기준을 정하거나 면직대상을 결정함에 있어서 반드시 인사위원회의 의결을 거치도록 하고 있는바, 이는 합리적인 면직기준을 구체적으로 정함과 동시에 그 공정성을 담보할 수 있는 절차를 마련하고 있는 것이라 볼 수 있다. 그렇다면 이 사건 규정이 직제가 폐지된 경우 직권면직을 할 수 있도록 규정하고 있다고 하더라도 이것이 직업공무원제도를 위반하고 있다고는 볼 수 없다(헌재 2004.11.25. 2002헌바8).

③ [O] 「국가공무원법」 제69조에서 언급한 제33조 제5호 부분인 공무원이 금고 이상의 형의 선고유예를 받은 경우에는 공무원직에서 당연히 퇴직하는 것으로 규정하고 있다. 그런데 같은 금고 이상의 형의 선고유예를 받은 경우라고 하여도 범죄의 종류, 내용이 지극히 다양한 것이므로 그에 따라 국민의 공직에 대한 신뢰 등에 미치는 영향도 큰 차이가 있는 것이다. 따라서 입법자로서는 국민의 공직에 대한 신뢰보호를 위하여 해당 공무원이 반드시 퇴직하여야 할 범죄의 유형, 내용 등으로 그 당연퇴직의 사유 및 범위를 가급적 한정하여 규정하였어야 할 것이다. 그런데 위 규정은 금고 이상의 선고유예의 판결을 받은 모든 범죄를 포괄하여 규정하고 있을 뿐 아니라, 심지어 오늘날 누구에게나 위험이 상존하는 교통사고 관련 범죄 등 과실범의 경우마저 당연퇴직의 사유에서 제외하지 않고 있으므로 최소침해성의 원칙에 반한다. 따라서 이 사건 법률조항은 과잉금지원칙에 위배하여 공무담임권을 침해하는 조항이라고 할 것이다(헌재 2003.10.30. 2002헌마684).

④ [O] 선출직 공무원이 될 피선거권과 직업공무원이 될 권리를 포함하는 헌법 제25조의 공무담임권이 헌법 제7조의 규정 내용과 유기적 연관을 맺고 있다면, 헌법 제7조 제2항의 보장 내용이 직업공무원제도를 보장하는 성격을 띤다는 사실만으로 「헌법재판소법」 제68조 제1항의 헌법소원심판으로 구제될 수 있는 '공무담임권의 보호영역'에 포함되지 않을 이유는 없다(헌재 2021.6.24. 2020헌마1614).

▶ 정답

p.56

01	③	I	06	③	Ⅲ	11	③	Ⅲ	16	②	Ⅱ	21	②	Ⅲ
02	④	Ⅱ	07	②	Ⅱ	12	③	I	17	③	Ⅲ	22	③	Ⅲ
03	③	Ⅲ	08	②	Ⅱ	13	②	Ⅱ	18	④	I	23	④	Ⅳ
04	①	Ⅲ	09	②	Ⅳ	14	②	I	19	②	Ⅱ	24	②	Ⅱ
05	③	Ⅱ	10	②	Ⅲ	15	②	Ⅳ	20	①	Ⅱ	25	④	Ⅱ

I 헌법총론 / Ⅱ 기본권론 / Ⅲ 통치구조론 / Ⅳ 헌법재판론

▶ 취약 단원 분석표

단원	맞힌 답의 개수
I	/ 4
Ⅱ	/ 10
Ⅲ	/ 8
Ⅳ	/ 3
TOTAL	/ 25

---

01 관습헌법 정답 ③

① [O] 청구인들은 국무총리제도가 채택된 이래 줄곧 대통령과 국무총리가 서울이라는 하나의 도시에 소재하고 있었다는 사실을 들어 이에 대한 관습헌법이 존재한다고 주장한다. 그러나 국무총리의 소재지는 헌법적으로 중요한 기본적 사항이라 보기 어렵고 나아가 이러한 규범이 존재한다는 국민적 의식이 형성되었는지조차 명확하지 않으므로 이러한 관습헌법의 존재를 인정할 수 없다(헌재 2005.11.24. 2005헌마579 등).

② [O] 관습헌법이 성립하기 위하여서는 관습이 성립하는 사항이 단지 법률로 정할 사항이 아니라 반드시 헌법에 의하여 규율되어 법률에 대하여 효력상 우위를 가져야 할 만큼 헌법적으로 중요한 기본적 사항이 되어야 한다. 일반적으로 실질적인 헌법사항이라고 함은 널리 국가의 조직에 관한 사항이나 국가기관의 권한 구성에 관한 사항 혹은 개인의 국가권력에 대한 지위를 포함하여 말하는 것이지만, 관습헌법은 이와 같은 일반적인 헌법사항에 해당하는 내용 중에서도 특히 국가의 기본적이고 핵심적인 사항으로서 법률에 의하여 규율하는 것이 적합하지 아니한 사항을 대상으로 한다. 일반적인 헌법사항 중 과연 어디까지가 이러한 기본적이고 핵심적인 헌법사항에 해당하는지 여부는 일반추상적인 기준을 설정하여 재단할 수는 없고, 개별적 문제사항에서 헌법적 원칙성과 중요성 및 헌법원리를 통하여 평가하는 구체적 판단에 의하여 확정하여야 한다(헌재 2004.10.21. 2004헌마554 등).

❸ [X] 헌법기관의 소재지, 특히 국가를 대표하는 대통령과 민주주의적 통치원리에 핵심적 역할을 하는 의회의 소재지를 정하는 문제는 국가의 정체성(正體性)을 표현하는 실질적 헌법사항의 하나이다. 여기서 국가의 정체성이란 국가의 정서적 통일의 원천으로서 그 국민의 역사와 경험, 문화와 정치 및 경제, 그 권력구조나 정신적 상징 등이 종합적으로 표출됨으로써 형성되는 국가적 특성이라 할 수 있다. 수도를 설정하는 것 이외에도 국명(國名)을 정하는 것, 우리말을 국어(國語)로 하고 우리글을 한글로 하는 것, 영토를 확정하고 국가주권의 소재를 밝히는 것 등이 국가의 정체성에 관한 기본적 헌법사항이 된다고 할 것이다. 수도를 설정하거나 이전하는 것은 국회와 대통령 등 최고 헌법기관들의 위치를 설정하여 국가조직의 근간을 장소적으로 배치하는 것으로서, 국가생활에 관한 국민의 근본적 결단임과 동시에 국가를 구성하는 기반이 되는 핵심적 헌법사항에 속한다(헌재 2004.10.21. 2004헌마554 등).

④ [O] 합헌적 법률해석은 법률이 한 가지 해석방법에 의하면 헌법에 위배되는 것처럼 보이더라도 다른 해석방법에 의하여 헌법에 합치되는 것으로 볼 수 있다면 합헌으로 해석하여야 한다는 법률해석으로, 사법소극주의의 전형적인 표현이다.

---

02 개인정보 보호 정답 ④

① [O] 개별 교원의 교원단체 및 노동조합 가입 정보는 「개인정보 보호법」 제23조의 노동조합의 가입·탈퇴에 관한 정보로서, 처리 제한 민감정보에 해당한다.

> **「개인정보 보호법」 제23조 【민감정보의 처리 제한】** ① 개인정보처리자는 사상·신념, 노동조합·정당의 가입·탈퇴, 정치적 견해, 건강, 성생활 등에 관한 정보, 그 밖에 정보주체의 사생활을 현저히 침해할 우려가 있는 개인정보로서 대통령령으로 정하는 정보(이하 "민감정보"라 한다)를 처리하여서는 아니 된다. 다만, 다음 각 호의 어느 하나에 해당하는 경우에는 그러하지 아니하다.
> 1. 정보주체에게 제15조 제2항 각 호 또는 제17조 제2항 각 호의 사항을 알리고 다른 개인정보의 처리에 대한 동의와 별도로 동의를 받은 경우
> 2. 법령에서 민감정보의 처리를 요구하거나 허용하는 경우

② [O] 「개인정보 보호법」 제2조 제1호에 대한 옳은 내용이다.

> **제2조 【정의】** 이 법에서 사용하는 용어의 뜻은 다음과 같다.
> 1. "개인정보"란 살아 있는 개인에 관한 정보로서 다음 각 목의 어느 하나에 해당하는 정보를 말한다.
>   가. 성명, 주민등록번호 및 영상 등을 통하여 개인을 알아볼 수 있는 정보

③ [O] 심판대상행위는 방문 면접을 통해 행정자료로 파악하기 곤란한 항목들을 조사하여 그 결과를 사회 현안에 대한 심층분석과 각종 정책수립, 통계작성의 기초자료 또는 사회·경제현상의 연구·분석 등에 활용하도록 하고자 한 것이므로 그 목적이 정당하고, 15일이라는 짧은 방문 면접조사 기간 등 현실적 여건을 감안하면 인근 주민을 조사원으로 채용하여 방문면접 조사를 실시한 것은 목적을 달성하기 위한 적정한 수단이 된다. …

나아가 관련 법령이나 실제 운용상 표본조사 대상 가구의 개인정보남용을 방지할 수 있는 여러 제도적 장치도 충분히 마련되어 있다. 따라서 심판대상행위가 과잉금지원칙을 위반하여 청구인의 개인정보자기결정권을 침해하였다고 볼 수 없다(헌재 2017.7.27. 2015헌마1094).

❹ [×] 등록조항은 성범죄자의 재범을 억제하고 효율적인 수사를 위한 것으로 정당한 목적을 달성하기 위한 적합한 수단이다. 신상정보 등록제도는 국가기관이 성범죄자의 관리를 목적으로 신상정보를 내부적으로만 보존·관리하는 것으로, 성범죄자의 신상정보를 일반에게 공개하는 신상정보 공개·고지제도와는 달리 법익침해의 정도가 크지 않다. 성적목적공공장소침입죄는 공공화장실 등 일정한 장소를 침입하는 경우에 한하여 성립하므로 등록조항에 따른 등록대상자의 범위는 이에 따라 제한되는바, 등록조항은 침해의 최소성 원칙에 위배되지 않는다. 등록조항으로 인하여 제한되는 사익에 비하여 성범죄의 재범 방지와 사회 방위라는 공익이 크다는 점에서 법익의 균형성도 인정된다. 따라서 등록조항은 청구인의 개인정보자기결정권을 침해하지 않는다(헌재 2016.10.27. 2014헌마709).

03 법원   정답 ③

① [○] 「법원조직법」 제45조의2 제1항에 대한 옳은 내용이다.

> **제45조의2 【판사의 연임】** ① 임기가 끝난 판사는 인사위원회의 심의를 거치고 대법관회의의 동의를 받아 대법원장의 연임발령으로 연임한다.

② [○] 헌법 제110조 제1항에서 "특별법원으로서 군사법원을 둘 수 있다."는 의미는 군사법원을 일반법원과 조직 권한 및 재판관의 자격을 달리하여 특별법원으로 설치할 수 있다는 뜻으로 해석되므로 법률로 군사법원을 설치함에 있어서 군사재판의 특수성을 고려하여 그 조직 권한 및 재판관의 자격을 일반법원과 달리 정하는 것은 헌법상 허용되고 있다(헌재 1996.10.31. 93헌바25).

❸ [×] 통상 입법자는 사법절차의 대상과 내용을 입법함에 있어서 재판청구권과 같은 기본권 규정 등 헌법 규정을 위배하지 않는다면 폭넓은 형성권한을 가지고 있다. 그렇다면 입법자는 파산관재인의 선임 및 감독에 관한 법원의 권한을 조정하는 입법을 할 수 있는 것이고, 그러한 입법은 명백히 자의적이거나 비합리적인 것이 아닌 한 존중되어야 할 것이다(헌재 2001.3.15. 2001헌가1).

④ [○] 집행유예선고의 요건에 관한 제한은 반드시 필요한 것이고, 다만 어떠한 형을 선고하는 경우에 집행유예의 선고를 할 수 있느냐의 기준은 나라마다의 범죄자에 대한 교정처우의 실태, 범죄발생의 추이 및 범죄억제를 위한 형사정책적 판단, 각종 형벌법규에 규정된 법정형의 내용 등 제반사항을 종합적으로 고려하여 결정할 입법권자의 형성의 자유에 속하는 문제이다. 형법 제62조 제1항 본문 중 '3년 이하의 징역 또는 금고의 형을 선고할 경우'라는 집행유예의 요건한정부분은 법관의 양형판단권을 근본적으로 제한하거나 사법권의 본질을 침해한 위헌법률조항이라 할 수 없다(헌재 1997.8.21. 93헌바57).

04 선거제도   정답 ①

❶ [×] 70일이 아닌, 60일 이내에 후임자를 선거한다.

> **헌법 제68조** ② 대통령이 궐위된 때 또는 대통령 당선자가 사망하거나 판결 기타의 사유로 그 자격을 상실한 때에는 60일 이내에 후임자를 선거한다.

② [○] 「공직선거법」 제53조 제2항 제3호에 대한 옳은 내용이다.

> **제53조 【공무원 등의 입후보】** ② 제1항 본문에도 불구하고 다음 각 호의 어느 하나에 해당하는 경우에는 선거일 전 30일까지 그 직을 그만두어야 한다.
> 3. 국회의원이 지방자치단체의 장의 선거에 입후보하는 경우

③ [○] 「공직선거법」 제14조 제1항에 대한 옳은 내용이다.

> **제14조 【임기개시】** ① 대통령의 임기는 전임대통령의 임기만료일의 다음 날 0시부터 개시된다. 다만, 전임자의 임기가 만료된 후에 실시하는 선거와 궐위로 인한 선거에 의한 대통령의 임기는 당선이 결정된 때부터 개시된다.

④ [○] 「공직선거법」 제222조 제1항에 대한 옳은 내용이다.

> **제222조 【선거소송】** ① 대통령선거 및 국회의원선거에 있어서 선거의 효력에 관하여 이의가 있는 선거인·정당(후보자를 추천한 정당에 한한다) 또는 후보자는 선거일부터 30일 이내에 당해 선거구선거관리위원회위원장을 피고로 하여 대법원에 소를 제기할 수 있다.

05 공무담임권   정답 ③

① [○] 아동·청소년과 상시적으로 접촉하고 밀접한 생활관계를 형성하여 이를 바탕으로 교육과 상담이 이루어지고 인성발달의 기초를 형성하는 데 지대한 영향을 미치는 초·중등학교 교원의 업무적인 특수성과 중요성을 고려해 본다면, 최소한 초·중등학교 교육현장에서 성범죄를 범한 자를 배제할 필요성은 어느 공직에서보다 높다고 할 것이고, … 이 사건 결격사유조항은 성범죄를 범하는 대상과 확정된 형의 정도에 따라 성범죄에 관한 교원으로서의 최소한의 자격기준을 설정하였다고 할 것이고, 같은 정도의 입법목적을 달성하면서도 기본권을 덜 제한하는 수단이 명백히 존재한다고 볼 수도 없으므로, 이 사건 결격사유조항은 과잉금지원칙에 반하여 청구인의 공무담임권을 침해하지 아니한다(헌재 2019.7.25. 2016헌마754).

② [○] 대상 범죄인 착신전환 등을 통한 중복 응답 등 범죄는 선거의 공정성을 직접 해하는 범죄로, 위 범죄로 형사처벌을 받은 사람이라면 지방자치행정을 민주적이고 공정하게 수행할 것이라 볼 수 없다. 입법자는 100만원 이상의 벌금형 요건으로 하여 위 범죄로 지방의회의원의 직에서 퇴직할 수 있도록 하는 강력한 제재를 선택한 동시에 퇴직 여부에 대하여 법원으로 하여금 구체적 사정을 고려하여 판단하게 하였다. 당선무효, 기탁금 등 반환, 피선거권 박탈만으로는 퇴직조항, 당선무효, 기탁금 등 반환, 피선거권 박탈이 동시에 적용되는 현 상황과 동일한 정도로 공직에 대한 신뢰를 제고하기 어렵다.

퇴직조항으로 인하여 지방자치의원의 직에서 퇴직하게 되는 사익의 침해에 비하여 선거에 관한 여론조사의 결과에 부당한 영향을 미치는 행위를 방지하고 선거의 공정성을 담보하며 공직에 대한 국민 또는 주민의 신뢰를 제고한다는 공익이 더욱 중대하다. 퇴직조항은 청구인들의 공무담임권을 침해하지 아니한다(헌재 2022.3.31. 2019헌마986).

❸ [×] 예비후보자 기탁금 조항은 예비후보자의 무분별한 난립을 막고 책임성과 성실성을 담보하기 위한 것으로서, 입법목적의 정당성과 수단의 적합성이 인정된다. 또한 예비후보자 기탁금제도보다 덜 침해적인 다른 방법이 명백히 존재한다고 할 수 없고, 일정한 범위의 선거운동이 허용된 예비후보자의 기탁금 액수를 해당 선거의 후보자등록시 납부해야 하는 기탁금의 100분의 20인 300만원으로 설정한 것은 입법재량의 범위를 벗어난 것으로 볼 수 없으므로 침해의 최소성원칙에 위배되지 아니한다. 그리고 위 조항으로 인하여 예비후보자로 등록하려는 사람의 공무담임권 제한은 이로써 달성하려는 공익보다 크다고 할 수 없어 법익의 균형성원칙에도 반하지 않는다. 따라서 예비후보자 기탁금조항은 청구인의 공무담임권을 침해하지 않는다(헌재 1996.6.13. 94헌마118 등).

> 정당에 대한 선거로서의 성격을 가지는 비례대표 국회의원선거는 인물에 대한 선거로서의 성격을 가지는 지역구국회의원선거와 근본적으로 그 성격이 다르고, 공직선거법상 허용된 선거운동을 통하여 선거의 혼탁이나 과열을 초래할 여지가 지역구국회의원선거보다 훨씬 적다고 볼 수 있다. 또한 비례대표국회의원선거에서 실제 정당에게 부과된 전체 과태료 및 행정대집행비용의 액수는 후보자 1명에 대한 기탁금 액인 1,500만원에도 현저히 미치지 못하는데, 후보자 수에 비례하여 기탁금을 증액하는 것은 지나치게 과다한 기탁금을 요구하는 것이다. 나아가 이러한 고액의 기탁금은 거대정당에게 일방적으로 유리하고, 다양해진 국민의 목소리를 제대로 대표하지 못하여 사표를 양산하는 다수대표제의 단점을 보완하기 위하여 도입된 비례대표제의 취지에도 반하는 것이다. 그러므로 위 조항은 침해의 최소성원칙에 위반되며, 위 조항을 통해 달성하고자 하는 공익보다 제한되는 정당활동의 자유 등의 불이익이 크므로 법익의 균형성의 원칙에도 위반된다. 그러므로 위 조항은 과잉금지원칙을 위반하여 정당활동의 자유, 공무담임권을 침해한다(헌재 2016.12.29. 2015헌마509 등).

④ [○] '외국의 영주권을 취득한 재외국민'과 같이 주민등록을 하는 것이 법령의 규정상 아예 불가능한 자들이라도 지방자치단체의 주민으로서 오랜 기간 생활해 오면서 그 지방자치단체의 사무와 얼마든지 밀접한 이해관계를 형성할 수 있고, 주민등록이 아니더라도 그와 같은 거주 사실을 공적으로 확인할 수 있는 방법은 존재한다는 점, 나아가 법 제16조 제2항이 국회의원 선거에 있어서는 주민등록 여부와 관계없이 25세 이상의 국민이라면 누구든지 피선거권을 가지는 것으로 규정함으로써 국내거주 여부를 불문하고 재외국민도 국회의원 선거의 피선거권을 가진다는 사실에 비추어, 주민등록만을 기준으로 함으로써 주민등록이 불가능한 재외국민인 주민의 지방선거 피선거권을 부인하는 법 제16조 제3항은 헌법 제37조 제2항에 위반하여 국내거주 재외국민의 공무담임권을 침해한다(헌재 2007.6.28. 2004헌마644).

06   법관   정답 ③

① [○] 「법원조직법」 제43조 제1항에 대한 옳은 내용이다.

> **제43조【결격사유】** ① 다음 각 호의 어느 하나에 해당하는 사람은 법관으로 임용할 수 없다.
> 1. 다른 법령에 따라 공무원으로 임용하지 못하는 사람
> 2. 금고 이상의 형을 선고받은 사람
> 3. 탄핵으로 파면된 후 5년이 지나지 아니한 사람
> 4. 대통령비서실 소속의 공무원으로서 퇴직 후 3년이 지나지 아니한 사람
> 5. 「정당법」 제22조에 따른 정당의 당원 또는 당원의 신분을 상실한 날부터 3년이 경과되지 아니한 사람
> 6. 「공직선거법」 제2조에 따른 선거에 후보자(예비후보자를 포함한다)로 등록한 날부터 5년이 경과되지 아니한 사람
> 7. 「공직선거법」 제2조에 따른 대통령선거에서 후보자의 당선을 위하여 자문이나 고문의 역할을 한 날부터 3년이 경과되지 아니한 사람

② [○] 헌법 제106조 제1항에 대한 옳은 내용이다.

> **제106조** ① 법관은 탄핵 또는 금고 이상의 형의 선고에 의하지 아니하고는 파면되지 아니하며, 징계처분에 의하지 아니하고는 정직·감봉 기타 불리한 처분을 받지 아니한다.

❸ [×] 헌법 제105조 제1항 내지 제3항에서는 대법원장·대법관 및 그 이외의 법관의 임기제를 규정하고 있고, 같은 조 제4항에서, "법관의 정년은 법률로 정한다."라고 규정하여 '법관정년제' 자체를 헌법에서 명시적으로 채택하고 있으며, 다만 구체적인 정년연령을 법률로 정하도록 위임하고 있을 뿐이다. 따라서 '법관정년제' 자체의 위헌성 판단은 헌법규정에 대한 위헌 주장으로, 종전 우리 헌법재판소 판례에 의하면, 위헌 판단의 대상이 되지 아니한다. 물론 이 경우에도 법관의 정년연령을 규정한 법률의 구체적인 내용에 대하여는 위헌 판단의 대상이 될 수 있다(헌재 2002.10.31. 2001헌마557).

④ [○] 공정한 재판을 받을 권리 속에는 신속하고 공개된 법정의 법관의 면전에서 모든 증거자료가 조사·진술되고 이에 대하여 피고인이 공격·방어할 수 있는 기회가 보장되는 재판, 즉 원칙적으로 당사자주의와 구두변론주의가 보장되어 당사자가 공소사실에 대한 답변과 입증 및 반증하는 등 공격·방어권이 충분히 보장되는 재판을 받을 권리가 포함되어 있다(헌재 1996.12.26. 94헌바1).

07   재산권   정답 ②

① [○] 고엽제법에 의한 고엽제후유증환자 및 그 유족의 보상수급권은 법률에 의하여 비로소 인정되는 권리로서 재산권적 성질을 갖는 것이긴 하지만 그 발생에 필요한 요건이 법정되어 있는 이상 이러한 요건을 갖추기 전에는 헌법이 보장하는 재산권이라고 할 수 없다. 결국 고엽제법 제8조 제1항 제2호는 고엽제후유증환자의 유족이 보상수급권을 취득하기 위한 요건을 규정한 것인데, 청구인들은 이러한 요건을 충족하지 못하였기 때문에 보상수급권이라고 하는 재산권을 현재로서는 취득하지 못하였다고 할 것이다. 그렇다면 고엽제법 제8조 제1항 제2호가 평

등원칙을 위반하였는지 여부는 별론으로 하고 청구인들이 이미 취득한 재산권을 침해한다고는 할 수 없다(헌재 2001.6.28. 99헌마516).

❷ [X] 이 사건 법률조항으로 인하여 제한되는 사익인 환매권은 이미 정당한 보상을 받은 소유자에게 수용된 토지가 목적 사업에 이용되지 않을 경우에 인정되는 것이고, 변환된 공익사업을 기준으로 다시 취득할 수 있어, 이 사건 법률조항으로 인하여 제한되는 사익이 이로써 달성할 수 있는 공익에 비하여 중하다고 할 수 없으므로, 이 사건 법률조항은 과잉금지원칙에 위배되어 청구인의 재산권을 침해한다고 할 수 없다(헌재 2012.11.29. 2011헌바49).

③ [O] 등기와 같은 소유권 취득의 형식적 요건을 갖추지는 못하였으나 대금의 지급과 같은 소유권 취득의 실질적 요건을 갖춘 경우, 형식적 요건을 갖추지 않았다는 이유로 취득세를 부과하지 않는다면 소유권을 사실상 취득하고도 소유권 이전 등기와 같은 형식적 요건을 갖추지 않음으로써 취득세 납부시기를 무한정 늦추거나 그 사이 다른 사람에게 전매하여 취득세를 면탈하는 등으로 국민의 납세의무를 잠탈할 가능성이 높다. 따라서 사실상 취득의 경우 그에 상응하는 납세의무를 부담하도록 하는 것은 과도하다고 보기 어렵다. 심판대상조항이 사실상 소유권을 취득한 양수인에게 취득세를 부과하는 것은 조세공평과 조세정의를 실현하기 위한 것으로서, 비록 소유권 취득의 형식적 요건을 갖추기 전에 취득세를 납부하게 된다고 하더라도 이로 인한 재산권의 제한은 위 공익만큼 크다고 보기 어렵다. 따라서 심판대상조항은 법익의 균형성도 갖추었다. 심판대상조항은 과잉금지원칙에 반하여 청구인의 재산권을 침해한다고 볼 수 없다(헌재 2022.3.31. 2019헌바107).

④ [O] 공급질서 교란행위에도 불구하고 선의의 제3자를 보호한다면 거래의 안전성 증진에는 긍정적인 효과를 기대할 수 있지만, 분양단계에서 훼손된 투명성과 공정성을 회복하지 못한다는 점에서 심판대상조항의 입법취지에 부합하지 않는 면이 있다. 한편 심판대상조항은 '주택공급계약을 취소할 수 있다'고 규정하여 사업주체가 선의의 제3자 보호의 필요성 등을 고려하여 주택공급계약의 효력을 유지할 수 있는 가능성을 열어두고 있다. 심판대상조항은 입법형성권의 한계를 벗어났다고 보이지 않으므로 재산권을 침해하지 않아 헌법에 위반되지 아니한다(헌재 2022.3.31. 2019헌가26).

---

08 사전검열   정답 ②

① [X] 영화에 대한 심의 및 상영등급분류업무를 담당하고 등급분류보류결정권한을 갖고 있는 영상물등급위원회의 경우에도, 비록 이전의 공연윤리위원회나 한국공연예술진흥협의회와는 달리 문화관광부장관에 대한 보고 내지 통보의무는 없다고 하더라도, 여전히 영상물등급위원회의 위원을 대통령이 위촉하고(공연법 제18조 제1항), 영상물등급위원회의 구성방법 및 절차에 관하여 필요한 사항은 대통령령으로 정하도록 하고 있으며(공연법 제18조 제2항, 공연법 시행령 제22조), 국가예산의 범위 안에서 영상물등급위원회의 운영에 필요한 경비의 보조를 받을 수 있도록 하고 있는 점(공연법 제30조) 등에 비추어 볼 때, 행정권이 심의기관의 구성에 지속적인 영향을 미칠 수 있고 행정권이 주체가 되어 검열절차를 형성하고 있다고 보지 않을 수 없다(헌재 2001.8.30. 2000헌가9).

❷ [O] 영화진흥법 제21조 제4항이 규정하고 있는 영상물등급위원회에 의한 등급분류보류제도는, 영상물등급위원회가 영화의 상영에 앞서 영화를 제출받아 그 심의 및 상영등급분류를 하되, 등급분류를 받지 아니한 영화는 상영이 금지되고 만약 등급분류를 받지 않은 채 영화를 상영한 경우 과태료, 상영금지명령에 이어 형벌까지 부과할 수 있도록 하며, 등급분류보류의 횟수 제한이 없어 실질적으로 영상물등급위원회의 허가를 받지 않는 한 영화를 통한 의사표현이 무한정 금지될 수 있으므로 검열에 해당한다(헌재 2001.8.30. 2000헌가9).

③ [X] 청소년 등에게 부적절한 내용의 음반에 대하여는 청소년에게 판매할 수 없도록 미리 등급을 심사하는 이른바 등급심사제도는 사전검열에 해당하지 아니한다(헌재 1996.10.31. 94헌가6).

④ [X] 헌법상 사전검열은 표현의 자유 보호대상이면 예외 없이 금지된다. 건강기능식품의 기능성 광고는 인체의 구조 및 기능에 대하여 보건용도에 유용한 효과를 준다는 기능성 등에 관한 정보를 널리 알려 해당 건강기능식품의 소비를 촉진시키기 위한 상업광고이지만, 헌법 제21조 제1항의 표현의 자유의 보호대상이 됨과 동시에 같은 조 제2항의 사전검열 금지 대상도 된다. 광고의 심의기관이 행정기관인지 여부는 기관의 형식에 의하기보다는 그 실질에 따라 판단되어야 하고, 행정기관이 자의로 개입할 가능성이 열려 있다면 개입 가능성의 존재 자체로 헌법이 금지하는 사전검열이라고 보아야 한다. '건강기능식품에 관한 법률'에 따르면 기능성 광고의 심의는 식품의약품안전처장으로부터 위탁받은 한국건강기능식품협회에서 수행하고 있지만, 법상 심의주체는 행정기관인 식품의약품안전처장이며, 언제든지 그 위탁을 철회할 수 있고, 심의위원회의 구성에 관하여도 법령을 통해 행정권이 개입하고 지속적으로 영향을 미칠 가능성이 존재하는 이상 그 구성에 자율성이 보장되어 있다고 볼 수 없다. 식품의약품안전처장이 심의기준 등의 제정과 개정을 통해 심의 내용과 절차에 영향을 줄 수 있고, 식품의약품안전처장이 재심의를 권하면 심의기관이 이를 따라야 하며, 분기별로 식품의약품안전처장에게 보고가 이루어진다는 점에서도 그 심의업무의 독립성과 자율성이 있다고 보기 어렵다. 따라서 이 사건 건강기능식품 기능성 광고 사전심의는 행정권이 주체가 된 사전심사로서, 헌법이 금지하는 사전검열에 해당하므로 헌법에 위반된다(헌재 2019.5.30. 2019헌가4).

---

09 헌법소원심판   정답 ②

① [O] 「헌법재판소법」 제68조 제2항의 헌법소원에서는 보충성의 원칙이 적용되지 아니한다.

> **「헌법재판소법」 제68조 【청구 사유】** ① 공권력의 행사 또는 불행사(不行使)로 인하여 헌법상 보장된 기본권을 침해받은 자는 법원의 재판을 제외하고는 헌법재판소에 헌법소원심판을 청구할 수 있다. 다만, 다른 법률에 구제절차가 있는 경우에는 그 절차를 모두 거친 후에 청구할 수 있다.
> ② 제41조 제1항에 따른 법률의 위헌 여부 심판의 제청신청이 기각된 때에는 그 신청을 한 당사자는 헌법재판소에 헌법소원심판을 청구할 수 있다. 이 경우 그 당사자는 당해 사건의 소송절차에서 동일한 사유를 이유로 다시 위헌 여부 심판의 제청을 신청할 수 없다.

❷ [×] '옥외광고물 등 관리법'(이하 '법'이라 한다) 제4조 제2항, 법 시행령 제25조 제3항, '신행정수도 후속대책을 위한 연기·공주지역 행정중심복합도시 건설을 위한 특별법'(이하 '행복도시법'이라 한다) 제60조의2 제1항·제3항에 비추어 보면, 이 사건 고시는 고시라는 명칭에도 불구하고 조례의 효력을 가지므로 심판대상조항들은 헌법소원의 대상이 되는 공권력 행사에 해당하며, 처분적 조례에 해당한다고 보기 어려울 뿐만 아니라 항고소송의 대상이 되는 행정처분에 해당하는지 여부 또한 불확실하므로 보충성의 예외에 해당한다. 이 사건 심판청구 후 이 사건 고시가 개정되어 청구인들이 심판대상조항들에 대하여 위헌결정을 구할 주관적 권리보호이익은 소멸되었으나, 그 위헌 여부에 관한 헌법적 해명은 중대한 의미를 지니고 있으므로 예외적으로 심판의 이익도 인정된다(헌재 2016.3.31. 2014헌마794).

③ [O] 청구인은 이 사건 심판청구 당시 임산부였던 자로서 간접흡연으로 인하여 자신들의 기본권이 침해되었다고 주장하나, 간접흡연으로 인한 폐해는 담배의 제조 및 판매와는 간접적이고 사실적인 이해관계를 형성할 뿐, 직접적 혹은 법적인 이해관계를 형성하지는 못한다. 또한, 청구인은 의료인으로서 담배로 인한 질병을 치료하면서 그 폐해의 심각성을 인지하게 되었다고만 할 뿐 구체적인 기본권 침해 주장은 하지 않고 있고, 담배의 제조 및 판매가 허용되어 흡연이 가능하게 되었다는 것만으로 위 청구인들에게 어떠한 기본권 침해가 있다고 보기도 어렵다. 따라서 청구인의 심판청구는 기본권 침해의 자기관련성을 인정할 수 없다(헌재 2015.4.30. 2012헌마38).

④ [O] 법률 자체에 의하여 직접적으로 기본권이 침해되었는지 여부가 문제되었을 경우에는 다른 권리구제절차를 거치지 않고 바로 헌법소원을 제기할 수 있다.

---

10 대통령   정답 ②

① [O] 헌법 제67조 제2항에 대한 옳은 내용이다.

> **제67조** ② 제1항의 선거에 있어서 최고득표자가 2인 이상인 때에는 국회의 재적의원 과반수가 출석한 공개회의에서 다수표를 얻은 자를 당선자로 한다.

❷ [×] 영전수여를 위해서는 국무회의의 심의를 거쳐야 한다.

> **헌법 제89조** 다음 사항은 국무회의의 심의를 거쳐야 한다.
> 8. 영전수여

③ [O] 헌법 제84조에 대한 옳은 내용이다.

> **제84조** 대통령은 내란 또는 외환의 죄를 범한 경우를 제외하고는 재직 중 형사상의 소추를 받지 아니한다.

④ [O] 헌법 제53조 제3항에 대한 옳은 내용이다.

> **제53조** ③ 대통령은 법률안의 일부에 대하여 또는 법률안을 수정하여 재의를 요구할 수 없다.

---

11 평등권   정답 ③

① [×] 청원권의 구체적 내용은 입법활동에 의하여 형성되며, 입법형성에는 폭넓은 재량권이 있으므로 입법자는 청원의 내용과 절차는 물론 청원의 심사·처리를 공정하고 효율적으로 행할 수 있게 하는 합리적인 수단을 선택할 수 있는바, 의회에 대한 청원에 국회의원의 소개를 얻도록 한 것은 청원 심사의 효율성을 확보하기 위한 적절한 수단이다. 또한 청원은 일반의안과 같이 처리되므로 청원서 제출단계부터 의원의 관여가 필요하고, 의원의 소개가 없는 민원의 경우에는 진정으로 접수하여 처리하고 있으며, 청원의 소개의원은 1인으로 족한 점 등을 감안할 때 이 사건 법률조항이 국회에 청원을 하려는 자의 청원권을 침해한다고 볼 수 없다(헌재 2006.6.29. 2005헌마604).

② [×]

> **「청원법」 제16조 【반복청원 및 이중청원】** ① 청원기관의 장은 동일인이 같은 내용의 청원서를 같은 청원기관에 2건 이상 제출한 반복청원의 경우에는 나중에 제출된 청원서를 반려하거나 종결처리할 수 있고, 종결처리하는 경우 이를 청원인에게 알려야 한다.

❸ [O] 청원권의 보호범위에는 청원사항의 처리결과에 심판서나 재결서에 준하여 이유를 명시할 것까지를 요구하는 것은 포함되지 아니한다고 할 것이다(헌재 1997.7.16. 93헌마239).

④ [×]

> **헌법 제89조** 다음 사항은 국무회의의 심의를 거쳐야 한다.
> 15. 정부에 제출 또는 회부된 정부의 정책에 관계되는 청원의 심사

---

12 재판청구권   정답 ③

① [O] 소송비용의 범위가 「형사소송비용 등에 관한 법률」에서 정한 증인·감정인·통역인 또는 번역인과 관련된 비용 등으로 제한되어 있고, 법원이 피고인에게 소송비용 부담을 명하는 재판을 할 때에 피고인의 방어권 남용 여부, 경제력 능력 등을 종합적으로 고려하여 소송비용 부담 여부 및 그 정도를 정하므로, 소송비용 부담의 재판이 확정된 이후에 빈곤 외에 다른 사유를 참작할 여지가 크지 않다. 따라서 집행면제 신청 조항은 피고인의 재판청구권을 침해하지 아니한다(헌재 2021.2.25. 2019헌바64).

② [O] 입법자가 행정심판을 전심절차가 아니라 종심절차로 규정함으로써 정식재판의 기회를 배제하거나, 어떤 행정심판을 필요적 전심절차로 규정하면서도 그 절차에 사법절차가 준용되지 않는다면 이는 헌법 제107조 제3항, 나아가 재판청구권을 보장하고 있는 헌법 제27조에도 위반된다 할 것이다(헌재 2001.6.28. 2000헌바30).

❸ [×] 직권면직처분을 받은 지방공무원이 그에 대해 불복할 경우 행정소송의 제기에 앞서 반드시 소청심사를 거치도록 규정한 것은 행정기관 내부의 인사행정에 관한 전문성 반영, 행정기관의 자율적 통제, 신속성 추구라는 행정심판의 목적에 부합한다. … 이 사건 필요적 전치조항은 입법형성의 한계를 벗어나 재판청구권을 침해하거나 평등원칙에 위반된다고 볼 수 없다(헌재 2015.3.26. 2013헌바186).

④ [O] 이 사건과 같이 상속재산분할에 관한 다툼이 발생한 경우 이를 가사소송 또는 민사소송 절차에 의하도록 할 것인지, 아니면 가사비송 절차에 의하도록 할 것인지 등을 정하는 것은 원칙적으로 입법자가 소송법의 체계, 소송 대상물의 성격, 분쟁의 일회적 해결 가능성 등을 고려하여 형성할 정책적 문제이다. … 따라서 가사비송 조항이 입법재량의 한계를 일탈하여 상속재산분할에 관한 사건을 제기하고자 하는 자의 공정한 재판을 받을 권리를 침해한다고 볼 수 없다(헌재 2017.4.27. 2015헌바24).

게 되어 범죄에 대한 책임과 자격의 제한이 비례하지 않을 가능성이 높다. 더욱이 집행유예 기간을 경과한 자의 경우에는 원칙적으로 형의 선고에 의한 법적 효과가 장래를 향하여 소멸하고 향후 자격제한 등의 불이익을 받지 아니함에도, 이 사건 구법 조항에 따르면 집행유예를 선고받은 자의 자격제한을 완화하지 아니하여 집행유예 기간이 경과한 경우에도 그 후 일정 기간 자격제한을 받게 되었으므로, 명백히 자의적인 차별에 해당하여 평등원칙에 위반된다(헌재 2018.1.25. 2017헌가7·12·13).

13 평등권   정답 ②

① [O] 심판대상조항은 재산권의 청구에 관한 당사자소송 중에서도 피고가 공공단체 그 밖의 권리주체인 경우와 국가인 경우를 다르게 취급하고 있다. 재산권의 청구가 공법상 법률관계를 전제로 한다는 점만으로 국가를 상대로 하는 당사자소송에서 국가를 우대할 합리적인 이유가 있다고 할 수 없고, 집행가능성 여부에 있어서도 국가와 지방자치단체 등이 실질적인 차이가 있다고 보기 어렵다. 심판대상조항은 국가가 당사자소송의 피고인 경우 가집행의 선고를 제한하여, 국가가 아닌 공공단체 그 밖의 권리주체가 피고인 경우에 비하여 합리적인 이유 없이 차별하고 있으므로 평등원칙에 반한다(헌재 2022.2.24. 2020헌가12).

❷ [X] 사립학교교원연금제도가 국민연금이나 법정퇴직금과 기본적인 차이가 있는 점, 교원은 일정한 법령준수 및 충실의무 등을 지고 있는 점, 이 사건 법률조항은 구 사립학교연금조항과 달리 교원 신분이나 직무와 관련 없는 과실범의 경우에는 감액사유에서 제외하고, 감액의 수준도 국가 및 학교법인 부담분만큼의 급여에 불과하며, 교원범죄를 사전에 예방하고 교직사회의 질서를 유지하는 데 그 목적이 있는 점 등에 비추어 볼 때, 이 사건 법률조항이 교원을 국민연금법상 사업장가입자나 근로기준법상 근로자에 비하여 합리적 이유 없이 차별취급하고 있다고 단정할 수 없으므로 이 사건 법률조항은 평등원칙에 위배되지 아니한다(헌재 2013.9.26. 2010헌가89).

③ [O] 특정범죄 가중처벌 등에 관한 법률의 해당 조항이 별도의 가중적 구성요건표지를 규정하지 않은 채 형법 조항과 똑같은 구성요건을 규정하면서 법정형만 상향조정하여 어느 조항으로 기소하는지에 따라 벌금형의 선고 여부가 결정되고, 선고형에 있어서도 심각한 형의 불균형을 초래하게 함으로써 형사특별법으로서 갖추어야 할 형벌체계상의 정당성과 균형을 잃어 인간의 존엄성과 가치를 보장하는 헌법의 기본원리에 위배될 뿐만 아니라 그 내용에 있어서도 평등원칙에 위반된다(헌재 2015.2.26. 2014헌가16).

④ [O] 집행유예는 실형보다 죄질이나 범정이 더 가벼운 범죄에 관하여 선고하는 것이 보통인데, 이 사건 구법 조항은 집행유예보다 중한 실형을 선고받고 집행이 종료되거나 면제된 경우에는 자격에 관한 법령의 적용에 있어 형의 선고를 받지 아니한 것으로 본다고 하여 공무원 임용 등에 자격제한을 두지 않으면서 집행유예를 선고받은 경우에 대해서는 이와 같은 특례조항을 두지 아니하여 불합리한 차별을 야기하고 있다. 또한 집행유예 기간은 실형의 2배로 정해지는 것이 법원의 실무례인바, 이 기간 동안 집행유예 중이라는 이유로 공무원 임용 등 자격을 제한한다면 실형보다 오히려 긴 기간 동안 자격을 제한하

14 법치국가원리   정답 ②

옳지 않은 것은 ㄴ, ㄹ이다.

ㄱ. [O] 법관이 형사재판의 양형에 있어 법률에 기속되는 것은 헌법 제103조의 규정에 따른 것으로서 헌법이 요구하는 법치국가원리의 당연한 귀결이며, 법관의 양형판단재량권 특히 집행유예 여부에 관한 재량권은 어떠한 경우에도 제한될 수 없다고 볼 성질의 것이 아니므로, 강도상해죄를 범한 자에 대하여는 법률상의 감경사유가 없는 한 집행유예의 선고가 불가능하도록 한 것이 사법권의 독립 및 법관의 양형판단재량권을 침해 내지 박탈하는 것으로서 헌법에 위반된다고는 볼 수 없다(헌재 2001.4.26. 99헌바43).

ㄴ. [X] 이 사건 법률조항은 선장의 범죄행위에 관하여 비난할 근거가 되는 선박소유자의 의사결정 및 행위구조, 즉 선장이 저지른 행위의 결과에 대한 선박소유자의 독자적인 책임에 관하여 전혀 규정하지 않은 채, 단순히 선박소유자가 고용한 선장이 업무에 관하여 범죄행위를 하였다는 이유만으로 선박소유자에 대하여 형사처벌을 과하고 있는바, 이는 다른 사람의 범죄에 대하여 그 책임 유무를 묻지 않고 형벌을 부과하는 것으로서, 헌법상 법치국가의 원리 및 죄형법정주의로부터 도출되는 책임주의원칙에 반하여 헌법에 위반된다(헌재 2011.11.24. 2011헌가15).

ㄷ. [O] 심판대상조항은 1945.9.25. 1945.12.6. 각 공포되었음에도 1945.8.9.을 기준으로 하여 일본인 소유의 재산에 대한 거래를 전부 무효로 하고, 그 재산을 전부 1945.9.25.로 소급하여 미군정청의 소유가 되도록 정하고 있어서, 소급입법금지원칙에 위반되는지 여부가 문제된다. 1945.8.9.은 미국 육군항공대가 나가사키에 제2차 원자폭탄을 투하함으로써 사실상 제2차 세계대전이 종결된 시점이면서 동시에 일본의 최고전쟁지도회의 구성원회의에서 연합국 정상들이 일본에 대하여 무조건 항복을 요구한 포츠담선언의 수락이 기정사실화된 시점으로서, 그 이후 남한 내에 미군정이 수립되고 일본인의 사유재산에 대한 동결 및 귀속조치가 이루어지기까지 법적 상태는 매우 혼란스럽고 불확실하였다. 따라서 1945.8.9. 이후 조선에 남아 있던 일본인들이, 일본의 패망과 미군정의 수립에도 불구하고 그들이 한반도 내에서 소유하거나 관리하던 재산을 자유롭게 거래하거나 처분할 수 있다고 신뢰하였다 하더라도 그러한 신뢰가 헌법적으로 보호할 만한 가치가 있는 신뢰라고 보기 어렵다. 일본인들이 불법적인 한일병합조약을 통하여 조선 내에서 축적한 재산을 1945.8.9. 상태 그대로 일괄 동결시키고 그 산일과 훼손을 방지하여 향후 수립될 대한민국에 이양한다는 공익은, 한반도 내의 사유재산을 자유롭게 처분하고 일본 본토로 철수하고자 하였던 일본인이나, 일본의 패망 직후 일본인으로부터 재산을 매수한 한국인들에 대한 신뢰보호의

요청보다 훨씬 더 중대하다. 따라서 심판대상조항은 소급입법
금지원칙에 대한 예외로서 헌법 제13조 제2항에 위반되지 아
니한다(헌재 2021.1.28. 2018헌바88).

ㄹ. [×] 일제로부터 작위를 받았다고 하더라도 '한일합병의 공으로' 작
위를 받지 아니한 자는 종전의 친일재산귀속법에 의하여 그
재산이 국가 귀속의 대상이 되지 아니할 것이라고 믿은 제청
신청인의 신뢰는 친일재산귀속법의 제정경위 및 입법목적 등
에 비추어 확고한 것이라거나 보호가치가 크다고 할 수 없는
반면, 이 사건 법률조항에 의하여 달성되는 공익은 매우 중대
하므로 이 사건 법률조항은 신뢰보호원칙에 위반되지 아니한다
(헌재 2013.7.25. 2012헌가1).

ㅁ. [○] 청구인들은 2014.1.1.부터 치과의원에서 전문과목을 표시할
수 있게 되면 모든 전문과목의 진료를 할 수 있을 것이라고
신뢰하였다고 주장하나, 이와 같은 신뢰는 장래의 법적 상황을
청구인들이 미리 일정한 방향으로 예측 내지 기대한 것에 불
과하므로 심판대상조항은 신뢰보호원칙에 위배되어 직업수행
의 자유를 침해한다고 볼 수 없다(헌재 2015.5.28. 2013헌
마799).

　　※ 해당 판례는 신뢰보호원칙에는 위반되지 않으나, 과잉금지
　　　원칙과 평등원칙에 위배되어 위헌이다.

15　정당해산심판　　정답 ②

① [○] 제3차 개헌에서 헌법재판소를 설치하고 위헌법률심사, 헌법에
관한 최종적 해석, 국가기관간의 권한쟁의, 정당의 해산, 탄핵
재판, 대통령·대법원장·대법관 선거소송을 관장하도록 하였다.

❷ [×] 정당해산심판절차에 관하여 민사소송에 관한 법령을 준용하도
록 한 헌법재판소법 제40조 제1항은 헌법상 재판을 받을 권
리를 침해하지 아니하므로(헌재 2014.2.27. 2014헌마7), 정
당해산심판절차에는 헌법재판소법과 헌법재판소 심판 규칙,
그리고 헌법재판의 성질에 반하지 않는 한도 내에서 민사소송
에 관한 법령이 적용된다(헌재 2014.12.19. 2013헌다1).

③ [○] 헌법 제8조 제4항은 정당해산심판의 사유를 '정당의 목적이나
활동이 민주적 기본질서에 위배될 때'로 규정하고 있는데, 여
기서 말하는 민주적 기본질서의 '위배'란, 민주적 기본질서에
대한 단순한 위반이나 저촉을 의미하는 것이 아니라, 민주사회
의 불가결한 요소인 정당의 존립을 제약해야 할 만큼 그 정당
의 목적이나 활동이 우리 사회의 민주적 기본질서에 대하여
실질적인 해악을 끼칠 수 있는 구체적 위험성을 초래하는 경
우를 가리킨다(헌재 2014.12.19. 2013헌다1).

④ [○] 「헌법재판소법」 제58조 제2항에 대한 옳은 내용이다.

> **제58조 【청구 등의 통지】** ② 정당해산을 명하는 결정서는
> 피청구인 외에 국회, 정부 및 중앙선거관리위원회에도 송
> 달하여야 한다.

16　기본권의 침해와 구제　　정답 ②

옳지 않은 것은 ㄱ, ㄴ, ㅁ이다.

ㄱ. [×] 비군사적 성격을 갖는 복무도 입법자의 형성에 따라 병역의무
의 내용에 포함될 수 있고, 대체복무제는 그 개념상 병역종류
조항과 밀접한 관련을 갖는다. 따라서 병역종류조항에 대한 이
사건 심판청구는 입법자가 아무런 입법을 하지 않은 진정입법
부작위를 다투는 것이 아니라, 입법자가 병역의 종류에 관하여
입법은 하였으나 그 내용이 양심적 병역거부자를 위한 대체복
무제를 포함하지 아니하여 불완전·불충분하다는 부진정입법
부작위를 다투는 것이라고 봄이 상당하다(헌재 2018.6.28.
2011헌바379 등).

ㄴ. [×] 헌법 제10조의 행복추구권은 국민이 행복을 추구하기 위하여
필요한 급부를 국가에게 적극적으로 요구할 수 있는 것을 내
용으로 하는 것이 아니라, 국민이 행복을 추구하기 위한 활동
을 국가권력의 간섭 없이 자유롭게 할 수 있다는 포괄적인 의
미의 자유권으로서의 성격을 가지므로 국민에 대한 일정한 보
상금의 수급기준을 정하고 있는 이 사건 규정이 행복추구권을
침해한다고 할 수 없다(헌재 1995.7.21. 93헌가14).

ㄷ. [○] '책임 없는 자에게 형벌을 부과할 수 없다'는 형벌에 관한 책
임주의는 형사법의 기본원리로서, 헌법상 법치국가의 원리에
내재하는 원리인 동시에 헌법 제10조의 취지로부터 도출되는
원리이고, 법인의 경우도 자연인과 마찬가지로 책임주의원칙
이 적용된다(헌재 2016.3.31. 2016헌가4).

ㄹ. [○] 민주화보상법은 보상금 등 산정에 있어 정신적 손해에 대한
배상을 전혀 반영하지 않고 있으므로, 이와 무관한 보상금 등
을 지급한 다음 정신적 손해에 대한 배상청구마저 금지하는
것은 적절한 손해배상을 전제로 한 관련자의 신속한 구제와
지급결정에 안정성 부여라는 공익에 부합하지 않음에 반하여,
그로 인해 제한되는 사익은 공무원의 직무상 불법행위로 인하
여 유죄판결을 받거나 해직되는 등으로 입은 정신적 고통에
대해 적절한 배상을 받지 않았음에도 불구하고 그에 대한 손
해배상청구권이 박탈된다는 것으로서, 달성할 수 있는 공익에
비하여 사익 제한의 정도가 지나치게 크다. 그러므로 심판대상
조항 중 정신적 손해에 관한 부분은 법익의 균형성에도 위반
된다. 따라서 심판대상조항의 '민주화운동과 관련하여 입은 피
해' 중 적극적·소극적 손해에 관한 부분은 과잉금지원칙에 위
반되지 아니하나, 정신적 손해에 관한 부분은 과잉금지원칙에
위반되어 관련자와 그 유족의 국가배상청구권을 침해한다(헌
재 2018.6.28. 2011헌바379 등).

ㅁ. [×] 헌법 제29조 제1항 제1문은 '공무원의 직무상 불법행위'로 인
한 국가 또는 공공단체의 책임을 규정하면서 제2문은 '이 경
우 공무원 자신의 책임은 면제되지 아니한다'고 규정하는 등
헌법상 국가배상책임은 공무원의 책임을 일정 부분 전제하는
것으로 해석될 수 있고, 헌법 제29조 제1항에 법률유보 문구
를 추가한 것은 국가재정을 고려하여 국가배상책임의 범위를
법률로 정하도록 한 것으로 해석되며, 공무원의 고의 또는 과
실이 없는데도 국가배상을 인정할 경우 피해자 구제가 확대되
기도 하겠지만 현실적으로 원활한 공무수행이 저해될 수 있어
이를 입법정책적으로 고려할 필요성이 있다. 외국의 경우에도
대부분 국가에서 국가배상책임에 공무수행자의 유책성을 요구
하고 있으며, 최근에는 국가배상법상의 과실관념의 객관화, 조
직과실의 인정, 과실 추정과 같은 논리를 통하여 되도록 피해
자에 대한 구제의 폭을 넓히려는 추세에 있다. 피해자구제기능
이 충분하지 못한 점은 위 조항의 해석·적용을 통해서 완화될

수 있다.이러한 점들을 고려할 때, 위 조항이 국가배상청구권의 성립요건으로서 공무원의 고의 또는 과실을 규정한 것을 두고 입법형성의 범위를 벗어나 헌법 제29조에서 규정한 국가배상청구권을 침해한다고 보기는 어렵다(헌재 2020.3.26. 2016헌바55 등).

---

17 국회 정답 ②

① [O] 「국회법」 제11조에 대한 옳은 내용이다.

> **제11조 【의장의 위원회 출석과 발언】** 의장은 위원회에 출석하여 발언할 수 있다. 다만, 표결에는 참가할 수 없다.

❷ [×] '인사청문특별위원회'가 아닌 '상임위원회'에서 인사청문회를 연다.

> **「국회법」 제65조의2 【인사청문회】** ② 상임위원회는 다른 법률에 따라 다음 각 호의 어느 하나에 해당하는 공직후보자에 대한 인사청문 요청이 있는 경우 인사청문을 실시하기 위하여 각각 인사청문회를 연다.
> 2. 대통령당선인이 대통령직 인수에 관한 법률 제5조 제1항에 따라 지명하는 국무위원 후보자

③ [O] 「인사청문회법」 제3조 제2항·제4항에 대한 옳은 내용이다.

> **제3조 【인사청문특별위원회】** ② 인사청문특별위원회의 위원정수는 13인으로 한다.
> ④ 어느 교섭단체에도 속하지 아니하는 의원의 위원선임은 의장이 이를 행한다.

④ [O] 헌법 제63조에 대한 옳은 내용이다.

> **제63조** ① 국회는 국무총리 또는 국무위원의 해임을 대통령에게 건의할 수 있다.
> ② 제1항의 해임건의는 국회재적의원 3분의 1 이상의 발의에 의하여 국회재적의원 과반수의 찬성이 있어야 한다.

---

18 국가배상청구권 정답 ④

적절한 것은 ㄴ, ㄷ, ㄹ이다.

ㄱ. [×] 심판대상조항이 국가배상청구권의 성립요건으로서 공무원의 고의 또는 과실을 규정한 것은 법률로 이미 형성된 국가배상청구권의 행사 및 존속을 제한한다고 보기보다는 국가배상청구권의 내용을 형성하는 것이라고 할 것이므로, 헌법상 국가배상제도의 정신에 부합하게 국가배상청구권을 형성하였는지의 관점에서 심사하여야 한다. … 이 사건 법률조항이 국가배상청구권의 성립요건으로서 공무원의 고의 또는 과실을 규정한 것을 두고 입법형성의 범위를 벗어나 헌법 제29조에서 규정한 국가배상청구권을 침해한다고 보기는 어렵다(헌재 2020.3.26. 2016헌바55 등).

ㄴ. [O] 재판에 대하여 불복절차 내지 시정절차 자체가 없는 경우에는 부당한 재판으로 인하여 불이익 내지 손해를 입은 사람은 국가배상 이외의 방법으로는 자신의 권리 내지 이익을 회복할 방법이 없으므로, 이와 같은 경우에는 위에서 본 배상책임의 요건이 충족되는 한 국가배상책임을 인정하지 않을 수 없다 할 것이다(대판 2003.7.11. 99다24218).

ㄷ. [O] 헌법재판소는, 일반적으로 법률이 헌법에 위반된다는 사정은 헌법재판소의 위헌결정이 있기 전에는 객관적으로 명백한 것이라고 할 수 없어 법률이 헌법에 위반되는지 여부를 심사할 권한이 없는 공무원으로서는 행위 당시의 법률에 따를 수밖에 없다 할 것이므로, 행위의 근거가 된 법률조항에 대하여 위헌결정이 선고된다 하더라도 위 법률조항에 따라 행위한 당해 공무원에게는 고의 또는 과실이 있다 할 수 없어 국가배상책임은 성립되지 아니하고, … 판단하여 왔다(헌재 2014.4.24. 2011헌바56).

ㄹ. [O] 민주화보상법상 보상금 등에는 적극적·소극적 손해에 대한 배상의 성격이 포함되어 있는바, 관련자와 유족이 위원회의 보상금 등 지급결정이 일응 적절한 배상에 해당한다고 판단하여 이에 동의하고 보상금 등을 수령한 경우 보상금 등의 성격과 중첩되는 적극적·소극적 손해에 대한 국가배상청구권의 추가적 행사를 제한하는 것은, 동일한 사실관계와 손해를 바탕으로 이미 적절한 배상을 받았음에도 불구하고 다시 동일한 내용의 손해배상청구를 금지하는 것이므로, 이를 지나치게 과도한 제한으로 볼 수 없다(헌재 2018.8.30. 2014헌바180 등).

> **[비교]** 심판대상조항 중 정신적 손해에 관한 부분이 국가배상청구권을 침해하는지 여부를 본다. 앞서 본 바와 같이 민주화보상법상 보상금 등에는 정신적 손해에 대한 배상이 포함되어 있지 않은바, 이처럼 정신적 손해에 대해 적절한 배상이 이루어지지 않은 상태에서 적극적·소극적 손해에 상응하는 배상이 이루어졌다는 사정만으로 정신적 손해에 대한 국가배상청구마저 금지하는 것은, 해당 손해에 대한 적절한 배상이 이루어졌음을 전제로 하여 국가배상청구권 행사를 제한하려 한 민주화보상법의 입법목적에도 부합하지 않으며, 국가의 기본권 보호의무를 규정한 헌법 제10조 제2문의 취지에도 반하는 것으로서, 국가배상청구권에 대한 지나치게 과도한 제한에 해당한다. 따라서 심판대상조항 중 정신적 손해에 관한 부분은 민주화운동 관련자와 유족의 국가배상청구권을 침해한다.

---

19 집회·결사의 자유 정답 ①

❶ [×] 이 사건 제2호 부분은 재판에 영향을 미칠 염려가 있거나 미치게 하기 위한 집회·시위를 사전적·전면적으로 금지하고 있을 뿐 아니라, 어떠한 집회·시위가 규제대상에 해당하는지를 판단할 수 있는 아무런 기준도 제시하지 아니함으로써 사실상 재판과 관련된 집단적 의견표명 일체가 불가능하게 되어 집회의 자유를 실질적으로 박탈하는 결과를 초래하므로 최소침해성 원칙에 반한다. … 따라서 이 사건 제2호 부분은 과잉금지원칙에 위배되어 집회의 자유를 침해한다(헌재 2016.9.29. 2014헌가3 등).

② [O] 개별 학교법인에게 단체교섭의 상대방이 될 수 있도록 한다면 전국 단위 또는 시·도 단위 교원노조가 모든 개별 학교법인과 단체교섭을 해야 하므로 이는 불필요한 인적·물적 낭비요인이 될 뿐만 아니라, 단체교섭의 결과인 단체협약의 내용이 개별 학교마다 다르다면 각 학교 사이에서 적지 않은 혼란이 야기될 수도 있다. 따라서 이 사건 법률조항은 청구인들의 결사의 자유에 대한 필요·최소한의 제한이라고 할 수 있으므로 침해의 최소성 요건을 충족한다. 그리고 이 사건 법률조항이 추구하고자 하는 공익은 개별 학교법인이 단체교섭의 상대방이 되지 못함으로 인하여 발생할 수 있는 결사의 자유의 제한보다 크다고 할 것이므로 법익의 균형성도 충족한다(헌재 2006.12.28. 2004헌바67).

③ [O] 집회장소가 바로 집회의 목적과 효과에 대하여 중요한 의미를 가지기 때문에, 누구나 '어떤 장소에서' 자신이 계획한 집회를 할 것인가를 원칙적으로 자유롭게 결정할 수 있어야만 집회의 자유가 비로소 효과적으로 보장되는 것이다. 따라서 집회의 자유는 다른 법익의 보호를 위하여 정당화되지 않는 한, 집회장소를 항의의 대상으로부터 분리시키는 것을 금지한다(헌재 2003.10.30. 2000헌바67).

④ [O] 국민이 집회를 통해 대통령에게 의견을 표명하고자 하는 경우, 대통령 관저 인근은 그 의견이 가장 효과적으로 전달될 수 있는 장소이다. 따라서 대통령 관저 인근에서의 집회를 전면적·일률적으로 금지하는 것은 집회의 자유의 핵심적인 부분을 제한한다. 심판대상조항을 통한 대통령의 헌법적 기능 보호라는 목적과 집회의 자유에 대한 제약 정도를 비교할 때, 심판대상조항은 법익의 균형성에도 어긋난다. 따라서 심판대상조항은 과잉금지원칙에 위배되어 집회의 자유를 침해한다(헌재 2022.12.22. 2018헌바48).

20 군사재판 정답 ①

❶ [×] 헌법 제110조 제1항에서 "특별법원으로서 군사법원을 둘 수 있다."는 의미는 군사법원을 일반법원과 조직 권한 및 재판관의 자격을 달리하여 특별법원으로 설치할 수 있다는 뜻으로 해석되므로 법률로 군사법원을 설치함에 있어서 군사재판의 특수성을 고려하여 그 조직·권한 및 재판관의 자격을 일반법원과 달리 정하는 것은 헌법상 허용되고 있다(헌재 1996.10.31. 93헌바25).

② [O] 심판대상조항에 의한 영창처분은 징계처분임에도 불구하고 신분상 불이익 외에 신체의 자유를 박탈하는 것까지 그 내용으로 삼고 있어 징계의 한계를 초과한 점, … 영창제도가 갖고 있는 위하력이 인신구금보다는 병역법상 복무기간의 불산입에서 기인하는 바가 더 크다는 지적에 비추어 볼 때, 인신의 자유를 덜 제한하면서도 병(兵)의 비위행위를 효율적으로 억지할 수 있는 징계수단을 강구하는 것은 얼마든지 가능하다고 볼 수 있다. … 따라서 심판대상조항은 병(兵)의 신체의 자유를 필요 이상으로 과도하게 제한하므로, 침해의 최소성 원칙에 어긋난다. … 이와 같은 점을 종합할 때, 심판대상조항은 과잉금지원칙에 위배된다(헌재 2020.9.24. 2017헌바157).

③ [O] 형사재판에 있어 범죄사실의 확정과 책임은 행위시를 기준으로 하지만, 재판권 유무는 원칙적으로 재판시점을 기준으로 해야 하며, 형사재판은 유죄인정과 양형이 복합되어 있는데 양형은 일반적으로 재판받을 당시, 즉 선고시점의 피고인의 군인신분을 주요 고려 요소로 해 군의 특수성을 반영할 수 있어야 하므로, 이러한 양형은 군사법원에서 담당하도록 하는 것이 타당하다. 나아가 군사법원의 상고심은 대법원에서 관할하고 군사법원에 관한 내부규율을 정함에 있어서도 대법원이 종국적인 관여를 하고 있으므로 이 사건 법률조항이 군사법원의 재판권과 군인의 재판청구권을 형성함에 있어 그 재량의 헌법적 한계를 벗어났다고 볼 수 없다(헌재 2009.7.30. 2008헌바162).

④ [O] 헌법 제110조 제4항에 대한 옳은 내용이다.

> 제110조 ④ 비상계엄하의 군사재판은 군인·군무원의 범죄나 군사에 관한 간첩죄의 경우와 초병·초소·유독음식물 공급·포로에 관한 죄중 법률이 정한 경우에 한하여 단심으로 할 수 있다. 다만, 사형을 선고한 경우에는 그러하지 아니하다.

21 형사보상청구권 정답 ②

① [O] 비용보상청구권은 그 보상기준이 법령에 구체적으로 정해져 있어 비용보상청구인은 특별한 증명책임이나 절차적 의무의 부담 없이 객관적 재판 진행상황에 관한 간단한 소명만으로 권리의 행사가 가능하므로 이 사건 법률조항에 규정된 제척기간이 현실적으로 비용보상청구권 행사를 불가능하게 하거나 현저한 곤란을 초래할 정도로 지나치게 짧다고 단정할 수 없다. 따라서 이 사건 법률조항은 과잉금지원칙에 위반되어 청구인의 재판청구권 및 재산권을 침해하지는 않는다(헌재 2015. 4.30. 2014헌바408).

❷ [×] 헌법에서 명시적으로 입법자에게 국내에서 난민인정신청을 한 외국인이 강제퇴거명령을 받고 보호처분을 받아 수용되었다가 이후 난민인정을 받은 경우 및 출입국항에서 입국불허결정을 받은 외국인이 법률상 근거 없이 송환대기실에 수용되었던 경우에 대하여 보상을 해주어야 할 입법의무를 부여하고 있다고 볼 수 없다. 또한 「출입국관리법」에 따른 보호명령과 송환대기실에서의 수용은 신체의 자유 제한 자체를 목적으로 하는 형사절차상의 인신구속과 그 목적이나 성질이 다르다는 점, 외국인의 입국과 국내 체류에 관한 사항은 주권국가로서의 기능을 수행하는 데 필요한 것으로서 광범위한 정책재량의 영역에 있고, 외국인의 국내 체류에 관한 사항은 주권국가로서의 기능을 수행하는 데 필수적인 것이므로 엄격하게 관리되어야 하는 점, 국가는 「국가배상법」 제정을 통해 스스로의 불법행위로 인한 손해를 배상함으로써 그 피해를 회복하여 주는 국가배상제도를 마련하고 있는 점 등에 비추어 보면, 헌법해석상으로도 위와 같은 입법의무가 도출된다고 볼 수 없다(헌재 2024.1.25. 2020헌바475등).

③ [O] 헌법 제28조의 형사보상청구권이 국가의 형사사법작용에 의하여 신체의 자유가 침해된 국민에게 그 구제를 인정하여 국민의 기본권 보호를 강화하는 데 그 목적이 있는 점에 비추어 보면, 외형상·형식상으로 무죄재판이 없다고 하더라도 형사사법절차에 내재하는 불가피한 위험으로 인하여 국민의 신체의 자유에 관하여 피해가 발생하였다면 형사보상청구권을 인정하는 것이 타당하다(헌재 2022.2.24. 2018헌마998).

④ [O] 형사보상은 형사사법절차에 내재하는 불가피한 위험으로 인한 피해에 대한 보상으로서 국가의 위법·부당한 행위를 전제로 하는 국가배상과는 그 취지 자체가 상이하므로 형사보상절차로서 인과관계 있는 모든 손해를 보상하지 않는다고 하여 반드시 부당하다고 할 수는 없다(헌재 2010.10.28. 2008헌마514).

22 법원 정답 ③

① [×] 명령 또는 규칙이 헌법에 위반된다고 인정하는 경우뿐만 아니라 법률에 위반된다고 인정하는 경우에도 대법관 전원의 3분의 2 이상의 합의체에서 심판권을 행사한다.

> 「법원조직법」제7조【심판권의 행사】① 대법원의 심판권은 대법관 전원의 3분의 2 이상의 합의체에서 행사하며, 대법원장이 재판장이 된다. 다만, 대법관 3명 이상으로 구성된 부(部)에서 먼저 사건을 심리(審理)하여 의견이 일치한 경우에 한정하여 다음 각 호의 경우를 제외하고 그 부에서 재판할 수 있다.
> 1. 명령 또는 규칙이 헌법에 위반된다고 인정하는 경우
> 2. 명령 또는 규칙이 법률에 위반된다고 인정하는 경우
> 3. 종전에 대법원에서 판시(判示)한 헌법·법률·명령 또는 규칙의 해석 적용에 관한 의견을 변경할 필요가 있다고 인정하는 경우
> 4. 부에서 재판하는 것이 적당하지 아니하다고 인정하는 경우

② [×] 법원은 최고법원인 대법원과 각급법원으로 조직되며, 각급법원은 고등법원·특허법원·지방법원·가정법원·행정법원·회생법원이 있다. 군사재판을 관할하는 군사법원은 특별법원으로서 각급법원에 포함되지 않는다.

> 헌법 제101조 ② 법원은 최고법원인 대법원과 각급법원으로 조직된다.
> 제110조 ① 군사재판을 관할하기 위하여 특별법원으로서 군사법원을 둘 수 있다.
> 「법원조직법」제3조【법원의 종류】① 법원은 다음의 7종류로 한다.
> 1. 대법원
> 2. 고등법원
> 3. 특허법원
> 4. 지방법원
> 5. 가정법원
> 6. 행정법원
> 7. 회생법원

❸ [O] 법관이 형사재판의 양형에 있어 법률에 기속되는 것은 헌법 제103조의 규정에 따른 것으로서 헌법이 요구하는 법치국가원리의 당연한 귀결이며, 법관의 양형판단재량권 특히 집행유예 여부에 관한 재량권은 어떠한 경우에도 제한될 수 없다고 볼 성질의 것이 아니므로, 강도상해죄를 범한 자에 대하여는 법률상의 감경사유가 없는 한 집행유예의 선고가 불가능하도록 한 것이 사법권의 독립 및 법관의 양형판단재량권을 침해 내지 박탈하는 것으로서 헌법에 위반된다고는 볼 수 없다(헌재 2001.4.26. 99헌바43).

④ [×] 헌법과 법률이 정한 법관에 의한 재판을 받을 권리는 직업법관에 의한 재판을 주된 내용으로 하는 것이므로, 국민참여재판을 받을 권리가 헌법 제27조 제1항에서 규정한 재판을 받을 권리의 보호범위에 속한다고 볼 수 없다(헌재 2015.7.30. 2014헌바447).

23 헌법재판소의 심판절차 정답 ④

① [O] 「헌법재판소법」제24조 제3항에 대한 옳은 내용이다.

> 제24조【제척·기피 및 회피】③ 재판관에게 공정한 심판을 기대하기 어려운 사정이 있는 경우 당사자는 기피(忌避)신청을 할 수 있다. 다만, 변론기일(辯論期日)에 출석하여 본안(本案)에 관한 진술을 한 때에는 그러하지 아니하다.

② [O] 당해사건이 재심사건인 경우, 심판대상 조항이 '재심청구 자체의 적법 여부에 대한 재판'에 적용되는 법률조항이 아니라 '본안 사건에 대한 재판'에 적용될 법률조항이라면 '재심청구가 적법하고, 재심의 사유가 인정되는 경우'에 한하여 재판의 전제성이 인정될 수 있다(헌재 2007.12.27. 2006헌바73).

③ [O] 「헌법재판소법」제72조 제1항에 대한 옳은 설명이다.

> 제72조【사전심사】① 헌법재판소장은 헌법재판소에 재판관 3명으로 구성되는 지정재판부를 두어 헌법소원심판의 사전심사를 담당하게 할 수 있다.

❹ [×] 헌법재판소장이 필요하다고 인정하는 경우에는 심판정 외의 장소에서 변론 또는 종국결정의 선고를 할 수 있다.

> 「헌법재판소법」제33조【심판의 장소】심판의 변론과 종국결정의 선고는 심판정에서 한다. 다만, 헌법재판소장이 필요하다고 인정하는 경우에는 심판정 외의 장소에서 변론 또는 종국결정의 선고를 할 수 있다.

24 과잉금지원칙 정답 ②

① [적용 O] 이 사건 법률조항은 입법취지가 불명확하고, 사회경제적 효율성 측면에서 일정한 목적의 정당성이 인정된다 하더라도 과잉금지원칙을 위반하여 계약의 자유를 침해한다(헌재 2013.12.26. 2011헌바234).

❷ [적용 ×] 대학교원에는 교육공무원인 교원과 교육공무원이 아닌 교원이 모두 포함되어 있다. 이 사건에서는 대학교원을 교육공무원 아닌 대학교원과 교육공무원인 대학교원으로 나누어, 각각의 단결권에 대한 제한이 헌법에 위배되는지 여부에 관하여 살펴보기로 하되, 교육공무원 아닌 대학교원에 대해서는 과잉금지원칙 위배 여부를 기준으로, 교육공무원인 대학교원에 대해서는 입법형성의 범위를 일탈하였는지 여부를 기준으로 나누어 심사하기로 한다. … 심판대상조항은 과잉금지원칙에 위배되어 교육공무원 아닌 대학교원의 단결권을 침해한다. … 교육공무원인 대학교원에게 노동조합을 조직하고 가입할 권리인 단결권을 전혀 인정하지 않는 심판대상조항은 입법형성권의 범위

를 벗어난 것으로서 헌법에 위반된다(헌재 2018.8.30. 2015
헌가38).

③ [적용 ○] 대규모의 불법·폭력 집회나 시위를 막아 시민들의 생
명·신체와 재산을 보호한다는 공익은 중요한 것이지만, 당시
의 상황에 비추어 볼 때 이러한 공익의 존재 여부나 그 실현
효과는 다소 가상적이고 추상적인 것이라고 볼 여지도 있고,
비교적 덜 제한적인 수단에 의하여도 상당 부분 달성될 수 있
었던 것으로 보여 일반 시민들이 입은 실질적이고 현존하는
불이익에 비하여 결코 크다고 단정하기 어려우므로 법익의 균
형성 요건도 충족하였다고 할 수 없다. 따라서 이 사건 통행제
지행위는 과잉금지원칙을 위반하여 청구인들의 일반적 행동자
유권을 침해한 것이다(헌재 2011.6.30. 2009헌마406).

④ [적용 ○] 고등학교 교육이 의무교육은 아니지만 매우 보편화된 일
반교육임을 알 수 있다. 따라서 고등학교 진학 기회의 제한은
대학 등 고등교육기관에 비하여 당사자에게 미치는 제한의 효
과가 더욱 크므로 보다 더 엄격히 심사하여야 한다. 따라서 이
사건 중복지원금지 조항의 차별 목적과 차별의 정도가 비례원
칙을 준수하는지 살펴본다. … 결국 이 사건 중복지원금지 조항
은 고등학교 진학 기회에 있어서 자사고 지원자들에 대한 차별
을 정당화할 수 있을 정도로 차별 목적과 차별의 정도간에 비례
성을 갖춘 것이라고 볼 수 없다(헌재 2019.4.11. 2018헌마
221).

---

25 재판을 받을 권리 정답 ④

① [○] 한국과학기술원 또는 광주과학기술원의 설립목적의 특수성과
그 목적을 달성하기 위한 국가의 관리·감독 및 재정 지원, 사
무의 공공성 내지 공익성 등을 고려할 때, 한국과학기술원 또
는 광주과학기술원 교원의 신분을 국·공립학교의 교원의 그
것과 동등한 정도로 보장하면서 한국과학기술원 교원의 임면
권자이자 교원소청심사절차의 당사자인 한국과학기술원 총장
이나 공공단체인 광주과학기술원이 교원소청심사결정에 대해
행정소송을 제기할 수 없도록 한 것을 두고 입법형성의 범위
를 벗어났다고 보기 어렵다. 그렇다면 이 사건 구법 조항 또는
이 사건 신법 조항은 청구인의 재판청구권을 침해하여 헌법에
위반된다고 할 수 없다(헌재 2022.10.27. 2019헌바117).

② [○] 헌법과 법률이 정한 법관에 의한 재판을 받을 권리는 직업법관
에 의한 재판을 주된 내용으로 하는 것이므로, 국민참여재판을
받을 권리가 헌법 제27조 제1항에서 규정한 재판을 받을 권리
의 보호범위에 속한다고 볼 수 없다(헌재 2015.7.30. 2014헌
바447).

③ [○] 공정한 재판을 받을 권리 속에는 신속하고 공개된 법정의 법관
의 면전에서 모든 증거자료가 조사·진술되고 이에 대하여 피고
인이 공격·방어할 수 있는 기회가 보장되는 재판, 즉 원칙적으
로 당사자주의와 구두변론주의가 보장되어 당사자가 공소사실
에 대한 답변과 입증 및 반증하는 등 공격·방어권이 충분히 보
장되는 재판을 받을 권리가 포함되어 있다(헌재 1996.12.26.
94헌바1).

❹ [×] 약식명령은 경미하고 간이한 사건을 대상으로 하기 때문에, 대
부분 범죄사실에 다툼이 없는 경우가 많고, 형사피해자도 이미
범죄사실을 충분히 인지하고 있어, 범죄사실에 대한 별도의 확인
없이도 얼마든지 법원이나 수사기관에 의견을 제출할 수 있으며,
직접 범죄사실의 확인을 원하는 경우에는 소송기록의 열람·등사

를 신청하는 것도 가능하므로, 형사피해자가 약식명령을 고지받
지 못한다고 하여 형사재판절차에서의 참여기회가 완전히 봉쇄
되어 있다고 볼 수 없다. 따라서 이 사건 고지조항은 형사피해자
의 재판절차진술권을 침해하지 않는다(헌재 2019.9.26. 2018헌
마1015).

정답

p.64

01	④	Ⅲ	06	④	Ⅰ	11	②	Ⅱ	16	④	Ⅲ	21	③	Ⅱ
02	①	Ⅳ	07	②	Ⅱ	12	④	Ⅰ	17	①	Ⅱ	22	④	Ⅳ
03	④	Ⅲ	08	②	Ⅲ	13	④	Ⅲ	18	③	Ⅳ	23	①	Ⅲ
04	③	Ⅱ	09	④	Ⅰ	14	②	Ⅱ	19	④	Ⅲ	24	③	Ⅱ
05	①	Ⅱ	10	③	Ⅳ	15	②	Ⅰ	20	④	Ⅲ	25	②	Ⅱ

Ⅰ 헌법총론 / Ⅱ 기본권론 / Ⅲ 통치구조론 / Ⅳ 헌법재판론

취약 단원 분석표

단원	맞힌 답의 개수
Ⅰ	/ 4
Ⅱ	/ 9
Ⅲ	/ 8
Ⅳ	/ 4
TOTAL	/ 25

01 국회의 자율권
정답 ④

옳지 않은 것은 ㄴ, ㄹ이다.

ㄱ. [O] 폭넓은 자율권을 가지고 있는 국회를 대표하는 국회의장의 지위에 비추어, 개별적인 수정안에 대한 평가와 그 처리에 대한 국회의장의 판단은 명백히 법에 위반되지 않는 한 존중되어야 국회의장인이 국회의원을 그 의사에 반하여 국회 보건복지위원회에서 사임시키고 환경노동위원회로 보임한 행위는 권한쟁의심판의 대상이 되는 처분이라고 할 것이다(헌재 2003.10.30. 2002헌라1).

ㄴ. [X] 국회의장인이 국회의원을 그 의사에 반하여 국회 보건복지위원회에서 사임시키고 환경노동위원회로 보임한 행위는 권한쟁의심판의 대상이 되는 처분이라고 할 것이다(헌재 2003.10.30. 2002헌라1).

ㄷ. [O] 국회의원의 질의권, 토론권 및 표결권 등은 국회구성원의 지위에 있는 국회의원에게 부여된 권한이지, 국회의원 개인에게 헌법이 보장하는 기본권이 아니므로 국회의원들은 이를 이유로 헌법소원심판을 청구할 수 없다(헌재 1995.2.23. 91헌마231).

ㄹ. [X] 탄핵소추안을 각 소추사유별로 나누어 발의할 것인지 아니면 여러 소추사유를 포함하여 하나의 안으로 발의할 것인지는 소추안을 발의하는 의원들의 자유로운 의사에 달린 것이다. 대통령이 헌법이나 법률을 위배한 사실이 여러 가지일 때 그 중 한 가지 사실만으로도 충분히 파면결정을 받을 수 있다고 판단되면 그 한 가지 사유만으로 탄핵소추안을 발의할 수도 있고, 여러 가지 소추사유를 종합할 때 파면할 만하다고 판단되면 여러 가지 소추사유를 함께 묶어 하나의 탄핵소추안으로 발의할 수도 있다. 이 사건과 같이 국회 재적의원 과반수에 해당하는 171명의 의원이 여러 개 탄핵사유가 포함된 하나의 탄핵소추안을 마련한 다음 이를 발의하고 안건 수정 없이 그대로 본회의에 상정된 경우에는 그 탄핵소추안에 대하여 찬반 표결을 하게 된다. 그리고 본회의에 상정된 의안에 대하여 표결절차에 들어갈 때 국회의장에게는 '표결할 안건의 제목을 선포'할 권한만 있는 것이지(국회법 제110조 제1항), 직권으로 이 사건 탄핵소추안에 포함된 개개 소추사유를 분리하여 여러 개의 탄핵소추안으로 만든 다음 이를 각각 표결에 부칠 수는 없다. 그러므로 이 부분 피청구인의 주장도 받아들일 수 없다(헌재 2017.3.10. 2016헌나1).

02 위헌법률심판
정답 ①

❶ [O] 「헌법재판소법」 제46조에 대한 옳은 내용이다.

> 제46조 【결정서의 송달】 헌법재판소는 결정일부터 14일 이내에 결정서 정본을 제청한 법원에 송달한다. 이 경우 제청한 법원이 대법원이 아닌 경우에는 대법원을 거쳐야 한다.

② [X] 법원이 위헌법률심판제청신청을 기각한 경우 당사자는 기각결정을 통지받은 날부터 30일 이내에 헌법재판소에 헌법소원심판을 청구할 수 있다(「헌법재판소법」 제69조 제2항).

③ [X] 위헌법률심판제청을 신청한 당사자는 당해 법원이 제청신청을 기각한 결정에 대하여 항고할 수 없고(「헌법재판소법」 제41조 제4항), 「헌법재판소법」 제68조 제2항에 의한 헌법소원심판을 청구할 수 있다.

④ [X] 정지기간은 형사소송법상의 구속기간과 「민사소송법」상의 판결선고기간에 산입하지 않는다.

> 「헌법재판소법」 제42조 【재판의 정지 등】 ① 법원이 법률의 위헌 여부 심판을 헌법재판소에 제청한 때에는 당해 소송사건의 재판은 헌법재판소의 위헌 여부의 결정이 있을 때까지 정지된다. 다만, 법원이 긴급하다고 인정하는 경우에는 종국재판 외의 소송절차를 진행할 수 있다.
> ② 제1항 본문에 따른 재판정지기간은 「형사소송법」 제92조 제1항·제2항 및 「군사법원법」 제132조 제1항·제2항의 구속기간과 「민사소송법」 제199조의 판결 선고기간에 산입하지 아니한다.

03 가족제도 정답 ④

① [O] 가까운 혈족 사이의 혼인(이하 '근친혼'이라 한다)의 경우, 가까운 혈족 사이의 서열이나 영향력의 작용을 통해 개인의 자유롭고 진실한 혼인 의사의 형성·합치에 어려움을 초래할 수 있고, 성(性)적 긴장이나 갈등·착취 관계를 초래할 수 있으며, 종래 형성되어 계속된 가까운 혈족 사이의 신분관계를 변경시켜 개별 구성원의 역할과 지위에 혼란을 불러일으킬 수 있다. … 이 사건 금혼조항은 위와 같이 근친혼으로 인하여 가까운 혈족 사이의 상호 관계 및 역할, 지위와 관련하여 발생할 수 있는 혼란을 방지하고 가족제도의 기능을 유지하기 위한 것이므로 그 입법목적이 정당하다. 또한 8촌 이내의 혈족 사이의 법률상의 혼인을 금지한 것은 근친혼의 발생을 억제하는 데 기여하므로 입법목적 달성에 적합한 수단에 해당한다. … 따라서 이 사건 금혼조항은 과잉금지원칙에 위배하여 혼인의 자유를 침해하지 않는다(헌재 2022.10.27. 2018헌바115).

② [O] 이 사건 부칙조항은 개정 전 공직자윤리법 조항이 혼인관계에서 남성과 여성에 대한 차별적 인식에 기인한 것이라는 반성적 고려에 따라 개정 공직자윤리법 조항이 시행되었음에도 불구하고, 일부 혼인한 여성 등록의무자에게 이미 개정 전 공직자윤리법 조항에 따라 재산등록을 하였다는 이유만으로 남녀차별적인 인식에 기인하였던 종전의 규정을 따를 것을 요구하고 있다. 그런데 혼인한 남성 등록의무자와 달리 혼인한 여성 등록의무자의 경우에만 본인이 아닌 배우자의 직계존·비속의 재산을 등록하도록 하는 것은 여성의 사회적 지위에 대한 그릇된 인식을 양산하고, 가족관계에 있어 시가와 친정이라는 이분법적 차별구조를 정착시킬 수 있으며, 이것이 사회적 관계로 확장될 경우에는 남성우위·여성비하의 사회적 풍토를 조성하게 될 우려가 있다. 이는 성별에 의한 차별금지 및 혼인과 가족생활에서의 양성의 평등을 천명하고 있는 헌법에 정면으로 위배되는 것으로 그 목적의 정당성을 인정할 수 없다. 따라서 이 사건 부칙조항은 평등원칙에 위배된다(헌재 2021.9.30. 2019헌가3).

③ [O] 혼인 종료 후 300일 내에 출생한 자녀가 전남편의 친생자가 아님이 명백하고, 전남편이 친생추정을 원하지도 않으며, 생부가 그 자를 인지하려는 경우에도, 그 자녀는 전남편의 친생자로 추정되어 가족관계등록부에 전남편의 친생자로 등록되고, 이는 엄격한 친생부인의 소를 통해서만 번복될 수 있다. 그 결과 심판대상조항은 이혼한 모와 전남편이 새로운 가정을 꾸리는 데 부담이 되고, 자녀와 생부가 진실한 혈연관계를 회복하는 데 장애가 되고 있다. 이와 같이 민법 제정 이후의 사회적·법률적·의학적 사정변경을 전혀 반영하지 아니한 채, 이미 혼인관계가 해소된 이후에 자가 출생하고 생부가 출생한 자를 인지하려는 경우마저도, 아무런 예외 없이 그 자를 전남편의 친생자로 추정함으로써 친생부인의 소를 거치도록 하는 심판대상조항은 입법형성의 한계를 벗어나 모가 가정생활과 신분관계에서 누려야 할 인격권, 혼인과 가족생활에 관한 기본권을 침해한다(헌재 2015.4.30. 2013헌마623).

❹ [X] 이 사건 법률조항이 정한 공동사업합산과세제도는 공동사업이라는 특정한 사업형태에 대한 소득세 조세규율에 있어 조세회피방지라는 목적을 위해 특수한 관계에 있는 자들을 예외적으로 규율하는 것으로 이러한 관계 속에 배우자나 가족이 들어간다 하여도 이것이 혼인이나 가족관계를 결정적 근거로 한 차별 취급이라고 볼 수 없으며 단지 합리적인 조세제도 운용에 있어 파생된 부수적인 결과물이다. 또한, 공동사업은 이것을 영위하는 것처럼 가장하여 소득분산을 기도할 개연성이 높

고 그 입증이 쉽지 않으므로 이러한 특성을 고려하여 입법자는 공동사업을 위장하여 소득분산을 추구할 개연성이 높은 집단의 조세회피행위에 대처하기 위한 입법정책상의 강한 필요에 따라 이들을 달리 취급하도록 규정한 것이며 그러한 집단을 선정함에 있어 혼인이나 가족관계를 특별히 차별 취급하려는 것이 아니라 위장 분산의 개연성이 높고 그 입증이 쉽지 않을 것으로 예상되는 여러 집단 중의 하나로 규정한 것으로 이 사건 법률조항은 헌법 제36조 제1항에 위반되지 않는다(헌재 2006.4.27. 2004헌재9).

※ 위헌인 법 규정이지만 비례의 원칙에 어긋나서 위헌이고 헌법 제36조 제1항에는 위반되지 않는다고 판시한 사건이다.

04 직업의 자유 정답 ③

① [O] 아동학대관련범죄전력자에 대해 범죄전력만으로 장래에 동일한 유형의 범죄를 다시 저지를 것이라고 단정하기는 어려움에도 불구하고, 심판대상조항은 오직 아동학대관련범죄전력에 기초해 10년이라는 기간 동안 일률적으로 취업제한의 제재를 부과하는 점, 이 기간 내에는 취업제한 대상자가 그러한 제재로부터 벗어날 수 있는 어떠한 기회도 존재하지 않는 점, 재범의 위험성에 대한 사회적 차원의 대처가 필요하다 해도 개별 범죄행위의 태양을 고려한 위험의 경중에 대한 판단이 있어야 하는 점 등에 비추어 볼 때, 심판대상조항은 침해의 최소성 요건을 충족했다고 보기 어렵다. 심판대상조항은 일률적으로 10년의 취업제한을 부과한다는 점에서 죄질이 가볍고 재범의 위험성이 낮은 범죄전력자들에게 지나치게 가혹한 제한이 될 수 있어, 그것이 달성하려는 공익의 무게에도 불구하고 법익의 균형성 요건을 충족하지 못한다. 따라서 심판대상조항은 과잉금지원칙에 위배되어 직업선택의 자유를 침해한다(헌재 2022.9.29. 2019헌마813).

② [O] 특허침해소송은 고도의 법률지식 및 공정성과 신뢰성이 요구되는 소송으로, 변호사 소송대리원칙(민사소송법 제87조)이 적용되어야 하는 일반 민사소송의 영역이므로, 소송 당사자의 권익을 보호하기 위해 변호사에게만 특허침해소송의 소송대리를 허용하는 것은 그 합리성이 인정되며 입법재량의 범위 내라고 할 수 있다. 그러므로 이 사건 법률조항이 특허침해소송을 변리사가 예외적으로 소송대리를 할 수 있도록 허용된 범위에 포함시키지 아니한 것은 청구인들의 직업의 자유를 침해하지 아니한다(헌재 2012.8.23. 2010헌마740).

❸ [X] 심판대상조항은 교통사고로 타인의 생명 또는 신체를 침해하고도 이에 따른 피해자의 구호조치와 신고의무를 위반한 사람이 계속하여 교통에 관여하는 것을 금지함으로써, 국민의 생명·신체를 보호하고 도로교통에 관련된 공공의 안전을 확보함과 동시에 4년의 운전면허 결격기간이라는 엄격한 제재를 통하여 교통사고 발생시 구호조치의무 및 신고의무를 이행하도록 하는 예방적 효과를 달성하고자 하는 데 그 입법목적을 가지고 있다. 이러한 입법목적은 정당하고, 그 수단의 적합성 또한 인정된다. 운전자의 기본적인 의무를 위반하여 국민의 생명·신체를 침해하고 교통상의 위해를 초래한 사람이 교통에 계속 관여하는 것을 금지하여 공공의 안전을 확보하는 한편 그와 같은 행위를 억제하는 예방적 효과를 달성하고자 하는 공익은 매우 중대하고, 심판대상조항이 위와 같은 공익의 달성에 기여하는 개연성 역시 인정할 수 있다. 따라서 심판대상조항은 직

업의 자유 및 일반적 행동의 자유를 침해하지 않는다(헌재 2017.12.28. 2016헌바254).

④ [O] 이 사건 규칙은 사립유치원의 회계업무를 교육부장관이 지정하는 정보처리장치를 이용하여 기록하도록 하고 있을 뿐, 세출 용도를 지정·제한하거나 시설물 자체에 대한 청구인들의 소유권 내지 처분권에 어떠한 영향도 미치지 않는다는 점까지 덧붙여 고려하여 보면, 이 사건 규칙이 사립유치원의 회계업무를 특정한 회계시스템을 통하여 처리하도록 하였다고 하여도 이를 두고 입법형성의 한계를 현저히 일탈하여 사립유치원 설립·경영자의 사립학교 운영의 자유를 침해한다고 볼 수 없다(헌재 2021.11.25. 2019헌마542).

---

05 근로3권 정답 ①

❶ [X] 이 사건 법률 조항은 헌법상 보장된 단체교섭권을 실효성 있게 하기 위한 것으로서 정당한 입법목적을 가지고 있다. 입법자는 이 사건 조항으로써 사용자에게 성실한 태도로 단체교섭 및 단체협약체결에 임하도록 하는 수단을 택한 것인데, 이는 위와 같은 입법목적의 달성에 적합한 것이다. … 이 사건 조항이 비례의 원칙에 위배하여 청구인의 계약의 자유, 기업활동의 자유, 집회의 자유를 침해한 것이라 볼 수 없다(헌재 2002.12.18. 2002헌바12).

② [O] 사용자에게 성실한 태도로 단체교섭 및 단체협약체결에 임하도록 하는 수단을 택한 것인데, 이는 위와 같은 입법목적의 달성에 적합한 것이다. 한편 이 사건 조항은 사용자로 하여금 단체교섭 및 단체협약체결을 일방적으로 강요하는 것은 아니며 '정당한 이유 없이 거부하거나 해태'하지 말 것을 규정한 것일 뿐이고, 어차피 노사간에는 단체협약을 체결할 의무가 헌법에 의하여 주어져 있는 것이므로, 이 사건 조항이 기본권제한에 있어서 최소침해성의 원칙에 위배된 것이라고 단정할 수 없다. 또한 이 사건 조항은 노동관계 당사자가 대립의 관계로 나아가지 않고 대등한 교섭주체의 관계로서 분쟁을 평화적으로 해결하게 함으로써 근로자의 이익과 지위의 향상을 도모하고 헌법상의 근로3권보장 취지를 구현한다는 공익을 위한 것인데 비해, 이로 인해 제한되는 사용자의 자유는 단지 정당한 이유 없는 불성실한 단체교섭 내지 단체협약체결의 거부 금지라는 합리적으로 제한된 범위 내의 기본권제한에 그치고 있으므로, 법익간의 균형성이 위배된 것이 아니다. 따라서 이 사건 조항이 비례의 원칙에 위배하여 청구인의 계약의 자유, 기업활동의 자유, 집회의 자유를 침해한 것이라 볼 수 없다(헌재 2002.12.18. 2002헌바12).

③ [O] 국가의 행정관청이 사법상 근로계약을 체결한 경우 그 근로계약관계의 권리·의무는 행정주체인 국가에 귀속되므로, 국가는 그러한 근로계약관계에 있어서 노동조합 및 노동관계조정법 제2조 제2호에 정한 사업주로서 단체교섭의 당사자의 지위에 있는 사용자에 해당한다(대판 2008.9.11. 2006다40935).

④ [O] 심판대상조항으로 인하여 교육공무원 아닌 대학교원들이 향유하지 못하는 단결권은 헌법이 보장하고 있는 근로3권의 핵심적이고 본질적인 권리이다. 심판대상조항의 입법목적이 재직 중인 초·중등교원에 대하여 교원노조를 인정해 줌으로써 교원노조의 자주성과 주체성을 확보한다는 측면에서는 그 정당성을 인정할 수 있을 것이나, 교원노조를 설립하거나 가입하여 활동할 수 있는 자격을 초·중등교원으로 한정함으로써 교육공무원이 아닌 대학교원에 대해서는 근로기본권의 핵심인 단결권조차

전면적으로 부정한 측면에 대해서는 그 입법목적의 정당성을 인정하기 어렵고, 수단의 적합성 역시 인정할 수 없다. … 최근 들어 대학 사회가 다층적으로 변화하면서 대학교원의 사회·경제적 지위의 향상을 위한 요구가 높아지고 있는 상황에서 단결권을 행사하지 못한 채 개별적으로만 근로조건의 향상을 도모해야 하는 불이익은 중대한 것이므로, 심판대상조항은 과잉금지원칙에 위배된다(헌재 2018.8.30. 2015헌가38).

---

06 재판청구권 정답 ④

① [O] 심판대상조항이 근로자의 날을 공무원의 유급휴일로 규정하지 않았다고 하여 일반근로자에 비해 현저하게 부당하거나 합리성이 결여되어 있다고 보기 어려우므로, 헌법재판소의 위 선례의 입장은 그대로 타당하고, 심판대상조항은 청구인들의 평등권을 침해한다고 볼 수 없다(헌재 2022.8.31. 2020헌마1025).

② [O] 유족급여수급권은 공무원의 사망이라는 위험에 대비하여 그 유족의 생활안정과 복지향상을 도모하기 위한 사회보장적 급여의 성격을 가지므로 입법자는 구체적인 내용을 형성함에 있어서 국가의 재정능력과 전반적인 사회보장수준, 국민 전체의 소득 및 생활수준, 그 밖의 여러 가지 사회적·경제적 여건 등을 종합하여 합리적인 수준에서 결정할 수 있는 광범위한 형성의 자유를 가진다. 따라서 입법자가 연령과 장애 상태를 독자적 생계유지가능성의 판단기준으로 삼아 대통령령이 정하는 정도의 장애 상태에 있지 아니한 19세 이상의 자녀를 유족의 범위에서 제외하였음을 들어 유족급여수급권의 본질적 내용을 침해하였다거나 입법형성권의 범위를 벗어났다고 보기 어렵다(헌재 2019.11.28. 2018헌바335).

③ [O] 이 사건 「법원조직법」 조항은 사법보좌관의 처분에 대하여는 「법원조직법」에서 법관에게 이의신청을 할 수 있음을 명시하고 있고, 「사법보좌관규칙」에서 그 이의절차에 관하여 상세히 규정하고 있는바, 이를 통해 법관에 의한 사실확정과 법률의 해석·적용의 기회를 보장하고 있다. 나아가 「법원조직법」 및 「사법보좌관규칙」 등에서 전문성과 능력을 갖춘 사법보좌관을 선발할 수 있도록 객관적인 선발자격 및 절차에 관하여 규정하고 있고, 사법보좌관에 관한 법관의 구체적 감독권, 사법보좌관에 대한 제척·기피·회피절차 등 사법보좌관의 공정성과 중립성을 확보할 수 있는 여러 보장 장치를 마련하고 있다. 따라서 이 사건 「법원조직법」 조항이 입법재량권의 한계를 벗어난 자의적인 입법으로 법관에 의한 재판받을 권리를 침해한다고 할 수 없다(헌재 2020.12.23. 2019헌바353).

❹ [X] 「민사소송법」에 따른 독촉절차에서의 지급명령은 대한민국에서 채무자에게 공시송달 외의 방법으로 송달할 수 있는 경우에 한하여 허용되고, 채무자에게 송달이 이루어진 경우에만 원칙적으로 그 효력이 인정된다. 즉, 채무자가 지급명령신청서를 확인할 수 있는 상태에 있음을 전제로 그때부터 이의신청 기간을 기산하는 것이다. 더욱이 「민사소송법」상 이의신청 방법에 관한 특별한 규정이 없으므로 서면뿐만 아니라 구두로도 이의가 가능하고, 불복의 이유나 방어방법을 구체적으로 밝힐 필요도 없다. 이의신청에는 인지를 붙이지 아니하고, 송달료도 납부할 필요가 없다. 이러한 사정들을 종합하면, 사법보좌관의 지급명령에 대한 2주의 이의신청 기간이 지나치게 짧아 입법재량의 한계를 일탈함으로써 재판청구권을 침해한다고 할 수 없다(헌재 2020.12.23. 2019헌바353).

07 통신의 비밀 정답 ②

① [O] 통신의 비밀이란 서신·우편·전신의 통신수단을 통하여 개인 간에 의사나 정보의 전달과 교환(의사소통)이 이루어지는 경우, 통신의 내용과 통신이용의 상황이 개인의 의사에 반하여 공개되지 아니할 자유를 의미한다. 그러나 가입자의 인적사항이라는 정보는 통신의 내용·상황과 관계없는 '비내용적 정보'이며 휴대전화 통신계약 체결 단계에서는 아직 통신수단을 통하여 어떠한 의사소통이 이루어지는 것이 아니므로 통신의 비밀에 대한 제한이 이루어진다고 보기는 어렵다. … 심판대상조항은 가입자의 개인정보에 대한 제공·이용 여부를 스스로 결정할 권리를 제한하고 있으므로, 개인정보자기결정권을 제한한다(헌재 2019.9.26. 2017헌마1209).

❷ [X] 수용자가 밖으로 내보내는 모든 서신을 봉함하지 않은 상태로 교정시설에 제출하도록 규정하고 있는 형의 집행 및 수용자의 처우에 관한 법률 시행령(2008.10.29. 대통령령 제21095호로 개정된 것) 제65조 제1항이 수용자가 보내려는 모든 서신에 대해 무봉함 상태의 제출을 강제함으로써 수용자의 발송 서신 모두를 사실상 검열 가능한 상태에 놓이도록 하는 것은 수용자인 청구인의 통신비밀의 자유를 침해하는 것이다(헌재 2012.2.23. 2009헌마333).

③ [O] 자유로운 의사소통은 통신내용의 비밀을 보장하는 것만으로는 충분하지 아니하고 구체적인 통신으로 발생하는 외형적인 사실관계, 특히 통신관여자의 인적 동일성·통신시간·통신장소·통신횟수 등 통신의 외형을 구성하는 통신이용의 전반적 상황의 비밀까지도 보장해야 한다(헌재 2018.6.28. 2012헌마191).

④ [O] 이동전화의 이용과 관련하여 필연적으로 발생하는 통신사실 확인자료는 비록 비내용적 정보이지만 여러 정보의 결합과 분석을 통해 정보주체에 관한 정보를 유추해낼 수 있는 민감한 정보인 점, 수사기관의 통신사실 확인자료 제공요청에 대해 법원의 허가를 거치도록 규정하고 있으나 수사의 필요성만을 그 요건으로 하고 있어 제대로 된 통제가 이루어지기 어려운 점, 기지국수사의 허용과 관련하여서는 유괴·납치·성폭력범죄 등 강력범죄나 국가안보를 위협하는 각종 범죄와 같이 피의자나 피해자의 통신사실 확인자료가 반드시 필요한 범죄로 그 대상을 한정하는 방안 또는 다른 방법으로는 범죄수사가 어려운 경우(보충성)를 요건으로 추가하는 방안 등을 검토함으로써 수사에 지장을 초래하지 않으면서도 불특정 다수의 기본권을 덜 침해하는 수단이 존재하는 점을 고려할 때, 이 사건 요청조항은 과잉금지원칙에 반하여 청구인의 개인정보자기결정권과 통신의 자유를 침해한다(헌재 2018.6.28. 2012헌마538).

08 청구권적 기본권 정답 ②

① [O] 「청원법」 제13조에 대한 옳은 내용이다.

> **제13조【공개청원의 공개 여부 결정 통지 등】** ① 공개청원을 접수한 청원기관의 장은 접수일부터 15일 이내에 청원심의회의 심의를 거쳐 공개 여부를 결정하고 결과를 청원인(공동청원의 경우 대표자를 말한다)에게 알려야 한다.
> ② 청원기관의 장은 공개청원의 공개결정일부터 30일간 청원사항에 관하여 국민의 의견을 들어야 한다.

❷ [X] 안 날부터 3년, 무죄재판이 확정된 때부터 5년이다.

> **「형사보상 및 명예회복에 관한 법률」 제8조【보상청구의 기간】** 보상청구는 무죄재판이 확정된 사실을 안 날부터 3년, 무죄재판이 확정된 때부터 5년 이내에 하여야 한다.

③ [O] 「형사보상 및 명예회복에 관한 법률」 제6조 제1항에 대한 옳은 내용이다.

> **제6조【손해배상과의 관계】** ① 이 법은 보상을 받을 자가 다른 법률에 따라 손해배상을 청구하는 것을 금지하지 아니한다.

④ [O] 「범죄피해자보호법」 제25조에 대한 옳은 내용이다.

> **제25조【구조금의 지급신청】** ① 구조금을 받으려는 사람은 법무부령으로 정하는 바에 따라 그 주소지, 거주지 또는 범죄 발생지를 관할하는 지구심의회에 신청하여야 한다.
> ② 제1항에 따른 신청은 해당 구조대상 범죄피해의 발생을 안 날부터 3년이 지나거나 해당 구조대상 범죄피해가 발생한 날부터 10년이 지나면 할 수 없다.

09 법치국가원리 정답 ④

① [O] 신뢰보호원칙의 위반 여부는 한편으로는 침해받은 신뢰이익의 보호가치, 침해의 중한 정도, 신뢰침해의 방법 등과 다른 한편으로는 새 입법을 통해 실현코자 하는 공익목적을 종합적으로 비교형량하여 판단하여야 한다(헌재 1998.11.26. 97헌바58).

② [O] 전자장치 부착은 과거의 불법에 대한 응보가 아닌 장래의 재범 위험성을 방지하기 위한 보안처분에 해당되므로, 부착명령 청구조항은 헌법 제13조 제1항 후단의 이중처벌금지원칙에 위배되지 아니한다(헌재 2015.9.24. 2015헌바35).

③ [O] '체계정당성'(Systemgerechtigkeit)의 원리라는 것은 동일 규범 내에서 또는 상이한 규범간에 (수평적 관계이건 수직적 관계이건) 그 규범의 구조나 내용 또는 규범의 근거가 되는 원칙면에서 상호 배치되거나 모순되어서는 안 된다는 하나의 헌법적 요청(Verfassung-spostulat)이다. 즉, 이는 규범 상호간의 구조와 내용 등이 모순됨이 없이 체계와 균형을 유지하도록 입법자를 기속하는 헌법적 원리라고 볼 수 있다. 이처럼 규범 상호간의 체계정당성을 요구하는 이유는 입법자의 자의를 금지하여 규범의 명확성, 예측가능성 및 규범에 대한 신뢰와 법적 안정성을 확보하기 위한 것이고 이는 국가공권력에 대한 통제와 이를 통한 국민의 자유와 권리의 보장을 이념으로 하는 법치주의원리로부터 도출되는 것이라고 할 수 있다. 그러나 일반적으로 일정한 공권력작용이 체계정당성에 위반한다고 해서 곧 위헌이 되는 것은 아니다. 즉, 체계정당성 위반(Systemwidrigkeit) 자체가 바로 위헌이 되는 것은 아니고 이는 비례의 원칙이나 평등원칙 위반 내지 입법의 자의금지 위반 등의 위헌성을 시사하는 하나의 징후일 뿐이다. 그러므로 체계정당성 위반은 비례의 원칙이나 평등원칙 위반 내지 입법자의 자의금지 위반 등 일정한 위헌성을 시사하기는 하지만 아직 위헌은 아니고, 그것이 위헌이 되기 위해서는 결과적으로 비례의 원칙이나 평등의 원칙 등 일정한 헌법의 규정이나 원칙을 위반하여야 한다(헌재 2004.11.25. 2002헌바66).

❹ [×] 이 사건 구법 조항은 악화된 연금재정을 개선하여 공무원연금제도의 건실한 유지·존속을 도모하고 연금과 보수의 이중수혜를 방지하기 위한 것으로 입법목적의 정당성과 수단의 적합성이 인정된다. 퇴직공무원의 적정한 생계 보장이라는 공무원연금제도의 취지에 비추어, 연금 지급을 정지하기 위해서는 '연금을 대체할 만한 소득'이 전제되어야 한다. 지방의회의원이 받는 의정비 중 의정활동비는 의정활동 경비 보전을 위한 것이므로, 연금을 대체할 만한 소득이 있는지 여부는 월정수당을 기준으로 판단하여야 한다. 퇴직연금수급자인 지방의회의원 중 약 4분의 3에 해당하는 의원이 퇴직연금보다 적은 액수의 월정수당을 받고, 2020년 기준 월정수당이 정지된 연금월액보다 100만원 이상 적은 지방의회의원도 상당 수 있다. 월정수당은 지방자치단체에 따라 편차가 크고 안정성이 낮다. 이 사건 구법 조항과 같이 소득 수준을 고려하지 않으면 재취업 유인을 제공하지 못하여 정책목적 달성에 실패할 가능성도 크다. 다른 나라의 경우 연금과 보수 중 일부를 감액하는 방식으로 선출직에 취임하여 보수를 받는 것이 생활보장에 더 유리하도록 제도를 설계하고 있다. 따라서 기본권을 덜 제한하면서 입법목적을 달성할 수 있는 다양한 방법이 있으므로 이 사건 구법 조항은 침해의 최소성 요건을 충족하지 못하고, 법익의 균형성도 충족하지 못한다. 이 사건 구법 조항은 과잉금지원칙에 위배되어 청구인들의 재산권을 침해하므로 헌법에 위반된다(헌재 2022.1.27. 2019헌바161).

---

10 헌법소원심판의 대상   정답 ③

① [×] 헌법재판소법 제68조 제1항은 "공권력의 행사 또는 불행사로 인하여 기본권을 침해받은 자는 헌법소원의 심판을 청구할 수 있다."고 규정한 것은 기본권의 주체라야만 헌법소원을 청구할 수 있고, 기본권의 주체가 아닌 자는 헌법소원을 청구할 수 없다는 것을 의미하는 것이다. 기본권의 보장에 관한 각 헌법규정의 해석상 국민(또는 국민과 유사한 지위에 있는 외국인과 사법인)만이 기본권의 주체라 할 것이다. 한편 국가나 국가기관 또는 국가조직의 일부나 공법인은 기본권의 '수범자(Adressat)'이지 기본권의 주체로서 그 '소지자(Trager)'가 아니고 오히려 국민의 기본권을 보호 내지 실현해야 할 '책임'과 '의무'를 지니고 있는 지위에 있을 뿐이다. 그런데 국회의 노동위원회는 국가기관인 국회의 일부조직이므로 기본권의 주체가 될 수 없고 따라서 헌법소원을 제기할 수 있는 적격이 없다고 할 것이다(헌재 1994.12.29. 93헌마120).

② [×] 서울특별시 선거관리위원회 위원장이 발송한 '선거법 위반행위에 대한 중지촉구' 공문은 그 형식에 있어서 '안내' 또는 '협조요청'이라는 표현을 사용하고 있으며, 또한 그 내용에 있어서도 청구인이 계획하는 행위가 공선법에 위반된다는, 현재의 법적 상황에 대한 행정청의 의견을 단지 표명하면서, 청구인이 공선법에 위반되는 행위를 하는 경우 피청구인이 취할 수 있는 조치를 통고하고 있을 뿐이다. 따라서 '중지촉구' 공문은 국민에 대하여 직접적인 법률효과를 발생시키지 않는 단순한 권고적·비권력적 행위로서, 헌법소원의 심판대상이 될 수 있는 '공권력의 행사'에 해당하지 않는다(헌재 2003.2.27. 2002헌마106).

❸ [○] 사전심의를 받지 않은 광고물에 대해서는 방송광고를 하지 못하도록 한 규정은 방송광고의 사전심의 주체로 방송위원회만을, 이러한 절차를 거친 방송광고물에 대한 방송의 주체로 방송사업자만을 정하여 이 사건 청구인과 같은 광고주를 그 법규 수범자 범위에서 제외하고 있다. 이러한 규정 형식과 관련하여 이 사건 규정들에 대한 청구인의 자기관련성에 의문이 제기될 수 있으나, 청구인과 같이 방송을 통해 광고를 하고자 하는 자는 이 사건 규정들 때문에 반드시 사전에 심의를 거쳐야 하고, 그렇지 않을 경우 자신이 원하는 방송광고를 할 수 없게 되므로 청구인과 같은 광고주의 경우도 이 사건 규정들에 의해 자신의 기본권을 제한받고 있다고 할 것이다(헌재 2008.6.26. 2005헌마506).

④ [×] 청구인에 대한 퇴직연금의 반환의무는 이 사건 부칙조항에 의하여 바로 확정되는 것이 아니라, 공무원연금공단이 공무원연금법(2009.12.31. 법률 제9905호로 개정된 것) 제64조 제1항 제1호에서 정한 퇴직급여 감액 사유에 해당되는지 여부를 살펴 청구인과 같은 퇴직연금수급권자에게 구체적인 금액을 정하여 환수처분을 하여야 비로서 확정되는 것이므로, 청구인이 주장하는 기본권 침해는 이 사건 부칙조항에 의하여 직접 발생하는 것이 아니라 이 사건 부칙조항에 따른 퇴직연금 환수처분이 있을 때 비로소 현실적으로 발생하는 것이다. 그리고 퇴직연금 환수처분은 행정처분이므로, 청구인으로서는 행정심판이나 행정소송 등을 통하여 권리구제를 받을 수 있고, 그 행정소송절차에서 이 사건 부칙조항에 대한 위헌법률심판제청도 신청할 수 있으므로, 그 구제절차가 없거나, 구제절차가 있다고 하더라도 권리구제의 기대가능성이 없고 청구인에게 불필요한 우회절차를 강요하는 것으로 볼 수 없다. 그러므로 이 사건 부칙조항에 대한 헌법소원심판청구는 기본권침해의 직접성이 없어 부적법하다(헌재 2013.8.29. 2010헌마169).

---

11 집회의 자유   정답 ②

① [○] 심판대상조항의 옥외집회 신고사항은 여러 옥외집회가 경합되지 않도록 하기 위해 필요한 사항으로서 질서유지 등 필요한 조치를 할 수 있도록 하는 중요한 정보이다. 또한 옥외집회에 대한 사전신고를 하였더라도 이후 신고와 관련하여 보완 등 사후조치가 필요한 경우가 발생할 수 있으므로 기재사항의 보완, 금지통고 및 이의절차 등이 원활하게 진행되기 위하여 늦어도 집회가 개최되기 48시간 전까지 사전신고를 하도록 규정한 것이 지나치다고 볼 수 없다. 헌법 제21조 제1항을 기초로 하여 심판대상조항을 보면, 미리 계획도 되었고 주최자도 있지만 집시법이 요구하는 시간 내에 신고를 할 수 없는 옥외집회인 이른바 '긴급집회'의 경우에는 신고가능성이 존재하는 즉시 신고하여야 하는 것으로 해석된다. 따라서 신고 가능한 즉시 신고한 긴급집회의 경우에까지 심판대상조항을 적용하여 처벌할 수 없다. 심판대상조항은 과잉금지원칙에 위배되어 집회의 자유를 침해하지 아니한다(헌재 2021.6.24. 2018헌마663).

❷ [×] 헌법 제21조 제1항은 "모든 국민은 언론·출판의 자유와 집회·결사의 자유를 가진다."고 규정하여 집회의 자유를 표현의 자유로서 언론·출판의 자유와 함께 국민의 기본권으로 보장하고 있다. 집회의 자유에는 집회를 통하여 형성된 의사를 집단적으로 표현하고 이를 통하여 불특정 다수인의 의사에 영향을 줄 자유를 포함한다(헌재 2016.9.29. 2014헌바492).

③ [O] 집회의 자유가 가지는 헌법적 가치와 기능, 집회에 대한 허가 금지를 선언한 헌법정신, 옥외집회 및 시위에 관한 사전신고제의 취지 등을 종합하여 보면, 신고는 행정관청에 집회에 관한 구체적인 정보를 제공함으로써 공공질서의 유지에 협력하도록 하는 데 의의가 있는 것으로 집회의 허가를 구하는 신청으로 변질되어서는 아니 되므로, 신고를 하지 아니하였다는 이유만으로 옥외집회 또는 시위를 헌법의 보호 범위를 벗어나 개최가 허용되지 않는 집회 내지 시위라고 단정할 수 없다(대판 2012.4.19. 2010도6388).

④ [O] 이 사건 제3호 부분은 6.25 전쟁 및 4.19혁명 이후 남북한의 군사적 긴장 상태와 사회적 혼란이 계속되던 상황에서 우리 헌법을 관류하는 지배원리인 민주적 기본질서를 수호하기 위한 방어적 장치의 하나로 도입된 것으로 그 입법목적의 정당성을 인정할 수 있다. 한편, 민주적 기본질서에 위배되는 집회·시위를 금지하고 위반시 처벌하는 것은 민주적 기본질서에 실질적, 구체적인 위험을 초래할 수 있는 다수인의 결집과 집단적 의사표명을 사전에 배제한다는 범위 내에서는 위와 같은 입법목적 달성을 위하여 필요하고 적절한 수단이 될 수 있다(헌재 2016.9.29. 2014헌가3).

12 조약 정답 ④

옳지 않은 것은 ㄱ, ㄴ, ㄹ이다.

ㄱ. [X] 헌법 제60조 제1항은 열거규정으로 해석하는 것이 다수설과 판례의 입장이다. 따라서 어업조약은 국회의 동의를 요하는 조약이 아니다.

> **헌법 제60조** ① 국회는 상호원조 또는 안전보장에 관한 조약, 중요한 국제조직에 관한 조약, 우호통상항해조약, 주권의 제약에 관한 조약, 강화조약, 국가나 국민에게 중대한 재정적 부담을 지우는 조약 또는 입법사항에 관한 조약의 체결·비준에 대한 동의권을 가진다.

ㄴ. [X] 알 권리에서 파생되는 정부의 공개의무는 특별한 사정이 없는 한 국민의 적극적인 정보수집행위, 특히 특정의 정보에 대한 공개청구가 있는 경우에야 비로소 존재하므로, 정보공개청구가 없었던 경우 대한민국과 중화인민공화국이 2000.7.31. 체결한 양국간 마늘교역에 관한 합의서 및 그 부속서 중 "2003.1.1.부터 한국의 민간기업이 자유롭게 마늘을 수입할 수 있다."는 부분을 사전에 마늘재배농가들에게 공개할 정부의 의무는 인정되지 아니한다. 또한 공포의무가 인정되는 일정 범위의 조약의 경우에는 공개청구가 없더라도 알 권리에 상응하는 공개의무가 예외적으로 인정되는 것으로 생각해 볼 수도 있으나 위 부속서의 경우 그 내용이 이미 연도의 의미를 명확히 하고 한국이 이미 행한 3년간의 중국산 마늘에 대한 긴급수입제한 조치를 그 이후에는 다시 연장하지 않겠다는 방침을 선언한 것으로 집행적인 성격이 강하고, 특히 긴급수입제한조치의 연장은 중국과의 합의로 그 연장 여부가 최종적으로 결정된 것으로 볼 수 없는 점에 비추어 헌법적으로 정부가 반드시 공포하여 국내법과 같은 효력을 부여해야 한다고 단정할 수 없다(헌재 2004.12.16. 2002헌마579).

ㄷ. [O] '1994년 관세 및 무역에 관한 일반협정'(General Agreement on Tariffs and Trade 1994. 이하 'GATT'라 한다)은 1994. 12.16. 국회의 동의를 얻어 같은 달 23. 대통령의 비준을 거쳐 같은 달 30. 공포되고 1995.1.1. 시행된 조약인 '세계무역기구(WTO) 설립을 위한 마라케쉬협정'(Agreement Establishing the WTO)(조약 1265호)의 부속 협정(다자간 무역협정)이고, '정부조달에 관한 협정'(Agreement on Government Procurement, 이하 'AGP'라 한다)은 1994.12.16. 국회의 동의를 얻어 1997.1.3. 공포시행된 조약(조약 1363호, 복수국가간 무역협정)으로서 각 헌법 제6조 제1항에 의하여 국내법령과 동일한 효력을 가지므로 지방자치단체가 제정한 조례가 GATT나 AGP에 위반되는 경우에는 그 효력이 없다(대판 2005.9.9. 2004추10).

ㄹ. [X] 이 사건 조약은 그 명칭이 '협정'으로 되어 있어 국회의 관여 없이 체결되는 행정협정처럼 보이기도 하나 우리나라의 입장에서 볼 때에는 외국군대의 지위에 관한 것이고, 국가에게 재정적 부담을 지우는 내용과 입법사항을 포함하고 있으므로 국회의 동의를 요하는 조약으로 취급되어야 한다(헌재 1999.4.29. 97헌가14).

13 행정입법 정답 ④

ㄱ, ㄴ, ㄷ, ㄹ 모두 옳은 것이다.

ㄱ. [O] 법률에서 위임받은 사항을 전혀 규정하지 않고 모두 재위임하는 것은 "위임받은 권한을 그대로 다시 위임할 수 없다."는 복위임금지의 법리에 반할 뿐 아니라 수권법의 내용변경을 초래하는 것이 되고, 대통령령 이외의 법규명령의 제정·개정절차가 대통령령에 비하여 보다 용이한 점을 고려할 때 하위의 법규명령에 대한 재위임의 경우에도 대통령령에의 위임에 가하여지는 헌법상의 제한이 마땅히 적용되어야 할 것이다. 따라서 법률에서 위임받은 사항을 전혀 규정하지 아니하고 그대로 하위의 법규명령에 재위임하는 것은 허용되지 않으며 위임받은 사항에 관하여 대강(大綱)을 정하고 그 중의 특정사항을 범위를 정하여 하위의 법규명령에 다시 위임하는 경우에만 재위임이 허용된다(헌재 2002.10.31. 2001헌라1).

ㄴ. [O] 일반적으로 법률에서 일부 내용을 하위법령에 위임하는 경우 위임을 둘러싼 법률규정 자체에 대한 명확성의 문제는, 그 위임규정이 하위법령에 위임하고 있는 내용과는 무관하게 법률 자체에서 해당 부분을 완결적으로 정하고 있는지 여부에 따라 달라진다. 즉, 법률에서 사용된 추상적 용어가 하위법령에 규정될 내용과는 별도로 독자적인 규율 내용을 정하기 위한 것이라면 별도로 명확성원칙이 문제될 수 있으나, 그 추상적 용어가 하위법령에 규정될 내용의 범위를 구체적으로 정해주기 위한 역할을 하는 경우라면 명확성의 문제는 결국 포괄위임입법금지원칙 위반의 문제로 포섭될 것이다(헌재 2015.7.30. 2013헌바204).

ㄷ. [O] 다음으로 위임입법의 점에 관하여 살피건대, 처벌법규나 조세법규와 같이 국민의 기본권을 직접적으로 제한하거나 침해할 소지가 있는 법규에서는 위임의 구체성·명확성의 요구가 강화되어 그 위임의 요건과 범위가 일반적인 급부행정의 경우보다 더 엄격하게 제한적으로 규정되어야 하는 것은 사실이나, 규율대상이 지극히 다양하거나 수시로 변화하는 성질의 것일 때에는 위임의 구체성·명확성의 요건이 완화되어야 하는 것이고(헌재 1995.11.30. 91헌바1 ; 헌재 1999.7.22. 96헌바80), 특히 조세부담을 정함에 있어 과세요건에 대하여는 극히 전문기술적인 판단을 필요로 하는 경우가 많으므로, 그러한 경

우의 위임입법에 있어서는 기본적인 조세요건과 과세기준이 법률에 의하여 정하여지고 그 세부적인 내용의 입법을 하위법 규에 위임한 경우 모두를 헌법상 조세법률주의에 위반된다고 말할 수는 없을 것이다(헌재 2002.6.27. 2000헌바88).

ㄹ. [O] 위임입법의 한계의 법리는 헌법의 근본원리인 권력분립주의와 의회주의 내지 법치주의에 바탕을 두는 것이기 때문에 행정부에서 제정된 대통령령에서 규정한 내용이 정당한지 여부와는 직접적으로 관계가 없다고 하여야 할 것이다. 즉, 대통령령에서 규정한 내용이 헌법에 위반될 경우 그 대통령령의 규정이 위헌일 것은 물론이지만, 반대로 하위법규인 대통령령의 내용이 합헌적이라고 하여 수권법률의 합헌성까지를 의미하는 것은 아니다(헌재 1995.11.30. 94헌바14).

14 변호인의 조력을 받을 권리 정답 ②

① [O] 강력범죄 또는 조직폭력범죄의 수사와 재판에서 범죄입증을 위해 증언한 자의 인진을 효과적으로 보장해 줄 수 있는 조치가 마련되어야 할 필요성은 매우 크고, 경우에 따라서는 증인이 피고인의 변호인과 대면하여 진술하는 것으로부터 보호해야 할 필요성이 있을 수 있다. 피고인 등과 증인 사이에 차폐시설을 설치한 경우에도 피고인 및 변호인에게는 여전히 반대신문권이 보장되고, 증인신문과정에서 증언의 신빙성에 대한 최종 판단 권한을 가진 재판부가 증인의 진술태도를 충분히 관찰할 수 있으며, 형사소송법은 차폐시설을 설치하고 증인신문 절차를 진행할 경우 피고인으로부터 의견을 듣도록 하는 등 피고인이 받을 수 있는 불이익을 최소화하기 위한 장치를 마련하고 있다. 따라서 심판대상조항은 과잉금지원칙에 위배되어 청구인의 공정한 재판을 받을 권리 및 변호인의 조력을 받을 권리를 침해한다고 할 수 없다(헌재 2016.12.29. 2015헌바221).

❷ [X] 변호인의 조력을 받을 권리가 침해되는 것이 아니라, 재판청구권이 침해되어 위헌 판결이 내려진 판례이다.

※ 수용자는 변호인의 조력을 받을 권리의 주체가 아니다.

> 이 사건 접견조항에 따르면 수용자는 효율적인 재판준비를 하는 것이 곤란하게 되고, 특히 교정시설 내에서의 처우에 대하여 국가 등을 상대로 소송을 하는 경우에는 소송의 상대방에게 소송자료를 그대로 노출하게 되어 무기대등의 원칙이 훼손될 수 있다. 변호사 직무의 공공성, 윤리성 및 사회적 책임성은 변호사 접견권을 이용한 증거인멸, 도주 및 마약 등 금지물품 반입 시도 등의 우려를 최소화시킬 수 있으며, 변호사접견이라 하더라도 교정시설의 질서 등을 해할 우려가 있는 특별한 사정이 있는 경우에는 예외를 두도록 한다면 악용될 가능성도 방지할 수 있다. 따라서 이 사건 접견조항은 과잉금지원칙에 위배하여 청구인의 재판청구권을 지나치게 제한하고 있으므로, 헌법에 위반된다(헌재 2013.8.29. 2011헌마122).

③ [O] 변호인과의 자유로운 접견은 신체구속을 당한 사람에게 보장된 변호인의 조력을 받을 권리의 가장 중요한 내용이어서 국가안전보장, 질서유지, 공공복리 등 어떠한 명분으로도 제한될 수 있는 성질의 것이 아니다(헌재 1992.1.28. 91헌마111).

④ [O] 헌법 제12조 제4항의 변호인의 조력을 받을 권리는 신체의 자유에 관한 영역으로서 가사소송에서 당사자가 변호사를 대리인으로 선임하여 그 조력을 받는 것을 그 보호영역에 포함

된다고 보기 어렵고, 이 사건 법률조항이 가사소송의 당사자가 변호사의 조력을 얻어 소송수행을 하는 데 제약을 가하는 것도 아니므로, 재판청구권을 침해하는 것이라 볼 수도 없다(헌재 2012.10.25. 2011헌마598).

15 인간다운 생활권 정답 ②

① [O] 공상 공무원의 병가 및 공무상 질병휴직 기간에는 봉급이 전액 지급되므로(「공무원보수규정」 제28조), 공무원에게 휴업급여 내지 상병보상연금의 기능을 하는 급여 지급이 전혀 없다고 볼 수는 없다. 병가 및 공무상 질병휴직 기간이 허용되는 3년 6개월이 지나면 대체로 요양을 종결하는 단계에 접어들게 되어 공상 공무원으로서는 직무에 복귀할 수도 있고, 직무 복귀가 불가능하여 퇴직할 경우 장해등급의 판정을 받아 장해급여를 지급받을 수도 있다. … 이러한 점을 종합하면, 심판대상조항에서 휴업급여 내지 상병보상연금을 두지 않았다 하여 공무원에 대한 생계보장이 현저히 불합리하여 인간다운 생활을 할 권리를 침해할 정도에 이르렀다고 할 수는 없다(헌재 2024.2. 28. 2020헌마1587)

❷ [X] 심판대상조항에 따르면 대출을 신청하는 자는 친권자 내지 후견인인 반면, 상환의무를 부담하는 자는 유자녀로서 이러한 이원화구조를 취함에 따라 법정대리인과 유자녀 간의 이해충돌이라는 부작용이 일부 발생할 가능성이 있지만, 이를 이유로 생활자금 대출 사업 전체를 폐지하면, 대출로라도 생활자금의 조달이 필요한 유자녀에게 불이익이 돌아가게 될 수 있다. 이를 비롯하여 유자녀에 대한 적기의 경제적 지원 목적 달성 및 자동차 피해지원사업의 지속가능성 확보의 중요성, 대출 신청자의 이해충돌행위에 대한 「민법」상 부당이득반환청구 등 각종 일반적 구제수단의 존재 등을 고려하면, 심판대상조항이 청구인의 아동으로서의 인간다운 생활을 할 권리를 침해하였다고 보기 어렵다(헌재 2024.4.25. 2021헌마473).

③ [O] 공무원이 범죄행위로 형사처벌을 받은 경우 국민의 신뢰가 손상되고 공직 전체에 대한 신뢰를 실추시켜 공공의 이익을 해하는 결과를 초래하는 것은 그 이후 특별사면 및 복권을 받아 형의 선고의 효력이 상실된 경우에도 마찬가지이다. 또한, 형의 선고의 효력을 상실하게 하는 특별사면 및 복권을 받았다 하더라도 그 대상인 형의 선고의 효력이나 그로 인한 자격상실 또는 정지의 효력이 장래를 향하여 소멸되는 것에 불과하고, 형사처벌에 이른 범죄사실 자체가 부인되는 것은 아니므로, 공무원 범죄에 대한 제재수단으로서의 실효성을 확보하기 위하여 특별사면 및 복권을 받았다 하더라도 퇴직급여 등을 계속 감액하는 것을 두고 현저히 불합리하다고 평가할 수 없다. 나아가 심판대상조항에 의하여 퇴직급여 등의 감액대상이 되는 경우에도 본인의 기여금 부분은 보장하고 있다. 따라서 심판대상조항은 그 합리적인 이유가 인정되는바, 재산권 및 인간다운 생활을 할 권리를 침해한다고 볼 수 없어 헌법에 위반되지 아니한다(헌재 2020.4.23. 2018헌바402).

④ [O] 심판대상조항이 배우자의 재혼을 유족연금수급권 상실사유로 규정한 것은 배우자가 재혼을 통하여 새로운 부양관계를 형성함으로써 재혼 상대방 배우자를 통한 사적 부양이 가능해짐에 따라 더 이상 사망한 공무원의 유족으로서의 보호의 필요성이나 중요성을 인정하기 어렵다고 보았기 때문이다. 이는 한정된 재원의 범위 내에서 부양의 필요성과 중요성 등을 고려하여

유족들을 보다 효과적으로 보호하기 위한 것이므로, 입법재량의 한계를 벗어나 재혼한 배우자의 인간다운 생활을 할 권리와 재산권을 침해하였다고 볼 수 없다(헌재 2022.8.31. 2019헌가31).

---

16 | 사법권   정답 ④

① [O] 사법권의 독립은 권력분립을 그 중추적 내용의 하나로 하는 자유민주주의 체제의 특징적 지표이고 법치주의의 요소를 이룬다. 사법권의 독립은 재판상의 독립, 즉 법관이 재판을 함에 있어서 오직 헌법과 법률에 의하여 그 양심에 따라 할 뿐, 어떠한 외부적인 압력이나 간섭도 받지 않는다는 것뿐만 아니라, 재판의 독립을 위해 법관의 신분보장도 차질 없이 이루어져야 함을 의미한다(헌재 2016.9.29. 2015헌바331).

② [O] 구 법관징계법 제27조는 법관에 대한 대법원장의 징계처분 취소청구소송을 대법원에 의한 단심재판에 의하도록 규정하고 있는바, 이는 독립적으로 사법권을 행사하는 법관이라는 지위의 특수성과 법관에 대한 징계절차의 특수성을 감안하여 재판의 신속을 도모하기 위한 것으로 그 합리성을 인정할 수 있고, 대법원이 법관에 대한 징계처분 취소청구소송을 단심으로 재판하는 경우에는 사실확정도 대법원의 권한에 속하여 법관에 의한 사실확정의 기회가 박탈되었다고 볼 수 없으므로, 헌법 제27조 제1항의 재판청구권을 침해하지 아니한다(헌재 2012.2.23. 2009헌바34).

③ [O] 상고제기의 절차가 적법히 이루어졌는지를 검토하여 부적법한 경우에 선고되는 상고각하의 재판과는 달리, 심리불속행재판은 상고제기의 절차가 적법함을 전제로 하여 상고장에 기재된 상고이유가 법률상의 상고이유를 실질적으로 포함하고 있는가를 판단하는 것이므로 그 범위에서 실체판단의 성격을 가진다고 할 것이다. 결론적으로 심리불속행재판은 상고각하의 형식판단과 상고이유를 심리한 결과 이유 없다고 인정되는 경우에 내려지는 상고기각의 실체판단과의 중간적 지위를 가진 재판이라 할 것이다(헌재 1997.10.30. 97헌바37).

❹ [X] 대법원장은 중임할 수 없다.

> **헌법 제105조** ① 대법원장의 임기는 6년으로 하며, 중임할 수 없다.
> ② 대법관의 임기는 6년으로 하며, 법률이 정하는 바에 의하여 연임할 수 있다.

---

17 | 개인정보자기결정권   정답 ①

❶ [X] 신상정보 고지제도가 과잉금지원칙을 위반하여 인격권, 개인정보자기결정권을 침해한다고 볼 수 없다.

> 신상정보 고지조항은 성폭력범죄행위에 대하여 일반 국민에게 경각심을 주어 유사한 범죄를 예방하고, 성폭력범죄자로부터 잠재적인 피해자와 지역사회를 보호하며, 특히, 성범죄자들이 사회에 복귀함을 그 지역에 거주하는 아동·청소년들의 안전에 책임이 있는 자들에게 경고하여 성범죄자들이 거

주하는 지역의 아동·청소년의 안전을 보호하고자 하는 데 그 입법목적이 있다. 이러한 입법목적은 헌법 제37조 제2항의 질서유지를 위하여 필요한 것이므로 그 정당성이 인정된다. 또한, 성범죄자의 신상정보를 직접 우편 등으로 고지하는 것은 지역주민 등에게 경각심을 불러 일으키는 데 효과적이므로 수단의 적합성도 인정된다. … 신상정보 고지조항은 성폭력범죄자가 살고 있는 같은 최소한의 행정단위(읍·면·동)에 사는 지역주민 중 19세 미만의 미성년자녀를 둔 가구 및 교육기관의 장 등으로 고지상대방을 제한하고 있고, 고지되는 신상정보도 주민등록번호, 소유차량 등록번호나 직업 및 직장 등의 소재지 등 고지되었을 때 개인의 일상생활 영역에 지장을 초래할 수 있는 정보는 고지되지 않는다. … 신상정보 고지조항으로 인하여 성폭력범죄자가 입게 되는 불이익이 피해자 보호라는 공익에 비하여 결코 크다고 볼 수 없으므로 신상정보고지조항은 법익의 균형성도 갖추었다. 따라서 신상정보 고지조항은 과잉금지원칙을 위반하여 청구인의 인격권, 개인정보자기결정권을 침해한다고 볼 수 없다(헌재 2016.5.26. 2015헌바212).

② [O] 접견기록물의 제공은 제한적으로 이루어지고, 제공된 접견내용은 수사와 공소제기 등에 필요한 범위 내에서만 사용하도록 제도적 장치가 마련되어 있으며, 사적 대화내용을 분리하여 제공하는 것은 그 구분이 실질적으로 불가능하고, 범죄와 관련 있는 대화내용을 쉽게 파악하기 어려워 전체제공이 불가피한 점 등을 고려할 때 침해의 최소성 요건도 갖추고 있다. 나아가 접견내용이 기록된다는 사실이 미리 고지되어 그에 대한 보호가치가 그리 크다고 볼 수 없는 점 등을 고려할 때, 법익의 불균형을 인정하기도 어려우므로, 과잉금지원칙에 위반하여 청구인의 개인정보자기결정권을 침해하였다고 볼 수 없다(헌재 2012.12.27. 2010헌마153).

③ [O] 성범죄자의 재범을 억제하고 재범 발생시 수사의 효율성을 제고하기 위하여, 일정한 성범죄를 저지른 자로부터 신상정보를 제출받아 보존·관리하는 것은 정당한 목적을 위한 적합한 수단이다. 그러나 모든 성범죄자가 신상정보 등록대상이 되어서는 안 되고, 신상정보 등록제도의 입법목적에 필요한 범위 내로 제한되어야 한다. 통신매체이용음란죄의 구성요건에 해당하는 행위 태양은 행위자의 범의·범행 동기·행위 상대방·행위 횟수 및 방법 등에 따라 매우 다양한 유형이 존재하고, 개별 행위유형에 따라 재범의 위험성 및 신상정보 등록 필요성은 현저히 다르다. 그런데 심판대상조항은 통신매체이용음란죄로 유죄판결이 확정된 사람은 누구나 법관의 판단 등 별도의 절차 없이 필요적으로 신상정보 등록대상자가 되도록 하고 있고, 등록된 이후에는 그 결과를 다툴 방법도 없다. 그렇다면 심판대상조항은 통신매체이용음란죄의 죄질 및 재범의 위험성에 따라 등록대상을 축소하거나, 유죄판결 확정과 별도로 신상정보 등록 여부에 관하여 법관의 판단을 받도록 하는 절차를 두는 등 기본권 침해를 줄일 수 있는 다른 수단을 채택하지 않았다는 점에서 침해의 최소성 원칙에 위배된다. 또한, 심판대상조항으로 인하여 비교적 불법성이 경미한 통신매체이용음란죄를 저지르고 재범의 위험성이 인정되지 않는 이들에 대하여는 달성되는 공익과 침해되는 사익 사이에 불균형이 발생할 수 있다는 점에서 법익의 균형성도 인정하기 어렵다(헌재 2016.3.31. 2015헌마688).

④ [O] 어떤 범죄가 행해진 후 시간이 흐를수록 수사의 단서로서나 상습성 판단자료, 양형자료로서의 가치는 감소하므로, 모든 소년부송치 사건의 수사경력자료를 해당 사건의 경중이나 결정

이후 경과한 시간 등에 대한 고려 없이 일률적으로 당사자가 사망할 때까지 보존할 필요가 있다고 보기는 어렵고, 불처분결정된 소년부송치 사건의 수사경력자료가 조회 및 회보되는 경우에도 이를 통해 추구하는 실체적 진실발견과 형사사법의 정의 구현이라는 공익에 비해, 당사자가 입을 수 있는 실질적 또는 심리적 불이익과 그로 인한 재사회화 및 사회복귀의 어려움이 더 크다. 따라서 심판대상조항은 과잉금지원칙을 위반하여 소년부송치 후 불처분결정을 받은 자의 개인정보자기결정권을 침해한다(헌재 2021.6.24. 2018헌가2).

---

18 탄핵심판   정답 ③

① [O] 대통령의 '직책을 성실히 수행할 의무'는 헌법적 의무에 해당하지만, '헌법을 수호해야 할 의무'와는 달리 규범적으로 그 이행이 관철될 수 있는 성격의 의무가 아니므로 원칙적으로 사법적 판단의 대상이 되기는 어렵다. 대통령이 임기 중 성실하게 직책을 수행하였는지 여부는 다음 선거에서 국민의 심판의 대상이 될 수 있다. 그러나 대통령 단임제를 채택한 현행 헌법하에서 대통령은 법적으로뿐만 아니라 정치적으로도 국민에 대하여 직접적으로는 책임을 질 방법이 없고, 다만 대통령의 성실한 직책수행 여부가 간접적으로 그가 소속된 정당에 대하여 정치적 반사이익 또는 불이익을 가져다 줄 수 있을 뿐이다. 헌법 제65조 제1항은 탄핵사유를 '헌법이나 법률에 위배한 경우'로 제한하고 있고, 헌법재판소의 탄핵심판절차는 법적 관점에서 단지 탄핵사유의 존부만을 판단하는 것이므로, 이 사건에서 청구인이 주장하는 것과 같은 세월호 참사 당일 피청구인이 직책을 성실히 수행하였는지 여부는 그 자체로 소추사유가 될 수 없어, 탄핵심판절차의 판단대상이 되지 아니한다(헌재 2017.3.10. 2016헌나1).

② [O] 피청구인의 이 사건 헌법과 법률 위배행위는 국민의 신임을 배반한 행위로서 헌법수호의 관점에서 용납될 수 없는 중대한 법 위배행위라고 보아야 한다. 그렇다면 피청구인의 법 위배행위가 헌법질서에 미치게 된 부정적 영향과 파급 효과가 중대하므로, 국민으로부터 직접 민주적 정당성을 부여받은 피청구인을 파면함으로써 얻는 헌법수호의 이익이 대통령 파면에 따르는 국가적 손실을 압도할 정도로 크다고 인정된다(헌재 2017.3.10. 2016헌나1).

❸ [X] 대통령이 노○강과 진○수에 대하여 문책성 인사를 하도록 지시한 이유가 이들이 최○원의 사익 추구에 방해가 되기 때문이었다고 보기는 부족하고, 달리 이 사건에서 이러한 사실을 인정할 수 있는 증거가 없다. 또 피청구인이 유○룡을 면직한 이유나 대통령비서실장이 1급 공무원 6인으로부터 사직서를 제출받도록 지시한 이유도 이 사건에서 제출된 증거만으로는 분명하지 않다. 따라서 이 부분 소추사유는 받아들일 수 없다(헌재 2017.3.10. 2016헌나1).

④ [O] 헌법재판소법 제53조 제1항은 '탄핵심판 청구가 이유 있는 경우' 피청구인을 파면하는 결정을 선고하도록 규정하고 있다. 그런데 대통령에 대한 파면결정은 국민이 선거를 통하여 대통령에게 부여한 민주적 정당성을 임기 중 박탈하는 것으로서 국정 공백과 정치적 혼란 등 국가적으로 큰 손실을 가져올 수 있으므로 신중하게 이루어져야 한다. 따라서 대통령을 탄핵하기 위해서는 대통령의 법 위배행위가 헌법질서에 미치는 부정적 영향과 해악이 중대하여 대통령을 파면함으로써 얻는 헌법

수호의 이익이 대통령 파면에 따르는 국가적 손실을 압도할 정도로 커야 한다. 즉, '탄핵심판청구가 이유 있는 경우'란 대통령의 파면을 정당화할 수 있을 정도로 중대한 헌법이나 법률 위배가 있는 때를 말한다. 대통령의 파면을 정당화할 수 있는 헌법이나 법률 위배의 중대성을 판단하는 기준은 탄핵심판절차가 헌법을 수호하기 위한 제도라는 관점과 파면결정이 대통령에게 부여한 국민의 신임을 박탈한다는 관점에서 찾을 수 있다. 탄핵심판절차가 궁극적으로 헌법의 수호에 기여하는 절차라는 관점에서 보면, 파면결정을 통하여 손상된 헌법질서를 회복하는 것이 요청될 정도로 대통령의 법 위배행위가 헌법수호의 관점에서 중대한 의미를 가지는 경우에 비로소 파면결정이 정당화된다. 또 대통령이 국민으로부터 직접 민주적 정당성을 부여받은 대의기관이라는 관점에서 보면, 대통령에게 부여한 국민의 신임을 임기 중 박탈하여야 할 정도로 대통령이 법 위배행위를 통하여 국민의 신임을 배반한 경우에 한하여 대통령에 대한 탄핵사유가 존재한다고 보아야 한다(헌재 2017.3.10. 2016헌나1).

---

19 국회의원의 면책특권   정답 ④

① [O] 국회의원의 면책특권의 대상이 되는 행위는 직무상의 발언과 표결이라는 의사표현행위 자체에 국한되지 아니하고 이에 통상적으로 부수하여 행하여지는 행위까지 포함하고, 그와 같은 부수행위인지 여부는 결국 구체적인 행위의 목적, 장소, 태양 등을 종합하여 개별적으로 판단할 수밖에 없다(대판 1992.9.22. 91도3317).

② [O] 면책특권의 목적 및 취지 등에 비추어 볼 때, 발언 내용 자체에 의하더라도 직무와는 아무런 관련이 없음이 분명하거나, 명백히 허위임을 알면서도 허위의 사실을 적시하여 타인의 명예를 훼손하는 경우 등까지 면책특권의 대상이 될 수는 없지만, 발언 내용이 허위라는 점을 인식하지 못하였다면 비록 발언 내용에 다소 근거가 부족하거나 진위여부를 확인하기 위한 조사를 제대로 하지 않았다고 하더라도, 그것이 직무 수행의 일환으로 이루어진 것인 이상 이는 면책특권의 대상이 된다(대판 2007.1.12. 2005다57752).

③ [O] 「국회법」 제150조에 대한 옳은 내용이다.

> **제150조【현행범인의 체포】** 경위나 국가경찰공무원은 국회 안에 현행범인이 있을 때에는 체포한 후 의장의 지시를 받아야 한다. 다만, 회의장 안에서는 의장의 명령 없이 의원을 체포할 수 없다.

❹ [X] 면책특권의 목적 및 취지 등에 비추어 볼 때, 발언 내용 자체에 의하더라도 직무와는 아무런 관련이 없음이 분명하거나, 명백히 허위임을 알면서도 허위의 사실을 적시하여 타인의 명예를 훼손하는 경우 등까지 면책특권의 대상이 될 수는 없지만, 발언 내용이 허위라는 점을 인식하지 못하였다면 비록 발언 내용에 다소 근거가 부족하거나 진위여부를 확인하기 위한 조사를 제대로 하지 않았다고 하더라도, 그것이 직무 수행의 일환으로 이루어진 것인 이상 이는 면책특권의 대상이 된다(대판 2007.1.12. 2005다57752).

20 대법원 　　　　정답 ④

① [O] 대법관의 수는 헌법이 아닌 법원조직법에 명시되어 있다.

> 「법원조직법」제4조【대법관】① 대법원에 대법관을 둔다.
> ② 대법관의 수는 대법원장을 포함하여 14명으로 한다.

② [O] 헌법 제105조에 대한 옳은 설명이다.

> 제105조 ① 대법원장의 임기는 6년으로 하며, 중임할 수 없다.
> ② 대법관의 임기는 6년으로 하며, 법률이 정하는 바에 의하여 연임할 수 있다.

③ [O] 헌법 제104조에 대한 옳은 설명이다.

> 제104조 ① 대법원장은 국회의 동의를 얻어 대통령이 임명한다.
> ② 대법관은 대법원장의 제청으로 국회의 동의를 얻어 대통령이 임명한다.
> ③ 대법원장과 대법관이 아닌 법관은 대법관회의의 동의를 얻어 대법원장이 임명한다.

❹ [X] 대통령선거 및 국회의원선거의 당선소송에서는 '후보자를 추천한 정당 또는 후보자'는 원고가 될 수 있으나, '당선의 효력에 이의가 있는 선거인'은 원고가 될 수 없다. 또한 지방의회의원 및 지방자치단체의 장의 선거의 당선소송에서도 '결정에 불복이 있는 소청인 또는 당선인인 피소청인'은 원고가 될 수 있으나 '당선의 효력에 이의가 있는 선거인'은 원고가 될 수 없다. 대통령선거, 국회의원선거, 비례대표시·도의원선거, 시·도지사선거에 있어서는 대법원에 소를 제기할 수 있고, 지역구시·도의원선거, 자치구·시·군의원선거, 자치구·시·군의 장 선거에 있어서는 그 선거구를 관할하는 고등법원에 소를 제기할 수 있다.

> 「공직선거법」제223조【당선소송】① 대통령선거 및 국회의원선거에 있어서 당선의 효력에 이의가 있는 정당(후보자를 추천한 정당에 한한다) 또는 후보자는 당선인 결정일부터 30일 이내에 제52조 제1항·제3항 또는 제192조 제1항부터 제3항까지의 사유에 해당함을 이유로 하는 때에는 당선인을, 제187조(대통령당선인의 결정·공고·통지) 제1항·제2항, 제188조(지역구 국회의원 당선인의 결정·공고·통지)제1항 내지 제4항, 제189조(비례대표국회의원의석의 배분과 당선인의 결정·공고·통지) 또는 제194조(당선인의 재결정과 비례대표국회의원의석 및 비례대표지방의회의원의석의 재배분) 제4항의 규정에 의한 결정의 위법을 이유로 하는 때에는 대통령선거에 있어서는 그 당선인을 결정한 중앙선거관리위원회 위원장 또는 국회의장을, 국회의원선거에 있어서는 당해 선거구선거관리위원회위원장을 각각 피고로 하여 대법원에 소를 제기할 수 있다.
> ② 지방의회의원 및 지방자치단체의 장의 선거에 있어서 당선의 효력에 관한 제220조의 결정에 불복이 있는 소청인 또는 당선인인 피소청인(제219조 제2항 후단에 따라 선거구선거관리위원회 위원장이 피소청인인 경우에는 당선인을 포함한다)은 해당 소청에 대하여 기각 또는 각하 결정이 있는 경우(제220조 제1항의 기간 내에 결정하지 아니한 때를 포함한다)에는 당선인(제219조 제2항 후단을 이유로 하는 때에는 관할선거구선거관리위원회 위원장을 말한다)을, 인용결정이 있는 경우에는 그 인용결정을 한 선거관리위원회 위원장을 피고로 하여 그 결정서를 받은 날(제220조 제1항의 기간 내에 결정하지 아니한 때에는 그 기간이 종료된 날)부터 10일 이내에 비례대표시·도의원선거 및 시·도지사선거에 있어서는 대법원에, 지역구시·도의원선거, 자치구·시·군의원선거 및 자치구·시·군의 장 선거에 있어서는 그 선거구를 관할하는 고등법원에 소를 제기할 수 있다.

21 개인정보자기결정권 　　　　정답 ③

① [O] 개인정보자기결정권의 보호대상이 되는 개인정보는 개인의 신체, 신념, 사회적 지위, 신분 등과 같이 개인의 인격주체성을 특징짓는 사항으로서 그 개인의 동일성을 식별할 수 있게 하는 일체의 정보라고 할 수 있고, 반드시 개인의 내밀한 영역이나 사사(私事)의 영역에 속하는 정보에 국한되지 않고 공적 생활에서 형성되었거나 이미 공개된 개인정보까지 포함한다. 또한 그러한 개인정보를 대상으로 한 조사·수집·보관·처리·이용 등의 행위는 모두 원칙적으로 개인정보자기결정권에 대한 제한에 해당한다(헌재 2005.5.26. 99헌마513·2004헌마190).

② [O] 선거운동기간 중 정치적 익명표현의 부정적 효과는 익명성 외에도 해당 익명표현의 내용과 함께 정치적 표현행위를 규제하는 관련 제도, 정치적·사회적 상황의 여러 조건들이 아울러 작용하여 발생하므로, 모든 익명표현을 사전적·포괄적으로 규율하는 것은 표현의 자유보다 행정편의와 단속편의를 우선함으로써 익명표현의 자유와 개인정보자기결정권 등을 지나치게 제한한다(헌재 2021.1.28. 2018헌마456).

❸ [X] 인터넷언론사의 공개된 게시판·대화방에서 스스로의 의사에 의하여 정당·후보자에 대한 지지·반대의 글을 게시하는 행위가 양심의 자유나 사생활 비밀의 자유에 의하여 보호되는 영역이라고 할 수 없다(헌재 2010.2.25. 2008헌마324).

④ [O] 서울용산경찰서장은 청구인들을 검거하기 위해서 국민건강보험공단에게 청구인들의 요양급여내역을 요청한 것인데, 서울용산경찰서장은 그와 같은 요청을 할 당시 전기통신사업자로부터 위치추적자료를 제공받는 등으로 청구인들의 위치를 확인하였거나 확인할 수 있는 상태였다. 따라서 서울용산경찰서장이 청구인들을 검거하기 위하여 청구인들의 약 2년 또는 3년이라는 장기간의 요양급여내역을 제공받는 것이 불가피하였다고 보기 어렵다. … 그렇다면 이 사건 정보제공행위는 이 사건 정보제공조항 등이 정한 요건을 충족한 것으로 볼 수 없고, 침해의 최소성 및 법익의 균형성에 위배되어 청구인들의 개인정보자기결정권을 침해하였다(헌재 2018.8.30. 2014헌마368).

22 교육을 받을 권리 　　　　정답 ④

① [O] 고졸검정고시 공고일 기준 고등학교를 퇴학한 이후 6개월 동안 고졸검정고시의 응시자격을 제한한 심판대상조항은 청구인들의 교육을 받을 권리를 침해한다고 볼 수 없다(헌재 2022.5.26. 2020헌마1512 등).

② [O] 헌법 제31조 제1항에서 보장되는 교육의 기회균등권은 '정신적·육체적 능력 이외의 성별·종교·경제력·사회적 신분 등에 의하여 교육을 받을 기회를 차별하지 않고, 즉 합리적 차별사유 없이 교육을 받을 권리를 제한하지 아니함과 동시에 국가가 모든 국민에게 균등한 교육을 받게 하고 특히 경제적 약자가 실질적인 평등교육을 받을 수 있도록 적극적 정책을 실현해야 한다는 것'을 의미하므로, 실질적인 평등교육을 실현해야 할 국가의 적극적인 의무가 인정되지만, 이러한 의무조항으로부터 국민이 직접 실질적 평등교육을 위한 교육비를 청구할 권리가 도출되는 것은 아니다(헌재 2003.11.27. 2003헌바39).

③ [O] 자녀의 양육과 교육에 있어서 부모의 교육권은 교육의 모든 영역에서 존중되어야 하며, 다만, 학교교육에 관한 한, 국가는 헌법 제31조에 의하여 부모의 교육권으로부터 원칙적으로 독립된 독자적인 교육권한을 부여받음으로써 부모의 교육권과 함께 자녀의 교육을 담당하지만, 학교 밖의 교육영역에서는 원칙적으로 부모의 교육권이 우위를 차지한다(헌재 2000.4.27. 98헌가16).

❹ [X] 사립학교에도 국·공립학교처럼 의무적으로 운영위원회를 두도록 할 것인지, 아니면 임의단체인 기존의 육성회 등으로 하여금 유사한 역할을 계속할 수 있게 하고 법률에서 규정된 운영위원회를 재량사항으로 하여 그 구성을 유도할 것인지의 여부는 입법자의 입법형성영역인 정책문제에 속하고, 그 재량의 한계를 현저하게 벗어나지 않는 한 헌법위반으로 단정할 것은 아니다. 청구인이 위 조항으로 인하여 사립학교의 운영위원회에 참여하지 못하였다고 할지라도 그로 인하여 교육참여권이 침해되었다고 볼 수 없다. 입법자가 국·공립학교와는 달리 사립학교를 설치·경영하는 학교법인 등이 당해학교에 운영위원회를 둘 것인지의 여부를 스스로 결정할 수 있도록 한것은 사립학교의 특수성과 자주성을 존중하는 데 그 목적이 있으므로 결국 위 조항이 국·공립학교의 학부모에 비하여 사립학교의 학부모를 차별취급한 것은 합리적이고 정당한 사유가 있어 평등권을 침해한 것이 아니다(헌재 1999.3.25. 97헌마130).

23 국가긴급권 정답 ①

❶ [X] 헌법 제76조 제2항의 '긴급명령'은 '국회의 집회가 불가능한 때' 한하여 발령할 수 있고, 헌법 제76조 제1항의 '긴급재정경제명령'은 '국회의 집회를 기다릴 여유가 없을 때' 발령할 수 있다.

> **헌법 제76조** ① 대통령은 내우·외환·천재·지변 또는 중대한 재정·경제상의 위기에 있어서 국가의 안전보장 또는 공공의 안녕질서를 유지하기 위하여 긴급한 조치가 필요하고 국회의 집회를 기다릴 여유가 없을 때에 한하여 최소한으로 필요한 재정·경제상의 처분을 하거나 이에 관하여 법률의 효력을 가지는 명령을 발할 수 있다.
> ② 대통령은 국가의 안위에 관계되는 중대한 교전상태에 있어서 국가를 보위하기 위하여 긴급한 조치가 필요하고 국회의 집회가 불가능한 때에 한하여 법률의 효력을 가지는 명령을 발할 수 있다.

② [O] 헌법 제77조 제5항에 대한 옳은 내용이다.

> **제77조** ⑤ 국회가 재적의원 과반수의 찬성으로 계엄의 해제를 요구한 때에는 대통령은 이를 해제하여야 한다.

③ [O] 헌법 제89조 제5호에 대한 옳은 내용이다.

> **제89조** 다음 사항은 국무회의의 심의를 거쳐야 한다.
> 5. 대통령의 긴급명령·긴급재정경제처분 및 명령 또는 계엄과 그 해제

④ [O] 대통령의 긴급재정경제명령은 국가긴급권의 일종으로서 고도의 정치적 결단에 의하여 발동되는 행위이고 그 결단을 존중하여야 할 필요성이 있는 행위라는 의미에서 이른바 통치행위에 속한다고 할 수 있으나, 통치행위를 포함하여 모든 국가작용은 국민의 기본권적 가치를 실현하기 위한 수단이라는 한계를 반드시 지켜야 하는 것이고, 헌법재판소는 헌법의 수호와 국민의 기본권 보장을 사명으로 하는 국가기관이므로 비록 고도의 정치적 결단에 의하여 행해지는 국가작용이라고 할지라도 그것이 국민의 기본권 침해와 직접 관련되는 경우에는 당연히 헌법재판소의 심판 대상이 된다(헌재 1996.2.29. 93헌마186).

24 사회적 기본권 정답 ③

옳은 것은 ㄱ, ㄹ, ㅁ이다.

ㄱ. [O] 대학 교육과정의 수준과 내용, 그에 따른 학생들의 학업 부담, 현역병과 달리 내무생활을 하지 않는 사회복무요원의 복무형태 등을 고려하면, 심판대상조항이 사회복무요원에 대해 대학에서의 수학행위를 제한한 것은 사회복무요원의 충실한 병역의무 이행을 확보하고 다른 병역과의 형평성을 유지하기 위한 것이므로, 그 필요성을 충분히 인정할 수 있다. 분할복무를 신청하여 복무중단 중인 사회복무요원에 대해 대학에서 수학하는 행위를 허용하는 것은 분할복무제도의 취지에 반하여 사회복무요원이 병역의무를 충실히 이행하고 전념하게 하는 데에 부합하지 않을 뿐만 아니라, 그 기간 동안 대학에 정상적으로 복학하여 수학할 수 있다고 단정할 수도 없고, 병역부담의 형평성과 사회복무제도에 대한 사회적 신뢰도 무너뜨릴 위험이 있으므로, 사회복무요원의 교육을 통한 자유로운 인격발현권을 덜 침해하는 대안이라고 볼 수 없다. 사회복무요원은 구 병역법 시행령 제65조의3 제4호 단서에 따라 근무시간 후에 방송통신에 의한 수업이나 원격수업으로 수학할 수 있고, 개인적으로 수학하는 것도 전혀 제한되지 않는다. 따라서 심판대상조항은 과잉금지원칙에 반하여 청구인의 교육을 통한 자유로운 인격발현권을 침해하지 않는다(헌재 2021.6.24. 2018헌마526).

ㄴ. [X] 부모가 자녀의 이름을 지어주는 것은 자녀의 양육과 가족생활을 위하여 필수적인 것이고, 가족생활의 핵심적 요소라 할 수 있으므로, '부모가 자녀의 이름을 지을 자유'는 혼인과 가족생활을 보장하는 헌법 제36조 제1항과 행복추구권을 보장하는 헌법 제10조에 의하여 보호받는다(헌재 2016.7.28. 2015헌마964).

ㄷ. [X] 결과적으로 장애인가구는 비장애인가구에 비교하여 볼 때 최저생계비에 장애로 인한 추가비용을 반영하여 생계급여액을 상향조정함과 비슷한 효과를 나타내고 있는 점, 장애인가구는 비장애인가구와 비교하여 각종 법령 및 정부시책에 따른 각종 급여 및 부담감면으로 인하여 최저생계비의 비목에 포함되는 보건의료비, 교통·통신비, 교육비, 교양·오락비, 비소비지출비를 추가적으로 보전받고 있는 점을 고려할 때, 국가가 생활능력 없는 장애인의 인간다운 생활을 보장하기 위한 조치를 취함에 있어서 국가가 실현해야 할 객관적 내용의 최소한도의 보장에도 이르지 못하였다거나 헌법상 용인될 수 있는 재량의 범위를 명백히 일탈하였다고는 보기 어렵고, 또한 장애인가구와 비장애인가구에게 일률적으로 동일한 최저생계비를 적용한 것을 자의적인 것으로 볼 수는 없다. 따라서 보건복지부장관이 2002년도 최저생계비를 고시함에 있어 장애로 인한 추가지출비용을 반영한 별도의 최저생계비를 결정하지 않은 채 가구별 인원수만을 기준으로 최저생계비를 결정한 것은 생활능력 없는 장애인가구 구성원의 인간의 존엄과 가치 및 행복추구권, 인간다운 생활을 할 권리, 평등권을 침해하였다고 할 수 없다(헌재 2004.10.28. 2002헌마328).

ㄹ. [O] '부모의 자녀에 대한 교육권'은 비록 헌법에 명문으로 규정되어 있지는 아니하지만, 이는 모든 인간이 누리는 불가침의 인권으로서 혼인과 가족생활을 보장하는 헌법 제36조 제1항, 행복추구권을 보장하는 헌법 제10조 및 "국민의 자유와 권리는 헌법에 열거되지 아니한 이유로 경시되지 아니한다."라고 규정하는 헌법 제37조 제1항에서 나오는 중요한 기본권이다(헌재 2000.4.27. 98헌가16 등).

ㅁ. [O] 헌법재판소는 2007.3.29. 2005헌바33 사건에서 구 공무원연금법(1995.12.29. 법률 제5117호로 개정되고, 2009.12.31. 법률 제9905호로 개정되기 전의 것) 제64조 제1항 제1호(이하 '구법조항'이라 한다)가 공무원의 '신분이나 직무상 의무'와 관련이 없는 범죄에 대해서도 퇴직급여의 감액사유로 삼는 것이 퇴직공무원들의 기본권을 침해한다는 이유로 헌법불합치결정을 하였고, 이 사건 감액조항은 그에 따른 개선입법이다. 공무원의 직무와 관련이 없는 범죄라 할지라도 고의범의 경우에는 공무원의 법령준수의무, 청렴의무, 품위유지의무 등을 위반한 것으로 볼 수 있으므로 이를 퇴직급여의 감액사유에서 제외하지 아니하더라도 위 헌법불합치결정의 취지에 반한다고 볼 수 없다(헌재 2013.8.29. 2010헌바354).

---

25 평등권   정답 ②

옳지 않은 것은 ㄱ, ㄴ, ㄹ이다.

ㄱ. [X] 부모에 대한 보상금 지급에 있어서 예외 없이 오로지 1명에 한정하여 지급해야 할 필요성이 크다고 볼 수 없다. 심판대상조항이 국가의 재정부담능력의 한계를 이유로 하여 부모 1명에 한정하여 보상금을 지급하도록 하면서 어떠한 예외도 두지 않은 것에는 합리적 이유가 있다고 보기 어렵다. 심판대상조항 중 나이가 많은 자를 우선하도록 한 것 역시 문제된다. 나이에 따른 차별은 연장자를 연소자에 비해 우대하는 전통적인 유교 사상에 기초한 것으로 보이나, 부모 중 나이가 많은 자가 나이가 적은 자를 부양한다고 일반화할 합리적인 이유가 없고, 부모 상호간에 노동능력 감소 및 부양능력에 현저히 차이가 있을 정도의 나이 차이를 인정하기 어려운 경우도 많다. 오히려

직업이나 보유재산에 따라 연장자가 경제적으로 형편이 더 나은 경우에도 그 보다 생활이 어려운 유족을 배제하면서까지 연장자라는 이유로 보상금을 지급하는 것은 보상금 수급권이 갖는 사회보장적 성격에 부합하지 아니한다. 심판대상조항은 나이가 적은 부모 일방의 평등권을 침해하여 헌법에 위반된다(헌재 2018.6.28. 2016헌가14).

ㄴ. [X] 심판대상조항은 과잉금지원칙을 위반하여 세무사 자격 보유 변호사의 직업선택의 자유를 침해하므로 헌법에 위반된다. 제청법원은 심판대상조항이 평등원칙에 위반된다는 주장도 하나, 심판대상조항이 세무사 자격 보유 변호사의 직업선택의 자유를 침해하여 헌법에 위반된다고 판단하는 이상, 위 주장에 대해서는 더 나아가 판단하지 아니한다(헌재 2018.4.26. 2015헌가19).

ㄷ. [O] 기탁금제도의 실효성을 확보하기 위해서는 기탁금 반환에 대하여 일정한 요건을 정하여야 하는데, 유권자의 의사가 반영된 유효투표총수를 기준으로 하는 것은 합리적인 방법이며, 유효투표총수의 100분의 10 또는 15 이상을 득표하도록 하는 것이 지나치게 높은 기준이라고 보기 어려우므로, 기탁금 반환 조항은 청구인의 평등권을 침해하지 아니한다(헌재 2021.9.30. 2020헌마899).

ㄹ. [X] 이 사건 법률조항은 고소인과 피고소인 사이에 자율적인 화해가 이루어질 수 있도록 어느 정도의 시간을 보장함으로써 국가형벌권의 남용을 방지하는 동시에 국가형벌권의 행사가 전적으로 고소인의 의사에 의해 좌우되는 것 또한 방지하는 한편, 가급적 고소 취소가 제1심 판결선고 전에 이루어지도록 유도함으로써 남상소를 막고, 사법자원이 효율적으로 분배될 수 있도록 하는 역할을 한다. 또한, 경찰·검찰의 수사단계에서부터 제1심 판결선고 전까지의 기간이 고소인과 피고소인 상호간에 숙고된 합의를 이루어낼 수 없을 만큼 부당하게 짧은 기간이라고 하기 어렵고, 현행 형사소송법상 제1심과 제2심이 모두 사실심이기는 하나 제2심은 제1심에 대한 항소심인 이상 두 심급이 근본적으로 동일하다고 볼 수는 없다. 따라서 이 사건 법률조항이 항소심 단계에서 고소 취소된 사람을 자의적으로 차별하는 것이라고 할 수는 없다(헌재 2011.2.24. 2008헌바40).

ㅁ. [O] 공무원이 지위를 이용하여 범한 공직선거법위반죄의 경우 선거의 공정성을 중대하게 저해하고 공권력에 의하여 조직적으로 은폐되어 단기간에 밝혀지기 어려울 수도 있어 단기 공소시효에 의할 경우 처벌규정의 실효성을 확보하지 못할 수 있다. 이러한 취지에서 공무원이 지위를 이용하여 범한 공직선거법위반죄의 경우 해당 선거일 후 10년으로 공소시효를 정한 입법자의 판단은 합리적인 이유가 인정되므로 평등원칙에 위반되지 않는다(헌재 2022.8.31. 2018헌바440).

정답 p.72

01	③	I	06	③	I	11	④	II	16	③	III	21	③	III
02	②	II	07	④	III	12	④	IV	17	④	II	22	①	III
03	②	II	08	②	IV	13	④	II	18	④	II	23	②	II
04	③	I	09	④	II	14	②	III	19	③	II	24	②	II
05	④	III	10	②	IV	15	④	III	20	③	II	25	②	III

취약 단원 분석표

단원	맞힌 답의 개수
I	/ 3
II	/ 11
III	/ 8
IV	/ 3
TOTAL	/ 25

I 헌법총론 / II 기본권론 / III 통치구조론 / IV 헌법재판론

---

01 헌정사　　　　　　　　　　　정답 ③

① [X] 구속적부심사제도는 1948년 미군정법령에 의해 도입된 후 제헌헌법에서부터 규정되었으며 1972년 제7차 개정헌법에서 삭제되었다가, 1980년 제8차 개정헌법에서 부활하였다.

② [X] 제헌헌법에서 국회는 임기 4년의 단원제였다. 제1차 개정헌법에서 양원제를 채택하였지만 단원제로 운용되었다.

❸ [O] '국민투표권'을 최초로 규정한 것은 1954년 제2차 개헌 때이고, '헌법개정에 대한 국민투표제'는 1962년 제5차 개헌에서 처음 규정하였다.

> **제2차 개정헌법(1954년) 제7조의2** 대한민국의 주권의 제약 또는 영토의 변경을 가져올 국가안위에 관한 중대사항은 국회의 가결을 거친 후에 국민투표에 부하여 민의원의 원선거권자 3분지 2 이상의 투표와 유효투표 3분지 2 이상의 찬성을 얻어야 한다.

④ [X] 제4차 개정에서는 헌법부칙만 개정하고 헌법전문과 본문은 개정하지 아니하였다.

---

02 죄형법정주의　　　　　　　　정답 ②

① [O] 처벌을 규정하고 있는 법률조항이 구성요건이 되는 행위를 같은 법률조항에서 직접 규정하지 않고 다른 법률조항에서 이미 규정한 내용을 원용하였다거나 그 내용 중 일부를 괄호 안에 규정하였다는 사실만으로 명확성원칙에 위반된다고 할 수는 없다(헌재 2010.3.25. 2009헌바121).

❷ [X] 심판대상조항은 알몸을 '지나치게 내놓는' 것이 무엇인지 그 판단 기준을 제시하지 않아 무엇이 지나친 알몸노출행위인지 판단하기 쉽지 않고, '가려야 할 곳'의 의미도 알기 어렵다. 심판대상조항 중 '부끄러운 느낌이나 불쾌감'은 사람마다 달리 평가될 수밖에 없고, 노출되었을 때 부끄러운 느낌이나 불쾌감을 주는 신체부위도 사람마다 달라 '부끄러운 느낌이나 불쾌감'을 통하여 '지나치게'와 '가려야 할 곳' 의미를 확정하기도 곤란하다. 심판대상조항은 '선량한 성도덕과 성풍속'을 보호하기 위한 규정인데, 이러한 성도덕과 성풍속이 무엇인지 대단히 불분명하므로, 심판대상조항의 의미를 그 입법목적을 고려하여 밝히는 것에도 한계가 있다. 대법원은 "신체노출행위가 단순히 다른 사람에게 부끄러운 느낌이나 불쾌감을 주는 정도에 불과한 경우 심판대상조항에 해당한다."라고 판시하나, 이를 통해서도 '가려야 할 곳', '지나치게'의 의미를 구체화 할 수 없다. 심판대상조항의 불명확성을 해소하기 위해 노출이 허용되지 않는 신체부위를 예시적으로 열거하거나 구체적으로 특정하여 분명하게 규정하는 것이 입법기술상 불가능하거나 현저히 곤란하지도 않다. 예컨대 이른바 '바바리맨'의 성기노출행위를 규제할 필요가 있다면 노출이 금지되는 신체부위를 '성기'로 명확히 특정하면 될 것이다. 따라서 심판대상조항은 죄형법정주의의 명확성원칙에 위배된다(헌재 2016.11.24. 2016헌가3).

③ [O] 선거운동의 의미, 심판대상조항의 입법취지, 관련 법률의 규정 등에 비추어, 심판대상조항에서의 '선거운동'은 '특정 후보자의 당선 내지 득표나 낙선을 위하여 필요하고도 유리한 모든 행위로서 당선 또는 낙선을 도모한다는 목적의사가 객관적으로 인정될 수 있는 능동적·계획적인 행위를 말하는 것'으로 풀이할 수 있다. 심판대상조항은 '선거운동 기간'의 의미에 관하여 후보자등록마감일의 다음 날부터 선거일 전일까지라고 명확하게 규정하고 있고, 다의적인 해석가능성이 있다고 볼 수 없다. 나아가, 심판대상조항의 입법목적이나 입법취지, 입법연혁, 관련 법률의 규정 등을 종합하여 보면, 건전한 상식과 통상적인 법감정을 가진 사람이라면 선거운동이 금지되는 선거운동 기간이 언제인지 합리적으로 파악할 수 있으며, 아울러 법집행기관의 자의적인 법해석이나 법집행의 가능성도 배제되어 있다. 그러므로 심판대상조항은 죄형법정주의의 명확성원칙에 위반되지 아니한다(헌재 2021.7.15. 2020헌가9).

④ [O] 공중도덕(公衆道德)은 시대상황, 사회가 추구하는 가치 및 관습 등 시간적·공간적 배경에 따라 그 내용이 얼마든지 변할 수 있는 규범적 개념이므로, 그것만으로는 구체적으로 무엇을 의미하는지 설명하기 어렵다. '파견근로자보호 등에 관한 법률'(이하 '파견법'이라 한다)의 입법목적에 비추어보면, 심판대상조항은 공중도덕에 어긋나는 업무에 근로자를 파견할 수 없도록 함으로써 근로자를 보호하고 올바른 근로자파견사업 환경을 조성하려는 취지임을 짐작해 볼 수 있다. 하지만 이것만으로는 '공중도덕'을 해석함에 있어 도움이 되는 객관적이고 명확한 기준을 얻을 수 없다. 파견법은 '공중도덕상 유해한 업무'에 관한 정의조항은 물론 그 의미를 해석할 수 있는 수식어

를 두지 않았으므로, 심판대상조항이 규율하는 사항을 바로 알아내기도 어렵다. 심판대상조항과 관련하여 파견법이 제공하고 있는 정보는 파견사업주가 '공중도덕상 유해한 업무'에 취업시킬 목적으로 근로자를 파견한 경우 불법파견에 해당하여 처벌된다는 것뿐이다. 파견법 전반에 걸쳐 심판대상조항과 유의미한 상호관계에 있는 다른 조항을 발견할 수 없고, 파견법 제5조, 제16조 등 일부 관련성이 인정되는 규정은 심판대상조항 해석기준으로 활용하기 어렵다. 결국, 심판대상조항의 입법목적, 파견법의 체계, 관련조항 등을 모두 종합하여 보더라도 '공중도덕상 유해한 업무'의 내용을 명확히 알 수 없다. 아울러 심판대상조항에 관한 이해관계기관의 확립된 해석기준이 마련되어 있다거나, 법관의 보충적 가치판단을 통한 법문 해석으로 심판대상 조항의 의미내용을 확인할 수 있다는 사정을 발견하기도 어렵다. 심판대상 조항은 건전한 상식과 통상적 법감정을 가진 사람으로 하여금 자신의 행위를 결정해 나가기에 충분한 기준이 될 정도의 의미내용을 가지고 있다고 볼 수 없으므로 죄형법정주의의 명확성원칙에 위배된다(헌재 2016.11.24. 2015헌가23).

---

03 사전검열　　　　　　　　　　　정답 ③

사전검열에 해당하여 위헌결정한 것은 4개(ㄴ, ㄷ, ㄹ, ㅁ)이다.
ㄱ. [해당 ✕] 헌법 제21조 제2항에서 규정한 검열금지의 원칙은 모든 형태의 사전적인 규제를 금지하는 것이 아니고 단지 의사표현의 발표 여부가 오로지 행정권의 허가에 달려있는 사전심사만을 금지하는 것을 뜻하므로, 이 사건 법률조항에 의한 방영금지가처분은 행정권에 의한 사전심사나 금지처분이 아니라 개별 당사자간의 분쟁에 관하여 사법부가 사법절차에 의하여 심리, 결정하는 것이어서 헌법에서 금지하는 사전검열에 해당하지 아니한다(헌재 2001.8.30. 2000헌바36).
ㄴ. [해당 ○] 영화진흥법 제21조 제4항이 규정하고 있는 영상물등급위원회에 의한 등급분류보류제도는, 영상물등급위원회가 영화의 상영에 앞서 영화를 제출받아 그 심의 및 상영등급분류를 하되, 등급분류를 받지 아니한 영화는 상영이 금지되고 만약 등급분류를 받지 않은 채 영화를 상영한 경우 과태료, 상영금지명령에 이어 형벌까지 부과할 수 있도록 하며, 등급분류보류의 횟수제한이 없어 실질적으로 영상물등급위원회의 허가를 받지 않는 한 영화를 통한 의사표현이 무한정 금지될 수 있으므로 검열에 해당한다(헌재 2001.8.30. 2000헌가9).
ㄷ. [해당 ○] 의료광고의 사전심의는 보건복지부장관으로부터 위탁을 받은 각 의사협회가 행하고 있으나 사전심의의 주체인 보건복지부장관은 언제든지 위탁을 철회하고 직접 의료광고 심의업무를 담당할 수 있는 점, 의료법 시행령이 심의위원회의 구성에 관하여 직접 규율하고 있는 점, 심의기관의 장은 심의 및 재심의 결과를 보건복지부장관에게 보고하여야 하는 점, 보건복지부장관은 의료인 단체에 대해 재정지원을 할 수 있는 점, 심의기준·절차 등에 관한 사항을 대통령령으로 정하도록 하고 있는 점 등을 종합하여 보면, 각 의사협회는 행정권의 영향력에서 벗어나 독립적이고 자율적으로 사전심의업무를 수행하고 있다고 보기 어렵다. 따라서 이 사건 법률규정들은 사전검열금지원칙에 위배된다(헌재 2015.12.23. 2015헌바75).

ㄹ. [해당 ○] 한국광고자율심의기구는 행정기관적 성격을 가진 방송위원회로부터 위탁을 받아 이 사건 텔레비전 방송광고 사전심의를 담당하고 있는바, 한국광고자율심의기구는 민간이 주도가 되어 설립된 기구이기는 하나, 그 구성에 행정권이 개입하고 있고, 행정법상 공무수탁사인으로서 그 위탁받은 업무에 관하여 국가의 지휘·감독을 받고 있으며, 방송위원회는 텔레비전 방송광고의 심의 기준이 되는 방송광고 심의규정을 제정, 개정할 권한을 가지고 있고, 자율심의기구의 운영비나 사무실 유지비, 인건비 등을 지급하고 있다. 그렇다면 한국광고자율심의기구가 행하는 방송광고 사전심의는 방송위원회가 위탁이라는 방법에 의해 그 업무의 범위를 확장한 것에 지나지 않는다고 할 것이므로 한국광고자율심의기구가 행하는 이 사건 텔레비전 방송광고 사전심의는 행정기관에 의한 사전검열로서 헌법이 금지하는 사전검열에 해당한다(헌재 2008.6.26. 2005헌마506).
ㅁ. [해당 ○] 건강기능식품법상 기능성 광고의 심의는 식약처장으로부터 위탁받은 한국건강기능식품협회에서 수행하고 있지만, 법상 심의주체는 행정기관인 식약처장이며, 언제든지 그 위탁을 철회할 수 있고, 심의위원회의 구성에 관하여도 법령을 통해 행정권이 개입하고 지속적으로 영향을 미칠 가능성이 존재하는 이상 그 구성에 자율성이 보장되어 있다고 볼 수 없다. 식약처장이 심의기준 등의 제정과 개정을 통해 심의 내용과 절차에 영향을 줄 수 있고, 식약처장이 재심의를 권하면 심의기관이 이를 따라야 하며, 분기별로 식약처장에게 보고가 이루어진다는 점에서도 그 심의업무의 독립성과 자율성이 있다고 어렵다. 따라서 이 사건 건강기능식품 기능성광고 사전심의는 그 검열이 행정권에 의하여 행하여진다 볼 수 있고, 헌법이 금지하는 사전검열에 해당하므로 헌법에 위반된다(헌재 2018.6.28. 2016헌가8 등).

---

04 근로의 권리　　　　　　　　　　정답 ③

① [○] 6개월 미만 근무한 월급근로자 또한 전직을 위한 시간적 여유를 갖거나 실직으로 인한 경제적 곤란으로부터 보호받아야 할 필요성이 있다. 그럼에도 불구하고 합리적 이유 없이 '월급근로자로서 6개월이 되지 못한 자'를 해고예고제도의 적용대상에서 제외한 이 사건 법률조항은 근무기간이 6개월 미만인 월급근로자의 근로의 권리를 침해하고, 평등원칙에도 위배된다(헌재 2015.12.23. 2014헌바3).
② [○] 근로의 권리란 인간이 자신의 의사와 능력에 따라 근로관계를 형성하고, 타인의 방해를 받음이 없이 근로관계를 계속 유지하며, 근로의 기회를 얻지 못한 경우에는 국가에 대하여 근로의 기회를 제공하여 줄 것을 요구할 수 있는 권리를 의미하는바, 이 사건 법률조항에 의하여 이러한 근로의 권리가 제한된다고 볼 수는 없고, 행복추구권은 다른 기본권에 대한 보충적 기본권으로서의 성격을 지니므로, 직업선택의 자유라는 우선적으로 적용되는 기본권이 존재하여 그 침해 여부를 판단한 이상, 행복추구권 침해 여부를 독자적으로 판단하지 않기로 한다. … 따라서 이 사건 법률조항은 헌법상 과잉금지원칙에 위배하여 청구인의 직업선택의 자유를 침해하지 아니한다(헌재 2012. 4.24. 2010헌마605).

❸ [×] 이 사건 산입조항 및 부칙조항은 근로자들이 실제 지급받는 임금과 최저임금 사이의 괴리를 극복하고, 근로자 간 소득격차 해소에 기여하며, 최저임금 인상으로 인한 사용자의 부담을 완화하고자 한 것이다. 매월 1회 이상 정기적으로 지급하는 상여금 등이나 복리후생비는 그 성질이나 실질적 기능 면에서 기본급과 본질적인 차이가 있다고 보기 어려우므로, 이를 최저임금에 산입하는 것은 그 합리성을 수긍할 수 있다. … 따라서 이 사건 산입조항 및 부칙조항이 입법재량의 범위를 일탈하여 청구인 근로자들의 근로의 권리를 침해한다고 볼 수 없다(헌재 2021.12.23. 2018헌마629 등).

④ [○] 헌법 제33조 제2항이 직접 '법률이 정하는 자'만이 노동3권을 향유할 수 있다고 규정하고 있어서 '법률이 정하는 자' 이외의 공무원은 노동3권의 주체가 되지 못하므로, 노동3권이 인정됨을 전제로 하는 헌법 제37조 제2항의 과잉금지원칙은 적용이 없는 것으로 보아야 할 것이다(헌재 2008.12.26. 2005헌마971 등).

05 국회의 의사원칙 정답 ④

옳지 않은 것은 ㄷ, ㄹ이다.

ㄱ. [○] 국회의 의사에 적용되는 회의공개의 원칙은 본회의, 위원회, 소위원회 모두에 적용된다.

ㄴ. [○] 「국회법」 제50조 제5항에 대한 옳은 내용이다.

> 제50조【간사】⑤ 위원장이 위원회의 개회 또는 의사진행을 거부·기피하거나 제3항에 따른 직무대리자를 지정하지 아니하여 위원회가 활동하기 어려울 때에는 위원장이 소속되지 아니한 교섭단체 소속의 간사 중에서 소속 의원 수가 많은 교섭단체 소속 간사의 순으로 위원장의 직무를 대행한다.

ㄷ. [×] 의장은 교섭단체 대표의원이 의사정족수의 충족을 요청하는 경우를 제외하고는 효율적인 의사진행을 위하여 계속할 수 있다.

> 「국회법」 제73조【의사정족수】① 본회의는 재적의원 5분의 1 이상의 출석으로 개의한다.
> ③ 회의 중 제1항의 정족수에 미치지 못할 때에는 의장은 회의의 중지 또는 산회를 선포한다. 다만, 의장은 교섭단체 대표의원이 의사정족수의 충족을 요청하는 경우 외에는 효율적인 의사진행을 위하여 회의를 계속할 수 있다.

ㄹ. [×] 재적의원 5분의 3 이상의 찬성이 필요하다.

> 「국회법」 제106조의2【무제한토론의 실시 등】① 의원이 본회의에 부의된 안건에 대하여 이 법의 다른 규정에도 불구하고 시간의 제한을 받지 아니하는 토론(이하 이 조에서 "무제한토론"이라 한다)을 하려는 경우에는 재적의원 3분의 1 이상이 서명한 요구서를 의장에게 제출하여야 한다. 이 경우 의장은 해당 안건에 대하여 무제한토론을 실시하여야 한다.
> ② 제1항에 따른 요구서는 요구 대상 안건별로 제출하되, 그 안건이 의사일정에 기재된 본회의가 개의되기 전까지 제출하여야 한다. 다만, 본회의 개의 중 당일 의사일정에 안건이 추가된 경우에는 해당 안건의 토론 종결 선포 전까지 요구서를 제출할 수 있다.
> ③ 의원은 제1항에 따른 요구서가 제출되면 해당 안건에 대하여 무제한토론을 할 수 있다. 이 경우 의원 1명당 한 차례만 토론할 수 있다.
> ④ 무제한토론을 실시하는 본회의는 제7항에 따른 무제한토론 종결 선포 전까지 산회하지 아니하고 회의를 계속한다. 이 경우 제73조 제3항 본문에도 불구하고 회의 중 재적의원 5분의 1 이상이 출석하지 아니하였을 때에도 회의를 계속한다.
> ⑤ 의원은 무제한토론을 실시하는 안건에 대하여 재적의원 3분의 1 이상의 서명으로 무제한토론의 종결동의(終結動議)를 의장에게 제출할 수 있다.
> ⑥ 제5항에 따른 무제한토론의 종결동의는 동의가 제출된 때부터 24시간이 지난 후에 무기명투표로 표결하되 재적의원 5분의 3 이상의 찬성으로 의결한다. 이 경우 무제한토론의 종결동의에 대해서는 토론을 하지 아니하고 표결한다.
> ⑦ 무제한토론을 실시하는 안건에 대하여 무제한토론을 할 의원이 더 이상 없거나 제6항에 따라 무제한토론의 종결동의가 가결되는 경우 의장은 무제한토론의 종결을 선포한 후 해당 안건을 지체 없이 표결하여야 한다.
> ⑧ 무제한토론을 실시하는 중에 해당 회기가 끝나는 경우에는 무제한토론의 종결이 선포된 것으로 본다. 이 경우 해당 안건은 바로 다음 회기에서 지체 없이 표결하여야 한다.
> ⑨ 제7항이나 제8항에 따라 무제한토론의 종결이 선포되었거나 선포된 것으로 보는 안건에 대해서는 무제한토론을 요구할 수 없다.
> ⑩ 예산안 등과 제85조의3 제4항에 따라 지정된 세입예산안 부수 법률안에 대해서는 제1항부터 제9항까지를 매년 12월 1일까지 적용하고, 같은 항에 따라 실시 중인 무제한토론, 계속 중인 본회의, 제출된 무제한토론의 종결동의에 대한 심의절차 등은 12월 1일 밤 12시에 종료한다.

06 근로3권 정답 ③

① [○] 국가기관이나 지방자치단체 이외의 곳에서 근무하는 청원경찰은 근로조건에 관하여 공무원뿐만 아니라 국가기관이나 지방자치단체에 근무하는 청원경찰에 비해서도 낮은 수준의 법적 보장을 받고 있으므로, 이들에 대해서는 근로3권이 허용되어야 할 필요성이 크다(헌재 2017.9.28. 2015헌마653).

② [○] 심판대상조항의 입법목적이 재직 중인 초·중등교원에 대하여 교원노조를 인정해 줌으로써 교원노조의 자주성과 주체성을 확보한다는 측면에서는 그 정당성을 인정할 수 있을 것이나, 교원노조를 설립하거나 가입하여 활동할 수 있는 자격을 초·중등교원으로 한정함으로써 교육공무원이 아닌 대학 교원에 대해서는 근로기본권의 핵심인 단결권조차 전면적으로 부정한 측면에 대해서는 그 입법목적의 정당성을 인정하기 어렵고, 수단의 적합성 역시 인정할 수 없다(헌재 2018.8.30. 2015헌가38).

❸ [×] 특수경비원 업무의 강한 공공성과 특히 특수경비원은 소총과 권총 등 무기를 휴대한 상태로 근무할 수 있는 특수성 등을 감안할 때, 특수경비원의 신분이 공무원이 아닌 일반근로자라는 점에만 치중하여 특수경비원에게 근로3권 즉 단결권, 단체교섭권, 단체행동권 모두를 인정하여야 한다고 보기는 어렵고, 적어도 특수경비원에 대하여 단결권, 단체교섭권에 대한 제한은 전혀 두지 아니하면서 단체행동권 중 '경비업무의 정상적인

운영을 저해하는 일체의 쟁위행위'만을 금지하는 것은 입법목적 달성에 필요불가결한 최소한의 수단이라고 할 것이어서 침해의 최소성 원칙에 위배되지 아니한다. 이 사건 법률조항으로 인하여 특수경비원의 단체행동권이 제한되는 불이익을 받게 되는 것을 부정할 수는 없으나 국가나 사회의 중추를 이루는 중요시설 운영에 안정을 기함으로써 얻게 되는 국가안전보장, 질서유지, 공공복리 등의 공익이 매우 크다고 할 것이므로, 이 사건 법률조항에 의한 기본권제한은 법익의 균형성 원칙에 위배되지 아니한다. 따라서 이 사건 법률조항은 과잉금지원칙에 위배되지 아니하므로 헌법에 위반되지 아니한다(헌재 2009. 10.29. 2007헌마1359).

④ [O] 이 사건 법률조항은 교원의 근로조건에 관하여 정부 등을 상대로 단체교섭 및 단체협약을 체결할 권한을 가진 교원노조를 설립하거나 그에 가입하여 활동할 수 있는 자격을 초·중등학교에 재직 중인 교원으로 한정하고 있으므로, 해직 교원이나 실업·구직 중에 있는 교원 및 이들을 조합원으로 하여 교원노조를 조직·구성하려고 하는 교원노조의 단결권을 제한한다(헌재 2015.5.28. 2013헌마671).

07 환경권 정답 ④

① [O] 청구인들은 주한미군이 이 사건 부지에 사드를 배치하면 건강권 및 환경권이 침해된다고 주장하나, 이 사건 협정으로 청구인들의 건강권 및 환경권이 바로 침해된다고 보기 어렵다(헌재 2024.3.28. 2017헌마372).

② [O] 「학교보건법 시행규칙」과 관련 고시의 내용을 전체적으로 보면 필요한 경우 학교의 장이 마사토 운동장에 대한 유해중금속 등의 점검을 실시하는 것이 가능하고, 또한 토양환경보전법령에 따른 학교용지의 토양 관리체제, 교육부 산하 법정기관이 발간한 운동장 마감재 조성 지침 상의 권고, 학교장이나 교육감에게 학교 운동장의 유해물질 관리를 의무화하고 있는 각 지방자치단체의 조례 등을 통해 마사토 운동장에 대한 유해중금속 등 유해물질의 관리가 이루어지고 있다. 지속적으로 유해중금속 등의 검출 문제가 제기되었던 인조잔디 및 탄성포장재와 천연소재인 마사토가 반드시 동일한 수준의 유해물질 관리 기준으로써 규율되어야 한다고 보기는 어렵다는 점까지 고려하면, 심판대상조항에 마사토 운동장에 대한 기준이 도입되지 않았다는 사정만으로 국민의 환경권을 보호하기 위한 국가의 의무가 과소하게 이행되었다고 평가할 수는 없다. 따라서 심판대상조항은 청구인의 환경권을 침해하지 아니한다(헌재 2024. 4.25. 2020헌마107).

③ [O] '건강하고 쾌적한 환경에서 생활할 권리'를 보장하는 환경권의 보호대상이 되는 환경에는 자연환경뿐만 아니라 인공적 환경과 같은 생활환경도 포함된다. 환경권을 구체화한 입법이라 할 「환경정책기본법」 제3조에서도 환경을 자연환경과 생활환경으로 분류하면서, 생활환경에 토양, 화학물질 등 사람의 일상생활과 관계되는 환경을 포함시키고 있다. 그러므로 일상생활에서 접하게 되는 토양에서 유해중금속 등의 화학물질을 제거·방지하여 건강한 환경에서 생활할 권리는 환경권의 한 내용을 구성한다(헌재 2024.4.25. 2020헌마107).

❹ [X] 국가가 국민의 건강하고 쾌적한 환경에서 생활할 권리에 관한 보호의무를 다하지 않았는지를 헌법재판소가 심사할 때에는 국가가 이를 보호하기 위하여 적어도 적절하고 효율적인 최소한의 보호조치를 취하였는가 하는 이른바 '과소보호금지원칙'의 위반 여부를 기준으로 삼아야 한다. … 기본권 보호의무 위반에 해당하여 헌법상 보장된 환경권의 침해가 되기 위해서는 적어도 국가가 국민의 기본권적 법익 보호를 위하여 마사토 운동장에 대한 유해중금속 등 유해물질의 예방 및 관리와 관련한 적절하고도 효율적인 최소한의 보호조치를 취하지 않았음이 명백히 인정되어야 한다(헌재 2024.4.25. 2020헌마107).

08 권한쟁의심판 정답 ②

① [O] 권한쟁의심판에 있어서는 처분 또는 부작위를 야기한 기관으로서 법적 책임을 지는 기관만이 피청구인적격을 가지므로 권한쟁의심판청구는 이들 기관을 상대로 제기하여야 한다. 법률의 제·개정 행위를 다투는 권한쟁의심판의 경우에는 국회가 피청구인적격을 가지므로, 청구인들이 국회의장 및 기획재정위원회 위원장에 대하여 제기한 이 사건 국회법 개정행위에 대한 심판청구는 피청구인적격이 없는 자를 상대로 한 청구로서 부적법하다(헌재 2016.5.26. 2015헌라1).

❷ [X] 헌법재판소법이나 행정소송법에 권한쟁의심판청구의 취하와 이에 대한 피청구인의 동의나 그 효력에 관하여 특별한 규정이 없으므로, 소의 취하에 관한 민사소송법 제239조는 이 사건과 같은 권한쟁의심판절차에 준용된다고 보아야 한다(헌재 2001.5.8. 2000헌라1).

③ [O] 지방자치단체는 기관위임사무의 집행에 관한 권한의 존부 및 범위에 관한 권한분쟁을 이유로 기관위임사무를 집행하는 국가기관 또는 다른 지방자치단체의 장을 상대로 권한쟁의심판청구를 할 수 없다고 할 것이므로, 청구인의 피청구인 태안군수에 대한 심판청구는 지방자치단체의 권한에 속하지 아니하는 사무에 관한 심판청구로 부적법하다(헌재 2009.7.30. 2005헌라2).

④ [O] 권한쟁의심판의 당사자능력은 헌법에 의하여 설치된 국가기관에 한정하여 인정하는 것이 타당하므로, 법률에 의하여 설치된 청구인에게는 권한쟁의심판의 당사자능력이 인정되지 아니한다(헌재 2010.10.28. 2009헌라6).

09 평등권 정답 ④

① [O] 헌법은 그 전문에 '정치, 경제, 사회, 문화의 모든 영역에 있어서 각인의 기회를 균등히 하고'라고 규정하고, 제11조 제1항에 '모든 국민은 법 앞에 평등하다'고 규정하여 기회균등 또는 평등의 원칙을 선언하고 있는바, 평등의 원칙은 국민의 기본권 보장에 관한 우리 헌법의 최고원리로서 국가가 입법을 하거나 법을 해석 및 집행함에 있어 따라야 할 기준인 동시에, 국가에 대하여 합리적 이유 없이 불평등한 대우를 하지 말 것과, 평등한 대우를 요구할 수 있는 모든 국민의 권리로서, 국민의 기본권 중의 기본권인 것이다(헌재 1989.1.25. 88헌가7).

② [O] 심판대상조항이 적용되는 금융기관 등과 심판대상조항이 적용되지 않는 기관들은 업무의 성격이 겹치는 부분이 있더라도 취급하는 업무의 전체 내용, 단체의 조직, 기관의 규모, 기타 법령의 규제 등을 비교하여 보았을 때, 직무와 관련한 수재행위의 위험성과 그로 인한 파급효과, 직무의 공공성의 정도가 같다고 할 수 없어, 심판대상조항이 평등원칙에 위반된다고 할 수 없다(헌재 2017.12.28. 2016헌바281).

③ [O] 과거 위반행위가 예컨대 10년 이상 전에 발생한 것이라면 처벌대상이 되는 재범 음주운전이 준법정신이 현저히 부족한 상태에서 이루어진 반규범적 행위라거나 사회구성원에 대한 생명·신체 등을 '반복적으로' 위협하는 행위라고 평가하기 어려워 이를 일반적 음주운전 금지규정 위반행위와 구별하여 가중처벌할 필요성이 있다고 보기 어렵다. 범죄 전력이 있음에도 다시 범행한 경우 재범인 후범에 대하여 가중된 행위책임을 인정할 수 있다고 하더라도, 전범을 이유로 아무런 시간적 제한 없이 무제한 후범을 가중처벌하는 예는 찾기 어렵고, 공소시효나 형의 실효를 인정하는 취지에도 부합하지 않으므로, 심판대상조항은 예컨대 10년 이상의 세월이 지난 과거 위반행위를 근거로 재범으로 분류되는 음주운전 행위자에 대해서는 책임에 비해 과도한 형벌을 규정하고 있다고 하지 않을 수 없다. 심판대상조항은 음주치료나 음주운전 방지장치 도입과 같은 비형벌적 수단에 대한 충분한 고려 없이 과거 위반 전력 등과 관련하여 아무런 제한도 두지 않고 죄질이 비교적 가벼운 유형의 재범 음주운전 행위에 대해서까지 일률적으로 가중처벌하도록 하고 있으므로 형벌 본래의 기능에 필요한 정도를 현저히 일탈하는 과도한 법정형을 정한 것이다. 그러므로 심판대상조항은 책임과 형벌간의 비례원칙에 위반된다(헌재 2021.11.25. 2019헌바446·2020헌가17·2021헌바77).

❹ [X] 헌법에서 특별히 평등을 요구하고 있는 경우나, 차별적 취급으로 인하여 관련 기본권에 대한 중대한 제한을 초래하게 되는 경우에는 입법형성권은 축소되어 보다 엄격한 심사척도가 적용되어야 하며, 합리적 이유의 유무를 심사하는 것에 그치지 아니하고 차별취급의 목적과 수단간에 엄격한 비례관계가 성립하는지를 기준으로 심사한다.

---

10 헌법소원심판 정답 ②

① [O] 헌법재판소법 제68조 제1항 단서에 의하면 헌법소원심판은 다른 법률에 구제절차가 있는 경우에는 그 구제절차를 모두 거친 후가 아니면 청구할 수 없다. … 위 구제절차는 적법한 구제절차라고 할 수 없고, 따라서 이 사건 헌법소원심판은 헌법재판소법 제68조 제1항 단서에 정한 적법한 구제절차를 거치지 아니하고 청구되었다고 할 것이어서 부적법하다(헌재 1993.2.19. 93헌마13).

❷ [X] 청구인은 검찰청법에 따른 재항고를 제기하고 그 결정이 있기도 전인 1995.7.10. 이 사건 헌법소원심판을 청구하였으나 1995.7.14. 대검찰청의 재항고기각결정이 있었으므로 이 사건 헌법소원심판청구 당시에 존재하였던 사전구제절차미경유의 흠결은 그로써 치유되었다(헌재 1996.3.28. 95헌마211).

③ [O] 헌법재판소법 제68조 제1항 단서는 헌법소원심판청구를 함에 있어 다른 법률에 구제절차가 있는 경우에는 그 절차를 모두 거친 후가 아니면 이를 청구할 수 없다고 규정하고 있으므로 청구인으로서는 다른 법률에 구제절차가 있다면 심판청구에

앞서 이를 거쳤어야 할 것이고, 이를 거치지 아니하였다면 특단의 사정이 없는 한 부적법한 심판청구라 할 것이다. 다만, 헌법소원심판청구에 있어서 청구인이 그의 불이익으로 돌릴 수 없는 정당한 이유가 있는 착오로 전심절차를 밟지 않은 경우 또는 전심절차로 권리가 구제될 가능성이 거의 없거나 권리구제절차가 허용되는지의 여부가 객관적으로 불확실하여 전심절차이행의 기대가능성이 없을 때에는 보충성의 예외가 인정된다(헌재 2006.6.29. 2005헌마415).

④ [O] 헌법재판소법 제68조 제1항 단서에서 말하는 다른 법률에 의한 구제절차는 공권력의 행사 또는 불행사를 직접대상으로 하여 그 효력을 다툴 수 있는 권리구제절차를 의미하는 것이지, 우회적·보충적 구제수단인 손해배상청구나 손실보상청구를 의미하는 것이 아니므로, 가사 피청구인 주장과 같이 검사의 불기소처분이 위법, 부당하다는 이유로 행정상 손해전보소송을 제기할 수 있다고 가정한다 하더라도, 이러한 행정상 손해전보소송은 위 법 제68조 제1항 단서에서 말하는 다른 법률에 의한 구제절차에 해당하지 않으므로, 이에 관한 피청구인의 주장 역시 이유 없음이 명백하다(헌재 1992.7.23. 91헌마209).

---

11 기본권의 침해, 재판청구권 정답 ④

① [O] 가사사용인도 근로자에 해당하지만, 제공하는 근로가 가정이라는 사적 공간에서 이루어지는 특수성이 있다. 그런데 퇴직급여법은 사용자에게 여러 의무를 강제하고 국가가 사용자를 감독하고 위반 시 처벌하도록 규정하고 있다. 가구 내 고용활동에 대하여 다른 사업장과 동일하게 퇴직급여법을 적용할 경우 이용자 및 이용자 가족의 사생활을 침해할 우려가 있음은 물론 국가의 관리 감독이 제대로 이루어지기도 어렵다. … 최근 가사사용인에 대한 보호필요성이 높아짐에 따라 이용 가정의 사생활 침해를 최소화하면서도 가사사용인의 보호를 도모하기 위하여 '가사근로자의 고용개선 등에 관한 법률'이 제정되었다. 이 법에 의하면 인증받은 가사서비스 제공기관과 근로계약을 체결하고 이용자에게 가사서비스를 제공하는 사람은 가사근로자로서 퇴직급여법의 적용을 받게 된다(제6조 제1항). 이에 따라 가사사용인은 가사서비스 제공기관을 통하여 가사근로자법과 근로 관계 법령을 적용받을 것인지, 직접 이용자와 고용계약을 맺는 대신 가사근로자법과 근로 관계 법령의 적용을 받지 않을 것인지 선택할 수 있다. 이를 종합하면 심판대상조항이 가사사용인을 일반 근로자와 달리 퇴직급여법의 적용 범위에서 배제하고 있다 하더라도 합리적 이유가 있는 차별로서 평등원칙에 위배되지 아니한다(헌재 2022.10.27. 2019헌바454).

② [O] 집회 및 시위에 관한 법률(2007.5.11. 법률 제8424호로 개정된 것) 제10조 본문 중 '시위'에 관한 부분 및 제23조 제3호 중 '제10조 본문' 가운데 '시위'에 관한 부분은 각 '해가 진 후부터 같은 날 24시까지의 시위'에 적용하는 한 헌법에 위반된다(헌재 2014.3.27. 2010헌가2 등 [한정위헌]).

③ [O] 초등학교 재학중인 아동은 아직 성숙하지 못한 인격체이긴 하지만, 부모와 국가에 의한 교육의 단순한 대상이 아닌 독립적인 인격체이며, 그의 인격권은 성인과 마찬가지로 인간의 존엄성 및 행복추구권을 보장하는 헌법 제10조에 의하여 보호되므로, 아동은 국가의 교육권한과 부모의 자녀교육권의 범주 내에

서 자신의 교육에 관하여 스스로 결정할 권리를 가진다(헌재 2016.2.25. 2013헌마838).

❹ [X] 교원이 제기한 민사소송에 대하여 응소하거나 피고로서 재판절차에 참여함으로써 자신의 권리를 주장하는 것은 어디까지나 상대방인 교원이 교원지위법이 정하는 재심절차와 행정소송절차를 포기하고 민사소송을 제기하는 경우에 비로소 가능한 것이므로 이를 들어 학교법인에게 자신의 침해된 권익을 구제받을 수 있는 실효적인 권리구제절차가 제공되었다고 볼 수 없고, 교원지위부존재확인 등 민사소송절차도 교원이 처분의 취소를 구하는 재심을 따로 청구하거나 또는 재심결정에 불복하여 행정소송을 제기하는 경우에는 민사소송의 판결과 재심결정 또는 행정소송의 판결이 서로 모순·저촉될 가능성이 상존하므로 이 역시 간접적이고 우회적인 권리구제수단에 불과하다. 그리고 학교법인에게 재심결정에 불복할 제소권한을 부여한다고 하여 이 사건 법률조항이 추구하는 사립학교 교원의 신분보장에 특별한 장애사유가 생긴다든가 그 권리구제에 공백이 발생하는 것도 아니므로 이 사건 법률조항은 분쟁의 당사자이자 재심절차의 피청구인인 학교법인의 재판청구권을 침해한다. 또한 학교법인은 그 소속 교원과 사법상의 고용계약관계에 있고 재심절차에서 그 결정의 효력을 받는 일방당사자의 지위에 있음에도 불구하고 이 사건 법률조항은 합리적인 이유 없이 학교법인의 제소권한을 부인함으로써 헌법 제11조의 평등원칙에 위배되고, 사립학교 교원에 대한 징계 등 불리한 처분의 적법여부에 관하여 재심위원회의 재심결정이 최종적인 것이 되는 결과 일체의 법률적 쟁송에 대한 재판권능을 법원에 부여한 헌법 제101조 제1항에도 위배되며, 행정처분인 재심결정의 적법여부에 관하여 대법원을 최종심으로 하는 법원의 심사를 박탈함으로써 헌법 제107조 제2항에도 아울러 위배된다(헌재 2006.2.23. 2005헌가7 등).

| **12** | 위헌법률심판 | 정답 ④ |

① [O] 관할청이 학교법인의 임원취임승인을 취소할 수 있도록 규정한 구 사립학교법 제20조의2 및 임시이사 선임의 근거 조항으로 임시이사의 권한 범위에 관하여 아무런 규정을 두고 있지 아니한 구 사립학교법 제25조 제1항·제2항(이하 '이 사건 법률조항들'이라 한다)이 적용된 당해 사건 재판에서 청구인들이 승소판결을 받아 그 판결이 확정된 이상 청구인들은 재심을 청구할 법률상 이익이 없고, 이 사건 법률조항들에 대하여 위헌결정이 선고되더라도 당해 사건 재판의 결론이나 주문에 영향을 미칠 수 없으므로 이 사건 심판청구는 재판의 전제성이 인정되지 아니한다(헌재 2009.4.30. 2006헌바29).

> 당해사건 재판에서 청구인이 승소판결을 받아 그 판결이 확정된 경우 청구인은 재심을 청구할 법률상 이익이 없고, 심판대상조항에 대하여 위헌결정이 선고되더라도 당해 사건 재판의 결론이나 주문에 영향을 미칠 수 없으므로 그 심판청구는 재판의 전제성이 인정되지 아니하나, 파기환송 전 항소심에서 승소판결을 받았다고 하더라도 그 판결이 확정되지 아니한 이상 상소절차에서 그 주문이 달라질 수 있으므로, 심판대상조항의 위헌 여부에 관한 재판의 전제성이 인정된다 (헌재 2013.6.27. 2011헌바247).

② [O] '재판'이라 함은 판결·결정·명령 등 그 형식 여하와 본안에 관한 재판이거나 소송절차에 관한 재판이거나를 불문하며, 심급을 종국적으로 종결시키는 종국재판뿐만 아니라 중간재판도 이에 포함된다(헌재 1996.12.26. 94헌바1).

③ [O] 당해사건이 재심사건인 경우, 심판대상조항이 '재심청구 자체의 적법 여부에 대한 재판'에 적용되는 법률조항이 아니라 '본안 사건에 대한 재판'에 적용될 법률조항이라면 '재심청구가 적법하고', '재심의 사유가 인정되는 경우에' 한하여 재판의 전제성이 인정될 수 있다. 심판대상조항이 '본안 사건에 대한 재판'에 적용될 법률조항인 경우 당해사건의 재심청구가 부적법하거나 재심사유가 인정되지 않으면 본안 판단에 나아갈 수가 없고, 이 경우 심판대상조항은 본안 재판에 적용될 수 없으므로 그 위헌 여부가 당해 사건 재판의 주문을 달라지게 하거나 재판의 내용이나 효력에 관한 법률적 의미가 달라지게 하는 데 아무런 영향을 미치지 못하기 때문이다. 이는 준재심에 있어서도 그대로 적용된다고 할 것이다(헌재 2019.2.19. 2019 헌바51).

❹ [X] 지문은 소수의견인 반대의견의 내용이므로 옳지 않다.

> 헌법재판소도 여러 차례에 걸쳐 법률이 헌법에 위반된다는 사정은 헌법재판소의 위헌결정이 있기 전에는 객관적으로 명백한 것이라고 할 수는 없으므로 특별한 사정이 없는 한 그러한 하자는 행정처분의 취소사유에 해당할 뿐 당연무효사유는 아니고, 이에 따라 제소기간이 경과한 뒤에는 행정처분의 근거법률이 위헌임을 이유로 무효확인소송 등을 제기하더라도 행정처분의 효력에는 영향이 없음이 원칙이므로, 이미 제소기간이 경과하여 불가쟁력이 발생한 행정처분의 근거법률의 위헌 여부에 따라 당해 사건 재판의 주문이 달라지거나 재판의 내용과 효력에 관한 법률적 의미가 달라진다고 볼 수 없어서, 재판의 전제성을 인정할 수 없다고 판단하여 왔다. 특히 헌법재판소는 '헌재 2010.2.25. 2007헌바131 등' 결정에서 이 사건 청구인들과 같이 기반시설부담금 부과처분에 대하여 그 처분을 다툴 수 있는 제소기간을 도과한 뒤에 기반시설부담금의 '부과·징수의 주체'와 '부과기준시점'에 관한 법률조항이 위헌임을 전제로 그 납부금액 상당의 부당이득금 반환을 구하는 사건에서, 위와 같은 이유로 그 처분근거조항의 재판의 전제성을 인정하지 않았다. 헌법재판소의 이러한 견해는 여전히 타당하고, 달리 판단할 사정의 변경이나 필요성이 있다고 인정되지 않으므로, 이 사건에서도 위 견해를 그대로 유지한다. 다만, 헌법재판소는 행정처분의 근거가 된 법률에 의해 침해되는 기본권이 중요하며 그 법률에 대한 헌법적 해명이 긴요히 필요한 경우에는 근거법률에 대한 위헌결정이 행정처분의 효력에 영향을 미칠 여지가 없는 때에도 헌법질서의 수호자로서의 사명을 다하기 위하여 예외적으로 본안판단에 나아갈 수 있을 것이다. 이러한 입장에서 이 사건 심판청구를 살펴보면, 먼저 당해 사건은 이 사건 처분에 대한 제소기간이 경과한 후에 제기되었으므로 설령 이 사건 법률조항에 대하여 위헌결정이 있다 하더라도 이 사건 처분이 취소될 수 없다. 또한 이 사건 부과처분을 할 당시 이미 이 사건 법률조항의 위헌성이 명백하였다고 볼 만한 특별한 사정도 없다. 그러므로 이 사건 심판청구는 이 사건 법률조항의 위헌 여부에 따라 당해 사건 재판의 주문이 달라지거나 재판의 내용과 효력에 관한 법률적 의미가 달라진다고 볼 수 없어서, 재판의 전제성을 갖추지 못하였다(헌재 2014.1.28. 2010헌바113).

13 적법절차의 원칙 정답 ②

① [O] 군대의 특수성으로 인하여 일단 군인신분을 취득한 군인이 군대 외부의 일반법원에서 재판을 받는 것은 군대 조직의 효율적인 운영을 저해한다고 할 것이다. 또한 현실적으로도 군인이 수감 중인 상태에서 일반법원의 재판을 받기 위해서는 동행·감시자, 차량 등의 지원이 필요하므로 상당한 비용·인력 및 시간이 소요되고, 일반법원의 재판 일정을 군대사정에 맞추어 조정하도록 하지 않으면 훈련 등의 일정에 차질이 생기게 된다. 이러한 사정은 군인신분 취득 이후에 죄를 범한 경우와 군인신분을 취득한 자가 군 입대 전에 범한 죄에 대하여 재판을 받는 경우와 다르지 않으므로, 군인신분 취득 전에 범한 죄에 대하여 군사법원에서 재판을 받도록 하는 것은 합리적인 이유가 있다(헌재 2009.7.30. 2008헌바162).

❷ [×] 헌법 제12조 제1항의 적법절차원칙은 형사소송절차에 국한되지 않고 모든 국가작용 전반에 대하여 적용되므로, 전투경찰순경의 인신구금을 내용으로 하는 영창처분에 있어서도 적법절차원칙이 준수되어야 한다. 그런데 전투경찰순경에 대한 영창처분은 그 사유가 제한되어 있고, 징계위원회의 심의절차를 거쳐야 하며, 징계 심의 및 집행에 있어 징계대상자의 출석권과 진술권이 보장되고 있다. 또한 소청과 행정소송 등 별도의 불복절차가 마련되어 있고 소청에서 당사자 의견진술기회 부여를 소청결정의 효력에 영향을 주는 중요한 절차적 요건으로 규정하는바, 이러한 점들을 종합하면 이 사건 영창조항이 헌법에서 요구하는 수준의 절차적 보장기준을 충족하지 못했다고 볼 수 없으므로 헌법 제12조 제1항의 적법절차원칙에 위배되지 아니한다(헌재 2016.3.31. 2013헌바190).

③ [O] 세월호피해지원법 제16조는 지급절차를 신속히 종결함으로써 세월호 참사로 인한 피해를 신속하게 구제하기 위한 것이다. 세월호피해지원법에 따라 배상금 등을 지급받고도 또 다시 소송으로 다툴 수 있도록 한다면, 신속한 피해구제와 분쟁의 조기종결 등 세월호피해지원법의 입법목적은 달성할 수 없게 된다. 세월호피해지원법 규정에 의하면, 심의위원회의 제3자성, 중립성 및 독립성이 보장되어 있다고 인정되고, 그 심의절차에 공정성과 신중성을 제고하기 위한 장치도 마련되어 있다. 세월호피해지원법은 소송절차에 준하여 피해에 상응하는 충분한 배상과 보상이 이루어질 수 있도록 관련 규정을 마련하고 있다. 신청인에게 지급결정 동의의 법적 효과를 안내하는 절차를 마련하고 있으며, 신청인은 배상금 등 지급에 대한 동의에 관하여 충분히 생각하고 검토할 시간이 보장되어 있고, 배상금 등 지급결정에 대한 동의 여부를 자유롭게 선택할 수 있다. 따라서 심의위원회의 배상금 등 지급결정에 동의한 때 재판상 화해가 성립한 것으로 간주하더라도 이것이 재판청구권 행사에 대한 지나친 제한이라고 보기 어렵다. 세월호피해지원법 제16조가 지급결정에 재판상 화해의 효력을 인정함으로써 확보되는 배상금 등 지급을 둘러싼 분쟁의 조속한 종결과 이를 통해 확보되는 피해구제의 신속성 등의 공익은 그로 인한 신청인의 불이익에 비하여 작다고 보기는 어려우므로, 법익의 균형성도 갖추고 있다. 따라서 세월호피해지원법 제16조는 청구인들의 재판청구권을 침해하지 않는다(헌재 2017.6.29. 2015헌마654).

④ [O] 헌법 제39조 제2항은 병역의무를 이행한 사람에게 보상조치를 취할 의무를 국가에게 지우는 것이 아니라, 법문 그대로 병역의무의 이행을 이유로 불이익한 처우를 하는 것을 금지하고 있을 뿐이다. 그리고 이 조항에서 금지하는 '불이익한 처우'라 함은 단순한 사실상, 경제상의 불이익을 모두 포함하는 것이 아니라 법적인 불이익을 의미하는 것으로 이해하여야 한다(헌재 2003.6.26. 2002헌마484).

14 선거관리위원회 정답 ②

① [O] 「공직선거법」 제222조에 대한 옳은 내용이다.

> **제222조【선거소송】** ① 대통령선거 및 국회의원선거에 있어서 선거의 효력에 관하여 이의가 있는 선거인·정당(후보자를 추천한 정당에 한한다) 또는 후보자는 선거일부터 30일 이내에 당해 선거구 선거관리위원회 위원장을 피고로 하여 대법원에 소를 제기할 수 있다.

❷ [×] '중앙선거관리위원회 위원'은 헌법에서 탄핵소추의 대상자로 규정하고 있고, '각급선거관리위원회 위원'은 「선거관리위원회법」에서 탄핵소추의 대상자로 규정하고 있다.

> **헌법 제65조** ① 대통령·국무총리·국무위원·행정각부의 장·헌법재판소 재판관·법관·중앙선거관리위원회 위원·감사원장·감사위원 기타 법률이 정한 공무원이 그 직무집행에 있어서 헌법이나 법률을 위배한 때에는 국회는 탄핵의 소추를 의결할 수 있다.
> **「선거관리위원회법」 제9조【위원의 해임사유】** 각급선거관리위원회의 위원은 다음 각 호의 1에 해당할 때가 아니면 해임·해촉 또는 파면되지 아니한다.
> 2. 탄핵결정으로 파면된 때

③ [O] 선거관리위원회법 제14조의2의 '경고'는 선거법 위반행위에 대한 제재적 조치의 하나로서 법률에 규정된 것이므로 피경고자는 이러한 경고를 준수하여야 할 의무가 있고, 피경고자가 경고를 불이행하는 경우 선거관리위원회 위원·직원에 의하여 관할 수사기관에 수사의뢰 또는 고발될 수 있으므로(위 조항 후문), 위 '경고'가 청구인의 법적 지위에 영향을 주지 않는다고는 할 수 없다. 중앙선거관리위원회 위원장이 중앙선거관리위원회 전체회의의 심의를 거쳐 대통령의 위법사실을 확인한 후 그 재발방지를 촉구하는 내용의 이 사건 조치를 청구인인 대통령에 대하여 직접 발령한 것이 단순한 권고적·비권력적 행위라든가 대통령인 청구인의 법적 지위에 불리한 효과를 주지 않았다고 보기는 어렵다(헌재 2008.1.17. 2007헌마700).

④ [O] 「선거관리위원회법」 제10조에 대한 옳은 내용이다.

> **제10조【위원회의 의결정족수】** ① 각급 선거관리위원회는 위원 과반수의 출석으로 개의하고 출석위원 과반수의 찬성으로 의결한다.
> ② 위원장은 표결권을 가지며 가부동수인 때에는 결정권을 가진다.

15 정당제도 · 정답 ④

옳은 것은 ㄱ, ㄷ, ㄹ이다.

ㄱ. [O] 「정당법」 제15조도 "등록신청을 받은 관할 선거관리위원회는 형식적 요건을 구비하는 한 이를 거부하지 못한다."라고 규정하여, 정당이 「정당법」에서 정한 형식적 요건을 구비한 경우 중앙선거관리위원회는 이를 반드시 수리하도록 하고, 「정당법」에 명시된 요건이 아닌 다른 사유로 정당등록신청을 거부하는 등으로 정당설립의 자유를 제한할 수 없도록 하고 있다. 따라서 정당을 창당하고자 하는 창당준비위원회가 「정당법」상의 요건을 갖추어 등록을 신청하면, 중앙선거관리위원회는 「정당법」상 외의 요건으로 이를 거부할 수 없고 반드시 수리하여야 한다(헌재 2023.9.26. 2021헌가23 등).

ㄴ. [X] 「정치자금법」에서 수수를 금지하는 정치자금은 정치활동을 위하여 정치활동을 하는 자에게 제공되는 금전 등 일체를 의미한다. 금품이 '정치자금'에 해당하는지 여부는 그 금품이 '정치활동'을 위하여 제공되었는지 여부에 달려 있다. 따라서 정치활동을 하는 사람이 금품을 받았다고 해도 그것이 정치활동을 위하여 제공된 것이 아니라면 같은 법 제45조 제1항 위반죄로 처벌할 수 없다(대판 2018.5.11. 2018도3577).

ㄷ. [O] 정당이 국민의 정치적 의사형성에서 차지하는 중요성과 정당에 대한 각별한 보호를 규정한 헌법적 결정에 비추어, 국민의 자유로운 정당설립 및 가입을 제한하는 법률은 그 목적이 헌법상 허용된 것이어야 할 뿐 아니라 중대한 것이어야 하고, 그를 넘어서 제한을 정당화하는 공익이나 대처해야 할 위험이 어느 정도 명백하게 현실적으로 존재해야만 비로소 헌법에 위반되지 아니한다(헌재 1999.12.23. 99헌마135).

ㄹ. [O] 정당설립의 자유는 비록 헌법 제8조 제1항 전단에 규정되어 있지만 국민 개인과 정당의 '기본권'이라 할 수 있고, 당연히 이를 근거로 하여 헌법소원심판을 청구할 수 있다. 「정당법」상 정당등록요건을 다투는 정당(청구인)이 청구한 사건에서도 헌법 제21조 제1항 결사의 자유의 특별규정으로서, 헌법 제8조 제1항 전단의 '정당설립의 자유'가 침해 여부가 문제되는 기본권이라고 할 것이다(헌재 2006.3.30. 2004헌마246).

ㅁ. [X] 「정당법」 제4조의2 제1항·제2항에 의하면, 정당이 새로운 당명으로 합당(신설합당)하거나 다른 정당에 합당(흡수합당)될 때에는 합당을 하는 정당들의 대의기관이나 그 수임기관의 합동회의의 결의로써 합당할 수 있고, 정당의 합당은 소정의 절차에 따라 중앙선거관리위원회에 등록 또는 신고함으로써 성립하는 것으로 규정되어 있는 한편, 같은 조 제5항에 의하면, 합당으로 신설 또는 존속하는 정당은 합당 전 정당의 권리의무를 승계하는 것으로 규정되어 있는바, 위 「정당법」 조항에 의한 합당의 경우에 합당으로 인한 권리의무의 승계조항은 강행규정으로서 합당 전 정당들의 해당 기관의 결의나 합동회의의 결의로써 달리 정하였더라도 그 결의는 효력이 없다(대판 2002.2.8. 2001다68969).

16 정당 · 정답 ③

① [O] 정치자금 중 당비는 반드시 당원으로 가입해야만 납부할 수 있어 일반 국민으로서 자신이 지지하는 정당에 재정적 후원을 하기 위해 반드시 당원이 되어야 하므로, 정당법상 정당 가입이 금지되는 공무원 등의 경우에는 자신이 지지하는 정당에 재정적 후원을 할 수 있는 방법이 없다. 그리고 현행 기탁금제도는 중앙선거관리위원회가 국고보조금의 배분비율에 따라 각 정당에 배분·지급하는 일반기탁금제도로서, 기부자가 자신이 지지하는 특정 정당에 재정적 후원을 하는 것과는 전혀 다른 제도이므로 이로써 정당 후원회를 대체할 수 있다고 보기도 어렵다. 나아가 정당제 민주주의하에서 정당에 대한 재정적 후원이 전면적으로 금지됨으로써 정당이 스스로 재정을 충당하고자 하는 정당활동의 자유와 국민의 정치적 표현의 자유에 대한 제한이 매우 크다고 할 것이므로, 이 사건 법률조항은 정당의 정당활동의 자유와 국민의 정치적 표현의 자유를 침해한다(헌재 2015.12.23. 2013헌바168).

② [O] 국회의원의 국민대표성을 중시하는 입장에서도 특정 정당에 소속된 국회의원이·정당기속 내지는 교섭단체의 결정(소위 '당론')에 위반하는 정치활동을 한 이유로 제재를 받는 경우, 국회의원 신분을 상실하게 할 수는 없으나 '정당내부의 사실상의 강제' 또는 소속 '정당으로부터의 제명'은 가능하다고 보고 있다. 그렇다면, 당론과 다른 견해를 가진 소속 국회의원을 당해 교섭단체의 필요에 따라 다른 상임위원회로 전임(사·보임)하는 조치는 특별한 사정이 없는 한 헌법상 용인될 수 있는 '정당내부의 사실상 강제'의 범위 내에 해당한다고 할 것이다(헌재 2003.10.30. 2002헌라1).

❸ [X] 등록취소된 정당의 명칭은 최초로 실시하는 임기만료에 의한 국회의원선거의 선거일까지만 정당의 명칭으로 사용할 수 없지만, 헌법재판소의 결정에 의하여 해산된 정당의 명칭과 같은 명칭은 정당의 명칭으로 다시 사용하지 못한다.

> **「정당법」 제41조【유사명칭 등의 사용금지】** ② 헌법재판소의 결정에 의하여 해산된 정당의 명칭과 같은 명칭은 정당의 명칭으로 다시 사용하지 못한다.
> ④ 제44조(등록의 취소) 제1항의 규정에 의하여 등록취소된 정당의 명칭과 같은 명칭은 등록취소된 날부터 최초로 실시하는 임기만료에 의한 국회의원선거의 선거일까지 정당의 명칭으로 사용할 수 없다.

④ [O] 정당의 시·도당 하부조직의 운영을 위하여 당원협의회 등의 사무소를 두는 것을 금지한 정당법 제37조 제3항은 임의기구인 당원협의회를 둘 수 있도록 하되, 과거 지구당 제도의 폐해가 되풀이되는 것을 방지하고 고비용 저효율의 정당구조를 개선하기 위해 사무소를 설치할 수 없도록 하는 것이므로 그 입법목적은 정당하고, 수단의 적절성도 인정된다. … 심판대상조항으로 인해 침해되는 사익은 당원협의회 사무소를 설치하지 못하는 불이익에 불과한 반면, 심판대상조항이 달성하고자 하는 고비용 저효율의 정당구조 개선이라는 공익은 위와 같은 불이익에 비하여 결코 작다고 할 수 없어 심판대상조항은 법익균형성도 충족되었다. 따라서 심판대상조항은 제청신청인의 정당활동의 자유를 침해하지 아니한다(헌재 2016.3.31. 2013헌가22).

17 재산권 정답 ④

① [O] 이 사건 중단조치는 남북관계, 북미관계, 국제관계가 복잡하게 얽혀 있는 상황에서 단계적 중단만으로는 일괄 중단의 경우와 동일한 정도로 경제제재 조치를 통해 달성하고자 하는 목적을 달성하기 어렵다는 정치적 판단 하에 채택된 것이고, 그러한 판단이 현저히 비합리적이라고는 보이지 않는다. 따라서 이 사건 중단조치는 피해의 최소성 원칙에도 부합한다. … 이 사건 중단조치로 투자기업인 청구인들이 입은 피해가 적지 않지만, 그럼에도 불구하고 북한의 핵개발에 맞서 개성공단의 운영 중단이라는 경제적 제재조치를 통해, 대한민국의 존립과 안전 및 계속성을 보장할 필요가 있다는 피청구인 대통령의 판단이 명백히 잘못된 것이라 보기도 어려운바, 이는 헌법이 대통령에게 부여한 권한 범위 내에서 정치적 책임을 지고 한 판단과 선택으로 존중되어야 한다. 따라서 이 사건 중단조치는 법익의 균형성 요건도 충족하는 것으로 보아야 한다. 따라서 이 사건 중단조치는 과잉금지원칙에 위반되어 투자기업인 청구인들의 영업의 자유와 재산권을 침해하지 아니한다(헌재 2022.1.27. 2016헌마364).

② [O] 심판대상조항이 주택에 대한 경매신청의 등기 전에 주택을 인도받아 주민등록을 갖춘 임차인에 한정하여 우선변제권을 보장하도록 한 것은, 담보권자 등 이해관계인을 보호하기 위해 필요한 최소한의 조치라고 볼 수 있다. 위와 같은 점들을 종합하여 볼 때, 심판대상조항이 주택에 대한 경매신청의 등기 전까지 주민등록을 갖춘 소액임차인에 한하여 우선변제를 받을 수 있도록 한 것이 입법형성의 한계를 벗어나 청구인의 재산권을 침해한다고 보기 어렵다(헌재 2020.8.28. 2018헌바422).

③ [O] 퇴직연금수급자인 지방의회의원 중 약 4분의 3에 해당하는 의원이 퇴직연금보다 적은 액수의 월정수당을 받고, 2020년 기준 월정수당이 정지된 연금월액보다 100만원 이상 적은 지방의회의원도 상당 수 있다. 월정수당은 지방자치단체에 따라 편차가 크고 안정성이 낮다. 이 사건 구법 조항과 같이 소득 수준을 고려하지 않으면 재취업 유인을 제공하지 못하여 정책목적 달성에 실패할 가능성도 크다. 다른 나라의 경우 연금과 보수 중 일부를 감액하는 방식으로 선출직에 취임하여 보수를 받는 것이 생활보장에 더 유리하도록 제도를 설계하고 있다. 따라서 기본권을 덜 제한하면서 입법목적을 달성할 수 있는 다양한 방법이 있으므로 이 사건 구법 조항은 침해의 최소성 요건을 충족하지 못하고, 법익의 균형성도 충족하지 못한다. 따라서 이 사건 구법 조항은 과잉금지원칙에 위배되어 청구인들의 재산권을 침해하므로 헌법에 위반된다(헌재 2022.1.27. 2019헌바161).

❹ [X] 토지재산권에 대하여는 강한 사회성 내지는 공공성으로 말미암아 다른 재산권에 비하여 더 강한 제한과 의무가 부과될 수 있으나, 그렇다고 하더라도 토지재산권에 대한 제한입법 역시 다른 기본권을 제한하는 입법과 마찬가지로 과잉금지의 원칙을 준수해야 하고, 재산권의 본질적 내용인 사용·수익권과 처분권을 부인해서는 아니 된다. 다만, 농지의 경우 그 사회성과 공공성은 일반적인 토지의 경우보다 더 강하다고 할 수 있으므로, 농지 재산권을 제한하는 입법에 대한 헌법심사의 강도는 다른 토지 재산권을 제한하는 입법에 대한 것보다 낮다고 봄이 상당하다(헌재 2010.2.25. 2008헌바80·91).

18 직업선택의 자유 정답 ③

옳은 것은 3개(ㄱ, ㄴ, ㄷ)이다.

ㄱ. [O] 직업의 자유는 각자의 생활의 기본적 수요를 충족시키는 방편이 되고 또한 개성신장의 바탕이 된다는 점에서 주관적 공권의 성격이 두드러진 것이기는 하나, 다른 한편으로는 국민 개개인이 선택한 직업의 수행에 의하여 국가의 사회질서와 경제질서가 형성된다는 점에서 사회적 시장경제질서라고 하는 객관적 법질서의 구성요소이기도 하다(헌재 2001.6.28. 2001헌마132).

ㄴ. [O] 당사자의 능력이나 자격과 상관없는 객관적 사유에 의한 제한은 월등하게 중요한 공익을 위하여 명백하고 확실한 위험을 방지하기 위한 경우에만 정당화될 수 있고, 따라서 헌법재판소가 이 사건을 심사함에 있어서는 헌법 제37조 제2항이 요구하는바 과잉금지의 원칙, 즉 엄격한 비례의 원칙이 그 심사척도가 된다(헌재 2002.4.25. 2001헌마614).

ㄷ. [O] 직업의 자유 중 이 사건에서 문제되는 직장선택의 자유는 인간의 존엄과 가치 및 행복추구권과도 밀접한 관련을 가지는 만큼 단순히 국민의 권리가 아닌 인간의 권리로 보아야 할 것이므로 권리의 성질상 참정권, 사회권적 기본권, 입국의 자유 등과 같이 외국인의 기본권 주체성을 전면적으로 부정할 수는 없고, 외국인도 제한적으로라도 직장선택의 자유를 향유할 수 있다고 보아야 한다. 한편 기본권 주체성의 인정문제와 기본권 제한의 정도는 별개의 문제이므로, 외국인에게 직장선택의 자유에 대한 기본권 주체성을 인정한다는 것이 곧바로 이들에게 우리 국민과 동일한 수준의 직장선택의 자유가 보장된다는 것을 의미하는 것은 아니라고 할 것이다(헌재 2011.9.29. 2007헌마1083 등).

ㄹ. [X] 일반적으로 직업행사의 자유에 대하여는 직업선택의 자유와는 달리 공익목적을 위하여 상대적으로 폭넓은 입법적 규제가 가능한 것이지만, 그렇다고 하더라도 그 수단은 목적달성에 적절한 것이어야 하고 또한 필요한 정도를 넘는 지나친 것이어서는 아니 된다(헌재 2004.5.27. 2003헌가1).

19 인격권 정답 ①

❶ [X] 이 사건 운동화착용불허행위는 시설 바깥으로의 외출이라는 기회를 이용한 도주를 예방하기 위한 것으로서 그 목적이 정당하고, 위와 같은 목적을 달성하기 위한 적합한 수단이라 할 것이다. 또한 신발의 종류를 제한하는 것에 불과하여 법익침해의 최소성과 균형성도 갖추었다 할 것이므로, 이 사건 운동화착용불허행위가 기본권 제한에 있어서의 과잉금지원칙에 반하여 청구인의 인격권과 행복추구권을 침해하였다고 볼 수 없다(헌재 2011.2.24. 2009헌마209).

② [O] 변호사 정보 제공 웹사이트 운영자가 변호사들의 개인신상정보를 기반으로 변호사들의 인맥지수를 산출하여 공개하는 서비스를 제공한 사안에서, 인맥지수의 사적·인격적 성격, 산출 과정에서 왜곡 가능성, 인맥지수 이용으로 인한 변호사들의 이익 침해와 공적 폐해의 우려, 그에 반하여 이용으로 달성될 공적인 가치의 보호 필요성 정도 등을 종합적으로 고려하면, 운영자가 변호사들의 개인신상정보를 기반으로 한 인맥지수를 공개하는 표현행위에 의하여 얻을 수 있는 법적 이익이 이를 공개하지 않음으로써 보호받을 수 있는 변호사들의 인격적 법

익에 비하여 우월하다고 볼 수 없어, 결국 운영자의 인맥지수 서비스 제공행위는 변호사들의 개인정보에 관한 인격권을 침해하는 위법한 것이다(대판 2011.9.2. 2008다42430 전합).

③ [O] 이 사건 사과문 게재 조항은 정기간행물 등을 발행하는 언론사가 보도한 선거기사의 내용이 공정하지 아니하다고 인정되는 경우 선거기사심의위원회의 사과문 게재 결정을 통하여 해당 언론사로 하여금 그 잘못을 인정하고 용서를 구하게 하고 있다. 이는 언론사 스스로 인정하거나 형성하지 아니한 윤리적·도의적 판단의 표시를 강제하는 것으로서 언론사가 가지는 인격권을 제한하는 정도가 매우 크다. 더욱이 이 사건 처벌 조항은 형사처벌을 통하여 그 실효성을 담보하고 있다.

그런데 공직선거법에 따르면, 언론사가 불공정한 선거기사를 보도하는 경우 선거기사심의위원회는 사과문 게재 명령 외에도 정정보도문의 게재 명령을 할 수 있다. 또한 해당 언론사가 '공정보도의무를 위반하였다는 결정을 선거기사심의위원회로부터 받았다는 사실을 공표'하도록 하는 방안, 사과의 의사표시가 필요한 경우에도 사과의 '권고'를 하는 방법을 상정할 수 있다. 나아가, 이 사건 법률조항들이 추구하는 목적, 즉 선거기사를 보도하는 언론사의 공적인 책임의식을 높임으로써 민주적이고 공정한 여론 형성 등에 이바지한다는 공익이 중요하다는 점에는 이론의 여지가 없으나, 언론에 대한 신뢰가 무엇보다 중요한 언론사에 대하여 그 사회적 신용이나 명예를 저하시키고 인격의 자유로운 발현을 저해함에 따라 발생하는 인격권 침해의 정도는 이 사건 법률조항들이 달성하려는 공익에 비해 결코 작다고 할 수 없다. 결국 이 사건 법률조항들은 언론사의 인격권을 침해하여 헌법에 위반된다(헌재 2015.7.30. 2013헌가8).

④ [O] 사람은 누구나 자신의 얼굴 기타 사회통상상 특정인임을 식별할 수 있는 신체적 특징에 관하여 함부로 촬영 또는 그림묘사되거나 공표되지 아니하며 영리적으로 이용당하지 않을 권리를 가지는데, 이러한 초상권은 우리 헌법 제10조 제1문에 의하여 헌법적으로 보장되는 권리이다. … 보험회사 직원이 보험회사를 상대로 손해배상청구소송을 제기한 교통사고 피해자들의 장해 정도에 관한 증거자료를 수집할 목적으로 피해자들의 일상생활을 촬영한 행위가 초상권 및 사생활의 비밀과 자유를 침해하는 불법행위에 해당한다(대판 2006.10.13. 2004다16280).

---

20 재판의 공개 정답 ③

① [O] 헌법 제27조 제3항 후문, 제109조와 법원조직법 제57조 제1항·제2항의 취지에 비추어 보면, 헌법 제109조, 법원조직법 제57조 제1항에서 정한 공개금지사유가 없음에도 불구하고 재판의 심리에 관한 공개를 금지하기로 결정하였다면 그러한 공개금지결정은 피고인의 공개재판을 받을 권리를 침해한 것으로서 그 절차에 의하여 이루어진 증인의 증언은 증거능력이 없고, 변호인의 반대신문권이 보장되었더라도 달리 볼 수 없으며, 이러한 법리는 공개금지결정의 선고가 없는 등으로 공개금지결정의 사유를 알 수 없는 경우에도 마찬가지이다(대판 2013.7.26. 2013도2511).

② [O] 공판은 제한된 공간인 법정에서 이를 행하여야 하는 것이므로, 방청하기를 희망하는 국민 모두에게 무제한으로 방청을 허용할 수 없음은 너무도 당연하다. 따라서 법원이 법정의 규모·질서의 유지·심리의 원활한 진행 등을 고려하여 방청을 희망하는 피고인들의 가족·친지 기타 일반국민에게 미리 방청권을 발행하게 하고 그 소지자에 한하여 방청을 허용하는 등의 방법으로 방청인의 수를 제한하는 조치를 취하는 것이 공개재판주의의 취지에 반하는 것은 아니다(대판 1990.6.8. 90도646).

❸ [X] 판결은 공개하여야 한다.

> **헌법 제109조** 재판의 심리와 판결은 공개한다. 다만, 심리는 국가의 안전보장 또는 안녕질서를 방해하거나 선량한 풍속을 해할 염려가 있을 때에는 법원의 결정으로 공개하지 아니할 수 있다.

④ [O] 헌법 제109조는 재판공개의 원칙을 규정하고 있는 것으로서 검사의 공소제기절차에는 적용될 여지가 없고, 따라서 이 사건 공소가 제기되기 전까지 피고인이 그 내용이나 공소제기 여부를 알 수 없었다거나 피고인의 소송기록 열람·등사권이 제한되어 있었다고 하더라도 그 공소제기절차가 위 헌법 규정에 위반되는 것이라고는 할 수 없다(대판 2008.12.24. 2006도1427).

---

21 법원 정답 ③

① [O] 「법원조직법」 제54조 제3항에 대한 옳은 내용이다.

> **제54조 【사법보좌관】** ③ 사법보좌관은 법관의 감독을 받아 업무를 수행하며, 사법보좌관의 처분에 대하여는 대법원규칙이 정하는 바에 따라 법관에 대하여 이의신청을 할 수 있다.

② [O] 법관징계법 제27조가 법관의 징계처분의 취소를 청구하는 사건을 대법원이 단심으로 재판하도록 규정한 것은 그 불복절차를 간명하게 함과 동시에 법관의 지위를 조속히 안정시킴으로써 법관의 독립과 신분보장을 실질적으로 보장하려는 취지에서 나온 것으로서 합리적인 근거가 있다고 할 것이므로, 이를 가리켜 징계처분을 받는 법관의 재판청구권 또는 평등권을 침해하는 것이라고는 할 수 없다고 할 것이다(대결 2007.12.21. 2007무151).

❸ [X] 비상계엄하의 군사재판은 군인·군무원의 범죄뿐만 아니라 일반국민의 경우라도 군사에 관한 간첩죄의 경우와 초병·초소·유독음식물공급·포로에 관한 죄중 법률이 정한 경우에 한하여 단심으로 할 수 있다.

> **헌법 제77조** ③ 비상계엄이 선포된 때에는 법률이 정하는 바에 의하여 영장제도, 언론·출판·집회·결사의 자유, 정부나 법원의 권한에 관하여 특별한 조치를 할 수 있다.
> **제110조** ④ 비상계엄하의 군사재판은 군인·군무원의 범죄나 군사에 관한 간첩죄의 경우와 초병·초소·유독음식물공급·포로에 관한 죄 중 법률이 정한 경우에 한하여 단심으로 할 수 있다. 다만, 사형을 선고한 경우에는 그러하지 아니하다.

④ [O] 이 사건 연임결격조항은 근무성적이 현저히 불량하여 판사로서 정상적인 직무를 수행할 수 없는 판사를 연임대상에서 제외하도록 하고 있는바, 이는 직무를 제대로 수행하지 못하는 판사를 그 직에서 배제하여 사법부 조직의 효율성을 유지하기 위한 것으로 그 정당성이 인정된다. … 이 사건 연임결격조항의 취지, 연임사유로 고려되는 근무성적평정의 대상기간, 평정

사항의 제한, 연임심사 과정에서의 절차적 보장 등을 종합적으로 고려하면, 이 사건 연임결격조항이 근무성적이 현저히 불량하여 판사로서의 정상적인 직무를 수행할 수 없는 판사를 연임할 수 없도록 규정하였다는 점만으로 사법의 독립을 침해한다고 볼 수 없다(헌재 2016.9.29. 2015헌바331).

22 국정감사, 국정조사 정답 ①

❶ [X] 본회의는 조사위원회의 중간보고를 받고 조사를 장기간 계속할 필요가 없다고 인정되는 경우 조사위원회의 활동기간을 단축하기 위해서는 본회의의 의결이 필요하다.

> 「국정감사 및 조사에 관한 법률」제9조【조사위원회의 활동기간】② 본회의는 조사위원회의 중간보고를 받고 조사를 장기간 계속할 필요가 없다고 인정되는 경우에는 의결로 조사위원회의 활동기간을 단축할 수 있다.

② [O] 「국정감사 및 조사에 관한 법률」제4조 제3항에 대한 옳은 내용이다.

> 제4조【조사위원회】③ 조사위원회의 위원장이 사고가 있거나 그 직무를 수행하기를 거부 또는 기피하여 조사위원회가 활동하기 어려운 때에는 위원장이 소속하지 아니하는 교섭단체 소속의 간사 중에서 소속 의원 수가 많은 교섭단체 소속인 간사의 순으로 위원장의 직무를 대행한다.

③ [O] 「국정감사 및 조사에 관한 법률」제2조 제1항에 대한 옳은 내용이다.

> 제2조【국정감사】① 국회는 국정전반에 관하여 소관 상임위원회별로 매년 정기회 집회일 이전에 국정감사(이하 "감사"라 한다) 시작일부터 30일 이내의 기간을 정하여 감사를 실시한다. 다만, 본회의 의결로 정기회 기간 중에 감사를 실시할 수 있다.

④ [O] 청구인은 이 사건 가처분재판과 이 사건 간접강제재판으로 인해 입법에 관한 국회의원의 권한과 국정감사 또는 조사에 관한 국회의원의 권한이 침해되었다는 취지로 주장하나, 이 사건 가처분재판이나 이 사건 간접강제재판에도 불구하고 청구인으로서는 얼마든지 법률안을 만들어 국회에 제출할 수 있고 국회에 제출된 법률안을 심의하고 표결할 수 있어 입법에 관한 국회의원의 권한인 법률안 제출권이나 심의·표결권이 침해될 가능성이 없으며, 이 사건 가처분재판과 이 사건 간접강제재판은 국정감사 또는 조사와 관련된 국회의원의 권한에 대해서도 아무런 제한을 가하지 않고 있어, 국정감사 또는 조사와 관련된 국회의원으로서의 권한이 침해될 가능성 또한 없다. 따라서 이 사건 권한쟁의심판청구는 청구인의 권한을 침해할 가능성이 없어 부적법하다(헌재 2010.7.29. 2010헌라1).

23 일반적 행동자유권 정답 ②

① [O] 이 사건 법률조항에 의하여 형의 집행유예와 동시에 사회봉사명령을 선고받은 청구인은 자신의 의사와 무관하게 사회봉사를 하지 않을 수 없게 되어 헌법 제10조의 행복추구권에서 파생하는 일반적 행동의 자유를 제한받게 된다. 청구인은 이 사건 법률조항이 신체의 자유를 제한한다고 주장하나, 이 사건 법률조항에 의한 사회봉사명령은 청구인에게 근로의무를 부과함에 그치고 공권력이 신체를 구금하는 등의 방법으로 근로를 강제하는 것은 아니어서 이 사건 법률조항이 신체의 자유를 제한한다고 볼 수 없다(헌재 2013.3.29. 2010헌바100).

❷ [X] 헌법 제10조의 행복추구권에서 파생하는 일반적 행동자유권은 모든 행위를 하거나 하지 않을 자유를 내용으로 하나, 그 보호대상으로서의 행동이란 국가가 간섭하지 않으면 자유롭게 할 수 있는 행위 내지 활동을 의미하고, 이를 국가권력이 가로막거나 강제하는 경우 자유권의 침해로서 논의될 수 있다 할 것인데, 병역의무의 이행으로서의 현역병 복무는 국가가 간섭하지 않으면 자유롭게 할 수 있는 행위에 속하지 않으므로, 현역병으로 복무할 권리가 일반적 행동자유권에 포함된다고 할 수도 없다(헌재 2010.12.28. 2008헌마527).

③ [O] 운전 중 전화를 받거나 거는 것, 수신된 문자메시지의 내용을 확인하는 것과 같이 휴대용 전화를 단순 조작하는 경우에도 전방주시율, 돌발 상황에 대한 대처능력 등이 저하되어 교통사고의 위험이 증가하므로, 국민의 생명·신체·재산을 보호하기 위해서는 휴대용 전화의 사용을 원칙적으로 금지할 필요가 있다. 이 사건 법률조항으로 인하여 청구인은 운전 중 휴대용 전화 사용의 편익을 누리지 못하고 그 의무에 위반할 경우 20만 원 이하의 벌금이나 구류 또는 과료에 처해질 수 있으나 이러한 부담은 크지 않다. 이에 비하여 운전 중 휴대용 전화 사용 금지로 교통사고의 발생을 줄임으로써 보호되는 국민의 생명·신체·재산은 중대하다. 그러므로 이 사건 법률조항은 과잉금지원칙에 반하여 청구인의 일반적 행동의 자유를 침해하지 않는다(헌재 2021.6.24. 2019헌바5).

④ [O] 헌법 제10조가 정하고 있는 행복추구권에서 파생되는 자기결정권 내지 일반적 행동자유권은 이성적이고 책임감 있는 사람의 자기의 운명에 대한 결정·선택을 존중하되 그에 대한 책임은 스스로 부담함을 전제로 한다(헌재 2004.6.24. 2002헌가27).

24 평등권 정답 ②

옳은 것은 ㄱ, ㄷ이다.

ㄱ. [O] 1978.6.14.부터 1998.6.13. 사이에 태어난 특례의 적용을 받는 모계출생자가 대한민국 국적을 취득하기 위해서 2004.12.31.까지 법무부장관에게 국적취득신고를 하도록 한 국적법 부칙 제7조 제1항은 특례의 적용을 받는 모계출생자와 개정 국적법 시행 이후에 태어난 모계출생자를 합리적 이유 없이 차별하고 있다고 볼 수 없다(헌재 2015.11.26. 2014헌바211).

ㄴ. [X] 검찰청법상 항고제도의 인정 여부는 기본적으로 입법정책에 속하는 문제로서 그 주체, 대상의 범위 등의 제한도 그것이 현저히 불합리하지 아니한 이상 헌법에 위반되는 것이라 할 수 없고, 고소인·고발인과 피의자는 기본적으로 대립적 이해관계에서 기소유예처분에 불복할 이익을 지니며, 검찰청법상 항고제도의 성격과 취지 및 한정된 인적·물적 사법자원의 측면, 그

리고 이 사건 법률조항이 헌법소원심판청구 등 피의자의 다른 불복수단까지 원천적으로 봉쇄하는 것은 아닌 점 등을 종합하면, 이 사건 법률조항이 피의자를 고소인·고발인에 비하여 합리적 이유 없이 차별하는 것이라 할 수 없다(헌재 2013.9.26. 2012헌마562).

> 입법자가 기소유예처분에 대하여 피의자가 불복하여 법원의 재판을 받을 수 있는 절차를 전혀 마련하지 아니한 것은 '진정입법부작위'에 해당하는바, 헌법은 공소제기의 주체, 방법, 절차나 사후통제 등에 관하여 직접적인 규정을 두고 있지 아니하며, 검사의 자의적인 불기소처분에 대한 통제방법에 관하여도 헌법에 아무런 규정을 두고 있지 않기 때문에 헌법이 명시적인 입법의무를 부여하였다고 볼 수 없다. 또한, 기소유예처분은 공소제기에 대한 형사정책적 고려와 함께 소송경제 및 구체적 정의의 실현이 가능하도록 피의자에게는 전과자라는 낙인 대신 기회를 주고, 검찰과 법원에게는 다른 중요한 사건에 그 힘을 쓸 수 있도록 하기 위한 것으로 원칙적으로 피의자에게 불이익한 처분이 아니다. 다만, 피의자가 범죄혐의를 다투고 있고, 공소제기에 충분한 범죄혐의가 없음에도 기소유예처분을 한 경우에는 예외적으로 불이익한 처분이 될 수 있으나, 이러한 예외적인 상황에 대응하여 기소유예처분에 관한 법원의 일반적인 재판절차를 마련할 것인지 여부는 입법자의 입법형성재량에 기초한 정책적 판단에 따라 결정할 문제로서 헌법해석상으로도 입법의무가 도출된다고 보기 어렵다(헌재 2013.9.26. 2012헌마562).

ㄷ. [O] 보수 지급 대상자의 신원, 귀환동기, 억류기간 중의 행적을 확인하여 등록 및 등급을 부여하는 것은, 국군포로가 국가를 위하여 겪은 희생을 위로하고 국민의 애국정신을 함양한다는 국군포로송환법의 취지에 비추어 볼 때, 보수를 지급하기 전에 선행되어야 할 필수적인 절차이다. 귀환하지 못한 국군포로의 경우 등록을 할 수가 없고, 억류지출신 포로가족이 대신 등록을 신청하는 경우 억류기간 중의 행적 파악에 한계가 있고, 대우와 지원을 받을 대상자가 현재 대한민국에 존재하지 않아 보수를 지급하는 것의 실효성이 인정되기 어렵다. 따라서 귀환하여 등록절차를 거친 등록포로에게만 보수를 지급한다고 규정한 심판대상조항은 평등원칙에 위배되지 않는다(헌재 2022.12.22. 2020헌바39).

ㄹ. [X] 같은 병역 유형인 보충역에 속한다고 하더라도 개별 보충역마다 제도 도입 취지, 복무형태, 복무내용, 신분 등이 상이하므로 군사교육소집기간 산입 여부와 같은 병역의무이행의 세부적인 내용이 모두 동일하게 적용되어야 한다고 볼 수는 없다. 공중보건의사는 장교의 지위에 있는 군의관과 입법 연혁, 선발과정, 보수, 수행 업무 내용 등에서 동일하거나 유사한 측면이 여럿 있다는 점을 고려하면, 군사교육소집기간의 복무기간 산입 여부와 같은 정책적인 사항에 대하여 공중보건의사를 전문연구요원과 달리 규정한 것이 합리적 이유 없는 차별취급이라고 단정하기는 어렵다. 따라서 심판대상조항이 전문연구요원과 달리 공중보건의사의 군사교육소집기간을 복무기간에 산입하지 않은 것에는 합리적 이유가 있으므로, 심판대상조항은 청구인들의 평등권을 침해하지 아니한다(헌재 2020.9.24. 2019헌마472).

---

25 정당 정답 ②

① [O] 심판대상조항은 예외 없이 복수 당적 보유를 금지하고 있으나, 정당법상 당원의 입당, 탈당 또는 재입당이 제한되지 아니하는 점, 복수 당적 보유를 허용하면서도 예상되는 부작용을 실효적으로 방지할 수 있는 대안을 상정하기 어려운 점, 어느 정당의 당원이라 하더라도 일반에 개방되는 다른 정당의 경선에 참여하는 등 다양한 방법으로 정치적 의사를 표현할 수 있다는 점 등을 고려하면, 심판대상조항이 침해의 최소성에 반한다고 보기 어렵다. 나아가, 당원인 청구인들로 하여금 다른 정당의 당원이 될 수 없도록 하는 정당 가입·활동 자유 제한의 정도가 정당정치를 보호·육성하고자 하는 공익에 비하여 중하다고 볼 수 없다. 따라서 심판대상조항이 정당의 당원인 나머지 청구인들의 정당 가입·활동의 자유를 침해한다고 할 수 없다(헌재 2022.3.31. 2020헌마1729).

❷ [X] 실질적으로 국민의 정치적 의사형성에 참여할 의사나 능력이 없는 정당을 정치적 의사형성과정에서 배제함으로써 정당제 민주주의 발전에 기여하고자 하는 한도에서 정당등록취소조항의 입법목적의 정당성과 수단의 적합성을 인정할 수 있다. 그러나 정당등록의 취소는 정당의 존속 자체를 박탈하여 모든 형태의 정당활동을 불가능하게 하므로, 그에 대한 입법은 필요 최소한의 범위에서 엄격한 기준에 따라 이루어져야 한다. 그런데 일정기간 동안 공직선거에 참여할 기회를 수 회 부여하고 그 결과에 따라 등록취소 여부를 결정하는 등 덜 기본권 제한적인 방법을 상정할 수 있고, 정당법에서 법정의 등록요건을 갖추지 못하게 된 정당이나 일정 기간 국회의원선거 등에 참여하지 아니한 정당의 등록을 취소하도록 하는 등 현재의 법체계 아래에서도 입법목적을 실현할 수 있는 다른 장치가 마련되어 있으므로, 정당등록취소조항은 침해의 최소성 요건을 갖추지 못하였다. 나아가, 정당등록취소조항은 어느 정당이 대통령선거나 지방자치선거에서 아무리 좋은 성과를 올리더라도 국회의원선거에서 일정 수준의 지지를 얻는 데 실패하면 등록이 취소될 수밖에 없어 불합리하고, 신생·군소정당으로 하여금 국회의원선거에의 참여 자체를 포기하게 할 우려도 있어 법익의 균형성 요건도 갖추지 못하였다. 따라서 정당등록취소조항은 과잉금지원칙에 위반되어 청구인들의 정당설립의 자유를 침해한다(헌재 2014.1.28. 2012헌마431).

③ [O] 정당의 자유의 주체는 정당을 설립하려는 개개인과 이를 통해 조직된 정당 모두에게 인정되는 것이다. 구체적으로 정당의 자유는 개개인의 자유로운 정당설립 및 정당가입의 자유, 조직형식 내지 법형식 선택의 자유를 포함한다. 또한 정당설립의 자유는 설립에 대응하는 정당해산의 자유, 합당의 자유, 분당의 자유도 포함한다. 뿐만 아니라 정당설립의 자유는 개인이 정당 일반 또는 특정 정당에 가입하지 아니할 자유, 가입했던 정당으로부터 탈퇴할 자유 등 소극적 자유도 포함한다(헌재 2006.3.30. 2004헌마246).

④ [O] 「정당법」 제33조에 대한 옳은 내용이다.

> **제33조【정당소속 국회의원의 제명】** 정당이 그 소속 국회의원을 제명하기 위해서는 당헌이 정하는 절차를 거치는 외에 그 소속 국회의원 전원의 2분의 1 이상의 찬성이 있어야 한다.

정답
p.80

01	③	II	06	③	II	11	③	III	16	②	III	21	①	II
02	①	III	07	①	III	12	①	III	17	④	IV	22	②	III
03	③	I	08	①	II	13	①	I	18	③	III	23	④	III
04	②	III	09	③	III	14	②	IV	19	②	II	24	②	II
05	①	II	10	④	II	15	②	III	20	④	II	25	①	I

취약 단원 분석표

단원	맞힌 답의 개수
I	/ 3
II	/ 9
III	/ 11
IV	/ 2
TOTAL	/ 25

I 헌법총론 / II 기본권론 / III 통치구조론 / IV 헌법재판론

01　국적　　　　　　　　　　　　　정답 ③

① [O] 심판대상조항은 국적 취득에 있어 진실성을 담보하고 사회구성원 사이의 신뢰를 확보하며 나아가 국가질서를 유지하기 위한 것으로 입법목적의 정당성이 인정되며, 하자 있는 국적회복허가를 취소하도록 하는 것은 위와 같은 입법목적을 달성하기 위한 적합한 방법이다. … 따라서 국적회복허가에 애초 허가가 불가능한 불법적 요소가 개입되어 있었다면 어느 순간에 불법적 요소가 발견되었든 상관없이 그 허가를 취소함으로써 국법질서를 회복할 필요성이 있다. … 따라서 심판대상조항은 과잉금지원칙에 위배하여 거주·이전의 자유 및 행복추구권을 침해하지 아니한다(헌재 2020.2.27. 2017헌바434).

② [O] 심판대상조항은 복수국적자의 기회주의적 국적이탈을 방지하여 국민으로서 마땅히 부담해야 할 의무에 대한 악의적 면탈을 방지하고 국가공동체 운영의 기본원리를 지키고자 적어도 외국에 주소가 있는 자에게만 국적이탈을 허용하려는 것이므로 목적이 정당하고 그 수단도 적합하다. … 심판대상조항은 과잉금지원칙에 위배되지 아니하므로 국적이탈의 자유를 침해하지 아니한다(헌재 2023.2.23. 2020헌바603).

❸ [X] 심판대상조항은 '직계존속이 외국에서 영주할 목적 없이 체류한 상태에서 출생한 자'에 대해서는 병역의무를 해소한 경우에만 대한민국 국적이탈을 신고할 수 있도록 하므로, 위와 같이 출생한 사람의 국적이탈의 자유를 제한한다. 다만, 거주·이전의 자유를 규정한 헌법 제14조는 국적이탈의 자유의 근거조항이고 심판대상조항은 출입국 등 거주·이전 그 자체에 어떠한 제한을 가한다고 보기 어려운바, 출입국에 관련하여 거주·이전의 자유가 침해된다는 청구인의 주장에 대해서는 판단하지 아니한다. … 심판대상조항은 과잉금지원칙에 위배되어 국적이탈의 자유를 침해하지 아니한다(헌재 2023.2.23. 2019헌바462).

④ [O] 병역준비역에 편입된 복수국적자의 국적선택 기간이 지났다고 하더라도, 그 기간 내에 국적이탈 신고를 하지 못한 데 대하여 사회통념상 그에게 책임을 묻기 어려운 사정, 즉 정당한 사유가 존재하고, 또한 병역의무 이행의 공평성 확보라는 입법목적을 훼손하지 않음이 객관적으로 인정되는 경우라면, 병역준비역에 편입된 복수국적자에게 국적선택 기간이 경과하였다고 하여 일률적으로 국적이탈을 할 수 없다고 할 것이 아니라, 예외적으로 국적이탈을 허가하는 방안을 마련할 여지가 있다. 이처럼 '병역의무의 공평성확보'라는 입법목적을 훼손하지 않으면서도 기본권을 덜 침해하는 방법이 있는데도 심판대상 법률조항은 그러한 예외를 전혀 두지 않고 일률적으로 병역의무해소 전에는 국적이탈을 할 수 없도록 하는바, 이는 피해의 최소성 원칙에 위배된다. … 심판대상 법률조항은 과잉금지원칙에 위배되어 청구인의 국적이탈의 자유를 침해한다(헌재 2020.9.24. 2016헌마889).

02　대통령　　　　　　　　　　　　정답 ①

❶ [X] 대통령은 헌법상 국민에게 자신에 대한 신임을 국민투표의 형식으로 물을 수 없을 뿐만 아니라, 특정 정책을 국민투표에 부치면서 이에 자신의 신임을 결부시키는 대통령의 행위도 위헌적인 행위로서 헌법적으로 허용되지 않는다. 물론, 대통령이 특정 정책을 국민투표에 부친 결과 그 정책의 실시가 국민의 동의를 얻지 못한 경우, 이를 자신에 대한 불신임으로 간주하여 스스로 물러나는 것은 어쩔 수 없는 일이나, 정책을 국민투표에 부치면서 "이를 신임투표로 간주하고자 한다."는 선언은 국민의 결정행위에 부당한 압력을 가하고 국민투표를 통하여 간접적으로 자신에 대한 신임을 묻는 행위로서, 대통령의 헌법상 권한을 넘어서는 것이다. 헌법은 대통령에게 국민투표를 통하여 직접적이든 간접적이든 자신의 신임 여부를 확인할 수 있는 권한을 부여하지 않는다(헌재 2004.5.14. 2004헌나1).

② [O] 군령과 군정에 관한 권한을 국군의 최고사령관이자 국군의 통수권자인 대통령에게 부여하는 것은 군령·군정일원주의(병정통합주의)를 정하여 문민통제를 실현하는 것이다.

③ [O] 헌법 제77조에 대한 옳은 내용이다.

> **제77조** ① 대통령은 전시·사변 또는 이에 준하는 국가비상사태에 있어서 병력으로써 군사상의 필요에 응하거나 공공의 안녕질서를 유지할 필요가 있을 때에는 법률이 정하는 바에 의하여 계엄을 선포할 수 있다.
> ② 계엄은 비상계엄과 경비계엄으로 한다.
> ③ 비상계엄이 선포된 때에는 법률이 정하는 바에 의하여 영장제도, 언론·출판·집회·결사의 자유, 정부나 법원의 권한에 관하여 특별한 조치를 할 수 있다.

④ [O] 개인의 지위를 겸하는 국가기관이 기본권의 주체로서 헌법소원의 청구적격을 가지는지 여부는, 심판대상조항이 규율하는 기본권의 성격, 국가기관으로서의 직무와 제한되는 기본권 간의 밀접성과 관련성, 직무상 행위와 사적인 행위 간의 구별가능성 등을 종합적으로 고려하여 결정되어야 할 것이다. 그러므로 대통령도 국민의 한 사람으로서 제한적으로나마 기본권의 주체가 될 수 있는바, 대통령은 소속 정당을 위하여 정당활동을 할 수 있는 사인으로서의 지위와 국민 모두에 대한 봉사자로서 공익실현의 의무가 있는 헌법기관으로서의 지위를 동시에 갖는데 최소한 전자의 지위와 관련하여는 기본권 주체성을 갖는다고 할 수 있다(헌재 2008.1.17. 2007헌마700).

03 헌정사 　　　　　　　　　정답 ③

① [O] 제헌헌법(1948년) 제33조, 제55조에 대한 옳은 내용이다.

> **제33조** 국회의원의 임기는 4년으로 한다.
> **제55조** 대통령과 부통령의 임기는 4년으로 한다. 단, 재선에 의하여 1차중임할 수 있다. 부통령은 대통령재임중 재임한다.

② [O] 제7차 개정헌법은 헌법개정절차를 2가지 방법으로 규정하였다.
❸ [X] 1980년 제5공화국헌법에서 행복추구권과 연좌제금지를 최초로 규정하였으나, 범죄피해자구조청구권은 현행헌법인 1987년 헌법에서 최초로 규정되었다.
④ [O] 헌법 제5조 제2항에 대한 옳은 내용이다.

> **제5조** ② 국군은 국가의 안전보장과 국토방위의 신성한 의무를 수행함을 사명으로 하며, 그 정치적 중립성은 준수된다.

04 평등권 　　　　　　　　　정답 ②

① [X] 보험료하한 조항이 보험급여와 보험료 납부의 상관관계를 고려하고, 외국인의 보험료 납부의무 회피를 위한 출국 등의 제도적 남용 행태를 막기 위하여 외국인 지역가입자가 납부해야 할 월별 보험료의 하한을 내국인등 지역가입자가 부담하는 보험료 하한(보험료가 부과되는 연도의 전전년도 평균 보수월액보험료의 1천분의 60 이상 1천분의 65 미만의 범위에서 보건복지부장관이 정하여 고시하는 금액)보다 높게 정한 것은 합리적인 이유가 있는 차별이다(헌재 2023.9.26. 2019헌마1165).
❷ [O] 심판대상조항에 따라 동물약국에서 수의사 등의 처방전 없이는 판매할 수 없는 동물용의약품이 더욱 늘어나게 되었으므로, 심판대상조항이 동물약국 개설자인 청구인들의 직업수행의 자유를 침해하는지 여부를 살펴본다. … 심판대상조항이 동물약국 개설자인 청구인들의 직업수행의 자유를 침해하는지 여부를 판단하는 이상 평등권 침해 여부에 관하여는 따로 판단하지 아니한다. … 심판대상조항이 동물약국 개설자에 대한 과도한 제약이라고 보기 어려워, 동물약국 개설자인 청구인들의 직업수행의 자유를 침해하지 아니한다(헌재 2023.6.29. 2021헌마199).

③ [X] 대립 당사자 간에 발생한 법률적 분쟁에 관하여 사실관계를 확정한 후 법을 해석·적용함으로써 분쟁을 해결한다는 절차적 측면에서 민사소송과 행정소송은 유사하다. 재심기간제한 조항이 민사소송과 동일하게 재심제기기간을 30일로 정한 것이 행정소송 당사자의 평등권을 침해하지 않는다(헌재 2023.9.26. 2020헌바258).
④ [X] 정부는 집합제한 조치로 인한 부담을 완화하기 위하여 다양한 지원을 하였고, '소상공인 보호 및 지원에 관한 법률'이 2021년 개정되어 집합제한 조치로 인한 손실을 보상하는 규정이 신설되었다. … 따라서 심판대상조항의 개정 배경과 보상 대상인 조치의 특성에 비추어 영업상 손실이 발생할 것으로 쉽게 예측할 수 있는 감염병환자 방문 시설의 폐쇄 등과 달리, 집합제한 또는 금지 조치로 인한 영업상 손실을 보상하는 규정을 입법자가 미리 마련하지 않았다고 하여 곧바로 평등권을 침해하는 것이라고 할 수 없다(헌재 2023.6.29. 2020헌마1669).

05 적법절차의 원칙 　　　　　　정답 ①

❶ [X] 심판대상조항에 따른 추징판결의 집행은 그 성질상 신속성과 밀행성을 요구하는데, 제3자에게 추징판결의 집행사실을 사전에 통지하거나 의견 제출의 기회를 주게 되면 제3자가 또다시 불법재산 등을 처분하는 등으로 인하여 집행의 목적을 달성할 수 없게 될 가능성이 높다. 따라서 심판대상조항이 제3자에 대하여 특정공무원범죄를 범한 범인에 대한 추징판결을 집행하기에 앞서 제3자에게 통지하거나 의견을 진술할 기회를 부여하지 않은 데에는 합리적인 이유가 있다. 나아가 제3자는 심판대상조항에 의한 집행에 관한 검사의 처분이 부당함을 이유로 재판을 선고한 법원에 재판의 집행에 관한 이의신청을 할 수 있다(형사소송법 제489조). 또한 제3자는 각 집행절차에서 소송을 통해 불복하는 등 사후적으로 심판대상조항에 의한 집행에 대하여 다툴 수 있다. 따라서 심판대상조항은 적법절차원칙에 위배된다고 볼 수 없다(헌재 2020.2.27. 2015헌가40).
② [O] 법원이 피고인의 구속 또는 그 유지 여부의 필요성에 관하여 한 재판의 효력이 검사나 다른 기관의 이견이나 불복이 있다 하여 좌우되거나 제한받는다면 이는 영장주의에 위반된다고 할 것인바, 구속집행정지결정에 대한 검사의 즉시항고를 인정하는 이 사건 법률조항은 검사의 불복을 그 피고인에 대한 구속집행을 정지할 필요가 있다는 법원의 판단보다 우선시킬 뿐만 아니라, 사실상 법원의 구속집행정지결정을 무의미하게 할 수 있는 권한을 검사에게 부여한 것이라는 점에서 헌법 제12조 제3항의 영장주의원칙에 위배된다. 또한 헌법 제12조 제3항의 영장주의는 헌법 제12조 제1항의 적법절차원칙의 특별규정이므로, 헌법상 영장주의원칙에 위배되는 이 사건 법률조항은 헌법 제12조 제1항의 적법절차원칙에도 위배된다(헌재 2012.6.27. 2011헌가36).
③ [O] 이 사건 법률조항에 의한 통신자료 제공요청이 있는 경우 통신자료의 정보주체인 이용자에게는 통신자료 제공요청이 있었다는 점이 사전에 고지되지 아니하며, 전기통신사업자가 수사기관 등에게 통신자료를 제공한 경우에도 이러한 사실이 이용자에게 별도로 통지되지 않는다. 그런데 당사자에 대한 통지는 당사자가 기본권 제한 사실을 확인하고 그 정당성 여부를 다툴 수 있는 전제조건이 된다는 점에서 매우 중요하다. 효율적

인 수사와 정보수집의 신속성, 밀행성 등의 필요성을 고려하여 사전에 정보주체인 이용자에게 그 내역을 통지하도록 하는 것이 적절하지 않다면 수사기관 등이 통신자료를 취득한 이후에 수사 등 정보수집의 목적에 방해가 되지 않는 범위 내에서 통신자료의 취득사실을 이용자에게 통지하는 것이 얼마든지 가능하다. 그럼에도 이 사건 법률조항은 통신자료 취득에 대한 사후통지절차를 두지 않아 적법절차원칙에 위배되어 개인정보자기결정권을 침해한다(헌재 2022.7.21. 2016헌마388).

④ [O] 구속 피고인이 고의로 재판을 지연하거나 부당한 소송행위를 하였다고 하더라도 이를 이유로 미결구금기간 중 일부를 형기에 산입하지 않는 것은 처벌되지 않는 소송상의 태도에 대하여 형벌적 요소를 도입하여 제재를 가하는 것으로서 적법절차의 원칙 및 무죄추정의 원칙에 반한다(헌재 2009.6.25. 2007헌바25).

06 신체의 자유 정답 ③

① [O] 예비군훈련을 위한 소집통지서 전달 업무는 정부가 수행하여야 하는 공적 사무로서, 정부는 직접 전달방식 외에도 우편법령에 따른 송달이나 전자문서의 방식을 사용하여 예비군대원 본인에게 소집통지서를 충분히 전달할 수 있음에도 불구하고, 심판대상조항은 예비군대원 본인이 부재중이기만 하면 예비군대원 본인과 세대를 같이한다는 이유만으로 위와 같은 협력의 범위를 넘어서 가족 중 성년자에게 소집통지서를 전달할 의무를 위반하면 6개월 이하의 징역 또는 500만원 이하의 벌금이라는 형사처벌까지 하고 있는데, 이러한 심판대상조항의 태도는 예비군훈련을 위한 소집통지서의 전달이라는 정부의 공적 의무와 책임을 단지 행정사무의 편의를 위하여 개인에게 전가하는 것으로 이것이 실효적인 예비군훈련 실시를 위한 전제로 그 소집을 담보하고자 하는 것이라도 지나치다고 아니할 수 없다. … 심판대상조항은 훨씬 더 중한 형사처벌을 하고 있어 그 자체만으로도 형벌의 보충성에 반하고, 책임에 비하여 처벌이 지나치게 과도하여 비례원칙에도 위반된다고 할 것이다. 심판대상조항은 책임과 형벌 간의 비례원칙에 위배되어 헌법에 위반된다. 심판대상조항이 헌법에 위반된다고 판단한 이상, 제청법원의 평등원칙 위반 주장에 대하여는 더 나아가 살피지 아니한다(헌재 2022.5.26. 2019헌가12).

② [O] '잔인성'에 대하여는 아직 판례상 그 개념규정이 확립되지 않은 상태이고 그 사전적 의미는 "인정이 없고 모짊"이라고 할 수 있는바, 이에 의하면 미성년자의 감정이나 의지, 행동 등 그 정신생활의 모든 영역을 망라하는 것으로서 … 법집행자의 자의적인 판단을 허용할 여지가 높다고 할 것이다. … "범죄의 충동을 일으킬 수 있게" 한다는 것이 과연 확정적이든 미필적이든 고의를 품도록 하는 것에만 한정되는 것인지, 인식의 유무를 가리지 않고 실제로 구성요건에 해당하는 행위로 나아가게 하는 일체의 것을 의미하는지, 더 나아가 단순히 그 행위에 착수하는 단계만으로도 충분한 것인지, 그 결과까지 의욕하거나 실현하도록 하여야만 하는 것인지를 전혀 알 수 없다. … 이 사건 미성년자보호법 조항은 법관의 보충적인 해석을 통하여도 그 규범내용이 확정될 수 없는 모호하고 막연한 개념을 사용함으로써 그 적용범위를 법집행기관의 자의적인 판단에 맡기고 있으므로, 죄형법정주의에서 파생된 명확성의 원칙에 위배된다(헌재 2002.2.28. 99헌가8).

❸ [X] 군인 아닌 자가 유사군복을 입고 군인임을 사칭하여 군인에 대한 국민의 신뢰를 실추시키는 행동을 하는 등 군에 대한 신뢰 저하 문제로 이어져 향후 발생할 국가안전보장상의 부작용을 상정해볼 때, 단지 유사군복의 착용을 금지하는 것으로는 입법목적을 달성하기에 부족하고, 유사군복을 판매 목적으로 소지하는 것까지 금지하여 유사군복이 유통되지 않도록 하는 사전적 규제조치가 불가피하다. … 이를 판매 목적으로 소지하지 못하여 입는 개인의 직업의 자유나 일반적 행동의 자유의 제한 정도는, 국가안전을 보장하고자 하는 공익에 비하여 결코 중하다고 볼 수 없다. 따라서 심판대상조항은 과잉금지원칙을 위반하여 직업의 자유 내지 일반적 행동의 자유를 침해한다고 볼 수 없다(헌재 2019.4.11. 2018헌가14).

④ [O] 반복적인 음주운전 금지규정 위반행위 또는 음주측정거부행위에 대한 강한 처벌이 국민일반의 법감정에 부합할 수는 있으나, 결국에는 중한 형벌에 대한 면역성과 무감각이 생기게 되어 범죄예방과 법질서 수호에 실질적인 기여를 하지 못하는 상황이 발생할 수 있으므로, 반복적인 위반행위를 예방하기 위한 조치로서 형벌의 강화는 최후의 수단이 되어야 한다. 심판대상조항은 음주치료나 음주운전 방지장치 도입과 같은 비형벌적 수단에 대한 충분한 고려 없이 과거 위반 전력 등과 관련하여 아무런 제한도 두지 않고 죄질이 비교적 가벼운 유형의 음주운전 또는 음주측정거부 재범행위에 대해서까지 일률적으로 가중처벌하도록 하고 있으므로 형벌 본래의 기능에 필요한 정도를 현저히 일탈하는 과도한 법정형을 정한 것이다. 그러므로 심판대상조항은 책임과 형벌 간의 비례원칙에 위반된다(헌재 2022.5.26. 2021헌가30).

07 대의제 원리 정답 ①

❶ [X] 비례대표국회의원 또는 비례대표지방의회의원이 소속정당의 합당·해산 또는 제명 외의 사유로 당적을 이탈·변경하거나 2 이상의 당적을 가지고 있는 때에는 「국회법」 제136조(퇴직) 또는 「지방자치법」 제90조(의원의 퇴직)의 규정에 불구하고 퇴직된다(「공직선거법」 제192조 제4항 본문).

② [O] 대의제 민주주의하에서 국민의 국회의원 선거권이란 국회의원을 보통·평등·직접·비밀선거에 의하여 국민의 대표자로 선출하는 권리에 그치며, 국민과 국회의원은 명령적 위임관계에 있는 것이 아니라 자유위임관계에 있으므로, 유권자가 설정한 국회의석분포에 국회의원들을 기속시키고자 하는 내용의 '국회구성권'이라는 기본권은 오늘날 이해되고 있는 대의제도의 본질에 반하는 것이어서 헌법상 인정될 여지가 없다(헌재 1998.10.29. 96헌마186).

③ [O] 정당해산심판제도의 본질은 민주적 기본질서에 위배되는 정당을 정치적 의사형성과정에서 배제함으로써 국민을 보호하는 데에 있는데 해산정당 소속 국회의원의 의원직을 상실시키지 않는 경우 정당해산결정의 실효성을 확보할 수 없게 되므로, 이러한 정당해산제도의 취지 등에 비추어 볼 때 헌법재판소의 정당해산결정이 있는 경우 그 정당 소속 국회의원의 의원직은 당선 방식을 불문하고 모두 상실되어야 한다(헌재 2014.12.19. 2013헌다1).

④ [O] 국회의장인 피청구인이 국회의원인 청구인을 그 의사에 반하여 국회 보건복지위원회에서 사임시키고 환경노동위원회로 보임한 행위는 청구인이 소속된 정당 내부의 사실상 강제에 터

잡아 교섭단체 대표의원이 상임위원회 사·보임 요청을 하고 이에 따라 이른바 의사정리권한의 일환으로 이를 받아들인 것으로서, 그 절차·과정에 헌법이나 법률의 규정을 명백하게 위반하여 재량권의 한계를 현저히 벗어나 청구인의 권한을 침해한 것으로는 볼 수 없다고 할 것이다(헌재 2003.10.30. 2002헌라1).

---

08 재산권   정답 ①

❶ [O] 공무원연금법상의 각종 급여는 기본적으로 사법상의 급여와는 달리 퇴직공무원 및 그 유족의 생활안정과 복리향상을 위한 사회보장적 급여로서의 성질을 가지므로, 본질상 일신전속성이 강하여 권리자로부터 분리되기 어렵고, 사적 거래의 대상으로 삼기에 적합하지 아니할 뿐만 아니라, 압류를 금지할 필요성이 훨씬 크며, 공무원연금법상 각종 급여의 액수는 공무원의 보수월액을 기준으로 산정되는데, 공무원연금법이 제정될 당시부터 공무원의 보수수준은 일반기업의 급료에 비하여 상대적으로 낮은 편이고, 더구나 이 사건 법률조항은 수급권자가 법상의 급여를 받기 전에 그 급여수급권에 대하여만 압류를 금지하는 것일 뿐 법상의 급여를 받은 이후까지 압류를 금지하는 것은 아니므로, 이 사건 법률조항에서 공무원연금법상의 각종 급여수급권 전액에 대하여 압류를 금지한 것이 기본권 제한의 입법적 한계를 넘어서 재산권의 본질적 내용을 침해한 것이거나 헌법상의 경제질서에 위반된다고 볼 수는 없다(헌재 2000.3.30. 98헌마401 등).

② [X] 재건축사업 진행단계에 상관없이 임대인이 갱신거절권을 행사할 수 있도록 한 구 상가건물 임대차보호법 제10조 제1항 단서 제7호는 과도하게 상가임차인의 재산권을 침해한다고 볼 수 없다(헌재 2014.8.28. 2013헌바76).

③ [X] 퇴직연금과 유족연금을 비롯한 공무원연금의 재원은 공무원 개인이 부담하는 기여금과 국가가 부담하는 부담금 및 지급보전금으로 구성되므로, 공무원연금법상 퇴직연금을 수급하고 있는 사람은 이미 자신이 재원 형성에 기여한 부분을 넘어 국가로부터 생활보장을 받고 있다고 볼 수 있다. 따라서 공무원으로서 이미 퇴직연금을 수령하고 있는 사람에게 유족연금액을 1/2 감액하였다고 하여 그 감액 비율이 지나치게 크다고 보기도 어렵다. 결국 심판대상조항은 퇴직연금 수급자의 유족연금 수급권을 구체화함에 있어 급여의 적절성을 확보할 필요성, 한정된 공무원연금 재정의 안정적 운영, 우리 국민 전체의 소득 및 생활수준, 공무원 퇴직연금의 급여 수준, 유족연금의 특성, 사회보장의 기본원리 등을 종합적으로 고려하여 유족연금액의 2분의 1을 감액하여 지급하도록 한 것이므로, 입법형성의 한계를 벗어나 청구인의 인간다운 생활을 할 권리 및 재산권을 침해하였다고 볼 수 없다(헌재 2020.6.25. 2018헌마865).

④ [X] 다수의 조합원과 임차인 등 관계자들의 이해관계가 복잡하게 얽혀 있는 정비사업을 원활하고 신속히 진행하기 위해서 관리처분계획인가의 고시가 있으면 임차권자의 사용·수익을 획일적으로 중지시켜야 할 이익은 중대한 반면, 앞서 살펴본 바와 같이 입법자가 선택한 사적 자치에 따른 해결방식이 비현실적이라거나 임차권자의 부담을 조절하는 데 실패하였다는 등의 사정을 찾아보기 어렵다는 점에서 심판대상조항으로 인하여 제한받는 임차권자의 사익은 불확실하고 그 제한의 정도가 중대

하다고 보기 어렵다. 따라서 심판대상조항은 법익의 균형성 원칙에 위배되지 아니한다. 심판대상조항은 과잉금지원칙을 위반하여 임차권자의 재산권을 침해하지 아니한다(헌재 2020.4.23. 2018헌가17).

---

09 조례   정답 ③

① [O] 헌법 제117조 제1항과 지방자치법 제15조에 의하면 지방자치단체는 법령의 범위 안에서 그 사무에 관하여 자치조례를 제정할 수 있으나 이때 사무란 지방자치법 제9조 제1항에서 말하는 지방자치단체의 자치사무와 법령에 의하여 지방자치단체에 속하게 된 단체위임사무를 가리키므로 지방자치단체가 자치조례를 제정할 수 있는 것은 원칙적으로 이러한 자치사무와 단체위임사무에 한하므로, 국가사무가 지방자치단체의 장에게 위임된 기관위임사무와 같이 지방자치단체의 장이 국가기관의 지위에서 수행하는 사무일 뿐 지방자치단체 자체의 사무라고 할 수 없는 것은 원칙적으로 자치조례의 제정범위에 속하지 않는다. … 기관위임사무에 있어서도 그에 관한 개별 법령에서 일정한 사항을 조례로 정하도록 위임하고 있는 경우에는 지방자치단체의 자치조례 제정권과 무관하게 이른바 위임조례를 정할 수 있다고 하겠으나 이때에도 그 내용은 개별 법령이 위임하고 있는 사항에 관한 것으로서 개별 법령의 취지에 부합하는 것이라야만 하고, 그 범위를 벗어난 경우에는 위임조례로서의 효력도 인정할 수 없다(대판 1999.9.17. 99추30).

② [O] 지방자치단체는 그 고유사무인 자치사무와 개별법령에 의하여 지방자치단체에 위임된 단체위임사무에 관하여 자치조례를 제정할 수 있지만 그 경우라도 주민의 권리제한 또는 의무부과에 관한 사항이나 벌칙은 법률의 위임이 있어야 하며, 기관위임사무에 관하여 제정되는 이른바 위임조례는 개별법령에서 일정한 사항을 조례로 정하도록 위임하고 있는 경우에 한하여 제정할 수 있으므로, 주민의 권리제한 또는 의무부과에 관한 사항이나 벌칙에 해당하는 조례를 제정할 경우에는 그 조례의 성질을 묻지 아니하고 법률의 위임이 있어야 하고 그러한 위임 없이 제정된 조례는 효력이 없다(대판 2007.12.13. 2006추52).

❸ [X] 이행강제금은 위법건축물에 대하여 시정명령 이행시까지 지속적으로 부과함으로써 건축물의 안전과 기능, 미관을 향상시켜 공공복리의 증진을 도모하는 시정명령 이행확보 수단으로서, 국민의 자유와 권리를 제한한다는 의미에서 행정상 간접강제의 일종인 이른바 침익적 행정행위에 속하므로 그 부과요건, 부과대상, 부과금액, 부과회수 등이 법률로써 엄격하게 정하여져야 하고, 위 이행강제금 부과의 전제가 되는 시정명령도 그 요건이 법률로써 엄격하게 정해져야 한다(헌재 2000.3.30. 98헌가8).

④ [O] 조례에 의한 규제가 지역의 여건이나 환경 등 그 특성에 따라 다르게 나타나는 것은 헌법이 지방자치단체의 자치입법권을 인정한 이상 당연히 예상되는 불가피한 결과이므로, 이 사건 심판대상규정으로 인하여 청구인들이 다른 지역의 주민들에 비하여 더한 규제를 받게 되었다 하더라도 이를 두고 헌법 제11조 제1항의 평등권이 침해되었다고 볼 수는 없다(헌재 1995.4.20. 92헌마264).

---

10 사전검열 정답 ④

① [O] 한국의료기기산업협회나 위 협회에 설치된 심의위원회가 의료기기 광고 사전심의업무를 수행함에 있어서 식약처장 등 행정권의 영향력에서 벗어나 독립적이고 자율적으로 심의를 하고 있다고 보기 어렵고, 결국 의료기기 광고에 대한 심의는 행정권이 주체가 된 사전심사라고 할 것이다. 따라서 한국의료기기산업협회가 행하는 이 사건 의료기기 광고 사전심의는 헌법이 금지하는 사전검열에 해당하고, 이러한 사전심의제도를 구성하는 심판대상조항은 헌법 제21조 제2항의 사전검열금지원칙에 위반된다(헌재 2020.8.28. 2017헌가35).

② [O] 헌법 제21조 제2항의 검열은 행정권이 주체가 되어 사상이나 의견 등이 발표되기 이전에 예방적 조치로서 그 내용을 심사, 선별하여 발표를 사전에 억제하는, 즉 허가받지 아니한 것의 발표를 금지하는 제도를 뜻한다(헌재 1996.10.4. 93헌가13).

③ [O] 발행된 정간물을 공보처에 납본하는 것은 그 정간물의 내용을 심사하여 이를 공개 내지 배포하는 데 대한 허가나 금지와는 전혀 관계없는 것으로서 사전검열이라고 볼 수 없다(헌재 1992.6.26. 90헌바26).

❹ [X] 옥외광고물등관리법 제3조는 일정한 지역·장소 및 물건에 광고물 또는 게시시설을 표시하거나 설치하는 경우에 그 광고물 등의 종류·모양·크기·색깔, 표시 또는 설치의 방법 및 기간 등을 규제하고 있을 뿐, 광고물 등의 내용을 심사·선별하여 광고물을 사전에 통제하려는 제도가 아님은 명백하므로, 헌법 제21조 제2항이 정하는 사전허가·검열에 해당되지 아니하며, 언론·출판의 자유를 침해한다고 볼 수 없다(헌재 1998.2.27. 96헌바2).

11 재산권 정답 ③

옳은 것은 ㄴ, ㄷ이다.

ㄱ. [X] 주택 임대차관계에서 임차인의 보호가 주거안정의 보장과 관련하여 중요한 공익적 목적이 되는 점을 고려할 때 주택 재산권에 대하여서도 토지 재산권만큼은 아니라도 상당한 정도의 사회적 구속성이 인정된다 할 것이다. … 따라서 입법자는 주택 소유자의 해당 주택에 대한 사용·수익권의 행사 방법과 임대차계약의 내용 및 그 한계를 형성하는 규율을 할 수 있다고 할 것이므로, 주택임대차법상 임차인 보호 규정들이 임대인의 계약의 자유와 재산권을 침해하는지 여부를 심사함에 있어서는 보다 완화된 심사기준을 적용하여야 할 것이다. … 따라서 계약갱신요구 조항, 차임증액한도 조항 및 손해배상 조항은 과잉금지원칙에 반하여 청구인들의 계약의 자유와 재산권을 침해한다고 볼 수 없다(헌재 2024.2.28. 2020헌마1343 등).

ㄴ. [O] 임대사업자가 종전 규정에 의한 세제혜택 또는 집값 상승으로 인한 이익 취득이라는 기대를 가졌다 하더라도 이는 당시의 법제도에 대한 단순한 기대이익에 불과하다. 또한 등록말소조항은 단기민간임대주택과 아파트 장기일반민간임대주택의 임대의무기간이 종료된 날 그 등록이 말소되도록 할 뿐, 여기에 더하여 종전 임대사업자가 이미 받은 세제혜택 등을 박탈하는 내용을 담고 있지 아니하다. 따라서 등록말소조항으로 인해 청구인들의 재산권이 제한된다고 볼 수 없다. … 임대사업자의 직업의 자유가 제한된다(헌재 2024.2.28. 2020헌마1482).

ㄷ. [O] 심판대상조항은 광업권이 정당한 토지사용권 등 공익과 충돌하는 것을 조정하는 정당한 입법목적이 있고, 도로와 일정 거리 내에서는 허가 또는 승낙 하에서만 채굴할 수 있도록 하는 것은 적절한 수단이 되며, 정당한 이유 없이 허가 또는 승낙을 거부할 수 없도록 하여 광업권이 합리적인 이유 없이 제한되는 일이 없도록 하므로 최소침해성의 원칙에도 부합하고, 실현하고자 하는 공익과 광업권의 침해 정도를 비교형량할 때 적정한 비례관계가 성립하므로 법익균형성도 충족된다. … 결국 심판대상조항은 헌법 제23조가 정하는 재산권에 대한 사회적 제약의 범위 내에서 광업권을 제한한 것으로 비례의 원칙에 위배되지 않고 재산권의 본질적 내용도 침해하지 않는 것이어서 청구인의 재산권을 침해하지 않는다(헌재 2014.2.27. 2010헌바483).

ㄹ. [X] 심판대상조항은 건물을 신축하여 취득한 자가 환산가액 적용을 통하여 양도소득세의 부담을 회피하는 것을 방지하기 위한 것인바 그 입법목적은 정당하고, 해당 납세의무자에게 일정한 금액을 추가로 부과하는 것은 조세회피의 유인을 억제하는 데 기여할 수 있으므로 수단의 적합성도 인정된다. … 따라서 심판대상조항은 과잉금지원칙을 위반하여 재산권을 침해하지 아니한다(헌재 2024.2.28. 2020헌가15).

ㅁ. [X] 심판대상조항은 10년 이상 재직한 공무원이 재직 중 사망한 경우 퇴직유족연금에 갈음하여 퇴직유족연금일시금을 지급받을 수 있는 선택권을 미성년 자녀인 유족에게 부여하는 내용의 규정이며, 퇴직유족연금일시금을 선택하는 자녀 외의 다른 유족의 퇴직유족연금 수급권을 제한하는 내용의 규정이 아니다. … 따라서 심판대상조항에 따라 자녀인 유족이 퇴직연금일시금을 선택함으로써 결과적으로 다른 유족이 자녀의 퇴직연금 수급권을 이전받지 못하게 된다 하여도 이는 단순한 기대이익을 상실한 것에 불과하고, 이로써 재산권을 제한받는다고 할 수 없다. 따라서 심판대상조항에 대하여 청구인이 주장하는 재산권 침해가 있다고 보기 어렵다(헌재 2024.2.28. 2021헌바141).

12 대통령의 사면권 정답 ①

❶ [X] 대통령의 일반사면은 죄를 범한 자에 대하여 국회의 동의를 얻어 대통령령으로 한다.

> **헌법 제79조** ① 대통령은 법률이 정하는 바에 의하여 사면·감형 또는 복권을 명할 수 있다.
> ② 일반사면을 명하려면 국회의 동의를 얻어야 한다.
> ③ 사면·감형 및 복권에 관한 사항은 법률로 정한다.
> 「사면법」 제8조 【일반사면 등의 실시】 일반사면, 죄 또는 형의 종류를 정하여 하는 감형 및 일반에 대한 복권은 대통령령으로 한다. 이 경우 일반사면은 죄의 종류를 정하여 한다.

② [O] 「사면법」 제5조 제1항 제1호에 대한 옳은 내용이다.

> **제5조 【사면 등의 효과】** ① 사면, 감형 및 복권의 효과는 다음 각 호와 같다.
> 1. 일반사면: 형 선고의 효력이 상실되며, 형을 선고받지 아니한 자에 대하여는 공소권(公訴權)이 상실된다. 다만, 특별한 규정이 있을 때에는 예외로 한다.

③ [O] 「사면법」 제10조 제1항에 대한 옳은 내용이다.

> **제10조【특별사면 등의 상신】** ① 법무부장관은 대통령에게 특별사면, 특정한 자에 대한 감형 및 복권을 상신(上申)한다.

④ [O] 「사면법」 제4조에 대한 옳은 내용이다.

> **제4조【사면규정의 준용】** 행정법규 위반에 대한 범칙(犯則) 또는 과벌(科罰)의 면제와 징계규정에 따른 징계 또는 징벌의 면제에 관하여는 이 법의 사면에 관한 규정을 준용한다.

---

13 국적   정답 ①

❶ [×] 행정규칙이라도 재량권행사의 준칙으로서 그 정한 바에 따라 되풀이 시행되어 행정관행을 이루게 되면, 행정기관은 평등의 원칙이나 신뢰보호의 원칙에 따라 상대방에 대한 관계에서 그 규칙에 따라야 할 자기구속을 당하게 되는바, 이 경우에는 대외적 구속력을 가진 공권력의 행사가 된다. 지방노동관서의 장은, 사업주가 이 사건 노동부 예규(외국인산업기술연수생의 보호 및 관리에 관한 지침) 제8조 제1항의 사항을 준수하도록 행정지도를 하고, 만일 이러한 행정지도에 위반하는 경우에는 연수추천단체에 필요한 조치를 요구하며, 사업주가 계속 이를 위반한 때에는 특별감독을 실시하여 제8조 제1항의 위반사항에 대하여 관계 법령에 따라 조치하여야 하는 반면, 사업주가 근로기준법상 보호대상이지만 제8조 제1항에 규정되지 않은 사항을 위반한다 하더라도 행정지도, 연수추천단체에 대한 요구 및 관계 법령에 따른 조치 중 어느 것도 하지 않게 되는바, 지방노동관서의 장은 평등 및 신뢰의 원칙상 모든 사업주에 대하여 이러한 행정관행을 반복할 수밖에 없으므로, 결국 위 예규는 대외적 구속력을 가진 공권력의 행사가 된다. 나아가 위 예규 제4조와 제8조 제1항이 근로기준법 소정 일부 사항만을 보호대상으로 삼고 있으므로 청구인이 주장하는 평등권 등 기본권을 침해할 가능성도 있다. 그렇다면 이 사건 노동부 예규는 대외적인 구속력을 갖는 공권력행사로서 기본권침해의 가능성도 있으므로 헌법소원의 대상이 된다 할 것이다(헌재 2007.8.30. 2004헌마670).

② [O] 국외강제동원자지원법은 국민이 부담하는 세금을 재원으로 하여 국외강제동원 희생자와 그 유족에게 위로금 등을 지급함으로써 그들의 고통과 희생을 위로해 주기 위한 법으로서 국가가 유족에게 일방적인 시혜를 베푸는 것이므로, 그 수혜 범위에서 외국인인 유족을 배제하고 대한민국 국민인 유족만을 대상으로 한 것이다. 따라서 청구인과 같이 자발적으로 외국 국적을 취득하여 결과적으로 대한민국 국민으로서의 법적 지위와 권리·의무를 스스로 포기한 유족을 위로금 지급 대상에서 제외하였다고 하여 이를 현저히 자의적이거나 불합리한 것으로서 평등원칙에 위배된다고 볼 수 없다(헌재 2015.12.23. 2011헌바139).

③ [O] 이 사건 법률조항 부분은 주민등록만을 요건으로 주민투표권의 행사 여부가 결정되도록 함으로써 '주민등록을 할 수 없는 국내거주 재외국민'을 '주민등록이 된 국민인 주민'에 비해 차별하고 있고, 나아가 '주민투표권이 인정되는 외국인'과의 관계에서도 차별을 행하고 있는바, 그와 같은 차별에 아무런 합리적 근거도 인정될 수 없으므로 국내거주 재외국민의 헌법상 기본권인 평등권을 침해하는 것으로 위헌이다(헌재 2007.6.28. 2004헌마643).

④ [O] 단순한 단기체류가 아니라 국내에 거주하는 재외국민, 특히 외국의 영주권을 보유하고 있으나 상당한 기간 국내에서 계속 거주하고 있는 자들은 주민등록법상 재외국민으로 등록·관리될 뿐 소득활동이 있을 경우 납세의무를 부담하며 남자의 경우 병역의무이행의 길도 열려 있는 등 '국민인 주민'이라는 점에서는 다른 일반 국민과 실질적으로 동일하다. 그러므로 국내에 거주하는 대한민국 국민을 대상으로 하는 보육료·양육수당 지원에 있어 양자에 대한 차별을 정당화할 어떠한 사유도 존재하지 않는다(헌재 2018.1.25. 2015헌마1047).

---

14 권한쟁의심판   정답 ②

① [O] 헌법 제111조 제1항 제4호 소정의 '국가기관'에 해당하는지 여부는 그 국가기관이 헌법에 의하여 설치되고 헌법과 법률에 의하여 독자적인 권한을 부여받고 있는지, 헌법에 의하여 설치된 국가기관 상호 간의 권한쟁의를 해결할 수 있는 적당한 기관이나 방법이 있는지 등을 종합적으로 고려하여야 할 것인바, 이러한 의미에서 국회의원과 국회의장은 위 헌법조항 소정의 '국가기관'에 해당하므로 권한쟁의심판의 당사자가 될 수 있다(헌재 1997.7.16. 96헌라2).

❷ [×] 이 사건 공항의 예비이전후보지 선정사업은 국방에 관한 사무이므로 그 성격상 국가사무임이 분명하다. 군공항이전법도 이 사건 공항의 예비이전후보지 선정사업이 국가사무임을 전제로 하고 있다. 따라서 국가사무인 군 공항 이전사업이 청구인의 의사를 고려하지 않고 진행된다고 하더라도 이로써 지방자치단체인 청구인의 자치권한을 침해하였다거나 침해할 현저한 위험이 있다고 보기 어렵다(헌재 2017.12.28. 2017헌라2).

③ [O] 권한쟁의심판청구는 헌법과 법률에 의하여 권한을 부여받은 자가 그 권한의 침해를 다투는 헌법소송으로서 이러한 권한쟁의심판을 청구할 수 있는 자에 대하여는 헌법 제111조 제1항 제4호와 헌법재판소법 제62조 제1항 제3호가 정하고 있는바, 이에 의하면 지방자치단체의 장은 원칙적으로 권한쟁의심판청구의 당사자가 될 수 없다. 다만, 지방자치단체의 장이 국가위임사무에 대해 국가기관의 지위에서 처분을 행한 경우에는 권한쟁의심판청구의 당사자가 될 수 있다(헌재 2006.8.31. 2003헌라1).

④ [O] 권한쟁의심판의 청구인은 청구인의 권한침해만을 주장할 수 있도록 하고 있을 뿐, 국가기관의 부분기관이 자신의 이름으로 소속기관의 권한을 주장할 수 있는 '제3자 소송담당'의 가능성을 명시적으로 규정하고 있지 않은 현행법 체계에서 국회의 구성원인 청구인들은 국회의 '예산 외에 국가의 부담이 될 계약'의 체결에 있어 동의권의 침해를 주장하는 권한쟁의심판을 청구할 수 없다(헌재 2008.1.17. 2005헌라10).

15　직업의 자유　　　정답 ②

① [O] 주 52시간 상한제조항은 연장근로시간에 관한 사용자와 근로자 간의 계약 내용을 제한한다는 측면에서는 사용자와 근로자의 계약의 자유를 제한하고, 근로자를 고용하여 재화나 용역을 제공하는 사용자의 활동을 제한한다는 측면에서는 직업의 자유를 제한한다. … 주 52시간 상한제조항은 과잉금지원칙에 반하여 상시 5명 이상 근로자를 사용하는 사업주인 청구인의 계약의 자유와 직업의 자유, 근로자인 청구인들의 계약의 자유를 침해하지 않는다(헌재 2024.2.28. 2019헌마500).

❷ [×] 심판대상조항은 적법하게 중개 업무를 영위할 것으로 기대되는 자들로 하여금 부동산중개업을 운영하게 함으로써 부동산 거래시장의 전문성 및 공정성과 이에 대한 국민적 신뢰를 확보하기 위한 것인바, 그와 같은 입법목적은 정당하고, 수단의 적합성도 인정된다. … 따라서 심판대상조항은 과잉금지원칙을 위반하여 중개법인의 직업의 자유를 침해하지 않는다(헌재 2024.2.28. 2022헌바109).

③ [O] 심판대상조항이 규정하고 있는 단체, 법인이나 개인들은 사업주들의 접근이 비교적 용이하거나, 그 공신력과 신용도를 일정 수준 이상 담보할 수 있거나, 그 직무상 보험사무대행업무의 전문성이 있거나, 이미 상당수의 영세 사업장에서 사실상 보험사무대행업무를 수행하여 와서 보험사무대행기관으로 추가할 현실적 필요성이 있었다는 점에서 보험사무대행기관의 범위에 포함될 나름의 합리적인 이유를 갖고 있다고 볼 수 있다. 반면 개인 공인회계사의 경우는 그 직무와 보험사무대행업무 사이의 관련성이 높다고 보기 어렵고, 사업주들의 접근이 용이하다거나 보험사무대행기관으로 추가해야 할 현실적 필요성이 있다고 보기도 어렵다. … 따라서 심판대상조항은 과잉금지원칙에 위배되어 청구인들의 직업수행의 자유를 침해한다고 볼 수 없다(헌재 2024.2.28. 2020헌마139).

④ [O] 상대보호구역 설정조항과 이 사건 금지조항은, 학생들의 주요 활동공간인 학교주변의 일정 지역 중 최소한의 범위를 교육환경보호구역으로 설정하고, 그 구역 안에서는 학생의 보건·위생, 안전, 학습 등에 지장이 없도록 「청소년 보호법」상 청소년유해업소인 '복합유통게임제공업'을 금지함으로써 학생들이 건강하고 쾌적한 환경에서 교육받을 수 있게 할 목적을 가진 것으로서, 상대보호구역 안에서는 지역위원회의 심의를 거쳐 학습과 교육환경에 나쁜 영향을 주지 아니한다고 인정하는 행위 및 시설은 허용될 수 있으므로, 이 조항으로 인하여 교육환경보호구역 안의 토지나 건물의 임차인 내지 '복합유통게임제공업'을 영위하고자 하는 사람이 받게 되는 직업수행의 자유 및 재산권의 제한은 과도한 것이라고 보기 어려우므로, 과잉금지원칙을 위반하여 직업수행의 자유 및 재산권을 침해하지 아니한다(헌재 2024.1.25. 2021헌바231).

16　국회의 입법절차　　　정답 ②

① [O] 「국회법」제51조 제1항에 대한 옳은 내용이다.

> 제51조【위원회의 제안】① 위원회는 그 소관에 속하는 사항에 관하여 법률안과 그 밖의 의안을 제출할 수 있다.

❷ [×] 정부가 예산상 또는 기금상의 조치를 수반하는 의안을 제출하는 경우에는 그 의안의 시행에 수반될 것으로 예상되는 비용에 관한 추계서와 이에 상응하는 재원조달방안에 관한 자료를 의안에 첨부하여야 한다(「국회법」제79조의2 제3항 본문).

③ [O] 「국회법」제81조 제1항·제2항에 대한 옳은 내용이다.

> 제81조【상임위원회 회부】① 의장은 의안이 발의되거나 제출되었을 때에는 이를 인쇄하거나 전산망에 입력하는 방법으로 의원에게 배부하고 본회의에 보고하며, 소관 상임위원회에 회부하여 그 심사가 끝난 후 본회의에 부의한다. 다만, 폐회 또는 휴회 등으로 본회의에 보고할 수 없을 때에는 보고를 생략하고 회부할 수 있다.
> ② 의장은 안건이 어느 상임위원회의 소관에 속하는지 명백하지 아니할 때에는 국회운영위원회와 협의하여 상임위원회에 회부하되, 협의가 이루어지지 아니할 때에는 의장이 소관 상임위원회를 결정한다.

④ [O] 「국회법」제82조의2 제1항에 대한 옳은 내용이다.

> 제82조의2【입법예고】① 위원장은 간사와 협의하여 회부된 법률안(체계·자구 심사를 위하여 법제사법위원회에 회부된 법률안은 제외한다)의 입법 취지와 주요 내용 등을 국회공보 또는 국회 인터넷 홈페이지 등에 게재하는 방법 등으로 입법예고하여야 한다. 다만, 다음 각 호의 어느 하나에 해당하는 경우에는 위원장이 간사와 협의하여 입법예고를 하지 아니할 수 있다.
> 1. 긴급히 입법을 하여야 하는 경우
> 2. 입법 내용의 성질 또는 그 밖의 사유로 입법예고가 필요 없거나 곤란하다고 판단되는 경우
> ② 입법예고기간은 10일 이상으로 한다. 다만, 특별한 사정이 있는 경우에는 단축할 수 있다.
> ③ 입법예고의 시기·방법·절차, 그 밖에 필요한 사항은 국회규칙으로 정한다.

17　헌법소원심판　　　정답 ④

① [×] 청구인 문화방송은 공법상 재단법인인 방송문화진흥회가 최다 출자자인 방송사업자로서 방송법 등 관련 규정에 의하여 공법상의 의무를 부담하고 있지만, 그 설립목적이 언론의 자유의 핵심 영역인 방송사업이므로 이러한 업무 수행과 관련해서는 기본권 주체가 될 수 있고, 그 운영을 광고수익에 전적으로 의존하고 있는 만큼 이를 위해 사경제 주체로서 활동하는 경우에도 기본권 주체가 될 수 있다. 이 사건 심판청구는 청구인이 그 운영을 위한 영업활동의 일환으로 방송광고를 판매하는 지위에서 그 제한과 관련하여 이루어진 것이므로 그 기본권 주체성이 인정된다(헌재 2013.9.26. 2012헌마271).

② [×] 국회의원은 국회의장에 대하여 법률안 심의·표결권 침해를 이유로 헌법재판소에 권한쟁의심판을 청구할 수 있다.

③ [×] 이 사건 제외조치의 상대방은 이 사건 대학들이며, 이 사건 대학들에 근무하는 교수나 교수회는 제3자에 불과하므로 이 사건 제외조치로 인하여 직접 영향을 받는다고 볼 수 없다. 따라서 청구인들에게 이 사건 제외조치를 다툴 기본권 침해의 자기관련성이 있다고 볼 수 없다(헌재 2016.10.27. 2013헌마576).

④ [O] 한국신문편집인협회가 침해받았다고 주장하는 언론·출판의 자유는 그 성질상 법인이나 권리능력 없는 사단도 누릴 수 있는 권리이므로 청구인협회가 언론·출판의 자유를 직접 구체적으로 침해받은 경우에는 헌법소원심판을 청구할 수 있다고 볼 것이다(헌재 1995.7.21. 92헌마177).

---

18 헌법재판소의 심판절차   정답 ①

❶ [X] 재판·소추 또는 범죄수사가 진행 중인 사건의 기록에 대하여는 송부를 요구할 수 없다.

> **「헌법재판소법」제32조【자료제출 요구 등】** 재판부는 결정으로 다른 국가기관 또는 공공단체의 기관에 심판에 필요한 사실을 조회하거나, 기록의 송부나 자료의 제출을 요구할 수 있다. 다만, 재판·소추 또는 범죄수사가 진행 중인 사건의 기록에 대하여는 송부를 요구할 수 없다.

② [O] 「헌법재판소법」 제69조 제1항에 대한 옳은 내용이다.

> **제69조【청구기간】** ① 제68조 제1항에 따른 헌법소원의 심판은 그 사유가 있음을 안 날부터 90일 이내에, 그 사유가 있는 날부터 1년 이내에 청구하여야 한다. 다만, 다른 법률에 따른 구제절차를 거친 헌법소원의 심판은 그 최종결정을 통지받은 날부터 30일 이내에 청구하여야 한다.

③ [O] 「헌법재판소법」 제26조 제1항에 대한 옳은 내용이다.

> **제26조【심판청구의 방식】** ① 헌법재판소에의 심판청구는 심판절차별로 정하여진 청구서를 헌법재판소에 제출함으로써 한다. 다만, 위헌법률심판에서는 법원의 제청서, 탄핵심판에서는 국회의 소추의결서의 정본으로 청구서를 갈음한다.

④ [O] 「헌법재판소법」 제46조에 대한 옳은 내용이다.

> **제46조【결정서의 송달】** 헌법재판소는 결정일부터 14일 이내에 결정서 정본을 제청한 법원에 송달한다. 이 경우 제청한 법원이 대법원이 아닌 경우에는 대법원을 거쳐야 한다.

---

19 청원권   정답 ②

① [X] 청원의 처리내용이 청원인이 기대한 바에 미치지 않는다고 하더라도 헌법소원의 대상이 되는 공권력의 불행사가 있다고 볼 수 없다(헌재 2004.5.27. 2003헌마851).

❷ [O] 헌법 제26조와 청원법 규정에 의할 때 헌법상 보장된 청원권은 공권력과의 관계에서 일어나는 여러가지 이해관계, 의견, 희망 등에 관하여 적법한 청원을 한 모든 국민에게, 국가기관이(그 주관관서가) 청원을 수리할 뿐만 아니라, 이를 심사하여, 청원자에게 적어도 그 처리결과를 통지할 것을 요구할 수 있는 권리를 말한다. 그러나 청원권의 보호범위에는 청원사항의 처리결과에 심판서나 재결서에 준하여 이유를 명시할 것까

지를 요구하는 것은 포함되지 아니한다고 할 것이다. 왜냐하면 국민이면 누구든지 널리 제기할 수 있는 민중적 청원제도는 재판청구권 기타 준사법적 구제청구와는 완전히 성질을 달리하는 것이기 때문이다. 그러므로 청원소관서는 청원법이 정하는 절차와 범위 내에서 청원사항을 성실·공정·신속히 심사하고 청원인에게 그 청원을 어떻게 처리하였거나 처리하려 하는지를 알 수 있을 정도로 결과통지함으로써 충분하다고 할 것이다(헌재 1994.2.24. 93헌마213).

③ [X] 지방의회에 청원을 하려는 자는 지방의회의원의 소개를 받아 청원서를 제출하여야 한다(「지방자치법」 제85조 제1항).

④ [X] 부득이한 사유로 90일 이내에 청원을 처리하기 곤란한 경우에는 60일의 범위 내에서 1회에 한하여 그 처리기간을 연장할 수 있다.

> **「청원법」제21조【청원의 처리 등】** ② 청원기관의 장은 청원을 접수한 때에는 특별한 사유가 없으면 90일 이내(제13조 제1항에 따른 공개청원의 공개 여부 결정기간 및 같은 조 제2항에 따른 국민의 의견을 듣는 기간을 제외한다)에 처리결과를 청원인(공동청원의 경우 대표자를 말한다)에게 알려야 한다. 이 경우 공개청원의 처리결과는 온라인청원시스템에 공개하여야 한다.
> ③ 청원기관의 장은 부득이한 사유로 제2항에 따른 처리기간에 청원을 처리하기 곤란한 경우에는 60일의 범위에서 한 차례만 처리기간을 연장할 수 있다. 이 경우 그 사유와 처리예정기한을 지체 없이 청원인(공동청원의 경우 대표자를 말한다)에게 알려야 한다.

---

20 기본권의 경합과 충돌   정답 ④

① [O] 흡연권은 위와 같이 사생활의 자유를 실질적 핵으로 하는 것이고 혐연권은 사생활의 자유뿐만 아니라 생명권에까지 연결되는 것이므로 혐연권이 흡연권보다 상위의 기본권이라 할 수 있다. 이처럼 상하의 위계질서가 있는 기본권끼리 충돌하는 경우에는 상위기본권우선의 원칙에 따라 하위기본권이 제한될 수 있으므로, 결국 흡연권은 혐연권을 침해하지 않는 한에서 인정되어야 한다(헌재 2004.8.26. 2003헌마457).

② [O] 이 사건 법률조항은 노동조합의 조직유지·강화를 위하여 당해 사업장에 종사하는 근로자의 3분의 2 이상을 대표하는 노동조합(이하 '지배적 노동조합'이라 한다)의 경우 단체협약을 매개로 한 조직강제[이른바 유니언 샵(Union Shop) 협정의 체결]를 용인하고 있다. 이 경우 근로자의 단결하지 아니할 자유와 노동조합의 적극적 단결권(조직강제권)이 충돌하게 되나, 근로자에게 보장되는 적극적 단결권이 단결하지 아니할 자유보다 특별한 의미를 갖고 있고, 노동조합의 조직강제권도 이른바 자유권을 수정하는 의미의 생존권(사회권)적 성격을 함께 가지는 만큼 근로자 개인의 자유권에 비하여 보다 특별한 가치로 보장되는 점 등을 고려하면, 노동조합의 적극적 단결권은 근로자 개인의 단결하지 않을 자유보다 중시된다고 할 것이고, 또 노동조합에게 위와 같은 조직강제권을 부여한다고 하여 이를 근로자의 단결하지 아니할 자유의 본질적인 내용을 침해하는 것으로 단정할 수는 없다. … 이 사건 법률조항은 단체협약을 매개로 하여 특정 노동조합에의 가입을 강제함으로써 근로자의 단결선택권과 노동조합의 집단적 단결권(조직강제권)이

충돌하는 측면이 있으나, 이러한 조직강제를 적법·유효하게 할 수 있는 노동조합의 범위를 엄격하게 제한하고 지배적 노동조합의 권한남용으로부터 개별근로자를 보호하기 위한 규정을 두고 있는 등 전체적으로 상충되는 두 기본권 사이에 합리적인 조화를 이루고 있고 그 제한에 있어서도 적정한 비례관계를 유지하고 있으며, 또 근로자의 단결선택권의 본질적인 내용을 침해하는 것으로도 볼 수 없으므로, 근로자의 단결권을 보장한 헌법 제33조 제1항에 위반되지 않는다(헌재 2005.11.24. 2002헌바95).

③ [O] 반론권은 보도기관이 사실에 대한 보도과정에서 타인의 인격권 및 사생활의 비밀과 사유에 대한 중대한 침해가 될 직접적 위험을 초래하게 되는 경우 이러한 법익을 보호하기 위한 적극적 요청에 의하여 마련된 제도인 것이지 언론의 자유를 제한하기 위한 소극적 필요에서 마련된 것은 아니기 때문에 이에 따른 보도기관이 누리는 언론의 자유에 대한 제약의 문제는 결국 피해자의 반론권과 서로 충돌하는 관계에 있는 것으로 보아야 할 것이다. 이와 같이 두 기본권이 서로 충돌하는 경우에는 헌법의 통일성을 유지하기 위하여 상충하는 기본권 모두가 최대한으로 그 기능과 효력을 나타낼 수 있도록 하는 조화로운 방법이 모색되어야 할 것이고, 결국은 이 법에 규정한 정정보도청구제도가 과잉금지의 원칙에 따라 그 목적이 정당한 것인가 그러한 목적을 달성하기 위하여 마련된 수단 또한 언론의 자유를 제한하는 정도가 인격권과의 사이에 적정한 비례를 유지하는 것인가의 여부가 문제된다 할 것이다(헌재 1991.9.16. 89헌마165).

❹ [X] 사적자치의 원칙은 헌법 제10조의 행복추구권 속에 함축된 일반적 행동자유권에서 파생된 것으로서 헌법 제119조 제1항의 자유시장 경제질서의 기초이자 우리 헌법상의 원리이고, 계약자유의 원칙은 사적자치권의 기본원칙으로서 이러한 사적자치의 원칙이 법률행위의 영역에서 나타난 것이므로, 채권자의 재산권과 채무자 및 수익자의 일반적 행동의 자유권 중 어느 하나를 상위기본권이라고 할 수는 없을 것이고, 채권자의 재산권과 수익자의 재산권 사이에서도 어느 쪽이 우월하다고 할 수는 없을 것이기 때문이다. 따라서 이러한 경우에는 헌법의 통일성을 유지하기 위하여 상충하는 기본권 모두가 최대한으로 그 기능과 효력을 발휘할 수 있도록 조화로운 방법을 모색하되(규범조화적 해석), 법익형량의 원리, 입법에 의한 선택적 재량 등을 종합적으로 참작하여 심사하여야 할 것이다(헌재 2007.10.25. 2005헌바96).

21 영장주의 정답 ①

❶ [X] 인터넷회선 감청도 범죄수사를 위한 통신제한조치 허가 대상으로 정한 이 사건 법률조항이 과잉금지원칙에 반하여 피의자 또는 피내사자와 같은 대상자뿐만 아니라 이용자들의 통신 및 사생활의 비밀과 자유를 침해하는지 여부에 대하여 본다. … 헌법 제12조 제3항이 정한 영장주의가 수사기관이 강제처분을 함에 있어 중립적 기관인 법원의 허가를 얻어야 함을 의미하는 것 외에 법원에 의한 사후 통제까지 마련되어야 함을 의미한다고 보기 어렵고, 청구인의 주장은 결국 인터넷회선 감청의 특성상 집행 단계에서 수사기관의 권한 남용을 방지할 만한 별도의 통제 장치를 마련하지 않는 한 통신 및 사생활의 비밀과 자유를 과도하게 침해하게 된다는 주장과 같은 맥락이므로, 이

사건 법률조항이 과잉금지원칙에 반하여 청구인의 기본권을 침해하는지 여부에 대하여 판단하는 이상, 영장주의 위반 여부에 대해서는 별도로 판단하지 아니한다(헌재 2018.8.30. 2016헌마263).

② [O] 이 사건 법률조항은 수사기관이 직접 물리적 강제력을 행사하여 피의자에게 강제로 지문을 찍도록 하는 것을 허용하는 규정이 아니며 형벌에 의한 불이익을 부과함으로써 심리적·간접적으로 지문채취를 강요하고 있으므로 피의자가 본인의 판단에 따라 수용여부를 결정한다는 점에서 궁극적으로 당사자의 자발적 협조가 필수적임을 전제로 하므로 물리력을 동원하여 강제로 이루어지는 경우와는 질적으로 차이가 있다. 따라서 이 사건 법률조항에 의한 지문채취의 강요는 영장주의에 의하여야 할 강제처분이라 할 수 없다. 또한 수사상 필요에 의하여 수사기관이 직접강제에 의하여 지문을 채취하려 하는 경우에는 반드시 법관이 발부한 영장에 의하여야 하므로 영장주의원칙은 여전히 유지되고 있다고 할 수 있다(헌재 2004.9.23. 2002헌가17).

③ [O] 기지국 수사를 허용하는 통신사실 확인자료 제공요청은 법원의 허가를 받으면, 해당 가입자의 동의나 승낙을 얻지 아니하고도 제3자인 전기통신사업자에게 해당 가입자에 관한 통신사실 확인자료의 제공을 요청할 수 있도록 하는 수사방법으로, 통신비밀보호법이 규정하는 강제처분에 해당하므로 헌법상 영장주의가 적용된다(헌재 2018.6.28. 2012헌마538).

④ [O] 이 사건 사실조회행위는 강제력이 개입되지 아니한 임의수사에 해당하므로, 이에 응하여 이루어진 이 사건 정보제공행위에도 영장주의가 적용되지 않는다. 그러므로 이 사건 정보제공행위가 영장주의에 위배되어 청구인들의 개인정보자기결정권을 침해한다고 볼 수 없다(헌재 2018.8.30. 2014헌마368).

22 국무총리 정답 ②

① [X] 국무총리가 사고로 직무를 수행할 수 없는 경우에는 기획재정부장관이 겸임하는 부총리, 교육부장관이 겸임하는 부총리 순으로 우선적으로 직무를 대행한다.

> 「정부조직법」 제22조 【국무총리의 직무대행】 국무총리가 사고로 직무를 수행할 수 없는 경우에는 기획재정부장관이 겸임하는 부총리, 교육부장관이 겸임하는 부총리의 순으로 직무를 대행하고, 국무총리와 부총리가 모두 사고로 직무를 수행할 수 없는 경우에는 대통령의 지명이 있으면 그 지명을 받은 국무위원이, 지명이 없는 경우에는 제26조 제1항에 규정된 순서에 따른 국무위원이 그 직무를 대행한다.

❷ [O] 헌법 제95조에 대한 옳은 설명이다.

> 제95조 국무총리 또는 행정각부의 장은 소관사무에 관하여 법률이나 대통령령의 위임 또는 직권으로 총리령 또는 부령을 발할 수 있다.

③ [X] 국무총리는 국무회의의 부의장으로서 국무회의의 구성원이나 국무위원은 아니다.

> 헌법 제88조 ② 국무회의는 대통령·국무총리와 15인 이상 30인 이하의 국무위원으로 구성한다.

④ [×] 국회뿐만 아니라 국무총리도 국무위원의 해임을 대통령에게 건의할 수 있다.

> **헌법 제87조** ① 국무위원은 국무총리의 제청으로 대통령이 임명한다.
> ② 국무위원은 국정에 관하여 대통령을 보좌하며, 국무회의의 구성원으로서 국정을 심의한다.
> ③ 국무총리는 국무위원의 해임을 대통령에게 건의할 수 있다.
> ④ 군인은 현역을 면한 후가 아니면 국무위원으로 임명될 수 없다.

23 헌법재판소와 법원의 권한　　정답 ④

옳은 것은 ㄱ, ㄷ, ㄹ이다.

ㄱ. [○] 헌법재판소법 제61조 제2항에 따라 권한쟁의심판을 청구하려면 피청구인의 처분 또는 부작위가 존재하여야 한다. 여기서의 처분은 입법행위와 같은 법률의 제정과 관련된 권한의 존부 및 행사상의 다툼, 행정처분은 물론 행정입법과 같은 모든 행정작용 그리고 법원의 재판 및 사법행정작용 등을 포함하는 넓은 의미의 공권력 처분을 의미하는 것으로 보아야 할 것이므로, 법률에 대한 권한쟁의심판도 허용된다고 봄이 일반적이나 다만, '법률 그 자체'가 아니라 '법률제정행위'를 그 심판대상으로 하여야 할 것이다(헌재 2006.5.25. 2005헌라4).

ㄴ. [×] 기관위임사무에 관한 경비는 이를 위임한 국가가 부담하고, 그 소요되는 경비 전부를 당해 지방자치단체에 교부하여야 하므로(지방재정법 제21조 제2항, 지방자치법 제141조 단서), 청구인이 자신의 비용으로 기관위임사무인 이 사건 공사를 하였다면, 국가는 청구인에게 그 비용 상당의 교부금을 지급할 의무가 있고, 청구인은 공법상의 비용상환청구소송 등 소정의 권리구제절차를 통하여 국가로부터 이를 보전 받을 수 있으므로 청구인이 그 비용을 최종적으로 부담하게 되는 것도 아니다. 따라서 이 사건 거부처분으로 말미암아 청구인의 자치재정권 등 헌법 또는 법률이 부여한 청구인의 권한이 침해될 가능성도 인정되지 아니한다. 결국, 이 사건 권한쟁의심판청구는 권한쟁의심판을 청구할 수 있는 요건을 갖추지 못한 것으로서 부적법하다(헌재 2010.12.28. 2009헌라2).

ㄷ. [○] 「지방자치법」 제189조에 대한 옳은 설명이다.

> **제189조【지방자치단체의 장에 대한 직무이행명령】** ① 지방자치단체의 장이 법령의 규정에 따라 그 의무에 속하는 국가위임사무나 시·도위임사무의 관리와 집행을 명백히 게을리 하고 있다고 인정되면 시·도에 대하여는 주무부장관이, 시·군 및 자치구에 대하여는 시·도지사가 기간을 정하여 서면으로 이행할 사항을 명령할 수 있다.
> ② 주무부장관이나 시·도지사는 해당 지방자치단체의 장이 제1항의 기간에 이행명령을 이행하지 아니하면 그 지방자치단체의 비용부담으로 대집행 또는 행정상·재정상 필요한 조치(이하 이 조에서 "대집행등"이라 한다)를 할 수 있다. 이 경우 행정대집행에 관하여는 「행정대집행법」을 준용한다.
> ⑥ 지방자치단체의 장은 제1항 또는 제4항에 따른 이행명령에 이의가 있으면 이행명령서를 접수한 날부터 15일 이내에 대법원에 소를 제기할 수 있다. 이 경우 지방자치단체

의 장은 이행명령의 집행을 정지하게 하는 집행정지결정을 신청할 수 있다.

ㄹ. [○] 공유수면에 대한 지방자치단체의 관할구역 경계획정은 이에 관한 명시적인 법령상의 규정이 존재한다면 그에 따르고, 명시적인 법령상의 규정이 존재하지 않는다면 불문법상 해상경계에 따라야 한다. 그리고 이에 관한 불문법상 해상경계마저 존재하지 않는다면, 주민·구역·자치권을 구성요소로 하는 지방자치단체의 본질에 비추어 지방자치단체의 관할구역에 경계가 없는 부분이 있다는 것은 상정할 수 없으므로, 권한쟁의심판권을 가지고 있는 헌법재판소가 형평의 원칙에 따라 합리적이고 공평하게 해상경계선을 획정할 수밖에 없다(헌재 2019.4.11. 2016헌라8 등).

24 공무담임권　　정답 ②

① [×] 대상 범죄인 착신전환 등을 통한 중복 응답 등 범죄는 선거의 공정성을 직접 해하는 범죄로, 위 범죄로 형사처벌을 받은 사람이라면 지방자치행정을 민주적이고 공정하게 수행할 것이라 볼 수 없다. 입법자는 100만원 이상의 벌금형 요건으로 하여 위 범죄로 지방의회의원의 직에서 퇴직할 수 있도록 하는 강력한 제재를 선택한 동시에 퇴직 여부에 대하여 법원으로 하여금 구체적 사정을 고려하여 판단하게 하였다. 당선무효, 기탁금 등 반환, 피선거권 박탈만으로는 퇴직조항, 당선무효, 기탁금 등 반환, 피선거권 박탈이 동시에 적용되는 현 상황과 동일한 정도로 공직에 대한 신뢰를 제고하기 어렵다. 퇴직조항으로 인하여 지방자치의원의 직에서 퇴직하게 되는 사익의 침해에 비하여 선거에 관한 여론조사의 결과에 부당한 영향을 미치는 행위를 방지하고 선거의 공정성을 담보하며 공직에 대한 국민 또는 주민의 신뢰를 제고한다는 공익이 더욱 중대하다. 퇴직조항은 청구인들의 공무담임권을 침해하지 아니한다(헌재 2022.3.31. 2019헌마986).

❷ [○] 비위공무원에 대한 징계를 통해 불이익을 줌으로써 공직기강을 바로 잡고 공무수행에 대한 국민의 신뢰를 유지하고자 하는 공익은 제한되는 사익 이상으로 중요하다고 할 수밖에 없다. 게다가 공무원이 징계처분을 받은 후 직무수행상 공적으로 포상 등을 받은 경우 승진임용 제한기간을 단축 또는 면제할 수 있는 등(국가공무원법 제80조 제6항 단서) 제한되는 사익은 경우에 따라 경감될 수 있어 이 사건 승진조항에 따른 불이익은 완화될 여지가 있다. 이 사건 승진조항은 과잉금지원칙을 위반하여 청구인의 공무담임권을 침해하지 않는다(헌재 2022.3.31. 2020헌마211).

③ [×] 이 사건 공고는 대한변호사협회에 등록한 변호사로서 실제 변호사의 업무를 수행한 경력이 있는 사람을 우대하는 한편, 임용예정자에게 변호사등록 거부사유 등이 있는지를 대한변호사협회의 검증절차를 통하여 확인받도록 하는 데 목적이 있다. 이 사건 공고가 응시자격요건으로 변호사 자격 등록을 요구하는 것은 이러한 목적, 그리고 지원자가 채용예정직위에서 수행할 업무 등에 비추어 합리적이다. 인사권자인 피청구인은 경력경쟁채용시험을 실시하면서 응시자격요건을 구체적으로 어떻게 정할 것인지를 판단하고 결정하는 데 재량이 인정되는데, 이 사건 공고가 그 재량권을 현저히 일탈하였다고 볼 수 없다.

이 사건 공고는 청구인들의 공무담임권을 침해하지 않는다(헌재 2019.8.29. 2019헌마616).
④ [×] 심판대상조항이 성인에 대한 성폭력범죄 행위로 벌금 100만 원 이상의 형을 선고받고 확정된 자에 한하여 고등교육법상의 교원으로 임용할 수 없도록 한 것은, 성폭력범죄를 범하는 대상과 형의 종류에 따라 성폭력범죄에 관한 교원으로서의 최소한의 자격기준을 설정하였다고 할 것이므로, 과잉금지원칙에 반하여 청구인의 공무담임권을 침해한다고 할 수 없다(헌재 2020.12.23. 2019헌마502).

25 문화국가원리 정답 ①

❶ [○] 특히 아직까지 국가지원에의 의존도가 높은 우리나라 문화예술계 환경을 고려할 때, 정부는 문화국가실현에 관한 과제를 수행함에 있어 과거 문화간섭정책에서 벗어나 문화의 다양성, 자율성, 창조성이 조화롭게 실현될 수 있도록 중립성을 지키면서 문화에 대한 지원 및 육성을 하도록 유의하여야 한다. 그럼에도 불구하고 피청구인들이 이러한 중립성을 보장하기 위하여 법률에서 정하고 있는 제도적 장치를 무시하고 정치적 견해를 기준으로 청구인들을 문화예술계 정부지원사업에서 배제되도록 차별취급한 것은 헌법상 문화국가원리와 법률유보원칙에 반하는 자의적인 것으로 정당화될 수 없다(헌재 2020.12.23. 2017헌마416).

② [×] 헌법 전문과 헌법 제9조에서 말하는 '전통', '전통문화'란 역사성과 시대성을 띤 개념으로 이해하여야 한다. 과거의 어느 일정 시점에서 역사적으로 존재하였다는 사실만으로 모두 헌법의 보호를 받는 전통이 되는 것은 아니다. … 결론적으로 전래의 어떤 가족제도가 헌법 제36조 제1항이 요구하는 개인의 존엄과 양성평등에 반한다면 헌법 제9조를 근거로 그 헌법적 정당성을 주장할 수는 없다(헌재 2005.2.3. 2001헌가9).

③ [×] 문화국가원리의 이러한 특성은 문화의 개방성 내지 다원성의 표지와 연결되는데, 국가의 문화육성의 대상에는 원칙적으로 모든 사람에게 문화창조의 기회를 부여한다는 의미에서 모든 문화가 포함된다. 따라서 엘리트문화뿐만 아니라 서민문화, 대중문화도 그 가치를 인정하고 정책적인 배려의 대상으로 하여야 한다(헌재 2004.5.27. 2003헌가1).

④ [×] 헌법 제9조의 규정취지와 민족문화유산의 본질에 비추어 볼 때, 국가가 민족문화유산을 보호하고자 하는 경우 이에 관한 헌법적 보호법익은 '민족문화유산의 존속' 그 자체를 보장하는 것이고, 원칙적으로 민족문화유산의 훼손등에 관한 가치보상이 있는지 여부는 이러한 헌법적 보호법익과 직접적인 관련이 없다(헌재 2003.1.30. 2001헌바64).

▶ 정답

p.88

01	④	Ⅲ	06	④	Ⅱ	11	④	Ⅲ	16	②	Ⅰ	21	③	Ⅰ
02	④	Ⅲ	07	①	Ⅳ	12	③	Ⅱ	17	③	Ⅱ	22	④	Ⅳ
03	②	Ⅰ	08	④	Ⅱ	13	④	Ⅱ	18	④	Ⅲ	23	③	Ⅳ
04	④	Ⅲ	09	④	Ⅰ	14	④	Ⅱ	19	②	Ⅱ	24	④	Ⅱ
05	②	Ⅰ	10	①	Ⅱ	15	①	Ⅱ	20	②	Ⅳ	25	③	Ⅱ

Ⅰ 헌법총론 / Ⅱ 기본권론 / Ⅲ 통치구조론 / Ⅳ 헌법재판론

▶ 취약 단원 분석표

단원	맞힌 답의 개수
Ⅰ	/ 5
Ⅱ	/ 10
Ⅲ	/ 6
Ⅳ	/ 4
TOTAL	/ 25

01 선거권 및 피선거권

정답 ④

① [O] 「공직선거법」 제3조에 대한 옳은 내용이다.

> 제3조【선거인의 정의】 이 법에서 "선거인"이란 선거권이 있는 사람으로서 선거인명부 또는 재외선거인명부에 올라 있는 사람을 말한다.

② [O] 「공직선거법」 제18조 제1항에 대한 옳은 내용이다.

> 제18조【선거권이 없는 자】 ① 선거일 현재 다음 각 호의 어느 하나에 해당하는 사람은 선거권이 없다.
> 2. 1년 이상의 징역 또는 금고의 형의 선고를 받고 그 집행이 종료되지 아니하거나 그 집행을 받지 아니하기로 확정되지 아니한 사람. 다만, 그 형의 집행유예를 선고받고 유예기간 중에 있는 사람은 제외한다.

③ [O] 우리 헌법 아래에서 선거권도 법률이 정하는 바에 의하여 보장되는 것이므로 입법형성권을 갖고 있는 입법자가 선거법을 제정하는 경우에 헌법에 명시된 선거제도의 원칙을 존중하는 가운데 구체적으로 어떠한 입법목적의 달성을 위하여 어떠한 방법을 선택할 것인가는 그것이 현저하게 불합리하고 불공정한 것이 아닌 한 입법자의 재량영역에 속한다고 할 것이다(헌재 2004.3.25. 2002헌마411).

❹ [×] '외국의 영주권을 취득한 재외국민'과 같이 주민등록을 하는 것이 법령의 규정상 아예 불가능한 자들이라도 지방자치단체의 주민으로서 오랜 기간 생활해 오면서 그 지방자치단체의 사무와 얼마든지 밀접한 이해관계를 형성할 수 있고, 주민등록이 아니더라도 그와 같은 거주 사실을 공적으로 확인할 수 있는 방법은 존재한다는 점, … 주민등록만을 기준으로 함으로써 주민등록이 불가능한 재외국민인 주민의 지방선거 피선거권을 부인하는 법 제16조 제3항은 헌법 제37조 제2항에 위반하여 국내거주 재외국민의 공무담임권을 침해한다(헌재 2007.6. 28. 2004헌마644 등).

02 인격권

정답 ④

① [O] 이 사건 사과문 게재 조항은 정기간행물 등을 발행하는 언론사가 보도한 선거기사의 내용이 공정하지 아니하다고 인정되는 경우 선거기사심의위원회의 사과문 게재 결정을 통하여 해당 언론사로 하여금 그 잘못을 인정하고 용서를 구하게 하고 있다. 이는 언론사 스스로 인정하거나 형성하지 아니한 윤리적·도의적 판단의 표시를 강제하는 것으로서 언론사가 가지는 인격권을 제한하는 정도가 매우 크다. … 결국 이 사건 법률조항들은 언론사의 인격권을 침해하여 헌법에 위반된다(헌재 2015.7.30. 2013헌가8).

② [O] 헌법 제10조로부터 도출되는 일반적 인격권에는 개인의 명예에 관한 권리도 포함되는바, 이 사건 법률조항에 근거하여 반민규명위원회의 조사대상자 선정 및 친일반민족행위결정이 이루어지면(이에 관하여 작성된 조사보고서 및 편찬된 사료는 일반에 공개된다), 조사대상자의 사회적 평가가 침해되어 헌법 제10조에서 유래하는 일반적 인격권이 제한받는다고 할 수 있다. 다만 이 사건 결정의 조사대상자를 비롯하여 대부분의 조사대상자는 이미 사망하였을 것이 분명하나, 조사대상자가 사자(死者)의 경우에도 인격적 가치에 대한 중대한 왜곡으로부터 보호되어야 하고, 사자(死者)에 대한 사회적 명예와 평가의 훼손은 사자(死者)와의 관계를 통하여 스스로의 인격상을 형성하고 명예를 지켜온 그들의 후손의 인격권, 즉 유족의 명예 또는 유족의 사자(死者)에 대한 경애추모의 정을 제한하는 것이다(헌재 2010.10.28. 2007헌가23).

③ [O] 민사법정 내 보호장비 사용행위는 법정에서 계호업무를 수행하는 교도관으로 하여금 수용자가 도주 등 돌발행동으로 교정사고를 일으키고 법정질서를 문란하게 할 우려가 있는 때에 교정사고를 예방하고 법정질서 유지에 협력하기 위하여 수용자에게 수갑, 포승을 사용할 수 있도록 한 것으로, 「형의 집행 및 수용자의 처우에 관한 법률」 제97조 제1항, 제98조, 같은 법 시행령 제120조 제2항, 같은 법 시행규칙 제172조 제1항, 제179조 제1항, 제180조 등에 근거를 두고 있으므로, 법률유보원칙에 위반되어 청구인의 인격권과 신체의 자유를 침해하지 아니한다(헌재 2018.6.28. 2017헌마181).

❹ [×] 헌법 제10조로부터 도출되는 일반적 인격권에는 개인의 명예에 관한 권리도 포함되는바, 이 때 '명예'는 사람이나 그 인격에 대한 '사회적 평가', 즉 객관적·외부적 가치평가를 말하는 것이지 단순히 주관적·내면적인 명예감정은 법적으로 보호받

는 명예에 포함된다고 할 수 없다. 왜냐하면, 헌법이 인격권으로 보호하는 명예의 개념을 사회적·외부적 징표에 국한하지 않는다면 주관적이고 개별적인 내심의 명예감정까지 명예에 포함되어 모든 주관적 명예감정의 손상이 법적 분쟁화될 수 있기 때문이다(헌재 2010.11.25. 2009헌마147).

03　국적　　　　　　　정답 ②

옳은 것은 2개(ㄴ, ㄹ)이다.

ㄱ. [X] 인지에 의한 국적취득은 허가사항이 아닌 신고사항이다.

> 「국적법」 제3조 【인지에 의한 국적 취득】 ① 대한민국의 국민이 아닌 자(이하 "외국인"이라 한다)로서 대한민국의 국민인 부 또는 모에 의하여 인지(認知)된 자가 다음 각 호의 요건을 모두 갖추면 법무부장관에게 신고함으로써 대한민국 국적을 취득할 수 있다.

ㄴ. [O] 근대국가 성립 이전의 영민(領民)은 토지에 종속되어 영주(領主)의 소유물과 같은 처우를 받았다. 근대국가에서도 개인은 출생지 또는 혈통에 기속되고 충성의무를 강요당하는 지위에 있었으므로 국적선택권이 인정될 여지가 없었다. 그러나 천부인권(天賦人權) 사상은 국민주권을 기반으로 하는 자유민주주의 헌법을 낳았고 이 헌법은 인간의 존엄과 가치를 존중하므로, 개인은 자신의 운명에 지대한 영향을 미치는 정치적 공동체인 국가를 선택할 수 있는 권리, 즉 국적선택권을 기본권으로 인식하기에 이르렀다. 세계인권선언(1948.12.10.)이 제15조에서 "① 사람은 누구를 막론하고 국적을 가질 권리를 가진다. ② 누구를 막론하고 불법하게 그 국적을 박탈당하지 아니하여야 하며 그 국적변경의 권리가 거부되어서는 아니 된다."는 규정을 둔 것은 이를 뒷받침하는 좋은 예다. 그러나 개인의 국적선택에 대하여는 나라마다 그들의 국내법에서 많은 제약을 두고 있는 것이 현실이므로, 국적은 아직도 자유롭게 선택할 수 있는 권리에는 이르지 못하였다고 할 것이다. 그러므로 '이중국적자의 국적선택권'이라는 개념은 별론으로 하더라도, 일반적으로 외국인인 개인이 특정한 국가의 국적을 선택할 권리가 자연권으로서 또는 우리 헌법상 당연히 인정된다고는 할 수 없다(헌재 2006.3.30. 2003헌마806).

ㄷ. [X] 과학·경제·문화·체육 등 특정 분야에서 매우 우수한 능력을 보유한 자로서 대한민국의 국익에 기여할 것으로 인정되는 외국인은 「국적법」 제7조 특별귀화에 의한 국적 취득이 가능하나, 이 경우에도 대한민국에 주소가 있어야 하고 「국적법」 제5조 제3호(품행 단정의 요건을 갖출 것) 및 제5호(국어능력과 대한민국의 풍습에 대한 이해 등 대한민국 국민으로서의 기본 소양을 갖추고 있을 것 등의 요건은 갖추어야 한다.

ㄹ. [O] 참정권과 입국의 자유에 대한 외국인의 기본권 주체성이 인정되지 않고, 외국인이 대한민국 국적을 취득하면서 자신의 외국 국적을 포기한다 하더라도 이로 인하여 재산권 행사가 직접 제한되지 않으며, 외국인이 복수국적을 누릴 자유가 우리 헌법상 행복추구권에 의하여 보호되는 기본권이라고 보기 어려우므로, 외국인의 기본권 주체성 내지 기본권 침해가능성을 인정할 수 없다(헌재 2014.6.26. 2011헌마502).

04　대통령　　　　　　　정답 ④

① [O] 대통령도 국민의 한사람으로서 제한적으로나마 기본권의 주체가 될 수 있는바, 대통령은 소속 정당을 위하여 정당활동을 할 수 있는 사인으로서의 지위와 국민 모두에 대한 봉사자로서 공익실현의 의무가 있는 헌법기관으로서의 지위를 동시에 갖는데 최소한 전자의 지위와 관련하여는 기본권 주체성을 갖는다고 할 수 있다(헌재 2008.1.17. 2007헌마700).

② [O] 탄핵소추사유는 그 대상 사실을 다른 사실과 명백하게 구분할 수 있을 정도의 구체적 사실이 기재되면 충분하다. 이 사건 소추의결서의 헌법 위배행위 부분은 소추사유가 분명하게 유형별로 구분되지 않은 측면이 있지만, 소추사유로 기재된 사실관계는 법률 위배행위 부분과 함께 보면 다른 소추사유와 명백하게 구분할 수 있을 정도로 충분히 구체적으로 기재되어 있다(헌재 2017.3.10. 2016헌나1).

③ [O] 헌법 제79조에 대한 옳은 내용이다.

> 제79조 ① 대통령은 법률이 정하는 바에 의하여 사면·감형 또는 복권을 명할 수 있다.
> ② 일반사면을 명하려면 국회의 동의를 얻어야 한다.

❹ [X] 법률에 기속되어 특별한 조치를 할 수 있다.

> 헌법 제77조 ③ 비상계엄이 선포된 때에는 법률이 정하는 바에 의하여 영장제도, 언론·출판·집회·결사의 자유, 정부나 법원의 권한에 관하여 특별한 조치를 할 수 있다.

05　관습헌법　　　　　　　정답 ②

① [O] 성문헌법이라고 하여도 그 속에 모든 헌법사항을 빠짐없이 완전히 규율하는 것은 불가능하고 또한 헌법은 국가의 기본법으로서 간결성과 함축성을 추구하기 때문에 형식적 헌법전에는 기재되지 아니한 사항이라도 이를 불문헌법 내지 관습헌법으로 인정할 소지가 있다(헌재 2004.10.21. 2004헌마554).

❷ [X] 헌법기관의 소재지, 특히 국가를 대표하는 대통령과 민주주의적 통치원리에 핵심적 역할을 하는 의회의 소재지를 정하는 문제는 국가의 정체성을 표현하는 실질적 헌법사항의 하나이다(헌재 2004.10.21. 2004헌마554).

③ [O] 관습헌법이 성립하기 위하여서는 관습법의 성립에서 요구되는 일반적 성립 요건이 충족되어야 한다. 첫째, 기본적 헌법사항에 관하여 어떠한 관행 내지 관례가 존재하고, 둘째, 그 관행은 국민이 그 존재를 인식하고 사라지지 않을 관행이라고 인정할 만큼 충분한 기간 동안 반복 내지 계속되어야 하며(반복·계속성), 셋째, 관행은 지속성을 가져야 하는 것으로서 그 중간에 반대되는 관행이 이루어져서는 아니 되고(항상성), 넷째, 관행은 여러 가지 해석이 가능할 정도로 모호한 것이 아닌 명확한 내용을 가진 것이어야 한다(명료성). 또한 다섯째, 이러한 관행이 헌법관습으로서 국민들의 승인 내지 확신 또는 폭넓은 컨센서스를 얻어 국민이 강제력을 가진다고 믿고 있어야 한다(국민적 합의)(헌재 2004.10.21. 2004헌마554).

④ [○] 어느 법규범이 관습헌법으로 인정된다면 그 개정가능성을 가지게 된다. 관습헌법도 헌법의 일부로서 성문헌법의 경우와 동일한 효력을 가지기 때문에 그 법규범은 최소한 헌법 제130조에 의거한 헌법개정의 방법에 의하여만 개정될 수 있다. 따라서 재적의원 3분의 2 이상의 찬성에 의한 국회의 의결을 얻은 다음(헌법 제130조 제1항) 국민투표에 붙여 국회의원 선거권자 과반수의 투표와 투표자 과반수의 찬성을 얻어야 한다(헌법 제130조 제3항). 다만, 이 경우 관습헌법규범은 헌법전에 그에 상반하는 법규범을 첨가함에 의하여 폐지하게 되는 점에서, 헌법전으로부터 관계되는 헌법조항을 삭제함으로써 폐지되는 성문헌법규범과는 구분된다. 한편 이러한 형식적인 헌법개정 외에도, 관습헌법은 그것을 지탱하고 있는 국민적 합의성을 상실함에 의하여 법적 효력을 상실할 수 있다. 관습헌법은 주권자인 국민에 의하여 유효한 헌법규범으로 인정되는 동안에만 존속하는 것이며, 관습법의 존속요건의 하나인 국민적 합의성이 소멸되면 관습헌법으로서의 법적 효력도 상실하게 된다. 관습헌법의 요건들은 그 성립의 요건일 뿐만 아니라 효력 유지의 요건이다(헌재 2004.10.21. 2004헌마554).

06 평등권 정답 ④

① [○] 형사처분이 범죄행위자에 대하여 지나치게 관대하면 전과자는 물론 전과가 없는 일반시민의 법질서에 대한 경시풍조를 조장할 우려가 있어 선고유예는 아주 예외적으로 채택되지 않으면 안 되기 때문에, 이 사건 법률규정은 자격정지 이상의 형을 받은 전과가 없는 자에 대해서만 예외적으로 선고유예를 할 수 있도록 하고 있는 것이다. … 따라서 입법자가 자격정지 이상의 형을 받은 전과가 있는 자를 그 형의 실효 여부 등을 불문하고 선고유예의 결격자로 정한 것이 불합리한 차별이라고 볼 수 없다(헌재 2020.6.25. 2018헌바278).

② [○] 자의심사의 경우에는 차별을 정당화하는 합리적인 이유가 있는지만을 심사하기 때문에 그에 해당하는 비교대상 간의 사실상의 차이나 입법목적(차별목적)의 발견·확인에 그치는 반면에, 비례심사의 경우에는 단순히 합리적인 이유의 존부문제가 아니라 차별을 정당화하는 이유와 차별 간의 상관관계에 대한 심사, 즉 비교대상 간의 사실상의 차이의 성질과 비중 또는 입법목적(차별목적)의 비중과 차별의 정도에 적정한 균형관계가 이루어져 있는가를 심사한다(헌재 2001.2.22. 2000헌마25).

③ [○] 헌법에서 특별히 평등을 요구하고 있는 경우와 차별적 취급으로 인하여 관련 기본권에 대한 중대한 제한을 초래하게 된다면 입법형성권은 축소되어 보다 엄격한 심사척도가 적용되어야 한다(헌재 1999.12.23. 98헌마363).

❹ [×] 어떤 유형의 범죄에 대하여 특별히 형을 가중할 필요가 있는 경우라 하더라도 그 가중의 정도가 통상의 형사처벌과 비교하여 현저히 형벌체계상의 정당성과 균형을 잃은 것이 명백한 경우에는 인간의 존엄성과 가치를 보장하는 헌법의 기본원리에 위배될 뿐만 아니라 법의 내용에 있어서도 평등의 원칙에 반하는 위헌적 법률이라는 문제가 제기된다(헌재 2008.12.26. 2006헌바16).

07 신뢰보호원칙 정답 ①

❶ [×] 이 사건 부칙조항이 정한 3년의 유예기간은 법령의 개정으로 인한 상황변화에 적절히 대처하기에 상당한 기간으로 지나치게 짧은 것이라 할 수 없으므로, 이 사건 부칙조항은 신뢰보호원칙에 위배되어 청구인의 직업의 자유를 침해하지 아니한다(헌재 2022.9.29. 2019헌마1352).

② [○] 성인대상 성범죄자에게 일률적으로 10년 동안 의료기관에의 취업제한을 하도록 한 조항에 대한 헌재 2016.3.31. 2013헌마585 등 위헌결정에 따르더라도 재범의 위험성 및 필요성에 상응하는 취업제한 기간을 정하여 부과하는 의료기관 취업제한이 가능함은 예상할 수 있었다고 보아야 하고, 취업제한은 장래의 위험을 방지하기 위한 것으로서, 향후 성인대상 성범죄자에게 의료기관 취업제한이 없을 것이라는 기대는 정당한 신뢰 또는 헌법상 보호가치 있는 신뢰로 보기 어렵다. … 이 사건 부칙조항은 신뢰보호원칙에 위배되지 아니한다(헌재 2023.5.25. 2020헌바45).

③ [○] 출연재산을 변칙적인 탈세나 부의 증식 내지 세습수단으로 악용하는 것을 방지하기 위하여 입법자는 공익법인에 출연한 내국법인 주식 중 증여세과세가액에 산입하지 않는 한도기준을 낮추고, 더 나아가 유예기한 경과 후까지 기준을 초과하여 보유하는 경우에는 가산세를 부과하는 것으로 법을 개정하여 왔으며, 심판대상조항은 기존 입법들의 연장선상에서 그 문제점을 보완한 것이다. 관련 규정의 개정 경과에 비추어 청구인과 같은 공익사업 영위자는 제도의 시행과정에서 발생하는 문제점을 제거하기 위하여 추가적인 법률개정이 필요할 수 있음을 충분히 예상할 수 있었으므로 법률의 존속에 대한 신뢰이익의 보호가치는 크다고 할 수 없는 반면 조세회피나 부의 세습을 방지함으로써 얻게 되는 공익은 막중하므로 심판대상조항은 신뢰보호원칙에 반하지 아니한다(헌재 2023.7.20. 2019헌바223).

④ [○] 청구인들이 신뢰한 개정 이전의 구 「법원조직법」 제42조 제2항에 의하더라도 판사임용자격을 가지는 자는 '사법시험에 합격하여 사법연수원의 소정 과정을 마친 자'로 되어 있었고, 청구인들이 사법시험에 합격하여 사법연수원에 입소하기 이전인 2011.7.18. 이미 「법원조직법」이 개정되어 판사임용자격에 일정기간의 법조경력을 요구함에 따라 구 「법원조직법」이 제공한 신뢰가 변경 또는 소멸되었다. 그렇다면, 청구인들의 신뢰에 대한 보호가치가 크다고 볼 수 없고, 반면 충분한 사회적 경험과 연륜을 갖춘 판사로부터 재판을 받도록 하여 국민의 기본권을 보장하고 사법에 대한 국민의 신뢰를 보호하려는 공익은 매우 중대하다. 따라서 이 사건 심판대상조항이 신뢰보호원칙에 위반하여 청구인들의 공무담임권을 침해한다고 볼 수 없다(헌재 2014.5.29. 2013헌마127 등).

08 근로3권 정답 ④

① [○] 6개월 미만 근무한 월급근로자 또한 전직을 위한 시간적 여유를 갖거나 실직으로 인한 경제적 곤란으로부터 보호받아야 할 필요성이 있다. 그럼에도 불구하고 합리적 이유 없이 '월급근로자로서 6개월이 되지 못한 자'를 해고예고제도의 적용대상에서 제외한 이 사건 법률조항은 근무기간이 6개월 미만인 월급

근로자의 근로의 권리를 침해하고, 평등원칙에도 위배된다(헌재 2015.12.23. 2014헌바3).

② [O] 근로의 권리란 인간이 자신의 의사와 능력에 따라 근로관계를 형성하고, 타인의 방해를 받음이 없이 근로관계를 계속 유지하며, 근로의 기회를 얻지 못한 경우에는 국가에 대하여 근로의 기회를 제공하여 줄 것을 요구할 수 있는 권리를 의미하는바, 이 사건 법률조항에 의하여 이러한 근로의 권리가 제한된다고 볼 수는 없고, 행복추구권은 다른 기본권에 대한 보충적 기본권으로서의 성격을 지니므로, 직업선택의 자유라는 우선적으로 적용되는 기본권이 존재하여 그 침해여부를 판단한 이상, 행복추구권 침해 여부를 독자적으로 판단하지 않기로 한다. … 따라서 이 사건 법률조항은 헌법상 과잉금지원칙에 위배하여 청구인의 직업선택의 자유를 침해하지 아니한다(헌재 2012. 4.24. 2010헌마605).

③ [O] 이 사건 산입조항 및 부칙조항은 근로자들이 실제 지급받는 임금과 최저임금 사이의 괴리를 극복하고, 근로자 간 소득격차 해소에 기여하며, 최저임금 인상으로 인한 사용자의 부담을 완화하고자 한 것이다. 매월 1회 이상 정기적으로 지급하는 상여금 등이나 복리후생비는 그 성질이나 실질적 기능 면에서 기본급과 본질적인 차이가 있다고 보기 어려우므로, 이를 최저임금에 산입하는 것은 그 합리성을 수긍할 수 있다. … 따라서 이 사건 산입조항 및 부칙조항이 입법재량의 범위를 일탈하여 청구인 근로자들의 근로의 권리를 침해한다고 볼 수 없다(헌재 2021.12.23. 2018헌마629 등).

❹ [X] 헌법 제33조 제2항이 직접 '법률이 정하는 자'만이 노동3권을 향유할 수 있다고 규정하고 있어서 '법률이 정하는 자' 이외의 공무원은 노동3권의 주체가 되지 못하므로, 노동3권이 인정됨을 전제로 하는 헌법 제37조 제2항의 과잉금지원칙은 적용이 없는 것으로 보아야 할 것이다(헌재 2008.12.26. 2005헌마971 등).

09　신뢰보호원칙　정답 ④

옳은 것은 ㄷ, ㄹ, ㅁ이다.

ㄱ. [X] 납세의무자로서는 구법질서에 의거하여 적극적인 신뢰행위를 하였다든가 하는 사정이 없는 한 원칙적으로 세율 등 현재의 세법이 과세기간 중에 변함없이 유지되리라고 신뢰하고 기대할 수는 없다(헌재 1998.11.26. 97헌바58).

ㄴ. [X] 사회환경이나 경제여건의 변화에 따른 필요성에 의하여 법률은 신축적으로 변할 수밖에 없고, 변경된 새로운 법질서와 기존의 법질서 사이에는 이해관계의 상충이 불가피하므로, 국민이 가지는 모든 기대 내지 신뢰가 헌법상 권리로서 보호될 것은 아니고, 신뢰의 근거 및 종류, 상실된 이익의 중요성, 침해의 방법 등에 의하여 개정된 법규·제도의 존속에 대한 개인의 신뢰가 합리적이어서 권리로서 보호할 필요성이 인정되어야 한다(헌재 2008.5.29. 2006헌바99).

ㄷ. [O] 국가가 입법행위를 통하여 개인에게 신뢰의 근거를 제공한 경우, 입법자가 자신의 종전 입법행위에 의하여 어느 정도로 구속을 받는지 여부, 다시 말하면 법률의 존속에 대한 개인의 신뢰가 어느 정도로 보호되는지 여부에 대한 주요한 판단기준으로 '법령개정의 예측성'과 '국가에 의하여 일정방향으로 유인된 신뢰의 행사인지 여부'를 거시할 수 있다(헌재 2002.11.28. 2002헌바45).

ㄹ. [O] 법률의 제정이나 개정시 구법질서에 대한 당사자의 신뢰가 합리적이고도 정당하며 법률의 제정이나 개정으로 야기되는 당사자의 손해가 극심하여 새로운 입법으로 달성하고자 하는 공익적 목적이 그러한 당사자의 신뢰의 파괴를 정당화할 수 없다면, 그러한 새로운 입법은 허용될 수 없다(헌재 2002.11.28. 2002헌바45).

ㅁ. [O] 신뢰보호원칙의 위반 여부는 한편으로는 침해받은 신뢰이익의 보호가치, 침해의 정도, 침해의 방법 등과 다른 한편으로는 새 입법을 통해 실현코자 하는 공익목적을 종합적으로 비교형량하여 판단하여야 한다(헌재 2008.7.31. 2005헌가16).

10　재판청구권　정답 ①

❶ [X] 세월호피해지원법 제16조는 지급절차를 신속히 종결함으로써 세월호 참사로 인한 피해를 신속하게 구제하기 위한 것이다. 세월호피해지원법에 따라 배상금 등을 지급받고도 또 다시 소송으로 다툴 수 있도록 한다면, 신속한 피해구제와 분쟁의 조기종결 등 세월호피해지원법의 입법목적은 달성할 수 없게 된다. 세월호피해지원법 규정에 의하면, 심의위원회의 제3자성, 중립성 및 독립성이 보장되어 있다고 인정되고, 그 심의절차에 공정성과 신중성을 제고하기 위한 장치도 마련되어 있다. 세월호피해지원법은 소송절차에 준하여 피해에 상응하는 충분한 배상과 보상이 이루어질 수 있도록 관련 규정을 마련하고 있다. 신청인에게 지급결정 동의의 법적 효과를 안내하는 절차를 마련하고 있으며, 신청인은 배상금 등 지급에 대한 동의에 관하여 충분히 생각하고 검토할 시간이 보장되어 있고, 배상금 등 지급결정에 대한 동의 여부를 자유롭게 선택할 수 있다. 따라서 심의위원회의 배상금 등 지급결정에 동의한 때 재판상 화해가 성립한 것으로 간주하더라도 이것이 재판청구권행사에 대한 지나친 제한이라고 보기 어렵다. 세월호피해지원법 제16조가 지급결정에 재판상 화해의 효력을 인정함으로써 확보되는 배상금 등 지급을 둘러싼 분쟁의 조속한 종결과 이를 통해 확보되는 피해구제의 신속성 등의 공익은 그로 인한 신청인의 불이익에 비하여 작다고 보기는 어려우므로, 법익의 균형성도 갖추고 있다. 따라서 세월호피해지원법 제16조는 청구인들의 재판청구권을 침해하지 않는다(헌재 2017.6.29. 2015헌마654).

② [O] 입법자는 행정심판을 통한 권리구제의 실효성, 행정청에 의한 자기시정의 개연성, 문제되는 행정처분의 특수성 등을 고려하여 행정심판을 임의적 전치절차로 할 것인지, 아니면 필요적 전치절차로 할 것인지를 결정하는 입법형성권을 가지고 있는데, 교원에 대한 징계처분은 그 적법성을 판단함에 있어서 전문성과 자주성에 기한 사전심사가 필요하고, 판단기관인 재심위원회의 독립성 및 공정성이 확보되어 있고 심리절차에 있어서도 상당한 정도로 사법절차가 준용되어 권리구제절차로서의 실효성을 가지고 있으며, 재판청구권의 제약은 경미한 데 비하여 그로 인하여 달성되는 공익은 크므로, 재심제도가 입법형성권의 한계를 벗어나 국민의 재판청구권을 침해하는 제도라고 할 수 없다(헌재 2007.1.17. 2005헌바86).

③ [O] '민사재판 등 소송 수용자 출정비용 징수에 관한 지침'(이하 '이 사건 지침'이라 한다) 제4조 제3항에 의하면, 수형자가 출정비용을 납부하지 않고 출정을 희망하는 경우에는 소장은 수형자를 출정시키되, 사후적으로 출정비용 상환청구권을 자동채권으로, 영치금 반환채권을 수동채권으로 하여 상계함을 통지함으로써 상계하여야 한다고 규정되어 있으므로, 교도소장은

수형자가 출정비용을 예납하지 않았거나 영치금과의 상계에 동의하지 않았다고 하더라도, 우선 수형자를 출정시키고 사후에 출정비용을 받거나 영치금과의 상계를 통하여 출정비용을 회수하여야 하는 것이지, 이러한 이유로 수형자의 출정을 제한할 수 있는 것은 아니다. 그러므로 피청구인이, 청구인이 출정하기 이전에 여비를 납부하지 않았거나 출정비용과 영치금과의 상계에 미리 동의하지 않았다는 이유로 이 사건 출정제한 행위를 한 것은, 피청구인에 대한 업무처리지침 내지 사무처리준칙인 이 사건 지침을 위반하여 청구인이 직접 재판에 출석하여 변론할 권리를 침해함으로써, 형벌의 집행을 위하여 필요한 한도를 벗어나서 청구인의 재판청구권을 과도하게 침해하였다고 할 것이다(헌재 2012.3.29. 2010헌마475).

④ [O] 소액사건은 소액사건심판법이 절차의 신속성과 경제성에 중점을 두어 규정한 심리절차의 특칙에 따라 소송당사자가 소송절차를 남용할 가능성이 다른 민사사건에 비하여 크다고 할 수 있는바, 심판대상조항은 소액사건에서 남소를 방지하고 이러한 소송을 신속히 종결하고자 필요적 변론 원칙의 예외를 규정하였다. 심판대상조항에 의하더라도 남소로 판단되는 사건의 구두변론만이 제한될 뿐 준비서면, 각종 증거방법을 제출할 권리가 제한되는 것은 아니고 법관에 의한 서면심리가 보장되며 구두변론을 거칠 것인지 여부를 법원의 판단에 맡기고 있으므로 심판대상조항이 재판청구권의 본질적 내용을 침해한다고 볼 수 없다. 심판대상조항은 입법자가 민사재판 절차에서 요구되는 이상인 적정·공평·신속·경제라는 법익과 사법자원의 적정한 배분 등 여러 법익을 두루 형량하여 구두변론원칙의 예외를 규정한 것이고, 이러한 법익 형량이 자의적이거나 현저하게 불합리하다고 볼 수 없으므로 청구인들의 재판청구권을 침해하거나 평등원칙에 위배된다고 볼 수 없다(헌재 2021.6.24. 2019헌바133·170).

11 국회 및 국회의원의 권한과 의무 정답 ④

① [O] 「국회법」 제5조의2 제1항 본문에 대한 옳은 내용이다.

② [O] 「국회법」 제5조의2 제1항 단서에 대한 옳은 내용이다.

> **제5조의2 【연간 국회 운영 기본일정 등】** ① 의장은 국회의 연중 상시 운영을 위하여 각 교섭단체 대표의원과의 협의를 거쳐 매년 12월 31일까지 다음 연도의 국회 운영 기본일정(국정감사를 포함한다)을 정하여야 한다. 다만, 국회의원 총선거 후 처음 구성되는 국회의 해당 연도 국회 운영 기본일정은 6월 30일까지 정하여야 한다.

③ [O] 국회의원의 법률안 심의·표결권은 국민에 의하여 선출된 국가기관으로서 국회의원이 그 본질적 임무인 입법에 관한 직무를 수행하기 위하여 보유하는 권한으로서의 성격을 갖고 있으므로 국회의원의 개별적인 의사에 따라 포기할 수 있는 것은 아니다(헌재 2009.10.29. 2009헌라8 등).

❹ [X] 청렴의무, 지위남용금지의무, 겸직금지의무는 헌법에 규정된 의무이며, 품위유지의무는 「국회법」에 규정되어 있는 의무이다.

> **헌법 제43조** 국회의원은 법률이 정하는 직을 겸할 수 없다.
> **제46조** ① 국회의원은 청렴의 의무가 있다.
> ② 국회의원은 국가이익을 우선하여 양심에 따라 직무를 행한다.

> ③ 국회의원은 그 지위를 남용하여 국가·공공단체 또는 기업체와의 계약이나 그 처분에 의하여 재산상의 권리·이익 또는 직위를 취득하거나 타인을 위하여 그 취득을 알선할 수 없다.
> 「국회법」 제25조 【품위유지의 의무】 의원은 의원으로서의 품위를 유지하여야 한다.

12 사생활의 비밀과 자유 정답 ③

① [O] 사회 구조 및 결혼과 성에 관한 국민의 의식이 변화되고, 성적 자기결정권을 보다 중요시하는 인식이 확산됨에 따라 간통행위를 국가가 형벌로 다스리는 것이 적정한지에 대해서는 이제 더 이상 국민의 인식이 일치한다고 보기 어렵고, 비록 비도덕적인 행위라 할지라도 본질적으로 개인의 사생활에 속하고 사회에 끼치는 해악이 그다지 크지 않거나 구체적 법익에 대한 명백한 침해가 없는 경우에는 국가권력이 개입해서는 안 된다는 것이 현대 형법의 추세여서 전세계적으로 간통죄는 폐지되고 있다. 또한 간통죄의 보호법익인 혼인과 가정의 유지는 당사자의 자유로운 의지와 애정에 맡겨지지, 형벌을 통하여 타율적으로 강제될 수 없는 것이며, 현재 간통으로 처벌되는 비율이 매우 낮고, 간통행위에 대한 사회적 비난 역시 상당한 수준으로 낮아져 간통죄는 행위규제규범으로서 기능을 잃어가고, 형사정책상 일반예방 및 특별예방의 효과를 거두기도 어렵게 되었다. 부부 간 정조의무 및 여성 배우자의 보호는 간통한 배우자를 상대로 한 재판상 이혼 청구, 손해배상청구 등 민사상의 제도에 의해 보다 효과적으로 달성될 수 있고, 오히려 간통죄가 유책의 정도가 훨씬 큰 배우자의 이혼수단으로 이용되거나 일시 탈선한 가정주부 등을 공갈하는 수단으로 악용되고 있기도 하다. 결국 심판대상조항은 과잉금지원칙에 위배하여 국민의 성적 자기결정권 및 사생활의 비밀과 자유를 침해하는 것으로서 헌법에 위반된다(헌재 2015.2.26. 2009헌바17 등).

② [O] 어린이집에 폐쇄회로 텔레비전을 원칙적으로 설치하도록 정한 것은 어린이집 설치·운영자의 직업수행의 자유, 어린이집 보육교사(원장 포함) 및 영유아의 사생활의 비밀과 자유, 부모의 자녀교육권을 침해하지 않는다(헌재 2017.12.28. 2015헌마994).

❸ [X] 이 사건 정보제공행위에 의하여 제공된 청구인 김O환의 약 2년 동안의 총 44회 요양급여내역 및 청구인 박O만의 약 3년 동안의 총 38회 요양급여내역은 건강에 관한 정보로서 개인정보 보호법 제23조 제1항이 규정한 민감정보에 해당한다. … 급여일자와 요양기관명은 피의자의 현재 위치를 곧바로 파악할 수 있는 정보는 아니므로, 이 사건 정보제공행위로 얻을 수 있는 수사상의 이익은 없었거나 미약한 정도였다. … 이 사건 정보제공행위로 인한 청구인들의 개인정보자기결정권에 대한 침해는 매우 중대하다. 그렇다면 이 사건 정보제공행위는 이 사건 정보제공조항 등이 정한 요건을 충족한 것으로 볼 수 없고, 침해의 최소성 및 법익의 균형성에 위배되어 청구인들의 개인정보자기결정권을 침해하였다(헌재 2018.8.30. 2014헌마368).

④ [O] 전자장치 부착을 통한 위치추적 감시제도가 처음 시행될 때 부착명령 대상에서 제외되었던 사람들 중 구 특정 범죄자에 대한 위치추적 전자장치 부착 등에 관한 법률 시행 당시 징역

형 등의 집행 중이거나 집행이 종료, 가종료·가출소·가석방 또는 면제된 후 3년이 경과하지 아니한 자에 대해서도 위치추적 전자장치를 부착할 수 있도록 규정하고 있는 법률의 부칙조항은 과잉금지원칙에 위배되지 않는다(헌재 2012.12.27. 2010헌가82).

---

13 직업의 자유 정답 ④

옳은 것은 ㄴ이고, 옳지 않은 것은 ㄱ, ㄷ, ㄹ이다.
- ㄱ. [×] 직업의 개념표지들은 개방적 성질을 지녀 엄격하게 해석할 필요는 없는바, '계속성'과 관련하여서는 주관적으로 활동의 주체가 어느 정도 계속적으로 해당 소득활동을 영위할 의사가 있고, 객관적으로도 그러한 활동이 계속성을 띨 수 있으면 족하다고 해석되므로 휴가기간 중에 하는 일, 수습직으로서의 활동 따위도 이에 포함된다(헌재 2003.9.25. 2002헌마519).
- ㄴ. [○] 심판대상조항은 민법상 재단법인의 설립을 통하여 영세하고 부실한 사설봉안시설의 난립을 방지하고, 관리의 인정성을 보장하여 사설봉안시설을 이용하는 국민의 권익을 보호하려는 것으로서 목적의 정당성과 수단의 적합성이 인정된다. 오늘날 장사방법은 매장중심에서 점차 화장중심으로 변화하고 있는데, 사설봉안시설은 방만하고 부실한 운영으로 불특정 다수의 이용객에게 피해를 입힐 우려가 있으므로 관리인 개인의 역량이나 경제적 여건에 영향을 받지 않고 체계적이고 안정적으로 운영될 수 있도록 할 필요가 있다. 민법상 재단법인은 설립자와 별개의 법인격과 기본재산을 가지며, 이사는 선관주의의무로 재단법인의 사무를 담당하여야 하는 등 개인보다 안정적이고 목적사업에 충실하게 봉안시설을 운영할 수 있고, 봉안시설에 함양된 의미와 이용의 보편적 측면에 비추어 안정적이고 영속적인 봉안시설의 운영을 위하여 일정한 자격요건은 불가피한 측면이 있으며, 심판대상조항은 종중·문중이나 종교단체 등의 경우에 예외를 마련하고 있다. 재단법인을 설립할 의무라는 심판대상조항으로 인하여 제한되는 사익이 심판대상조항을 통하여 추구하는 봉안시설의 안정성과 영속성이라는 공익에 비하여 더 크다고 보기 어려우므로, 심판대상조항은 침해의 최소성과 법익의 균형성을 갖추었다. 따라서 심판대상조항은 과잉금지원칙에 위반되어 직업의 자유를 침해하지 아니한다(헌재 2021.8.31. 2019헌바453).
- ㄷ. [×] 성인대상 성범죄로 형을 선고받아 확정된 자로 하여금 그 형의 집행을 종료한 날부터 10년 동안 의료기관을 개설하거나 의료기관에 취업할 수 없도록 하여 10년 동안 일률적인 취업제한을 부과하고 있는 것은 침해의 최소성원칙과 법익의 균형성원칙에 위배되므로 직업선택의 자유를 침해한다(헌재 2016.3.31. 2013헌마585).
- ㄹ. [×] 행정사법 제4조가 행정사는 행정사의 자격시험에 합격한 자로 한다고 규정한 취지는, 모든 국민에게 행정사 자격의 문호를 공평하게 개방하여 국민 누구나 법이 정한 시험에 합격한 자는 법률상의 결격사유가 없는 한 행정사업을 선택하여 이를 행사할 수 있게 함으로써 특정인이나 특정 집단에 의한 특정 직업 또는 직종의 독점을 배제하고 자유경쟁을 통한 개성신장의 수단으로 모든 국민에게 보장된 헌법 제15조의 직업선택의 자유를 구현시키려는 데 있는 것이다. 그러므로 행정사법 제4조에서 행정사 자격시험에 합격한 자에게 행정사의 자격을 인정하는 것은 행정사 자격시험이 합리적인 방법으로 반드시 실

시되어야 함을 전제로 하는 것이고, 따라서 행정사법 제5조 제2항이 대통령령으로 정하도록 위임한 이른바 "행정사의 자격시험의 과목·방법 기타 시험에 관하여 필요한 사항"이란 시험과목·합격기준·시험실시방법·시험실시시기·실시횟수 등 시험실시에 관한 구체적인 방법과 절차를 말하는 것이지 시험의 실시여부까지도 대통령령으로 정하라는 뜻은 아니다. 그럼에도 불구하고 이 사건 조항은 행정사 자격시험의 실시 여부를 시·도지사의 재량사항으로, 즉, 시험전부면제대상자의 수 및 행정사업의 신고를 한 자의 수 등 관할구역내 행정사의 수급상황을 조사하여 시험실시의 필요성을 검토한 후 시험의 실시가 필요하다고 인정하는 때에는 시험실시계획을 수립하도록 규정하였는바, 이는 시·도지사가 행정사를 보충할 필요가 없다고 인정하면 행정사 자격시험을 실시하지 아니하여도 된다는 것으로서 상위법인 행정사법 제4조에 의하여 청구인을 비롯한 모든 국민에게 부여된 행정사 자격 취득의 기회를 하위법인 시행령으로 박탈하고 행정사업을 일정 경력 공무원 또는 외국어 전공 경력자에게 독점시키는 것이 된다.
그렇다면 이 사건 조항은 모법으로부터 위임받지 아니한 사항을 하위법규에서 기본권 제한 사유로 설정하고 있는 것이므로 위임입법의 한계를 일탈하고, 법률상 근거 없이 기본권을 제한하여 법률유보원칙에 위반하여 청구인의 직업선택의 자유를 침해한다(헌재 2010.4.29. 2007헌마910).

---

14 언론·출판의 자유 정답 ④

- ① [○] 인터넷게시판을 설치·운영하는 정보통신서비스 제공자에게 본인확인조치의무를 부과하여 게시판 이용자로 하여금 본인확인절차를 거쳐야만 게시판을 이용할 수 있도록 하는 본인확인제를 규정한 것은 과잉금지원칙에 위배하여 인터넷게시판 이용자의 표현의 자유, 개인정보자기결정권 및 인터넷게시판을 운영하는 정보통신서비스 제공자의 언론의 자유를 침해한다(헌재 2012.8.23. 2010헌마47).
- ② [○] 음란표현은 헌법 제21조가 규정하는 언론·출판의 자유의 보호영역 내에 있다(헌재 2009.5.28. 2006헌바109).
- ③ [○] 광고도 사상·지식·정보 등을 불특정다수인에게 전파하는 것으로서 언론·출판의 자유에 의한 보호를 받는 대상이 됨은 물론이고, 상업적 광고표현 또한 보호대상이 된다(헌재 2018.6.28. 2016헌가8).
- ❹ [×] 언론의 자유에 의하여 보호되는 것은 정보의 획득에서부터 뉴스와 의견의 전파에 이르기까지 언론의 기능과 본질적으로 관련되는 모든 활동이다. 이런 측면에서 고용조항과 확인조항은 인터넷신문의 발행을 제한하는 효과를 가지고 있으므로 언론의 자유를 제한한다.
고용조항은 취재 및 편집 역량을 갖춘 인터넷신문만 등록할 수 있도록 함으로써 인터넷신문의 언론으로서의 신뢰성 및 사회적 책임을 제고하기 위한 것이고, 확인조항은 인터넷신문의 고용 인원을 객관적으로 확인하기 위한 조항으로 입법목적의 정당성 및 수단의 적합성이 인정된다.
인터넷신문의 부정확한 보도로 인한 폐해를 규제할 필요가 있다고 하더라도 다른 덜 제약적인 방법들이 신문법, 언론중재법 등에 이미 충분히 존재한다. 그런데 고용조항과 확인조항에 따라 소규모 인터넷신문이 신문법 적용대상에서 제외되면 신문법상 언론사의 의무를 전혀 부담하지 않게 될 뿐만 아니라, 언

론중재법에 따른 구제절차 대상에서도 제외된다. 또 소규모 인터넷신문의 대표자나 임직원은 부정청탁 및 금품등 수수의 금지에 관한 법률상 공직자 등에도 포함되지 않게 되어, 소규모 인터넷신문의 언론활동으로 인한 폐해를 예방하거나 이를 구제하는 법률의 테두리에서 완전히 벗어나는 결과를 초래한다. 인터넷신문이 거짓 보도나 부실한 보도 또는 공중도덕이나 사회윤리에 어긋나는 보도를 한다면 결국 독자로부터 외면 받아 퇴출될 수밖에 없다. 인터넷의 특성상 독자들은 수동적으로 인터넷신문을 받아 읽는 데 그치지 아니하고 적극적으로 기사를 선택하여 읽고 판단하며 반응한다. 부정확한 보도로 인한 폐해를 막기 위하여 이미 마련되어 있는 여러 법적 장치 이외에 인터넷신문만을 위한 별도의 추가 장치를 마련할 필요성은 찾아보기 어렵다. 인터넷신문 독자를 다른 언론매체 독자보다 더 보호하여야 할 당위성도 찾기 어렵다.

또한, 인터넷신문 기사의 품질 저하 및 그로 인한 폐해가 인터넷신문의 취재 및 편집 인력이 부족하여 발생하는 문제라고 단정하기 어렵다. 오히려 이런 폐해는 주요 포털사이트의 검색에 의존하는 인터넷신문의 유통구조로 인한 것이므로, 인터넷신문이 포털사이트에 의존하지 않고 독자적으로 유통될 수 있는 방안을 마련하는 것이 이런 문제를 해결하기 위한 더 근원적인 방법이다. 또한, 급변하는 인터넷 환경과 기술 발전, 매체의 다양화 및 신규 또는 대안 매체의 수요 등을 감안하더라도, 취재 및 편집 인력을 상시 일정 인원 이상 고용하도록 강제하는 것이 인터넷신문의 언론으로서의 신뢰성을 제고하기 위해 반드시 필요하다고 보기도 어렵다. 고용조항 및 확인조항은 소규모 인터넷신문이 언론으로서 활동할 수 있는 기회 자체를 원천적으로 봉쇄할 수 있음에 비하여, 인터넷신문의 신뢰도 제고라는 입법목적의 효과는 불확실하다는 점에서 법익의 균형성도 잃고 있다. 따라서 고용조항 및 확인조항은 과잉금지원칙에 위배되어 청구인들의 언론의 자유를 침해한다(헌재 2016.10.27. 2015헌마1206 등).

---

15 정보공개법 　　　　　　　　　정답 ①

❶ [X] 비공개 대상 정보를 규정하고 있다.

> **「공공기관의 정보공개에 관한 법률」 제9조 【비공개 대상 정보】** ① 공공기관이 보유·관리하는 정보는 공개 대상이 된다. 다만, 다음 각 호의 어느 하나에 해당하는 정보는 공개하지 아니할 수 있다.
> 　1. 다른 법률 또는 법률에서 위임한 명령(국회규칙·대법원규칙·헌법재판소규칙·중앙선거관리위원회규칙·대통령령 및 조례로 한정한다)에 따라 비밀이나 비공개 사항으로 규정된 정보
> 　2. 국가안전보장·국방·통일·외교관계 등에 관한 사항으로서 공개될 경우 국가의 중대한 이익을 현저히 해칠 우려가 있다고 인정되는 정보
> 　3. 공개될 경우 국민의 생명·신체 및 재산의 보호에 현저한 지장을 초래할 우려가 있다고 인정되는 정보 (이하 생략)

② [O] 공공기관의 정보공개에 관한 법률(이하 '정보공개법'이라고 한다)에서 말하는 공개대상 정보는 정보 그 자체가 아닌 정보공개법 제2조 제1호에서 예시하고 있는 매체 등에 기록된 사항을 의미하고, 공개대상 정보는 원칙적으로 공개를 청구하는 자가 정보공개법 제10조 제1항 제2호에 따라 작성한 정보공개청구서의 기재내용에 의하여 특정되며, 만일 공개청구자가 특정한 바와 같은 정보를 공공기관이 보유·관리하고 있지 않은 경우라면 특별한 사정이 없는 한 해당 정보에 대한 공개거부처분에 대하여는 취소를 구할 법률상 이익이 없다. 이와 관련하여 공개청구자는 그가 공개를 구하는 정보를 공공기관이 보유·관리하고 있을 상당한 개연성이 있다는 점에 대하여 입증할 책임이 있으나, 공개를 구하는 정보를 공공기관이 한때 보유·관리하였으나 후에 그 정보가 담긴 문서들이 폐기되어 존재하지 않게 된 것이라면 그 정보를 더 이상 보유·관리하고 있지 않다는 점에 대한 증명책임은 공공기관에 있다(대판 2013.1.24. 2010두18918).

③ [O] 공공기관의 정보공개에 관한 법률 제9조 제1항 제6호 본문은 "해당 정보에 포함되어 있는 성명·주민등록번호 등 개인에 관한 사항으로서 공개될 경우 사생활의 비밀 또는 자유를 침해할 우려가 있다고 인정되는 정보"를 비공개대상정보의 하나로 규정하고 있다. 여기에서 말하는 비공개대상정보에는 성명·주민등록번호 등 '개인식별정보'뿐만 아니라 그 외에 정보의 내용에 따라 '개인에 관한 사항의 공개로 인하여 개인의 내밀한 내용의 비밀 등이 알려지게 되고, 그 결과 인격적·정신적 내면생활에 지장을 초래하거나 자유로운 사생활을 영위할 수 없게 될 위험성이 있는 정보'도 포함된다. 따라서 불기소처분 기록이나 내사기록 중 피의자신문조서 등 조서에 기재된 피의자 등의 인적사항 이외의 진술내용 역시 개인의 사생활의 비밀 또는 자유를 침해할 우려가 인정되는 경우에는 위 비공개대상정보에 해당한다(대판 2017.9.7. 2017두44558).

④ [O] 공공기관의 정보공개에 관한 법률 제9조 제1항 제6호 단서 다목은 '공공기관이 작성하거나 취득한 정보로서 공개하는 것이 공익이나 개인의 권리 구제를 위하여 필요하다고 인정되는 정보'를 비공개대상정보에서 제외하고 있다. 여기에서 '공개하는 것이 개인의 권리구제를 위하여 필요하다고 인정되는 정보'에 해당하는지는 비공개에 의하여 보호되는 개인의 사생활의 비밀 등의 이익과 공개에 의하여 보호되는 개인의 권리구제 등의 이익을 비교·교량하여 구체적 사안에 따라 신중히 판단하여야 한다(대판 2017.9.7. 2017두44558).

---

16 법원조직 　　　　　　　　　정답 ②

옳은 것은 ㄱ, ㄴ, ㅁ이다.

ㄱ. [O] 「법원조직법」 제16조 제2항에 대한 옳은 내용이다.

> **제16조 【대법관회의의 구성과 의결방법】** ② 대법관회의는 대법관 전원의 3분의 2 이상의 출석과 출석인원 과반수의 찬성으로 의결한다.

ㄴ. [O] 「공직선거법」 제222조 제1항에 대한 옳은 내용이다.

> **제222조 【선거소송】** ① 대통령선거 및 국회의원선거에 있어서 선거의 효력에 관하여 이의가 있는 선거인·정당(후보자를 추천한 정당에 한한다) 또는 후보자는 선거일부터 30일 이내에 당해 선거구선거관리위원회위원장을 피고로 하여 대법원에 소를 제기할 수 있다.

ㄷ. [×]

> **「공직선거법」제222조【선거소송】** ② 지방의회의원 및 지방자치단체의 장의 선거에 있어서 선거의 효력에 관한 제220조의 결정에 불복이 있는 소청인(당선인을 포함한다)은 해당 소청에 대하여 기각 또는 각하 결정이 있는 경우(제220조 제1항의 기간 내에 결정하지 아니한 때를 포함한다)에는 해당 선거구선거관리위원회 위원장을, 인용결정이 있는 경우에는 그 인용결정을 한 선거관리위원회위원장을 피고로 하여 그 결정서를 받은 날(제220조 제1항의 기간 내에 결정하지 아니한 때에는 그 기간이 종료된 날)부터 10일 이내에 비례대표시·도의원선거 및 시·도지사선거에 있어서는 대법원에, 지역구시·도의원선거, 자치구·시·군의원선거 및 자치구·시·군의 장 선거에 있어서는 그 선거구를 관할하는 고등법원에 소를 제기할 수 있다.

ㄹ. [×]

> **「법원조직법」제16조【대법관회의의 구성과 의결방법】** ③ 의장은 의결에서 표결권을 가지며, 가부동수(可否同數)일 때에는 결정권을 가진다.

ㅁ. [O] 헌법 제110조 제4항에 대한 옳은 내용이다.

> **제110조** ④ 비상계엄하의 군사재판은 군인·군무원의 범죄나 군사에 관한 간첩죄의 경우와 초병·초소·유독음식물공급·포로에 관한 죄중 법률이 정한 경우에 한하여 단심으로 할 수 있다. 다만, 사형을 선고한 경우에는 그러하지 아니하다.

17 재산권 정답 ③

헌법상 재산권으로 인정되는 것은 ㄴ, ㄹ이다.

ㄱ. [×] 장기미집행 도시계획시설결정의 실효제도는 도시계획시설부지로 하여금 도시계획시설 결정으로 인한 사회적 제약으로부터 벗어나게 하는 것으로서 결과적으로 개인의 재산권이 보다 보호되는 측면이 있는 것은 사실이나, 이와 같은 보호는 입법자가 새로운 제도를 마련함에 따라 얻게 되는 법률에 기한 권리일 뿐 헌법상 재산권으로부터 당연히 도출되는 권리는 아니다(헌재 2005.9.29. 2002헌바84).

ㄴ. [O] 공무원연금법상의 퇴직급여, 유족급여 등 각종 급여를 받을 권리, 즉 연금수급권은 사회적 기본권의 하나인 사회보장수급권의 성격과 재산권의 성격을 아울러 지니고 있다 할 것이다(헌재 2014.5.29. 2012헌마555).

ㄷ. [×] 우선매수권은 위와 같이 입법정책에 의하여 부여되는 수혜적인 성질을 가진 권리라고 할 것이므로 그 구체적 형성은 국가의 정책적 판단에 위임된 것으로서 입법자의 형성의 자유에 속하는 사항이다. 그러므로 입법자에게 부여된 입법재량권을 남용하였거나 입법형성권의 한계를 일탈하여 명백히 불공정 또는 불합리하게 자의적으로 행사되어 헌법상의 평등권을 침해하는 등의 특별한 사정이 없는 한 헌법위반의 문제는 야기되지 아니한다. 따라서 토지가 공공목적에 필요하게 되는 경우 다시 수용절차를 개시하여 불필요한 절차를 반복하는 것을 방지하고, 국가기관의 공공목적 내지 정책목표의 달성에 심한 지장을 초래하거나 법적 안정성을 침해할 우려를 방지할 목적으로, '위 특별조치법 시행당시 군사상 사용하고 있거나 5년 이내에 사용할 계획이 있다고 재산관리관이 인정한 토지, 환매권이 소멸된 후 이 법 시행일전까지 국유재산법의 규정에 의하여 매각·교환·양여 및 국방부장관외의 다른 소관청으로 관리환된 토지'를 우선매수의 대상에서 제외하고 있는 위 특별조치법 제3조 제1항은 합리적인 근거가 있다 할 것이므로 헌법에 위반된다고 할 수 없다(헌재 1998.12.24. 97헌마87 등).
※ 환매권은 헌법상 재산권에 포함된다.

ㄹ. [O] 건강보험수급권은 가입자가 납부한 보험료에 대한 반대급부의 성격을 가지며, 보험사고로 초래되는 재산상 부담을 전보하여 주는 경제적 유용성을 가지므로, 헌법상 재산권의 보호범위에 속한다고 볼 수 있다(헌재 2020.4.23. 2017헌바244).

18 정당 정답 ④

① [O] 헌법 제8조의 정당에 관한 규정, 특히 그 제4항의 정당해산심판제도는 이러한 우리 현대사에 대한 반성의 산물로서 1960. 6.15. 제3차 헌법개정을 통해 헌법에 도입된 것이다. 따라서 우리의 경우 이 제도는 발생사적 측면에서 정당을 보호하기 위한 수단으로서의 성격이 부각된다. 정당해산심판의 제소권자가 정부인 점을 고려하면 피소되는 정당은 사실상 야당이 될 것이므로, 이 제도는 정당 중에서도 특히 정부를 비판하는 역할을 하는 야당을 보호하는 데에 실질적인 의미가 있다. 비록 오늘날 우리 사회의 민주주의가 예전에 비해 성숙한 수준에 이른 것은 사실이라 하더라도, 정치적 입지가 불안한 소수파나 반대파의 우려를 해소해 주는 것이 민주주의 발전에 기초가 된다는 헌법개정 당시의 판단은 지금도 마찬가지로 존중되어야 한다(헌재 2014.12.19. 2013헌다1).

② [O] 법정당원수 조항은 헌법 제8조 제2항 후단에 따라 정당의 조직인 시·도당이 지속적이고 공고한 조직의 최소한을 갖추도록 함으로써 헌법상 정당에게 부여된 과제와 기능인 '국민의 정치적 의사형성에의 참여'를 실현하고자 하는 것으로서 그 입법목적이 정당하고, 그 조직의 규모와 관련하여 시·도당 내에 일정 수 이상의 당원이 활동할 것을 요구하는 것은 이러한 입법목적을 달성하기 위한 적합한 수단이다. … 법정당원수 조항은 과잉금지원칙을 위반하여 각 시·도당창당준비위원회의 대표자인 나머지 청구인들의 정당조직의 자유와 정당활동의 자유를 포함한 정당의 자유를 침해하지 아니한다(헌재 2022.11.24. 2019헌마445).

③ [O] 일반적으로 비례원칙은 우리 재판소가 법률이나 기타 공권력 행사의 위헌 여부를 판단할 때 사용하는 위헌심사 척도의 하나이다. 그러나 정당해산심판제도에서는 헌법재판소의 정당해산결정이 정당의 자유를 침해할 수 있는 국가권력에 해당하므로 헌법재판소가 정당해산결정을 내리기 위해서는 그 해산결정이 비례원칙에 부합하는지를 숙고해야 하는바, 이 경우의 비례원칙 준수 여부는 그것이 통상적으로 기능하는 위헌심사의 척도가 아니라 헌법재판소의 정당해산결정이 충족해야 할 일종의 헌법적 요건 혹은 헌법적 정당화 사유에 해당한다. 이와 같이 강제적 정당해산은 우리 헌법상 핵심적인 정치적 기본권인 정당 활동의 자유에 대한 근본적 제한이므로 헌법재판소는 이에 관한 결정을 할 때 헌법 제37조 제2항이 규정하고 있는 비례원칙을 준수해야만 하는 것이다(헌재 2014.12.19. 2013헌다1).

❹ [×] 정당 스스로 재정충당을 위하여 국민들로부터 모금 활동을 하는 것은 단지 '돈을 모으는 것'에 불과한 것이 아니라 궁극적으로 자신의 정강과 정책을 토대로 국민의 동의와 지지를 얻기 위한 활동의 일환이며, 이는 정당의 헌법적 과제 수행에 있어 본질적인 부분의 하나인 것이다(헌재 2015.12.23. 2013헌바168).

19　근로의 권리　　　　　정답 ②

① [O] 청원경찰은 일반근로자일 뿐 공무원이 아니므로 원칙적으로 헌법 제33조 제1항에 따라 근로3권이 보장되어야 한다. 청원경찰은 제한된 구역의 경비를 목적으로 필요한 범위에서 경찰관의 직무를 수행할 뿐이며, 그 신분보장은 공무원에 비해 취약하다. 또한 국가기관이나 지방자치단체 이외의 곳에서 근무하는 청원경찰은 근로조건에 관하여 공무원뿐만 아니라 국가기관이나 지방자치단체에 근무하는 청원경찰에 비해서도 낮은 수준의 법적 보장을 받고 있으므로, 이들에 대해서는 근로3권이 허용되어야 할 필요성이 크다. 청원경찰에 대하여 직접행동을 수반하지 않는 단결권과 단체교섭권을 인정하더라도 시설의 안전 유지에 지장이 된다고 단정할 수 없다. … 그럼에도 심판대상조항은 군인이나 경찰과 마찬가지로 모든 청원경찰의 근로3권을 획일적으로 제한하고 있다. 이상을 종합하여 보면, 심판대상조항이 모든 청원경찰의 근로3권을 전면적으로 제한하는 것은 과잉금지원칙을 위반하여 청구인들의 근로3권을 침해하는 것이다(헌재 2017.9.28. 2015헌마653).

❷ [×] 종전 결정에서 헌법재판소는 헌법 제32조 제6항의 "국가유공자·상이군경 및 전몰군경의 유가족은 법률이 정하는 바에 의하여 우선적으로 근로의 기회를 부여받는다."는 규정을 넓게 해석하여, 이 조항이 국가유공자 본인뿐만 아니라 가족들에 대한 취업보호제도(가산점)의 근거가 될 수 있다고 보았다. 그러나 오늘날 가산점의 대상이 되는 국가유공자와 그 가족의 수가 과거에 비하여 비약적으로 증가하고 있는 현실과, 취업보호대상자에서 가족이 차지하는 비율, 공무원시험의 경쟁이 갈수록 치열해지는 상황을 고려할 때, 위 조항의 폭넓은 해석은 필연적으로 일반 응시자의 공무담임의 기회를 제약하게 되는 결과가 될 수 있으므로 위 조항은 엄격하게 해석할 필요가 있다. 이러한 관점에서 위 조항의 대상자는 조문의 문리해석대로 "국가유공자", "상이군경", 그리고 "전몰군경의 유가족"이라고 봄이 상당하다(헌재 2006.2.23. 2004헌마675).

③ [O] "월급근로자로서 6개월이 되지 못한 자"는 대체로 기간의 정함이 없는 근로계약을 한 자들로서 근로관계의 계속성에 대한 기대가 크다고 할 것이므로, 이들에 대한 해고 역시 예기치 못한 돌발적 해고에 해당한다. 따라서 6개월 미만 근무한 월급근로자 또한 전직을 위한 시간적 여유를 갖거나 실직으로 인한 경제적 곤란으로부터 보호받아야 할 필요성이 있다. 그럼에도 불구하고 합리적 이유 없이 "월급근로자로서 6개월이 되지 못한 자"를 해고예고제도의 적용대상에서 제외한 이 사건 법률조항은 근무기간이 6개월 미만인 월급근로자의 근로의 권리를 침해하고, 평등원칙에도 위배된다(헌재 2015.12.23. 2014헌바3).

④ [O] 「노동조합법」상의 근로자성이 인정되는 한, 출입국관리 법령에 따라 취업활동을 할 수 있는 체류자격을 받지 아니한 외국인근로자도 노동조합을 설립하거나 노동조합에 가입할 수 있다.

20　헌법재판소의 심판절차　　　　　정답 ②

① [O] 법령에 관한 헌법재판소법 제68조 제1항의 헌법소원에 있어서도 그 인용결정은 일반적 기속력과 대세적·법규적 효력을 가지며, 위헌법률심판을 구하는 헌법소원에 대한 헌법재판소의 결정에 대하여는 재심을 허용하지 아니함으로써 얻을 수 있는 법적 안정성의 이익이 재심을 허용함으로써 얻을 수 있는 구체적 타당성의 이익보다 훨씬 높을 것으로 예상할 수 있으므로 헌법재판소의 이러한 결정에는 재심에 의한 불복방법이 그 성질상 허용될 수 없다(헌재 2006.9.26. 2006헌아37).

❷ [×] 소추의결서에 기재되지 아니한 새로운 사실을 탄핵심판절차에서 소추위원이 임의로 추가하는 것은 허용되지 아니한다(헌재 2004.5.14. 2004헌나1).

③ [O] 변호사를 선임하지 아니한 채 제기된 헌법소원을 지정재판부에서 각하하도록 법 제72조 제3항이 규정한 것은 합리적인 이유가 있는 것이고 이 규정이 재판청구권의 본질을 침해할 정도로 입법의 재량을 현저히 일탈한 것이라고 볼 수는 없다. 따라서 이 규정은 청구인의 재판청구권을 침해하는 것은 아니다(헌재 2004.4.29. 2003헌마783).

④ [O] 이 사건 법률조항이 헌법에 위반된다는 점에 있어서는 재판관 7명의 의견이 일치되었으나, 재판관 5명은 단순위헌결정을 선고함이 상당하다는 의견이고 재판관 2명은 헌법불합치결정을 선고함이 상당하다는 의견으로서, 재판관 5명의 의견이 다수의견이기는 하나 헌법재판소법 제23조 제2항 제1호에 규정된 '법률의 위헌결정'을 함에 필요한 심판정족수에 이르지 못하였으므로 헌법불합치의 결정을 선고한다(헌재 1997.7.16. 95헌가6 등).

21　헌정사　　　　　정답 ③

① [O] 제헌헌법(1948년) 제18조, 제19조에 대한 옳은 내용이다.

> **제헌헌법(1948년) 제18조** 근로자의 단결, 단체교섭과 단체행동의 자유는 법률의 범위 내에서 보장된다.
> **제19조** 노령, 질병 기타 근로능력의 상실로 인하여 생활유지의 능력이 없는 자는 법률의 정하는 바에 의하여 국가의 보호를 받는다.

② [O] 제3차 개정헌법(1960년) 제78조에 대한 옳은 내용이다.

> **제3차 개정헌법(1960년) 제78조** 대법원장과 대법관은 법관의 자격이 있는 자로써 조직되는 선거인단이 이를 선거하고 대통령이 확인한다. 제1항 이외의 법관은 대법관회의의 의결에 따라 대법원장이 임명한다.

❸ [×] 1972년 헌법이 아닌 1969년 헌법(제6차 개정헌법)에서 대통령의 탄핵소추요건이 강화되었다.

> **제6차 개정헌법(1969년) 제61조** ② 전항의 탄핵소추는 국회의원 30인 이상의 발의가 있어야 하며, 그 의결은 재적의원 과반수의 찬성이 있어야 한다. 다만, 대통령에 대한 탄핵소추는 국회의원 50인 이상의 발의와 재적의원 3분의 2 이상의 찬성이 있어야 한다.

④ [O] 제5차 개정헌법(1962년) 제36조에 대한 옳은 내용이다.

> **제5차 개정헌법(1962년) 제36조** ① 국회는 국민의 보통·평등·직접·비밀선거에 의하여 선출된 의원으로 구성한다.
> ② 국회의원의 수는 150인 이상 200인 이하의 범위 안에서 법률로 정한다.
> ③ 국회의원 후보가 되려하는 자는 소속정당의 추천을 받아야 한다.
> ④ 국회의원의 선거에 관한 사항은 법률로 정한다.

22 헌법소원심판　　　　　정답 ④

옳은 것은 ㄱ, ㄴ, ㄹ이다.

ㄱ. [O] 법률의 위헌 여부에 따라 법원이 "다른 내용의" 재판을 하게 되는 경우라 함은 원칙적으로 제청법원이 심리 중인 당해 사건의 재판의 결론이나 주문에 어떠한 영향을 주는 것뿐만이 아니라, 문제된 법률의 위헌 여부가 비록 재판의 주문 자체에는 아무런 영향을 주지 않는다고 하더라도 재판의 결론을 이끌어내는 이유를 달리하는 데 관련되어 있거나 또는 재판의 내용과 효력에 관한 법률적 의미가 전혀 달라지는 경우에는 재판의 전제성이 있는 것으로 보아야 한다(헌재 1992.12.24. 92헌가8).

ㄴ. [O] 한편 심판청구된 법률조항이 법원의 당해 사건의 재판에 직접 적용되지 않더라도 그 위헌 여부에 따라 당해 사건의 재판에 직접 적용되는 법률조항의 위헌 여부가 결정되거나, 당해 재판의 결과가 좌우되는 경우 또는 당해 사건의 재판에 직접 적용되는 규범의 의미가 달라짐으로써 재판에 영향을 미치는 경우 등에는 간접 적용되는 법률규정에 대하여도 재판의 전제성을 인정할 수 있다(헌재 1998.10.15. 96헌바77).

ㄷ. [X] 형사소송법은 재심의 절차를 '재심의 청구에 대한 심판'과 '본안사건에 대한 심판'이라는 두 단계 절차로 구별하고 있다. 따라서 확정된 유죄판결에서 처벌의 근거가 된 법률조항은 원칙적으로 '재심의 청구에 대한 심판', 즉 재심의 개시 여부를 결정하는 재판에서는 재판의 전제성이 인정되지 않고, 재심의 개시 결정 이후의 '본안사건에 대한 심판'에 있어서만 재판의 전제성이 인정된다(헌재 2013.3.21. 2010헌바132 등).

ㄹ. [O] 병역종류조항이 대체복무제를 포함하고 있지 않다는 이유로 위헌으로 결정된다면, 양심적 병역거부자가 현역입영 또는 소집 통지서를 받은 후 3일 내에 입영하지 아니하거나 소집에 불응하더라도 대체복무의 기회를 부여받지 않는 한 당해 형사사건을 담당하는 법원이 무죄를 선고할 가능성이 있으므로, 병역종류조항은 재판의 전제성이 인정된다(헌재 2018.6.28. 2011헌바379 등).

23 헌법재판소　　　　　정답 ③

① [O] 헌법 제111조 제2항, 「법원조직법」 제4조에 대한 옳은 내용이다.

> **헌법 제111조** ② 헌법재판소는 법관의 자격을 가진 9인의 재판관으로 구성하며, 재판관은 대통령이 임명한다.
> **「법원조직법」 제4조 【대법관】** ① 대법원에 대법관을 둔다.
> ② 대법관의 수는 대법원장을 포함하여 14명으로 한다.

② [O] 「국회법」 제65조의2 제5항에 대한 옳은 내용이다.

> **제65조의2 【인사청문회】** ⑤ 헌법재판소 재판관 후보자가 헌법재판소장 후보자를 겸하는 경우에는 제2항 제1호에도 불구하고 제1항에 따른 인사청문특별위원회의 인사청문회를 연다. 이 경우 제2항에 따른 소관 상임위원회의 인사청문회를 겸하는 것으로 본다.

❸ [X] 헌법재판소 재판관은 탄핵 또는 금고 이상의 형의 선고에 의해서만 파면이 가능하다. 직무에 흠결이 있어도 징계에 의해 파면될 수는 없다.

> **헌법 제112조** ③ 헌법재판소 재판관은 탄핵 또는 금고 이상의 형의 선고에 의하지 아니하고는 파면되지 아니한다.

④ [O] 「헌법재판소장의 권한대행에 관한 규칙」 제2조, 제3조에 대한 옳은 내용이다.

> **제2조 【일시 유고 시의 대행】** 헌법재판소장이 일시적인 사고로 인하여 직무를 수행할 수 없을 때에는 헌법재판소 재판관 중 임명일자 순으로 그 권한을 대행한다. 다만, 임명일자가 같을 때에는 연장자 순으로 대행한다.
> **제3조 【궐위 시 등의 대행】** ① 헌법재판소장이 궐위되거나 1개월 이상 사고로 인하여 직무를 수행할 수 없을 때에는 헌법재판소 재판관 중 재판관회의에서 선출된 사람이 그 권한을 대행한다. 다만, 그 대행자가 선출될 때까지는 제2조에 해당하는 사람이 헌법재판소장의 권한을 대행한다.

24 재산권　　　　　정답 ④

① [O] 환매권 발생기간 '10년'을 예외 없이 유지하게 되면 토지수용 등의 원인이 된 공익사업의 폐지 등으로 공공필요가 소멸하였음에도 단지 10년이 경과하였다는 사정만으로 환매권이 배제되는 결과가 초래될 수 있다. 다른 나라의 입법례에 비추어 보아도 발생기간을 제한하지 않거나 더 길게 규정하면서 행사기간 제한 또는 토지에 현저한 변경이 있을 때 환매거절권을 부여하는 등 보다 덜 침해적인 방법으로 입법목적을 달성하고 있다. 이 사건 법률조항은 침해의 최소성 원칙에 어긋난다(헌재 2020.11.26. 2019헌바131).

② [O] 이 사건 증액청구조항이 환매목적물인 토지의 가격이 통상적인 지가상승분을 넘어 현저히 상승하고 당사자 간 협의가 이루어지지 아니할 경우에 한하여 환매금액의 증액청구를 허용하고 있는 점, 환매권의 내용에 토지가 취득되지 아니하였다면 원소유자가 누렸을 법적 지위의 회복을 요구할 권리가 포함된다고 볼 수 없는 점, 개발이익은 토지의 취득 당시의 객관적

가치에 포함된다고 볼 수 없는 점, 환매권자가 증액된 환매금 액의 지급의무를 부담하게 될 것을 우려하여 환매권을 행사하지 못하더라도 이는 사실상의 제약에 불과한 점 등에 비추어 볼 때, 위 조항이 재산권의 내용에 관한 입법형성권의 한계를 일탈하여 환매권자의 재산권을 침해한다고 볼 수 없다(헌재 2016.9.29. 2014헌바400).

③ [O] 청구인은 화약류저장소를 이용한 영업을 못하게 됨으로써 재산권을 침해받는다고 주장한다. 그런데 헌법상 보장된 재산권은 원래 사적 유용성 및 그에 대한 원칙적인 처분권을 내포하는 재산가치 있는 구체적인 권리이므로 구체적 권리가 아닌 영리획득의 단순한 기회나 기업활동의 사실적·법적 여건은 기업에게는 중요한 의미를 갖는다고 하더라도 재산권 보장의 대상이 되지 않는다. 따라서 청구인이 시설이전명령에 의해 영업을 하지 못하게 된다 하더라도, 그 상실되는 영리획득의 기회를 헌법에 의해 보장되는 재산권으로 보기는 어렵다(헌재 2021.9.30. 2018헌바456).

❹ [X] 토지재산권에 대하여는 강한 사회성 내지는 공공성으로 말미암아 다른 재산권에 비하여 더 강한 제한과 의무가 부과될 수 있으나, 그렇다고 하더라도 토지재산권에 대한 제한입법 역시 다른 기본권을 제한하는 입법과 마찬가지로 과잉금지의 원칙을 준수해야 하고, 재산권의 본질적 내용인 사용·수익권과 처분권을 부인해서는 아니 된다. 다만 농지의 경우 그 사회성과 공공성은 일반적인 토지의 경우보다 더 강하다고 할 수 있으므로, 농지 재산권을 제한하는 입법에 대한 헌법심사의 강도는 다른 토지 재산권을 제한하는 입법에 대한 것보다 낮다고 봄이 상당하다(헌재 1998.12.24. 89헌마214).

25 사회적 기본권 정답 ③

옳은 것은 ㄱ, ㄹ, ㅁ이다.

ㄱ. [O] 이 사건 생계보호기준이 청구인들의 인간다운 생활을 보장하기 위하여 국가가 실현해야 할 객관적 내용의 최소한도의 보장에도 이르지 못하였다거나 헌법상 용인될 수 있는 재량의 범위를 명백히 일탈하였다고 보기 어렵고, 따라서 비록 위와 같은 생계보호의 수준이 일반 최저생계비에 못미친다고 하더라도 그 사실만으로 곧 그것이 헌법에 위반된다거나 청구인들의 행복추구권이나 인간다운 생활을 할 권리를 침해한 것이라고는 볼 수 없다(헌재 1997.5.29. 94헌마33).

ㄴ. [X] 이 사건 법률조항이 정하고 있는 '1세대'를 기준으로 하여 3주택 이상 보유자에 대해 중과세하는 방법은 보유 주택수를 억제하여 주거생활의 안정을 꾀하고자 하는 이 사건 법률조항의 입법목적을 위하여 일응 합리적인 방법이라 할 수 있다. 그러나 혼인으로 새로이 1세대를 이루는 자를 위하여 상당한 기간 내에 보유 주택수를 줄일 수 있도록 하고 그러한 경과규정이 정하는 기간 내에 양도하는 주택에 대해서는 혼인 전의 보유 주택수에 따라 양도소득세를 정하는 등의 완화규정을 두는 것과 같은 손쉬운 방법이 있음에도 이러한 완화규정을 두지 아니한 것은 최소침해성원칙에 위배된다고 할 것이고, 이 사건 법률조항으로 인하여 침해되는 것은 헌법이 강도 높게 보호하고자 하는 헌법 제36조 제1항에 근거하는 혼인에 따른 차별금지 또는 혼인의 자유라는 헌법적 가치라 할 것이므로 이 사건 법률조항이 달성하고자 하는 공익과 침해되는 사익 사이에 적절한 균형관계를 인정할 수 없어 법익균형성원칙에도 반한

다. 결국 이 사건 법률조항은 과잉금지원칙에 반하여 헌법 제36조 제1항이 정하고 있는 혼인에 따른 차별금지원칙에 위배되고, 혼인의 자유를 침해한다(헌재 2011.11.24. 2009헌바146).

ㄷ. [X] 공무원연금법상의 연금수급권에는 사회적 기본권의 하나인 사회보장수급권의 성격과 재산권의 성격이 불가분적으로 혼재되어 있으므로, 입법자로서는 연금수급권의 구체적 내용을 정함에 있어 반드시 민법상 상속의 법리와 순위에 따라야 하는 것이 아니라 공무원연금제도의 목적달성에 알맞도록 독자적으로 규율할 수 있다. … 공무원연금법 제3조 제2항에서 18세 이상으로서 폐질상태에 있지 않은 자는 사회생활에 적응할 수 있고 독자적 노동능력을 갖추어 적어도 최소한의 생활은 스스로 영위해 나갈 수 있는 것으로 보아 유족의 범위에서 배제하여 유족급여를 받을 수 없게 하였다 하더라도, 이는 입법형성의 한계를 벗어나 사회보장수급권·재산권·평등권을 침해하는 것이라고 할 수 없다(헌재 1999.4.29. 97헌마333).

ㄹ. [O] 업무와 재해 사이의 상당인과관계 여부와 상관없이 업무상 발생한 모든 재해를 산재보험으로 보장하거나 재해근로자의 상당인과관계에 대한 입증책임을 면해 준다면, 재해근로자와 그 가족의 생활을 보다 많이 보장할 수는 있겠으나, 보험재정의 건전성에 문제를 발생시켜 결과적으로 생활보호가 필요한 근로자와 그 가족을 보호할 수 없게 하는 사태를 초래할 수 있다. 따라서 심판대상조항이 업무와 재해 사이의 상당인과관계에 대한 입증책임을 근로자 측에게 부담시키는 것은 합리적인 이유가 있다. … 이러한 점들을 고려할 때, 근로자 측이 현실적으로 부담하는 입증책임이 근로자 측의 보호를 위한 산재보험제도 자체를 형해화시킬 정도로 과도하다고 보기도 어렵다. 따라서 심판대상조항이 청구인들의 사회보장수급권을 침해하였다고 볼 수 없다(헌재 2015.6.25. 2014헌바269).

ㅁ. [O] 헌법상 보장되고 있는 학문의 자유 또는 교육을 받을 권리의 규정에서 교사의 수업권이 파생되는 것으로 해석하여 기본권에 준하는 것으로 간주하더라도 수업권을 내세워 수학권을 침해할 수는 없다(헌재 1992.11.12. 89헌마88).

정답

p.98

01	④	Ⅲ	06	④	Ⅲ	11	②	Ⅱ	16	①	Ⅲ	21	①	Ⅳ
02	②	Ⅰ	07	②	Ⅱ	12	③	Ⅱ	17	③	Ⅱ	22	④	Ⅰ
03	③	Ⅱ	08	③	Ⅱ	13	④	Ⅱ	18	③	Ⅱ	23	④	Ⅲ
04	①	Ⅲ	09	①	Ⅱ	14	③	Ⅳ	19	②	Ⅲ	24	④	Ⅱ
05	③	Ⅱ	10	③	Ⅲ	15	①	Ⅲ	20	④	Ⅰ	25	④	Ⅱ

취약 단원 분석표

단원	맞힌 답의 개수
Ⅰ	/ 3
Ⅱ	/ 9
Ⅲ	/ 11
Ⅳ	/ 2
TOTAL	/ 25

Ⅰ 헌법총론 / Ⅱ 기본권론 / Ⅲ 통치구조론 / Ⅳ 헌법재판론

---

01 정당 정답 ④

① [O] 「헌법재판소법」 제57조에 대한 옳은 내용이다.

> **제57조【가처분】** 헌법재판소는 정당해산심판의 청구를 받은 때에는 직권 또는 청구인의 신청에 의하여 종국결정의 선고 시까지 피청구인의 활동을 정지하는 결정을 할 수 있다.

② [O] 정당은 기본권 주체이므로 헌법소원심판을 제기할 수 있다.

③ [O] 「정당법」 제37조 제3항은 임의기구인 당원협의회를 둘 수 있도록 하되, 과거 지구당 제도의 폐해가 되풀이되는 것을 방지하고 고비용 저효율의 정당구조를 개선하기 위해 사무소를 설치할 수 없도록 하는 것이므로 그 입법목적은 정당하다. 당원협의회에 사무소 설치를 허용한다면 사실상 과거 지구당 제도를 부활하는 것과 다름이 없게 되고, 당비를 납부하고 공천권을 행사하는 진성 당원이 부족하고 정당 민주화가 이루어지지 않은 현 상황에서 과거 지구당 제도의 폐해를 그대로 재연하게 될 가능성이 농후하므로 당원협의회의 사무소 설치를 금지하는 것은 입법목적 달성을 위한 효과적이고 적절한 수단이다(헌재 2016.3.31. 2013헌가22).

❹ [X] 「정치자금법」 허위 기재 부분과 허위 보고 부분이 진술거부권을 침해한다고 할 수 없다.

> 정치자금법 제31조 제1호 중 제22조 제1항의 허위 기재 부분과 제24조 제1항의 허위 보고 부분은 궁극적으로 정치자금의 투명성을 확보하여 민주정치의 건전한 발전을 도모하려는 것으로서 그 입법목적이 정당하고, 위 조항들이 규정하고 있는 정치자금에 대한 정확한 수입과 지출의 기재·신고에 의하여 정당의 수입과 지출에 관하여 정확한 정보를 얻고 이를 검증할 수 있게 되므로, 이는 위 입법목적과 밀접한 관련을 갖는 적절한 수단이다.
>
> 또한, 정치자금에 관한 사무를 처리하는 선거관리위원회가 모든 정당·후원회·국회의원 등의 모든 정치자금 내역을 파악한다는 것은 거의 불가능에 가까우므로 만일 불법 정치자금의 수수 내역을 기재하고 이를 신고하는 조항이 없다면 '정치자금의 투명성 확보'라는 정치자금법 본연의 목적을 달성할 수 없게 된다는 점에서 위 조항들의 시행은 정치자금법의 입법목적을 달성하기 위한 필수불가결한 조치라고 할 것이고, 달리 이보다 진술거부권을 덜 침해하는 방안을 현실적으로 찾을 수 없다.

마지막으로, 위 조항들을 통하여 달성하고자 하는 정치자금의 투명한 공개라는 공익은 불법 정치자금을 수수한 사실을 회계장부에 기재하고 신고해야 할 의무를 지키지 않은 채 진술거부권을 주장하는 사익보다 우월하다. 결국, 정당의 회계책임자가 불법 정치자금이라도 그 수수 내역을 회계장부에 기재하고 이를 신고할 의무가 있다고 규정하고 있는 위 조항들은 헌법 제12조 제2항이 보장하는 진술거부권을 침해한다고 할 수 없다(헌재 2005.12.22. 2004헌바25).

---

02 국적 정답 ②

① [X] 외국 국적을 포기한 경우에만 대한민국 국적을 선택한다는 뜻을 신고할 수 있다.

> **「국적법」 제13조【대한민국 국적의 선택 절차】** ③ 제1항 및 제2항 단서에도 불구하고 출생 당시에 모가 자녀에게 외국 국적을 취득하게 할 목적으로 외국에서 체류 중이었던 사실이 인정되는 자는 외국 국적을 포기한 경우에만 대한민국 국적을 선택한다는 뜻을 신고할 수 있다.

❷ [O] 「국적법」 제18조에 대한 옳은 내용이다.

> **제18조【국적상실자의 권리 변동】** ① 대한민국 국적을 상실한 자는 국적을 상실한 때부터 대한민국의 국민만이 누릴 수 있는 권리를 누릴 수 없다.
> ② 제1항에 해당하는 권리 중 대한민국의 국민이었을 때 취득한 것으로서 양도(讓渡)할 수 있는 것은 그 권리와 관련된 법령에서 따로 정한 바가 없으면 3년 내에 대한민국의 국민에게 양도하여야 한다.

③ [X] 1978.6.14.부터 1998.6.13. 사이에 태어난 모계출생자가 대한민국 국적을 취득할 수 있는 특례를 두면서 2004.12.31.까지 국적취득신고를 한 경우에만 대한민국 국적을 취득하도록 한 국적법 부칙 제7조 제1항 중 '2004년 12월 31일까지 대통령령이 정하는 바에 의하여 법무부장관에게 신고함으로써' 부분이 평등원칙에 위배되지 않는다(헌재 2015.11.26. 2014헌바211).

④ [×] 국적법은 부모양계혈통주의를 규정하고 있기 때문에 출생 당시에 부(父)가 대한민국의 국민인 자뿐만 아니라 모(母)가 대한민국의 국민인 자도 출생과 동시에 대한민국 국적을 취득한다.

> 「국적법」 제2조 【출생에 의한 국적 취득】 ① 다음 각 호의 어느 하나에 해당하는 자는 출생과 동시에 대한민국 국적(國籍)을 취득한다.
> 1. 출생 당시에 부(父) 또는 모(母)가 대한민국의 국민인 자

03 사법권의 독립 정답 ④

① [○] 「법원조직법」 제47조에 대한 옳은 내용이다.

> 제47조 【심신상의 장해로 인한 퇴직】 법관이 중대한 신체상 또는 정신상의 장해로 직무를 수행할 수 없을 때에는, 대법관인 경우에는 대법원장의 제청으로 대통령이 퇴직을 명할 수 있고, 판사인 경우에는 인사위원회의 심의를 거쳐 대법원장이 퇴직을 명할 수 있다.

② [○] 구 법관징계법 제27조는 법관에 대한 징계처분 취소청구소송을 다른 전문직 종사자와 달리 대법원의 단심재판에 의하도록 하여 법관을 차별취급하고 있으나, 법관에 대한 징계의 심의·결정이 준사법절차(법관징계법 제14조, 제16조)를 거쳐서 이루어지는 점, 법관에 대한 징계의 경우 파면·해임·면직 등 신분관계 자체를 변경시키는 중한 징계처분이 존재하지 않는 점, 법관은 독립적으로 사법권을 행사하는 자로서 그 지위를 조속히 안정시킬 필요가 있는 점, 법관에 대한 징계처분 취소청구소송은 피징계자와 동일한 지위를 가진 법관에 의하여 이루어질 수밖에 없는 점 등을 고려하면, 이러한 차별취급에는 합리적인 근거가 있으므로, 구 법관징계법 제27조는 헌법상 평등권을 침해하지 아니한다(헌재 2012.2.23. 2009헌바34).

③ [○] 행정부 소속 공무원인 법무부장관이 포함된다.

> 「법원조직법」 제41조의2 【대법관후보추천위원회】 ① 대법원장이 제청할 대법관 후보자의 추천을 위하여 대법원에 대법관후보추천위원회(이하 "추천위원회"라 한다)를 둔다.
> ② 추천위원회는 대법원장이 대법관 후보자를 제청할 때마다 위원장 1명을 포함한 10명의 위원으로 구성한다.
> ③ 위원은 다음 각 호에 해당하는 사람을 대법원장이 임명하거나 위촉한다.
> 1. 선임대법관
> 2. 법원행정처장
> 3. 법무부장관
> 4. 대한변호사협회장
> 5. 사단법인 한국법학교수회 회장
> 6. 사단법인 법학전문대학원협의회 이사장
> 7. 대법관이 아닌 법관 1명
> 8. 학식과 덕망이 있고 각계 전문 분야에서 경험이 풍부한 사람으로서 변호사 자격을 가지지 아니한 사람 3명. 이 경우 1명 이상은 여성이어야 한다.

❹ [×] 법관의 정년은 「법원조직법」에 규정되어 있으므로 법관의 정년을 연장하려면 「법원조직법」 개정만으로 가능하고 헌법을 개정할 필요는 없다.

> 헌법 제105조 ④ 법관의 정년은 법률로 정한다.
> 「법원조직법」 제45조 【임기·연임·정년】 ④ 대법원장과 대법관의 정년은 각각 70세, 판사의 정년은 65세로 한다.

04 죄형법정주의 정답 ①

❶ [×] 이 사건 양벌규정의 문언과 관련 규정의 내용, 입법목적 및 확립된 판례를 통한 해석방법 등을 종합하여 보면, 위 조항이 처벌대상으로 규정하고 있는 '행위자'에는 감리업자 이외에 실제 감리업무를 수행한 감리원도 포함된다는 점을 충분히 알 수 있으므로, 이 사건 양벌규정은 죄형법정주의의 명확성원칙에 위배된다고 볼 수 없다(헌재 2023.2.23. 2020헌바314).

② [○] 형벌불소급원칙에서 의미하는 '처벌'은 「형법」에 규정되어 있는 형식적 의미의 형벌 유형에 국한되지 않으며, 범죄행위에 따른 제재의 내용이나 실제적 효과가 형벌적 성격이 강하여 신체의 자유를 박탈하거나 이에 준하는 정도로 신체의 자유를 제한하는 경우에는 형벌불소급원칙이 적용되어야 한다. 노역장유치는 그 실질이 신체의 자유를 박탈하는 것으로서 징역형과 유사한 형벌적 성격을 가지고 있으므로 형벌불소급원칙의 적용대상이 된다(헌재 2017.10.26. 2015헌바239 등).

③ [○] 「국세기본법」에서 규정하고 있는 납세의무자의 정의 및 납세의무의 성립시기 등에 의하면, 심판대상조항의 '납세의무자'란 면탈하고자 하는 체납처분과 관련된 국세를 납부할 의무가 있는 자를 의미하는 것이고, 그 지위는 과세요건이 충족되어 해당 납세의무가 성립된 때 취득하게 되므로, 심판대상조항은 '납세의무가 성립된 이후'의 시기에 행해진 행위만을 처벌하는 것임이 명백하다. 또한 심판대상조항은 정부의 국세징수권을 보호법익으로 하는 점, 심판대상조항이 명시적으로 요구하고 있는 '체납처분의 집행을 면탈할 목적'은 적어도 체납처분의 집행을 받을 우려가 있는 시점에서야 인정될 수 있는 점 등을 고려한다면, 심판대상조항은 '체납처분의 집행을 받을 우려가 있는 객관적인 상태가 발생한 이후'의 시기에 행해진 행위만을 처벌하는 것이 명백하다. 심판대상조항은 죄형법정주의의 명확성원칙에 위배되지 않는다(헌재 2023.8.31. 2020헌바498).

④ [○] 종합문화재수리업의 기술능력에 관한 구체적인 사항은 문화재수리업의 시장 현실, 문화재수리 기술 및 관련 정책의 변화 등을 고려하여 그때그때의 상황에 맞게 규율하여야 할 필요가 있으므로 위임의 필요성이 인정된다. 또한, 관련조항 등을 종합하여 보면, 대통령령에 규정될 내용은 종합문화재수리업에 필요한 일정한 기술 및 자격을 갖춘 문화재수리기술자·문화재수리기능자 등의 인원수 내지 수준 등에 관한 사항이 될 것임을 충분히 예측할 수 있다. 따라서 심판대상조항은 죄형법정주의 및 포괄위임금지원칙에 위배되지 아니한다(헌재 2023.6.29. 2020헌바109).

05 적법절차의 원칙 정답 ③

옳지 않은 것은 ㄷ, ㄹ이다.

ㄱ. [○] '피고인 스스로 치료감호를 청구할 수 있는 권리'가 헌법상 재판청구권의 보호범위에 포함된다고 보기는 어렵고, 검사뿐만 아니라 피고인에게까지 치료감호 청구권을 주어야만 절차의 적법성이 담보되는 것도 아니므로, 이 사건 법률조항이 청구인의 재판청구권을 침해하거나 적법절차의 원칙에 반한다고 볼 수 없다(헌재 2010.4.29. 2008헌마622).

ㄴ. [○] 행정대집행법 제3조 제1항은 행정청이 의무자에게 대집행영장으로써 대집행할 시기 등을 통지하기 위하여는 그 전제로서 대집행계고처분을 함에 있어서 의무이행을 할 수 있는 상당한 기간을 부여할 것을 요구하고 있으므로, 행정청인 피고가 의무이행기한이 1988.5.24.까지로 된 이 사건 대집행계고서를 5.19. 원고에게 발송하여 원고가 그 이행종기인 5.24. 이를 수령하였다면, 설사 피고가 대집행영장으로써 대집행의 시기를 1988.5.27 15:00로 늦추었더라도 위 대집행계고처분은 상당한 이행기한을 정하여 한 것이 아니어서 대집행의 적법절차에 위배된 것으로 위법한 처분이라고 할 것이다(대판 1990.9.14. 90누2048).

ㄷ. [×] 수용자에 대해서는 교정시설의 안전과 구금생활의 질서유지를 위하여 신체의 자유 등 기본권 제한이 어느 정도 불가피한 점, 행형 관계 법령에 따라 행하는 사항에 대하여는 의견청취·의견제출 등에 관한 행정절차법 조항이 적용되지 않는 점(행정절차법 제3조 제2항 제6호), 전자장치 부착은 도주 우려 등의 사유가 있어 관심대상수용자로 지정된 수용자를 대상으로 하는 점, 형집행법상 소장에 대한 면담 신청이나 법무부장관 등에 대한 청원 절차가 마련되어 있는 점(제116조, 제117조)을 종합해 보면, 이 사건 부착행위는 적법절차원칙에 위반되어 수용자인 청구인들의 인격권과 신체의 자유를 침해하지 아니한다(헌재 2018.5.31. 2016헌마191등).

ㄹ. [×] 심판대상조항이 국토교통부장관이 운임수입 배분에 관한 결정을 하기 전에 거쳐야 하는 일반적인 절차에 대해 따로 규정하고 있지는 않지만, 행정절차법은 처분의 사전통지, 의견제출의 기회, 처분의 이유 제시 등을 규정하고 있고, 이는 국토교통부장관의 결정에도 적용되어 절차적 보장이 이루어지므로, 심판대상조항은 적법절차원칙에 위배되지 아니한다(헌재 2019.6.28. 2017헌바135).

06 대통령의 긴급권한 정답 ④

① [○] 헌법 제76조에 대한 옳은 설명이다.

> **제76조** ① 대통령은 내우·외환·천재·지변 또는 중대한 재정·경제상의 위기에 있어서 국가의 안전보장 또는 공공의 안녕질서를 유지하기 위하여 긴급한 조치가 필요하고 국회의 집회를 기다릴 여유가 없을 때에 한하여 최소한으로 필요한 재정·경제상의 처분을 하거나 이에 관하여 법률의 효력을 가지는 명령을 발할 수 있다.
> ② 대통령은 국가의 안위에 관계되는 중대한 교전상태에 있어서 국가를 보위하기 위하여 긴급한 조치가 필요하고 국회의 집회가 불가능한 때에 한하여 법률의 효력을 가지는 명령을 발할 수 있다.

② [○] 긴급재정경제명령은 정상적인 재정운용·경제운용이 불가능한 중대한 재정·경제상의 위기가 현실적으로 발생하여(그러므로 위기가 발생할 우려가 있다는 이유로 사전적·예방적으로 발할 수는 없다) 긴급한 조치가 필요함에도 국회의 폐회 등으로 국회가 현실적으로 집회될 수 없고 국회의 집회를 기다려서는 그 목적을 달할 수 없는 경우에 이를 사후적으로 수습함으로써 기존질서를 유지·회복하기 위하여(그러므로 공공복리의 증진과 같은 적극적 목적을 위하여는 발할 수 없다) 위기의 직접적 원인의 제거에 필수불가결한 최소의 한도 내에서 헌법이 정한 절차에 따라 행사되어야 한다. 그리고 긴급재정경제명령은 평상시의 헌법질서에 따른 권력행사방법으로서는 대처할 수 없는 중대한 위기상황에 대비하여 헌법이 인정한 비상수단으로서 의회주의 및 권력분립의 원칙에 대한 중대한 침해가 되므로 위 요건은 엄격히 해석되어야 할 것이다(헌재 1996.2.29. 93헌마186).

③ [○] 대통령의 긴급재정경제명령은 국가긴급권의 일종으로서 고도의 정치적 결단에 의하여 발동되는 행위이고 그 결단을 존중하여야 할 필요성이 있는 행위라는 의미에서 이른바 통치행위에 속한다고 할 수 있으나, 통치행위를 포함하여 모든 국가작용은 국민의 기본권적 가치를 실현하기 위한 수단이라는 한계를 반드시 지켜야 하는 것이고, 헌법재판소는 헌법의 수호와 국민의 기본권 보장을 사명으로 하는 국가기관이므로 비록 고도의 정치적 결단에 의하여 행해지는 국가작용이라고 할지라도 그것이 국민의 기본권 침해와 직접 관련되는 경우에는 당연히 헌법재판소의 심판대상이 된다(헌재 1996.2.29. 93헌마186).

❹ [×] 헌법이 아닌 법률의 효력을 가지는 명령을 발할 수 있다.

> **헌법 제76조** ② 대통령은 국가의 안위에 관계되는 중대한 교전상태에 있어서 국가를 보위하기 위하여 긴급한 조치가 필요하고 국회의 집회가 불가능한 때에 한하여 법률의 효력을 가지는 명령을 발할 수 있다.

07 평등권 정답 ②

① [×] 검찰청법상 항고제도의 인정 여부는 기본적으로 입법정책에 속하는 문제로서 그 주체, 대상의 범위 등의 제한도 그것이 현저히 불합리하지 아니한 이상 헌법에 위반되는 것이라 할 수 없고, 고소인·고발인과 피의자는 기본적으로 대립적 이해관계에서 기소유예처분에 불복할 이익을 지니며, 검찰청법상 항고제도의 성격과 취지 및 한정된 인적·물적 사법자원의 측면, 그리고 이 사건 법률조항이 헌법소원심판청구 등 피의자의 다른 불복수단까지 원천적으로 봉쇄하는 것은 아닌 점 등을 종합하면, 이 사건 법률조항이 피의자를 고소인·고발인에 비하여 합리적 이유 없이 차별하는 것이라 할 수 없다(헌재 2013.9.26. 2012헌마562).

❷ [○] '대마를 구입하여 국내로 반입'한 경우에는 수입죄 외에 매수죄가 별도로 성립하므로 '대마의 구입 없이 국내로 반입'만 한 경우와 동일하게 처벌되는 것은 아니다. 또한 구입이 수반되지 않은 경우라도 대마 수입행위는 대마의 국내 공급 및 유통가능성을 증가시켰다는 점에서 불법성이 다르다고 볼 수 없으므로 대마를 국외에서 구매한 것인지 여부에 따라 비난가능성이

나 죄질이 달라진다고 볼 수 없다. 이상의 점을 종합하면, 심판대상조항은 형벌 체계상의 균형을 현저히 잃어 평등원칙에 위반된다고 보기 어렵다(헌재 2022.3.31. 2019헌바242).

③ [×] 강도상해죄 또는 강도치상죄는 강도죄로 인한 법익침해에 더하여 신체의 안정성이라는 중요 법익을 추가적으로 훼손하여 상해의 결과를 야기하였다는 점에서 다른 범죄들의 결합범에 비하여 그 불법성과 비난가능성이 결코 가볍다고 볼 수 없다. 또한 기본범죄, 보호법익, 죄질 등이 다른 결합범을 단순히 평면적으로 비교하여 법정형의 과중 여부를 판단할 수 없으므로, 심판대상조항이 강도상해죄 또는 강도치상죄의 법정형의 하한을 강간상해죄 또는 강간치상죄, 현주건조물등방화치상죄 등에 비하여 높게 규정하였다고 하더라도 형벌체계상의 균형을 상실하여 평등원칙에 위반된다고 할 수 없다(헌재 2021.6.24. 2020헌바527).

④ [×] 국가를 상대로 하는 재산권 청구에 관하여는 가집행선고를 할 수 없다고 한 것은 재산권과 신속한 재판을 받을 권리의 보장에 있어서 합리적 이유 없이 소송당사자를 차별하여 국가를 우대하고 있는 것이므로 헌법 제11조 제1항에 위반된다(헌재 1989.1.25. 88헌가7).

08 적법절차의 원칙 정답 ③

① [○] 우리 헌법 제12조 제1항 후문은 "누구든지 법률에 의하지 아니하고는 체포·구속·압수·수색 또는 심문을 받지 아니하며, 법률과 적법한 절차에 의하지 아니하고는 처벌·보안처분 또는 강제노역을 받지 아니 한다."라고 규정하여 적법절차의 원칙을 헌법원리로 수용하고 있는바, 이 적법절차의 원칙은 법률이 정한 형식적 절차와 실체적 내용이 모두 합리성과 정당성을 갖춘 적정한 것이어야 한다는 실질적 의미를 지니고 있는 것으로서 특히 형사소송절차와 관련시켜 적용함에 있어서는 형사소송절차의 전반을 기본권 보장의 측면에서 규율하여야 한다는 기본원리를 천명하고 있는 것으로 이해하여야 한다(헌재 1996.12.26. 94헌바1).

② [○] 형법 제57조 제1항 중 '또는 일부' 부분이 상소제기 후 미결구금일수의 일부가 산입되지 않을 수 있도록 하여 피고인의 상소의사를 위축시킴으로써 남상소를 방지하려 하는 것은 입법목적 달성을 위한 적절한 수단이라고 할 수 없고, 남상소를 방지한다는 명목으로 오히려 구속 피고인의 재판청구권이나 상소권의 적정한 행사를 저해한다. 더욱이 구속 피고인이 고의로 재판을 지연하거나 부당한 소송행위를 하였다고 하더라도 이를 이유로 미결구금기간 중 일부를 형기에 산입하지 않는 것은 처벌되지 않는 소송상의 태도에 대하여 형벌적 요소를 도입하여 제재를 가하는 것으로서 적법절차의 원칙 및 무죄추정의 원칙에 반한다(헌재 2009.6.25. 2007헌바25).

❸ [×] 제3자는 심판대상조항에 의한 집행에 관한 검사의 처분이 부당함을 이유로 재판을 선고한 법원에 재판의 집행에 관한 이의신청을 할 수 있다(형사소송법 제489조). 또한 제3자는 각 집행절차에서 소송을 통해 불복하는 등 사후적으로 심판대상조항에 의한 집행에 대하여 다툴 수 있다. 따라서 심판대상조항은 적법절차원칙에 위배된다고 볼 수 없다(헌재 2020.2.27. 2015헌가4).

④ [○] 증인의 증언 전에 일방 당사자만이 증인과의 접촉을 독점하게 되면, 상대방은 증인이 어떠한 내용을 증언할 것인지를 알 수 없어 그에 대한 방어를 준비할 수 없게 되며 상대방이 가하는 예기치 못한 공격에 그대로 노출될 수밖에 없으므로, 헌법이 규정한 '적법절차의 원칙'에도 반한다(헌재 2001.8.30. 99헌마496).

09 사생활의 비밀과 자유 정답 ①

❶ [○] 사관학교의 설치 목적과 교육 목표를 달성하기 위하여 사관학교는 사관생도에게 교내 음주 행위, 교육·훈련 및 공무 수행 중의 음주 행위, 사적 활동이라 하더라도 신분을 나타내는 생도 복장을 착용한 상태에서 음주하는 행위, 생도 복장을 착용하지 않은 상태에서 사적 활동을 하는 때에도 이로 인하여 사회적 물의를 일으킴으로써 품위를 손상한 경우 등에는 이러한 행위들을 금지하거나 제한할 필요가 있음은 물론이다. 그러나 여기에 그치지 않고 나아가 사관생도의 모든 사적 생활에서까지 예외 없이 금주의무를 이행할 것을 요구하는 것은 사관생도의 일반적 행동자유권은 물론 사생활의 비밀과 자유를 지나치게 제한하는 것이다(대판 2018.8.30. 2016두60591).

② [×] 금고 이상의 범죄경력에 실효된 형을 포함시키는 이유는 선거권자가 공직후보자의 자질과 적격성을 판단할 수 있도록 하기 위한 점, 전과기록은 통상 공개재판에서 이루어진 국가의 사법작용의 결과라는 점, 전과기록의 범위와 공개시기 등이 한정되어 있는 점 등을 종합하면, 이 사건 법률조항은 피해최소성의 원칙에 반한다고 볼 수 없고, 공익적 목적을 위하여 공직선거 후보자의 사생활의 비밀과 자유를 한정적으로 제한하는 것이어서 법익균형성의 원칙도 충족한다. 따라서 이 사건 법률조항은 청구인들의 사생활의 비밀과 자유를 침해한다고 볼 수 없다(헌재 2008.4.24. 2006헌마402).

③ [×] 개인정보자기결정권의 보호대상이 되는 개인정보는 개인의 신체, 신념, 사회적 지위, 신분 등과 같이 개인의 인격주체성을 특징짓는 사항으로서 그 개인의 동일성을 식별할 수 있게 하는 일체의 정보라고 할 수 있고, 반드시 개인의 내밀한 영역이나 사사(私事)의 영역에 속하는 정보에 국한되지 않고 공적 생활에서 형성되었거나 이미 공개된 개인정보까지 포함한다. 또한 그러한 개인정보를 대상으로 한 조사·수집·보관·처리·이용 등의 행위는 모두 원칙적으로 개인정보자기결정권에 대한 제한에 해당한다(헌재 2005.5.26. 99헌마513).

④ [×] 개인의 고유성, 동일성을 나타내는 지문은 그 정보주체를 타인으로부터 식별가능하게 하는 개인정보이므로, 시장·군수 또는 구청장이 개인의 지문정보를 수집하고, 경찰청장이 이를 보관·전산화하여 범죄수사목적에 이용하는 것은 모두 개인정보자기결정권을 제한하는 것이다(헌재 2005.5.26. 99헌마513).

10 국회법 정답 ③

① [O]「국회법」제5조 제3항에 대한 옳은 내용이다.

> **제5조【임시회】** ③ 국회의원 총선거 후 첫 임시회는 의원의 임기 개시 후 7일에 집회하며, 처음 선출된 의장의 임기가 폐회 중에 만료되는 경우에는 늦어도 임기만료일 5일 전까지 집회한다. 다만, 그 날이 공휴일인 때에는 그 다음날에 집회한다.

② [O]「국회법」제5조 제1항에 대한 옳은 내용이다.

> **제5조【임시회】** ① 의장은 임시회의 집회 요구가 있을 때에는 집회기일 3일 전에 공고한다. 이 경우 둘 이상의 집회 요구가 있을 때에는 집회일이 빠른 것을 공고하되, 집회일이 같은 때에는 그 요구서가 먼저 제출된 것을 공고한다.

❸ [X] 국회의장은 상임위원이 될 수 없으며 상임위원회에 출석하여 발언할 수 있으나, 표결에는 참가할 수 없다.

> **「국회법」제11조【의장의 위원회 출석과 발언】** 의장은 위원회에 출석하여 발언할 수 있다. 다만, 표결에는 참가할 수 없다.

④ [O]「국회법」제85조의2 제3항에 대한 옳은 내용이다.

> **제85조의2【안건의 신속 처리】** ③ 위원회는 신속처리대상안건에 대한 심사를 그 지정일부터 180일 이내에 마쳐야 한다. 다만, 법제사법위원회는 신속처리대상안건에 대한 체계·자구 심사를 그 지정일, 제4항에 따라 회부된 것으로 보는 날 또는 제86조 제1항에 따라 회부된 날부터 90일 이내에 마쳐야 한다.

11 국회 정답 ②

① [O] 피청구인 환노위 위원장의 이 사건 본회의 부의 요구행위는 「국회법」제86조 제3항의 절차를 준수하여 이루어졌고, 그 정당성이 「국회법」제86조 제4항이 정하고 있는 본회의 내에서의 표결절차를 통해 인정되었다. 따라서 피청구인 환노위 위원장의 이 사건 본회의 부의 요구행위에는 「국회법」을 위반한 위법이 없다. 한편, 법사위 전체회의의 기재내용에 의하면, 법사위는 체계·자구 심사를 위해 반드시 필요하다고 보기 어려운 절차를 반복하면서 체계·자구 심사절차를 지연시키고 있었던 것으로 보이고, 달리 국회 내의 사정에 비추어 법사위가 심사절차를 진행하는 것이 현저히 곤란하거나 심사기간 내에 심사를 마치는 것이 물리적으로 불가능하였다고 볼만한 사정도 인정되지 아니하므로, 「국회법」제86조 제3항의 '이유 없이'를 실체적으로 판단하더라도 법사위의 심사지연에는 여전히 이유가 없다. 따라서 피청구인 환노위 위원장의 이 사건 본회의 부의 요구행위는 청구인들의 법률안 심의·표결권을 침해하지 아니한다. 피청구인 환노위 위원장의 이 사건 본회의 부의 요구행위는 청구인들의 법률안 심의·표결권을 침해하지 아니하였다고 판단되므로, 그 침해를 전제로 하는 이에 대한

무효확인청구는 더 나아가 살펴볼 필요 없이 이유 없다(헌재 2023.10.26. 2023헌라3).

❷ [X] 매년 1월 31일까지 국회에 통지하여야 한다.

> **「국회법」제5조의3【법률안 제출계획의 통지】** ① 정부는 부득이한 경우를 제외하고는 매년 1월 31일까지 해당 연도에 제출할 법률안에 관한 계획을 국회에 통지하여야 한다.

③ [O] 국민의 의견을 효과적으로 반영하여 청원제도의 목적을 높은 수준으로 달성하기 위해서는 국회가 국회의 한정된 자원과 심의역량 등을 고려하여 국민동의기간이나 인원 등 국민동의 요건을 탄력적으로 정할 필요가 있으므로, 그 구체적인 내용을 하위법령에 위임할 필요성이 인정된다. 아울러 국회규칙에서는 국회가 처리할 수 있는 범위 내에서 국민의 의견을 취합하여 국민 다수가 동의하는 의제가 효과적으로 국회의 논의 대상이 될 수 있도록 적정한 수준으로 구체적인 국민동의 요건과 절차가 설정될 것임을 예측할 수 있다. 따라서 국민동의조항은 포괄위임금지원칙에 위반되어 청원권을 침해하지 않는다(헌재 2023.3.23. 2018헌마460 등).

④ [O]「국회법」제3조에 대한 옳은 내용이다.

> **제3조【의석 배정】** 국회의원의 의석은 국회의장이 각 교섭단체 대표의원과 협의하여 정한다. 다만, 협의가 이루어지지 아니할 때에는 의장이 잠정적으로 이를 정한다.

12 집회의 자유 정답 ③

① [O] '공공의 안녕질서에 직접적인 위협을 가할 것이 명백한 집회 또는 시위'란 법과 제도, 개인의 생명·자유·재산 등 기본권 및 국가와 사회의 존속을 위해 필수적인 것으로 인정되는 가치와 규준 등에 대해 사회통념상 수인할 수 있는 혼란이나 불편을 넘는 위험을 직접 초래할 것이 명백한 집회 또는 시위를 말하고, 이에 해당하는지 여부는 법 운영자의 주관적·자의적인 심증에 맡길 것이 아니라, 구체적인 사안을 놓고 집회 또는 시위의 장소·목적·태양·내용 등 모든 정황을 종합해 객관적으로 예측하고 판단해야 하는 것이다. … 이 사건 법률조항들은 그 의미가 문언상으로나, 구 집시법의 체계적인 해석에 비추어 그 의미를 분명히 할 수 있으므로 불명확하다 할 수 없고, 건전한 상식과 통상적인 법감정을 가진 일반인이라면 금지되는 행위가 무엇인지를 예측하는 것이 현저히 곤란하다고 보이지 않으며, 나아가 어떤 행위가 법적인 구성요건을 충족시키는지는 법원이 개개의 구체적인 사안에서 통상적인 법률의 해석·적용을 통해 해결할 문제라 할 것이다. 따라서 이 사건 법률조항들은 죄형법정주의의 명확성원칙에 위배되지 않는다(헌재 2010.4.29. 2008헌바118).

② [O] 심판대상조항은 그 입법목적을 달성하는 데 필요한 최소한도의 범위를 넘어, 규제가 불필요하거나 또는 예외적으로 허용하는 것이 가능한 집회까지도 이를 일률적·전면적으로 금지하고 있다고 할 것이므로 침해의 최소성원칙에 위배된다. … 심판대상조항을 통한 국회의 헌법적 기능 보호라는 목적과 집회의 자유에 대한 제약 정도를 비교할 때, 심판대상조항으로 달성하려는 공익이 제한되는 집회의 자유 정도보다 크다고 단정할 수는 없다고 할 것이므로 심판대상조항은 법익의 균형성원칙에도 위배된다(헌재 2018.5.31. 2013헌바322 등).

❸ [✕] 미신고 시위에 대한 해산명령에 불응하는 자를 처벌하도록 한 심판대상조항이 과잉금지원칙을 위반하여 집회의 자유를 침해한다고 볼 수 없다.

> 해산명령은 미신고 시위라는 이유만으로 발할 수 있는 것이 아니라 미신고 시위로 인하여 타인의 법익이나 공공의 안녕질서에 대한 직접적인 위험이 명백하게 발생한 경우에만 발할 수 있고, 공공의 안녕질서에 대한 위험이 발생한 경우에도 먼저 자진해산을 요청한 후 참가자들이 자진해산요청에 따르지 아니하는 경우에 해산명령을 내리도록 하고 이에 불응한 경우에만 처벌하는 점 등을 고려하면 심판대상조항은 집회의 자유에 대한 제한을 최소화하고 있다. 해산명령에 불응하는 행위는 단순히 행정질서에 장해를 줄 위험성이 있는 정도의 의무태만 내지 의무위반이 아니고 직접적으로 행정목적을 침해하고 나아가 공익을 침해할 고도의 개연성을 띤 행위라고 볼 수 있다. 따라서 심판대상조항이 미신고 시위에 참가하여 해산명령에 불응한 자에 대하여 6개월 이하 징역이나 50만원 이하의 벌금, 구류 또는 과료라는 행정형벌에 처하도록 한 것이 법정형의 종류 및 범위의 선택에 관한 입법재량의 한계를 벗어난 과중한 처벌이라고도 볼 수 없다. … 따라서 심판대상조항이 달성하려는 공공의 안녕질서 유지 및 회복이라는 공익과 심판대상조항으로 인하여 제한되는 청구인의 기본권 사이의 균형을 상실하였다고 보기 어렵다. 그렇다면 심판대상조항은 과잉금지원칙을 위반하여 집회의 자유를 침해한다고 볼 수 없다(헌재 2016.9.29. 2014헌바492).

④ [O] 서울남대문경찰서장은 옥외집회의 관리 책임을 맡고 있는 행정기관으로서 이미 접수된 청구인들의 옥외집회신고서에 대하여 법률상 근거 없이 이를 반려하였는바, 청구인들의 입장에서는 이 반려행위를 옥외집회신고에 대한 접수거부 또는 집회의 금지통고로 보지 않을 수 없었고, 그 결과 형사적 처벌이나 집회의 해산을 받지 않기 위하여 집회의 개최를 포기할 수밖에 없었다고 할 것이므로 서울남대문경찰서장의 이 사건 반려행위는 주무 행정기관에 의한 행위로서 기본권 침해 가능성이 있는 공권력의 행사에 해당한다(헌재 2008.5.29. 2007헌마712).

---

13 법원 정답 ④

① [O] 「법원조직법」 제13조 제3항에 대한 옳은 내용이다.

> 제13조 【대법원장】 ③ 대법원장이 궐위되거나 부득이한 사유로 직무를 수행할 수 없을 때에는 선임대법관이 그 권한을 대행한다.

② [O] 명령·규칙 또는 처분이 헌법이나 법률에 위반되는 여부가 재판의 전제가 된 경우에는 대법원은 이를 최종적으로 심사할 권한을 가진다(헌법 제107조 제2항).

③ [O] 비상계엄하의 군사재판은 군인·군무원의 범죄나 군사에 관한 간첩죄의 경우와 초병·초소·유독음식물공급·포로에 관한 죄 중 법률이 정한 경우에 한하여 단심으로 할 수 있다. 다만, 사형을 선고한 경우에는 그러하지 아니하다(헌법 제110조 제4항).

❹ [✕] 재판의 심리와 판결은 공개한다. 다만, 심리는 국가의 안전보장 또는 안녕질서를 방해하거나 선량한 풍속을 해할 염려가 있을 때에는 법원의 결정으로 공개하지 아니할 수 있다(헌법

제109조). 즉, 심리는 공개하지 아니할 수 있으나 판결은 공개하여야 한다.

---

14 헌법재판소 정답 ③

① [✕] 재판관회의는 재판관 전원의 3분의 2를 초과하는 인원의 출석과 출석인원 과반수의 찬성으로 의결한다.

> 「헌법재판소법」 제16조 【재판관회의】 ① 재판관회의는 재판관 전원으로 구성하며, 헌법재판소장이 의장이 된다.
> ② 재판관회의는 재판관 전원의 3분의 2를 초과하는 인원의 출석과 출석인원 과반수의 찬성으로 의결한다.

② [✕] 헌법재판소에서 법률의 위헌결정, 탄핵의 결정, 정당해산의 결정 또는 헌법소원에 관한 인용결정을 할 때에는 재판관 6인이상의 찬성이 있어야 하고(헌법 제113조 제1항), 가처분결정은 과반수로 할 수 있다.

❸ [O] 각종 심판절차에서 정부가 당사자(참가인을 포함한다)인 경우에는 법무부장관이 이를 대표한다(「헌법재판소법」 제25조 제1항).

④ [✕] 탄핵의 심판, 정당해산의 심판 및 권한쟁의의 심판은 구두변론에 의한다(「헌법재판소법」 제30조 제1항). 위헌법률의 심판과 헌법소원에 관한 심판은 서면심리에 의한다(「헌법재판소법」 제30조 제2항 본문).

---

15 국회의 권한 정답 ①

옳은 것은 ㄱ, ㄷ이다.

ㄱ. [O] 헌법 제64조는 국회가 법률에 저촉되지 아니하는 범위 안에서 의사와 내부규율에 관한 규칙을 제정할 수 있고, 의원의 자격심사·징계·제명에 관하여 자율적 결정을 할 수 있음을 규정하여 국회의 자율권을 보장하고 있다. 이에 따라 국회는 국민의 대표기관이자 입법기관으로서 의사와 내부규율 등 국회운영에 관하여 폭넓은 자율권을 가지며 국회의 의사절차나 입법절차에 헌법이나 법률의 규정을 명백히 위반한 흠이 있는 경우가 아닌 한 그 자율권은 권력분립의 원칙이나 국회의 위상과 기능에 비추어 존중되어야 한다(헌재 2006.2.23. 2005헌라6).

ㄴ. [✕] 그 소속 국회의원을 상임위원회에서 강제 사임시킨 행위도 사법심사의 대상이 된다고 보았고, 국회의원의 권한 침해를 부정한 사건이다.

> 이 사건 사·보임 행위는 청구인이 소속된 정당 내부의 사실상 강제에 터 잡아 교섭단체 대표의원이 상임위원회 사·보임 요청을 하고 이에 따라 이른바 의사정리권한의 일환으로 이를 받아들인 것으로서, 그 절차·과정에 헌법이나 법률의 규정을 명백하게 위반하여 재량권의 한계를 현저히 벗어나 청구인의 권한을 침해한 것으로는 볼 수 없다고 할 것이다(헌재 2003.10.30. 2002헌라1).

ㄷ. [O] 대통령이 국회의 임시회 소집을 요구할 수 있는 권한이 있지만, 소집을 요구하는 것이지 직접 소집하는 것은 아님을 주의하여야 한다.

ㄹ. [X] 구 지방자치법 제78조 내지 제81조의 규정에 의거한 지방의회의 의원징계의결은 그로 인해 의원의 권리에 직접 법률효과를 미치는 행정처분의 일종으로서 행정소송의 대상이 되고, 그와 같은 의원징계의결의 당부를 다투는 소송의 관할법원에 관하여는 동법에 특별한 규정이 없으므로 일반법인 행정소송법의 규정에 따라 지방의회의 소재지를 관할하는 고등법원이 그 소송의 제1심 관할법원이 된다(대판 1993.11.26. 93누7341).

---

16 탄핵제도　　　　정답 ①

❶ [X] 국회의 의사절차에 헌법이나 법률을 명백히 위반한 흠이 있는 경우가 아니면 국회 의사절차의 자율권은 권력분립의 원칙상 존중되어야 하고, 「국회법」 제130조 제1항은 탄핵소추의 발의가 있을 때 그 사유 등에 대한 조사 여부를 국회의 재량으로 규정하고 있으므로, 국회가 탄핵소추사유에 대하여 별도의 조사를 하지 않았다거나 국정조사결과나 특별검사의 수사결과를 기다리지 않고 탄핵소추안을 의결하였다고 하여 그 의결이 헌법이나 법률을 위반한 것이라고 볼 수 없다(헌재 2017.3.10. 2016헌나1).

② [O] 「국회법」 제134조 제1항에 대한 옳은 내용이다.

> 제134조 【소추의결서의 송달과 효과】 ① 탄핵소추가 의결되었을 때에는 의장은 지체 없이 소추의결서 정본(正本)을 법제사법위원장인 소추위원에게 송달하고, 그 등본(謄本)을 헌법재판소, 소추된 사람과 그 소속 기관의 장에게 송달한다.

③ [O] 헌법재판소는 사법기관으로서 원칙적으로 탄핵소추기관인 국회의 탄핵소추의결서에 기재된 소추사유에 의하여 구속을 받는다. 따라서 헌법재판소는 탄핵소추의결서에 기재되지 아니한 소추사유를 판단의 대상으로 삼을 수 없다. 그러나 탄핵소추의결서에서 그 위반을 주장하는 '법규정의 판단'에 관하여 헌법재판소는 원칙적으로 구속을 받지 않으므로, 청구인이 그 위반을 주장한 법규정 외에 다른 관련 법규정에 근거하여 탄핵의 원인이 된 사실관계를 판단할 수 있다(헌재 2004.5.14. 2004헌나1).

④ [O] 국회 재적의원 과반수에 해당하는 171명의 의원이 여러 개 탄핵사유가 포함된 하나의 탄핵소추안을 마련한 다음 이를 발의하고 안건 수정 없이 그대로 본회의에 상정된 경우에는 그 탄핵소추안에 대하여 찬반 표결을 하게 된다. 그리고 본회의에 상정된 의안에 대하여 표결절차에 들어갈 때 국회의장에게는 '표결할 안건의 제목을 선포'할 권한만 있는 것이지(「국회법」 제110조 제1항), 직권으로 이 사건 탄핵소추안에 포함된 개개 소추사유를 분리하여 여러 개의 탄핵소추안으로 만든 다음 이를 각각 표결에 부칠 수는 없다(헌재 2017.3.10. 2016헌나1).

---

17 국회의 위원회　　　　정답 ③

옳은 것은 3개(ㄱ, ㄷ, ㅁ)이다.

ㄱ. [O] 「국회법」 제11조에 대한 옳은 내용이다.

> 제11조 【의장의 위원회 출석과 발언】 의장은 위원회에 출석하여 발언할 수 있다. 다만, 표결에는 참가할 수 없다.

ㄴ. [X] 국회의원은 상임위원회의 위원이 되는 것이 원칙이지만, 국회의장은 상임위원이 될 수 없고(「국회법」 제39조 제3항), 국무총리, 국무위원 등 직을 겸한 의원은 상임위원을 사임할 수 있기 때문에(「국회법」 제39조 제4항), 국회의원이 반드시 적어도 하나 이상의 상임위원회에 속하여야 하는 것은 아니다.

ㄷ. [O] 「국회법」 제40조에 대한 옳은 내용이다.

> 제40조 【상임위원의 임기】 ① 상임위원의 임기는 2년으로 한다. 다만, 국회의원 총선거 후 처음 선임된 위원의 임기는 선임된 날부터 개시하여 의원의 임기 개시 후 2년이 되는 날까지로 한다.
> ② 보임(補任)되거나 개선(改選)된 상임위원의 임기는 전임자 임기의 남은 기간으로 한다.

ㄹ. [X] 상임위원회 위원장은 선거로 한다.

> 「국회법」 제41조 【상임위원장】 ① 상임위원회에 위원장(이하 "상임위원장"이라 한다) 1명을 둔다.
> ② 상임위원장은 제48조 제1항부터 제3항까지에 따라 선임된 해당 상임위원 중에서 임시의장 선거의 예에 준하여 본회의에서 선거한다.
> 제17조 【임시의장 선거】 임시의장은 무기명투표로 선거하고 재적의원 과반수의 출석과 출석의원 다수득표자를 당선자로 한다.

ㅁ. [O] 「국회법」 제39조 제1항·제2항에 대한 옳은 내용이다.

> 제39조 【상임위원회의 위원】 ① 의원은 둘 이상의 상임위원회의 위원(이하 "상임위원"이라 한다)이 될 수 있다.
> ② 각 교섭단체 대표의원은 국회운영위원회의 위원이 된다.

---

18 직업의 자유　　　　정답 ①

❶ [X] 심판대상조항은 입법목적의 정당성 및 수단의 적합성이 인정되고 침해의 최소성 및 법익의 균형성도 충족하였으므로 사업주의 직업수행의 자유를 침해한다고 볼 수 없다.

> 심판대상조항은 제조업의 핵심 업무인 직접생산공정업무의 적정한 운영을 기하고 근로자에 대한 직접고용 증진 및 적정 임금 지급을 보장하기 위한 것으로 입법목적의 정당성 및 수단의 적합성이 인정된다. 심판대상조항은 제조업의 직접생산공정업무에 관한 근로자 파견 자체를 금지하고 위반시 처벌하고 있으나, 현재로서는 근로자 파견의 확대로 인한 사회·경제적 부작용을 충분히 방지할 수 있다고 보기 어렵고, 제조업의 특성상 숙련되지 못한 근로자의 파견 또는 근로자의

잦은 변동을 방지할 필요성이 크며, 제조업의 직접생산공정업무의 경우에도 일정한 경우에는 예외적으로 근로자 파견이 허용되고, 행정상의 제재수단만으로 입법목적을 실효적으로 달성할 수 있다고 보기 어려운 점 등에 비추어 보면, 침해의 최소성을 위반하였다고 보기 어렵다. 또한, 제조업의 직접생산공정업무의 적정한 운영, 근로자의 직접고용 증진 및 적정임금 보장이라는 공익이 사용사업주가 제조업의 직접생산공정업무에 관하여 근로자 파견의 역무를 제공받지 못하는 직업수행의 자유 제한에 비하여 작다고 볼 수 없으므로, 법익의 균형성도 충족된다. 따라서 심판대상조항이 제조업의 직접생산공정업무에 관하여 근로자 파견의 역무를 제공받고자 하는 사업주의 직업수행의 자유를 침해한다고 볼 수 없다(헌재 2017.12.28. 2016헌바346).

② [O] 다른 직무의 내용과 근무시간의 장단, 사회복무요원이 배치되는 복무기관의 성질이나 담당하는 복무분야, 근무환경 등은 매우 다양하고 상이하므로, 겸직 제한 대상이 되는 직무를 유형화하여 규정하는 등 사회복무요원 일반에 대하여 통일적이고 일관된 규율을 마련하는 것은 현실적으로 매우 어렵다. 그러므로 심판대상조항이 사회복무요원의 겸직행위 일반을 원칙적으로 금지한 다음, 사회복무요원을 지휘·감독할 지위에 있는 각 복무기관의 장으로 하여금 구체적 사안마다 겸직행위가 사회복무요원의 직무전념성, 직무 수행의 공정성을 저해하는지 판단하여 겸직 허가 여부를 결정하도록 한 것이 과도하다고 보기 어렵다. 게다가 심판대상조항에 따르더라도 사회복무요원이 다른 직무를 일절 겸할 수 없는 것은 아니고, 복무기관의 장으로부터 사전에 허가를 받으면 다른 직무를 수행할 수 있으며, 실제로 상당 수의 사회복무요원이 매년 겸직허가를 받아 다른 직무를 수행해오고 있다. 또한 일정한 기간 동안 병역의무 이행으로서 의무복무를 하는 사회복무요원의 특수한 지위를 감안할 때, 사회복무요원이 허가 없이 겸직행위를 한 경우 경고처분 및 복무기간 연장의 불이익을 부과하는 것이 과도한 제재라고 보기도 어렵다. 따라서 심판대상조항은 침해의 최소성 및 법익의 균형성에 위배되지 않는다. 그렇다면 심판대상조항은 과잉금지원칙에 반하여 청구인의 직업의 자유 및 일반적 행동자유권을 침해한다고 볼 수 없다(헌재 2022.9.29. 2019헌마938).

③ [O] 다양한 전공자를 대상으로 전문적인 법학교육을 실시하고 다양한 학문풍토를 조성하고자 하는 이 사건 법률 제26조 제2항 및 제3항이 추구하는 입법목적의 정당성이 인정되고, 전공과 출신대학에 따라 로스쿨 입학정원 비율을 제한하는 것은 이 사건 법률 제26조 제2항 및 제3항이 추구하는 입법목적을 달성하기 위한 적절한 방법이 될 수 있고, 입법목적을 달성하는 수단을 선택함에 있어서 입법자의 선택재량의 범위를 일탈하였다고 볼 수 없어서 최소침해성원칙에도 위배되지 아니하며, 로스쿨을 지원함에 있어서 청구인들이 받게 되는 불이익보다 위와 같은 입법목적을 달성하여 얻게 되는 공익이 훨씬 더 크다고 할 것이어서 법익균형성원칙에도 위배되지 아니하므로, 이 사건 법률 제26조 제2항 및 제3항은 비례의 원칙에 위배되지 않기 때문에 청구인들의 직업선택의 자유를 침해하지 아니한다(헌재 2009.2.26. 2007헌마1262).

④ [O] 국민의 눈 건강과 관련된 국민보건의 중요성, 안경사 업무의 전문성, 안경사로 하여금 자신의 책임하에 고객과의 신뢰를 쌓으면서 안경사 업무를 수행하게 할 필요성 등을 고려할 때, 안경업소 개설은 그 업무를 담당할 자연인 안경사로 한정할 것이 요청된다. 법인 안경업소가 허용되면 영리추구 극대화를 위

해 무면허자로 하여금 안경 조제·판매를 하게 하는 등의 문제가 발생할 가능성이 높아지고, 안경 조제·판매 서비스의 질이 하락할 우려가 있다. 또한 대규모 자본을 가진 비안경사들이 법인의 형태로 안경시장을 장악하여 개인 안경업소들이 폐업하면 안경사와 소비자 간 신뢰관계 형성이 어려워지고, 독과점으로 인해 안경 구매비용이 상승할 수 있다. 반면 현행법에 의하더라도 안경사들은 협동조합, 가맹점 가입, 동업 등의 방법으로 법인의 안경업소 개설과 같은 조직화, 대형화 효과를 어느 정도 누릴 수 있다. 따라서 심판대상조항은 과잉금지원칙에 반하지 아니하여 자연인 안경사와 법인의 직업의 자유를 침해하지 아니한다(헌재 2021.6.24. 2017헌가31).

---

19 감사원   정답 ②

① [O] 감사원은 감사원장을 포함한 7명의 감사위원으로 구성한다(「감사원법」 제3조).

❷ [X] 직무감찰의 경우 「감사원법」 제24조 제3항에 따라 국회, 법원, 헌법재판소 소속 공무원은 대상으로 할 수 없으나, 회계검사의 경우에는 헌법이나 「감사원법」 제22조, 제23조 등에서 그러한 제한을 두고 있지 않다.

③ [O] 「감사원법」 제32조에 따르면 감사원은 직접 대상 공무원을 징계할 수 없고 징계 요구만이 가능하다.

④ [O] 감사원은 대통령에 소속하되, 직무에 관하여는 독립의 지위를 가진다(「감사원법」 제2조 제1항).

---

20 경제질서   정답 ④

① [O] 이 사건 조항에 의한 의료광고의 금지는 새로운 의료인들에게 자신의 기능이나 기술 혹은 진단 및 치료방법에 관한 광고와 선전을 할 기회를 배제함으로써, 기존의 의료인과의 경쟁에서 불리한 결과를 초래할 수 있는데, 이는 자유롭고 공정한 경쟁을 추구하는 헌법상의 시장경제질서에 부합되지 않는다(헌재 2005.10.27. 2003헌가3).

② [O] 이 사건 법률조항은 금고 이상의 실형의 선고를 받은 자가 사적으로 농수산물 유통과 관련된 업종에 종사하는 것을 막고 있는 것은 아니고, 금고 이상의 실형의 집행이 종료되거나 면제된 이후에는 다시 중도매인허가를 신청할 수 있으며, 달성하려는 공익이 중대하므로, 직업선택의 자유에 대한 제한을 통하여 얻는 공익적 성과와 제한의 정도가 합리적인 비례관계를 현저하게 일탈하고 있다고 볼 수 없다. 따라서, 이 사건 법률조항의 기본권 제한이 입법재량을 일탈하여 제한의 방법이 부적절하거나 그 정도가 과도하여 헌법상의 한계를 넘었다고는 할 수 없으므로, 직업선택의 자유를 침해하는 것이 아니다(헌재 2005.5.26. 2002헌바67).

③ [O] 우리 헌법은 제123조 제3항에서 중소기업이 국민경제에서 차지하는 중요성 때문에 '중소기업의 보호'를 국가경제정책적 목표로 명문화하고, 대기업과의 경쟁에서 불리한 위치에 있는 중소기업의 지원을 통하여 경쟁에서의 불리함을 조정하고, 가능하면 균등한 경쟁조건을 형성함으로써 대기업과의 경쟁을 가능하게 해야 할 국가의 과제를 담고 있다. 중소기업의 보호는

넓은 의미의 경쟁정책의 한 측면을 의미하므로 중소기업의 보호는 원칙적으로 경쟁질서의 범주 내에서 경쟁질서의 확립을 통하여 이루어져야 한다(헌재 1996.12.26. 96헌가18).

❹ [×] 이 사건 법률조항은 농지에 대한 투기수요를 억제하고, 투기로 인한 이익을 환수하여 부동산 시장의 안정과 과세형평을 도모함에 그 입법목적이 있는바, 그 목적의 정당성 및 방법의 적절성이 인정된다. 그리고 사실상 소유자가 거주 또는 경작하지 않는 토지의 소유를 억제할 수 있을 정도의 세율을 60%로 본 입법자의 판단은 존중할 필요가 있다. 경자유전의 원칙상 상당 기간 거주 또는 경작하지 않은 것은 일응 투기 목적의 징표로 볼 수 있는데, 이 사건 법률조항은 이러한 농지에 한해서 양도소득세 중과를 적용하고 있으며, 당사자의 귀책사유 없이 비사업용 토지로 되는 경우에 대한 보완책을 마련하고 있으므로 침해의 최소성원칙에 반하지 아니한다. 이 사건 법률조항이 추구하는 투기수요 억제, 부동산 시장 안정 및 국토의 균형 있는 이용, 개발과 보전 등의 공익은 제한되는 사익보다 훨씬 크므로 법익의 균형성이 인정된다. 따라서 이 사건 법률조항이 과잉금지원칙에 위배되어 청구인의 재산권을 침해한다고 할 수 없다(헌재 2012.7.26. 2011헌바357).

21 헌법소원심판 정답 ①

❶ [×] 제68조 제2항에 따른 헌법소원심판은 위헌 여부 심판의 제청신청을 기각하는 결정을 통지받은 날부터 30일 이내에 청구하여야 한다(「헌법재판소법」 제69조 제2항).

② [○] 제68조 제1항에 따른 헌법소원을 인용할 때에는 인용결정서의 주문에 침해된 기본권과 침해의 원인이 된 공권력의 행사 또는 불행사를 특정하여야 하며(「헌법재판소법」 제75조 제2항), 이 경우에 헌법재판소는 공권력의 행사 또는 불행사가 위헌인 법률 또는 법률의 조항에 기인한 것이라고 인정될 때에는 인용결정에서 해당 법률 또는 법률의 조항이 위헌임을 선고할 수 있다(「헌법재판소법」 제75조 제5항).

③ [○] 진정에 대한 국가인권위원회의 각하 및 기각결정은 피해자인 진정인의 권리행사에 중대한 지장을 초래하는 것으로서 항고소송의 대상이 되는 행정처분에 해당하므로, 그에 대한 다툼은 우선 행정심판이나 행정소송에 의하여야 할 것이다. 따라서 행정심판이나 행정소송 등의 사전구제절차를 거치지 아니하고 청구한 국가인권위원회의 진정에 대한 각하 또는 기각결정의 취소를 구하는 헌법소원심판은 보충성 요건을 충족하지 못하였다(헌재 2015.3.26. 2013헌마214).

④ [○] 모든 국가기관은 헌법의 구속을 받고 헌법에의 기속은 헌법재판을 통하여 사법절차적으로 관철되므로, 헌법재판소가 헌법에서 부여받은 위헌심사권을 행사한 결과인 법률에 대한 위헌결정은 법원을 포함한 모든 국가기관과 지방자치단체를 기속한다. 따라서 헌법재판소가 위헌으로 결정하여 그 효력을 상실한 법률을 적용하여 한 법원의 재판은 헌법재판소 결정의 기속력에 반하는 것일 뿐 아니라, 법률에 대한 위헌심사권을 헌법재판소에 부여한 헌법의 결단(헌법 제107조 및 제111조)에 정면으로 위배된다. 결국 그러한 판결은 헌법의 최고규범성을 수호하기 위하여 설립된 헌법재판소의 존재의의, 헌법재판제도의 본질과 기능, 헌법의 가치를 구현함을 목적으로 하는 법치주의의 원리와 권력분립의 원칙 등을 송두리째 부인하는 것이라 하지 않을 수 없는 것이다. 따라서 헌법재판소법 제68조

제1항의 '법원의 재판'에 헌법재판소가 위헌으로 결정하여 그 효력을 상실한 법률을 적용함으로써 국민의 기본권을 침해하는 재판도 포함되는 것으로 해석하는 한도 내에서, 헌법재판소법 제68조 제1항은 헌법에 위반된다고 하겠다(헌재 1997.12.24. 96헌마172).

22 헌정사 정답 ④

옳지 않은 것은 ㄷ, ㄹ, ㅁ이다.

ㄱ. [○] 제헌헌법(1948년 헌법)은 대통령과 부통령은 직접선거가 아닌 국회에서 무기명 투표로 각각 선출하였다.

ㄴ. [○] 제2차 개정헌법은 국무총리제를 폐지했고, 국무원연대책임제를 폐지하고 국무원에 대한 개별적 불신임제를 채택했다.

ㄷ. [×] 중앙선거관리위원회는 제3차 개정헌법(1960년 헌법), 각급선거관리위원회는 제5차 개정헌법(1962년 헌법)에서 각각 처음 규정하였다.

ㄹ. [×] 제8차 개정헌법(1980년 헌법)에서는 행복추구권, 사생활의 비밀과 자유 등을 기본권으로 새로이 규정하였지만, 언론·출판에 대한 허가나 검열금지 조항은 제3차 개정헌법(1960년 헌법)에서 처음으로 규정하였고, 제7차 개정헌법(1972년 헌법)에서 삭제되었다가 현행헌법(1987년 헌법)에서 부활하였다.

ㅁ. [×] 정당해산심판조항은 제3차 개정헌법(1960년 헌법)에서 최초로 규정된 이래로 현행헌법까지 삭제된 바 없이 계속되고 있다.

23 대통령 정답 ④

① [×]

> **헌법 제53조** ① 국회에서 의결된 법률안은 정부에 이송되어 15일 이내에 대통령이 공포한다.
> ② 법률안에 이의가 있을 때에는 대통령은 제1항의 기간 내에 이의서를 붙여 국회로 환부하고, 그 재의를 요구할 수 있다. 국회의 폐회 중에도 또한 같다.

② [×]

> **헌법 제53조** ③ 대통령은 법률안의 일부에 대하여 또는 법률안을 수정하여 재의를 요구할 수 없다.
> ④ 재의의 요구가 있을 때에는 국회는 재의에 붙이고, 재적의원과반수의 출석과 출석의원 3분의 2 이상의 찬성으로 전과 같은 의결을 하면 그 법률안은 법률로서 확정된다.

③ [×]

> **헌법 제53조** ① 국회에서 의결된 법률안은 정부에 이송되어 15일 이내에 대통령이 공포한다.
> ⑤ 대통령이 제1항의 기간 내에 공포나 재의의 요구를 하지 아니한 때에도 그 법률안은 법률로서 확정된다.
> ⑥ 대통령은 제4항과 제5항의 규정에 의하여 확정된 법률을 지체 없이 공포하여야 한다. 제5항에 의하여 법률이 확정된 후 또는 제4항에 의한 확정법률이 정부에 이송된 후 5일 이내에 대통령이 공포하지 아니할 때에는 국회의장이 이를 공포한다.

❹ [○] 헌법 제76조 제1항에 대한 옳은 내용이다.

> **제76조** ① 대통령은 내우·외환·천재·지변 또는 중대한 재
> 정·경제상의 위기에 있어서 국가의 안전보장 또는 공공의
> 안녕질서를 유지하기 위하여 긴급한 조치가 필요하고 국회
> 의 집회를 기다릴 여유가 없을 때에 한하여 최소한으로 필
> 요한 재정·경제상의 처분을 하거나 이에 관하여 법률의
> 효력을 가지는 명령을 발할 수 있다.

24 명확성의 원칙 정답 ④

옳지 않은 것은 ㄴ, ㄹ이다.

ㄱ. [○] '명확성원칙 위배 여부' 부분에서 판단하는 바와 같이, 나머지 청구인들이 그 결성에 관여하거나 가입하는 것을 금지하고 있는 '정치단체'가 무엇인지, 결성에 관여하거나 가입을 해도 되는 '비정치단체'와 어떻게 구별할 것인지에 대한, 구체적이고 유용한 기준을 국가공무원법조항 중 '그 밖의 정치단체'에 관한 부분으로부터 도출해낼 수 없다. '정치단체'를 '특정 정당이나 특정 정치인을 지지·반대하는 단체로서 그 결성에 관여하거나 가입하는 경우 공무원 및 교육의 정치적 중립성을 훼손할 가능성이 높은 단체' 등으로 한정하여 해석할 근거도 없다. 어떠한 행위자가 가입 등을 할 수 있는 단체와 가입 등을 할 수 없는 단체를 법률조항으로부터 명확하게 구별할 수 없다면, 이 법률조항의 불명확한 적용대상의 경계 부근에 있는 단체에 가입 등을 하려는 위험을 감수할 사람은 매우 적다. 이러한 불명확한 규정은 그 자체로 매우 효과적인 위협 기제가 되어 정치적 표현의 자유, 결사의 자유에 심대한 위축효과를 초래한다(헌재 2020.4.23. 2018헌마551).

ㄴ. [×] 이 사건 벌칙규정이나 관련 법령 어디에도 '토사'의 의미나 '다량'의 정도, '현저히 오염'되었다고 판단할 만한 기준에 대하여 아무런 규정도 하지 않고 있으므로, 일반 국민으로서는 자신의 행위가 처벌대상인지 여부를 예측하기 어렵고, 감독 행정관청이나 법관의 자의적인 법해석과 집행을 초래할 우려가 매우 크므로 이 사건 벌칙규정은 죄형법정주의의 명확성원칙에 위배된다(헌재 2013.7.25. 2011헌가26·2013헌가14).

ㄷ. [○] 금지조항은 방송편성의 자유와 독립을 보장하기 위하여, 방송사 외부에 있는 자가 방송편성에 관계된 자에게 방송편성에 관해 특정한 요구를 하는 등의 방법으로, 방송편성에 관한 자유롭고 독립적인 의사결정에 영향을 미칠 수 있는 행위 일체를 금지한다는 의미임을 충분히 알 수 있다. 따라서 금지조항은 죄형법정주의의 명확성원칙에 위반되지 아니한다(헌재 2021.8.31. 2019헌바439).

ㄹ. [×] 건전한 상식과 통상적인 법 감정을 가진 사람이라면 외국인 가중처벌 조항 중 "외국인을 위하여"의 의미는 '외국인에게 군사적이거나 경제적이거나를 불문하고 일체의 유·무형의 이익 내지는 도움이 될 수 있다는, 즉 외국인을 이롭게 할 수 있다는 인식내지는 의사'를 의미한다고 충분히 알 수 있으므로, 외국인 가중처벌 조항에 의하여 금지된 행위가 무엇인지 불명확하다고 볼 수 없다. 따라서 외국인 가중처벌 조항은 죄형법정주의의 명확성원칙에 위반되지 아니한다(헌재 2018.1.25. 2015헌바367).

25 개인정보자기결정권 정답 ④

① [○] 심판대상 법률조항은 전자장치 부착명령을 집행할 수 없는 기간 동안 집행을 정지하고 다시 집행이 가능해졌을 때 잔여기간을 집행함으로써 재범방지 및 재사회화라는 전자장치부착의 목적을 달성하기 위한 것으로서 입법목적의 정당성 및 수단의 적절성이 인정되며, 부착명령 집행이 불가능한 기간 동안 집행을 정지하는 것 이외에 덜 침해적인 수단이 있다고 보기도 어렵다. 또한 특정 범죄자의 재범`방지 및 재사회화라는 공익을 고려하면, 침해되는 사익이 더 크다고 볼 수 없어 법익균형성도 인정되므로, 심판대상 법률조항은 과잉금지원칙에 위배되지 아니한다(헌재 2013.7.25. 2011헌마781).

② [○] 이 사건 법률조항은 본인이 해부용 시체로 제공되는 것에 대해 반대하는 의사표시를 명시적으로 표시할 수 있는 절차도 마련하지 않고 본인의 의사와는 무관하게 해부용 시체로 제공될 수 있도록 규정하고 있다는 점에서 침해의 최소성 원칙을 충족했다고 보기 어렵고, 실제로 해부용 시체로 제공된 사례가 거의 없는 상황에서 이 사건 법률조항이 추구하는 공익이 사후 자신의 시체가 자신의 의사와는 무관하게 해부용 시체로 제공됨으로써 침해되는 사익보다 크다고 할 수 없으므로 이 사건 법률조항은 청구인의 시체 처분에 대한 자기결정권을 침해한다(헌재 2015.11.26. 2012헌마940).

③ [○] 부모가 자녀의 이름을 지어주는 것은 자녀의 양육과 가족생활을 위하여 필수적인 것이고, 가족생활의 핵심적 요소라 할 수 있으므로, '부모가 자녀의 이름을 지을 자유'는 혼인과 가족생활을 보장하는 헌법 제36조 제1항과 행복추구권을 보장하는 헌법 제10조에 의하여 보호받는다(헌재 2016.7.28. 2015헌마964).

❹ [×] 개인정보의 종류 및 성격, 수집목적, 이용형태, 정보처리방식 등에 따라 개인정보자기결정권의 제한이 인격권 또는 사생활의 자유에 미치는 영향이나 침해의 정도는 달라지므로 개인정보자기결정권의 제한이 정당한지 여부를 판단함에 있어서는 위와 같은 요소들과 추구하는 공익의 중요성을 헤아려야 하는 바, 피청구인들이 졸업증명서 발급업무에 관한 민원인의 편의 도모, 행정효율성의 제고를 위하여 개인의 존엄과 인격권에 심대한 영향을 미칠 수 있는 민감한 정보라고 보기 어려운 성명, 생년월일, 졸업일자 정보만을 NEIS에 보유하고 있는 것은 목적의 달성에 필요한 최소한의 정보만을 보유하는 것이라 할 수 있고, 공공기관의 개인정보 보호에 관한 법률에 규정된 개인정보 보호를 위한 법규정들의 적용을 받을 뿐만 아니라 피청구인들이 보유목적을 벗어나 개인정보를 무단 사용하였다는 점을 인정할 만한 자료가 없는 한 NEIS라는 자동화된 전산시스템으로 그 정보를 보유하고 있다는 점만으로 피청구인들의 적법한 보유행위 자체의 정당성마저 부인하기는 어렵다(헌재 2005.7.21. 2003헌마282).

▶ 정답   p.106

01	④	Ⅲ	06	③	Ⅰ	11	①	Ⅲ	16	①	Ⅱ	21	①	Ⅱ
02	②	Ⅳ	07	②	Ⅰ	12	②	Ⅳ	17	④	Ⅱ	22	④	Ⅱ
03	④	Ⅱ	08	③	Ⅳ	13	①	Ⅱ	18	④	Ⅰ	23	③	Ⅱ
04	④	Ⅲ	09	②	Ⅲ	14	③	Ⅱ	19	④	Ⅱ	24	③	Ⅲ
05	②	Ⅱ	10	③	Ⅱ	15	③	Ⅱ	20	③	Ⅱ	25	④	Ⅰ

▶ 취약 단원 분석표

단원	맞힌 답의 개수
Ⅰ	/ 4
Ⅱ	/ 13
Ⅲ	/ 5
Ⅳ	/ 3
TOTAL	/ 25

Ⅰ 헌법총론 / Ⅱ 기본권론 / Ⅲ 통치구조론 / Ⅳ 헌법재판론

---

01 국회의 입법절차   정답 ④

① [X] 위원회는 일부개정법률안의 경우 의안이 그 위원회에 회부된 날부터 15일이 경과되지 아니한 때는 이를 상정할 수 없다.

> 「국회법」 제59조 【의안의 상정시기】 위원회는 의안(예산 안, 기금운용계획안 및 임대형 민자사업 한도액안은 제외 한다. 이하 이 조에서 같다)이 위원회에 회부된 날부터 다 음 각 호의 구분에 따른 기간이 지나지 아니하였을 때에는 그 의안을 상정할 수 없다. 다만, 긴급하고 불가피한 사유 로 위원회의 의결이 있는 경우에는 그러하지 아니하다.
> 1. 일부개정법률안: 15일
> 2. 제정법률안, 전부개정법률안 및 폐지법률안: 20일
> 3. 체계·자구 심사를 위하여 법제사법위원회에 회부된 법 률안: 5일
> 4. 법률안 외의 의안: 20일

② [X] 신속처리안건 지정동의는 무기명투표로 표결한다.

> 「국회법」 제85조의2 【안건의 신속 처리】 ① 위원회에 회 부된 안건(체계·자구 심사를 위하여 법제사법위원회에 회 부된 안건을 포함한다)을 제2항에 따른 신속처리대상안건 으로 지정하려는 경우 의원은 재적의원 과반수가 서명한 신속처리대상안건 지정요구 동의(이하 이 조에서 "신속처 리안건 지정동의"라 한다)를 의장에게 제출하고, 안건의 소관 위원회 소속 위원은 소관 위원회 재적위원 과반수가 서명한 신속처리안건 지정동의를 소관 위원회 위원장에게 제출하여야 한다. 이 경우 의장 또는 안건의 소관 위원회 위원장은 지체 없이 신속처리안건 지정동의를 무기명투표 로 표결하되, 재적의원 5분의 3 이상 또는 안건의 소관 위 원회 재적위원 5분의 3 이상의 찬성으로 의결한다.

③ [X] 위원회의 결정이 본회의에 보고된 날부터 폐회 또는 휴회 중 의 기간을 제외한 7일 이내에 의원 30명 이상의 요구가 있을 때에는 그 의안을 본회의에 부의하여야 한다.

> 「국회법」 제87조 【위원회에서 폐기된 의안】 ① 위원회에 서 본회의에 부의할 필요가 없다고 결정된 의안은 본회의 에 부의하지 아니한다. 다만, 위원회의 결정이 본회의에 보 고된 날부터 폐회 또는 휴회 중의 기간을 제외한 7일 이내 에 의원 30명 이상의 요구가 있을 때에는 그 의안을 본회 의에 부의하여야 한다.
> ② 제1항 단서의 요구가 없을 때에는 그 의안은 폐기된다.

❹ [O] 「국회법」 제79조 제1항에 대한 옳은 내용이다.

> 제79조 【의안의 발의 또는 제출】 ① 의원은 10명 이상의 찬성으로 의안을 발의할 수 있다.

---

02 위헌법률심판, 헌법소원심판   정답 ②

① [X] 이 사건 관습법은 민법 시행 이전에 상속을 규율하는 법률이 없 는 상황에서 재산상속에 관하여 적용된 규범으로서 비록 형식 적 의미의 법률은 아니지만 실질적으로는 법률과 같은 효력을 갖는 것이므로 위헌법률심판의 대상이 된다(헌재 2013.2.28. 2009헌바129).

❷ [O] 법률의 의미는 결국 개별·구체화된 법률해석에 의해 확인되 는 것이므로 법률과 법률의 해석을 구분할 수는 없고, 재판의 전제가 된 법률에 대한 규범통제는 해석에 의해 구체화된 법 률의 의미와 내용에 대한 헌법적 통제로서 헌법재판소의 고유 권한이며, 헌법합치적 법률해석의 원칙상 법률조항 중 위헌성 이 있는 부분에 한정하여 위헌결정을 하는 것은 입법권에 대 한 자제와 존중으로서 당연하고 불가피한 결론이므로, 이러한 한정위헌결정을 구하는 한정위헌청구는 원칙적으로 적법하다 고 보아야 한다(헌재 2012.12.27. 2011헌바117).

③ [X] 헌법재판소법 제68조 제2항에 의한 헌법소원심판 청구인이 당해 사건인 형사사건에서 무죄의 확정판결을 받은 때에는 처 벌조항의 위헌확인을 구하는 헌법소원이 인용되더라도 재심을 청구할 수 없고, 청구인에 대한 무죄판결은 종국적으로 다툴 수 없게 되므로 법률의 위헌 여부에 따라 당해 사건 재판의 주문이 달라지거나 재판의 내용과 효력에 관한 법률적 의미가 달라지는 경우에 해당한다고 볼 수 없으므로, 원칙적으로 더 이상 재판의 전제성이 인정되지 아니한다(헌재 2013.3.21. 2010헌바132).

④ [X] 재심의 청구를 받은 법원은 재심의 심판에 들어가기 전에 먼 저 재심의 청구가 이유 있는지 여부를 가려 이를 기각하거나 재심개시의 결정을 하여야 하고, 재심개시의 결정이 확정된 뒤 에 비로소 재심대상인 사건에 대하여 다시 심판을 하게 되는 등 형사소송법은 재심의 절차를 '재심의 청구에 대한 심판'과 '본안사건에 대한 심판'이라는 두 단계 절차로 구별하고 있다.

그러므로 당해 재심사건에서 아직 재심개시결정이 확정된 바 없는 이 사건의 경우 심판청구가 적법하기 위해서는 이 사건 법률조항의 위헌 여부가 '본안사건에 대한 심판'에 앞서 '재심의 청구에 대한 심판'의 전제가 되어야 하는데, '재심의 청구에 대한 심판'은 원판결에 형사소송법 제420조 각 호, 헌법재판소법 제47조 제3항 소정의 재심사유가 있는지 여부만을 우선 심리하여 재판할 뿐이어서, 원판결에 적용된 법률조항일 뿐 '재심의 청구에 대한 심판'에 적용되는 법률조항이라고 할 수 없는 이 사건 법률조항에 대해서는 재판의 전제성이 인정되지 않는다(헌재 2011.2.24. 2010헌바98).

03 권한쟁의심판 정답 ④

① [O] 문화재청 및 문화재청장은 「정부조직법」 제36조 제3항·제4항에 의하여 행정각부 장의 하나인 문화체육관광부장관 소속으로 설치된 기관 및 기관장으로서, 오로지 법률에 그 설치 근거를 두고 있으며 그 결과 국회의 입법행위에 의하여 그 존폐 및 권한범위가 결정된다. 따라서 이 사건 피청구인인 문화재청장은 '헌법에 의하여 설치되고 헌법과 법률에 의하여 독자적인 권한을 부여받은 국가기관'이라고 할 수 없다. 결국, 법률에 의하여 설치된 피청구인에게는 권한쟁의심판의 당사자능력이 인정되지 아니한다(헌재 2023.12.21. 2023헌라1).

② [O] 위 정비지침은 각 지방자치단체가 자율적으로 사회보장사업을 정비·개선하도록 한 것이고, 이 사건 통보행위상 정비계획 제출은 각 지방자치단체가 정비가 필요하고 가능하다고 판단한 사업에 대하여만 정비계획 및 결과를 제출하라는 의미이며, 실제로 각 지방자치단체들은 자율적으로 사회보장사업의 정비를 추진하였다. 이 사건 통보행위를 강제하기 위한 권력적·규제적인 후속조치가 예정되어 있지 않고, 이 사건 통보행위에 따르지 않은 지방자치단체에 대하여 이를 강제하거나 불이익을 준 사례도 없다. 따라서 이 사건 통보행위는 권한쟁의심판의 대상이 되는 '처분'이라고 볼 수 없으므로, 이 부분 심판청구는 부적법하다(헌재 2018.7.26. 2015헌라4).

③ [O] 「지방교육자치에 관한 법률」은 교육감을 시·도의 교육·학예에 관한 사무의 '집행기관'으로 규정하고 있으므로, 교육감과 해당지방자치단체 상호 간의 권한쟁의심판은 '서로 상이한 권리주체 간'의 권한쟁의심판청구로 볼 수 없다. … 따라서 시·도의 교육·학예에 관한 집행기관인 교육감과 해당 지방자치단체 사이의 내부적 분쟁과 관련된 심판청구는 헌법재판소가 관장하는 권한쟁의심판에 속하지 아니한다(헌재 2016.6.30. 2014헌라1).

❹ [×] 국회가 제정한 경찰법에 의하여 비로소 설립된 청구인은 국회의 경찰법 개정행위에 의하여 존폐 및 권한범위 등이 좌우되므로, 헌법 제111조 제1항 제4호 소정의 헌법에 의하여 설치된 국가기관에 해당한다고 할 수 없다. 국가경찰위원회 제도를 채택하느냐의 문제는 우리나라 치안여건의 실정이나 경찰권에 대한 민주적 통제의 필요성 등과 관련하여 입법 정책적으로 결정되어야 할 사항이다. 「정부조직법」상 합의제 행정기관을 포함한 정부의 부분기관 사이의 권한에 관한 다툼은 「정부조직법」상의 상하 위계질서나 국무회의, 대통령에 의한 조정 등을 통하여 자체적으로 해결될 가능성이 있고 청구인의 경우도 정부 내의 상하관계에 의한 권한질서에 의하여 권한쟁의를 해결하는 것이 불가능하지 않다. 따라서 권한쟁의심판의 당사자

능력은 헌법에 의하여 설치된 국가기관에 한정하여 인정하는 것이 타당하므로, 법률에 의하여 설치된 청구인에게는 권한쟁의심판의 당사자능력이 인정되지 아니한다(헌재 2022.12.22. 2022헌라5).

04 환경권 정답 ④

① [O] 환경권은 건강하고 쾌적한 생활을 유지하는 조건으로서 양호한 환경을 향유할 권리이고, 생명·신체의 자유를 보호하는 토대를 이루며, 궁극적으로 '삶의 질' 확보를 목표로 하는 권리이다(헌재 2014.6.26. 2011헌마150).

② [O] 환경권을 행사함에 있어 국민은 국가로부터 건강하고 쾌적한 환경을 향유할 수 있는 자유를 침해당하지 않을 권리를 행사할 수 있고, 일정한 경우 국가에 대하여 건강하고 쾌적한 환경에서 생활할 수 있도록 요구할 수 있는 권리가 인정되기도 하는바, 환경권은 그 자체 종합적 기본권으로서의 성격을 지닌다(헌재 2019.12.27. 2018헌마730).

③ [O] '건강하고 쾌적한 환경에서 생활할 권리'를 보장하는 환경권의 보호대상이 되는 환경에는 자연환경뿐만 아니라 인공적 환경과 같은 생활환경도 포함되므로(「환경정책기본법」 제3조), 일상생활에서 소음을 제거·방지하여 '정온한 환경에서 생활할 권리'는 환경권의 한 내용을 구성한다(헌재 2019.12.27. 2018헌마730).

❹ [×] 헌법 명문상 피청구인이 ○○주식회사 등에게 청구인들 소유 자동차들에 대한 자동차 교체명령을 해야 한다는 구체적인 작위의무가 규정되어 있지 않다. 헌법 제35조 제1항은 환경정책에 관한 국가적 규제와 조정을 뒷받침하는 헌법적 근거로서 대기오염으로 인한 국민건강 및 환경에 대한 위해를 방지하여야 할 국가의 추상적인 의무는 도출될 수 있으나, 이로부터 청구인들이 주장하는 바와 같이 피청구인이 위 주식회사 등에게 자동차교체명령을 하여야 할 구체적이고 특정한 작위의무가 도출된다고는 볼 수 없다. … 따라서 청구인들이 주장하는 바와 같은 공권력 주체의 작위의무가 법령에 구체적으로 규정되어 있다고 볼 수 없다. 결국 피청구인에게 청구인들이 주장하는 바와 같은 내용의 헌법상 작위의무가 있다고 볼 수 없다(헌재 2018.3.29. 2016헌마795).

05 평등권 정답 ②

① [O] 다른 전문직에 비하여 변호사는 포괄적인 직무영역과 그에 따른 더 엄격한 직무의무를 부담하고 있는바, 이는 변호사 직무의 공공성 및 그 포괄적 직무범위에 따른 사회적 책임성을 고려한 것으로서, 다른 전문직과 비교하여 차별취급의 합리적 이유가 있다고 할 것이므로, 변호사법 제29조(변호인선임서 등의 지방변호사회 경유제도)는 변호사의 평등권을 침해하지 아니한다(헌재 2013.5.30. 2011헌마131).

❷ [×] 토지소유자를 중심으로 볼 때 환지처분의 경우에는 종전 토지의 소유권이 그대로 새로운 토지에 남게 되는바, 이를 '자산이 유상으로 사실상 이전되는 양도'의 범위에 포함시킬 수 없으므로, 협의수용을 '양도'로 보고 양도소득세를 과세하는 것과 환지처분을 '양도'로 보지 않아 양도소득세를 비과세하는 것은

본질적으로 다른 것을 다르게 취급하는 것으로서 이로 인해 차별이 존재한다고 볼 수 없다(헌재 2007.4.26. 2006헌바71).

③ [O] 표시광고법 제5조 제1항에 의하면 거짓·과장의 광고와 관련하여 그 내용이 진실임을 입증할 책임은 사업자측에 있으므로, 이 사건 제품이 인체에 안전하다는 사실에 대한 입증책임은 피심인들에게 있는 것이었다. 피청구인은 이 사건 종료결정 당시까지 이 사건 제품의 인체 위해성 여부가 확인되지 않았다고 판단한바, 만약 표시·광고5 내지 7에 대하여도 심사절차를 진행하여 심의절차까지 나아갔더라면 이 사건 제품의 인체 안전성이 입증되지 못하였다는 이유로 거짓·과장의 광고에 해당한다고 보아 시정명령·과징금 등의 행정처분을 부과할 가능성이 있었다. 마찬가지의 이유에서 피청구인이 표시·광고 5 내지 7에 대한 심사절차를 진행하여 심의절차까지 나아갔더라면, 거짓·과장의 광고행위로 인한 표시광고법위반죄의 미필적 고의가 인정되어 피청구인의 고발 및 이에 따른 형사처벌이 이루어질 가능성도 있었다. 위 죄는 피청구인에게 전속고발권이 있어 피청구인의 고발이 없으면 공소제기가 불가능한바, 피청구인이 표시·광고 5 내지 7을 심사대상에서 제외함으로써 공소제기의 기회를 차단한 것은 청구인의 재판절차진술권 행사를 원천적으로 봉쇄하는 결과를 낳는 것이었다. 위와 같은 사정들을 모두 종합하여 보면, 피청구인이 표시·광고5 내지 7을 심사대상에서 제외한 행위는, 현저히 정의와 형평에 반하는 조사 또는 잘못된 법률의 적용 또는 증거판단에 따른 자의적인 것으로서, 그로 인하여 청구인의 평등권과 재판절차진술권이 침해되었다(헌재 2022.9.29. 2016헌마773).

④ [O] 유족연금은 원래 가계를 책임진 자의 사망으로 생활의 곤란을 겪게 될 가족의 생계보호를 위하여 도입된 제도로서, 자신이 보험료를 납부하여 그에 상응하는 급여를 받는 것이 아니라 결혼 또는 의존성 여부에 따라 결정되는 파생적 급여이고, 이 급여가 부모 등 가족의 기여에만 의지한다기보다는 전체 가입자가 불행을 당한 가입자의 가족을 원조하는 형태를 띠고 있다. 이러한 점에서 유족연금은 가입기간과 소득수준에 비례하는 노령연금과는 지급기준이 다르다. 또한 한정된 재원으로 유족연금 등 사회보장급부를 보다 절실히 필요로 하는 사람들에게 복지혜택을 주기 위해서는 그 필요성이 보다 절실하지 아니하는 사람들은 수급권자로부터 배제하지 않을 수 없다. 이러한 점을 고려할 때, 이 사건 유족 범위 조항이 사망한 가입자 등에 의하여 생계를 유지하고 있지 않은 자녀 또는 25세 이상인 자녀를 유족연금을 받을 수 있는 자녀의 범위에 포함시키지 않았다고 하더라도, 그 차별이 현저하게 불합리하거나 자의적인 차별이라고 볼 수 없다. 따라서 이 사건 유족 범위 조항은 청구인들의 평등권을 침해하지 않는다(헌재 2019.2.28. 2017헌마432).

가 표시되어 있지 않을 뿐만 아니라, 구체적인 법적 권리·의무를 창설하는 내용을 포함하고 있지도 않다. 이 사건 합의를 통해 일본군 '위안부' 피해자들의 권리가 처분되었다거나 대한민국 정부의 외교적 보호권한이 소멸하였다고 볼 수 없는 이상 이 사건 합의가 일본군 '위안부' 피해자들의 법적 지위에 영향을 미친다고 볼 수 없으므로 위 피해자들의 배상청구권 등 기본권을 침해할 가능성이 있다고 보기 어렵고, 따라서 이 사건 합의를 대상으로 한 헌법소원심판청구는 허용되지 않는다(헌재 2019.12.27. 2016헌마253).

ㄴ. [O] 헌법 제31조 제4항이 규정하는 교육의 자주성 및 대학의 자율성은 헌법 제22조 제1항이 보장하는 학문의 자유의 확실한 보장을 위해 꼭 필요한 것으로서 대학에 부여된 헌법상 기본권인 대학의 자율권이므로, 국립대학인 청구인도 이러한 대학의 자율권의 주체로서 헌법소원심판의 청구인능력이 인정된다(헌재 2015.12.23. 2014헌마1149).

ㄷ. [X] 이 사건 조치는, 「특정 금융거래정보의 보고 및 이용 등에 관한 법률」 등에 따라 자금세탁 방지의무 등을 부담하고 있는 금융기관에 대하여, 종전 가상계좌가 목적 외 용도로 남용되는 과정에서 자금세탁 우려가 상당하다는 점을 주지시키면서 그 우려를 불식시킬 수 있는 감시·감독체계와 새로운 거래체계, 소위 '실명확인 가상계좌 시스템'이 정착되도록, 금융기관에 방향을 제시하고 자발적 호응을 유도하려는 일종의 '단계적 가이드라인'에 불과하다. … 이 사건 조치는 당국의 우월적인 지위에 따라 일방적으로 강제된 것으로 볼 수 없으므로 헌법소원의 대상이 되는 공권력의 행사에 해당된다고 볼 수 없다(헌재 2021.11.25. 2017헌마1384 등).

ㄹ. [X] 이 사건 의견제시는 행정기관인 피청구인에 의한 비권력적 사실행위로서, 방송사업자인 청구인의 권리와 의무에 대하여 직접적인 법률효과를 발생시켜 청구인의 법률관계 내지 법적 지위를 불리하게 변화시킨다고 보기는 어렵고, 이 사건 의견제시의 법적성질 등에 비추어 이 사건 의견제시가 청구인의 표현의 자유를 제한하는 정도의 위축효과를 초래하였다고도 볼 수 없다. 따라서 이 사건 의견제시는 헌법소원의 대상이 되는 '공권력 행사'에 해당하지 않는다(헌재 2018.4.26. 2016헌마46).

ㅁ. [O] 헌법은 그 전체로서 주권자인 국민의 결단 내지 국민적 합의의 결과라고 보아야 할 것이므로, 헌법의 개별규정을 「헌법재판소법」 제68조 제1항 소정의 공권력 행사의 결과라고 볼 수도 없고, 따라서 국회가 헌법 제29조 제2항을 개정하지 아니하고 있는 것이 「헌법재판소법」 제68조 제1항 소정의 공권력의 불행사에 해당한다고 할 수 없다(헌재 1996.6.13. 94헌마118 등).

---

06 헌법소원심판 정답 ③

옳은 것은 ㄱ, ㄴ, ㅁ이다.

ㄱ. [O] 이 사건 합의는 양국 외교장관의 공동발표와 정상의 추인을 거친 공식적인 약속이지만, 서면으로 이루어지지 않았고, 통상적으로 조약에 부여되는 명칭이나 주로 쓰이는 조문 형식을 사용하지 않았으며, 헌법이 규정한 조약체결 절차를 거치지 않았다. 또한 합의 내용상 합의의 효력에 관한 양 당사자의 의사

---

07 종교의 자유 정답 ②

① [O] 시험일을 일요일로 정하는 경우 제칠일안식일예수재림교(이하 '재림교'라 한다)를 믿는 청구인의 종교의 자유에 대한 제한은 없을 것이나, 일요일에 종교적 의미를 부여하는 응시자의 종교의 자유를 제한하게 되므로, 종교의 자유 제한 문제는 기본권의 주체만을 달리하여 그대로 존속하게 된다. 또한 대부분의 지방자치단체에서 시험장소 임차 및 인력동원 등의 이유로 일요일 시험실시가 불가하거나 어려워, 현재로서는 일요일에 시험을 시행하는 것도 현실적으로 어려운 상황이다. 이러한 사정

을 고려할 때, 연 2회 실시되는 간호조무사 국가시험을 모두 토요일에 실시한다고 하여 그로 인한 기본권 제한이 지나치다고 볼 수 없다. 따라서 이 사건 공고는 과잉금지원칙에 반하여 청구인의 종교의 자유를 침해하지 아니한다(헌재 2023.6.29. 2021헌마171).

❷ [×] 피청구인이 청구인들로 하여금 개신교, 천주교, 불교, 원불교 4개 종교의 종교행사 중 하나에 참석하도록 한 것은 그 자체로 종교적 행위의 외적 강제에 해당한다. 이는 피청구인이 위 4개 종교를 승인하고 장려한 것이자, 여타 종교 또는 무종교보다 이러한 4개 종교 중 하나를 가지는 것을 선호한다는 점을 표현한 것이라고 보여질 수 있으므로 국가의 종교에 대한 중립성을 위반하여 특정 종교를 우대하는 것이다. 또한, 이 사건 종교행사 참석조치는 국가가 종교를, 군사력 강화라는 목적을 달성하기 위한 수단으로 전락시키거나, 반대로 종교단체가 군대라는 국가권력에 개입하여 선교행위를 하는 등 영향력을 행사할 수 있는 기회를 제공하므로, 국가와 종교의 밀접한 결합을 초래한다는 점에서 정교분리원칙에 위배된다(헌재 2022. 11.24. 2019헌마941).

③ [○] 종교의 자유에서 종교에 대한 적극적인 우대조치를 요구할 권리가 직접 도출되거나 우대할 국가의 의무가 발생하지 아니한다. 종교시설의 건축행위에만 기반시설부담금을 면제한다면 국가가 종교를 지원하여 종교를 승인하거나 우대하는 것으로 비칠 소지가 있어 헌법 제20조 제2항의 국교금지·정교분리에 위배될 수도 있다고 할 것이므로 종교시설의 건축행위에 대하여 기반시설부담금 부과를 제외하거나 감경하지 아니하였더라도, 종교의 자유를 침해하는 것이 아니다(헌재 2010.2.25. 2007헌바131 등).

④ [○] ○○구치소에 종교행사 공간이 1개뿐이고, 종교행사는 종교, 수형자와 미결수용자, 성별, 수용동 별로 진행되며, 미결수용자는 공범이나 동일사건 관련자가 있는 경우 이를 분리하여 참석하게 해야 하는 점을 고려하면 피청구인이 미결수용자 대상 종교행사를 4주에 1회 실시했더라도 종교의 자유를 과도하게 제한하였다고 보기 어렵고, 구치소의 인적·물적 여건상 하루에 여러 종교행사를 동시에 하기 어려우며, 개신교의 경우에만 그 교리에 따라 일요일에 종교행사를 허용할 경우 다른 종교와의 형평에 맞지 않고, 공휴일인 일요일에 종교행사를 할 행정적 여건도 마련되어 있지 않다는 점을 고려하면, 이 사건 종교행사 처우는 청구인의 종교의 자유를 침해하지 않는다(헌재 2015.4.30. 2013헌마190).

08 헌법소원심판 정답 ③

① [○] 행정규칙이라도 재량권행사의 준칙으로서 그 정한 바에 따라 되풀이 시행되어 행정관행을 이루게 되면, 행정기관은 평등의 원칙이나 신뢰보호의 원칙에 따라 상대방에 대한 관계에서 그 규칙에 따라야 할 자기구속을 당하게 되는바, 이 경우에는 대외적 구속력을 가진 공권력의 행사가 된다. 지방노동관서의 장은, 사업주가 이 사건 노동부 예규 제8조 제1항의 사항을 준수하도록 행정지도를 하고, 만일 이러한 행정지도에 위반하는 경우에는 연수추천단체에 필요한 조치를 요구하며, 사업주가 계속 이를 위반한 때에는 특별감독을 실시하여 제8조 제1항의 위반사항에 대하여 관계 법령에 따라 조치하여야 하는 반면, 사업주가 근로기준법상 보호대상이지만 제8조 제1항에 규정

되지 않은 사항을 위반한다 하더라도 행정지도, 연수추천단체에 대한 요구 및 관계 법령에 따른 조치 중 어느 것도 하지 않게 되는바, 지방노동관서의 장은 평등 및 신뢰의 원칙상 모든 사업주에 대하여 이러한 행정관행을 반복할 수밖에 없으므로, 결국 위 예규는 대외적 구속력을 가진 공권력의 행사가 된다. 나아가 위 예규 제4조와 제8조 제1항이 근로기준법 소정 일부 사항만을 보호대상으로 삼고 있으므로 청구인이 주장하는 평등권 등 기본권을 침해할 가능성도 있다. 그렇다면 이 사건 노동부 예규는 대외적인 구속력을 갖는 공권력행사로서 기본권침해의 가능성도 있으므로 헌법소원의 대상이 된다 할 것이다(헌재 2007.8.30. 2004헌마670).

② [○] 헌법이나 헌법해석상으로 피청구인들이 진실규명사건의 피해자인 청구인 정○○ 및 피해자의 배우자, 자녀, 형제인 청구인들(이하 '청구인 이○○ 등'이라 한다)에게 국가배상법에 의한 배상이나 형사보상법에 의한 보상과는 별개로 배상·보상을 하거나 위로금을 지급하여야 할 작위의무가 도출되지 아니한다. 또한 과거사정리법 제34조, 제36조 제1항이나 '고문 및 그 밖의 잔혹한·비인도적인 또는 굴욕적인 대우나 처벌의 방지에 관한 협약' 제14조로부터도 피청구인들이 청구인들에게 직접 금전적인 피해의 배상이나 보상, 위로금을 지급하여야 할 헌법에서 유래하는 작위의무가 도출된다고 볼 수 없다. 따라서 배상조치 부작위는 헌법소원의 대상이 되는 공권력의 불행사에 해당하지 아니한다(헌재 2021.9.30. 2016헌마1034).

❸ [×] 법인도 법인의 목적과 사회적 기능에 비추어 볼 때 그 성질에 반하지 않는 범위 내에서 인격권의 한 내용인 사회적 신용이나 명예 등의 주체가 될 수 있고 법인이 이러한 사회적 신용이나 명예 유지 내지 법인격의 자유로운 발현을 위하여 의사결정이나 행동을 어떻게 할 것인지를 자율적으로 결정하는 것도 법인의 인격권의 한 내용을 이룬다고 할 것이다(헌재 2012.8.23. 2009헌가27).

④ [○] 헌법재판소법 제68조 제2항의 헌법소원은 법률의 위헌 여부 심판의 제청신청을 하여 그 신청이 기각된 때에만 청구할 수 있는 것이므로, 청구인이 당해소송 법원에 위헌 여부 심판의 제청신청을 하지 않았고 따라서 법원의 기각결정도 없었다면 그 부분 심판청구는 심판청구요건을 갖추지 못하여 부적법하다(헌재 2009.12.8. 2009헌바331).

09 기본권 충돌 정답 ②

① [○] 기본권의 충돌이란 상이한 복수의 기본권주체가 서로의 권익을 실현하기 위해 하나의 동일한 사건에서 국가에 대하여 서로 대립되는 기본권의 적용을 주장하는 경우를 말하는데, 한 기본권주체의 기본권행사가 다른 기본권주체의 기본권행사를 제한 또는 희생시킨다는 데 그 특징이 있다(헌재 2005.11.24. 2002헌바95 등).

❷ [×] 흡연자가 비흡연자에게 아무런 영향을 미치지 않는 방법으로 흡연을 하는 경우에는 기본권의 충돌이 일어나지 않는다. 그러나 흡연자와 비흡연자가 함께 생활하는 공간에서의 흡연행위는 필연적으로 흡연자의 기본권과 비흡연자의 기본권이 충돌하는 상황이 초래된다. 그런데 흡연권은 위와 같이 사생활의 자유를 실질적 핵으로 하는 것이고 혐연권은 사생활의 자유뿐만 아니라 생명권에까지 연결되는 것이므로 혐연권이 흡연권보다 상위의 기본권이라 할 수 있다. 이처럼 상하의 위계질서

가 있는 기본권끼리 충돌하는 경우에는 상위기본권우선의 원칙에 따라 하위기본권이 제한될 수 있으므로, 결국 흡연권은 혐연권을 침해하지 않는 한에서 인정되어야 한다(헌재 2004. 8.26. 2003헌마457).

③ [O] 근로자가 노동조합을 결성하지 아니할 자유나 노동조합에 가입을 강제당하지 아니할 자유, 그리고 가입한 노동조합을 탈퇴할 자유는 근로자에게 보장된 단결권의 내용에 포섭되는 권리로서가 아니라 헌법 제10조의 행복추구권에서 파생되는 일반적 행동의 자유 또는 제21조 제1항의 결사의 자유에서 그 근거를 찾을 수 있다. 이와 같이 근로자의 단결하지 아니할 자유와 노동조합의 적극적 단결권이 충돌하는 경우 단결권 상호간의 충돌은 아니라고 하더라도 여전히 헌법상 보장된 일반적 행동의 자유 또는 결사의 자유와 적극적 단결권 사이의 기본권 충돌의 문제가 제기될 수 있다(헌재 2005.11.24. 2002헌바95 등).

④ [O] 이 사안은 국가가 태아의 생명 보호를 위해 확정적으로 만들어 놓은 자기낙태죄 조항이 임신한 여성의 자기결정권을 제한하고 있는 것이 과잉금지원칙에 위배되어 위헌인지 여부에 대한 것이다. 자기낙태죄 조항의 존재와 역할을 간과한 채 임신한 여성의 자기결정권과 태아의 생명권의 직접적인 충돌을 해결해야 하는 사안으로 보는 것은 적절하지 않다(헌재 2019.4.11. 2017헌바127).

---

10   참정권   정답 ③

① [O] 국내거주 재외국민은 주민등록을 할 수 없을 뿐이지 '국민인 주민'이라는 점에서는 '주민등록이 되어 있는 국민인 주민'과 실질적으로 동일하므로 지방선거 선거권 부여에 있어 양자에 대한 차별을 정당화할 어떠한 사유도 존재하지 않으며, 또한 헌법상의 권리인 국내거주 재외국민의 선거권이 법률상의 권리에 불과한 '영주의 체류자격 취득일로부터 3년이 경과한 19세 이상의 외국인'의 지방선거 선거권에 못 미치는 부당한 결과가 초래되고 있다는 점에서, 국내거주 재외국민에 대해 그 체류기간을 불문하고 지방선거 선거권을 전면적·획일적으로 박탈하는 구법 제15조 제2항 제1호, 제37조 제1항은 국내거주 재외국민의 평등권과 지방의회 의원선거권을 침해한다(헌재 2007.6.28. 2004헌마644 등).

② [O] 입법자가 선거 공정성 확보의 측면, 투표용지 배송 등 선거기술적인 측면, 비용 대비 효율성의 측면을 종합적으로 고려하여, 인터넷투표방법이나 우편투표방법을 채택하지 아니하고 원칙적으로 공관에 설치된 재외투표소에 직접 방문하여 투표하는 방법을 채택한 것이 현저히 불공정하고 불합리하다고 볼 수는 없으므로, 재외선거 투표절차조항은 재외선거인의 선거권을 침해하지 아니한다(헌재 2014.7.24. 2009헌마256 등).

❸ [×] 재외선거인의 등록신청서에 따라 재외선거인명부를 작성하는 방법은 해당 선거에서 투표할 권리가 있는지 확인함으로써 투표의 혼란을 막고, 선거권이 있는 재외선거인을 재외선거인명부에 등록하기 위한 합리적인 방법이다. 따라서 재외선거인 등록 신청조항이 재외선거권자로 하여금 선거를 실시할 때마다 재외선거인 등록신청을 하도록 규정한 것이 재외선거인의 선거권을 침해한다고 볼 수 없다(헌재 2014.7.24. 2009헌마256 등).

④ [O] 입법자는 재외선거제도를 형성하면서, 잦은 재·보궐선거는 재외국민으로 하여금 상시적인 선거체제에 직면하게 하는 점, 재외 재·보궐선거의 투표율이 높지 않을 것으로 예상되는 점, 재·보궐선거 사유가 확정될 때마다 전 세계 해외 공관을 가동하여야 하는 등 많은 비용과 시간이 소요된다는 점을 종합적으로 고려하여 재외선거인에게 국회의원의 재·보궐선거권을 부여하지 않았다고 할 것이고, 이와 같은 선거제도의 형성이 현저히 불합리하거나 불공정하다고 볼 수 없다. 따라서 재외선거인 등록신청조항은 재외선거인의 선거권을 침해하거나 보통선거원칙에 위배된다고 볼 수 없다(헌재 2014.7.24. 2009헌마256).

---

11   국회   정답 ①

❶ [×] 의장이 사고(事故)가 있을 때에는 의장이 지정하는 부의장이 그 직무를 대리한다(국회법 제12조 제1항). 의장이 심신상실 등 부득이한 사유로 의사표시를 할 수 없게 되어 직무대리자를 지정할 수 없을 때에는 소속 의원 수가 많은 교섭단체 소속 부의장의 순으로 의장의 직무를 대행한다(「국회법」 제12조 제2항).

② [O] 의장과 부의장이 모두 사고가 있을 때에는 임시의장을 선출하여 의장의 직무를 대행하게 한다(「국회법」 제13조).

③ [O] 「국회법」 제18조에 대한 옳은 내용이다.

> **제18조 【의장 등 선거 시의 의장 직무대행】** 의장 등의 선거에서 다음 각 호의 어느 하나에 해당할 때에는 출석의원 중 최다선(最多選) 의원이, 최다선 의원이 2명 이상인 경우에는 그 중 연장자가 의장의 직무를 대행한다.
> 1. 국회의원 총선거 후 처음으로 의장과 부의장을 선거할 때
> 2. 제15조 제2항에 따라 처음 선출된 의장 또는 부의장의 임기가 만료되는 경우 그 임기만료일 5일 전에 의장과 부의장의 선거가 실시되지 못하여 그 임기 만료 후 의장과 부의장을 선거할 때
> 3. 의장과 부의장이 모두 궐위되어 그 보궐선거를 할 때
> 4. 의장 또는 부의장의 보궐선거에서 의장과 부의장이 모두 사고가 있을 때
> 5. 의장과 부의장이 모두 사고가 있어 임시의장을 선거할 때

④ [O] 국회의원 총선거 후 의장이나 부의장이 선출될 때까지는 사무총장이 임시회 집회 공고에 관하여 의장의 직무를 대행한다. 처음 선출된 의장과 부의장의 임기만료일까지 부득이한 사유로 의장이나 부의장을 선출하지 못한 경우와 폐회 중에 의장·부의장이 모두 궐위(闕位)된 경우에도 또한 같다(「국회법」 제14조).

12 기본권제한   정답 ②

① [O] 감염병의 유행은 일률적이고 광범위한 기본권 제한을 허용하는 면죄부가 될 수 없고, 감염병의 확산으로 인하여 의료자원이 부족할 수도 있다는 막연한 우려를 이유로 확진환자 등의 응시를 일률적으로 금지하는 것은 청구인들의 기본권을 과도하게 제한한 것이라고 볼 수밖에 없다. 확진환자가 시험장 이외에 의료기관이나 생활치료센터 등 입원치료를 받거나 격리 중인 곳에서 시험을 치를 수 있도록 한다면 감염병 확산 방지라는 목적을 동일하게 달성하면서도 확진환자의 시험 응시 기회를 보장할 수 있다. 따라서 이 사건 알림 중 코로나19 확진환자의 시험 응시를 금지한 부분은 청구인들의 직업선택의 자유를 침해한다(헌재 2023.2.23. 2020헌마1736).

❷ [×] 이 사건 고위험자 이송은 시험장 출입 시 또는 시험 중에 37.5도 이상의 발열이나 기침 또는 호흡곤란 등의 호흡기 증상이 있는 응시자 중 고위험자를 의료기관에 이송하도록 하면서도 고위험자의 정의나 판단기준을 정하고 있지 않다. 따라서 고위험자의 분류 및 이송이 반드시 감염병 확산 방지와 적정한 시험 운영 및 관리를 위하여 필요한 범위 내에서 최소한으로만 이루어질 것이 보장된다고 볼 수 없다. … 따라서 피청구인 측의 판단에 따라 '고위험자'를 일률적으로 의료기관에 이송하도록 한 이 사건 고위험자 이송은 피해의 최소성을 충족하지 못한다. … 따라서 이 사건 알림 중 고위험자를 의료기관에 이송하도록 한 부분은 청구인들의 직업선택의 자유를 침해한다(헌재 2023.2.23. 2020헌마1736).

③ [O] 감염병예방법 제49조 제1항 제2호에 근거한 집합제한 조치로 인하여 청구인들의 일반음식점 영업이 제한되어 영업이익이 감소되었다 하더라도, 청구인들이 소유하는 영업 시설·장비 등에 대한 구체적인 사용·수익 및 처분권한을 제한받는 것은 아니므로, 보상규정의 부재가 청구인들의 재산권을 제한한다고 볼 수 없다(헌재 2023.6.29. 2020헌마1669).

④ [O] 최근 코로나19 팬데믹(pandemic) 사태로 인하여 보건복지부 고시로 의사·환자 간 비대면 진료·처방이 한시적으로 허용되고, 약사가 환자에게 의약품을 교부함에 있어 그 교부방식을 환자와 약사가 협의하여 결정할 수 있도록 한시적 예외가 인정되었지만, 의약품 판매는 국민의 건강과 직접 관련된 보건의료 분야라는 점을 고려할 때 선례조항이 의약품의 판매장소를 약국으로 제한하는 것은 여전히 불가피한 측면이 있다. … 과잉금지원칙을 위반하여 약국개설자의 직업수행의 자유를 침해한다고 볼 수 없다(헌재 2023.3.23. 2021헌바400).

13 거주·이전의 자유   정답 ①

❶ [×] 거주·이전의 자유는 국가의 간섭 없이 자유롭게 거주와 체류지를 정할 수 있는 자유로서 정치·경제·사회·문화 등 모든 생활영역에서 개성신장을 촉진함으로써 헌법상 보장되고 있는 다른 기본권들의 실효성을 증대시켜주는 기능을 한다. 구체적으로는 국내에서 체류지와 거주지를 자유롭게 정할 수 있는 자유영역뿐 아니라 나아가 국외에서 체류지와 거주지를 자유롭게 정할 수 있는 '해외여행 및 해외 이주의 자유'를 포함하고 덧붙여 대한민국의 국적을 이탈할 수 있는 '국적변경의 자유' 등도 그 내용에 포섭된다고 보아야 한다(헌재 2004.10.28. 2003헌가18).

② [O] 이 사건 법률조항은 국가의 근본요소 중 하나인 국민을 결정하는 기준이 되는 국적의 중요성을 고려하여, 귀화허가신청자의 진실성을 담보하고, 국적 관련 행정의 적법성을 확보하기 위한 것으로서 입법목적은 정당하고, 거짓이나 그 밖의 부정한 방법에 의해 귀화허가를 받은 경우 그 허가를 취소하는 것은 입법목적 달성을 위해 적절한 방법이다.
부정한 방법으로 귀화허가를 받았음에도 상당기간이 경과하였다고 하여 귀화허가의 효력을 그대로 둔 채 행정형벌이나 행정질서벌 등으로 제재를 가하는 것은 부정한 방법에 의한 국적취득을 용인하는 결과가 된다. 이 사건 법률조항의 위임을 받은 시행령은 귀화허가취소사유를 구체적이고 한정적으로 규정하고 있을 뿐 아니라, 법무부장관의 재량으로 위법의 정도, 귀화허가 후 형성된 생활관계, 귀화허가취소시 받게 될 당사자의 불이익 등은 물론 귀화허가시부터 취소시까지의 시간의 경과 정도 등을 고려하여 취소권 행사 여부를 결정하도록 하고 있으며, 귀화허가가 취소된다고 하더라도 외국인으로서 체류허가를 받아 계속 체류하거나 종전의 하자를 치유하여 다시 귀화허가를 받을 수 있으므로, 이 사건 법률조항이 귀화허가취소권의 행사기간을 제한하지 않았다고 하더라도 침해의 최소성원칙에 위배되지 아니한다. 한편, 귀화허가가 취소되는 경우 국적을 상실하게 됨에 따른 불이익을 받을 수 있으나, 국적 관련 행정의 적법성 확보라는 공익이 훨씬 더 크므로 법익균형성의 원칙에도 위배되지 아니한다. 따라서 이 사건 법률조항은 거주·이전의 자유 및 행복추구권을 침해하지 아니한다(헌재 2015.9.24. 2015헌바26).

③ [O] 병역준비역에 편입된 복수국적자의 국적선택 기간이 지났다고 하더라도, 그 기간 내에 국적이탈 신고를 하지 못한 데 대하여 사회통념상 그에게 책임을 묻기 어려운 사정, 즉 정당한 사유가 존재하고, 또한 병역의무 이행의 공평성 확보라는 입법목적을 훼손하지 않음이 객관적으로 인정되는 경우라면, 병역준비역에 편입된 복수국적자에게 국적선택 기간이 경과하였다고 하여 일률적으로 국적이탈을 할 수 없다고 할 것이 아니라, 예외적으로 국적이탈을 허가하는 방안을 마련할 여지가 있다. … 심판대상 법률조항의 존재로 인하여 복수국적을 유지하게 됨으로써 대상자가 겪어야 하는 실질적 불이익은 구체적 사정에 따라 상당히 클 수 있다. 국가에 따라서는 복수국적자가 공직 또는 국가안보와 직결되는 업무나 다른 국적국과 이익충돌 여지가 있는 업무를 담당하는 것이 제한될 가능성이 있다. 현실적으로 이러한 제한이 존재하는 경우, 특정 직업의 선택이나 업무 담당이 제한되는 데 따르는 사익 침해를 가볍게 볼 수 없다. 심판대상 법률조항은 과잉금지원칙에 위배되어 청구인의 국적이탈의 자유를 침해한다(헌재 2020.9.24. 2016헌마889).

④ [O] 이 사건 사업인정 의제조항에 의하여 주택 등에 대한 수용권이 발동됨으로써 주거이전의 자유가 사실상 제약당할 여지가 있으나, 주택 등의 재산권에 대한 수용이 헌법 제23조 제3항이 정하고 있는 정당보상의 원칙에 부합하는 이상 그러한 수용만으로 주거이전의 자유를 침해한다고는 할 수 없고, 더구나 이 사건 수용재결은 청구인 소유의 임야 및 그 지상 잣나무 등을 대상으로 하는 것이어서 청구인의 주거이전의 자유의 침해와는 관련이 없는 것이다(헌재 2011.11.24. 2010헌바231).

14 변호인의 조력을 받을 권리 정답 ③

① [X] 종래 이와 견해를 달리하여 헌법 제12조 제4항 본문에 규정된 변호인의 조력을 받을 권리는 형사절차에서 피의자 또는 피고인의 방어권을 보장하기 위한 것으로서 출입국관리법상 보호 또는 강제퇴거의 절차에도 적용된다고 보기 어렵다고 판시한 우리 재판소 결정은, 이 결정 취지와 저촉되는 범위 안에서 변경한다. … 청구인은 이 사건 변호인 접견신청 거부가 있었을 당시 행정기관인 피청구인에 의해 송환대기실에 구속된 상태였으므로, 헌법 제12조 제4항 본문에 따라 변호인의 조력을 받을 권리가 있다(헌재 2018.5.31. 2014헌마346).

② [X] 이 사건 변호인 접견신청 거부는 현행법상 아무런 법률상 근거가 없이 청구인의 변호인의 조력을 받을 권리를 제한한 것이므로, 청구인의 변호인의 조력을 받을 권리를 침해한 것이다. 또한 청구인에게 변호인 접견신청을 허용한다고 하여 국가안전보장, 질서유지, 공공복리에 어떠한 장애가 생긴다고 보기는 어렵고, 필요한 최소한의 범위 내에서 접견 장소 등을 제한하는 방법을 취한다면 국가안전보장이나 환승구역의 질서유지 등에 별다른 지장을 주지 않으면서도 청구인의 변호인 접견권을 제대로 보장할 수 있다. 따라서 이 사건 변호인 접견신청 거부는 국가안전보장이나 질서유지, 공공복리를 위해 필요한 기본권 제한조치로 볼 수도 없다(헌재 2018.5.31. 2014헌마346).

❸ [O] 청구인의 피의자 윤○현에 대한 접견신청은 '변호인이 되려는 자'에게 보장된 접견교통권의 행사 범위 내에서 이루어진 것이고, 또한 이 사건 검사의 접견불허행위는 헌법이나 법률의 근거 없이 이를 제한한 것이므로 청구인의 접견교통권을 침해하였다고 할 것이다(헌재 2019.2.28. 2015헌마1204).

④ [X] 이 사건 CCTV 관찰행위는 금지물품의 수수나 교정사고를 방지하거나 이에 적절하게 대처하기 위한 것으로 교도관의 육안에 의한 시선계호를 CCTV 장비에 의한 시선계호로 대체한 것에 불과하므로 그 목적의 정당성과 수단의 적합성이 인정된다. 형집행법 및 형집행법 시행규칙은 수용자가 입게 되는 피해를 최소화하기 위하여 CCTV의 설치·운용에 관한 여러 가지 규정을 두고 있고, 이에 따라 변호인접견실에 설치된 CCTV는 교도관이 CCTV를 통해 미결수용자와 변호인 간의 접견을 관찰하더라도 접견내용의 비밀이 침해되거나 접견교통에 방해가 되지 않도록 조치를 취하고 있는 점, 금지물품의 수수를 적발하거나 교정사고를 효과적으로 방지하고 교정사고가 발생하였을 때 신속하게 대응하기 위하여는 CCTV를 통해 관찰하는 방법 외에 더 효과적인 다른 방법을 찾기 어려운 점 등에 비추어 보면, 이 사건 CCTV 관찰행위는 그 목적을 달성하기 위하여 필요한 범위 내의 제한으로 침해의 최소성을 갖추었다. CCTV 관찰행위로 침해되는 법익은 변호인접견 내용의 비밀이 폭로될 수 있다는 막연한 추측과 감시받고 있다는 심리적인 불안 내지 위축으로 법익의 침해가 현실적이고 구체화되어 있다고 보기 어려운 반면, 이를 통하여 구치소 내의 수용질서 및 규율을 유지하고 교정사고를 방지하고자 하는 것은 교정시설의 운영에 꼭 필요하고 중요한 공익이므로, 법익의 균형성도 갖추었다. 따라서 이 사건 CCTV 관찰행위가 청구인의 변호인의 조력을 받을 권리를 침해한다고 할 수 없다(헌재 2016.4.28. 2015헌마243).

15 평등권 정답 ③

옳지 않은 것은 ㄴ, ㄷ, ㅁ이다.

ㄱ. [O] 의료인의 거짓·과장광고는 의료법에서 포괄적으로 처벌되고, 약사나 변호사의 거짓·과장광고 중 일부는 약사법 또는 변호사법에서, 나머지는 표시·광고의 공정화에 관한 법률에 의하여 처벌된다. 그렇다면 위 직역 간에 처벌되는 거짓·과장광고의 범위에 차이가 있다고 보기 어려우므로, 이 사건 법률조항들이 의료인을 약사나 변호사에 비하여 차별 취급하여 의료인의 평등권을 침해한다고 볼 수 없다(헌재 2015.12.23. 2012헌마685).

ㄴ. [X] 6개월 미만 근무한 월급근로자 또한 전직을 위한 시간적 여유를 갖거나 실직으로 인한 경제적 곤란으로부터 보호받아야 할 필요성이 있다. 그런데 심판대상조항은 근로관계의 성질과 관계없이 '월급근로자로서 6개월이 되지 못한 자'를 해고예고제도의 적용대상에서 제외하고 있으므로, 근무기간이 6개월 미만인 월급근로자의 근로의 권리를 침해한다. 또한 심판대상조항은 합리적 이유 없이 근무기간이 6개월 미만인 월급근로자를 6개월 이상 근무한 월급근로자 및 다른 형태로 보수를 지급받는 근로자와 차별하고 있으므로 평등원칙에도 위배된다(헌재 2015.12.23. 2014헌바3).

ㄷ. [X] 공무원의 종류에 따라 재산등록의무자의 범위를 다르게 정하였다고 하더라도 불합리한 차별이라고 보기 어렵다. 특히 경찰공무원의 경우 범죄의 예방·진압 및 수사, 치안정보의 수집·작성 및 배포, 교통의 단속과 위해의 방지, 기타 공공의 안녕과 질서유지 등 그 직무범위와 권한이 포괄적이므로 권한을 남용할 경우 국민에게 미치는 영향이 크다는 점, 경찰공무원 중 경사 계급은 현장수사의 핵심인력으로서 직무수행과 관련하여 많은 대민접촉이 이루어지므로 민사 분쟁에 개입하거나 금품을 수수하는 등의 비리 개연성이 높다는 점 등을 종합하여 보면, 교육공무원이나 군인 등과 달리 경찰업무의 특수성을 고려하여 경사 계급까지 등록의무를 부과한 것은 합리적인 이유가 있는 것이므로 이 사건 시행령조항이 청구인의 평등권을 침해한다고 볼 수 없다(헌재 2010.10.28. 2009헌마544).

ㄹ. [O] 방송토론회의 초청자격을 제한하지 않아 토론자가 너무 많을 경우 시간상 제약 등으로 실질적인 토론과 공방이 이루어지지 않고 후보자에 대한 정책검증이 어려운 점, 대다수의 국민이나 선거구민들이 여론조사에서 높은 지지율을 얻은 후보자에 대하여 관심을 가지고 있다고 보아야 하는 점, 선거방송토론위원회는 위 토론회에 초청받지 못한 후보자들을 대상으로 다른 대담·토론회를 개최할 수 있는 점 등에 비추어 보면, 이 사건 법률조항에 의한 위와 같은 차별에는 이를 정당화할 수 있는 합리적인 이유가 있다고 할 것이다. 따라서 이 사건 법률조항이 청구인들의 평등권이나 선거운동의 기회균등을 침해하는 것으로 보기 어렵다(헌재 2009.3.26. 2007헌마1327).

ㅁ. [X] 법 제13조의2는 노동쟁의의 자주적 해결을 위하여 노동관계 당사자가 아닌 제3자의 쟁의행위에의 조종·선동·방해행위를 금지하고 있는데, 그 금지는 근로자 측으로의 개입뿐만 아니라 사용자 측으로의 개입에 대하여서도 마찬가지로 규정하고 있으므로, 쟁의행위를 차등하여 규제하는 것은 아님이 명백하다. … 제3자 개입금지가 근로3권을 제한하는 규정이 아니고, 근로자들이 변호사나 공인노무사 등의 조력을 받는 것과 같이 근로3권을 행사함에 있어 자주적 의사결정을 침해받지 아니하는 범위 안에서 필요한 제3자의 조력을 받는 것을 금지하는 것도 아니다(헌재 1990.1.15. 89헌가103).

16 학교폭력 정답 ①

❶ [X] 서면사과 조치는 내용에 대한 강제 없이 자신의 행동에 대한 반성과 사과의 기회를 제공하는 교육적 조치로 마련된 것이고, 가해학생에게 의견진술 등 적정한 절차적 기회를 제공한 뒤에 학교폭력 사실이 인정되는 것을 전제로 내려지는 조치이며, 이를 불이행하더라도 추가적인 조치나 불이익이 없다. 또한 이러한 서면사과의 교육적 효과는 가해학생에 대한 주의나 경고 또는 권고적인 조치만으로는 달성하기 어렵다. … 따라서 이 사건 서면사과조항이 가해학생의 양심의 자유와 인격권을 과도하게 침해한다고 보기 어렵다(헌재 2023.2.23. 2019헌바93 등).

② [O] 가해학생의 접촉, 협박이나 보복행위를 금지하는 것은 피해학생과 신고·고발한 학생의 안전한 학교생활을 위한 불가결한 조치이다. 이 사건 접촉 등 금지조항은 가해학생의 의도적인 접촉 등만을 금지하고 통상적인 학교 교육활동 과정에서 의도하지 않은 접촉까지 모두 금지하는 것은 아니며, 학교폭력의 지속성과 은닉성, 가해학생의 접촉, 협박 및 보복행위 가능성, 피해학생의 피해정도 등을 종합적으로 고려하여 이루어지는 것이므로, 가해학생의 일반적 행동자유권을 침해한다고 보기 어렵다(헌재 2023.2.23. 2019헌바93 등).

③ [O] 이 사건 학급교체조항은 학교폭력의 심각성, 가해학생의 반성 정도, 피해학생의 피해 정도 등을 고려하여 가해학생과 피해학생의 격리가 필요한 경우에 행해지는 조치로서 가해학생은 학급만 교체될 뿐 기존에 받았던 교육 내용이 변경되는 것은 아니다. 피해학생이 가해학생과 동일한 학급 내에 있으면서 지속적으로 학교폭력의 위험에 노출된다면 심대한 정신적, 신체적 피해를 입을 수 있으므로, 이 사건 학급교체조항이 가해학생의 일반적 행동자유권을 과도하게 침해한다고 보기 어렵다(헌재 2023.2.23. 2019헌바93 등).

④ [O] 가해학생에 대한 각 조치별 적용기준을 학교폭력의 태양이나 심각성, 피해학생의 피해 정도나 가해학생에 미치는 교육적 효과 등 여러 가지 요소를 종합적으로 고려하여 정하는 것이 피해학생의 보호와 가해학생의 선도 및 교육에 보다 효과적인 방법이 될 수 있으므로, 대통령령에 위임할 필요성이 인정된다. 또한, 구 학교폭력예방법 제17조는 가해학생에 대한 조치의 경중 및 각 조치의 병과 여부 등 조치별 적용 기준의 기본적인 내용을 법률에서 직접 규정하고 있으므로, 이 사건 조치별 적용기준 위임규정에 따라 대통령령에 규정될 내용은 자치위원회가 가해학생에 대한 조치의 내용을 정함에 있어 고려해야 할 학교폭력의 태양이나 정도, 피해학생의 피해 정도나 피해 회복 여부, 가해학생의 태도 등 세부적인 기준에 관한 내용이 될 것임을 충분히 예측할 수 있다. 따라서 이 사건 조치별 적용기준 위임규정은 포괄위임금지원칙에 위배되지 않는다(헌재 2023.2.23. 2019헌바93 등).

17 직업의 자유 정답 ④

① [X] 구 음반에 관한 법률 제3조 제1항이 비디오물을 포함하는 음반제작자에 대하여 일정한 시설을 갖추어 문화공보부에 등록할 것을 명하는 것은 음반제작에 필수적인 기본시설을 갖추지 못함으로써 발생하는 폐해방지 등의 공공복리 목적을 위한 것

으로서 헌법상 금지된 허가제나 검열제와는 다른 차원의 규정이고, 예술의 자유나 언론·출판의 자유를 본질적으로 침해하였다거나 헌법 제37조 제2항의 과승금지의 원칙에 반한다고 할 수 없다(헌재 1993.5.13. 91헌바17).

② [X] 사립유치원은 비록 설립주체의 사유재산으로 설립·운영되기는 하지만, 유아교육법, 사립학교법 등 교육관계법령에 의하여 국·공립학교와 마찬가지의 재정적 지원과 감독·통제를 받는 학교로서, 사립유치원의 재정 및 회계의 건전성과 투명성은 그 유치원에 의하여 수행되는 교육의 공공성과 직결된다고 할 것이므로, 사립유치원의 회계투명성을 확보하기 위하여 교비회계 업무를 처리함에 있어 국가관리회계시스템(에듀파인)을 이용하도록 한 것은 사립유치원 설립·경영자의 사립학교 운영의 자유를 침해하지 아니한다고 결정한 사건이다(헌재 2021.11.25. 2019헌마542).

③ [X] 심판대상조항은 취업제한기간을 퇴직일부터 2년간에서 3년간으로 연장하고, 취업심사대상기관의 범위를 확대하여 규정하고 있으나, 민관유착의 폐해를 방지하고 공직수행의 공공성을 강화해야 한다는 사회적 요청과 공직자 부패가 사회에 미치는 영향 등을 고려할 때 위와 같은 사정만으로 위 헌법재판소 선례의 판단을 변경할 만한 필요성이 인정된다고 보기 어려우므로, 청구인들의 직업의 자유를 침해하지 아니한다(헌재 2021.11.25. 2019헌마555).

❹ [O] 취업제한조항이 성적목적공공장소침입죄 전력만으로 그가 장래에 동일한 유형의 범죄를 저지를 것을 당연시하고, 형의 집행이 종료된 때로부터 10년이 경과하기 전에는 결코 재범의 위험성이 소멸하지 않는다고 보아, 각 행위의 죄질에 따른 상이한 제재의 필요성을 간과함으로써, 위 범죄 전력자 중 재범의 위험성이 없는 자, 위 범죄 전력이 있지만 10년의 기간 안에 재범의 위험성이 해소될 수 있는 자, 범행의 정도가 가볍고 재범의 위험성이 상대적으로 크지 않은 자에게까지 10년 동안 일률적인 취업제한을 하고 있는 것은 침해의 최소성원칙과 법익의 균형성원칙에 위배된다. 따라서 취업제한조항은 청구인의 직업선택의 자유를 침해한다(헌재 2016.10.27. 2014헌마709).

18 신뢰보호원칙 정답 ④

① [O] 신뢰보호의 원칙은 법치국가원리에 근거를 두고 있는 헌법상의 원칙으로서 특정한 법률에 의하여 발생한 법률관계는 그 법에 따라 파악되고 판단되어야 하고, 과거의 사실관계가 그 뒤에 생긴 새로운 법률의 기준에 따라 판단되지 않는다는 국민의 신뢰를 보호하기 위한 것이나, 사회환경이나 경제여건의 변화에 따른 정책적인 필요에 의하여 공권력행사의 내용은 신축적으로 바뀔 수밖에 없고, 그 바뀐 공권력행사에 의하여 발생된 새로운 법질서와 기존의 법질서와의 사이에는 어느정도 이해관계의 상충이 불가피하므로 국민들의 국가의 공권력행사에 관하여 가지는 모든 기대 내지 신뢰가 절대적인 권리로서 보호되는 것은 아니라고 할 것이다(헌재 1996.4.25. 94헌마119).

② [O] 디엔에이신원확인정보의 수집·이용은 수형인 등에게 심리적 압박으로 인한 범죄예방효과를 가진다는 점에서 보안처분의 성격을 지니지만, 처벌적인 효과가 없는 비형벌적 보안처분으로서 소급입법금지원칙이 적용되지 않는다. 이 사건 법률의 소

급적용으로 인한 공익적 목적이 당사자의 손실보다 더 크므로, 이 사건 부칙 조항이 법률 시행 당시 디엔에이감식시료 채취 대상범죄로 실형이 확정되어 수용 중인 사람들까지 이 사건 법률을 적용한다고 하여 소급입법금지원칙에 위배되는 것은 아니다(헌재 2014.8.28. 2011헌마28 등).

③ [O] 신상정보 공개·고지명령의 근본적인 목적은 재범방지와 사회방위이고, 법원은 '신상정보를 공개하여서는 아니 될 특별한 사정'이 있는지 여부에 관하여 재범의 위험성을 고려하여 공개·고지명령을 선고하고 있으므로, 신상정보 공개·고지명령의 법적성격은 형벌이 아니라 보안처분이다. 신상정보 공개·고지명령은 형벌과는 구분되는 비형벌적 보안처분으로서 어떠한 형벌적 효과나 신체의 자유를 박탈하는 효과를 가져오지 아니하므로 소급처벌금지원칙이 적용되지 아니한다. 따라서 심판대상조항은 소급처벌금지원칙에 위배되지 않는다(헌재 2016.12.29. 2015헌바196).

❹ [×] 신법이 피적용자에게 유리한 경우에는 이른바 시혜적인 소급입법이 가능하지만 이를 입법자의 의무라고는 할 수 없고, 그러한 소급입법을 할 것인지의 여부는 입법재량의 문제로서 그 판단은 일차적으로 입법기관에 맡겨져 있으며, 이와 같은 시혜적 조치를 할 것인가 하는 문제는 국민의 권리를 제한하거나 새로운 의무를 부과하는 경우와는 달리 입법자에게 보다 광범위한 입법형성의 자유가 인정된다(헌재 1995.12.28. 95헌마196).

19 　출생등록될 권리　　　　　　　　정답 ④

① [O] ② [O] 태어난 즉시 '출생등록될 권리'는 '출생 후 아동이 보호를 받을 수 있을 최대한 빠른 시점'에 아동의 출생과 관련된 기본적인 정보를 국가가 관리할 수 있도록 등록할 권리로서, 아동이 사람으로서 인격을 자유로이 발현하고, 부모와 가족 등의 보호하에 건강한 성장과 발달을 할 수 있도록 최소한의 보호장치를 마련하도록 요구할 수 있는 권리이다. 이는 헌법에 명시되지 아니한 독자적 기본권으로서, 자유로운 인격실현을 보장하는 자유권적 성격과 아동의 건강한 성장과 발달을 보장하는 사회적 기본권의 성격을 함께 지닌다. … 따라서 심판대상조항들은 입법형성권의 한계를 넘어서서 실효적으로 출생등록될 권리를 보장하고 있다고 볼 수 없으므로, 혼인 중 여자와 남편 아닌 남자 사이에서 출생한 자녀에 해당하는 혼인 외 출생자인 청구인들의 태어난 즉시 '출생등록될 권리'를 침해한다(헌재 2023.3.23. 2021헌마975).

③ [O] 태어난 즉시 '출생등록될 권리'는 입법자가 출생등록제도를 통하여 형성하고 구체화하여야 할 권리이다. 그러나 태어난 즉시 '출생등록될 권리'의 실현은 일반적인 사회적 기본권과 달리 국가 자원 배분의 문제와는 직접적인 관련이 없고, 이를 제한하여야할 다른 공익을 상정하기 어려우며, 출생등록이 개인의 인격 발현에 미치는 중요한 의미를 고려할 때, 입법자는 출생등록제도를 형성함에 있어 단지 출생등록의 이론적 가능성을 허용하는 것에 그쳐서는 아니되며, 실효적으로 출생등록될 권리가 보장되도록 하여야 한다(헌재 2023.3.23. 2021헌마975).

❹ [×] 심판대상조항들이 혼인 중인 여자와 남편 아닌 남자 사이에서 출생한 자녀의 경우에 혼인 외 출생자의 신고의무를 모에게만 부과하고, 남편 아닌 남자인 생부에게 자신의 혼인 외 자녀에 대해서 출생신고를 할 수 있도록 규정하지 아니한 것은 모는

출산으로 인하여 그 출생자와 혈연관계가 형성되는 반면에, 생부는 그 출생자와의 혈연관계에 대한 확인이 필요할 수도 있고, 그 출생자의 출생사실을 모를 수도 있다는 점에 있으며, 이에 따라 가족관계등록법은 모를 중심으로 출생신고를 규정하고, 모가 혼인 중일 경우에 그 출생자는 모의 남편의 자녀로 추정하도록 한 「민법」의 체계에 따르도록 규정하고 있는 점에 비추어 합리적인 이유가 있다. 그렇다면, 심판대상조항들은 생부인 청구인들의 평등권을 침해하지 않는다(헌재 2023.3.23. 2021헌마975).

20 　재판청구권　　　　　　　　　　정답 ③

① [O] 군인 또는 군무원이 아닌 국민에 대한 군사법원의 예외적인 재판권을 정한 헌법 제27조 제2항에 규정된 군용물에는 군사시설이 포함되지 않는다. 그렇다면 '군사시설' 중 '전투용에 공하는 시설'을 손괴한 일반 국민이 항상 군사법원에서 재판받도록 하는 이 사건 법률조항은, 비상계엄이 선포된 경우를 제외하고는 '군사시설'에 관한 죄를 범한 군인 또는 군무원이 아닌 일반 국민은 군사법원의 재판을 받지 아니하도록 규정한 헌법 제27조 제2항에 위반되고, 국민이 헌법과 법률이 정한 법관에 의한 재판을 받을 권리를 침해한다(헌재 2013.11.28. 2012헌가10).

② [O] 이 사건 영장절차 조항은 채취대상자에게 디엔에이감식시료채취영장 발부 과정에서 자신의 의견을 진술할 수 있는 기회를 절차적으로 보장하고 있지 않을 뿐만 아니라, 발부 후 그 영장발부에 대하여 불복할 수 있는 기회를 주거나 채취행위의 위법성 확인을 청구할 수 있도록 하는 구제절차마저 마련하고 있지 않다. 위와 같은 입법상의 불비가 있는 이 사건 영장절차 조항은 채취대상자인 청구인들의 재판청구권을 과도하게 제한하므로, 침해의 최소성 원칙에 위반된다. 이 사건 영장절차 조항에 따라 발부된 영장에 의하여 디엔에이신원확인정보를 확보할 수 있고, 이로써 장래 범죄수사 및 범죄예방 등에 기여하는 공익적 측면이 있으나, 이 사건 영장절차 조항의 불완전·불충분한 입법으로 인하여 채취대상자의 재판청구권이 형해화되고 채취대상자가 범죄수사 및 범죄예방의 객체로만 취급받게 된다는 점에서, 양자 사이에 법익의 균형성이 인정된다고 볼 수도 없다. 따라서 이 사건 영장절차 조항은 과잉금지원칙을 위반하여 청구인들의 재판청구권을 침해한다(헌재 2018.8.30. 2016헌마344).

❸ [×] 헌법 제27조가 보장하는 재판청구권에는 공정한 헌법재판을 받을 권리도 포함되고, 헌법 제111조 제2항은 헌법재판소가 9인의 재판관으로 구성된다고 명시하여 다양한 가치관과 헌법관을 가진 9인의 재판관으로 구성된 합의체가 헌법재판을 담당하도록 하고 있으며, 같은 조 제3항은 재판관 중 3인은 국회에서 선출하는 자를 임명한다고 규정하고 있다. 그렇다면 헌법 제27조, 제111조 제2항 및 제3항의 해석상, 피청구인이 선출하여 임명된 재판관 중 공석이 발생한 경우, 국회는 공정한 헌법재판을 받을 권리의 보장을 위하여 공석인 재판관의 후임자를 선출하여야 할 구체적 작위의무를 부담한다고 할 것이다(헌재 2014.4.24. 2012헌마2).

④ [O] 심리불속행 상고기각판결에 이유를 기재한다고 해도, 현실적으로 '상고심 절차에 관한 특례법' 제4조의 심리속행사유에 해당하지 않는다는 정도의 이유기재에 그칠 수밖에 없고, 나아가 그 이상의 이유기재를 하게 하더라도 이는 법령해석의 통일을 주된 임무로 하는 상고심에게 불필요한 부담만 가중시키는 것으로서 심리불속행제도의 입법취지에 반하는 결과를 초래할 수 있으므로, '상고심 절차에 관한 특례법' 제5조 제1항 중 제4조에 관한 부분이 재판청구권 등을 침해하여 위헌이라고 볼 수 없다(헌재 2008.5.29. 2007헌마1408).

21 형사보상청구권 정답 ①

❶ [×] 권리의 행사가 용이하고 일상 빈번히 발생하는 것이거나 권리의 행사로 인하여 상대방의 지위가 불안정해지는 경우 또는 법률관계를 보다 신속히 확정하여 분쟁을 방지할 필요가 있는 경우에는 특별히 짧은 소멸시효나 제척기간을 인정할 필요가 있으나, 이 사건 법률조항은 위의 어떠한 사유에도 해당하지 아니하는 등 달리 합리적인 이유를 찾기 어렵고, 일반적인 사법상의 권리보다 더 확실하게 보호되어야 할 권리인 형사보상청구권의 보호를 저해하고 있다. … 아무런 합리적인 이유 없이 그 청구기간을 1년이라는 단기간으로 제한한 것은 입법 목적 달성에 필요한 정도를 넘어선 것이라고 할 것이다. … 이 사건 법률조항은 입법재량의 한계를 일탈하여 청구인의 형사보상청구권을 침해한 것이다(헌재 2010.7.29. 2008헌가4).

② [O] 형사보상청구권과 직접적인 이해관계를 가진 당사자는 형사피고인과 국가밖에 없는데, 국가가 무죄판결을 선고받은 형사피고인에게 넓게 형사보상청구권을 인정함으로써 감수해야 할 공익은 경제적인 것에 불과하고 그 액수도 국가 전체 예산규모에 비추어 볼 때 미미하다고 할 것이다. 또한 형사피고인에게 넓게 형사보상청구권을 인정한다고 하여 법적 혼란이 초래될 염려도 전혀 없다(헌재 2010.7.29. 2008헌가4).

③ [O] 우리나라는 건국헌법부터 피고인보상을 규정하였고, 형사피고인에만 인정되었던 형사보상청구권이 형사피의자까지 확대 적용되기 시작한 것은 현행헌법(제9차 개정헌법)부터이다.

④ [O] 보상액의 산정에 기초되는 사실인정이나 보상액에 관한 판단에서 오류나 불합리성이 발견되는 경우에도 그 시정을 구하는 불복신청을 할 수 없도록 하는 것은 형사보상청구권 및 그 실현을 위한 기본권으로서의 재판청구권의 본질적 내용을 침해하는 것이라 할 것이고, 나아가 법적안정성만을 지나치게 강조함으로써 재판의 적정성과 정의를 추구하는 사법제도의 본질에 부합하지 아니하는 것이다. 또한, 불복을 허용하더라도 즉시항고는 절차가 신속히 진행될 수 있고 사건수도 과다하지 아니한데다 그 재판내용도 비교적 단순하므로 불복을 허용한다고 하여 상급심에 과도한 부담을 줄 가능성은 별로 없다고 할 것이어서, 이 사건 불복금지조항은 형사보상청구권 및 재판청구권을 침해한다고 할 것이다(헌재 2010.10.28. 2008헌마514).

22 직업의 자유 정답 ④

① [×] 의료는 단순한 상거래의 대상이 아니라 사람의 생명과 건강을 다루는 특별한 것으로서, 국민보건에 미치는 영향이 크다. 그 외에 우리나라의 취약한 공공의료의 실태, 의료인이 여러 개의 의료기관을 운영할 때 의료계 및 국민건강보험 재정 등 국민보건 전반에 미치는 영향, 국가가 국민의 건강을 보호하고 적정한 의료급여를 보장해야 하는 사회국가적 의무 등을 종합하여 볼 때, 의료의 질을 관리하고 건전한 의료질서를 확립하기 위하여 1인의 의료인에 대하여 운영할 수 있는 의료기관의 수를 제한하고 있는 입법자의 판단이 입법재량을 명백히 일탈하였다고 보기는 어렵다. … 이 사건 법률조항은 과잉금지원칙에 반한다고 할 수 없다(헌재 2019.8.29. 2014헌바212 등).

② [×] 심판대상조항은 온라인서비스제공자의 직업의 자유, 구체적으로는 영업수행의 자유를 제한하며, 서비스이용자의 통신의 비밀과 표현의 자유를 제한한다. … 심판대상조항을 통하여 아동음란물의 광범위한 유통·확산을 사전적으로 차단하고 이를 통해 아동음란물이 초래하는 각종 폐해를 방지하며 특히 관련된 아동·청소년의 인권 침해 가능성을 사전적으로 차단할 수 있는바, 이러한 공익이 사적 불이익보다 더 크다. 따라서 심판대상조항은 온라인서비스제공자의 영업수행의 자유, 서비스이용자의 통신의 비밀과 표현의 자유를 침해하지 아니한다(헌재 2018.6.28. 2016헌가15).

③ [×] 언론·출판의 자유를 침해하는 것이지 직업의 자유를 침해하지 않는다.

> '음란'의 개념은 규범적인 것으로서 그 시대의 사회윤리적인 가치판단과 연관을 맺는 상대적인 개념이고, 또 '공중도덕'이나 '사회윤리'라는 개념들도 막연하고 추상적인 개념이어서 법집행자의 주관이나 자의적인 판단에 맡겨질 위험성이 큼에도 이 사건 법률조항은 '음란'이나 '저속'에 관하여 아무런 개념규정도 없이 전적으로 행정기관인 등록청에 그 판단을 맡기고 있어 헌법이 보장하는 언론·출판의 자유를 제한함에 있어 요구되는 명확성의 원칙, 명백하고 현존하는 위험의 원칙 등에 위반하여 위헌이라고 볼 여지가 있다(헌재 1998.4.30. 95헌가16).

❹ [O] 택시운송사업에 사용되는 차량의 총량을 합리적으로 조정함으로써 수요공급의 균형을 이루어 택시운송업의 안정적 발전을 유지하고자 하는 것은 중대한 공익이라고 할 것이다. 심판대상조항으로 인하여 일반택시운송사업자가 원하는 시기에 자유롭게 택시운송사업을 양도하지 못함으로써 직업수행의 자유와 재산권을 제한받게 된다고 하더라도, 그로 인하여 입게 되는 불이익이 심판대상조항을 통하여 달성하고자 하는 공익보다 크다고 할 수 없으므로, 심판대상조항은 추구하는 공익과 제한되는 기본권 사이의 법익균형성 요건도 충족하고 있다. 심판대상조항은 과잉금지원칙을 위반하여 일반택시운송사업자의 직업수행의 자유와 재산권을 침해하지 아니한다(헌재 2019.9.26. 2017헌바467).

23 표현의 자유 정답 ③

① [O] 심판대상조항은 정보위원회의 회의 일체를 비공개 하도록 정함으로써 정보위원회 활동에 대한 국민의 감시와 견제를 사실상 불가능하게 하고 있다. 또한 헌법 제50조 제1항 단서에서 정하고 있는 비공개사유는 각 회의마다 충족되어야 하는 요건으로 입법과정에서 재적의원 과반수의 출석과 출석의원 과반수의 찬성으로 의결되었다는 사실만으로 헌법 제50조 제1항 단서의 '출석위원 과반수의 찬성'이라는 요건이 충족되었다고 볼 수도 없다. 따라서 심판대상조항은 헌법 제50조 제1항에 위배되는 것으로 청구인들의 알 권리를 침해한다(헌재 2022.1.27. 2018헌마1162).

② [O] 심판대상조항은 당내경선의 형평성과 공정성을 확보하기 위한 것으로 목적의 정당성과 수단의 적합성이 인정된다. 그러나 안성시시설관리공단의 상근직원은 안성시시설관리공단의 경영에 관여하거나 실질적인 영향력을 미칠 수 있는 권한을 가지고 있지 아니하므로, 경선운동을 한다고 하여 그로 인한 부작용과 폐해가 크다고 보기 어렵다. 또한 공직선거법은 이미 안성시시설관리공단의 상근직원이 당내경선에 직·간접적으로 영향력을 행사하는 행위들을 금지·처벌하는 규정들을 마련하고 있다. 안성시시설관리공단의 상근직원이 그 지위를 이용하여 경선운동을 하는 행위를 금지·처벌하는 규정을 두는 것은 별론으로 하고, 경선운동을 일률적으로 금지·처벌하는 것은 정치적 표현의 자유를 과도하게 제한하는 것이다. 정치적 표현의 자유의 중대한 제한에 비하여, 안성시시설관리공단의 상근직원이 당내경선에서 공무원에 준하는 영향력이 있다고 볼 수 없는 점 등을 고려하면 심판대상조항이 당내경선의 형평성과 공정성의 확보라는 공익에 기여하는 바가 크다고 보기 어렵다. 따라서 심판대상조항은 과잉금지원칙에 반하여 정치적 표현의 자유를 침해한다(헌재 2022.12.22. 2021헌가36).

❸ [X] 등록조항은 인터넷신문의 명칭, 발행인과 편집인의 인적사항 등 인터넷신문의 외형적이고 객관적 사항을 제한적으로 등록하도록 하고 있고, 고용조항 및 확인조항은 5인 이상 취재 및 편집 인력을 고용하되, 그 확인을 위해 등록 시 서류를 제출하도록 하고 있다. 이런 조항들은 인터넷신문에 대한 인적 요건의 규제 및 확인에 관한 것으로, 인터넷신문의 내용을 심사·선별하여 사전에 통제하기 위한 규정이 아님이 명백하다. 따라서 등록조항은 사전허가금지원칙에도 위배되지 않는다(헌재 2016.10.27. 2015헌마1206등).

④ [O] 현행 헌법상 사전검열은 표현의 자유 보호대상이면 예외 없이 금지된다. 건강기능식품의 기능성 광고는 인체의 구조 및 기능에 대하여 보건용도에 유용한 효과를 준다는 기능성 등에 관한 정보를 널리 알려 해당 건강기능식품의 소비를 촉진시키기 위한 상업광고이지만, 헌법 제21조 제1항의 표현의 자유의 보호 대상이 됨과 동시에 같은 조 제2항의 사전검열 금지 대상도 된다. … 따라서 이 사건 건강기능식품 기능성광고 사전심의는 그 검열이 행정권에 의하여 행하여진다 볼 수 있고, 헌법이 금지하는 사전검열에 해당하므로 헌법에 위반된다(헌재 2018.6.28. 2016헌가8 등).

24 정당 정답 ③

① [O] 정당이 국민 속에 뿌리를 내리고, 국민과 밀접한 접촉을 통하여 국민의 의사와 이익을 대변하고, 이를 국가와 연결하는 중개자로서의 역할을 수행하기 위해서 정당은 정치적으로뿐만 아니라 재정적으로도 국민의 동의와 지지에 의존하여야 하며, 정당 스스로 국민들로부터 그 재정을 충당하기 위해 노력해야 한다. 이러한 의미에서 정당이 당원 내지 후원자들로부터 정당의 목적에 따른 활동에 필요한 정치자금을 모금하는 것은 정당의 조직과 기능을 원활하게 수행하는 필수적인 요소이자 정당활동의 자유를 보장하기 위한 필수불가결한 전제로서, 정당활동의 자유의 내용에 당연히 포함된다고 할 수 있다(헌재 2015.12.23. 2013헌바168).

② [O] 「정당법」 제19조 제1항에 대한 옳은 내용이다.

> 제19조【합당】① 정당이 새로운 당명으로 합당(이하 "신설합당"이라 한다)하거나 다른 정당에 합당(이하 "흡수합당"이라 한다)될 때에는 합당을 하는 정당들의 대의기관이나 그 수임기관의 합동회의의 결의로써 합당할 수 있다.

❸ [X] 그 소속 국회의원 전원의 3분의 2 이상이 아닌 2분의 1 이상의 찬성을 요한다.

> 「정당법」 제33조【정당소속 국회의원의 제명】정당이 그 소속 국회의원을 제명하기 위해서는 당헌이 정하는 절차를 거치는 외에 그 소속 국회의원 전원의 2분의 1 이상의 찬성이 있어야 한다.

④ [O] 「정당법」 제6조에 대한 옳은 내용이다.

> 제6조【발기인】창당준비위원회는 중앙당의 경우에는 200명 이상의, 시·도당의 경우에는 100명 이상의 발기인으로 구성한다.

25 경제질서 정답 ④

① [X] 헌법의 기본원리는 헌법의 이념적 기초인 동시에 헌법을 지배하는 지도원리로서 입법이나 정책결정의 방향을 제시하며 공무원을 비롯한 모든 국민·국가기관이 헌법을 존중하고 수호하도록 하는 지침이 되며, 구체적 기본권을 도출하는 근거로 될 수는 없으나 기본권의 해석 및 기본권 제한입법의 합헌성 심사에 있어 해석기준의 하나로서 작용한다(헌재 1996.4.25. 92헌바47).

② [X] 헌법 제119조 제2항은 국가가 경제영역에서 실현하여야 할 목표의 하나로서 '적정한 소득의 분배'를 들고 있지만, 이로부터 반드시 소득에 대하여 누진세율에 따른 종합과세를 시행하여야 할 구체적인 헌법적 의무가 조세입법자에게 부과되는 것이라고 할 수 없다(헌재 2006.11.30. 2006헌마489).

③ [X] 헌법 제119조 제2항에 규정된 '경제주체 간의 조화를 통한 경제민주화'의 이념은 경제영역에서 정의로운 사회질서를 형성하기 위하여 추구할 수 있는 국가목표로서 개인의 기본권을 제한하는 국가행위를 정당화하는 헌법규범이다(헌재 2004.10.28. 99헌바91).

❹ [O] 농업경영에 이용하지 않는 자의 농지 소유를 원칙적으로 금지
하면서, 이 사건 법률조항에 규정된 경우에 한해 제한적으로
그 예외를 인정하는 것은 헌법상 경자유전의 원칙 및 농지 보
전의 중요성을 고려하여 이를 효과적으로 달성하고자 하는 입
법자의 판단에 따른 것이므로 적절한 수단에 해당한다(헌재
2013.6.27. 2011헌바278).

정답 p.114

취약 단원 분석표

01	③	IV	06	③	III	11	②	I	16	④	II	21	①	IV
02	③	III	07	①	II	12	②	II	17	①	II	22	①	II
03	③	II	08	④	II	13	③	II	18	③	II	23	②	II
04	③	III	09	④	III	14	①	I	19	③	II	24	③	III
05	①	II	10	②	IV	15	④	III	20	④	III	25	③	II

단원	맞힌 답의 개수
I	/ 2
II	/ 13
III	/ 7
IV	/ 3
TOTAL	/ 25

I 헌법총론 / II 기본권론 / III 통치구조론 / IV 헌법재판론

---

01 권한쟁의심판　　　　　정답 ③

① [O] 국가기관의 권한쟁의심판청구를 소권의 남용이라고 평가하기 위해서는, 그것이 권한쟁의심판제도의 취지와 전혀 부합되지 않는다고 볼 극히 예외적인 사정이 인정되어야 할 것인바, 설령 청구인들 중 일부가 자신들의 정치적 의사를 관철하려는 의도로 민주당 당직자 등의 회의개최 방해행위를 종용하거나 방조하였다 하더라도, 그러한 사정만으로 이 사건 심판청구 자체가 권한쟁의심판제도의 취지와 전혀 부합되지 않는 소권의 남용에 해당되어 심판청구의 이익이 없어 부적법하다고 볼 수는 없다. 그렇다면, 이와 배치되는 피청구인의 주장은 받아들일 수 없고, 청구인들의 피청구인에 대한 이 사건 심판청구는 적법하다 할 것이므로, 본안 판단에 나아가기로 한다(헌재 2010.12.28. 2008헌라7 등).

② [O] 청구인들은 피청구인 국회가 2005년 공직선거법 제122조의2를 개정함으로 인해 지방자치단체가 지방선거에 소요되는 선거경비를 상당 부분 부담하게 되었다고 주장하고, 청구인 서울특별시 강남구는 피청구인 국회의 법률개정 행위 외에도 피청구인 강남구선거관리위원회의 청구인 서울특별시 강남구에 대한 지방자치단체 선거관리경비 통보행위가 지방선거 선거경비 부담의 원인이 되었다고 주장하는바, 지방선거의 선거경비 부담 주체를 놓고 다투는 이 사건에서 청구인들은 모두 당사자 적격이 있다(헌재 2008.6.26. 2005헌라7).

❸ [X] 헌법상 국가에게 부여된 임무 또는 의무를 수행하고 그 독립성이 보장된 국가기관이라고 하더라도 오로지 법률에 설치 근거를 둔 국가기관이라면 국회의 입법행위에 의하여 존폐 및 권한범위가 결정될 수 있으므로 이러한 국가기관은 '헌법에 의하여 설치되고 헌법과 법률에 의하여 독자적인 권한을 부여받은 국가기관'이라고 할 수 없다. … 결국, 권한쟁의심판의 당사자능력은 헌법에 의하여 설치된 국가기관에 한정하여 인정하는 것이 타당하므로, 법률에 의하여 설치된 청구인에게는 권한쟁의심판의 당사자능력이 인정되지 아니한다(헌재 2010.10.28. 2009헌라6).

④ [O] 헌법 제111조 제1항 제4호는 지방자치단체 상호간의 권한쟁의에 관한 심판을 헌법재판소가 관장하도록 규정하고 있고, 헌법재판소법 제62조 제1항 제3호는 이를 구체화하여 헌법재판소가 관장하는 지방자치단체 상호간의 권한쟁의심판을 ㉠ 특별시·광역시·도 또는 특별자치도 상호간의 권한쟁의심판, ㉡ 시·군 또는 자치구 상호간의 권한쟁의심판, ㉢ 특별시·광역시·도 또는 특별자치도와 시·군 또는 자치구간의 권한쟁의심판 등으로 규정하고 있다. 지방자치단체의 의결기관인 지방의회와 지방자치단체의 집행기관인 지방자치단체장 간의 내부적 분쟁은 지방자치단체 상호간의 권한쟁의심판의 범위에 속하지 아니하고, 달리 국가기관 상호간의 권한쟁의심판이나 국가기관과 지방자치단체 상호간의 권한쟁의심판에 해당한다고 볼 수도 없다. 따라서 지방자치단체의 의결기관과 지방자치단체의 집행기관 사이의 내부적 분쟁과 관련된 심판청구는 헌법재판소가 관장하는 권한쟁의심판에 속하지 아니하여 부적법하다(헌재 2018.7.26. 2018헌라1).

---

02 집회의 자유　　　　　정답 ③

① [O] 헌법은 집회의 자유를 국민의 기본권으로 보장함으로써, 평화적 집회 그 자체는 공공의 안녕질서에 대한 위험이나 침해로서 평가되어서는 아니 되며, 개인이 집회의 자유를 집단적으로 행사함으로써 불가피하게 발생하는 일반대중에 대한 불편함이나 법익에 대한 위험은 보호법익과 조화를 이루는 범위 내에서 국가와 제3자에 의하여 수인되어야 한다는 것을 헌법 스스로 규정하고 있는 것이다(헌재 2003.10.30. 2000헌바67 등).

② [O] 집회의 자유는 개인의 인격발현의 요소이자 민주주의를 구성하는 요소라는 이중적 헌법적 기능을 가지고 있다. 인간의 존엄성과 자유로운 인격발현을 최고의 가치로 삼는 우리 헌법질서 내에서 집회의 자유도 다른 모든 기본권과 마찬가지로 일차적으로는 개인의 자기결정과 인격발현에 기여하는 기본권이다. 뿐만 아니라, 집회를 통하여 국민들이 자신의 의견과 주장을 집단적으로 표명함으로써 여론의 형성에 영향을 미친다는 점에서, 집회의 자유는 표현의 자유와 더불어 민주적 공동체가 기능하기 위하여 불가결한 근본요소에 속한다(헌재 2003.10.30. 2000헌바67 등).

❸ [X] 집회의 자유는 집회의 시간, 장소, 방법과 목적을 스스로 결정할 권리를 보장한다. 집회의 자유에 의하여 구체적으로 보호되는 주요행위는 집회의 준비 및 조직, 지휘, 참가, 집회장소·시간의 선택이다. 그러나 집회를 방해할 의도로 집회에 참가하는 것은 보호되지 않는다. 주최자는 집회의 대상, 목적, 장소 및 시간에 관하여, 참가자는 참가의 형태와 정도, 복장을 자유로이 결정할 수 있다(헌재 2003.10.30. 2000헌바67 등).

④ [O] 집회의 목적·내용과 집회의 장소는 일반적으로 밀접한 내적인 연관관계에 있기 때문에, 집회의 장소에 대한 선택이 집회의 성과를 결정짓는 경우가 적지 않다. 집회장소가 바로 집회의 목적과 효과에 대하여 중요한 의미를 가지기 때문에, 누구나 '어떤 장소에서' 자신이 계획한 집회를 할 것인가를 원칙적으로 자유롭게 결정할 수 있어야만 집회의 자유가 비로소 효과적으로 보장되는 것이다. 따라서 집회의 자유는 다른 법익의 보호를 위하여 정당화되지 않는 한, 집회장소를 항의의 대상으로부터 분리시키는 것을 금지한다(헌재 2003.10.30. 2000헌바67 등).

---

03 행복추구권   정답 ③

옳지 않은 것은 ㄷ, ㄹ이다.

ㄱ. [O] 부모의 분묘를 가꾸고 봉제사를 하고자 하는 권리는 헌법 제34조의 사회보장권이 아닌 헌법 제10조의 행복추구권의 한 내용으로 봄이 타당하다(헌재 2009.9.24. 2007헌마872).

ㄴ. [O] 언어는 의사소통 수단으로서 다른 동물과 인간을 구별하는 하나의 주요한 특징으로 인식되고, 모든 언어는 지역, 세대, 계층에 따라 각기 상이한 방언을 가지고 있는바, 이들 방언은 이를 공유하는 사람들의 의사소통에 중요한 역할을 담당하며, 방언 가운데 특히 지역 방언은 각 지방의 고유한 역사와 문화 등 정서적 요소를 그 배경으로 하기 때문에 같은 지역주민들 간의 원활한 의사소통 및 정서교류의 기초가 되므로, 이와 같은 지역 방언을 자신의 언어로 선택하여 공적 또는 사적인 의사소통과 교육의 수단으로 사용하는 것은 행복추구권에서 파생되는 일반적 행동의 자유 내지 개성의 자유로운 발현의 한 내용이 된다 할 것이다(헌재 2009.5.28. 2006헌마618).

ㄷ. [X] 평화적 생존권은 이를 헌법에 열거되지 아니한 기본권으로서 특별히 새롭게 인정할 필요성이 있다거나 그 권리 내용이 비교적 명확하여 구체적 권리로서의 실질에 부합한다고 보기 어려워 헌법상 보장된 기본권이라고 할 수 없다(헌재 2009.5.28. 2007헌마369).

ㄹ. [X] 행복추구권은 그 구체적 표현으로서 일반적 행동자유권과 개성의 자유로운 발현권을 포함하는바, 일반적 행동자유권의 보호영역에는 개인의 생활방식과 취미에 관한 사항도 포함되며, 여기에는 위험한 스포츠를 즐길 권리도 포함된다(헌재 2008. 4.24. 2006헌마954).

ㅁ. [O] 사적자치의 원칙이란 자신의 일을 자신의 의사로 결정하고 행하는 자유뿐만 아니라 원치 않으면 하지 않을 자유로서, 헌법 제10조의 행복추구권에서 파생되는 일반적 행동자유권의 하나이고, 법률행위의 영역에서는 계약자유의 원칙으로 나타난다(헌재 2014.3.27. 2012헌가21).

---

04 계엄   정답 ③

① [O] 대통령은 전시·사변 또는 이에 준하는 국가비상사태에 있어서 병력으로써 군사상의 필요에 응하거나 공공의 안녕질서를 유지할 필요가 있을 때에는 법률이 정하는 바에 의하여 계엄을 선포할 수 있다(헌법 제77조 제1항).

② [O] 경비계엄과 비상계엄을 불문하고 헌법상 요건(헌법 제77조 제1항)을 충족하여야 한다.

❸ [X] 대통령의 비상계엄의 선포나 확대행위는 고도의 정치적·군사적 성격을 지니고 있는 행위라 할 것이므로, 그것이 누구에게도 일견하여 헌법이나 법률에 위반되는 것으로서 명백하게 인정될 수 있는 등 특별한 사정이 있는 경우라면 몰라도, 그러하지 아니한 이상 그 계엄선포의 요건 구비 여부나 선포의 당·부당을 판단할 권한이 사법부에는 없다고 할 것이나, 비상계엄의 선포나 확대가 국헌문란의 목적을 달성하기 위하여 행하여진 경우에는 법원은 그 자체가 범죄행위에 해당하는지의 여부에 관하여 심사할 수 있다(대판 1997.4.17. 96도3376).

④ [O] 「계엄법」 제2조 제1항·제2항에 대한 옳은 내용이다.

> 제2조 【계엄의 종류와 선포 등】 ① 계엄은 비상계엄과 경비계엄으로 구분한다.
> ⑤ 대통령이 계엄을 선포하거나 변경하고자 할 때에는 국무회의의 심의를 거쳐야 한다.

---

05 생존권   정답 ①

❶ [X] 사회보장수급권은 헌법 제34조 제1항 및 제2항 등으로부터 개인에게 직접 주어지는 헌법적 차원의 권리라거나 사회적 기본권의 하나라고 볼 수는 없고, 다만 위와 같은 사회보장·사회복지 증진의무를 포섭하는 이념적 지표로서의 인간다운 생활을 할 권리를 실현하기 위하여 입법자가 입법재량권을 행사하여 제정하는 사회보장입법에 그 수급요건, 수급자의 범위, 수급액 등 구체적인 사항이 규정될 때 비로소 형성되는 법률적 차원의 권리에 불과하다 할 것이다(헌재 2003.7.24. 2002헌바51).

② [O] 이 사건 무효조항의 입법목적은 가령 직계혈족 및 형제자매 사이의 혼인과 같이 근친혼이 가족제도의 기능을 심각하게 훼손하는 경우에 한정하여 무효로 하고 그 밖의 근친혼에 대하여는 혼인이 소급하여 무효가 되지 않고 혼인의 취소를 통해 장래를 향하여 해소할 수 있도록 규정함으로써 기왕에 형성된 당사자나 자녀의 법적 지위를 보장하더라도 충분히 달성할 수 있다. … 그럼에도 이 사건 무효조항은 이 사건 금혼조항을 위반한 경우를 전부 무효로 하고 있으므로 침해최소성과 법익균형성에 반한다. 따라서 이 사건 무효조항은 과잉금지원칙에 위배하여 혼인의 자유를 침해한다(헌재 2022.10.27. 2018헌바115).

③ [O] 이 사건 법률조항은 입양의 당사자가 출석하지 않아도 입양신고를 하여 가족관계를 형성할 수 있는 자유를 보장하면서도, 출석하지 아니한 당사자의 신분증명서를 제시하도록 하여 입양당사자의 신고의사의 진실성을 담보하기 위한 조항이다. … 신분증명서를 부정사용하여 입양신고가 이루어질 경우 「형법」에 따라 형사처벌되고, 그렇게 이루어진 허위입양은 언제든지 입양무효확인의 소를 통하여 구제받을 수 있다. 비록 출석하지 아니한 당사자의 신분증명서를 요구하는 것이 허위의 입양을 방지하기 위한 완벽한 조치는 아니라고 하더라도 이 사건 법률조항이 원하지 않는 가족관계의 형성을 방지하기에 전적으로 부적합하거나 매우 부족한 수단이라고 볼 수는 없다. 따라서 이 사건 법률조항이 입양당사자의 가족생활의 자유를 침해한다고 보기 어렵다(헌재 2022.11.24. 2019헌바108).

④ [O] 가입자들에 대한 안정적인 보험급여 제공을 보장하기 위해서는 보험료 체납에 따른 보험재정의 악화를 방지할 필요가 있다. 보험료 체납에 대하여 보험급여 제한과 같은 제재를 가하지 않는다면, 가입자가 충분한 자력이 있음에도 보험료를 고의로 납부하지 않은 채 보험급여만을 받고자 하는 도덕적 해이가 만연하여 건강보험제도 자체의 존립이 위태로워질 수 있다. … 따라서 심판대상조항은 청구인의 인간다운 생활을 할 권리나 재산권을 침해하지 아니한다(헌재 2020.4.23. 2017헌바244).

---

06 태아 성감별 금지 사건 　　　　　정답 ③

① [O] 장래 태어날 아기가 여아인지 남아인지는 임부나 그 가족에게 중요한 태아의 인격 정보이고, 태아의 부모가 이를 미리 알고자 하는 것은 본능적이고 자연스러운 욕구라 할 수 있다. 따라서 부모가 태아의 성별을 비롯하여 태아에 대한 모든 정보에 접근을 방해받지 않을 권리는 부모로서 당연히 누리는 천부적이고 본질적인 권리에 해당한다. 헌법 제10조로부터 도출되는 일반적 인격권에는 각 개인이 그 삶을 사적으로 형성할 수 있는 자율영역에 대한 보장이 포함되어 있음을 감안할 때, 장래 가족의 구성원이 될 태아의 성별 정보에 대한 접근을 국가로부터 방해받지 않을 부모의 권리는 이와 같은 일반적 인격권에 의하여 보호된다고 보아야 할 것이다(헌재 2024.2.28. 2022헌마356 등).

② [O] 심판대상조항은 의료인에게 임신 32주 이전에 태아의 성별고지를 금지하여 낙태, 특히 성별을 이유로 한 낙태를 방지함으로써 성비의 불균형을 해소하고 태아의 생명을 보호하기 위해 입법된 것이므로 그 목적의 정당성을 수긍할 수 있다(헌재 2024.2.28. 2022헌마356등).

❸ [X] 심판대상조항은 낙태를 유발시킨다는 인과관계조차 명확치 않은 태아의 성별고지 행위를 규제함으로써, 성별을 이유로 낙태를 하려는 의도가 전혀 없이 단지 태아의 성별 정보를 알고 싶을 뿐인 부모에게 임신 32주 이전에는 태아의 성별 정보에 대한 접근을 금지하고 있다. 이는 태아의 생명 보호라는 목적을 달성하기 위하여 효과적이거나 적합하지 않을 뿐만 아니라, 입법수단으로서 현저하게 불합리하고 불공정하다고 할 것이다. … 따라서 심판대상조항은 태아의 생명 보호라는 입법목적을 달성하기 위한 수단으로서 적합하지 아니하고, 부모가 태아의 성별 정보에 대한 접근을 방해받지 않을 권리를 필요 이상으로 제약하여 침해의 최소성에 반한다(헌재 2024.2.28. 2022헌마356 등).

④ [O] 심판대상조항은 성별을 이유로 한 낙태가 있을 수 있다는 아주 예외적인 사정만으로, 태아의 성별고지 행위를 낙태의 사전준비행위로 전제하여 임신 32주 이전에 모든 부모에게 태아의 성별 정보를 알 수 없게 하고 있다. 즉, 태아의 성별을 이유로한 낙태 방지라는 입법목적을 내세우면서 실제로는 낙태로 나아갈 의도가 없는 부모까지도 규제하고 있는 것이다. 이는 규제의 필요성과 범위를 넘은 과도한 입법으로서, 필요최소한도를 넘어 부모의 기본권을 제한한다고 할 것이다. 따라서 심판대상조항은 태아의 생명 보호라는 입법목적을 달성하기 위한 수단으로서 적합하지 아니하고, 부모가 태아의 성별 정보에 대한 접근을 방해받지 않을 권리를 필요 이상으로 제약하여 침해의 최소성에 반한다. 앞서 살펴본 바와 같이 현재 우리 사회

는 성비불균형 문제가 해소되었고, 태아의 생명 보호라는 공익이 심판대상조항을 통해서는 실효적으로 달성된다고 보기 어렵다. 심판대상조항은 임신 32주 이전에는 모든 부모에게 태아의 성별 정보에 접근을 방해받지 않을 권리를 지나치게 제한하고 있으므로, 결국 심판대상조항은 법익의 균형성도 상실하였다(헌재 2024.2.28. 2022헌마356 등).

---

07 재산권 　　　　　정답 ①

❶ [O] 고엽제법에 의한 고엽제후유증환자 및 그 유족의 보상수급권은 법률에 의하여 비로소 인정되는 권리로서 재산권적 성질을 갖는 것이긴 하지만 그 발생에 필요한 요건이 법정되어 있는 이상 이러한 요건을 갖추기 전에는 헌법이 보장하는 재산권이라고 할 수 없다. 결국 고엽제법 제8조 제1항 제2호는 고엽제후유증환자의 유족이 보상수급권을 취득하기 위한 요건을 규정한 것인데, 청구인들은 이러한 요건을 충족하지 못하였기 때문에 보상수급권이라고 하는 재산권을 현재로서는 취득하지 못하였다고 할 것이다. 그렇다면 고엽제법 제8조 제1항 제2호가 평등원칙을 위반하였는지 여부는 별론으로 하고 청구인들이 이미 취득한 재산권을 침해한다고는 할 수 없다(헌재 2001.6.28. 99헌마516).

② [X] 구 「문화재보호법」 제44조 제4항 제2문은 건설공사 과정에서 매장문화재의 발굴로 인하여 문화재 훼손 위험을 야기한 사업시행자에게 원칙적으로 발굴경비를 부담시킴으로써 각종 개발행위로 인한 무분별한 문화재 발굴로부터 매장문화재를 보호하는 것이어서 입법목적의 정당성, 방법의 적절성이 인정되고, 발굴조사비용 확대에 따른 위험은 사업계획단계나 사업자금의 조달 과정에서 기업적 판단에 의해 위험요인의 하나로서 충분히 고려될 수 있는 것이고, 사업시행자가 발굴조사비용을 감당하기 어렵다고 판단하는 경우에는 더 이상 사업시행에 나아가지 아니할 선택권 또한 유보되어 있으며, 대통령령으로 정하는 경우에는 예외적으로 국가 등이 발굴조사비용을 부담할 수 있는 완화규정을 두고 있어 최소침해성 원칙, 법익균형성 원칙에도 반하지 아니하므로 과잉금지원칙에 위배되어 위헌이라고 볼 수 없다(헌재 2010.10.28. 2008헌바74).

③ [X] 이 사건 증액청구조항이 환매목적물인 토지의 가격이 통상적인 지가상승분을 넘어 현저히 상승하고 당사자 간 협의가 이루어지지 아니할 경우에 한하여 환매금액의 증액청구를 허용하고 있는 점, 환매권의 내용에 토지가 취득되지 아니하였다면 원소유자가 누렸을 법적 지위의 회복을 요구할 권리가 포함된다고 볼 수 없는 점, 개발이익은 토지의 취득 당시의 객관적 가치에 포함된다고 볼 수 없는 점, 환매권자가 증액된 환매금액의 지급의무를 부담하게 될 것을 우려하여 환매권을 행사하지 못하더라도 이는 사실상의 제약에 불과한 점 등에 비추어 볼 때, 위 조항이 재산권의 내용에 관한 입법형성권의 한계를 일탈하여 환매권자의 재산권을 침해한다고 볼 수 없다(헌재 2016.9.29. 2014헌바400).

④ [X] 축산계열화사업자가 가축의 소유자라 하여 살처분 보상금을 오직 계약사육농가에게만 지급하는 방식은 축산계열화사업자에 대한 재산권의 과도한 부담을 완화하기에 적절한 보상조치라고 할 수 없다. 따라서 심판대상조항은 입법형성재량의 한계를 벗어나 가축의 소유자인 축산계열화사업자의 재산권을 침해한다(헌재 2024.5.30. 2021헌가3).

08 재판청구권 정답 ④

① [O] 헌법 제27조 제1항은 "모든 국민은 헌법과 법률이 정한 법관에 의하여 법률에 의한 재판을 받을 권리를 가진다."라고 하여 법률에 의한 재판과 법관에 의한 재판을 받을 권리를 보장하고 있다. 재판청구권은 재판이라는 국가적 행위를 청구할 수 있는 적극적 측면과 헌법과 법률이 정한 법관이 아닌 자에 의한 재판이나 법률에 의하지 아니한 재판을 받지 아니하는 소극적 측면을 아울러 가지고 있다(헌재 1998.5.28. 96헌바4).

② [O] 심판대상조항은 형사재판절차에서 피고인의 방어권 남용을 방지하는 측면이 있고, 법원은 피고인의 방어권 행사의 적정성, 경제적 능력 등을 종합적으로 고려하여 피고인에 대한 소송비용 부담 여부 및 그 정도를 재량으로 정함으로써 사법제도의 적절한 운영을 도모할 수 있다. 소송비용의 범위도 형사소송비용 등에 관한 법률에서 정한 증인·감정인·통역인 또는 번역인과 관련된 비용 등으로 제한되어 있고 피고인은 소송비용 부담 재판에 대해 불복할 수 있으며 빈곤을 이유로 추후 집행면제를 신청할 수도 있다. 따라서 심판대상조항은 피고인의 재판청구권을 침해하지 아니한다(헌재 2021.2.25. 2018헌바224).

③ [O] 헌법 제27조 제2항에 대한 옳은 내용이다.

> 제27조 ② 군인 또는 군무원이 아닌 국민은 대한민국의 영역안에서는 중대한 군사상 기밀·초병·초소·유독음식물공급·포로·군용물에 관한 죄중 법률이 정한 경우와 비상계엄이 선포된 경우를 제외하고는 군사법원의 재판을 받지 아니한다.

❹ [X] 배심원의 평결과 의견은 법원에 대하여 기속력을 갖지 않는다.

> 「국민의 형사재판 참여에 관한 법률」 제46조 【재판장의 설명·평의·평결·토의 등】② 심리에 관여한 배심원은 제1항의 설명을 들은 후 유·무죄에 관하여 평의하고, 전원의 의견이 일치하면 그에 따라 평결한다. 다만, 배심원 과반수의 요청이 있으면 심리에 관여한 판사의 의견을 들을 수 있다.
> ③ 배심원은 유·무죄에 관하여 전원의 의견이 일치하지 아니하는 때에는 평결을 하기 전에 심리에 관여한 판사의 의견을 들어야 한다. 이 경우 유·무죄의 평결은 다수결의 방법으로 한다. 심리에 관여한 판사는 평의에 참석하여 의견을 진술한 경우에도 평결에는 참여할 수 없다.
> ④ 제2항 및 제3항의 평결이 유죄인 경우 배심원은 심리에 관여한 판사와 함께 양형에 관하여 토의하고 그에 관한 의견을 개진한다. 재판장은 양형에 관한 토의 전에 처벌의 범위와 양형의 조건 등을 설명하여야 한다.
> ⑤ 제2항부터 제4항까지의 평결과 의견은 법원을 기속하지 아니한다.

09 법관 정답 ④

① [X] 법관은 탄핵 또는 금고 이상의 형의 선고에 의하지 아니하고는 파면되지 아니한다.

> 헌법 제106조 ① 법관은 탄핵 또는 금고 이상의 형의 선고에 의하지 아니하고는 파면되지 아니하며, 징계처분에 의하지 아니하고는 정직·감봉 기타 불리한 처분을 받지 아니한다.

② [X] 대법관회의는 동의를 받아 대법원장이 임명한다.

> 「법원조직법」 제17조 【대법관회의의 의결사항】 다음 각 호의 사항은 대법관회의의 의결을 거친다.
> 1. 판사의 임명 및 연임에 대한 동의
> 제41조 【법관의 임명】③ 판사는 인사위원회의 심의를 거치고 대법관회의의 동의를 받아 대법원장이 임명한다.

③ [X] 모든 재판에 해당되는 내용은 아니다.

> 「법원조직법」 제7조 【심판권의 행사】① 대법원의 심판권은 대법관 전원의 3분의 2 이상의 합의체에서 행사하며, 대법원장이 재판장이 된다. 다만, 대법관 3명 이상으로 구성된 부(部)에서 먼저 사건을 심리(審理)하여 의견이 일치한 경우에 한정하여 다음 각 호의 경우를 제외하고 그 부에서 재판할 수 있다.
> 1. 명령 또는 규칙이 헌법에 위반된다고 인정하는 경우
> 2. 명령 또는 규칙이 법률에 위반된다고 인정하는 경우
> 3. 종전에 대법원에서 판시한 헌법·법률·명령 또는 규칙의 해석 적용에 관한 의견을 변경할 필요가 있다고 인정하는 경우
> 4. 부에서 재판하는 것이 적당하지 아니하다고 인정하는 경우

❹ [O] 헌법 제106조 제2항, 「법원조직법」 제47조에 대한 옳은 내용이다.

> 헌법 제106조 ② 법관이 중대한 심신상의 장해로 직무를 수행할 수 없을 때에는 법률이 정하는 바에 의하여 퇴직하게 할 수 있다.
> 「법원조직법」 제47조 【심신상의 장해로 인한 퇴직】 법관이 중대한 신체상 또는 정신상의 장해로 직무를 수행할 수 없을 때에는, 대법관인 경우에는 대법원장의 제청으로 대통령이 퇴직을 명할 수 있고, 판사인 경우에는 인사위원회의 심의를 거쳐 대법원장이 퇴직을 명할 수 있다.

10 헌법소원심판 정답 ②

① [O] 「헌법재판소법」 제69조 제1항에 대한 옳은 내용이다.

> 제69조 【청구기간】① 제68조 제1항에 따른 헌법소원의 심판은 그 사유가 있음을 안 날부터 90일 이내에, 그 사유가 있는 날부터 1년 이내에 청구하여야 한다. 다만, 다른 법률에 따른 구제절차를 거친 헌법소원의 심판은 그 최종결정을 통지받은 날부터 30일 이내에 청구하여야 한다.

❷ [×] 이 사건 송달 부작위에 대한 심판청구는 법원의 소송행위를 문제 삼는 것으로서 법원의 재판절차를 통해 시정되어야 하고 법원에서 상소의 방법으로 그 판단을 구해야 할 부분이므로, 법원의 재판을 대상으로 한 심판청구에 해당하여 부적법하다 (헌재 2012.11.29. 2012헌마53).

③ [○] 행정권력의 부작위에 대한 소원의 경우에는 공권력의 주체에게 헌법에서 유래하는 작위의무가 특별히 구체적으로 규정되어, 이에 의거하여 기본권의 주체가 행정행위를 청구할 수 있음에도 공권력의 주체가 그 의무를 해태하는 경우에 허용된다 (헌재 1991.9.16. 89헌마163).

④ [○] 제주4·3특별법은 제주4·3사건의 진상규명과 희생자 명예회복을 통해 인권신장과 민주발전 및 국민화합에 이바지함을 목적으로 제정되었고, 위령사업의 시행과 의료지원금 및 생활지원금의 지급 등 희생자들에 대한 최소한의 시혜적 조치를 부여하는 내용을 가지고 있는바, 그에 근거한 이 사건 희생자 결정이 청구인들의 사회적 평가에 부정적 영향을 미쳐 헌법이 보호하고자 하는 명예가 훼손되는 결과가 발생한다고 할 수는 없다. 따라서 이 사건 심판청구는 명예권 등 기본권침해의 자기관련성을 인정할 수 없어 부적법하다(헌재 2010.11.25. 2009헌마147).

---

11 헌법개정 정답 ②

옳지 않은 것은 2개(ㄷ, ㄹ)이다.

ㄱ. [○] 정부형태나 통치기구를 개정하는 것은 가능하지만 자유민주적 기본질서의 핵심이라고 할 수 있는 기본권 폐지, 권력분립 폐지, 복수정당제 폐지 등은 불가능하다는 것이 통설적 견해이다.

ㄴ. [○] 헌법 전문에서 "1948년 7월 12일에 제정되고 8차에 걸쳐 개정된 헌법을 국회의 의결을 거쳐 국민투표에 의해 개정한다." 고 밝히고 있다.

ㄷ. [×] 60일이 아닌 30일이다.

> **헌법 제130조** ② 헌법개정안은 국회가 의결한 후 30일 이내에 국민투표에 붙여 국회의원선거권자 과반수의 투표와 투표자 과반수의 찬성을 얻어야 한다.

ㄹ. [×] 헌법 및 헌법재판소의 규정상 위헌심사의 대상이 되는 법률은 국회의 의결을 거친 이른바 형식적 의미의 법률을 의미하는 것이므로, 헌법의 개별규정 자체는 헌법소원에 의한 위헌심사의 대상이 아니다(헌재 2001.2.22. 2000헌바38). 국민투표에 의하여 확정된 현행헌법의 성립과정과 헌법 제130조 제2항이 헌법의 개정을 국민투표에 의하여 확정하도록 하고 있음에 비추어, 헌법은 그 전체로서 주권자인 국민의 결단 내지 국민적 합의의 결과라고 보아야 할 것으로, 헌법의 규정을 헌법재판소법 제68조 제1항 소정의 공권력 행사의 결과라고 볼 수도 없다(헌재 1995.12.28. 95헌바3).

---

12 직업의 자유 정답 ②

① [○] 증가하는 교통사고에 대응하여 교통질서를 확립하고자 필요적 면허취소 규정을 두고 이를 계속 확대하는 과정에서 이 사건 법률조항이 신설된 점, 음주운전을 방지하고 이를 규제함으로써 도로교통에서 일어나는 국민의 생명 또는 신체에 대한 위험과 장해를 방지·제거하여 안전하고 원활한 교통질서를 확립하고자 하는 입법목적, 이 사건 법률조항에 해당하여 운전면허가 취소되는 경우 운전면허 결격기간이 법이 정한 기간 중 비교적 단기간인 2년인 점, 음주단속에 있어서의 시간적·공간적 한계를 고려할 때 음주운전으로 3회 이상 단속되었을 경우에는 음주운전행위 사이의 기간에 관계없이 운전자에게 교통법규에 대한 준법정신이나 안전의식이 현저히 결여되어 있음을 충분히 인정할 수 있는 점 등에 비추어 보면, 이 사건 법률조항은 직업의 자유를 제한함에 있어 필요 최소한의 범위를 넘었다고 볼 수는 없고 음주운전으로 인하여 발생할 국민의 생명, 신체에 대한 위험을 예방하고 교통질서를 확립하려는 공익과 자동차 등을 운전하고자 하는 사람의 기본권이라는 사익 간의 균형성을 도외시한 것이라고 보기 어려우므로 법익균형성의 원칙에 반하지 아니한다(헌재 2010.3.25. 2009헌바83).

❷ [×] 절단을 위한 임시보관장소 수집·운반행위는 원래 허용되지 않고 있다가 2009년부터 규제유예 제도의 일환으로 허용되었던 점, 허용되었던 시기에는 비산먼지, 소음 등으로 인근 주민의 피해가 발생하였고 매립대상 폐기물의 절단행위뿐만 아니라 모든 폐기물의 분리·선별·파쇄행위까지 행해지는 경우도 있었던 점, 2017년 이를 다시 금지하는 법 개정이 이루어진 뒤 2년의 유예기간을 둔 점 등을 고려하면, 심판대상조항은 신뢰보호원칙에 반하여 직업수행의 자유를 침해하지 않는다 (헌재 2021.7.15. 2019헌마406).

③ [○] 헌법 제15조에서 보장하는 '직업'이란 생활의 기본적 수요를 충족시키기 위하여 행하는 계속적인 소득활동을 의미하고, 성매매는 그것이 가지는 사회적 유해성과는 별개로 성판매자의 입장에서 생활의 기본적 수요를 충족하기 위한 소득활동에 해당함을 부인할 수 없다 할 것이므로, 심판대상조항은 성판매자의 직업선택의 자유도 제한하고 있다(헌재 2016.3.31. 2013헌가2).

④ [○] 문신시술은, 바늘을 이용하여 피부의 완전성을 침해하는 방식으로 색소를 주입하는 것으로, 감염과 염료 주입으로 인한 부작용 등 위험을 수반한다. 이러한 시술 방식으로 인한 잠재적 위험성은 피시술자 뿐 아니라 공중위생에 영향을 미칠 우려가 있고, 문신시술을 이용한 반영구화장의 경우라고 하여 반드시 감소된다고 볼 수도 없다. 심판대상조항은 의료인만이 문신시술을 할 수 있도록 하여 그 안전성을 담보하고 있다. 국민건강과 보건위생을 위하여 의료인만이 문신시술을 하도록 허용하였다고 하여 헌법에 위반된다고 볼 수 없다. 따라서 심판대상조항은 과잉금지원칙을 위반하여 청구인들의 직업선택의 자유를 침해하지 않는다(헌재 2022.3.31. 2017헌마1343).

13 양심의 자유 정답 ③

① [O] 헌법이 보호하고자 하는 양심은 어떤 일의 옳고 그름을 판단함에 있어서 그렇게 행동하지 않고는 자신의 인격적 존재가치가 파멸되고 말 것이라는 강력하고 진지한 마음의 소리로서의 절박하고 구체적인 양심을 말한다. 따라서 막연하고 추상적인 개념으로서의 양심이 아니다(헌재 2002.4.25. 98헌마425).

② [O] 취업규칙에서 사용자가 사고나 비위행위 등을 저지른 근로자에게 시말서를 제출하도록 명령할 수 있다고 규정하는 경우, 그 시말서가 단순히 사건의 경위를 보고하는 데 그치지 않고 더 나아가 근로관계에서 발생한 사고 등에 관하여 자신의 잘못을 반성하고 사죄한다는 내용이 포함된 사죄문 또는 반성문을 의미하는 것이라면, 이는 헌법이 보장하는 내심의 윤리적 판단에 대한 강제로서 양심의 자유를 침해하는 것이므로, 그러한 취업규칙 규정은 헌법에 위반되어 근로기준법 제96조 제1항에 따라 효력이 없고, 그에 근거한 사용자의 시말서 제출명령은 업무상 정당한 명령으로 볼 수 없다(대판 2010.1.14. 2009두6605).

❸ [X] 양심적 병역거부자에 대한 처벌은 대체복무제를 규정하지 아니한 병역종류조항의 입법상 불비와 양심적 병역거부는 처벌조항의 '정당한 사유'에 해당하지 않는다는 법원의 해석이 결합되어 발생한 문제일 뿐, 처벌조항 자체에서 비롯된 문제가 아니므로 처벌조항이 과잉금지원칙을 위반하여 양심적 병역거부자의 양심의 자유를 침해한다고 볼 수는 없다(헌재 2018.6.28. 2011헌바379 등).

④ [O] 양심의 자유 중 양심형성의 자유는 내심에 머무르는 한, 절대적으로 보호되는 기본권이라 할 수 있는 반면, 양심적 결정을 외부로 표현하고 실현할 수 있는 권리인 양심실현의 자유는 법질서에 위배되거나 타인의 권리를 침해할 수 있기 때문에 법률에 의하여 제한될 수 있다(헌재 2018.6.28. 2011헌바379).

14 경제질서 정답 ①

❶ [X] 국방상 또는 국민경제상 긴절한 필요가 있는 경우에는 법률로 규정하여 사영기업을 국유 또는 공유로 이전하거나 그 경영을 통제 또는 관리할 수 있다.

> **헌법 제126조** 국방상 또는 국민경제상 긴절한 필요로 인하여 법률이 정하는 경우를 제외하고는, 사영기업을 국유 또는 공유로 이전하거나 그 경영을 통제 또는 관리할 수 없다.

② [O] 위 규정의 입법목적이 외지인의 농지투기를 방지하고 조세부담을 덜어주어 농업·농촌을 활성화하는 데 있음을 고려하면 위 규정은 경자유전의 원칙을 실현하기 위한 것으로 볼 것이지 경자유전의 원칙에 위배된다고 볼 것은 아니라 할 것이다(헌재 2003.11.27. 2003헌바2).

③ [O] 사회보험은 사보험과 달리 가입이 강제되는 경우가 많고, 보험료가 소득이나 재산에 비례하며, 이질부담(회사가 절반을 부담), 소득재분배 효과 등이 있다.

④ [O] 이 사건 조항에 의하여 침해되는 사익은 신문판매업자가 발행업자로부터 공급받은 신문을 무가지로 활용하고 구독자들에게 경품을 제공하는데 있어서 누리는 사업활동의 자유와 재산권 행사의 자유라고 할 수 있는 반면, 동 조항에 의하여 보호하고자 하는 공익은 경제적으로 우월적 지위를 가진 신문발행업자를 배경으로 한 신문판매업자가 무가지와 경품등 살포를 통하여 경쟁상대 신문의 구독자들을 탈취하고자 하는 신문업계의 과당경쟁상황을 완화시키고 신문판매·구독시장의 경쟁질서를 정상화하여 민주사회에서 신속·정확한 정보제공과 올바른 여론형성을 주도하여야 하는 신문의 공적 기능을 유지하고자 하는 데 있는바, 이러한 공익과 사익을 서로 비교할 때 신문판매업자가 거래상대방에게 제공할 수 있는 무가지와 경품의 범위를 유료신문대금의 20% 이하로 제한하고 있는 이 사건 조항은 그 보호하고자 하는 공익이 침해하는 사익에 비하여 크다고 판단되므로 동 조항은 양쪽의 법익교량의 측면에서도 균형을 도모하고 있다고 할 것이어서 결국 과잉금지의 원칙에 위배되지 아니하며, 헌법 제119조 제1항을 포함한 우리 헌법의 경제질서조항에도 위반되지 아니한다(헌재 2002.7.18. 2001헌마605).

15 국회의원 정답 ④

① [X] 면책특권의 목적 및 취지 등에 비추어 볼 때, 발언내용 자체에 의하더라도 직무와는 아무런 관련이 없음이 분명하거나, 명백히 허위임을 알면서도 허위의 사실을 적시하여 타인의 명예를 훼손하는 경우 등까지 면책특권의 대상이 된다고 할 수는 없다 할 것이지만, 발언 내용이 허위라는 점을 인식하지 못하였다면 비록 발언 내용에 다소 근거가 부족하거나 진위 여부를 확인하기 위한 조사를 제대로 하지 않았다고 하더라도, 그것이 직무 수행의 일환으로 이루어진 것인 이상 이는 면책특권의 대상이 된다고 할 것이다(대판 2007.1.12. 2005다57752).

② [X] 피청구인 대통령이 국회의 동의 없이 조약을 체결·비준하였다 하더라도 국회의 체결·비준 동의권이 침해될 수는 있어도 국회의원인 청구인들의 심의·표결권이 침해될 가능성은 없다고 할 것이므로, 청구인들의 이 부분 심판청구 역시 부적법하다(헌재 2007.7.26. 2005헌라8).

③ [X] 국회의원은 탄핵소추의 대상이 되지 않는다.

> **헌법 제65조** ① 대통령, 국무총리, 국무위원, 행정각부의 장, 헌법재판소 재판관, 법관, 중앙선거관리위원회위원, 감사원장, 감사위원 기타 법률이 정한 공무원이 그 직무집행에 있어서 헌법이나 법률을 위배한 때에는 국회는 탄핵의 소추를 의결할 수 있다.

❹ [O] 국회법 제85조 제1항의 직권상정권한은 국회의 수장이 국회의 비상적인 헌법적 장애상태를 회복하기 위하여 가지는 권한으로 국회의장의 의사정리권에 속하고, 의안 심사에 관하여 위원회 중심주의를 채택하고 있는 우리 국회에서는 비상적·예외적 의사절차에 해당한다. 국회법 제85조 제1항 각 호의 심사기간 지정사유는 국회의장의 직권상정권한을 제한하는 역할을 할 뿐 국회의원의 법안에 대한 심의·표결권을 제한하는 내용을 담고 있지는 않다.

국회법 제85조 제1항의 지정사유가 있다 하더라도 국회의장은 직권상정권한을 행사하지 않을 수 있으므로, 청구인들의 법안 심의·표결권에 대한 침해위험성은 해당안건이 본회의에 상정되어야만 비로소 현실화된다. 따라서 이 사건 심사기간 지정 거부행위로 말미암아 청구인들의 법률안 심의·표결권이 직접 침해당할 가능성은 없다(헌재 2016.5.26. 2015헌라1).

16   기본권의 제한과 한계   정답 ④

① [×] 이륜자동차의 주행 성능(배기량과 출력)이 사륜자동차에 뒤지지 않는 경우에도 이륜자동차의 구조적 특수성으로 인한 사고 발생 위험성과 사고결과의 중대성이 완화된다고 볼 수 없으므로, 이륜자동차의 주행 성능(배기량과 출력)을 고려하지 않고 포괄적으로 금지하고 있다고 하여 부당하거나 지나치다고 보기 어렵다. 또한 자동차전용도로는 당해 구간을 연락하는 일반 교통용의 다른 도로가 있는 경우에 지정된다는 점에 비추어 보면 이륜자동차에 대하여 고속도로 등의 통행을 전면적으로 금지함에 따른 기본권 침해의 정도가 심판대상조항이 도모하고자 하는 공익에 비하여 중대하다고 보기 어렵다. 따라서 침해의 최소성과 법익의 균형성에도 반하지 아니한다(헌재 2020.2.27. 2019헌마203).

② [×] 성범죄의 재범을 억제하고 수사의 효율성을 제고하기 위하여, 법무부장관이 등록대상자의 재범 위험성이 상존하는 20년 동안 그의 신상정보를 보존·관리하는 것은 정당한 목적을 위한 적합한 수단이다. 그런데 재범의 위험성은 등록대상 성범죄의 종류, 등록대상자의 특성에 따라 다르게 나타날 수 있고, 입법자는 이에 따라 등록기간을 차등화함으로써 등록대상자의 개인정보자기결정권에 대한 제한을 최소화하는 것이 바람직함에도, 이 사건 관리조항은 모든 등록대상 성범죄자에 대하여 일률적으로 20년의 등록기간을 적용하고 있으며, 이 사건 관리조항에 따라 등록기간이 정해지고 나면, 등록의무를 면하거나 등록기간을 단축하기 위해 심사를 받을 수 있는 여지도 없으므로 지나치게 가혹하다. 그리고 이 사건 관리조항이 추구하는 공익이 중요하더라도, 모든 등록대상자에게 20년 동안 신상정보를 등록하게 하고 위 기간 동안 각종 의무를 부과하는 것은 비교적 경미한 등록대상 성범죄를 저지르고 재범의 위험성도 많지 않은 자들에 대해서는 달성되는 공익과 침해되는 사익 사이의 불균형이 발생할 수 있으므로 이 사건 관리조항은 개인정보자기결정권을 침해한다(헌재 2015.7.30. 2014헌마340).

③ [×] 인터넷회선 감청은 검사가 법원의 허가를 받으면, 피의자 및 피내사자에 해당하는 감청대상자나 해당 인터넷회선의 가입자의 동의나 승낙을 얻지 아니하고도, 전기통신사업자의 협조를 통해 해당 인터넷회선을 통해 송·수신되는 전기통신에 대해 감청을 집행함으로써 정보주체의 기본권을 제한할 수 있으므로, 법이 정한 강제처분에 해당한다. 또한 인터넷회선 감청은 서버에 저장된 정보가 아니라, 인터넷상에서 발신되어 수신되기까지의 과정 중에 수집되는 정보, 즉 전송 중인 정보의 수집을 위한 수사이므로, 압수·수색과 구별된다(헌재 2018.8.30. 2016헌마263).

④ [O] 일반적으로 비례원칙은 우리 재판소가 법률이나 기타 공권력 행사의 위헌 여부를 판단할 때 사용하는 위헌심사 척도의 하나이다. 그러나 정당해산심판제도에서는 헌법재판소의 정당해산결정이 정당의 자유를 침해할 수 있는 국가권력에 해당하므로 헌법재판소가 정당해산결정을 내리기 위해서는 그 해산결정이 비례원칙에 부합하는지를 숙고해야 하는바, 이 경우의 비례원칙준수 여부는 그것이 통상적으로 기능하는 위헌심사의 척도가 아니라 헌법재판소의 정당해산결정이 충족해야 할 일종의 헌법적 요건 혹은 헌법적 정당화 사유에 해당한다. 이와 같이 강제적 정당해산은 우리 헌법상 핵심적인 정치적 기본권인 정당 활동의 자유에 대한 근본적 제한이므로 헌법재판소는 이에 관한 결정을 할 때 헌법 제37조 제2항이 규정하고 있는 비례원칙을 준수해야만 하는 것이다(헌재 2014.12.19. 2013헌다1).

17   재산권   정답 ①

❶ [×] 심판대상조항은 피상속인의 4촌 이내의 방계혈족을 상속인의 범위에 포함시키되 그 순위를 피상속인의 직계비속·직계존속 및 형제자매에 이어 4순위로 정하고 있을 뿐, 피상속인의 4촌 이내의 방계혈족에게 상속의 효과를 확정적으로 귀속시키지는 아니한다. 민법은 제1019조 내지 제1021조에서 상속인으로 하여금 법정의 고려기간 내에 상속을 단순승인 또는 한정승인 하거나 상속을 포기할 수 있도록 하는 한편 상속인의 구체적 상황에 따라 고려기간의 기산점을 달리 하거나 특별한정승인을 할 수 있도록 규정함으로써, 상속의 효과를 귀속받을지 여부에 관한 상속인의 선택권을 보장하고 상속인에게 불측의 부담이 부과되는 것을 막는 법적 장치를 마련하고 있다. 그렇다면 입법자가 피상속인의 4촌 이내의 방계혈족을 일률적으로 4순위 법정상속인으로 규정한 것이 자의적인 입법형성권의 행사라고 보기 어렵고, 구체적 사안에서 피상속인의 4촌 이내의 방계혈족이 개인적 사정으로 고려기간 내에 상속포기를 하지 못하여 피상속인의 채무를 변제하게 되는 경우가 발생할 수 있다는 이유만으로 심판대상조항이 입법형성권의 한계를 일탈하였다고 볼 수도 없다. 따라서 심판대상조항은 피상속인의 4촌 이내의 방계혈족의 재산권 및 사적 자치권을 침해하지 아니한다(헌재 2020.2.27. 2018헌가11).

② [O] 예비후보자가 본선거에서 정당후보자로 등록하려 하였으나 자신의 의사와 관계없이 정당 공천관리위원회의 심사에서 탈락하여 본선거의 후보자로 등록하지 아니한 것은 후보자 등록을 하지 못할 정도에 이르는 객관적이고 예외적인 사유에 해당한다. 따라서 이러한 사정이 있는 예비후보자가 납부한 기탁금은 반환되어야 함에도 불구하고, 심판대상조항이 이에 관한 규정을 두지 아니한 것은 입법형성권의 범위를 벗어난 과도한 제한이라고 할 수 있다. 그러므로 심판대상조항은 과잉금지원칙에 반하여 청구인의 재산권을 침해한다(헌재 2018.1.25. 2016헌마541).

③ [O] 공급질서 교란행위에도 불구하고 선의의 제3자를 보호한다면 거래의 안전성 증진에는 긍정적인 효과를 기대할 수 있지만, 분양단계에서 훼손된 투명성과 공정성을 회복하지 못한다는 점에서 심판대상조항의 입법취지에 부합하지 않는 면이 있다. 한편 심판대상조항은 "주택공급계약을 취소할 수 있다."고 규정하여 사업주체가 선의의 제3자 보호의 필요성 등을 고려하여 주택공급계약의 효력을 유지할 수 있는 가능성을 열어두고 있다. 심판대상조항은 입법형성권의 한계를 벗어났다고 보이지 않으므로 재산권을 침해하지 않아 헌법에 위반되지 아니한다(헌재 2022.3.31. 2019헌가26).

④ [O] 우리 헌법의 재산권 보장은 사유재산의 처분과 그 상속을 포함하는 것인바, 유언자가 생전에 최종적으로 자신의 재산권에 대하여 처분할 수 있는 법적 가능성을 의미하는 유언의 자유는 생전증여에 의한 처분과 마찬가지로 헌법상 재산권의 보호를 받는다(헌재 2008.3.27. 2006헌바82).

④ [O] 2015.6.22. 「공무원연금법」이 개정되면서 퇴직연금의 수급요건인 재직기간이 20년에서 10년으로 완화되었는바, 이와 같은 개정을 하면서 그 적용대상을 제한하지 아니하고 이미 법률관계가 확정된 자들에게까지 소급한다면 그로 인하여 법적 안정성 문제를 야기하게 되고 상당한 규모의 재정부담도 발생하게 될 것이므로, 일정한 기준을 두어 적용대상을 제한한 것은 충분히 납득할 만한 이유가 있다. 이때 법률의 개정·공포일 즉시 법률을 시행하지 아니하고 약 6개월 뒤로 시행일을 정한 것은 개정법의 원활한 시행을 위하여 준비기간이 필요했기 때문으로, 심판대상조항으로 인하여 법률의 개정·공포일부터 시행일 사이에 퇴직한 사람이 완화된 퇴직연금 수급요건의 적용대상에서 제외된다 하더라도 이것은 불가피한 경우에 해당한다. 따라서 개정 법률을 그 시행일 전으로 소급적용하는 경과규정을 두지 않았다고 하여 이를 현저히 불합리한 차별이라고 볼 수 없으므로, 심판대상조항은 청구인의 평등권을 침해하지 아니한다(헌재 2017.5.25. 2015헌마933).

18 공무원의 연금청구권 정답 ③

① [O] 공무원연금제도는 공무원을 대상으로 퇴직 또는 사망과 공무로 인한 부상·질병·폐질에 대하여 적절한 급여를 실시함으로써, 공무원 및 그 유족의 생활안정과 복리향상에 기여하는 데에 그 목적이 있는 것으로서(법 제1조), 위의 사유와 같은 사회적 위험이 발생한 때에 국가의 책임아래 보험기술을 통하여 공무원의 구제를 도모하는 사회보험제도의 일종이다(헌재 2000.3.30. 98헌마401 등).

② [O] 「공무원연금법」상의 퇴직급여, 유족급여 등 각종 급여를 받을 권리, 즉 연금수급권은 일부 재산권으로서의 성격을 지니는 것으로 파악되고 있으나 이는 앞서 본 바와 같이 사회보장수급권의 성격과 불가분적으로 혼재되어 있으므로, 비록 연금수급권에 재산권의 성격이 일부 있다 하더라도 그것은 이미 사회보장법리의 강한 영향을 받지 않을 수 없다 할 것이고, 입법자로서는 연금수급권의 구체적 내용을 정함에 있어 이를 전체로서 파악하여 어느 한쪽의 요소에 보다 중점을 둘 수 있다 할 것이다(헌재 2009.5.28. 2008헌바107).

❸ [X] 명예퇴직수당은 공무원의 조기퇴직을 유도하기 위한 특별장려금이고, 퇴직 전 근로에 대한 공로보상적 성격도 갖는다고 할 것이어서, 입법자가 명예퇴직수당 수급권의 구체적인 지급요건·방법·액수 등을 형성함에 있어서 상대적으로 폭넓은 재량이 허용되고, 공무원으로 하여금 국민 전체에 대한 봉사자로서 재직 중 성실하고 청렴하게 근무하도록 유도하기 위한 것으로서 그 목적의 정당성과 수단의 적합성이 인정된다. 또한, 명예퇴직수당은 예산이 허용하는 범위 내에서 처분권자의 재량에 따라 지급되는 점, 직무와 관련 없는 사유 중에도 법률적·사회적 비난가능성이 큰 범죄가 존재하는 점, 과실범 등과 관련하여서는 형사재판과정에서 해당 사유를 참작한 법관의 양형에 의하여 구체적 부당함이 보정될 수 있는 점, 명예퇴직 희망자가 제출하여야 하는 명예퇴직수당 지급신청서에 금고 이상의 형을 받는 경우에는 명예퇴직수당을 반납하여야 한다고 기재되어 있는 점 등에 비추어 볼 때, 이 사건 법률조항은 피해의 최소성 및 법익균형성을 갖추었다고 할 것이어서, 재산권을 침해하지 않는다(헌재 2010.11.25. 2010헌바93).
※ 일반적으로 퇴직한 경우와 명예퇴직한 경우를 구별해야 한다.

19 명확성의 원칙 정답 ③

① [O] 명확성원칙의 개념에 대한 옳은 설명이다.

② [O] 형벌규정에 대한 예측가능성의 유무는 당해 특정조항 하나만으로 판단할 것이 아니라, 관련 법조항 전체를 유기적·체계적으로 종합 판단하여야 하고, 그것도 각 대상법률의 성질에 따라 구체적·개별적으로 검토하여야 하며, 일반적이거나 불확정된 개념이 사용된 경우에는 당해 법률의 입법목적과 당해 법률의 다른 규정들을 원용하거나 다른 규정과의 상호관계를 고려하여 합리적으로 해석할 수 있는지 여부에 따라 가려야 한다(헌재 1996.2.29. 94헌마13).

❸ [X] 처벌법규나 조세법규와 같이 국민의 기본권을 직접적으로 제한하거나 침해할 소지가 있는 법규에 대해서는 명확성의 원칙이 보다 엄격하게 적용되고, 국민에게 수익적인 급부행정영역이나 규율대상이 지극히 다양하거나 수시로 변화하는 성질의 것일 때에는 명확성원칙이 적용되지만 완화된 형태로 적용된다.

④ [O] 심판대상조항에서 '대리'란, 소송사건 등 법률사건에 관하여 본인을 대신하여 사건을 처리하는 제반 행위로서 법률사무 취급의 한 태양을 의미한다. 심판대상조항에서 '중재'란, 분쟁당사자가 아닌 제3자가 법률사건에 관계된 사항에 관하여 재판 외의 절차에서 당사자들의 의사를 조율하는 등으로 분쟁의 원활한 해결을 도모하는 행위를 의미한다. 심판대상조항에서 '일반의 법률사건'이란, 법률상의 권리·의무의 발생·변경·소멸에 관한 다툼 또는 의문에 관한 사건을 의미한다. 건전한 상식과 통상적인 법감정을 가진 사람이라면 심판대상조항에 따라 처벌되는 행위가 무엇인지 파악할 수 있고, 그 구체적인 내용은 법관의 통상적인 해석·적용에 의하여 보완될 수 있으므로, 심판대상조항 중 '대리', '중재', '일반의 법률사건' 부분은 죄형법정주의의 명확성원칙에 위반되지 아니한다(헌재 2021.6.24. 2020헌바38).

20 지방자치제도 정답 ④

① [O] 헌법이 감사원을 독립된 외부감사기관으로 정하고 있는 취지, 국가기능의 총체적 극대화를 위하여 중앙정부와 지방자치단체는 서로 행정기능과 행정책임을 분담하면서 중앙행정의 효율성과 지방행정의 자주성을 조화시켜 국민과 주민의 복리증진이라는 공동목표를 추구하는 협력관계에 있다는 점에 비추어 보면, 감사원에 의한 지방자치단체의 자치사무에 대한 감사를 합법성 감사에 한정하고 있지 아니한 이 사건 관련 규정은 그 목적의 정당성과 합리성을 인정할 수 있다(헌재 2008.5.29. 2005헌라3).

② [O] 행정안전부장관이나 시·도지사는 지방자치단체의 자치사무에 관하여 보고를 받거나 서류·장부 또는 회계를 감사할 수 있다. 이 경우 감사는 법령 위반사항에 대하여만 실시한다(「지방자치법」 제190조 제1항).

③ [O] 중앙행정기관이 지방자치단체의 자치사무의 감사에 착수하기 위해서는 자치사무에 관하여 특정한 법령위반행위가 확인되었거나 위법행위가 있었으리라는 합리적 의심이 가능한 경우이어야 하고, 또한 그 감사대상을 특정해야 한다. 따라서 전반기 또는 후반기 감사와 같은 포괄적·사전적 일반감사나 위법사항을 특정하지 않고 개시하는 감사 또는 법령위반사항을 적발하기 위한 감사는 모두 허용될 수 없다(헌재 2009.5.28. 2006헌라6).

❹ [X] 「지방자치법」 제157조 제1항 전문은 "지방자치단체의 사무에 관한 그 장의 명령이나 처분이 법령에 위반되거나 현저히 부당하여 공익을 해한다고 인정될 때에는 시·도에 대하여는 주무부장관이, 시·군 및 자치구에 대하여는 시·도지사가 기간을 정하여 서면으로 시정을 명하고 그 기간 내에 이행하지 아니할 때에는 이를 취소하거나 정지할 수 있다."라고 규정하고 있고, 같은 항 후문은 "이 경우 자치사무에 관한 명령이나 처분에 있어서는 법령에 위반하는 것에 한한다."라고 규정하고 있는바, 「지방자치법」 제157조 제1항 전문 및 후문에서 규정하고 있는 지방자치단체의 사무에 관한 그 장의 명령이나 처분이 법령에 위반되는 경우라 함은 명령이나 처분이 현저히 부당하여 공익을 해하는 경우, 즉 합목적성을 현저히 결하는 경우와 대비되는 개념으로, 시·군·구의 장의 사무의 집행이 명시적인 법령의 규정을 구체적으로 위반한 경우뿐만 아니라 그러한 사무의 집행이 재량권을 일탈·남용하여 위법하게 되는 경우를 포함한다고 할 것이므로, 시·군·구의 장의 자치사무의 일종인 당해 지방자치단체 소속 공무원에 대한 승진처분이 재량권을 일탈·남용하여 위법하게 된 경우 시·도지사는 「지방자치법」 제157조 제1항 후문에 따라 그에 대한 시정명령이나 취소 또는 정지를 할 수 있다(대판 2007.3.22. 2005추62).

21 헌법재판 정답 ①

옳은 것은 ㄷ이고, 옳지 않은 것은 ㄱ, ㄴ, ㄹ이다.

ㄱ. [X] 형벌에 관한 법률 또는 법률의 조항은 소급하여 그 효력을 상실한다. 다만, 해당 법률 또는 법률의 조항에 대하여 종전에 합헌으로 결정한 사건이 있는 경우에는 그 결정이 있는 날의 다음날로 소급하여 효력을 상실하며, 이 경우에 위헌으로 결정된 법률 또는 법률의 조항에 근거한 유죄의 확정판결에 대하여는 재심을 청구할 수 있다(「헌법재판소법」 제47조 제3항·제4항).

즉, 형벌에 관한 법률조항에 대한 위헌결정이 있다고 해서 자동으로 유죄의 확정판결이 소급하여 무죄가 되는 것은 아니다.

ㄴ. [X] 법률의 의미는 결국 개별·구체화된 법률해석에 의해 확인되는 것이므로 법률과 법률의 해석을 구분할 수는 없고, 재판의 전제가 된 법률에 대한 규범통제는 해석에 의해 구체화된 법률의 의미와 내용에 대한 헌법적 통제로서 헌법재판소의 고유권한이며, 헌법합치적 법률해석의 원칙상 법률조항 중 위헌성이 있는 부분에 한정하여 위헌결정을 하는 것은 입법권에 대한 자제와 존중으로서 당연하고 불가피한 결론이므로, 이러한 한정위헌결정을 구하는 한정위헌청구는 원칙적으로 적법하다고 보아야 한다(헌재 2012.12.27. 2011헌바117).

ㄷ. [O] 원행정처분에 대하여 법원에 행정소송을 제기하여 패소판결을 받고 그 판결이 확정된 경우에는 당사자는 그 판결의 기판력에 의한 기속을 받게 되므로, 별도의 절차에 의하여 위 판결의 기판력이 제거되지 아니하는 한, 행정처분의 위법성을 주장하는 것은 확정판결의 기판력에 어긋나므로 원행정처분은 헌법소원심판의 대상이 되지 아니한다고 할 것이며, 뿐만 아니라 원행정처분에 대한 헌법소원심판청구를 허용하는 것은, "명령·규칙 또는 처분이 헌법이나 법률에 위반되는 여부가 재판의 전제가 된 경우에는 대법원은 이를 최종적으로 심사할 권한을 가진다."라고 규정한 헌법 제107조 제2항이나, 원칙적으로 헌법소원심판의 대상에서 법원의 재판을 제외하고 있는 헌법재판소법 제68조 제1항의 취지에도 어긋난다(헌재 1998.5.28. 91헌마98 등).

ㄹ. [X] 헌법재판소의 헌법 해석은 헌법이 내포하고 있는 특정한 가치를 탐색·확인하고 이를 규범적으로 관철하는 작업이므로, 헌법재판소가 행하는 구체적 규범통제의 심사기준은 원칙적으로 헌법재판을 할 당시에 규범적 효력을 가지는 헌법이라 할 것이다. 그러므로 이 사건 긴급조치들의 위헌성을 심사하는 준거규범은 유신헌법이 아니라 현행헌법이라고 봄이 타당하다(헌재 2013.3.21. 2010헌바132 등).

22 신체의 자유 정답 ①

❶ [X] 이 사건 금치조항 중 제108조 제13호에 관한 부분은 금치의 징벌을 받은 사람에 대해 금치처분의 집행과 함께 금치기간 동안 실외운동을 원칙적으로 정지하는 불이익을 가함으로써, 규율의 준수를 강제하여 수용시설 내의 안전과 질서를 유지하기 위한 것으로서 목적의 정당성 및 수단의 적합성이 인정된다. 실외운동은 구금되어 있는 수용자의 신체적·정신적 건강을 유지하기 위한 최소한의 기본적 요청이고, 수용자의 건강 유지는 교정교화와 건전한 사회복귀라는 형 집행의 근본적 목표를 달성하는 데 필수적이다. 이 사건 금치조항 중 제108조 제13호에 관한 부분은 금치처분을 받은 사람에 대하여 실외운동을 원칙적으로 금지하고, 다만 소장의 재량에 의하여 이를 예외적으로 허용하고 있다. 그러나 소란, 난동을 피우거나 다른 사람을 해할 위험이 있어 실외운동을 허용할 경우 금치처분의 목적 달성이 어려운 예외적인 경우에 한하여 실외운동을 제한하는 덜 침해적인 수단이 있음에도 불구하고, 위 조항은 금치처분을 받은 사람에게 원칙적으로 실외운동을 금지한다. 나아가 위 조항은 예외적으로 실외운동을 허용하는 경우에도, 실외운동의 기회가 부여되어야 하는 최저기준이 법령에서 명시하고 있지 않으므로, 침해의 최소성원칙에 위배된다.

위 조항은 소장의 재량으로 실외운동을 예외적으로 허용함으로써 수용자의 정신적·신체적 건강에 필요 이상의 불이익을 가하고 있고, 이는 공익에 비하여 큰 것이므로 위 조항은 법익의 균형성 요건도 갖추지 못하였다. 이 사건 금치조항 중 제108조 제13호에 관한 부분은 청구인의 신체의 자유를 침해한다(헌재 2016.5.26. 2014헌마45).

② [O] 예비군훈련을 위한 소집통지서 전달 업무는 정부가 수행하여야 하는 공적 사무로서, 정부는 직접 전달방식 외에도 우편법령에 따른 송달이나 전자문서의 방식을 사용하여 예비군대원 본인에게 소집통지서를 충분히 전달할 수 있음에도 불구하고, 심판대상조항은 예비군대원 본인이 부재중이기만 하면 예비군대원 본인과 세대를 같이한다는 이유만으로 위와 같은 협력의 범위를 넘어서 가족 중 성년자에게 소집통지서를 전달할 의무를 위반하면 6개월 이하의 징역 또는 500만원 이하의 벌금이라는 형사처벌까지 하고 있는데, 이러한 심판대상조항의 태도는 예비군훈련을 위한 소집통지서의 전달이라는 정부의 공적 의무와 책임을 단지 행정사무의 편의를 위하여 개인에게 전가하는 것으로 이것이 실효적인 예비군훈련 실시를 위한 전제로 그 소집을 담보하고자 하는 것이라도 지나치다고 아니할 수 없다. … 심판대상조항은 훨씬 더 중한 형사처벌을 하고 있어 그 자체만으로도 형벌의 보충성에 반하고, 책임에 비하여 처벌이 지나치게 과도하여 비례원칙에도 위반된다고 할 것이다. 심판대상조항은 책임과 형벌 간의 비례원칙에 위배되어 헌법에 위반된다. 심판대상조항이 헌법에 위반된다고 판단한 이상, 제청법원의 평등원칙 위반 주장에 대하여는 더 나아가 살피지 아니한다(헌재 2022.5.26. 2019헌가12).

③ [O] 헌법 제12조 소정의 '신체의 자유'는 대표적인 자유권적 기본권이지만, 위와 같은 신체의 자유를 보장하기 위한 방법의 하나로 같은 조 제6항에 규정된 '체포·구속적부심사청구권'의 경우 원칙적으로 국가기관 등에 대하여 특정한 행위를 요구하거나 국가의 보호를 요구하는 절차적 기본권(청구권적 기본권)이기 때문에, 본질적으로 제도적 보장의 성격을 강하게 띠고 있다. … 본질적으로 제도적 보장의 성격이 강한 절차적 기본권에 관하여는 상대적으로 광범위한 입법형성권이 인정되기 때문에, 관련법률에 대한 위헌성심사를 함에 있어서는 자의금지원칙이 적용되고, 따라서 현저하게 불합리한 절차법 규정이 아닌 이상 이를 헌법에 위반된다고 할 수 없다(헌재 2004.3.25. 2002헌바104).

④ [O] 형집행법 제112조 제3항 본문 중 제108조 제4호에 관한 부분은 금치의 징벌을 받은 사람에 대해 금치기간 동안 공동행사 참가 정지라는 불이익을 가함으로써, 규율의 준수를 강제하여 수용시설 내의 안전과 질서를 유지하기 위한 것으로서, 목적의 정당성 및 수단의 적합성이 인정된다. 금치처분을 받은 사람은 최장 30일 이내의 기간 동안 공동행사에 참가할 수 없으나, 서신수수, 접견을 통해 외부와 통신할 수 있고, 종교상담을 통해 종교활동을 할 수 있다. 또한, 위와 같은 불이익은 규율 준수를 통하여 수용질서를 유지한다는 공익에 비하여 크다고 할 수 없다. 따라서 위 조항은 청구인의 통신의 자유, 종교의 자유를 침해하지 아니한다(헌재 2016.5.26. 2014헌마45).

23 명확성의 원칙   정답 ②

① [O] 이 사건 시행령조항에서 '범죄에 악용될 소지가 현저한 것'은 진정한 총포로 오인·혼동되어 위협 수단으로 사용될 정도로 총포와 모양이 유사한 것을 의미하고, '인명·신체상 위해를 가할 우려가 있는 것'은 사람에게 상해나 사망의 결과를 가할 우려가 있을 정도로 진정한 총포의 기능과 유사한 것을 의미한다. 따라서 이 사건 시행령조항은 문언상 그 의미가 명확하므로, 죄형법정주의의 명확성원칙에 위반되지 않는다(헌재 2018.5.31. 2017헌마167).

❷ [×] 이 사건 집행정지 요건 조항에서 집행정지 요건으로 규정한 '회복하기 어려운 손해'는 대법원 판례에 의하여 '특별한 사정이 없는 한 금전으로 보상할 수 없는 손해로서 이는 금전보상이 불능인 경우 내지는 금전보상으로는 사회관념상 행정처분을 받은 당사자가 참고 견딜 수 없거나 또는 참고 견디기가 현저히 곤란한 경우의 유형, 무형의 손해'를 의미한 것으로 해석할 수 있고, '긴급한 필요'란 손해의 발생이 시간상 임박하여 손해를 방지하기 위해서 본안판결까지 기다릴 여유가 없는 경우를 의미하는 것으로, 이는 집행정지가 임시적 권리구제제도로서 잠정성, 긴급성, 본안소송에의 부종성의 특징을 지니는 것이라는 점에서 그 의미를 쉽게 예측할 수 있다. 이와 같이 심판대상조항은 법관의 법 보충작용을 통한 판례에 의하여 합리적으로 해석할 수 있고, 자의적인 법해석의 위험이 있다고 보기 어려우므로 명확성 원칙에 위배되지 않는다(헌재 2018.1.25. 2016헌바208).

③ [O] 심판대상조항이 규정하는 '제작'의 의미는 객관적으로 아동·청소년이용음란물을 촬영하여 재생이 가능한 형태로 저장할 것을 전체적으로 기획하고 구체적인 지시를 하는 등으로 책임을 지는 것이며, 피해자인 아동·청소년의 동의 여부나 영리목적 여부를 불문함은 물론 해당 영상을 직접 촬영하거나 기기에 저장할 것을 요하지도 않는 것으로 해석되고, 죄형법정주의의 명확성 원칙에 위반되지 아니한다(헌재 2019.12.27. 2018헌바46).

④ [O] 심판대상조항 중 '대부'와 '광고'의 의미에 관하여 대부업법에서 정의한 내용, '조건'과 '등'의 일반적 의미, 대부업법의 입법취지 및 관련규정 등을 종합적으로 고려하면, 심판대상조항의 '대부조건 등'은 대부업자가 자신의 용역에 관한 대부계약을 소비자와 체결하기에 앞서 내놓는 중요한 사항과 대부계약 체결 시 거래의 상대방을 보호하기 위하여 대부업자에게 요구해야 할 중요한 사항을 가리키는 것으로, 어느 경우든 '대부계약'을 전제하고 있다고 해석되므로, 심판대상조항의 '대부조건 등에 관한 광고'는 '대부계약에 대한 청약의 유인으로서의 광고'를 의미한다고 합리적으로 해석할 수 있으므로 심판대상조항은 명확성원칙에 위배되지 않는다(헌재 2013.7.25. 2012헌바67).

24 사법권 정답 ③

① [O] 이 사건 법률조항이 작량감경을 하더라도 별도의 법률상 감경 사유가 없는 한 집행유예의 선고를 할 수 없도록 그 법정형의 하한을 높여 놓았다 하여 곧 그것이 법관의 양형결정권을 침 해하였다거나 법관독립의 원칙에 위배된다고 할 수 없고 법관 에 의한 재판을 받을 권리를 침해하는 것이라고도 할 수 없다 (헌재 2006.12.28. 2005헌바35).

② [O] 회사정리절차의 개시와 진행의 여부를 실질적으로 금융기관의 의사에 종속시키는 위 규정은, 회사의 갱생가능성 및 정리계획 의 수행가능성의 판단을 오로지 법관에게 맡기고 있는 회사정 리법의 체계에 위반하여 사법권을 형해화시키는 것으로서, 지 시로부터의 독립도 역시 그 내용으로 하는 사법권의 독립에 위협의 소지가 있다(헌재 1990.6.25. 89헌가98·101).

❸ [X] 시각장애인들에 대한 실질적인 보호를 위하여 비안마사들의 안마시술소 개설행위를 실효적으로 규제하는 것이 필요하고, 이 사건 처벌조항은 벌금형과 징역형을 모두 규정하고 있으나, 그 하한에는 제한을 두지 않고 그 상한만 5년 이하의 징역형 또는 2천만원 이하의 벌금형으로 제한하여 법관의 양형재량 권을 폭넓게 인정하고 있으며, 죄질에 따라 벌금형이나 선고 유예까지 선고할 수 있으므로, 이러한 법정형이 위와 같은 입 법목적에 비추어 지나치게 가혹한 형벌이라고 보기 어렵다. 따라서 이 사건 처벌조항이 책임과 형벌 사이의 비례원칙에 위반되어 헌법에 위반된다고 볼 수 없다(헌재 2017.12.28. 2017헌가15).

④ [O] 위 특가법 조항은 단순매수나 단순판매목적소지의 마약사범에 대하여도 사형·무기 또는 10년 이상의 징역에 처하도록 규정 하고 있어, 예컨대 단 한 차례 극히 소량의 마약을 매수하거나 소지하고 있었던 경우 실무상 작량감경을 하더라도 별도의 법률 상 감경사유가 없는 한 집행유예를 선고할 수 없도록 법관의 양 형선택과 판단권을 극도로 제한하고 있고 또한 범죄자의 귀책사 유에 알맞은 형벌을 선고할 수 없도록 법관의 양형결정권을 원천 적으로 제한하고 있어 매우 부당하다(헌재 2003.11.27. 2002 헌바24).

25 직업의 자유 정답 ③

옳지 않은 것은 ㄱ, ㅁ, ㅂ이다.

ㄱ. [X] 「법학전문대학원 설치·운영에 관한 법률」 제26조 제2항 및 제3항이 로스쿨에 입학하는 자들에 대하여 학사 전공별로, 그 리고 출신 대학별로 로스쿨 입학정원의 비율을 각각 규정한 것은 변호사가 되기 위하여 필요한 전문지식을 습득할 수 있 는 로스쿨에 입학하는 것을 제한하는 것이기 때문에 직업교육 장 선택의 자유 내지 직업선택의 자유를 제한한다고 할 것이 다. … 로스쿨을 지원함에 있어서 청구인들이 받게 되는 불이 익보다 위와 같은 입법목적을 달성하여 얻게 되는 공익이 훨 씬 더 크다고 할 것이어서 법익균형성원칙에도 위배되지 아니 하므로, 이 사건 법률 제26조 제2항 및 제3항은 비례의 원칙 에 위배되지 않기 때문에 청구인들의 직업선택의 자유를 침해 하지 아니한다(헌재 2009.2.26. 2007헌마1262).

ㄴ. [O] 국토교통부장관은 도시철도운영자에 대한 감독 및 조정기능을 담당하는 주무관청으로서 전문성과 객관성을 갖추고 있고, 당 사자들은 행정절차법에 따라 의견제출이 가능하며, 공청회를 통한 의견 수렴도 가능하므로, 심판대상조항이 별도의 위원회 를 구성하여 그 판단을 받도록 규정하지 않았다는 사정만으로 기본권을 덜 제한하는 수단을 간과하였다고 보기 어렵다. … 심판대상조항으로 인해 제한되는 직업수행의 자유는 도시철도 운영자 등이 연락운송 운임수입 배분을 자율적으로 정하지 못 한다는 정도에 그치나, 이를 통해 달성되는 공익은 도시교통 이용자의 편의 증진에 이바지하는 것으로서 위와 같은 불이익 에 비하여 더 중대하다. 따라서 심판대상조항은 과잉금지원칙 을 위반하여 도시철도운영자 등의 직업수행의 자유를 침해하 였다고 볼 수 없다(헌재 2019.6.28. 2017헌바135).

ㄷ. [O] 아동학대관련범죄전력자에 대해 범죄전력만으로 장래에 동일 한 유형의 범죄를 다시 저지를 것이라고 단정하기는 어려움에 도 불구하고, 심판대상조항은 오직 아동학대관련범죄전력에 기초해 10년이라는 기간 동안 일률적으로 취업제한의 제재를 부과하는 점, 이 기간 내에는 취업제한 대상자가 그러한 제재 로부터 벗어날 수 있는 어떠한 기회도 존재하지 않는 점, 재범 의 위험성에 대한 사회적 차원의 대처가 필요하다 해도 개별 범죄행위의 태양을 고려한 위험의 경중에 대한 판단이 있어야 하는 점 등에 비추어 볼 때, 심판대상조항은 침해의 최소성 요 건을 충족했다고 보기 어렵다. 심판대상조항은 일률적으로 10 년의 취업제한을 부과한다는 점에서 죄질이 가볍고 재범의 위 험성이 낮은 범죄전력자들에게 지나치게 가혹한 제한이 될 수 있어, 그것이 달성하려는 공익의 무게에도 불구하고 법익의 균 형성 요건을 충족하지 못한다. 따라서 심판대상조항은 과잉금 지원칙에 위배되어 직업선택의 자유를 침해한다(헌재 2022. 9.29. 2019헌마813).

ㄹ. [O] 심판대상조항은 청원경찰이 저지른 범죄의 종류나 내용을 불 문하고 금고 이상의 형의 선고유예를 받게 되면 당연히 퇴직 되도록 규정함으로써 청원경찰에게 공무원보다 더 가혹한 제 재를 가하고 있으므로, 침해의 최소성 원칙에 위배된다. 심판 대상조항은 청원경찰이 저지른 범죄의 종류나 내용을 불문하 고 범죄행위로 금고 이상의 형의 선고유예를 받게 되면 당연 히 퇴직되도록 규정함으로써 그것이 달성하려는 공익의 비중 에도 불구하고 청원경찰의 직업의 자유를 과도하게 제한하고 있어 법익의 균형성 원칙에도 위배된다. 따라서, 심판대상조항 은 과잉금지원칙에 반하여 직업의 자유를 침해한다(헌재 2018. 1.25. 2017헌가26).

ㅁ. [X] 주 52시간 상한제조항은 연장근로시간에 관한 사용자와 근로 자 간의 계약내용을 제한한다는 측면에서 사용자와 근로자의 계약의 자유를 제한하고, 사용자의 활동을 제한한다는 측면에 서 직업의 자유를 제한한다. … 사용자와 근로자가 주 52시간 상한제조항으로 인해 계약의 자유와 직업의 자유에 제한을 받 지만, 오랜 시간 누적된 장시간 노동의 문제를 해결해야 할 필 요성은 더 크고 주 52시간 상한제 도입으로 인해 발생할 수 있는 피해를 완화시키기 위한 다양한 정책이 시행되고 있다. 따라서 주 52시간 상한제조항은 법익의 균형성에 반하지 않는 다. 그러므로 주 52시간 상한제조항은 과잉금지원칙에 반하여 청구인의 계약의 자유 및 직업의 자유를 침해하지 않는다(헌 재 2024.2.28. 2019헌마500).

ㅂ. [X] 입법자는 음주측정거부 전력이 있는데도 다시 음주운전 금지 규정을 위반한 사람의 경우 운전자가 갖추어야 할 안전의식·책임의식이 결여되었다고 보아 음주운전행위로부터 이들을 즉각적으로 배제하기 위해 필요적으로 면허취소를 규정한 것인바, 재판에서 위반행위의 모든 정황을 고려하여 형을 정하는 사법기관과 달리 행정청은 각 위반행위에 내재된 비난가능성의 내용과 정도를 일일이 판단하기가 쉽지 않은 점을 고려할 때 이러한 입법자의 판단은 존중될 필요가 있다. 형사제재와 행정제재를 부과하는 목적·기능과 그 절차상 차이를 고려하면, 심판대상조항이 운전면허 취소에 있어 과거 음주측정거부 전력의 상세한 내용이나 음주운전 금지규정 위반행위의 경중 등을 개별적으로 고려하지 않는다고 하여 지나치다고 보기는 어렵다. 위와 같은 점을 종합하면, 심판대상조항은 침해의 최소성에 위반되지 아니한다. 심판대상조항은 과잉금지원칙에 반하여 직업의 자유 및 일반적 행동자유권을 침해하지 아니한다(헌재 2024.5.30. 2022헌바256).

p.124

정답

01	①	II	06	④	II	11	②	I	16	①	IV	21	③	II
02	③	II	07	①	III	12	④	III	17	②	IV	22	④	II
03	②	II	08	④	I	13	④	IV	18	③	III	23	②	II
04	④	II	09	②	I	14	③	IV	19	①	II	24	④	II
05	①	II	10	④	II	15	③	III	20	①	II	25	④	II

취약 단원 분석표

단원	맞힌 답의 개수
I	/ 2
II	/ 13
III	/ 7
IV	/ 3
TOTAL	/ 25

I 헌법총론 / II 기본권론 / III 통치구조론 / IV 헌법재판론

---

01 개인정보자기결정권   정답 ①

ㄱ. [×] 헌법재판소는 2017.12.28. 2016헌마1124 결정에서 심판대상조항과 실질적으로 내용이 동일한 구 성폭력처벌법(2012. 12.18. 법률 제11556호로 전부개정되고, 2016.12.20. 법률 제14412호로 개정되기 전의 것) 제42조 제1항 중 "제11조의 범죄로 유죄판결이 확정된 자는 신상정보 등록대상자가 된다." 부분이 개인정보자기결정권을 침해하지 않는다고 보았다. 심판대상조항은 공중밀집장소추행죄로 유죄판결이 확정되면 모두 신상정보 등록대상자가 되도록 함으로써 그 관리의 기초를 마련하기 위한 것이므로, 등록대상 여부를 결정함에 있어 대상 성범죄로 인한 유죄판결 이외에 반드시 재범의 위험성을 고려해야 한다고 보기 어렵고, 현재 사용되는 재범의 위험성 평가 도구의 오류 가능성을 배제하기 어려워 일정한 성폭력범죄자를 일률적으로 등록대상자가 되도록 하는 것이 불가피한 점, 등록대상 성폭력범죄로 유죄판결을 선고할 경우 등록대상자에게 등록대상자라는 사실과 신상정보 제출의무가 있음을 알려주도록 하며, 등록대상자의 범위, 신상정보 제출의무의 내용 및 신상정보의 등록·보존·관리 또한 법률에서 규율하고 있는 점 등을 고려할 때, 헌법재판소의 2016헌마1124 결정은 이 사건에서도 타당하다. 따라서 심판대상조항은 청구인의 개인정보자기결정권을 침해하였다고 볼 수 없다(헌재 2020. 6.25. 2019헌마699).

ㄴ. [○] 본인인증 조항은 인터넷게임에 대한 연령 차별적 규제수단들을 실효적으로 보장하고, 인터넷게임 이용자들이 게임물 이용시간을 자발적으로 제한하도록 유도하여 인터넷게임 과몰입 내지 중독을 예방하고자 하는 것으로 그 입법목적에 정당성이 인정되며, 본인인증절차를 거치도록 하는 것은 이러한 목적 달성을 위한 적절한 수단이다. 게임물 관련사업자와 같은 정보통신서비스 제공자가 인터넷 상에서 본인인증 절차 없이 이용자의 실명이나 연령만을 정확하게 확인하는 것은 사실상 불가능하고, 게임산업법 시행령 제8조의3 제3항이 정하고 있는 방법은 신뢰할 수 있는 제3자를 통해서만 본인인증 절차를 거치도록 하고 정보수집의 범위를 최소화하고 있는 것으로 달리 실명과 연령을 정확하게 확인할 수 있으면서 덜 침익적인 수단을 발견하기 어렵다. 또한, 게임물 관련사업자가 본인인증 결과 이외의 정보를 수집하기 위해서는 인터넷게임을 이용하는 사람의 별도의 동의를 받아야 하고, '정보통신망 이용촉진 및 정보보호 등에 관한 법률'에서 동의를 얻어 수집된 정보를 보호하기 위한 장치들을 충분히 마련하고 있으며, 회원가입 시 1회 본인인증 절차를 거치도록 하는 것이 이용자들에게 게임의 이용 여부 자체를 진지하게 고려하게 할 정도로 중대한 장벽이나 제한으로 기능한다거나 게임시장의 성장을 방해한다고 보기도 어려우므로 침해의 최소성에도 위배되지 아니하고, 본인인증 조항을 통하여 달성하고자 하는 게임과몰입 및 중독 방지라는 공익은 매우 중대하므로 법익의 균형성도 갖추었다. 따라서 본인인증 조항은 청구인들의 일반적 행동의 자유 및 개인정보자기결정권을 침해하지 아니한다(헌재 2015.3.26. 2013헌마517).

ㄷ. [○] 출소 후 출소사실을 신고하여야 하는 신고의무 내용에 비추어 보안관찰처분대상자(이하 '대상자'라 한다)의 불편이 크다거나 7일의 신고기간이 지나치게 짧다고 할 수 없다. 보안관찰해당범죄는 민주주의체제의 수호와 사회질서의 유지, 국민의 생존 및 자유에 중대한 영향을 미치는 범죄인 점, 「보안관찰법」은 대상자를 파악하고 재범의 위험성 등 보안관찰처분의 필요성 유무의 판단 자료를 확보하기 위하여 위와 같은 신고의무를 규정하고 있다는 점 등에 비추어 출소 후 신고의무 위반에 대한 제재수단으로 형벌을 택한 것이 과도하다거나 법정형이 다른 법률들에 비하여 각별히 과중하다고 볼 수도 없다. 따라서 출소후신고조항 및 위반 시 처벌조항은 과잉금지원칙을 위반하여 청구인의 사생활의 비밀과 자유 및 개인정보자기결정권을 침해하지 아니한다(헌재 2021.6.24. 2017헌바479).

※ 주의할 것은 변동신고조항 및 이를 위반할 경우 처벌하도록 정한 규정은 사생활의 비밀과 자유 및 개인정보자기결정권을 침해를 인정했다는 점이다.

ㄹ. [×] 디엔에이법 제3조 제2항은 데이터베이스에 수록되는 디엔에이신원확인정보에 개인식별을 위하여 필요한 사항 외의 정보 또는 인적 사항이 포함되어서는 아니 된다고 규정하여, 개인식별을 위한 최소한의 필요정보만을 수록하도록 하고 있고, 그 외에도 디엔에이법 및 그 시행령에 디엔에이 관련 자료 및 정보의 삭제에 관한 규정과 데이터베이스의 운영에 있어서 개인정보보호에 관한 규정을 두고 있으므로, 이 사건 삭제조항이 디엔에이신원확인정보를 수형인등이 사망할 때까지 데이터베이스에 수록하도록 규정하더라도, 침해의 최소성 원칙에 반한다고 보기 어렵다. 이 사건 삭제조항에 의하여 청구인의 디엔에이신원확인정보를 평생토록 데이터베이스에 수록하더라도, 그로 인하여 청구인이 현실적으로 입게 되는 불이익은 크다고 보기 어려운 반면에, 디엔에이신원확인정보를 장래의 범죄수

사 등에 신원확인을 위하여 이용함으로써 달성할 수 있게 되는 공익은 중요하고, 그로 인한 청구인의 불이익에 비하여 더 크다고 보아야 할 것이므로, 법익균형성 원칙에도 위반되지 않는다(헌재 2020.5.27. 2017헌마1326).

ㅁ. [O] 「영유아보육법」에 따라 어린이집 설치·운영자에게 지급되는 보조금은 영유아를 건강하고 안전하게 보호·양육하고 영유아의 발달 특성에 맞는 교육을 제공할 수 있도록 그 비용을 국가나 지방자치단체가 지원하는 것이다. 이러한 보조금을 부정수급하거나 유용하는 부패행위는 영유아보육의 질과 직결되어 그로 인한 불이익이 고스란히 영유아들에게 전가되므로 이를 근절할 필요가 크다. 어린이집의 투명한 운영을 담보하고 영유아 보호자의 보육기관 선택권을 실질적으로 보장하기 위해서는 보조금을 부정수급하거나 유용한 어린이집의 명단 등을 공표하여야 할 필요성이 있으며, 심판대상조항은 공표대상이나 공표정보, 공표기간 등을 제한적으로 규정하고 공표 전에 의견진술의 기회를 부여하여 공표대상자의 절차적 권리도 보장하고 있다. 나아가 심판대상조항을 통하여 추구하는 영유아의 건강한 성장 도모 및 영유아 보호자들의 보육기관 선택권 보장이라는 공익이 공표대상자의 법 위반사실이 일정기간 외부에 공표되는 불이익보다 크다. 따라서 심판대상조항은 과잉금지원칙을 위반하여 인격권 및 개인정보자기결정권을 침해하지 아니한다(헌재 2022.3.31. 2019헌바520).

02 재판청구권 정답 ③

ㄱ. [O] 구 「법관징계법」 제27조는 법관에 대한 대법원장의 징계처분 취소청구소송을 대법원에 의한 단심재판에 의하도록 규정하고 있는바, 이는 독립적으로 사법권을 행사하는 법관이라는 지위의 특수성과 법관에 대한 징계절차의 특수성을 감안하여 재판의 신속을 도모하기 위한 것으로 그 합리성을 인정할 수 있고, 대법원이 법관에 대한 징계처분 취소청구소송을 단심으로 재판하는 경우에는 사실확정도 대법원의 권한에 속하여 법관에 의한 사실확정의 기회가 박탈되었다고 볼 수 없으므로, 헌법 제27조 제1항의 재판청구권을 침해하지 아니한다(헌재 2012.2.23. 2009헌바34).

ㄴ. [X] 압수물은 검사의 이익을 위해서뿐만 아니라 이에 대한 증거신청을 통하여 무죄를 입증하고자 하는 피고인의 이익을 위해서도 존재하므로 사건종결 시까지 이를 그대로 보존할 필요성이 있다. 따라서 사건종결 전 일반적 압수물의 폐기를 규정하고 있는 「형사소송법」 제130조 제2항은 엄격히 해석할 필요가 있으므로, 위 법률조항에서 말하는 '위험발생의 염려가 있는 압수물'이란 사람의 생명, 신체, 건강, 재산에 위해를 줄 수 있는 물건으로서 보관 자체가 대단히 위험하여 종국판결이 선고될 때까지 보관하기 매우 곤란한 압수물을 의미하는 것으로 보아야 하고, 이러한 사유에 해당하지 아니하는 압수물에 대하여는 설사 피압수자의 소유권포기가 있다 하더라도 폐기가 허용되지 아니한다고 해석하여야 한다. 피청구인은 이 사건 압수물을 보관하는 것 자체가 위험하다고 볼 수 없을 뿐만 아니라 이를 보관하는 데 아무런 불편이 없는 물건임이 명백함에도 압수물에 대하여 소유권포기가 있다는 이유로 이를 사건종결 전에 폐기하였는바, 위와 같은 피청구인의 행위는 적법절차의 원칙을 위반하고, 청구인의 공정한 재판을 받을 권리를 침해한 것이다(헌재 2012.12.27. 2011헌마351).

ㄷ. [X] 법원에 의한 범죄인인도심사는 국가형벌권의 확정을 목적으로 하는 형사절차와 같은 전형적인 사법절차의 대상에 해당되는 것은 아니며, 법률(「범죄인 인도법」)에 의하여 인정된 특별한 절차라 볼 것이다. 그렇다면 심급제도에 대한 입법재량의 범위와 범죄인인도심사의 법적 성격, 그리고 범죄인인도법에서의 심사절차에 관한 규정 등을 종합할 때, 이 사건 법률조항이 범죄인인도심사를 서울고등법원의 단심제로 하고 있다고 해서 적법절차원칙에서 요구되는 합리성과 정당성을 결여한 것이라 볼 수 없다. 이 사건 법률조항이 적어도 법관과 법률에 의한 한 번의 재판을 보장하고 있고, 그에 대한 상소를 불허한 것이 적법절차원칙이 요구하는 합리성과 정당성을 벗어난 것이 아닌 이상, 그러한 상소 불허 입법이 입법재량의 범위를 벗어난 것으로서 재판청구권을 과잉 제한하는 것이라고 보기는 어렵다(헌재 2003.1.30. 2001헌바95).

ㄹ. [X] 피고인 스스로 치료감호를 청구할 수 있는 권리나, 법원으로부터 직권으로 치료감호를 선고받을 수 있는 권리는 헌법상 재판청구권의 보호범위에 포함되지 않는다. 공익의 대표자로서 준사법기관적 성격을 가지고 있는 검사에게만 치료감호 청구권한을 부여한 것은, 본질적으로 자유박탈적이고 침익적 처분인 치료감호와 관련하여 재판의 적정성 및 합리성을 기하기 위한 것이므로 적법절차원칙에 반하지 않는다. 그렇다면 이 사건 법률조항들은 재판청구권을 침해하거나 적법절차원칙에 반한다고 보기 어렵다(헌재 2021.1.28. 2019헌가24).

03 종교의 자유 정답 ②

① [O] 피청구인이 청구인들로 하여금 개신교, 천주교, 불교, 원불교 4개 종교의 종교행사 중 하나에 참석하도록 한 것은 그 자체로 종교적 행위의 외적 강제에 해당한다. 이는 피청구인이 위 4개 종교를 승인하고 장려한 것이자, 여타 종교 또는 무종교보다 이러한 4개 종교 중 하나를 가지는 것을 선호한다는 점을 표현한 것이라고 보여질 수 있으므로 국가의 종교에 대한 중립성을 위반하여 특정 종교를 우대하는 것이다. 또한, 이 사건 종교행사 참석조치는 국가가 종교를, 군사력 강화라는 목적을 달성하기 위한 수단으로 전락시키거나, 반대로 종교단체가 군대라는 국가권력에 개입하여 선교행위를 하는 등 영향력을 행사할 수 있는 기회를 제공하므로, 국가와 종교의 밀접한 결합을 초래한다는 점에서 정교분리원칙에 위배된다.

❷ [X] 헌법 제20조 제1항은 양심의 자유와 별개로 종교의 자유를 따로 보장하고 있고, 이 사건 청구인 등의 대부분은 여호와의 증인 또는 카톨릭 신도로서 자신들의 종교적 신앙에 따라 병역의무를 거부하고 있으므로, 이 사건 법률조항에 의하여 이들의 종교의 자유도 함께 제한된다. 그러나 종교적 신앙에 의한 행위라도 개인의 주관적·윤리적 판단을 동반하는 것인 한 양심의 자유에 포함시켜 고찰할 수 있고, 앞서 보았듯이 양심적 병역거부의 바탕이 되는 양심상의 결정은 종교적 동기뿐만 아니라 윤리적·철학적 또는 이와 유사한 동기로부터도 형성될 수 있는 것이므로, 이 사건에서는 양심의 자유를 중심으로 기본권 침해 여부를 판단하기로 한다(헌재 2018.6.28. 2011헌바379).

③ [O] 청구인은 심판대상행위가 종교의자유를 침해한다고 주장한다. 심판대상행위는 '종교가 있는지 여부'와 '있다면 구체적인 종교명이 무엇인지'를 묻는 조사항목들에 응답할 것을 요구하고 있는바, 이는 통계의 기초자료로 활용하기 위한 조사사항 중 하나로서 특정 종교를 믿는다는 이유로 불이익을 주거나 종교적 확신에 반하는 행위를 강요하기 위한 것이 아니다. 결국 청구인의 위 주장은 종교를 포함한 개인정보의 수집·활용 등이 개인정보자기결정권을 침해하는가의 문제로 귀결되므로, 개인정보자기결정권에 대한 침해 여부에 포함시켜 판단하면 충분하다. … 심판대상행위에 의하여 제한되는 사익은 청구인의 개인정보를 피청구인에게 제공하여야 하는 불이익인 반면, 심판대상행위로 달성하려는 공익은 그 조사결과를 정부정책의 수립·평가 또는 경제·사회현상의 연구·분석 등에 활용하여 사회발전에 기여하고자 하는 것으로서 청구인의 사익 제한보다 훨씬 크고 중요하다. 따라서 법익의 균형성도 갖추었다. 심판대상행위가 과잉금지원칙을 위반하여 청구인의 개인정보자기결정권을 침해하였다고 볼 수 없다(헌재 2017.7.27. 2015헌마1094).

④ [O] 양로시설을 설치하고자 하는 경우 일정한 시설기준과 인력기준 등을 갖수어야 하나, 이는 노인들의 안전한 주거공간 보장을 위한 최소한의 기준에 불과하므로 신고의무 부과가 지나치다고 할 수 없다. 종교단체에서 구호활동의 일환으로 운영하는 양로시설이라고 하더라도 신고대상에서 제외하면 관리·감독의 사각지대가 발생할 수 있으며, 일정 규모 이상의 양로시설의 경우 안전사고나 인권침해 피해정도가 커질 수 있으므로, 예외를 인정함이 없이 신고의무를 부과할 필요가 있다. 더욱이 일부 사회복지시설들의 탈법적인 운영을 방지하기 위하여는 강력한 제재를 가할 필요성이 인정되며, 사안의 경중에 따라 벌금형의 선고도가능하므로심판대상조항에 의한 처벌이 지나치게 과중하다고 볼 수 없다. 심판대상조항에 의하여 제한되는 사익에 비하여 심판대상조항이 달성하려는 공익은 양로시설에 입소한 노인들의 쾌적하고 안전한 주거환경을 보장하는 것으로 이는 매우 중대하다. 따라서 심판대상조항이 과잉금지원칙에 위배되어 종교의 자유를 침해한다고 볼 수 없다(헌재 2016.6.30. 2015헌바46).

⑤ [O] 금치처분을 받은 사람은 최장 30일 이내의 기간 동안 공동행사에 참가할 수 없으나, 서신수수, 접견을 통해 외부와 통신할 수 있고, 종교상담을 통해 종교활동을 할 수 있으므로, 이 사건 금치조항 중 제108조 제4호에 관한 부분은 침해의 최소성에도 위반되지 아니한다. 금치처분을 받은 사람은 금치기간 동안 공동행사에 참가하는 방식으로 교정시설 내 수용자들과 교류하거나 종교활동을 할 수 없는 불이익을 받게 되나, 이는 규율의 준수를 통해 수용질서를 유지한다는 공익에 비하여 크다고 할 수 없으므로, 위 조항은 법익의 균형성도 갖추었다(헌재 2016.5.26. 2014헌마45).

04 재산권 정답 ④

ㄱ. [O] 헌법 제13조 제2항에서 "모든 국민은 소급입법에 의하여 … 재산권을 박탈당하지 아니한다."라고 하여 소급입법에 의한 재산권의 박탈을 금지하고 있다. 과거의 사실관계 또는 법률관계를 규율하기 위한 소급입법의 태양에는 이미 과거에 완성된 사실·법률관계를 규율의 대상으로 하는 진정소급효의 입법과

이미 과거에 시작하였으나 아직 완성되지 아니하고 진행과정에 있는 사실·법률관계를 규율의 대상으로 하는 부진정소급효의 입법이 있다. 헌법 제13조 제2항이 금하고 있는 소급입법은 전자, 즉 진정소급효를 가지는 법률만을 의미하며, 이에 반하여 후자, 즉 부진정소급효의 입법은 원칙적으로 허용된다(헌재 2003.10.30. 2001헌마700).

ㄴ. [X] 살처분은 가축의 전염병이 전파가능성과 위해성이 매우 커서 타인의 생명, 신체나 재산에 중대한 침해를 가할 우려가 있는 경우 이를 막기 위해 취해지는 조치로서, 가축 소유자가 수인해야 하는 사회적 제약의 범위에 속한다(헌재 2014.4.24. 2013헌바110).

ㄷ. [O] 댐사용권은 사적유용성 및 그에 대한 원칙적 처분권을 내포하는 재산가치 있는 구체적 권리라고 할 것인바, 헌법 제23조에 의한 재산권 보장의 대상이 된다. 댐사용권변경조항은 이미 형성된 구체적인 재산권을 공익을 위하여 개별적이고 구체적으로 박탈·제한하는 것으로서 보상을 요하는 헌법 제23조 제3항의 수용·사용·제한을 규정한 것이라고 볼 수 없고, 적정한 수자원의 공급 및 수재방지 등 공익적 목적에서 건설되는 다목적댐에 관한 독점적 사용권인 댐사용권의 내용과 한계를 정하는 규정인 동시에 공익적 요청에 따른 재산권의 사회적 제약을 구체화하는 규정이라고 보아야 한다(헌재 2022.10.27. 2019헌바44).

ㄹ. [X] 이 사건의 경우 청구인들을 비롯한 구법상의 재생처리신고업자가 소유하는 구체적인 시설, 장비나 채권 등 권리가 국가에 의하여 침해되는 경우가 아니다. 그리고 청구인들의 영업활동은 원칙적으로 자신의 계획과 책임하에 행위하면서 법제도에 의하여 반사적으로 부여되는 기회를 활용한 것에 지나지 않는다 할 것이므로, 청구인들이 주장하는 영업권은 위 헌법조항들이 말하는 재산권의 범위에 속하지 아니한다. 그러므로 이 사건 법률조항으로 인하여 청구인들의 재산권이 침해되었다거나, 소급입법에 의하여 재산권이 박탈되었다고 할 수 없다(헌재 2000.7.20. 99헌마452).

05 영장주의 정답 ①

ㄱ. [X] 법원이 직권으로 발부하는 영장과 수사기관의 청구에 의하여 발부하는 구속영장의 법적 성격은 같지 않다. 즉, 전자는 명령장으로서의 성질을 갖지만 후자는 허가장으로서의 성질을 갖는 것으로 이해되고 있다(헌재 1997.3.27. 96헌바28).

ㄴ. [O] 영장주의가 행정상 즉시강제에도 적용되는지에 관하여는 논란이 있으나, 행정상 즉시강제는 상대방의 임의이행을 기다릴 시간적 여유가 없을 때 하명 없이 바로 실력을 행사하는 것으로서, 그 본질상 급박성을 요건으로 하고 있어 법관의 영장을 기다려서는 그 목적을 달성할 수 없다고 할 것이므로, 원칙적으로 영장주의가 적용되지 않는다고 보아야 할 것이다(헌재 2002.10.31. 2000헌가12).

ㄷ. [X] 법무부장관의 출국금지결정은 형사재판에 계속 중인 국민의 출국의 자유를 제한하는 행정처분일 뿐이고, 영장주의가 적용되는 신체에 대하여 직접적으로 물리적 강제력을 수반하는 강제처분이라고 할 수는 없다. 따라서 심판대상조항이 헌법 제12조 제3항의 영장주의에 위배된다고 볼 수 없다(헌재 2015.9.24. 2012헌바302).

ㄹ. [×] 헌법 제12조 제3항의 영장주의는 법관이 발부한 영장에 의하지 아니하고는 수사에 필요한 강제처분을 하지 못한다는 원칙으로 소변을 받아 제출하도록 한 것은 교도소의 안전과 질서유지를 위한 것으로 수사에 필요한 처분이 아닐 뿐만 아니라 검사대상자들의 협력이 필수적이어서 강제처분이라고 할 수도 없어 영장주의의 원칙이 적용되지 않는다(헌재 2006.7.27. 2005헌마277).

06 신체의 자유   정답 ④

ㄱ. [×] 외국에서 실제로 형의 집행을 받았음에도 불구하고 우리 형법에 의한 처벌 시 이를 전혀 고려하지 않는다면 신체의 자유에 대한 과도한 제한이 될 수 있으므로 그와 같은 사정은 어느 범위에서든 반드시 반영되어야 하고, 이러한 점에서 입법형성권의 범위는 다소 축소될 수 있다. 입법자는 국가형벌권의 실현과 국민의 기본권 보장의 요구를 조화시키기 위하여 형을 필요적으로 감면하거나 외국에서 집행된 형의 전부 또는 일부를 필요적으로 산입하는 등의 방법을 선택하여 청구인의 신체의 자유를 덜 침해할 수 있음에도, 이 사건 법률조항과 같이 우리 형법에 의한 처벌 시 외국에서 받은 형의 집행을 전혀 반영하지 아니할 수도 있도록 한 것은 과잉금지원칙에 위배되어 신체의 자유를 침해한다(헌재 2015.5.28. 2013헌바129).

ㄴ. [×] 보안처분은 형벌과 달리 행위자의 장래 위험성에 근거하는 것으로 행위시가 아닌 재판시의 재범 위험성 여부에 대한 판단에 따라 결정되므로, 원칙적으로 재판 당시 현행법을 소급적용할 수 있다. 그러나 보안처분의 범주가 넓고 그 모습이 다양한 이상, 보안처분에 속한다는 이유만으로 일률적으로 소급처벌금지원칙이 적용된다거나 그렇지 않다고 단정해서는 안 되고, 보안처분으로 형벌불소급의 원칙이 유명무실하게 되는 것도 허용될 수 없다. 따라서 보안처분이라 하더라도 형벌적 성격이 강하여 신체의 자유를 박탈하거나 박탈에 준하는 정도로 신체의 자유를 제한하는 경우에는 소급처벌금지원칙이 적용된다(헌재 2015.9.24. 2015헌바35).

ㄷ. [×] 심판대상조항이 「출입국관리법」에 따라 보호된 사람을 「인신보호법」에 따라 구제청구를 할 수 있는 피수용자의 범위에서 제외한 것은, 「출입국관리법」상 보호가 외국인의 강제퇴거사유의 존부 심사 및 강제퇴거명령의 집행확보라는 행정목적을 담보하고 이를 효율적으로 집행하기 위해 행해지는 것으로 신체의 자유 제한 자체를 목적으로 하는 형사절차상의 인신구속 또는 여타의 행정상의 인신구속과는 그 목적이나 성질이 다르다는 점, 「출입국관리법」이 보호라는 인신구속의 적법성을 담보하기 위한 엄격한 사전절차와 사후적 구제수단을 충분히 마련하고 있는 이상, 인신보호법의 보호범위에 「출입국관리법」에 따라 보호된 자를 포함시킬 실익이 크지 아니한 점을 고려한 것이며, 여기에는 합리적 이유가 있다. 따라서 심판대상조항은 청구인들의 평등권을 침해하지 아니한다(헌재 2014.8.28. 2012헌마686).

ㄹ. [○] 강제퇴거명령의 효율적 집행이라는 행정목적 때문에 기간의 제한이 없는 보호를 가능하게 하는 것은 행정의 편의성과 획일성만을 강조한 것으로 피보호자의 신체의 자유를 과도하게 제한하는 것인 점, 강제퇴거명령을 받은 사람을 보호함에 있어 그 기간의 상한을 두고 있는 국제적 기준이나 외국의 입법례에 비추어 볼 때 보호기간의 상한을 정하는 것이 불가능하다

고 볼 수 없는 점, 강제퇴거명령의 집행 확보는 심판대상조항에 의한 보호 외에 주거지 제한이나 보고, 신원보증인의 지정, 적정한 보증금의 납부, 감독관 등을 통한 지속적인 관찰 등 다양한 수단으로도 가능한 점, 현행 보호일시해제제도나 보호명령에 대한 이의신청, 보호기간 연장에 대한 법무부장관의 승인제도만으로는 보호기간의 상한을 두지 않은 문제가 보완된다고 보기 어려운 점 등을 고려하면, 심판대상조항은 침해의 최소성과 법익균형성을 충족하지 못한다. 따라서 심판대상조항은 과잉금지원칙을 위반하여 피보호자의 신체의 자유를 침해한다(헌재 2023.3.23. 2020헌가1).

ㅁ. [×] 변호인 선임을 위하여 피의자·피고인이 가지는 '변호인이 되려는 자'와의 접견교통권은 헌법상 기본권으로 보호되어야 하고, '변호인이 되려는 자'의 접견교통권은 피의자 등이 변호인을 선임하여 그로부터 조력을 받을 권리를 공고히 하기 위한 것으로서, 그것이 보장되지 않으면 피의자 등이 변호인 선임을 통하여 변호인으로부터 충분한 조력을 받는다는 것이 유명무실하게 될 수밖에 없다. 이와 같이 '변호인이 되려는 자'의 접견교통권은 피의자 등을 조력하기 위한 핵심적인 부분으로서, 피의자 등이 가지는 헌법상의 기본권인 '변호인이 되려는 자'와의 접견교통권과 표리의 관계에 있다. 따라서 피의자 등이 가지는 '변호인이 되려는 자'의 조력을 받을 권리가 실질적으로 확보되기 위해서는 '변호인이 되려는 자'의 접견교통권 역시 헌법상 기본권으로서 보장되어야 한다(헌재 2019.2.28. 2015헌마1204).

07 선거제도   정답 ①

ㄱ. [○] 심판대상조항은 신체의 장애로 인하여 자신이 기표할 수 없는 선거인의 선거권을 실질적으로 보장하고, 투표보조인이 장애인의 선거권 행사에 부당한 영향력을 미치는 것을 방지하여 선거의 공정성을 확보하기 위한 것이므로, 입법목적의 정당성이 인정된다. 또한 심판대상조항이 투표보조인이 가족이 아닌 경우 반드시 2인을 동반하도록 한 것은 위와 같은 목적을 달성하기 위한 적절한 수단이므로, 수단의 적합성도 인정된다. 중앙선거관리위원회는 실무상 선거인이 투표보조인 2인을 동반하지 않은 경우 투표사무원 중에 추가로 투표보조인으로 선정하여 투표를 보조할 수 있도록 함으로써 선거권 행사를 지원하고 있으며, 「공직선거법」은 처벌규정을 통해 투표보조인이 비밀유지의무를 준수하도록 강제하고 있다. 따라서 심판대상조항은 침해의 최소성원칙에 반하지 않는다. 심판대상조항이 달성하고자 하는 공익은 중증장애인의 실질적인 선거권 보장과 선거의 공정성 확보로서 매우 중요한 반면, 심판대상조항으로 인해 청구인이 받는 불이익은 투표보조인이 가족이 아닌 경우 2인을 동반해야 하므로, 투표보조인이 1인인 경우에 비하여 투표의 비밀이 더 유지되기 어렵고, 투표보조인을 추가로 섭외해야 한다는 불편에 불과하므로, 심판대상조항은 법익의 균형성원칙에 반하지 않는다. 그러므로 심판대상조항은 비밀선거의 원칙에 대한 예외를 두고 있지만 필요하고 불가피한 예외적인 경우에 한하고 있으므로, 과잉금지원칙에 반하여 청구인의 선거권을 침해하지 않는다(헌재 2020.5.27. 2017헌마867).

ㄴ. [O] 선거운동을 어느 정도 규제하는 것에 불가피한 측면이 있더라도, 그 제한의 정도는 정치·사회적 발전단계와 국민의식의 성숙도 등을 종합하여 합리적으로 결정해야 한다. 오늘날, 일부 미흡한 측면이 있더라도 공정한 선거제도가 확립되고 국민의 정치의식이 높아지고 있으며, 입법자도 선거운동의 자유를 최대한 보장할 필요가 있다는 반성적 고려하에 2020.12.29. 공직선거법 개정을 통해 선거과열 등 부작용을 초래할 위험성이 적은 선거운동 방법에 대한 선거운동기간 규제를 완화한 상황이다. 그럼에도 심판대상조항은 입법목적을 달성하는 데 지장이 없는 선거운동방법, 즉 돈이 들지 않는 방법으로서 '후보자 간 경제력 차이에 따른 불균형 문제'나 '사회·경제적 손실을 초래할 위험성'이 낮은, 개별적으로 대면하여 말로 지지를 호소하는 선거운동까지 금지하고 처벌함으로써, 과잉금지원칙에 반하여 선거운동 등 정치적 표현의 자유를 과도하게 제한하고 있다. 결국 이 사건 선거운동기간조항 중 선거운동기간 전에 개별적으로 대면하여 말로 하는 선거운동에 관한 부분, 이 사건 처벌조항 중 '그 밖의 방법'에 관한 부분 가운데 개별적으로 대면하여 말로 하는 선거운동을 한 자에 관한 부분은 과잉금지원칙에 반하여 선거운동 등 정치적 표현의 자유를 침해한다(헌재 2022.2.24. 2018헌바146).

ㄷ. [X] 소선거구 다수대표제는 다수의 사표가 발생할 수 있다는 문제점이 제기됨에도 불구하고 정치의 책임성과 안정성을 강화하고 인물 검증을 통해 당선자를 선출하는 등 장점을 가지며, 선거의 대표성이나 평등선거의 원칙 측면에서도 다른 선거제도와 비교하여 반드시 열등하다고 단정할 수 없다. 또한 비례대표선거제도를 통하여 소선거구 다수대표제를 채택함에 따라 발생하는 정당의 득표비율과 의석비율 간의 차이를 보완하고 있다. 그리고 유권자들의 후보들에 대한 각기 다른 지지는 자연스러운 것이고, 선거제도상 모든 후보자들을 당선시키는 것은 불가능하므로 사표의 발생은 불가피한 측면이 있다. 이러한 점들을 고려하면, 선거권자들에게 성별, 재산 등에 의한 제한 없이 모두 투표참여의 기회를 부여하고(보통선거), 선거권자 1인의 투표를 1표로 계산하며(평등선거), 선거결과가 선거권자에 의해 직접 결정되고(직접선거), 투표의 비밀이 보장되며(비밀선거), 자유로운 투표를 보장함으로써(자유선거) 헌법상의 선거원칙은 모두 구현되는 것이므로, 이에 더하여 국회의원선거에서 사표를 줄이기 위해 소선거구 다수대표제를 배제하고 다른 선거제도를 채택할 것까지 요구할 수는 없다. 따라서 심판대상조항이 청구인의 평등권과 선거권을 침해한다고 할 수 없다.

ㄹ. [X] 토론회조항은 지방자치단체장선거에서 각급선거방송토론위원회가 초청대상 후보자 대담·토론회를 개최할 때의 그 초청자격을 제한하고 있는데, 이러한 제한을 두지 않는다면 대담·토론회는 후보자들의 정견발표회 수준에 그치게 되고 실질적인 정책의 비교나 심층적인 정책의 토론이 이루어진다거나 후보자들 간의 자질과 정치적인 능력의 비교가 불가능해질 수 있으므로, 대담·토론회의 장점을 극대화하여 실질적인 정책 비교 및 후보의 자질 검증의 기회를 마련할 필요가 있다. 이 사건 토론회조항은 전체 국민을 대상으로 한 선거를 통하여 이미 국민의 일정한 지지가 검증되었다고 볼 수 있는 정당의 추천을 받은 사람, 지난 선거에서 일정 수 이상의 득표를 함으로써 해당 지역의 선거구 내 주민들의 일정한 지지가 검증되었다고 볼 수 있는 사람, 위와 같은 요건을 갖추지는 못하였지만 여론조사를 통하여 해당 지역 유권자들의 관심과 지지가 어느 정도 확보되고, 그러한 사실이 확인될 수 있는 사람을 대상으로 하고 있는바, 그 요건이 자의적이라고 볼 수 없다. 이 사건

토론회조항은 선거운동의 기회균등원칙과 관련한 평등권을 침해하지 않는다(헌재 2019.9.26. 2018헌마128).

---

08 헌정사 정답 ④

① [O] 제1차 개정헌법(1952년 개헌)에서는 국무위원과 행정각부장관은 국무총리의 제청으로 대통령이 임면하도록 하고 국무원불신임결의권을 국회(민의원)에 부여하였다.

> **[1952년 제1차 개정헌법]**
> **제73조** 행정각부의 장은 국무위원이어야 하며 국무총리의 제청에 의하여 대통령이 임면한다.
> **제70조의2** 민의원은 국무원의 조직완료 또는 총선거 즉후의 신임결의로부터 1년 이내에는 국무원불신임결의를 할 수 없다. 단, 재적의원 3분지 2 이상의 찬성에 의한 국무원불신임결의는 언제든지 할 수 있다.

② [O] 제4차 개정헌법(1960년 개헌)에서는 부칙에 대통령, 부통령선거에 관련하여 부정행위를 한 자를 처벌하기 위한 특별법 또는 특정지위에 있음을 이용하여 현저한 반민주행위를 한 자의 공민권을 제한하기 위한 특별법을 제정할 수 있는 소급입법의 근거를 두었다.

> **[1960년 제4차 개정헌법]**
> **부칙**
> 이 헌법 시행당시의 국회는 단기 4293년 3월 15일에 실시된 대통령, 부통령선거에 관련하여 부정행위를 한 자와 그 부정행위에 항의하는 국민에 대하여 살상 기타의 부정행위를 한 자를 처벌 또는 단기 4293년 4월 26일 이전에 특정지위에 있음을 이용하여 현저한 반민주행위를 한 자의 공민권을 제한하기 위한 특별법을 제정할 수 있으며 단기 4293년 4월 26일 이전에 지위 또는 권력을 이용하여 부정한 방법으로 재산을 축적한 자에 대한 행정상 또는 형사상의 처리를 하기 위하여 특별법을 제정할 수 있다. <신설 1960.11.29.>
> 전항의 형사사건을 처리하기 위하여 특별재판소와 특별검찰부를 둘 수 있다. <신설 1960.11.29.>

③ [O] 제5차 개정헌법(1962년 개헌)에서는 국민이 4년 임기의 대통령을 선거하고, 대통령은 1차에 한하여 중임할 수 있도록 하였으며, 위헌법률심사권을 대법원의 권한으로 하였다.

> **[1962년 제5차 개정헌법]**
> **제69조** ① 대통령의 임기는 4년으로 한다.
> ③ 대통령은 1차에 한하여 중임할 수 있다.
> **제102조** ① 법률이 헌법에 위반되는 여부가 재판의 전제가 된 때에는 대법원은 이를 최종적으로 심사할 권한을 가진다.

❹ [X] 통일주체국민회의 대의원의 임기는 6년이며, 통일주체국민회의는 국회의원 정수 3분의 1에 해당하는 수의 국회의원을 선거하였다.

> **[1972년 제7차 개정헌법]**
> **제36조** ① 통일주체국민회의는 국민의 직접선거에 의하여 선출된 대의원으로 구성한다.
> ② 통일주체국민회의 대의원의 수는 2,000인 이상 5,000인 이하의 범위 안에서 법률로 정한다.
> ③ 대통령은 통일주체국민회의의 의장이 된다.

> 제37조 ④ 통일주체국민회의 대의원의 임기는 6년으로 한다.
> 제40조 ① 통일주체국민회의는 국회의원 정수의 3분의 1에 해당하는 수의 국회의원을 선거한다.
> ② 제1항의 국회의원의 후보자는 대통령이 일괄 추천하며, 후보자 전체에 대한 찬반을 투표에 붙여 재적대의원 과반수의 출석과 출석대의원 과반수의 찬성으로 당선을 결정한다.
> 제41조 ① 통일주체국민회의는 국회가 발의·의결한 헌법개정안을 최종적으로 의결·확정한다.

⑤ [O] 심판대상조항은 외국인에게 대한민국 국적을 부여하는 '귀화'의 요건을 정한 것인데, '품행', '단정' 등 용어의 사전적 의미가 명백하고, 심판대상조항의 입법취지와 용어의 사전적 의미 및 법원의 일반적인 해석 등을 종합해 보면, '품행이 단정할 것'은 '귀화신청자를 대한민국의 새로운 구성원으로서 받아들이는 데 지장이 없을 만한 품성과 행실을 갖춘 것'을 의미하고, 구체적으로 이는 귀화신청자의 성별, 연령, 직업, 가족, 경력, 전과관계 등 여러 사정을 종합적으로 고려하여 판단될 것임을 예측할 수 있다. 따라서 심판대상조항은 명확성원칙에 위배되지 아니한다(헌재 2016.7.28. 2014헌바421).

09 국적 정답 ②

① [O] 「국적법」 제12조에 대한 내용이다.

❷ [X] 외국인과의 혼인으로 그 배우자의 국적을 취득하게 된 대한민국의 국민은 그 외국 국적을 취득한 때부터 6개월 내에 대한민국 국적을 보유할 의사가 있다는 뜻을 법무부장관에게 신고하지 아니하면 그 외국 국적을 취득한 때로 소급(遡及)하여 대한민국 국적을 상실한 것으로 본다(「국적법」 제15조 제2항).

> 제15조 【외국 국적 취득에 따른 국적 상실】 ① 대한민국의 국민으로서 자진하여 외국 국적을 취득한 자는 그 외국 국적을 취득한 때에 대한민국 국적을 상실한다.
> ② 대한민국의 국민으로서 다음 각 호의 어느 하나에 해당하는 자는 그 외국 국적을 취득한 때부터 6개월 내에 법무부장관에게 대한민국 국적을 보유할 의사가 있다는 뜻을 신고하지 아니하면 그 외국 국적을 취득한 때로 소급(遡及)하여 대한민국 국적을 상실한 것으로 본다.
> 1. 외국인과의 혼인으로 그 배우자의 국적을 취득하게 된 자

③ [O] 국적취득에 있어서 적법성 확보가 사회구성원들 사이의 신뢰를 확보하고 국가질서를 유지하는 근간이 됨을 고려할 때 심판대상조항을 통하여 달성하고자 하는 공익이 제한되는 사익에 비해 훨씬 크다고 할 것이므로 심판대상조항은 법익의 균형성도 갖추었다. 따라서 심판대상조항은 과잉금지원칙에 위배하여 거주·이전의 자유 및 행복추구권을 침해하지 아니한다(헌재 2020.2.27. 2017헌바434).

④ [O] 병역준비역에 편입된 복수국적자의 국적선택 기간이 지났다고 하더라도, 그 기간 내에 국적이탈 신고를 하지 못한 데 대하여 사회통념상 그에게 책임을 묻기 어려운 사정 즉, 정당한 사유가 존재하고, 병역의무 이행의 공평성 확보라는 입법목적을 훼손하지 않음이 객관적으로 인정되는 경우라면, 병역준비역에 편입된 복수국적자에게 국적선택 기간이 경과하였다고 하여 일률적으로 국적이탈을 할 수 없다고 할 것이 아니라, 예외적으로 국적이탈을 허가하는 방안을 마련할 여지가 있다. 심판대상 법률조항의 존재로 인하여 복수국적을 유지하게 됨으로써 대상자가 겪어야 하는 실질적 불이익은 구체적 사정에 따라 상당히 클 수 있다. 국가에 따라서는 복수국적자가 공직 또는 국가안보와 직결되는 업무나 다른 국적국과 이익충돌 여지가 있는 업무를 담당하는 것이 제한될 가능성이 있다. 현실적으로 이러한 제한이 존재하는 경우, 특정 직업의 선택이나 업무 담당이 제한되는 데 따르는 사익 침해를 가볍게 볼 수 없다. 심판대상 법률조항은 과잉금지원칙에 위배되어 청구인의 국적이탈의 자유를 침해한다(헌재 2020.9.24. 2016헌마889).

10 책임주의 정답 ④

① [O] 이 사건 법률조항은 선장의 범죄행위에 관하여 비난할 근거가 되는 선박소유자의 의사결정 및 행위구조, 즉 선장이 저지른 행위의 결과에 대한 선박소유자의 독자적인 책임에 관하여 전혀 규정하지 않은 채, 단순히 선박소유자가 고용한 선장이 업무에 관하여 범죄행위를 하였다는 이유만으로 선박소유자에 대하여 형사처벌을 과하고 있는바, 이는 다른 사람의 범죄에 대하여 그 책임 유무를 묻지 않고 형벌을 부과하는 것으로서, 법치국가의 원리 및 죄형법정주의로부터 도출되는 책임주의원칙에 반한다(헌재 2013.9.26. 2013헌가15).

② [O] 이 사건 법률조항이 직상 수급인의 임금지급의무 불이행을 처벌하도록 한 것은 직상 수급인 자신의 의무 불이행에 대한 책임을 묻는 것이고, 직상 수급인이 건설업 등록이 되어 있지 않아 건설공사를 위한 자금력 등이 확인되지 않는 자에게 건설공사를 하도급하는 위법행위를 함으로써 하수급인의 임금지급의무 불이행에 관한 추상적 위험을 야기한 잘못에 대하여, 실제로 하수급인이 임금지급의무를 이행하지 아니하여 그러한 위험이 현실화되었을 때 그 책임을 묻는 것이다. 따라서 이 사건 법률조항은 자기책임원칙에 위배된다고 볼 수 없다(헌재 2014.4.24. 2013헌가12).

③ [O] 각 중앙관서의 장이 경쟁의 공정한 집행 또는 계약의 적정한 이행을 해칠 염려가 있는 자 등에 대하여 2년 이내의 범위에서 대통령령이 정하는 바에 따라 입찰참가자격을 제한하도록 한 구 「국가를 당사자로 하는 계약에 관한 법률」 제27조 제1항은 부정당업자는 제재처분의 사유가 되는 행위의 책임을 자신에게 돌릴 수 없다는 점 등을 증명하여 제재처분에서 벗어날 수 있으므로, 심판대상조항은 자기책임원칙에 위배되지 아니한다(헌재 2016.6.30. 2015헌바125).

❹ [X] 형벌은 범죄에 대한 제재로서 그 본질은 법질서에 의해 부정적으로 평가된 행위에 대한 비난이다. 만약 법질서가 부정적으로 평가한 결과가 발생하였다고 하더라도 그러한 결과의 발생이 어느 누구의 잘못에 의한 것도 아니라면, 부정적인 결과가 발생하였다는 이유만으로 누군가에게 형벌을 가할 수는 없다. 이와 같이 "책임 없는 자에게 형벌을 부과할 수 없다."라는 형벌에 관한 책임주의는 형사법의 기본원리로서, 헌법상 법치국가의 원리에 내재하는 원리인 동시에, 헌법 제10조의 취지로부터 도출되는 원리이다. 그런데 이 사건 심판대상조항은 법인이 고용한 종업원 등의 범죄행위에 관하여 비난할 근거가 되는 법인의 의사결정 및 행위구조, 즉 종업원 등이 저지른 행위의 결과에 대한 법인의 독자적인 책임에 관하여 전혀 규정하지 않은 채, 단순히 법인이 고용한 종업원 등이 업무에 관하여

범죄행위를 하였다는 이유만으로 법인에 대하여 형사처벌을 과하고 있는바, 이는 다른 사람의 범죄에 대하여 그 책임 유무를 묻지 않고 형벌을 부과함으로써 법치국가의 원리 및 죄형법정주의로부터 도출되는 책임주의원칙에 반하여 헌법에 위반된다(헌재 2010.9.30. 2010헌가19).

11　소급입법　정답 ②

① [O] 심판대상조항은 이미 종료된 사실·법률관계가 아니라, 현재 진행 중인 사실관계, 즉 특정경유자동차에 배출가스저감장치를 부착하여 운행하고 있는 소유자에 대하여 심판대상조항의 신설 또는 개정 이후에 '폐차나 수출 등을 위한 자동차등록의 말소'라는 별도의 요건사실이 충족되는 경우에 배출가스저감장치를 반납하도록 한 것으로서 부진정소급입법에 해당하며, 이 조항이 신설되기 전에 이미 배출가스저감장치를 부착하였던 소유자들이 자동차 등록 말소 후 경제적 잔존가치가 있는 장치의 사용 및 처분에 관한 신뢰를 가졌다고 하더라도, 위와 같은 공익의 중요성이 더 크다고 할 것이므로, 이 조항이 신뢰보호원칙을 위반하여 재산권을 침해한다고 보기도 어렵다(헌재 2019.12.27. 2015헌바45).

❷ [X] 개정법조항은 구법조항에서 5년으로 정하고 있던 임차인의 계약갱신요구권 행사 기간을 10년으로 연장하였고, 이 사건 부칙조항은 개정법조항을 개정법 시행 후 갱신되는 임대차에도 적용한다고 규정하고 있으며, '개정법 시행 후 갱신되는 임대차'에는 구법조항에 따른 의무임대차기간이 경과하여 임대차가 갱신되지 않고 기간만료 등으로 종료되는 경우는 제외되고 구법조항에 따르더라도 여전히 갱신될 수 있는 경우만 포함되므로, 이 사건 부칙조항은 아직 진행과정에 있는 사안을 규율대상으로 하는 부진정소급입법에 해당한다. 이 사건 부칙조항은 신뢰보호원칙에 위배되어 임대인 청구인들의 재산권을 침해한다고 볼 수 없다(헌재 2021.10.28. 2019헌마106).

③ [O] 2009.12.31. 개정된 이 사건 감액조항(공무원이 '직무와 관련 없는 과실로 인한 경우' 및 '소속상관의 정당한 직무상의 명령에 따르다가 과실로 인한 경우'를 제외하고 재직 중의 사유로 금고 이상의 형을 받은 경우, 퇴직급여 등을 감액하도록 규정)을 2010.1.1.부터 적용하도록 규정한 구 공무원연금법 부칙조항은 이미 발생하여 이행기에 도달한 퇴직연금수급권의 내용을 변경함이 없이 이 사건 부칙조항의 시행 이후의 법률관계, 다시 말해 장래에 이행기가 도래하는 퇴직연금수급권의 내용을 변경함에 불과하므로, 진정소급입법에는 해당하지 아니한다. 따라서 소급입법에 의한 재산권 침해는 문제될 여지가 없다(헌재 2016.6.30. 2014헌바365).

④ [O] 일본인들이 불법적인 한일병합조약을 통하여 조선 내에서 축적한 재산을 1945.8.9. 상태 그대로 일괄 동결시키고 그 산일과 훼손을 방지하여 향후 수립될 대한민국에 이양한다는 공익은, 한반도 내의 사유재산을 자유롭게 처분하고 일본 본토로 철수하고자 하였던 일본인이나, 일본의 패망 직후 일본인으로부터 재산을 매수한 한국인들에 대한 신뢰보호의 요청보다 훨씬 더 중대하다. 심판대상조항은 소급입법금지원칙에 대한 예외로서 헌법 제13조 제2항에 위반되지 아니한다(헌재 2021.1.28. 2018헌바88).

12　사면　정답 ④

ㄱ. [X]

> **헌법 제79조** ① 대통령은 법률이 정하는 바에 의하여 사면·감형 또는 복권을 명할 수 있다.
> ② 일반사면을 명하려면 국회의 동의를 얻어야 한다.

ㄴ. [O] 「사면법」 제10조 제2항에 대한 옳은 내용이다.

> **제10조【특별사면 등의 상신】** ② 법무부장관은 제1항에 따라 특별사면, 특정한 자에 대한 감형 및 복권을 상신할 때에는 제10조의2에 따른 사면심사위원회의 심사를 거쳐야 한다.
> **헌법 제79조** ② 일반사면을 명하려면 국회의 동의를 얻어야 한다.

ㄷ. [O] 「사면법」 제6조에 대한 옳은 내용이다.

> **제6조【복권의 제한】** 복권은 형의 집행이 끝나지 아니한 자 또는 집행이 면제되지 아니한 자에 대하여는 하지 아니한다.

ㄹ. [O] 「사면법」에 따르면 특별사면, 특정한 자에 대한 감형은 형의 집행을 지휘한 검찰관과 수형자의 재감하는 형무소장이 검찰총장에게 보고하고, 검찰총장은 법무부장관에게 상신신청을 하고, 법무부장관이 대통령에게 상신하여, 대통령이 행함으로써 이루어질 뿐, 수형자 개인에게 특별사면이나 감형을 요구할 수 있는 주관적 권리가 있지 아니하므로, 대통령이나 법무부장관 등에게 청구인을 특별사면하거나 감형하여야 할 헌법에서 유래하는 작위의무 또는 법률상의 의무가 존재하지 아니한다. 그렇다면 청구인을 특별사면하거나 감형하지 아니하였다고 하여 그것이 곧 헌법소원심판의 대상이 되는 공권력의 불행사에 해당한다고 볼 수 없어, 이 부분 심판청구는 행정권력의 부작위에 대한 헌법소원의 요건을 충족시키지 못하여 부적법하다(헌재 2005.2.22. 2005헌마111).

13　권한쟁의　정답 ④

① [O] 안건조정위원회의 위원장은 「국회법」 제57조의 소위원회 위원장과 마찬가지로 헌법에 의하여 설치된 국가기관에 해당한다고 볼 수 없다. … 「국회법」 제57조의2에 근거한 안건조정위원회 위원장은 「국회법」상 소위원회의 위원장으로서 헌법 제111조 제1항 제4호 및 「헌법재판소법」 제62조 제1항 제1호의 '국가기관'에 해당한다고 볼 수 없으므로, 청구인들의 피청구인 조정위원장의 가결선포행위에 대한 청구는 권한쟁의심판의 당사자가 될 수 없는 피청구인을 대상으로 하는 청구로서 부적법하다(헌재 2020.5.27. 2019헌라5).

② [O] 권한쟁의심판의 청구인은 청구인의 권한침해만을 주장할 수 있도록 하고 있을 뿐, 국가기관의 부분기관이 자신의 이름으로 소속기관의 권한을 주장할 수 있는 '제3자 소송담당'의 가능성을 명시적으로 규정하고 있지 않은 현행법 체계에서 국회의 구성원인 청구인들은 국회의 '예산 외에 국가의 부담이 될 계약'의 체결에 있어 동의권의 침해를 주장하는 권한쟁의심판을 청구할 수 없다(헌재 2008.1.17. 2005헌라10).

③ [O] 「헌법재판소법」 제61조 제2항에 의하면, 권한쟁의 심판청구는 피청구인의 처분 또는 부작위가 헌법 또는 법률에 의하여 부여받은 청구인의 권한을 침해하였거나 침해할 현저한 위험이 있는 때에 한하여 이를 할 수 있다. 여기서 '처분'이란 법적 중요성을 지닌 것에 한하는 것으로, 청구인의 법적 지위에 구체적으로 영향을 미칠 가능성이 있는 행위여야 한다(헌재 2008.6.26. 2005헌라7).

❹ [X] 권한쟁의심판에서 다툼의 대상이 되는 권한이란 헌법 또는 법률이 특정한 국가기관에 대하여 부여한 독자적인 권능을 의미하므로, 국가기관의 모든 행위가 권한쟁의심판에서 의미하는 권한의 행사가 될 수는 없으며, 국가기관의 행위라 할지라도 헌법과 법률에 의해 그 국가기관에게 부여된 독자적인 권능을 행사하는 경우가 아닌 때에는 비록 그 행위가 제한을 받더라도 권한쟁의심판에서 말하는 권한이 침해될 가능성은 없는바, 특정 정보를 인터넷 홈페이지에 게시하거나 언론에 알리는 것과 같은 행위는 헌법과 법률이 특별히 국회의원에게 부여한 국회의원의 독자적인 권능이라고 할 수 없고 국회의원 이외의 다른 국가기관은 물론 일반 개인들도 누구든지 할 수 있는 행위로서, 그러한 행위가 제한된다고 해서 국회의원의 권한이 침해될 가능성은 없다(헌재 2010.7.29. 2010헌라1).

14 헌법소원 정답 ③

① [O] 법령에 대한 헌법소원에 있어서 '기본권침해의 직접성'을 요구하는 이유는, 법령은 일반적으로 구체적인 집행행위를 매개로 하여 비로소 기본권을 침해하게 되므로 기본권의 침해를 받은 개인은 먼저 일반 쟁송의 방법으로 집행행위를 대상으로 하여 기본권침해에 대한 구제절차를 밟는 것이 헌법소원의 성격상 요청되기 때문이다(헌재 1998.4.30. 97헌마141).

② [O] 이 사건 근거조항들은 살수차의 사용요건 등을 정한 것으로서 집회·시위 현장에서 경찰의 살수행위라는 구체적 집행행위를 예정하고 있다. 경찰관은 이 사건 근거조항들에 의하여 직사살수를 할 것인지 여부를 개별적·구체적 집회 또는 시위 현장에서 재량적 판단에 따라 결정하므로, 기본권에 대한 침해는 이 사건 근거조항들이 아니라 구체적 집행행위인 '직사살수행위'에 의하여 비로소 발생하는 것이다. 따라서 청구인들의 이 사건 근거조항들에 대한 심판청구는 기본권 침해의 직접성을 인정할 수 없으므로 부적법하다(헌재 2020.4.23. 2015헌마1149).

❸ [X] 이 사건 심판대상 조항 자체에 의하여 청구인들이 직접 해고되지 아니하는 것은 사실이나 법무사 최군호는 이 사건 심판대상 조항에 의하여 사무원 중 5인을 초과하는 사무원을 해고하여야 하는 법률상 의무를 직접 부담하므로 이 사건 심판대상 조항은 직접 기본권을 침해하는 법 조항이라 할 것이고, 위 해고의 대상 중에 포함되어 있어 해고의 위험을 부담하는 것이 분명한(해고의 가능성이 100%가 아니라는 것뿐이다) 청구인들 또한 이 사건 심판대상 조항에 의하여 직접적이고 법적인 침해를 받게 되는 것이다. 그리고 법규범이 구체적인 집행행위를 기다리지 아니하고 직접 기본권을 침해한다고 할 때의 집행행위란 공권력행사로서의 집행행위를 의미하는 것이므로 법규범이 정하고 있는 법률효과가 구체적으로 발생함에 있어 이 사건에서 법무사의 해고행위와 같이 공권력이 아닌 사인의 행위를 요건으로 하고 있다고 할지라도 법규범의 직접성을 부인할 수 없는 것이다(헌재 1996.4.25. 95헌마331).

④ [O] 심판대상조항은 국가기관인 징계위원회의 구성에 관한 사항을 규정한 조직규범으로서, 청구인이 주장하는 기본권침해는 심판대상조항 자체에 의하여 직접 발생하는 것이 아니라, 심판대상조항에 의하여 구성된 징계위원회가 청구인에 대한 징계의결을 현실적으로 행하고 이에 따른 구체적인 집행행위, 즉 법무부장관의 제청으로 대통령이 행하는 해임, 면직, 정직 등의 징계처분이 있을 때 비로소 발생하는 것이다. … 심판대상조항은 해임, 면직, 정직 등의 징계처분이 있기 이전에 이미 청구인의 권리관계를 직접 변동시키거나 법적 지위를 확정시키는 경우에 해당한다고 볼 수 없다. 해임, 면직, 정직 등의 징계처분은 항고소송의 대상이 되며, 청구인은 자신이 받은 정직의 징계처분에 대하여 취소소송을 제기하였다. 따라서 집행행위에 대한 구제절차가 없거나 그 구제절차에서는 권리구제의 기대가능성이 없어 청구인에게 불필요한 우회절차를 강요하는 경우라고 보기도 어렵다. 그렇다면 이 사건 심판청구는 직접성 요건을 갖추지 못하여 부적법하다(헌재 2021.6.24. 2020헌마1614).

15 행정부 정답 ③

① [X]

> **「정부조직법」 제18조【국무총리의 행정감독권】** ① 국무총리는 대통령의 명을 받아 각 중앙행정기관의 장을 지휘·감독한다.
> ② 국무총리는 중앙행정기관의 장의 명령이나 처분이 위법 또는 부당하다고 인정될 경우에는 대통령의 승인을 받아 이를 중지 또는 취소할 수 있다.

② [X]

> **「정부조직법」 제22조【국무총리의 직무대행】** 국무총리가 사고로 직무를 수행할 수 없는 경우에는 기획재정부장관이 겸임하는 부총리, 교육부장관이 겸임하는 부총리의 순으로 직무를 대행하고, 국무총리와 부총리가 모두 사고로 직무를 수행할 수 없는 경우에는 대통령의 지명이 있으면 그 지명을 받은 국무위원이, 지명이 없는 경우에는 제26조 제1항에 규정된 순서에 따른 국무위원이 그 직무를 대행한다.

❸ [O] 피청구인 대통령이 개성공단의 운영 중단 결정 과정에서 국무회의 심의를 거치지 않았더라도 그 결정에 헌법과 법률이 정한 절차를 위반한 하자가 있다거나, 적법절차원칙에 따라 필수적으로 요구되는 절차를 거치지 않은 흠결이 있다고 할 수 없다(헌재 2022.1.27. 2016헌마364).

④ [X] 헌법은 국가의 세입·세출의 결산, 국가 및 법률이 정한 단체의 회계검사와 행정기관 및 공무원의 직무에 대한 감찰을 하기 위하여 대통령 소속하에 감사원을 두고(제97조), 감사원의 조직·직무범위·감사위원의 자격·감사대상 공무원의 범위 기타 필요한 사항은 법률로 정한다고 규정하고 있다(제100조). … 감사원법 규정들의 구체적 내용을 살펴보면 감사원의 직무감찰권의 범위에 인사권자에 대하여 징계 등을 요구할 권한이 포함되고, 위법성뿐 아니라 부당성도 감사의 기준이 되는 것은 명백하며, 지방자치단체의 사무의 성격이나 종류에 따른 어떠한 제한이나 감사기준의 구별도 찾아볼 수 없다(헌재 2008.5.29. 2005헌라3).

16 헌법재판 정답 ①

ㄱ. [×] 변호사강제주의는 사인이 당사자인 심판절차 주로 헌법소원심판에서 문제된다. 당해 사건을 담당하는 법원에 대한 당사자의 위헌제청신청에는 변호사강제주의가 적용되지 않는다.

> **「헌법재판소법」 제25조 【대표자·대리인】** ③ 각종 심판절차에서 당사자인 사인(私人)은 변호사를 대리인으로 선임하지 아니하면 심판청구를 하거나 심판 수행을 하지 못한다. 다만, 그가 변호사의 자격이 있는 경우에는 그러하지 아니하다.
> **제41조 【위헌 여부 심판의 제청】** ② 제1항의 당사자의 신청은 제43조(제청서의 기재사항) 제2호부터 제4호까지의 사항을 적은 서면으로 한다.

ㄴ. [×] 헌법 제107조 제1항, 「헌법재판소법」 제41조, 제43조 등의 규정취지는 법원은 문제되는 법률조항이 담당법관 스스로의 법적 견해에 의하여 단순한 의심을 넘어선 합리적인 위헌의 의심이 있으면 위헌여부심판을 제청을 하라는 취지이고, 헌법재판소로서는 제청법원의 이 고유판단을 될 수 있는 대로 존중하여 제청신청을 받아들여 헌법판단을 하는 것이다(헌재 1993.12.23. 93헌가2).

ㄷ. [O] 「헌법재판소법」 제41조 제4항은 위헌여부심판의 제청에 관한 결정에 대하여는 항고할 수 없다고 규정하고 있으므로 위헌제청신청을 기각하는 결정에 대하여는 민사소송에 의한 항고나 재항고를 할 수 없다. 재판의 전제가 되는 어떤 법률이 위헌인지의 여부는 재판을 담당한 법원이 직권으로 심리하여야 하는 것이어서 당사자가 그 본안사건에 대하여 상소를 제기한 때에는 위 법률이 위헌인지 여부는 상소심이 독자적으로 심리판단하여야 하는 것이므로 위헌제청신청 기각결정은 본안에 대한 종국재판과 함께 상소심의 심판을 받는 중간적 재판의 성질을 갖는 것으로서 특별항고의 대상이 되는 불복을 신청할 수 없는 결정에는 해당되지 않는다(대결 1993.8.25. 93그34).

ㄹ. [O] 「헌법재판소법」 제70조 제1항에 대한 옳은 내용이다.

> **제70조 【국선대리인】** ① 헌법소원심판을 청구하려는 자가 변호사를 대리인으로 선임할 자력(資力)이 없는 경우에는 헌법재판소에 국선대리인을 선임하여 줄 것을 신청할 수 있다. 이 경우 제69조에 따른 청구기간은 국선대리인의 선임신청이 있는 날을 기준으로 정한다.

17 탄핵심판 정답 ②

① [O] 헌법과 「헌법재판소법」 등에 의하면, 탄핵심판의 이익을 인정하기 위해서는 탄핵결정 선고 당시까지 피청구인이 '해당 공직을 보유하는 것'이 필요하다(헌재 2021.10.28. 2021헌나1).

❷ [×] 피청구인이 임기만료 퇴직으로 법관직을 상실함에 따라 본안심리를 마친다 해도 파면결정이 불가능해졌으므로, 공직 박탈의 관점에서 심판의 이익을 인정할 수 없다. 임기만료라는 일상적 수단으로 민주적 정당성이 상실되었으므로, 민주적 정당성의 박탈의 관점에서도, 탄핵이라는 비상적인 수단의 역할 관점에서도 심판의 이익을 인정할 수 없다. 결국 이 사건 심판청구는 탄핵심판의 이익이 인정되지 아니하여 부적법하므로 각

하해야 한다(헌재 2021.10.28. 2021헌나1). 한편 헌법재판소 전원재판부의 의견은 재판관 4인의 각하의견, 재판관 1인의 각하의견, 재판관 1인의 심판절차종료의견, 재판관 3인의 인용의견으로 나누어졌으나, 9인의 관여 재판관 중 과반수인 5인의 재판관이 각하에 찬성하였으므로, 결국 이 사건 심판청구를 '각하'하는 것으로 결정되었다.

③ [O] 헌법 제65조는 탄핵소추의 사유를 '헌법이나 법률에 대한 위배'로 명시하고 헌법재판소가 탄핵심판을 관장하게 함으로써 탄핵절차를 정치적 심판절차가 아니라 규범적 심판절차로 규정하였고, 이에 따라 탄핵심판절차의 목적은 '정치적 이유가 아니라 법위반을 이유로 하는' 파면임을 밝히고 있다(헌재 2021.10.28. 2021헌나1).

④ [O] 탄핵심판절차에 따른 파면결정으로 피청구인이 된 행정부나 사법부의 고위공직자는 공직을 박탈당하게 되는데, 이는 공무담임권의 제한에 해당한다. 헌법재판소의 탄핵심판은 공직자가 직무집행에 있어서 중대한 위헌·위법행위를 한 경우 이에 대한 법적 책임을 추궁함으로써 헌법의 규범력을 확보하기 위한 것이므로, 탄핵심판이익의 존부에 대한 판단까지 포함하여 그 결정의 내용이 기본권 보장이나 권력분립의 측면에서도 헌법질서에 부합하여야 한다. 헌법에 명문의 근거가 있는 '헌법재판소의 탄핵결정에 의한 파면'은 그 요건과 절차가 준수될 경우 '공직의 부당한 박탈'이 되지 않을 것이고, 권력분립원칙에 따른 균형을 훼손하지 않을 것이다(헌재 2021.10.28. 2021헌나1).

18 국회법 정답 ③

① [O] 「국회법」 제26조 제1항에 대한 옳은 내용이다.

> **제26조 【체포동의요청의 절차】** ① 의원을 체포하거나 구금하기 위하여 국회의 동의를 받으려고 할 때에는 관할법원의 판사는 영장을 발부하기 전에 체포동의 요구서를 정부에 제출하여야 하며, 정부는 이를 수리(受理)한 후 지체 없이 그 사본을 첨부하여 국회에 체포동의를 요청하여야 한다.

② [O] 「국회법」 제39조 제1항에 대한 옳은 내용이다.

> **제39조 【상임위원회의 위원】** ① 의원은 둘 이상의 상임위원이 될 수 있다.
> ② 각 교섭단체 대표의원은 국회운영위원회의 위원이 된다.
> ③ 의장은 상임위원이 될 수 없다.

❸ [×]

> **「국회법」 제40조의2 【상임위원의 직무 관련 영리행위 금지】** 상임위원은 소관 상임위원회의 직무와 관련한 영리행위를 하여서는 아니 된다.

④ [O] 헌법 제50조 제1항 본문에서 천명하고 있는 국회 의사공개의 원칙이 소위원회의 회의에 적용되는 것과 마찬가지로, 출석의원 과반수의 찬성이 있거나 의장이 국가의 안전보장을 위하여 필요하다고 인정할 때에는 국회 회의를 공개하지 아니할 수 있다고 규정한 동항 단서 역시 소위원회의 회의에 적용된다. 「국회법」 제57조 제5항 단서는 헌법 제50조 제1항 단서가 국회의사공개원칙에 대한 예외로서의 비공개 요건을 규정한

내용을 소위원회 회의에 관하여 그대로 이어받아 규정한 것에 불과하므로, 헌법 제50조 제1항에 위반하여 국회 회의에 대한 국민의 알권리를 침해하는 것이라거나 과잉금지의 원칙을 위배하는 위헌적인 규정이라 할 수 없다(헌재 2009.9.24. 2007헌바17).

19   직업의 자유   정답 ①

❶ [X] 국민의 눈 건강과 관련된 국민보건의 중요성, 안경사 업무의 전문성, 안경사로 하여금 자신의 책임하에 고객과의 신뢰를 쌓으면서 안경사 업무를 수행하게 할 필요성 등을 고려할 때, 안경업소 개설은 그 업무를 담당할 자연인 안경사로 한정할 것이 요청된다. … 따라서 심판대상조항은 과잉금지원칙에 반하지 아니하여 자연인 안경사와 법인의 직업의 자유를 침해하지 아니한다(헌재 2021.6.24. 2017헌가31).

② [O] 심판대상조항은 공인중개사가 부동산 거래시장에서 수행하는 업무의 공정성 및 그에 대한 국민적 신뢰를 확보하기 위한 것으로서 입법목적의 정당성을 인정할 수 있고, 개업공인중개사가 금고 이상의 실형을 선고받는 경우 중개사무소 개설등록을 필요적으로 취소하여 중개업에 종사할 수 없도록 배제하는 것은 위와 같은 입법목적을 달성하는 데 적절한 수단이 된다. … 따라서 심판대상조항은 과잉금지원칙에 반하여 직업선택의 자유를 침해하지 아니한다(헌재 2019.2.28. 2016헌바467).

③ [O] '직업'이란 생활의 기본적 수요를 충족시키기 위해서 행하는 계속적인 소득활동을 의미하는바, 학교운영위원이 무보수 봉사직이라는 점을 고려하면 운영위원으로서의 활동을 직업으로 보기 어려우므로 이 사건 법률조항이 직업선택의 자유와 관련되는 것은 아니라 할 것이다(헌재 2007.3.29. 2005헌마1144).

④ [O] 직업의 자유를 제한함에 있어, 당사자의 능력이나 자격과 상관없는 객관적 사유에 의한 직업선택의 자유의 제한은 월등하게 중요한 공익을 위하여 명백하고 확실한 위험을 방지하기 위한 경우에만 정당화될 수 있다(헌재 2010.10.28. 2008헌마612 등).

20   사생활의 자유   정답 ①

❶ [X] 이 사건 검사행위는 교도소의 안전과 질서를 유지하고, 수형자의 교화·개선에 지장을 초래할 수 있는 물품을 차단하기 위한 것으로서 그 목적이 정당하고, 수단도 적절하며, 검사의 실효성을 확보하기 위한 최소한의 조치로 보이고, 달리 덜 제한적인 대체수단을 찾기 어려운 점 등에 비추어 보면 이 사건 검사행위가 과잉금지원칙에 위배하여 사생활의 비밀 및 자유를 침해하였다고 할 수 없다(헌재 2011.10.25. 2009헌마691).

② [O] 일반교통에 사용되고 있는 도로는 국가와 지방자치단체가 그 관리책임을 맡고 있는 영역이며, 수많은 다른 운전자 및 보행자 등의 법익 또는 공동체의 이익과 관련된 영역으로, 그 위에서 자동차를 운전하는 행위는 더 이상 개인적인 내밀한 영역에서의 행위가 아니다.(헌재 2003.10.30. 2002헌마518).

③ [O] 어린이집 CCTV 설치는 어린이집에서 발생하는 안전사고와 보육교사 등에 의한 아동학대를 방지하기 위한 것으로, 그 자체로 어린이집 운영자나 보육교사 등으로 하여금 사전에 영유아 안전사고 방지에 만전을 기하고 아동학대행위를 저지르지 못하도록 하는 효과가 있고, 어린이집 내 안전사고나 아동학대 발생 여부의 확인이 필요한 경우 도움이 될 수 있으므로, CCTV 설치 조항은 목적의 정당성과 수단의 적합성이 인정된다. … 그러므로 CCTV 설치 조항은 과잉금지원칙을 위반하여 청구인들의 기본권을 침해하지 않는다(헌재 2017.12.28. 2015헌마994).

④ [O] 일반적으로 경제적 내지 직업적 활동은 복합적인 사회적 관계를 전제로 하여 다수 주체 간의 상호작용을 통하여 이루어지는 것이고, 특히 변호사의 업무는 다른 어느 직업적 활동보다도 강한 공공성을 내포한다는 점 등을 감안하여 볼 때, 변호사의 업무와 관련된 수임사건의 건수 및 수임액이 변호사의 내밀한 개인적 영역에 속하는 것이라고 보기 어렵고, 따라서 이 사건 법률조항이 청구인들의 사생활의 비밀과 자유를 침해하는 것이라 할 수 없다(헌재 2009.10.29. 2007헌마667).

21   개인정보자기결정권   정답 ③

ㄱ. [O] 개인정보자기결정권은 자신에 관한 정보가 언제 누구에게 어느 범위까지 알려지고 또 이용되도록 할 것인지를 그 정보주체가 스스로 결정할 수 있는 권리이다. 즉, 정보주체가 개인정보의 공개와 이용에 관하여 스스로 결정할 권리를 말한다. 개인정보자기결정권의 보호대상이 되는 개인정보는 개인의 신체, 신념, 사회적 지위, 신분 등과 같이 개인의 인격주체성을 특징짓는 사항으로서 그 개인의 동일성을 식별할 수 있게 하는 일체의 정보라고 할 수 있고, 반드시 개인의 내밀한 영역이나 사사(私事)의 영역에 속하는 정보에 국한되지 않고 공적 생활에서 형성되었거나 이미 공개된 개인정보까지 포함한다(헌재 2005.5.26. 99헌마513 등).

ㄴ. [O] 국회의원인 甲 등이 '각급학교 교원의 교원단체 및 교원노조 가입현황 실명자료'를 인터넷을 통하여 공개한 사안에서, 위 정보는 개인정보자기결정권의 보호대상이 되는 개인정보에 해당하므로 이를 일반 대중에게 공개하는 행위는 해당 교원들의 개인정보자기결정권과 전국교직원노동조합의 존속, 유지, 발전에 관한 권리를 침해하는 것이고, 甲 등이 위 정보를 공개한 표현행위로 인하여 얻을 수 있는 법적 이익이 이를 공개하지 않음으로써 보호받을 수 있는 해당 교원 등의 법적 이익에 비하여 우월하다고 할 수 없으므로, 甲 등의 정보 공개행위가 위법하다(대판 2014.7.24. 2012다49933).

ㄷ. [X] 어린이집의 투명한 운영을 담보하고 영유아 보호자의 보육기관 선택권을 실질적으로 보장하기 위해서는 보조금을 부정수급하거나 유용한 어린이집의 명단 등을 공표하여야 할 필요성이 있으며, 심판대상조항은 공표대상이나 공표정보, 공표기간 등을 제한적으로 규정하고 공표 전에 의견진술의 기회를 부여하여 공표대상자의 절차적 권리도 보장하고 있다. 나아가 심판대상조항을 통하여 추구하는 영유아의 건강한 성장 도모 및 영유아 보호자들의 보육기관 선택권 보장이라는 공익이 공표대상자의 법 위반사실이 일정기간 외부에 공표되는 불이익보다 크다. 따라서 심판대상조항은 과잉금지원칙을 위반하여 인격권 및 개인정보자기결정권을 침해하지 아니한다(헌재 2022.3.31. 2019헌바520).

ㄹ. [O] 제출조항은 등록대상자로 하여금 다시 성범죄를 범할 경우 본인이 쉽게 검거될 수 있다는 인식을 한층 강화하여 재범을 억제하고, 실제로 등록대상자가 재범한 경우에는 수사기관으로 하여금 위 정보를 활용하여 범죄자를 신속하고 효율적으로 검거할 수 있게 하므로, 목적의 정당성과 수단의 적합성이 인정된다. … 따라서 제출조항은 과잉금지원칙을 위반하여 청구인의 개인정보자기결정권을 침해하지 아니한다(헌재 2019.11.28. 2017헌마399).

---

22 통신의 자유 정답 ④

① [O] 피청구인의 문서열람행위는 형집행법 시행령 제67조에 근거하여 법원 등 관계기관이 수용자에게 보내온 문서를 열람한 행위로서, 문서 전달 업무에 정확성을 기하고 수용자의 편의를 도모하며 법령상의 기간준수 여부 확인을 위한 공적 자료를 마련하기 위한 것이다. 수용자 스스로 고지하도록 하거나 특별히 엄중한 계호를 요하는 수용자에 한하여 열람하는 등의 방법으로는 목적 달성에 충분하지 않고, 다른 법령에 따라 열람이 금지된 문서는 열람할 수 없으며, 열람한 후에는 본인에게 신속히 전달하여야 하므로, 문서열람행위는 청구인의 통신의 자유를 침해하지 아니한다(헌재 2021.9.30. 2019헌마919).

② [O] 「통신비밀보호법」 제3조 제1항이 "공개되지 아니한 타인 간의 대화를 녹음 또는 청취하지 못한다."라고 정한 것은, 대화에 원래부터 참여하지 않는 제3자가 그 대화를 하는 타인들 간의 발언을 녹음해서는 아니 된다는 취지이다. 3인 간의 대화에 있어서 그 중 한 사람이 그 대화를 녹음하는 경우에 다른 두 사람의 발언은 그 녹음자에 대한 관계에서 '타인 간의 대화'라고 할 수 없으므로, 이와 같은 녹음행위가 「통신비밀보호법」 제3조 제1항에 위배된다고 볼 수는 없다(대판 2006.10.12. 2006도4981).

③ [O] 헌법 제18조는 "모든 국민은 통신의 비밀을 침해받지 아니한다."라고 규정하여 통신의 비밀보호를 그 핵심내용으로 하는 통신의 자유를 기본권으로 보장하고 있다. 사생활의 비밀과 자유에 포섭될 수 있는 사적 영역에 속하는 통신의 자유를 헌법이 별개의 조항을 통해 기본권으로 보장하는 이유는 우편이나 전기통신의 운영이 전통적으로 국가독점에서 출발하였기 때문에 개인 간의 의사소통을 전제로 하는 통신은 국가에 의한 침해가능성이 여타의 사적 영역보다 크기 때문이다(헌재 2018.6.28. 2012헌마538).

❹ [X] 심판대상조항이 이동통신서비스 가입 시 본인확인절차를 거치도록 함으로써 타인 또는 허무인의 이름을 사용한 휴대전화인 이른바 대포폰이 보이스피싱 등 범죄의 범행도구로 이용되는 것을 막고, 개인정보를 도용하여 타인의 명의로 가입한 다음 휴대전화 소액결제나 서비스요금을 그 명의인에게 전가하는 등 명의도용범죄의 피해를 막고자 하는 입법목적은 정당하고, 이를 위하여 본인확인절차를 거치게 한 것은 적합한 수단이다. … 따라서 심판대상조항은 청구인들의 개인정보자기결정권 및 통신의 자유를 침해하지 않는다(헌재 2019.9.26. 2017헌마1209).

---

23 국가배상청구권 정답 ④

옳은 것은 ㄴ, ㄷ, ㄹ이다.

ㄱ. [X] 심판대상조항이 국가배상청구권의 성립요건으로서 공무원의 고의 또는 과실을 규정한 것은 법률로 이미 형성된 국가배상청구권의 행사 및 존속을 제한한다고 보기 보다는 국가배상청구권의 내용을 형성하는 것이라고 할 것이므로, 헌법상 국가배상제도의 정신에 부합하게 국가배상청구권을 형성하였는지의 관점에서 심사하여야 한다. … 이 사건 법률조항이 국가배상청구권의 성립요건으로서 공무원의 고의 또는 과실을 규정한 것을 두고 입법형성의 범위를 벗어나 헌법 제29조에서 규정한 국가배상청구권을 침해한다고 보기는 어렵다(헌재 2020.3.26. 2016헌바55 등).

ㄴ. [O] 재판에 대하여 불복절차 내지 시정절차 자체가 없는 경우에는 부당한 재판으로 인하여 불이익 내지 손해를 입은 사람은 국가배상 이외의 방법으로는 자신의 권리 내지 이익을 회복할 방법이 없으므로, 이와 같은 경우에는 위에서 본 배상책임의 요건이 충족되는 한 국가배상책임을 인정하지 않을 수 없다 할 것이다(대판 2003.7.11. 99다24218).

ㄷ. [O] 헌법재판소는, 일반적으로 법률이 헌법에 위반된다는 사정은 헌법재판소의 위헌결정이 있기 전에는 객관적으로 명백한 것이라고 할 수 없어 법률이 헌법에 위반되는지 여부를 심사할 권한이 없는 공무원으로서는 행위 당시의 법률에 따를 수밖에 없다 할 것이므로, 행위의 근거가 된 법률조항에 대하여 위헌결정이 선고된다 하더라도 위 법률조항에 따라 행위한 당해 공무원에게는 고의 또는 과실이 있다 할 수 없어 국가배상책임은 성립되지 아니하고, … 판단하여 왔다(헌재 2014.4.24. 2011헌바56).

ㄹ. [O] 민주화보상법상 보상금 등에는 적극적·소극적 손해에 대한 배상의 성격이 포함되어 있는바, 관련자와 유족이 위원회의 보상금 등 지급결정이 일응 적절한 배상에 해당한다고 판단하여 이에 동의하고 보상금 등을 수령한 경우 보상금 등의 성격과 중첩되는 적극적·소극적 손해에 대한 국가배상청구권의 추가적 행사를 제한하는 것은, 동일한 사실관계와 손해를 바탕으로 이미 적절한 배상을 받았음에도 불구하고 다시 동일한 내용의 손해배상청구를 금지하는 것이므로, 이를 지나치게 과도한 제한으로 볼 수 없다(헌재 2018.8.30. 2014헌바180 등).

> 심판대상조항 중 정신적 손해에 관한 부분이 국가배상청구권을 침해하는지 여부를 본다. 앞서 본 바와 같이 민주화보상법상 보상금 등에는 정신적 손해에 대한 배상이 포함되어 있지 않은바, 이처럼 정신적 손해에 대해 적절한 배상이 이루어지지 않은 상태에서 적극적·소극적 손해에 상응하는 배상이 이루어졌다는 사정만으로 정신적 손해에 대한 국가배상청구마저 금지하는 것은, 해당 손해에 대한 적절한 배상이 이루어졌음을 전제로 하여 국가배상청구권 행사를 제한하려 한 민주화보상법의 입법목적에도 부합하지 않으며, 국가의 기본권 보호의무를 규정한 헌법 제10조 제2문의 취지에도 반하는 것으로서, 국가배상청구권에 대한 지나치게 과도한 제한에 해당한다. 따라서 심판대상조항 중 정신적 손해에 관한 부분은 민주화운동 관련자와 유족의 국가배상청구권을 침해한다.

24 교육을 받을 권리　　　　정답 ④

① [×] 헌법 제31조 제1항에서 보장되는 교육의 기회균등권은 '정신적·육체적 능력 이외의 성별·종교·경제력·사회적 신분 등에 의하여 교육을 받을 기회를 차별하지 않고, 즉 합리적 차별사유 없이 교육을 받을 권리를 제한하지 아니함과 동시에 국가가 모든 국민에게 균등한 교육을 받게 하고 특히 경제적 약자가 실질적인 평등교육을 받을 수 있도록 적극적 정책을 실현해야 한다는 것'을 의미하므로, 실질적인 평등교육을 실현해야 할 국가의 적극적인 의무가 인정되지만, 이러한 의무조항으로부터 국민이 직접 실질적 평등교육을 위한 교육비를 청구할 권리가 도출되는 것은 아니다(헌재 2003.11.27. 2003헌바39).

② [×] 부모의 자녀교육권은 다른 기본권과는 달리, 기본권의 주체인 부모의 자기결정권이라는 의미에서 보장되는 자유가 아니라, 자녀의 보호와 인격발현을 위하여 부여되는 기본권이다. 다시 말하면, 부모의 자녀교육권은 자녀의 행복이란 관점에서 보장되는 것이며, 자녀의 행복이 부모의 교육에 있어서 그 방향을 결정하는 지침이 된다(헌재 2009.10.29. 2008헌마635).

③ [×] 이 사건 한자 관련 고시는 한자를 국어과목에서 분리하여 학교 재량에 따라 선택적으로 가르치도록 하고 있으므로, 국어교과의 내용으로 한자를 배우고 일정 시간 이상 필수적으로 한자교육을 받음으로써 교육적 성장과 발전을 통해 자아를 실현하고자 하는 학생들의 자유로운 인격발현권을 제한한다. 또한 학부모는 자녀의 개성과 능력을 고려하여 자녀의 학교교육에 관한 전반적인 계획을 세우고, 자신의 인생관·사회관·교육관에 따라 자녀를 교육시킬 권리가 있는바, 이 사건 한자 관련 고시는 자녀의 올바른 성장과 발전을 위하여 한자교육이 반드시 필요하고 국어과목 시간에 이루어져야 한다고 생각하는 학부모의 자녀교육권도 제한할 수 있다(헌재 2016.11.24. 2012헌마854).

❹ [○] 이 헌법조항에 근거하여 교원의 지위를 정하는 법률을 제정함에 있어서는 교원의 기본권보장 내지 지위보장과 함께 국민의 교육을 받을 권리를 보다 효율적으로 보장하기 위한 규정도 반드시 함께 담겨 있어야 할 것이다. 그러므로 위 헌법조항을 근거로하여 제정되는 법률에는 교원의 신분보장·경제적·사회적 지위보장 등 교원의 권리에 해당하는 사항뿐만 아니라 국민의 교육을 받을 권리를 저해할 우려있는 행위의 금지 등 교원의 의무에 관한 사항도 당연히 규정할 수 있는 것이므로 결과적으로 교원의 기본권을 제한하는 사항까지도 규정할 수 있게 되는 것이다(헌재 1991.7.22. 89헌가106).

25 평등권　　　　정답 ④

① [○] 헌법은 그 전문에 '정치, 경제, 사회, 문화의 모든 영역에 있어서 각인의 기회를 균등히 하고'라고 규정하고, 제11조 제1항에 "모든 국민은 법 앞에 평등하다."라고 규정하여 기회균등 또는 평등의 원칙을 선언하고 있는바, 평등의 원칙은 국민의 기본권 보장에 관한 우리 헌법의 최고원리로서 국가가 입법을 하거나 법을 해석 및 집행함에 있어 따라야 할 기준인 동시에, 국가에 대하여 합리적 이유없이 불평등한 대우를 하지 말 것과, 평등한 대우를 요구할 수 있는 모든 국민의 권리로서, 국민의 기본권중의 기본권인 것이다(헌재 1989.1.25. 88헌가7).

② [○] '영주권자 및 결혼이민자'는 한국에서 영주하거나 장기 거주할 목적으로 합법적으로 체류하고 있고, '난민인정자' 역시 강제송환금지의무에 따라 우리나라의 보호를 받고 우리나라에 합법적으로 체류하면서 취업활동에 제한을 받지 않는다는 점에서 영주권자 및 결혼이민자와 차이가 있다고 보기 어렵다. '재한외국인 처우 기본법'은 재한외국인 중에서도 '결혼이민자', '영주권자', '난민인정자'를 그 각각의 법적 지위가 상이함에도 불구하고 동일하게 지원하는 내용의 규정을 두고 있다. 한편 1994년 이후 2023년 6월 말까지 1,381명이 난민인정을 받았는바, 난민인정자에게 긴급재난지원금을 지급한다 하여 재정에 큰 어려움이 있다고 할 수 없고, 가족관계 증명이 어렵다는 행정적 이유 역시 난민인정자를 긴급재난지원금의 지급대상에서 제외하여야 할 합리적인 이유가 될 수 없다. 그렇다면 이 사건 처리기준이 긴급재난지원금 지급 대상에 외국인 중에서도 '영주권자 및 결혼이민자'를 포함시키면서 '난민인정자'를 제외한 것은 합리적 이유 없는 차별이라 할 것이므로, 이 사건 처리기준은 청구인의 평등권을 침해한다(헌재 2024.3.28. 2020헌마1079).

③ [○] 일반적으로 차별이 정당한지 여부에 대해서는 자의성 여부를 심사하지만, 헌법에서 특별히 평등을 요구하고 있는 경우나 차별적 취급으로 인하여 관련 기본권에 대한 중대한 제한을 초래하게 된다면 입법형성권은 축소되어 보다 엄격한 심사척도가 적용된다(헌재 2011.2.24. 2008헌바56).

❹ [×] 이 사건 법률조항은 헌법이 특별히 양성평등을 요구하는 경우나 관련 기본권에 중대한 제한을 초래하는 경우의 차별취급을 그 내용으로 하고 있다고 보기 어려우며, 징집대상자의 범위 결정에 관하여는 입법자의 광범위한 입법형성권이 인정된다는 점에 비추어 이 사건 법률조항이 평등권을 침해하는지 여부는 완화된 심사기준에 따라 판단하여야 한다(헌재 2010.11.25. 2006헌마328).

gosi.Hackers.com

최종점검 기출모의고사

정답

p.140

01	④	I	06	②	I	11	①	III	16	①	III	21	①	II
02	②	II	07	②	I	12	④	II	17	②	II	22	②	I
03	④	II	08	②	II	13	①	IV	18	④	I	23	②	III
04	④	III	09	⑤	II	14	③	I	19	①	I	24	③	IV
05	⑤	II	10	①	II	15	②	IV	20	①	II	25	④	III

I 헌법총론 / II 기본권론 / III 통치구조론 / IV 헌법재판론

취약 단원 분석표

단원	맞힌 답의 개수
I	/ 4
II	/ 13
III	/ 6
IV	/ 2
TOTAL	/ 25

23' 지방직

01 문화국가원리 정답 ④

① [X] 문화국가원리의 이러한 특성은 문화의 개방성 내지 다원성의 표지와 연결되는데, 국가의 문화육성의 대상에는 원칙적으로 모든 사람에게 문화창조의 기회를 부여한다는 의미에서 모든 문화가 포함된다. 따라서 엘리트문화뿐만 아니라 서민문화, 대중문화도 그 가치를 인정하고 정책적인 배려의 대상으로 하여야 한다(헌재 2004.5.27. 2003헌가1).

② [X] 문화국가원리는 국가의 문화국가실현에 관한 과제 또는 책임을 통하여 실현되는바, 국가의 문화정책과 밀접 불가분의 관계를 맺고 있다. 과거 국가절대주의사상의 국가관이 지배하던 시대에는 국가의 적극적인 문화간섭정책이 당연한 것으로 여겨졌다. 그러나 오늘날에 와서는 국가가 어떤 문화현상에 대하여도 이를 선호하거나, 우대하는 경향을 보이지 않는 불편부당의 원칙이 가장 바람직한 정책으로 평가받고 있다. 오늘날 문화국가에서의 문화정책은 그 초점이 문화 그 자체에 있는 것이 아니라 문화가 생겨날 수 있는 문화풍토를 조성하는 데 두어야 한다(헌재 2004.5.27. 2003헌가1).

③ [X] 「전통사찰보존법」의 입법목적은 '민족문화의 유산으로서 역사적 의의를 가진 전통사찰을 보존함으로써 민족문화의 향상에 이바지하게 하는 것'으로서, '국가는 전통문화의 계승·발전과 민족문화의 창달에 노력하여야 한다.'라고 규정한 헌법 제9조에 근거하여 제정된 것이다. 관할 행정관청의 전통사찰 지정은 국가의 '보존공물(保存公物)'을 지정하는 것으로서, 헌법적 보호법익은 '민족문화유산의 존속'이다(헌재 2003.1.30. 2001헌바64).

❹ [O] 계승·발전시켜야 할 전통문화는 이 시대의 제반 사회·경제적 환경에 맞고 또 오늘날에 있어서도 보편타당한 전통윤리 내지 도덕관념이다(헌재 1997.7.16. 95헌가6).

23' 지방직

02 진술거부권 정답 ②

① [O] 청구인 김○○은 20년도 육군지시 자진신고조항이 진술거부권도 제한한다고 주장한다. 헌법 제12조 제2항에서 규정하는 진술거부권에 있어서의 진술이란, 형사상 자신에게 불이익이 될 수 있는 진술로서 범죄의 성립과 양형에서의 불리한 사실 등을 말하는 것을 의미한다(헌재 2014.9.25. 2013헌마11 참조). 20년도 육군지시 자진신고조항은 민간법원에서 약식명령을 받아 확정된 사실만을 자진신고 하도록 하고 있는바, 위 사실 자체는 형사처벌의 대상이 아니고 약식명령의 내용이 된 범죄사실의 진위 여부를 밝힐 것을 요구하는 것도 아니므로, 범죄의 성립과 양형에서의 불리한 사실 등을 말하게 하는 것이라 볼 수 없다(헌재 2021.8.31. 2020헌마12 등).

❷ [X] 대체유류에는 적법하게 제조되어 「석유사업법」상 처벌대상이 되지 않는 석유대체연료를 포함하는 것이므로 '대체유류'를 제조하였다고 신고하는 것이 곧 「석유사업법」을 위반하였음을 시인하는 것과 마찬가지라고 할 수 없고, 신고의무 이행시 진행되는 과세절차가 곧바로 「석유사업법」 위반죄 처벌을 위한 자료의 수집·획득 절차로 이행되는 것도 아니다. 따라서 「교통·에너지·환경세법」 제7조 제1항은 형사상 불이익한 사실의 진술을 강요한 것으로 볼 수 없으므로 진술거부권을 제한하지 아니한다(헌재 2014.7.24. 2013헌바177).

③ [O] 재산목록을 제출하고 그 진실함을 법관 앞에서 선서하는 것은 개인의 인격형성에 관계되는 내심의 가치적·윤리적 판단에 해당하지 않아 양심의 자유의 보호대상이 아니고, 감치의 제재를 통해 이를 강제하는 것이 형사상 불이익한 진술을 강요하는 것이라고 할 수 없으므로, 심판대상조항은 청구인의 양심의 자유 및 진술거부권을 침해하지 아니한다(헌재 2014.9.25. 2013헌마11).

④ [O] 헌법 제12조 제2항은 "모든 국민은 형사상 자기에게 불리한 진술을 강요당하지 아니한다."라고 하여 진술거부권을 보장하였는바, 이는 피고인이나 피의자가 수사절차 또는 공판절차에서 수사기관 또는 법원의 신문에 대하여 진술을 거부할 수 있는 권리를 말한다. 이러한 진술거부권은 형사절차뿐만 아니라 행정절차나 국회에서의 조사절차에서도 보장된다. 진술거부권은 고문 등 폭행에 의한 강요는 물론 법률로서도 진술을 강요당하지 아니함을 의미한다(헌재 1997.3.27. 96헌가11).

의한 합리적인 입법한계를 벗어나 자의적으로 그 본질적 내용을 침해하였는지 여부에 따라 판단되어야 할 것이다(헌재 2006.4. 27. 2005헌마1047).

03 교육제도   정답 ④

① [O] 위 법률조항은 임시이사 체제에서 정식이사 체제로 환원되는 시점, 즉 학교법인 정상화 단계에서의 이사선임권을 제한하는 규정으로서 사립학교 운영의 자유를 제한하고 있다. 사립학교 운영의 자유가 헌법 제10조, 제31조 제1항·제4항에서 도출되는 기본권이기는 하나, 사립학교도 공교육의 일익을 담당한다는 점에서 국·공립학교와 본질적인 차이가 있을 수 없기 때문에 공적인 학교 제도를 보장하여야 할 책무를 진 국가가 일정한 범위 안에서 사립학교의 운영을 감독·통제할 권한과 책임을 지는 것 또한 당연하다고 할 것이고, 그 규율의 정도는 그 시대의 사정과 각급학교의 형편에 따라 다를 수밖에 없는 것이므로, 교육의 본질을 침해하지 않는 한 궁극적으로는 입법자의 형성의 자유에 속하는 것이라고 할 수 있다(헌재 2013.11.28. 2007헌마1189).

② [O] 헌법재판소는 비록 헌법에 명문의 규정은 없지만 학교법인을 설립하고 이를 통하여 사립학교를 설립·경영하는 것을 내용으로 하는 사학의 자유가 헌법 제10조, 제31조 제1항·제4항에서 도출되는 기본권임을 확인한 바 있다(헌재 2019.7.25. 2017헌마1038).

③ [O] 이 사건 해산명령조항은 학교법인으로 하여금 사립학교의 설치·경영이라는 목적 달성에 충실하도록 하며, 비정상적으로 운영되는 사립학교의 존립 가능성을 사전에 차단함으로써, 전체 교육의 수준을 일정 수준 이상으로 유지하기 위한 것이다. 학교법인이 목적의 달성이 불가능하다면 그 자체로 해당 학교법인은 이미 존재의의를 상실한 것이다. 특히 우리나라는 사립학교도 공교육체계에 편입시켜 국가 등의 지도·감독을 받도록 함과 동시에 그 기능에 충실하도록 많은 재정적 지원과 각종 혜택을 부여하고 있다. 따라서 목적의 달성이 불가능하여 그 존재 의의를 상실한 학교법인은 적법한 절차를 거쳐 해산시키는 것이 필요하고, 이를 그대로 존치시키는 것은 사회 전체적으로 볼 때 바람직하지 않다. 학교법인에 대한 해산명령은 학교법인에게 설립목적을 제대로 유지·계승할 수 있는 기회를 주었음에도 제대로 시정되지 아니하였을 때 내려지는 최후의 제재수단으로서 그 전에 청문절차도 거쳐야 한다. 이 사건 해산명령조항에 따라 학교법인이 해산됨으로써 달성할 수 있는 공익이, 학교법인 해산으로 인하여 발생하게 될 불이익보다 작다고 할 수도 없다. 따라서 이 사건 해산명령조항은 과잉금지원칙에 반하지 않는다(헌재 2018.12.27. 2016헌바217).

❹ [X] 대학의 자율도 헌법상의 기본권이므로 기본권제한의 일반적 법률유보의 원칙을 규정한 헌법 제37조 제2항에 따라 제한될 수 있고, 대학의 자율의 구체적인 내용은 법률이 정하는 바에 의하여 보장되며, 또한 국가는 헌법 제31조 제6항에 따라 모든 학교제도의 조직, 계획, 운영, 감독에 관한 포괄적인 권한 즉, 학교제도에 관한 전반적인 형성권과 규율권을 부여받았다고 할 수 있고, 다만 그 규율의 정도는 그 시대의 사정과 각급학교에 따라 다를 수 밖에 없는 것이므로 교육의 본질을 침해하지 않는 한 궁극적으로는 입법권자의 형성의 자유에 속하는 것이라 할 수 있다. 따라서 「교육공무원법」(2005.5.31. 법률 제7537호로 개정된 것) 제24조 제4항 본문 및 제1호, 제6항·제7항 중 위원회의 구성·운영 등에 관하여 필요한 사항은 대통령령으로 정하되 부분, 제24조의2 제4항, 제24조의3 제1항이 대학의 자유를 제한하고 있다고 하더라도 그 위헌 여부는 입법자가 기본권을 제한함에 있어 헌법 제37조 제2항에

04 법원   정답 ④

① [X] 명령 또는 규칙이 법률에 위반된다고 인정하는 경우에 한하지 않는다.

> 「법원조직법」 제7조 【심판권의 행사】 ① 대법원의 심판권은 대법관 전원의 3분의 2 이상의 합의체에서 행사하며, 대법원장이 재판장이 된다. 다만, 대법관 3명 이상으로 구성된 부(部)에서 먼저 사건을 심리(審理)하여 의견이 일치한 경우에 한정하여 다음 각 호의 경우를 제외하고 그 부에서 재판할 수 있다.
> 1. 명령 또는 규칙이 헌법에 위반된다고 인정하는 경우
> 2. 명령 또는 규칙이 법률에 위반된다고 인정하는 경우
> 3. 종전에 대법원에서 판시(判示)한 헌법·법률·명령 또는 규칙의 해석 적용에 관한 의견을 변경할 필요가 있다고 인정하는 경우
> 4. 부에서 재판하는 것이 적당하지 아니하다고 인정하는 경우

② [X] 「법원조직법」이 아닌 대법원규칙으로 정한다.

> 「법원조직법」 제9조의2 【판사회의】 ① 고등법원·특허법원·지방법원·가정법원·행정법원 및 회생법원과 대법원규칙으로 정하는 지원에 사법행정에 관한 자문기관으로 판사회의를 둔다.
> ② 판사회의는 판사로 구성하되, 그 조직과 운영에 필요한 사항은 대법원규칙으로 정한다.

③ [X] 14명이 아닌 13명이다.

> 「법원조직법」 제81조의3 【위원회의 구성】 ① 위원회는 위원장 1명을 포함한 13명의 위원으로 구성하되, 위원장이 아닌 위원 중 1명은 상임위원으로 한다.

❹ [O] 헌법 제104조 제3항에 대한 옳은 내용이다.

05 평등권   정답 ⑤

옳은 것은 ㄷ, ㄹ이다.

ㄱ. [X] 형법상 모욕죄·사자명예훼손죄와 정보통신망법의 명예훼손죄는 사람의 가치에 대한 사회적 평가인 이른바 '외적 명예'를 보호법익으로 한다는 점에 공통점이 있다. 그러나 형법상 모욕죄는 피해자에 대한 구체적 사실이 아닌 추상적 판단과 감정을 표현하고, 형법상 사자명예훼손죄는 생존한사람이 아닌 사망한 사람에 대한 허위사실 적시라는 점에서 불법성이 감경된다. 반면, 정보통신망법의 명예훼손죄는 비방할 목적으로 정보통신망을 이용하여 거짓사실을 적시한다는 점에서 불법성이 가중된다는 차이가 있다. 위와 같은 사정과 함께, 국가소추주의의

예외 내지 제한으로써 친고죄·반의사불벌죄가 지니는 의미, 공소권 행사로 얻을 수 있는 이익과 피해자의 의사에 따라 공소권 행사를 제한함으로써 얻을 수 있는 이익의 조화 등을 입법자는 종합적으로 형량하여 그 친고죄·반의사불벌죄 여부를 달리 정한 것이므로, 심판대상조문은 형벌체계상 균형을 상실하지 않아 평등원칙에 위반되지 아니한다(헌재 2021.4.29. 2018헌바113).

ㄴ. [×] 이 사건 고시조항이 수혜자 한정의 기준으로 정한 환자의 출생 시기는 그 부모가 언제 혼인하여 임신, 출산을 하였는지와 같은 우연한 사정에 기인하는 결과의 차이일 뿐, 이러한 차이로 인해 A형 혈우병 환자들에 대한 치료제인 유전자재조합제제의 요양급여 필요성이 달라진다고 할 수는 없으므로, A형 혈우병 환자들의 출생 시기에 따라 이들에 대한 유전자재조합제제의 요양급여 허용 여부를 달리 취급하는 것은 합리적인 이유가 있는 차별이라고 할 수 없다. 따라서 이 사건 고시조항은 청구인들의 평등권을 침해하는 것이다(헌재 2012.6.27. 2010헌마716).

ㄷ. [O] 중혼의 취소청구권자를 규정하면서 직계비속을 취소청구권자에 포함시키지 아니한 법률조항에서, 중혼의 취소청구권자를 어느 범위까지 포함할 것인지 여부에 관하여는 입법자의 입법재량의 폭이 넓은 영역이라 할 것이어서, 이 사건 법률조항이 평등원칙을 위반했는지 여부를 판단함에 있어서는 자의금지원칙 위반 여부를 심사하는 것으로 족하다고 할 것이다(헌재 2010.7.29. 2009헌가8).

ㄹ. [O] 공중보건의사는 장교의 지위에 있는 군의관과 입법 연혁, 선발과정, 보수, 수행 업무의 내용 등 여러 가지 면에서 동일하거나 유사한 측면이 있다는 점을 고려하면, 군사교육소집기간의 복무기간 산입 여부와 같은 정책적인 사항에 대하여 전문연구요원과 달리 규정한다고 해서 이를 부당한 차별취급이라고 단정하기는 어렵다. 따라서 심판대상조항이 전문연구요원과 달리 공중보건의사의 군사교육소집기간을 복무기간에 산입하지 않은 데에는 합리적 이유가 있으므로, 청구인들의 평등권을 침해하지 않는다(헌재 2020.9.24. 2019헌마472 등).

06 선거제도   정답 ②

① [×] 민주적 지방자치제도가 안정적으로 뿌리내린 현 시점에서 지방자치단체의 장 선거권을 지방의회의원 선거권, 나아가 국회의원 선거권 및 대통령 선거권과 구별하여 하나는 법률상의 권리로, 나머지는 헌법상의 권리로 이원화하는 것은 허용될 수 없다. 그러므로 지방자치단체의 장 선거권 역시 다른 선거권과 마찬가지로 헌법 제24조에 의해 보호되는 기본권으로 인정하여야 한다(헌재 2016.10.27. 2014헌마797).

❷ [O] 「공직선거법」 제16조 제2항에 대한 옳은 설명이다.

> 제16조 【피선거권】② 18세 이상의 국민은 국회의원의 피선거권이 있다.

③ [×] 집행유예를 선고받고 유예기간 중에 있는 사람은 선거권이 있다.

> 「공직선거법」 제18조 【선거권이 없는 자】① 선거일 현재 다음 각 호의 어느 하나에 해당하는 사람은 선거권이 없다.
> 2. 1년 이상의 징역 또는 금고의 형의 선고를 받고 그 집행이 종료되지 아니하거나 그 집행을 받지 아니하기로 확정되지 아니한 사람. 다만, 그 형의 집행유예를 선고받고 유예기간 중에 있는 사람은 제외한다.

④ [×] 5년 이상 국내에 거주하고 있는 40세 이상의 국민은 대통령의 피선거권이 있다.

> 「공직선거법」 제16조 【피선거권】① 선거일 현재 5년 이상 국내에 거주하고 있는 40세 이상의 국민은 대통령의 피선거권이 있다. 이 경우 공무로 외국에 파견된 기간과 국내에 주소를 두고 일정기간 외국에 체류한 기간은 국내 거주기간으로 본다.

⑤ [×] 외국인에게 국회의원선거권과 대통령선거권은 인정되지 않는다.

> 「공직선거법」 제15조 【선거권】② 18세 이상으로서 제37조 제1항에 따른 선거인명부작성기준일 현재 다음 각 호의 어느 하나에 해당하는 사람은 그 구역에서 선거하는 지방자치단체의 의회의원 및 장의 선거권이 있다.
> 3. 「출입국관리법」 제10조에 따른 영주의 체류자격 취득일 후 3년이 경과한 외국인으로서 같은 법 제34조에 따라 해당 지방자치단체의 외국인등록대장에 올라 있는 사람

07 지방자치제도   정답 ③

① [O] 지방자치의 본질상 자치행정에 대한 국가의 관여는 가능한 한 배제하는 것이 바람직하지만, 지방자치도 국가적 법질서의 테두리 안에서만 인정되는 것이고, 지방행정도 중앙행정과 마찬가지로 국가행정의 일부이므로, 지방자치단체가 어느 정도 국가적 감독, 통제를 받는 것은 불가피하다(헌재 2008.5.29. 2005헌라3).

② [O] 일정구역에 한하여 모든 자치단체를 전면적으로 폐지하거나 지방자치단체인 시·군이 수행해 온 자치사무를 국가의 사무로 이관하는 것이 아니라 당해 지역 내의 지방자치단체인 시·군을 모두 폐지하여 중층구조를 단층화하는 것 역시 입법자의 선택범위에 들어가는 것이다(헌재 2006.4.27. 2005헌마1190).

❸ [×] 헌법 제117조, 제118조가 제도적으로 보장하고 있는 지방자치의 본질적 내용은 '자치단체의 보장, 자치기능의 보장 및 자치사무의 보장'이라고 할 것이나, 지방자치제도의 보장은 지방자치단체에 의한 자치행정을 일반적으로 보장한다는 것뿐이고 특정자치단체의 존속을 보장한다는 것은 아니므로, 마치 국가가 영토고권을 가지는 것과 마찬가지로, 지방자치단체에게 자신의 관할구역 내에 속하는 영토, 영해, 영공을 자유로이 관리하고 관할구역 내의 사람과 물건을 독점적, 배타적으로 지배할 수 있는 권리가 부여되어 있다고 할 수는 없다(헌재 2006.3.30. 2003헌라2).

④ [O] 적어도 지방자치단체와 다른 지방자치단체의 관계에서 어느 지방자치단체가 특정한 행정동 명칭을 독점적·배타적으로 사용할 권한이 있다고 볼 수는 없으므로 위와 같은 조례의 개정으로 청구인의 행정동 명칭에 관한 권한이 침해될 가능성이 있다고 볼 수 없다(헌재 2009.11.26. 2008헌라3).

⑤ [O] 「지방교육자치에 관한 법률」은 교육감을 시·도의 교육·학예에 관한 사무의 '집행기관'으로 규정하고 있으므로, 교육감과 해당 지방자치단체 상호간의 권한쟁의심판은 '서로 상이한 권리주체 간'의 권한쟁의심판청구로 볼 수 없다. … 따라서 시·도의 교육·학예에 관한 집행기관인 교육감과 해당 지방자치단체 사이의 내부적 분쟁과 관련된 심판청구는 헌법재판소가 관장하는 권한쟁의심판에 속하지 아니한다(헌재 2016.6.30. 2014헌라1).

고 있는 사실 등에 비추어 보면, 청구인은 등록이 취소된 이후에도 '등록정당'에 준하는 '권리능력 없는 사단'으로서의 실질을 유지하고 있다고 볼 수 있으므로 이 사건 헌법소원의 청구인능력을 인정할 수 있다(헌재 2006.3.30. 2004헌마246).

⑤ [O] 국가, 지방자치단체나 그 기관 또는 국가조직의 일부나 공법인은 국민의 기본권을 보호 내지 실현해야 할 '책임'과 '의무'를 지는 주체로서 헌법소원을 청구할 수 없다. 다만 공법인이나 이에 준하는 지위를 가진 자라 하더라도 공무를 수행하거나 고권적 행위를 하는 경우가 아닌 사경제 주체로서 활동하는 경우나 조직상법상 국가로부터 독립한 고유 업무를 수행하는 경우, 그리고 다른 공권력 주체와의 관계에서 지배복종관계가 성립되어 일반 사인처럼 그 지배하에 있는 경우 등에는 기본권 주체가 될 수 있다(헌재 2013.9.26. 2012헌마271).

---

08   기본권 주체   정답 ②

① [O] 근로의 권리는 생활의 기본적인 수요를 충족시킬 수 있는 생활수단을 확보해 주고 나아가 인격의 자유로운 발현과 인간의 존엄성을 보장해 주는 것으로서 사회권적 기본권의 성격이 강하므로 이에 대한 외국인의 기본권주체성을 전면적으로 인정하기는 어렵다. 근로의 권리가 '일할 자리에 관한 권리'만이 아니라 '일할 환경에 관한 권리'도 함께 내포하고 있는바, 후자는 인간의 존엄성에 대한 침해를 방어하기 위한 자유권적 기본권의 성격도 갖고 있어 건강한 작업환경, 일에 대한 정당한 보수, 합리적인 근로조건의 보장 등을 요구할 수 있는 권리 등을 포함한다고 할 것이므로 외국인 근로자라고 하여 이 부분에까지 기본권 주체성을 부인할 수는 없다(헌재 2007.8.30. 2004헌마670).

❷ [X] 「헌법재판소법」 제68조 제1항 소정의 헌법소원은 기본권의 주체이어야만 청구할 수 있는데, 단순히 '국민의 권리'가 아니라 '인간의 권리'로 볼 수 있는 기본권에 대해서는 외국인도 기본권의 주체가 될 수 있다. 나아가 청구인들이 불법체류 중인 외국인들이라 하더라도, 불법체류라는 것은 관련 법령에 의하여 체류자격이 인정되지 않는다는 것일 뿐이므로, '인간의 권리'로서 외국인에게도 주체성이 인정되는 일정한 기본권에 관하여 불법체류 여부에 따라 그 인정 여부가 달라지는 것은 아니다(헌재 2012.8.23. 2008헌마430).

③ [O] 초기배아는 수정이 된 배아라는 점에서 형성 중인 생명의 첫 걸음을 떼었다고 볼 여지가 있기는 하나 아직 모체에 착상되거나 원시선이 나타나지 않은 이상 현재의 자연과학적 인식 수준에서 독립된 인간과 배아 간의 개체적 연속성을 확정하기 어렵다고 봄이 일반적이라는 점, 배아의 경우 현재의 과학기술 수준에서 모태 속에서 수용될 때 비로소 독립적인 인간으로의 성장가능성을 기대할 수 있다는 점, 수정 후 착상 전의 배아가 인간으로 인식된다거나 그와 같이 취급하여야 할 필요성이 있다는 사회적 승인이 존재한다고 보기 어려운 점 등을 종합적으로 고려할 때, 기본권 주체성을 인정하기 어렵다(헌재 2010.5.27. 2005헌마346).

④ [O] 청구인(사회당)은 등록이 취소된 이후에도, 취소 전 사회당의 명칭을 사용하면서 대외적인 정치활동을 계속하고 있고, 대내외 조직 구성과 선거에 참여할 것을 전제로 하는 당헌과 대내적 최고의사결정기구로서 당대회와, 대표단 및 중앙위원회, 지역조직으로 시·도위원회를 두는 등 계속적인 조직을 구비하

---

09   인격권   정답 ⑤

① [O] 헌법 제10조로부터 도출되는 일반적 인격권에는 개인의 명예에 관한 권리도 포함되는바, 이 때 '명예'는 사람이나 그 인격에 대한 '사회적 평가', 즉 객관적·외부적 가치평가를 말하는 것이지 단순히 주관적·내면적인 명예감정은 법적으로 보호받는 명예에 포함된다고 할 수 없다. 왜냐하면, 헌법이 인격권으로 보호하는 명예의 개념을 사회적·외부적 징표에 국한하지 않는다면 주관적이고 개별적인 내심의 명예감정까지 명예에 포함되어 모든 주관적 명예감정의 손상이 법적 분쟁화될 수 있기 때문이다(헌재 2010.11.25. 2009헌마147).

② [O] 이 사건 운동화착용불허행위는 시설 바깥으로의 외출이라는 기회를 이용한 도주를 예방하기 위한 것으로서 그 목적이 정당하고, 위와 같은 목적을 달성하기 위한 적합한 수단이라 할 것이다. 또한 신발의 종류를 제한하는 것에 불과하여 법익침해의 최소성과 균형성도 갖추었다 할 것이므로, 이 사건 운동화착용불허행위가 기본권제한에 있어서의 과잉금지원칙에 반하여 청구인의 인격권과 행복추구권을 침해하였다고 볼 수 없다(헌재 2011.2.24. 2009헌마209).

③ [O] 변호사 정보 제공 웹사이트 운영자가 변호사들의 개인신상정보를 기반으로 변호사들의 인맥지수를 산출하여 공개하는 서비스를 제공한 사안에서, 인맥지수의 사적·인격적 성격, 산출과정에서 왜곡 가능성, 인맥지수 이용으로 인한 변호사들의 이익 침해와 공적 폐해의 우려, 그에 반하여 이용으로 달성될 공적인 가치의 보호 필요성 정도 등을 종합적으로 고려하면, 운영자가 변호사들의 개인신상정보를 기반으로 한 인맥지수를 공개하는 표현행위에 의하여 얻을 수 있는 법적 이익이 이를 공개하지 않음으로써 보호받을 수 있는 변호사들의 인격적 법익에 비하여 우월하다고 볼 수 없어, 결국 운영자의 인맥지수 서비스 제공행위는 변호사들의 개인정보에 관한 인격권을 침해하는 위법한 것이다(대판 2011.9.2. 2008다42430).

④ [O] 헌법 제10조로부터 도출되는 일반적 인격권에는 각 개인이 그 삶을 사적으로 형성할 수 있는 자율영역에 대한 보장이 포함되어 있음을 감안할 때, 장래 가족의 구성원이 될 태아의 성별 정보에 대한 접근을 국가로부터 방해받지 않을 부모의 권리는 이와 같은 일반적 인격권에 의하여 보호된다고 보아야 할 것인바, 이 사건 규정은 일반적 인격권으로부터 나오는 부모의 태아 성별 정보에 대한 접근을 방해받지 않을 권리를 제한하고 있다고 할 것이다. 이 사건 규정은 과잉금지원칙을 위반하

여 의사의 직업수행의 자유 및 임부나 그 가족이 태아 성별 정보에 대한 접근을 방해받지 않을 권리 등을 침해하고 있으므로 헌법에 위반된다 할 것이다(헌재 2008.7.31. 2004헌마 1010 등).

❺ [×] 법인도 법인의 목적과 사회적 기능에 비추어 볼 때 그 성질에 반하지 않는 범위 내에서 인격권의 한 내용인 사회적 신용이나 명예 등의 주체가 될 수 있고 법인이 이러한 사회적 신용이나 명예 유지 내지 법인격의 자유로운 발현을 위하여 의사결정이나 행동을 어떻게 할 것인지를 자율적으로 결정하는 것도 법인의 인격권의 한 내용을 이룬다고 할 것이다(헌재 2012.8.23. 2009헌가27).

> **헌법 제104조** ③ 대법원장과 대법관이 아닌 법관은 대법관회의의 동의를 얻어 대법원장이 임명한다.

10 변호인 조력을 받을 권리   정답 ①

❶ [×] 접견 제한에 따른 변호사의 직업수행의 자유 제한에 대한 심사에서는 변호사 자신의 직업 활동에 가해진 제한의 정도를 살펴보아야 할 뿐 아니라 그로 인해 접견의 상대방인 수용자의 재판청구권이 제한되는 효과도 함께 고려되어야 하나, 소송대리인이 되려는 변호사의 수용자 접견의 주된 목적은 소송대리인 선임 여부를 확정하는 것이고 소송준비와 소송대리 등 소송에 관한 직무활동은 소송대리인 선임 이후에 이루어지는 것이 일반적이므로 소송대리인 선임 여부를 확정하기 위한 단계에서는 접촉차단시설이 설치된 장소에서 접견하더라도 그 접견의 목적을 수행하는 데 필요한 의사소통이 심각하게 저해될 것이라고 보기 어렵다. 심판대상조항은 변호사인 청구인의 업무를 원하는 방식으로 자유롭게 수행할 수 있는 자유를 침해한다고 할 수 없다(헌재 2022.2.24. 2018헌마1010).

② [○] '변호인이 되려는 자'의 접견교통권은 피의자 등을 조력하기 위한 핵심적인 부분으로서, 피의자 등이 가지는 헌법상의 기본권인 '변호인이 되려는 자'와의 접견교통권과 표리의 관계에 있다. 따라서 피의자 등이 가지는 '변호인이 되려는 자'의 조력을 받을 권리가 실질적으로 확보되기 위해서는 '변호인이 되려는 자'의 접견교통권 역시 헌법상 기본권으로서 보장되어야 한다(헌재 2019.2.28. 2015헌마1204).

③ [○] 이 사건과 같이 수사서류에 대한 법원의 열람·등사 허용 결정이 있음에도 검사가 열람·등사를 거부하는 경우 수사서류 각각에 대하여 검사가 열람·등사를 거부할 정당한 사유가 있는지를 심사할 필요 없이 그 거부행위 자체로써 청구인들의 기본권을 침해한다(헌재 2010.6.24. 2009헌마257).

④ [○] 이 사건 서신개봉행위를 통하여 교정시설의 안전과 질서유지를 도모하고, 수용자의 교화 및 원활한 사회복귀를 추구하는 공익은 중요하다. 이 사건 서신개봉행위로 인하여 미결수용자가 변호인과 자유롭게 소송관련 서신을 수수함으로써 누릴 수 있는 편익이 일부 제한되었다고 하더라도, 변호인과의 서신 수수 이외에도 형집행법상 변호인과의 접견, 전화통화 등을 통해 변호인의 충분한 조력이 가능한 이상 위와 같은 정도의 사익의 제한이 달성되는 공익에 비하여 중대하다고 보기 어렵다. … 이 사건 서신개봉행위는 과잉금지원칙에 위반되지 아니하므로 청구인의 변호인의 조력을 받을 권리를 침해하지 아니한다(헌재 2021.10.28. 2019헌마973).

11 헌법기관 구성   정답 ①

❶ [×] 모두 대통령이 임명하는 것은 아니다. 국회에서 선출하는 3인, 대법원장이 지명하는 3인도 있다.

> **헌법 제114조** ② 중앙선거관리위원회는 대통령이 임명하는 3인, 국회에서 선출하는 3인과 대법원장이 지명하는 3인의 위원으로 구성한다. 위원장은 위원 중에서 호선한다.

② [○] 「헌법재판소법」 제6조 제1항에 대한 옳은 내용이다.

> **제6조【재판관의 임명】** ① 재판관은 대통령이 임명한다. 이 경우 재판관 중 3명은 국회에서 선출하는 사람을, 3명은 대법원장이 지명하는 사람을 임명한다.

③ [○] 헌법 제104조 제1항·제2항에 대한 옳은 내용이다.

> **제104조** ① 대법원장은 국회의 동의를 얻어 대통령이 임명한다.
> ② 대법관은 대법원장의 제청으로 국회의 동의를 얻어 대통령이 임명한다.

④ [○] 헌법 제98조 및 「감사원법」 제5조에 대한 옳은 내용이다.

> **제98조** ② 원장은 국회의 동의를 얻어 대통령이 임명하고, 그 임기는 4년으로 하며, 1차에 한하여 중임할 수 있다.
> ③ 감사위원은 원장의 제청으로 대통령이 임명하고, 그 임기는 4년으로 하며, 1차에 한하여 중임할 수 있다.
> **제5조【임명 및 보수】** ① 감사위원은 원장의 제청으로 대통령이 임명한다.

12 적법절차   정답 ④

① [○] 농림수산식품부장관 등 관련 국가기관이 국민의 생명·신체의 안전에 영향을 미치는 고시 등의 내용을 결정함에 있어서 이해관계인의 의견을 사전에 충분히 수렴하는 것이 바람직하기는 하지만, 그것이 헌법의 적법절차 원칙상 필수적으로 요구되는 것이라고 할 수는 없다(헌재 2008.12.26. 2008헌마419).

② [○] 심판대상조항에 의한 보호는 신체의 자유를 제한하는 정도가 박탈에 이르러 형사절차상 '체포 또는 구속'에 준하는 것으로 볼 수 있는 점을 고려하면, 보호의 개시 또는 연장 단계에서 그 집행기관인 출입국관리공무원으로부터 독립되고 중립적인 지위에 있는 기관이 보호의 타당성을 심사하여 이를 통제할 수 있어야 한다(헌재 2023.3.23. 2020헌가1).

③ [○] 심판대상조항에 따른 출국금지결정은 성질상 신속성과 밀행성을 요하므로, 출국금지 대상자에게 사전통지를 하거나 청문을 실시하도록 한다면 국가 형벌권 확보라는 출국금지제도의 목적을 달성하는 데 지장을 초래할 우려가 있다. 나아가 출국금지 후 즉시 서면으로 통지하도록 하고 있고, 이의신청이나 행정소송을 통하여 출국금지결정에 대해 사후적으로 다툴 수 있는 기회를 제공하여 절차적 참여를 보장해 주고 있으므로 적법절차원칙에 위배된다고 보기 어렵다(헌재 2015.9.24. 2012헌바302).

❹ [×] 이 사건 법률조항은 개인정보의 수집·보관·이용 등의 주체, 목적, 대상, 범위 등을 법률에 구체적으로 규정함으로써 법률적 근거를 분명히 하여야 함에도 요청사유와 전기통신사업자의 거부 여부 등을 불명확하게 규정하여 명확성 원칙에 위배되고, 사전 또는 사후적인 사법적 통제나 사후 통지 등 절차적 적절성을 담보할 수 있는 장치를 전혀 두지 않아 적법절차원칙에 위배된다(헌재 2022.7.21. 2016헌마388).

13 권한쟁의 정답 ①

❶ [×] 국회가 제정한 경찰법에 의하여 비로소 설립된 청구인(국가경찰위원회)은 국회의 경찰법 개정행위에 의하여 존폐 및 권한범위 등이 좌우되므로, 헌법 제111조 제1항 제4호 소정의 헌법에 의하여 설치된 국가기관에 해당한다고 할 수 없다. 권한쟁의심판의 당사자능력은 헌법에 의하여 설치된 국가기관에 한정하여 인정하는 것이 타당하므로, 법률에 의하여 설치된 청구인에게는 권한쟁의심판의 당사자능력이 인정되지 아니한다(헌재 2022.12.22. 2022헌라5).

② [O] 「헌법재판소법」 제63조 제1항에 대한 옳은 내용이다.

> 제63조【청구기간】① 권한쟁의의 심판은 그 사유가 있음을 안 날부터 60일 이내에, 그 사유가 있은 날부터 180일 이내에 청구하여야 한다.

③ [O] 「헌법재판소법」 제67조 제1항에 대한 옳은 내용이다.

> 제67조【결정의 효력】① 헌법재판소의 권한쟁의심판의 결정은 모든 국가기관과 지방자치단체를 기속한다.

④ [O] 「헌법재판소법」 제57조에 대한 옳은 내용이다.

> 제57조【가처분】헌법재판소는 정당해산심판의 청구를 받은 때에는 직권 또는 청구인의 신청에 의하여 종국결정의 선고 시까지 피청구인의 활동을 정지하는 결정을 할 수 있다.

14 선거제도 정답 ③

① [O] 헌법은 참정권의 내용으로서 모든 국민에게 법률이 정하는 바에 따라 선거권을 부여하고 있는데, 선거권이 제대로 행사되기 위하여는 후보자에 대한 정보의 자유교환이 필연적으로 요청된다 할 것이므로, 선거운동의 자유는 선거권 행사의 전제 내지 선거권의 중요한 내용을 이룬다고 할 수 있고, 따라서 선거운동의 제한은 선거권의 제한으로도 파악될 수 있을 것이다(헌재 2018.2.22. 2015헌바124).

② [O] 한국철도공사 상근직원의 지위와 권한에 비추어볼 때, 특정 개인이나 정당을 위한 선거운동을 한다고 하여 그로 인한 부작용과 폐해가 일반 사기업 직원의 경우보다 크다고 보기 어려우므로, 직급이나 직무의 성격에 대한 검토 없이 일률적으로 모든 상근직원에게 선거운동을 전면적으로 금지하고 이에 위반한 경우 처벌하는 것은 선거운동의 자유를 지나치게 제한하

는 것이다. 또한, 한국철도공사의 상근직원은 「공직선거법」의 다른 조항에 의하여 직무상 행위를 이용하여 선거운동을 하거나 하도록 하는 행위를 할 수 없고, 선거에 영향을 미치는 전형적인 행위도 할 수 없다. 더욱이 그 직을 유지한 채 공직선거에 입후보할 수 없는 상근임원과 달리, 한국철도공사의 상근직원은 그 직을 유지한 채 공직선거에 입후보하여 자신을 위한 선거운동을 할 수 있음에도 타인을 위한 선거운동을 전면적으로 금지하는 것은 과도한 제한이다. 따라서 심판대상조항은 선거운동의 자유를 침해한다(헌재 2018.2.22. 2015헌바124).

❸ [×] 선거운동의 자유도 무제한일 수는 없는 것이고, 선거의 공정성이라는 또 다른 가치를 위하여 어느 정도 선거운동의 주체, 기간, 방법 등에 대한 규제가 행하여지지 않을 수 없다. 다만 선거운동은 국민주권 행사의 일환일 뿐 아니라 정치적 표현의 자유의 한 형태로서 민주사회를 구성하고 움직이게 하는 요소이므로 그 제한입법의 위헌여부에 대하여는 엄격한 심사기준이 적용되어야 할 것이다(헌재 2018.2.22. 2015헌바124).

④ [O] 선거운동의 자유는 널리 선거과정에서 자유로이 의사를 표현할 자유의 일환이므로 표현의 자유의 한 태양이기도 한데, 이러한 정치적 표현의 자유는 선거과정에서의 선거운동을 통하여 국민이 정치적 의견을 자유로이 발표, 교환함으로써 비로소 그 기능을 다하게 된다 할 것이므로 선거운동의 자유는 헌법이 정한 언론·출판·집회·결사의 자유의 보장규정에 의한 보호를 받는다(헌재 2004.4.29. 2002헌마467).

15 헌법재판 정답 ②

① [O] 「헌법재판소법」 제24조 제4항에 대한 옳은 내용이다.

> 제24조【제척·기피 및 회피】④ 당사자는 동일한 사건에 대하여 2명 이상의 재판관을 기피할 수 없다.

❷ [×] 구두변론, 서면심리에 대한 서술이 바뀌었다.

> 「헌법재판소법」 제30조【심리의 방식】① 탄핵의 심판, 정당해산의 심판 및 권한쟁의의 심판은 구두변론에 의한다.
> ② 위헌법률의 심판과 헌법소원에 관한 심판은 서면심리에 의한다. 다만, 재판부는 필요하다고 인정하는 경우에는 변론을 열어 당사자, 이해관계인, 그 밖의 참고인의 진술을 들을 수 있다.

③ [O] 「헌법재판소법」 제23조 제2항에 대한 옳은 내용이다.

> 제23조【심판정족수】① 재판부는 재판관 7명 이상의 출석으로 사건을 심리한다.
> ② 재판부는 종국심리(종국심리)에 관여한 재판관 과반수의 찬성으로 사건에 관한 결정을 한다. 다만, 다음 각 호의 어느 하나에 해당하는 경우에는 재판관 6명 이상의 찬성이 있어야 한다.
> 1. 법률의 위헌결정, 탄핵의 결정, 정당해산의 결정 또는 헌법소원에 관한 인용결정(인용결정)을 하는 경우

④ [O] 「헌법재판소법」 제40조 제1항에 대한 옳은 내용이다.

> **제40조 【준용규정】** ① 헌법재판소의 심판절차에 관하여는 이 법에 특별한 규정이 있는 경우를 제외하고는 헌법재판의 성질에 반하지 아니하는 한도에서 민사소송에 관한 법령을 준용한다. 이 경우 탄핵심판의 경우에는 형사소송에 관한 법령을 준용하고, 권한쟁의심판 및 헌법소원심판의 경우에는 「행정소송법」을 함께 준용한다.

23' 국가직

16 입법절차 정답 ①

❶ [X] 가결이 아니라 부결된 것으로 본다.

> **헌법 제49조** 국회는 헌법 또는 법률에 특별한 규정이 없는 한 재적의원 과반수의 출석과 출석의원 과반수의 찬성으로 의결한다. 가부동수인 때에는 부결된 것으로 본다.

② [O] 헌법 제51조에 대한 옳은 내용이다.

> **헌법 제51조** 국회에 제출된 법률안 기타의 의안은 회기 중에 의결되지 못한 이유로 폐기되지 아니한다. 다만, 국회의원의 임기가 만료된 때에는 그러하지 아니하다.

③ [O] 헌법 제53조 제7항에 대한 옳은 내용이다.

> **제53조** ⑦ 법률은 특별한 규정이 없는 한 공포한 날로부터 20일을 경과함으로써 효력을 발생한다.

④ [O] 헌법 제53조 제3항에 대한 옳은 내용이다.

> **제53조** ③ 대통령은 법률안의 일부에 대하여 또는 법률안을 수정하여 재의를 요구할 수 없다.

23' 국가직

17 청원권 정답 ②

① [X] 구두로 할 수 없다.

> **헌법 제26조** ① 모든 국민은 법률이 정하는 바에 의하여 국가기관에 문서로 청원할 권리를 가진다.

❷ [O] 「청원법」 제4조 제2호에 대한 옳은 내용이다.

> **제4조 【청원기관】** 이 법에 따라 국민이 청원을 제출할 수 있는 기관(이하 "청원기관"이라 한다)은 다음 각 호와 같다.
> 2. 지방자치단체와 그 소속 기관

③ [X] 국민동의법령조항들이 청원서의 일반인에 대한 공개를 위해 30일 이내에 100명 이상의 찬성을 받도록 한 것은 일종의 사전동의제도로서, 중복게시물을 방지하고 비방, 욕설, 혐오표현, 명예훼손 등 부적절한 청원을 줄이며 국민의 목소리를 효율적으로 담아내고자 함에 그 취지가 있다. 다음으로, 청원서가 일반인에게 공개되면 그로부터 30일 이내에 10만 명 이상

의 동의를 받도록 한 것은 국회의 한정된 심의 역량과 자원의 효율적 배분을 고려함과 동시에, 일정 수준 이상의 인원에 해당하는 국민 다수가 관심을 갖고 동의하는 의제가 논의 대상이 되도록 하기 위한 것이다. 국회에 대한 청원은 법률안 등과 같이 의안에 준하여 위원회 심사를 거쳐 처리되고, 다른 행정부 등 국가기관과 달리 국회는 합의제 기관이라는 점에서 청원 심사의 실효성을 확보할 필요성 또한 크다. 이와 같은 점에서 국민동의법령조항들이 설정하고 있는 청원찬성·동의를 구하는 기간 및 그 인원수는 불합리하다고 보기 어렵다. 따라서 국민동의법령조항들은 입법재량을 일탈하여 청원권을 침해하였다고 볼 수 없다(헌재 2023.3.23. 2018헌마460).

④ [X] 국민은 공무원의 위법·부당한 행위에 대한 시정이나 징계의 요구를 청원할 수 있다.

> **「청원법」 제5조 【청원사항】** 국민은 다음 각 호의 어느 하나에 해당하는 사항에 대하여 청원기관에 청원할 수 있다.
> 2. 공무원의 위법·부당한 행위에 대한 시정이나 징계의 요구

24' 5급

18 선거제도 정답 ④

① [O] 평등선거의 원칙은 평등의 원칙이 선거제도에 적용된 것으로서 투표의 수적 평등, 즉 1인 1표의 원칙(one person, one vote)과 투표의 성과가치의 평등, 즉 1표의 투표가치가 대표자선정이라는 선거의 결과에 대하여 기여한 정도에 있어서도 평등하여야 한다는 원칙(one vote, one value)을 그 내용으로 할 뿐만 아니라, 일정한 집단의 의사가 정치과정에서 반영될 수 없도록 차별적으로 선거구를 획정하는 이른바 '게리맨더링'에 대한 부정을 의미하기도 한다(헌재 2001.10.25. 2000헌마92 등).

② [O] 보통선거라 함은 개인의 납세액이나 소유하는 재산을 선거권의 요건으로 하는 제한선거에 대응하는 것으로 이러한 요건뿐만 아니라 그밖에 사회적 신분·인종·성별·종교·교육 등을 요건으로 하지 않고 일정한 연령에 달한 모든 국민에게 선거권을 인정하는 제도를 말한다(헌재 1997.6.26. 96헌마89).

③ [O] 「공직선거법」 제47조 제3항에 대한 옳은 내용이다.

> **제47조 【정당의 후보자추천】** ③ 정당이 비례대표국회의원선거 및 비례대표지방의회의원선거에 후보자를 추천하는 때에는 그 후보자 중 100분의 50 이상을 여성으로 추천하되, 그 후보자명부의 순위의 매 홀수에는 여성을 추천하여야 한다.

❹ [X] 자치구·시·군의원 선거는 중선거구제로서 선거구 간 인구편차의 조정이 상대적으로 용이한 점 등을 고려하면, 현시점에서 인구편차의 허용한계를 보다 엄격하게 설정할 필요가 있다. 그렇다면 현재의 시점에서 자치구·시·군의원 선거구 획정과 관련하여 헌법이 허용하는 인구편차의 기준을 인구편차 상하 50%(인구비례 3:1)로 변경하는 것이 타당하다(헌재 2018.6.28. 2014헌마166).

24' 5급

19 　정당제도 　정답 ①

❶ [×] 정당해산심판제도가 비록 정당을 보호하기 위한 취지에서 도입된 것이라 하더라도 다른 한편 이는 정당의 강제적 해산가능성을 헌법상 인정하는 것이므로, 그 자체가 민주주의에 대한 제약이자 위협이 될 수 있음을 또한 깊이 주의해야 한다. 정당해산심판제도는 운영 여하에 따라 그 자체가 민주주의에 대한 해악이 될 수 있으므로 일종의 극약처방인 셈이다. 따라서 정치적 비판자들을 탄압하기 위한 용도로 남용되는 일이 생기지 않도록 정당해산심판제도는 매우 엄격하고 제한적으로 운용되어야 한다(헌재 2014.12.19. 2013헌다1).

② [○] 헌법재판소의 해산결정으로 정당이 해산되는 경우에 그 정당 소속 국회의원이 의원직을 상실하는지에 대하여 명문의 규정은 없으나, 정당해산심판제도의 본질은 민주적 기본질서에 위배되는 정당을 정치적 의사형성과정에서 배제함으로써 국민을 보호하는 데에 있는데 해산정당 소속 국회의원의 의원직을 상실시키지 않는 경우 정당해산결정의 실효성을 확보할 수 없게 되므로, 이러한 정당해산제도의 취지 등에 비추어 볼 때 헌법재판소의 정당해산결정이 있는 경우 그 정당 소속 국회의원의 의원직은 당선 방식을 불문하고 모두 상실되어야 한다(헌재 2014.12.19. 2013헌다1).

③ [○] 모든 정당의 존립과 활동은 최대한 보장되며, 설령 어떤 정당이 민주적 기본질서를 부정하고 이를 적극적으로 공격하는 것으로 보인다 하더라도 국민의 정치적 의사형성에 참여하는 정당으로서 존재하는 한 우리 헌법에 의해 최대한 두텁게 보호되므로, 단순히 행정부의 통상적인 처분에 의해서는 해산될 수 없고, 오직 헌법재판소가 그 정당의 위헌성을 확인하고 해산의 필요성을 인정한 경우에만 정당정치의 영역에서 배제된다는 것이다(헌재 2014.12.19. 2013헌다1).

④ [○] 정당해산심판제도는 정당 존립의 특권, 특히 그중에서도 정부의 비판자로서 야당의 존립과 활동을 특별히 보장하고자 하는 헌법제정자의 규범적 의지의 산물로 이해되어야 한다. 그러나 한편 이 제도로 인해서, 정당 활동의 자유가 인정된다 하더라도 민주적 기본질서를 침해해서는 안 된다는 헌법적 한계 역시 설정된다 할 것이다(헌재 2014.12.19. 2013헌다1).

24' 5급

20 　평등권 　정답 ①

❶ [○] 헌법 제11조 제1항에 대한 옳은 내용이다.

> 제11조 ① 모든 국민은 법 앞에 평등하다. 누구든지 성별·종교 또는 사회적 신분에 의하여 정치적·경제적·사회적·문화적 생활의 모든 영역에 있어서 차별을 받지 아니한다.

② [×] 헌법재판소에서 평등위반 여부를 심사함에 있어서는 헌법에서 특별히 평등을 요구하고 있는 경우나 차별적 취급으로 인하여 관련 기본권에 중대한 제한을 초래하는 경우에는 엄격한 심사척도가 적용되어야 하지만, 그렇지 않은 경우에는 완화된 심사척도인 자의금지원칙에 의하여 심사하면 족하다(헌재 2007.6.28. 2005헌마1179).

③ [×] 일반적으로 평등원칙은 입법자에게 본질적으로 같은 것을 자의적으로 다르게, 본질적으로 다른 것을 자의적으로 같게 취급하는 것을 금하고 있다. 하지만 이러한 평등원칙은 일체의 차별적 대우를 부정하는 절대적 평등을 의미하는 것이 아니라 입법과 법의 적용에 있어서 합리적인 근거가 없는 차별을 하여서는 아니 된다는 상대적 평등을 뜻하고, 따라서 합리적 근거가 있는 차별 또는 불평등은 평등원칙에 반하는 것이 아니다(헌재 2015.5.28. 2013헌바82 등).

④ [×]

> 헌법 제11조 ③ 훈장 등의 영전은 이를 받은 자에게만 효력이 있고, 어떠한 특권도 이에 따르지 아니한다.

24' 5급

21 　신체의 자유 　정답 ①

❶ [×]

> 헌법 제12조 ④ 누구든지 체포 또는 구속을 당한 때에는 즉시 변호인의 조력을 받을 권리를 가진다. 다만, 형사피고인이 스스로 변호인을 구할 수 없을 때에는 법률이 정하는 바에 의하여 국가가 변호인을 붙인다.

② [○] 헌법 제12조 제3항에 대한 옳은 내용이다.

> 제12조 ③ 체포·구속·압수 또는 수색을 할 때에는 적법한 절차에 따라 검사의 신청에 의하여 법관이 발부한 영장을 제시하여야 한다. 다만, 현행범인인 경우와 장기 3년 이상의 형에 해당하는 죄를 범하고 도피 또는 증거인멸의 염려가 있을 때에는 사후에 영장을 청구할 수 있다.

③ [○] 헌법 제12조 제1항에 대한 옳은 내용이다.

> 제12조 ① 모든 국민은 신체의 자유를 가진다. 누구든지 법률에 의하지 아니하고는 체포·구속·압수·수색 또는 심문을 받지 아니하며, 법률과 적법한 절차에 의하지 아니하고는 처벌·보안처분 또는 강제노역을 받지 아니한다.

④ [○] 헌법 제12조 제6항에 대한 옳은 내용이다.

> 제12조 ⑥ 누구든지 체포 또는 구속을 당한 때에는 적부의 심사를 법원에 청구할 권리를 가진다.

24' 5급

22 　군사제도 　정답 ②

① [○] 헌법 제5조 제2항에 대한 옳은 내용이다.

> 제5조 ② 국군은 국가의 안전보장과 국토방위의 신성한 의무를 수행함을 사명으로 하며, 그 정치적 중립성은 준수된다.

❷ [×] 국군의 정치적 중립성 준수에 관한 규정은 군의 정치개입 폐단을 방지하려는 의지를 천명한 것으로서 1987년 제9차 개정헌법에서 문민정치와 국가의 중립성을 실질적으로 보장하기 위하여 국군의 정치적 중립성 준수를 명문화하였다.

③ [O] 헌법 제60조 제2항에 대한 옳은 내용이다.

> **제60조** ② 국회는 선전포고, 국군의 외국에의 파견 또는 외국군대의 대한민국 영역안에서의 주류에 대한 동의권을 가진다.

④ [O] 헌법 제86조 제3항 및 제87조 제4항에 대한 옳은 내용이다.

> **제86조** ③ 군인은 현역을 면한 후가 아니면 국무총리로 임명될 수 없다.
> **제87조** ④ 군인은 현역을 면한 후가 아니면 국무위원으로 임명될 수 없다.

23 사법제도 정답 ②

① [O] 헌법 제64조에 대한 옳은 내용이다.

> **제64조** ② 국회는 의원의 자격을 심사하며, 의원을 징계할 수 있다.
> ④ 제2항과 제3항의 처분에 대하여는 법원에 제소할 수 없다.

❷ [X] 사형을 선고한 경우에는 단심으로 할 수 없다.

> **헌법 제110조** ④ 비상계엄하의 군사재판은 군인·군무원의 범죄나 군사에 관한 간첩죄의 경우와 초병·초소·유독음식물공급·포로에 관한 죄 중 법률이 정한 경우에 한하여 단심으로 할 수 있다. 다만, 사형을 선고한 경우에는 그러하지 아니하다.

③ [O] 「지방자치법」 제5조에 대한 옳은 내용이다.

> **제5조 【지방자치단체의 명칭과 구역】** ④ 제1항 및 제2항에도 불구하고 다음 각 호의 지역이 속할 지방자치단체는 제5항부터 제8항까지의 규정에 따라 행정안전부장관이 결정한다.
> 1. 「공유수면 관리 및 매립에 관한 법률」에 따른 매립지
> ⑨ 관계 지방자치단체의 장은 제4항부터 제7항까지의 규정에 따른 행정안전부장관의 결정에 이의가 있으면 그 결과를 통보받은 날부터 15일 이내에 대법원에 소송을 제기할 수 있다

④ [O] 「법원조직법」 제8조에 대한 옳은 내용이다.

> **제8조 【상급심 재판의 기속력】** 상급법원 재판에서의 판단은 해당 사건에 관하여 하급심(下級審)을 기속(羈束)한다.

24 헌법재판소 정답 ③

① [O] 「헌법재판소법」 제23조 및 제30조에 대한 옳은 내용이다.

> **제23조 【심판정족수】** ① 재판부는 재판관 7명 이상의 출석으로 사건을 심리한다.
> **제30조 【심리의 방식】** ① 탄핵의 심판, 정당해산의 심판 및 권한쟁의의 심판은 구두변론에 의한다.

② [O] 「헌법재판소법」 제23조에 대한 옳은 내용이다.

> **제23조 【심판정족수】** ① 재판부는 재판관 7명 이상의 출석으로 사건을 심리한다.
> ② 재판부는 종국심리(終局審理)에 관여한 재판관 과반수의 찬성으로 사건에 관한 결정을 한다. 다만, 다음 각 호의 어느 하나에 해당하는 경우에는 재판관 6명 이상의 찬성이 있어야 한다.
> 1. 법률의 위헌결정, 탄핵의 결정, 정당해산의 결정 또는 헌법소원에 관한 인용결정(認容決定)을 하는 경우
> 2. 종전에 헌법재판소가 판시한 헌법 또는 법률의 해석 적용에 관한 의견을 변경하는 경우

❸ [X]

> **「헌법재판소법」 제72조 【사전심사】** ④ 지정재판부는 전원의 일치된 의견으로 제3항의 각하결정을 하지 아니하는 경우에는 결정으로 헌법소원을 재판부의 심판에 회부하여야 한다. 헌법소원심판의 청구 후 30일이 지날 때까지 각하결정이 없는 때에는 심판에 회부하는 결정(이하 "심판회부결정"이라 한다)이 있는 것으로 본다.

④ [O] 「헌법재판소법」 제67조에 대한 옳은 내용이다.

> **제67조 【결정의 효력】** ① 헌법재판소의 권한쟁의심판의 결정은 모든 국가기관과 지방자치단체를 기속한다.
> ② 국가기관 또는 지방자치단체의 처분을 취소하는 결정은 그 처분의 상대방에 대하여 이미 생긴 효력에 영향을 미치지 아니한다.

25 행정부 정답 ④

① [O] 헌법 제66조 제4항은 "행정권은 대통령을 수반으로 하는 정부에 속한다."라고 규정하고 있는데, 여기서의 '정부'란 입법부와 사법부에 대응하는 넓은 개념으로서의 집행부를 일컫는다 할 것이다. 그리고 헌법 제86조 제2항은 대통령의 명을 받은 국무총리가 행정각부를 통할하도록 규정하고 있는데, 대통령과 행정부, 국무총리에 관한 헌법 규정의 해석상 국무총리의 통할을 받는 '행정각부'에 모든 행정기관이 포함된다고 볼 수 없다. 즉, 정부의 구성단위로서 그 권한에 속하는 사항을 집행하는 중앙행정기관을 반드시 국무총리의 통할을 받는 '행정각부'의 형태로 설치하거나 '행정각부'에 속하는 기관으로 두어야 하는 것이 헌법상 강제되는 것은 아니므로, 법률로써 '행정각부'에 속하지 않는 독립된 형태의 행정기관을 설치하는 것이 헌법상 금지된다고 할 수 없다(헌재 2021.1.28. 2020헌마264).

② [O] 헌법 제63조 및 제87조에 대한 옳은 내용이다.

> **제63조** ① 국회는 국무총리 또는 국무위원의 해임을 대통령에게 건의할 수 있다.
>
> **제87조** ① 국무위원은 국무총리의 제청으로 대통령이 임명한다.

③ [O] 「정부조직법」 제19조 제1항에 대한 옳은 내용이다.

> **제19조【부총리】** ① 국무총리가 특별히 위임하는 사무를 수행하기 위하여 부총리 2명을 둔다.

❹ [X] 이 사건에서 심판의 대상이 되는 국무회의의 이 사건 파병동의안 의결이 이러한 공권력의 행사인지의 점에 관하여 살피건대, 국군을 외국에 파견하려면, 대통령이 국무회의 심의를 거쳐 국회에 파병동의안 제출, 국회의 동의(헌법 제60조 제2항), 대통령의 파병결정, 국방부장관의 파병 명령, 파견 대상 군 참모총장의 구체적, 개별적 인사명령의 절차를 거쳐야 하는바, 이러한 절차에 비추어 파병은 대통령이 국회의 동의를 얻어 파병 결정을 하고, 이에 따라 국방부장관 및 파견 대상 군 참모총장이 구체적, 개별적인 명령을 발함으로써 비로소 해당 국민, 즉 파견 군인 등에게 직접적인 법률효과를 발생시키는 것이고, 대통령이 국회에 파병동의안을 제출하기 전에 대통령을 보좌하기 위하여 파병 정책을 심의, 의결한 국무회의의 의결은 국가기관의 내부적 의사결정행위에 불과하여 그 자체로 국민에 대하여 직접적인 법률효과를 발생시키는 행위가 아니므로 「헌법재판소법」 제68조 제1항에서 말하는 공권력의 행사에 해당하지 아니한다(헌재 2003.12.18. 2003헌마225).

정답

p.150

01	③	Ⅲ	06	③	Ⅰ	11	④	Ⅰ	16	①	Ⅰ	21	③	Ⅱ
02	②	Ⅲ	07	③	Ⅱ	12	③	Ⅳ	17	①	Ⅲ	22	④	Ⅱ
03	①	Ⅱ	08	②	Ⅱ	13	①	Ⅱ	18	①	Ⅰ	23	①	Ⅰ
04	②	Ⅱ	09	⑤	Ⅱ	14	④	Ⅰ	19	①	Ⅱ	24	③	Ⅱ
05	②	Ⅲ	10	②	Ⅱ	15	③	Ⅰ	20	③	Ⅰ	25	①	Ⅲ

취약 단원 분석표

단원	맞힌 답의 개수
Ⅰ	/ 4
Ⅱ	/ 15
Ⅲ	/ 5
Ⅳ	/ 1
TOTAL	/ 25

Ⅰ 헌법총론 / Ⅱ 기본권론 / Ⅲ 통치구조론 / Ⅳ 헌법재판론

---

01 국회의사절차   정답 ③

① [O] 자유위임원칙은 헌법이 추구하는 가치를 보장하고 실현하기 위한 통치구조의 구성원리 중 하나이므로, 다른 헌법적 이익에 언제나 우선하는 것은 아니고, 국회의 기능 수행을 위해서 필요한 범위 내에서 제한될 수 있다. 이 사건 개선행위의 자유위임원칙 위배 여부는 국회의 기능 수행을 위하여 필요한 정도와 자유위임원칙을 제한하는 정도를 비교형량하여 판단하여야 한다(헌재 2020.5.27. 2019헌라1).

② [O] 「국회법」 제92조는 "부결된 안건은 같은 회기 중에 다시 발의 또는 제출하지 못한다."라고 규정하여 일사부재의원칙을 선언하고 있다. 만일 같은 회기 중에 동일 안건을 몇 번이고 회의에 부의하게 된다면 특정 사안에 대한 국회의 의사가 확정되지 못한 채 표류하게 되므로, 일사부재의원칙은 국회의 의사의 단일화, 회의의 능률적인 운영 및 소수파에 의한 의사방해 방지 등을 위하여 중요한 의의를 가진다. 그런데 일사부재의원칙을 경직되게 적용하는 경우에는 국정운영이 왜곡되고 다수에 의해 악용되어 다수의 횡포를 합리화하는 수단으로 전락할 수도 있으므로, 일사부재의원칙은 신중한 적용이 요청된다고 할 것이다(헌재 2009.10.29. 2009헌라8).

❸ [X] 국회의원이 국회 내에서 행사하는 질의권·토론권 및 표결권 등은 입법권 등 공권력을 행사하는 국가기관인 국회의 구성원의 지위에 있는 국회의원에게 부여된 권한으로서 국회의원 개인에게 헌법이 보장하는 권리, 즉 기본권으로 인정된 것이라고 할 수는 없다(헌재 1995.2.23. 90헌마125).

④ [O] 수정동의를 지나치게 넓은 범위에서 인정할 경우 위원회의 심사 대상이 되지 않았던 의안이 바로 본회의에 상정됨으로써 국회가 의안 심의에 관한 국회운영의 원리로 채택하고 있는 위원회 중심주의를 저해할 우려가 있는바, 앞서 살펴본 입법경과를 종합하여 보면, 「국회법」 제95조 제5항은 원안에 대한 위원회의 심사절차에서 심사가 이루어질 여지가 없는 경우에는 수정동의의 제출을 제한함으로써 위원회 중심주의를 공고히 하려는 데에 그 입법취지가 있다고 할 것이다(헌재 2020. 5.27. 2019헌라6).

---

02 국회의원   정답 ②

① [X] 헌법 제64조 제3항에 대한 옳은 내용이다.

> **제64조** ③ 의원을 제명하려면 국회재적의원 3분의 2 이상의 찬성이 있어야 한다.

❷ [O] 「국회법」 제138조에 대한 옳은 내용이다.

> **제138조 【자격심사의 청구】** 의원이 다른 의원의 자격에 대하여 이의가 있을 때에는 30명 이상의 연서로 의장에게 자격심사를 청구할 수 있다.

③ [X] 국회의원의 법률안 심의·표결권은 국민에 의하여 선출된 국가기관으로서 국회의원이 그 본질적 임무인 입법에 관한 직무를 수행하기 위하여 보유하는 권한으로서의 성격을 갖고 있으므로 국회의원의 개별적인 의사에 따라 포기할 수 있는 것은 아니다(헌재 2009.10.29. 2009헌라8 등).

④ [X] 국회의 구성원인 국회의원이 국회를 위하여 국회의 권한침해를 주장하는 권한쟁의심판을 청구할 수 있는지, 즉 권한쟁의심판에 있어서 이른바 '제3자 소송담당'이 허용되는지 여부에 대해서 헌법재판소는 부정하는 입장이다(헌재 2007.7.26. 2005헌라8). 선지의 내용은 소수의견으로 다수의견이 아니므로 틀린 선지이다.

> **[재판관 송두환의 소수의견]**
> 권한쟁의 사건에서의 제3자 소송담당은 헌법의 권력분립원칙과 소수자보호의 이념으로부터 그 근거를 직접 도출할 수 있으므로 「헌법재판소법」에 명문의 규정이 없다는 이유만으로 이를 전면 부정할 것은 아니다(헌재 2011.8.30. 2011헌라2).

23' 국가직

| 03 | 개인정보자기결정권 | 정답 ① |

❶ [×] 이 사건 채증규칙(경찰청 예규)은 법률로부터 구체적인 위임을 받아 제정한 것이 아니며, 집회·시위 현장에서 불법행위의 증거자료를 확보하기 위해 행정조직의 내부에서 상급행정기관이 하급행정기관에 대하여 발령한 내부기준으로 행정규칙이다. 청구인들을 포함한 이 사건 집회 참가자는 이 사건 채증규칙에 의해 직접 기본권을 제한받는 것이 아니라, 경찰의 이 사건 촬영행위에 의해 비로소 기본권을 제한받게 된다. 따라서 청구인들의 이 사건 채증규칙에 대한 심판청구는 「헌법재판소법」 제68조 제1항이 정한 기본권 침해의 직접성 요건을 충족하지 못하였으므로 부적법하다(헌재 2018.8.30. 2014헌마843).

② [O] 경찰의 촬영행위는 개인정보자기결정권의 보호대상이 되는 신체, 특정인의 집회·시위 참가 여부 및 그 일시·장소 등의 개인정보를 정보주체의 동의 없이 수집하였다는 점에서 개인정보자기결정권을 제한할 수 있다(헌재 2018.8.30. 2014헌마843).

③ [O] 근접촬영과 달리 먼 거리에서 집회·시위 현장을 전체적으로 촬영하는 소위 조망촬영이 기본권을 덜 침해하는 방법이라는 주장도 있으나, 최근 기술의 발달로 조망촬영과 근접촬영 사이에 기본권 침해라는 결과에 있어서 차이가 있다고 보기 어려우므로, 경찰이 이러한 집회·시위에 대해 조망촬영이 아닌 근접촬영을 하였다는 이유만으로 헌법에 위반되는 것은 아니다(헌재 2018.8.30. 2014헌마843).

④ [O] 옥외집회·시위에 대한 경찰의 촬영행위는 증거보전의 필요성 및 긴급성, 방법의 상당성이 인정되는 때에는 헌법에 위반된다고 할 수 없으나, 경찰이 옥외집회 및 시위 현장을 촬영하여 수집한 자료의 보관·사용 등은 엄격하게 제한하여, 옥외집회·시위 참가자 등의 기본권 제한을 최소화해야 한다. 옥외집회·시위에 대한 경찰의 촬영행위에 의해 취득한 자료는 '개인정보'의 보호에 관한 일반법인 「개인정보 보호법」이 적용될 수 있다(헌재 2018.8.30. 2014헌마843).

23' 국가직

| 04 | 명확성원칙 | 정답 ③ |

① [O] 청구인들은 이 사건 법률조항 중 '국가안전보장에 대한 위해'의 의미가 불분명하여 명확성원칙에 위배된다고 주장한다. 그런데 '국가안전보장'이란 국가의 존립·헌법의 기본질서의 유지 등을 포함하는 개념으로서 결국 국가의 독립, 영토의 보전, 헌법과 법률의 기능, 헌법에 의하여 설치된 국가기관의 유지 등의 의미로 이해될 수 있고(헌재 1992.2.25. 89헌가104; 헌재 2014.9.25. 2011헌바358 참조), 국가안전보장에 대한 '위해'란 국가안전보장에 대하여 위험을 발생시키는 것을 의미하므로, 결국 '국가안전보장에 대한 위해'란 국가의 존립이나 헌법의 기본질서에 위험을 발생시킬 수 있는 경우를 의미한다고 해석될 수 있다. 이 사건 법률조항은 건전한 상식과 통상적인 법 감정을 가진 사람이라면 그 취지를 충분히 예측할 수 있다고 할 것인바, 명확성원칙에 위배되지 아니한다(헌재 2022.7.21. 2016헌마388 등).

② [O] 「공직선거법」 및 관련 법령이 구체적으로 '인터넷언론사'의 범위를 정하고 있고, 중앙선거관리위원회가 설치·운영하는 인터넷선거보도심의위원회가 심의대상인 인터넷언론사를 결정하여 공개하는 점 등을 종합하면 '인터넷언론사'는 불명확하다고 볼 수 없으며, '지지·반대'의 사전적 의미와 심판대상조항의 입법목적, 「공직선거법」 관련 조항의 규율내용을 종합하면, 건전한 상식과 통상적인 법 감정을 가진 사람이면 자신의 글이 정당·후보자에 대한 '지지·반대'의 정보를 게시하는 행위인지 충분히 알 수 있으므로, 실명확인 조항 중 '인터넷언론사' 및 '지지·반대' 부분은 명확성 원칙에 반하지 않는다(헌재 2021.1.28. 2018헌마456 등).

❸ [×] 국가공무원법조항 중 '그 밖의 정치단체'에 관한 부분은 가입 등이 금지되는 '정치단체'가 무엇인지 그 규범 내용이 확정될 수 없을 정도로 불분명하여, 헌법상 그 가입 등이 마땅히 보호받아야 할 단체까지도 수범자인 나머지 청구인들이 가입 등의 행위를 하지 못하게 위축시키고 있고, 법 집행 공무원이 지나치게 넓은 재량을 행사하여 금지되는 '정치단체'와 금지되지 않는 단체를 자의적으로 판단할 위험이 있다. 따라서 국가공무원법조항 중 '그 밖의 정치단체'에 관한 부분은 명확성원칙에 위배되어 나머지 청구인들의 정치적 표현의 자유, 결사의 자유를 침해한다(헌재 2020.4.23. 2018헌마551).

④ [O] 「의료법」의 입법목적, 의료인의 사명에 관한 의료법상의 여러 규정 및 의료행위의 개념에 관한 대법원 판례 등을 종합적으로 고려해 보면, 심판대상조항 중 '의료행위'는, 의학적 전문지식을 기초로 하는 경험과 기능으로 진찰, 검안, 처방, 투약 또는 외과적 시술을 시행하여 하는 질병의 예방 또는 치료행위 이외에도 의료인이 행하지 아니하면 보건위생상 위해가 생길 우려가 있는 행위로 분명하게 해석된다. 따라서 심판대상조항 중 '의료행위' 부분은 명확성원칙에 위반되지 않는다(헌재 2022.7.21. 2022헌바3).

23' 지방직

| 05 | 입법권 | 정답 ② |

① [O] 헌법 제40조는 "입법권은 국회에 속한다."라고 규정하면서, 아울러 제75조는 "대통령은 법률에서 구체적으로 범위를 정하여 위임받은 사항과 법률을 집행하기 하기 위하여 필요한 사항에 관하여 대통령령을 발할 수 있다."라고 규정하고, 제95조는 "국무총리 또는 행정각부의 장은 소관사무에 관하여 법률이나 대통령령의 위임 또는 직권으로 총리령 또는 부령을 발할 수 있다."라고 각 규정함으로써 행정기관으로의 위임입법을 인정하고 있는데, 우리 헌법 제40조의 의미는 적어도 국민의 권리와 의무의 형성에 관한 사항을 비롯하여 국가의 통치조직과 작용에 관한 기본적이고 본질적인 사항은 반드시 국회가 정하여야 한다는 것이다(헌재 1998.5.28. 96헌가1).

❷ [×] 헌법 제52조는 국회의원과 정부는 법률안을 제출할 수 있다고만 규정하고 있다. 인원은 「국회법」에 규정되어 있다.

> **헌법 제52조** 국회의원과 정부는 법률안을 제출할 수 있다.
> **「국회법」 제79조 【의안의 발의 또는 제출】** ① 의원은 10명 이상의 찬성으로 의안을 발의할 수 있다.

③ [○] 「국회법」 제79조 제5항에 대한 옳은 내용이다.

> **제79조【의안의 발의 또는 제출】** ⑤ 의원이 발의한 법률안 중 국회에서 의결된 제정법률안 또는 전부개정법률안을 공표하거나 홍보하는 경우에는 해당 법률안의 부제를 함께 표기할 수 있다.

④ [○] 「국회법」 제79조 제2항에 대한 옳은 내용이다.

> **제79조【의안의 발의 또는 제출】** ② 의안을 발의하는 의원은 그 안을 갖추고 이유를 붙여 찬성자와 연서하여 이를 의장에게 제출하여야 한다.

24' 입법고시

06 헌법개정 정답 ③

① [×] 국회가 아닌 대통령이 공고한다.

> **헌법 제129조** 제안된 헌법개정안은 대통령이 20일 이상의 기간 이를 공고하여야 한다.

② [×] 공고된 날로부터 60일 이내에 의결하여야 한다.

> **헌법 제130조** ① 국회는 헌법개정안이 공고된 날로부터 60일 이내에 의결하여야 하며, 국회의 의결은 재적의원 3분의 2 이상의 찬성을 얻어야 한다.

❸ [○] 헌법 제130조 제2항에 대한 옳은 내용이다.

> **제130조** ② 헌법개정안은 국회가 의결한 후 30일 이내에 국민투표에 붙여 국회의원선거권자 과반수의 투표와 투표자 과반수의 찬성을 얻어야 한다.

④ [×] 1980년 제8차 개정헌법에 처음 규정되었다.

> **제8차 개정헌법(1980년) 제129조** ② 대통령의 임기연장 또는 중임변경을 위한 헌법개정은 그 헌법개정제안 당시의 대통령에 대하여는 효력이 없다.

⑤ [×] 우리나라의 헌법은 제헌헌법이 초대국회에 의하여 제정된 반면 그후의 제5차, 제7차, 제8차 및 현행의 제9차 헌법 개정에 있어서는 국민투표를 거친 바 있고, 그간 각 헌법의 개정절차조항 자체가 여러 번 개정된 적이 있으며, 형식적으로도 부분개정이 아니라 전문까지를 포함한 전면개정이 이루어졌던 점과 우리의 현행 헌법이 독일기본법 제79조 제3항과 같은 헌법개정의 한계에 관한 규정을 두고 있지 아니하고, 독일기본법 제79조 제1항 제1문과 같이 헌법의 개정을 법률의 형식으로 하도록 규정하고 있지도 아니한 점 등을 감안할 때, 우리 헌법의 각 개별규정 가운데 무엇이 헌법제정규정이고 무엇이 헌법개정규정인지를 구분하는 것이 가능하지 아니할 뿐 아니라, 각 개별규정에 그 효력상의 차이를 인정하여야 할 형식적인 이유를 찾을 수 없다(헌재 1995.12.28. 95헌바3).

24' 입법고시

07 명확성원칙 정답 ③

① [○] 명확성의 원칙에서 명확성의 정도는 모든 법률에 있어서 동일한 정도로 요구되는 것은 아니고, 개개의 법률이나 법조항의 성격에 따라 요구되는 정도에 차이가 있을 수 있으며, 각각의 구성요건의 특수성과 그러한 법률이 제정되게 된 배경이나 상황에 따라 달라질 수 있다고 할 것이다(헌재 2002.7.18. 2000헌바57).

② [○] 응급의료법의 입법 취지, 규정형식 및 문언의 내용을 종합하여 볼 때, 건전한 상식과 통상적인 법 감정을 가진 일반인이라면 구체적인 사건에서 어떠한 행위가 이 사건 금지조항의 '그 밖의 방법'에 의하여 규율되는지 충분히 예견할 수 있고, 이는 법관의 보충적 해석을 통하여 확정될 수 있는 개념이다. 따라서 이 사건 금지조항의 '그 밖의 방법' 부분은 죄형법정주의의 명확성의 원칙에 위반된다고 할 수 없다(헌재 2019.6.28. 2018헌바128).

❸ [×] 정당방위가 인정되지 않는 경우 위법한 행위로서 범죄의 성립을 인정하게 하는 기능을 하므로 적극적으로 범죄 성립을 정하는 구성요건 규정은 아니라 하더라도 죄형법정주의가 요구하는 명확성원칙의 적용이 완전히 배제된다고는 할 수 없다. 따라서 범죄의 성립과 처벌은 법률에 의하여야 한다는 죄형법정주의 본래의 취지에 비추어 볼 때 정당방위와 같은 위법성조각사유 규정에도 죄형법정주의의 명확성원칙은 적용된다 할 것이다(헌재 2001.6.28. 99헌바31).

④ [○] 심판대상조항의 문언, 입법목적과 연혁, 관련 규정과의 관계 및 법원의 해석 등을 종합하여 볼 때, 심판대상조항에서 '제44조 제1항을 2회 이상 위반한 사람'이란 '2006.6.1. 이후 「도로교통법」 제44조 제1항을 위반하여 술에 취한 상태에서 운전을 하였던 사실이 인정되는 사람으로서, 다시 같은 조 제1항을 위반하여 술에 취한 상태에서 운전한 사람'을 의미함을 충분히 알 수 있으므로, 심판대상조항은 죄형법정주의의 명확성원칙에 위반되지 아니한다(헌재 2021.11.25. 2019헌바446 등).

⑤ [○] 「공직선거법」 및 관련 법령이 구체적으로 '인터넷언론사'의 범위를 정하고 있고, 중앙선거관리위원회가 설치·운영하는 인터넷선거보도심의위원회가 심의대상인 인터넷언론사를 결정하여 공개하는 점 등을 종합하면 '인터넷언론사'는 불명확하다고 볼 수 없으며, '지지·반대'의 사전적 의미와 심판대상조항의 입법목적, 「공직선거법」 관련 조항의 규율내용을 종합하면, 건전한 상식과 통상적인 법감정을 가진 사람이면 자신의 글이 정당·후보자에 대한 '지지·반대'의 정보를 게시하는 행위인지 충분히 알 수 있으므로, 실명확인 조항 중 '인터넷언론사' 및 '지지·반대' 부분은 명확성원칙에 반하지 않는다(헌재 2021.1.28. 2018헌마456 등).

24' 입법고시

08 일반적 행동자유권 정답 ②

① [○] 일반적 행동자유권은 개인이 행위를 할 것인가의 여부에 대하여 자유롭게 결단하는 것을 전제로 하여 이성적이고 책임감 있는 사람이라면 자기에 관한 사항은 스스로 처리할 수 있을 것이라는 생각에서 인정되는 것이다. 일반적 행동자유권에는

적극적으로 자유롭게 행동을 하는 것은 물론 소극적으로 행동을 하지 않을 자유 즉, 부작위의 자유도 포함되며, 포괄적인 의미의 자유권으로서 일반조항적인 성격을 가진다(헌재 2003. 10.30. 2002헌마518).

❷ [×] 일반적 행동자유권은 모든 행위를 할 자유와 행위를 하지 않을 자유로 가치있는 행동만 그 보호영역으로 하는 것은 아닌 것으로, 그 보호영역에는 개인의 생활방식과 취미에 관한 사항도 포함되며, 여기에는 위험한 스포츠를 즐길 권리와 같은 위험한 생활방식으로 살아갈 권리도 포함된다(헌재 2003.10. 30. 2002헌마518).

③ [O] 일반적 행동자유권에는 적극적으로 자유롭게 행동을 하는 것은 물론 소극적으로 행동을 하지 않을 자유 즉 부작위의 자유도 포함되는 것으로, 법률행위의 영역에 있어서는 계약을 체결할 것인가의 여부, 체결한다면 어떠한 내용의, 어떠한 상대방과의 관계에서, 어떠한 방식으로 계약을 체결하느냐 하는 것도 당사자 자신이 자기의사로 결정하는 자유뿐만 아니라 원치 않으면 계약을 체결하지 않을 자유 즉 원치 않는 계약의 체결은 법이나 국가에 의하여 강제받지 않을 자유인 이른바 계약자유의 원칙도, 여기의 일반적 행동자유권으로부터 파생되는 것이라 할 것이다(헌재 1991.6.3. 89헌마204).

④ [O] 일반적 행동자유권은 적극적으로 자유롭게 행동을 하는 것은 물론 소극적으로 행동을 하지 않을 자유도 포함되고, 가치 있는 행동만 보호영역으로 하는 것은 아닌 것인바, 개인이 대마를 자유롭게 수수하고 흡연할 자유도 헌법 제10조의 행복추구권에서 나오는 일반적 행동자유권의 보호영역에 속한다. 이 사건 법률조항은 대마의 흡연과 수수를 금지하고 그 위반행위에 대하여 형벌을 가함으로써 청구인의 행복추구권을 제한하고 있다(헌재 2005.11.24. 2005헌바46).

⑤ [O] 이와 같은 지역 방언을 자신의 언어로 선택하여 공적 또는 사적인 의사소통과 교육의 수단으로 사용하는 것은 행복추구권에서 파생되는 일반적 행동의 자유 내지 개성의 자유로운 발현의 한 내용이 된다 할 것이다(헌재 2009.5.28. 2006헌마618).

09 자기결정권 정답 ⑤

① [O] 자기결정권은 인간의 존엄성을 실현하기 위한 수단으로서 인간이 자신의 생활영역ㅇ에서 인격의 발현과 삶의 방식에 관한 근본적인 결정을 자율적으로 내릴 수 있는 권리이다(헌재 2019.4.11. 2017헌바127).

② [O] 만일 자신의 사후에 시체가 본인의 의사와는 무관하게 처리될 수 있다고 한다면 기본권 주체인 살아있는 자의 자기결정권이 보장되고 있다고 보기는 어렵다. 따라서 본인의 생전 의사에 관계없이 인수자가 없는 시체를 해부용으로 제공하도록 규정하고 있는 이 사건 법률조항은 청구인의 시체의 처분에 대한 자기결정권을 제한한다고 할 것이다. … 이 사건 법률조항은 청구인의 시체 처분에 대한 자기결정권을 침해한다(헌재 2015.11.26. 2012헌마940).

③ [O] 배아생성자는 배아에 대해 자신의 유전자정보가 담긴 신체의 일부를 제공하고, 또 배아가 모체에 성공적으로 착상하여 인간으로 출생할 경우 생물학적 부모로서의 지위를 갖게 되므로, 배아의 관리 또는 처분에 대한 결정권을 가진다. 이러한 배아생성자의 배아에 대한 결정권은 헌법상 명문으로 규정되어 있

지는 아니하지만, 헌법 제10조로부터 도출되는 일반적 인격권의 한 유형으로서의 헌법상 권리라 할 것이다(헌재 2010.5. 27. 2005헌마346).

④ [O] 심판대상조항은 소비자가 자신의 의사에 따라 자유롭게 제품을 선택하는 것을 제약함으로써 헌법 제10조의 행복추구권에서 파생되는 소비자의 자기결정권을 제한하고, 나아가 헌법 제10조의 행복추구권에서 파생되는 일반적 행동자유권도 함께 제한한다. … 심판대상조항은 과잉금지원칙을 위반하여 소비자의 자기결정권 및 일반적 행동자유권을 침해하지 아니한다(헌재 2020.2.27. 2017헌마1339).

❺ [×] 개인정보자기결정권의 보호대상이 되는 개인정보는 개인의 신체, 신념, 사회적 지위, 신분 등과 같이 개인의 인격주체성을 특징짓는 사항으로서 그 개인의 동일성을 식별할 수 있게 하는 일체의 정보라고 할 수 있고, 반드시 개인의 내밀한 영역이나 사사(私事)의 영역에 속하는 정보에 국한되지 않고 공적 생활에서 형성되었거나 이미 공개된 개인정보까지 포함한다(헌재 2005.5.26. 99헌마513 등).

10 재산권 정답 ②

① [×] 공법상의 권리가 헌법상의 재산권보장의 보호를 받기 위해서는 다음과 같은 요건을 갖추어야 한다. 첫째, 공법상의 권리가 권리주체에게 귀속되어 개인의 이익을 위하여 이용가능해야 하며(사적 유용성), 둘째, 국가의 일방적인 급부에 의한 것이 아니라 권리주체의 노동이나 투자, 특별한 희생에 의하여 획득되어 자신이 행한 급부의 등가물에 해당하는 것이어야 하며(수급자의 상당한 자기기여), 셋째, 수급자의 생존의 확보에 기여해야 한다. 이러한 요건을 통하여 사회부조와 같이 국가의 일방적인 급부에 대한 권리는 재산권의 보호대상에서 제외되고, 단지 사회법상의 지위가 자신의 급부에 대한 등가물에 해당하는 경우에 한하여 사법상의 재산권과 유사한 정도로 보호받아야 할 공법상의 권리가 인정된다(헌재 2000.6.29. 99헌마289).

❷ [O] 재산권의 제한에 대하여는 재산권 행사의 대상이 되는 객체가 지닌 사회적인 연관성과 사회적 기능이 크면 클수록 입법자에 의한 보다 광범위한 제한이 허용되며, 한편 개별 재산권이 갖는 자유보장적 기능, 즉 국민 개개인의 자유실현의 물질적 바탕이 되는 정도가 강할수록 엄격한 심사가 이루어져야 한다(헌재 2005.5.26. 2004헌가10).

③ [×] 헌법 제23조 제3항은 정당한 보상을 전제로 하여 재산권의 수용 등에 관한 가능성을 규정하고 있지만, 재산권 수용의 주체를 한정하지 않고 있다. 이는 재산의 수용과 관련하여 그 수용의 주체가 국가 등에 한정되어야 하는지, 아니면 민간기업에게도 허용될 수 있는지 여부에 대하여 헌법이라는 규범적 층위에서는 구체적으로 결정된 내용이 없다는 점을 의미하는 것이다. 따라서 위 수용 등의 주체를 국가 등의 공적 기관에 한정하여 해석할 이유가 없다(헌재 2009.9.24. 2007헌바114).

④ [×] 개성공단 전면중단 조치는 공익 목적을 위하여 개별적, 구체적으로 형성된 구체적인 재산권의 이용을 제한하는 공용 제한이 아니므로, 이에 대한 정당한 보상이 지급되지 않았다고 하더라도, 그 조치가 헌법 제23조 제3항을 위반하여 개성공단 투자기업인 청구인들의 재산권을 침해한 것으로 볼 수 없다(헌재 2022.1.27. 2016헌마364).

⑤ [X] 부담금은 그 부과목적과 기능에 따라 1) 순수하게 재정조달의 목적만 가지는 재정조달목적 부담금과 2) 재정조달 목적뿐만 아니라 부담금의 부과 자체로써 국민의 행위를 특정한 방향으로 유도하거나 특정한 공법적 의무의 이행 또는 공공출연으로부터의 특별한 이익과 관련된 집단 간의 형평성 문제를 조정하여 특정한 사회·경제정책을 실현하기 위한 정책실현목적 부담금으로 구분될 수 있다. 전자의 경우에는 공적 과제가 부담금 수입의 지출 단계에서 비로소 실현되나, 후자의 경우에는 공적 과제의 전부 혹은 일부가 부담금의 부과 단계에서 이미 실현된다(헌재 2008.11.27. 2007헌마860).

23' 국가직

11 지방자치제도 정답 ④

① [O] 공유수면에 대한 지방자치단체의 관할구역 경계획정은 명시적인 법령상의 규정이 존재한다면 그에 따르고, 명시적인 법령상의 규정이 존재하지 않는다면 불문법상 해상경계에 따라야 한다. 불문법상 해상경계마저 존재하지 않는다면, 주민·구역·자치권을 구성요소로 하는 지방자치단체의 본질에 비추어 지방자치단체의 관할구역에 경계가 없는 부분이 있다는 것은 상정할 수 없으므로, 권한쟁의심판권을 가지고 있는 헌법재판소가 형평의 원칙에 따라 합리적이고 공평하게 해상경계선을 획정하여야 한다. 국가기본도에 표시된 해상경계선은 그 자체로 불문법상 해상경계선으로 인정되는 것은 아니나, 관할 행정청이 국가기본도에 표시된 해상경계선을 기준으로 하여 과거부터 현재에 이르기까지 반복적으로 처분을 내리고, 지방자치단체가 허가, 면허 및 단속 등의 업무를 지속적으로 수행하여 왔다면 국가기본도상의 해상경계선은 여전히 지방자치단체 관할 경계에 관하여 불문법으로서 그 기준이 될 수 있다.(헌재 2021. 2.25. 2015헌라7).

② [O] 헌법이 감사원을 독립된 외부감사기관으로 정하고 있는 취지, 중앙정부와 지방자치단체는 서로 행정기능과 행정책임을 분담하면서 중앙행정의 효율성과 지방행정의 자주성을 조화시켜 국민과 주민의 복리증진이라는 공동목표를 추구하는 협력관계에 있다는 점을 고려하면 지방자치단체의 자치사무에 대한 합목적성 감사의 근거가 되는 이 사건 관련규정은 그 목적의 정당성과 합리성을 인정할 수 있다. 또한 감사원법에서 지방자치단체의 자치권을 존중할 수 있는 장치를 마련해두고 있는 점, 국가재정지원에 상당부분 의존하고 있는 우리 지방재정의 현실, 독립성이나 전문성이 보장되지 않은 지방자치단체 자체감사의 한계 등으로 인한 외부감사의 필요성까지 감안하면, 이 사건 관련규정이 지방자치단체의 고유한 권한을 유명무실하게 할 정도로 지나친 제한을 함으로써 지방자치권의 본질적 내용을 침해하였다고는 볼 수 없다(헌재 2008.5.29. 2005헌라3).

③ [O] 연간 감사계획에 포함되지 아니하고 사전조사가 수행되지 아니한 감사의 경우 「지방자치법」에 따른 감사의 절차와 방법 등에 관한 사항을 규정하는 '지방자치단체에 대한 행정감사규정' 등 관련 법령에서 감사대상이나 내용을 통보할 것을 요구하는 명시적인 규정이 없다. 광역지방자치단체가 자치사무에 대한 감사에 착수하기 위해서는 감사대상을 특정하여야 하나, 특정된 감사대상을 사전에 통보할 것까지 요구된다고 볼 수는 없다(헌재 2023.3.23. 2020헌라5).

❹ [X] 지방자치단체의 자치사무에 대한 무분별한 감사권의 행사는 헌법상 보장된 지방자치권을 침해할 가능성이 크므로, 원칙적으로 감사 과정에서 사전에 감사대상으로 특정되지 아니한 사항에 관하여 위법사실이 발견되었다고 하더라도 감사대상을 확장하거나 추가하는 것은 허용되지 않는다. 다만, 자치사무의 합법성 통제라는 감사의 목적이나 감사의 효율성 측면을 고려할 때, 당초 특정된 감사대상과 관련성이 인정되는 것으로서 당해 절차에서 함께 감사를 진행하더라도 감사대상 지방자치단체가 절차적인 불이익을 받을 우려가 없고, 해당 감사대상을 적발하기 위한 목적으로 감사가 진행된 것으로 볼 수 없는 사항에 대하여는 감사대상의 확장 내지 추가가 허용된다(헌재 2023.3.23. 2020헌라5).

23' 국가직

12 헌법재판에서 재심 정답 ③

① [O] 공권력의 작용에 대한 권리구제형 헌법소원심판절차에 있어서 '헌법재판소의 결정에 영향을 미칠 중대한 사항에 관하여 판단을 유탈한 때'를 재심사유로 허용하는 것이 헌법재판의 성질에 반한다고 볼 수는 없으므로, 「민사소송법」 제422조 제1항 제9호를 준용하여 '판단유탈'도 재심사유로 허용되어야 한다. 따라서 종전에 이와 견해를 달리하여 행정작용에 속하는 공권력 작용을 대상으로 한 권리구제형 헌법소원에 있어서 판단유탈은 재심사유가 되지 아니한다는 취지의 의견(헌재 1995.1. 20. 93헌아1, 판례집 7-1, 113; 1998.3.26. 98헌아2, 판례집 10-1, 320)은 이를 변경하기로 한다(헌재 2001.9.27. 2001헌아3).

② [O] 헌법재판은 그 심판의 종류에 따라 그 절차의 내용과 결정의 효과가 한결같지 아니하기 때문에 재심(再審)의 허용 여부 내지 허용 정도는 심판절차의 종류에 따라 개별적으로 판단되어야 한다(헌재 1995.1.20. 93헌아1).

❸ [X] 정당해산심판은 원칙적으로 해당 정당에게만 그 효력이 미치며, 정당해산결정은 대체정당이나 유사정당의 설립까지 금지하는 효력을 가지므로 오류가 드러난 결정을 바로잡지 못한다면 장래 세대의 정치적 의사결정에까지 부당한 제약을 초래할 수 있다. 따라서 정당해산심판절차에서는 재심을 허용하지 아니함으로써 얻을 수 있는 법적 안정성의 이익보다 재심을 허용함으로써 얻을 수 있는 구체적 타당성의 이익이 더 크므로 재심을 허용하여야 한다(헌재 2016.5.26. 2015헌아20).

④ [O] 「헌법재판소법」 제68조 제2항에 의한 헌법소원 심판청구사건에서 선고된 헌법재판소의 결정에 대하여 재심에 의한 불복방법이 허용된다면, 종전에 헌법재판소의 위헌결정으로 효력이 상실된 법률 또는 법률조항이 재심절차에 의하여 그 결정이 취소되고 새로이 합헌결정이 선고되어 그 효력이 되살아날 수 있다거나 종래의 합헌결정이 후일 재심절차에 의하여 취소되고 새로이 위헌결정이 선고될 수 있다 할 것이다. … 위헌법률심판을 구하는 헌법소원에 대한 헌법재판소의 결정에 대하여는 재심을 허용하지 아니함으로써 얻을 수 있는 법적 안정성의 이익이 재심을 허용함으로써 얻을 수 있는 구체적 타당성의 이익보다 훨씬 높을 것으로 쉽사리 예상할 수 있으므로, 헌법재판소의 이러한 결정에는 재심에 의한 불복방법이 그 성질상 허용될 수 없다고 보는 것이 상당하다고 할 것이다(헌재 2016.5.26. 2015헌아20).

13   문화국가원리   정답 ②

① [O] 우리나라는 건국헌법 이래 문화국가의 원리를 헌법의 기본원리로 채택하고 있다(헌재 2004.5.27. 2003헌가1).

❷ [×] 문화의 영역에 있어서 각인의 기회를 균등히 할 것은 헌법 제9조가 아닌 헌법전문에 규정되어 있다.

> **헌법전문** 유구한 역사와 전통에 빛나는 우리 대한국민은 3·1운동으로 건립된 대한민국임시정부의 법통과 불의에 항거한 4·19민주이념을 계승하고, 조국의 민주개혁과 평화적 통일의 사명에 입각하여 정의·인도와 동포애로써 민족의 단결을 공고히 하고, 모든 사회적 폐습과 불의를 타파하며, 자율과 조화를 바탕으로 자유민주적 기본질서를 더욱 확고히 하여 정치·경제·사회·문화의 모든 영역에 있어서 각인의 기회를 균등히 하고, 능력을 최고도로 발휘하게 하며, 자유와 권리에 따르는 책임과 의무를 완수하게 하여, 안으로는 국민생활의 균등한 향상을 기하고 밖으로는 항구적인 세계평화와 인류공영에 이바지함으로써 우리들과 우리들의 자손의 안전과 자유와 행복을 영원히 확보할 것을 다짐하면서 1948년 7월 12일에 제정되고 8차에 걸쳐 개정된 헌법을 이제 국회의 의결을 거쳐 국민투표에 의하여 개정한다. 1987년 10월 29일
>
> **헌법 제9조** 국가는 전통문화의 계승·발전과 민족문화의 창달에 노력하여야 한다.

③ [O] 법은 "국가는 전통문화의 계승·발전과 민족문화의 창달에 노력하여야 한다."라고 규정한 우리 헌법 제9조에 근거하여 제정된 것으로서, 국가의 문화재에 관한 사무를 관장하던 관할 행정관청이 어떤 사찰을 전통사찰로 지정하는 행위는 해당 사찰을 국가의 '보존공물(保存公物)'로 지정하는 처분에 해당한다고 보아야 한다. 또한, 헌법 제9조의 규정취지와 민족문화유산의 본질에 비추어 볼 때, 국가가 민족문화유산을 보호하고자 하는 경우 이에 관한 헌법적 보호법익은 '민족문화유산의 존속' 그 자체를 보장하는 것이고, 원칙적으로 민족문화유산의 훼손등에 관한 가치보상(價値補償)이 있는지 여부는 이러한 헌법적 보호법익과 직접적인 관련이 없다(헌재 2003.1.30. 2001헌바64).

④ [O] 사교육의 영역은 앞서 본 바와 같이 사회의 자율영역으로서, 자녀의 인격발현권·부모의 자녀교육권이 국가의 규율권한에 대하여 원칙적으로 우위를 차지한다. 사적으로 가르치고 배우는 행위 그 자체는 타인의 법익이나 공익을 침해하는 사회적으로 유해한 행위가 아니라 오히려 기본권적으로 보장된 행위이자 문화국가가 장려해야 할 행위이다. … 학교교육에 관한 한, 국가는 교육제도의 형성에 관한 폭넓은 권한을 가지고 있지만, 학교교육 밖의 사적인 교육영역에서는 국가의 규율권한에는 한계가 있다(헌재 2000.4.27. 98헌가16).

14   국적   정답 ④

① [O] 심판대상조항은 국적취득 과정에서 발생한 위법상태를 해소하여 국적 취득에 있어 진실성을 담보하고 사회구성원 사이의 신뢰를 확보하며 나아가 국가질서를 유지하고자 하는 것으로, 입법목적의 정당성이 인정된다. 국적 관련 행정의 주무관청인 법무부장관으로 하여금 거짓이나 그 밖의 부정한 방법에 의한 하자 있는 국적회복허가를 소급적으로 취소하게 하여 위법상태를 제거하는 것은 위와 같은 입법목적을 달성하기 위한 적합한 방법이라고 할 것이므로, 수단의 적합성도 인정된다. 심판대상조항은 침해의 최소성에 반하지 아니한다. 심판대상조항에 의하여 국적회복허가가 취소되면, 국적을 상실하게 되어 국내 체류의 곤란이나 종전의 생활관계 단절 등의 불이익을 받는 것은 사실이다. 그러나 국적은 국가의 근본요소 중 하나인 국민을 결정하는 기준이며 헌법 및 법률상 권리의 근거가 되는 것으로, 국적취득에 있어서 적법성의 확보는 사회구성원들 사이의 신뢰를 확보하고 국가질서를 유지하는 근간이 된다. 따라서 심판대상조항을 통해서 달성하고자 하는 공익이 위와 같이 제한되는 사익에 비해 훨씬 크다고 할 것이므로, 심판대상조항은 법익의 균형성도 갖추었다. 심판대상조항은 과잉금지원칙에 위배하여 거주·이전의 자유 및 행복추구권을 침해하지 아니한다(헌재 2020.2.27. 2017헌바434).

② [O] 심판대상조항은 특례의 적용을 받는 모계출생자가 그 권리를 조속히 행사하도록 하여 위 모계출생자의 국적·법률관계를 조속히 확정하고, 국가기관의 행정상 부담을 줄일 수 있도록 하며, 위 모계출생자가 권리를 남용할 가능성을 억제하기 위하여 특례기간을 2004.12.31.까지로 한정하고 있는바, 이를 불합리하다고 볼 수 없다. 또한 특례의 적용을 받는 모계출생자가 특례기간 내에 국적취득신고를 하지 못한 경우에도 그 사유가 천재지변 기타 불가항력적 사유에 의한 것이면 그 사유가 소멸한 때부터 3개월 내에 국적취득신고를 할 수 있고, 그 외에 다른 사정으로 국적취득신고를 하지 못한 경우에도 간이귀화 또는 특별귀화를 통하여 어렵지 않게 대한민국 국적을 취득할 수 있으므로, 심판대상조항은 특례의 적용을 받는 모계출생자와 출생으로 대한민국 국적을 취득하는 모계출생자를 합리적 사유 없이 차별하고 있다고 볼 수 없고, 따라서 평등원칙에 위배되지 않는다(헌재 2015.11.26. 2014헌바211).

③ [O] 「국적법」 제14조 제1항 본문의 '외국에 주소가 있는 경우'라는 표현은 입법취지 및 그에 사용된 단어의 사전적 의미 등을 고려할 때 다른 나라에 생활근거가 있는 경우를 뜻함이 명확하므로 명확성원칙에 위배되지 아니한다(헌재 2023.2.23. 2020헌바603).

❹ [×] 심판대상조항은 국가 공동체의 운영원리를 보호하고자 복수국적자의 기회주의적 국적이탈을 방지하기 위한 것으로, 더 완화된 대안을 찾아보기 어려운 점, 외국에 생활근거 없이 주로 국내에서 생활하며 대한민국과 유대관계를 형성한 자가 단지 법률상 외국 국적을 지니고 있다는 사정을 빌미로 국적을 이탈하려는 행위를 제한한다고 하여 과도한 불이익이 발생한다고 보기도 어려운 점 등을 고려할 때 심판대상조항은 과잉금지원칙에 위배되어 국적이탈의 자유를 침해하지 아니한다(헌재 2023.2.23. 2020헌바603).

23' 국가직

15 정당제도   정답 ③

① [O] 제8차 개정헌법에 대한 옳은 내용이다.

> **제8차 개정헌법 제7조** ③ 정당은 법률이 정하는 바에 의하여 국가의 보호를 받으며, 국가는 법률이 정하는 바에 의하여 정당의 운영에 필요한 자금을 보조할 수 있다.

② [O] 또한 정당의 법적 지위는 적어도 그 소유재산의 귀속관계에 있어서는 법인격 없는 사단(社團)으로 보아야 하고, 중앙당과 지구당과의 복합적 구조에 비추어 정당의 지구당은 단순한 중앙당의 하부조직이 아니라 어느 정도의 독자성을 가진 단체로서 역시 법인격 없는 사단에 해당한다고 보아야 할 것이다(헌재 1993.7.29. 92헌마262).

❸ [×] 헌법재판소의 위헌정당 해산결정에 따라 해산된 정당 소속 비례대표 지방의회의원 甲이 「공직선거법」 제192조 제4항에 따라 지방의회의원직을 상실하는지가 문제 된 사안에서, 「공직선거법」 제192조 제4항은 소속 정당이 헌법재판소의 정당해산결정에 따라 해산된 경우 비례대표 지방의회의원의 퇴직을 규정하는 조항이라고 할 수 없어 甲이 비례대표 지방의회의원의 지위를 상실하지 않았다고 본 원심판단은 정당하다(대판 2021.4.29. 2016두39825).

④ [O] 심판대상조항은 정당의 정체성을 보존하고 정당 간의 위법·부당한 간섭을 방지함으로써 정당정치를 보호·육성하기 위한 것으로 볼 수 있다. 이러한 입법목적은 국민의 정치적 의사형성에 중대한 영향을 미치는 정당의 헌법적 기능을 보호하기 위한 것으로 정당하고, 복수 당적 보유를 금지하는 것은 입법목적 달성을 위한 적합한 수단에 해당한다. … 따라서 심판대상조항이 정당의 당원인 청구인들의 정당 가입·활동의 자유를 침해한다고 할 수 없다(헌재 2022.3.31. 2020헌마1729).

23' 지방직

16 선거제도   정답 ①

ㄱ. [O] 지역구국회의원선거와 지방자치단체의 장선거는 헌법상 선거제도 규정 방식이나 선거대상의 지위와 성격, 기관의 직무 및 기능, 선거구 수 등에 있어 차이가 있을 뿐, 예비후보자의 무분별한 난립을 막고 책임성을 강화하며 그 성실성을 담보하고자 하는 기탁금제도의 취지 측면에서는 동일하므로, 헌법재판소의 2016헌마541 결정에서의 판단은 이 사건에서도 타당하고, 그 견해를 변경할 사정이 있다고 보기 어려우므로, 지방자치단체의 장선거에 있어 정당의 공천심사에서 탈락한 후 후보자등록을 하지 않은 경우를 기탁금 반환 사유로 규정하지 않은 심판대상조항은 과잉금지원칙에 반하여 헌법에 위반된다(헌재 2020.9.24. 2018헌가15).

ㄴ. [O] 선거비용 보전 제한조항이 달성하려는 공익은 선거가 조기에 과열되거나 불필요한 선거운동이 남용되어 선거 과정이 혼탁해지는 것을 방지하고 선거공영제를 운영함에 있어 국가 예산을 효율적으로 집행하려는 것이다. 예비후보자 선거비용을 보전해줄 경우 선거가 조기에 과열되어 정치신인이 자신을 홍보할 수 있게 해준다는 예비후보자 제도의 취지를 넘어서 선거운동을 하는 수단으로 악용될 수 있다. 그러한 경우 예비후보자 시기에서부터 탈법적인 선거운동이 발생하거나 예비후보자

선거비용이 증가함에 따라 선거비용 제한을 면탈하려는 시도들이 발생할 가능성이 커지는 등 이를 단속하기 위한 행정력의 낭비도 증가할 수 있다. 반면 선거비용 보전 제한조항으로 인하여 후보자가 받는 불이익은 예비후보자 선거비용을 보전받을 수 없어 선거운동에 있어 일부 경제적 부담을 지게 된다는 것이다. 그러나 예비후보자도 후원회를 통해 후원금을 기부받아 선거비용을 지출할 수 있으므로, 그 노력 여하에 따라 상당한 수준의 경제적 부담이 경감될 수 있다. 이처럼 후보자가 선거비용 보전 제한조항으로 인하여 받게 되는 불이익이 보호하려고 하는 공익보다 더 크다고 할 수 없으므로, 선거비용 보전 제한조항은 법익균형성원칙에도 반하지 않는다. 선거비용 보전 제한조항은 후보자에게 선거공영제에 반하는 과도한 부담을 지우는 것이라고 할 수 없으므로, 청구인들의 선거운동의 자유를 침해하지 않는다(헌재 2018.7.26. 2016헌마524).

ㄷ. [×] 이 사건 투표시간조항이 투표개시시간을 일과시간 이내인 오전 10시부터로 정한 것은 투표시간을 줄인 만큼 투표관리의 효율성을 도모하고 행정부담을 줄이는 데 있고, 그 밖에 부재자투표의 인계·발송절차의 지연위험 등과는 관련이 없다. 이에 반해 일과시간에 학업이나 직장업무를 하여야 하는 부재자투표자는 이 사건 투표시간조항 중 투표개시시간 부분으로 인하여 일과시간 이전에 투표소에 가서 투표할 수 없게 되어 사실상 선거권을 행사할 수 없게 되는 중대한 제한을 받는다. 따라서 이 사건 투표시간조항 중 투표개시시간 부분은 수단의 적정성, 법익균형성을 갖추지 못하므로 과잉금지원칙에 위배하여 청구인의 선거권과 평등권을 침해하는 것이다(헌재 2012.2.23. 2010헌마601).

ㄹ. [×] 심판대상조항으로 인해 청구인이 받는 불이익은 투표보조인이 가족이 아닌 경우 2인을 동반해야 하므로, 투표보조인이 1인인 경우에 비하여 투표의 비밀이 더 유지되기 어렵고, 투표보조인을 추가로 섭외해야 한다는 불편이다. 그런데 앞에서 살펴본 것처럼 중앙선거관리위원회는 실무상 선거인이 가족이 아닌 투표보조인 2인을 동반하지 않은 경우 투표참관인의 입회아래 투표사무원 중 1인 또는 2인을 투표보조인으로 선정하여 투표보조인 2인이 투표를 보조할 수 있도록 함으로써 선거인이 투표보조인을 섭외해야 하는 불편을 해소하고 있고, 이러한 투표보조인 2인은 중증장애인의 선거권 행사를 실질적으로 보장하고 선거의 공정성을 확보하기 위한 최소한의 인원이라는 점에서 그 불이익이 크다고 보기 어렵다. 나아가 「공직선거법」은 형사처벌을 통해 투표보조인이 선거인의 투표의 비밀을 침해하는 것을 방지하여 투표의 비밀이 유지되도록 하고 있다. 따라서 심판대상조항으로 달성하고자 하는 공익이 청구인이 받는 불이익보다 더크다고 할 수 있으므로, 심판대상조항은 법익의 균형성원칙에 반하지 않는다. 그러므로 심판대상조항은 비밀선거의 원칙에 대한 예외를 두고 있지만 필요하고 불가피한 예외적인 경우에 한하고 있으므로, 과잉금지원칙에 반하여 청구인의 선거권을 침해하지 않는다(헌재 2020.5.27. 2017헌마867).

23' 지방직

17 선거관리위원회   정답 ①

❶ [×] 구두로는 제출할 수 없다.

> 「선거관리위원회법」 제17조 【법령에 관한 의견표시등】
> ② 중앙선거관리위원회는 다음 각 호의 어느 하나에 해당하는 법률의 제정·개정 등이 필요하다고 인정하는 경우에는 국회에 그 의견을 서면으로 제출할 수 있다.
> 1. 선거·국민투표·정당관계법률
> 2. 주민투표·주민소환관계법률. 이 경우 선거관리위원회의 관리 범위에 한정한다.

② [O] 「선거관리위원회법」 제16조에 대한 옳은 내용이다.

> 제16조 【선거사무등에 대한 지시·협조요구】 ① 각급선거관리위원회는 선거인명부의 작성등 선거사무와 국민투표사무에 관하여 관계행정기관에 필요한 지시를 할 수 있다.
> ② 각급선거관리위원회는 선거사무를 위하여 인원·장비의 지원등이 필요한 경우에는 행정기관에 대하여는 지시 또는 협조요구를, 공공단체 및 「은행법」 제2조에 따른 은행(개표사무종사원을 위촉하는 경우에 한한다)에 대하여는 협조요구를 할 수 있다.
> ③ 제1항 및 제2항의 규정에 의하여 지시를 받거나 협조요구를 받은 행정기관·공공단체등은 우선적으로 이에 응하여야 한다.

③ [O] 「선거관리위원회법」 제11조에 제1항에 대한 옳은 내용이다.

> 제11조 【회의소집】 ① 각급선거관리위원회의 회의는 당해 위원장이 소집한다. 다만, 위원 3분의 1 이상의 요구가 있을 때에는 위원장은 회의를 소집하여야 하며 위원장이 회의소집을 거부할 때에는 회의소집을 요구한 3분의 1이상의 위원이 직접 회의를 소집할 수 있다.

④ [O] 「선거관리위원회법」 제10조에 대한 옳은 내용이다.

> 제10조 【위원회의 의결정족수】 ① 각급선거관리위원회는 위원과반수의 출석으로 개의하고 출석위원 과반수의 찬성으로 의결한다.
> ② 위원장은 표결권을 가지며 가부동수인 때에는 결정권을 가진다.

24' 5급

18 경제질서   정답 ③

① [O] 헌법 제122조에 대한 옳은 내용이다.

> 제122조 국가는 국민 모두의 생산 및 생활의 기반이 되는 국토의 효율적이고 균형 있는 이용·개발과 보전을 위하여 법률이 정하는 바에 의하여 그에 관한 필요한 제한과 의무를 과할 수 있다.

② [O] 헌법 제119조 제2항에 대한 옳은 내용이다.

> 제119조 ② 국가는 균형 있는 국민경제의 성장 및 안정과 적정한 소득의 분배를 유지하고, 시장의 지배와 경제력의 남용을 방지하며, 경제주체간의 조화를 통한 경제의 민주화를 위하여 경제에 관한 규제와 조정을 할 수 있다.

❸ [×]

> 헌법 제121조 ① 국가는 농지에 관하여 경자유전의 원칙이 달성될 수 있도록 노력하여야 하며, 농지의 소작제도는 금지된다.
> ② 농업생산성의 제고와 농지의 합리적인 이용을 위하거나 불가피한 사정으로 발생하는 농지의 임대차와 위탁경영은 법률이 정하는 바에 의하여 인정된다.

④ [O] 우리 헌법은 전문 및 제119조 이하의 경제에 관한 장에서 균형 있는 국민경제의 성장과 안정, 적정한 소득의 분배, 시장의 지배와 경제력남용의 방지, 경제주체 간의 조화를 통한 경제의 민주화, 균형있는 지역경제의 육성, 중소기업의 보호육성, 소비자보호 등 경제영역에서의 국가목표를 명시적으로 규정함으로써, 우리 헌법의 경제질서는 사유재산제를 바탕으로 하고 자유경쟁을 존중하는 자유시장경제질서를 기본으로 하면서도 이에 수반되는 갖가지 모순을 제거하고 사회복지·사회정의를 실현하기 위하여 국가적 규제와 조정을 용인하는 사회적 시장경제질서로서의 성격을 띠고 있다(헌재 2001.6.28. 2001헌마132).

24' 5급

19 기본권   정답 ①

❶ [×] 청구인들이 평화적 생존권이란 이름으로 주장하고 있는 평화란 헌법의 이념 내지 목적으로서 추상적인 개념에 지나지 아니하고, 평화적 생존권은 이를 헌법에 열거되지 아니한 기본권으로서 특별히 새롭게 인정할 필요성이 있다거나 그 권리내용이 비교적 명확하여 구체적 권리로서의 실질에 부합한다고 보기 어려워 헌법상 보장된 기본권이라고 할 수 없다(헌재 2009.5.28. 2007헌마369).

② [O] 부모가 자녀의 이름을 지어주는 것은 자녀의 양육과 가족생활을 위하여 필수적인 것이고, 가족생활의 핵심적 요소라 할 수 있으므로, '부모가 자녀의 이름을 지을 자유'는 혼인과 가족생활을 보장하는 헌법 제36조 제1항과 행복추구권을 보장하는 헌법 제10조에 의하여 보호받는다(헌재 2016.7.28. 2015헌마964).

③ [O] '헌법전문에 기재된 3·1정신'은 우리나라 헌법의 연혁적·이념적 기초로서 헌법이나 법률해석에서의 해석기준으로 작용한다고 할 수 있지만, 그에 기하여 곧바로 국민의 개별적 기본권성을 도출해낼 수는 없다고 할 것이므로, 헌법소원의 대상인 '헌법상 보장된 기본권'에 해당하지 아니한다(헌재 2001.3.21. 99헌마139 등).

④ [O] 헌법 제10조로부터 도출되는 일반적 인격권에는 개인의 명예에 관한 권리도 포함되는바, 이때 '명예'는 사람이나 그 인격에 대한 '사회적 평가', 즉 객관적·외부적 가치평가를 말하는 것이지 단순히 주관적·내면적인 명예감정은 법적으로 보호받는 명예에 포함된다고 할 수 없다. 왜냐하면, 헌법이 인격권으로 보호하는 명예의 개념을 사회적·외부적 징표에 국한하지 않

는다면 주관적이고 개별적인 내심의 명예감정까지 명예에 포함되어 모든 주관적 명예감정의 손상이 법적 분쟁화될 수 있기 때문이다(헌재 2010.11.25. 2009헌마147).

24' 5급

20 지방자치제도 정답 ③

① [O] 헌법 제117조 제1항에 대한 옳은 내용이다.

> **제117조** ① 지방자치단체는 주민의 복리에 관한 사무를 처리하고 재산을 관리하며, 법령의 범위 안에서 자치에 관한 규정을 제정할 수 있다.

② [O] 헌법 제118조 제2항에 대한 옳은 내용이다.

> **제118조** ② 지방의회의 조직·권한·의원선거와 지방자치단체의 장의 선임방법 기타 지방자치단체의 조직과 운영에 관한 사항은 법률로 정한다.

❸ [X] 우리 헌법은 법률에 정하는 바에 따른 '선거권'(헌법 제24조)과 '공무담임권'(헌법 제25조) 및 국가안위에 관한 중요정책과 헌법개정에 대한 '국민투표권'(헌법 제72조, 제130조)만을 헌법상의 참정권으로 보장하고 있으므로, 「지방자치법」에서 규정한 주민투표권이나 주민소환청구권은 그 성질상 위에서 본 선거권, 공무담임권, 국민투표권과는 다른 것이어서 이를 법률이 보장하는 참정권이라고 할 수 있을지언정 헌법이 보장하는 참정권이라 할 수는 없다(헌재 2011.12.29. 2010헌바368).

④ [O] 헌법 제117조, 제118조가 제도적으로 보장하고 있는 지방자치의 본질적 내용은 '자치단체의 보장, 자치기능의 보장 및 자치사무의 보장'이라고 할 것이나, 지방자치제도의 보장은 지방자치단체에 의한 자치행정을 일반적으로 보장한다는 것뿐이고 특정자치단체의 존속을 보장한다는 것은 아니므로, 마치 국가가 영토고권을 가지는 것과 마찬가지로, 지방자치단체에게 자신의 관할구역 내에 속하는 영토, 영해, 영공을 자유로이 관리하고 관할구역 내의 사람과 물건을 독점적, 배타적으로 지배할 수 있는 권리가 부여되어 있다고 할 수는 없다(헌재 2006.3.30. 2003헌라2).

24' 5급

21 기본권주체 정답 ③

① [O] 청구인의 경우 공법상 재단법인인 방송문화진흥회가 최다출자자인 방송사업자로서 방송법 등 관련 규정에 의하여 공법상의 의무를 부담하고 있지만, 상법에 의하여 설립된 주식회사로 설립목적은 언론의 자유의 핵심 영역인 방송사업이므로 이러한 업무 수행과 관련하여 당연히 기본권 주체가 될 수 있고, 그 운영을 광고수익에 전적으로 의존하고 있는 만큼 이를 위해 사경제 주체로서 활동하는 경우에도 기본권 주체가 될 수 있는바, 이 사건 심판청구는 청구인이 그 운영을 위한 영업활동의 일환으로 방송광고를 판매하는 지위에서 그 제한과 관련하여 이루어진 것이므로 그 기본권 주체성을 인정할 수 있다(헌재 2013.9.26. 2012헌마271).

② [O] 청구인들은 학교법인이다. 법인격이 있는 사법상의 사단이나 재단은 성질상 기본권주체가 될 수 있는 범위에서 청구인능력을 가진다. 그런데 헌법 제10조의 인간으로서의 존엄과 가치, 행복을 추구할 권리는 그 성질상 자연인에게 인정되는 기본권이라고 할 것이어서, 법인인 청구인들에게는 적용되지 않는다고 할 것이다(헌재 2006.12.28. 2004헌바67).

❸ [X] 지방자치단체는 기본권의 주체가 될 수 없다는 것이 헌법재판소의 입장이며, 이를 변경해야 할 만한 사정이나 필요성이 없으므로 지방자치단체인 춘천시의 헌법소원 청구는 부적법하다(헌재 2006.12.28. 2006헌마312).

④ [O] 우리 헌법은 법인의 기본권향유능력을 인정하는 명문의 규정을 두고 있지 않지만, 본래 자연인에게 적용되는 기본권규정이라도 언론·출판의 자유, 재산권의 보장 등과 같이 성질상 법인이 누릴 수 있는 기본권에 관한 규정은 당연히 법인에게도 적용하여야 할 것이므로 법인도 사단법인·재단법인 또는 영리법인·비영리법인을 가리지 아니하고 위 한계 내에서는 헌법상 보장된 기본권이 침해되었음을 이유로 헌법소원심판을 청구할 수 있다(헌재 2006.1.26. 2005헌마424).

24' 5급

22 직업의 자유 정답 ④

① [O] 헌법 제15조가 천명하는 직업의 자유는 직업선택의 자유와 직업수행의 자유를 포함하는 개념이지만 이러한 직업의 자유도 본질적인 내용에 대한 침해가 아닌 한 국가안전보장·질서유지 또는 공공복리를 위하여 법률로 제한될 수 있는 것이다(헌재 2002.8.29. 2002헌마160).

② [O] 우리 헌법 제15조는 "모든 국민은 직업선택의 자유를 가진다."라고 규정하여 직업의 자유를 국민의 기본권의 하나로 보장하고 있는바, 직업의 자유에 의한 보호의 대상이 되는 '직업'은 '생활의 기본적 수요를 충족시키기 위한 계속적 소득활동'을 의미하며 그러한 내용의 활동인 한 그 종류나 성질을 묻지 아니한다(헌재 2003.9.25. 2002헌마519).

③ [O] '직업'은 '생활의 기본적 수요를 충족시키기 위한 계속적 소득활동'을 의미하며 그러한 내용의 활동인 한 그 종류나 성질을 묻지 아니한다. … 비록 학업 수행이 청구인과 같은 대학생의 본업이라 하더라도 방학기간을 이용하여 또는 휴학 중에 학비 등을 벌기 위해 학원강사로서 일하는 행위는 어느 정도 계속성을 띤 소득활동으로서 직업의 자유의 보호영역에 속한다(헌재 2003.9.25. 2002헌마519).

❹ [X] 일반적으로 직업수행의 자유에 대하여는 직업선택의 자유와는 달리 공익 목적을 위하여 상대적으로 폭넓은 입법적 규제가 가능하지만, 직업수행의 자유를 제한할 때에도 헌법 제37조 제2항에 의거한 비례의 원칙에 위배되어서는 안 된다(헌재 2015.7.30. 2014헌마364).

23' 지방직

23 헌정사 정답 ①

❶ [O] 제2차 개정헌법 제98조에 대한 옳은 내용이다.

> **1954년 제2차 개정헌법 제98조** ⑥ 제1조, 제2조와 제7조
> 의2의 규정은 개폐할 수 없다.

② [X] 양원제 국회를 처음으로 규정한 것은 제1차 개헌이다.
③ [X] 제안 당시의 대통령에 한해서라는 규정은 없었다.

> **1969년 제6차 개정헌법 제69조** ③ 대통령의 계속 재임은
> 3기에 한한다.

④ [X] 정당운영자금의 국고보조조항을 신설한 것은 제8차 개정헌법
이다.

23' 지방직

24 거주·이전의 자유 정답 ③

① [O] 거주·이전의 자유는 국가의 간섭 없이 자유롭게 거주지와 체
류지를 정할 수 있는 자유인바, 자유로운 생활형성권을 보장함
으로써 정치·경제·사회·문화 등 모든 생활영역에서 개성신
장을 촉진하게 하는 기능을 한다(헌재 2004.10.28. 2003헌
가18, 판례집 16-2하, 86, 95 참조). 이러한 의미와 기능을
갖는 거주·이전의 자유는 국민이 원활하게 개성신장과 경제
활동을 해 나가기 위하여는 자유로이 생활의 근거지를 선택하
고 변경하는 것이 필수적이라는 고려에 기하여 생활형성의 중
심지, 즉 거주지나 체류지라고 볼 만한 정도로 생활과 밀접한
연관을 갖는 장소를 선택하고 변경하는 행위를 보호하는 기본
권으로서, 생활의 근거지에 이르지 못하는 일시적인 이동을 위
한 장소의 선택과 변경까지 그 보호영역에 포함되는 것은 아
니다(헌재 2011.6.30. 2009헌마406).
② [O] 국적에 관한 사항은 당해 국가가 역사적 전통과 정치·경제·
사회·문화 등 제반사정을 고려하여 결정할 문제인바, 자발적
으로 외국 국적을 취득한 자에게 대한민국 국적도 함께 보유
할 수 있게 허용한다면, 출입국·체류관리가 어려워질 수 있
고, 각 나라에서 권리만 행사하고 병역·납세와 같은 의무는
기피하는 등 복수국적을 악용할 우려가 있으며, 복수국적자로
인하여 외교적 보호권이 중첩되는 등의 문제가 발생할 여지도
있다. 한편, 「국적법」은 예외적으로 복수국적을 허용함과 동시
에, 대한민국 국민이었던 외국인에 대해서는 국적회복허가라
는 별도의 용이한 절차를 통해 국적을 회복시켜주는 조항들을
두고 있다. 따라서 「국적법」 제15조 제1항이 대한민국 국민인
청구인의 거주·이전의 자유 및 행복추구권을 침해한다고 볼
수 없다(헌재 2014.6.26. 2011헌마502).
❸ [X] 이 사건 법률조항은 수도권에 인구 및 경제·산업시설이 밀집
되어 발생하는 문제를 해결하고 국토의 균형 있는 발전을 도
모하기 위하여 법인이 과밀억제권역 내에 본점의 사업용 부동
산으로 건축물을 신축·증축하여 이를 취득하는 경우 취득세
를 중과세하는 조항으로서, 구법과 달리 인구유입과 경제력 집
중의 효과가 뚜렷한 건물의 신축, 증축 그리고 부속토지의 취
득만을 그 적용대상으로 한정하여 부당하게 중과세할 소지를
제거하였다. 최근 대법원 판결도 구체적인 사건에서 인구유입
이나 경제력집중 효과에 관한 판단을 전적으로 배제한 것으로

는 보기 어렵다. 따라서 이 사건 법률조항은 거주·이전의 자
유와 영업의 자유를 침해하지 아니한다(헌재 2014.7.24.
2012헌바408).
④ [O] 여권발급 신청인이 북한 고위직 출신의 탈북 인사로서 신변에
대한 위해 우려가 있다는 이유로 신청인의 미국 방문을 위한
여권발급을 거부한 것은 여권법 제8조 제1항 제5호에 정한
사유에 해당한다고 볼 수 없고 거주·이전의 자유를 과도하게
제한하는 것으로서 위법하다(대판 2008.1.24. 2007두10846).

23' 지방직

25 국회 정답 ①

❶ [X] 안건조정위원회가 반드시 그 활동기한의 만료일까지 활동해야
만 한다고 해석하면, 활동기한 이내에 안건 조정이 성공적으로
이루어져 조정안이 의결된 경우에도 그 기한이 만료할 때까지
는 위원회에 보고할 수 없다는 의미가 될 수 있다는 문제가
생긴다. 안건조정제도는 국회 내 다수 세력의 일방적인 입법
시도를 저지하는 기능이 있지만, 이러한 기능은 안건조정위원
회를 구성할 때 제1교섭단체 소속 위원과 그 밖의 위원이 동
수가 되도록 하고, 그 의결 정족수를 재적 조정위원 3분의 2
이상으로 정함으로써 보장된 것으로 보아야 할 것이다. 다른
한편, 안건조정제도를 단지 위원회의 심사를 지연시키기 위한
도구로만 이용하지 않도록 할 필요도 있다. 이러한 점들을 고
려하면, 「국회법」상 안건조정위원회의 활동기한은 그 활동할
수 있는 기간의 상한을 의미한다고 보는 것이 타당하다. 즉,
안건조정위원회의 활동기한이 만료되기 전이라고 하더라도 안
건조정위원회가 안건에 대한 조정 심사를 마치면 조정안을 의
결할 수 있다(헌재 2020.5.27. 2019헌라5).
② [O] 「국회법」 제23조에 대한 옳은 내용이다.

> **제23조 【국회의 경비】** ④ 국회의 예비금은 사무총장이 관
> 리하되, 국회운영위원회의 동의와 의장의 승인을얻어 지출
> 한다. 다만, 폐회중일 때에는 의장의 승인으로 지출하고 다
> 음 회기초에국회운영위원회에 보고한다.

③ [O] 권한쟁의심판에서 국회의원이 국회의 권한침해를 주장하여 심
판청구를 하는 이른바 '제3자 소송담당'을 허용하는 명문의 규
정이 없고, 다른 법률의 준용을 통해서 이를 인정하기도 어려
운 현행법 체계하에서, 국회의 의사가 다수결로 결정되었음에
도 다수결의 결과에 반하는 소수의 국회의원에게 권한쟁의심
판을 청구할 수 있게 하는 것은 다수결의 원리와 의회주의의
본질에 어긋날 뿐만 아니라, 국가기관이 기관 내부에서 민주적
인 토론을 통해 기관의 의사를 결정하는 대신 모든 문제를 사
법적 수단에 의해 해결하려는 방향으로 남용될 우려도 있다.
따라서 '제3자 소송담당'이 허용되지 않는 현행법 하에서 국회
의 구성원인 국회의원은 국회의 조약 체결·비준 동의권 침해
를 주장하는 권한쟁의심판에서 청구인적격이 없다(헌재 2015.
11.26. 2013헌라3).
④ [O] 소위원회의 회의도 가능한 한 국민에게 공개하는 것이 바람직
하나, 전문성과 효율성을 위한 제도인 소위원회의 회의를 공개
할 경우 우려되는 부정적 측면도 외면할 수 없고, 헌법은 국회
회의의 공개여부에 관하여 회의 구성원의 자율적 판단을 허용
하고 있으므로, 소위원회 회의의 공개여부 또한 소위원회 또는
소위원회가 속한 위원회에서 여러 가지 사정을 종합하여 합리
적으로 결정할 수 있다(헌재 2000.6.29. 98헌마443).

> **정답** p.160

> **정답**

01	③	Ⅱ	06	②	Ⅱ	11	③	Ⅲ	16	④	Ⅰ	21	②	Ⅰ
02	②	Ⅱ	07	④	Ⅱ	12	③	Ⅲ	17	①	Ⅱ	22	③	Ⅱ
03	③	Ⅲ	08	②	Ⅳ	13	③	Ⅲ	18	③	Ⅱ	23	③	Ⅱ
04	④	Ⅱ	09	②	Ⅰ	14	④	Ⅰ	19	④	Ⅱ	24	①	Ⅱ
05	①	Ⅰ	10	①	Ⅳ	15	①	Ⅱ	20	①	Ⅱ	25	①	Ⅱ

> **취약 단원 분석표**

단원	맞힌 답의 개수
Ⅰ	/ 3
Ⅱ	/ 15
Ⅲ	/ 5
Ⅳ	/ 2
TOTAL	/ 25

Ⅰ 헌법총론 / Ⅱ 기본권론 / Ⅲ 통치구조론 / Ⅳ 헌법재판론

23' 지방직

01 일반적 행동자유권　　　　정답 ③

① [○] 심판대상조항은 국가의 안전보장이라는 정당한 입법목적을 달성하기 위하여 예비군 훈련의무를 형사처벌로써 강제한다. 예비군대원은 훈련에 불참할 경제적, 사회적, 개인적 유인이 많은 만큼 그 참여를 보장하기 위한 법적 강제가 필요하고, 행정적 제재와 같이 경제적 부담을 감수하는 정도의 제재만으로는 예비군 훈련 참석이 심판대상조항과 같은 수준으로 보장될 것으로 판단하기 어렵다. 심판대상조항은 법정형에 하한을 두지 않아 양형조건을 고려하여 선고형을 조절할 수 있고, 정당한 사유가 있는 경우는 처벌하지 않는다. 따라서 심판대상조항은 과잉금지원칙에 반하여 청구인의 일반적 행동자유권을 침해하지 아니한다(헌재 2021.2.25. 2016헌마757).

② [○] 자기낙태죄 조항은 입법목적을 달성하기 위하여 필요한 최소한의 정도를 넘어 임신한 여성의 자기결정권을 제한하고 있어 침해의 최소성을 갖추지 못하고 있으며, 법익균형성의 원칙도 위반하였다고 할 것이므로, 과잉금지원칙을 위반하여 임신한 여성의 자기결정권을 침해하는 위헌적인 규정이다(헌재 2019. 4.11. 2017헌바127).

❸ [×] 운전 중 휴대용 전화를 사용할 자유는 헌법 제10조의 행복추구권에서 나오는 일반적 행동자유권의 보호영역에 속한다. 이 사건 법률조항은 운전 중 휴대용 전화를 사용하지 아니할 의무를 지우고 이에 위반했을 때 형벌을 부과하고 있으므로 청구인의 일반적 행동자유권을 제한한다(헌재 2021.6.24. 2019헌바5).

④ [○] 제조·수입 가능한 전동킥보드의 최고속도를 시속 25km 이내로 제한함으로써 그보다 빠른 제품을 구매하지 못하여 소비자가 겪는 자기결정권 및 일반적 행동자유권의 제약에 비하여 소비자의 생명·신체에 대한 위해 및 도로교통상의 위험을 방지하고 향후 자전거도로 통행이 가능해질 경우를 대비하여 소비자의 편의를 도모한다는 공익은 중대하므로, 심판대상조항은 법익의 균형성도 충족한다. 심판대상조항은 과잉금지원칙을 위반하여 소비자의 자기결정권 및 일반적 행동자유권을 침해하지 아니한다(헌재 2020.2.27. 2017헌마1339).

23' 지방직

02 국민투표　　　　정답 ②

① [○] 헌법 제72조에 대한 옳은 내용이다.

> **제72조** 대통령은 필요하다고 인정할 때에는 외교·국방·통일 기타 국가안위에 관한 중요정책을 국민투표에 붙일 수 있다.

❷ [×] 대통령이 자신에 대한 재신임을 국민투표의 형태로 묻고자 하는 것은 헌법 제72조에 의하여 부여받은 국민투표부의권을 위헌적으로 행사하는 경우에 해당하는 것으로, 국민투표제도를 자신의 정치적 입지를 강화하기 위한 정치적 도구로 남용해서는 안 된다는 헌법적 의무를 위반한 것이다. 물론, 대통령이 위헌적인 재신임 국민투표를 단지 제안만 하였을 뿐 강행하지는 않았으나, 헌법상 허용되지 않는 재신임 국민투표를 국민들에게 제안한 것은 그 자체로서 헌법 제72조에 반하는 것으로 헌법을 실현하고 수호해야 할 대통령의 의무를 위반한 것이다(헌재 2004.5.14. 2004헌나1).

③ [○] 헌법 제72조의 중요정책 국민투표와 헌법 제130조의 헌법개정안 국민투표는 대의기관인 국회와 대통령의 의사결정에 대한 국민의 승인절차에 해당한다. 대의기관의 선출주체가 곧 대의기관의 의사결정에 대한 승인주체가 되는 것은 당연한 논리적 귀결이므로, 국민투표권자의 범위는 대통령선거권자·국회의원선거권자와 일치되어야 한다. 「공직선거법」 제15조 제1항은 19세 이상의 국민에게 대통령 및 국회의원의 선거권을 인정하고 있는바, 재외선거인에게도 대통령선거권과 국회의원선거권이 인정되고 있다. 따라서 재외선거인은 대의기관을 선출할 권리가 있는 국민으로서 대의기관의 의사결정에 대해 승인할 권리가 있고, 국민투표권자에는 재외선거인이 포함된다고 보아야 한다(헌재 2014.7.24. 2009헌마256).

④ [○] 헌법 제72조의 국민투표권은 대통령이 어떠한 정책을 국민투표에 부의한 경우에 비로소 행사가 가능한 기본권이다. 한미무역협정에 대한 대통령의 국민투표 부의가 행해지지 않은 이상 헌법 제72조의 국민투표권의 침해 가능성은 인정되지 않는다(헌재 2013.11.28. 2012헌마166).

03　대통령 권한　정답 ③

① [O] 헌법 제75조에 대한 옳은 내용이다.

> **제75조** 대통령은 법률에서 구체적으로 범위를 정하여 위임받은 사항과 법률을 집행하기 위하여 필요한 사항에 관하여 대통령령을 발할 수 있다.

② [O] 헌법 제76조 제1항에 대한 옳은 내용이다.

> **제76조** ① 대통령은 내우·외환·천재·지변 또는 중대한 재정·경제상의 위기에 있어서 국가의 안전보장 또는 공공의 안녕질서를 유지하기 위하여 긴급한 조치가 필요하고 국회의 집회를 기다릴 여유가 없을 때에 한하여 최소한으로 필요한 재정·경제상의 처분을 하거나 이에 관하여 법률의 효력을 가지는 명령을 발할 수 있다.

❸ [×] 국회의 집회불능은 요건이 아니다.

> **헌법 제77조** ① 대통령은 전시·사변 또는 이에 준하는 국가비상사태에 있어서 병력으로써 군사상의 필요에 응하거나 공공의 안녕질서를 유지할 필요가 있을 때에는 법률이 정하는 바에 의하여 계엄을 선포할 수 있다.

④ [O] 헌법 제76조 제2항에 대한 옳은 내용이다.

> **제76조** ② 대통령은 국가의 안위에 관계되는 중대한 교전상태에 있어서 국가를 보위하기 위하여 긴급한 조치가 필요하고 국회의 집회가 불가능한 때에 한하여 법률의 효력을 가지는 명령을 발할 수 있다.

04　알 권리　정답 ④

① [O] 「형사소송법」(2007.6.1. 법률 제8496호로 개정된 것) 제56조의2 제3항이 속기록 등을 보관하도록 하는 취지는 공판조서 기재의 정확 여부가 문제될 경우 그 확인을 위한 자료로 속기록 등을 활용하기 위함인바, 재판이 확정된 후에는 더 이상 공판조서의 정확성을 다툴 수 없고, 공판조서 기재의 잘못은 재심사유에 해당하지 아니하므로, 결국 위 법률조항은 속기록 등이 그 효용을 다하는 시기, 즉 재판의 확정시까지 이를 보관할 것을 전제로 하고 있는 것이다. 따라서 규칙 제39조 중 '속기록 등 폐기'에 관한 부분(이하 '이 사건 규칙조항'이라 한다)은 재판이 확정된 이후에는 속기록 등의 보관에 따른 사법자원의 낭비를 막기 위해 이를 폐기하도록 한 것으로 그 입법목적이 정당할 뿐만 아니라 수단의 적정성이 인정된다. 또한, 형사소송법은 공판조서 기재의 정확성을 담보하기 위해 작성주체, 방식, 기재요건 등에 관하여 엄격히 규정하고, 피고인 등으로 하여금 재판이 확정되기 전에는 속기록 등의 사본 청구나 공판조서의 열람 또는 등사를 통하여 공판조서의 기재 내용에 대한 이의를 진술할 수 있도록 함으로써 기본권 제한을 최소화하고 있고, 이 사건 규칙조항으로 인한 기본권 제한이 속기록 등의 무용한 보관으로 인한 자원낭비 방지라는 공익보다 결코 크다고 볼 수 없으므로, 피해의 최소성과 함께 법익균형성의

요건도 갖추었다 할 것이어서, 이 사건 규칙조항이 청구인의 알권리를 침해하였다고 볼 수 없다(헌재 2012.3.29. 2010헌마599).

② [O] 학대로부터 아동을 특별히 보호하여 건강한 성장을 도모하는 것은 중요한 법익이다. 이에는 아동학대 자체로부터의 보호뿐만 아니라 사건처리 과정에서 발생할 수 있는 사생활 노출 등 2차 피해로부터의 보호도 포함된다. 아동학대행위자 대부분은 피해아동과 평소 밀접한 관계에 있으므로, 행위자를 특정하여 파악할 수 있는 식별정보를 신문, 방송 등 매체를 통해 보도하는 것은 피해아동의 사생활 노출 등 2차 피해로 이어질 가능성이 매우 높다. 식별정보 보도 후에는 2차 피해를 차단하기 어려울 수 있고, 식별정보 보도를 허용할 경우 대중에 알려질 가능성을 두려워하는 피해아동이 신고를 자발적으로 포기하게 만들 우려도 있다. 따라서 아동학대행위자에 대한 식별정보의 보도를 금지하는 것이 과도하다고 보기 어렵다. 보도금지조항은 아동학대사건 보도를 전면금지하지 않으며 오직 식별정보에 대한 보도를 금지할 뿐으로, 익명화된 형태의 사건보도는 가능하다. 따라서 보도금지조항으로 제한되는 사익은 아동학대행위자의 식별정보 보도라는 자극적인 보도의 금지에 지나지 않는 반면 이를 통해 달성하려는 2차 피해로부터의 아동보호 및 아동의 건강한 성장이라는 공익은 매우 중요하다. 따라서 보도금지조항은 언론·출판의 자유와 국민의 알 권리를 침해하지 않는다(헌재 2022.10.27. 2021헌가4).

③ [O] 정치자금의 수입과 지출명세서 등에 대한 사본교부 신청이 허용된다고 하더라도, 검증자료에 해당하는 영수증, 예금통장을 직접 열람함으로써 정치자금 수입·지출의 문제점을 발견할 수 있다는 점에서 이에 대한 접근이 보장되어야 한다(헌재 2021.5.27. 2018헌마1168).

❹ [×] 이 사건 시행령 조항은 공시대상정보로서 교원의 교원단체 및 노동조합 '가입현황(인원 수)'만을 규정할 뿐 개별 교원의 명단은 규정하고 있지 아니한바, 교원의 교원단체 및 노동조합 가입에 관한 정보는 「개인정보 보호법」상의 민감정보로서 특별히 보호되어야 할 성질의 것이고, 인터넷 게시판에 공개되는 '공시'로 말미암아 발생할 교원의 개인정보 자기결정권에 대한 중대한 침해의 가능성을 고려할 때, 이 사건 시행령조항은 학부모 등 국민의 알 권리와 교원의 개인정보 자기결정권이라는 두 기본권을 합리적으로 조화시킨 것이라 할 수 있으므로, 학부모들의 알 권리를 침해하지 않는다(헌재 2011.12.29. 2010헌마293).

05　지방자치제도　정답 ①

❶ [×] 단체위임사무에 대해서도 조례를 제정할 수 있다. 지방자치단체는 주민의 복리에 관한 사무를 처리하고 재산을 관리하며, 법령의 범위 안에서 자치에 관한 규정을 제정할 수 있다(헌법 제117조 제1항). 「지방자치법」 제22조, 제9조에 따르면, 지방자치단체가 조례를 제정할 수 있는 사항은 지방자치단체의 고유사무인 자치사무와 개별 법령에 따라 지방자치단체에 위임된 단체위임사무에 한정된다(대판 2017.12.5. 2016추5162).

② [O] 그런데 조례의 제정권자인 지방의회는 선거를 통해서 그 지역적인 민주적 정당성을 지니고 있는 주민의 대표기관이고, 헌법이 지방자치단체에 대해 포괄적인 자치권을 보장하고 있는 취지로 볼 때 조례제정권에 대한 지나친 제약은 바람직하지 않으므로 조례에 대한 법률의 위임은 법규명령에 대한 법률의 위임과 같이 반드시 구체적으로 범위를 정하여 할 필요가 없으며 포괄적인 것으로 족하다고 할 것이다(헌재 1995.4.20. 92헌마264).

③ [O] 헌법 제10조의 행복추구권은 국민이 행복을 추구하기 위하여 국가의 적극적인 행동을 요청하는 헌법적인 근거가 아니라, 국민이 행복을 추구하기 위한 활동에 대한 국가권력의 간섭을 배제하는 내용의 포괄적인 의미의 자유권으로서의 성격을 가진다(헌재 2012.8.23. 2011헌바169 등 참조). 그런데 주민투표권이나 조례제정·개폐청구권은 법률에 의하여 보장되는 권리에 해당하고, 헌법상 보장되는 기본권이라거나 헌법 제37조 제1항의 '헌법에 열거되지 아니한 권리'로 보기 어려우므로(헌재 2007.6.28. 2004헌마643 참조), 19세 미만인 사람들에 대하여 법률에 의하여 보장되는 권리에 불과한 주민투표권이나 조례제정·개폐청구권을 인정하지 않는다고 하여 포괄적인 의미의 자유권으로서의 행복추구권이 제한된다고 볼 수 없다(헌재 2014.4.24. 2012헌마287).

④ [O] 「지방자치법」 제28조 제2항에 대한 옳은 내용이다.

> **제28조 【조례】** ① 지방자치단체는 법령의 범위에서 그 사무에 관하여 조례를 제정할 수 있다. 다만, 주민의 권리 제한 또는 의무 부과에 관한 사항이나 벌칙을 정할 때에는 법률의 위임이 있어야 한다.
> ② 법령에서 조례로 정하도록 위임한 사항은 그 법령의 하위 법령에서 그 위임의 내용과 범위를 제한하거나 직접 규정할 수 없다.

23' 지방직

06 평등권 정답 ②

ㄱ. [O] 1976년부터 2003년까지 의사전문의와 치과전문의를 함께 규율하던 구 '전문의의 수련 및 자격 인정 등에 관한 규정'(2003.6.30. 대통령령 제18040호로 치과전문의 규정이 제정되기 전의 것)이 의사전문의 자격 인정 요건과 치과전문의 자격 인정 요건에 대하여 동일하게 규정하였던 점이나, 의사전문의와 치과전문의 모두 환자의 치료를 위한 전문성을 필요로 한다는 점을 감안하면, 치과전문의의 자격 인정 요건을 의사전문의의 경우와 다르게 규정할 특별한 사정이 있다고 보기도 어렵다. 따라서 심판대상조항은 청구인들의 평등권을 침해한다(헌재 2015.9.24. 2013헌마197).

ㄴ. [X] 제3호 관련조항은, 제1호 관련조항에 더하여 배우자가 그와 함께 다니는 사람 중에서 지정한 1명까지 명함을 교부할 수 있도록 하여 배우자 유무에 따른 차별효과를 더욱 커지게 하고 있다. 또한, 배우자가 아무런 제한 없이 함께 다닐 수 있는 사람을 지정할 수 있도록 함으로써, 결과적으로 배우자 있는 후보자는 배우자 없는 후보자에 비하여 선거운동 1명을 추가로 지정하는 효과를 누릴 수 있게 되는바, 이는 헌법 제116조 제1항의 선거운동의 기회균등 원칙에도 반한다. 그러므로 제3호 관련조항은 배우자의 유무라는 우연한 사정에 근거하여 합리적 이유 없이 배우자 없는 후보자와 배우자 있는 후보자

를 차별 취급하므로 평등권을 침해한다(헌재 2016.9.29. 2016헌마287).

ㄷ. [O] 단순한 단기체류가 아니라 국내에 거주하는 재외국민, 특히 외국의 영주권을 보유하고 있으나 상당한 기간 국내에서 계속 거주하고 있는 자들은 「주민등록법」상 재외국민으로 등록·관리될 뿐 '국민인 주민'이라는 점에서는 다른 일반 국민과 실질적으로 동일하므로, 단지 외국의 영주권을 취득한 재외국민이라는 이유로 달리 취급할 아무런 이유가 없어 위와 같은 차별은 청구인들의 평등권을 침해한다(헌재 2018.1.25. 2015헌마1047).

ㄹ. [X] 결국 이 사건 중복지원금지 조항은 고등학교 진학 기회에 있어서 자사고 지원자들에 대한 차별을 정당화할 수 있을 정도로 차별 목적과 차별의 정도 간에 비례성을 갖춘 것이라고 볼 수 없다. 따라서 이 사건 중복지원금지 조항은 청구인 학생 및 학부모의 평등권을 침해하여 헌법에 위반된다. 이 사건 중복지원금지 조항이 평등권을 침해하여 위헌임을 확인한 이상 이 사건 중복지원금지 조항에 대한 청구인들의 그 밖의 주장에 대해서는 판단하지 아니한다(헌재 2019.4.11. 2018헌마221).

23' 지방직

07 통신의 자유 정답 ④

① [O] 「통신비밀보호법」 제3조 제1항이 "공개되지 아니한 타인 간의 대화를 녹음 또는 청취하지 못한다."라고 정한 것은, 대화에 원래부터 참여하지 않는 제3자가 그 대화를 하는 타인들 간의 발언을 녹음해서는 아니 된다는 취지이다. 3인 간의 대화에 있어서 그 중 한 사람이 그 대화를 녹음하는 경우에 다른 두 사람의 발언은 그 녹음자에 대한 관계에서 '타인 간의 대화'라고 할 수 없으므로, 이와 같은 녹음행위가 「통신비밀보호법」 제3조 제1항에 위배된다고 볼 수는 없다(대판 2006. 10.12. 2006도4981).

② [O] 헌법 제18조는 "모든 국민은 통신의 비밀을 침해받지 아니한다."라고 규정하여 통신의 비밀보호를 그 핵심내용으로 하는 통신의 자유를 기본권으로 보장하고 있다. 사생활의 비밀과 자유에 포섭될 수 있는 사적 영역에 속하는 통신의 자유를 헌법이 별개의 조항을 통해 기본권으로 보장하는 이유는 우편이나 전기통신의 운영이 전통적으로 국가독점에서 출발하였기 때문에 개인 간의 의사소통을 전제로 하는 통신은 국가에 의한 침해가능성이 여타의 사적 영역보다 크기 때문이다(헌재 2001. 3.21. 2000헌바25 참조). 자유로운 의사소통은 통신내용의 비밀을 보장하는 것만으로는 충분하지 아니하고 구체적인 통신관계의 발생으로 야기된 모든 사실관계, 특히 통신관여자의 인적 동일성·통신장소·통신횟수·통신시간 등 통신의 외형을 구성하는 통신이용의 전반적 상황의 비밀까지도 보장한다(헌재 2018.6.28. 2012헌마538).

③ [O] 「통신비밀보호법」 제13조 제7항에 대한 옳은 내용이다.

> **제13조 【범죄수사를 위한 통신사실 확인자료제공의 절차】**
> ⑦ 전기통신사업자는 검사, 사법경찰관 또는 정보수사기관의 장에게 통신사실 확인자료를 제공한 때에는 자료제공현황 등을 연 2회 과학기술정보통신부장관에게 보고하고, 해당 통신사실 확인자료 제공사실등 필요한 사항을 기재한 대장과 통신사실 확인자료제공요청서등 관련자료를 통신사실확인자료를 제공한 날부터 7년간 비치하여야 한다.

❹ [×] 고등법원장은 없고, 고등법원 수석판사나 대통령의 승인을 얻어야 한다.

> **「통신비밀보호법」 제7조 【국가안보를 위한 통신제한조치】**
> ① 대통령령이 정하는 정보수사기관의 장(이하 "정보수사기관의 장"이라 한다)은 국가안전보장에 상당한 위험이 예상되는 경우 또는 「국민보호와 공공안전을 위한 테러방지법」 제2조 제6호의 대테러활동에 필요한 경우에 한하여 그 위해를 방지하기 위하여 이에 관한 정보수집이 특히 필요한 때에는 다음 각 호의 구분에 따라 통신제한조치를 할 수 있다.
> 1. 통신의 일방 또는 쌍방당사자가 내국인인 때에는 고등법원 수석판사의 허가를 받아야 한다. 다만, 군용전기통신법 제2조의 규정에 의한 군용전기통신(작전수행을 위한 전기통신에 한한다)에 대하여는 그러하지 아니하다.
> 2. 대한민국에 적대하는 국가, 반국가활동의 혐의가 있는 외국의 기관·단체와 외국인, 대한민국의 통치권이 사실상 미치지 아니하는 한반도 내의 집단이나 외국에 소재하는 그 산하단체의 구성원의 통신인 때 및 제1항 제1호 단서의 경우에는 서면으로 대통령의 승인을 얻어야 한다.

08 헌법재판   정답 ②

① [O] 한정위헌결정은 형벌 조항의 일부가 헌법에 위반되어 무효라는 내용의 일부위헌결정으로, 법원과 그 밖의 국가기관 및 지방자치단체에 대하여 기속력이 있다. 이 사건 한정위헌결정의 기속력을 부인하여 청구인들의 재심청구를 기각한 법원의 재판은 '법률에 대한 위헌결정의 기속력에 반하는 재판'으로 이에 대한 헌법소원은 허용되고 청구인들의 헌법상 보장된 재판청구권을 침해하였으므로 법 제75조 제3항에 따라 취소되어야 한다(헌재 2022.6.30. 2014헌마760 등).

❷ [×] 이 사건 한정위헌결정 이전에 확정된 이 사건 유죄판결들은 법률에 대한 위헌결정의 기속력에 반하는 재판이라고 볼 수 없고, 따라서 헌법소원심판의 대상이 되는 예외적인 재판에 해당하지 아니하므로 이에 대한 심판청구는 부적법하다(헌재 2022.6.30. 2014헌마760 등).

③ [O] 「헌법재판소법」 제68조 제1항의 헌법소원은 행정처분에 대하여도 청구할 수 있는 것이나 그것이 법원의 재판을 거쳐 확정된 행정처분인 경우에는 당해 행정처분을 심판의 대상으로 삼았던 법원의 재판이 헌법재판소가 위헌으로 결정한 법령을 적용하여 국민의 기본권을 침해한 결과 헌법소원심판에 의하여 그 재판 자체가 취소되는 경우에 한하여 당해 행정처분에 대한 심판청구가 가능한 것이고 이와 달리 법원의 재판이 취소될 수 없는 경우에는 당해 행정처분에 대한 헌법소원심판청구도 허용되지 아니한다(헌재 1998.8.27. 97헌마150).

④ [O] 구체적 규범통제절차에서 제청법원이나 헌법소원 청구인이 심판대상 법률조항의 특정한 해석이나 적용 부분의 위헌성을 주장하는 한정위헌청구 역시 원칙적으로 적법한 것으로 보아야 할 것이다. 다만, 재판소원을 금지하고 있는 「헌법재판소법」 제68조 제1항의 취지에 비추어, 한정위헌청구의 형식을 취하고 있으면서도 실제로는 당해사건 재판의 기초가 되는 사실관계의 인정이나 평가 또는 개별적·구체적 사건에서의 법률조

항의 단순한 포섭·적용에 관한 문제를 다투거나, 의미 있는 헌법문제를 주장하지 않으면서 법원의 법률해석이나 재판결과를 다투는 경우 등은 모두 현행의 규범통제제도에 어긋나는 것으로서 허용될 수 없다(헌재 2019.6.3. 2019헌마514).

09 헌정사   정답 ②

① [O] 제헌헌법 제21조에 대한 옳은 내용이다.

> **제헌헌법 제21조** 모든 국민은 국가 각기관에 대하여 문서로써 청원을 할 권리가 있다. 청원에 대하여 국가는 심사할 의무를 진다.

❷ [×] 제1차 개정헌법은 단원제에서 양원제 국회를 규정하였다. 후단의 내용은 맞다.

> **제1차 개정헌법 제69조** 국무위원은 국무총리의 제청에 의하여 대통령이 임면한다.

③ [O] 제5차 개정헌법 제107조 제2항에 대한 옳은 설명이다.

> **제5차 개정헌법 제107조** ② 중앙선거관리위원회는 대통령이 임명하는 2인, 국회에서 선출하는 2인과 대법원 판사회의에서 선출하는 5인의 위원으로 구성한다. 위원장은 위원 중에서 호선한다.

④ [O] 제8차 개정헌법 제33조에 대한 옳은 설명이다.

> **제8차 개정헌법 제33조** 모든 국민은 깨끗한 환경에서 생활할 권리를 가지며, 국가와 국민은 환경보전을 위하여 노력하여야 한다.

10 탄핵심판   정답 ①

❶ [×] 헌법은 탄핵사유를 '헌법이나 법률에 위배한 때'로 규정하고 있는데, '헌법'에는 명문의 헌법규정뿐만 아니라 헌법재판소의 결정에 의하여 형성되어 확립된 불문헌법도 포함된다(헌재 2004.5.14. 2004헌나1).

② [O] 「헌법재판소법」 제49조에 대한 옳은 내용이다.

> **제49조 【소추위원】** ① 탄핵심판에서는 국회 법제사법위원회의 위원장이 소추위원이 된다.
> ② 소추위원은 헌법재판소에 소추의결서의 정본을 제출하여 탄핵심판을 청구하며, 심판의 변론에서 피청구인을 신문할 수 있다.

③ [O] 헌법 제65조 제1항은 '대통령 … 이 그 직무집행에 있어서'라고 하여, 탄핵사유의 요건을 '직무' 집행으로 한정하고 있으므로, 위 규정의 해석상 대통령의 직위를 보유하고 있는 상태에서 범한 법위반행위만이 소추사유가 될 수 있다(헌재 2004.5.14. 2004헌나1).

④ [O] 국가기관이 국민과의 관계에서 공권력을 행사함에 있어서 준수해야 할 법원칙으로서 형성된 적법절차의 원칙을 국가기관에 대하여 헌법을 수호하고자 하는 탄핵소추절차에는 직접 적용할 수 없다고 할 것이고, 그 외 달리 탄핵소추절차와 관련하여 피소추인에게 의견진술의 기회를 부여할 것을 요청하는 명문의 규정도 없으므로, 국회의 탄핵소추절차가 적법절차원칙에 위배되었다는 주장은 이유 없다(헌재 2004.5.14. 2004헌나1).

23' 국가직

11 대통령 선거 　　　　　　　　　　정답 ③

① [X] 과반수가 아닌 3분의 1 이상이다.

> **헌법 제67조** ③ 대통령후보자가 1인일 때에는 그 득표수가 선거권자 총수의 3분의 1 이상이 아니면 대통령으로 당선될 수 없다.

② [X] 심판대상조항에서 정한 기탁금의 액수가 입법형성권의 범위와 한계를 넘어 지나치게 과다하거나 불합리한 금액이라고 볼 수 없고, 기탁금제도보다 명백히 덜 침해적인 다른 방법이 존재한다고 할 수도 없으므로, 심판대상조항은 침해의 최소성 원칙에 반하지 않는다. 심판대상조항은 과잉금지원칙을 위반하여 공무담임권을 침해하지 않는다(헌재 2015.7.30. 2012헌마402). 선지의 내용은 반대의견의 내용이다.

❸ [O] 헌법 제68조에 대한 옳은 내용이다.

> **제68조** ① 대통령의 임기가 만료되는 때에는 임기만료 70일 내지 40일 전에 후임자를 선거한다.
> ② 대통령이 궐위된 때 또는 대통령 당선자가 사망하거나 판결 기타의 사유로 그 자격을 상실한 때에는 60일 이내에 후임자를 선거한다.

④ [X] 당선이 결정된 때부터 개시된다.

> 「공직선거법」 제14조 【임기개시】 ① 대통령의 임기는 전임대통령의 임기만료일의 다음날 0시부터 개시된다. 다만, 전임자의 임기가 만료된 후에 실시하는 선거와 궐위로 인한 선거에 의한 대통령의 임기는 당선이 결정된 때부터 개시된다.

23' 국가직

12 국회와 대통령 　　　　　　　　정답 ③

① [X] 집회기간을 명시하여야 한다.

> **헌법 제47조** ③ 대통령이 임시회의 집회를 요구할 때에는 기간과 집회요구의 이유를 명시하여야 한다.

② [X] 국회에 보고하여 승인을 얻는 것이 아니라 통고하여야 한다.

> **헌법 제77조** ① 대통령은 전시·사변 또는 이에 준하는 국가비상사태에 있어서 병력으로써 군사상의 필요에 응하거나 공공의 안녕질서를 유지할 필요가 있을 때에는 법률이 정하는 바에 의하여 계엄을 선포할 수 있다.
> ④ 계엄을 선포한 때에는 대통령은 지체없이 국회에 통고하여야 한다.

❸ [O] 헌법 제62조 및 제81조에 대한 옳은 내용이다.

> **제62조** ② 국회나 그 위원회의 요구가 있을 때에는 국무총리·국무위원 또는 정부위원은 출석·답변하여야 하며, 국무총리 또는 국무위원이 출석요구를 받은 때에는 국무위원 또는 정부위원으로 하여금 출석·답변하게 할 수 있다.
> **제81조** 대통령은 국회에 출석하여 발언하거나 서한으로 의견을 표시할 수 있다.

④ [X] 대통령의 임기연장 또는 중임변경을 위한 헌법개정은 그 헌법개정 제안 당시의 대통령에 대하여 효력이 없다.

> **헌법 제128조** ② 대통령의 임기연장 또는 중임변경을 위한 헌법개정은 그 헌법개정 제안 당시의 대통령에 대하여는 효력이 없다.

23' 국가직

13 국무회의 　　　　　　　　　　정답 ③

옳음 것은 ㄱ, ㄷ이다.

ㄱ. [O] 헌법 제88조 제2항에 대한 옳은 내용이다.

> **제88조** ② 국무회의는 대통령·국무총리와 15인 이상 30인 이하의 국무위원으로 구성한다.

ㄴ. [X] 출석구성원 과반수가 아닌 3분의 2 이상의 찬성이다.

> **국무회의 규정 제6조 【의사정족수 및 의결정족수 등】** ① 국무회의는 구성원 과반수의 출석으로 개의(開議)하고, 출석구성원 3분의 2 이상의 찬성으로 의결한다.

ㄷ. [O] 헌법 제89조 제16호에 대한 옳은 내용이다.

> **제89조** 다음 사항은 국무회의의 심의를 거쳐야 한다.
> 16. 검찰총장·합동참모의장·각군참모총장·국립대학교총장·대사 기타 법률이 정한 공무원과 국영기업체관리자의 임명

23' 국가직

14 경제질서   정답 ④

① [O] 청구인들은 심판대상조항들이 헌법 제119조 등에 위반된다고 주장한다. 그러나 헌법 제119조는 헌법상 경제질서에 관한 일반조항으로서 국가의 경제정책에 대한 하나의 헌법적 지침일 뿐(헌재 2002.10.31. 99헌바76 등 참조) 그 자체가 기본권의 성질을 가진다거나 독자적인 위헌심사의 기준이 된다고 할 수 없으므로, 청구인들의 이러한 주장에 대하여는 더 나아가 살펴보지 않는다(헌재 2017.7.27. 2015헌바278).

② [O] 헌법 제119조 제2항은 독과점규제라는 경제정책적 목표를 개인의 경제적 자유를 제한할 수 있는 정당한 공익의 하나로 명문화하고 있다. 독과점규제의 목적이 경쟁의 회복에 있다면 이 목적을 실현하는 수단 또한 자유롭고 공정한 경쟁을 가능하게 하는 방법이어야 한다(헌재 1996.12.26. 96헌가18).

③ [O] 헌법 제126조는 국방상 또는 국민경제상 긴절한 필요로 인하여 법률이 정하는 경우를 제외하고는 사영기업을 국유 또는 공유로 이전하거나 그 경영을 통제 또는 관리할 수 없다고 규정하고 있다. 여기서 '사영기업의 국유 또는 공유로의 이전'은 일반적으로 공법적 수단에 의하여 사기업에 대한 소유권을 국가나 기타 공법인에 귀속시키고 사회정책적·국민경제적 목표를 실현할 수 있도록 그 재산권의 내용을 변형하는 것을 말하며, 또 사기업의 '경영에 대한 통제 또는 관리'라 함은 비록 기업에 대한 소유권의 보유주체에 대한 변경은 이루어지지 않지만 사기업 경영에 대한 국가의 광범위하고 강력한 감독과 통제 또는 관리의 체계를 의미한다(헌재 1998.10.29. 97헌마345).

❹ [X] 앞서 본 바와 같이 현행 「소득세법」하에서는 일감 몰아주기로 수혜법인의 지배주주 등에게 발생한 이익에 대하여 적정한 과세가 이루어지기 어렵다. 독점규제 및 공정거래에 관한 법률, 상법, 형법 등에 일감 몰아주기를 규제할 수 있는 수단이 존재하고 이들 수단이 중첩적으로 활용되지만, 위 법률들은 조세법과는 입법목적·규제대상·규제수단을 달리한다. 뿐만 아니라 위 법률들은 구 상증세법 제45조의3 제1항 제정 당시 일감 몰아주기로 인한 이익의 귀속주체인 수혜법인의 지배주주 등에 대한 직접적이고 실효적인 규제수단을 갖추고 있지 않았다. 결국, 특수관계법인과 수혜법인 사이에 일정한 비율을 초과하는 거래에 관하여 수혜법인의 지배주주 등에게 증여세를 과세하더라도 그 경제적 불이익이 앞서 본 공익에 비하여 더 크다고 할 수 없다. 구 상증세법 제45조의3 제1항은 재산권을 침해하지 아니한다(헌재 2018.6.28. 2016헌바347).

24' 입법고시

15 환경권   정답 ③

① [X] 정온을 요하는 사업장의 실내소음 규제기준을 마련할 것인지 여부나 소음을 제거·방지할 수 있는 다양한 수단과 방법 중 어떠한 방법을 채택하고 결합할 것인지 여부는 당시의 기술수준이나 경제적·사회적·지역적 여건 등을 종합적으로 고려하지 않을 수 없으므로, 독서실과 같이 정온을 요하는 사업장의 실내소음 규제기준을 만들어야 할 입법의무가 헌법의 해석상 곧바로 도출된다고 보기도 어렵다(헌재 2017.12.28. 2016헌마45).

② [X] '건강하고 쾌적한 환경에서 생활할 권리'를 보장하는 환경권의 보호대상이 되는 환경에는 자연환경뿐만 아니라 인공적 환경과 같은 생활환경도 포함되므로(환경정책기본법 제3조), 일상생활에서 소음을 제거·방지하여 '정온한 환경에서 생활할 권리'는 환경권의 한 내용을 구성한다(헌재 2019.12.27. 2018헌마730).

❸ [O] 일정한 경우 국가는 사인인 제3자에 의한 국민의 환경권 침해에 대해서도 적극적으로 기본권 보호조치를 취할 의무를 지나, 헌법재판소가 이를 심사할 때에는 국가가 국민의 기본권적 법익 보호를 위하여 적어도 적절하고 효율적인 최소한의 보호조치를 취했는가 하는 이른바 '과소보호금지원칙'의 위반 여부를 기준으로 삼아야 한다(헌재 2008.7.31. 2006헌마711).

④ [X] 이 사건 설치행위는 수용자의 자살을 방지하여 생명권을 보호하고 교정시설 내의 안전과 질서를 보호하기 위한 것이다. … 따라서 이 사건 설치행위는 청구인의 환경권 등 기본권을 침해하지 아니한다(헌재 2014.6.26. 2011헌마150).

⑤ [X] 심판대상조항이 선거운동의 자유를 감안하여 선거운동을 위한 확성장치를 허용할 공익적 필요성이 인정된다고 하더라도 정온한 생활환경이 보장되어야 할 주거지역에서 출근 또는 등교이전 및 퇴근 또는 하교 이후 시간대에 확성장치의 최고출력 내지 소음을 제한하는 등 사용시간과 사용지역에 따른 수인한도 내에서 확성장치의 최고출력내지 소음 규제기준에 관한 규정을 두지 아니한 것은, 국민이 건강하고 쾌적하게 생활할 수 있는 양호한 주거환경을 위하여 노력하여야 할 국가의 의무를 부과한 헌법 제35조 제3항에 비추어 보면, 적절하고 효율적인 최소한의 보호조치를 취하지 아니하여 국가의 기본권 보호의무를 과소하게 이행한 것으로서, 청구인의 건강하고 쾌적한 환경에서 생활할 권리를 침해하므로 헌법에 위반된다(헌재 2019.12.27. 2018헌마730).

24' 입법고시

16 혼인제도   정답 ④

① [X] 헌법 제36조 제1항에서 규정하는 '혼인'이란 양성이 평등하고 존엄한 개인으로서 자유로운 의사의 합치에 의하여 생활공동체를 이루는 것으로서 법적으로 승인받은 것을 말하므로, 법적으로 승인되지 아니한 사실혼은 헌법 제36조 제1항의 보호범위에 포함된다고 보기 어렵다(헌재 2014.8.28. 2013헌바119).

② [X] 이 사건 금혼조항은 위와 같이 근친혼으로 인하여 가까운 혈족 사이의 상호 관계 및 역할, 지위와 관련하여 발생할 수 있는 혼란을 방지하고 가족제도의 기능을 유지하기 위한 것이므로 그 입법목적이 정당하다. 또한 8촌 이내의 혈족 사이의 법률상의 혼인을 금지한 것은 근친혼의 발생을 억제하는 데 기여하므로 입법목적 달성에 적합한 수단에 해당한다. … 그렇다면 이 사건 금혼조항은 과잉금지원칙에 위배하여 혼인의 자유를 침해하지 않는다(헌재 2022.10.27. 2018헌바115).

③ [X] 헌법 제36조 제1항은 "혼인과 가족생활은 개인의 존엄과 양성의 평등을 기초로 성립되고 유지되어야 하며, 국가는 이를 보장한다."라고 규정하고 있는데, 헌법 제36조 제1항은 혼인과 가족생활을 스스로 결정하고 형성할 수 있는 자유를 기본권으로서 보장하고, 혼인과 가족에 대한 제도를 보장한다(헌재 2002.8.29. 2001헌바82).

❹ [O] 태어난 즉시 '출생등록될 권리'는 '출생 후 곧바로' 등록될 권리를 뜻하는 것이 아니라 '출생 후 아동이 보호를 받을 수 있을 최대한 빠른 시점'에 아동의 출생과 관련된 기본적인 정보를 국가가 관리할 수 있도록 등록할 권리로서, 아동이 사람으로서 인격을 자유로이 발현하고, 부모와 가족 등의 보호하에 건강한 성장과 발달을 할 수 있도록 최소한의 보호장치를 마련하도록 요구할 수 있는 권리이다. 이는 헌법 제10조의 인간의 존엄과 가치 및 행복추구권으로부터 도출되는 일반적 인격권을 실현하기 위한 기본적인 전제로서 헌법 제10조뿐만 아니라, 헌법 제34조 제1항의 인간다운 생활을 할 권리, 헌법 제36조 제1항의 가족생활의 보장, 헌법 제34조 제4항의 국가의 청소년 복지향상을 위한 정책실시의무 등에도 근거가 있다(헌재 2023.3.23. 2021헌마975).

⑤ [X] 육아휴직신청권은 헌법 제36조 제1항 등으로부터 개인에게 직접 주어지는 헌법적 차원의 권리라고 볼 수는 없고, 입법자가 입법의 목적, 수혜자의 상황, 국가예산, 전체적인 사회보장 수준, 국민정서 등 여러 요소를 고려하여 제정하는 입법에 적용요건, 적용대상, 기간 등 구체적인 사항이 규정될 때 비로소 형성되는 법률상의 권리이다(헌재 2008.10.30. 2005헌마1156).

24' 입법고시

17 직업의 자유   정답 ①

❶ [X] 헌법 제15조에서 보장하는 '직업'이란 생활의 기본적 수요를 충족시키기 위하여 행하는 계속적인 소득활동을 의미하고, 성매매는 그것이 가지는 사회적 유해성과는 별개로 성판매자의 입장에서 생활의 기본적 수요를 충족하기 위한 소득활동에 해당함을 부인할 수 없다 할 것이므로, 심판대상조항은 성판매자의 직업선택의 자유도 제한하고 있다. … 심판대상조항은 개인의 성적 자기결정권, 사생활의 비밀과 자유, 직업선택의 자유를 침해하지 아니한다(헌재 2016.3.31. 2013헌가2).

② [O] 헌법 제15조에 의한 직업선택의 자유는 자신이 원하는 직업 내지 직종을 자유롭게 선택하는 직업선택의 자유와 그가 선택한 직업을 자기가 결정한 방식으로 자유롭게 수행할 수 있는 직업수행의 자유를 포함하는 개념이고, 법인도 성질상 법인이 누릴 수 있는 기본권의 주체가 되는데, 직업선택의 자유는 헌법상 법인에게도 인정되는 기본권이다(헌재 1991.6.3. 90헌마56).

③ [O] 직업수행의 자유는 직업결정의 자유에 비하여 상대적으로 그 침해의 정도가 작다고 할 것이어서, 이에 대하여는 공공복리 등 공익상의 이유로 비교적 넓은 법률상의 규제가 가능하나, 직업수행의 자유를 제한할 때에도 헌법 제37조 제2항에 의거한 비례의 원칙에 위배되어서는 안 된다(헌재 2017.11.30. 2015헌바377).

④ [O] 청구인들은 심판대상조항에 의하여 형이 확정된 때부터 형의 집행이 종료되거나 집행을 받지 아니하기로 확정된 후 10년까지의 기간 동안 아동관련기관인 체육시설 또는 「초·중등교육법」 제2조 각 호의 학교를 운영하거나 그에 취업할 수 없게 되었다. 이는 일정한 직업을 선택함에 있어 기본권 주체의 능력과 자질에 따른 제한에 해당하므로 이른바 '주관적 요건에 의한 좁은 의미의 직업선택의 자유'에 대한 제한에 해당한다(헌재 2018.6.28. 2017헌마130).

⑤ [O] 직업의 자유를 제한함에 있어, 당사자의 능력이나 자격과 상관없는 객관적 사유에 의한 직업선택의 자유의 제한은 월등하게 중요한 공익을 위하여 명백하고 확실한 위험을 방지하기 위한 경우에만 정당화될 수 있다(헌재 2010.10.28. 2008헌마612 등).

24' 입법고시

18 변호인의 조력을 받을 권리   정답 ③

① [O] 변호인의 조력을 받을 권리에 대한 헌법과 법률의 규정 및 취지에 비추어 보면, '형사사건에서 변호인의 조력을 받을 권리'를 의미한다고 보아야 할 것이므로 형사절차가 종료되어 교정시설에 수용 중인 수형자나 미결수용자가 형사사건의 변호인이 아닌 민사재판, 행정재판, 헌법재판 등에서 변호사와 접견할 경우에는 원칙적으로 헌법상 변호인의 조력을 받을 권리의 주체가 될 수 없다. 따라서 이 사건 접견조항에 의하여 헌법상 변호인의 조력을 받을 권리가 제한된다고 볼 수는 없다(헌재 2013.8.29. 2011헌마122).

② [O] 헌법 제12조 제4항의 "누구든지 체포 또는 구속을 당한 때에는 즉시 변호인의 조력을 받을 권리를 가진다. 다만, 형사피고인이 스스로 변호인을 구할 수 없을 때에는 법률이 정하는 바에 의하여 국가가 변호인을 붙인다."라는 규정은, 일반적으로 형사사건에 있어 변호인의 조력을 받을 권리는 피의자나 피고인을 불문하고 보장되나, 그 중 특히 국선변호인의 조력을 받을 권리는 피고인에게만 인정되는 것으로 해석함이 상당하다(헌재 2008.9.25. 2007헌마1126).

❸ [X] 헌법 제12조 제4항 본문의 문언 및 헌법 제12조의 조문 체계, 변호인 조력권의 속성, 헌법이 신체의 자유를 보장하는 취지를 종합하여 보면 헌법 제12조 제4항 본문에 규정된 '구속'은 사법절차에서 이루어진 구속뿐 아니라, 행정절차에서 이루어진 구속까지 포함하는 개념이다. 따라서 헌법 제12조 제4항 본문에 규정된 변호인의 조력을 받을 권리는 행정절차에서 구속을 당한 사람에게도 즉시 보장된다(헌재 2018.5.31. 2014헌마346).

④ [O] 피의자 및 피고인을 조력할 변호인의 권리 중 그것이 보장되지 않으면 그들이 변호인의 조력을 받는다는 것이 유명무실하게 되는 핵심적인 부분은 헌법상 기본권인 피의자 및 피고인이 가지는 변호인의 조력을 받을 권리와 표리의 관계에 있다 할 수 있다. 따라서 피의자 및 피고인이 가지는 변호인의 조력을 받을 권리가 실질적으로 확보되기 위해서는, 피의자 및 피고인에 대한 변호인의 조력할 권리의 핵심적인 부분(이하 '변호인의 변호권'이라 한다)은 헌법상 기본권으로서 보호되어야 한다(헌재 2017.11.30. 2016헌마503).

⑤ [O] 변호인이 피의자신문에 자유롭게 참여할 수 있는 권리는 피의자가 가지는 변호인의 조력을 받을 권리를 실현하는 수단이라고 할 수 있으므로 헌법상 기본권인 변호인의 변호권으로서 보호되어야 한다. … 이 사건 후방착석요구행위는 변호인의 변호권에 대한 제한을 정당화할 사유가 있다고 할 수 없다. … 그렇다면 이 사건 후방착석요구행위는 그 목적의 정당성과 수단의 적절성이 인정될 수 있는지 의문이며, 침해의 최소성 및 법익의 균형성 요건을 충족하지 못한다(헌재 2017.11.30. 2016헌마503).

19　표현의 자유　　　　　　　　정답 ④

① [O] 건강기능식품의 기능성 광고는 인체의 구조 및 기능에 대하여 보건용도에 유용한 효과를 준다는 기능성 등에 관한 정보를 널리 알려 해당 건강기능식품의 소비를 촉진시키기 위한 상업광고이지만, 헌법 제21조 제1항의 표현의 자유의 보호 대상이 됨과 동시에 같은 조 제2항의 사전검열 금지 대상도 된다. … 따라서 이 사건 건강기능식품 기능성광고 사전심의는 그 검열이 행정권에 의하여 행하여진다 볼 수 있고, 헌법이 금지하는 사전검열에 해당하므로 헌법에 위반된다(헌재 2018.6.28. 2016헌가8 등).

② [O] 만약 군인의 상관에 대한 모욕행위를 형법상의 모욕죄로 처벌한다면, 개인적인 합의로 고소가 취소되었다는 사정만으로 처벌이 불가능하게 되고, 그로 인하여 근무기강을 해이하게 할 위험이 농후할 뿐만 아니라 군의 지휘체계와 사기를 무너뜨려 국토방위와 국가의 안위를 위험에 빠뜨릴 수도 있다. 그에 비하여 심판대상조항으로 제한되는 행위는 상관에 대한 사회적 평가를 저하시킬 만한 추상적 판단이나 경멸적 감정의 표현으로 비록 그 표현에 군인 개인의 정치적 의사 표현이 포함될 수 있다고 하더라도 군조직의 특수성과 강화된 군인의 정치적 중립의무 등에 비추어 그 제한은 수인의 한도 내에 있다고 보인다. … 따라서 심판대상조항은 과잉금지원칙에 위배되어 군인의 표현의 자유를 침해하지 아니한다(헌재 2016.2.25. 2013헌바111).

③ [O] 공직자의 공무집행과 직접적인 관련이 없는 개인적인 사생활에 관한 사실이라도 일정한 경우 공적인 관심 사안에 해당할 수 있다. 공직자의 자질·도덕성·청렴성에 관한 사실은 그 내용이 개인적인 사생활에 관한 것이라 할지라도 순수한 사생활의 영역에 있다고 보기 어렵다. 이러한 사실은 공직자 등의 사회적 활동에 대한 비판 내지 평가의 한 자료가 될 수 있고, 업무집행의 내용에 따라서는 업무와 관련이 있을 수도 있으므로, 이에 대한 문제제기 내지 비판은 허용되어야 한다(헌재 2013.12.26. 2009헌마747).

❹ [X] 헌법이 특정한 표현에 대해 예외적으로 검열을 허용하는 규정을 두지 않은 점, 이러한 상황에서 표현의 특성이나 규제의 필요성에 따라 언론·출판의 자유의 보호를 받는 표현 중에서 사전검열금지원칙의 적용이 배제되는 영역을 따로 설정할 경우 그 기준에 대한 객관성을 담보할 수 없다는 점 등을 고려하면, 헌법상 사전검열은 예외 없이 금지되는 것으로 보아야 하므로 의료광고 역시 사전검열금지원칙의 적용대상이 된다(헌재 2015.12.23. 2015헌바75).

⑤ [O] 헌법 제21조 제1항에서 보장하고 있는 표현의 자유는 사상 또는 의견의 자유로운 표명(발표의 자유)과 그것을 전파할 자유(전달의 자유)를 의미하는 것으로서, 그러한 의사의 '자유로운' 표명과 전파의 자유에는 자신의 신원을 누구에게도 밝히지 아니한 채 익명 또는 가명으로 자신의 사상이나 견해를 표명하고 전파할 익명표현의 자유도 포함된다(헌재 2012.8.23. 2010헌마47 등).

20　재산권　　　　　　　　　정답 ①

❶ [X] 이 사건 법률조항의 위헌성은 환매권의 발생기간을 제한한 것 자체에 있다기보다는 그 기간을 10년 이내로 제한한 것에 있다. 이 사건 법률조항의 위헌성을 제거하는 다양한 방안이 있을 수 있고 이는 입법재량 영역에 속한다. 이 사건 법률조항의 적용을 중지하더라도 환매권 행사기간 등 제한이 있기 때문에 법적 혼란을 야기할 뚜렷한 사정이 있다고 보이지는 않는다. 이 사건 법률조항 적용을 중지하는 헌법불합치결정을 하고, 입법자는 가능한 한 빠른 시일 내에 이와 같은 결정 취지에 맞게 개선입법을 하여야 한다(헌재 2020.11.26. 2019헌바131).

② [O] 우리 헌법의 재산권 보장은 사유재산의 처분과 그 상속을 포함하는 것인바, 유언자가 생전에 최종적으로 자신의 재산권에 대하여 처분할 수 있는 법적 가능성을 의미하는 유언의 자유는 생전증여에 의한 처분과 마찬가지로 헌법상 재산권의 보호를 받는다(헌재 1989.12.22. 88헌가13).

③ [O] 이 사건 구법 조항은 지급정지되는 연금액이 보수액보다 커 연금 전액정지의 전제조건으로서 연금을 대체할 만한 적정한 소득이 있다고 할 수 없는 경우에도 일률적으로 연금전액의 지급을 정지하여, 지급정지제도의 본질 및 취지와 어긋나는 결과를 초래하고 있다. … 이 사건 구법 조항은 헌법 제37조 제2항에 반하여 국민의 재산권을 침해하므로 헌법에 위반된다(헌재 2022.1.27. 2019헌바161).

④ [O] 총장임용후보자선거 후보자의 진지성과 성실성을 확인하는 과정에서 득표한 유효투표수에 따라 기탁금의 반환 여부 및 반환 정도를 결정하고 반환되지 않은 기탁금을 대학의 발전기금에 귀속시키는 것이 부당하다고 할 수 없고, 후보자들로서도 입후보를 결심하는 과정에서 자신이 납부하게 될 기탁금이 학교 발전을 위해 쓰일 수 있으리라는 점을 충분히 예측할 수 있고, 이를 용인한 것으로 보인다. 나아가 현재 경북대학교의 기탁금액이 아주 큰 금액이라고 볼 수는 없다는 점까지 종합하면, 경북대학교가 후보자 난립 방지 및 후보자의 진지성 및 성실성 확보를 위하여 제1차 투표에서 유효투표수 100분의 10 이상 100분의 15 미만을 득표한 경우에는 기탁금 반액을, 유효투표수 100분의 10 미만을 득표한 경우에는 기탁금 전액을 반환하지 않고 발전기금에 귀속되도록 정한 자율적 판단이 청구인의 재산권을 과도하게 제한한다고 할 수 없다. 따라서 이 사건 기탁금귀속조항은 청구인의 재산권을 침해하지 아니한다(헌재 2022.5.26. 2020헌마1219).

21　헌법개정　　　　　　　　　정답 ②

① [O] 헌법 제128조 제2항에 대한 옳은 내용이다.

> **제128조** ② 대통령의 임기연장 또는 중임변경을 위한 헌법개정은 그 헌법개정 제안 당시의 대통령에 대하여는 효력이 없다.

❷ [×] '공고된 날로부터' 60일 이내에 의결하여야 한다.

> **헌법 제130조** ① 국회는 헌법개정안이 공고된 날로부터 60일 이내에 의결하여야 하며, 국회의 의결은 재적의원 3분의 2 이상의 찬성을 얻어야 한다.

③ [O] 헌법 제130조 제2항에 대한 옳은 내용이다.

> **제130조** ② 헌법개정안은 국회가 의결한 후 30일 이내에 국민투표에 붙여 국회의원선거권자 과반수의 투표와 투표자 과반수의 찬성을 얻어야 한다.

④ [O] 헌법 제89조에 대한 옳은 내용이다.

> **제89조** 다음 사항은 국무회의의 심의를 거쳐야 한다.
> 3. 헌법개정안·국민투표안·조약안·법률안 및 대통령령안

22 집회 · 결사의 자유   정답 ③

① [O] 심판대상조항은 국회의사당 인근 일대를 광범위하게 집회금지장소로 설정함으로써, 국회의원에 대한 물리적인 압력이나 위해를 가할 가능성이 없는 장소 및 국회의사당 등 국회 시설에의 출입이나 안전에 지장이 없는 장소까지도 집회금지장소에 포함되게 한다. … 그럼에도 심판대상조항이 국회 부지 또는 담장을 기준으로 100미터 이내의 장소에서 옥외집회를 금지하는 것은 국회의 헌법적 기능에 대한 보호의 필요성을 고려하더라도 지나친 규제라고 할 것이다.… 심판대상조항은 입법목적을 달성하는 데 필요한 최소한도의 범위를 넘어, 규제가 불필요하거나 또는 예외적으로 허용하는 것이 가능한 집회까지도 이를 일률적·전면적으로 금지하고 있으므로 침해의 최소성 원칙에 위배된다. … 심판대상조항은 과잉금지원칙을 위반하여 집회의 자유를 침해한다(헌재 2018.5.31. 2013헌바322 등).

② [O] 집회의 자유는 집회의 시간, 장소, 방법과 목적을 스스로 결정하는 것을 보장하는 것으로, 구체적으로 보호되는 주요 행위는 집회의 준비 및 조직, 지휘, 참가, 집회장소·시간의 선택이다(헌재 2018.6.28. 2015헌가28 등).

❸ [×] 법인 등 결사체도 그 조직과 의사형성에 있어서, 그리고 업무수행에 있어서 자기결정권을 가지고 있어 결사의 자유의 주체가 된다고 봄이 상당하므로, 축협중앙회는 그 회원조합들과 별도로 결사의 자유의 주체가 된다(헌재 2000.6.1. 99헌마553).

④ [O] 헌법 제21조가 규정하는 결사의 자유라 함은 다수의 자연인 또는 법인이 공동의 목적을 위하여 단체를 결성할 수 있는 자유를 의미하는 것으로, 이에는 적극적으로 단체결성의 자유, 단체존속의 자유, 결사에의 가입·잔류의 자유와 소극적으로 기존의 단체로부터 탈퇴할 자유와 결사에 가입하지 아니할 자유가 모두 포함된다. 특히 결사의 자유에 포함되는 단체활동의 자유는 단체 외부에 대한 활동뿐만 아니라 단체의 조직, 의사형성의 절차 등 단체의 내부적 생활을 스스로 결정하고 형성할 권리인 단체 내부 활동의 자유를 포함한다(헌재 2018.2.22. 2016헌바364).

23 근로기본권   정답 ③

① [×] 헌법은 국가에게 근로자의 적정임금의 보장에 노력할 것과 법률이 정하는 바에 의하여 최저임금제를 시행할 의무를 부과하고 있으며(제32조 제1항), 최저임금법은 근로자에 대하여 임금의 최저수준을 보장하여 근로자의 생활안정과 노동력의 질적 향상을 꾀함으로써 국민경제의 건전한 발전에 이바지하는 것을 목적으로 한다(헌재 2023.2.23. 2020헌바11등).

② [×]

> **헌법 제32조** ⑥ 국가유공자·상이군경 및 전몰군경의 유가족은 법률이 정하는 바에 의하여 우선적으로 근로의 기회를 부여받는다.

❸ [O] 헌법 제33조 제3항에 대한 옳은 내용이다.

> **제33조** ③ 법률이 정하는 주요방위산업체에 종사하는 근로자의 단체행동권은 법률이 정하는 바에 의하여 이를 제한하거나 인정하지 아니할 수 있다.

④ [×] 헌법 제32조 제1항은 "모든 국민은 근로의 권리를 가진다. 국가는 사회적·경제적 방법으로 근로자의 고용의 증진과 적정임금의 보장에 노력하여야 하며, 법률이 정하는 바에 의하여 최저임금제를 시행하여야 한다."라고 규정하고 있다. 이는 국가의 개입·간섭을 받지 않고 자유로이 근로를 할 자유와, 국가에 대하여 근로의 기회를 제공하는 정책을 수립해 줄 것을 요구할 수 있는 권리 등을 기본적인 내용으로 하고 있고, 이때 근로의 권리는 근로자를 개인의 차원에서 보호하기 위한 권리로서 개인인 근로자가 근로의 권리의 주체가 되는 것이고, 노동조합은 그 주체가 될 수 없는 것으로 이해되고 있다(헌재 2009.2.26. 2007헌바27).

24 통신의 자유   정답 ①

❶ [×] 감청이라는 것은 헌법 제18조에서 보장하고 있는 통신의 비밀에 대한 침해행위 중의 한 유형으로 이해하여야 할 것이며 감청의 대상으로서의 전기통신은 앞서 본 헌법상의 '통신'개념을 전제로 하고 있다고 보아야 할 것이다. … 전기통신은 '비공개를 전제로 하는 쌍방향적인 의사소통'이라는 통신의 개념을 전제하고 있는 것이므로, 긴급조난신호와 같이 공개된 의사소통은 감청의 대상이 될 수 없다고 보아야 할 것이다(헌재 2001.3.21. 2000헌바25).

② [O] 헌법 제18조는 '모든 국민은 통신의 비밀을 침해받지 아니한다.'라고 규정하여 통신의 비밀보호를 그 핵심내용으로 하는 통신의 자유를 기본권으로 보장하고 있다. 사생활의 비밀과 자유에 포섭될 수 있는 사적 영역에 속하는 통신의 자유를 헌법이 별개의 조항을 통해 기본권으로 보장하는 이유는 우편이나 전기통신의 운영이 전통적으로 국가독점에서 출발하였기 때문에 개인 간의 의사소통을 전제로 하는 통신은 국가에 의한 침해가능성이 여타의 사적 영역보다 크기 때문이다(헌재 2018.6.28. 2012헌마538).

③ [○] 자유로운 의사소통은 통신내용의 비밀을 보장하는 것만으로는 충분하지 아니하고 구체적인 통신관계의 발생으로 야기된 모든 사실관계, 특히 통신관여자의 인적 동일성·통신장소·통신횟수·통신시간 등 통신의 외형을 구성하는 통신이용의 전반적 상황의 비밀까지도 보장한다(헌재 2018.6.28. 2012헌마538).

④ [○] 헌법 제18조에서 그 비밀을 보호하는 '통신'의 일반적인 속성으로는 '당사자간의 동의', '비공개성', '당사자의 특정성' 등을 들 수 있는바, 이를 염두에 둘 때 위 헌법조항이 규정하고 있는 '통신'의 의미는 '비공개를 전제로 하는 쌍방향적인 의사소통'이라고 할 수 있다(헌재 2001.3.21. 2000헌바25).

24' 5급

25 재산권 　　　　　　　　　　　　　정답 ①

❶ [×] 헌법 제23조의 재산권은 민법상의 소유권뿐만 아니라, 재산적 가치있는 사법상의 물권, 채권 등 모든 권리를 포함하며, 또한, 국가로부터의 일방적인 급부가 아닌 자기 노력의 댓가나 자본의 투자 등 특별한 희생을 통하여 얻은 공법상의 권리도 포함한다(헌재 2009.9.24. 2007헌마1092).

② [○] 재산권에 대한 제한의 허용정도는 재산권행사의 대상이 되는 객체가 기본권의 주체인 국민 개개인에 대하여 가지는 의미와 다른 한편으로는 그것이 사회전반에 대하여 가지는 의미가 어떠한가에 달려 있다. 즉, 재산권 행사의 대상이 되는 객체가 지닌 사회적인 연관성과 사회적 기능이 크면 클수록 입법자에 의한 보다 광범위한 제한이 정당화된다(헌재 1998.12.24. 89헌마214 등).

③ [○] 우리 헌법은 국민의 구체적 재산권의 자유로운 이용·수익·처분을 보장하면서도 다른 한편 공공필요에 의한 재산권의 수용을 헌법이 규정하는 요건이 갖춰진 경우에 예외적으로 인정하고 있다(헌법 제23조 제3항). 이러한 공공필요를 이유로 사업시행자가 토지수용 등의 절차를 진행하는 경우 원소유자는 강제적으로 재산권을 박탈당하게 되므로 헌법 제23조 제3항에 의한 재산권 박탈은 불가피한 최소한에 그쳐야 한다(헌재 2020.11.26. 2019헌바131).

④ [○] 재산권보장은 개인이 현재 누리고 있는 재산권을 개인의 기본권으로 보장한다는 의미와 개인이 재산권을 향유할 수 있는 법제도로서의 사유재산제도를 보장한다는 이중적 의미를 가지고 있다(헌재 1993.7.29. 92헌바20).

MEMO

공무원 교육 1위* 해커스공무원
모바일 자동 채점 + 성적 분석 서비스

한눈에 보는 서비스 사용법

Step 1.

교재 구입 후 시간 내 문제 풀어보고
교재 내 수록되어 있는 QR코드 인식!

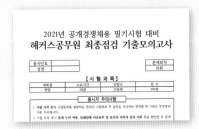

Step 2.

모바일로 접속 후 '지금 채점하기'
버튼 클릭!

Step 3.

OMR 카드에 적어놓은 답안과 똑같이
모바일 채점 페이지에 입력하기!

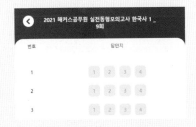

Step 4.

채점 후 내 석차, 문제별 점수, 회차별
성적 추이 확인해보기!

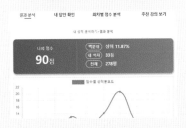

**실시간 성적 분석
결과 확인**

**문제별 정답률 및
틀린 문제 난이도 체크**

**회차별 나의 성적
변화 확인**

해커스공무원 gosi.Hackers.com

바로 이용하기 ▶

해커스공무원 **단기 합격생**이 말하는

공무원 합격의 비밀!

해커스공무원과 함께라면
다음 합격의 주인공은 바로 여러분입니다.

대학교 재학 중,
7개월 만에 국가직 합격!

김*석 합격생

영어 단어 암기를 하프모의고사로!

—

하프모의고사의 도움을 많이 얻었습니다. 모의고사의
5일 치 단어를 일주일에 한 번씩 외웠고, 영어 단어
100개씩은 하루에 외우려고 노력했습니다.

가산점 없이
6개월 만에 지방직 합격!

김*영 합격생

국어 고득점 비법은 기출과 오답노트!

—

이론 강의를 두 달간 들으면서 **이론을 제대로 잡고 바로
기출문제로** 들어갔습니다. 문제를 풀어보고 기출강의를
들으며 **틀렸던 부분을 필기하며 머리에 새겼습니다.**

직렬 관련학과 전공,
6개월 만에 서울시 합격!

최*숙 합격생

한국사 공부법은 기출문제 통한 복습!

—

한국사는 휘발성이 큰 과목이기 때문에 **반복 복습이
중요하다고 생각**했습니다. 선생님의 강의를 듣고 나서
바로 **내용에 해당되는 기출문제를 풀면서 복습**
했습니다.

해커스공무원 gosi.Hackers.com

더 많은 합격수기가 궁금하다면? ▶